제9판

세법개론

조세총론 / 국세기본법 / 법인세법 / 소득세법 / 부가가치세법

박재환·차승민·배성호

세법개론

an introduction to tax law

머리말

오늘날 대부분의 경제행위에는 조세부담이 수반된다. 어떤 경제행위를 하던 조세부담과 관련된 세법규정에 대한 이해가 필요함에도 이를 습득하기란 여간 어려운 것이 아니다. 조세의 종류가 많을 뿐만 아니라 개별세법의 내용은 방대하고 용어도 매우 어렵다. 저자들은 수년간 대학에서 세법과목을 강의해 오면서, 세법의 내용을 어떻게 하면 효과적으로 전달할 수 있을까를 고민하였으며, 본서를 집필하게 된 것도 이와 같은 동기에 기인한다.

본서는 세법을 공부하는 학생이 비교적 큰 부담이 없이 세법의 골격과 핵심 내용을 용이하게 이해하는 것에 궁극적인 목표를 두었다. 그 결과 방대한 세법규정을 단순히 나열식으로 제시하는 것이 아니라, 세법규정의 취지와 의미를 해설하는 데 역점을 두었다. 이러한 점에서 본서는 다음과 같은 특징을 지닌다.

첫째, 본서는 대학에서 세법을 수강하는 학생들이 세법의 내용을 비교적 쉽고 체계적으로 이해할 수 있도록 세법규정의 입법취지 및 그 의미에 대한 설명과 더불어 공인회계사나 세무사 등 각종 국가고시 주요 기출문제를 자세한 풀이와 함께 연습문제로 제시하였다.

둘째, 세법규정에 대한 명확한 이해를 돕기 위하여 도해식, 문제풀이식 혹은 사례중심의 예제와 풀이를 제시함으로써 실전적용 연습을 통한 세법이해역량을 함양할 수 있도록 하였다.

특히 이번 출간작업에서는 최신 개정 세법을 충분히 반영하고, 여러해 강의를 통하여 설명이 미진하다고 느낀 부분에 대한 수정보완에 정성을 다하였다. 하지만 여전히 설명이 미진하거나 미처 발견하지 못한 오류가 있지는 않을까 하는 우려를 떨칠 수가 없다. 부족한 부분은 독자 여러분의 격려와 충고를 통해 지속적으로 수정보완 해 나갈 것을 약속드린다.

끝으로 본서를 출간하는 데 큰 도움을 주신 나우퍼블리셔의 김대명 사장님께 감사드린다.

2025년 2월

저자 일동

차 례

Part 1 조세총론

Part 2 국세기본법

세법개론 Part 3 법인세법

Chapter 01 법인세 총설

Chapter 02 각 사업연도 소득에 대한 법인세 계산구조

Chapter 03 익금과 익금불산입

Chapter 04 손금과 손금불산입

세법개론

Part 4 소득세법

Chapter 01 소득세 총설

세법개론 Part 5

부가가치세법

세법개론
an introduction to tax law

Part 1

조세총론

Part 1 Contents

세법개론
an introduction to tax law

Chapter 1

조세총론

AN INTRODUCTION TAX LAW

1 조세의 개념과 분류

(1) 조세의 개념

조세란 "국가 또는 지방자치단체가 그의 경비를 충당하기 위하여 재정수입을 조달할 목적으로 법률에 규정된 과세요건을 충족한 모든 자에게 직접적인 반대급부 없이 강제적으로 부과·징수하는 금전급부"라고 정의된다.[1] 조세는 역사적 발전과정을 통하여 생겨난 산물로서 정치, 경제, 문화의 발전과 더불어 재정수요 충당을 위한 개념에서 정책적 도구로서의 개념이 강조되고 있다.

조세는 다음과 같은 특징을 가지고 있다.

1) 과세주체: 국가 또는 지방자치단체

조세를 부과하는 주체 즉, 과세권자는 국가 또는 지방자치단체이다. 국가가 부과하는 조세를 '국세(National Tax)' 지방자치단체가 부과하는 조세를 '지방세(Local Tax)'라 한다. 따라서 국가 또는 지방자치단체 외의 공공단체가 부과하는 공과금은 조세가 아니며, 일반단체가 그 구성원에게 거둬들이는 조합비, 협회비, 분담금 등은 조세가 아니다.

2) 과세목적: 재정수입의 조달

조세는 국가 또는 지방자치단체가 그의 경비를 충당하기 위하여 재정수입을 조달할 목적으로 부과된다. 그러므로 재정수입을 조달하는 목적이 아니고 범죄 등 위법행위 방지 및 처벌을 주된 목적으로 하는 벌금·과료·과태료는 조세가 아니다.

벌금은 재산형 중 하나로 일정금액을 국가에 납부하는 형벌이며 벌금과 비교하여 비교적 경미한 범죄에 대하여는 소액의 과료를 부과한다. 과태료는 행정법에 따른 일정한 의무를 이행하지 않거나 가벼운 벌칙을 위반한 사람에게 부과하는 행정제재이다. 조세는 1차적으로 국고수입의 확보 즉 재정수입을 조달할 목적을 가지고 있지만, 2차적으로 사회·경제가 복잡하고 다양화되어감에 따라 사회정책적·경제정책적 목적이 점차 강조되고 있다.

---

1) 최명근, 「세무학강의」, ㈜영화조세통람, 참조

조세의 목적

> • 1차적 목적: 국고수입의 확보(과세주체의 일반적 경비에 충당할 재정수입의 확보)
> • 2차적 목적: 경제정책 및 사회정책적 목적

3) 과세근거: 조세법률주의

조세는 국회가 제정한 법률에 규정된 과세요건을 충족한 모든 자에게 부과된다. 여기서 과세요건이란 납세의무의 성립에 필요한 법률상의 요건을 말하는데, 일반적으로 납세의무자, 과세대상, 과세표준, 세율을 말한다.

과세요건이 충족되면 당사자(과세권자와 납세의무자)의 의사에 관계없이 조세가 부과되는 것이다.

4) 일반 보상성(개별적 무보상성)

조세는 개별적 반대급부 없이 부과된다. 납세의무자는 국가 또는 지방자치단체로 부터 국방, 치안, 사회복지 등의 혜택을 제공받지만 자기가 납부한 조세에 비례하여 개별적(직접적)인 보상은 아니다. 조세는 단지 일반적(간접적)인 보상만을 제공한다.

따라서 국가 또는 지방자치단체가 제공하는 특정 용역의 사용에 대한 대가인 수수료 · 사용료 등은 조세가 될 수 없다.

5) 납부방법: 금전납부원칙

조세는 금전(화폐)으로 납부함을 원칙으로 하고 있다. 다만, 법인세법, 소득세법(양도소득세에 한함), 상속세 · 증여세법, 종합부동산세법, 지방세법(재산세에 한함)에는 예외적으로 물납을 허용하고 있다. 이는 그 물건의 교환가치에 주안점을 둔 것으로서 특정자산의 사용가치에 주안점을 둔 공공수용과는 구별된다.

(2) 조세의 분류와 우리나라의 과세체계

1) 조세의 분류

조세는 그 분류기준에 따라 다양하게 구분할 수 있는데, 이를 살펴보면 다음과 같다.

㈎ 과세주체(과세권자)에 따른 분류: 국세 vs 지방세

① 국 세: 국가가 부과 · 징수하는 조세

예 법인세, 소득세, 부가가치세, 상속세 · 증여세 등

② 지방세: 지방자치단체가 부과 · 징수하는 조세
예 취득세, 등록면허세, 재산세, 자동차세 등

(나) **조세부담의 전가[2] 여부에 따른 분류: 직접세 vs 간접세**

① 직접세: 법률상 납세의무자가 자신의 조세를 자신이 부담할 것으로 예정한 조세 (납세의무자 = 담세자) 예 법인세, 소득세, 상속세 · 증여세 등

② 간접세: 법률상 납세의무자에게 부과된 조세부담이 다른 자에게 전가될 것으로 예정한 조세(납세의무자 ≠ 담세자) 예 부가가치세, 개별소비세, 주세 등

(다) **세수의 용도 특정여부에 따른 분류: 보통세 vs 목적세**

① 보통세: 세수의 용도를 특별히 정하지 않고 일반 재정수요에 충당하는 조세
예 법인세, 소득세, 부가가치세, 상속세 · 증여세 등 대부분의 조세

② 목적세: 세수의 용도를 특별히 정하여 그 특정경비에만 충당하는 조세
예 교육세, 농어촌특별세, 지역자원시설세, 지방교육세 등

(라) **납세의무자의 담세능력(인적사정) 고려여부에 따른 분류: 인세 vs 물세**

① 인 세: 납세의무자의 인적사항을 감안하는 조세
예 법인세, 소득세, 상속세 · 증여세 등

② 물 세: 납세의무자의 인적사항과 관계없이 물적측면에 주안점을 둔 조세
예 부가가치세, 개별소비세, 재산세, 자동차세 등

(마) **과세표준(과세물건)의 측정단위에 따른 분류: 종가세 vs 종량세**

① 종가세: 과세물건의 '가액'을 과세표준으로 하는 조세
예 법인세, 소득세, 부가가치세, 상속세 · 증여세 등

② 종량세: 과세물건의 '수량'을 과세표준으로 하는 조세
예 입장행위에 대한 개별소비세, 주정에 대한 주세 등

(바) **독립된 세원의 유무에 따른 분류: 독립세 vs 부가세**

① 독립세: 독립된 세원이 존재하는 조세
예 법인세, 소득세, 부가가치세, 상속세 · 증여세 등

② 부가세: 독립된 세원이 존재하지 않고, 다른 조세에 부가되는 조세
예 교육세, 농어촌특별세 등

---

2) '조세부담의 전가(shifting of tax burden)'란 세법상 납세의무자로부터 다른 자(담세자)에게 조세부담이 이전되는 것을 말한다.

2) 우리나라의 조세체계

국세는 각 세목을 별개의 법률에서 규정하고 있어 '1세목 1세법주의'라고 부르며, 지방세는 모든 세목을 지방세법이라는 하나의 법률에서 규정하고 있다.[3)]

<table>
<tr><th>구 분</th><th colspan="2">조세의 분류</th><th>해당 세목</th></tr>
<tr><td rowspan="3">국 세</td><td rowspan="2">보통세</td><td>직접세</td><td>법인세, 소득세, 상속세 · 증여세, 종합부동산세</td></tr>
<tr><td>간접세</td><td>부가가치세, 개별소비세, 주세, 증권거래세, 인지세</td></tr>
<tr><td>목적세</td><td>-</td><td>농어촌특별세, 교통 · 에너지 · 환경세, 교육세</td></tr>
<tr><td rowspan="2">지방세</td><td colspan="2">보통세</td><td>취득세, 등록면허세, 주민세, 지방소득세, 지방소비세, 재산세, 자동차세, 레저세, 담배소비세</td></tr>
<tr><td colspan="2">목적세</td><td>지역자원시설세, 지방교육세</td></tr>
</table>

표 1-1 • 주요세목의 분류

구 분	특 징
법인세	국세, 직접세, 보통세, 인세, 종가세, 독립세
소득세	국세, 직접세, 보통세, 인세, 종가세, 독립세
부가가치세	국세, 간접세, 보통세, 물세, 종가세, 독립세

2 조세법의 법원과 기본원칙

(1) 조세법의 법원

조세법의 법원은 세법의 존재형식을 의미하며, 조세에 대한 과세관청과 납세자 간에 쟁송이 있는 경우 사법부가 판결하는 근거가 된다. 조세법의 법원은 성문법과 불문법으로 나누어진다. 조세법은 조세법률주의를 따르고 있기 때문에 성문법이 중추적인 역할을 하고 있고, 불문법의 역할은 매우 적다. '법원에 해당한다(즉, 법원성이 있다)'라는 표현은 해당 사항이 과세권자와 납세자 모두에게 구속력이 있음을 의미하며, 반대로 '법원에 해당하지 않는다'라는 표현은 해당 사항이 행정관서에는 효력이 있을 수 있으나 납세자나 법원에게는 구속력이 미치지 않음을 의미한다.

---

3) 지방세는 모든 세목을 규정하고 있는 지방세법 이외에 지방세기본법, 지방세징수법 및 지방세특례제한법으로 구성되어 있다.

1) 성문법

㈎ 헌 법

헌법은 "모든 국민은 법률이 정하는 바에 따라 납세의무를 지며, 조세의 종목과 세율은 법률로 정한다"라고 규정하고 있다. 이러한 헌법의 규정은 조세법률주의에 따른 조세법의 근거를 마련한 것이다. 이러한 의미에서 헌법은 조세법의 최고의 법원에 해당한다.

㈏ 법 률

위에서 본 바와 같이 헌법은 조세의 종목과 세율은 법률로 정하여야 한다고 규정하고 있다. 따라서 국회에서 제정되는 법률은 조세법의 가장 중요한 법원이 된다.

① 국세에 관한법률: 국세에 관하여 각 세목을 별개의 법률에서 규정하는 1세목 1세법주의를 채택하고 있고, 각 조세에 공통적으로 적용되는 일반세법(국세기본법, 국세징수법, 조세범처벌법, 조세범처벌절차법, 조세특례제한법, 국제조세조정에 관한 법률)을 두고 있다.

② 지방세법에 관한 법률: 지방세의 세목에 대해서는 지방세법이라는 하나의 법률에서 규정하고 있고, 각 세목에 공통되는 사항은 별도의 지방세기본법에서 규정하고 있다.

㈐ 명령 및 조례 · 규칙

'명령'이란 국회의 의결을 거치지 않고 행정부에서 제정한 법규로서 대통령이 제정한 시행령과 기획재정부령(지방세의 경우에는 안전행정부령)으로 제정된 시행규칙이 있다. 법률의 위임사항을 규정한 위임명령과 법률을 시행하기 위한 집행명령으로 구분된다.

위임명령과 집행명령을 비교하면 다음과 같다.

표 1-2 • 위임명령과 집행명령의 비교

구분	위임명령	집행명령
근거	개별적 구체적 위임	개별법의 수권 없이 직권발령 가능
성질	법률의 내용을 보충	법률의 집행에 관한 시행세칙
범위	국민의 권리 · 의무에 관한 새로운 사항 입법 가능	새로운 입법사항에 대한 규정 불가

법인세법 · 소득세법 · 부가가치세법 등 각종 세법은 [법률 → 시행령 → 시행규칙]으로 구성되어 있다. 시행령과 시행규칙도 법률에 위배되지 않는 한 조세법의 법원이 된다.

'조례'란 지방의회가 제정한 법규이며, '규칙'이란 지방자치단체의 장이 제정한 법규이므로 지방세의 경우에는 조례와 규칙도 법원으로 인정된다.

㈑ 행정규칙

행정규칙에는 상급행정기관이 하급행정기관의 권한행사를 지휘하기 위한 훈령, 법령해석에 관한 질의에 대한 회신 형식인 예규, 법령의 해석이나 운영에 관한 지침인 통첩이 있다. 행정규칙은 행정기관의 내부 지침에 불과하며 국민이나 법원을 구속하는 법규로서 효력을 갖지는 못한다.

2) 불문법

불문법(unwritten law)이란 성문법과는 달리 일정한 형식과 절차에 따라 성문화되지 않은 법을 말하며, 권한 있는 기관의 제정절차를 거치지 않고 생활관계에서 자연스럽게 생겨난 법이라 할 수 있다. 영미법은 관습법이나 판례로 이루어진 대표적인 불문법이다.

복잡하고 역동적이며 변화하는 사회현상을 모두 고정적인 성문법 내에서 규율하는 것은 물리적으로 불가능하여 불문법이 여전히 필요하다. 그래서 성문법주의 국가에서도 불문법의 존재가치를 인정하고 있다.

㈎ 판 례

판례는 소송사건을 판결한 선례로서 본래 해당 사건에 한해서만 구속력을 가질 뿐 다른 사건까지 구속력을 미치지 못한다. 따라서 판례는 법원성이 인정되지 않는 것이 원칙이다. 다만, 대법원의 판례는 유사한 사건에 대하여 하급심을 구속하게 되므로 사실상 법원성을 갖는다고 할 수 있다.

㈏ 관습법[4)]

'관습법'이란 관습 중에서 무의식적 반복적 행동양식으로 국민들 간에 법적 확신의 정도까지 이르게 된 것을 말한다.[5)] 이에 대한 법원성의 인정여부에 대하여 논란은 있으나, 조세법의 영역에서는 조세법률주의를 엄격히 적용하여야 하므로 법원성을 인정해서는 안된다는 의견이 일반적이다.

㈐ 조 리

'조리(條理)'란 사물의 당연한 이치를 의미하는 것으로서 민법에서 법원으로 인정하고 있다.[6)] 조세법에서도 신의성실의 원칙 · 실질과세의 원칙 등의 기본원칙은 반드시 따라야 할 치침이므로 명문규정이 없어도 당연히 법원성을 인정받고 있다.

---

4) 성문법이 발달하지 아니한 국제법에서는 관습법이 중요한 법원이 된다.

5) 사회질서에 반하지 않아야 한다.

6) 민사에 관하여 '법률규정이 없으면 관습법에 의하고, 관습법이 없으면 조리에 의한다.'라고 규정하여 관습법과 조리의 법원성을 인정하고 있으며 법의 흠결을 보완하는 보충적 규범으로 인정한다.

예제 1 **조세법의 법원**

다음 중 조세법의 법원으로 인정되지 않는 것을 모두 고르시오?

① 헌법 ② 법률 ③ 예규통첩
④ 조리 ⑤ 관습법

해설

③, ⑤

예규통첩과 관습법은 법원으로 인정되지 않는다.

(2) 조세법의 기본원칙

'조세법의 기본원칙'이란 조세법을 입법 및 해석 · 적용함에 있어서 지켜야 할 기본적 지침을 말한다. 일반적으로 조세법의 기본원칙으로 조세법률주의, 조세평등주의, 신의성실의 원칙을 들고 있다.

1) 조세법률주의

'조세법률주의'란 과세권자인 국가 또는 지방자치단체는 법률에 의해서만 조세를 부과 · 징수할 수 있으며, 국민도 법률에 의해서만 납세의무를 진다는 원칙을 말한다. 헌법(제38조, 제59조)에서 「모든 국민은 법률이 정하는 바에 의하여 납세의무를 지며, 조세의 종목과 세율은 법률로 정한다」라고 규정하여 조세법률주의를 명백히 선언하고 있다. 이러한 조세법률주의는 행정부의 자의적인 과세권 남용으로부터 국민의 재산권을 보호하고, 국민의 법적안정성과 예측가능성을 보장한다는 측면에서 강조되고 있다.

조세법률주의에 따른 과세요건법정주의에 의거 과세요건과 납세절차는 법률로 규정하여야 한다. 대통령은 법률에서 구체적으로 범위를 정하여 위임받은 사항에 관하여 대통령령을 발할 수 있다. 누구라도 해당 법률로부터 대통령령에 규정될 내용의 대강을 예측할 수 있어야 함을 의미한다. 구체적이고 명확한 범위를 정하지 않은 포괄적이고 추상적인 범위의 포괄위임은 위헌으로 무효이다.

이외에 조세에 관한 세법의 규정이 명확하며 상세하여야 한다는 과세요건명확주의와 새로운 법령의 효력발생 전에 완결된 사실에 대하여 새로운 세법을 적용해서는 안 된다는 소급과세금지의 원칙이 있다.

과세의 형식이 법률이기만 하면 된다는 형식논리는 성립하지 않으며 조세법의 목적이나 내용이 기본권 보장의 헌법이념과 원칙에 합치되어야 한다는 실질적 의미의 조세법률주의이어야 한다. 보호하려는 공익과 침해되는 사익의 균형성을 모두 갖추어야 하는 과잉금지의 원칙(혹은 비례의 원칙) 또한 준수되어야 한다.

2) 조세평등주의

'조세평등주의'란 헌법상 평등주의를 구현하기 위하여 입법상 세부담이 공평하게 배분되도록 제정되어야 하고, 세법을 해석 · 적용함에 있어 국민을 평등하게 취급하여야 한다는 원칙이다. 평등에는 동일한 담세력을 가진 자는 동일한 금액의 조세를 부담하는 수평적평등과 상이한 담세력을 가진 자는 다른 금액의 조세를 부담하는 수직적평등이 있다(동일조건 및 동일부담의 원칙). 현행 세법에서 이러한 조세평등주의를 실현하기 위하여 실질과세의 원칙과 부당행위계산의 부인제도를 두고 있다.

조세평등주의를 실천하는 제도는 종합과세, 소득공제, 누진세율, 최저한세, 고가주택에 대한 비과세배제 등이 있다. 조세평등주의에 배치되는 제도는 조세정책적인 감면, 장기채권 분리과세, 간이과세제도 등이 있다.

3) 신의성실의 원칙(신의칙)

'신의성실의 원칙'은 신의칙이라고도 하는데, 이는 과세관청의 권리행사와 납세자의 의무이행에 있어 신의에 좇아 성실히 하여야 한다는 원칙을 말한다. 이 원칙은 조세법률주의에 의해 제약되는 하부원칙으로 세법을 해석 · 적용함에 있어 지켜야 할 일반적 원칙이다.

OX 문제

01 시장에서 제품간 경쟁이 치열하여 간접세인 부가가치세를 인상하여도 인상분만큼 납세의무자인 생산자가 부담하게 되어 궁극적으로 조세의 전가가 이루어지지 않는 경우도 있다.

02 간접세는 소득이 적은 사람이 상대적으로 높은 조세를 부담하는 역진성 때문에 공평부담의 원칙에 어긋난다는 비판이 있다.

03 현행 목적세의 대부분은 이미 성립된 다른 세원에 추가적으로 부가되는 부가세 방식을 취하고 있으며 특정시기의 특정 목적을 위해 도입된 목적세는 환경적 변화에도 불구하고 계속 경직적으로 특정 목적에 지출될 수 있어 비효율적 자원배분을 초래할 가능성이 높다.

04 관습법은 법원으로서 효력을 전혀 가지지 못한다.

정답&해설 **01** ○ **02** ○ **03** ○ **04** ×

03 목적세의 목적을 거의 달성하였음에도 불구하고 예산확보차원에서 목적세의 폐지를 주저하게 되어 목적세가 국세에서 차지하는 비중이 상당하며 각 부처는 목적세를 통해 거둬들인 세수를 일반회계로 전용하여 사용하는 비중이 높다.

04 분묘기지권, 관습법상 법정지상권 등 대법원에 의하여 확인된 관습법이 있으며 역동적으로 변화하는 사회현상을 모두 성문법에 규율할 수 없기 때문에 관습법은 성문법을 보충하는 효력이 있다는 것이 다수의견이다. 하지만 조세법의 법원으로는 인정해서 안되다는 의견이 일반적이다.

연습문제

01 조세의 특성에 대한 다음의 설명 중 타당하지 않은 것은?

① 국가 또는 지방자치단체의 경비충당을 위한 재정수입의 조달을 주목적으로 한다.
② 금전납부를 원칙으로 한다.
③ 납세의무자는 자기가 납부한 조세에 비례하여 개별적 보상을 받는다.
④ 강제성을 갖는다.

정답 ③

납세의무자는 국가 또는 지방자치단체로부터 자기가 납부한 조세에 비례하여 개별적(직접적)인 보상이 아닌 일반적(간접적)인 보상만을 제공받는다.

02 다음 중 조세의 분류기준과 잘못 대응된 것은?

① 조세부담의 전가여부 - 직접세 vs 간접세
② 세수의 용도 특정여부 - 보통세 vs 목적세
③ 담세능력의 고려여부 - 인세 vs 물세
④ 독립된 세원의 유무 - 종가세 vs 종량세

정답 ④

독립된 세원의 유무에 따라 독립세와 부가세로 분류된다.

03 다음 중 조세의 분류기준상 잘못 짝지어진 것은?

① 법인세 - 국세, 직접세, 보통세, 인세
② 소득세 - 국세, 직접세, 보통세, 인세
③ 부가가치세 - 국세, 직접세, 보통세, 인세
④ 상속세 · 증여세 - 국세, 직접세, 보통세, 인세

정답 ③

부가가치세는 간접세이며 물세이다.

04 조세법의 기본원칙에 대한 다음의 설명 중 옳지 않은 것은?

① 조세법률주의란 국가 또는 지방자치단체가 조세를 부과 · 징수함에 있어 법률에 의하여야 한다는 원칙이다.

② 조세평등주의란 입법상 국민에게 세부담이 공평히 배분되도록 세법을 제정하여야 하며, 세법의 해석 · 적용상 국민을 평등하게 취급하여야 한다는 원칙이다.

③ 실질과세의 원칙과 부당행위계산의 부인은 조세평등주의에 바탕을 둔 규정이다.

④ 신의성실의 원칙이란 납세자가 그 의무를 이행할 때는 신의에 좇아 성실히 하여야 한다는 원칙으로 과세관청에는 적용되지 않는다.

정답 ④

신의성실의 원칙은 과세관청의 권리행사와 납세자의 의무이행에 있어 신의에 따라 성실히 하여야 한다는 원칙이다. 따라서 이는 과세관청과 납세자 쌍방에 적용되는 원칙이다.

05 다음 중 조세평등주의에 어긋나는 것은?

① 실질과세의 원칙

② 종합소득공제

③ 누진세율

④ 고가주택에 대한 비과세배제

⑤ 장기 채권에 대한 분리과세

정답 ⑤

헌법상 평등의 원칙을 실현하기 위해 조세는 국민의 담세력에 따라 공평하게 배분되도록 하여야 한다. 수평적평등(동일한 담세력을 가진 자는 동일한 금액의 조세)과 수직적 평등(상이한 담세력을 가진 자는 다른 금액의 조세를 부담)의 조세평등주의의 실현을 위하여 실질과세의 원칙, 부당행위계산의 부인제도(경제적 관찰방법), 종합과세, 소득공제, 누진세율, 최저한세, 고가주택에 대한 비과세배제가 있다. 조세정책적인 감면, 장기채권 분리과세, 간이과세제도는 조세평등주의와 배치되는 제도이다.

06 다음은 조세에 관한 일반적 설명이다. 옳지 않은 것은?

① 조세는 재정수요를 충당하는 기능뿐만 아니라 시장의 실패를 교정하는 정책 도구적 기능을 가지고 있다.

② 경제인이라면 개인이나 기업의 모든 의사결정에 세금을 고려하여야 한다.

③ 조세 정의를 구현하고 징수비용을 줄이기 위해서는 간접세의 비중을 늘리는 것이 좋다.

④ 대법원의 판례는 하급심을 구속하게 되므로 사실상 법원성을 갖는다고 할 수 있다.

⑤ 국세와 달리 지방세법은 모든 세목에 대하여 규정하고 있다.

정답 ③

Part 2 국세기본법

Part 2 Contents

세법개론
an introduction to tax law

Chapter 1

국세기본법 개요

AN INTRODUCTION TAX LAW

1 국세기본법의 목적과 내용

국세기본법은 국세에 관한 기본적이고 공통적인 사항과 납세자의 권리 · 의무 및 권리구제에 관한 사항을 규정함으로써 국세에 관한 법률관계를 명확히 하고, 과세를 공정하게 하며, 국민의 납세의무의 원활한 이행에 이바지함을 목적으로 한다(국세기본법 제1조).

따라서 국세기본법은 ① 국세에 관한 기본적이고 공통적인 사항을 규정하는 총칙법 ② 위법 또는 부당한 국세처분에 대한 불복절차를 규정하는 불복절차법 및 ③ 납세자의 권리 및 권리구제에 관한 사항을 명시적으로 규정하고 있다.

2 용어의 정의

(1) 국세와 세법

1) 국 세

국세란 국가가 부과하는 조세 중 소득세, 법인세, 상속세 및 증여세, 종합부동산세, 부가가치세, 개별소비세, 주세, 인지세, 증권거래세, 교통 · 에너지 · 환경세, 교육세, 농어촌특별세를 말한다.

관세도 넓은 의미에서는 국세에 해당하지만, 국세기본법상 국세의 범위에는 관세를 포함하지 않고 내국세만을 가리킨다.

2) 세 법

세법이란 ① 국세의 종목과 세율을 정하고 있는 법률(위의 12가지를 말하며, 이를 '개별세법'이라 칭한다)과 ② 국세징수법, 조세특례제한법, 국제조세조정에 관한 법률, 조세범처벌법, 조세범처벌절차법(이를 '일반세법'이라 칭한다)을 말한다.

이와 같이 국세기본법상 세법의 정의에는 국세기본법, 지방세법, 관세법이 포함되지 않음을 유의해야 한다.

(2) 가산세 · 체납처분비

1) 가산세

가산세란 세법에서 규정하는 의무의 성실한 이행을 확보하기 위하여 세법에 따라 산출한 세액에 가산하여 징수하는 금액을 말한다. 가산세는 세법에 규정하는 의무불이행에 대한 행정상의 제재로서 벌과금(과태료)의 성격을 가지며, 국세의 일부로서 부과 · 징수되어 처분성이 인정되므로 형식상 국세의 세목에 해당한다. 본세의 과세요건과 가산세의 불복요건이 다르므로 본세에 대한 불복만으로 당연히 가산세부과까지 불복되는 것은 아니다. 본세의 취소를 구하면서 부가하여 가산세의 취소를 별도로 구하여야 한다.

2) 체납처분비

체납처분비란 국세징수법 중 체납처분에 따른 재산의 압류 · 보관 · 운반 · 매각에 든 비용(매각을 대행시키는 경우 그 수수료를 포함함)을 말한다. 여기서 체납처분이란 조세채권을 독촉에 따른 납부기한까지 국세 등을 완납하지 않는 경우 행정상의 강제력에 따라 재산의 압류, 압류재산의 매각, 매각대금의 청산 · 배분을 하는 것을 말한다.

국세의 징수절차는 다음과 같다.

국세의 징수절차

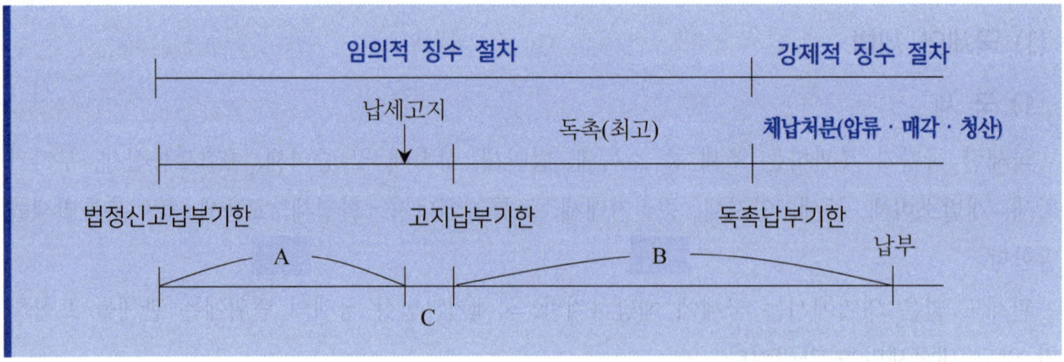

납부지연가산세(① + ②)는 납부지연에 따른 이자 성격의 가산세와 체납에 띠른 제재로 구성되며 산식은 아래와 같다.

① 지연일수에 대한 이자[1]: 미납세액 × 미납기간(A + B) × 가산세율[2]

② 고지납부기한까지 미납한 미납세액(체납세액에 대한 제재) × 3%

---

1) 지연일수에 때한 이자 산출시 납세고지일부터 납세고지서의 납부기한까지의 기한(그림의 C에 해당)에 대하여는 가산세가 부과되지 아니함에 주의하여야 한다.

2) 일 0.019~0.122% (연간 6.94%~8.03%) 범위내에서 시중은행 연체이자율을 감안하여 결정

(3) 납세의무자와 납세자

1) 납세의무자

세법에 따라 국세를 납부할 의무(국세를 징수하여 납부할 의무는 제외함)가 있는 자로서 본래의 납세의무자 뿐만 아니라 연대납세의무자, 제2차 납세의무자, 납세보증인을 말한다.

2) 납세자

납세의무자와 징수납부의무자(원천징수의무자와 부가가치세법상 대리납부의무자)를 말한다. 따라서 납세자가 납세의무자보다 넓은 개념이다.

> 납세자 ┬ 납세의무자 : 본래의 납세의무자, 연대납세의무자, 제2차 납세의무자, 납세보증인
> └ 징수납부의무자 : 원천징수의무자, 대리납부의부자

(4) 기타 용어의 정의

① 정보통신망: 전자통신기본법 규정에 따른 전기통신설비를 활용하거나 전기통신설비와 컴퓨터의 이용기술을 활용하여 정보를 수집 · 가공 · 저장 · 검색 · 송신 또는 수신하는 정보통신체계를 말한다.

② 전자신고: 과세표준신고서 등 국세기본법 또는 세법에 따른 신고관련서류를 국세청장이 정하여 고시하는 국세정보통신망(Home Tax Service: HTS)을 이용하여 신고하는 것을 말한다.

③ 세무공무원: 국세청장, 지방국세청장, 세무서장 또는 그 소속 공무원 등에 해당하는 사람을 말한다.

④ 특수관계인: 본인과 친족관계에 있는 자(본인이 개인인 경우에만 해당), 본인과 임원 · 사용인 등 경제적 연관관계에 있는 자, 본인과 주주 · 출자자 등 경영지배관계에 있는 자들을 말한다.

예제 1 용어의 정의

다음은 국세기본법상 용어의 정의와 관련된 사항이다. 틀린 것을 모두 고르시오?

① 국세기본법상 세법에는 국세의 종목과 세율을 정하고 있는 법률뿐만 아니라 국세기본법, 국세징수법, 조세특례제한법 등도 포함된다.

② 납세자란 납세의무자와 세법에 의하여 국세를 징수하여 납부할 의무를 지는 자(원천징수의무자, 부가가치세법상 대리납부의무자)를 말한다.

③ 체납처분비란 재산의 압류 · 보관 · 운반 · 매각에 든 비용(매각을 대행시키는 경우 그 수수료를 포함함)을 말한다.

④ 가산세는 국세에 포함하지 않고 고지세액에 가산하여 징수한다.

해설

① 국세기본법상 세법에는 국세기본법이 포함되지 않는다.

④ 가산세는 국세에 포함하여 징수한다.

3 국세기본법과 세법과의 관계

국세기본법은 세법에 우선하여 적용한다. 그러나 세법은 개별적이고 구체적인 사항을 규정한 법률이므로 각 세법에서 특례규정을 두고 있는 경우에는 그 세법에서 정하는 바에 따르도록 국세기본법의 우선적용원칙에 대한 예외를 인정하고 있다. 상속세및증여세법에서는 실질과세원칙을 규정하고 있는 국세부과의 원칙의 예외[3]를 규정하고 있으며 소득세법은 국세기본법과 달리 공동사업자의 연대납세의무에 대한 예외[4]를 두는 등 각 세법에서 예외의 특례를 규정하고 있다.

---

3) 국세부과의 원칙(실질과세의 원칙 등)에도 불구하고 등기 · 등록 등이 필요한 재산(토지 · 건물제외)의 실제소유자와 명의자가 다른 명의신탁재산에 대하여는 상속세법 증여의제규정에 의해 명의자가 실제소유자로부터 증여받은 것으로 본다.

4) 공동사업에 속하는 재산에 관계되는 국세 등은 공동사업자의 연대납세의무를 규정하고 있으나 소득세법상 공동사업의 경우 손익분배비율에 따라 공동사업자별로 납세의무를 진다.

4 기간과 기한

(1) 기 간

'기간'이란 어느 일정시점(기산점)에서 다른 어떤 일정시점(만료점)까지의 계속된 시간을 말한다.

(2) 기간의 계산방법

국세기본법 또는 세법에서 규정하는 기간의 계산은 국세기본법 또는 세법에 특별한 규정이 있는 것을 제외하고는 민법에 따른다. 이러한 기간계산에 관한 민법의 규정은 다음과 같다.

1) 기산점

① 기간을 일 · 주 · 월 · 년으로 정한 때에는 기간의 초일은 산입하지 않는다(초일불산입)[5].

② 다만, 그 기간이 오전 0시부터 시작하는 때에는 초일을 산입하며, 연령계산에는 출생일을 산입한다.

2) 만료점

① 기간을 일 · 주 · 월 · 년으로 정한 때에는 기간 말일의 종료로 기간이 만료한다(말일산입). 다만, 기간의 말일이 공휴일에 해당하는 때에는 그 다음 날로 기간이 만료한다.

② 기간을 주 · 월 · 년으로 정한 때에는 역(歷)에 따라 계산한다. 즉 기간을 일수로 환산하지 않고 계산하며, 월이니 년의 장단을 문제 삼지 않는 것이다.
이 경우 주 · 월 · 년의 처음부터 기간을 기산하지 않는 때에는 최후의 주 · 월 · 년에서 그 기산일에 해당하는 날의 전일로 기간이 만료하며(예 3월 20일부터 4개월: 7월 20일[6]), 최후의 월에 해당일이 없는 때에는 그 월의 말일로 기간이 만료한다(예 9월 30일부터 5개월: 다음연도 2월 28일, 윤년의 경우에는 2월 29일).

(3) 기 한

'기한'이란 법률행위의 효력발생 · 소멸이나 채무이행을 위하여 정해진 일정한 시점을 말한다.

---

5) 초일불산입의 예를 들면 5월 21일 과세예고통지를 받은 자는 30일 이내인 6월 20일(5월 22일부터 30일)까지 과세전적부심사를 청구할 수 있다.

6) 3월 20일의 기산일은 초일불산입에 의해 3월21일이며 4개월이 지난 기산일의 전일인 7월 20일이 만료일이 된다.

(4) 기한의 특례

1) 신고 등의 기한이 공휴일 등에 해당하는 경우

국세기본법 또는 세법에서 규정하는 신고 · 신청 · 청구 그밖에 서류의 제출 · 통지 · 납부 또는 징수에 관한 기한이 공휴일 · 토요일 · 근로자의 날일 때에는 공휴일 · 토요일 · 근로자의 날의 다음날을 기한으로 한다.

2) 국세정보통신망이 장애로 가동이 정지된 경우

국세기본법 또는 세법에서 규정하는 신고기한 만료일 또는 납부기한 만료일에 국세정보통신망이 정전 · 통신상의 장애 · 프로그램의 오류 등에 의하여 가동이 정지되어 전자신고 또는 전자납부를 할 수 없는 경우에는 그 장애가 복구되어 신고 또는 납부할 수 있게 된 날의 다음날을 기한으로 한다.

3) 우편신고 · 전자신고의 서류제출에 관한 기한 특례

일반적으로 납세자가 과세관청에 우편으로 서류를 제출하는 경우에 정해진 기한 내에 그 서류가 과세관청에 도달하여야 그 효력이 인정된다(도달주의). 다만 여기에는 다음과 같은 예외가 있다.

① 우편으로 과세표준신고서, 과세표준수정신고서, 경정청구서 또는 과세표준신고 또는 과세표준신고 · 과세표준수정신고 · 경정청구와 관련된 서류를 제출한 경우 우편법에 따른 우편날짜 도장이 찍힌 날에 신고된 것으로 본다(발신주의 특례인정). 이 경우 통신일부인이 찍히지 않았거나 분명하지 않은 경우에는 통상 걸리는 배송일수를 기준으로 발송한 날로 인정되는 날에 신고된 것으로 본다.

② 국세기본법에 따른 이의신청 · 심사청구 또는 심판청구에 있어서 불복청구기한까지 우편으로 제출한 불복청구서가 불복청구기간을 지나서 도달한 경우에는 그 기간의 만료일에 적법한 청구를 한 것으로 본다.

③ 과세표준신고서 · 과세표준수정신고서 등을 국세정보통신망을 이용하여 제출하는 경우에는 해당신고서 등이 국세청장에게 전송될 때에 신고된 것으로 본다.

(5) 천재 등으로 인한 기한의 연장

1) 기한의 연장

관할세무서장은 천재지변이나 납세자의 재해 등의 사유 및 사업의 심각한 손해 및 경제적 사정(납부의 경우에만 해당)으로 법에서 규정하는 신고, 신청, 청구, 그 밖의 서류의 제출 또는 통지를 기한까지 할 수 없다고 인정하는 경우나 납세자가 기한 연장을 신청한 경우에는 그 기한을 연장할 수 있다.

2) 기한연장사유가 있는 경우 기한연장여부

신고 기한 연장은 관할세무서장이 납세자의 신청에 의하여 또는 직권으로 기한연장사유가 있음을 인정(결정 또는 승인)함으로써 신고기한이 연장되는 것이고 기한연장사유가 존재한다고 하여 당연히 신고기한이 연장되는 것은 아니다.

3) 송달지연에 따른 납부기한의 연장

납세고지서 또는 독촉장이 도달한 날에 납부기한이 지났거나 도달한 날로부터 14일 이내에 납부기한이 되는 경우 도달한 날로부터 14일이 지난날을 납부기한으로 한다. 다만, 납기전징수[7])를 위한 고지의 경우 고지서가 납부기한이 지난 후에 도달한 경우는 고지서가 도달한 날, 고지서가 납부기한 전에 도달한 경우 납부기한 만료일을 납부기한으로 한다.

5 서류의 송달

(1) 서류송달의 의의

'서류송달'이란 국세처분의 내용을 기재한 서류를 과세관청이 그 명의인에게 문서로써 전달하는 행위를 말한다.

(2) 송달받아야 할 자와 송달장소

국세기본법 또는 세법에 따른 서류는 그 서류의 수신인으로 지정되어 있는 자인 명의인의 주소 · 거소 · 영업소 또는 사무소(전자송달인 경우에는 전자우편주소)에 송달하여야 한다.

다만, 수령인이 다른 장소에서 수령할 것을 동의한 경우에는 다른 장소에서 송달할 수 있다.

---

7) 납기전징수란 납세자에게 특별한 사유가 있어서 납부기한까지 기다려서는 국세징수가 곤란하다고 인정되는 경우에는 기한의 이익(期限利益)을 박탈하고 납부기한 전에 조세를 징수하는 징수의 특례제도를 말한다. 납기전징수에 관하여는 국세징수법과 지방세법에 규정을 두고 있다.

서류의 송달 권한을 타인에게 위임하는 것도 가능하며 수임인이 위임인의 동거가족이거나 종업원일 필요도 없다. 송달장소에서 그 명의인을 만나지 못한 때에는 그 사용인이나 그 밖의 종업원 또는 동거인으로서 사리를 판별할 수 있는 자(보충수령인)에게 서류를 송달할 수 있다.

보충수령인

> 아파트 등기우편물의 경우 거주자 부재시 관례적으로 아파트 경비원이 수령하여 이를 거주자에게 전달하여왔는데 이러한 배달방법에 관하여 별다른 이의를 제기하지 아니하여 왔다면 주민들은 이러한 우편물 수령권한을 아파트 경비원에게 묵시적으로 위임한 것으로 볼 수 있다.

교부 또는 등기우편에 의한 송달의 경우 서류의 송달을 받아야 할 자 또는 그 사용인 · 기타 종업원 · 동거인으로서 사리를 판별할 수 있는 자가 정당한 사유 없이 서류의 수령을 거부하는 때에는 송달할 장소에 서류를 둘 수 있는데, 이를 '유치송달'이라한다.

유치송달

> 단지 수신인이 부재중인 경우에는 유치송달의 여건을 갖추었다고 볼 수 없으며 수신인이 고지서 수령약속을 어기고 일부러 집을 비워 둔 경우라도 마찬가지이다.

연대납세의무자에게 서류를 송달할 때에는 대표자를 명의인으로 서류송달가능하나 대표자가 없을 때에는 연대납세의무자 중 국세를 징수하기에 유리한 자를 명의인으로 한다. 다만 납부의 고지와 독촉에 관한 서류는 연대납세자 모두에게 각각 송달하여야 한다. 상속이 개시된 경우 상속관리인이 있을 때에는 상속관리인의 주소 또는 영업소에 송달한다. 납세자관리인이 있을 때에는 납세의 고지와 독촉에 관한 서류는 그 납세관리인의 주소 또는 영업소에 송달한다.

(3) 송달방법

서류송달 방법으로는 교부송달 · 우편송달 및 전자송달을 원칙으로 한다. 납세고지서, 납부통지서, 국세환급금통지서, 신고안내문 등은 서류송달을 받아야 할 자가 신청하는 경우에만 전자송달 할 수 있다. 다만, 국세정보통신망의 장애로 전자송달을 할 수 없는 경우에는 교부 또는 우편의 방법으로 송달할 수 있다. 납세고지서, 납부통지서 및 국세환급금통지서를 전자송달하는 경우에는 해당납세자로 하여금 국세정보통신망에 접속하여 해당 서류를 열람할 수 있게 하여야 한다. 해당납세자가 3회 연속하여 전자송달된 서류를 해당기한[8]까지 열람하지 않는 경우에는

두 번째로 열람하지 않은 서류에 대하여 다음날에 전자송달신청을 철회한 것으로 본다.[9)]

다음의 사유에 해당하는 경우에는 공시에 의하여 송달하는 공시송달을 할 수 있으며 서류의 주요내용을 공고한 날부터 14일이 지나면 서류 송달이 된 것으로 본다.

① 주소 또는 영업소가 국외에 있고 그 송달이 곤란한 경우

② 주소 또는 영업소가 분명하지 아니한 경우

③ 서류를 등기우편으로 송달하였으나 수취인이 부재중 또는 수취를 거부하여 반송됨에 따라 납부기한 내에 송달이 곤란하다고 인정되는 경우

④ 세무공무원이 2회 이상 납세자를 방문(처음 방문과 마지막 방문의 기간이 3일(토요일, 공휴일 제외)이상이어야 함)하여 서류를 교부하고자 하였으나 수취인이 부재중인 것으로 확인되어 납부기한 내 송달이 곤란하다고 인정되는 경우

위의 ③, ④에서 단순히 외출 등 일시적 부재는 여기에 해당하지 않는다. 기존 송달할 장소로부터 장기간 이탈한 경우로서 과세권행사에 장애가 있어야 한다.

공고는 국세정보통신망 · 세무서의 게시판 등, 해당 서류의 송달장소를 관할하는 자치구 홈페이지의 게시판 등, 관보 · 일간신문에 게시 또는 게재하여야 한다. 이 경우 국세정보통신망을 이용하여 공시송달을 하는 때에는 다른 공시송달 방법과 함께 하여야 한다. 공시송달은 관보 등에 게시하는 것만으로 송달의 효력을 인정하므로 그 적용요건을 엄격히 해석하여야 하며 공시송달의 필요성은 과세관청이 입증하여야 한다.

공시송달

- 납세의무자가 해외에 있다고 하더라도 주소지를 알고 있다면 공시송달 요건에 해당하지 아니한다.
- 과세관청이 법인에 대한 납세고지서를 본점소재지로 발송하였다가 수취인 불명으로 반송되어 오자 대표이사의 주소지 등도 확인하지 않은 채 바로 공시송달하였다면 이는 공시송달의 요건을 갖추지 못한 것에 해당한다.
- 납세의무자가 송달 당시 장기 부재중으로 납부기한 내에 송달이 곤란하다고 판단되는 경우 등의 과세권 행사에 장애가 있는 경우에 한정하여야 하므로 여행 등으로 일시 부재중인 경우에는 수취인 부재로 인한 공시송달 사유에 해당하지 아니한다.

(4) 송달의 효력발생시기

8) 납부기한 등 기한 또는 홈텍스에 해당 서류 저장 후 1개월 이내

9) 단, 전자송달된 납부고지서의 납부기한 혹은 독촉장에 따른 납부기한까지 해당 국세를 전액 납부한 경우 철회한 것으로 보지 않는다.

송달의 효력발생시기는 다음과 같다.

구 분	효력발생시기
① 우편송달 · 교부송달	우편[10]이나 송달할 장소에서 송달받아야 할 자에게 서류가 도달한 때(도달주의)
② 전자송달	송달받을 자가 지정한 전자우편주소에 입력된 때(국세정보통신망에 저장하는 경우에는 저장된 때)
③ 공시송달	서류의 주요 내용을 공고한 날부터 14일이 지나는 때

도달의 개념과 효력

'도달'이라 함은 송달을 받아야 할 자에게 직접 수교할 것을 요하는 것이 아니고, 상대방의 지배권 내에 들어가 사회 통념상 일반적으로 그 사실을 알 수 있는 상태에 있음으로 족하다. 예를 들면, 우편이 수신함에 투입된 때, 서류를 동거하는 가족 · 친족이나 종업원이 수령한 때를 말한다. 또한 일단 유효하게 도달된 서류는 후에 반송되더라도 송달의 효력에는 영향이 없다.

6 인 격

(1) 의 의

인격이란 법률상의 권리와 의무를 가질 수 있는 자격을 말한다.

민법은 모든 자연인과 일정한 단체(법인)에 대하여 법인격을 인정하고 있는데 법인을 설립하기 위해서는 설립등기를 하여야 한다. 그러나 설립등기를 취득하지 못한 사단 · 재단 · 그 밖의 단체를 어떻게 취급할 것인가의 문제가 제기된다.

(2) 법인이 아닌 단체

1) 법인세를 과세하는 경우

법인이 아닌 사단 · 재단 · 그 밖의 단체 중 다음의 요건을 충족하고 수익을 구성원에게 분배하지 아니하는 경우에는 법인으로 보아 세법을 적용한다. 이는 법인으로 설립등기는 하지 않았지만 법인의 설립절차 중 가장 중요한 것이 완료 되었으므로 법인으로 보아 과세하겠다는 취지이다.

---

10) 우편송달의 경우 납세의 고지, 독촉, 체납처분, 세법에 따른 정부의 명령에 관계되는 서류는 등기우편으로 하여야 하나 소득세 중간예납세액 및 부가세 예정고지세액의 납세고지서로서 50만원 미만에 해당하는 납세고지서는 일반우편으로 송달할 수 있다.

가. 당연법인으로 보는 단체

① 주무관청의 허가 또는 인가를 받아 설립되거나 법령에 따라 주무관청에 등록한 사단·재단·그 밖의 단체로서 등기되지 아니한 것

② 공익을 목적으로 출연된 기본재산이 있는 재단으로서 등기되지 아니한 것

나. 승인에 의해 법인으로 보는 단체

① 다음 요건을 갖춘 것으로서 대표자나 관리인이 관할세무서장에게 신청하여 승인을 받은 경우에는 법인으로 보아 과세한다.

㉠ 단체의 조직과 운영에 관한 규정을 가지고 대표자나 관리인을 선임하고 있을 것

㉡ 단체 자신의 계산과 명의로 수익과 재산을 독립적으로 소유·관리할 것

㉢ 단체의 수익을 구성원에게 분배하지 아니할 것. 다만, 신청에 대하여 관할세무서장으로부터 승인을 받은 날이 속하는 과세기간과 그 과세기간이 끝난 날부터 3년이 되는 날이 속하는 과세기간까지는 거주자·비거주자로 변경할 수 없다.

2) 소득세를 과세하는 경우

법인이 아닌 사단·재단·그 밖의 단체로서 그 단체의 대표자 또는 관리인이 선임되어 있으나 이익의 분배방법 및 비율이 없는 경우에는 1거주자로 보아(총유) 세법을 적용하고, 이익의 분배방법 및 비율이 있는 경우에는 공동사업경영으로 보아(합유 또는 공유) 구성원 각자에게 지분에 따라 납세의무가 발생한다.

표 1-2 • 소득세를 과세하는 단체의 구분

이익의 분배방법·비율	과세상취급	세법적용
없 음	거주자	소득세
있 음	공동사업자	소득세

1거주자로 보는 단체의 소득은 그 단체의 대표자 또는 관리인의 다른 소득과 합산하여 과세하지 아니한다. 즉 1거주자로 본다는 것은 동 단체를 자연인 1인으로 보아 소득세를 과세한다.

공동사업자의 경우 단체의 구성원들이 그 지분 또는 손익분배비율에 의하여 분배되었거나 분배될 소득금액에 따라 각 거주자별로 납세의무를 지게 된다.

OX 문제

01 납세의무자란 연대납세의무자, 제2차 납세의무자, 납세보증인, 원천징수의무자를 포함한다.

02 가산세는 본세와 별도로 불복대상이 된다.

03 국세에 관한 위법 또는 부당한 처분을 받은 경우 처분의 쟁송에 있어서 불복절차에 대하여는 원칙적으로 행정심판법이 국세기본법에 우선한다.

04 천재지변 등의 사유로 세법에서 정한 기한까지 신고 또는 납부를 할 수 없다고 관할 세무서장이 인정하는 경우 납세자의 신청이 없는 경우에도 그 기한을 연장할 수 있다.

05 납세고지서는 도달한 날에 이미 납부기한이 지났거나 도달한 날로부터 14일 이내에 납부기한이 되는 경우 도달한 날로부터 14일이 지난날을 항상 납부기한으로 한다.

06 우편송달의 경우 당해 우편물이 보통의 경우 도달할 수 있었을 때에 도달한 것으로 추정한다.

정답&해설 **01** × **02** ○ **03** × **04** ○ **05** × **06** ×

01 원천징수의무자는 납세자에 포함되나 납세의무자에는 포함되지 아니한다.

03 국세기본법이 우선한다.

04 천재지변 등의 경우에는 세무서장의 직권으로 기한을 연장할 수 있다.

05 다만 납기전징수를 위한 고지의 경우 납부기한이 지났을 때는 그 도달한 날을 해당고지서가 도달한 후에 납부기한이 도래할 때는 그 도래한 날을 납부기한으로 한다. 납기전징수란 세무서장이 납부기한까지 기다려서는 징수할 수 없다고 인정되는 국세체납처분, 강제집행을 받거나 경매가 시작되거나 국세를 포탈하려고 하는 행위가 있다고 인정되는 등의 사유가 있는 경우를 말한다.

06 납세자보호를 위하여 우편송달의 경우에는 도달의제규정이 없다.

연습문제

01 국세기본법상 기간에 관한 다음의 설명 중 옳지 않은 것은?

① 기간의 계산에 있어 국세기본법 또는 세법의 규정과 민법의 규정이 상충되면 국세기본법 또는 세법의 규정에 따른다.

② 기간을 일 · 주 · 월 · 년으로 정한 때에는 기간의 초일은 산입하지 않는다.

③ 연령계산의 경우 출생일을 기산점으로 한다.

④ 기간을 일 · 주 · 월 · 년으로 정한 때에는 기간 말일의 종료로 기간이 만료한다.

⑤ 기간의 말일이 공휴일에 해당하는 때에는 그 전일로 기간이 만료한다.

정답 ⑤

기간의 말일이 공휴일에 해당하는 때에는 그 다음날로 기간이 만료한다.

02 기한에 관한 다음 설명 중 옳지 않은 것은?

① 국세의 신고 및 납부에 관한 기한이 근로자의 날에 해당하는 때에는 그 다음날을 기한으로 한다.

② 신고 · 납부기한일에 국세정보통신망이 프로그램의 오류로 가동이 정지되어 전자신고 또는 전자납부를 할 수 없는 경우에는 그 장애가 복구되어 신고 · 납부할 수 있게 된 날의 다음날을 기한으로 한다.

③ 우편으로 과세표준신고서, 과세표준수정신고서 또는 이와 관련된 서류를 제출한 경우 우편법에 따른 통신일부인이 찍힌 날에 신고된 것으로 본다.

④ 과세표준신고서를 국세정보통신망을 이용하여 제출하는 경우에는 해당신고서 등이 국세청장에게 전송될 때에 신고된 것으로 본다.

⑤ 국세정보통신망이 정전·통신상의 장애·프로그램의 오류 등으로 가동이 정지되어 전자신고 또는 전자납부를 할 수 없는 경우에는 그 장애가 복구되어 신고 또는 납부할 수 있게 된 날을 기한으로 한다.

정답 ⑤

국세정보통신망이 정전 · 통신상의 장애 · 프로그램의 오류 등으로 가동이 정지되어 전자신고 또는 전자납부를 할 수 없는 경우에는 그 장애가 복구되어 신고 또는 납부할 수 있게 된 날의 다음 날을 기한으로 한다.

03 국세기본법상 과세전적부심사는 세무조사의 결과에 대한 서면통지를 받은 날부터 30일 이내에 청구할 수 있다. 그 통지를 받은 날이 3월 20일인 경우 과세전적부심사의 청구는 언제까지 하여야 하는가?

① 4월 18일 ② 4월 19일 ③ 4월 20일
④ 4월 21일 ⑤ 4월 30일

정답 ②

기산일은 3월 21일이며, 동 일자로부터 30일이 되는 날은 4월 19일이 된다. 따라서 4월 19일까지 과세전적부심사의 청구를 하여야 한다(초일불산입 · 말일산입).

04 증여세는 증여받은 날이 속하는 달의 말일부터 3월 이내에 신고 · 납부하여야 한다. 증여받은 날이 8월 17일이라면 언제까지 신고 · 납부하여야 하는가?

① 11월 16일 ② 11월 29일 ③ 11월 30일
④ 12월 1일 ⑤ 12월 31일

정답 ③

기산일은 9월 1일이며, 최후의 월에서 그 기산일에 해당하는 날(12월 1일)의 전일이 기간의 종료점이 된다. 따라서 11월 30일까지 신고 · 납부하여야 한다.

05 경정청구는 법정신고기한이 지난 후 5년 이내에 청구할 수 있다. 법인세의 법정신고기한이 2015년 3월 31일인 경우 경정청구는 언제까지 할 수 있는가?

① 2019년 3월 31일 ② 2019년 4월 1일 ③ 2020년 3월 31일
④ 2020년 4월 1일 ⑤ 2020년 12월 31일

정답 ③

기산일은 2015년 4월 1일이며, 기간의 종료점은 최후의 연도에서 그 기산일에 해당하는 날(2020년 4월 1일)의 전일인 2020년 3월 31일이 된다. 따라서 2020년 3월 31일까지 경정청구를 할 수 있다.

06 서류송달에 관한 다음의 설명 중 옳지 않은 것은?

① 서류송달이란 국세처분의 내용을 기재한 서류를 과세관청이 납세자 또는 이해관계인에게 문서로써 전달하는 행위를 말한다.

② 국세기본법 또는 세법에 따른 서류는 명의인의 주소 · 거소 · 영업소 또는 사무소(전자송달인 경우에는 전자우편주소)에 송달하여야 한다.

③ 서류의 송달을 받아야 할 자가 정당한 사유 없이 서류의 수령을 거부하는 때에는 공시송달에 의하여야 한다.

④ 서류송달 방법은 교부송달 · 우편송달 및 전자송달이 원칙이지만, 이러한 방법이 불가능한 경우에는 공시송달에 의한다.

⑤ 교부 송달의 경우 송달장소에서 그 명의인을 만나지 못한 경우에는 동거인으로서 사리를 판별할 수 있는 자에게 서류를 송달할 수 있다.

정답 ③

서류의 송달을 받아야 할 자 또는 그 사용인 · 기타 종업원 · 동거인으로서 사리를 판별할 수 있는 자가 정당한 사유 없이 서류의 수령을 거부하는 때에는 송달할 장소에 서류를 둘 수 있는데, 이를 '유치송달'이라 한다. 이 사유로 공시송달을 할 수 없다.

07 송달의 효력발생시기에 관한 다음의 설명 중 옳지 않은 것은?

① 교부송달: 송달받아야 할 자에게 서류가 도달한 때

② 우편송달: 송달받아야 할 자에게 서류가 도달한 때

③ 전자송달: 송달받을 자가 지정한 전자우편주소에 입력된 때(국세정보통신망에 저장하는 경우에는 저장된 때)

④ 공시송달: 서류의 주요 내용을 공고한 날부터 7일이 지나는 때

⑤ 유치송달: 수령받아야 할 자 앞의 송달할 장소에 서류를 둘 때

정답 ④

공시송달의 효력발생시기는 서류의 주요 내용을 공고한 날부터 14일이 지나는 때이다.

08 다음 중 적법한 서류의 송달에 해당하지 않는 것은?

① 체납처분에 관계되는 서류를 일반우편으로 송달하는 경우
② 40만원에 해당하는 소득세 중간예납세액의 납세고지서를 일반우편으로 송달하는 경우
③ 부가가치세법에 의한 예정고지세액을 징수하기 위한 납세고지서를 교부송달하는 경우
④ 주민등록표, 법인등기부등본 등에 의하여도 주소 또는 영업소를 확인 할 수 없어 납세고지서의 요지를 공시송달하는 경우
⑤ 납세고지서를 송달받아야 할 자가 송달받아야 할 장소에서 정당한 사유 없이 수령을 거부하여 세무공무원이 거부하는 사람 앞에 서류를 놓고 나오는 경우

정답 ①

① 체납처분은 반드시 등기우편으로 송달하여야 함
② 50만원 미만에 해당하는 예정고지세액은 일반우편으로 송달 가능함
③ 교부송달은 적법한 절차임
④ 주소 또는 영업소가 분명하지 아니한 경우 공시송달의 사유가 됨
⑤ 송달받아야 할 장소에서 수령 받아야 할 사람 앞에 서류를 놓고 나오는 경우는 정당한 유치송달로 볼 수 있음

09 서류의 송달에 관한 다음의 설명 중 옳지 않은 것은?

① 납세의 고지 · 독촉 · 체납처분 또는 정부의 명령에 관계되는 서류를 우편에 의하여 송달하고자 할 경우에는 등기우편에 의하는 것을 원칙으로 한다.
② 송달의 경우 수령인이 수취하였다는 사실을 입증하기 위해 반드시 수령인의 서명날인을 받아야 한다.
③ 서류의 송달을 받아야 할 자의 사용인 또는 동거인으로서 사리를 판별할 수 있는 자에게 서류를 교부하더라도 적법한 송달에 해당한다.
④ 전자송달은 서류송달을 받아야 할 자가 신청하는 경우에 한하며 전자송달은 송달받은 자가 지정한 전자우편주소에 입력된 때에 송달의 효력이 발생한다.
⑤ 서류를 송달할 장소에서 송달을 받을 자가 정당한 사유 없이 그 수령을 거부하는 때에는 유치송달의 방법에 의하여 서류를 송달하여야 한다.

정답 ②

송달시 수령인의 서명날인을 받아야 하나 수령인이 서명날인을 거부하는 경우에도 송달의 효력은 발생하며 서명날인 거부사실만을 송달서에 부기하면 된다.

10 국세기본법상 법인이 아닌 단체에 대한 다음의 설명 중 옳지 않은 것은?

① 주무관청의 허가 또는 인가를 받아 설립되거나 법령에 의하여 주무관청에 등록한 사단, 재단, 기타 단체로서 등기되지 아니한 것은 대표자 또는 관리인이 관할세무서장에게 신청하여 승인을 얻지 않아도 법인으로 본다.

② 법인이 아닌 단체 중 그 단체의 대표자 또는 관리인이 선임되어 있으나 이익의 분배방법 및 비율이 정하여져 있지 아니한 경우에는 그 단체를 1거주자로 본다. 이 경우 소득세법에 따라 1거주자로 보는 단체의 소득은 그 단체의 대표자 또는 관리인의 다른 소득과 합산하여 과세한다.

③ 법인이 아닌 단체의 국세에 관한 의무는 그 대표자 또는 관리인이 이행하여야 한다.

④ 법인이 아닌 단체 중 단체의 조직과 운영에 관한 규정을 가지고 대표자 또는 관리인을 선임하고 있으며, 단체 자신의 계산과 명의로 수익과 재산을 독립적으로 소유·관리하고, 단체의 수익을 구성원에게 배분하지 않는 요건을 모두 갖춘 상태에서 대표자 또는 관리인이 관할세무서장에게 신청하여 승인을 얻은 경우에는 이를 법인으로 본다.

⑤ 공익을 목적으로 출연된 기본재산이 있는 재단으로서 등기되지 아니한 것은 법인으로 본다.

정답 ②

법인격 없는 단체를 1거주자로 보는 경우에도 그 단체의 소득을 대표자의 소득과 합산하지 아니한다.

11 국세기본법상 서류의 송달에 관한 설명으로 옳은 것은? (다툼이 있으면 판례에 따름)

[CTA 2021]

① 세무공무원이 납세자를 방문해 서류를 교부하려고 하였으나 수취인이 부재중인 것으로 확인되어 납부기한까지 송달이 곤란하다고 인정되는 경우에는 공시송달을 할 수 있다.

② 납세의무자, 그 종업원 또는 동거인으로서 사리를 판별할 수 있는 사람이 부재하는 경우에는 송달할 장소에 서류를 둘 수 있다.

③ 집배원이 아파트경비원에게 서류를 교부하는 방식의 송달은 적법한 송달이라고 볼 수 없다.

④ 납부고지서의 우편송달은 등기우편으로만 하여야 한다.

⑤ 「국세기본법」은 서류를 등기우편으로 송달하였으나 수취인이 부재중인 것으로 확인되어 반송됨으로써 납부기한 내에 송달이 곤란하다고 인정되는 경우에는 공시송달을 할 수 있다고 규정하고 있다.

정답 ⑤

① 세무공무원이 2회 이상 납세자를 방문해 서류를 교부하려고 하였으나 수취인이 부재중인 것으로 확인되어 납부기한까지 송달이 곤란하다고 인정되는 경우에 공시송달할 수 있다.

② 서류를 송달받아야 할 자 또는 그 사용인이나 그 밖의 종업원 또는 동거인으로서 사리를 판별할 수 있는 사람이 정당한 사유 없이 서류 수령을 거부할 때에는 송달할 장소에 서류를 둘 수 있다.

③ 아파트경비원에게 서류를 교부하는 방식도 묵시적 위임이 있는 경우라면 허용된다.

④ 중간예납세액의 납부고지서, 부가가치세법 예정고지서 및 국세에 대한 과세표준신고서를 법정신고기한까지 제출하였으나 과세표준신고액에 상당하는 세액의 전부 또는 일부를 납부하지 아니하여 발급하는 납부고지서로서 대통령령으로 정하는 금액(50만원) 미만에 해당하는 납부고지서는 일반우편으로 송달할 수 있다.

Chapter 2 국세기본법의 원칙

AN INTRODUCTION TAX LAW

1 국세부과의 원칙

국세부과란 과세요건을 충족함으로써 이미 성립된 납세의무를 확정하는 행위를 말한다. 국세기본법은 국세부과에 있어 납세자의 재산권에 중대한 영향을 미치므로 그 적정성을 확보하기 위하여 다음 4가지를 규정하고 있는데, 이를 '국세부과의 원칙'이라 한다.

① 실질과세의 원칙

② 신의성실의 원칙(신의칙)

③ 근거과세의 원칙

④ 조세감면의 사후관리

국세부과의 원칙은 과세관청 및 납세자 모두에게 적용되는 원칙이며 개별세법상 특례규정이 있는 경우에 당해 세법규정이 우선한다.

(1) 실질과세의 원칙

1) 의 의

'실질과세의 원칙'이란 형식과 실질이 다른 경우에 실질에 따라 과세하여야 한다는 원칙이다. 이는 실질과 다른 법 형식을 통해 조세부담을 회피하는 행위를 방지하고 부담능력에 따른 과세를 실현하고자 하는 것이므로 조세평등주의를 보다 구체화한 것이다. 실질과세원칙을 무제한적으로 인정하면 법적안정성과 예측가능성을 침해할 위험성이 있으므로 조세법률주의 범위 내에서 제한적으로 행사되어야한다. 국세기본법은 세법에 우선하나 실질과세에 관한 규정은 세법이 우선하므로 세법이 규정하는 바에 따른다.

실질과세원칙에서의 실질의 판단

(1) 법적 실질설
납세의무자가 선택한 법률관계를 존중하여 가장행위에 해당하지 않거나 부당행위계산 부인규정과 개별세법 상 구체적, 개별적 규정이 있는 경우가 아니라면 행위의 효력을 인정하는 입장이다.

(2) 경제적 실질설
납세자가 선택한 법률행위를 경제적 실질에 맞게 재구성하여 과세할 수 있다는 입장이다. 경제적 실질설에 따를 경우 조세회피목적에 관계없이 실질과세원칙을 적용할 수 있게 되어 실질과세원칙이 남용될 우려가 있다.

(3) 판례의 경향
최근의 대법원 판례는 조세회피를 목적으로 이루어진 행위에 대해 점차 경제적 실질에 따라 과세하는 경향이 있다.

2) 유 형

① 거래귀속에 관한 실질과세: 과세의 대상이 되는 소득, 수익, 재산, 행위 또는 거래의 귀속이 명의일 뿐이고 사실상 귀속되는 자가 따로 있을 때에는 사실상 귀속되는 자를 납세의무자로 하여 세법을 적용한다. 예컨대 사업자등록 명의자와 별도로 사실상의 사업자가 있을 경우에는 그 사실상의 사업자를 납세의무자로 보는 것이다.

② 거래내용에 관한 실질과세: 세법 중 과세표준의 계산에 관한 규정은 소득, 수익, 재산, 행위 또는 거래의 명칭이나 형식에 관계없이 그 실질 내용에 따라 적용한다. 예컨대 법인세법에 따른 인정이자 계산 대상 가지급금은 계정명칭에 불구하고 사실상 내용을 판단하며, 소득세법에 따른 근로소득은 명목여하에 불구하고 근로자가 고용계약에 따라 종속적 지위에서 근로를 제공하고 그 대가로 받는 모든 금품을 말한다.

③ 조세회피방지를 위한 경제적 실질과세: 제3자를 통한 간접적인 방법이나 둘 이상의 행위 또는 거래를 거치는 방법으로 국세기본법 또는 세법의 혜택을 부당하게 받기 위한 것으로 인정되는 경우에는 그 경제적 실질내용에 따라 당사자가 직접 거래를 한 것으로 보거나 연속된 하나의 행위 또는 거래를 한 것으로 보아 국세기본법 또는 세법을 적용한다.

(사례) 실질과세원칙의 적용 판례

(1) 지방세 과점주주

모회사 A외국법인은 B외국법인과 C외국법인의 지분을 각각 100% 소유하고 있으며, B외국법인과 C외국법인은 갑내국법인의 지분을 각각 50%씩 취득하였다. B, C법인의 주소 및 전화번호가 같고, 대표이사 외의 직원이 없으며, 매입대금도 A법인에서 지급한 것으로 판단된다. 갑내국법인의 주식을 A법인이 직접 취득하지 않고 자회사 명의로 분산하여 취득한 것은 오로지 간주취득세의 납세의무를 회피하기 위한 것으로 보기에 충분하므로 A외국법인은 과점주주의 간주취득세 납세의무가 있다. (2008두8499)

(2) 제3자를 거친 신주인수권부사채 거래

회사의 연속된 행위 또는 거래를 회사가 신주인수권의 행사차익 상당액을 최대주주 등에게 직접 증여한 것으로 볼 수 있는지 여부와 관련하여 법원은 ① 해당 거래의 형식을 선택한 목적, ② 제3자를 개입시키거나 여러 단계를 거친 경위, ③ 해당 거래에 조세부담 경감 외의 사업상 필요의 합리적 이유가 존재하는지 여부, ④ 각 거래 또는 행위의 시간적 간격, ⑤ 해당 거래의 형식을 택한 데 따른 손실과 위험부담 등을 실질과세원칙 적용을 위한 판단기준으로 제시하였다. 거래당사자들이 사업목적에 따라 신주인수권부사채를 인수·행사하였고, 매입가격과 행사가격도 임의로 정하지 않았으며, 회사의 주가상승도 예측하기 어려웠으므로 회사가 최대주주에게 직접 증여한 것으로 볼 수 없다고 하였다(2018두33449). 동 판례 이후 최대주주가 회사로부터 신주인수권부사채를 직접 인수한 경우 뿐만 아니라 제3자에게 증권을 취득시킬 목적으로 인수·취득한 경우도 과세할 수 있도록 세법이 개정되었다.

(2) 신의성실의 원칙(신의칙)

1) 의 의

'신의성실의 원칙'이란 신의칙이라고도 하는데, 이는 납세자와 세무공무원이 그 의무를 이행함에 있어 신의에 따라 성실하게 하여야 한다는 것이다. 신의성실의 원칙은 납세자의 신뢰이익을 보호하는 것이 목적이나 이를 적용함에 있어서 조세법률주의(합법성의 원칙)와 상충되는 결과를 초래하게 된다. 신의성실의 원칙은 합법성을 따를 것인가 납세자의 신뢰이익을 보호하여 법적안정성을 추구할 것인가에 대한 가치판단의 문제이다. 그러므로 합법성을 위배하면서까지 신뢰이익을 보호할 가치가 있다고 충분히 인정되는 경우에만 신의성실의 원칙을 제한적으로 적용한다. 신의칙은 과세관청에 철저한 준수가 요구되고 있어 과세관청에 적용되는 경우가 거의 대부분이다.

2) 적용대상자

국세기본법상 신의성실의 원칙은 납세자뿐만 아니라 과세관청에도 적용된다.

3) 과세관청의 행위에 대한 신의칙 적용요건

국세기본법에서는 신의성실의 원칙에 대한 적용요건을 규정하고 있지 않으나 학설과 판례에 의해 확립된 내용은 다음과 같다.

① 납세자의 신뢰의 대상이 되는 과세관청의 공적 견해표시가 있어야 한다.

② 납세자가 과세관청의 견해표시를 신뢰하고, 그 신뢰에 납세자의 귀책사유가 없어야 한다.

③ 납세자가 과세관청의 견해표시에 대한 신뢰를 기초로 하여 어떤 행위를 하여야 한다.

④ 과세관청이 당초의 견해표시에 반하는 적법한 행정처분을 하여야 한다.

⑤ 과세관청의 그러한 배신적 처분으로 인하여 납세자가 불이익을 받아야 한다.

4) 효 과

위의 적용요건이 충족되면 과세관청의 처분은 적법한 것임에도 불구하고 신의성실의 원칙을 위반하였으므로 취소될 수 있는 행정처분이 된다.

5) 납세자의 행위에 대한 신의칙

납세자에게 신의칙을 적용하기 위해서는 ① 납세자에게 객관적으로 모순되는 행태가 존재하고 ② 그 행태가 심한 배신행위에 기인하였으며 ③ 그로 인하여 야기된 과세관청의 신뢰가 보호받을 가치가 있어야 한다. 과세관청은 납세자보다 우월한 지위에 있으며 신의성실원칙을 구실로 조세법률주의에 반하여 납세자의 증가된 세부담을 유지 시키는 것이므로 납세자의 귀책 가능성 정도가 극히 심한 경우에만 제한적으로 허용되어야 한다.

신의성실의 원칙 위배 여부

(과세관청행위에 대한 신의칙적용)

1. 국세청의 인터넷 세무 상담은 세법해석의 기준이라고 할 수 없어 수정신고를 권장한 행위가 신의성실의 원칙과 소급과세금지의 원칙에 위배되지 아니하고, 세무공무원과의 일반적인 상담내용만으로는 과세관청의 공적견해를 표명한 것으로 인정할 수 없으므로 신의성실의 원칙에 위배하였다고 볼 수 없다.
2. 골절치료기구 수입판매업자에게 부가세면제대상이라 세무지도를 하였고 수입판매업자는 귀책사유 없이 이를 믿고 부가세를 징수하지 아니하였다. 이전 과세기간에 대하여 부가세를 증액결정한 과세관청의 과세처분은 신의성실의 원칙에 위반되는 행위이다.

(납세자의 행위에 대한 신의칙적용)

1. 납세의무자가 분식결산하고 이에 따라 과다하게 법인세를 신고 · 납부하였다가 그 과다납부한 세액에 대하여 취소소송을 제기하여 다툰다는 사정만으로 신의성실의 원칙에 위반될 정도로 심한 배신행위를 하였다고 볼 수 없다.[11]

(3) 근거과세의 원칙

1) 의 의

'근거과세의 원칙'이란 장부, 서류 등 실제자료에 입각하여 납세의무를 확정하여야 한다는 원칙이다. 이는 근거가 불충분한 과세를 방지함으로써 납세자의 재산권이 부당하게 침해되는 것을 방지하는데 그 취지가 있다. 납세의무자에게 부과처분내용을 알려 불복여부의 결정과 그 불복신청에 대한 편의를 주려는 취지로 강행규정이므로 세액산출근거 등이 고지되지 않은 납세고지는 위법한 것으로 취소대상이다.

2) 내 용

① 실지조사결정: 납세의무자가 세법에 의하여 장부를 비치 · 기장한 경우 당해 국세의 과세표준의 조사와 결정은 그 비치 · 기장한 장부와 이에 관계되는 증빙자료에 의하여야 한다. 이는 실지조사결정이 원칙적인 결정방법임을 의미한다.

② 조사결정서의 작성과 근거의 부기: 기장의 내용이 사실과 다르거나 기장에 누락된 것이 있는 때에는 '그 부분에 한하여' 정부가 조사한 사실에 따라 결정할 수 있다. 이 경우에는 정부가 조사한 사실과 결정의 근거를 결정서에 부기하여야 한다. 장부와 증빙서류가 없거나 중요한 부분이 미비 또는 허위여서 실지조사결정이 불가능한 경우 부득이 간접적인 자료에 따라 과세표준을 추정하여 계산하는 추계조사결정을 할 수 있다.

③ 조사결정서의 열람: 행정기관의 장은 해당 납세의무자 또는 그 대리인의 구술에 의한 요구가 있는 때에는 조사결정서를 열람 또는 복사하게 하거나 그 등본 또는 초본이 원본과 일치함을 확인하여야 한다. 다만, 해당 행정기관의 장이 필요하다고 인정하는 때에는 복사한 사람의 서명을 요구할 수 있다.

3) 근거과세와 입증 책임

조세 쟁송에 있어 특별한 사정이 없는 한 과세요건과 관련하여서는 과세관청에 입증 책임이 있다. 하지만 소송과정에서 입증단계에는 이르지 못했지만 경험칙에 근거하여 과세요건사실이 추정되는 경우 당해 과세 처분이 과세요건을 충족시키지 못하는 위법한 처분이라고 단정하지는 않는다. 과세요건 사실의 입증부담을 완화하고자 상속세 및 증여세법에서는 상속 개시 일전 처분재산에 대한 상속추정 등 과세요건 사실을 추정하는 규정을 두고 있다.

---

11) 2017년 1월 1일 이후 경정하는 분부터는 매년 분식회계로 과다 납부한 세액의 20%를 한도로 세액공제하며 환급금 및 환급가산금은 적용하지 아니한다.

4) 입증책임의 경감

과세관청이 과세요건 사실을 입증하는 부담을 덜어주고자 법률상 과세요건사실을 추정하는 규정을 두고 있다. 과세요건사실에 관한 법률상 추정의 대표적인 예는 다음과 같다.

① 상속세 및 증여세법상 상속개시일 전 처분재산 등에 대한 상속추정
② 배우자 또는 직계존비속에 대한 재산양도시 증여추정
③ 자력으로 재산을 취득하였다고 인정하기 어려운 경우의 재산취득자금 증여추정

(4) 조세감면의 사후관리

정부는 국세를 감면한 경우에 그 감면의 취지를 성취하거나 국가정책을 수행하기 위하여 필요하다고 인정하면 세법에서 정하는 바에 따라 감면한 세액에 상당하는 자금 또는 자산의 운용범위를 정할 수 있다. 그리고 그 운영범위를 벗어난 자금 또는 자산에 상당하는 감면세액은 세법에서 정하는 바에 따라 감면을 취소하고 징수 할 수 있다. 어느 특정 납세의무자에 대한 조세감면은 결국 다른 납세의무자의 세부담을 증가시키게 되므로 공평과세를 저해하는 하나의 요소로 지목된다. 따라서 조세감면은 신중해야 하며 일단 법이 정하는 바에 따라 감면된 경우 당초의 감면취지가 달성될 수 있도록 사후관리가 반드시 필요하다. 그 대표적인 예로는 세액공제받은 자산의 매각 제한, 공익법인 출연재산의 사후관리 등이 있다.

2 세법적용의 원칙

세법의 적용이란 세법규정의 의미를 명확히 하고 이를 구체적 사실에 결부시켜 법률효과를 발생시키는 과정을 말한다. 그리고 '세법적용의 원칙'이란 세법의 적용에 있어 준수해야 할 기본적 지침을 의미하는데 국세기본법은 다음 4가지를 규정하고 있다.

① 재산권 부당침해금지의 원칙(세법해석의 원칙)
② 소급과세금지의 원칙
③ 세무공무원의 재량의 한계
④ 기업회계의 존중

세법적용의 원칙은 과세관청에게만 그 준수가 요구되는 원칙이며, 개별세법에 국세기본법과 다른 특례규정을 둘 수 없다.

(1) 재산권 부당침해금지의 원칙(세법해석의 원칙)

세법을 해석 · 적용할 때에는 과세의 형평과 해당 조항의 합목적성에 비추어 납세자의 재산권이 부당하게 침해되지 않도록 하여야 한다는 원칙으로 유사한 상황에 적용하는 유추해석이나 통상적인 의미보다 넓은 의미로 해석하지 말고 특별한 사정이 없는 한 법문대로 해석하여야 한다. 법문을 해석함에 있어 법적안정성과 예측가능성을 해치지 않는 범위 내에서 입법취지 및 목적 등을 고려하여 구체적 타당성을 찾는데 목표를 두어야 한다.

(2) 소급과세금지의 원칙

1) 의 의

'소급과세금지의 원칙'이란 법률의 효력발생 전에 완결된 사실에 대하여 새로 제정된 법률을 적용하여 과세할 수 없다는 원칙이다. 그 취지는 조세법률관계에 대한 법적 안정성과 예측가능성을 보장하기 위함이다.

이러한 소급과세금지의 원칙은 국민의 조세부담이 증가되는 경우에는 당연히 적용되지만, 국민의 조세부담이 감소되는 경우에는 소급을 인정하는 것이 통설이다.

2) 내 용

① 입법상 소급과세금지: 국세를 납부할 의무(세법에 징수의무자가 따로 규정되어 있는 국세의 경우에는 이를 징수하여 납부할 의무)가 성립한 소득, 수익, 재산, 행위 또는 거래에 대해서는 그 성립 후의 새로운 세법에 따라 소급하여 과세하지 않는다.

② 행정상 소급과세금지: 세법의 해석이나 국세행정의 관행이 일반적으로 납세자에게 받아들여진 후에는 그 해석이나 관행에 의한 행위 또는 계산은 정당한 것으로 보며, 새로운 해석이나 관행에 의하여 소급하여 과세되지 않는다. 세법의 성문화의 여부에 관계없이 행정처분의 선례가 반복됨으로써 납세자가 세법의 해석 또는 국세행정의 관행에 대한 존재를 일반적으로 확신하게 된 경우에 적용되며 명백히 법령위반인 경우에는 제외한다.

3) 소급과세여부의 판정 기준일

소급과세에 해당되는지 여부를 판정하는 기준일은 납세의무성립일이다. 납세의무가 이미 성립한 경우에는 새로운 세법을 적용할 수 없으며, 납세의무가 성립하지 않은 경우에는 새로운 세법을 적용할 수 있다.

진정소급과 부진정소급

- 진정소급: 이미 성립된 소득 등에 대하여 납세의무성립일 이후에 개정된 세법을 적용하는 것을 말하는데, 이는 소급과세금지의 원칙에 위배되므로 허용되지 않는다.
- 부진정소급: 과세기간별로 과세하는 법인세, 소득세, 부가가치세 등의 경우 과세기간중의 세법개정내용을 과세기간 개시일부터 적용하는 것을 말하는데, 이는 소급과세금지의 원칙에 위배되지 않는 것으로 보는 것이 통설이다.[12]

  예 소득세 납세의무성립일은 과세연도 종료일이다. 예를 들어 2015년 3월에 세율을 인상하여 2014년 소득에 대하여 적용하는 것은 진정소급이며, 2015년 1월에서 3월까지의 소득에 대하여 적용하는 것은 부진정소급이다.
- 소득세법이 개정되어 취득 당시 알 수 없었던 높은 양도소득세율을 적용하는 것은 소급과세금지 원칙에 위배되지 않는다. 특별한 사정이 없는 한 현재의 세율이 장래에도 그대로 유지되리라고 기대하거나 신뢰할 수 없기 때문이다.
- 헌법재판소 판결문에서 진정소급와 부진정소급의 구분은 사실상 법 기술적 차원의 구분에 불가하며 새로운 세법이 국민의 법적안정성을 훼손하는 정도와 소급과세를 통해 달성하고자 하는 공익을 비교하여야 한다고 하였다. 종전의 세법에 따른 과세가 이루어질 것이라는 점에 대한 ①납세자의 신뢰에 보호가치가 없거나 ②소급과세로 달성할 수 있는 공익이 특별히 큰 경우 ③기타의 이유로 소급과세의 필요성이 인정되는 경우 소급과세는 헌법에 위배되지 않는다라고 하였다.

(3) 세무공무원의 재량의 한계

1) 의 의

세무공무원이 재량으로 직무를 수행할 때에는 과세의 형평과 해당 세법의 목적에 비추어 일반적으로 적당하다고 인정되는 한계를 엄수하여야 한다.

2) 취 지

세무공무원이 부과 · 징수권을 행사함에 있어서 납세자의 재산권이 부당하게 침해할 우려가 있으므로 그 재량권의 한계를 엄격히 명시하기 위함이다.

---

12) 양도소득세가 비과세되는 거주요건을 규정하면서 시행 후 1년이 되는 날까지 해당주택을 양도하는 경우 개정규정에도 불구하고 종전의 규정을 적용한다는 경과규정을 둔 이상 소급과세금지원칙에 반하지 않는다는 대법원 판례가 있다. 부진정소급의 경우에도 납세자의 신뢰보호의 필요성과 공익을 비교하여 신뢰보호가치가 있다고 할 사유가 있는 경우 부진정소급과세도 허용될 수 없다는 헌법재판소의 결정에 따라 입법을 할 때에는 부진정소급이 되지 않도록 새로운 과세기간 개시일부터 시행하고 예측가능성을 보장하기 위하여 상당기간 경과규정을 둘 필요가 있다.

(4) 기업회계의 존중

1) 의 의

세무공무원이 국세의 과세표준을 조사 · 결정할 때에는 해당 납세의무자가 계속하여 적용하고 있는 기업회계의 기준 또는 관행으로서 일반적으로 공정 · 타당하다고 인정되는 것은 존중하여야 한다. 다만, 세법에 특별한 규정이 있는 것은 그렇지 않다.

2) 취 지

세법이 과세표준의 조사 · 결정에 관한 모든 내용을 완전하게 규정하는 것은 사실상 불가능하다. 이러한 점을 반영하여 세법에 규정이 없는 사항에 대해서는 공정 · 타당한 기업회계의 기준이나 관행을 보충적 기준으로 따르도록 한 것이다.

국세부과의 원칙과 세법적용의 원칙을 비교하면 아래의 표와 같다.

표 2-1 • 국세부과의 원칙과 세법적용의 원칙 비교

구 분	국세부과의 원칙	세법적용의 원칙
의 의	이미 성립된 납세의무를 확정하는 데 있어 지켜야 할 원칙	세법의 적용에 있어 지켜야 할 원칙
적용대상자	과세관청과 납세자	과세관청
구성요소	① 실질과세의 원칙 ② 신의성실의 원칙(신의칙) ③ 근거과세의 원칙 ④ 조세감면의 사후관리	① 재산권부당침해금지의 원칙(세법해석의 원칙) ② 소급과세금지의 원칙 ③ 세무공무원의 재량의 한계 ④ 기업회계의 존중
국세기본법과 세법의 우선관계	개별세법이 국세기본법에 우선 (개별세법 내용에 따라 우선배제가능)	국세기본법이 개별세법에 우선 (과세관청이 국세기본법에 의거 반드시 준수)

OX 문제

01 당해 과세기간 중에 세법을 개정하여 과세기간초에 발생한 소득에 대하여 과세하는 것은 소급과세금지원칙에 위배된다.

02 조세법률주의는 과세요건법률주의, 과세요건명확주의, 과세불소급의 원칙, 엄격해석의 원칙이 있다.

03 실질과세원칙은 조세법률주의에 대한 침해를 최소화하도록 제한적으로 적용하여야 한다.

04 실질과세원칙에 의거 주주권리행사를 한 사실 없이 회사의 주주명부에 있는 명의자인 주주를 세법상의 주주로 보지 아니할 수 있다.

05 신의성실원칙은 납세자가 과세관청의 의견을 신뢰하고 세법상의 행위를 하였으나 과세관청이 당초 견해에 반하는 처분을 하여야 하며 이때 처분의 적법성 여부는 따지지 않는다.

정답&해설 **01** × **02** ○ **03** ○ **04** ○ **05** ×

01 부진정소급에 해당하여 소급과세원칙에 위배되지 아니한다.

04 회사 대표자가 임의등재 할 수 있는 사유 등 실질적인 내용에 의하여 세법상 주주로 보지 않을 수 있다.

05 처분이 위법하면 신의성실원칙여부로 다툴 여지도 없이 위법한 처분이 된다.

연습 문제

01 국세기본법상 국세부과의 원칙에 대한 다음의 설명 중 옳지 않은 것은?

① 법률의 효력발생 전에 완결된 사실에 대하여 새로 제정된 법률을 적용하여 과세할 수 없다.
② 형식과 실질이 다른 경우에 실질에 따라 과세하여야 한다.
③ 납세자와 세무공무원이 그 의무를 이행함에 있어 신의에 따라 성실하게 하여야 한다.
④ 서류 등 실제자료에 입각하여 납세의무를 확정하여야 한다.
⑤ 신의성실의 원칙은 납세자뿐만 아니라 과세관청에도 적용된다.

정답 ①

소급과세금지의 원칙으로 세법적용의 원칙에 해당한다.

02 사업자등록 명의자와 사실상의 사업자가 다를 경우 그 사실상의 사업자를 납세의무자로 본다. 이에 적용될 국세부과의 원칙은?

① 조세감면의 사후관리
② 근거과세의 원칙
③ 신의성실의 원칙
④ 실질과세이 원칙
⑤ 소급과세 금지의 원칙

정답 ④

과세의 대상이 되는 소득, 수익, 재산, 행위 또는 거래의 귀속이 명의일 뿐이고 사실상 귀속되는 자가 따로 있을 때에는 사실상 귀속되는 자를 납세의무자로 한다. 이는 실질과세의 원칙 중 거래귀속에 관한 실질과세를 설명한 것이다.

03 다음 중 국세부과의 원칙에 해당하지 않는 것은?

① 실질과세의 원칙
② 재산권부당침해금지의 원칙
③ 근거과세의 원칙
④ 조세감면의 사후관리
⑤ 신의성실의 원칙

정답 ②

재산권부당침해금지의 원칙은 세법적용의 원칙에 해당한다.

04 다음 중 국세기본법상 세법적용의 원칙에 대한 설명이 아닌 것은?

① 세무공무원이 재량으로 직무를 수행할 때에는 과세의 형평과 해당 세법의 목적에 비추어 일반적으로 적당하다고 인정되는 한계를 엄수하여야 한다.
② 세법을 해석 · 적용할 때에는 과세의 형평과 해당 조항의 합목적성에 비추어 납세자의 재산권이 부당하게 침해되지 않도록 하여야 한다는 원칙이다.
③ 정부가 정한 운영범위를 벗어난 자금 또는 자산에 상당하는 감면세액은 세법에서 정하는 바에 따라 감면을 취소하고 징수 할 수 있다.
④ 국세의 과세표준을 조사 · 결정할 때에는 해당 납세의무자가 계속하여 적용하고 있는 기업회계의 기준 또는 관행으로서 일반적으로 공정 · 타당하다고 인정되는 것은 존중하여야 한다.
⑤ 법률의 효력발생 전에 완결된 사실에 대하여 새로 제정된 법률을 적용하여 과세할 수 없다.

정답 ③

조세감면의 사후관리에 관한 설명으로 국세부과의 원칙에 해당한다.

05 「20×5년 8월에 소득세법을 개정한 경우 개정된 내용은 20×5년 1월에 발생한 소득분부터 적용한다.」 이와 가장 관련된 원칙은?

① 신의성실의 원칙
② 실질과세의 원칙
③ 소급과세금지의 원칙
④ 재산권부당침해금지의 원칙
⑤ 근거과세의 원칙

정답 ③

소급과세금지의 원칙 중 부진정소급에 대한 설명이다.

06 다음 중 국세기본법상 세법적용의 원칙에 해당하지 않는 것은?

① 소급과세의 금지
② 기업회계의 존중
③ 세무공무원의 재량의 한계
④ 근거과세
⑤ 재산권 부당침해 금지

정답 ④

근거과세는 국세부과의 원칙에 해당한다.

07 국세부과의 원칙과 세법적용의 원칙에 관한 다음의 설명 중 옳지 않은 것은?

① 국세부과의 원칙은 납세의무를 확정하는데 준수해야 할 원칙이고, 세법적용의 원칙은 세법의 적용에 있어 지켜야 할 원칙이다.
② 두 원칙 모두 과세관청과 납세자가 그 적용대상자이다.
③ 신의성실의 원칙은 국세부과의 원칙 중 하나의 구성요소이다.
④ 국세기본법과 세법의 내용이 다른 경우 국세부과의 원칙에 대하여는 세법이 국세기본법에 우선하지만, 세법적용의 원칙에 대하여는 국세기본법이 세법에 우선한다.
⑤ 세무공무원의 재량으로 직무를 수행할 때에는 과세의 형평과 해당 세법의 목적에 비추어 일반적으로 적당하다고 인정되는 한계를 엄수하여야 한다.

정답 ②

국세부과의 원칙은 과세관청과 납세자 모두가 적용대상자이지만, 세법적용의 원칙은 과세관청만이 적용대상자이다.

08 국세기본법에서 규정하고 있는 국세부과의 원칙과 세법적용의 원칙에 대한 다음의 설명 중 옳지 않은 것은?

① 실질과세원칙은 부담능력에 따른 과세형평을 실현하고자 하는 조세평등주의를 구체화한 것이므로 조세법률주의에 우선하여 적용한다.

② 국세기본법에서는 국세부과의 원칙으로 실질과세의 원칙, 신의성실의 원칙, 근거과세의 원칙, 조세감면의 사후관리를 규정하고 있다.

③ 국세행정의 관행이 일반적으로 납세자에게 받아들여진 후에는 그 관행에 따른 행위 또는 계산은 정당한 것으로 보며, 새로운 관행에 의하여 소급하여 과세하지 않도록 한 것은 소급과세금지의 원칙을 적용한 것으로 볼 수 있다.

④ 개별 세법에서는 국세기본법에서 규정하고 있는 실질과세의 원칙에 반하더라도 구체적인 예외규정을 둘 수 있다.

⑤ 국세기본법에서 규정하고 있는 소급과세금지의 원칙에 반하는 규정을 다른 세법에서 규정하는 경우, 국세기본법 우선의 원칙에 따라 당해 규정은 효력이 없다.

정답 ①

실질과세원칙은 조세평등주의를 실현하기 위한 원칙이나 이를 무제한적으로 인정하면 법적안정성과 예측가능성을 침해할 위험성이 있으므로 조세법률주의 범위 내에서 제한적으로 행사되어야 한다.

09 「국세기본법」상 국세부과 및 세법적용의 원칙에 관한 설명이다. 옳은 것은?

[CPA 2022]

① 사업자등록의 명의자와는 별도로 사실상의 사업자가 있는 경우에는 법적 형식이 경제적 실질에 우선하므로 사업자등록의 명의자를 납세의무자로 하여 세법을 적용한다.

② 납세의무자가 세법에 따라 장부를 갖추어 기록하고 있으나 장부의 기록에 일부 누락된 것이 있을 때에는 당해 납세의무자의 과세표준 전체에 대해서 정부가 조사한 사실에 따라 결정할 수 있다.

③ 세법을 해석·적용할 때에는 과세의 형평과 해당 세법의 목적에 비추어 국가의 과세권이 침해되지 아니하도록 하여야 한다.

④ 세무공무원이 국세의 과세표준을 조사·결정할 때에는 세법에 특별한 규정이 있는 경우에도 해당 납세의무자가 계속하여 적용하고 있는 기업회계의 기준 또는 관행으로서 일반적으로 공정·타당하다고 인정되는 것은 존중하여야 한다.

⑤ 세법의 해석이나 국세행정의 관행이 일반적으로 납세자에게 받아들여진 후에는 그 해석이나 관행에 의한 행위 또는 계산은 정당한 것으로 보며, 새로운 해석이나 관행에 의하여 소급하여 과세되지 아니한다.

정답 ⑤

① 실질과세원칙이 우선하므로 사실상의 사업자가 납세의무자이다.

② 납세의무자가 세법에 따라 장부를 갖추어 기록하고 있으나 장부의 기록에 일부 누락된 것이 있을 때에는 그 부분에 한하여 정부가 조사한 사실에 따라 결정할 수 있다.

③ 세법을 해석·적용할 때에는 과세의 형평과 해당 세법의 목적에 비추어 국가의 과세권이 아니라 납세자의 재산권이 부당하게 침해되지 않도록 하여야 한다.

④ 세무공무원이 국세의 과세표준을 조사·결정할 때에 세법에 특별한 규정이 있는 경우에는 그 세법 규정을 준수하여야 한다. 세법에 특별한 규정이 없는 경우에 공정타당한 기업회계의 기준 또는 관행을 존중하여야 하는 것이다.

Chapter 3 납세의무

AN INTRODUCTION TAX LAW

1 개 요

조세채무관계설에 의하면 납세의무는 과세관청의 어떠한 행위도 필요 없이 과세요건의 충족만으로 자동적으로 성립되며 이후 확정 및 소멸의 단계를 거치도록 규정되어 있다.

납세의무의 성립과 확정 및 소멸에 대한 내용을 도식화하면 다음과 같다.

납세의무 성립		납세의무 확정		납세의무 소멸
납세의무가 객관적으로 발생함	→ (추상적 납세의무)	납세의무의 존재와 내용을 사후적으로 확인함	→ (구체적 납세의무)	성립·확정된 납세의무가 사라짐

2 납세의무의 성립

(1) 정 의

납세의무의 성립이란 각 세법이 규정하고 있는 과세요건이 충족됨으로서 납세의무가 객관적으로 생겨나는 것으로서 추상적 납세의무가 있다는 것을 인식하는 것이다.

(2) 과세요건

과세요건이란 납세의무의 성립에 필요한 법률상의 요건을 말한다. 이러한 과세요건의 구체적인 내용은 다음과 같다.

1) 납세의무자

세법에 따라 국세를 납부할 의무가 있는 자를 말한다. 이는 법률상의 납세의무자를 말하며, 재정학상의 담세자를 의미하는 것은 아니다.

2) 과세대상(과세물건과 그 귀속)

과세물건이란 세법에서 과세의 대상으로 정하고 있는 물건 · 행위 또는 사실을 말한다.

3) 과세표준

과세표준이란 세법에 따라 직접적으로 세액산출의 기초가 되는 과세물건의 수량 또는 가액을 말한다.

4) 세 율

과세표준에 대한 세액의 비율을 세율이라고 한다. 종가세의 경우에는 세율이 백분 또는 천분비로 표시되며, 종량세는 세율이 금액으로 표시된다.

(3) 납세의무의 성립시기

1) 원칙적인 성립시기

구 분		납세의무의 성립시기
기간세[13]	소 득 세 법 인 세 부 가 가 치 세	과세기간이 종료하는 때(수입재화에 대한 부가가치세의 경우 세관장에게 수입신고 하는 때)
수시세[14]	상 속 세	상속이 개시되는 때
	증 여 세	증여에 의하여 재산을 취득하는 때(예 등기 · 등록일)
	종합부동산세	과세기준일(매년 6. 1.)
	증 권 거 래 세	해당 매매거래가 확정되는 때
	인 지 세	과세문서를 작성하는 때
가산세 (특례 신설)[15]		• 무신고가산세 및 과소신고 · 초과환급신고가산세 : 법정신고기한이 경과한 때 • 납부지연가산세 : 법정납부기한 경과 후 1일마다 그 날이 경과하는 때 - 다만, 납세고지서상 납부기한까지 납부하지 않음에 따른 납부지연가산세(종전 3% 가산금 부분) : 납세고지서에 따른 납부기한이 경과하는 때

13) 기간세란 일정한 기간을 단위로 파악하여 부과하는 조세이다.

	• 원천징수납부 등 불성실가산세 : 법정납부기한이 경과한 때 • 그 밖의 가산세(개별세법상 가산세) : 가산할 국세의 납세의무가 성립하는 때[16]

2) 예외적인 성립시기

원천징수세액 등은 위의 성립시기가 도래하기 전에 이미 납부를 통해 소멸되게 된다. 이는 성립 전에 소멸되는 모순이 발생하므로 예외적인 성립시기를 두어 성립시기가 도래하기 전에 우선 성립하는 것으로 규정하고 있다.

구 분	성립시기
원천징수 소득세	소득금액(수입금액)을 지급하는 때
납세조합징수 소득세[17] 예정신고납부 소득세[18]	과세표준이 되는 금액이 발생한 달의 말일
중간예납하는 소득세 · 법인세 · 예정신고기간에 대한 부가가치세	중간예납기간 또는 예정신고기간이 끝나는 때
수시부과 국세	수시부과사유 발생하는 때

14) 수시세란 일정한 시점을 기준으로 파악하여 부과하는 조세이다. 일종의 stock 개념으로 이해하면 된다.

15) 가산세 종류별로 그 성격 및 의무위반시기가 다른 점을 고려하여 가산서에 한해 성립시기에 대한 특례를 신설하였다.

16) 종전에는 국세의 납세의무가 성립하는 때에 가산세의 납세의무가 성립하는 것으로 규정되어 있었다. 하지만 본세가 성립된 후 납부시에는 가산세의 성립여지도 없거니와 신고의무 위반 등으로 인하여 국세 납세의무 성립 후에 발생하는 경우도 많다. 이러한 점을 고려하여 가산할 국세의 납세의무가 성립한 경우만을 대상으로 가산세의 성립시기를 규정한 것이다.

17) 납세조합은 원천징수의무자로 지정할 수 없는 소득자나 사업자를 대상으로 조직한 조합으로 징수편의나 납세의무대행 편의를 위해 납세조합이 원천징수 등을 이행(예: 국외기관으로부터 지급받는 소득, 영세사업자 소득)한다.

18) 예정신고 납세의무 확정력과 관련하여 예정신고하는 양도소득세의 경우 납세의무는 과세표준이 되는 금액이 발생한 달의 말일에 성립하고 그때부터 2개월 이내에 과세표준과 세액을 신고함으로 써 확정된다. 양도소득의 경우 확정신고를 면제하는 조항이 있지만 사업소득에 해당하는 부동산매매업자의 예정신고는 면제조항이 없어 확정력이 없으며 종합소득 확정신고를 이 후 이행하여야 한다.

예제 1 납세의무 성립일

다음 세목의 납세의무의 성립일은 언제인가?

(1) 20×5년 소득세의 납세의무 성립일

(2) 20×5년 2기 부가가치세 납세의무 성립일

(3) 20×5. 7. 1.에 사망한 서세화 씨의 상속인의 납세의무 성립일(상속등기일 20×5. 8. 7)

해설

(1) 소득세의 납세의무는 과세기간이 끝나는 때이므로 20×5. 12. 31.이다.
소득세는 항상 1. 1. ~ 12. 31.이 과세기간이다.

(2) 부가가치세의 납세의무는 과세기간이 끝나는 때이므로 2기 성립일은 20×5. 12. 31.이다.
부가가치세는 1기의 경우 1. 1. ~ 6. 30.이고, 2기의 경우 7. 1. ~ 12. 31.이다.

(3) 상속세의 경우 수시세의 일종으로 상속이 개시되는 때인 20×5. 7. 1.이 납세의무성립일이다.
상속세는 상속개시일을 사망일로 규정하고 있으며 등기 · 등록시점과 무관하다.

3 납세의무의 확정

(1) 의 의

납세의무의 확정이란 이미 성립한 납세의무에 대하여 과세요건에 따라 세액까지 계산하여 그 내용을 구체적으로 확인하는 절차이다. 납세의무의 확정 이전에는 납세의무가 추상적으로 성립만 되어 있는 단계일 뿐이며, 납세의무자는 성립되어 있는 조세를 납부하거나 국가에서 징수권을 행시할 수 있는 단계가 아니다. 납세의무의 확정을 통해 납세의무를 이행할 수 있게 구체화되는 것이다.

(2) 확정의 방식

1) 신고납세제도

납세의무의 확정을 위하여는 납세의무자 또는 과세관청의 일정한 행위나 절차가 필요하다. 신고납세제도상 확정의 권한은 1차적으로 납세의무자에게 부여하며 과세권자는 2차적 · 보충적 지위에 있는 제도를 말한다. 그러므로 납세의무자의 과세표준신고로 납세의무가 확정된다. 정부는 납세의무자의 신고에 오류 · 탈루가 있거나 부당한 경우 경정을 통해 세액을 변경할 수 있으며, 납세의무자가 신고를 하지 않은 경우 2차적으로 세액을 확정하여 결정할 수 있다.

대표적인 세목으로는 소득세 · 법인세 · 부가가치세 · 신고납세방식을 선택한 종합부동산세[19)]

19) 종합부동산세는 정부부과제도에 속하는 세목이지만 납세의무자가 신고납세제도를 선택할 수 있다.

· 개별소비세 · 증권거래세 등이 있다.

2) 정부부과제도[20)]

정부부과제도는 정부의 부과처분 즉, 결정에 의하여만 납세의무가 확정되며, 납세의무자에게 결정통지서 · 납세고지서가 도달되는 시점에 확정의 효력이 발생한다. 정부부과세목에서도 신고의무를 지우고 있는 경우도 있지만 이는 정부에 근거자료를 제공하는 협력의무의 이행일 뿐이며, 납세의무를 확정시키는 효력은 없다.

대표적인 세목으로는 상속세 · 증여세 · 종합부동산세(신고납세방식이 아닐 때)를 들 수 있다.

구 분		신고납세제도		정부부과제도
의 의		1차 (납세의무자 확정)	2차 (납세신고의 하자나 무신고시 정부확정)	정부에서만 확정권 부여 (납세의무자신고는 협력의무의 이행에 불과함)
적용세목		소득세 · 법인세 · 부가가치세 · 신고납세방식을 선택한 종합부동산세 · 개별소비세 · 증권거래세 등		상속세 · 증여세 · 신고납세방식을 선택하지 않은 종합부동산세
확정절차	확정주체	납세의무자	정 부	정 부
	효력의 발생	신고서 제출	결정통지서 도달	결정통지서 도달

3) 자동확정[21)]

다음의 경우 납세의무의 성립과 동시에 확정된다.

① 인지세

② 원천징수하는 소득세 · 법인세

③ 납세조합이 징수하는 소득세

④ 중간예납하는 법인세(세법에 따라 정부가 조사 · 결정하는 경우는 제외)

⑤ 납부지연가산세[22)] · 원천징수납부 등 불성실 가산세

---

20) 정부부과제도에서 납세의무자가 과다신고한 경우 정부가 이를 조사하여 초과납부한 세액을 환급하여야 할 적극적 의무를 진다. 만일 과세관청이 이를 해태하는 경우에는 조세쟁송을 통하여 구제 받을 수 있다. 신고납세제도에서는 이러한 조사 결정이 반드시 이행하여야 할 의무가 아니므로 감액결정해야 할 적극적 의무를 지니지 아니한다.
그러므로 부정한 방법으로 조세를 과소신고하여 조세포탈범에 해당하는 경우 정부부과제도의 조세포탈범 기수시기(범죄요건 실현시기)는 납부기한이 지난 때이나 신고납세제도에서의 조세포탈범 기수시기는 그 신고납부기한이 지난때이다.

21) 납세의무가 성립하는 때 특별한 절차 없이 확정될 수 있어야 자동확정이 가능하다. 예외적인 납세의무 성립시기와 자동확정이 주로 일치하나 예정신고는 특별한 행위나 절차가 필요하므로 자동확정항목에 해당하지 아니한다. 소득세 중간예납의 확정시점은 성립 시점에 확정되지 않고 정부 부과를 거쳐 확정된다. 개인자영업자의 신고에 따른 납세협력비용과 같은 사회적비용을 축소하기 위한 취지이며, 사업실적이 부진할 경우 개인자영업자가 추계에 의해 신고할 수 있다.

22) 납부지연가산세 및 원천징수납부불성실가산세는 납부불이행시 매일 부과가 되는 것으로 부과시마다 부과처분 하는 것

4 납세의무의 소멸

(1) 의 의

납세의무는 납부 · 충당 · 부과의 취소가 된 때, 국세를 부과할 수 있는 기간(국세부과의 제척기간)에 국세가 부과되지 아니하고 그 기간이 끝난 때, 국세징수권의 소멸시효가 완성된 때에는 소멸한다.

구 분	납부의무소멸사유	내 용
만족소멸	납 부	세액을 국고로 납입하는 것
	충 당	납부할 국세 등과 국세환급금을 상계하거나 공매대금으로 체납액에 충당하는 것
불만족소멸	부과의 취소	유효하게 행해진 부과처분을 당초 처분시점으로 소급하여 효력을 상실시키는 것
	국세부과의 제척기간 만료	국세부과의 제척기간에서 후술
	국세징수권의 소멸시효 완성	국세징수권의 소멸시효완성에서 후술

국세의 부과권은 조세채권을 구체적으로 확정하기 위한 세액결정 권리이며 징수권은 확정된 조세채권을 실현하기 위한 이행청구권이다.

납세의무와 국세의 부과권 · 징수권의 관계를 살펴보면 다음과 같다.

납세의무의 성립 → 부과권 제척기간 (권리의 행사가능기간) → 납세의무의 확정 → 징수권 소멸시효 → 납세의무의 소멸

부과취소와 부과철회

(1) **부과취소**: 유효한 부과처분에 대해서 소급하여 효력 상실

(2) **부과철회**: 납세고지서 등을 송달할 수 없는 경우 부과결정을 철회하는 것. 단, 부과철회가 되더라도 납세자의 행방 또는 재산 등이 발견되는 경우 지체 없이 부과 · 징수가 이루어지므로 납부의무의 소멸사유가 아니다.

은 현실적으로 불가능하므로 납세의무성립과 동시에 자동으로 확정하는 것으로 규정하였다.

5 국세부과의 제척기간

(1) 의 의

국세부과의 제척기간이란 국가가 국세를 부과할 수 있는 기간을 말한다. 국가에 의한 국세부과권에 기간제한이 없을 경우 납세자의 조세지위가 불안정해 질 수 있으므로 국세부과의 제척기간을 규정하고 있다.

(2) 제척기간

1) 원 칙

구 분		제척기간	
		일반적인 국내거래	역외거래[23]
일반세목	사기 · 부정한 행위[24]	10년	15년
	무신고	7년	10년
	그 외	5년	7년
상속세 및 증여세	무신고 및 사기 · 부정한 행위 (허위 · 누락시는 그 부분만)	15년[25]	
	그 외	10년	

2) 상속세 · 증여세 특례제척기간

납세자가 사기나 기타 부정한 행위로 상속세 · 증여세를 포탈하는 경우로서 다음에 해당하는 조세포탈목적이 큰 경우에는 원칙적인 제척기간에도 불구하고 해당 재산의 상속 또는 증여가 있음을 안 날로부터 1년 이내에 부과할 수 있다. 단, 상속인이나 증여자 및 수증자가 사망한 경우와 포탈세액 산출의 기준이 되는 재산 금액이 50억 원 이하인 경우에는 특례제척기간

---

23) 역외거래란 거래 당사자의 어느 한쪽이나 양쪽이 비거주자 또는 외국법인(비거주자 또는 외국법인의 국내사업장은 제외)인 거래로서 유 · 무형자산의 매매 · 임대차, 용역의 제공, 금전대출 · 차용, 그 밖의 거래자의 손익 및 자산과 관련된 모든 거래(이를 "국제거래"라 한다) 및 거래 당사자 양쪽이 거주자(내국법인과 외국법인의 국내사업장 포함)인 거래로서 국외에 있는 자산의 매매 · 임대차 · 국외에서 제공하는 용역과 관련된 거래를 말한다. 역외탈세에 대한 과세실효성을 제고하기 위해 역외거래에 대하여는 일반적인 국내거래보다 제척기간을 연장 적용하도록 하였다.

24) 조세범처벌법에 의한 사기나 그 밖의 부정한 행위로 ① 이중장부의 작성 등 장부의 거짓작성 ② 거짓증빙 또는 거짓문서의 작성 및 수취 ③ 장부와 기록의 파기 ④ 재산의 은닉, 소득 · 수익 행위, 거래의 조작 또는 은폐 ⑤ 고의적으로 장부를 작성하지 아니하거나 비치하지 아니하는 행위 또는 계산서, 세금계산서 또는 합계표의 조작 ⑥ 전사적 기업지원관리설비의 조작 또는 전자세금계산서의 조작 ⑦ 그밖에 위계에 의한 행위 또는 부정한 행위로 조세의 부과와 징수를 불가능하게 하거나 현저히 곤란하게 하는 적극적 행위를 말한다.

25) 부담부증여에 따라 증여세와 함께 양도소득세가 과세되는 경우 양도소득세이기는 하나 증여세에서 규정하고 있는 제척기간(15년, 10년)을 양도소득세 제척기간으로 한다.

을 적용하지 않는다.

① 제3자 명의로 되어 있는 피상속인 또는 증여자의 재산을 상속인이나 수증자가 취득한 경우

② 계약에 따라 피상속인이 취득한 재산이 계약이행기간에 상속이 개시됨으로써 등기 · 등록 또는 명의개서가 이루어지지 않고 상속인이 취득한 경우

③ 국외에 있는 상속 · 증여재산을 상속인이나 수증자가 취득한 경우

④ 등기 · 등록 · 명의개서 등이 필요하지 않은 유가증권, 서화 등의 상속재산 또는 증여재산을 상속인 또는 수증자가 취득할 때

⑤ 차명계좌를 통한 증여세 포탈행위를 방지하기 위해 수증자의 명의로 되어있는 증여자의 금융자산을 수증자가 보유하고 있거나 사용수익한 경우

⑥ 비거주자인 피상속인의 국내재산을 상속인이 취득한 경우

⑦ 상속세 및 증여세법에 따른 명의신탁재산의 증여의제에 해당하는 경우

⑧ 상속재산 또는 증여재산인 「특정 금융거래정보의 보고 및 이용 등에 관한 법률」에 따른 가상자산을 같은 법에 따른 가상자산사업자를 통하지 아니하고 상속인이나 수증자가 취득한 경우

3) 조세쟁송 등으로 인한 특례제척기간

① 국세기본법 · 행정소송법상 조세쟁송의 경우 그 결정 또는 판결이 확정된 날부터 1년이 지나기 전까지 경정결정이나 필요한 처분을 할 수 있다. 판결이 확정됨에 따라 그 결정 또는 판결의 대상이 된 과세표준 또는 세액과 연동된 다른 세목이나 과세기간의 과세표준 또는 세액의 조정이 필요한 경우에도 결정 · 판결 확정일부터 1년이 지나기 전까지는 필요한 처분을 할 수 있다. 또한 형사소송법에 따른 소송에 대한 판결이 확정되어 불법소득(뇌물·알선수재·배임수재)이 발생한 것으로 확인된 경우에도 판결이 확정된 날부터 1년이 지나기 전까지 필요한 처분을 할 수 있다.

② 조세조약규정에 따른 상호합의 등의 경우 그 상호합의가 종결된 날부터 1년이 지나기 전까지는 필요한 처분을 할 수 있다.

③ 최초의 신고 · 결정 또는 경정에서 과세표준 · 세액의 계산 근거가 된 거래 · 행위 등이 그 거래 · 행위 등과 관련된 소송에 대한 판결에 의하여 다른 것으로 확정된 경우 국세부과제척기간을 판결 등이 확정된 날부터 1년으로 한다.[26]

---

26) 토지보상금증액소송으로 보상금이 증액된 경우 특례제척기간에 의거 판결 등이 확정된 날로부터 1년 이내 양도소득세 증액부과처분이 가능하다.

④ 역외거래와 관련하여 부과제척기간내에 외국과세당국에 정보를 요청하는 경우 정보를 받은날로부터 1년이 지나기 전까지는 필요한 처분을 할 수 있다. 단, 정보교환 요청일부터 최대 3년 이내로 한정한다.

⑤ 「국제조세조정에 관한 법률」에 따른 국가별 실효세율이 변경된 경우: 국가별 실효세율의 변경이 있음을 안 날부터 1년

4) 기타 특례제척기간

① 통상적인 경정청구기한(5년)이 끝나기 직전에 경정청구가 있는 경우 제척기간(5년)이 지났더라도 경정청구일로부터 2개월이 지나기 전까지는 경정결정이나 그밖에 필요한 처분을 할 수 있다(일반적 경정청구). 또한 후발적사유의 경정청구가 있는 경우에는 경정청구일부터 2월이 지나기 전까지는 해당 경정청구에 따라 경정결정이나 그밖에 필요한 처분을 할 수 있다(후발적 경정청구).

과세권 확보를 위하여 경정청구 또는 조정권고의 대상이 된 과세표준 · 세액과 연계된 다른 과세기간의 과세표준 · 세액의 조정이 필요한 경우 국세 부과제척기간을 경정청구일 또는 조정권고일부터 2개월로 한다.

② 명의대여사실이 확인된 경우에는 명의대여에 대한 판결이 확정된 날부터 1년 이내에 명의대여자에게 부과처분한 사실을 취소하고 실제 경영자에게 경정이나 필요한 처분을 할 수 있다.[27)]

③ 국세기본법 · 행정소송법상 조세쟁송의 결정 또는 판결에서 국내원천소득의 실질귀속자가 확인된 경우 그 결정 또는 판결이 확정된 날로부터 1년 이내에 당초부과처분을 취소하고 실질귀속자에게 경정결정이나 필요한 처분을 할 수 있다. 처분의 효력이 미치는 납세의무자에 대해서만 경정처분이 가능하고 처분효력이 미치지 않는 제3자에게는 특례제척기간이 적용되지 않으므로 실질귀속자에 필요한 처분을 하기 위한 특례제척기간을 두고 있다.

④ 부과제척기간이 만료된 이후의 과세기간에 세액공제액을 이월하여 공제하는 경우 그 이월된 세액공제액이 발생한 과세기간의 소득세 또는 법인세의 부과제척기간은 해당 세액공제액을 공제한 과세기간의 법정신고기한으로부터 1년으로 한다. [28)]

---

27) 과세관청이 명의신탁 등이 있음을 안 날로부터 1년으로 한다.

28) 납부세액이 없거나 최저한세로 인해 공제받지 못한 금액은 10년 이내에 이월하여 공제 가능하므로 부과제척기간 만료 이후 이월하여 세액공제하는 경우 해당 세액공제액 관련 부과제척기간은 이월공제한 과세기간으로부터 1년으로 하여 해당 세액공제액이 발생한 과세기간에 대한 장부 및 증거서류는 동 특례 적용시점까지 보관하도록 하여 과세당국이 세액공제에 대한 근거나 적정성을 살펴볼 수 있도록 하였다.

(3) 제척기간의 기산일

국세부과의 제척기간은 다음과 같다.

구 분	기산일
과세표준과 세액을 신고하는 국세	과세표준신고기한의 다음 날
종합부동산세 및 인지세	납세의무 성립일

과세표준과 세액을 신고하는 국세란 신고에 의해 확정되는 국세뿐 아니라 신고의무가 부여된 국세를 말하는 것이다. 다만, 종합부동산세는 예외적으로 6월 1일을 기산일로 한다. 한편, 과세표준신고기한에는 중간예납 · 예정신고기한 및 수정신고기한은 포함되지 않는다.

(4) 제척기간 만료의 효과

제척기간이 만료되면 장래를 향해 부과권이 소멸된다.

6 국세징수권의 소멸시효

(1) 의 의

국세징수권의 소멸시효란 국가가 국세징수권을 장기간 행사하지 않는 경우 그 징수권을 소멸시키는 제도를 의미한다. 취지는 국세의 징수를 목적으로 하는 징수권을 국가가 행사하지 않을 경우 납세의무자가 국세의 납부의무에 대해 인지하지 못하는 상태를 인정하여 사회질서의 안정을 도모하는 것이다.

(2) 소멸시효기간

국세징수권은 행사할 수 있는 때부터 다음의 기간 동안 행사하지 않으면 소멸시효가 완성된다.

① 5억 이상인 국세: 10년

② 위 외의 국세: 5년

(3) 소멸시효기간의 기산일

국세징수권의 소멸시효는 징수권을 행사할 수 있는 때[29]로부터 진행하며 기산일은 다음과 같다.

---

29) 국세부과의 제척기간: 과세표준과 세액의 신고의무가 부여된 국세에 대하여 과세표준 신고기한의 다음날부터 기산된다. 국세징수권의 소멸시효: 신고납세제도를 채택한 국세(신고의무만 부여된 상속세 및 증여세 제외)에 대하여 법정신고납부기한의 다음날부터 기산된다.

<table>
<tr><th colspan="2">구 분</th><th>소멸시효의 기산일</th></tr>
<tr><td rowspan="2">원칙적인 기산일</td><td>신고납세제도</td><td>법정신고납부기한의 다음 날</td></tr>
<tr><td>정부부과제도
(신고납세제도세목에서 무신고 · 과소신고 포함)</td><td rowspan="2">납세고지에 따른 납부기한의 다음 날</td></tr>
<tr><td rowspan="2">예외적인 기산일</td><td>원천징수 · 납세조합에서 징수하는 국세 또는 인지세로 고지가 이루어진 경우</td></tr>
<tr><td>신고납세제도에서 법정신고납부기한이 연장된 경우</td><td>연장된 기한의 다음 날</td></tr>
</table>

(4) 소멸시효의 중단과 정지

1) 소멸시효의 중단

시효의 진행 중에 징수권을 행사한 것으로 볼 수 있는 사유가 발생한다면 그 때까지 진행되어 온 시효기간이 효력을 잃어버리게 되는데 이것을 소멸시효의 중단이라 한다.

소멸시효의 중단사유는 ① 납세고지, ② 독촉 및 납부최고, ③ 교부청구,[30] ④ 압류[31]이다. 중단사유가 발행하면 고지 · 독촉 등의 기간이 지난 때부터 새로 진행하며, 다시 전체기간을 진행하여야 소멸시효가 완성된다.

국세의 징수절차

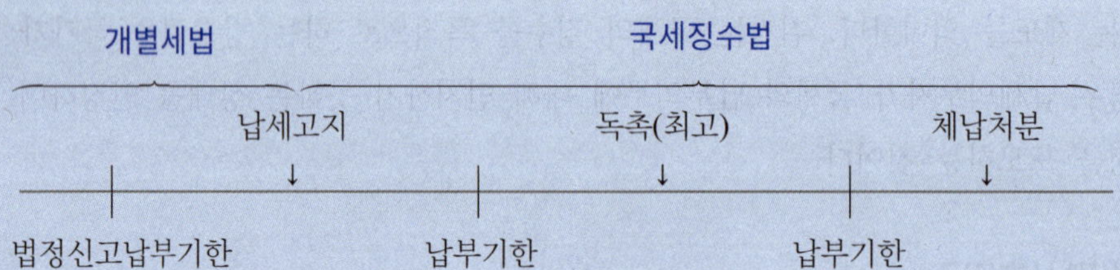

- **고지와 독촉**: 임의적 징수절차이다.
- **체납처분**: 강제적 징수절차로서 압류 → 매각 → 청산 과정을 통해 국세를 징수한다.

2) 소멸시효의 정지

정지란 시효의 진행 중에 정부가 그 권리를 행사할 수 없을 때 그 기간만큼은 시효의 완성을 유예하는 것을 말한다.

30) 교부청구란 체납자의 재산에 대하여 이미 강제환가절차가 개시되어 있을 때 그 집행기관에게 강제환가대금의 배분을 청구하는 것이다.

31) 압류금지재산(외관상 명백하지 않으나 종국적으로 압류금지재산으로 판명된 경우 포함) 또는 제3자의 재산을 압류한 경우에는 소멸시효가 중단에서 제외하여 납세자 권리보호를 강화하였다.

정지사유는 ① 세법에 따른 분납기간, ② 징수유예기간, ③ 체납처분유예기간, ④ 연부연납기간, ⑤ 세무공무원이 국세징수법에 따른 사해행위 취소소송[32]이나 민법상 채권자대위[33] 소송을 제기하여 그 소송이 진행 중인 기간 ⑥ 체납자가 국외에 6개월 이상 계속 체류하는 경우 해당 국외체류기간을 들고 있다.

중단과 정지의 비교

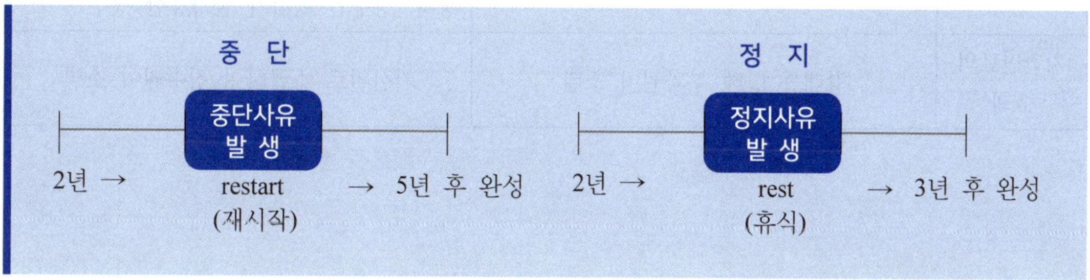

(5) 소멸시효 완성의 효과

국세징수권의 소멸시효가 완성되면 기산일에 소급하여 징수권이 소멸된다.

7 국세부과의 제척기간과 국세징수권의 소멸시효 비교

국세부과의 제척기간과 국세징수권의 소멸시효를 비교하면 아래 표와 같다.

구 분	국세부과의 제척기간	국세징수권의 소멸시효
정 의	국가가 국세를 부과할 수 있는 기간 (성립 ~ 확정 사이)	국가가 국세징수권을 장기간 행사하지 않는 경우 그 징수권을 소멸시키는 제도 (확정 ~ 소멸 사이)
대 상	국가의 부과권(형성권)	국가의 징수권(청구권)

32) 채무자가 채권자를 해함을 알면서 재산권을 목적으로 하는 법률행위(매매, 증여, 계약 및 대물변제, 저당권설정 등)를 행한 경우 채무자의 행위를 취소하여 채무자의 재산을 회복하는 것을 목적으로 하는 채권자의 권리를 사해행위취소권이라 한다.

33) 채권자가 자기의 채권을 보전하기 위하여 채무자에 속하는 권리를 대신 행사할 수 있는 권리를 채권자대위권이라 한다. 세무공무원이 채권자대위소송 중에 국세징수권 소멸시효가 완성되어 조세채권이 일실되는것을 방지하기 위하여 채권자대위소송기간은 정지사유에 포함한다.

기 간	① 상속세 · 증여세: 10년, 15년 ② 그 외 일반국세: 5년, 7년, 10년 (납세의무성립시 납세자의 행위에 따라 제척기간이 다름)	① 5억 이상인 국세: 10년 ② 위 이외의 국세: 5년
기산일	국세를 부과할 수 있는 날	국세징수권을 행사할 수 있는 날
중단과 정지	없 음	중단: 징수권 행사시 정지: 징수권 행사가 불가능한 경우
기간만료의 효과	장래를 향해 부과권이 소멸	기산일로 소급하여 징수권이 소멸

OX 문제

01 내국법인이 개인주주에게 지급하는 배당금에 대한 원천징수 소득세의 납세의무성립시기는 해당 배당금을 지급하는 때이다.

02 A법인이 20×8년(20×8년 1월 1일 ~ 20×8년 12월 31일) 법인세신고를 하지 아니하여 20×9년 6월말까지를 납부기한으로 하는 납세고지를 수령하였으나 6월말까지 법인세를 미납한 경우 법인세 징수권의 소멸시효기산일은 20×9년 7월 1일이다.

03 중간예납하는 소득세는 납세의무가 성립하는 때에 특별한 절차 없이 그 세액이 확정된다.

04 상속세를 상속개시일로부터 6개월 이내에 신고하면 세액을 확정시키는 효력이 있다.

05 민법에 의한 채권자대위소송의 제기로 인한 국세징수권 소멸시효정지의 효력은 소송이 기각된 경우에는 효력이 없다.

06 소멸시효는 납세고지, 납부최고, 납세담보의 제공, 교부청구 및 압류도 중단된다.

정답&해설 **01** ○ **02** ○ **03** × **04** × **05** ○ **06** ×

02 20×9년 3월말까지 법인세신고납부를 하지 아니하는 경우 무신고로써 정부가 확정하게 되므로 법인세부과제척기간의 기산일은 20×9년 4월 1일이다. 납세고지에 따른 납부기한인 20×9년 6월말까지 납부하지 아니하였으므로 다음날인 7월 1일이 소멸시효기산일이 된다.

03 중간예납하는 소득세는 납세고지에 의해 납세의무가 확정되나 중간예납하는 법인세는 세법에 따라 정부가 조사 · 결정하는 경우를 제외하고는 특별한 절차 없이 납세의무가 확정된다.

04 상속세는 대표적인 정부부과제도 세목으로 신고는 협력의무일 뿐이다.

05 각하나 기각의 경우에는 시효정지의 효력이 없다.

06 납세담보의 제공은 시효의 중단사유가 아니다.

연습 문제

01 납세의무의 성립과 확정에 대한 다음의 설명 중 옳지 않은 것은?

① 납세의무의 성립이란 각 세법이 규정하는 과세요건이 충족되어 추상적 납세의무가 발생된 상태를 말한다.

② 납세의무의 확정이란 이미 성립한 납세의무에 대하여 과세요건에 따라 세액까지 계산하여 그 내용을 구체적으로 확인하는 절차이다.

③ 신고납세제도하에서의 납세의무 확정권한은 모두 납세의무자에게만 부여하고 있다.

④ 정부부과제도하에서의 납세의무 확정권한은 모두 과세권자에게만 부여하고 있다.

⑤ 인지세의 경우 납세의무의 성립과 동시에 확정된다.

정답 ③

신고납세제도에서의 납세의무 확정권한은 1차적으로 납세의무자에게 있고, 과세권자는 2차적 지위에서 확정의 권한을 가진다.

02 다음 중 국세기본법상 납세의무의 성립시기로 옳지 않은 것은?

① 부가가치세: 과세기간이 종료하는 때

② 상속세: 상속에 의하여 재산을 취득하는 때

③ 증권거래세: 해당 매매거래가 확정되는 때

④ 종합부동산세: 매년 6월 1일

⑤ 소득세: 과세기간이 종료하는 때

정답 ②

상속세의 납세의무 성립시기는 상속이 개시되는 때이다.

03 납세의무 확정에 관한 다음의 설명 중 옳지 않은 것은?

① 납세의무의 확정은 이미 성립한 납세의무를 사후적으로 확인하는 절차이다.
② 확정의 주체가 누구냐에 따라 신고납세제도와 정부부과제도로 나누어진다.
③ 인지세는 납세의무가 성립하는 때에 특별한 절차 없이 확정된다.
④ 증여세의 납세의무자는 증여세 신고의 의무가 있으므로 신고납세제도를 채택한 조세이다.
⑤ 신고납세제도를 채택하지 않은 종합부동산세는 정부부과제도에 의해 과세된다.

정답 ④

증여세의 신고는 납세협력의무에 해당할 뿐이고, 정부에서 증여세의 과세표준과 세액을 확정한다.

04 다음 중 신고납세제도가 정부부과제도에 비하여 가지는 특징이 아닌 것은?

① 납세의무의 확정주체는 원칙상 납세의무자이다.
② 소득세 · 법인세 · 부가가치세가 여기에 해당된다.
③ 정부부과제도보다 민주적인 납세방식이다.
④ 과세표준신고는 납세협력의무의 이행에 불과하다.
⑤ 종합부동산세의 경우에는 신고납세도 가능하다.

정답 ④

④는 정부부과제도의 특징이다.

05 다음 중 신고납세제도의 세목이 아닌 것은?

① 법인세
② 소득세
③ 개별소비세
④ 상속세
⑤ 부가가치세

정답 ④

상속세는 정부부과제도의 세목이다. 납세의무자의 신고의무는 정부부과를 위한 협력의무에 해당한다.

06 다음 중 정부부과제도의 세목이 아닌 것은?

① 상속세
② 증여세
③ 소득세
④ 신고납세방식을 선택하지 않은 종합부동산세
⑤ 재산세

정답 ③

소득세는 신고납세제도가 적용되는 대표적인 세목이다.

07 다음 중 납세의무의 소멸사유가 아닌 것은?

① 납부
② 충당
③ 부과철회
④ 국세징수권의 소멸시효 완성
⑤ 국세부과의 제척기간 만료

정답 ③

부과철회는 납세의무의 소멸사유가 아니다.

08 국세부과의 제척기간에 관한 다음의 설명 중 옳지 않은 것은?

① 국세부과의 제척기간이란 국가가 국세를 부과할 수 있는 기간이다.
② 국세부과의 제척기간에는 중단과 정지가 존재한다.
③ 기간이 만료된 경우 장래를 향해 부과권이 소멸된다.
④ 일반세목의 경우 사기 · 부정한 행위 또는 무신고가 아니면 일반적인 제척기간은 5년이다.
⑤ 납세자가 사기나 기타 부정한 행위로 상속세를 포탈하는 경우에는 상속이 있음을 안 날로부터 1년 이내에 상속세를 부과할 수 있다.

정답 ②

국세부과의 제척기간에는 중단과 정지가 없다. 하지만 국세징수권의 소멸시효에는 존재한다.

09 국세징수권의 소멸시효완성에 관한 다음의 설명 중 옳지 않은 것은?

① 국세징수권은 이를 행사할 수 있는 때부터 5억 이상인 국세는 10년, 그 외의 국세는 5년간 행사하지 않으면 소멸시효가 완성된다.

② 소멸시효의 중단사유는 납세고지, 독촉 등을 들 수 있다.

③ 국세징수권의 소멸시효가 완성된 경우 기산일로 소급하여 징수권이 소멸된다.

④ 소멸시효의 정지란 시효의 진행 중에 징수권을 행사한 것으로 볼 수 있는 사유가 발생한다면 그때까지 진행되어 온 시효기간이 효력을 잃어버리게 되는 것을 말한다.

⑤ 신고납부하는 세목에 대한 소멸시효는 법정신고기한의 다음 날이 기산일이다.

정답 ④

소멸시효의 중단이란 시효의 진행 중에 징수권을 행사한 것으로 볼 수 있는 사유가 발생한다면 그때까지 진행되어 온 시효기간이 효력을 잃어버리게 되는 것을 말한다. 그리고 소멸시효 정지란 정부가 그 권리를 행사할 수 없을 때 그 기간만큼 시효의 완성을 유예하는 것을 말한다.

10 국세부과의 제척기간과 국세징수권의 소멸시효에 관한 다음의 설명 중 옳지 않은 것은?

① 국세부과의 제척기간이란 국세부과권의 법정존속기간을 말하며, 국세징수권의 소멸시효란 국가가 징수권을 일정기간 행사하지 아니하면 당해 권리를 소멸시키는 제도를 말한다.

② 국세부과권은 형성권의 일종이고 국세징수권은 청구권의 일종이다.

③ 국세징수권 소멸시효의 중단사유는 납세고지, 독촉, 납부최고, 교부청구, 압류, 징수 유예 등이다.

④ 국세징수권이 소멸시효의 완성에 따라 소멸하면 결손처분절차를 필요로 하나 국세부과의 제척기간이 지나 부과되지 않은 조세에 대해서는 결손처분절차를 필요로 하지 않는다.

⑤ 국세부과의 제척기간은 상황에 따라 다양하다.

정답 ③

징수유예는 소멸시효의 정지사유이므로 ③의 설명은 옳지 않다.

11 다음의 납세의무의 소멸사유에 관한 다음의 설명 중 옳지 않은 것은?

① 국세부과의 제척기간의 기산일은 신고납세 세목의 경우에는 과세표준 신고기한의 다음날이며, 부과과세 세목의 경우에는 실제 부과일의 다음날이다.

② 납세의무의 소멸사유에는 납부, 충당, 부과의 취소, 국세부과권의 제척기간 만료 및 국세징수권의 소멸시효 완성이 포함된다.

③ 모든 조세에 관한 국세징수권의 소멸시효는 법정신고기한의 다음날 또는 납부기한의 다음날로부터 기산된다.

④ 상속세 및 증여세의 경우 국세부과권의 제척기간은 부과가능일로부터 10년이나, 무신고 또는 신고누락 등의 경우에는 부과가능일로부터 15년이다.

⑤ 부과철회가 된 증여세에 대해 추후 납세자의 재산이 발견되는 경우에는 과세관청은 지체없이 부과 · 징수를 하여야 한다.

정답 ①

국세부과 제척기간의 기산일은 신고납세제도와 정부결정제도에 따라 달라지는 것은 아니다.

12 국세기본법상 납세의무의 성립시기에 관한 설명이다. 옳지 않은 것은? [CPA 2021]

① 납세조합이 징수하는 소득세 : 과세기간이 끝나는 때

② 수입물품에 대한 개별소비세 : 세관장에게 수입신고하는 때

③ 청산소득에 대한 법인세 : 그 법인이 해산하는 때

④ 법정신고기한까지 소득세의 과세표준 신고를 하지 아니한 경우의 무신고가산세 : 법정신고기한이 경과하는 때

⑤ 수시부과하여 징수하는 국세 : 수시부과할 사유가 발생한 때

정답 ①

납세조합이 징수하는 소득세는 과세표준이 되는 금액이 발생한 달의 말일이 납세의무의 성립시기이다.

Chapter 4 납세의무의 확장

AN INTRODUCTION TAX LAW

1 개 요

납세의무의 확장이란 과세물건의 귀속자 외의 자에게 국세 또는 체납처분비의 납부책임을 지우는 제도이다. 본래 납세의무는 과세물건의 귀속자가 지는 것이지만, 특수한 사유가 있을 때에는 조세채권의 보전을 위해 그 외의 자에게도 납부책임을 지우는 것이다.

확장의 형태로는 납세의무의 승계 · 연대납세의무 및 보충적 납세의무(제2차납세의무 · 물적납세의무 · 납세보증채무)가 있다.

구 분	본래의 납세자	확장된 납부책임의 범위
납세의무의 승계	소멸을 요함	전 액
연대납세의무	소멸을 요하지 않음	전 액
제2차 납세의무	소멸을 요하지 않음	부족분

2 납세의무의 승계

(1) 의 의

납세의무의 승계란 법인의 합병 또는 상속으로 인하여 본래의 납세자로부터 다른 자에게로 납세의무가 이전되는 것을 말한다. 사실상 승계자는 피승계자(피합병법인 또는 피상속인)와 동일시 될 수 있는 정도로 피승계자의 세법에 따른 지위 일체를 승계하는 것이다. 이러한 납세의무의 승계는 법정요건에 의하여 자동으로 발생하며, 요건충족이 되면 당연히 납세의무가 승계된다.

(2) 종 류

1) 법인의 합병으로 인한 납세의무의 승계

법인이 합병한 경우 합병 후 존속법인 또는 신설합병법인은 합병으로 소멸된 법인(피합병법인)에 합병시점에서 부과되거나 납부할[34] 국세 및 체납처분비를 납부할 의무를 진다. 한도액

규정이 없으므로 피합병법인의 국세 등이 전액 승계된다.

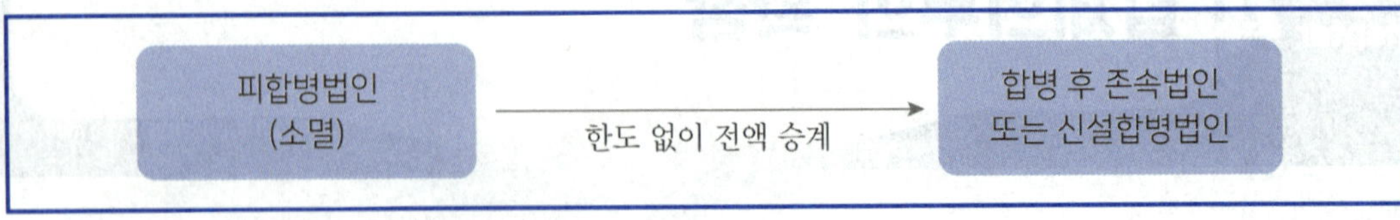

2) 상속으로 인한 납세의무의 승계

상속이 개시된 때에 상속인(수유자 사인 증여받은 자를 포함) 또는 상속재산관리인은 피상속인에게 부과되거나 납부할 국세 및 체납처분비를 납부할 의무를 진다.[35]

㈎ 승계의 한도액

상속인은 피상속인의 국세 및 체납처분비를 상속으로 받은 재산의 한도 내에서 연대 납부할 의무를 진다.

> 상속으로 받은 재산 = (상속으로 받은 자산총액 − 부채총액) − 상속세

납세의무 승계를 피하면서 재산을 상속받기 위하여 피상속인이 상속인을 수익자로 하는 보험계약을 체결하고 상속인이 민법에 따라 상속을 한정승인[36]하거나 상속포기한 경우에도 상속인이 피상속인의 사망으로 인하여 보험금을 수령하는 경우 그 보험금을 납세의무가 승계되는 상속받은 재산으로 보아 납세의무를 승계하여 납부할 의무를 진다.[37]또한 상속을 포기하거나 한정승인하지 아니한 상속인의 경우에도 피상속인이 국세 등을 체납한 상태에서 해당 보험료를 납입한 경우에는 보험료 납입기간 중 국세 등을 체납한 기간의 비율에 비례하는 보험금을 납세의무가 승계되는 상속재산으로 간주하여 사망보험금에 대한 납세의무 승계 범위를 합리화하였다.

---

34) '부과될'의 의미는 이미 성립하였으나 아직 확정되지 않은 국세를 말하며, '납부할'의 의미는 확정되었으나 아직 납부되지 않은 국세를 말한다.

35) 상속 부채가 더 많은 경우 상속을 포기하여야 한다. 상속의 포기란 상속인이 상속의 효력을 소멸하게 할 목적으로 하는 의사표시를 말하며, 상속인은 상속개시 있음을 안 날부터 3개월 내에 포기하여야 한다. 상속포기를 하면 상속 후순위자(피상속인의 부모, 형제자매, 4촌)에게 채무들이 상속될 수 있으므로 4촌 이내의 방계혈족 모두 상속포기를 하여야 한다. 상속받은 재산을 한도내에서 상속채무를 변제할 의무가 있는 한정승인은 상속채무 초과사실을 안 날로부터 3월 이내에 한정승인을 하여야 한다.

36) 한정승인은 상속인이 상속받은 재산의 한도 내에서만 피상속인의 채무를 변제할 책임을 지는 것으로 피상속인(사망자)의 부채를 상속인 자신의 재산으로 갚을 의무를 지지않고 상속받은 재산만큼만 채무를 변제한다는 조건을 붙여서 상속을 수락하는 것을 말한다.

37) 상속을 포기한 보험계약자인 상속인은 보험수익자로서 피상속인의 사망으로 인하여 고유재산을 취득한 것이므로 보험금에 대하여는 상속세를 부담하여야 한다. 하지만 상속포기로 납세의무 승계 범위에 포함한다는 별도의 규정이 없어 이에 따른 조세회피 방지를 위해 세법을 개정하여 납세의무 승계 범위에 포함하도록 하였다.

(나) 상속인이 2인 이상인 경우

각 상속인은 피상속인에게 부과되거나 납부할 국세 및 체납처분비를 민법에 따른 상속분(또는 상속받은 재산가액 비율[38])에 따라 나누어 계산한 국세 및 체납처분비를 상속으로 받은 재산의 한도 내에서 연대하여 납부할 의무를 진다.

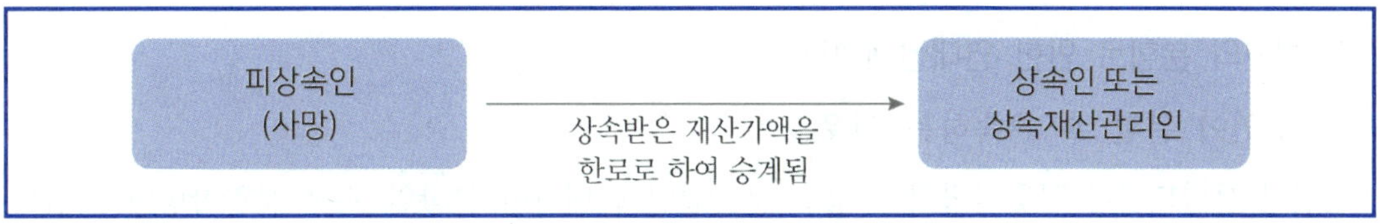

3 연대납세의무

(1) 의 의

연대납세의무란 몇 사람이 동일한 납세의무에 관하여 각각 독립하여 전액의 납부의무를 부담하되, 그 중 1인이 전액을 납부하게 되면 모든 납세의무자의 납세의무가 소멸하는 납세의무를 말한다. 이는 하나의 조세채권에 다수의 납세의무자를 규정함으로서 조세를 보다 확실하게 징수할 수 있는 조세채권의 강력한 보전수단이 된다.[39]

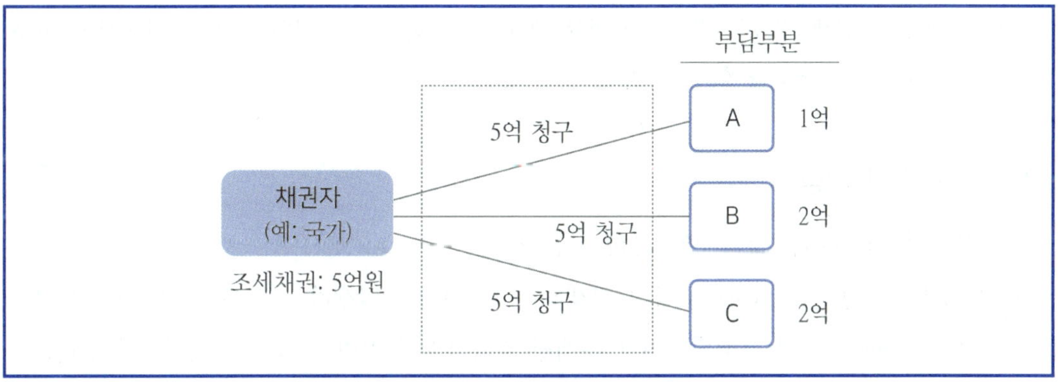

38) 민법에 따른 상속분에 의한다. 하지만 상속인 중에 수유자 또는 상속포기자가 있거나(민법상 상속인이 아니므로) 상속으로 받은 재산에 상속재산으로 보는 보험금(상속인이 될 자가 자기 몫으로 본 상속재산을 보험금 형태로 수령하고 상속포기하면 체납국세 납세의무를 승계받지 않을 수 있다) 및 유류분을 청구하여 상속재산을 취득한 자가 있는 경우, 상속받은 재산 가액 비율에 따라 나누어 계산한다. 유류분이란 상속인이 법률상 반드시 취득하도록 보장되어 있는 상속재산의 가액을 말하며 유언자의 의사만으로 재산을 자유롭게 처분할 경우, 남은 가족의 생활안정을 해칠 우려가 있기 때문에 법으로 최소한의 상속분을 정하는 제도로 유언보다 우선한다. 유류분 상속시 납세의무가 일부 승계가 되지 않으므로 상속재산가액에 의한다.

39) 국세기본법에서는 '납세의 고지와 독촉에 관한 서류는 연대납세의무자 모두에게 각각 송달하여야 한다'라고 규정하고 있다. 연대납세의무자의 납세의무는 개별적으로 확정되어야 하므로 어느 연대납세의무자에게 납세고지를 하지 않았다면 그에 대한 연대납세의무는 확정되지 아니한 것이며 납세의 고지와 독촉은 압류의 요건에도 해당하므로 연대납세의무자의 재산권에도 중대한 영향을 미치기 때문이다.

(2) 국세기본법상 연대납세의무

1) 공유물 · 공동사업 등에 관한 연대납세의무

공유물 · 공동사업 또는 그 공동사업에 속하는 재산에 관계되는 국세 및 체납처분비는 공유자 또는 공동사업자가 연대하여 납부할 의무를 진다.

2) 법인의 분할로 인한 연대납세의무

㈎ 법인이 분할 후 존속하는 경우

법인이 분할되거나 분할합병되는 경우 분할법인에 대하여 분할일 또는 분할합병일 이전에 부과되거나 납세의무가 성립한 국세 및 체납처분비는 분할법인, 분할신설법인, 존속하는 분할합병의 상대방법인[40]이 분할로 승계된 재산가액을 한도로 연대하여 납부할 책임을 진다.

㈏ 법인이 분할로 해산하는 경우

법인이 분할 또는 분할합병으로 해산하는 경우 해산되는 법인에 부과되거나 그 법인이 납부할 국세 및 체납처분비는 분할신설법인과 존속하는 분할합병의 상대방법인이 분할로 승계된 재산가액을 한도로 연대하여 납부할 책임을 진다.

㈐ 신회사 설립으로 인한 연대납세의무

법인이 '채무자 회생 및 파산에 관한 법률'에 따라 신회사를 설립하는 경우 신회사와 당초 존속법인은 연대하여 납부할 의무를 진다.

(3) 개별세법의 규정

1) 국세기본법의 예외: 소득세법 규정 우선 적용

소득세법에서는 공동사업(사업소득이 발생하는 사업)에서 발생하는 소득금액은 공동사업자간 손익분배비율에 의하여 분배되었거나 분배될 소득금액에 따라 소득세 납세의무를 진다. 이 규정은 국세기본법 규정이 있음에도 불구하고 예외적으로 소득세법이 우선 적용된다.

2) 연대납세의무를 지는 사유의 확장

기타 법인세법 · 상속세및증여세법 등에서는 국세기본법상 연대납세의무를 지는 사유를 확장하여 추가적으로 규정을 두고 있다.[41]

---

40) 분할법인 일부가 다른 법인과 합병하여 그 다른 법인이 존속하는 그 다른 법인

41) 상속인 · 수유자는 상속재산 또는 증여재산 중 각자가 받았거나 받을 재산의 지분비율에 따라 상속세를 연대하여 납부할 의무가 있고, 증여자는 수증자의 납부할 증여세에 대하여 수증자가 다음에 해당하는 경우 연대하여 납부할 책임을 진다.
① 주소 또는 주소가 분명하지 아니한 경우로서 조세채권의 확보가 곤란한 경우
② 증여세를 납부할 능력이 없다고 인정되는 경우로서 체납으로 인하여 체납처분을 하여도 조세채권의 확보가 곤란한 경우

4 제2차납세의무

(1) 의 의

제2차납세의무란 주된 납세자의 납세의무가 체납되어 납세의무자의 재산으로 체납처분을 하여도 국세 및 체납처분비에 충당하기에 부족한 경우에 주된 납세자와 일정한 관계에 있는 자가 그 부족액에 대하여 보충적으로 부담하는 납부의무를 말한다. 본래의 납세의무가 변경되거나 소멸되는 경우 제2차 납세의무에 대하여도 그 효력이 동일하게 미치게 되는데 이를 부종성(附從性)이라고 한다. 또한 본래의 납세의무자에게서 징수할 국세 등의 금액이 부족한 경우 그 부족액에 대하여 이행책임을 지게 되는데 이를 보충성(補充性)이라고 한다. 보충성은 본래의 납세의무자에 대하여 징수부족액이 있다고 인정되는 경우면 가능한 것이지 반드시 체납처분을 집행히여 징수할 국세 등의 금액이 부족한 경우에 한하여 그 부족액에 대하여 이행책임을 지는 것은 아니다.

주된 납세의무자가 체납이 있게 된 때 제2차 납세의무가 성립하므로 주된 납세의무자의 납부기한이 종료된 때가 납세의무 성립시기이다. 부과제척기간은 특별한 사정이 없는한 이를 부과할 수 있는 날인 제2차 납세의무가 성립한 날로부터 5년이다. 제2차 납세의무는 제2차 납세의무자에게 납부통지에 의한 고지로 확정된다.

(2) 청산인 등의 제2차 납세의무

1) 요 건

청산인 등의 제2차 납세의무는 다음의 요건을 갖추어야 한다.

① 법인이 해산한 경우

② 해산된 법인에게 부과되거나 그 법인이 납부할 국세 및 체납처분비를 납부하지 아니하고 잔여재산을 분배하거나 인도한 경우

③ 해산된 법인에 대하여 체납처분을 집행하여도 징수할 금액에 부족한 경우

2) 제2차 납세의무를 지는 자

해산한 법인의 국세 등에 대하여 청산인 또는 잔여재산의 분배받거나 인도받은 자는 제2차 납세의무를 진다. 이 경우 청산인은 분배하거나 인도한 재산의 가액을 한도로 하고, 그 분배 또는 인도를 받은 자는 각자가 받은 재산의 가액을 한도로 한다. 청산인이란 정관의 규정, 주주총회의 결의, 법원에 의하여 선임(법정청산인)되어 현존사무의 종결 · 잔여재산의 분배 등 해산법인의 청산사무를 집행하는 자를 말한다.

(3) 출자자의 제2차 납세의무

1) 요 건

출자자의 제2차 납세의무는 다음의 요건을 갖추어야 한다.

① 주된 납세자인 법인의 재산으로 그 법인에게 부과되거나 그 법인이 납부할 국세 및 체납처분비에 충당하여도 부족한 경우

② 주된 납세자인 법인에게 부과되거나 그 법인인 납부할 국세의 납세의무의 성립일 현재 무한책임사원 또는 과점주주로서 일정요건에 해당하는 경우

2) 제2차 납세의무를 지는 자

① 무한책임사원

무한책임사원이란 합명회사 · 합자회사의 무한책임사원을 말한다. 무한책임사원의 제2차 납세의무는 주된 납세자의 법인의 재산으로 징수하기 부족한 금액에 대하여 한도없이 무한책임을 진다.

② 과점주주

주주(또는 유한책임사원) 1명과 그의 특수관계인[42])으로서 그들의 소유주식 합계(또는 출자액 합계)가 해당 법인(증권시장에 주권이 상장된 유가증권 상장법인과 코스닥 상장법인을 제외[43]))의 발행 주식 총수(또는 출자총액)의 100분의 50을 초과하면서 그 법인의 경영에 대하여 지배적인 영향력을 행사[44])하는 자들을 말한다.[45]) 다음의 예시와 같은 과점주주로서 실질적으로 권리를 행사하는 자가 제2차 납세의무를 진다.

① 해당 법인의 발행주식총수의 50%를 초과하는 주식에 관한 권리를 실질적으로 행사하는 자

② 명예회장, 회장, 사장, 부사장, 전무, 상무, 이사, 그 밖에 그 명칭에 관계없이 법인의 경영을 사실상 지배하는 자

실제주주가 될 의사 없이 명의상 주주로 등재되어 있는 차용 혹은 도용된 명의 주주는 그 본인이 과점주주 일원에 포함된다하여도 과점주주로서 제2차 납세의무를 부담하지 않는다. 제2차 납세의무를 부담시키기 위해서는 현실적으로 주주권을 행사한 실적은 없더라도 과점주주로서 법인의 운영을 실질적으로 지배할 수 있는 위치에 있음을 요하며 단순히 형식상 주주명부에 주주로 등재되어 있는 사실만으로 과점주주로서의 납세의무를 부담시킬 수는 없는 것이

---

42) 특정주주와 특수관계인인 모든 주주들의 주식합계가 50%를 초과하면 50%를 초과하는 모든 주주 개개인사이에 특수관계가 없다하더라도 당사자 개개인을 모두 과점주주로 본다.

43) 상장법인의 경우 법인의 재산을 과점주주인 대주주의 사적목적으로 유출하는 것이 어려워 2차납세의무제도의 실효성이 낮다는 취지를 반영하여 2차납세의무 대상에서 제외하였다.

44) 임원 임면권 행사, 사업방침 결정 등 법인경영에 사실상 영향력을 행사한다고 인정되는 경우 등을 말한다.

45) 납세의무승계 관련 과세형평 제고를 위하여 25.1.1. 이후 법인의 납세의무가 성립하는 분부터 영농·영어조합법인의 조합원도 2차납세 의무를 부담하는 출자자의 범위에 포함하였다.

며 과점주주는 납세의무성립일 당시 실질적으로 권리를 행사하는 지분율을 한도로 납세의무를 부담한다. 과점주주로서 실질적으로 권리를 행사하는 자가 2차납세의무를 지는 것이므로 경영에 전혀 관여하지 않고 법인의 지분만을 갖는 주주 일원에 대하여 2차납세의무를 지우는 경우 과세관청이 이를 입증하여야 한다. 국세 등 부족한 금액을 그 법인의 발행주식총수로 나눈 금액에 과점주주가 실질적으로 권리를 행사하는 주식수를 곱하여 산출한 금액을 한도로 한다. 이 경우 주식에는 의결권이 없는 주식을 제외하다.

$$\text{과점주주의 제2차 납세의무 한도액} = \text{국세 등 부족액} \times \frac{\text{과점주주의 소유주식 수}}{\text{발행주식총수}}$$

(4) 법인의 제2차 납세의무

1) 요 건

법인의 제2차 납세의무는 국세(둘 이상의 국세의 경우에는 납부기한이 뒤에 오는 국세)의 납부기간 만료일 현재 법인의 무한책임사원 또는 과점주주의 재산(그 법인의 발행주식 또는 출자지분은 제외한다)으로 그 출자자가 납부할 국세 및 강제징수비에 충당하여도 부족한 경우에는 그 법인은 다음 각 호의 어느 하나에 해당하는 경우에만 그 부족한 금액에 대하여 제2차 납세의무를 진다.

① 주된 납세자인 출자자(무한책임사원, 과점주주)의 재산으로 출자자가 납부할 국세 및 체납처분비에 충당하여도 부족한 경우

② 주된 납세자인 출자자의 소유주식에 대하여 정부가 재공매하거나 수의계약으로 매각하려 하여도 매수희망자가 없거나 법률 · 법인의 정관에 의하여 양도가 제한된 경우

③ 출자자의 소유주식(출자지분)이 외국법인이 발행한 것으로서, 외국에 있는 재산에 해당하여, 국세징수법에 따른 압류 등 체납처분절차가 제한된 경우

2) 제2차 납세의무를 지는 자

주된 납세자인 무한책임사원 또는 과점주주를 둔 법인은 제2차 납세의무를 진다. 법인의 제2차 납세의무는 납부기간 만료일 현재 시가에 의한 법인의 자산총액에서 부채총액을 뺀 가액을 출자자의 소유주식의 가액비율을 곱하여 산출한 금액을 한도로 한다.

$$\text{법인의 제2차 납세의무 한도액} = (\text{자산총액} - \text{부채총액}) \times \frac{\text{출자자의 소유주식금액}}{\text{발행주식총액}}$$

(5) 사업양수인의 제2차 납세의무

1) 요 건

사업장별로 그 사업에 관한 모든 권리와 의무를 포괄적으로 승계한 경우로서 양도인과 특수관계인 또는 양도인의 조세회피를 목적으로 사업을 양수한자는 사업양수인으로서 제2차 납세의무를 진다. 포괄승계여부는 사업의 물적설비의 승계에 의해 판정하고 종업원 등의 고용승계는 이루어지지 않아도 무방하다. 사업장 내의 건물, 시설물, 비품 등에 따라 부분별, 시차별로 이루어졌다 하더라도 사회통념상 양도인과 동일시되는 정도로 사업양수도가 이루어진 경우 사업의 포괄적 승계에 해당한다.

2) 제2차 납세의무를 지는 자

사업장별로 그 사업에 관한 모든 권리와 의무를 포괄적으로 승계한 사업자는 양도 · 양수된 그 사업에 관한 국세 등으로서 사업양도일 이전에 납세의무가 확정된 국세인 경우 제2차 납세의무를 진다. 사업양수인은 사업양도인의 재산으로 충당하여도 부족한 금액에 대하여 양수한 재산가액을 한도로 인적유한책임을 진다. 여기서 양수한 재산가액이란 다음의 가액을 말한다.

① 사업양수인이 양도인에게 지급하였거나 지급하여야 할 금액(양도대가)

② 양도대가가 없거나 불분명한 경우에는 양수한 자산 및 부채를 상속세 및 증여세법에 따라 평가한 후 자산총액에서 부채총액을 뺀 가액(시가)

③ 양도대가와 시가의 차액이 3억 원 이상이거나 시가의 30%에 상당하는 금액 이상인 경우에는 양도대가와 시가 중 큰 금액

표 4-1 • 제2차납세의무의 요약

구 분	청산인 등의 제2차납세의무	출자자의 제2차납세의무	법인의 제2차납세의무	사업양수인의 제2차납세의무
주된 납세자	해산법인	법인 (상장법인 제외)46)	납부종료일 현재 무한책임사원 또는 과점주주	사업양도인
제2차 납세의무자	청산인, 잔여재산을 분배 · 인도받은 자	납세의무성립일 현재 무한책임사원 또는 과점주주	(모든) 법인	사업양수인 단, 사업양도인과 특수관계인인 자 혹은 사업양도인의 조세회피를 목적으로 사업을 양수한 자에 한함.

46) 법인격을 악용하는 조세회피를 방지하기 위하여 모든 법인을 대상으로 하였으나 2021년부터 상장법인의 경우 과점주주인의 사적목적 사외유출이 어려워 2차납세의무의 실효성이 낮다는 취지를 반영하여 상장법인은 제외하였다.

요 건	① 국세를 납부하지 아니하고 잔여재산을 분배 · 인도 ② 법인의 재산으로 징수부족	법인의 재산으로 징수부족	① 주된 납세의무자의 소유주식 및 출자지분의 매각불능 또는 제한 ② 출자자의 재산으로 징수부족	① 양수한 당해 사업에 관한 국세에 한함 ② 양도인의 재산으로 징수부족
대상국세	성립국세		확정국세	사업양도일 전에 확정된 국세
납부책임 한도	분배하였거나 분배받은 재산가액	① 무한책임사원의 경우: 무한책임 ② 과점주주: 부족액 × 지분율	순자산가액 × 지분율	양수한 재산가액

예제 1 **사업양수인의 제2차납세의무**

개인사업자 이은영 씨는 제조업과 부동산임대업을 영위하던 중 20×4년 10월 5일에 특수관계인인 주재홍 씨에게 자산총액 1억 5천만원, 부채 1억원의 제조업 부문을 포괄적으로 양도하고 그 대가로 5천만원을 받았다. 이은영 씨의 재산으로 다음 체납액에 충당하여도 부족한 경우 사업양수인 주재홍 씨가 제2차납세의무자로서 납부하여야 할 금액은 얼마인가?

<이은영 씨의 체납액 내역>

(1) 20×4년 1기 부가가치세 체납액은 2억원(제조업 1억원, 부동산임대업 1억원)이며, 동 부가가치세는 2014년 7월 25일에 신고하였다.

(2) 20×4년 귀속분 양도소득세 체납액 5천만원

(3) 20×4년 2기 부가가치세 체납액은 1억원(제조업 8천만원, 부동산임대업 2천만원)이다. 2기 부가가치세는 20×5년 1월 20일에 신고하였다.

해설

1. 제2차납세의무의 대상이 되는 국세: 1억원

(1) 20×4년 1기 부가가치세 체납액 1억원: 양수한 당해 사업(제조업)에 관한 국세에 한함

(3) 20×4년 귀속분 양도소득세 체납액은 사업과 관련이 없으므로 제외된다. 또한, 20×4년 2기 부가가치세는 양도일(20×4.10.5) 현재 확정된 국세가 아니므로 제외된다.

2. 납세의무의 한도액

양수대가 5천만원

3. 주재홍 씨가 제2차납세의무자로 납부하여야 할 금액

1과 2 중 작은 금액 = 5천만원

5 납세담보

(1) 개 요

납세담보[47]란 세법에 따라 납세자 또는 제3자로부터 제공받는 담보로서 세법규정에 근거하여 제공받아야만 효력이 있다. 일반적으로 납세담보는 납부기한을 연장하거나 징수유예 등을 하는 경우 조세채권을 확보할 목적 또는 특수한 영업행위의 경우 납세보전 목적으로 제공받게 된다.

세법에 따라 제공하는 담보는 물적담보와 인적담보로 구분된다.

물적담보는 금전, 유가증권, 납세보증보험증권, 납세보증서, 토지, 보험에 든 등기 · 등록된 건물 · 공장재단 · 광업재단 · 선박 · 항공기 · 건설기계가 있다. 인적담보는 은행법에 따른 금융회사 등의 납세보증서가 있다.

(2) 납세담보의 종류 · 제공 및 평가방법

구 분		담보의 제공방법	담보의 평가방법
인적담보	보증인의 납세보증서	납세보증서 제출	보증금액
물적담보	유가증권	공탁하고 공탁수령증 제출 * 등록된 유가증권은 담보 제공의 뜻을 등록하고 그 등록필증 제출	담보제공일 전날을 평가기준일로 하여 상속세및증여세법 시행령을 준용하여 계산한 가액
	토지 · 건물 · 공장재단 · 광업재단 · 선박 · 항공기 및 건설기계	등기 · 등록필증 제시 후 세무서장이 저당권 설정	- 토지 · 건물: 상속세및증여세법의 평가방법에 따른 금액 - 그 외: 감정가액 또는 시가표준액
	금 전	공탁하고 공탁수령증 제출	-
	납세보증보험증권	납세보증보험증권 제출	보험금액

(3) 납세담보의 제공가액

다음의 가액에 상당하는 담보를 제공하여야 한다. 다만, 그 국세가 확정되지 않은 경우에는 국세청장이 정하는 가액으로 하여야 한다.

---

47) 납세담보는 세법이 제공을 요구하도록 규정된 경우에 한하여 과세관청이 요구할 수 있으므로 세법에 근거없이 제공한 납세보증을 공법상 효력이 없다.

담보의 종류	제공가액
현금, 납세보증보험증권, 은행의 납세보증서	담보할 국세의 110% 이상
그 외의 담보	담보할 국세의 120% 이상

(4) 납세담보의 변경 등

1) 담보의 변경 및 보충

납세담보를 제공한 자는 세무서장의 승인을 받아 그 담보를 변경할 수 있다. 또한, 세무서장은 납세담보물의 가액 감소, 보증인의 자력 감소, 그 밖의 사유로 그 납세담보로는 국세 및 체납처분비의 납부를 담보할 수 없다고 인정하는 때에는 담보를 제공한 자에게 담보물의 추가 제공 또는 보증인의 변경을 요구할 수 있다.

그 밖의 사유란 담보로 제공된 후 그 담보물에 대하여 소유권의 귀속에 관한 소가 제기된 경우 등으로 담보로서의 효력에 영향이 있다고 인정된 때, 담보물에 설정된 보험계약이 효력을 잃은 때, 담보로 제공된 후에 압류조세채권이 증가함으로써 그 담보물로서는 국세 및 체납처분비의 납부를 담보할 수 없다고 인정된 때를 말한다.

2) 담보에 의한 납부와 징수

납세담보로서 금전을 제공한 자는 그 금전으로 담보한 국세 및 체납처분비를 납부할 수 있다. 납세담보로서 제공한 금전으로 국세 등을 납부하고자 하는 자는 그 뜻을 기재한 문서로 소관세무서장에게 신청하여야 한다. 하지만 금진을 제외한 기다 물적담보에 의히여서는 국세 등을 납부할 수 없다.

세무서장은 납세담보를 제공받은 국세 및 체납처분비가 담보의 기간에 납부되지 아니하면 국세징수법의 압류 등의 절차 없이 담보권의 행사로서 세무서장이 매각하여 그 담보로서 그 국세 및 체납처분비를 징수한다.

3) 담보의 해제

세무서장은 납세담보를 제공받은 국세 및 체납처분비가 납부되면 지체 없이 담보해제 절차를 밟아야 한다.

OX 문제

01 연대납세의무자 각자의 납세의무는 개별적으로 확정될 것을 요하므로 어느 연대납세의무자에게 납세고지를 하지 않았다면 그에 대한 연대납세의무는 구체적으로 확정되지 아니한 것이다.

02 연대납세의무자 중 1인의 변제에 의하여 모든 납세의무자가 납세의무를 면하게 된 경우 그 1인은 다른 연대납세의무자 각자에게 전체 세액에 대하여 구상권을 행사할 수 있다.

03 과점주주 또는 무한책임사원에 대한 법인의 제2차납세의무 한도를 계산할 때 법인의 자산 및 부채총액의 평가는 해당 법인의 사업연도 종료일 현재의 시가에 의한다.

04 출자자의 2차납세의무 책임의 한도는 해당 과점주주가 실질적으로 권리를 행사하는 주식수를 발행주식수(의결권없는 주식은 제외)로 나눈 비율에 의한다.

05 상장유가증권으로 납세담보를 제공한 경우 그 담보물로 국세 및 체납처분비를 납부할 수 있다.

06 비상장주식과 보험에 든 자동차도 납세담보로 제공할 수 있다.

정답&해설 **01** ○ **02** × **03** × **04** ○ **05** × **06** ×

02 다른 연대납세의무자에게 각자가 부담할 세액을 한도로 구상권을 행사할 수 있다.

03 자산 및 부채의 평가는 해당 국세의 납부기한 종료일 현재의 시가로 한다. 평가일 현재 납세의무가 성립한 해당 법인의 국세는 부채총액에 산입한다.

05 금전을 제외한 기타 물적담보에 의하여서는 국세 등을 납부할 수 없다.

06 자동차는 납세담보로 제공할 수 없다.

연습문제

01 납세의무의 승계에 대한 다음의 설명 중 옳지 않은 것은?

① 상속인은 상속으로 인하여 얻은 재산을 한도로 납부책임을 진다.

② 법인의 합병으로 인한 납세의무의 승계는 한도 없이 전액 승계된다.

③ 3명의 연대납세의무자 중 과세권 행사가 용이한 1명에 대하여 과세당국은 채무의 전부이행을 청구할 수 있다.

④ 연대납세의무란 수명이 동일한 납세의무에 관하여 각각 자신의 지분만큼 납부할 의무를 부담하는 것을 말한다.

⑤ 국세기본법상 연대납세의무는 개별세법에 특례규정을 둘 수 있다.

정답 ④

연대납세의무란 수명이 동일한 납세의무에 관하여 각각 독립하여 전액의 납세의무를 부담하는 것을 말한다.

02 국세기본법상 납세의무 승계와 연대납세의무에 대한 다음의 설명 중 옳은 것은?

① 상속이 개시된 경우 상속인은 피상속인에게 부과되거나 그 피상속인이 납부할 소득세에 대해 한도 없이 소득세 납부의무를 진다.

② 갑은 특수관계인이 아닌 을과 공동으로 부동산임대업을 영위하고 있는 경우 을이 소득세를 납부하지 않았다면 그 소득세 전부에 대하여 갑은 연대하여 납부할 의무를 진다.

③ 법인의 합병으로 인한 납세의무의 승계는 피합병법인의 합병일 현재 순자산가액을 한도로 한다.

④ 법인이 분할로 인하여 해산되는 경우 해산되는 법인에 대하여 부과되거나 그 법인이 납부할 국세 등은 분할신설법인이 분할로 승계된 재산가액을 한도로 연대하여 납부할 책임을 진다.

⑤ 법인이 '채무자 회생 및 파산에 관한 법률'에 따라 신회사를 설립하는 경우에는 당초 존속법인의 법인세에 대해 신회사는 납부할 의무가 없다.

정답 ④

① 상속으로 인한 납세의무의 승계는 상속으로 받은 재산을 한도로 한다.

② 공동사업에 대한 소득세는 공동사업자 간 손익분배비율에 따라 분배되었거나 분배될 소득금액에 따라 소득세 납세의무를 진다. 이 규정은 국세기본법 규정이 있음에도 불구하고 예외적으로 소득세법이 우선 적용된다.

③ 법인의 합병으로 인한 납세의무의 승계는 한도가 없다.

⑤ 법인이 '채무자 회생 및 파산에 관한 법률'에 따라 신회사를 설립하는 경우 신회사와 당초 존속법인은 연대하여 법인세를 납부할 의무가 있다.

03 다음 중 국세기본법상 제2차 납세의무에 대한 설명으로 옳지 않은 것은?

① 청산인 등은 해산법인이 부과되거나 그 법인이 납부할 국세, 가산금 및 체납처분비에 대해서도 잔여재산의 분배에 앞서 납부할 의무를 가진다.

② 비상장법인의 재산으로 그 법인이 납부할 국세, 가산금 및 체납처분비에 충당하여도 부족한 경우에는 그 국세의 납세의무 성립일 현재 최대주주는 그 부족액에 대해서 제2차 납세의무를 진다.

③ 사업이 양도·양수된 경우에 양도일 이전에 양도인의 납세의무가 확정된 그 사업에 관한 국세, 가산금 및 체납처분비를 양도인의 재산으로 충당하여 부족할 때에는 사업에 관한 권리·의무를 포괄적으로 승계한 사업의 양수인은 그 부족한 금액에 대하여 양수한 재산의 가액을 한도로 제2차 납세의무를 진다.

④ 법인의 제2차 납세의무는 그 법인의 자산총액에서 부채총액을 뺀 가액을 그 법인의 발행주식 총액 또는 출자총액으로 나눈 가액에 그 출자자의 소유주식 금액 또는 출자액을 곱하여 산출한 금액을 한도로 한다.

⑤ 사업에 관한 모든 권리와 의무를 포괄적으로 승계한 경우로서 양도인과 특수관계인 또는 양도인의 조세회피를 목적으로 사업을 양수한자는 사업양수인으로서 제2차 납세의무를 진다.

정답 ②

최대주주가 아니라 과점주주가 제2차 납세의무를 진다.

04 국세기본법상 법인이 제2차 납세의무를 갖는 경우에 관한 다음의 설명 중 옳지 않은 것은?

① 주된 납세자는 납부기간 종료일 현재 법인의 무한책임사원 또는 과점주주이다.

② 제2차 납세의무를 갖는 법인은 유가증권시장에 상장한 법인을 제외한 법인이다.

③ 출자자의 소유주식 등이 법률 또는 그 법인의 정관 규정에 의하여 양도가 제한되는 경우에 법인이 제2차 납세의무를 부담한다.

④ 법인의 제2차 납세의무는 소유주식 또는 출자지분가액을 한도로 한다.

⑤ 법인의 2차납세의무는 출자자의 소유주식 등을 제외한 재산으로 그가 납부할 국세 등에 충당하여도 징수하기에 부족해야한다.

정답 ②

법인의 제2차 납세의무는 무한책임사원과 과점주주가 출자하고 있는 모든 법인으로 주권상장여부에 관계없이 모든 법인에 적용된다.

05 다음 중 국세기본법상 제2차 납세의무자가 될 수 없는 자는?

① 법인이 해산(합병이 아닌 해산)한 경우 청산인 또는 잔여재산을 분배받은 자

② 비상장법인인 ㈜서울의 과점주주인 대표이사

③ 건설업을 영위하는 개인사업자 갑(양도인)이 을(양수인)과 사업의 양도 및 양수가 있는 경우 개인사업자 갑

④ 납부기간 종료일 현재 과점주주가 있는 비상장법인

⑤ 합자회사의 무한책임사원

정답 ③

사업의 양수도인 경우 제2차 납세의무자는 사업양수인(을)이다.

06 사업자 '갑'은 제조업과 부동산임대업을 영위하다가 20×5년 10월 1일에 제조업분야를 '을'에게 포괄적으로 양도하였다. 사업자 '갑'의 자산으로 '갑'이 체납액을 충당하여도 부족하다면 사업양수인인 '을'이 국세기본법상 제2차 납세의무자로서 납부하여야 할 금액은 얼마인가?

(1) 갑의 20×5년 1기 부가가치세 체납액 3억 원(제조부문 2억 원, 부동산임대업 1억원)
(2) 갑이 20×5. 10. 1. 을에게 부동산 양도로 인한 양도소득세 1억원
(3) 갑의 20×5. 10. 1. 제조업 부문의 총자산은 3억 6천만원이고, 부채는 1억원으로 평가되었다.

① 4억원 ② 3억 4천만원 ③ 3억원
④ 2억 6천만원 ⑤ 2억원

정답 ⑤

사업양수인은 사업양수일 현재 확정된 양수한 사업에 관한 국세에 대하여 양수한 재산가액을 한도로 제2차 납세의무를 진다. 사업양수일 현재 확정된 양수한 사업에 대한 1기분 부가가치세 체납액 2억원에 대하여 사업양수인은 양수한 재산가액인 2억 6천만원(총자산 − 총부채)을 한도로 제2차 납세의무를 진다.

07 다음 중 국세기본법상 납세담보로 제공할 수 없는 것은?

① 보험에 가입한 차량운반구

② 납세보증보험증권

③ 국채

④ 토지

⑤ 금전

정답 ①

납세담보는 국세기본법에 열거한 자산에 한하며, 차량운반구는 열거되어 있지 않다.

08 다음 중 국세기본법상 납세담보의 평가방법으로 옳지 않은 것은?

① 금전: 평가 불필요

② 유가증권: 상속세및증여세법의 평가방법에 따라 평가한 담보제공일 전날의 가액

③ 납세보증보험증권: 보험금액

④ 토지: 상속세및증여세법의 평가방법에 따라 평가한 가액

⑤ 건물: 지방자치단체의 시가표준액

정답 ⑤

국세기본법상 건물의 평가는 상속세및증여세법을 준용하여 평가한 가액에 의한다.

09 국세기본법상 제2차 납세의무에 관한 다음의 설명 중 옳지 않은 것은?

① 사업이 일체로서 동일성을 유지한 채 양도되는 경우 양수인이 부담하는 제2차 납세의무는 양수인이 양수한 재산의 가액을 한도로 한다.

② 회사의 재산으로 회사의 세금을 충당하여도 부족한 경우 무한책임사원은 그 부족한 세금에 대하여 한도 없이 납세의무를 진다.

③ 과점주주가 회사의 조세채무에 관하여 자신의 고유재산으로 책임을 져야 하는 경우, 그 책임의 한도는 해당 과점주주가 실질적으로 권리를 행사하는 주식수를 발행주식 총수로 나눈 비율(의결권 없는 주식 제외)에 비례한다.

④ 법인이 무한책임사원의 조세채무에 대하여 부담하는 제2차 납세의무는 당해 법인의 순자산가액에 무한책임사원의 출자지분비율을 곱하여 산출한 금액을 한도로 한다.

⑤ 법인이 해산한 경우 그 법인에 부과된 세금을 다 내지 아니하고 잔여재산을 분배하였을 때에 해당 법인의 납세의무를 2차적으로 부담하는 자는 잔여재산의 분배업무를 처리한 청산인이 아니라 그 잔여재산을 가져간 출자자이다.

정답 ⑤

청산인과 잔여재산을 분배받은 자가 2차 납세의무를 진다.

10 「국세기본법」상 납세의무의 승계 및 연대납세의무에 관한 설명이다. 옳지 않은 것은?

[CPA 2022]

① 상속이 개시된 때에 그 상속인은 피상속인에게 부과되거나 그 피상속인이 납부할 국세 및 강제징수비를 상속으로 받은 재산의 한도에서 납부할 의무를 진다.

② 법인이 합병한 경우 합병 후 존속하는 법인은 합병으로 소멸된 법인에 부과되거나 그 법인이 납부할 국세 및 강제징수비를 합병으로 승계된 재산가액을 한도로 납부할 의무를 진다.

③ 법인이 분할 또는 분할합병한 후 소멸하는 경우 분할신설법인과 분할합병의 상대방 법인은 분할법인에 부과되거나 분할법인이 납부하여야 할 국세 및 강제징수비에 대하여 분할로 승계된 재산가액을 한도로 연대하여 납부할 의무가 있다.

④ 공유물, 공동사업 또는 그 공동사업에 속하는 재산과 관계되는 국세 및 강제징수비는 공유자 또는 공동사업자가 연대하여 납부할 의무를 진다.

⑤ 법인이 「채무자 회생 및 파산에 관한 법률」에 따라 신회사를 설립하는 경우 기존의 법인에 부과되거나 납세의무가 성립한 국세 및 강제징수비는 신회사가 연대하여 납부할 의무를 진다.

정답 ②

법인이 합병한 경우 합병 후 존속하는 법인은 합병으로 소멸된 법인에 부과되거나 그 법인이 납부할 국세 및 강제징수비를 전액 한도없이 납부할 의무를 진다.

Chapter 5 국세와 일반채권의 관계

AN INTRODUCTION TAX LAW

1 국세의 우선권

(1) 원칙: 채권자평등주의

일반적으로 채권은 평등하게 취급되며 특별하게 어떤 채권자만이 우선적으로 변제받을 수 없다. 따라서 채권자들은 부족비율에 따라 공평하게 그 채권액의 일부를 변제받게 된다.

다만, 담보물권자는 담보로 제공받은 특정재산의 매각대금(또는 추심금액)에 관하여 이러한 채권자평등주의를 깨뜨리고 다른 채권자보다 우선변제를 받을 수 있다.

(2) 국세의 우선

국세 및 체납처분비는 다른 공과금이나 그 밖의 채권에 우선하여 징수한다.

즉, 납세자의 재산이 국세 등을 포함한 모든 채권을 변제하기에 부족한 경우 국세 등은 담보권이 없어도 다른 채권보다 우선하여 변제받을 수 있다.

1) 다른 공과금 또는 그 밖의 채권

'공과금'이란 체납처분의 예에 따라 징수할 수 있는 채권(자력집행가능채권) 중 국세, 관세, 임시수입부가세, 지방세와 이에 관계되는 가산금 및 체납처분비를 제외한 것을 말한다.

대표적인 예로 국민연금보험료 등이 이에 속한다.

'그 밖의 채권'이란 자력집행권이 부여되지 않은 일반채권을 말한다.

결국 국세우선권은 국세 등과 공과금 · 그 밖의 채권사이의 문제이며, 조세채권상호간에는 평등주의가 지배하고 있다.

2) 우선징수의 개념

우선징수란 납세자의 재산을 강제 매각(추심)하는 경우 그 매각대금(추심대금) 중에서 국세 등을 우선하여 징수하는 것을 말한다. 즉, 강제매각 등을 하기 전에 납세자가 임의로 다른 채권을 먼저 변제하는 것은 가능하며 국세우선권이 개입할 수 없다. 그러므로 국세우선권은 강제매각 대금의 배분에 대하여만 우선권이 생긴다.

2 조세채권사이의 우선

(1) 원 칙: 조세채권상호평등주의

조세채권은 모두 우열관계 없이 평등하게 징수되어야 한다.

(2) 예 외

1) 담보우선주의

납세담보물을 매각한 경우에는 압류순서에 불구하고 담보받은 국세와 지방세가 다른 국세와 지방세보다 우선한다.

2) 압류우선주의

납세담보를 받은 국세와 지방세가 없는 경우 압류선착주의에 따라 먼저 재산을 압류한 국세나 지방세가 교부청구하는 국세와 지방세에 우선한다.48)

조세채권 사이의 우선관계

1순위	2순위	3순위
담보된 국세(지방세)	체납처분(압류)한 국세(지방세)	교부청구(참가압류)한 국세(지방세

3 국세우선권의 제한

(1) 직접경비의 우선

1) 집행비용 우선

강제집행 · 경매 또는 파산절차에 따라 재산을 매각할 때 그 매각금액 중에서 국세 및 체납처분비를 징수하는 경우 그 강제집행, 경매 또는 파산절차에 드는 비용(공익비용)은 국세 또는 체납처분비보다 우선변제된다. 한 채무자에 대하여 채권자가 여럿일 때 특정 채권자가 모든 채권자 공동의 이익의 위하여 사용한 공익비용이므로 집행비용은 우선한다.

48) 압류우선주의의 취지는 다른 조세채권자보다 조세채무자의 자산상태에 주의를 기울이고 조세징수에 열의를 가지고 있는 징수권자에게 우선권을 부여하고자 하는 것이다. 압류우선주의는 1,2,3 순위 압류가 있을 때 1순위 압류만이 진정한 압류로서 참가압류이자 교부청구권자에 불과한 2,3 순위 압류권자 보다 우선권을 부여하는 것으로 조세채권 상호간에 적용되는 것이며 일반적인 채권 상호간에는 적용되는 것이 아니다.

2) 선집행 지방세 · 공과금의 체납처분비(또는 강제징수비)의 우선

지방세나 공과금의 체납처분을 할 때나 체납처분금액 중에서 국세를 징수하는 경우의 그 지방세나 공과금의 체납처분비는 국세 및 체납처분비보다 우선 징수된다. 이는 지방세나 공과금 자체가 우선하는 것이 아니라 그 체납처분비만이 우선한다.

(2) 피담보채권의 우선

국세의 법정기일 전에 전세권, 질권, 저당권의 설정을 등기하거나 등록한 사실이 증명되는 재산을 매각할 때 그 매각금액 중에서 국세를 징수하는 경우의 그 전세권, 질권, 저당권에 의하여 담보된 채권은 국세에 우선한다. 다만, 해당 재산에 대하여 부과된 상속세[49], 증여세, 종합부동산세 및 지방세로서 재산세, 자동차세 등의 재산보유 의무로 인한 당해 세금은 법정기일 전에 설정된 담보채권에 우선하여 징수한다.[50]

법정기일이란 일반인이 국세의 존재를 확인할 수 있는 시점으로 납세의무 확정시점을 의미한다. 신고납세제도의 경우 신고일(무신고, 과소신고 부분에 대하여는 납세고지서 발송일이 되며 중간예납하는 법인세, 예정신고납부 부가가치세, 양도소득세 예정신고를 포함한다)이며 정부부과제도의 경우 납세고지서 발송일이 된다. 국세의 법정기일은 다음과 같다.

표 5-1 • 국세의 법정기일

구 분		법정기일
원 칙	납세의무자가 신고한 세액	신고일
	정부가 고지한 세액	납세고지서의 발송일
예 외	원천징수세액, 납세조합징수세액, 인지세	납세의무의 확정일
	제2차 납세의무자, 양도담보재산에서 징수하는 경우	납부통지서 발송일
	압류와 관련하여 확정된 세액	압류등기일 · 등록일

---

49) 상속인의 채무를 담보하기 위해 설정한 담보의 채권자 입장에서 상속세는 당해세이므로 상속세의 법정기일에 관계없이 상속세가 담보채권에 우선한다. 하지만 담보의 채권자 입장에서는 상속세 과세표준의 산정이 재산평가, 각종 공제 등으로 복잡하여 향후 납부할 세액을 예측하기 어려운 문제점이 있다.

50) 저당권 설정시기에 관계없이 당해 세금에 우선권을 부여하는 이유는 상속세 및 증여세법 및 종합부동산세 등과 같은 재산 취득이나 보유로 인한 조세부과는 쉽게 예측할 수 있어 담보물권을 설정하는 방법으로 당해 세금의 징수를 회피하는 것을 방지하기 위한 것이다. 하지만 당해세로서 상속세 및 증여세는 재산의 무상이전에 대하여 부과되는 조세로 해당 재산 자체에 소유사실 그 자체를 과세대상으로 부과하는 다른 유통세이고, 과세표준의 산정에 있어서 복잡한 재산평가, 생전 증여재산의 합산과세규정, 각종 인적공제, 각종 세액공제로 담보권자가 장차 납부할 세액을 예측하기 어려운 문제점이 있다.

임차인 보호를 위한 국세우선 원칙의 예외 신설[51)]

- 경매 · 공매 시 당해세인 해당 재산에 부과된 상속세, 증여세 및 종합부동산세의 법정기일이 임차인의 확정일자보다 늦은 경우 그 배분 예정액에 한하여 주택임차보증금(전세권)에 먼저 배분할 수 있도록 하였다.
- 즉, 소유자 변경 이후 발생한 종합부동산세는 당해세라고 하더라도 기존 임차인의 확정일자보다 늦은 경우에 한하여 당해세 예외를 적용할 수 있도록 하였다.

가등기의 취급

가등기란 본등기를 할 수 있는 요건이 완비되지 않을 경우 장래에 행할 본등기의 순위보전을 위해 미리하는 등기를 말한다. 이러한 가등기를 국세기본법에서는 사실상 저당권과 동일하게 취급하고 있다.

(3) 주택임대차보호법 및 상가건물임대차보호법에 의한 임차인의 소액보증금 우선

주택임대차보호법 및 상가건물임대차보호법이 적용되는 임대차관계에 있는 주택 또는 건물을 매각하는 경우 임차인의 소액보증금 중 일정액은 매각대금에서 공익비용을 제외한 다른 채권에 우선하여 변제된다. 따라서 주택 및 상가의 소액보증금 중 일정액은 국세에도 우선 변제된다. 다만, 체납처분비보다 우선 변제되지 않음에 유의하여야 한다. 소액임대차보증금[52)]이란 주택 · 상가건물의 임차인이 주택 · 상가건물에 대한 경매신청의 등기 전에 주택의 경우에는 주택의 인도와 주민등록, 상가건물의 경우에는 상가건물의 인도와 사업자등록의 신청을(대항력의 요건)을 갖춘 경우에는 임대보증금을 다른 담보물권자보다 최우선하여 변제 받을 권리가 있다.

(4) 확정일자는 받은 보증금 우선

임대차계약을 체결한 그 날짜의 문서가 존재하고 있다는 사실을 증명하는 확정일자를 받은 경우 일반임대차보증금[53)]은 확정일자 순위에 따른 우선변제권이 생긴다. 이 경우 소액임대차

---

51) 부동산 양도 시 종전 소유자에게 저당권에 우선하는 조세체납이 없다면 새로운 양수인(제3자)의 조세체납액이 저당권에 우선할 수 없다는 대법원의 판례의 취지를 23년 국세기본법 개정시 이를 반영

52) 소액임대차보증의 범위는 주택임대차보호법 제8조 및 상가건물임대차보호법 제14조에서 보증금액에 의거 우선변제 받을 수 있는 임차인의 범위와 보증금 변제한도를 규정하고 있다.

53) 주택임대차보증금은 보증금 금액에 관계없이 우선적으로 변제받을 수 있다. 상가건물은 (보증금 + 월차임 × 100)의 산식에 의한 환산보증금 금액이 일정액 이하인 경우에만 우선변제받을 수 있다. 서울에서 우선변제되는 환산보증금 금액은 지방에 비하여 상대적으로 큰 금액으로 지역별로 우선변제되는 환산보증금금액은 다르게 규정하고 있다.

보증금의 대항력요건과 확정일자를 받고, 그 확정일자가 국세의 법정기일 또는 다른 담보채권보다 우선하는 경우에는 우선변제권이 발생한다.

(5) 임금채권의 우선

임금채권 중 근로기준법 또는 근로자퇴직급여 보장법에 따라 국세에 우선하여 변제되는 최종 3월분의 임금채권 · 최종 3년간의 퇴직금과 재해보상금 그밖에 근로관계로 인한 채권(우선변제임금채권)은 공익비용을 제외하고는 다른 채권에 우선하므로 소액보증금 중 일정액과 같은 우선순위가 된다.

일반적인 기타 임금채권은 담보채권에는 우선하지 못하나 국세에는 우선한다. 다만, 국세가 담보채권에 우선하는 경우에는 기타 임금채권은 국세에도 우선할 수 없다.

(6) 소유자 변경시 국세우선원칙의 적용

현 소유자의 국세체납에 대한 국세우선원칙은 종전 소유자와 설정한 권리에 대해서는 적용하지 아니한다, 다만, ① 해당 재산에 대한 가장 빠른 권리설정일보다 법정기일이 앞서는 직전 소유자의 국세 체납액을 한도로 국세를 우선 징수하므로 이러한 한도 내에서 국세우선원칙을 적용하여 법정기일이 권리설정일보다 빠른 체납 국세만 우선 징수된다. ②현 소유자로 변경된 이후 발생한 당해세인 종부세에 대하여는 국세우선의 원칙이 적용된다.

4 거짓담보계약에 대한 취소권

(1) 취소권

세무서장은 납세자가 제3자와 짜고 거짓으로 재산에 전세권 · 질권 또는 저당권 설정계약 혹은 임대차계약 · 가등기 설정계약 등을 한 경우에 그 재산의 매각금액으로 국세를 징수하기가 곤란하다고 인정될 때에는 그 행위의 취소를 법원에 청구할 수 있다.

(2) 입증책임

납세자가 허위로 담보권을 설정하였다는 입증책임은 과세관청에 있다. 다만 국세의 법정기일전 1년 내에 친족 및 기타 특수관계인과 저당권 등의 설정계약을 한 경우에는 통정에 의한 허위계약으로 추청한다. 이 경우 납세자는 통정행위가 아니라는 점을 입증하면 취소는 번복될 수 있다.

5 국세우선권 제한에 대한 정리도

1순위: 공익비용 등

2순위: 체납처분비

3순위: 우선변제 임금채권과 소액임차 보증금 중 일정액 및 재산에 대한 당해세금

← 피담보채권에 우선하는 국세 · 가산금

4순위: 피담보채권 (확정일자를 받은 보증금 포함)

5순위: 일반임금채권

← 피담보채권에 우선하는 못하는 국세 · 가산금

6순위: 공과금, 기타채권

예제 1 국세우선권과 당해세

아래와 같은 체납에 대하여 부가가치세 관할세무서장이 20×3년에 토지를 압류 · 매각한 경우 토지 매각대금 3억원은 어떻게 배분되는가? 단, 체납처분비는 1천만원이다.

(1) 김중앙씨는 20×2년 7월 25일 부가가치세 1억원을 신고하였으나 납부하지 못했다.

(2) 김중앙씨는 20×1년 5월 10일에 증여받은 토지에 대하여 증여세를 신고납부하지 않았다. 관할 세무서장이 20×1년 12월 15일에 증여세 납세고지서(증여세 5천만원)를 발송하였으나 아직 납부되지 않은 상태이다.

(3) 김중앙씨는 상기 토지에 대하여 20×1년 10월 1일 K은행에 저당권을 설정해주고 2억원 차입하였다.

해설

체납처분비	₩10,000,000
증여세(당해세)	50,000,000
K은행 피담보채권	200,000,000
부가가치세	40,000,000
	₩300,000,000

OX 문제

01 파산절차에 따라 재산을 매각할 때 그 매각금액 중에서 국세 및 체납처분비를 징수하는 경우 그 파산절차에 든 비용은 국세보다 우선하여 징수한다.

02 상속세 등 당해 재산에 부과되는 국세는 피상속인이 조세체납이 없는 상태에서 설정한 저당권 등에 담보된 채권보다 항상 우선한다.

03 공과금의 체납처분에 있어 체납처분 금액 중에서 국세를 징수하는 경우 공과금의 체납처분비는 국세에 우선한다.

04 해당 재산에 대하여 부과된 종합부동산세와 취득세, 등록세, 재산세의 지방세는 법정기일 전에 설정된 담보채권에 우선하여 징수한다.

정답&해설 **01** ○ **02** × **03** ○ **04** ×

02 당해 재산에 부과되는 상속세인 국세는 조세의 체납이 없는 상태에서 피상속인이 설정한 저당권 등 담보된 채권보다 우선하는 것은 아니다. 상속으로 인한 상속세의 납세의무자인 상속인이 설정한 저당권 등 담보된 채권보다 국세채권인 상속세가 항상 우선하는 것이다.

관련 판례를 살펴보면, 저당권설정자가 피상속인으로 그 피담보채권에 우선하여 징수당할 아무런 조세의 체납도 없는 상태에서 사망한 경우와 같이 그 설정자의 납세의무를 기준으로 아무런 조세채무가 없는 경우에 그 상속인에 대하여 부과된 상속세를 당해세라 하여 피상속인으로부터 설정된 피담보채권보다 우선 징수 할 수 없다고 판시하였다 (대판 1996. 7. 12. 96다21058)

04 종합합산과세표준과 별도합산과세표준의 경우 납세의무자가 소유하고 있는 전국의 모든 토지 중 건축물의 부속토지 여부에 따라 각각 그 가액을 합산하는 것이므로 당해 토지만이 유일한 과세대상이 되지 않는 한 그 전부를 당해세로 보기는 어려우므로 보정을 통하여 당해 부동산에 관한 종합토지세액 상당만을 가려서 당해세로 판단한다. (대판 2001. 2. 23. 2000다58088)

분리과세표준의 경우에는 당해 부동산에 관한 것인 한 당해세로 인정한다. 취득세와 등록세는 재산의 보유의무로 인한 당해세금이 아니므로 당해세로 인정하지 아니한다.

연습문제

01 다음 중 국세기본법상 국세우선권에 대하여 예외적으로 국세보다 우선순위가 주어지는 채권에 해당하지 않는 것은?

① 지방세 또는 공과금의 체납처분에 있어서 그 체납처분금액 중에서 국세 및 체납처분비를 징수하는 경우의 그 지방세 또는 공과금의 체납처분비
② 강제집행 · 경매 또는 파산절차에 의한 재산의 매각에 있어서 그 매각금액 중에서 국세 및 체납처분비를 징수하는 경우의 그 강제집행 · 경매 또는 파산절차에 소요된 비용
③ 사용자의 재산을 매각하거나 추심함에 있어서 그 매각금액 또는 추심금액 중에서 국세를 징수하는 경우에 근로기준법에 의하여 국세에 우선하여 변제되는 임금 · 퇴직금 · 재해보상금 기타 근로관계로 인한 채권
④ 주택임차보호법이 적용되는 임대차관계에 있는 주택 또는 건물을 매각함에 있어서 그 매각금액 중에서 국세를 징수하는 경우 임대차에 관한 보증금 전액
⑤ 국세의 법정기일 전에 전세권 · 질권 · 저당권의 설정을 등기 · 등록한 사실이 증명되는 재산

정답 ④

주택임대차보호법이 적용되는 임대차관계에 있는 주택 또는 건물을 매각함에 있어서 그 매각금액 중에서 국세를 징수하는 경우 임대차에 관한 보증금 전액이 아니라 법에서 정한 일정액만이 국세에 우선한다.

02 다음은 국세기본법상 납세자의 재산을 강제환가절차에 의해 매각하는 경우에 그 매각대금 중에 국세우선권에 제한을 가져오는 것이다. 이에 해당하지 않는 것은?

① 국세의 법정기일 전에 전세권 · 질권 · 저당권의 설정을 등기 · 등록한 사실이 증명되는 재산
② 선집행 지방세 · 공과금
③ 주택임대차보호법에 의한 임차인의 소액보증금
④ 최종 3개월분의 임금채권
⑤ 법정일자가 국세의 법정기일보다 우선하는 주택임대차보증금

정답 ②

선집행 지방세 · 공과금의 체납처분비는 우선하나 선집행 지방세 · 가산금 및 공과금 · 가산금은 별도 판정하여야 한다.

03 개인사업을 하고 있는 김체납 씨는 20×4년 소득세를 체납하여 동 사업자의 상가건물 및 토지가 ₩400,000,000에 경매처분 되었다. 다음 자료를 이용하여 김체납 씨의 소득세로 충당될 금액을 계산하면 얼마인가?

(1) 종합소득세 신고일: 20×5. 5. 31.	
(2) 징수하여야 할 소득세 (체납처분비 ₩5,000,000 포함)	₩350,000,000
(3) 사용인에 대한 최종 3월분 임금과 최종 3년간의 퇴직금	₩100,000,000
(4) 전세권(설정일: 20×4. 9. 10.)에 의해 설정된 채권	₩70,000,000
(5) 기타 일반채권(사업자에 대한 매출채권)	₩250,000,000

① ₩200,000,000 ② ₩225,000,000 ③ ₩230,000,000
④ ₩250,000,000 ⑤ ₩350,000,000

정답 ②

(1) 환가액	₩400,000,000
(2) 체납처분비	(5,000,000)
(3) 특정임금채권	(100,000,000)
(4) 피담보채권	(70,000,000)
(5) 소득세	(225,000,000)
계	–

04 거주자 김세무 씨는 20×2년 귀속 소득세를 납부하지 않아 관할세무서장은 김세무 씨의 주택을 20×4년 11월에 압류하여 20×5년 8월에 매각하였다. 다음 자료에 의하여 주택매각대금 ₩100,000,000 중에서 국세기본법상 소득세로 징수할 수 있는 금액을 계산하면 얼마인가?

(1) 체납처분비	₩5,000,000
(2) 소득세 (김세무씨의 소득세 신고일: 20×3. 5. 31.)	₩80,000,000
(3) 해당 주택에 설정된 저당권에 의해 담보되는 채권 (저당권 설정일: 20×3. 5. 7.)	₩50,000,000
(4) 해당 주택에 대한 임차보증금 (이 중 주택임대차보호법에 따른 우선변제금액은 ₩14,000,000이며, 세입자는 20×3. 5. 25. 확정일자를 받았다)	₩30,000,000

① ₩15,000,000 ② ₩20,000,000 ③ ₩31,000,000
④ ₩45,000,000 ⑤ ₩65,000,000

정답 ①

(1) 체납처분비	₩5,000,000
(2) 최우선변제 임차보증금	₩14,000,000
(3) 피담보채권(설정일: 20×3. 5. 7.)	₩50,000,000
(4) 일반임차보증금(확정일자: 20×3. 5. 22.)	₩16,000,000
(5) 소득세(법정기일: 20×3. 5. 31.)	₩15,000,000
계	–

05 A은행은 채무자 갑에 대한 대출금을 회수하기 위하여 갑이 소유한 주택의 경매절차를 진행하였다. 다음 자료에 의하여 주택의 경매가격 중 갑이 체납한 소득세와 그에 대한 가산세로 징수될 금액을 계산하면 얼마인가?

(1) 주택의 경매가격	₩80,000,000
(2) 경매비용	₩6,000,000
(3) A은행의 대출금(주택에 대하여 20×2. 6. 6. 저당권 설정)	₩10,000,000
(4) B은행의 대출금(주택에 대하여 20×2. 4. 4. 저당권 설정)	₩40,000,000
(5) 갑의 20×1년 귀속 소득세(신고일: 20×2. 5. 30.)	₩30,000,000
(6) 납부지연가산세	₩5,000,000
(7) 주택에 대한 임대보증금	₩40,000,000

(이 중 주택임대차보호법에 의한 우선변제금액은 ₩16,000,000이고, 전세권 등기나 확정일자는 없음)

① ₩4,000,000　② ₩8,000,000　③ ₩14,000,000
④ ₩18,000,000　⑤ ₩35,000,000

정답 ④

구분 및 순서	채권액	배분액
경매비용	₩6,000,000	₩6,000,000
소액보증금	16,000,000	16,000,000
B은행대출금	40,000,000	40,000,000
납부지연가산세	5,000,000	5,000,000
소득세	30,000,000	13,000,000
A은행대출금	10,000,000	–
계		₩80,000,000

소득세 및 가산세 징수액: ₩5,000,000 + ₩13,000,000 = ₩18,000,000

06 납세자의 재산을 강제매각절차에 의하여 매각할 때 국세의 우선징수권에 관한 설명 중 옳은 것을 모두 묶은 것은? 단, 소액임차보증금채권 및 임금 관련 채권은 고려하지 아니한다.

> (1) 공과금의 체납처분을 할 때 그 체납처분금액 중에서 국세를 징수하는 경우 공과금의 체납처분비는 국세에 우선한다.
> (2) 국가의 조세채권은 공과금보다 우선한다.
> (3) 국가의 조세채권은 담보물권이 설정되어 있지 아니한 민사채권보다 그 민사채권의 발생시기에 관계없이 우선한다.
> (4) 국가의 결정에 의하여 납세의무가 확정되는 조세채권의 납세고지서가 저당권이 설정되어 있는 민사채권의 그 설정 등기일보다 먼저 발송된 경우

① (2) ② (1), (2) ③ (1), (2), (3)
④ (1), (2), (4) ⑤ (1), (2), (3), (4)

정답 ⑤

4개 지문이 모두 맞는 설명이다.

07 「국세기본법」상 국세의 우선권에 관한 설명이다. 옳지 않은 것은? **[CPA 2022]**

① 과세표준과 세액의 신고에 따라 납세의무가 확정되는 국세의 경우 신고한 해당 세액의 법정기일은 법정신고납부기한의 다음 날이다.
② 강제집행에 따라 재산을 매각할 때 그 매각금액 중에서 국세 및 강제징수비를 징수하는 경우, 그 강제집행에 든 비용은 국세 및 강제징수비에 우선하여 변제된다.
③ 국세의 법정기일 전에 전세권이 설정된 재산을 매각하여 그 매각금액에서 해당 국세를 징수하는 경우, 그 전세권에 의하여 담보된 채권은 국세 및 강제징수비보다 우선하여 변제된다.
④ 국세 강제징수에 따라 납세자의 재산을 압류한 경우에 다른 국세 및 강제징수비의 교부청구가 있으면, 압류와 관계되는 국세 및 강제징수비는 교부청구된 다른 국세 및 강제징수비보다 우선하여 징수한다.
⑤ 납세담보물을 매각하였을 때에는 그 국세 및 강제징수비는 매각대금 중에서 다른 국세 및 강제징수비와 지방세에 우선하여 징수한다.

정답 ①

과세표준과 세액의 신고에 따라 납세의무가 확정되는 국세의 경우 신고한 해당 세액의 법정기일은 신고일이다.

08 「국세기본법」상 국세의 우선에 관한 설명이다. 옳지 않은 것은?

① 파산 절차에 따라 재산을 매각할 때 그 매각금액 중에서 국세 및 강제징수비를 징수하는 경우 그 파산 절차에 든 비용은 국세 및 강제징수비에 우선한다.

② 법정기일 전에 전세권이 설정된 재산을 매각하여 그 매각금액에서 국세를 징수하는 경우 그 전세금은 국세 및 강제징수비에 우선한다.

③ 세무서장은 납세자가 제3자와 짜고 거짓으로 재산에 저당권 설정 계약 및 등기를 하여 그 재산의 매각금액으로 국세를 징수하기 곤란하다고 인정할 때에는 그 행위의 취소를 법원에 청구할 수 있다.

④ 법정기일 전에 저당권이 설정된 재산을 매각하여 그 매각금액에서 해당 재산에 대하여 부과된 종합부동산세를 징수하는 경우 그 저당권에 의하여 담보된 채권은 그 종합부동산세 및 강제징수비에 우선한다.

⑤ 국세의 납세담보물을 매각한 경우 그 납세담보물을 지방세 체납처분에 의하여 압류한 경우에도 그 국세 및 강제징수비는 매각대금 중에서 지방세에 우선하여 징수한다.

정답 ④

국세우선원칙에도 불구하고 해당 재산에 대하여 부과된 상속세, 증여세 및 종합부동산세는 법정기일 전에 담보권이 설정된 채권 또는 임대차보증금반환채권보다 우선한다.

Chapter 6 과세와 환급

AN INTRODUCTION TAX LAW

1 관할관청

(1) 의 의

'관할관청'이란 국세에 관한 사무를 담당하는 행정기관을 말하며, 국세의 관할관청은 각 세목별로 그 납세지[54]를 관할하는 세무서장이다. 여기서 '납세지'란 납세를 관할하는 장소인데, 각 세목별로 개별세법에서 규정하고 있다.

(2) 내 용

1) 과세표준신고의 관할

과세표준신고서는 신고 당시 해당 국세의 납세지를 관할하는 세무서장에게 제출하여야 한다. 다만, 전자신고를 하는 경우에는 지방국세청장이나 국세청장에게 제출할 수 있다. 그러나 관할을 위반하여 제출된 신고서도 신고의 효력에는 영향이 없다. 관할세무서장 이외의 세무서장에게 제출되는 과세표준신고서는 관할세무서를 밝혀 그 세무서장에게 제출하도록 하여야 하며, 관할을 위반한 신고서를 접수한 세무서장은 그 신고서를 관할세무서장에게 지체없이 송부하고 그 뜻을 문서로 해당 납세자에게 통지하여야 한다.

2) 결정 또는 경정결정의 관할

국세의 과세표준과 세액의 결정 또는 경정결정은 그 처분 당시 그 국세의 납세지를 관할하는 세무서장이며, 관할세무서장 외의 세무서장이 한 결정 또는 경정결정처분은 그 효력이 없다. 다만, 세법 또는 다른 법령에 의하여 권한 있는 세무서장이 결정 또는 경정결정하는 경우에는 그러하지 아니한다.

---

54) 관할은 납세지라고 할 수 있으며 납세지는 세금의 종류에 따라 정해진다. 소득세는 거주자의 주소지, 법인세는 법인의 본점 주소지, 부가가치세는 사업장소재지, 상속세는 상속인의 주소지를 납세지로 한다.

2 수정신고와 경정청구

수정신고와 경정청구는 당초 신고한 과세표준 및 세액에 오류 · 탈루가 있어 그 잘못된 신고를 바로잡는 절차이다. 둘 다 당초의 잘못된 신고를 바로잡는 제도이나, 수정신고는 당초 과소신고에 따른 증액사항에 해당하며, 경정청구는 당초 과대신고에 따른 감액사항에 해당하는 차이가 있다.

경정청구에는 다음의 두 가지가 있다.

① 일반적인 경정청구: 최초신고 및 수정신고한 국세의 과세표준 및 세액을 과다신고하여 이를 바로잡기 위한 경정청구

② 후발적 사유에 의한 경정청구: 법소정의 후발적 사유에 의하여 과세표준 및 세액계산의 기초가 달라짐에 따라 바로잡기 위한 경정청구

(1) 수정신고

1) 수정신고 대상자

법정신고기한 내에 과세표준신고서를 제출한 자 및 기한 후 신고한자는 수정신고할 수 있다.[55] 따라서 법정신고기한 내에 신고서를 제출하지 아니한 자는 수정신고할 수 없고 기한후 신고를 하여야 한다.

2) 수정신고 사유

수정신고 사유는 다음과 같다.

① 과세표준신고서에 기재된 과세표준 및 세액이 세법에 따라 신고하여야 할 과세표준 및 세액에 미치지 못할 때

② 과세표준신고서에 기재된 결손금액 또는 환급세액이 세법에 따라 신고하여야 할 결손금액이나 환급세액을 초과할 때

③ 상기 ①, ② 외에 다음의 사유로 불완전한 신고를 한 경우[56]

ⓐ 원천징수의무자가 연말정산과정에서 근로소득(사업소득연말정산자, 공적연금연말정산자 포함) 등만 있는 자의 소득을 누락한 경우[57]

ⓑ 세무조정과정에서 법인세법에 따른 국고보조금과 공사부담금에 상당하는 금액을 익금과 손금에 동시에 산입하지 않았을 때

---

55) 기한후 신고자에 대한 자기시정의 기회를 부여한다는 의미에서 수정신고를 허용하였다. 기한후 신고자의 수정신고에 대한 증액확정력은 없으며 기한내 신고자의 수정신고와 달리 과소신고가산세 감면대상이 아니다.

56) 익금과 손금의 동시산입으로 과세표준이나 세액의 변화는 없으나 실질적으로 납세의무에 변화를 가져오는 사항에 대하여 제도적으로 보완한 것으로 예를 들어 국고보조금을 익금과 손금 동시 산입하지 않고 신고한 내용을 과세관청이 경정하는 경우 국고보조금만 익금산입하므로 법인스스로 수정신고를 통하여 손금산입하여 과세이연 받을 수 있도록 하였다.

57) 근로소득 등만 있어 연말정산하는 자는 확정신고 의무가 없고 확정신고를 하지 않을 경우 수정신고가 불가하여 원천징수의무자의 정산과정에서 누락이 발생할 경우 불이익이 발생하는 바 수정신고를 통하여 가산세 감면 혜택을 부여하였다.

3) 수정신고 기한

수정신고는 관할세무서장이 각 세법에 따라 해당 국세의 과세표준과 세액을 결정 또는 경정하여 통지하기 전으로서 국세부과 제척기간이 끝나기 전까지 해야 한다.

4) 수정신고 효력[58)]

수정신고는 신고납세제도 세목에 대해서는 세액을 확정하는 효력이 있으나, 정부부과제도 세목에 대해서는 세액을 확정하는 효력이 없다.

(2) 경정청구

1) 경정청구 대상자

① 일반적인 경정청구: 법정신고기한까지 과세표준신고서를 제출한 자 및 기한 후 신고한 자는 일반적인 경정청구를 할 수 있다.

② 후발적 사유에 의한 경정청구: 법정신고기한까지 과세표준신고서를 제출한 자 또는 국세의 과세표준 및 세액의 결정을 받은 자는 후발적 사유에 의한 경정청구를 할 수 있다.

2) 경정청구 사유

㈎ 일반적인 경정청구 사유

① 과세표준신고서에 기재된 과세표준 및 세액(각 세법에 따라 결정 또는 경정이 있는 경우에는 해당 결정 또는 경정 후의 과세표준 및 세액을 말한다)이 세법에 따라 신고하여야 할 과세표준 및 세액을 초과할 때[59)]

② 과세표준신고서에 기재된 결손금액 또는 환급세액(각 세법의 규정에 의하여 결정 또는 경정이 있는 경우에는 당해 결정 또는 경정 후의 결손금액 또는 환급세액을 말한다)이 세법에 따라 신고하여야 할 결손금액 또는 환급세액에 미치지 못할 때

③ 납세자의 불확실성 해소를 위해 납부세액의 변경이 없는 경우에도 세액공제 금액을 과소신고한 경우 경정청구를 허용[60)]

㈏ 후발적 사유로 인한 경정청구 사유

소송, 행정처분 등의 일정한 후발적 사유의 발생으로 인하여 과세표준 및 세액신청의 기초가 되는 내용에 변동(기간귀속 변경 포함)이 생긴 경우 기간에 한정되지 않고 특례를 두어 납세자의 권리가 구제되도록 한 것이다.

① 최초의 신고 · 결정 또는 경정에서 과세표준 및 세액의 계산 근거가 된 거래 또는 행

---

58) 종전에는 수정신고서 제출과 동시에 추가 세액을 납부하여야 했으나, 성실신고를 유도하기 위해 2015.1.1 이후에는 수정신고만 하고 세액을 납부하지 않아도 적법한 신고로 보도록 하였다.

59) 종합부동산세의 경우 신고납부하는 납세의무자는 경정청구를 할 수 있었으나, 부과 · 고지를 받아 종합부동산세를 납부하는 납세의무자는 경정청구제도를 이용할 수 없는 문제가 있어, 동일한 종합부동산세를 납부하는 납세의무자 사이의 형평을 고려하여 부과 · 고지를 받아 납부하는 납세의무자도 23년 1월 1일 이후 경정청구하는 분부터 납부기한이 지난 후 5년 이내에 세무서장에게 경정청구를 할 수 있도록 하였다.

60) ’25.1.1. 이후 경정청구하는 분부터 적용한다.

위 등이 그에 관한 제7장에 따른 심사청구, 심판청구, 「감사원법」에 따른 심사청구에 대한 결정이나 소송에 대한 판결(판결과 같은 효력을 가지는 화해나 그 밖의 행위를 포함한다)에 의하여 다른 것으로 확정되었을 때

② 소득이나 그 밖의 과세물건의 귀속을 제3자에게로 변경시키는 결정 또는 경정이 있을 때

③ 조세조약에 따른 상호합의가 최초의 신고 · 결정 또는 경정의 내용과 다르게 이루어졌을 때

④ 결정 또는 경정으로 인하여 그 결정 또는 경정의 대상이 된 과세표준 및 세액과 연동된 다른 세목(같은 과세기간으로 한정한다)이나 연동된 다른 과세기간(같은 세목으로 한정한다)의 과세표준 또는 세액이 세법에 따라 신고하여야 할 과세표준 또는 세액을 초과할 때

⑤ 제1호부터 제4호까지와 유사한 사유로서 대통령령으로 정하는 사유가 해당 국세의 법정신고기한이 지난 후에 발생하였을 때

3) 경정청구 기한[61)]

① 일반적인 경정청구 기한: 법정신고기한이 지난 후 5년 이내에 청구하여야 한다.[62)] 단, 결정 또는 경정으로 인하여 증가된 과세표준과 세액에 대하여는 해당 처분이 있는 것을 안날(해당 처분의 통지를 받은 때에는 그 통지를 받은 날)로부터 3개월 이내(법정신고기한이 지난 후 5년 이내에 한함)하여야 한다.

② 후발적 사유로 인한 경정청구 기한: 후발적 사유가 발생한 것을 안 날부터 3개월 이내에 결정 또는 경정을 청구할 수 있다.

경정청구의 기간

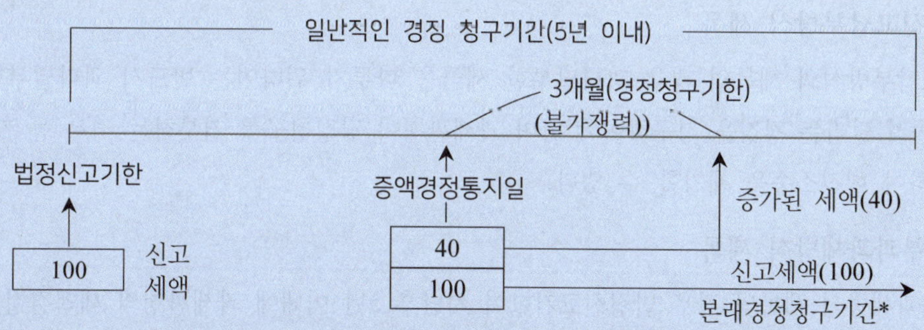

- 후발적 사유 경정청구: 소송, 행정처분, 조세조약, 결정(경정)으로 인하여 과세표준과 세액산정에 기초가 되는 내용에 변동(기간 귀속변경 포함)이 생긴 경우 5년에 한정하지 않고 허용
- 후발적 사유 경정청구의 사유로 통상적 경정청구가 가능한지: 안 날로부터 3개월이 경과한 후라도 통상적 경정청구기간이 경과하지 아니하였다면 납세의무자는 후발적 경정청구 사유로 통상적 경정청구를 할 수 있다.

---

61) 상속세 · 증여세법은 후발적 사유에 따른 경정청구기간을 사유발생일부터 6개월(증여세 3개월)로 규정하고 있다. 상속세 · 증여세법의 경정청구규정은 국세기본법의 규정에 우선한다.

62) 납세자 권익보호를 위해 2015년 이후 경정청구하는 분부터 3년에서 5년으로 경정청구기간을 확대하였다.

4) 경정청구 효력

경정청구는 세무서장에게 경정을 청구한 것뿐이므로 일반적인 경정청구와 후발적 사유로 인한 경정청구 모두 경정청구에 의하여 감액의 확정력을 갖지 못한다.

5) 경정청구에 대한 결정통지

결정 또는 경정의 청구를 받은 세무서장은 그 청구를 받은 날부터 2개월 이내에 과세표준 및 세액을 결정 또는 경정하거나 결정 또는 경정하여야 할 이유가 없다는 뜻을 그 청구를 한 자에게 통지하여야 한다. 만약 경정청구를 받은 날부터 2개월 이내에 처리가 곤란한 경우에는 그 진행상황 및 불복절차에 대한 안내사항을 통지하여야 한다. 경정청구 2개월 이내에 결과통지를 받지 못한 경우에는 이의신청·심판청구 등 조세불복 청구가 가능하다.

6) 연말정산세액 및 원천징수세액에 대한 경정청구

법정신고기한까지 과세표준신고서를 제출한 자는 물론, 근로소득자, 사업소득 연말정산자, 공적연금 연말정산자 및 퇴직소득, 종교인 소득과 같이 과세표준 확정신고가 면제되는 납세자 및 거주자의 분리과세되는 이자 · 배당 · 연금 · 기타소득과 같이 원천징수절차만으로 납세의무가 종결되는 자와 그 원천징수의무자도 경정청구할 수 있는데, 그 내용은 위에서 언급한 경정청구에 관한 규정을 준용한다.

7) 통상적 사유에 의한 경정청구와 행정소송

① 신고납부방식 세목

신고납부방식의 세목의 경우 과다납부한 세금을 다투기 위하여는 반드시 과다납부한 세금을 되돌려 달라는 경정을 청구하여야 하며 과세관청이 경정청구를 거부하는 경우 동 거부처분에 대하여 행정소송을 제기할 수 있다.

② 부과과세방식 세목

부과과세방식 세목의 경우 법정신고기한이 지난후 5년 이내에 과세관청의 세액결정전에 그 결정 또는 경정을 청구할 수 있다. 또한 과세관청의 세액을 증가시키는 결정 또는 경정에 대하여도 경정을 청구할 수 있는데 이러한 부과처분에 대한 경정청구는 해당 처분이 있음을 안 날부터 90일 이내에 청구하여야 한다.[63)]

---

63) 판례에 의하면 후발적 경정청구기간(안 날로부터 3개월)을 경과한 경우라도 통상적 경정청구기간이 경과하지 아니하였다면 납세의무자는 후발적 경정청구사유로 통상적 경정청구가 할 수 있다.

3 기한 후 신고와 납부[64)]

(1) 기한 후 신고요건[65)]

법정신고기한까지 과세표준신고서를 제출하지 아니한 자는 관할세무서장이 세법에 따라 해당 국세의 과세표준과 세액(가산세 포함)을 결정하여 통지하기 전까지 기한후과세표준신고서를 제출할 수 있다. 그러나 이러한 기한 후 신고를 하더라도 해당 국세의 납세의무를 확정하는 효력은 없다.

(2) 기한 후 신고에 대한 결정통지

기한후과세표준신고서를 제출하거나 기한후과세표준신고서를 제출한 자가 과세표준수정신고서를 제출한 경우, 관할세무서장은 세법에 따라 신고일부터 3개월 이내에 해당 국세의 과세표준과 세액을 결정 또는 경정하여 신고인에게 통지하여야 한다. 다만, 그 과세표준과 세액을 조사할 때 조사 등에 장기간이 걸리는 등 부득이한 사유로 신고일부터 3개월 이내에 결정할 수 없는 경우에는 그 사유를 신고인에게 통지하여야 한다.

(3) 기한 후 납부

과세표준신고서를 법정신고기한까지 제출하였으나 과세표준신고액에 상당하는 세액의 전부 또는 일부를 납부하지 아니한 자는 그 세액과 가산세를 세무서장이 고지하기 전에 납부할 수 있다. 그 취지는 미납부일수에 따라 부과되는 납부불성실가산세의 부담을 덜어주기 위함이다.

표 6-1 • 수정신고 · 경정청구 및 기한 후 신고의 비교

구 분	수정신고	경정청구		기한 후 신고
		일반적인 경정청구	후발적 사유의 경정청구	
신고 · 청구자	법정신고기한 내에 과세표준신고서를 제출한 자 및 기한 후 신고한 자	좌 동	좌동 또는 과세표준과 세액의 결정을 받은 자	법정신고기한 내에 과세표준신고서를 제출하지 않은 자

---

64) 기한후 신고와 납부제도는 1999년부터 도입되었는데, 그 전에는 법정기간 내에 세액을 신고 및 납부하지 못한 경우 납세자가 자진해서 세액을 신고 · 납부할 수 없었다. 본 제도의 도입으로 신고납부기한이 지났더라도 납세자가 가산세를 줄이기 위하여 자진 신고 · 납부할 수 있도록 한 것은 국가의 세수탈루 방지측면에서도 합리적이라 하겠다.

65) 종전에는 기한후 신고서 제출과 동시에 세액을 납부하여야 했으나, 수정신고와 같이 성실신고를 유도하기 위해 2015. 1. 1. 이후에는 기한 후 신고만 하고 세액을 납부하지 않아도 적법한 신고로 보도록 하였다.

신고 · 청구의 사유	당초 과세표준과 세액을 과소신고한 경우	당초 과세표준과 세액을 과대신고(과대결정 · 경정포함)한 경우	후발적 사유로 인해 당초 신고 · 결정 · 경정 등이 과대한 경우	당초 무신고한 경우
신고 · 청구의 기한	결정 · 경정하여 통지하기 전으로서 국세부과 제척기간이 끝나기 전까지	법정신고기한이 지난 후 5년 이내	후발적 사유가 발생한 것을 안 날로부터 3개월 이내	결정하여 통지하기 전까지
통지기간	규정 없음	청구를 받은 날로부터 2월 이내		–
신고 · 청구의 효력	① 신고납세제도 세목: 증액 확정력 있음 ② 정부부과제도 세목: 확정력 없음	감액확정력 없음		확정력 없음

4 신용카드 등에 의한 국세의 납부

(1) 의 의

납세의무자가 세법에 따라 신고하거나 과세관청이 결정 또는 경정하여 고지한 세액[66] (부가되는 농어촌특별세 및 교육세의 세액과 가산세 세액을 포함한다)을 국세납부대행기관을 통하여 신용카드 등(직불카드 포함한다)으로 납부할 수 있다.[67]

(2) 대상국세

신용카드 등으로 납부할 수 있는 국세의 종류는 모든 세목으로 한다.

(3) 납부일

신용카드 등으로 국세를 납부하는 경우에는 국세납부대행기관의 승인일을 납부일로 본다.

5 가산세

(1) 개념 및 성격

'가산세'란 세법에서 규정하는 의무를 위반한 자에 대하여 세법에 따라 산출한 세액에 가산

66) 종전에는 신용카드 등의 납부한도(세액 1,000만원 한도)를 규정하였으나, 납세편의를 제고하기 위해 2015.1.1 이후 납부하는 분부터는 한도를 폐지하고 세액 전액을 대상으로 하였다.

67) 납부대행수수료는 납세자가 부담하며, 국세청장이 국세납부대행기관의 운영경비 등을 종합적으로 고려하여 승인하되, 해당 납부세액의 1천분의 10(1.0%)을 초과할 수 없다.

하여 징수하는 금액을 말한다.

따라서 가산세의 본질은 세법상 이행하여야 할 각종 협력의무의 위반에 가해지는 일종의 행정벌이다. 협력의무 위반에 대한 행정벌이지만 형식적으로는 가산세는 해당 의무가 규정된 세법의 해당 국세의 세목으로 해당 국세를 감면하는 경우에도 가산세는 그 감면대상에 포함하지 않는다. 그러므로 가산세는 형식적으로는 조세의 일종이며 일반적인 조세와 마찬가지로 과세요건의 충족에 의하여 성립하여 일정한 절차에 따라 징수된다. 가산세 납부의무의 성립시기는 가산할 국세의 납세의무가 성립할 때이며 적용시에는 납세자의 고의 또는 과실을 묻지 아니하고 원칙적으로 의무위반사실이라는 과세 요건이 충족되면 비로소 가산세가 적용되는 것이므로 본세의 부과처분과는 다른 독립된 처분성이 인정된다. 국세기본법에서는 모든 국세에 공통적으로 적용되는 신고와 납부에 따르는 가산세를 규정하고 있다.

(2) 가산세의 종류[68]

1) 무신고 가산세액[69]

구 분		무신고가산세액
법인세와 복식부기의무자의 소득세	부정무신고가산세[70]	Max[①, ②] ① 납부세액* × 40%[71] ② 수입금액 × 0.14%
	일반무신고가산세	Max[①, ②] ① 납부세액* × 20% ② 일반무신고 수입금액 × 0.07%
부가가치세 및 그 외의 국세	부정무신고가산세	납부세액* × 40%
	일반무신고가산세	납부세액* × 20%

* 소득세의 경우 수입금액은 사업소득에 대한 해당 개인의 총수입금액을 말한다.
* 부가가치세를 신고하지 않은 경우 영세율 과세표준에 대해서는 0.5%를 적용하며 영세율만 있는 경우 납부세액이 없으므로 영세율과세표준에 0.5%를 합산한다.
* 납부세액이란 산출세액에서 공제, 감면, 기납부세액을 차감하되 가산세액 및 이자상당가산액은 제외한 금액을 말한다.

---

68) 여기서 기술하는 4가지 가산세는 모든 국세에 공통적으로 적용되는 것이므로 국세기본법에 통일적으로 규정하고 있다. 그러나 각 세법에서 다루는 국세의 과세표준 및 세액계산 구조, 법정신고납부기한 등을 먼저 이해한 후 이들 가산세의 내용이 쉽게 정리될 수 있다. 따라서 세법을 처음 공부하는 입장에서는 '가산세'에 관하여는 개략적으로 이해하고 나머지 구체적인 사항은 세법 전반을 학습한 후 정리할 것을 권한다.

69) 성실신고 확인제도의 실효성을 제고하기 위하여 성실신고확인서 미제출가산세는 무신고 · 무기장가산세와는 별도로 적용한다.

70) 부정행위란 납세자가 국세의 과세표준 또는 세액 계산의 기초가 되는 사실의 전부 또는 일부를 은폐하거나 가장하는 것에 기초하여 조세의 부과와 징수를 불가능하게 하거나 현저히 곤란하게 하는 적극적인 행위를 말하며, 이중장부의 작성 등 장부의 거짓기장, 거짓증빙 또는 거짓문서의 작성 및 수취, 장부와 기록의 파기 및 재산을 은닉하거나 소득 · 수익 · 행위 · 거래의 조작 또는 은폐 등을 말한다.

71) 역외거래에서 발생한 부정행위인 경우에는 60%의 가산세율을 적용한다.

2) 과소신고 · 초과환급신고가산세액

<table>
<tr><th colspan="2">구 분</th><th>무신고가산세액</th></tr>
<tr><td rowspan="2">법인세와 복식부기 의무자의 소득세</td><td>부정과소신고가산세</td><td>Max[①, ②]
① 과소신고 납부세액 등 × $\frac{\text{부정과소신고 과세표준}}{\text{과세표준}}$ × 40%
② 부정과소신고 수입금액 × 0.14%</td></tr>
<tr><td>일반과소신고가산세</td><td>과소신고 납부세액 등 × $\frac{\text{일반과소신고 과세표준}}{\text{과세표준}}$ × 10%</td></tr>
<tr><td rowspan="3">부가가치세</td><td>부정과소신고 · 초과환급신고가산세</td><td>(부정과소신고납부세액* + 부정초과신고환급세액) × 40%
* 부정과소신고납부세액 = 신고하여야 할 세액 × $\frac{\text{부정과소신고과세표준}}{\text{과소신고과세표준}}$</td></tr>
<tr><td>일반과소신고 · 초과환급신고가산세</td><td>일반과소신고납부세액 등 × 10%</td></tr>
<tr><td>영세율과세표준신고 불성실가산세</td><td>과소신고분 영세율과세표준 × 0.5%</td></tr>
<tr><td rowspan="2">그 외 국세</td><td>부정과소신고가산세</td><td>과소신고 납부세액 등 × $\frac{\text{부정과소신고 과세표준}}{\text{과세표준}}$ × 40%</td></tr>
<tr><td>일반과소신고가산세</td><td>과소신고 납부세액 등 × $\frac{\text{일반과소신고 과세표준}}{\text{과세표준}}$ × 10%</td></tr>
</table>

* 일반적인 개인에 대한 소득세 과소신고 가산세는 다음과 같이 계산된다.

구 분	과소신고가산세
일반적인 개인	부정과소신고납부세액 × 40%* + 일반과소신고납부세액 × 10% * 역외거래에서 발생한 부정행위로 과세표준신고를 하지 않은 경우: 60%

여기서 과소신고납부세액과 부정과소신고납부세액 등은 다음과 같이 계산한다.

<table>
<tr><th colspan="2">구 분</th><th>계산내용</th></tr>
<tr><td colspan="2">과소신고납부세액</td><td>과소신고한 납부세액* = (신고해야 할 세액 − 신고한 세액)
* 가산세와 이자상당가산액은 제외한다.</td></tr>
<tr><td rowspan="2">과소신고분 납 부 세 액</td><td>부정과소신고납부세액</td><td>부정행위로 인한 과소신고납부세액</td></tr>
<tr><td>일반과소신고납부세액</td><td>과소신고납부세액 − 부정과소신고납부세액</td></tr>
<tr><td colspan="2">부정과소신고수입금액</td><td>부정행위로 인하여 과소신고된 과세표준 관련 수입금액</td></tr>
</table>

3) 납부지연 및 환급불성실가산세

구 분	가산세액
납부지연가산세[72]	① 국세를 법정납부기한까지 납부하지 않았거나 과소납부한 경우 미납부세액 × 경과일수 × 0.025%
① + ②	② 국세를 납세고지서 납부기한까지 완납하지 않은 경우 미납세액(또는 과소납부한 세액) × 3%
초과환급가산세	초과환급세액 × 경과일수 × 0.025%

납부지연가산세는 아래 그림과 같이 지연일수에 대한 이자적 성격의 가산세 ①과 체납세액에 대한 제재적 성격의 ②를 합산한 금액으로 지연일수 계산시 납세고지일부터 납세고지서의 납부기한까지의 기한(C)에 대하여는 가산세가 부과되지 아니함에 주의하여야 한다.

① 지연일수에 대한 이자: 미납세액 × 미납기간(A + B) × 0.025%

② 고지납부기한까지 미납한 미납세액(체납세액에 대한 제재) × 3%

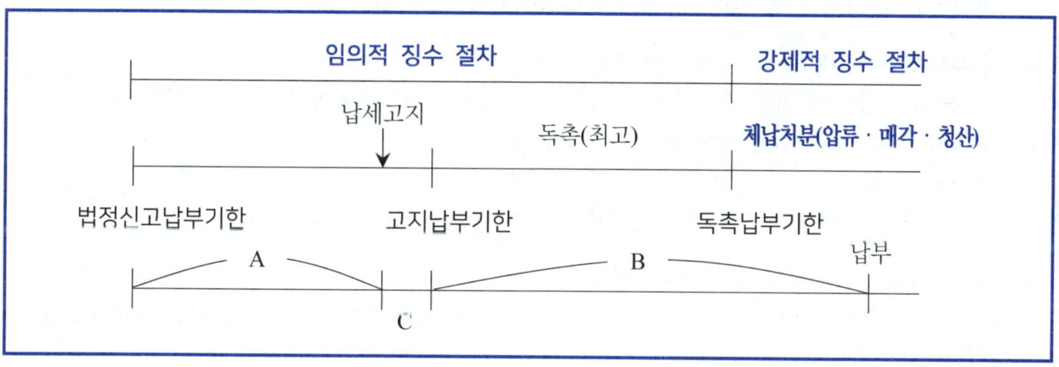

(3) 가산세의 감면

1) 천재 · 지변 등으로 인한 가산세 감면

정부는 국세기본법 또는 세법에 따라 가산세를 부과하는 경우 그 부과의 원인이 되는 사유가 천재 · 지변 등의 기한연장 사유에 해당하거나[73] 납세자가 의무를 이행하지 않은 것에 대한 정당한 사유[74]가 있는 때에는 가산세를 부과하지 않는다.

72) 상기 납부지연가산세는 2020년 1월 1일 이후 납세의무가 성립하는 분부터 적용된다.

73) 천재지변 등의 사유로 세무서장의 직권 또는 납세자의 신청에 의하여 가산세를 부과하지 아니한다.

74) 납세자의 권리 보호를 위하여 2007년 대법원의 판례에 의하여 가산세가 부과되지 아니하는 정당한 사유를 국세기본법에 법제화하였다. 그러나 정당한 사유는 추상적인 개념으로서 판례에 의하면 세법해석상 견해의 대립이 생길 수 있는 경우 등 납세자가 자신의 납세의무를 인지하는 것이 기대하기 어려운 경우를 들 수 있다. 2019년 시행령 개정 시 다음

정당한 사유 판례

(1) 정당한 사유가 있다고 본 판례

- 파산관재인의 보수가 사업소득으로 과세될 수 있는지에 관하여 명시적인 판단이 이루어진 바가 없고 세법 해석상으로도 견해가 나뉘어 있었던 바, 단순한 법률의 무지나 오해의 범위를 넘어 세법 해석상 견해가 대립(세법해석상의 의의(疑義)가 있는 경우)하는 경우로서 정당한 사유가 있는 경우에 해당
- 상속인이 상속재산을 기한 내에 제대로 신고하였으나 평가방법이 잘못되어 과소신고한 경우
- 거래 상대방이 위장사업자라는 사실에 관해 선의, 무과실로 알지 못하는 상황에서 위장사업자로부터 교부받은 세금계산서에 의해 부가가치세 신고를 한 경우

(2) 정당한 사유가 없다고 본 판례

- 세법을 숙지하지 못해 세법에 위반된 신고를 하는 등 법률의 무지로 인한 경우
- 납세의무자가 세무공무원의 잘못된 설명을 믿고 그 신고 · 납부의무를 이행하지 아니하였다 하더라도 그것이 관계 법령에 어긋나는 것임이 명백한 때에는 그러한 사유만으로는 정당한 사유가 있는 경우에 해당한다고 할 수 없다.

과소신고 가산세 적용 제외 조항 (국세기본법 47조의 3 ④항)

(1) 상속세·증여세 과세표준을 과소신고한 경우

- 신고 당시 소유권에 대한 소송 등으로 상속재산(증여재산)으로 확정되지 않았던 경우
- 상속공제(증여재산공제)의 적용에 착오가 있었던 경우
- 상속재산(증여재산)의 평가 방법 차이에 따른 경우
- 단 부정행위로 상속세·증여세의 과세표준 및 세액을 신고한 경우는 제외

(2) 특수관계법인과의 거래를 통한 이익의 증여의제

- 경정 등으로 수혜법인의 세후영업이익이 증가하여 일감 몰아주기 증여의제에 따른 증여재산가액이 증가한 경우
- 단 부정행위로 법인세의 과세표준 및 세액을 결정·경정하는 경우는 제외

2) 수정신고 및 기한후 신고 등에 의한 가산세 감면

① 수정신고에 따른 가산세 감면: 정부는 법정신고기한이 지난 후 2년 이내에 수정신고를 한 경우(과소신고가산세와 초과환급신고가산세 및 영세율과세표준신고불성실가산세가 해당)에는 다음에 상당하는 금액을 감면한다. 다만, 경정할 것을 미리 알고 수정신고한 경우에는 가산세 감면규정을 적용하지 않는다.

과 같이 정당한 사유에 대한 예시적 규정을 신설하였다.
① 과세관청의 질의회신들에 따라 신고 · 납부하였으나 이후 번복된 과세처분을 하는 경우
② 행위당시에는 적법한 의무이행이었으나 사정변경으로 소급하여 부적법하게 된 경우
③ 수용, 도시계획결정, 기타 법률규정 등으로 인해 세법상 의무이행을 할 수 없게 된 경우

구 분	감면율
① 법정신고기한이 지난 후 1개월 이내에 수정신고한 경우	90%
② 법정신고기한이 지난 후 1개월초과 3개월 이내에 수정신고한 경우	75%
③ 법정신고기한이 지난 후 3개월 초과 6개월 이내에 수정신고한 경우	50%
④ 법정신고기한이 지난 후 6개월 초과 1년 이내에 수정신고한 경우	30%
⑤ 법정신고기한이 지난 후 1년 초과 1년6개월 이내에 수정신고한 경우	20%
⑥ 법정신고기한이 지난 후 1년 초과 2년 이내에 수정신고한 경우	10%

② 기한후 신고에 따른 가산세 감면: 정부는 법정신고기한이 지난 후 기한후 신고를 한 경우(무신고가산세만 해당)에는 다음에 상당하는 금액을 감면한다.

구 분	감면율
① 법정신고기한이 지난 후 1개월 이내에 기한후 신고를 한 경우	50%
② 예정신고기한내 무신고 · 과소신고 후 확정신고기한까지 수정신고한 경우 (양도소득세 예정신고 무신고 · 과소신고 후 확정신고기한 내 신고)	
③ 법정신고기한이 지난 후 1개월 초과 3개월 이내에 신고를 한 경우	30%
④ 법정신고기한이 지난 후 3개월 초과 6개월 이내에 신고를 한 경우	20%

③ 기타 사유에 따른 감면: 정부는 다음 중 어느 하나에 해당하는 경우에는 해당 가산세의 50%에 상당하는 금액을 감면한다.

감 면 사 유	가산세 감면액
① 과세전적부심사 결정 · 통지기간 내에 그 결과를 통지하지 않은 경우	결정 · 통지가 지연됨으로써 해당 기간에 부과되는 납부 · 환급불성실가산세 × 50%
② 세법에 따른 제출 · 신고 · 가입 · 등록 · 개설의 기한이 지난 후 1개월 이내에 해당 세법에 따른 제출 등의 의무를 이행하는 경우	제출 등의 의무위반에 대하여 세법에 따라 부과되는 가산세 × 50% ※ 제출, 신고, 등록 등과 같은 단순협력의무위반 가산세는 그 의무위반의 종류별로 각각 5천만원(중소기업이 아닌 기업은 1억원)을 한도로 한다.

(4) 가산세의 감면신청

가산세의 감면 등을 받으려는 자는 가산세감면신청서를 관할세무서장에게 제출하여야 한다. 그리고 관할세무서장은 이처럼 신청서를 제출받은 경우에는 그 승인 여부를 통지하여야 한다.

법인 및 소득세법에서 규정하고 있는 각종 가산세를 살펴보면 다음과 같다.

법인세법	• 주주등 명세서 제출 불성실가산세 • 주식등 변동상황명세서 제출 불성실가산세 • 기부금영수증 발급 · 작성 · 보관 불성실가산세 • 적격증명서류 수취 불성실가산세 • 지급명세서 제출 불성실가산세 • 계산서 등 제출 불성실가산세 • 특정외국법인의 유보소득 계산 명세서 제출 불성실가산세
소득세법	• 영수증 수취명세서 제출 · 작성 불성실가산세 • 사업장 현황신고 불성실가산세 • 증명서류 수취 불성실가산세 • 기부금영수증 발급 · 작성 · 보관 불성실가산세 • 계산서 등 제출 불성실가산세 • 지급명세서 제출 불성실가산세 • 특정외국법인의 유보소득 계산 명세서 제출 불성실가산세

(5) 과소신고 가산세의 적용 배제

다음에 해당하는 경우에는 이와 관련하여 과소신고하거나 초과신고한 부분에 대해서는 과소신고 가산세를 적용하지 아니한다.

1. 다음에 해당하는 사유로 상속세 · 증여세 과세표준을 과소신고한 경우
   ① (미확정 상속증여 재산) 신고 당시 소유권에 대한 소송 등의 사유로 상속재산 또는 증여재산으로 확정되지 아니하였던 경우
   ② (공제적용 착오) 상속세 및 증여세법에 따른 공제의 적용에 착오가 있었던 경우
   ③ (평가방법 적용) 상속세 및 증여세법에 따라 평가한 가액으로 과세표준을 결정한 경우(부정행위로 상속세 및 증여세의 과세표준을 과소신고한 경우는 제외)
   ④ (증여의제이익의 변경) 법인세법에 따라 법인세 과세표준 및 세액의 결정 · 경정으로 상속세 및 증여세법에 따른 증여의제이익이 변경되는 경우(부정행위로 인하여 법인세의 과세표준 및 세액을 결정 · 경정하는 경우는 제외)
2. 「부가가치세법」상 대손세액 경정시 가산세 적용 배제
   부가가치세법에 따라 대손 관련 매입세액을 공제받은 납세자가 대손세액 상당액을 대손이 확정된 날이 속하는 과세기간의 매입세액에서 차감하여 신고하지 아니함에 따라 관할 세무서장이 경정하는 경우

3. 양도소득세 과세표준의 과소신고시 가산세 적용 배제 법인세 결정 · 경정으로 수혜법인의 세후영업이익이 감소함에 따라 일감몰아주기 증여의제이익이 감소하여 양도 주식 등의 취득가액이 감소된 경우
4. 조세특례제한법에 따라 세액공제를 받은 후 대통령령으로 정하는 부득이한 사유로 해당 세액공제 요건을 충족하지 못하게 된 경우(부정행위로 인하여 법인세의 과세표준 및 세액을 결정 · 경정하는 경우는 제외)

(6) 납부 지연 가산세의 적용 배제

다음에 해당하는 경우에는 이와 관련하여 납부 지연 가산세를 적용하지 아니한다

① 다른 사업장의 부가가치세에 더하여 신고납부한 경우
부가가치세법에 따른 사업자가 같은 법에 따른 납부기한까지 어느 사업장에 대한 부가가치세를 다른 사업장에 대한 부가가치세에 더하여 신고납부한 경우

② 부가가치세법에 따른 대손세액 경정시
부가가치세법에 따른 대손 관련 매입세액을 공제받은 납세자가 대손세액 상당액을 대손이 확정된 날이 속하는 과세기간의 매입세액에서 차감하여 신고하지 아니함에 따라 관할 세무서장이 경정하는 경우

③ 특수관계법인과의 거래를 통한 이익의 증여의제 등으로 증여의제이익이 변경되는 경우
법인세 과세표준 및 세액의 결정 · 경정으로 상속세 및 증여세법상 증여의제이익이 변경되는 경우(부정행위로 인하여 법인세의 과세표준 및 세액을 결정 · 경정하는 경우는 제외한다)

④ 증여의제이익 과소 및 과소신고한 경우
법인세 결정 · 경정으로 수혜법인의 세후영업이익이 감소함에 따라 일감몰아주기 증여의제이익이 감소하여 양도 주식 등의 취득가액이 감소된 경우

⑤ 상속세 · 증여세 신고납부 후 재산가액을 결정 · 경정하는 경우
상속세 · 증여세를 법정신고기한 내에 신고납부한 이후 평가심의위원회를 통해 평가한 가액으로 과세표준을 결정 · 경정하는 경우, 납부지연가산세 적용 제외 사유로 규정하고 있다. 납세자로서는 과세물건의 평가액에 관한 충분한 정보를 갖기 어려우므로 납세자가 신고, 납부 후 과세관청이 납세자가 알기 어려운 가액을 기준으로 과세표준과 세액을 결정할 경우 납부지연가산세의 적용배제 사유로 인정

⑥ 부담부증여의 양도소득세 납부 지연이 발생한 경우

소득세법에 따른 부담부증여 시 양도로 보는 부분에 대하여 양도소득세 과세표준을 신고하고 법정신고기한까지 양도소득세를 납부한 경우로서 법정신고기한 이후 부담부증여 재산을 평가하여 양도소득세의 과세표준과 세액을 결정·경정하여 양도소득세의 납부지연이 발생한 경우

6 국세환급금

(1) 의 의

'국세환급금'이란 납세의무자가 국세 및 체납처분비로서 납부한 금액 중 과오납금(당초부터 법률상 원인없이 잘못 혹은 초과납부)이 있거나 세법에 따라 환급하여야 할 환급세액(당초 납부나 조세부담이 적법한 것, 즉 중간예납, 원천징수, 적법한 납부 후 법령이 개정되어 납부의무가 소멸, 매입세액이 매출세액 초과)이 있을 때에 이것을 납세자에게 반환하는 것을 말한다.

(2) 절 차

(국세환급금의 결정)		(다른 세금과의 상계)		(환급결정 후 30일내 지급)
결 정	→	충 당	→	지 급

세무서장은 국세환급금으로 결정한 금액을 납세고지에 따라 납부하는 국세, 체납된 국세 및 체납처분비, 세법에 따라 자진납부하는 국세에 충당하여야 한다.

이 경우 납세고지에 따라 납부하는 국세와 세법에 따라 자진납부하는 국세의 충당은 납세자가 그 충당에 동의하는 경우에만 충당할 수 있고(임의적 충당), 납기전 징수 사유로 납세고지한 경우와 체납된 국세[75] 등에 대하여는 납세자의 의사에 관계없이 반드시 충당하여야 한다(필요적 충당).

원천징수의무자가 원천징수하여 납부한 세액에서 환급받을 환급세액이 있는 경우 그 환급

75) 직권충당이 있는 경우 충당결정일(충당결정은 국세환급금 발생일 이후에 이루어 짐)에 체납된 국세의 납부기한과 국세환급금 발생일 중 늦은 때(즉 국세환급금 발생일에 체납된 국세납부기한이 도래하지 않았으나 이 후 충당결정일에 동 환급금으로 체납된 국세에 충당을 결정 할 수 있음)로 소급하여 대등액에 관하여 소멸한다. 즉 국세환급발생일 이후에 국세의 체납일이 도래한다고 해도 충당결정 시점에 체납되었다면 충당결정할 수 있다. 그림으로 간략히 내용을 살펴보면 다음과 같다.

액은 원천징수의무자가 원천징수하여 납부하여야 할 세액에 충당[76]하고, 남은 금액을 환급한다. 다만, 원천징수의무자가 그 환급액을 즉시 환급해 줄 것을 요구하는 경우나 원천징수하여 납부하여야 할 세액이 없는 경우에는 즉시 환급한다.

국세환급금 중 국세 등에 충당한 후의 남은 금액은 국세환급금의 결정을 한 날로부터 30일 내에 해당 연도의 소관 세입금 중에서 납세자에게 지급하도록 한국은행에 통지하여야 한다.

7 국세환급가산금

(1) 의 의

'국세환급가산금'이란 국세환급금에 붙이는 법정이자로서, 납세자가 국세를 체납할 경우에 징수하는 가산세에 대응되는 것이다. 단, 경정청구, 불복 결정·판결없이 국세 관련 고충민원의 처리를 위해 국세환급금을 충당·지급하는 경우에는 국세환급가산금을 지급하지 아니한다.

(2) 계 산

국세환급가산금 = 국세환급금 × 이자율*1) × 이자계산기간*2)

*1) 시중은행의 1년 만기 정기예금 평균 수신금리를 고려하여 기획재정부령으로 정하는 이자율로 한다.
다만, 조세불복 인용확정일부터 40일 이후 국세환급금 지급시 국세환급가산금 이자율 1.5배 적용
*2) 기산일부터 충당하는 날 또는 지급결정을 하는 날까지의 기간으로 한다.

(3) 국세환급금의 소멸시효

납세자의 국세환급금과 국세환급가산금에 관한 권리는 이를 행사할 수 있는 때로부터 5년간 행사하지 않으면 소멸시효가 완성된다.

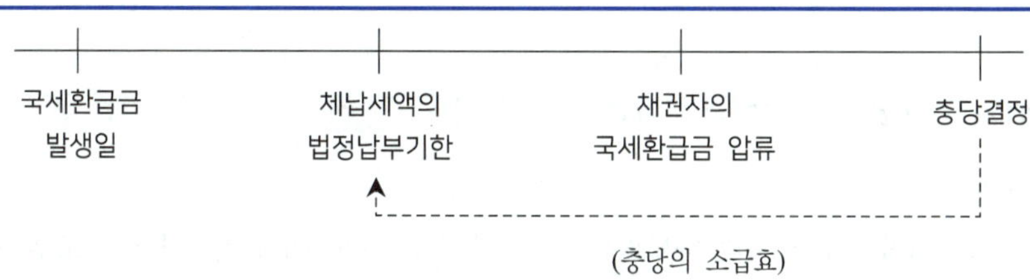

• 충당결정이 되면 다른 채권자의 압류는 무효가 되므로 국세가 우선하게 된다.

76) 다른 세목의 원천징수세액에의 충당은 소득세법의 원천징수이행상황신고서에 그 충당 · 조정명세를 적어 신고한 경우에만 충당할 수 있다.

OX 문제

01 후발적 사유에 의한 경정청구는 그 사유가 발생할 것을 안 날로부터 2개월 이내에만 할 수 있다.

02 납세자가 과세표준신고서를 법정신고기한까지 신고하였으나 납부를 하지 않은 경우에도 경정청구를 할 수 있다.

03 정부부과제도를 적용하는 세목에 대하여는 경정청구를 허용하지 않고 있다.

04 본세가 감면되면 가산세도 감면되며 가산세는 해당 의무가 규정된 해당 국세의 세목으로 한다.

정답&해설 01 × 02 ○ 03 × 04 ×

01 3개월 이내이다.

03 신고한 자 및 후발적 사유에 따라 과세표준과 세액의 결정을 받은자도 가능하다. 신고후 국세의 과세표준 및 세액의 결정전에 경정청구도 허용한다.

04 해당 국세를 감면하는 경우 가산세는 감면대상에 자동적으로 포함되는 것은 아니다. 소득세가 면제되더라도 신고불성실가산세는 그대로 부과될 수 있다.

연습문제

01 국세기본법상 관할관청에 관한 다음의 설명 중 옳지 않은 것은?

① 과세표준신고서는 신고 당시 해당 국세의 납세지를 관할하는 세무서장에게 제출하여야 한다.
② 관할을 위반하여 신고서를 제출하면 신고의 효력이 없다.
③ 전자신고를 하는 경우에는 지방국세청장이나 국세청장에게 제출할 수 있다.
④ 국세의 과세표준과 세액의 결정 또는 경정결정은 그 처분 당시 그 국세의 납세지를 관할하는 세무서장이다.
⑤ 관할관청을 결정하는 납세지는 개별 세법에서 규정하고 있다.

정답 ②

관할을 위반하여 제출된 신고서도 신고의 효력에는 영향이 없다.

02 국세기본법상 수정신고에 관한 다음의 설명 중 옳지 않은 것은?

① 수정신고는 당초 신고한 과세표준 및 세액이 과소신고된 경우 또는 결손금액 및 환급세액이 과다한 경우 이를 수정하는 신고를 말한다.
② 과세표준신고서를 법정신고기한 내에 제출한 자만이 수정신고를 할 수 있다.
③ 수정신고는 관할세무서장이 각 세법에 따라 해당 국세의 과세표준과 세액을 결정 또는 경정하여 통지하기 전으로서 국세부과 제척기간이 끝나기 전까지 해야 한다.
④ 수정신고는 신고납세제도 세목에 대해서는 세액을 확정하는 효력이 있으나, 정부부과제도 세목에 대해서는 세액을 확정하는 효력이 없다.
⑤ 과세표준신고서에 기재된 결손금액 또는 환급세액이 세법에 따라 신고하여야 할 결손금액이나 환급세액을 초과할 경우 수정신고를 할 수 있다.

정답 ②

기한 후 신고한 자도 수정신고할 수 있다.

03 경정청구에 대한 다음의 설명 중 옳은 것은?

① 경정청구는 과세표준신고서를 법정신고기한 내에 제출한 자만이 할 수 있다.

② 일반적인 경정청구의 기한은 3년이다.

③ 경정청구에 의하여 감액의 확정력을 갖지 못한다.

④ 경정청구의 결정통지는 그 청구를 받은 날부터 3월 이내이다.

⑤ 후발적 사유로 인한 경정청구 기한은 사유가 발생한 것을 안 날부터 1개월 이내에 결정 또는 경정을 청구할 수 있다.

정답 ③

① 일반적인 경정청구는 법정신고기한까지 과세표준신고서를 제출한 자만이 할 수 있으나, 후발적 사유에 의한 경정청구는 법정신고기한까지 과세표준신고서를 제출한 자는 물론 법정신고기한 내에 과세표준신고서를 제출했는지 여부와 무관하게 국세의 과세표준 및 세액의 결정을 받은 자도 할 수 있다.

② 일반적인 경정청구는 법정신고기한이 지난 후 5년 이내에 청구하여야 한다.

④ 경정청구의 결정통지는 그 청구를 받은 날부터 2월 이내이다.

⑤ 후발적 사유로 인한 경정청구 기한은 사유가 발생한 것을 안 날부터 3개월 이내에 결정 또는 경정을 청구할 수 있다.

04 국세기본법상 수정신고와 경정청구에 대한 다음의 설명 중 옳은 것은?

① 과세표준신고서를 법정신고기한 내에 제출한 자만 수정신고 또는 경정청구를 할 수 있다.

② 법정신고기한 경과 후 5년 이내에 당해 국세의 과세표준과 세액의 수정신고 또는 경정청구를 해야 한다.

③ 수정신고는 당해 국세의 세액을 확정하는 효력이 있는 반면 경정청구는 세액을 확정시키는 효력이 없다.

④ 수정신고 또는 경정청구를 받은 관할세무서장은 신고 또는 청구를 받은 날로부터 2월 이내에 신고 또는 청구에 대한 결과를 통지하여야 한다.

⑤ 법정신고기한까지 과세표준신고서를 제출한 자 또는 국세의 과세표준 및 세액의 결정을 받은 자는 후발적 사유에 의한 경정청구를 할 수 있다.

정답 ⑤

① 후발적 사유가 있는 경우에는 과세표준신고서를 제출한 자뿐만 아니라 국세의 과세표준 및 세액의 결정을 받은 자도 경정청구할 수 있다.

② 수정신고는 관할세무서장이 당해 국세의 과세표준과 세액을 결정 또는 경정하여 통지를 하기 전으로서 국세부과 제척기간이 끝나기 전까지 할 수 있으므로 5년 이내에 하여야 한다는 설명은 옳지 않다.

③ 수정신고시 신고납세제도 세목은 수정신고로써 납세의무가 확정되나, 부과과세제도 세목은 수정신고로써 납세의무가 확정되지 않는다.

④ 경정청구를 받은 관할세무서장은 신고 또는 청구를 받은 날로부터 2월 이내에 신고 또는 청구에 대한 결과를 통지하여야 하지만, 수정신고의 통지기한은 규정된 것이 없다.

05 국세기본법상 기한 후 신고와 납부에 대한 다음의 설명 중 옳지 않은 것은?

① 과세표준신고서를 법정신고기한까지 제출하지 아니한 자는 관할세무서장이 세법에 따라 국세의 과세표준과 세액을 결정하기 전까지 기한후과세표준신고서를 제출할 수 있다.

② 기한 후 신고시 해당 세액과 가산세를 추가자진납부하면 무신고가산세의 50%를 경감받는다.

③ 기한 후 신고시 납세의무를 확정하는 효력이 없다.

④ 과세표준신고서를 법정신고기한까지 제출하였으나 과세표준신고액에 상당하는 세액의 선부 또는 일부를 납부하지 아니한 자는 그 세액과 가산세를 세무서장이 고지하기 전에 납부할 수 있다.

⑤ 기한후과세표준신고서만 제출하고 세액을 납부하지 않아도 적법한 신고로 인정한다.

정답 ②

법정신고기한 경과 후 1개월 이내에 기한 후 신고를 한 경우에 한하여 무신고가산세의 50%에 상당하는 금액을 감면하며, 법정신고기한 경과 후 1개월 초과 6개월 이내에 신고를 한 경우에는 무신고가산세의 20%를 감면한다.

06 국세기본법상 환급에 대한 다음의 설명 중 옳지 않은 것은?

① 국세환급금이란 납세의무자가 납부한 세금 중 과오납금이 있거나 환급세액이 있을 때에 이를 납세자에게 반환하는 것을 말한다.

② 국세환급가산금이란 국세환급금에 붙이는 법정이자를 말한다.

③ 국세환급금의 환급결정 후 30일 내에 지급하여야 한다.

④ 국세환급금의 지급절차는 환급결정, 충당, 지급(환급) 순으로 이루어져 있다.

⑤ 자진납부하는 국세와 납기전 징수 사유로 납세고지한 경우의 충당은 납세자가 그 충당에 동의하는 경우에만 충당할 수 있다.

정답 ⑤

납기전 징수 사유로 납세고지한 경우에는 납세자의 의사에 관계없이 국세환급금을 반드시 충당하여야 한다.

07 납세자의 국세환급금과 국세환급가산금에 관한 권리는 이를 행사할 수 있는 때로부터 몇 년간 행사하지 않으면 소멸시효가 완성되는가?

① 4년 ② 5년 ③ 6년 ④ 7년 ⑤ 10년

정답 ②

납세자의 국세환급금과 국세환급가산금에 관한 권리는 이를 행사할 수 있는 때로부터 5년간 행사하지 않으면 소멸시효가 완성된다.

08 다음은 국세기본법에 따라 가산세가 50% 감면되는 경우이다. 이에 해당하지 않는 것은?

① 경정이 있을 것을 모르는 상태에서 법정신고기한 경과 후 7월이 된 시점에서 수정신고를 한 경우 과소신고가산세 및 초과환급신고가산세의 50% 감면

② 법정신고기한 경과 후 1월 이내에 기한 후 신고를 한 경우 무신고가산세 50% 감면

③ 과세전적부심사 결정 · 통지기간 내에 그 결과를 통지하지 아니한 경우 결정 · 통지가 지연됨으로써 해당 기간에 부과되는 납부 · 환급부성실가산세 50% 감면

④ 세법에 따른 제출 · 신고 · 가입 · 개설의 기한이 경과한 후 1월 이내에 해당 세법에 따른 제출 등의 의무를 이행하는 경우 제출 등의 의무위반에 대하여 세법에 따라 부과되는 가산세에 50% 감면

⑤ 세법에 따른 등록기한이 경과한 후 1월 이내에 해당 세법에 따른 등록의 의무를 이행하는 경우 등록의무 위반에 대하여 세법에 따라 부과되는 가산세 50% 감면

정답 ①

법정신고기한 경과 후 6월 이내에 수정신고하는 경우에는 과소신고가산세와 초과환급가산세를 50% 감면하며, 경정이 있을 것을 미리 알고 한 경우에는 감면되지 아니한다. 법정신고기한 경과 후 6개월 초과 1년 이내인 경우는 20%의 가산세가 감면된다.

09 「국세기본법」상 납부의무의 소멸에 관한 설명 중 옳은 것을 모두 묶은 것은?

(1) 납세의무자의 납세의무는 해당 납세의무자는 물론 연대납세의무자, 제2차 납세의무자, 납세보증인, 물적 납세의무자의 납부에 의하여 소멸하지만, 그밖에 이해관계가 있는 제3자가 해당 납세의무자의 명의로 납부한 경우에는 소멸하지 아니한다.

(2) 납세의무자가 자신의 물건이나 권리의 소유권을 국가에 이전하고 납세의무에서 벗어날 수 있게 하는 물납은 세법에서 정함이 없는 경우에도 인정된다.

(3) 납세의무자 갑이 100만원의 증여에 납세고지서를 받았고 소득세 100만원을 돌려받을 권리가 있는 경우, 갑이 이러한 권리를 납세고지서상의 세금에 충당할 것을 청구하면 그 청구한 날에 해당 세금을 납부한 것으로 본다.

(4) 납세의무자 을이 200만원의 부가가치세를 체납하였고, 소득세 200만원을 돌려받을 권리가 있는 경우, 국가가 을에게 소득세 200만원을 돌려주지 아니하고 이를 을의 체납된 부가가치세 200만원에 충당하려면 을의 동의를 받아야 한다.

① (3) ② (4) ③ (1), (2)
④ (1), (3) ⑤ (3), (4)

정답 ①

(1) 이해관계에 있는 제3자가 납부하면 납세의무가 소멸한다.
(2) 물납이 허용되는 경우는 상속세의 경우 인정된다.
(4) 체납된 경우 동의 없이 강제충당이 가능하다.

10 「국세기본」상 수정신고 및 경정청구 등에 관한 다음의 설명 중 옳지 않은 것은?

① 납세의무자 갑이 100만원의 소득세를 법에서 정한 기한까지 신고하였는데, 그 후 300만원으로 수정신고한 경우 세액이 300만원으로 확정된다.
② 납세의무자 을이 300만원의 소득세를 법에서 정한 기한이 지난 후 6개월 내에 신고한 경우 세액이 300만원으로 확정된다.
③ 납세의무자 병이 200만원의 소득세를 법에서 정한 기한까지 신고하였는데, 그 후 100만원으로 감액경정을 청구한 경우 그 청구만으로는 세액이 100만원으로 확정되지 아니한다.
④ 원래 신고하였어야 할 세액보다 더 많은 세액을 신고하여 감액경정을 청구하려면 법에서 정한 기한 내에 과세표준신고서를 제출하거나 기한 후 신고를 한 자이어야 한다.
⑤ 납세의무자 정이 2016년 한 해 동안의 소득에 대하여 2017. 5. 20.에 500만원의 소득세를 신고·납부한 후 신고 내용에 계산 오류가 있어 감액경정을 청구하는 경우, 이 경정청구는 2022. 5. 31.까지 할 수 있다.

정답 ②

기한후 신고는 세액을 확정하는 효력이 없으며 관할 세무서장은 신고일로부터 3개월 이내에 과세표준과 세액을 결정하여야 한다.

11 「국세기본법」상 납세의무의 성립, 확정 및 소멸에 관한 설명이다. 옳지 않은 것은? [CPA 2022]

① 법인세의 납세의무 성립시기는 과세기간이 끝나는 때이다. 다만, 청산소득에 대한 법인세의 납세의무 성립시기는 그 법인이 해산을 하는 때이다.

② 납세의무자가 소득세의 과세표준과 세액의 신고를 하지 아니한 경우에는 정부가 과세표준과 세액을 결정하는 때에 그 결정에 따라 납세의무가 확정된다.

③ 과세표준신고서를 법정신고기한까지 제출한 자의 부가가치세 수정신고는 당초 신고에 따라 확정된 세액에 관한 「국세기본법」 또는 세법에서 규정하는 권리·의무관계에 영향을 미치지 아니한다.

④ 국세에 대한 경정청구는 당초 확정된 과세표준과 세액을 감액하여 확정하는 효력을 가진다.

⑤ 국세를 부과할 수 있는 기간에 국세가 부과되지 아니하고 그 기간이 끝나면 해당 국세의 납세의무는 소멸한다.

정답 ④

경정청구는 세무서장에게 경정을 청구한 것뿐이므로 일반적인 경정청구와 후발적 사유로 인한 경정청구 모두 경정청구에 의하여 감액의 확정력을 갖지 못한다.

12 「국세기본법」상 가산세에 관한 설명이다. 옳지 않은 것은? [CPA 2022]

① 가산세는 「국세기본법」 및 세법에서 규정하는 의무의 성실한 이행을 확보하기 위하여 세법에 따라 산출한 세액에 가산하여 징수하는 금액을 말한다.

② 가산세는 납부할 세액에 가산하거나 환급받을 세액에서 공제한다.

③ 가산세는 해당 의무가 규정된 세법의 해당 국세의 세목으로 한다. 다만, 해당 국세를 감면하는 경우에는 가산세는 그 감면 대상에 포함시키지 아니하는 것으로 한다.

④ 납세자가 의무를 이행하지 아니한 데에 정당한 사유가 있는 경우에 해당 가산세는 부과되지 아니한다.

⑤ 과세표준신고서를 법정신고기한까지 제출한 자가 법정신고기한이 지난 후 1개월 이내에 수정신고한 경우에는 과소신고·초과환급신고가산세가 부과되지 아니한다.

정답 ⑤

과세표준신고서를 법정신고기한까지 제출한 자가 법정신고기한이 지난 후 1개월 이내에 수정신고한 경우에는 과소신고·초과환급신고가산세가 90% 감면된다.

Chapter 7

불복청구

AN INTRODUCTION TAX LAW

1 개 요

(1) 정 의

국세기본법 또는 세법에 따른 처분으로서 위법 또는 부당한 처분을 받거나 필요한 처분을 받지 못함으로 인하여 권리나 이익을 침해당한 자는 국세기본법에 따라 행정청에 그 처분의 취소 또는 변경을 청구하거나 필요한 처분을 청구할 수 있다.

국세의 권리구제제도

세법에서는 여러 가지 권리구제절차를 두고 있는데 사전적 권리구제의 일종이라고 할 수 있는 '과세전적부심사', 사후적 권리구제제도로서 '이의신청', '심사청구', '심판청구' 및 '감사원심사청구'제도가 있으며, 행정적 구제제도로서 '납세보호담당관제도'를 운영하고 있다.

구 분	종 류	비 고
세법상 구제제도	과세전적부심사	사전적 권리구제 (기간의 제한이 있음)
	불복청구 (이의신청, 심사청구 및 심판청구)	사후적 권리구제 (기간의 제한이 있음)

(2) 원칙적 1심급제도(선택적 2심급제도)

국세기본법에 의한 불복은 심사청구[77](국세청장) 또는 심판청구(조세심판원장)에 의하며, 동일 처분에 대하여 심사청구와 심판청구를 중복하여 제기할 수 없는 1심급 제도이다.

그러나 불복청구인은 세무서장 또는 지방청장에게 이의신청을 한 이후에 그 결정을 받아 심사청구 또는 심판청구를 할 수 있다. 이처럼 이의신청을 거치는 경우에는 선택적 2심급제도

77) 국세청장은 심사청구를 받으면 국세심사위원회의 의결에 따라 결정을 하여야 한다. 다만, 국세청장은 국세심사위원회 의결이 법령에 명백히 위반된다고 판단하는 경우 구체적인 사유를 적어 서면으로 국세심사위원회로 하여금 한 차례에 한정하여 다시 심의할 것을 요청할 수 있다.

가 적용될 수도 있다.

(3) 행정심판전치주의 적용

국세에 관한 행정소송은 국세기본법에 따른 불복절차를 거쳐야 한다. 만약, 국세기본법에 따른 불복절차(국세기본법상 이의신청 · 심사청구 · 심판청구 또는 감사원 심사청구)를 적법하게 거치지 않으면 행정소송을 제기할 수 없다.78)

(4) 집행부정지(執行不停止)의 원칙

불복청구는 세법에 특별한 규정이 있는 것을 제외하고는 해당 처분의 집행에 효력을 미치지 않는다. 집행부정지의 원칙이 없다면 납세자가 불복청구를 남용할 우려가 있기 때문이다.

다만, 국세기본법에 의한 불복이 진행 중인 경우에는 국세체납으로 인해 압류는 가능하지만 그 불복에 대한 결정이 확정되기 전에는 이를 공매할 수 없다.

(5) 절차도

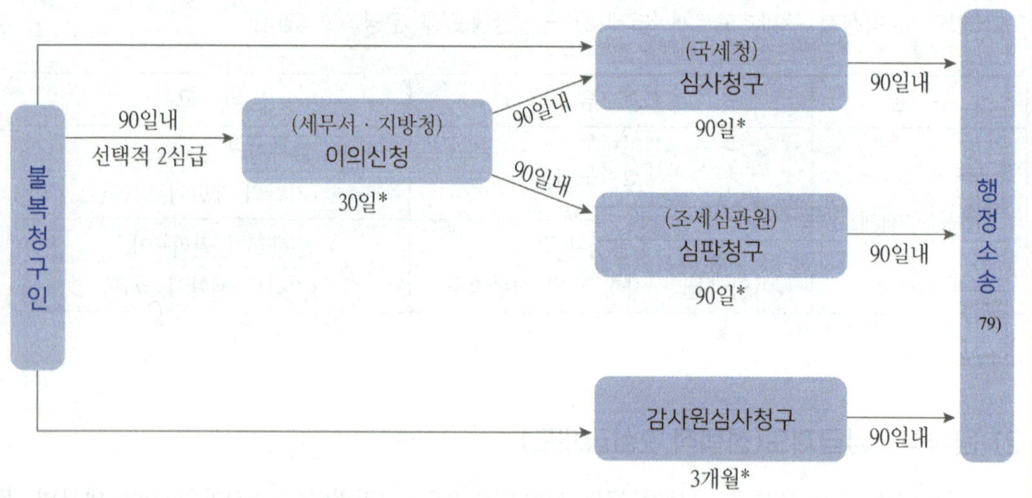

* 결정기간. 단, 이의신청의 경우 납세자가 항변하는 경우 60일 이내로 연장가능

78) 행정심판전치주의를 강제하는 이유는 조세처분의 대량적, 반복성으로 인하여 법원의 부담이 가중되는 것을 방지하고 전심절차를 통하여 소송단계에서 쟁점을 명확히 파악할 수 있기 때문이다. 또한, 행정심판에서는 행정소송과는 달리 행정처분이 위법한 경우뿐만 아니라 부당한 경우도 인용재결을 할 수 있으며 심판청구인의 출석 없이 비교적 단기에 저렴한 비용으로 권리구제를 받을 수 있다.

79) 행정소송 중 항고소송으로 행정청이 우월한 의사의 주체로서 행한 행정작용에 대한 불복의 소송을 총칭하는 것으로 행정청의 위법한 처분 등이나 부작위로 인하여 권리 · 이익을 침해받은 자가 그 위법을 다투기 위하여 제기하는 소송으로

2 불복의 대상 및 불복청구인 · 그 대리인

(1) 불복대상

불복의 대상은 "국세기본법 또는 세법에 따른 처분으로서 위법 또는 부당한 처분을 받거나 필요한 처분을 받지 못하여 권리나 이익을 침해당한 경우[80]"이다. 다만, 다음의 처분은 위법 또는 부당한 처분에 포함되지 아니한다.

① 이의신청, 심사청구, 심판청구에 대한 처분. 다만, 이의신청에 대한 처분에 대하여 심사청구 · 심판청구를 하는 경우는 제외한다(동일한 불복청구의 제한).

② 조세범처벌절차법에 따른 통고처분[81]

③ 감사원법에 따른 심사청구를 한 처분[82]이나 그 심사청구에 대한 처분[83]

(2) 불복청구인

불복청구를 할 수 있는 자는 처분의 상대방(위법 또는 부당한 처분을 받거나 필요한 처분을 받지 못하여 권리 또는 이익의 침해를 받은 자) 또는 그 이해관계인[84]이다.

(3) 대리인

불복청구인과 처분청은 세무사(세무사법에 따라 등록한 공인회계사 포함) 또는 변호사를 그 대리인으로 선임할 수 있다. 한편, 소액사건(5천만원 미만)의 경우 배우자 및 본인 · 배우자의 4촌 이내의 혈족이 대리할 수도 있다. 다만, 그 신청 또는 청구의 취하는 특별한 위임을 받은 경우에만 할 수 있다. 또한 소액사건으로서 상속세, 증여세, 종합부동산세가 아닌 세목에 대한 신청, 청구로서 종합소득금액이 5천만원 이하이고 소유재산 가액이 5억원 이하인 개인 및 수입금액 3억원 이하 및 자산가액 5억원 이하의 법인인 이의신청인은 국선대리인을 선정하여 줄 것을 신청할 수 있다.

취소소송, 무효등확인소송, 부작위위법확인소송 등이 있다.
행정소송은 민사 · 형사소송과 함께 대법원을 최고법원으로 하는 일반법원의 권한에 속한다. 다만, 행정사건의 특수성을 고려하여 재판의 전심절차로서 행정심판을 할 수 있다고 규정하고 있다. 행정사건도 3심제(행정법원 - 고등법원 - 대법원)로 하면서 일반법원의 하나인『서울행정법원』을 설치하여 행정사건의 1심 사건을 담당한다.

80) 국세기본법은 위법 · 부당한 처분을 통해 권익을 침해받은 사항이면 모두 청구의 대상으로 보는 개괄주의를 적용하고 있다.

81) 과세관청이 범칙자에게 벌금 등의 납부를 통지하는 과벌적 행정처분으로 불이행의 경우 공소제기에 의해 법원의 판결을 받는 형사적 절차로서 행정심판과는 구별된다.

82) 감사원심사청구의 대상이 된 처분으로 중복적인 불복제기 방지를 위한 것이다.

83) 감사원심사청구에 대한 감사원장의 결정으로 이에 대한 불복은 행정소송에 의하여야한다.

84) 이해관계인은 제2차 납세의무자로서 납부통지서를 받은 자, 물적납세의무를 지는 자로서 납부통지서를 받은 자, 보증인 및 그밖에 대통령령이 정하는 자를 말한다.

3 불복청구절차

(1) 청구기한

이의신청은 해당처분이 있음을 안 날(처분의 통지를 받은 때에는 그 받은 날)부터 90일 이내에 제기하여야 한다. 이의신청을 하지 않고 심사청구 또는 심사청구를 하는 경우에도 동일하다.

만약, 이의신청을 한 후 심사청구 및 심판청구를 하려면 이의신청에 대한 결정의 통지를 받은 날부터 90일 이내에 제기하여야 한다. 다만, 결정기간 내에 결정의 통지를 받지 못한 경우에는 결정통지를 받기 전이라도 그 결정기간이 경과한 날부터 심사청구 또는 심판청구를 할 수 있다.

(2) 청구기한 판정의 기준

청구기간을 계산할 때에는 세무서장에게 해당 불복청구서가 제출된 때에 불복청구를 한 것으로 한다. 만약, 청구기한까지 우편으로 제출한 불복청구서가 불복청구기간을 지나서 도달한 경우에도 그 기간의 만료일에 적법한 청구를 한 것으로 본다(발신주의 적용).

4 불복청구의 심리와 결정

(1) 심리결정 종류에 따른 결정기간

이의신청의 경우 그 신청을 받은 날부터 30일 이내에 결정하여야 하나 납세자가 항변하는 경우 60일로 이내로 연장가능하며, 심사청구 또는 심판청구의 경우에는 그 청구를 받은 날부터 90일 이내에 결정하여야 한다.

(2) 심리와 결정의 종류

각하결정은 형식적 적법성을 검토한 결과 부적법한 경우 청구자체를 배척하는 것으로 청구기간이 지난후에 청구하거나 보정기간에 필요한 보정을 하지 않는 경우가 이에 해당한다.

기각결정은 내용에 대한 본안 심리결과 청구가 이유없다고 판단하여 청구인의 주장을 배척하는 경우이며 청구인의 주장이 이유있다고 인정하는 경우 인용 결정을 하게 된다. 인용결정에는 두 가지가 있는데 처분이 위법·부당하다고 인정한 경우 그 처분의 전부 또는 일부를 취소하거나 처분을 변경하게되며 처분청의 거부처 분 또는 부작위가 위법·부당하다고 인정하는 경우에 필요한 처분의 결정을 내리게 된다.

재조사결정[85]은 심리과정에서 지적된 사항에 관해 사실관계 확인 등 추가적으로조사가 필

---

85) 재조사 결정에 따른 후속처분에 대한 심사 · 심판청구도 허용되며 .제소기간은 후속처분을 통지받은 날로부터 기산하며

요한 경우에 재조사결정일로부터 60일 이내에 처분청이 결정서 주문에 기재된 범위에 한하여 재조사하여 그 결과에 따라 원 처분을 취소·경정하게 하는 결정이다. 재조사결정은 이의신청에 대한 결정을 일부로 하는 변형결정이며 내용이 보완된 처분청의 후속처분이다. 구체적인 내용을 표로 살펴보면 아래와 같다.

심 리	내 용	결 정
요건심리 (형식적 적법성 여부)	적법한 경우	본안에 대하여 심리함
	부적법한 경우	각하: 청구 자체를 배척[86]
본안심리 (내용에 대한 심리)	이유 없음	기각: 청구인 주장의 배척
	이유 있음	인용: 청구인의 주장을 받아들임(전체 또는 일부)
		재조사결정: 인용범위 결정을 위해 추가확인이 필요한 경우

5 불복청구의 효력

(1) 불가변력(不可變力)

불복청구에 대한 결정이 이루어진 후에는 법적안정성을 위해 해당 재결청 자신도 이에 구속되어 스스로 결정을 철회하거나 변경할 수 없다. 다만, 불복청구결정에 계산착오 등으로 명백한 잘못이 있는 경우 재결청은 직권 또는 불복청구인신청으로 경정할 수 있다.

(2) 불가쟁력(不可爭力)

불복청구의 결정에 대하여 당사자가 일정한 청구기간 내에 다음 심급에 불복청구를 하지 않거나 일정한 제소기간 내에 행정소송을 제기하지 않는 경우에는 그 결정은 형식적으로 확정된다. 즉, 더 이상 그 결정의 내용을 쟁송에 따라 다툴 수 없게 된다.

(3) 기속력(羈束力)

인용결정이 이루어진 경우 그 결정내용이 당사자와 관계행정청에 대하여 그 결정의 취지에 따르도록 구속하는 효력을 가진다. 각하나 기각결정의 경우에는 원처분유지의무가 있는 것이 아니므로 처분청의 직권에 따른 취소나 변경, 철회가 가능하다.

이의신청에 대한 재조사 결정 후 60일 이내에 처분 결과를 통지받지 못한 경우에는 그 처분기간이 지난 날부터 90일 이내에 심사청구 또는 심판청구를 할 수 있다. 다만, 심사청구 또는 심판청구에 대한 재조사결정에 따른 처분청의 처분에 대한 행정소송은 심사청구 또는 심판청구를 거치지 않고 제기할 수 있다.

86) 적법하지 않거나 청구기간이 경과하여 청구된 경우, 보정기간 내 미보정된 경우, 불복청구의 대상이 되는 처분이 존재하지 않거나 권리나 이익이 침해당하지 않은 경우, 대리권 없는 자가 대리인으로서 불복청구하는 경우 등이 각하 사유가 된다. 그리고 심사와 심판청구를 중복 제기한 경우 나중에 제기한 청구(동시에 제기한 경우 심사청구)를 각하한다.

예제 1 **불복청구 기준일**

주식회사 서울은 4기(20×4. 1. 1. ~ 20×4. 12. 31) 귀속분 법인세 과세표준 및 세액을 신고하지 않았다(신고기한 20×5. 3. 31). 이에 관할세무서장은 과세표준과 세액을 결정하여 납세고지서를 발송하였다(고지서 발송일: 20×5. 5. 3. 고지서를 받은 날: 20×5. 5. 5. 고지서상 납부기한: 20×5. 5. 31.). 심판청구를 하려고 할 때 어느 날을 기준으로 하여 90일 이내에 제기하여야 하는가?

해설

고지서를 받은 날 (20×5. 5. 5.)로부터 90일 이내에 심판청구를 제기하여야 한다.

6 조세심판원

(1) 조세심판원의 구성

조세심판원은 심판의 중립성을 확보하기 위하여 처분청으로부터 독립하여 국무총리 소속으로 설치되어 있다. 조세심판원에는 원장과 상임 및 비상임 조세심판관을 두고 있으며 조세심판관은 3년의 임기로 한 차례 연임이 가능하다.

(2) 심판청구의 심리와 결정

심판청구가 되면 조세심판원장은 심판청구에 관한 조사와 심리를 담당할 주심심판관 1명과 배석심판관 2명 이상을 지정하여 조세심판관회의를 구성한다. 다만, 심판청구의 대상이 대통령령으로 정하는 금액에 미치지 못하는 소액이거나 경미한 것인 경우나 청구기간이 지난 후에 심판청구를 받은 경우에는 조세심판관회의의 심리를 거치지 아니하고 주심조세심판관이 심리하여 결정할 수 있다

조세심판원의 종전 세법해석 적용을 변경하여 의결하는 경우나 해당 심판청구사건에 대한 결정이 국세행정이나 납세자의 권리의무에 중대한 영향을 미칠 것으로 예상되는 등의 경우에는 조세심판관합동회의가 심리를 거쳐 결정한다. 조세심판관합동회의는 조세심판원장과 조세심판원장이 회의마다 지정하는 12명 이상 20명 이내의 상임조세심판관 및 비상임조세심판관으로 구성하되, 상임조세심판관과 같은 수 이상의 비상임조세심판관이 포함되어야 결정한다.[87)]

---

87) 상기 사유 이외에 해당 심판청구사건에 관하여 세법의 해석이 쟁점이 되는 경우로서 종전의 조세심판원의 결정이 없는 경우, 종전에 조세심판원에서 한 세법의 해석 · 적용을 변경하는 경우, 조세심판관 회의 간에 결정의 일관성을 유지하기 위한 경우, 해당 심판청구결정이 다수의 납세자에게 동일하게 적용되는 등의 사유로 국세청장이 조세심판원장에게 합동회의에서 심리할 것을 요청하는 경우 및 세법해석이 쟁점이 되는 경우로서 종전의 국세예규심사위원회 결정과 다른 경우 조세심판 합동회의에 회부하여 결정한다.
또한 조세심판원장은 조세심판관회의의 심리내용에 중요 사실관계의 누락, 명백한 법령해석 오류, 사실관계 판단의 오류, 대법원·헌법재판소의 판례·조세심판관 합동회의의 결정례와 다른 경우에는 구체적인 사유를 적은 서면으로 주심조세심판관에게 다시 심리할 것을 요청할 수 있다.

조세심판관은 심판청구인 또는 대리인 혹은 청구인의 친족 혹은 사용인이거나 사용인이었던 경우(청구일 기준 최근 5년 이내 사용인으로 한정)등의 경우에는 심판관으로부터 제척된다(조세심판관의 제척과 회피). 담당조세심판관에게 공정한 심판을 기대하기 어려운 사정이 있다고 인정될 때에는 심판청구인은 그 조세심판관의 기피를 신청할 수 있다(조세심판관의 기피).

조세심판관은 필요하다고 인정되는 경우 수개의 심판사항을 병합하거나 병합된 심판사항을 수개의 심판사항으로 분리할 수 있다(사건의 병합과 분리).

(3) 내용 심리상의 원칙

심판청구의 심리원칙은 다음과 같다.

① 심판청구를 한 처분보다 청구인에게 불리한 결정을 하지 못한다(불이익변경금지의 원칙)

② 조세심판관회의 또는 조세심판관합동회의는 심판결정을 할 때 심판청구를 한 처분 이외의 처분에 대하여는 그 처분의 전부 또는 일부를 취소 또는 변경하거나 새로운 처분의 결정을 하지 못한다(불고불리의 원칙).

③ 조세심판관은 심판청구에 관한 조사 및 심리의 결과와 과세의 형평을 참작하여 자유심증으로 사실을 판단한다(자유심증주의).

이의신청과 심사청구에 대해서도 불이익변경금지의 원칙과 불고불리의 원칙이 그대로 적용된다. 또한 조세심판관은 심판청구에 관한 조사 및 심리의 결과와 과세의 형평성을 고려하여 자유심증으로 사실을 판단한다. 심판청구의 심리는 당사자와 관계인을 소환하여 구술심리 또는 서면심리를 한다.

청구인이 주장하지 않은 사실에 관하여도 결정기관이 심리할 수 있으며 청구인이 제출하지 않은 증거에 대해서도 조사할 수 있다.

불이익변경금지원칙

김중앙씨는 경정고지한 20×5년 종합소득세 산출 시 인건비가 필요경비에 산입되지 않아 3,000만원만큼 과다함을 이유로 심판청구를 신청하였다. 심판청구 심리에서 인건비 주장이 받아들여졌으나 관할세무서장은 인건비 누락과 관련하여 누락된 매출액이 있으며, 이로 인하여 일정액의 세액이 증액되어야 한다고 주장하여 심리과정에서 사실로 판명되었다.

- 상기 내용에서 매출누락으로 인한 증가세액이 2,000만원이라면 김중앙씨가 주장한 3,000만원의 감액된 세액과 통산하여 1,000만원을 감액하라는 일부 인용결정을 내리면 된다. 하지만 매출누락으로 인한 증가세액이 감액되는 세액 3,000만원을 초과한다면 불이익변경금지원칙에 따라 기존의 처분을 그대로 유지하는 기각결정을 내려야 한다. 다만, 기각결정 후 관할세무서장은 매출누락으로 인한 증가세액에서 감액되는 세액 3,000만원을 차감하여 증액되는 세액에 대하여 증액경정처분을 하게 된다.

OX 문제

01 심판청구에 대한 결정에 있어 심판청구를 한 처분보다 청구인에게 불이익이 되는 결정은 할 수 없다.

02 세금의 납부여부는 불복청구에 영향을 미치지 아니한다.

03 이의신청에 대한 결정기간 내에 결정통지를 받지 못한 경우 결정통지를 받기 전이라도 그 결정기간이 지난날부터 심판청구를 할 수 있다.

04 제2차 납세의무자로서 납부통지서를 받은 자는 본래 납세의무자에 대한 처분의 확정여부에 관계없이 납부통지된 처분에 대하여 불복청구를 할 수 있다.

정답&해설 **01** ○ **02** ○ **03** ○ **04** ○

연습문제

01 국세기본법상 불복에 관한 다음의 설명 중 옳지 않은 것은?

① 이의신청은 임의적 불복청구의 절차이다.
② 심사청구는 해당 처분이 있는 것을 안 날로부터 90일 이내에 제기하여야 한다.
③ 불복청구를 한 경우 해당 처분에 대한 집행의 효력이 정지된다.
④ 요건심리에서 형식적 적법성을 충족시키지 못하면 각하 결정을 내리게 된다.
⑤ 국세기본법에 따른 불복절차를 거치지 않으면 행정소송을 제기할 수 없다.

정답 ③

불복청구를 한 경우에는 집행부정지의 원칙이 적용된다.

02 국세기본법상 조세불복에 관한 다음의 설명 중 옳지 않은 것은?

① 세법에 따른 처분으로서 위법 또는 부당한 처분으로 인하여 권리와 이익을 침해당한 자는 조세불복을 청구할 수 있다.
② 세법에 따른 처분에 의하여 권리나 이익을 침해당하게 될 이해관계인인 보증인은 위법 또는 부당한 처분을 받은 자의 처분에 대하여 조세불복을 청구할 수 있다.
③ 조세불복에 의하여 법원에 행정소송을 제기하려면 행정심판전치주의에 의하여 국세기본법상의 심사청구 또는 심판청구나 감사원법상 심사청구에 의한 불복절차를 반드시 거쳐야 한다.
④ 납세자는 동일한 처분에 대해서 심사청구와 심판청구를 선택하거나 중복하여 제기할 수 있다.
⑤ 불복청구는 세법에 특별한 규정이 있는 것을 제외하고는 해당 처분의 집행에 효력을 미치지 않는다.

정답 ④

동일한 처분에 대해서 심사청구와 심판청구를 중복하여 제기할 수 없다.

03 국세기본법상 심사청구 등 국세불복절차에 관한 다음의 설명 중 옳지 않은 것은?

① 제2차 납세의무자로서 납부통지서를 받은 자도 세법에 의한 처분으로 권리 또는 이익의 침해를 당한 경우에는 불복청구를 할 수 있다.

② 납세보증인도 세법에 의한 처분으로 권리 또는 이익의 침해를 당한 경우에는 불복청구를 할 수 있다.

③ 행정소송은 심사청구 또는 심판청구에 대한 결정의 통지를 받은 날부터 60일 이내에 제기하여야 한다.

④ 불복청구를 하더라도 집행은 정지되지 아니함이 원칙이다.

⑤ 이의신청은 해당 처분을 하였거나 하였어야 할 세무서장에게 하거나 세무서장을 거쳐 관할 지방국세청장에게 해야 한다.

정답 ③

행정소송은 심사청구 또는 심판청구에 대한 결정의 통지를 받은 날부터 90일 이내에 제기하여야 한다.

04 다음 중 국세기본법상 조세쟁송의 불복의 경우 내용심리상의 원칙에 해당되지 않는 것은?

① 불이익변경의 금지
② 불고불리의 원칙
③ 법정증거주의
④ 자유심증주의

정답 ③

조세불복은 법정증거주의가 아닌 자유심증주의가 명문화 되어 있다.

05 국세기본법상 불복청구에 대한 다음의 결정 중 옳지 않은 것은?

① 내용이 이유가 없는 경우: 기각

② 신청기간이 지난 경우: 기각

③ 보정기간 이후에 보정한 경우: 각하

④ 불복내용이 이유가 있을 경우: 인용

⑤ 인용결정을 위해 추가확인이 필요한 경우: 재조사결정

정답 ②

신청기간이 지난 경우는 요건 미비이므로 각하에 해당한다.

06 「국세기본법」상 국세심사에 관한 설명이다. 옳지 않은 것은? **[CPA 2021]**

① 국세청장은 심사청구에 대한 결정을 할 때 심사청구를 한 처분 외의 처분에 대하여도 그 처분의 전부 또는 일부를 취소 또는 변경하는 결정을 할 수 있다.

② 심사청구인이 법정요건을 모두 갖추어 국선대리인을 선정하여 줄 것을 재결청에 신청하면 재결청은 지체 없이 국선대리인을 선정하고 그 결과를 신청을 받은 날부터 5일 이내에 심사청구인과 국선대리인에게 각각 통지하여야 한다.

③ 국세청장은 국세심사위원회의 의결이 법령에 명백히 위반된다고 판단하는 경우 구체적인 사유를 적어 서면으로 국세심사위원회로 하여금 한 차례에 한정하여 다시 심의할 것을 요청할 수 있다.

④ 심판청구를 제기한 후 같은 날 심사청구를 제기한 경우 그 심사청구를 각하하는 결정을 한다.

⑤ 심사청구는 해당 처분이 있음을 안 날(처분의 통지를 받은 때에는 그 받은 날)부터 90일 이내에 제기하여야 하고, 심사청구에 대한 결정은 심사청구를 받은 날부터 90일 이내에 하여야 한다.

정답 ①

심사청구를 한 처분 외의 처분에 대하여는 그 처분의 전부 또는 일부를 취소 또는 변경하거나 새로운 처분의 결정을 하지 못한다.

Chapter 8 납세자의 권리와 보칙

AN INTRODUCTION TAX LAW

Ⅰ. 납세자의 권리

1 납세자의 권리헌장

(1) 납세자권리헌장의 제정 및 교부

국세청장은 납세자의 성실성 추정, 세무조사권 남용 금지, 세무조사 대상자 선정에서 결과 통지까지의 납세자 권리, 비밀유지, 정보제공, 과세전적부심사 등 납세자의 권리보호에 관한 사항을 포함하는 납세자권리헌장을 제정하여 고시하여야 한다.

세무공무원은 세무조사하거나 사업자등록증을 발급하는 경우에는 납세자권리헌장의 내용이 수록된 문서를 납세자에게 교부하여야 한다.

여기서 세무조사란 국세의 과세표준과 세액을 결정 · 경정하기 위하여 질문하거나 장부 · 서류 · 그 밖의 물건을 검사 · 조사하거나 그 제출을 명하는 것을 말하고, 조세범칙조사를 포함한다.

(2) 납세자권리헌장의 내용

1) 납세자의 성실성 추정

세무공무원은 납세자가 세무조사 수시선정에 의한 조사사유의 경우를 제외하고는 납세자가 성실하며 납세자가 제출한 신고서 등이 진실한 것으로 추정하여야 한다.

2) 세무조사권 남용 금지

세무공무원은 적정하고 공평한 과세의 실현을 위하여 필요한 최소한의 범위에서 세무조사를 하여야 하며, 다른 목적 등을 위해 조사권을 남용해서는 아니 된다.

세무공무원은 조세탈루의 혐의를 인정할 만한 명백한 자료가 있는 경우, 거래상대방에 대한 조사가 필요한 경우, 둘 이상의 사업연도와 관련하여 잘못이 있는 경우, 심사청구의 취소 · 경정 또는 필요한 처분이나 과세전적부심 청구가 이유가 있다고 인정하는 경우 사실관계 확인 등을 위하여 추가적으로 재조사가 필요한 경우(결정서 주문에 기재된 범위에 한정), 납세자가 세무공무원에게 직무와 관련하여 금품을 제공하거나 금품제공을 알선한 경우 및 부분조사를 실시한 후 해당조사에 포함되지 아니한 부분에 대하여 조사하는 경우 및 그 밖에 이와 유사한 경우로서 대통령령으로 정하는 경우[88]를 제외하고는 같은 세목 및 같은 과세기간에 대하여 재조사를 할 수 없다(중복조사의 금지).

세무조사 관련 판례

(1) 다른 세목에 대한 조사

- 당초 조사와 재조사의 과세기간이 동일하더라도 세목이 다르다면 중복조사에 해당하지 않는다. 납세자 사업장 관할세무서장이 실시한 부가가치세 경정조사와 주소지 관할세무서장이 실시한 개인세제 전반에 관한 특별세무조사는 조사목적과 조사대상이 달라 같은 세목 및 같은 과세기간에 대한 중복조사에 해당하지 않는다.

(2) 명백한 자료

- 객관적 합리성이 뒷받침되지 않는 한 탈세제보는 구체적이라는 사정만으로 재조사가 허용되는 사유에 해당하지 아니한다.
- 납세자의 종전 세무조사에서 이미 획득한 자료는 명백한 자료에 해당하지 아니한다.
- 과세관청이 소득세 과소신고 혐의를 분석한 검토보고서가 임대소득의 탈루나 오류사실이 확인될 가능성이 있는 객관적 자료라고 주장하나 과세관청의 검토보고서는 내부문서에 불과하고 조세탈루를 인정할만한 명백한 자료에 해당하는 것으로 볼 수 없다.

3) 세무조사에 있어서 조력을 받을 권리

납세자는 세무조사를 받는 경우에 변호사, 공인회계사, 세무사로 하여금 조사에 참여하게 하거나 의견을 진술하게 할 수 있다.

4) 세무조사 대상자의 선정

① 정기세무조사

세무공무원은 다음의 경우에 정기적으로 신고의 적정성을 검증하기 위하여 대상을 선정(정기선정)하여 세무조사를 할 수 있다. 이 경우 신뢰성과 예측가능성의 제고를 위하여 세무공무원은 객관적 기준에 따라 공정하게 그 대상을 선정하여야 한다.

---

88) 국세기본법 시행령 제62조2에서 세무조사를 다시 할 수 있는 경우는 다음을 말한다.

① 부동산투기, 매점매석, 무자본거래 등 경제 질서 교란 등을 통한 세금탈루혐의가 있는 자에 대하여 일제조사를 하는 경우

② 국세환급금 결정을 위해 확인조사 하는 경우

③ 과세관청 외의 기관이 직무상 목적을 위하여 작성하거나 취득하여 과세관청에 제공한 자료의 처리를 위한 재조사

가. 국세청장이 납세자의 신고내용에 대하여 과세자료, 세무정보 및 감사의견과 외부감사실시내용 등 회계성실도자료 등을 포함하여 정기적으로 성실도를 분석한 결과 불성실혐의가 있다고 인정하는 경우

나. 최근 4과세기간 또는 4사업연도 이상 같은 세목의 세무조사를 받지 아니한 납세자에 대하여 업종, 규모, 경제력 집중 등을 고려하여 신고내용이 적정한지를 검증할 필요가 있는 경우(순환조사)

다. 무작위추출방식으로 표본조사를 하려는 경우

세무공무원은 소규모 성실사업자에 대해서는 정기세무조사를 실시하지 아니할 수 있다.

② 수시세무조사

세무공무원은 납세자에게 성실성추정 배제 사유가 있는 다음의 경우에는 수시로 세무조사를 실시할 수 있다.

가. 납세자가 세법에서 정하는 신고, 성실신고확인서의 제출, 세금계산서 또는 계산서의 작성 · 교부 · 제출, 지급명세서의 작성 · 제출 등의 납세협력의무를 이행하지 아니한 경우

나. 무자료거래, 위장 · 가공거래 등 거래내용이 사실과 다른 혐의가 있는 경우

다. 납세자에 대한 구체적인 탈세제보가 있는 경우

라. 신고내용에 탈루나 오류의 혐의를 인정할 만한 명백한 자료가 있는 경우

마. 납세자가 세무공무원에게 직무와 관련하여 금품을 제공하거나 금품제공을 알선한 경우

세무조사 선정 관련 판례

- 법원이 세무조사 정기선정의 사유 중 하나인 신고내용에 대한 성실도 분석 자료를 제출하도록 요구하였으나 과세관청이 이를 제시하지 못하자, 법원은 국세기본법상 세무조사 선정 사유에 해당하지 않음에도 불구하고 세무조사 대상자로 선정하여 과세처분한 것은 위법하다고 판시하였다.
- 세무조사대상자로 선정된 것이 위법한 것으로 판명되었으나 이미 과세처분이 이루어진 경우, 조사대상자로 선정된 것이 위법한 이상 위법한 처분이 되어 과세처분이 취소되고 이후 중복조사(재조사)금지가 되므로 소의 이익이 있다는 것이 통설이다. 그러므로 과세처분이 이루어지기 전에 세무조사대상자 선정 결정에 대하여 다툴 수 있도록 하여 분쟁을 조기에 해결하는 것이 바람직하다.

5) 세무조사의 사전통지

세무공무원은 세무조사를 하는 경우에는 조사를 받을 납세자에게 조사를 시작하기 20일 전에 납세자 성명 및 주소, 조사기간, 조사대상 세목, 과세기간 및 조사사유, 부분조사를 실시하는 경우 부분조사의 범위 등을 통지하여야 한다.[89] 다만, 조세범칙조사를 하는 경우 또는 사전에 통지하면 증거인멸 등으로 조사목적을 달성할 수 없다고 인정되는 경우에는 그러하지 아니하다. 사전통지를 생략하고 세무조사를 시작하는 경우 세무조사 개시시점에 세무조사의 사전통지사항과 사전통지 생략 사유 등이 포함된 세무조사통지서는 납세자에게 교부하도록 한다.

6) 세무조사의 연기신청

세무조사 통지를 받은 납세자가 천재지변이나 납세자의 질병 및 권한있는 기관에 장부가 압수된 등의 사유로 조사를 받기 곤란한 경우에는 관할세무관서장에게 조사를 연기하여 줄 것을 신청할 수 있고, 연기신청을 받은 관할 세무관서의 장은 연기신청 승인 여부를 결정하고 그 결과를 조사개시 전까지 통지하여야 한다. 연기 사유가 소멸되거나 조세채권 확보 등 긴급한 사유가 있는 경우에는 연기를 중단하고 조사를 개시할 수 있다. 조사를 개시하려는 경우에는 조사를 개시하기 5일 전까지 조사를 받을 납세자에게 연기 사유가 소멸한 사실과 조사기간을 통지하여야 한다. 단 조세채권 확보 등 긴급한 필요가 있는 경우에는 사전통지하지 않을 수 있다.

7) 세무조사 기간

세무공무원은 조사대상 세목 · 업종 · 규모, 조사 난이도 등을 고려하여 세무조사 기간이 최소한이 되도록 하여야 한다. 다만, ① 납세자가 장부 · 서류 등의 은닉, 제출 거부 등 조사를 기피하거나 ② 거래처 등의 현시 확인이 필요하거나 ③ 조사과정에서 조사유형이 조세범처벌절차법에 따른 조세범칙조사로 전환되는 등의 경우에는 세무조사 기간을 연장할 수 있다.

세무조사 기간을 연장하려는 때에는 연장사유와 기간을 납세자에게 문서로 통지하여야 한다. 세무공무원은 조사대상 과세기간 중 가장 큰 연간 수입금액 또는 양도가액이 100억 미만인 납세자에 대한 세무조사 기간은 20일 이내로 한다. 다만, 무자료, 위장, 가공거래 등으로 거래내용에 대한 조사가 필요하거나 명의위장, 이중장부의 작성 등으로 세금을 탈루한 혐의로 조사하는 등의 사유가 있을 경우에는 세무조사기간의 제한 및 세무조사 연장기간의 제한을 받지 않는다.

세무조사 연기신청사유에 해당하여 납세자가 조사중지를 신청하거나 국외자료 수집 · 제출 또는 상호합의절차 개시에 따라 외국 과세기관과의 협의가 필요한 경우 세무조사를 중지할 수

89) 단, 심사청구 또는 이의신청의 재조사결정에 따른 재조사의 경우에는 7일 전에 사전통지하면 된다.

있으며 중지기간은 세무조사 및 연장기간에 산입하지 않는다.

8) 세무조사 범위 확대의 제한

세무공무원은 구체적인 세금탈루 혐의가 여러 과세기간 또는 다른 세목까지 관련되는 것으로 확인되는 경우 등을 제외하고는 조사진행 중 세무조사의 범위를 확대할 수 없다.

9) 장부 · 서류 보관 금지

세무공무원은 세무조사의 목적으로 납세자의 장부 또는 서류 등을 세무관서에 임의로 보관할 수 없다. 다만, 무신고 등의 납세협력불이행이나 신고내용에 탈루, 오류의 혐의를 인정할 만한 명백한 자료가 존재하는 등의 납세자의 성실성 추정이 배제되는 사유에 해당하는 경우로서 납세자가 임의로 제출한 서류 등에 대해서만 납세자의 동의가 있는 경우에는 목적에 필요한 최소한의 범위에서 세무조사 기간 동안 일시 보관할 수 있다. 일시 보관한 장부, 서류 등은 원칙적으로 납세자 요청일로부터 14일 이내 반환하여야 한다.

10) 통합조사의 원칙

세무조사는 특정한 세목만을 조사할 필요가 있는 등의 경우를 제외하고는 납세자의 사업과 관련하여 세법에 따라 신고 · 납부의무가 있는 세목을 통합하여 실시하는 것을 원칙으로 한다.

통합원칙에도 불구하고 다음에 해당하는 경우에는 특정한 세목만을 조사할 수 있다.

① 세목의 특성, 납세자의 신고유형, 사업규모 또는 세금탈루 혐의 등을 고려하여 특정 세목만을 조사할 필요가 있는 경우
② 조세채권의 확보 등을 위하여 특정 세목만을 긴급히 조사할 필요가 있는 경우
③ 그밖에 세무조사의 효율성 및 납세자의 편의 등을 고려하여 특정 세목만을 조사할 필요가 있는 경우로서 대통령령으로 정하는 경우

또한 다음 각 호 등의 어느 하나에 해당하는 경우에는 해당 호의 사항에 대한 확인을 위하여 필요한 부분에 한정한 조사를 실시할 수 있으며 이를 부분조사라 한다.

① 경정 등의 청구에 대한 처리 또는 국세환급금의 결정을 위하여 확인이 필요한 경우
② 심사청구가 이유 있다고 인정될 때에는 취소 · 경정 또는 필요한 처분을 하기 위하여 사실관계 확인 등 추가적으로 조사가 필요한 경우나 과세전적부심사 청구가 이유 있다고 인정되는 경우 구체적인 채택의 범위를 정하기 위하여 사실관계 확인 등 추가적으로 조사가 필요한 경우
③ 거래상대방에 대한 세무조사 중에 거래 일부의 확인이 필요한 경우

④ 납세자에 대한 구체적인 탈세 제보가 있는 경우로서 해당 탈세 혐의에 대한 확인이 필요한 경우

⑤ 명의위장, 차명계좌의 이용을 통하여 세금을 탈루한 혐의에 대한 확인이 필요한 경우

⑥ 그밖에 세무조사의 효율성 및 납세자의 편의 등을 고려하여 특정 사업장, 특정 항목 또는 특정 거래에 대한 확인이 필요한 경우로서 대통령령으로 정하는 경우

부분조사는 같은 세목 및 같은 과세기간에 대하여 2회를 초과하여 실시할 수 없다.

11) 세무조사에 있어서의 결과통지

세무공무원은 세무조사 종료 후 20일 이내[90]에 세무조사 대상 세목 및 과세기간, 과세표준 및 세액을 결정·경정하는 사유, 근거법령 및 조항, 과세표준 및 세액 계산의 기초가 되는 구체적 사실, 수정신고와 과세진직부심사 안내, 가산세 종류·금액·산출근거 등을 통시하고 세무조사결과를 설명하여야 한다.

과세불확실성을 조기에 해소하기 위하여 세무조사 결과의 통지기한까지 조사결과를 통지할 수 없는 부분이 있는 경우[91] 납세자 동의시 조사결과 통지불가 부분을 제외한 조사결과를 통지하고 사유해소시 20일 이내에 해당부분의 조사결과를 통지하여야 한다.

12) 비밀유지

세무공무원은 납세자가 세법이 정한 납세의무를 이행하기 위하여 제출한 자료나 국세의 부과·징수를 위하여 업무상 취득한 과세정보를 타인에게 제공 또는 누설하거나 목적 외의 용도로 사용하여서는 아니 된다. 다만, 다음의 경우 등에는 그 사용목적에 맞는 범위에서 납세자의 과세정보를 제공할 수 있다.[92]

① 국가행정기관, 지방자치단체 등이 법률이 정하는 조세, 과징금의 부과·징수의 등을 위하여 과세정보를 요구하는 경우

② 국가기관이 조세쟁송이나 조세범의 소추를 위하여 과세정보를 요구하는 경우

③ 법원의 제출명령 또는 법관이 발부한 영장에 의하여 과세정보를 요구하는 경우

④ 세무공무원 간에 국세의 부과·징수 또는 질문·검사에 필요한 과세정보를 요구하는 경우

⑤ 통계청장이 국가통계작성 목적으로 과세정보를 요구하는 경우

---

90) 소재불분명 등으로 공시송달시는 40일

91) 국외자료 수집·제출 또는 상호합의절차 개시에 따라 외국과세기관과의 협의진행중이거나 기재부 또는 국세청에 세법해석 질의절차가 진행중인 경우이어야 한다.

92) ①, ②, ⑤~⑧에 대한 과세정보의 제공을 요구하는 자는 문서에 따라 해당 세무관서의 장에게 이를 요구하여야 한다. 과세정보를 제공받은 자가 비밀 누설시 2천만원 이하 과태료 부과된다. 다만, 「형법」 등 다른 법률에 따라 형사처벌을 받은 경우에는 과태료를 부과하지 아니하고, 과태료를 부과한 후 형사처벌을 받은 경우에는 과태료 부과를 취소한다.

⑥ 사회보장기본법에 따른 사회보험의 운영을 목적으로 설립된 기관이 관계법률에 따른 소관업무를 수행하기 위하여 과세정보를 요구하는 경우

⑦ 국가행정기관, 지방자치단체 또는 공공기관운영에 관한 법률에 따른 공공기관이 급부·지원 등을 위한 자격의 조사·심사 등에 필요한 과세정보를 당사자의 동의를 받아 요구하는 경우

⑧ 다른 법률의 규정에 따라 과세정보를 요구하는 경우

외부에 제공되는 과세정보에 대한 관리를 강화하기 위하여 과세정보를 제공받은 자는 아래와 같은 안전성 확보조치 의무 부과된다.

가. 과세정보 유출·변조 등 방지를 위한 정보보호시스템 구축

나. 과세정보 이용가능 담당자 지정

다. 보관기간 경과시 과세정보 파기

라. 주기적으로 안전성 확보조치 이행여부 점검

- 국세청장의 요청이 있는 경우 이행 점검결과 통보

13) 정보의 제공

세무공무원은 납세자가 납세자의 권리 행사에 필요한 정보를 요구하면 신속하게 정보를 제공하여야 한다.

14) 납세자보호위원회

납세자권리보호에 관한 사항을 심의하기 위하여 세무서, 지방국세청 및 국세청에 납세자보호위원회를 설치하며 세무서 및 지방국세청에 두는 납세자 보호위원회는 다음 각 호의 사항을 심의한다.

① 세무서 및 지방국세청 납세자보호위원회는 세무조사 대상 과세기간 중 연간 수입금액 또는 양도가액이 가장 큰 과세기간의 연간 수입금액 또는 양도가액이 100억원 미만(부가가치세에 대한 세무조사의 경우 1과세기간 공급가액의 합계액이 50억원 미만)인 납세자(이하 "중소규모납세자"라 한다) 이외의 납세자에 대한 세무조사(「조세범 처벌절차법」에 따른 "조세범칙조사"는 제외) 기간의 연장(다만, 조사대상자가 해명 등을 위하여 연장을 신청한 경우는 제외)

② 중소규모납세자에 대한 세무조사 범위의 확대

③ 세무조사 기간 연장에 대한 중소규모납세자의 세무조사 일시중지 및 중지 요청

④ 위법·부당한 세무조사 및 세무조사 중 세무공무원의 위법·부당한 행위에 대한 납세자

의 세무조사 일시중지 및 중지 요청

⑤ 장부 등의 일시보관 기간 연장에 대한 사항

국세청에 두는 납세자보호위원회는 다음 각호의 사항을 심의한다.

① 세무서 및 지방국세청 납세자보호위원회의 심의를 거친 세무서장 또는 지방국세청장의 결정에 대한 납세자의 취소 또는 변경 요청

② 그밖에 납세자의 권리보호를 위한 국세행정제도 및 절차개선 등으로써 납세자보호관이 심의가 필요하다고 인정하는 사항

2 과세전적부심사제도(사전적 권리구제제도)

(1) 개 요

'과세전적부심사'란 정식의 국세처분을 받기 전에 납세자의 청구에 의하여 그 국세처분의 타당성을 미리 심사하는 제도를 말한다. 이는 국세의 처분을 받기 전에 미리 이를 다투는 제도이므로 사전적 권리구제제도에 해당한다.

(2) 청 구

세무조사 결과에 대한 서면통지나 그 밖에 과세예고통지[93]를 받은 자는 통지를 받은 날부터 30일 이내에 통지를 한 세무서장이나 지방국세청장에게 통지 내용의 적법성에 관한 과세전적부심사를 청구할 수 있다. 다만, 다음의 경우에는 국세청장에게 청구할 수 있다.

① 법령과 관련하여 국세청장의 유권해석을 변경하여야 하거나 새로운 해석이 필요한 경우

② 국세청장의 훈령, 예규, 고시 등과 관련하여 새로운 해석이 필요한 경우

③ 세무서 또는 지방국세청에 대한 국세청장의 업무감사결과에 따라 세무서장 또는 지방국세청장이 하는 과세예고통지에 관한 것

④ 위에 해당하지 않는 사항 중 과세전적부심사 청구금액이 10억 원 이상인 경우

⑤ 감사원 시정요구에 따라 과세처분하는 경우로 시정요구전에 납세자가 소명안내를 받지 못한 경우

93) 과세예고통지는 세무당국이 납세자에게 세금을 부과하기 전에, 세금 부과 예정 사실과 그 근거를 사전에 알리는 절차로서 ①세무조사 결과 세액이 추가로 결정되거나 ②세무조사 과정에서 신고 내용과 다르게 세금을 부과해야 하는 경우 ③납세자의 신고 내용이 부정확하다고 판단되는 경우 ④소득 신고나 부가가치세 신고를 누락하거나 세법 위반 사항의 법령에 따른 의무불이행으로 과세불이행된 경우 납세자에게 주로 발송된다. 다만 납부고지 세액이 100만원 이상으로 과세예고 통지대상이기는 하지만 과세관청이 납세자의 기한 후 신고와 동일하게 결정하는 경우에는 과세예고통지 대상에서 배제된다.

(3) 과세전적부심사의 배제

다음 중 어느 하나의 경우에는 과세전적부심사가 배제된다.

① 기한의 이익을 박탈하는 납기전징수 또는 수시부과의 사유가 있는 경우
② 조세범처벌법 위반으로 고발 또는 통고처분 하는 경우. 다만 고발 또는 통고처분과 관련 없는 세목 또는 세액은 제외
③ 세무조사결과통지 및 과세예고통지를 하는 날부터 국세부과제척기간의 만료일까지의 기간이 3개월 이하인 경우
④ 「국제조세조정에 관한 법률」에 따라 조세조약을 체결한 상대국이 상호합의절차의 개시를 요청한 경우
⑤ 불복청구의 인용결정 중 재조사결정에 의한 조사를 하는 경우 또는 과세전적부심청구 채택결정 중 재조사결정에 의한 조사를 하는 경우

(4) 결정 · 경정의 유보

과세전적부심사청구서를 제출받은 세무서장 · 지방국세청장 또는 국세청장은 그 청구부분에 대하여 과세전적부심사에 대한 결정이 있을 때까지 과세표준 및 세액의 결정이나 경정결정을 유보하여야 한다.

(5) 결 정

과세전적부심사청구를 받은 세무서장 · 지방국세청장 또는 국세청장은 각각 국세심사위원회의 심사를 거쳐 다음과 같이 결정하고 그 결과를 청구를 받은 날부터 30일 이내에 청구인에게 통지하여야 한다.

결 정	사 유	내 용
불 채 택	청구가 이유 없음	채택하지 않는다.
채택 또는 재조사	청구가 이유 있음	채택(일부 채택), 또는 재조사하여 그 결과에 따라 당초 통지내용을 수정하거나 유지한다.
심사거부	① 청구기간이 지난 후에 청구된 경우 ② 과세전적부심사 청구 후 보정기간에 필요한 보정을 하지 아니한 경우 ③ 그 밖에 청구가 적법하지 아니한 경우	심사하지 않는다.

조기결정신청

세무조사에 대한 결과 통지 등을 받은 납세자가 과세전적부심사청구를 원하지 않을 경우 즉시 결정고지하도록 함으로써 과세전적부심사 청구기간(30일)의 미납가산세 등의 부담을 경감할 수 있는 제도

보론 국세기본법의 보칙

1. 납세관리인

납세자가 국내에 주소 또는 거소를 두지 않거나 국외로 주소 또는 거소를 이전할 때에는 국세에 관한 사항을 처리하기 위하여 납세관리인을 정하여야 한다. 이 경우 납세자는 국세에 관한 사항을 처리하게 하기 위하여 변호사, 세무사, 세무사법 규정에 따라 등록한 공인회계사를 납세관리인으로 둘 수 있다.

2. 고지금액의 최저한도

고지할 국세(인지세는 제외), 가산금 또는 체납처분비를 합친 금액이 1만원 미만일 때에는 그 금액은 없는 것으로 본다. 여기서 '고지할 국세'란 본세 및 그와 함께 고지하는 교육세 및 농어촌특별세를 합한 것을 말한다.

3. 장부 등의 비치 및 보존

납세자는 각 세법에서 규정하는 바에 따라 모든 거래에 관한 장부 및 증거서류를 성실하게 작성하여 갖춰 두어야 한다. 장부 및 증거서류는 그 거래사실이 속하는 과세기간에 대한 해당 국세의 법정신고기한이 지난날부터 5년간 보존하여야 한다. 다만, 일반적인 국세부과제척기간(5년 또는 7년)이 끝난 날이 속하는 과세기간 이후의 과세기간에 소득세법 또는 법인세법에 따라 이월결손금을 공제하는 경우에는 이월결손금을 공제한 과세기간의 법정신고기한으로부터 1년이 되는 날까지 장부 및 증거서류를 보존하여야 한다.

4. 서류접수증의 발급

납세자 또는 세법에 따라 과세자료를 제출할 의무가 있는 자로부터 다음 중 어느 하나에 해당하는 서류를 받는 경우에 세무공무원은 납세자 등에게 접수증을 발급하여야 한다. 이 경우 납세자 등으로부터 신고서 등을 국세정보통신망을 통해 받은 경우에는 그 접수사실을 전자적 형태로 통보할 수 있다.

① 과세표준신고서 · 과세표준수정신고서 · 경정청구서 및 이들 신고 · 청구와 관련된 서류
② 과세표준 및 세액의 결정(경정)청구서
③ 이의신청서, 심사청구서, 심판청구서
④ 세법에 따른 제출기한이 정해진 서류
⑤ 그 밖에 국세청장이 납세자의 권익보호에 필요하다고 인정하여 지정한 서류

다만, 다음 중 어느 하나에 해당하는 경우에는 접수증을 발급하지 아니할 수 있다.

① 납세자가 신고서 등의 서류를 우편이나 팩스로 제출하는 경우
② 납세자가 신고서 등을 세무공무원을 거치지 아니하고 지정된 신고함에 직접 투입하는 경우

5. 국세행정에 대한 협조

세무공무원은 직무를 집행할 때 필요하면 국가기관 · 지방자치단체 또는 그 소속 공무원에게 협조를 요청할 수 있으며, 이러한 요청을 받은 자는 정당한 사유가 없으면 협조하여야 한다. 한편 정부는 납세지도를 담당하는 단체에 그 납세지도 경비의 전부 또는 일부를 교부금으로 지급할 수 있다.

6. 포상금의 지급

국세청장은 다음 중 어느 하나에 해당하는 자에게는 포상금 신청일부터 2개월 이내에 40억원의 범위에서 포상금을 지급할 수 있다.

① 조세를 탈루한 자에 대한 탈루세액 또는 부당하게 환급 · 공제받은 세액을 산정하는데 중요한 자료를 제공한 자

② 체납자의 은닉재산을 신고한 자

③ 신용카드의 결제 · 현금영수증의 발급을 거부하거나 신용카드 매출전표 · 현금영수증을 사실과 다르게 발급한 경우로서 그 행위를 한 신용카드가맹점 또는 현금영수증가맹점을 신고한 경우

④ 타인의 명의를 사용하여 사업을 경영하는 자를 신고한 자

⑤ 국제조세조정에 관한 법률에 따른 해외금융계좌 신고의무 위반행위를 적발하는 데 중요한 자료를 제공한 자

⑥ 타인 명의로 되어 있는 법인 또는 소득세법에 따른 복식부기의무자의 금융실명거래 및 비밀보장에 관한 법률에 따른 금융자산을 신고한 자

다만, 다음 중 어느 하나에 해당하는 때에는 포상금을 지급하지 않는다.

① 은닉재산의 신고를 통하여 징수된 금액 또는 해외금융계좌 신고의무 불이행에 따른 과태료 금액이 2천만원 미만인 경우

② 공무원이 그 직무와 관련하여 자료를 제공하거나 은닉재산을 신고한 경우

국세청장은 부과처분이 확정되고 탈루세액이 납부된 경우 제보자에게 포상금 지급절차와 관련된 내용을 통지하여야 하며, 통지를 받은 제보자는 포상금 지급 신청을 할 수 있다.

7. 과세자료의 제출과 그 수집에 대한 협조

세법에 따라 과세자료를 제출할 의무가 있는 자는 과세자료를 성실하게 작성하여 정해진 기한까지 소관 세무서장에게 제출하여야 한다. 그리고 국가기관 · 지방자치단체 · 금융회사 또는 전자계산 · 정보처리시설을 보유한 자는 과세에 관계되는 자료 또는 통계를 수집하거나 작성하였을 때에는 국세청장에게 통보하여야 한다.

8. 불성실기부금수령단체 등의 명단공개

(1) 명단공개의 대상자

국세청장은 비밀유지에 관한 규정에 불구하고 다음 중 어느 하나에 해당하는 자의 인적사항 등을 공

개할 수 있다. 그 취지는 재산이 있으면서 세금을 납부하지 않는 자의 명단을 공개함으로써 간접적으로 체납액의 납부를 강제하고 성실한 납세의무를 이행하려는데 있다.

① 체납발생일부터 1년이 지난 국세가 2억원 이상인 고액·상습체납자[94)95)]
② 불성실기부금수령단체의 인적사항과 국세 · 체납액 등
③ 조세범처벌법에 따른 범죄로 유죄판결이 확정된 자로 유죄판결이 확정된자로서 조세범처벌법에 따른 포괄세액이 연간 2억원 이상인자
④ 「국제조세조정에 관한 법률」에 따른 해외금융계좌정보의 신고의무자로서 신고기한 내에 신고하지 아니하거나 과소 신고한 금액이 50억원을 초과하는 자의 인적사항 등

(2) 명단공개의 방법

명단공개는 관보에 게재하거나 국세정보통신망 또는 관할세무서 게시판에 게시하는 방법으로 한다. 명단공개 대상자로 선정되면 국세청장은 위원회의 심의를 거친 공개대상자에게 체납자, 해외금융계좌 신고의무 위반자 또는 불성실기부금수령단체 명단공개 대상자임을 통지하여야 한다. 공개 대상자에게 명단공개 대상자임을 통지하는 경우에는 체납된 세금의 납부 촉구와 공개 제외사유에 해당하는 경우 이에 관한 소명자료를 제출하도록 안내하여야 한다.

'불성실기부금수령단체'란 기부금을 수령한 단체로서 다음의 어느 하나에 해당하는 단체를 말한다.

① 명단 공개일이 속하는 연도의 직전 연도 12월 31일을 기준으로 최근 2년 이내에 「상속세 및 증여세법」에 따른 의무의 불이행으로 추징당한 세액의 합계액이 1천만원 이상인 경우
② 명단 공개일이 속하는 연도의 직전 연도 12월 31일을 기준으로 최근 3년간의 소득세법 또는 법인세법에 따른 기부자별 발급명세를 작성하여 보관하고 있지 아니한 경우
③ 명단 공개일이 속하는 연도의 직전 연도 12월 31일을 기준으로 최근 3년 이내에 기부금액 또는 기부자의 인적사항이 사실과 다르게 발급된 기부금영수증을 5회 이상 발급하였거나 그 발급금액의 합계액이 5천만원 이상인 경우
④ 당연지정 기부금단체가 의무이행사항을 위반한 사실 등이 2회 이상 확인된 경우

9. 국세청 통계자료 공개 및 과세정보 공유 확대

① 국세청장은 조세정책의 수립 및 평가 등에 활용하기 위하여 과세정보를 분석 · 가공한 통계자료를 작성 · 관리하여야 한다. 이 경우 통계자료는 납세자의 과세정보를 직접적 방법 또는 간접적인 방법으로 확인할 수 없도록 작성되어야 한다.

---

94) 고액 · 상습체납자의 명단공개는 2021년부터 국세징수법으로 이관되어 일괄 규율되고 있다.

95) 고액 · 상습체납자의 명단공개 제외 사유는 다음과 같다.
① 최근 2년 이내에 미납된 체납액의 50% 이상이 납부된 경우
② 회생계획인가 결정에 따라 체납액 징수를 유예받거나 회생계획 납부일정에 따라 체납액을 납부하고 있는 경우
③ 재산상황, 미성년 여부 등을 고려하여 국세정보위원회가 비공개 결정을 하는 경우
④ 물적 납세의무가 있는 수탁자가 물적 납세의무와 관련된 부가가치세 또는 종합부동산세를 체납한 경우

② 세원의 투명성, 국민의 알권리 보장 및 국세행정의 신뢰증진을 위하여 국세청장은 통계자료를 국세정보위원회의 심의를 거쳐 일반 국민에게 정기적으로 공개하여야 한다.

③ 국세청장은 국세정보를 공개하기 위하여 예산의 범위 안에서 국세정보시스템을 구축 · 운용할 수 있다

④ 국세청장은 다음 각 호의 경우에 그 목적의 범위에서 통계자료를 제공하여야 하고 제공한 통계자료의 사본을 기획재정부장관에게 송부하여야 한다.

1. 국회 소관 상임위원회가 의결로 세법의 제정법률안 · 개정법률안, 세입예산안의 심사 및 국정감사 기타 의정활동에 필요한 통계자료를 요구하는 경우
2. 국회예산정책처장이 의장의 허가를 받아 세법의 제정법률안 · 개정법률안에 대한 세수추계 또는 세입예산안의 분석을 위하여 필요한 통계자료를 요구하는 경우

⑤ 국세청장은 국회 소관 상임위원회가 의결로 국세의 부과 · 징수 · 감면 등에 관한 자료를 요구하는 경우에는 그 사용목적에 맞는 범위 안에서 과세정보를 납세자 개인정보를 직접적인 방법 또는 간접적인 방법으로 확인할 수 없도록 가공하여 제공하여야 한다.

⑥ 국세청장은 「정부출연연구기관 등의 설립 · 운영 및 육성에 관한 법률」에 따라 설립된 연구기관의 장이 조세정책의 연구를 목적으로 통계자료를 요구하는 경우 그 사용 목적에 맞는 범위안에서 제공할 수 있다.

⑦ 국세청장은 다음의 어느 하나에 해당하는 자가 조세정책의 평가 및 연구 등에 활용하기 위하여 통계자료 작성에 사용된 기초자료(이하 "기초자료"라 한다)를 직접 분석하기를 원하는 경우 국세청 내에 설치된 대통령령으로 정하는 시설 내에서 기초자료를 그 사용목적에 맞는 범위에서 제공할 수 있다. 이 경우 기초자료는 개별 납세자의 과세정보를 직접적 또는 간접적 방법으로 확인할 수 없는 상태로 제공하여야 한다.

1. 「국회법」에 따른 국회사무총장 · 국회도서관장 · 국회예산정책처장 · 국회입법조사처장 및 「국회미래연구원법」에 따른 국회미래연구원장
2. 「정부조직법」 제2조에 따른 중앙행정기관의 장
3. 「지방자치법」 제2조에 따른 지방자치단체의 장
4. 그 밖에 「정부출연연구기관 등의 설립 · 운영 및 육성에 관한 법률」 제2조에 따른 정부출연연구기관의 장 등 대통령령으로 정하는 자

⑧ 위 ④항 및 ⑥항에 따라 제공되거나 송부된 통계자료(②항에 따라 공개된 것은 제외) 및 ⑦항에 따라 제공된 기초자료를 알게 된 자는 그 통계자료 및 기초자료를 목적 외의 용도로 사용해서는 아니된다.

10. 직무집행 거부 등에 대한 과태료 부과

세법의 질문 · 조사권 규정에 따른 세무공무원의 질문에 대하여 거짓으로 진술하거나 그 직무집행을 거부 또는 기피한 자에 대하여 부과하는 과태료 금액의 상한을 23년부터 2천만원에서 5천만원으로 상향하여 질문 · 조사권의 실효성을 제고함.

OX 문제

01 세무조사결과를 서면통지 받은 자는 과세전적부심을 청구할 수 있다.

02 세무공무원은 납세자가 2 이상의 사업연도와 관련하여 잘못이 있는 경우에는 중복조사의 금지의 예외로서 같은 세목, 같은 과세기간에 대하여도 재조사를 할 수 있다.

03 각종 세금결정을 위함 세무조사에는 조세전문가의 조력을 받을 수 있으나 범칙사건의 세무조사에는 예외로 한다.

04 세무조사의 사전통지로 인하여 조사목적을 달성할 수 없다고 인정되는 경우 세무조사 사전통지를 하지 않을 수 있다.

05 세무공무원은 납세자가 납세자의 권리행사에 필요한 정보를 요구하는 경우 이를 신속하게 제공하여야 한다.

정답&해설 **01** ○ **02** ○ **03** × **04** ○ **05** ○

02 중복조사가 가능하며 같은 과세기간의 경우에도 부분조사 실시 후 해당 조사에 포함되지 않은 부분에 대하여 조사하는 것은 가능하다.

03 범칙사건의 경우에도 조세전문가의 조력을 받을 수 있다.

연습문제

01 조세의 권리구제제도에 대한 다음의 설명 중 옳지 않은 것은?

① 세법에 의한 처분으로서 위법·부당한 처분을 받거나, 필요한 처분을 받지 못함으로써 권리나 이익의 침해를 당한 자는 과세전적부심사를 청구할 수 있다.

② 세무조사결과통지 및 과세예고통지를 하는 날부터 국세부과제척기간의 만료일까지의 기간이 3월 이하인 경우에는 과세전적부심사를 청구할 수 없다.

③ 과세전적부심사청구서를 받은 세무서장·지방국세청장 또는 국세청장은 각각의 청구를 받은 날부터 30일 이내에 국세심사위원회의 심사를 거쳐 결정을 하고 그 결과를 청구인에게 통지하여야 한다.

④ 세무조사결과통지일로부터 제척기간만료일까지의 기간이 3개월 이내인 경우 과세전적부심사를 청구할 수 없다.

⑤ 납세자권리보호에 관한 사항을 심의하기 위하여 세무서, 지방국세청 및 국세청에 납세자보호위원회를 설치하여야 한다.

정답 ①

세법에 의한 처분으로서 위법·부당한 처분을 받거나, 필요한 처분을 받지 못함으로써 권리나 이익의 침해를 당한 자는 과세전적부심사가 아닌 사후적 권리구제제도인 국세기본법에 의한 심사청구 또는 심판청구를 하거나, 감사원법에 의한 심사청구를 할 수 있다.

02 다음은 국세기본법상 과세전적부심사청구의 배제사유를 설명한 것이다. 이에 해당하지 않는 것은?

① 납기전 징수 또는 수시부과의 사유가 있는 경우

② 조세범칙사건을 조사하는 경우

③ 세무조사결과통지 및 과세예고통지를 하는 날부터 국세부과 제척기간의 만료일까지의 기간이 3개월 이하인 경우

④ 국세청의 훈령·예규·고시 등과 관련하여 새로운 해석이 필요한 경우

⑤ 「국제조세조정에 관한 법률」에 따라 조세조약을 체결한 상대국이 상호합의절차의 개시를 요청한 경우

정답 ④

국세청의 훈령 · 예규 · 고시 등과 관련하여 새로운 해석이 필요한 경우에는 국세청장에게 과세전적부심사를 청구할 수 있다.

03 다음 중 과세전적부심사를 청구할 수 있는 경우는?

① 납세자가 국세의 체납으로 체납처분을 받을 때
② 조세범처벌법 위반으로 고발하는 경우
③ 세무조사결과통지를 하는 날부터 국세부과제척기간 만료일까지의 기간이 6개월 남은 경우
④ 납세자가 국세를 포탈하고자 하는 행위가 있다고 인정되는 때
⑤ 조세조약을 체결한 상대국이 상호합의절차의 개시를 요구한 경우

정답 ③

① 납기전 징수의 사유가 있는 경우는 과세전적부심사를 청구할 수 없다. 국세의 체납은 납기전 징수사유이다.
② 조세범칙사건의 경우는 과세전적부심사를 청구할 수 없다.
③ 세무조사결과통지일로부터 제척기간만료일까지의 기간이 3개월 이내인 경우 과세전적부심사를 청구할 수 없다. 본 문제의 경우 기간이 6개월 남았으므로 청구 가능하다.
④ 납기전 징수의 사유가 있는 경우는 과세전적부심사를 청구할 수 없다. 국세를 포탈하고자 하는 행위는 납기전 징수사유이다.
⑤ 조세조약을 체결한 상대국이 상호합의절차의 개시를 요구한 경우 과세전적부심사를 청구할 수 없다.

04 국세기본법의 보칙에 대한 다음의 설명 중 옳지 않은 것은?

① 납세자가 국내에 주소 또는 거소를 두지 않거나 국외로 주소 또는 거소를 이전할 때에는 국세에 관한 사항을 처리하기 위하여 납세관리인을 정하여야 한다.
② 납세자가 작성 · 비치한 장부 및 증거서류는 그 거래사실이 속하는 과세기간에 대한 해당 국세의 법정신고기한이 지난날부터 원칙적으로 3년간 보존하여야 한다.
③ 국세청장은 국제조세조정에 관한 법률에 따른 해외금융계좌 신고의무 위반행위를 적발하는 데 중요한 자료를 제공한 자에게는 30억원의 범위에서 포상금을 지급할 수 있다.
④ 고지할 국세(인지세는 제외), 가산금 또는 체납처분비를 합친 금액이 1만원 미만일 때에는 그 금액은 없는 것으로 본다.
⑤ 국세청장은 조세정책의 수립 및 평가 등에 활용하기 위하여 과세정보를 분석 · 가공한 통계자료를 작성 · 관리하여야 한다.

정답 ②

납세자가 작성 · 비치한 장부 및 증거서류는 그 거래사실이 속하는 과세기간에 대한 해당 국세의 법정신고기한이 지난날부터 원칙적으로 5년간 보존하여야 한다.

05 국세기본법 보칙에 대한 다음의 설명 중 옳지 않은 것은?

① 세법에 따라 과세자료를 제출할 의무가 있는 자는 과세자료를 성실하게 작성하여 정해진 기한까지 소관 세무서장에게 제출하여야 한다.

② 납세자가 신고서 등의 서류를 우편이나 팩스로 제출하는 경우에는 접수증을 발급하지 아니할 수 있다.

③ 체납발생일부터 2년이 지난 국세가 10억원 이상인 체납자에 대해서는 그 인적사항 등을 비밀유지에 관한 규정에 불구하고 공개할 수 있다.

④ 세무공무원은 직무를 집행할 때 필요하면 국가기관 · 지방자치단체 또는 그 소속 공무원에게 협조를 요청할 수 있으며, 이러한 요청을 받은 자는 정당한 사유가 없으면 협조하여야 한다.

⑤ 납세자는 각 세법에서 규정하는 바에 따라 모든 거래에 관한 장부 및 증거서류를 성실하게 작성하여 갖춰 두어야 한다.

정답 ③

체납발생일부터 1년이 지난 국세가 5억원 이상인 체납자에 대해서 명단공개를 할 수 있다.

06 다음 사항 중 포상금을 지급하지 않는 경우는?

① 조세를 탈루한 자에 대한 탈루세액 또는 부당하게 환급 · 공제받은 세액을 산정하는데 중요한 자료를 제공한 자

② 체납자의 은닉재산을 신고한 자

③ 타인의 명의를 사용하여 사업을 경영하는 자를 신고한 자

④ 은닉재산의 신고를 통하여 징수된 금액 또는 해외금융계좌 신고의무 불이행에 따른 과태료 금액이 2천만원 미만인 경우

⑤ 신용카드 결제요청을 거부하는 신용카드가맹점을 신고한 자

정답 ④

은닉재산의 신고를 통하여 징수된 금액 또는 해외금융계좌 신고의무 불이행에 따른 과태료 금액이 2천만원 미만인 경우와 공무원이 그 직무와 관련하여 자료를 제공하거나 은닉재산을 신고한 경우는 포상금을 지급하지 않는다.

세법개론
an introduction to tax law

Part 3 법인세법

Part 3 Contents

세법개론
an introduction to tax law

Chapter 1

법인세 총설

AN INTRODUCTION TAX LAW

1 법인세의 과세소득

법인세는 법인의 소득에 대하여 그 법인에게 부과하는 조세로 국세이자 직접세이면서 보통세다. 일반적으로 소득에 대해 부과되는 소득세는 법인인 경우 법인소득세(corporation income tax), 개인인 경우 개인소득세(individual income tax)로 구분되며, 전자를 법인세, 후자를 소득세라 통칭한다. 법인의 소득은 ① 각 사업연도 소득, ② 토지 등 양도소득, ③ 미환류소득, ④ 청산소득의 4가지로 구성된다.

(1) 각 사업연도 소득

각 사업연도 소득이란 법인의 각 사업연도에 속하는 익금총액에서 손금총액을 공제한 금액을 말한다.[1] 이는 법인이 각 사업연도마다 경영의 결과로 얻은 소득으로서 법인의 소득 중 가장 전형적이고 기본적인 법인세 과세소득이다.

(2) 토지 등 양도소득

토지 등 양도소득이란 법인이 토지 등(주택, 별장과 비사업용 토지를 말함)을 양도함으로써 발생한 소득을 말한다. 이는 법인의 부동산투기를 방지하기 위하여 각 사업연도 소득에 대한 법인세에 추가하여 과세하는 소득이다.

(3) 미환류소득[2]

미환류소득이란 자기자본이 500억원을 초과하는 법인(중소기업 제외)이나 상호출자제한기업집단에 속하는 법인이 소득의 일정액 중 투자, 임금증가 등으로 환류하지 않은 소득을 말한다. 미환류소득은 법인의 소득이 가계소득으로 흘러 들어가는 선순환 구조 정착을 위하여 각 사업연도 소득에 대한 법인세에 추가하여 과세하는 소득이다.

1) 각 사업연도 소득은 기업회계상 당기순이익, 익금은 기업회계상 수익, 손금은 기업회계상 비용에 대응되는 개념이다. 본서의 대부분은 이러한 각 사업연도 소득에 대한 내용으로 구성되어 있다.

2) 법인세법 제56조에서 정하고 있었으나, 2017년 말로 일몰종료되었으며, 조세특례제한법 제100조의32 투자·상생협력 촉진을 위한 과세특례 신설에 따라 미환류소득에 대한 법인세를 계산한다. 제11장에서 구체적으로 설명한다.

(4) 청산소득

청산소득이란 법인이 해산(합병 · 분할에 의한 해산은 제외[3])으로 인하여 소멸할 때 단 1회 발생하는 소득으로 법인 해산 시 잔여재산가액에서 세무상 자기자본총액을 공제한 금액을 말한다. 이러한 청산소득을 규정하는 이유는 법인의 각 사업연도 소득에 대해 과세기간 동안 완전한 과세가 이루어지지 않았을 가능성이 존재하기 때문이다. 이에 청산소득은 주로 자산가치의 상승분이나 과세누락액 등으로 구성된다. 청산소득에 대한 과세로 인해 법인의 소득에 대한 법인세가 최종적으로 종결된다.

법인세의 과세소득을 표로 정리하면 다음과 같다.

구 분	각 사업연도 소득	토지 등 양도소득	미환류소득	청산소득
소득금액 계산	익금총액 - 손금총액	토지 등 양도금액 - 양도시 장부가액	미환류소득 - 차기환류적립금 - 이월 초과환류액	잔여재산가액 - 자기자본총액
세 율	4단계 누진세율[4]	10% (미등기토지 등은 40%)	20%	4단계 누진세율
신고납부	각 사업연도 종료일이 속하는 달의 말일부터 3개월 이내			잔여재산가액 확정일이 속하는 달의 말일부터 3개월 이내

2 법인세의 납세의무자

법인세의 납세의무자는 법인이다. 단, 국세기본법에 따라 법인으로 보는 단체도 법인으로 간주하므로 법인세의 납세의무를 갖는다.[5] 법인세의 납세의무자인 법인은 '내국법인과 외국법인' 그리고 '영리법인과 비영리법인'으로 분류하여 각 법인별로 납세의무에 차이가 있다.

3) 현행 법인세법은 합병 · 분할에 의한 해산으로 발생한 소득은 양도소득으로 보고 있다. 여기서 합병이란 둘 이상의 회사가 하나로 합쳐지는 거래로, 소멸하는 회사를 피합병회사, 합병 후 존속 또는 합병으로 신설된 회사를 합병회사라 한다. 한편, 분할은 합병과 반대로 하나의 회사가 둘 이상의 회사로 분리되는 거래이다.

4) 과세표준 2억원 이하분 9%, 2억원 초과 200억원 이하분 19%, 200억원 초과 3,000억원 이하분 21%, 3,000억원 초과분 24%

5) 인격으로서의 법인에 대한 구분은 국세기본법에서 구체적으로 설명한다.

(1) 내국법인과 외국법인

'내국법인'이란 국내에 본점 · 주사무소[6] 또는 사업의 실질적 관리장소를 둔 법인을 말하며, '외국법인'이란 외국에 본점 · 주사무소 또는 사업의 실질적 관리장소를 둔 법인을 말한다.

(2) 영리법인과 비영리법인

'영리법인'이란 영리를 목적[7]으로 하는 법인을 말하며, '비영리법인'이란 학술 · 종교 · 자선 기타 영리가 아닌 사업을 목적으로 하는 법인을 말한다.

(3) 법인의 종류별 납세의무

영리법인은 해당 법인에 귀속되는 모든 소득에 대하여 각 사업연도 소득에 대한 법인세 납세의무를 지지만, 비영리법인은 법인세법에서 규정하는 수익사업에서 발생하는 소득에 대해서만 각 사업연도 소득에 대한 납세의무를 진다.[8]

내국법인 중 국가 및 지방자치단체(지방자치단체조합 포함)에 대해서는 법인세를 부과하지 않는다. 그러나 외국정부나 지방자치단체는 비영리외국법인으로서 우리나라의 법인세 납세의무를 진다. 법인의 종류별 납세의무의 범위를 정리하면 다음과 같다.

<table>
<tr><th colspan="2">법인의 종류</th><th>각 사업연도 소득</th><th>토지 등
양도소득</th><th>미환류소득</th><th>청산소득</th></tr>
<tr><td rowspan="2">내국
법인</td><td>영리법인</td><td>국내외 원천의 모든 소득</td><td>과 세</td><td>과 세</td><td>과 세[9]</td></tr>
<tr><td>비영리법인</td><td>국내외 원천소득 중 일정한
수익사업소득</td><td>과 세</td><td>비과세</td><td>비과세</td></tr>
<tr><td rowspan="2">외국
법인</td><td>영리법인</td><td>국내원천소득</td><td>과 세</td><td>비과세</td><td>비과세[10]</td></tr>
<tr><td>비영리법인</td><td>국내 원천소득 중 일정한
수익사업소득</td><td>과 세</td><td>비과세</td><td>비과세</td></tr>
<tr><td colspan="2">국가 · 지방자치단체</td><td colspan="4">비과세
(단, 외국의 정부 · 지방자치단체는 비영리외국법인으로 의제하여 과세)</td></tr>
</table>

6) '본점'이라 함은 영리법인의 영업상 본거지를 말하며, 주사무소라 함은 비영리법인의 사업상 본거지를 말한다.

7) 영리를 목적으로 하는지 여부는 단순히 이익을 추구하는지 여부에 따라 판정하는 것이 아니라 법인이 획득한 이윤을 구성원에게 분배할 것인지에 따라 판정한다.

8) 비영리법인에게 납세의무를 지우는 이유는 영리법인과의 과세형평을 유지하기 위함이다. 그러나 비영리법인의 고유사업은 영리목적이 아니므로 수익사업에서 발생한 소득에 대해서만 과세한다.

9) 영리내국법인에게만 청산소득에 대한 법인세 납세의무를 부과하는 이유는 비영리법인을 해산하는 경우 구성원에게 잔여재산을 분배하지 않고 다른 비영리법인이나 국가에 인도하는 것이 일반적이기 때문이다.

10) 외국법인의 경우는 해산이 외국에서 행해지기 때문에 청산소득이 발생하지 않아 법인세를 부과할 수 없기 때문이다.

3 사업연도

(1) 의 의

법인의 소득은 계속적 · 반복적으로 발생하지만, 과세를 위해서는 일정 기간을 단위로 구분하여 소득을 파악할 필요가 있다. 이처럼 법인의 소득을 구분하는 일정 기간을 '사업연도'라고 한다.

(2) 법인세법의 규정

1) 기본원칙

사업연도는 법령 또는 법인의 정관 등에서 정하는 1회계기간으로 한다. 다만, 그 기간은 1년을 초과하지 못한다. 사업연도를 1회계기간으로 정하는 이유는 사업연도를 일반적인 회계기간과 일치시킴으로서 과세소득 산정을 용이하게 함이 주된 목적이다. 또한, 사업연도를 최대 1년으로 한정한 이유는 사업연도를 길게 설정함으로써 법인세 납부를 늦추는 것을 방지하기 위함이다. 예를 들어 회계연도가 1년 3개월이라면 법인세법의 관점에서 1년과 3개월을 각각 별개의 사업연도로 본다.

2) 사업연도의 신고

법령 또는 정관 등에 사업연도에 관한 규정이 없는 경우에는 법인이 따로 정하여 법인설립신고 또는 사업자등록과 함께 납세지 관할 세무서장에게 신고하여야 한다. 이처럼 사업연도를 신고하여야 할 법인이 신고하지 않은 경우에는 매년 1월 1일부터 12월 31일까지를 그 법인의 사업연도로 한다.

3) 신설법인의 최초 사업연도 개시일

내국법인의 경우 최초 사업연도 개시일은 설립등기일이며, 외국법인의 경우 국내사업장을 최초로 가지게 된 날이다.[11] 다만, 최초 사업연도의 개시일 전에 발생한 손익을 사실상 그 법인에 귀속시킨 것이 있는 경우 조세포탈의 우려가 없을 때에는 최초 사업연도의 기간이 1년을 초과하지 않는 범위 내에서 이를 해당 법인의 최초 사업연도의 손익에 산입할 수 있다. 이 경우 최초 사업연도의 개시일은 그 귀속시킨 손익이 최초로 발생한 날로 한다.

---

11) 국내사업장이 없는 경우에는 부동산소득 또는 양도소득이 최초로 발생한 날로 한다.

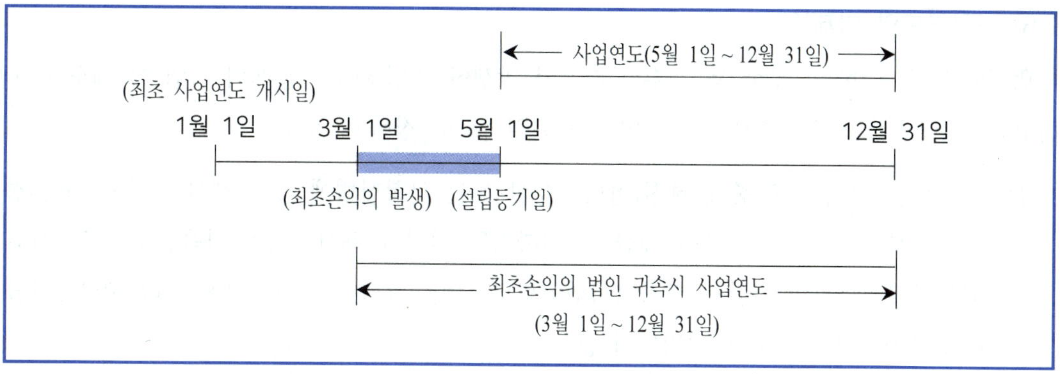

4) 사업연도의 변경

사업연도를 변경하려는 법인은 그 법인의 직전 사업연도 종료일부터 3개월 이내에 납세지 관할 세무서장에게 신고하여야 하며, 기한 내에 신고를 하지 않은 경우에는 그 법인의 사업연도는 변경되지 않은 것으로 본다. 다만, 법령에 따라 사업연도가 정해지는 법인은 관련 법령의 개정에 따라 사업연도가 변경된 경우, 변경신고를 하지 않더라도 그 법령의 개정 내용과 같이 사업연도가 변경된 것으로 본다.

사업연도를 변경한 경우 종전사업연도의 개시일로부터 변경한 사업연도개시일의 전일까지를 1사업연도로 본다. 다만, 그 기간이 1개월 미만인 경우에는 해당 기간을 변경된 사업연도에 포함한다.

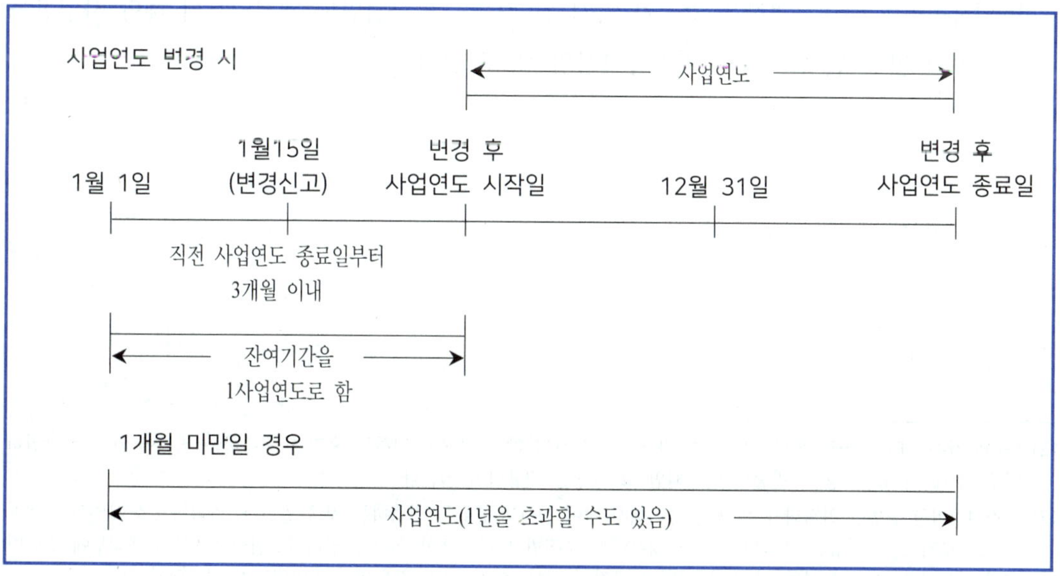

5) 사업연도의 의제[12]

법인에게 해산, 합병, 분할 등 특수한 사유가 발생하는 경우에는 본래의 사업연도에도 불구하고 그 사유발생일을 기준으로 사업연도를 획일적으로 정하고 있다.

① 내국법인이 사업연도 중에 해산(합병 · 분할 또는 분할합병에 따른 해산은 제외함)한 경우: 그 사업연도 개시일부터 해산등기일까지의 기간과 해산등기일 다음날부터 그 사업연도 종료일까지의 기간을 각각 1사업연도로 본다. 그러나 조직변경에 따라 해산등기를 한 경우에는 사업연도가 변경되지 않는다.[13]

② 청산 중에 있는 내국법인의 잔여재산가액이 사업연도 중에 확정된 경우: 그 사업연도 개시일부터 잔여재산가액이 확정된 날[14]까지의 기간을 1사업연도로 본다.

③ 청산 중에 있는 내국법인이 상법에 따라 사업을 계속하는 경우[15]: 그 사업연도 개시일부터 계속등기일(계속등기를 하지 아니한 경우에는 사실상의 사업계속일)까지의 기간과 계속등기일 다음날부터 그 사업연도 종료일까지의 기간을 각각 1사업연도로 본다.

④ 합병이나 분할에 따라 소멸하는 경우: 내국법인이 사업연도 중에 합병이나 분할(분할합병 포함)에 따라 해산한 경우에는 그 사업연도 개시일부터 합병등기일 또는 분할등기일까지의 기간을 그 해산한 법인의 1사업연도로 본다.

⑤ 내국법인이 사업연도 중에 연결납세방식을 적용받게 된 경우: 그 사업연도 개시일부터 연결사업연도 개시일 전날까지의 기간을 1사업연도로 본다.

⑥ 외국법인이 국내사업장을 가지지 않게 된 경우: 그 사업연도 개시일부터 해당 사업장을 가지지 않게 된 날까지의 기간을 1사업연도로 본다.

---

12) '의제('간주' 또는 '…로 본다')'는 반증 자체를 허용하지 않고 법률이 정하는 요건을 충족하는 경우에 효력이 당연히 발생하는데 반해, '추정'은 반증이 인정되면 그 규정을 적용하지 않는다.

13) 조직변경이란 상법상 인적회사 간 또는 물적회사 간에 회사의 종류를 변경하는 것을 말한다. 조직변경을 사업연도 의제 사유로 보지 않는 이유는 조직변경을 한 경우에도 조직변경 전 · 후의 회사는 영리내국법인으로서 납세의무에 변동이 없기 때문이다. 따라서 상법 및 기타 법령의 규정에 의한 조직변경의 경우에는 사업연도가 변경되지 않는다.

14) 잔여재산가액이 확정된 날이란 해산등기일 현재 잔여재산의 추심 · 환가처분을 완료한 날 또는 잔여재산을 분배하는 경우에는 그 분배를 완료한 날을 말한다.

15) 청산 중이어도 주주총회의 특별결의에 따라 회사의 계속등기를 함으로써 해산 전의 회사로 다시 부활할 수 있다.

4 납세지

(1) 원칙적 납세지

'납세지'란 납세의무자가 신고 · 납부 등 세법에 의한 의무를 이행하고 과세권자가 부과징수를 행하는 기준이 되는 장소를 말한다. 원칙적인 법인세의 납세지는 다음과 같다. 한편 원천징수한 법인세의 납세지는 해당 원천징수의무자의 소재지로 한다.

구 분	납 세 지
① 내국법인	해당 법인의 등기부상 본점이나 주사무소의 소재지(국내에 본점 · 주사무소가 소재하지 않는 경우에는 사업의 실질적 관리장소의 소재지)
② 외국법인	- 국내사업장의 소재지(국내사업장이 둘 이상인 경우는 주된 사업장*의 소재지) - 국내사업장이 없으나 부동산소득 또는 양도소득이 있는 경우에는 각각 그 자산의 소재지(둘 이상의 자산이 있는 경우 국내원천소득이 발생하는 장소 중 해당 외국법인이 납세지로 신고하는 장소)
③ 법인으로 보는 단체	- 주된 사업장의 소재지(주된 소득이 부동산임대소득인 경우에는 주된 부동산의 소재지) - 사업장이 없는 경우 해당 단체의 정관 등에 기재된 주사무소의 소재지(정관 등에 주사무소에 관한 규정이 없는 경우 그 대표자 또는 관리인의 주소)

* '주된 사업장'이란 사업수입금액이 가장 많은 사업장을 말하며, 이에 대한 판정은 최초로 납세지를 정하는 경우에만 적용한다.

(2) 납세지의 지정

관할지방국세청장은 법인의 납세지가 적당하지 않다고 인정되는 경우 납세지를 지정할 수 있다. 납세지를 지정하는 경우에는 해당 법인의 사업연도 종료일부터 45일 이내에 이를 통보하여야 하며, 기한 내에 알리지 않은 경우 종전의 납세지를 그 법인의 납세지로 한다.

(3) 납세지 변경신고

법인의 납세지가 변경된 경우 변경된 날로부터 15일 이내에 변경 후 납세지의 관할세무서장에게 이를 신고하여야 하며(이 때 납세지 변경 법인이 부가가치세법에 따라 납세지 변경을 신고한 경우에는 법인세법상 납세지 변경신고를 한 것으로 본다), 신고를 받은 세무서장은 그 내용을 변경 전 납세지의 관할세무서장에게 통보하여야 한다.

OX 문제

01 영리내국법인은 각 사업연도 소득, 토지 등 양도소득, 미환류소득, 청산소득 모두에 대해 납세의무가 있다.

02 영리내국법인이 외국에 소재하는 부동산을 양도함으로써 발생한 소득에 대해서는 각사업연도 소득에 대한 법인세가 부과된다.

03 비영리내국법인과 외국법인은 청산소득에 대한 납세의무를 지지 않는다.

04 지방자치단체가 수익사업을 영위하여 획득한 소득에 대해서는 법인세의 납세의무가 없으나, 지가급등지역의 토지 등 양도소득에 대해서는 법인세의 납세의무가 있다.

05 법인세법상 외국법인이라 함은 「외국법」에 근거하여 설립된 법인을 말한다.

06 법인 아닌 단체도 법인세의 납세의무를 지는 경우가 있다.

07 외국의 정부나 지방자치단체가 국내에서 수익사업을 영위하는 경우 법인세의 납세의무를 진다.

정답&해설 **01** ○ **02** ○ **03** ○ **04** × **05** × **06** ○ **07** ○

04 국가 및 지방자치단체는 비과세법인이다.

05 법인세법상 내국법인과 외국법인의 구분은 본점·주사무소 또는 실질적 관리장소의 소재지가 국내인지 국외인지의 여부에 따라 판단한다.

08 비영리내국법인은 국내원천소득 중 수익사업소득과 토지 등 양도소득에 대해서만 법인세의 납세의무를 진다.

09 영리외국법인은 국내의 원천소득과 토지 등 양도소득에 대해서만 법인세의 납세의무를 진다.

10 법인의 사업연도는 법령 또는 법인의 정관 등에서 정하는 1회계기간으로 하되 그 기간은 1년을 초과하지 못하며 법령이나 정관에 별도의 규정이 없는 경우에는 1. 1. ~ 12. 31.까지를 사업연도로 한다.

11 청산 중에 있는 내국법인이 사업연도 중에 잔여재산가액이 확정된 경우 그 사업연도의 개시일부터 잔여재산가액이 확정된 날까지의 기간을 1사업연도로 본다.

12 내국법인이 사업연도 중에 상법, 기타법령의 규정에 의하여 조직을 변경한 경우 그 사업연도의 개시일부터 조직변경일까지의 기간과 조직변경일의 다음날부터 그 사업연도의 종료일까지의 기간을 각각 1사업연도로 본다.

정답&해설 **08** × **09** ○ **10** × **11** ○ **12** ×

08 비영리내국법인은 국내 · 외의 수익사업소득과 토지 등 양도소득에 대해서 법인세의 납세의무를 진다.

10 법령이나 정관에 사업연도에 대한 규정이 없는 법인은 사업연도를 정하여 신고해야 하며 신고를 하지 않은 경우에 1. 1. ~ 12. 31.까지를 사업연도로 한다.

12 상법, 기타법령의 규정에 의하여 조직을 변경한 경우에는 사업연도가 변경되지 않는다.

연습문제

01 법인세의 납세의무에 관한 다음의 설명 중 옳지 않은 것은?

① 법인세법상 외국법인이라 함은 외국법에 근거하여 설립된 법인을 말한다.
② 비영리법인과 외국법인은 청산소득에 대한 법인세의 납세의무를 지지 않는다.
③ 국가 · 지방자치단체(지방자치단체조합 포함)에 대해서는 법인세를 부과하지 않는다.
④ 토지 등 양도소득에 대한 법인세는 내국법인뿐만 아니라 외국법인도 납세의무를 진다.
⑤ 외국법인과 비영리법인은 미환류소득에 대한 법인세(조세특례제한법)는 납부하지 아니한다.

정답 ①

법인세법상 법인의 구분은 본점 · 주사무소 또는 사업의 실질적 관리장소가 국내에 있으면 내국법인, 국외에 있으면 외국법인으로 분류한다. 설립준거법을 기준으로 하지 않는다는 점을 유의해야 한다.

02 다음 중 법인세 납세의무자와 과세대상의 구분이 맞지 않는 것은?

① 영리내국법인 – 각 사업연도 소득, 토지 등 양도소득, 미환류소득, 청산소득
② 비영리내국법인 – 국내원천소득 중 수익사업소득, 토지 등 양도소득
③ 영리외국법인 – 국내원천소득, 토지 등 양도소득
④ 비영리외국법인 – 국내원천소득 중 수익사업소득, 토지 등 양도소득
⑤ 국가 · 지방자치단체 – 비과세

정답 ②

비영리내국법인은 국내원천소득뿐 아니라 국외원천소득에 대해서도 수익사업에서 생긴 소득에 한정하여 납세의무를 진다.

03 법인세법상 납세의무에 관한 다음의 설명 중 옳은 것은?

① 비영리외국법인은 토지 등 양도소득에 대한 납세의무가 없다.

② 외국의 정부 또는 지방자치단체의 국내소득에 대해서는 법인세를 부과하지 않는다.

③ 외국법인의 경우 청산소득에 대한 법인세 납세의무를 진다.

④ 영리내국법인의 경우 청산소득에 대한 법인세 납세의무를 진다.

⑤ 국가 · 지방자치단체는 각사업연도소득에 대한 법인세는 납부하지 않으나 토지 등 양도소득에 대한 법인세에 대해서는 납세의무를 진다.

정답 ④

① 비영리외국법인은 토지 등 양도소득에 대한 납세의무가 있다.

② 외국의 정부 또는 지방자치단체에 대해서는 비영리외국법인으로 의제하여 법인세 납세의무를 진다.

③ 외국법인의 경우 청산소득에 대한 법인세 납세의무가 없다.

⑤ 국가지방자치단체는 과세주체이므로 모든 법인세에 대해 비과세가 적용된다.

04 법인세법상 사업연도와 납세지에 관한 다음 설명 중 옳지 않은 것은?

① 사업연도의 기간은 원칙적으로 1년을 초과하지 못한다.

② 내국법인의 최초 사업연도 개시일은 사실상의 사업개시일이다.

③ 사업연도를 변경하려는 법인은 직전 사업연도 종료일부터 3개월 이내에 납세지 관할 세무서장에게 신고하여야 한다.

④ 내국법인의 원칙적인 납세지는 해당 법인의 등기부상 본점 또는 주사무소의 소재지(국내에 본점 또는 주사무소가 소재하지 않는 경우에는 사업의 실질적 관리장소의 소재지)이다.

⑤ 법령 또는 정관 등에 사업연도에 관한 규정이 없는 경우에는 법인이 관할세무서장에게 신고하여야 한다.

정답 ②

내국법인의 최초 사업연도 개시일은 설립등기일이다.

05 법인세법상 사업연도 의제에 관한 다음의 설명 중 옳지 않은 것은?

① 조직변경에 따라 해산등기를 한 경우에는 사업연도가 변경되지 않는다.
② 청산 중에 있는 내국법인의 잔여재산가액이 사업연도 중에 확정된 경우에는 그 사업연도 개시일부터 잔여재산가액이 확정된 날까지의 기간을 1사업연도로 본다.
③ 청산 중에 있는 내국법인이 상법에 따라 사업을 계속하는 경우에는 그 사업연도 개시일부터 계속등기일까지의 기간과 계속등기일 다음날부터 그 사업연도 종료일까지의 기간을 각각 1사업연도로 본다.
④ 합병에 따라 존속한 경우에 그 사업연도 개시일부터 합병등기일까지의 기간을 그 존속한 법인의 1사업연도로 본다.
⑤ 외국법인이 국내사업장을 가지지 않게 된 경우에는 그 사업연도 개시일부터 해당 사업장을 가지지 않게 된 날까지의 기간을 1사업연도로 본다.

정답 ④

합병에 따라 소멸된 법인의 사업연도가 그 사업연도 개시일부터 합병등기일까지이며, 존속하는 법인의 사업연도는 변경되지 않는다.

06 법인세법에 관한 다음 설명 중 옳은 것을 모두 묶은 것은?

가. 영리외국법인은 청산소득에 대한 법인세 납세의무가 없다.
나. 외국의 정부 · 지방자치단체는 각 사업연도 소득 및 청산소득에 대하여 납세의무를 지지 않는다.
다. 외국법인이란 외국의 법률에 의하여 설립된 법인을 말한다.
라. 청산 중에 있는 내국법인이 「상법」에 의하여 사업을 계속하는 경우에는 그 사업연도 개시일부터 종료일까지의 기간을 1사업연도로 본다.
마. 납세지가 변경된 법인이 「법인세법」에 따라 납세지 변경신고를 한 경우에는 그 법인이 「부가가치세법」에 의한 사업자등록 정정신고를 한 것으로 본다.

① 가
② 나, 다
③ 가, 다, 마
④ 가, 라, 마
⑤ 가, 나, 다, 라, 마

정답 ①

나. 외국의 정부 및 지방자치단체는 비영리법인으로 보아 수익사업에서 발생한 소득에 대한 납세의무를 진다.
다. 외국법인이란 국내에 사업의 실질적 관리장소가 소재하지 않는 경우로서 외국에 본점 · 주사무소를 둔 법인을 말한다.

라. 해당 사업연도 개시일부터 계속등기일(계속등기를 하지 않은 경우에는 사실상의 사업계속일)까지의 기간과 계속등기일의 다음날부터 그 사업연도 종료일까지의 기간을 각각 1사업연도로 본다.

마. 납세지가 변경된 법인이 「부가가치세법」의 규정에 의하여 그 변경된 사실을 신고한 경우에는 법인세법상 납세지 변경신고를 한 것으로 본다. 즉, 부가가치세법상 변경신고로써 법인세법상 변경신고에 갈음할 수 있는 것이지 법인세법상의 변경신고로써 부가가치세법상 사업자등록 정정신고에 갈음할 수는 없는 것이다.

07 법인세법상 납세의무와 사업연도에 관한 설명으로 옳지 않은 것은?

① 법령이나 정관 등에 사업연도에 관한 규정이 없는 내국법인은 따로 사업연도를 정하여 법인세법상 법인설립신고 또는 사업자등록과 함께 납세지의 관할세무서장에게 사업연도를 신고해야 한다.

② 사업연도를 변경하려는 법인은 그 법인의 직전 사업연도 종료일부터 3개월 이내에 납세지 관할 세무서장에게 신고해야 한다.

③ 학술, 종교, 자선 등 영리 아닌 사업을 목적으로 설립된 비영리내국법인이라 하더라도 해당 법인의 수익사업에서 생기는 소득에 대해서는 각 사업연도의 소득에 대한 법인세 납세의무를 진다.

④ 외국에서 주된 영업을 하는 영리법인은 국내에 본점이나 주사무소 또는 사업의 실질적 관리장소를 두고 있다 하더라도 내국법인으로 분류될 수 없다.

⑤ 내국법인 중 국가와 지방자치단체(지방자치단체조합을 포함)에 대해서는 법인세를 부과하지 않는다.

정답 ④

외국에서 주된 영업을 하더라도 국내에 본점이나 주사무소 또는 사업의 실질적 관리장소를 두었다면 이는 내국법인에 해당한다.

08 ㈜A는 20×5년부터 사업연도를 변경하기로 하고 20×5. 4. 20.에 사업연도 변경신고를 하였다. 법인세법상 사업연도의 구분으로 옳은 것은? (단, ㈜A는 법령에 따라 사업연도가 정하여지는 법인이 아님)

> (1) 변경전 사업연도(제13기): 20×4. 1. 1. ~ 12. 31.
> (2) 변경하려는 사업연도: 7. 1. ~ 다음 연도 6. 30.

① 제14기: 20×5. 1. 1. ~ 20×5. 4. 20.
② 제14기: 20×5. 1. 1. ~ 20×5. 6. 30.
③ 제14기: 20×5. 1. 1. ~ 20×5. 12. 31.
④ 제15기: 20×5. 4. 21. ~ 20×5. 12. 31.
⑤ 제15기: 20×5. 7. 1. ~ 20×6. 6. 30.

정답 ③

사업연도를 변경하려는 경우 직전 사업연도의 종료일로부터 3개월(20×5. 3. 31.)이내에 납세지 관할 세무서장에게 신고해야 한다. 이 문제는 20×5. 4. 20.에 변경신고 하였으므로 20×5년에는 적합하게 사업연도가 변경되지 않는다.

09 법인세법상 사업연도와 납세지에 관한 설명으로 옳지 않은 것은?

① 법령이나 정관 등에 사업연도에 관한 규정이 없는 내국법인은 따로 사업연도를 정하여 납세지 관할 세무서장에게 신고하여야 한다.
② 법령에 따라 사업연도가 정하여지는 법인이 관련 법령의 개정에 따라 사업연도가 변경된 경우에는 사업연도의 변경신고를 하지 아니한 경우에도 그 법령의 개정내용과 같이 사업연도가 변경된 것으로 본다.
③ 내국법인의 법인세 납세지는 그 법인의 등기부에 따른 본점이나 주사무소의 소재지로 한다. 다만, 법인으로 보는 단체의 경우에는 당해 단체가 신고하는 장소로 하고 신고가 없는 경우 관할세무서장이 정하는 장소로 한다.
④ 내국법인이 사업연도 중에 연결납세방식을 적용받는 경우 그 사업연도 개시일부터 연결사업연도 개시일의 전날까지의 기간을 1사업연도로 본다.
⑤ 관할지방국세청장이나 국세청장이 납세지를 지정하는 경우 그 법인의 당해 사업연도 종료일로부터 45일 이내에 지정통지를 하여야 한다.

정답 ③

법인으로 보는 단체의 경우에는 사업장이 있는 경우 주된 사업장 소재지(단, 주된 소득이 부동산임대소득인 경우에는 주된 부동산의 소재지)로 하며, 사업장이 없는 경우 정관 등에 기재된 주사무소의 소재지(정관 등에 주사무소에 관한 규정이 없는 단체의 경우에는 그 대표자 또는 관리인의 주소지)로 한다.

10 법인세법상 사업연도와 납세지에 관한 설명이다. 옳지 않은 것은? [CPA 2019]

① 내국법인이 사업연도 중에 「상법」의 규정에 따라 조직변경을 한 경우에는 조직변경 전의 사업연도가 계속되는 것으로 본다.

② 내국법인이 사업연도 중에 연결납세방식을 적용받는 경우에는 그 사업연도 개시일부터 연결사업연도 개시일 전날까지의 기간을 1사업연도로 본다.

③ 사업연도를 변경하려는 법인은 그 법인의 직전 사업연도 종료일부터 3개월 이내에 사업연도변경신고서를 납세지 관할 세무서장에게 제출하여 이를 신고하여야 한다.

④ 둘 이상의 국내사업장이 있는 외국법인의 경우 주된 사업장의 소재지를 납세지로 한다.

⑤ 납세지 관할 세무서장은 내국법인의 본점 소재지가 등기된 주소와 동일하지 아니한 경우 납세지를 지정할 수 있다.

정답 ⑤

납세지의 지정은 관할세무서장이 아니라 관할지방국세청장이 할 수 있다.

11 법인세법상 사업연도와 납세지에 관한 설명이다. 옳지 않은 것은? [CPA 2022]

① 사업연도를 변경하려는 법인은 그 법인의 직전 사업연도 종료일부터 3개월 이내에 납세지 관할 세무서장에게 이를 신고하여야 한다.

② 국내사업장이 없는 외국법인으로서 국내원천 부동산소득이 있는 법인은 따로 사업연도를 정하여 그 소득이 최초로 발생하게 된날부터 1개월 이내에 납세지 관할 세무서장에게 사업연도를 신고하여야 한다.

③ 내국법인이 사업연도 중에 「상법」의 규정에 따라 조직변경을 한 경우에는 그 사업연도 개시일부터 조직변경일까지의 기간과 조직변경일의 다음 날부터 그 사업연도 종료일까지의 기간을 각각 1사업연도로 본다.

④ 원천징수의무자가 거주자로서 사업장이 없는 경우에는 그 거주자의 주소지 또는 거소지를 원천징수한 법인세의 납세지로 한다.

⑤ 법인은 납세지가 변경된 경우에는 그 변경된 날부터 15일 이내에 변경 후의 납세지 관할 세무서장에게 이를 신고하여야 한다.

정답 ③

조직변경을 한 경우에도 조직변경 전 · 후의 회사는 영리내국법인으로서 납세의무에 변동이 없기 때문에 조직변경은 사업연도 의제사유로 보지 않는다.

12 법인세법상 납세의무자와 과세소득의 범위에 관한 설명으로 옳지 않은 것은? **[CTA 2022]**

① 내국법인 중 국가와 지방자치단체는 그 소득에 대한 법인세를 납부할 의무가 없다.

② 비영리내국법인은 청산소득에 대한 법인세를 납부할 의무가 있다.

③ 국내원천소득이 있는 외국법인은 법인세 납세의무가 있다.

④ 「법인세법」에 따라 법인세를 원천징수하는 자는 해당 법인세를 납부할 의무가 있다.

⑤ 비영리내국법인은 주식 · 신주인수권 또는 출자지분의 양도로 인한 수입에 대하여 법인세 납세의무가 있다.

정답 ②

청산소득에 대한 법인세 납세의무는 영리내국법인에게만 있다. 비영리법인과 외국법인에게는 납세의무가 없다. 비영리법인이 해산하는 경우에는 해산으로 인한 잔여재산을 구성원에게 분배할 수 없고 일반적으로 다른 비영리법인이나 국가 등에게 인도하여야 하기 때문이며, 외국법인은 본점소재지인 외국에서 청산하기 때문이다.

Chapter 2 각 사업연도 소득에 대한 법인세 계산구조

AN INTRODUCTION TAX LAW

각 사업연도 소득에 대한 법인세의 계산구조는 다음과 같다.

구분	항목	비고
	결산서상 당기순손익	기업회계상 당기순익
(+)	익금산입 · 손금불산입	세무조정
(−)	손금산입 · 익금불산입	세무조정
(−)	전기기부금 손금산입액	세무조정
=	차가감소득금액	세무조정
(+)	기부금한도초과액	세무조정
=	각사업연도소득금액	
(−)	이월결손금	• 당해 사업연도 개시일 전 15년 이내에 발생한 세무상 결손금 • 각 사업연도 소득금액 중 80%(단, 중소기업과 회생계획을 이행중인 기업 등은 100%)까지 이월결손금 공제가능
(−)	비과세소득	
(−)	소득공제	
=	과세표준	
(×)	세율	(아래 세율표 참조)
=	산출세액	토지 등 양도소득에 대한 법인세액과 미환류소득에 대한 법인세액이 있으면 가산
(−)	세액감면	
(−)	세액공제	
(+)	가산세	
(+)	감면분추가납부세액	
=	총부담세액	
(−)	기납부세액	중간예납세액, 원천징수세액, 수시부과세액
=	차감납부할세액	

과세표준	세 율
2억원 이하	9%
2억원 초과 ~ 200억원 이하	19%
200억원 초과 ~ 3,000억원 이하	21%
3,000억원 초과	24%

㈜ 이러한 각 사업연도 소득에 대한 법인세의 계산구조는 「법인세 과세표준 및 세액조정계산서」의 작성에 의해 이루어진다.

법인세법 시행규칙 [별지 제3호 서식] <개정 2019.3.20.> (앞 쪽)

사업연도	. . . ~ . . .	**법인세 과세표준 및 세액조정계산서**	법인명	
			사업자등록번호	

구분	항목	코드	금액
① 각 사업연도 소득계산	(101) 결산서상 당기순손익	01	
	소득조정 금액 (102) 익금산입	02	
	소득조정 금액 (103) 손금산입	03	
	(104) 차가감소득금액 ((101)+(102)-(103))	04	
	(105) 기부금한도초과액	05	
	(106) 기부금한도초과이월액손금산입	54	
	(107) 각 사업연도소득금액((104)+(105)-(106))	06	
② 과세표준 계산	(108) 각 사업연도소득금액((108)=(107))		
	(109) 이월결손금	07	
	(110) 비과세소득	08	
	(111) 소득공제	09	
	(112) 과세표준((108)-(109)-(110)-(111))	10	
	(159) 선박표준이익	55	
③ 산출세액 계산	(113) 과세표준((112)+(159))	56	
	(114) 세율	11	
	(115) 산출세액	12	
	(116) 지점유보소득(「법인세법」 제96조)	13	
	(117) 세율	14	
	(118) 산출세액	15	
	(119) 합계((115)+(118))	16	
④ 납부할 세액 계산	(120) 산출세액((120)=(119))		
	(121) 최저한세 적용대상 공제감면세액	17	
	(122) 차감세액	18	
	(123) 최저한세 적용제외 공제감면세액	19	
	(124) 가산세액	20	
	(125) 가감계((122)-(123)+(124))	21	
	기납부세액 - 기한내납부세액 (126) 중간예납세액	22	
	기납부세액 - 기한내납부세액 (127) 수시부과세액	23	
	기납부세액 - 기한내납부세액 (128) 원천납부세액	24	
	기납부세액 - 기한내납부세액 (129) 간접투자회사등의 외국납부세액	25	
	기납부세액 - 기한내납부세액 (130) 소계((126)+(127)+(128)+(129))	26	
	기납부세액 (131) 신고납부전가산세액	27	
	기납부세액 (132) 합계((130)+(131))	28	
	(133) 감면분추가납부세액	29	
	(134) 차감납부할세액((125)-(132)+(133))	30	
⑤ 토지등 양도소득에 대한 법인세 계산	양도차익 (135) 등기자산	31	
	양도차익 (136) 미등기자산	32	
	(137) 비과세소득	33	
	(138) 과세표준((135)+(136)-(137))	34	
	(139) 세율	35	
	(140) 산출세액	36	
	(141) 감면세액	37	
	(142) 차감세액((140)-(141))	38	
	(143) 공제세액	39	
	(144) 동업기업법인세배분액(가산세 제외)	58	
	(145) 가산세액(동업기업배분액포함)	40	
	(146) 가감계((142)-(143)+(144)+(145))	41	
	기납부세액 (147) 수시부과세액	42	
	기납부세액 (148) ( ) 세액	43	
	기납부세액 (149) 계((147)+(148))	44	
	(150) 차감납부할세액((146)-(149))	45	
⑥ 미환류소득 법인세	(161) 과세대상미환류소득	59	
	(162) 세율	60	
	(163) 산출세액	61	
	(164) 가산세액	62	
	(165) 이자상당액	63	
	(166) 납부할세액((163)+(164)+(165))	64	
⑦ 세액계	(151) 차감납부할세액계((134)+(150)+(166))	46	
	(152) 사실과 다른 회계처리 경정세액공제	57	
	(153) 분납세액계산범위액((151)-(124)-(133)-(145)-(152)+(131))	47	
	분납할세액 (154) 현금납부	48	
	분납할세액 (155) 물납	49	
	분납할세액 (156) 계((154)+(155))	50	
	차감납부세액 (157) 현금납부	51	
	차감납부세액 (158) 물납	52	
	차감납부세액 (160) 계((157)+(158)) ((160)=((151)-(152)-(156))	53	

210mm×297mm[백상지 80g/㎡ 또는 중질지 80g/㎡]

1 세무조정

(1) 세무조정의 의의

법인의 각 사업연도 소득은 익금총액에서 손금총액을 차감하여 계산한다. 이는 기업회계상 수익에서 비용을 차감하여 당기순이익을 도출하는 방식과 같다. 또한 기업회계상 수익 · 비용과 법인세법상 익금 · 손금은 상당부분 일치한다. 따라서 익금총액과 손금총액을 별도로 계산하여 각 사업연도 소득을 계산하는 것보다는 기업회계상 수익 · 비용과 법인세법상 익금 · 손금의 차이만을 조정함으로써 각 사업연도 소득금액을 계산하는 것이 보다 효율적이다.

이처럼 결산서상 당기순이익에서 출발하여 수익 · 비용과 법인세법상 익금 · 손금의 차이를 조정하여 각 사업연도 소득금액을 구하는 과정을 '세무조정'이라 한다.

세무조정의 과정

결 산 서	세무조정		법인세법
수 익	(+)익금산입 (−)익금불산입	=	익 금
(−) 비 용	(+)손금산입 (−)손금불산입	=	(−) 손 금
당기순이익	(+)익금산입 및 손금불산입 (−)손금산입 및 익금불산입	=	각 사업연도 소득금액

위의 세무조정사항은 모두 「소득금액조정합계표」에 집계된다.

(2) 세무조정의 유형[16)]

1) 가산조정

① 익금산입: 법인세법에서 익금으로 규정하는 항목을 결산서에 수익으로 계상하지 않은 경우에 수익에 가산함으로써 소득금액이 증가하는 세무조정

② 손금불산입: 법인세법에서 손금으로 인정되지 않는 항목을 결산서에 비용으로 계상한 경우에 비용에서 차감함으로써 소득금액이 증가하는 세무조정

16) 세무조정시 익금산입과 손금불산입은 모두 당기순이익에 대한 가산조정으로 동일한 효과를 나타내므로 양자의 구별은 실익이 없다. 또한 손금산입과 익금불산입 역시 모두 당기순이익에 대한 차감조정이므로 양자의 구별도 별다른 의미가 없다.

2) 차감조정

① 손금산입: 법인세법에서 손금으로 규정하는 항목을 결산서에 비용으로 계상하지 않은 경우에 비용에 가산함으로써 소득금액이 감소하는 세무조정

② 익금불산입: 법인세법에서 익금으로 인정되지 않는 항목을 결산서에 수익으로 계상한 경우에 수익에서 차감함으로써 소득금액이 감소하는 세무조정

법인세법 시행규칙 [별지 제15호 서식] <개정 2013.2.23.> (앞쪽)

사업연도	. . . ~ . . .	소득금액조정합계표	법인명	
			사업자등록번호	

익금산입 및 손금불산입				손금산입 및 익금불산입			
① 과 목	② 금 액	③ 소득처분		④ 과 목	⑤ 금 액	⑥ 소득처분	
		처 분	코 드			처 분	코 드
합계				합계			

210mm×297mm[백상지 80g/㎡ 또는 중질지 80g/㎡]

(3) 결산조정사항과 신고조정사항

1) 결산조정사항

'결산조정사항'이란 회사가 결산서에 비용으로 계상한 경우만 법인세법에서도 손금으로 인정하며, 회사가 결산서에 비용으로 계상하지 않은 경우에는 신고조정에 의하여 손금산입할 수 없는 손금항목을 말한다.[17] 결산조정사항은 법인세법에 의하여 손금산입이 강제되지 아니하며, 회사가 임의로 손금산입 여부를 결정할 수 있는 항목들이다(이를 '임의계상항목'이라 함).

즉, 결산조정사항은 외부와의 거래 없이 회사 내부의 의사결정에 의해서 손금산입여부가 결정되는 것으로 다음의 항목이 해당된다.

결산조정사항	비 고
① 감가상각비	- 국제회계기준 적용법인은 신고조정도 허용된다. - 감가상각의제 대상법인의 의제상각비와 업무용 승용차의 감가상각비는 신고조정사항(강제)이다.
② 대손금	소멸시효 완성 등 청구권이 소멸된 경우 신고조정사항(강제)이다.
③ 대손충당금	퇴직부담금의 손금산입은 신고조정사항(강제)이다.
④ 일시상각충당금(또는 압축기장충당금)	신고조정도 허용된다.
⑤ 법인세법상 준비금	고유목적사업준비금과 비상위험준비금은 잉여금처분에 의한 신고조정이 허용된다.
⑥ 조세특례제한법상 준비금	잉여금처분에 의한 신고조정 허용된다.
⑦ 감가상각자산의 즉시상각	해당 사유가 발생한 날이 속하는 사업연도에만 손금산입할 수 있는 결산조정사항이다.
⑧ 재고자산 · 고정자산 및 주식 등의 감액손실	
⑨ 소액미술품의 취득가액 즉시 손금산입	

2) 신고조정사항

'신고조정사항'이란 회사가 결산서에 과소(누락한 경우를 포함) 또는 과대계상한 경우에 반드시 법인세 신고시 세무조정을 해야 하는 익금항목과 손금항목을 말한다.[18] 신고조정사항은 외부와의 거래에 의하여 그 금액이 확정된 것으로 결산서와 세법의 차이에 대하여 반드시 신고조정을 통하여 과세소득에 반영하여야 한다(이를 '강제계상항목'이라 함).

17) 결산조정사항은 손금항목에 한하며 익금항목은 결산조정사항이 없다.

18) 신고조정사항은 결산조정사항에 해당되는 손금항목외의 손금항목과 익금항목 모두가 해당된다.

<table>
<tr><th colspan="2">구 분</th><th>결산서상 처리</th><th>세무조정</th></tr>
<tr><td rowspan="2">익금항목</td><td rowspan="2">신고조정사항</td><td>수익 과소계상</td><td>익금산입</td></tr>
<tr><td>수익 과대계상</td><td>익금불산입</td></tr>
<tr><td rowspan="4">손금항목</td><td rowspan="2">신고조정사항</td><td>비용 과대계상</td><td>손금불산입</td></tr>
<tr><td>비용 과소계상</td><td>손금산입</td></tr>
<tr><td rowspan="2">결산조정사항</td><td>비용 과대계상</td><td>손금불산입</td></tr>
<tr><td>비용 과소계상</td><td>없 음</td></tr>
</table>

예제 1 법인세의 계산구조

㈜서울의 제9기 사업연도(20×1. 1. 1. ~ 12. 31.)의 자료를 참고하여 소득금액조정합계표를 작성하고, 법인세 산출세액을 계산하시오.

1. 손익계산서상 당기순이익은 ₩200,000,000이다.
2. 손익계산서상 다음과 같은 사실이 발견되었다.
   (1) 당기의 상품매출액 ₩40,000,000과 그 매출원가 ₩32,000,000이 누락되었다.
   (2) 손익계산서에는 신용카드로 사용한 기업업무추진비 ₩50,000,000이 계상되어 있으나, 법인세법에 따른 기업업무추진비 한도액은 ₩25,000,000이다.
   (3) 세금과공과 중에는 당기에 납부한 재산세 ₩5,000,000이 포함되어 있다. 재산세는 법인세법상 손금항목이다.
   (4) 손익계산서상의 감가상각비는 ₩18,000,000이며 법인세법상 감가상각범위액은 ₩23,000,000이다. (감가상각비는 감가상각범위액 한도 내에서 손금으로 인정된다)
   (5) 법인세비용은 ₩32,000,000이다. 법인세비용은 손금불산입항목이다.
3. 당해 사업연도로 이월된 세법상 이월결손금은 제7기 발생분 ₩9,000,000이다.
4. 손익계산서상 영업외수익에는 법인세법상 비과세소득 ₩1,500,000이 포함되어 있다.

해설

1. 소득금액조정합계표

<table>
<tr><th colspan="3">익금산입 · 손금불산입</th><th colspan="3">손금산입 · 익금불산입</th></tr>
<tr><th>과 목</th><th>금 액</th><th>처 분</th><th>과 목</th><th>금 액</th><th>처 분</th></tr>
<tr><td>① 매 출 액
② 기업업무추진비
한도초과액
③ 법인세비용</td><td>40,000,000
25,000,000
32,000,000</td><td></td><td>① 매출원가</td><td>32,000,000</td><td></td></tr>
<tr><td>합 계</td><td>97,000,000</td><td></td><td>합 계</td><td>32,000,000</td><td></td></tr>
</table>

㈜ 손익계산서상 비용으로 계상한 재산세는 법인세법상 손금항목이므로 세무조정이 없고, 감가상각비는 결산조정사항으로 법인세법상 상각범위액 내의 금액이므로 세무조정이 없다.

2. 법인세 산출세액의 계산

손익계산서상 당기순이익	₩200,000,000
익금산입 · 손금불산입	97,000,000
손금산입 · 익금불산입	(32,000,000)
각 사업연도 소득금액	₩265,000,000
이월결손금	(9,000,000)
비과세소득	(1,500,000)
과세표준	₩254,500,000

산출세액: ₩200,000,000 × 9% + (254,500,000 - 200,000,000) × 19% = ₩28,355,000

2 소득처분

(1) 소득처분의 의의

결산서상 당기순이익은 상법상 이익처분[19]에 의하여 사내유보(이익준비금 · 기타법정적립금 및 미처분이익잉여금 등)와 사외유출(이익처분에 의한 배당 · 상여 등)로 그 귀속이 결정된다.

이와 마찬가지로 각 사업연도 소득에 대해서도 그 귀속이 확인되어야 한다. 결산서상 당기순이익은 상법상 이익처분에 의하여 그 귀속이 결정되므로, 당기순이익과 각 사업연도 소득의 차이인 세무조정사항에 대해서만 그 귀속을 추가로 결정하면 궁극적으로 각 사업연도 소득에 대한 귀속을 확인할 수 있게 된다. 이와 같이 세무소성사항에 대하여 그 소득의 귀속을 확인하는 절차를 '소득처분'이라 한다.[20] 이는 「소득금액조정합계표」의 '처분'란에 표시된다.

---

19) 상법상 이익처분이란 주주총회에서 이익잉여금처분계산서를 승인함으로써 배당 또는 상여 등으로 사외유출될 것인지 아니면 이익준비금 · 기타법정적립금 및 미처분이익잉여금 등으로 사내에 유보될 것인가를 결정하는 것을 말한다. 이러한 상법상 이익처분을 기업회계상의 '잉여금처분(이익처분)'이라고도 한다.

20) 모든 세무조정사항에 대하여 소득처분을 하여야 하며, 세무조정이 없는 한 소득처분이 있을 수 없다.

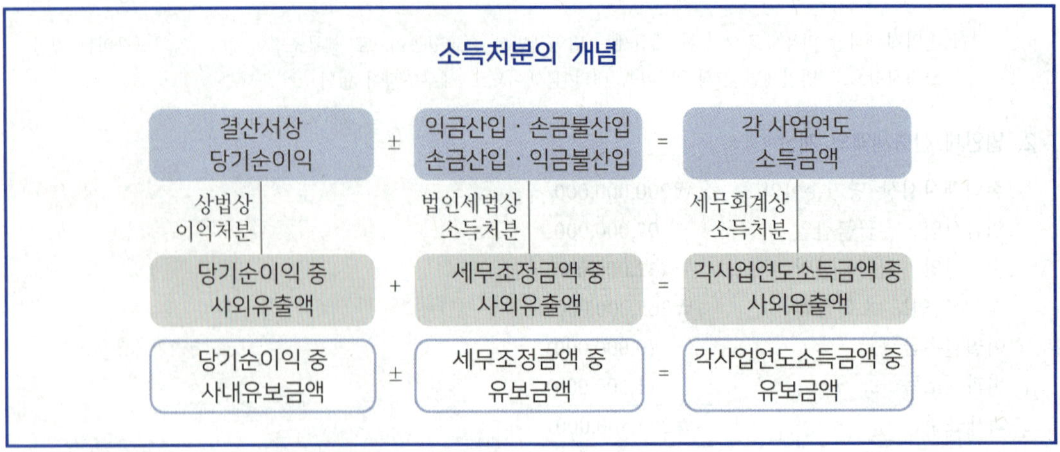

(2) 소득처분의 유형

법인세법상 소득처분도 상법상 이익처분과 유사하게 사외유출과 유보(또는 음(−)의 유보; 이하 △유보라 함) 및 기타로 구분할 수 있다. 이를 요약하면 다음과 같다.

세무조정	소득처분의 유형		효 과
익금산입 및 손금불산입	(1) 사외유출	배 당 상 여 기 타 소 득	소득귀속자에게 소득세 과세
		기타사외유출	사후관리 불필요
	(2) 유 보		세무상 자본을 증가시킴
	(3) 기 타		사후관리 불필요
손금산입 및 익금불산입	(1) △유보		세무상 자본을 감소시킴
	(2) 기 타		사후관리 불필요

1) 사외유출

'사외유출'이란 익금산입 · 손금불산입에 의한 세무조정금액이 기업 외부의 자에게 귀속되는 경우 행하는 소득처분이다. 이 경우 소득의 귀속자에게 소득세 또는 법인세의 납세의무가 부과된다. 이하에서 이러한 사외유출의 유형을 살펴본다.

㈎ 귀속자가 분명한 경우

그 귀속자에 따라 다음과 같이 처분한다.

소득의 귀속자	소득처분	소득의 귀속자에 대한 과세	법인의 원천징수의무
(1) 주주 등*1)	배 당	배당소득으로 소득세 과세	○
(2) 임원 또는 사용인	상 여	근로소득으로 소득세 과세	○
(3) 법인 또는 개인사업자*2)	기타사외유출	추가적인 조세부담 없음	×
(4) 그 외의 자	기 타 소 득	기타소득으로 소득세 과세	○

*1) 여기서 '주주 등'이란 주주 · 사원 또는 출자자를 말하며, 임원 또는 사용인인 주주, 법인주주는 제외한다.
*2) 그 분여된 이익이 내국법인(또는 외국법인의 국내사업장)의 각 사업연도 소득이나 거주자(또는 비거주자의 국내사업장)의 사업소득을 구성하는 경우에 한정한다.

예제 2 소득처분 - 사외유출

㈜서울은 제7기 중에 건물에 대한 수선비 ₩4,000,000을 지출하고 다음과 같이 회계처리 하였다.

(차) 수 선 비	4,000,000	(대) 현 금	4,000,000

그러나 그 건물은 사실상 ㈜서울이 아닌 제3자가 업무와 전혀 관련 없이 사용한 것임이 밝혀졌다. 따라서 동 건물에 대한 수선비는 손금으로 인정되지 않는다. 이 경우 그 제3자가 다음과 같다고 가정할 경우 각각 소득처분을 하시오.

(1) 임원 또는 사용인이 아닌 개인 주주인 경우
(2) 임원 또는 사용인인 경우
(3) 출자임원인 경우
(4) 주주가 아닌 법인인 경우
(5) 법인주주인 경우
(6) 대표이사의 부친인 경우

해설

귀 속 자	세무조정	소득처분
(1) 임원 또는 사용인이 아닌 개인 주주인 경우	4,000,000 손금불산입	배 당
(2) 임원 또는 사용인인 경우	4,000,000 손금불산입	상 여
(3) 출자임원인 경우*	4,000,000 손금불산입	상 여
(4) 주주가 아닌 법인인 경우	4,000,000 손금불산입	기타사외유출
(5) 법인주주인 경우*	4,000,000 손금불산입	기타사외유출
(6) 대표이사의 부친인 경우	4,000,000 손금불산입	기타소득

* 귀속자가 출자임원인 경우에는 상여로 처분하며, 법인주주인 경우에는 기타사외유출로 처분한다.

㈏ 사외유출된 것은 분명하나 그 귀속자가 불분명한 경우

대표자에 대한 상여로 처분한다. 그 취지는 법인이 소득의 귀속을 밝히지 못하는 경우에는 법인의 대표자에게 소득세를 부과하도록 규정함으로써 법인의 소득이 누구에게 귀속되었는지를 명확하게 밝히도록 강제하기 위함이다.

㈐ 추계에 의한 경우

추계에 의한 과세표준과 결산서상 법인세비용 차감전 순이익과의 차액도 대표자에 대한 상여로 처분한다. 그러나 천재지변 또는 그 밖의 불가항력으로 장부나 그 밖의 증명서류가 멸실되어 추계결정하는 경우에는 기타사외유출로 처분한다.

㈑ 무조건 기타사외유출로 처분하는 경우

다음의 세무조정사항은 소득의 귀속자를 확인할 수 없거나 또는 정책목적상 추가적인 조세부담을 지울 필요가 없는 경우 무조건 기타사외유출로 처분하도록 열거하고 있다.

① 임대보증금 등의 간주익금
② 기업업무추진비 한도초과액 및 건당 1만원 초과분 기업업무추진비 중 법정증빙 미수취분
③ 특례기부금, 우리사주조합기부금, 일반기부금 한도초과액 및 비지정기부금의 손금불산입액
④ 업무무관자산 등에 대한 지급이자 손금불산입액(단, 채권자 불분명 사채이자, 비실명 채권 · 증권이자, 건설자금이자 손금불산입액은 제외)
⑤ 사외유출된 금액의 귀속이 불분명한 경우 또는 추계에 의한 경우 대표자에게 상여처분을 하게 되는데, 상여처분 금액에 대한 소득세 등을 해당 법인이 대납하고 이를 손비로 계상하거나 대표자와 특수관계가 소멸될 때까지 회수하지 않음에 따라 손금불산입한 금액
⑥ 업무용승용차 임차료 중 감가상각비 상당액 한도초과액(800만원 초과분)과 업무용승용차 처분손실 중 한도초과액(800만원 초과분)의 손금불산입액
⑦ 불공정자본거래 및 이에 준하는 행위 또는 계산으로 인한 부당행위계산부인 규정에 따라 익금에 산입한 금액으로서 귀속자에게 상속세 및 증여세법상 증여세가 과세되는 금액 등

2) 유보(또는 △유보)

㈎ 유보(또는 △유보)의 개념

'유보(또는 △유보)'란 세무조정금액이 사외로 유출되지 않고 법인 내부에 남아 기업회계상 자산 · 부채와 세무회계 상 자산 · 부채에 차이를 발생시키는 경우에 행하는 소득처분이다.

즉, 기업회계와 법인세법의 차이[21]로 인해 발생하는 유보(또는 △유보)는 차기 이후 그 차이가 소멸될 때 반드시 반대의 세무조정을 유발한다.

'유보'란 세무조정으로 인해 세무상 순자산(자본)이 증가되는 것을 의미하는 소득처분이며, '△유보'란 세무조정으로 인해 세무상 순자산이 감소되는 것을 의미하는 소득처분이다.

구 분	기업회계상 자산 · 부채	소득처분	세무조정의 효과	
			세무회계상 자산 · 부채	세무회계상 순자산(자본)
익금산입 · 손금불산입	자산의 과소계상 부채의 과대계상	유 보	자산의 증가 부채의 감소	증 가
손금산입 · 익금불산입	자산의 과대계상 부채의 과소계상	△유 보	자산의 감소 부채의 증가	감 소

예제 3 소득처분 - 유보

다음 자료를 토대로 ㈜서울의 토지와 관련된 제9기와 제11기의 세무조정과 소득처분을 행하시오.

(1) ㈜서울은 제9기에 토지를 ₩1,000,000에 취득하면서 관련 취득세 ₩20,000을 다음과 같이 세금과공과(비용)로 처리하였다.

(차) 토 지	1,000,000	(대) 현 금	1,020,000
세 금 과 공 과	20,000		

(2) 그리고 ㈜서울은 위 토지를 제11기에 ₩1,700,000에 처분하고 다음과 같이 회계처리하였다.

(차) 현 금	1,700,000	(대) 토 지	1,000,000
		유형자산처분이익	700,000

해설

1. 제9기의 세무조정 및 소득처분

₩20,000 손금불산입 · 유보

취득세는 토지의 취득원가로 가산하여야 할 항목이나 결산서상 비용으로 처리하였기 때문에 손금불산입의 세무조정을 하고 세무회계상 과소계상되어 있는 토지의 원가를 증가시켜야 하므로 유보로 소득처분하여야 한다. 이를 그림으로 나타내면 다음과 같다.

---

21) 기업회계(결산서) 상 이익과 법인세법 상 각 사업연도 소득의 차이로 인해 기업회계 상 자산 · 부채 · 자본과 법인세법 상 자산 · 부채 · 자본의 차이가 발생하게 되는데, 이러한 차이를 '영구적 차이(permanent difference)'와 '일시적 차이(temporary difference)'로 구분한다. '영구적 차이'는 차이가 발생하면 차기 이후 반대의 세무조정이 불필요한 것으로서 '사외유출'로 소득처분되는 항목이 이에 해당한다. 반면, '일시적 차이는 차이가 발생하면 해당 차이가 해소되는 시점에 반대의 세무조정이 필요한 사항으로서 '유보 또는 △유보'로 소득처분되는 항목이 이에 해당한다.

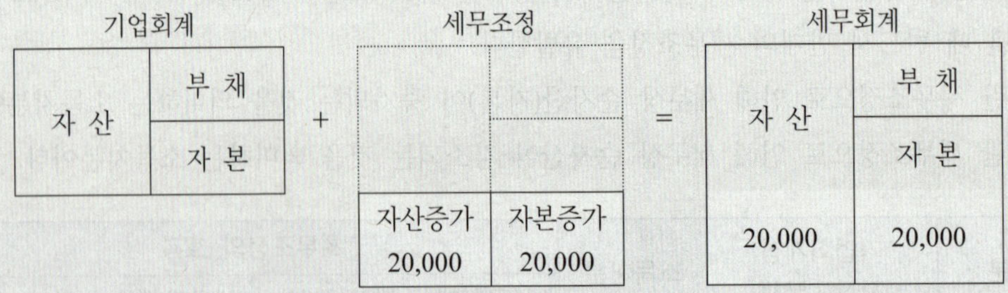

2. 제11기의 세무조정 및 소득처분

₩20,000 익금불산입 · △유보

세무상 토지의 원가는 ₩1,000,000이 아니라 ₩1,020,000이므로 세무상 유형자산처분이익은 ₩700,000이 아니라 ₩680,000이다. 그리고 제거되어야 하는 토지의 원가는 ₩1,000,000이 아니라 ₩1,020,000이어야 하므로 ₩20,000을 △유보로 처분하여 토지의 원가를 추가적으로 감소시키는 동시에 세무상 자본을 감소시켜야 한다.

㈏ 유보(또는 △유보)의 사후관리

예제 3에서 살펴본 바와 같이 유보 또는 △유보로 처분된 금액은 차기 이후에 반대의 세무조정을 초래하게 된다. 따라서 차기 이후의 적정한 세무조정을 수행하기 위해서는 유보금액을 지속적으로 관리하여야 하는데, 이 유보금액의 변동은 「자본금과 적립금 조정명세서(을)」표에서 관리된다.

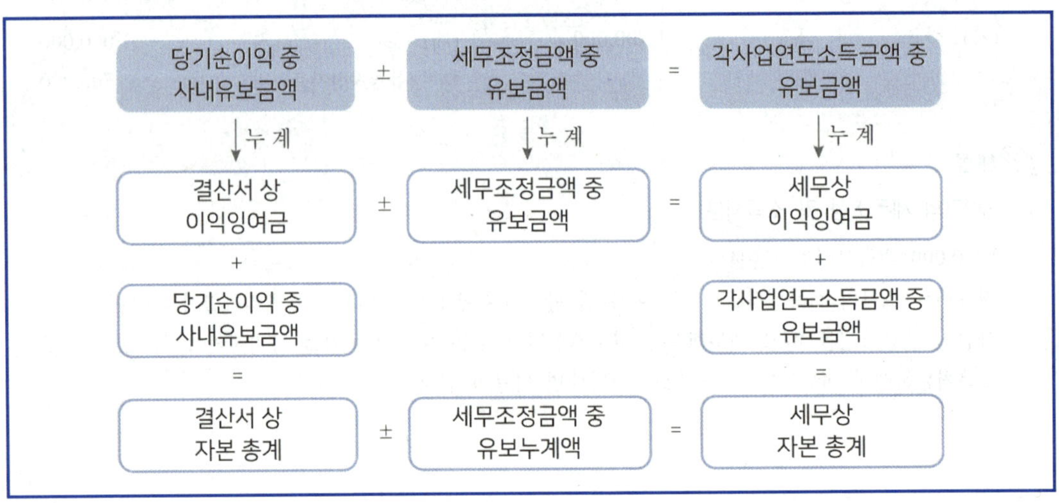

[별지 제50호 서식(을)] (앞쪽)

사업연도	. . . . . .	**자본금과 적립금조정명세서(을)**	법인명	

※ 관리번호 □□-□□ 사업자등록번호 □□□-□□-□□□□□

※ 표시란은 기입하지 마십시오.

세무조정유보소득 계산

① 과목 또는 사항	② 기초잔액	당기중증감		⑤ 기말잔액 (익기초현재)	비고
		③ 감소	④ 증가		
합 계					

3) 기 타

'기타'란 익금산입 · 손금불산입(또는 손금산입 · 익금불산입)한 세무조정사항이 사외유출되지 않고 사내에 남아있음에도 불구하고 기업회계상 자산 · 부채와 세무회계상 자산 · 부채의 차이를 발생시키지 않을 때 행하는 소득처분이다. 따라서 기타의 소득처분은 소득의 귀속자에 대한 추가적인 조세부담이 발생하지도 않고 차기 이후 반대의 세무조정도 필요하지 않다. 따라서 이 처분은 사실상 아무런 기능이 없는 예외적인 유형이다.

예제 4 소득처분 - 기타

㈜서울은 자기주식을 처분하고 기업회계기준에 따라 다음과 같이 자본잉여금으로 처리하였다. 그러나 법인세법상 자기주식처분이익은 익금항목으로 규정되어 있다. 이에 대한 세무조정과 소득처분을 표시하시오.

(차) 현 금	50,000,000	(대)	자 기 주 식	40,000,000
			자기주식처분이익 (자본잉여금)	10,000,000

해설

₩10,000,000 익금산입 · 기타

자기주식처분이익은 법인세법상 익금항목임에도 불구하고 회사가 이를 결산서에 수익으로 계상하지 않았기 때문에 그 금액을 익금산입의 세무조정을 통해 과세소득을 증가시켜야 한다. 그러나 회사는 이를 자본잉여금의 한 항목으로 계상하여 결산서상 자본을 증가시켰기 때문에 결산서상 자본과 법인세법상 자본에는 차이가 없다. 따라서 세무회계상 자본을 증가시킬 필요는 없으며, 이러한 경우에 기타로 소득처분하게 된다.

OX 문제

01 결산조정사항으로서 세무상 한도액이 존재하는 경우 손금으로 인정되는 금액은 세법상 한도액과 결산서에 비용으로 계상한 금액 중 적은 금액이다.

02 신고조정사항은 익금과 손금 전반에 대해서 규정된 사항이지만 결산조정사항은 손금항목에 대해서만 규정된 사항이다.

03 신고조정사항은 결산서에 비용으로 계상하지 않은 경우에도 세무조정을 통해 세무상 한도내에서 손금으로 인정받을 수 있으므로 법인의 의사에 따라 손금산입시기의 조정이 가능하다.

04 감가상각비의 손금산입은 모두 결산조정사항이다.

05 소득의 귀속자가 불분명한 경우에는 기타사외유출로 처분한다.

정답&해설 **01** ○ **02** ○ **03** × **04** × **05** ×

03 결산조정사항은 법인이 결산서에 비용으로 계상하는 시기를 선택함으로써 손금의 귀속시기를 조정할 수 있지만 신고조정사항은 반드시 법인세법에 규정된 귀속시기에 세무조정을 하여야 하므로 손익의 귀속시기를 조정할 수 없다.

04 감가상각비는 원칙적으로 결산조정사항이나 다음의 예외가 존재한다.

1) 국제회계기준 적용 법인은 신고조정을 할 수 있다.
2) 감가상각의제 대상법인의 의제상각비는 신고조정을 해야 한다.
3) 2016.1.1. 이후 개시하는 사업연도에 취득한 업무용승용차의 감가상각비는 신고조정을 해야 한다.

05 소득의 귀속자가 불분명한 경우의 소득처분은 대표자에 대한 상여이다.

06 출자자 및 출자임원에게 귀속되는 소득은 배당으로 처분한다.

07 익금산입액이 법인의 각 사업연도 소득 또는 개인의 사업소득을 구성하는 경우에는 기타사외유출로 처분한다.

08 유보로 소득처분된 사항은 향후에 반드시 반대의 세무조정을 유발한다.

09 모든 소득처분사항은 해당 기업의 차기 이후 세법상 소득금액에 영향을 미치므로 사후관리를 해야 한다.

10 모든 소득처분사항은 소득귀속자에게 추가적인 조세부담을 야기함으로써 조세의 공평성에 기여한다.

11 추계조사의 경우 추계에 의해 결정된 과세표준과 기업회계상 법인세비용차감전순이익과의 차액은 대표자에 대한 상여로 처분하되 천재지변 · 기타 불가항력 등으로 인한 추계조사결정의 경우에는 기타사외유출로 처분한다.

정답&해설 **06** × **07** ○ **08** ○ **09** × **10** × **11** ○

06 출자자가 법인인 경우에는 기타사외유출로, 출자자가 임원인 경우에는 상여로 처분한다.

09 유보로 처분되는 경우에만 사후관리가 필요하다.

10 배당, 상여, 기타소득으로 처분된 경우에만 소득귀속자에게 추가적인 조세부담을 야기한다.

연습문제

01 세무조정에 관한 다음의 설명 중 옳지 않은 것은?

① 세무조정이란 기업회계상 수익 · 비용과 법인세법상 익금 · 손금의 차이를 조정하는 과정을 말한다.

② 결산조정사항은 회사가 결산서에 수익 혹은 비용으로 계상한 경우에만 세법에서도 익금 또는 손금으로 인정하는 항목을 말한다.

③ 신고조정사항은 회사가 결산서에 계상하지 않거나 과소계상한 경우에 반드시 신고조정에 의하여 익금 또는 손금에 산입하여야 한다.

④ 세무조정사항은 소득금액조정합계표에 집계된다.

⑤ 기업회계와 세무회계 사이에 차이가 발생하지 않는 부분에 대해서는 세무조정을 할 필요가 없다.

정답 ②

결산조정사항은 손금항목에 한하며 익금항목은 결산조정사항이 없다.

02 법인세법상 소득처분에 대한 다음 설명 중 옳지 않은 것은?

① 소득처분은 세무조정사항에 대하여 그 귀속을 확인하는 절차를 말한다.

② 사외유출은 익금산입 · 손금불산입에 의한 세무조정금액이 기업 외부의 자에게 귀속된 경우의 소득처분이다.

③ 유보(또는 △유보)는 세무조정금액이 기업 외부의 자에게 귀속된 경우의 소득처분이다.

④ 기타는 세무조정금액이 사외유출되지 않고 사내에 남아있지만 기업회계상 자산 · 부채와 세무회계상 자산 · 부채의 차이를 발생시키지 않을 경우의 소득처분이다.

⑤ 사외유출되었으나 그 귀속이 불분명한 경우에는 대표자에 대한 상여로 소득처분한다.

정답 ③

'유보(또는 △유보)'란 세무조정금액이 사외로 유출되지 않고 법인 내부에 남아 기업 회계상 자산 · 부채와 세무회계상 자산 · 부채에 차이를 발생시키는 경우에 행하는 소득처분이다.

03 법인세에 대한 소득처분의 내용과 관련하여 옳은 것은?

① 익금산입액이 사업을 영위하는 개인의 사업소득을 구성하는 경우에는 기타소득으로 처분한다.
② 익금산입액이 내국법인인 주주에게 귀속되는 경우에는 배당으로 처분한다.
③ 출자임원에게 귀속되는 소득은 배당으로 처분한다.
④ 사외유출된 것은 분명하나 그 귀속자가 불분명한 경우에는 대표자에 대한 상여로 처분한다.
⑤ 자기주식처분이익은 기타사외유출로 처분한다.

정답 ④

① 익금산입액이 사업을 영위하는 개인의 사업소득을 구성하는 경우에는 기타사외유출로 처분한다.
② 익금산입액이 내국법인인 주주에게 귀속되는 경우에는 기타사외유출로 처분한다.
③ 출자임원에게 귀속되는 소득은 상여로 처분한다.
⑤ 자기주식처분이익은 기타로 처분한다.

04 법인세법상 소득처분에 관한 다음의 설명 중 옳지 않은 것은? **[CPA 2020]**

① 익금에 산입한 금액 중 사외로 유출된 것이 분명하나 그 처분이 배당, 상여, 기타사외유출에 해당하지 않는 경우 기타소득으로 처분한다.
② 익금에 산입한 금액이 사외에 유출되지 아니한 경우 유보 또는 기타로 처분한다.
③ 익금에 산입한 금액 중 그 귀속이 불분명하여 대표자에게 상여로 처분한 경우 당해 법인이 그 처분에 따른 소득세 등을 대납하고 이를 손비로 계상함에 따라 익금에 산입한 금액은 기타사외유출로 처분한다.
④ 천재지변으로 장부나 그 밖의 증명서류가 멸실되어 법인세 과세표준을 추계결정하는 경우 그 추계에 의한 과세표준과 결산서상 당기순이익과의 차액(법인세상당액을 공제하지 아니한 금액)을 기타사외유출로 처분한다.
⑤ 익금에 산입한 금액 중 사외로 유출되어 그 귀속자가 당해 법인의 주주이면서 임원인 경우 그 출자임원에 대한 배당으로 처분한다.

정답 ⑤

사외유출된 소득의 귀속자가 법인의 주주인 동시에 임원인 경우 그 출자임원에 대한 상여로 처분한다. 참고로 상여로 처분된 금액은 해당 출자임원의 근로소득세 계산시 포함하여야 한다.

05 유보(또는 △유보)로 처분된 금액은 차기 이후에 반대의 세무조정을 초래한다. 따라서 차기 이후의 적정한 세무조정을 수행하기 위해서는 유보금액을 잘 관리하여야 하는데, 이 유보금액의 변동을 기재하는 서식은 무엇인가?

① 법인세 과세표준 및 세액조정계산서
② 소득금액조정합계표
③ 자본금과 적립금조정명세서(갑)
④ 자본금과 적립금조정명세서(을)
⑤ 잉여금처분계산서

정답 ④

유보금액의 변동은 자본금과 적립금조정명세서(을)에서 관리한다.

06 법인이 업무와 관련 없이 5,000,000원을 지출하고 수선비로 회계처리한 경우 그 귀속자가 다음과 같은 경우 소득처분이 옳지 않은 것은?

① 주주인 임원 – 상여
② 법인인 주주 – 배당
③ 내국법인 – 기타사외유출
④ 주주가 아닌 임원 – 상여
⑤ 대표이사의 친구 – 기타소득

정답 ②

법인주주인 경우에는 기타사외유출로 처분한다.

07 결산조정과 신고조정에 관한 다음의 내용 중 옳지 않은 것은?

① 결산조정항목을 손금으로 산입하기 위해서는 장부상에 비용으로 계상해야 한다.
② 소멸시효가 완성된 채권에 대한 대손금의 손금산입은 손금산입시기의 선택이 가능하다.
③ 일시상각충당금은 신고조정이 허용된다.
④ 법인세 신고후 신고조정항목 중에 강제조정항목이 누락된 것을 알게 되었다면 경정청구가 가능하다.
⑤ 무형자산상각비는 결산조정사항이다.

정답 ②

소멸시효가 완성된 채권은 신고조정사항이므로 손금산입시기의 선택이 불가능하다.

08 다음 자료에 의하여 영리내국법인인 ㈜A의 각 사업연도 소득금액을 계산하면 얼마인가? 단, 조세부담을 최소화하는 방향으로 세무조정하고, 손금산입요건이 필요한 경우에는 해당요건을 모두 충족하였다고 가정한다.

> (1) 손익계산서상의 법인세비용차감전순이익은 ₩100,000,000이다.
> (2) 해당 사업연도에 상법에 따른 소멸시효가 완성된 매출채권 ₩5,000,000을 대손처리 하지 않고 재무상태표에 자산으로 계상하였다.
> (3) 유형고정자산의 상각범위액은 ₩10,000,000인데 결산상 ₩6,000,000만 감가상각비로 계상하였다.
> (4) 재무상태표에 ₩20,000,000으로 표시되어 있는 상품은 부패로 인하여 해당 사업연도말 처분가능한 시가가 ₩2,000,000이며, 결산상 비용으로 계상하지 않았다.
> (5) 퇴직급여충당금의 손금산입한도액은 ₩4,000,000이나 결산상 비용으로 계상하지 않았다.

① ₩78,000,000　② ₩82,000,000　③ ₩84,000,000
④ ₩95,000,000　⑤ ₩99,000,000

정답 ④

법인세비용차감전순이익	₩100,000,000
− 소멸시효가 완성된 채권에 대한 대손금	(5,000,000)
= 각 사업연도 소득금액	₩95,000,000

* 유형고정자산에 대한 감가상각비는 결산조정사항이므로 결산상 비용으로 계상된 경우에만 인정되며, 상각범위액 내의 금액이므로 별도의 세무조정은 필요 없음

** 파손 · 부패로 인한 재고자산의 평가손실과 퇴직급여충당금은 결산조정사항이므로 결산상 비용으로 계상하지 않은 경우에는 손금산입의 세무조정을 할 수 없음

09 다음은 내국법인 ㈜A의 제17기 사업연도(20×1.1.1. ~ 20×1.12.31.) 자료이다. 세무조정시 대표자에 대한 상여와 기타사외유출로 소득처분할 금액은 각각 얼마인가?

> (1) 현금매출누락 100,000,000원(부가가치세를 제외한 금액)
> (2) 채권자가 불분명한 사채이자 15,000,000원(원천징수세액 4,125,000원 포함)
> (3) 증빙불비 기업업무추진비 4,000,000원(귀속자 불분명)
> (4) 업무와 관련하여 발생한 교통사고 벌과금 1,000,000원
> (5) 사외유출된 금액의 귀속이 불분명하여 대표자에 대한 상여로 처분을 한 경우, ㈜A가 그 처분에 따른 소득세를 대납하고 이를 손비로 계상한 금액 2,500,000원

	대표자에 대한 상여	기타사외유출
①	110,875,000원	11,625,000원
②	114,875,000원	7,625,000원
③	115,000,000원	7,500,000원
④	117,375,000원	5,125,000원
⑤	119,000,000원	3,500,000원

정답 ②

(1) 현금매출누락 ₩100,000,000 손금불산입 · 상여
(2) 채권자가 불분명한 사채이자 ₩10,875,000 손금불산입 · 상여
채권자가 불분명한 사채이자 중 원천징수세액 ₩4,125,000 손금불산입 · 기타사외유출
(3) 증빙불비 기업업무추진비 ₩4,000,000 손금불산입 · 상여
(4) 업무와 관련하여 발생한 교통사고 벌과금 ₩1,000,000 손금불산입 · 기타사외유출
(5) 소득세 대납액 ₩2,500,000 손금불산입 · 기타사외유출
1) 대표자에 대한 상여: ₩100,000,000 + ₩10,875,000 + ₩4,000,000 = ₩114,875,000
2) 기타사외유출: ₩4,125,000 + ₩1,000,000 + ₩2,500,000 = ₩7,625,000

10 영리내국법인 ㈜A가 수행한 회계처리에 대한 세무조정 중 그 소득의 귀속자에게 추가적인 납세의무가 발생하지 않는 것은? **[CPA 2022]**

① 퇴직한 임원에게 정관에 정해진 금액을 초과하여 퇴직금을 지급하고 손익계산서에 비용으로 계상하였다.

② 채권자의 주소 및 성명을 확인할 수 없는 차입금에 대한 이자를 지급하고(원천징수하지 않음) 손익계산서에 비용으로 계상하였다.

③ 임직원이 아닌 개인주주가 업무와 관련 없이 사용하고 있는 건물에 대한 임차료를 지출하고 손익계산서에 비용으로 계상하였다.

④ 추계로 과세표준을 결정할 때 대표자에 대한 상여로 처분하여 발생한 소득세를 대납하고 그 대납한 금액을 손익계산서에 비용으로 계상하였다.

⑤ 임원에게 「법인세법」상 손금한도를 초과하는 상여금을 지급하고 손익계산서에 비용으로 계상하였다.

정답 ④

① 상여의 소득처분이 발생하고 퇴직한 임원에게 추가적인 소득세 납세의무가 발생한다.
② 대표자 상여의 소득처분이 발생하고 해당 금액에 대해 대표자의 소득세 납세의무가 발생한다.
③ 배당의 소득처분이 발생하고 임직원이 아닌 개인주주는 해당 금액에 대해 소득세 납세의무가 발생한다.
④ 기타사외유출의 소득처분이 발생하나 동 소득처분은 추가적인 납세의무를 발생시키지 아니한다.
⑤ 상여의 소득처분이 발생하고 해당 임원에게 소득세 납세의무가 발생한다.

Chapter 3

익금과 익금불산입

AN INTRODUCTION TAX LAW

1 익 금

(1) 익금의 의의

익금이란 법인의 순자산을 증가시키는 거래로 인하여 발생하는 수익의 금액을 말한다. 다만, 자본 또는 출자의 납입 및 법에서 규정한 익금불산입항목은 제외한다.

과세소득에 관한 학설

- **소득원천설**: 일정한 원천에서 경상적·계속적으로 발생하는 것만을 과세소득으로 파악하고, 불규칙적·우발적으로 발생하는 것은 과세소득의 범위에서 제외하여야 한다는 주장이다. 소득은 원천별로 구분되며, 원천별로 소득의 종류와 범위를 법에 열거하여야 한다(열거주의). 따라서 열거되지 않는 소득은 과세되지 아니한다.
- **순자산증가설**: 원칙적으로 모든 순자산증가액을 그 원인과 형태를 불문하고 과세소득으로 파악하여야 한다는 주장이다. 따라서 경상적·계속적인 것뿐만 아니라 불규칙적·우발적으로 발생하는 것도 과세소득에 포함된다. 소득은 원천별로 구분되지 않으며, 그 소득의 종류와 범위가 법에 열거되지 아니한다. 따라서 법에 열거되지 않더라도 순자산증가액은 모두 과세된다(포괄주의).

→ 현행 법인세법은 순자산증가설을 채택하고 있다.

(2) 익금의 범위

법인세법 시행령에서는 수익(익금)의 범위를 다음과 같이 규정하고 있다. 그러나 이것은 어디까지나 예시적인 열거사항에 불과하며 여기에 열거되지 않은 것이라도 순자산을 증가시키는 거래로 인하여 발생하는 금액은 모두 익금에 해당한다(순자산증가설의 입장).

1) 사업수입금액

기업회계기준에 의한 매출액을 의미하며, 총매출액에서 매출에누리와 매출할인을 차감하여 계산한다.

2) 자산의 양도금액

재고자산을 제외한 자산의 양도금액을 말한다.[22] 재고자산의 양도금액은 위 1)의 사업수입금액에 해당하므로 여기에 포함되지 않는다.

3) 자기주식의 양도금액

자기주식의 양도금액은 익금에 해당하며, 그 장부가액은 손금에 해당한다. 결과적으로 자기주식처분이익은 익금에 해당하며, 자기주식처분손실은 손금에 해당하는 것이다. 반면, 자기주식소각이익(감자차익)과 자기주식소각손실(감자차손)은 익금 및 손금으로 보지 않는다.

예제 1 자기주식의 세무조정

㈜서울은 4월 10일 자기주식 20주(액면가 ₩500)를 주당 ₩1,000에 취득하였다. 이후 6월 10일 자기주식 10주는 주당 ₩1,200에 처분하였으며, 나머지 10주는 소각하였다. 자기주식의 거래와 관련해 ㈜서울은 다음과 같이 회계처리하였다. ㈜서울의 자기주식 거래에 대하여 세무조정을 하시오.

4월 10일		(차) 자기주식(자본조정)	20,000	(대) 현금	20,000
6월 10일	처분	(차) 현금	12,000	(대) 자기주식	10,000
				자기주식처분이익(자본잉여금)	2,000
	소각	(차) 자본금	5,000	(대) 자기주식	10,000
		감자차손	5,000		

해설

4월 10일*	자기주식	₩20,000	익금산입 · 유보
	자기주식	20,000	손금산입 · 기타
6월 10일 처분이익	자기주식처분이익	2,000	익금산입 · 기타
6월 10일 추인*	자기주식	20,000	익금불산입 · △유보
	자기주식	20,000	익금산입 · 기타

* 장부상 자기주식은 자본조정이지만 법인세법상 자기주식은 자산을 취득한 것으로 보기 때문에 원칙적으로는 그 차이를 조정하는 위와 같은 세무조정이 필요하며, 처분 또는 소각의 경우에 이를 추인하는 세무조정이 필요하다. 그러나 실질적으로 각 사업연도 소득에 미치는 영향은 없기 때문에 실무상 자기주식의 취득에 대한 세무조정과 처분 및 소각 시 이를 추인하는 세무조정은 생략하는 경우가 많다.

22) 기업회계기준에서는 재고자산 외의 자산을 양도한 경우 처분손익만을 수익 또는 비용으로 계상하는 순액법을 적용하는 반면, 법인세법은 자산의 양도금액을 익금에 산입하고 이에 대응되는 자산의 양도당시 장부가액은 손금에 산입하는 총액법의 입장을 취하고 있다. 그러나 결과적으로 양자의 차이는 없기 때문에 실무적으로는 별도의 세무조정을 하지 않는 것이 관행이다.

4) 자산의 임대료

일시적으로 자산을 임대하여 얻는 수입을 말한다. 임대업을 영위하는 법인의 임대료는 사업수입금액에 해당된다.

5) 자산수증이익과 채무면제이익

타인으로부터 자산을 무상으로 증여받은 가액을 '자산수증이익'이라 하며, 채무의 면제 또는 소멸로 생기는 부채의 감소액을 '채무면제이익'이라 한다. 이러한 거래는 법인의 순자산을 증가시키게 되므로 원칙적으로 익금에 해당한다.

6) 손금에 산입한 금액 중 환입된 금액

당해 사업연도 이전의 각 사업연도 소득금액 계산상 손금에 산입한 금액이 당해 사업연도에 환입되는 경우 그 금액은 순자산을 증가시키게 되므로 익금에 산입한다. 반면에 손금에 산입하지 아니한 금액이 환입된 금액은 이중과세 방지목적으로 익금에 산입하지 않는다.

7) 이익처분에 의하지 아니하고 손금으로 계상한 적립금액

이익처분으로 처리해야 할 적립금액(예를 들면 사업확장적립금, 감채기금적립금 등)을 비용으로 계상한 금액을 의미하며, 법인세법에서는 동 금액을 익금항목으로 규정하고 있다.[23)]

8) 불공정 자본거래로 인하여 특수관계인에게 분여한(특수관계인으로부터 분여받은) 이익

불공정 자본거래(합병 · 증자 · 감자 등)를 통하여 특수관계인에게 이익을 분여한 것으로 인정되는 경우 이익을 분여한 해당 법인은 부당행위계산 부인규정에 따라 이익분여액에 상당하는 금액을 익금에 산입하게 된다. 또한 이익을 분여받은 특수관계인이 개인인 경우에는 증여세 또는 소득세 납세의무를 지며, 이익을 분여받은 특수관계인이 법인인 경우에는 분여받은 이익을 익금에 산입하게 된다.

9) 정당한 사유 없는 가지급금 등의 미회수금액

특수관계인과의 자금거래에서 발생한 가지급금과 그 이자('가지급금 등'이라 칭함)로서 다음의 어느 하나에 해당하는 금액은 익금에 해당한다. 다만, 가지급금 등을 회수하지 아니한 정당한 사유가 있는 경우에는 익금에 산입하지 아니한다.

① 특수관계가 소멸하는 날까지 회수하지 아니한 가지급금(아래 '②'에 따라 익금에 산입한 이자는 제외)

---

23) 원칙적으로는 손금으로 계상한 적립금을 부인하는 것이므로 손금불산입에 해당하나, 현행 법인세법에서는 이를 익금으로 규정하고 있다.

② 특수관계가 소멸되지 아니한 경우로서 가지급금의 이자를 이자발생일이 속하는 사업연도 종료일로부터 1년이 되는 날까지 회수하지 아니한 경우 그 이자

10) 유가증권의 저가매입에 따른 이익

일반적으로 자산을 시가보다 저가에 매입하면서 얻게 되는 이익은 매입시점에 익금으로 보지 않고, 해당 자산의 감가상각 및 처분과정에서 과세된다. 그러나 ① 법인이 ② 특수관계인인 ③ 개인으로부터 ④ 유가증권을 저가매입하는 경우에는 예외적으로 매입시점에 시가와 매입가액의 차액을 익금으로 본다. 이 때 그 차액은 해당 유가증권의 취득가액에 포함된다.[24)]

예제 2 자산의 저가매입

㈜서울의 제10기 사업연도 중 다음 거래에 대하여 세무조정(소득처분 포함)을 하시오. 단, 회계처리는 기업회계기준에 의해 적정하게 수행되었다.

(1) 주주로부터 기계장치(시가 ₩100,000,000)를 ₩70,000,000에 매입하였다.
(2) 특수관계에 있는 법인으로부터 상장주식(시가 ₩200,000,000)을 ₩120,000,000에 매입하였다.
(3) 대표이사로부터 채권(시가 ₩10,000,000)을 ₩6,000,000에 매입하였다.

해설

(1) 세무조정 없음: 유가증권이 아니므로 저가매입액을 익금산입하지 않는다. 저가매입으로 인해 ㈜서울이 해당 기계장치에 대해 인식하는 감가상각비는 시가로 매입한 경우에 비해 적게 계상될 것이므로 현재 저가매입을 통한 이익은 향후 감가상각 과정에서 과세가 이루어진다.

(2) 세무조정 없음: 법인과의 거래이므로 저가매입액을 익금산입하지 않는다. ㈜서울이 향후 해당 상장주식을 처분하는 시점에 저가매입 금액만큼 처분이익이 증가하게 되므로 현재 저가매입을 통한 이익은 향후 처분시점에 과세가 이루어진다.

(3) 유가증권 저가매입액 ₩4,000,000 익금산입(유보)

11) 임대보증금 등에 대한 간주익금(간주임대료)

부동산을 임대하는 경우 통상적으로 임대료 이외에 임대보증금 또는 전세금 등을 받는다. 이 경우 임대료는 익금에 해당하지만, 임대보증금 등은 반환의무가 있는 부채에 해당할 뿐 익금에 해당되지 않는다. 그러나 이를 방치한다면 임대료를 받는 경우와 임대보증금 등을 받는 경우 사이에 과세형평이 맞지 않게 되며, 또한 그 임대보증금 등을 활용해 또 다른 부동산을 취득함으로써 부동산 투기를 조장할 수 있다. 이에 법인세법은 임대보증금 등에 대하여 그 정

24) 본 규정은 개인이 특수관계인이 속해 있는 법인에 유가증권을 저가로 양도함으로써 변칙적인 증여의 수단으로 악용하는 사례를 규제하기 위하여 제정되었다.

기예금이자 상당액을 임대료로 간주하여 익금에 산입하도록 규정하고 있다.

→ 구체적인 사항은 뒤에서 상세히 설명한다.

12) 의제배당

의제배당(배당금 또는 분배금의 의제)이란 상법상의 배당절차를 통하여 얻은 배당소득은 아니지만 법인의 이익이 주주 등에게 사실상 귀속되는 경우에 이를 배당으로 의제하는 것을 말한다. 이러한 의제배당도 일반적인 배당소득과 동일하게 주주가 법인인 경우에는 법인세가 과세되고, 개인인 경우에는 소득세가 과세된다. 따라서 현재 소득세법과 법인세법의 의제배당에 관한 규정이 동일하다. 의제배당의 유형은 다음과 같다.

① 자본감소 · 해산 · 합병 · 분할 등으로 인한 의제배당

자본감소 · 해산 · 합병 · 분할 등으로 인하여 주주 등이 보유하고 있는 주식이 소멸하고 그 대가로 받는 금전 또는 재산의 가액이 동 주식의 취득가액을 초과하는 경우 그 초과금액이 의제배당에 해당한다.[25]

② 잉여금의 자본전입으로 인한 의제배당(무상주 의제배당)

법인이 자본잉여금 또는 이익잉여금을 자본전입하는 경우에 신주를 발행하여 주주들에게 무상으로 교부하게 되는데 이를 배당으로 의제한다. 다만 법인세가 과세되지 않은 자본잉여금을 자본전입하는 것은 예외적으로 배당으로 의제하지 않는다.

→ 구체적인 사항은 뒤에서 상세히 설명한다.

13) 간접납부 외국법인세액

내국법인이 외국자회사로부터 수입배당금을 받는 경우에 외국자회사의 외국법인세액 중 해당 수입배당금에 대응하는 금액(세액공제된 경우에 한함)은 익금으로 본다.[26]

14) 기타 수익으로서 그 법인에 귀속되었거나 귀속될 금액

법인세법상 익금은 순자산증가설에 의해 판정된다. 따라서 후술하는 익금불산입항목을 제외한 순자산증가액은 당연히 익금에 해당된다. 이에 해당되는 예시항목은 다음과 같다.

① 이자수익, 배당금수익

---

25) 이처럼 받은 재산가액이 소멸하는 주식의 당초 취득가액을 초과하는 이유는 법인이 그 동안 얻은 이익을 배당하지 않고 사내에 유보해 둠으로 인하여 당해 법인의 주가가 상승하였기 때문이다. 따라서 그 초과액은 결국 과거에 배당받지 않은 금액이 감자 · 해산 · 합병 · 분할로 인하여 주주에게 귀속(실현)된 것이다. 이는 일반적인 배당소득과 다를 것이 없기 때문에 배당으로 의제하는 것이다.

26) Chapter 11의 '외국납부세액공제'를 참조한다.

② 국고보조금 · 공사부담금 · 보험차익

③ 손해배상금 등

2 익금불산입

(1) 익금불산입의 의의

법인세법에서는 순자산을 증가시키는 거래임에도 조세정책적인 목적 등에 의하여 다음의 항목들은 익금으로 보지 않는다.

구 분	익금불산입항목
(1) 자본거래로 인한 순자산 증가	① 주식발행초과금(출자전환시 채무면제이익은 제외) ② 감자차익 ③ 합병차익 ④ 분할차익 ⑤ 자산수증이익과 채무면제이익 중 이월결손금의 보전에 충당된 금액
(2) 이중과세방지	① 이월익금 ② 법인세 또는 지방소득세 소득분의 환급액 ③ 일반법인 · 외국자회사로부터 받은 수입배당금액의 일정액
(3) 기 타	① 자산의 평가이익(일정한 평가이익은 제외) ② 부가가치세 매출세액 ③ 국세 · 지방세 과오납금의 환급금에 대한 이자

(2) 익금불산입의 범위

1) 주식발행초과금

주식의 발행가액이 그 액면가액을 초과하는 경우 그 초과액을 의미한다. 이러한 주식발행초과금은 법정자본금은 아니지만 출자의 일부이지 법인의 소득으로 파악될 대상이 아니다. 따라서 기업회계에서 이를 자본잉여금으로 계상하며, 법인세법에서도 익금으로 보지 않는다.

주식발행초과금 = 주식의 발행가액 − 발행주식의 액면가액단, 법인이 채무의 출자전환을 통해 주식을 발행하는 경우 그 주식의 시가를 초과하여 발행된 금액은 기업회계에서도 채무조정이익으로 당기의 수익으로 인식하며, 법인세법에서도 익금항목인 채무면제이익으로 본다.

채무면제이익 = 주식의 발행가액(채무 감소액) − Max[발행주식의 액면가액, 발행주식의 시가]

표 3-1 • 채무의 출자전환시 법인세법상 주식 발행가액(채무 감소액)의 처리

Case	구성요소	구 분	과세 여부
시가 > 발행가액 > 액면가액	액면가액	자본금	익금 제외
	발행가액 - 액면가액	주식발행초과금	익금불산입
발행가액 > 시가 > 액면가액	액면가액	자본금	익금 제외
	발행가액 - 시가	채무면제이익*	익금
	시가 - 액면가액	주식발행초과금	익금불산입
발행가액 > 액면가액 > 시가	액면가액	자본금	익금 제외
	발행가액 - 액면가액	채무면제이익*	익금

* 단, 다음 중 어느 하나에 해당하는 법인은 출자전환시 채무면제이익 중 이월결손금 보전에 충당되지 않은 금액을 해당 사업연도에 익금불산입하고 그 이후 사업연도에서 발생한 결손금 보전에 충당할 수 있다.

① 「채무자 회생 및 파산에 관한 법률」에 따라 채무를 출자전환하는 내용이 포함된 회생계획인가 결정을 받은 법인
② 「기업구조조정 촉진법」에 따라 채무를 출자전환하는 내용이 포함된 기업개선계획 이행 약정을 체결한 부실징후기업
③ 해당 법인에 대하여 채권을 보유한 금융기관과 채무를 출자전환하는 내용이 포함된 경영정상화계획 이행 협약을 체결한 법인
④ 「기업 활력 제고를 위한 특별법」 제10조에 따른 사업재편계획의 승인을 받은 법인

2) 감자차익

이는 자본금 감소의 경우에 그 감소액이 주식소각, 주금의 반환에 소요된 금액과 결손보전에 충당된 금액을 초과하는 경우 그 초과액을 말한다. 이러한 감자차익은 감자를 하는 과정에서 주주에게 반환되지 않고 불입자본으로 남아 있는 것으로서 출자의 일부이지 법인의 소득으로 파악될 대상이 아니다. 따라서 기업회계에서 자본잉여금으로 계상하며, 법인세법에서도 익금으로 보지 않는다.

감자차익 = 자본금 감소액 − 주식 소각 금액 or 주금 반환 금액

3) 합병차익

이는 합병법인이 피합병법인으로부터 승계한 순자산가액이 피합병법인의 주주에게 지급한 교부주식의 액면가액과 합병교부금을 초과하는 경우 그 초과액을 말한다.

> 합병차익 = 승계한 순자산가액 − (교부주식의 액면가액 + 합병교부금)

법인세법에서는 합병차익을 자본거래에서 발생하는 순자산의 증가로 보아 익금불산입항목으로 규정하고 있다.

4) 분할차익

이는 분할 또는 분할합병의 경우 분할신설법인(또는 분할합병의 상대방법인)이 분할법인(또는 소멸한 분할합병의 상대방법인)으로부터 승계한 순자산가액이 주식의 액면가액과 분할교부금을 초과하는 경우에 그 초과액을 말한다.

> 분할차익 = 승계한 순자산가액 − (교부주식의 액면가액 + 분할교부금)

법인세법에서는 분할차익을 자본거래에서 발생하는 순자산의 증가로 보아 익금불산입항목으로 규정하고 있다.

5) 자산수증이익과 채무면제이익 중 이월결손금의 보전에 충당된 금액

자산수증이익[27]과 채무면제이익은 본래 익금항목이나, 세무상 이월결손금 보전에 충당된 금액은 이를 익금으로 보지 아니한다. 이 경우 '세무상 이월결손금'이란 결손금(합병 · 분할시 승계받은 이월결손금을 제외함)으로서 그 후의 각 사업연도의 과세표준 계산에 있어서 공제되지 아니한 금액(발생시점의 제한이 없음) 등을 말한다.

즉, 세무상 이월결손금은 과세표준 계산상 공제되거나 자산수증이익과 채무면제이익에 의해 보전됨으로써 소멸하게 된다. 따라서 이월결손금 공제기한(결손금이 발생한 사업연도로부터 15년) 내에 있는 이월결손금을 보전할 경우 자산수증이익 또는 채무면제이익의 익금불산입 효과가 과세표준에서 공제할 수 있는 이월결손금 소멸과 맞물려 익금불산입의 혜택이 없다. 그러나 이월결손금 공제기한이 지난 이월결손금을 자산수증이익과 채무면제이익으로 보전할 경우 익금불산입을 통해 과세표준을 감소시킬 수 있게 된다.

---

27) 국고보조금은 기업재무구조개선 때문이 아니라 국가사업 수행을 위하여 지원되기 때문에 법인이 지급받은 국고보조금 등은 제외한다. 즉, 국고보조금 등으로 인한 자산수증이익은 세무상 이월결손금 보전에 충당되더라도 익금으로 본다.

예제 3 채무면제이익

㈜서울은 제11기 사업연도(20×1.1.1. ~ 12.31.)에 부채 5억원을 출자전환하였다. 이에 따라 발행한 주식의 액면가액은 1억원이며, 발행당시 ㈜서울 주식의 시가는 2억원이었다. ㈜서울은 출자전환을 통해 발생한 자본잉여금(주식발행초과금)을 이용하여 제9기에 발생한 결손금 2억원을 보전하였다. 이상의 거래와 관련해 ㈜서울은 다음과 같이 회계처리하였다. 이상의 거래에 대해 세무조정을 하시오.

출자전환시	(차) 부　채	500,000,000	(대) 자본금	100,000,000
			주식발행초과금	400,000,000
이월결손금 보전	(차) 주식발행초과금	200,000,000	(대) 결손금	200,000,000

해설

출자전환*	채무면제이익	₩300,000,000	익금산입 · 기타
이월결손금 보전	채무면제이익	200,000,000	익금불산입 · 기타

* 출자전환 시 감소하는 채무 상당액이 발행주식의 시가를 초과하므로 그 초과액은 채무면제이익으로 보아 익금에 산입한다. 다만, 이월결손금 보전에 충당한 금액만큼은 익금불산입한다.

6) 이월익금

각 사업연도 소득으로 이미 과세된 소득을 다시 해당 사업연도의 수익으로 계상한 금액을 말한다. 이러한 이월익금은 동일한 소득에 대하여 이중과세 되는 것을 방지하기 위하여 익금불산입 항목으로 규정하고 있다.

예제 4 이월익금

㈜서울이 제10기말에 외상으로 판매한 매출액 ₩3,000,000을 대금을 회수한 제11기의 매출액으로 회계처리한 경우 이에 관한 세무조정을 하시오.

해설

구 분	제10기	제11기
결산상 회계처리	회계처리 누락	(차) 현　금 3,000,000 (대) 매　출 3,000,000 (이월익금)
세무상 회계처리	(차) 매출채권 3,000,000 (대) 매　출 3,000,000	(차) 현　금 3,000,000 (대) 매출채권 3,000,000
세무조정	매　출 3,000,000 익금산입 · 유보	매　출 3,000,000 익금불산입 · △유보

7) 법인세 또는 지방소득세 소득분의 환급액(기타로 처분)

법인세 또는 지방소득세 소득분은 지출 당시에 손금으로 인정받지 못하는 조세이다. 따라서 이를 환급받은 금액 또는 환급받을 금액을 다른 세액에 충당한 경우 익금에 산입하지 않는다.

8) 일반법인 · 외국자회사의 수입배당금액 중 일정액

배당소득에 대해서는 일단 지급하는 법인 단계에서 법인세가 과세되고, 지급받는 주주 단계에서 다시 소득세(주주가 개인인 경우), 법인세(주주가 법인인 경우)가 과세되기 때문에 일반적으로 이중과세 문제가 발생한다.

이러한 이중과세 문제를 조정하기 위하여 소득세법에서는 Gross-up 제도를 두고 있으며, 법인세법에서는 법인주주가 얻은 배당소득(수입배당금)에 대하여 일정액을 익금불산입하도록 규정하고 있다.

→ 구체적인 사항은 뒤에서 상세히 설명한다.

9) 자산의 평가이익

법인세법에서는 자산을 원가법으로 평가함을 원칙으로 하므로 자산의 평가이익을 익금에 산입하지 않는다. 다만, 다음의 경우에는 예외적으로 익금에 산입한다.

① 보험업법이나 기타 법률에 의한 고정자산의 평가이익
② 「자본시장과 금융투자업에 관한 법률」에 따른 투자회사 등이 보유한 유가증권 등에 대한 평가이익
③ 화폐성외화자산 · 부채의 환율변동으로 인한 평가이익

10) 부가가치세 매출세액

사업자가 재화나 용역을 공급할 때 공급받는 자로부터 거래징수한 부가가치세 매출세액은 정부에 납부하여야 할 예수금(부채)에 해당하기 때문에 익금에 해당되지 않는다.

11) 국세 · 지방세 과오납금의 환급금에 대한 이자(기타로 처분)

국세 또는 지방세를 과오납한 경우에는 그 과오납금을 환급받게 되는데, 이 경우 그 환급금에 덧붙여 받게 되는 법정이자(국세환급가산금 또는 지방세환급가산금을 말한다)는 익금에 산입하지 않는다. 해당 법정이자는 과오납 후 환급까지의 기간에 대한 보상의 성격을 가지고 있는데, 만약 그 법정이자를 익금에 산입한다면 그에 대한 법인세 부담으로 인해 보상의 효과가 희석되기 때문이다.

3 임대보증금 등에 대한 간주익금(간주임대료)

앞서 설명한 바와 같이 임대보증금 등에 대하여 그 정기예금이자 상당액을 임대료로 간주하여 익금에 산입한다.

(1) 추계결정하는 경우

법인의 장부 또는 증명서류가 없거나 미비하여 소득금액을 계산할 수 없는 경우에는 추계결정하게 된다. 이 경우 부동산임대(주택임대 포함)에 의한 전세금 또는 임대보증금에 대한 수입금액은 다음과 같이 계산한다.

$$\text{간주임대료} = \text{임대보증금 등의 적수}^{*1)} \times \frac{1}{365}\left(\text{윤년: } \frac{1}{366}\right) \times \text{정기예금이자율}^{*2)}$$

*1) '적수'란 매일의 잔액을 일정기간 동안 합산한 것을 말하며, 초일은 산입하고 말일은 산입하지 않는다. 예를 들어, 1월 1일부터 1월 10일까지 ₩100이 있었다면 이의 적수는 ₩100 × 9일 = ₩900으로 산정된다. 추가로 간주임대료 계산 시 365일 또는 366일을 나누는 이유는 연평균 금액을 산정하기 위함이다.

*2) 정기예금이자율은 금융회사 등의 정기예금이자율을 고려하여 기획재정부령이 정한 이자율을 말한다.

(2) 장부 등에 의해 소득금액을 계산하는 경우

차입금을 과다보유하고 있는 내국법인(차입금이 자기자본의 2배를 초과하는 법인)으로서, 부동산임대업을 주업(자산 중 부동산임대업 관련 자산이 50% 이상인 경우)으로 하는 법인(비영리법인 제외)이 부동산 또는 그 부동산에 관한 권리 등을 대여하고 보증금 · 전세금 등을 받은 경우에는 다음과 같이 간주임대료를 계산하여 익금에 가산한다. 단, 다음과 같이 계산한 간주임대료가 음수(-)인 경우에는 이를 없는 것으로 본다.

$$\text{간주임대료} = (\text{임대보증금 등의}^{*1)} \text{ 적수} - \text{건설비상당액}^{*2)} \text{ 적수}) \times \frac{1}{365}\left(\text{윤년: } \frac{1}{366}\right) \times \text{정기예금이자율} - \text{금융수익}^{*3)}$$

*1) 주택과 그 부수토지로서 다음의 면적 이내의 토지를 임대한 경우 간주임대료 계산에서 제외한다.

주택부수토지의 면적 = Max[①, ②] ① 건물이 정착된 면적 × 5배(도시지역 밖의 토지는 10배) ② 주택의 연면적(지하층의 면적, 지상층의 주차장으로 사용되는 면적 및 주민공동시설의 면적은 제외)

*2) 해당 건축물의 취득가액(자본적 지출을 포함하고 재평가차액은 제외한다)을 말하며, 토지의 취득가액은 여기에 포함되지 않는다. 건물의 일부를 임대한 경우 건설비 상당액은 다음 산식에 따라 계산한다.

$$\text{임대부동산의 건설비 상당액 적수 총계} \times \frac{\text{임대면적의 적수}}{\text{건물연면적의 적수}}$$

*3) 임대사업 부분에서 발생한 수입이자와 할인료 · 배당금 · 신주인수권처분이익 및 유가증권처분이익의 합계액을 말한다. 이 때 유가증권처분이익은 유가증권처분이익에서 유가증권처분손실을 차감한 금액을 말하며, 유가증권처분이익이 음수(－)일 때에는 '0'으로 본다.

간주임대료 규정은 법인세법 뿐 아니라 소득세법 및 부가가치세법에서도 규정하고 있는데 각 법령의 간주임대료 규정 추계결정의 경우와 장부 등에 의해 소득금액을 계산하는 경우로 나누어 비교하면 다음과 같다.

표 3-2 • 간주임대료 규정 비교

구 분	법인세법		소득세법		부가가치세법
	추계결정	일 반	추계결정	일 반	
① 적용대상자	모든 법인	차입금과다법인으로서 부동산임대업을 주업으로 하는 영리내국법인	모든 부동산 임대사업자	모든 부동산 임대사업자	모든 부동산 임대사업자
② 주택임대 제외여부	포함	제외	제외 (예외 있음)	제외 (예외 있음)	제외
③ 건설비 차감여부	×	○	×	○	×
④ 금융수익 차감여부	×	○ 이자수익, 배당금수익, 유가증권처분이익, 신주인수권처분이익	×	○ 이자수익 및 배당금수익	×

예제 5 임대보증금 등에 대한 간주임대료

부동산임대업을 주업으로 하며 법인세법상 차입금 과다법인에 해당하는 내국법인 ㈜A의 제7기 사업연도(20×1.1.1. ~ 20×1.12. 31.) 임대사업에 관한 자료는 다음과 같다. ㈜A가 장부를 정상적으로 신고하는 경우와 추계결정하는 경우의 간주임대료를 각각 계산하시오.

(1) 임대면적: 주택부분 150㎡, 상가부분 600㎡

(2) 임대보증금: 주택부분 60,000,000원, 상가부분 600,000,000원

(3) 주택임대사업부문의 수입금액: 이자수입 2,400,000원

(4) 상가임대사업부문의 수입금액: 이자수입 3,800,000원, 배당금수입 6,400,000원,
유가증권처분손실 2,000,000원

(5) 제6기 8월 해당 부동산을 500,000,000원(토지가액 300,000,000원 포함)에 취득하였다.

(6) 임대기간은 제7기 1. 1.부터 3년간이고, 정기예금이자율은 연 5%로 가정한다.

해설

1. 장부를 기장하는 경우

$$[(600,000,000 \times 365) - (200,000,000 \times \frac{600㎡}{750㎡} \times 365)] \times \frac{1}{365} \times 5\% - 10,200,000 = 11,800,000$$

* 추계결정이 아니므로 주택보증금은 간주임대료 계산대상에서 제외하며, 상가임대사업 부분의 건설비(토지가액 제외)와 금융수익(유가증권처분손실은 유가증권처분이익에서만 상계하고 음수인 경우 0으로 함)을 차감한다.

2. 추계결정하는 경우

$$[(600,000,000 + 60,000,000) \times 365 \times \frac{1}{365}] \times 5\% = 33,000,000$$

* 추계결정이므로 주택보증금도 간주임대료 계산대상이며, 건설비와 금융수익을 차감하지 않는다.

4 의제배당

앞서 설명한 바와 같이 형식상 배당은 아니지만 사실상 회사의 이익이 주주 등에게 귀속되는 경우 배당으로 간주하여 익금 또는 배당소득으로 과세한다.

(1) 의제배당의 유형

의제배당은 ① 자본감소 · 해산 · 합병 · 분할 등으로 인한 의제배당과 ② 잉여금의 자본전입으로 인한 의제배당이 있다.

1) 자본감소 · 해산 · 합병 · 분할 등으로 인한 의제배당

자본감소 · 해산 · 합병 · 분할 등으로 인한 의제배당은 자본감소 등으로 인해 주주가 받는 금액이 기존 주식 취득에 소요된 금액을 초과하는 경우 초과금액을 의미한다.

즉, 다음에 해당하는 금액을 법인으로부터 이익을 배당받은 금액으로 본다.

자본감소 등으로 인한 의제배당액
= 자본감소 · 해산 · 합병 · 분할로 인해 주주 등이 받는 재산가액 – 소멸하는 주식의 취득가액

자본금 감소 등으로 주주 등이 받는 재산가액 중 금전 외의 재산가액은 취득당시의 시가에 의하여 평가한다. 소멸하는 주식의 취득가액은 주주 등이 해당 주식을 취득하거나 해당 법인에 출자하기 위하여 소요된 금액으로써 실제로 지출된 금액에 의한다. 다만, 그 소멸하는 주식 등이

잉여금의 자본금 전입에 따라 교부받은 경우에는 해당 주식의 장부상 취득가액에 유보 또는 △유보잔액을 가감하여 계산한 금액을 말한다. 예를 들어 무상주를 취득했을 경우 의제배당으로 과세된 경우에는 익금산입한 액면가액(주식배당인 경우 발행금액)을 취득가액에 포함한다.

예제 6 자본감소 등으로 인한 의제배당

㈜서울은 피합병법인 ㈜을의 주주이며, ㈜을의 주식 100주(주당 액면가 ₩10,000)를 주당 ₩25,000에 취득하였다. 당기 중 ㈜한국이 ㈜을을 합병함으로써 피합병법인의 주주인 ㈜서울에게 합병대가로 1주당 ₩100,000의 현금을 지급하였다. 이러한 경우 ㈜서울의 의제배당액을 계산하시오.

해설

(1) 합병으로 인해 받는 대가: ₩100,000 × 100주 = ₩10,000,000
(2) 소멸하는 주식의 취득가액: ₩25,000 × 100주 = ₩2,500,000
(3) 의제배당금액: ₩10,000,000 − ₩2,500,000 = ₩7,500,000

2) 잉여금의 자본전입으로 인한 의제배당

잉여금의 자본전입으로 인한 의제배당은 무상주 의제배당이라고도 한다. 여기서 무상주란 피투자법인이 자본잉여금 또는 이익잉여금을 자본금에 전입하는 경우 신주를 발행하여 주주들에게 무상으로 교부하는데 이 때 발행한 주식을 의미한다. 이 경우 법인인 주주가 교부받는 주식이 과세대상인지 여부가 쟁점이다. 기업회계에서는 피투자법인의 잉여금의 자본전입 및 주식배당으로 발행한 신주는 주주의 입장에서 주주지분의 재분류에 불과하므로 수익으로 처리하지 않는다. 그러나 세법은 피투자법인의 잉여금의 자본전입과 주식배당으로 발행한 신주에 대해 원칙적으로 배당으로 의제하여 과세한다. 다만, 법인세가 과세되지 않은 자본잉여금을 자본금에 전입할 경우는 예외적으로 과세하지 않는다.

<table>
<tr><th colspan="4">자본금 전입 재원</th><th>익금 여부</th><th>의제배당 여부</th><th>기업회계의 관점</th></tr>
<tr><td rowspan="7">자본 잉여금</td><td rowspan="3">주식발행 초과금</td><td colspan="2">일반적인 주식발행초과금</td><td>×</td><td>×</td><td rowspan="7">수익이 아닌 주주지분의 재분류</td></tr>
<tr><td colspan="2">채무의 출자전환시 채무면제이익*1)</td><td>○</td><td>○</td></tr>
<tr><td colspan="2">상환주식의 주식발행액면초과액*2)</td><td>○</td><td>○</td></tr>
<tr><td colspan="3">주식의 포괄적 교환(이전)차익</td><td>×</td><td>×</td></tr>
<tr><td rowspan="3">감자차익</td><td colspan="2">일반적인 감자차익</td><td>×</td><td>×</td></tr>
<tr><td rowspan="2">자기주식소각이익</td><td>원칙</td><td>×</td><td>×</td></tr>
<tr><td>예외*3)</td><td>×</td><td>○</td></tr>
</table>

자본금 전입 재원			익금 여부	의제배당 여부	기업회계의 관점
	재평가적립금	일반적인 재평가적립금	×	×	
		익금에 산입된 토지 재평가차액*4)	○	○	
	기타자본잉여금(자기주식처분이익*5))		○	○	
이익잉여금	법정적립금 및 임의적립금		○	○	수익이 아닌 주주지분의 재분류
	미처분이익잉여금		○	○	

*1) 기업회계에서는 채무의 출자전환시 주식의 발행가액이 시가를 초과하는 경우 그 초과금액은 채무조정이익으로 당기수익으로 계상된다. 그러나 종전 상법에서는 발행가액이 액면가액을 초과하는 전액을 주식발행초과금으로 규정하였으며, 이를 근거로 법인세법은 주식발행초과금의 자본금 전입시 의제배당을 규정하고 있음에 따라 발생하는 문제이다. 세법 입장에서는 채무의 출자전환시 발생하는 채무면제이익은 기업회계에서 당기수익으로 취급됨에 따라 익금으로 인식되기 때문에 당연히 자본전입시 주주가 수령하는 무상주는 의제배당으로 과세된다.

*2) 상환주식은 발행회사가 발행 후 일정기간 이후에 회사의 이익으로 액면금액 또는 그 이상으로 상환(소각)할 수 있는 주식을 의미하며, (발행가액 - 액면가액)으로 계산된다.

*3) 자기주식을 처분하는 경우 자기주식처분이익이 발생하는 상황임에도 불구하고 무상주를 받는 주주들의 과세를 회피하기 위하여 자기주식을 소각하여 자기주식소각이익을 만들어 자본전입을 하여 과세를 회피하려는 상황을 방지하기 위하여 소각 당시의 시가가 취득가액을 초과하는 경우에는 시기에 관계없이 의제배당으로 보며, 아울러 자기주식 소각일로부터 2년내에 자본전입하는 경우에도 무상주의 과세를 회피하기 위하여 기업들이 행하는 조세회피 행위로 간주하여 의제배당으로 과세한다.

*4) 2000년 이전에 한시적으로 존재했던 자산재평가법에 따라 자산(토지 및 건물)의 재평가차액을 계상한 기업은 해당 재평가차액에 대해 익금불산입으로 처리할 수 있는 혜택이 주어진 반면 3%의 재평가세가 부과되었다. 그러나 일부 토지에 대해서는 익금산입(단, 재평가세는 1%만 부과)으로 처리되었는데 해당 익금산입액은 법인세가 과세된 재원이므로 이를 토대로 자본전입을 함에 따라 주주가 수령하는 무상주는 의제배당으로 과세된다.

*5) 기업회계에 따른 자본잉여금 중 자기주식처분이익은 법인세법상 각 사업연도 소득을 계산함에 있어 익금에 산입되므로 세법상 이익잉여금과 차이가 없으며, 이를 토대로 자본전입을 함에 따라 주주가 수령하는 무상주는 의제배당으로 과세된다.

세법의 관점에서 주주에게 배당으로 분배하는 회사의 이익은 결산서상 당기순이익이 아닌 각 사업연도 소득이다. 따라서 각 사업연도 소득에 포함된 과세된 잉여금만이 배당의 재원이 될 수 있으며, 법인세가 과세되지 않은 잉여금의 자본금 전입은 배당으로 의제하지 않는 것이다. 그럼에도 불구하고 다음의 두 가지 경우에는 법인세가 과세되지 않은 잉여금을 자본전입함에 따라 수령한 무상주라도 의제배당으로 하여 익금에 산입한다.

① 자기주식소각이익은 과세되지 않은 잉여금이지만, ㉠ 소각 당시 시가가 취득가액을 초과하거나 ㉡ 소각일로부터 2년 이내에 자본전입하는 경우 그 자기주식소각이익의 자본전입으로 주주가 수령하는 무상주는 의제배당에 해당한다.

② 자기주식을 보유한 법인이 과세되지 않은 잉여금을 자본전입함에 따라 해당 법인 외 주주 지분율이 증가한 경우 그 증가한 지분율에 해당하는 주식가액은 의제배당에 해당한다.

예제 7 잉여금의 자본전입으로 인한 의제배당(1)

1. ㈜한국(사업연도: 1.1. ~ 12. 31.)은 ㈜서울의 발행주식총수의 10%인 주식 10,000주를 주당 ₩1,500에 취득하여 보유하고 있으며, 시장성이 없어 취득원가로 평가하고 있다.
2. ㈜한국의 제11기에 ㈜서울은 잉여금 전액(자본잉여금 및 이익잉여금)을 자본전입하여 발행한 신주를 주주들에게 교부하였다. 해당 자본전입 직전 ㈜서울의 자기자본 내역은 다음과 같다.

(1) 자본금(액면가액 ₩1,000 × 100,000주)		₩100,000,000
(2) 자본잉여금		
① 주식발행초과금	₩15,000,000	
② 자기주식처분이익	10,000,000	25,000,000
(3) 이익잉여금		
① 이익준비금	₩20,000,000	
② 미처분이익잉여금	15,000,000	35,000,000
합 계		₩160,000,000

3. ㈜한국은 제12기에 보유하고 있던 ㈜서울의 주식 전량을 ₩25,000,000에 매각하였다.

이 때 ㈜한국이 제11기와 제12기에 ㈜서울의 주식과 관련하여 수행해야 할 세무조정을 제시하시오. (단, 수입배당금의 익금불산입 규정은 적용하지 않는다.)

해설

1. 제11기

잉여금의 자본전입에 의한 무상주의 취득

㈜한국이 수령하는 무상주: ₩60,000,000 ÷ 1,000 × 10% = 6,000주

(1) 회계처리: 없음

(2) 법인세법: 의제배당 ₩4,500,000*1)

*1) {₩10,000,000(자기주식처분이익) + ₩35,000,000(이익잉여금)} × 10%
= 6,000주 × 1,000 × (₩45,000,000 ÷ ₩60,000,000) = 4,500,000
∵ 과세된 잉여금의 자본전입으로 수령한 무상주는 의제배당에 해당한다.

(3) 세무조정: ₩4,500,000 익금산입 · 유보

2. 제12기

(1) 회계처리

(차) 현 금	25,000,000	(대) 금 융 자 산	15,000,000
		처 분 이 익	10,000,000

(2) 세무상 분개

(차) 현 금	25,000,000	(대) 금 융 자 산	19,500,000*2)
		처 분 이 익	5,500,000

*2) ₩15,000,000(취득가액) + ₩4,500,000(유보잔액) = ₩19,500,000(세무상 장부가액)

(3) 세무조정: ₩4,500,000 익금불산입 · △유보

예제 8 잉여금의 자본전입으로 인한 의제배당(2)

1. ㈜한국(20×1.1. 1. ~ 20×1.12. 31.)은 ㈜서울(20×1.1. 1. ~ 20×1.12. 31.)의 발행주식총수의 10%인 주식 10,000주(액면가액 ₩1,000)를 보유하고 있으며, ㈜서울은 발행주식총수인 100,000주 중 20,000주를 자기주식으로 보유하고 있다.
2. ㈜한국은 20×2년 중에 ㈜서울이 잉여금을 자본전입함에 따라 12,500주의 무상주를 수령하였으며, ㈜서울이 자본전입한 잉여금의 재원은 다음과 같다.

구 분	금 액
(1) 주식발행초과금	₩12,000,000
(2) 자기주식소각이익*	24,000,000
(3) 자기주식처분이익	20,000,000
(4) 이익준비금	16,000,000
(5) 미처분이익잉여금	28,000,000
합 계	₩100,000,000

* 20×1년 8월 26일 ㈜서울이 자기주식을 소각함에 따라 발생하였다.

이 때 ㈜한국의 20×2년 사업연도의 의제배당금액을 계산하시오.

해설

1. 지분구조 분석

구 분	자본전입 전	무상주	자본전입 후
㈜한국	10,000주 (10%)	12,500주*1)	22,500주 (11.25%)
기타주주	70,000주 (70%)	87,500주*2)	157,500주 (78.75%)
자기수식	20,000주 (20%)	–	20,000주 (10.00%)
합 계	100,000주 (100%)	100,000주*3)	200,000주 (100.00%)

*1) 100,000주 × (10,000주/80,000주) = 12,500주
*2) 100,000주 × (70,000주/80,000주) = 87,500주
*3) ₩100,000,000 ÷ 1,000(액면가액) = 100,000주

2. 자본전입 재원 분석

구 분	의제배당 ○	의제배당 ×
(1) 주식발행초과금	–	₩12,000,000
(2) 자기주식소각이익*4)	₩24,000,000	–
(3) 자기주식처분이익	20,000,000	–
(4) 이익준비금	16,000,000	–
(5) 미처분이익잉여금	28,000,000	–
합 계	₩88,000,000	₩12,000,000

*4) 자기주식소각일로부터 2년 이내에 자본전입함에 따라 수령한 무상주이므로 의제배당에 해당한다.

(1) 의제배당에 해당하는 부분

12,500주 × (₩88,000,000 ÷ ₩100,000,000) × ₩1,000 = ₩11,000,000

(2) 자기주식을 보유한 ㈜서울의 자본전입으로 인한 ㈜한국의 지분 증가분

200,000주 × (11.25% − 10%) × (₩12,000,000 ÷ ₩100,000,000) × ₩1,000 = ₩300,000

(3) 의제배당금액: (1) + (2) = ₩11,300,000

(2) 의제배당금액의 평가

의제배당금액의 평가는 ① 주주 등이 받는 재산가액에 대한 평가와 ② 소멸하는 주식의 취득가액에 대한 평가로 구분된다.

① 주주 등이 받는 재산가액에 대한 평가는 주식 또는 출자지분의 형태인지 그 이외의 형태인지에 따라 구분되며 원칙적으로 다음과 같이 평가한다.

형 태	취득 사유		평가방법
주식 또는 출자지분	잉여금의 자본전입		액면가액(주식배당의 경우 발행금액)
	자본금 감소 및 해산		취득당시 시가
	합병 · 분할	과세이연요건 충족	종전 장부가액
		불충족	취득당시 시가
주식 또는 출자지분 이외			취득당시 시가

다음으로 ② 소멸하는 주식의 취득가액에 대한 평가는 원칙적으로 취득 시 지출된 금액에 의한다. 다만, 소멸하는 주식이 잉여금의 자본전입으로 인한 무상주인 경우에는 무상주에 대해 과세가 되었는지 여부에 따라 다음과 같이 구분하여 평가한다.

구 분	평 가
무상주 취득시 의제배당으로 과세된 경우	액면가액(또는 발행가액)을 취득가액에 포함
무상주 취득시 의제배당으로 과세되지 않은 경우	주당 장부가액을 다음과 같이 수정 $\frac{\text{구주식 등 1주당 장부가액}}{1 + \text{구주식 등 1주당 신주식 등 배정 수}}$

위와 같은 평가 방식으로 인해 취득 후 소멸하는 주식은 ㉠ 실제 지출에 의한 취득분, ㉡ 과세된 무상주, ㉢ 과세되지 않은 무상주가 균등한 비율로 소멸하게 된다. 그러나 과세되지

않은 무상주가 취득 시점으로부터 2년 이내에 자본금 감소 또는 소각으로 소멸하게 되는 경우에는 ㉠, ㉡, ㉢ 중 과세되지 않은 무상주가 먼저 소멸된 것으로 보고, 그 취득가액은 위의 규정에도 불구하고 '0'으로 한다(단기소각주식 등의 특례).

예제 9 자본금 감소로 인한 의제배당

1. ㈜한국(20×1.1.1. ~ 20×1.12. 31.)은 ㈜서울의 주식 10,000주(액면가액 ₩1,000)를 보유하고 있으며, 해당 주식의 취득내역은 다음과 같다.

취득일	주식수	내 역
20×1. 4. 10.	6,000주	1주당 ₩2,000에 취득
20×1. 8. 10.	2,000주	주식발행초과금의 자본전입으로 무상주 수령
20×2. 6. 10.	2,000주	자기주식처분이익의 자본전입으로 무상주 수령
합 계	10,000주	

2. ㈜한국은 20×3년 중에 ㈜서울이 모든 주주에 대해 보유주식의 25%를 1주당 ₩3,000의 현금을 지급하고 소각함에 따라 현금 ₩7,500,000을 수령하였다.
   (1) ㈜서울의 주식소각일이 20×3. 10. 10.인 경우 ㈜한국의 의제배당금액을 계산하시오.
   (2) ㈜서울의 주식소각일이 20×3. 6. 10.인 경우 ㈜한국의 의제배당금액을 계산하시오.

해설

1. 주식소각일이 20×3. 10. 10.인 경우
   (1) 주식소각으로 인하여 수령한 재산가액: ₩3,000 × 2,500주 = ₩7,500,000
   (2) 소멸한 주식의 취득가액: ₩1,400*1) × 2,500주 = ₩3,500,000

   *1) 1주당 장부가액 = $\frac{(₩2{,}000 \times 6{,}000주) + (₩0 \times 2{,}000주) + (₩1{,}000 \times 2{,}000주)}{6{,}000주 + 2{,}000주 + 2{,}000주}$

   (3) 의제배당금액: (1) − (2) = ₩4,000,000

2. 주식소각일이 20×3. 6. 10.인 경우
   (1) 주식소각으로 인하여 수령한 재산가액: ₩3,000 × 2,500주 = ₩7,500,000
   (2) 소멸한 주식의 취득가액: (0*1) × 2,000주) + (₩1,750*2) × 500주) = ₩875,000

   *1) 20×1. 8. 10.에 수령한 무상주에 대해 단기주식소각 특례를 적용한다.

   *2) 1주당 장부가액 = $\frac{(₩2{,}000 \times 6{,}000주) + (₩1{,}000 \times 2{,}000주)}{6{,}000주 + 2{,}000주}$

   (3) 의제배당금액: (1) − (2) = ₩6,625,000

(3) 의제배당의 귀속시기

의제배당은 다음의 날이 속하는 사업연도에 귀속된다.

구 분	의제배당의 귀속시기
① 잉여금의 자본전입	주주총회 등에서 자본전입을 결의한 날
② 자본금 감소 등	주주총회 등에서 자본금의 감소 등을 결의한 날
③ 해 산	잔여재산가액의 확정일(해산등기일이 아님)
④ 합병 · 분할	합병등기일 · 분할등기일

5 수입배당금의 익금불산입

일반적으로 주주가 법인으로부터 배당금을 수령한다면 법인주주인 경우는 법인세를, 개인주주인 경우는 배당소득세를 납부해야 한다. 그러나 배당금을 지급하는 법인이 이미 법인세를 납부한 후의 당기순이익의 누적금액인 이익잉여금이 배당의 재원이 되므로 세법의 관점에서 이중과세의 문제가 발생한다. 수입배당금의 익금불산입 규정은 이러한 이중과세의 불합리를 조정고자 함이 목적이다. 이하에서는 법인주주만을 대상으로 하며 개인주주의 이중과세조정은 소득세 부분에서 상세하게 설명한다.

(1) 일반법인 수입배당금의 익금불산입

1) 의 의

배당에 대한 이중과세를 조정하기 위하여 내국법인(고유목적사업준비금을 손금에 산입하는 비영리내국법인 제외)[28]이 다른 내국법인으로부터 받은 이익의 분배금, 잉여금 분배액 등의 수입배당금(의제배당금액 포함) 중 일정금액을 각 사업연도 소득금액을 계산할 때 익금에 산입하지 아니한다.

2) 익금불산입액의 계산

익금불산입액 = 수입배당금 × 익금불산입비율 − 차입금이자 차감액

28) 비영리내국법인에 고유목적사업준비금의 손금산입과 수입배당금의 익금불산입이 동시에 적용되면 이중혜택이 되므로 수입배당금의 익금불산입 규정을 적용배제하는 것이다.

① 수입배당금

수입배당금 산정 시 다음과 같은 경우에는 익금불산입대상에서 제외된다. 수입배당금 중 법인세가 과세되지 않은 금액은 익금불산입 규정을 적용하지 않는 것이 원칙이다.

㉠ 배당기준일 전 3개월 이내 취득한 주식 등을 보유함으로써 발생한 수입배당금

㉡ 지급배당에 대해 소득공제를 받은 유동화전문회사, 신탁재산 등으로부터 받은 배당금

㉢ 법인세가 비과세 · 면세 · 감면되는 법인으로부터 수령한 배당금

㉣ 피출자법인의 소득에 법인세가 과세되지 아니한 수입배당금액[29]으로서 대통령령으로 정하는 수입배당금액

② 익금불산입비율

익금불산입비율은 일반법인이 출자한 회사에 대한 출자비율에 따라 다음과 같이 차등 적용한다. 이 경우 출자비율은 출자받은 내국법인의 배당기준일 현재 3개월 이상 계속하여 보유하고 있는 주식을 기준으로 계산한다.

피출자법인에 대한 출자비율	익금불산입률
50% 이상	100%
20% 이상 50% 미만	80%
20% 미만	30%

③ 차입금이자 차감액

내국법인이 각 사업연도에 지급하는 차입금이자가 있는 경우에는 일정금액을 익금불산입 대상금액에서 차감한다. 이는 차입금으로 타회사 주식을 취득하는 것을 규제하기 위함이다. 내국법인이 차입금이자가 있는 경우에 다음과 같이 계산한 금액을 익금불산입 대상금액에서 차감한다.

$$\text{익금불산입 차감액} = \text{차입금이자} \times \text{익금불산입비율} \times \frac{\text{익금불산입 대상 주식의 장부가액적수}^{*1)}}{\text{자산총액 적수}^{*2)}}$$

*1) 세무상 장부가액, 단, 정부로부터 현물출자받은 주식은 차입금을 통한 취득과 무관하므로 차감 대상에서 제외한다.
*2) 재무상태표상 자산총액에 사업연도 일수를 곱하여 적수를 산정

여기서 차입금이자는 원칙적으로 포괄손익계산서에 계상된 이자비용을 의미하나 지급이자 손금불산입 규정에 따른 손금불산입 금액과 현재가치할인차금 상각액 및 연지급수입[30]의 지

---

29) 자본의 감소로 주주 등인 내국법인이 취득한 재산가액이 당초 주식 등의 취득가액을 초과하는 금액 또는 자기주식이 있는 상황에서 자본잉여금의 자본전입으로 인해 발생하는 이익 등이 있다.

30) 연지급수입(Usance Import)은 수입업자가 선적서류나 물품을 인수한 날로부터 일정 기간이 지난 뒤에 수입대금을 결제

급이자는 제외한다. 또한 차입금이자, 주식의 장부가액적수, 자산총액적수는 수입배당금액 법인의 익금으로 확정된 날이 속하는 사업연도의 것으로 한다.

(2) 해외자회사 수입배당금의 익금불산입

1) 의 의

내국법인[31]이 해당 법인이 출자한 외국자회사로부터 받은 이익의 분배금, 잉여금 분배액 등의 수입배당금(의제배당금액 포함)의 95%에 해당하는 금액은 각 사업연도의 소득금액을 계산할 때 익금에 산입하지 아니한다.

또한 내국법인이 해당 법인이 출자한 외국법인(외국자회사는 제외)으로부터 자본준비금을 감액하여 받는 배당으로서 익금에 산입되지 아니하는 배당에 준하는 성격의 수입배당금액을 받는 경우 그 금액의 95%에 해당하는 금액은 각 사업연도의 소득금액을 계산할 때 익금에 산입하지 아니한다.

2) 외국자회사 요건

내국법인이 외국법인 의결권 있는 발행주식총수 또는 출자총액의 10%(「조세특례제한법」에 따른 해외자원개발사업을 하는 외국법인의 경우에는 5%) 이상을 배당기준일 현재 6개월 이상 보유하고 있는 경우 외국자회사로 본다. 단, 외국자회사의 자본준비금 감액으로 인한 배당은 지분율에 관계없이 익금불산입 규정을 적용한다.

3) 익금불산입 적용 제외

수동적 업종(임대업 등) 또는 수동적 소득(이자 또는 배당 등) 위주로 영업하는 해외자회사가 실제 세부담율이 15% 이하인 경우 이들 자회사의 배당금은 수입배당금의 익금불산입 규정을 적용하지 아니한다. 따라서 수동적 업종이 아닌 제조업 등을 영위하는 해외자회사는 실제 세부담율에 관계없이 수입배당금의 익금불산입 규정을 적용한다.

4) 익금불산입액의 계산

수입배당금 산정 시 ㉠ 배당기준일 전 6개월 이내 취득한 주식 등을 보유함으로써 발생한 수입배당금, ㉡ 지급배당에 대해 소득공제 또는 그밖에 법인세가 비과세 · 면세 · 감면되는 법인으로부터 수령한 수입배당금의 경우에는 익금불산입 규정을 적용하지 않는다. 내국법인이 외국자회사에 대한 출자비율이 10% 이상인 경우 익금불산입비율은 95%를 적용하며, 출자비율에 따른 익금불산입률의 차이는 없다. 한편 해외자회사의 경우 일반법인과과 달리 차입금이자 차감액을 적용하지 않는다.

하는 조건의 수입거래를 의미하며 외상수입이라 할 수 있다.

31) 「자본시장과 금융투자업에 관한 법률」에 따른 간접투자회사 등은 제외하는데, 이러한 회사들은 국외의 자산에 투자하여 얻은 소득이 있을 경우 '외국납부세액공제 및 환급 특례'를 적용받기 때문이다.

익금불산입액 = 수입배당금 × 익금불산입비율

예제 10 수입배당금의 익금불산입(1)

다음 자료를 이용하여 영리내국법인 ㈜한국의 제11기(20×1. 1. 1. ~ 20×1. 12. 31.)의 수입배당금의 익금불산입액을 계산하시오.

1. ㈜한국의 제11기에 귀속되는 배당금 등의 내역은 다음과 같다.

배당지급법인	㈜한국의 지분비율	수령 내역
㈜A (상장법인)	5%	₩20,000,000 (현금배당)
㈜B (상상법인)	30%	70,000,000 (감자대가) (1)
㈜C (비상장법인)	60%	50,000,000 (무상주) (2)
㈜D (비상장법인)	70%	30,000,000 (현금배당) (3)

(1) ㈜B의 주식 35,000주를 주당 ₩15,000에 취득하여 보유하던 중 B법인이 모든 주주에 대해 보유주식의 10%를 주당 ₩20,000을 현금 지급하고 소각함에 따라 수령한 금액이다. 해당 감자 후에도 ㈜B에 대한 ㈜한국의 지분율에는 변동이 없었다.

(2) ㈜C가 이익잉여금을 자본전입함에 따라 수령한 무상주이며, 무상주 수령 후에도 ㈜C에 대한 ㈜한국의 지분율에는 변동이 없었다.

(3) ㈜D가 20×0. 12. 31.을 배당기준일로 하여 20×1. 3. 31. 주주총회에서 배당을 결의함에 따라 20×1. 4. 30.에 수령한 금액이다. ㈜한국은 ㈜D의 수식을 20×0. 11. 10.에 취득하였다.

2. ㈜한국은 차입금을 전혀 보유하고 있지 않다.

해설

1. 배당지급법인 별 익금불산입액

(1) ㈜A: ₩20,000,000 × 30% = ₩6,000,000

(2) ㈜B: ₩17,500,000[*1)] × 80% = ₩14,000,000

*1) 감자로 인한 의제배당금액: ₩70,000,000 - ₩15,000 × (35,000주 × 10%) = ₩17,500,000

(3) ㈜C: ₩50,000,000 × 100% = ₩50,000,000

(4) ㈜D: ₩0[*2)]

*2) 주식 취득일이 배당기준일 3개월 이내이므로 수입배당금의 익금불산입 규정을 적용하지 않는다.

2. 수입배당금의 익금불산입액

(1) + (2) + (3) + (4) = ₩70,000,000

예제 11 수입배당금의 익금불산입(2)

다음의 자료를 이용하여 영리내국법인 ㈜한국의 제11기(20×1. 1. 1. ~ 20×1. 12. 31.) 제11기의 수입배당금의 익금불산입액을 계산하시오.

(1) 자산총액: ₩200억

(2) 차입금: ₩50억

(3) 이자비용(차입금이자): ₩2억 (단, 이 중 ₩40,000,000은 차입금 중 사채의 현재가치할인차금 상각액으로 세무상 손금불산입 항목이다.)

㈜한국의 제11기에 귀속되는 배당금의 내역은 다음과 같으며, 보유주식은 모두 배당기준일 전 1년 전부터 보유하고 있다.

배당지급법인	㈜한국의 지분비율	보유주식 장부가액	수령 내역
㈜A (상장법인)	15%	₩20억	₩12,000,000
㈜B (상장법인)	35%	35억	42,000,000
㈜C (비상장법인)	90%	18억	36,000,000
㈜D (외국자회사)	60%	12억	24,000,000

해설

1. 배당지급법인 별 익금불산입액

① ㈜A: ₩12,000,000 × 30% − 160,000,000 × 30% × (20억 ÷ 200억) = (₩1,200,000) → ₩0*1)

*1) 익금불산입액이 음수인 경우에는 이를 없는 것으로 본다.

② ㈜B: ₩42,000,000 × 80% − 160,000,000 × 80% × (35억 ÷ 200억) = ₩11,200,000

③ ㈜C: ₩36,000,000 × 100% − 160,000,000 × 100% × (18억 ÷ 200억) = ₩21,600,000

④ ㈜D: ₩24,000,000× 95% = ₩22,800,000

2. 수입배당금의 익금불산입액

① + ② + ③ + ④ = ₩55,600,000

OX 문제

01 특수관계에 있는 개인으로부터 유가증권을 저가로 매입함으로써 얻은 이익은 익금이다.

02 주식배당으로 수령한 무상주의 가액은 항상 배당으로 의제된다.

03 자기주식처분이익이나 자기주식소각이익을 자본전입함에 따라 주주가 무상으로 수령한 주식의 가액은 배당으로 의제된다.

04 간주임대료의 계산시 임대보증금의 적수는 민법의 규정에 따라 초일은 산입하지 않고 말일을 산입하여 계산한다.

05 법인이 자기주식을 보유한 상태에서 법인의 잉여금을 자본전입함에 따라 해당 법인 외의 주주의 지분비율이 증가한 경우 그 증가한 지분비율에 상당하는 주식의 가액은 배당으로 의제된다.

정답&해설 **01** ○ **02** ○ **03** × **04** × **05** ○

03 자기주식소각이익의 자본전입에 따른 무상주의 수령은 배당으로 의제되지 않는다. 다만, 소각 당시 시가가 취득가액을 초과하거나 소각일로부터 2년 이내에 자본전입하는 경우에는 배당으로 의제된다.

04 임대보증금의 적수 계산시 초일을 산입하고 말일은 산입하지 않는다.

06 무상주의 수령에 따른 의제배당의 가액은 교부받은 주식의 액면가액과 자본전입결의일의 시가 중에서 큰 금액으로 한다.

07 무상주의 수령에 따른 의제배당의 귀속시기는 자본전입결의일이다.

08 주식의 소각으로 인하여 주주가 취득하는 금전 기타 재산가액의 합계액이 주주가 해당 주식을 취득하기 위하여 소요된 금액을 초과하는 금액은 배당으로 의제된다.

09 해산한 법인의 주주가 그 법인의 해산으로 인한 잔여재산의 분배로서 취득하는 금전 기타 재산의 가액이 해당 주식을 취득하기 위하여 소요된 금액을 초과하는 금액은 배당으로 의제된다.

10 합병으로 인하여 소멸하는 법인의 주주 등이 합병 후 존속하는 법인으로부터 그 합병으로 인하여 취득하는 합병대가가 그 소멸법인의 주식을 취득하기 위하여 소요된 금액을 초과하는 금액은 배당으로 의제된다.

정답&해설 **06** × **07** ○ **08** ○ **09** ○ **10** ○

06 무상주의 수령에 따른 의제배당의 가액은 교부받은 무상주의 액면가액으로 하며, 주식배당의 경우는 액면가액과 발행가액이 다르다면 발행가액으로 한다.

연습문제

01 법인세법상 익금에 대한 설명으로 옳지 않은 것은?

① 익금은 자본 또는 출자의 납입 및 「법인세법」에서 규정하는 것은 제외하고 해당 법인의순자산을 증가시키는 거래로 인하여 발생하는 수익의 금액으로 한다.

② 이월결손금의 보전에 충당하지 않은 자산수증이익과 채무의 출자전환에 따른 채무면제이익은 해당 사업연도에 익금불산입하고 그 이후의 각 사업연도에 발생한 결손금의 보전에 충당할 수 있다.

③ 법인세법에 따른 특수관계인인 개인으로부터 유가증권을 시가보다 낮은 가액으로 매입하는 경우 당해 시가와 그 매입가액의 차액에 상당하는 금액은 익금으로 본다.

④ 국세 과오납금의 환급금에 대한 이자는 익금으로 보지 않는다.

⑤ 채무의 출자전환시 시가가 액면가액에 미달하는 경우 익금에 산입되는 채무면제이익은 발행가액에서 액면가액을 차감하여 계산한다.

정답 ②

이월결손금의 보전에 충당하지 않은 자산수증이익은 익금으로 과세되며, 채무의 출자전환에 따른 채무면제이익으로서 법 소정의 요건을 충족한 법인에 해당하는 경우에는 향후에 발생할 세무상 결손금 보전에 충당하고자 하는 금액을 익금불산입할 수 있다.

02 다음 항목 중 법인의 각 사업연도 소득금액 계산에 있어서 익금에 산입하지 않는 것은?

① 자기주식의 양도금액

② 자산의 임대료

③ 보험업법 기타 법률에 의한 고정자산 평가이익의 경우를 제외한 고정자산의 평가차익

④ 세법상 이월결손금의 보전에 충당한 금액을 제외한 자산수증이익

⑤ 당해 사업연도 이전에 손금에 산입한 금액이 당해 사업연도에 환입된 금액

정답 ③

보험업법 기타 법률에 의한 고정자산의 평가이익의 경우를 제외한 고정자산의 평가차익은 익금에 산입하지 않는다.

03 다음 중 법인세법상 익금에 해당하는 것은? **[CTA 2018]**

① 부가가치세 매출세액
② 증자 시 주식발행액면초과액
③ 이월익금
④ 손금에 산입한 금액 중 환입된 금액
⑤ 무액면주식의 경우 발행가액 중 자본금으로 계상한 금액을 초과하는 금액

정답 ④

④만 익금항목이고 그 외는 익금불산입항목이다.

04 다음 중 법인세법상 익금불산입항목에 해당되는 것은?

① 국세 · 지방세 과오납금의 환급금에 대한 이자
② 의제배당
③ 이익처분에 의하지 아니하고 손금으로 계상된 적립금액
④ 세법상 이월결손금의 보전에 충당하지 않은 채무면제이익
⑤ 자기주식의 양도금액

정답 ①

①만 익금불산입항목이고 그 외는 익금항목이다.

05 다음 중 결산서에 수익으로 계상된 내용 중 익금불산입액의 총액은?

(1) 건물임대료	₩5,000,000
(2) 법인세 과오납금의 환급금 이자	400,000
(3) 자기주식소각이익	1,000,000
(4) 자산수증이익	2,500,000
(5) 고정자산에 대한 법에 의하지 않은 임의평가이익	3,000,000
(6) 자기주식처분이익	700,000

① 0 ② ₩3,500,000 ③₩4,400,000
④ ₩5,100,000 ⑤ ₩6,400,000

정답 ③

(2) + (3) + (5) = ₩400,000 + 1,000,000 + 3,000,000 = ₩4,400,000

06 ㈜서울은 특수관계인인 甲씨로부터 시가 ₩1,000,000인 유가증권을 ₩700,000에 취득하고 다음과 같이 회계처리하였다.

(차) 자 산	700,000	(대) 현 금	700,000

이 경우 올바른 세무조정 및 소득처분은 무엇인가?

① 익금산입 ₩300,000(유보)
② 익금산입 ₩700,000(유보)
③ 익금산입 ₩1,000,000(상여)
④ 손금산입 ₩300,000(△유보)
⑤ 세무조정 없음

정답 ①

특수관계인인 개인으로부터 유가증권을 저가로 매입한 경우에는 시가와 매입가액과의 차액을 익금(유보)에 산입한다. 따라서 그 취득가액은 시가가 된다.

07 법인세법상 익금의 계산에 관한 다음의 사항 중 옳지 않은 것은?

① 부가가치세의 매출세액은 내국법인의 각사업연도의 소득금액계산에 있어서 이를 익금에 산입하지 않는다.
② 배당기준일 전 3월 이내에 취득한 영리내국법인의 주식을 보유함으로써 발생하는 수입배당금액에 대해서는 수입배당금액의 익금불산입 규정을 적용하지 않는다.
③ 전기에 손금으로 처리한 업무용 건물에 대한 재산세를 환급받아 전기오류수정이익(이익잉여금)으로 회계처리한 경우에는 익금으로 보지 않는다.
④ 자기주식의 양도금액은 익금항목이다.
⑤ 채무의 면제 또는 소멸로 발생한 채무면제이익은 익금에 해당한다.

정답 ③

전기에 손금으로 산입된 금액이 환입된 경우에 그 금액은 익금에 해당한다.

08 법인세법상 익금 및 익금불산입에 관한 다음의 설명 중 옳지 않은 것은? **[CPA 2020]**

① 법인세 과세표준을 추계결정하는 법인은 임대보증금에 대한 간주임대료를 익금에 산입하되, 주택임대보증금에 대한 간주임대료는 익금에 산입하지 아니한다.

② 법인이 특수관계인인 개인으로부터 유가증권을 시가보다 낮은 가액으로 매입하는 경우 시가와 그 매입가액의 차액을 익금에 산입한다.

③ 법인의 각 사업에서 생기는 사업수입금액은 익금에 산입하되, 기업회계기준에 의한 매출에누리금액 및 매출할인금액은 산입하지 아니한다.

④ 영리내국법인 ㈜A가 자기주식을 소각하여 생긴 이익을 소각일로부터 2년 이내에 자본에 전입함에 따라 ㈜A의 주주인 영리내국법인 ㈜B가 수령하는 무상주는 의제배당으로 익금에 산입한다.

⑤ 법인이 과오납한 법인세에 대한 환급금과 그 환급금에 대한 이자를 수령한 경우 그 금액은 익금에 산입하지 아니한다.

정답 ①

일반적인 경우의 간주임대료 계산과 달리, 추계에 의한 간주임대료 계산시에는 주택임대보증금에 대해서도 간주임대료를 계산하여 익금에 산입한다.

09 법인세법상 간주임대료에 대한 다음의 설명 중 옳지 않은 것은?

① 장부를 기장한 법인은 차입금과다법인으로서 부동산임대업을 주업으로 하는 영리내국법인에 한한다.

② 추계결정의 경우에는 주택의 임대도 포함하여 계산한다.

③ 장부를 기장한 경우 임대보증금 등의 적수에서 건설비상당액의 적수를 공제한다.

④ 이중과세를 방지하기 위하여 추계결정의 경우 금융수익을 공제한다.

⑤ 부동산임대업을 주업으로 하는 법인은 자산 중 부동산임대업 관련 자산이 50% 이상이 경우를 말한다.

정답 ④

추계결정의 경우 금융수익을 공제하지 않는다.

10 제조업을 영위하는 ㈜한국의 제7기(사업연도: 1. 1. ~ 12. 31.)말 현재 보유하고 있는 유가증권과 관련된 자료는 다음과 같다. 제7기말 자본금과 적립금조정명세서(을)상 동 유가증권과 관련된 잔액으로 옳은 것은?

> (1) 제6기 12월에 ㈜갑의 주식 1,000주를 특수관계인인 개인으로부터 ₩7,000,000(시가: ₩8,000,000)에 취득하고 단기매매금융자산으로 ₩7,000,000을 계상하였다.
> (2) 제6기 결산일 현재 장부가액과 시가와의 차이 ₩297,500의 평가이익을 장부상 수익으로 처리하였다.
> (3) 제7기 1월 ㈜갑으로부터 이익잉여금의 자본전입에 따른 주식배당 50주(주당 액면가액: ₩5,000, 주당 발행가액: ₩6,600)를 받고 장부상 회계처리하지 않았다.
> (4) 제7기 상반기 중 ㈜갑의 주식 중 330주를 ₩3,000,000에 처분하고 처분이익 ₩706,500을 계상하였다.
> (5) 제7기 결산일 현재 장부가액과 시가와의 차이는 장부에 반영하지 않았다.
> (6) 전기 이전의 세무조정은 모두 적정하게 이루어졌다.

① ₩324,500　② ₩455,000　③ ₩702,500
④ ₩708,000　⑤ ₩1,032,500

정답 ④

1. 제7기말 장부상 유가증권의 가액: ₩7,000,000(취득가액) + 297,500(평가이익) - 2,293,500*1)
   = ₩5,004,000

   *1) ₩3,000,000 - 706,500(당기 중 처분한 330주의 장부가액)
   또는 (₩7,000,000 + 297,500) × (330주 ÷ 1,050주)

2. 제7기말 세법상 유가증권의 가액: ₩8,000,000(취득가액) + 330,000*2) - 2,618,000*3)
   = ₩5,712,000

   *2) 50주 × ₩6,600(의제배당)
   *3) ₩8,330,000 × (330주 ÷ 1,050주)(당기 중 처분한 330주의 세법상 장부가액)

3. 유가증권과 관련된 유보잔액: ₩5,712,000 - 5,004,000 = ₩708,000

11 부동산임대업을 주업으로 하고 차입금과다법인인 ㈜서울의 부동산임대에 관한 자료는 다음과 같다. 이를 토대로 제13기(20×1.1. 1. ~ 20×1.12. 31.)의 임대보증금 등에 대한 간주임대료를 계산하면 얼마인가?

> (1) 제12기 7. 1.부터 사무실을 임대하고 있고, 임대보증금의 수령내역은 다음과 같다.
> ① 제12기 7. 1. ~ 제13기 6. 30. ₩100,000,000
> ② 제13기 7. 1. ~ 제14기 6. 30. ₩120,000,000
> (2) 임대부동산은 제12기 6. 1.에 ₩200,000,000(토지 ₩170,000,000과 건물 ₩30,000,000의 합계액)에 취득하였다.
> (3) 제13기 중에 임대보증금에서 이자수익 ₩1,000,000, 배당금수익 ₩500,000이 발생하였다.
> (4) 정기예금이자율은 연간 5%, 1년을 365일로 가정한다.

① ₩1,987,128 ② ₩2,104,609 ③ ₩2,504,109
④ ₩3,215,534 ⑤ ₩4,004,109

정답 ③

(1) 보증금 등의 적수
₩100,000,000 × 181일(1. 1. ~ 6. 30.) + ₩120,000,000 × 184일(7. 1. ~ 12. 31.)
= ₩40,180,000,000

(2) 임대용 부동산의 건설비 상당액 적수: ₩30,000,000 × 365일 = ₩10,950,000,000
* 건설비 상당액은 당기에 지출한 금액에 국한되는 것이 아니라, 당기말까지 지출된 금액의 누계액에 따른다.

(3) 보증금 등에서 발생한 금융수익: ₩1,000,000 + ₩500,000 = ₩1,500,000

(4) 간주임대료: $(₩40,180,000,000 - 10,950,000,000) \times \frac{1}{365} \times 5\% - 1,500,0000 = ₩2,504,109$

12 다음 자료에 의하여 ㈜부광의 제3기(20×1.1. 1. ~ 20×1.12. 31.) 각 사업연도 소득금액 계산시 임대보증금에 대한 간주임대료를 계산하면 얼마인가?

> (1) ㈜부광은 제조업을 영위하는 영리내국법인이며, 당기 12. 31. 현재 자산 총액 중 임대사업에 사용된 자산가액의 비중이 55%이다. 그리고 자기자본의 3배에 해당하는 차입금을 보유하고 있으며 장부를 기장하고 있다.
> (2) ㈜부광은 당기 3. 1. ㈜엘포와 임대차계약을 체결하였다.
> (3) 임대기간은 당기 3. 1.부터 5년간이며, 임대조건은 당기 3월 1일에 보증금 20억원을 수령하고 매월 말일자로 5백만원의 임대료를 받기로 하였다.
> (4) 당기 2. 1. 취득한 임대부동산의 취득가액은 30억원이며, 이 중에는 토지구입가액 18억원이 포함되어 있다.
> (5) 임대보증금의 운용과 관련하여 이자수익 5천만원과 유가증권처분손실 2천만원이 발생하였다(이자수익 중 4천만원은 수취된 상태이고, 1천만원은 3기에 발생한 이자수익이나 수취하지 못한 미수이자임).
> (6) 정기예금이자율은 연 8.4%이며, 1년은 365일로 가정한다.

① ₩0　② ₩6,337,534　③ ₩16,337,534
④ ₩26,337,534　⑤ ₩36,337,534

정답 ②

부동산임대업을 주업(자산총액 중 임대사업에 사용된 자산가액이 50% 이상임)으로 하는 내국영리법인으로서 차입금과다법인에 해당하므로 간주임대료가 과세된다.

1. 임대보증금의 적수: ₩2,000,000,000 × 306일 = ₩612,000,000,000
2. 건설비상당액의 적수: (₩3,000,000,000 - ₩1,800,000,000) × 306일 = ₩367,200,000,000
3. 간주임대료: (₩612,000,000,000 - ₩367,200,000,000) × (1 ÷ 365) × 8.4% - ₩50,000,000
   = ₩6,337,534

㈜ 금융수익은 발생주의에 의하므로 미수이자를 포함하며 유가증권처분이익을 초과하는 유가증권처분손실은 없는 것으로 봄

13 법인세법상 의제배당에 관한 설명으로 옳지 않은 것은?

① 잉여금의 자본전입으로 인한 의제배당은 주주총회 또는 이사회에서 이를 결의한 날이 속하는 사업연도에 귀속한다.

② 법인이 자기주식을 보유한 상태에서 익금불산입 항목인 자본잉여금을 자본금에 전입함에 따라 그 법인 외의 주주가 지분비율이 증가한 경우 증가한 지분비율에 상당하는 주식의 가액은 배당으로 본다.

③ 자기주식처분이익을 자본금에 전입하는 경우 주주가 받은 무상주는 자기주식 취득 시기에 따라 의제배당 여부가 결정된다.

④ 자기주식 소각 당시의 시가가 취득가액을 초과한 경우로서 자기주식을 소각하여 생긴 이익을 소각일부터 4년이 지난 후 자본에 전입하여 주주가 받은 주식가액은 의제배당에 해당한다.

⑤ 해산한 법인의 주주가 그 법인의 해산으로 분배받은 잔여재산가액이 해당 주식을 취득하기 위하여 소요된 금액을 초과하는 금액은 배당으로 본다.

정답 ③

자기주식처분이익은 세법상 익금항목으로 자본금에 전입하는 경우 주주가 받은 무상주는 자기주식의 취득시기와 무관하게 항상 의제배당에 해당한다.

14 다음 중 의제배당의 귀속시기를 잘못 설명한 것은?

① 잉여금의 자본금 전입으로 인한 의제배당은 주주총회 등에서 잉여금의 자본전입을 결의한 날이다.

② 해산으로 인한 의제배당은 해산등기일이다.

③ 감자로 인한 의제배당은 주주총회 등에서 자본의 감소를 결의한 날이다.

④ 합병에 의한 의제배당은 합병등기일이다.

⑤ 분할에 의한 의제배당은 분할등기일이다.

정답 ②

해산으로 인한 의제배당은 잔여재산가액의 확정일이 귀속시기이다.

15 법인세법상 의제배당에 대한 다음의 설명 중 옳지 않은 것은?

① 주식의 소각으로 인하여 주주가 취득하는 금전 기타 재산가액의 합계액이 주주가 해당 주식을 취득하기 위하여 소요된 금액을 초과하는 금액은 배당으로 의제된다.

② 자기주식소각이익의 경우 소각 당시의 시가가 취득가액을 초과하지 않은 경우로서 소각일부터 2년이 경과한 후 자본에 전입하는 경우 배당으로 의제된다.

③ 법인이 자기주식을 보유한 상태에서 법인의 잉여금을 자본전입함에 따라 해당 법인외의 주주의 지분비율이 증가한 경우 그 증가한 지분비율에 상당하는 주식의 가액은 배당으로 의제된다.

④ 해산한 법인의 주주가 그 법인의 해산으로 인한 잔여재산의 분배로서 취득하는 금전 기타재산의 가액이 해당 주식을 취득하기 위하여 소요된 금액을 초과하는 금액은 배당으로 의제된다.

⑤ 합병으로 인하여 소멸하는 법인의 주주 등이 합병 후 존속하는 법인으로부터 그 합병으로 인하여 취득하는 합병대가가 그 소멸법인의 주식을 취득하기 위하여 소요된 금액을 초과하는 금액은 배당으로 의제된다.

정답 ②

감자차익(자기주식소각이익)의 자본전입에 따른 무상주의 수령은 배당으로 의제되지 않지만, 자기주식소각으로 발생된 감자차익(자기주식소각이익)의 자본전입으로 인해 수령한 무상주 중 소각당시 자기주식의 시가가 취득가액을 초과하였거나 소각일로부터 2년 이내에 자기주식소각이익을 자본에 전입하는 경우에는 배당으로 의제한다.

16 ㈜나눔은 ㈜베품의 주식 2,000주(액면가액 5,000원)를 보유하던 중 제9기(20×1.1. 1. ~ 20×1.12. 31.)에 ㈜베품의 해산으로 인해 잔여재산을 분배받았다. 다음 자료를 바탕으로 제9기에 ㈜나눔의 의제배당액은 얼마인가?

> (1) ㈜나눔의 ㈜베품주식 취득내역
> ① 제7기 6. 20. 1,000주를 12,000,000원에 취득하였다.
> ② 제8기 9. 30. 이익잉여금의 자본금 전입으로 무상주 400주를 교부받았다.
> ③ 제8기 11. 15. 주식배당으로 600주를 교부받았다(1주당 발행가액 10,000원).
>
> (2) 해산으로 인해 분배받은 잔여재산의 가액
> ① 주식: 700주(액면가액 5,000원, 시가 10,000원)
> ② 금전: 5,000,000원
> ③ 건물: 장부가액 12,000,000원(시가 17,000,000원)

① 8,000,000원 ② 9,000,000원 ③ 10,000,000원
④ 11,000,000원 ⑤ 12,000,000원

정답 ②

(1) 해산으로 취득하는 재산가액

700주 × 10,000원(시가) + 5,000,000원 + 17,000,000원 = 29,000,000원

(2) 소멸하는 주식의 취득가액

12,000,000원 + 400주 × 5,000원(액면가액) + 600주 × 10,000원(발행가액) = 20,000,000원

* 무상주는 액면가액, 주식배당은 발행가액을 소멸하는 주식의 취득가액으로 한다.

(3) 의제배당액: 29,000,000원 - 20,000,000원 = 9,000,000원

17 비상장 영리내국법인인 ㈜A와 ㈜B의 자료를 이용하여 보통주 소각으로 인한 ㈜A의 의제배당 금액을 계산하면 얼마인가? (단, 주식 취득과 소각은 적법하였고, ㈜B는 과거 합병사실이 없으며, 주어진 자료 이외에는 고려하지 않는다.)

(1) ㈜A는 제19기(20×9.1.1.~20×9.12.31.) 초 현재 ㈜B의 보통주 600주(1주당 액면금액 1,000원)를 보유하고 있으며, 보통주 관련 거래는 다음과 같다.
1) ㈜A는 20×6.4.1. ㈜B의 보통주 400주를 1주당 시가인 1,500원에 취득하였음
2) ㈜A는 20×7.5.2. ㈜B가 주식발행초과금(출자전환으로 인한 채무면제이익이 아님)을 자본에 전입함에 따라 보통주 200주를 무상으로 취득하였음
3) ㈜A는 20×7.7.1. ㈜B가 자기주식처분이익을 자본에 전입함에 따라 보통주 400주를 무상으로 취득하였음
4) ㈜A는 20×7.9.15. 보유중인 ㈜B의 보통주 400주를 유상으로 처분하였음

(2) ㈜B는 20×9.3.31. 보통주를 1주당 1,500원에 소각하였으며, 이로 인해 ㈜A가 보유한 ㈜B의 보통주 400주가 소각되었다.

① 200,000원　② 250,000원　③ 400,000원
④ 450,000원　⑤ 600,000원

정답 ②

1) 주식 수 분석

구 분	주식수	주당 취득가액	20×7.9.15. 처분	소각 전 주식수
최초취득	400주	₩1,500	160주	240주
20×7.5.2. 무상주	200주	₩0	80주	120주
20×7.7.1. 무상주	400주	₩1,000	160주	240주
	1,000주		400주	

☞ 20×7.5.2. 주식발행초과금의 자본 전입에 의한 무상주 취득일로부터 소각일인 20×9.3.31.은 2년 이내이므로 단기소각주식의 특례를 적용한다.

2) 의제배당액 계산

① 주식소각으로 인하여 수령한 재산가액: ₩1,500 × 400주 = ₩600,000

② 소멸한 주식의 취득가액: (0*1) × 120주) + (₩1,250*2) × 280주) = ₩350,000

*1) 20×7. 5. 2.에 수령한 무상주에 대해 단기주식소각 특례를 적용한다.

*2) 1주당 장부가액 = $\frac{(₩1,500 \times 400주) + (₩1,000 \times 400주)}{400주 + 400주}$

③ 의제배당금액: ① − ② = ₩250,000

18 제조업을 영위하는 내국법인 ㈜C는 제35기 과세기간(20×7.1.1. ~ 20×7.12.31.) 중 주식발행초과금 150,000,000원을 재원으로 하여 무상증자를 시행하였다. 무상증자 직전의 ㈜C의 발행주식총수는 300,000주(1주당 액면가액은 500원)이며 주주구성 및 보유주식현황은 다음 표와 같을 때 [상황 1]과 [상황 2]에서 ㈜B의 의제배당금액을 계산하면 각각 얼마인가?

[무상증자 직전의 주주구성 및 보유주식현황]

주주구성	보유주식수
㈜A	180,000주
㈜B	60,000주
㈜C(자기주식)	60,000주
합 계	300,000주

[상황 1] 무상증자시 자기주식에 배정할 무상주 60,000주에 대하여 ㈜C를 제외한 기타주주의 지분비율에 따라 배정하여 무상증자 후 총발행주식수가 600,000주가 되었다고 가정

[상황 2] 무상증자시 자기주식에 배정할 무상주 60,000주에 대하여 ㈜C를 제외한 기타주주에게 배정하지 않아 무상증자 후 총발행주식수가 540,000주가 되었다고 가정

	상황 1	상황 2
①	6,500,000원	4,500,000원
②	6,500,000원	5,500,000원
③	7,500,000원	5,500,000원
④	7,500,000원	6,000,000원
⑤	8,000,000원	6,000,000원

정답 ④

(1) 상황 1

$$60,000주 \times \frac{60,000}{240,000} \times ₩500 = ₩7,500,000$$

(2) 상황 2

$$540,000주 \times (\frac{120,000}{540,000} - 20\%) \times ₩500 = ₩6,000,000$$

19 다음은 제조업을 영위하는 영리내국법인 ㈜갑을의 수입배당금액에 관한 자료이다. ㈜갑을의 제3기(20×1.1.1. ~ 20×1.12. 31.)의 수입배당금액에 대한 익금불산입금액은 얼마인가?

대상법인	법인종류	출자금액	지분비율	수입배당금액
㈜병정	유가증권상장	30억원	15%	2억원
㈜무기	코스닥상장	21억원	25%	1억원
㈜경신	비상장	15억원	80%	1억원

(1) ㈜갑을의 사업연도 종료일 재무상태표상 자산총액은 300억원, 차입금에 대한 지급이자는 1억원, 그리고 자본금은 200억원이다.

(2) 해당 연도 중에 상기의 보유주식비율은 변동이 없다.

(3) 익금불산입 적용요건을 모두 충족하고 있다.

① 102,000,000원 ② 131,400,000원 ③ 226,400,000원
④ 255,400,000원 ⑤ 295,400,000원

정답 ③

대상법인	배당소득	익금불산입 비율	익금불산입 대상금액	차입금이자 차감액	익금불산입 금액
㈜병정	200,000,000	30%	60,000,000	3,000,000*1)	57,000,000
㈜무기	100,000,000	80%	80,000,000	5,600,000*2)	74,400,000
㈜경신	100,000,000	100%	100,000,000	5,000,000*3)	95,000,000
합 계					226,400,000

*1) 1억원 × 30% × (30억 ÷ 300억) = 3,000,000원
*2) 100,000,000 × 80% × (21억 ÷ 300억) = 5,600,000원
*3) 100,000,000 × 100% × (15억 ÷ 300억) = 5,000,000원

20 영리내국법인 ㈜A의 제18기 사업연도(20×8.1.1. ~ 20×8.12.31.) 수입배당금 익금불산입액을 계산한 것으로 옳은 것은?

(1) 회사는 비상장 영리내국법인 ㈜갑과 ㈜을로부터 수입배당금 11,000,000원을 수령하여 수익으로 계상하였다.

배당지급법인	현금배당금	보유주식 취득가액*1)	지분율	주식 취득일
㈜갑	₩10,000,000*2)	10억원(적수 3,650억원)	60%	20×7년 9월 5일
㈜을	2,000,000*2)	20억원(적수 7,300억원)	40%	20×7년 6월 5일

*1) 법인세법상 장부가액으로 제18기 중 보유주식변동은 없음
*2) 배당기준일: 20×7년 12월 31일, 배당결의일: 20×8년 1월 20일

(2) ㈜갑과 ㈜을은 지급배당에 대한 소득공제와 조세특례제한법상 감면규정 및 동업기업 과세특례를 적용받지 않는다.

(3) ㈜A의 20×8년 12월 31일 현재 재무상태표상의 자산총액은 100억원(적수는 36,500억원)이다.

(4) 제18기 손익계산서상 이자비용의 구성내역은 다음과 같다.

구 분	이자비용	이자율
회사채 이자	₩12,000,000	10%
연지급수입의 지급이자	5,000,000	1%
합 계	₩17,000,000	

① 8,800,000원　② 8,480,000원　③ 6,800,000원
④ 3,700,000원　⑤ 3,150,000원

정답 ①

수입배당금 익금불산입액: 1) + 2) = ₩4,400,000

1) ㈜갑: ₩10,000,000×100% - ₩12,000,000* × 3,650억원 / 36,500억원 × 100% = ₩8,800,000

2) ㈜을: ₩2,000,000× 80% - ₩12,000,000* × 7,300억원 / 36,500억원 × 80% = △₩320,000
→ 음수인 경우 '0'으로 본다.

* 연지급수입의 지급이자나 현재가치할인 상각액 등은 포함되지 아니한다.

21 제조업을 영위하는 영리내국법인 ㈜A의 자료이다. ㈜B의 유상감자로 인한 ㈜A의 제22기 (20×4.1.1.~20×4.12.31.) 의제배당금액으로 옳은 것은? 단, 전기의 세무조정은 정확하게 이루어졌고, 수입배당금 익금불산입 규정은 고려하지 아니한다. **[CPA 2022]**

(1) 20×1년 6월 1일에 ㈜A는 ㈜B의 주식 10,000주(1주당 액면가액 5,000원)를 1주당 14,000원에 취득하였다.

(2) ㈜B의 잉여금 자본전입으로 ㈜A가 수령한 무상주의 내역은 다음과 같다.

수령일자	주식수	무상주의 재원
20×3. 5. 1.	6,000주	주식발행초과금*
20×3.11.30.	2,000주	자기주식소각이익**

* 채무의 출자전환 시 발생한 채무면제이익이 아님

** 소각 당시(20×1.7.1.) 시가가 취득가액을 초과함

(3) 20×4년 9월 1일에 ㈜B가 유상감자를 실시함에 따라 ㈜A는 10,000주를 반환하고, 1주당 18,000원을 감자대가로 수령하였다.

① 80,000,000원
② 100,000,000원
③ 130,000,000원
④ 152,000,000원
⑤ 180,000,000원

정답 ③

감자대가 = 10,000주 × 18,000원 = 180,000,000

취득원가 = 6,000주 × 0*1 + 4,000주 × 12,500*2 = 50,000,000

*1 단기소각주식 특례가 적용됨

*2 (10,000 × 14,000 + 2,000 × 5,000) ÷ 12,000주 = 12,500

∴ 의제배당 = 180,000,000 - 50,000,000 = 130,000,000

Chapter 4

손금과 손금불산입

AN INTRODUCTION TAX LAW

1 손 금

(1) 손금의 의의

손금이란 법인의 거래로 법인의 순자산을 감소시키는 손비[32]의 금액을 말한다. 다만, 자본 또는 출자의 환급, 잉여금의 처분 및 법에서 규정한 손금불산입 항목은 제외한다.

(2) 손금의 범위

법인세법 시행령에서는 손비의 범위를 다음과 같이 규정하고 있다. 그러나 동 규정은 예시적인 열거사항에 불과하며 여기에 열거되지 않은 것이라도 순자산을 감소시키는 거래로 인하여 발생하는 금액은 원칙적으로 손금에 해당한다.

1) 판매한 상품 또는 제품에 대한 원료의 매입가액과 그 부대비용

익금항목인 사업수익금액 즉, 기업회계상 매출액에 대응되는 매출원가를 의미하며 매입에누리와 매입할인은 제외한다. 또한, 의제매입세액은 원재료의 취득원가에서 공제한다.

2) 양도한 자산의 양도당시 장부가액

자산의 양도금액은 익금에 해당한다. 이에 대응하는 양도한 자산의 양도 당시 장부가액은 손금에 해당한다.

3) 인건비

임원 또는 사용인에게 근로를 제공받는 대가로 지급하는 금액을 말한다. 이러한 인건비는 이익처분에 의하여 지급되는 것이 아닌 한 원칙적으로 순자산을 감소시키는 거래에서 발생하는 손비이므로 손금에 산입되는 것이 원칙이다. 그러나 과다하거나 부당하다고 인정되는 금액은 손금에 산입하지 않는다.

32) '손비'란 수익을 획득하기 위하여 소요된 모든 비용과 기타 해당 법인에게 귀속되는 일체의 경제적 손실을 말한다.

㈎ 일반급여

급여 · 임금 · 보수 · 수당 등 일반급여는 원칙적으로 모두 손금으로 인정된다. 다만, 다음의 경우에는 예외적으로 손금으로 인정하지 않는다.

① 합명회사 · 합자회사의 노무출자사원에게 지급하는 보수는 이익처분에 의한 배당으로 본다.

② 지배주주 등(특수관계에 있는 자를 포함)인 임원 또는 사용인에게 정당한 사유 없이 동일 직위에 있는 지배주주 등 외의 임원 또는 사용인에게 지급되는 금액을 초과하여 보수를 지급한 경우 그 초과액

③ 비상근임원에게 지급하는 보수 중 부당행위계산의 부인에 해당하는 금액

㈏ 상여금

법인이 지급하는 상여금은 원칙적으로 손금에 산입된다. 다만, 임원에게 지급하는 상여금 중 정관 · 주주총회 · 사원총회 또는 이사회의 결의에 따라 결정된 급여지급기준에 의한 금액을 초과하여 지급하는 금액은 손금에 산입하지 않으며, 사용인에게 지급하는 상여금은 이러한 제한을 받지 않는다. 또한 이익처분에 의해 상여를 지급하는 경우 임원 또는 사용인에게 지급하는 상여금은 손금에 산입하지 않는다.

㈐ 퇴직급여

임원 또는 사용인이 현실적으로 퇴직하는 경우 법인이 지급하는 퇴직급여는 손금에 산입한다. 그러나 현실적으로 퇴직하지 않은 임원 또는 사용인에게 지급한 퇴직급여는 현실적으로 퇴직할 때까지 이를 업무와 관련이 없는 가지급금으로 본다. 이와 같이 퇴직급여의 손금 인정 여부에 대해서는 현실적인 퇴직여부가 중요한 요소로 작용하는데 현실적인 퇴직에 해당되는지 여부는 다음과 같다.

현실적인 퇴직에 해당하는 경우	현실적인 퇴직에 해당하지 않는 경우
• 사용인이 임원으로 취임한 경우	• 임원이 연임된 경우
• 상근임원이 비상근임원으로 변경된 경우	• 법인의 대주주 변동으로 계산의 편의 또는 기타의 사유로 전사용인에게 퇴직급여를 지급한 경우 • 정부투자기관 등이 민영화됨에 따라 전종업원의 사표를 일단 수리한 후 재채용한 경우
• 임원 또는 사용인이 법인의 조직변경 · 합병 · 분할 또는 사업양도에 따라 퇴직한 경우	• 외국법인의 국내지점 종업원이 본점(외국)으로 전출한 경우
• 「근로자퇴직급여 보장법」에 따라 퇴직금을 중간정산한 경우	• 「근로자퇴직급여 보장법」에 따라 퇴직금을 중간정산하기로 하였으나 실제로 지급하지 않은 경우

퇴직급여와 관련하여 사용인에게 지급하는 퇴직급여는 금액의 제한없이 모두 손금에 산입한다. 그러나 임원에게 지급한 퇴직급여는 다음의 한도액을 초과하는 금액은 손금에 산입하지 않는다.

구 분	임원퇴직급여 한도액
① 정관에 퇴직급여로 지급할 금액이 정해진 경우 - 퇴직급여에는 퇴직위로금 포함 - 금액 이외 퇴직급여계산기준 제시된 경우 포함	그 정관에 정해진 금액(정관에서 위임된 퇴직급여 규정이 따로 있을 때에는 이에 규정된 금액)
② 위의 규정이 없는 경우	퇴직 전 1년간 총급여액 × 10% × 근속연수*

* 여기서 '총급여액'에는 손금에 산입되지 않는 금액은 제외하며, '근속연수'는 역년에 따라 계산하되 1년 미만의 기간은 월수로 계산하고, 1월 미만의 기간은 이를 산입하지 않는다.

㈑ 복리후생비

법인이 임원 또는 사용인의 복리후생을 위하여 직장체육비 · 직장문화비 · 직장회식비, 사용자 부담 건강보험료 · 고용보험료, 사회통념상 타당하다고 인정되는 범위 안에서 지급하는 경조사비 등으로 지출하는 금액을 의미하며, 이를 손금에 산입한다.

이상의 인건비에 대한 손금인정 여부를 정리하면 다음과 같다.

구 분		사용인	임 원
① 일반급여		○	○
② 상여금	일반적인 상여금	○	급여지급기준에 의한 금액의 한도 내에서 손금인정
	이익처분에 의한 상여금	×	×
③ 퇴직급여		○	일정한 한도 내에서 손금인정
④ 복리후생비		법에서 열거된 것과 이와 유사한 것에 대해 손금인정	

㈜ 여기서 '○'으로 표시한 것은 원칙적인 손금인정을 의미하며, 손금불산입되는 예외사항도 있음을 유의한다.

예제 1 인건비

㈜한국의 제11기 사업연도(20×1. 1. 1. ~ 20×1.12.31.)의 인건비 내역은 다음과 같다. 관련하여 필요한 세무조정을 하시오.

1. 손익계산서상 인건비 내역

직위	지분율	일반급여	상여금	복리후생비	퇴직급여
대표이사	20%	₩100,000,000	₩50,000,000	₩10,000,000	–
전무이사	–	54,000,000	–	500,000	₩130,000,000
총무부장	–	60,000,000	30,000,000	5,000,000	–
기타사용인	–	500,000,000	200,000,000	60,000,000	150,000,000
합 계		₩714,000,000	₩280,000,000	₩75,500,000	₩280,000,000

2. 추가자료

(1) ㈜한국의 보수규정은 임원 및 사용인의 상여금으로 연간 급여액의 40%를 지급하도록 하고 있다.

(2) 퇴직급여는 모두 현실적인 퇴직에 대하여 지급한 금액이며, 별도의 퇴직급여지급규정은 없다.

(3) 20×1. 10. 1.자로 퇴직한 전무이사의 근속연수는 4년 9개월이며, 퇴직 전 1년간 급여액은 ₩72,000,000이며, 퇴직 전 1년간 상여금은 ₩38,800,000으로 ₩10,000,000은 보수규정을 초과하여 받은 금액이다.

해설

1. 대표이사(임원) 상여금 한도초과액

₩50,000,000 - ₩100,000,000 × 40% = ₩10,000,000 (손금불산입 · 상여)

2. 전무이사(임원) 퇴직급여 한도초과액

₩130,000,000 - ₩47,880,000* = ₩82,120,000 (손금불산입 · 상여)

* 퇴직급여 한도액: (₩72,000,000 + 38,800,000 - 10,000,000) × 10% × $4\frac{9}{12}$

4) 고정자산의 수선비

고정자산의 원상회복 또는 능률유지를 위한 수익적 지출금액을 말한다. 이는 순자산의 감소액이므로 손금에 산입한다.

5) 고정자산에 대한 감가상각비

고정자산 취득가액을 사용기간에 걸쳐 비용으로 배분하는 과정에서 발생하는 감가상각비는 손금에 산입한다. 다만, 세법이 정하는 바에 따라 계산한 일정액(상각범위액)을 한도로 손금에 산입한다. 감가상각비는 앞서 설명한 바와 같이 결산조정항목이므로, 법인이 기업회계상 계상한 감가상각비를 한도액과 비교하여 한도 이내의 금액은 손금으로 인정하되, 감가상각비 한도초과액은 손금에 산입하지 않는다.

→ 구체적인 내용은 'Chapter 8 감가상각비의 손금불산입'에서 설명한다.

6) 자산의 임차료

자산을 임차하고 그 대가로 지급하는 지출금액을 말한다. 법인이 자산을 임차하고 임대인과의 약정에 따라 지급한 임차료는 손금에 산입한다.

7) 차입금이자

차입금의 이용대가로 지급하는 차입금이자는 순자산감소액이므로 손금에 산입한다. 다만, 제한적으로 열거된 특정 지급이자는 손금불산입한다.

→ 구체적인 내용은 뒤에서 자세히 설명한다.

8) 대손금

채권의 회수불능액인 대손금은 순자산감소액이므로 손금에 산입한다. 다만, 법인세법이 정한 대손요건을 충족하는 경우에 한해서 대손금으로 인정하므로 대손요건을 충족하지 못하는 때에는 손금에 산입하지 않는다.

→ 구체적인 내용은 'Chapter 9 충당금의 손금산입' 편에서 설명한다.

9) 세금과 공과금

세금과 공과금은 순자산감소액이므로 손금에 산입함을 원칙으로 한다. 다만 세금의 성격 또는 정책적인 목적에 따라 제한적으로 열거된 특정 세금과 공과금은 손금에 산입하지 않는다. 이를 요약하면 다음과 같다.

구 분	손금으로 인정되는 세금과 공과금		손금으로 인정되지 않는 세금과 공과금
	지출 사업연도에 손금인정	원가에 가산 후 추후 손금인정	
조 세	① 인지세 ② 재산세 ③ 자동차세 ④ 주민세 등	① 취득세 ② 등록면허세 등	① 법인세 및 그에 관한 지방소득세 · 농어촌특별세 ② 부가가치세 매입세액 ③ 개별소비세, 주세, 교통 · 에너지 · 환경세 ④ 세법에 따른 의무불이행으로 인한 세액 (가산세 포함)

<table>
<tr><th rowspan="2">구 분</th><th colspan="2">손금으로 인정되는 세금과 공과금</th><th rowspan="2">손금으로 인정되지 않는 세금과 공과금</th></tr>
<tr><th>지출 사업연도에 손금인정</th><th>원가에 가산 후 추후 손금인정</th></tr>
<tr><td>공과금</td><td>① 상공회의소 회비
② 대한적십자사 회비 등</td><td>① 개발부담금 등</td><td>① 법령에 의해 의무적으로 납부하는 것이 아닌 것
② 법령에 의한 의무의 불이행 또는 금지 · 제한 등의 위반에 대한 제재로서 부과되는 것 (예 폐수배출부담금)</td></tr>
</table>

10) 영업자가 조직한 단체로서 법인이거나 주무관청에 등록된 조합 · 협회에 지급한 일반회비

영업자가 조직한 단체(협회 또는 조합)에 지급한 회비는 다음과 같이 구분하여 처리한다.

<table>
<tr><th colspan="2">구 분</th><th>법인세법상 규정</th></tr>
<tr><td rowspan="2">① 법인이거나 주무관청에 등록한 조합 또는 협회</td><td>일반회비</td><td>손금항목</td></tr>
<tr><td>특별회비</td><td rowspan="2">손금불산입</td></tr>
<tr><td>② 임의로 조직된 조합 또는 협회[33)]</td><td>일반회비 · 특별회비</td></tr>
</table>

11) 업무와 관련 있는 해외시찰 · 훈련비

이는 법인의 업무와 관련해 지출하는 금액이며, 법인의 순자산을 감소시키므로 전액 손금으로 인정한다.

12) 소액미술품의 취득가액

장식 · 환경미화 등의 목적으로 사무실 · 복도 등 여러 사람이 볼 수 있는 공간에 상시 비치하는 취득가액 1,000만원 이하(거래단위별로 판단함)의 미술품의 취득가액을 취득한 날이 속하는 사업연도에 법인이 결산서상 비용으로 계상한 경우 그 취득가액을 손금으로 인정한다.[34)]

13) 광고선전 목적으로 기증한 물품

법인의 영업활성화를 위하여 불특정다수에게 제공할 물품을 구입한 경우 그 구입비용을 손금으로 인정한다. 다만, 특정인에게 기증하는 물품은 연간 5만원(개당 3만원 이하의 물품은 제외) 이하의 금액에 한정하여 손금으로 인정한다. 만약, 특정인에게 연간 5만원(개당 3만원)을 초과하여 지출하는 경우 기업업무추진비로 보아 시부인계산을 하여야 한다.

33) 일부 조합 또는 협회에 대해서는 조세특례제한법에서 일반기부금 단체로 인정되는 경우가 있다.

34) 기업의 미술품 구입을 지원하기 위하여 2019년 법인세법 시행령을 개정하면서 종전 500만원에서 1,000만원으로 손금산입 범위를 확대하였다.

14) 사내근로복지기금 및 공동근로복지기금에 대한 출연금

해당 내국법인 또는 협력 중소기업이 설립한 사내근로복지기금 및 공동근로복지기금에 대한 출연금은 기업의 근로자 복지사업 원활화를 지원하는 취지에 의해 전액 손금으로 인정된다.[35)]

15) 기타 손비로서 그 법인에 귀속되었거나 귀속될 금액

법령에 구체적인 예시로 열거되어 있지 않더라도 법인의 순자산을 감소시키는 거래의 해당 금액은 손금에 산입하는 것을 원칙으로 한다.

2 손금불산입

법인의 순자산을 감소시키는 거래임에도 손금에 산입하지 아니하는 항목을 '손금불산입항목'이라 한다. 손금불산입항목은 법인세법상 제한적으로 열거되어 있는데, 그 내용은 다음과 같다.

(1) 주식할인발행차금

주식을 액면미달의 가액으로 발행하는 경우 그 미달하는 금액과 신주발행비의 합계액을 의미한다. 이러한 주식할인발행차금은 자본거래에서 발생하는 순자산의 감소항목이므로 손금불산입한다.

(2) 감자차손

자본금 감소의 거래에서 그 감소액이 주식소각, 주금의 반환에 소요된 금액에 미달하는 경우 그 미달하는 금액을 말한다. 이러한 감자차손은 감자를 하는 과정에서 주주지분을 반환한 것으로서 자본거래의 일부이지 법인의 손익거래가 아니다. 따라서 기업회계에서는 자본잉여금과 상계하거나 자본조정으로 계상하며, 법인세법에서도 손금으로 보지 않는다.

감자차손 = 주식 소각 금액 or 주금 반환 금액 − 자본금 감소액

35) 기존에는 일반기부금으로 보아 한도내 금액에 한해서 손금으로 인정되었으나, 최근 기업의 근로자 복지사업을 장려하는 차원에서 전액 손금으로 처리하는 세법개정이 이루어졌다.

(3) 잉여금처분을 손비로 계상한 금액

잉여금처분[36]은 확정된 소득을 처분하는 것이므로 손금에 산입하지 않는다. 따라서 이를 결산상 비용으로 계상한 경우에는 손금불산입의 세무조정이 필요하다.

(4) 건설이자의 배당금

상법에 의하면 목적사업의 성질상 회사의 성립 후 2년 이상 그 영업전부를 개시하기가 불가능한 경우 개업전 일정한 이자를 배당할 수 있다. 이렇게 지급되는 것을 '건설이자의 배당'이라고 하는데, 이는 출자의 반환에 해당하는 것이므로 손금에 산입하지 않는다.

(5) 벌과금 등의 손금불산입항목

① 세법상 의무불이행으로 인한 세액: 각 세법에 규정된 의무불이행으로 인하여 납부하였거나 납부할 세액(가산세를 포함)은 손금불산입한다.

② 벌금 · 과료 · 과태료 및 강제징수비: 이를 손금으로 인정하면 징벌효과가 반감되기 때문에 손금불산입한다.

③ 법인이 지급하는 손해배상금 중에서 실제 피해자에게 발생한 손해를 초과하여 지급하는 금액은 벌과금과 같이 징벌효과를 가지고 있기 때문에 손금불산입한다.

(6) 자산의 평가손실

법인세법에서는 자산을 원가법으로 평가함을 원칙으로 하므로 자산의 평가이익을 익금으로 보지 않는 것과 마찬가지로 자산의 평가손실도 손금으로 보지 않는다. 다만 다음의 경우에는 예외적으로 자산의 평가손실을 손금으로 인정한다.

① 재고자산, 유가증권 등, 화폐성외화자산·부채 등을 법인세법 시행령에 따라 평가함으로써 발생하는 평가손실

② 특수한 경우에 인정되는 평가손실

→ 구체적인 내용은 'Chapter 6 자산의 취득가액 및 자산 · 부채의 평가'에서 설명한다.

---

36) '잉여금처분'이란 주주총회에서 잉여금을 처분하여 배당 또는 성과급 등으로 사외유출하고 남은 잉여금을 사내에 유보하여 적립하는 절차를 말한다.

(7) 업무무관비용

다음의 업무무관비용은 사업과 관련 없는 지출로서 손금불산입한다.

① 비업무용부동산 및 업무무관자산을 취득 · 관리함으로써 생기는 비용 · 유지비 · 수선비와 이에 관련되는 비용

② 법인이 직접 사용하지 않고 타인(비출자임원 · 소액주주임원 · 사용인 제외)이 주로 사용하는 장소 · 건물 · 물건 등의 유지비 · 관리비 · 사용료와 이에 관련되는 지출금

③ 주주 등(소액주주 등[37] 제외) 또는 출연자인 임원 또는 그 친족이 사용하는 사택의 유지비 · 관리비 · 사용료와 이에 관련되는 지출금

④ 비업무용부동산과 업무무관자산을 취득하기 위한 자금의 차입과 관련되는 비용

⑤ 형법상 뇌물 또는 「국제상거래에 있어서 외국공무원에 대한 뇌물방지법」 상 뇌물에 해당하는 금전 및 금전 외의 자산과 경제적 이익의 합계액

⑥ 「노동조합 및 노동관계조정법」을 위반하여 노동조합의 전임자에게 지급하는 급여[38]

(8) 부당한 공동경비

법인이 다른 법인 등과 동일한 조직 또는 사업 등을 공동으로 운영하거나 영위함에 따라 발생하거나 지출된 손비 중 법정 분담비율을 초과하는 금액은 손금에 산입하지 않는다. 법정분담비율은 ① 출자공동사업인 경우와 ② 비출자공동사업인 경우로 구분되는데, 출자공동사업인 경우는 출자비율에 따라 분담비율이 결정된다. 그러나 비출자공동사업인 경우는 다음과 같이 분담비율이 결정된다.

구 분	분담 기준
특수관계가 있는 경우	• 직전(또는 해당) 사업연도 매출액(또는 총자산가액) 비율 중 선택한 비율 • 선택하지 않은 경우, 직전사업연도 매출액 기준을 적용함
특수관계가 없는 경우	• 약정에 의한 분담비율을 적용 • 약정이 없는 경우 '비출자공동사업자 간 특수관계가 있는 경우'의 방식을 준용

37) '소액주주 등'이란 발행주식총수(또는 출자총액)의 1%에 미달하는 주식(또는 출자지분)을 소유한 주주 등(해당 법인의 지배주주 등과 특수관계에 있는 자는 제외)을 말한다.

38) 「노동조합 및 노동관계 조정법」에서는 노동조합의 업무에만 종사하는 자(전임자)는 그 전임기간 동안 사용자로부터 어떠한 급여도 지급받아서는 안 된다고 규정되어 있다.

(9) 업무용승용차 관련비용

법인의 업무에 사용하지 않은 차량에 대한 감가상각비, 임차료, 유류비 등은 손금으로 인정되지 않는다.[39] → 구체적인 내용은 'Chapter 8 감가상각비의 손금불산입' 편에서 설명한다.

(10) 각종 한도초과액

법인세법에서는 다음의 항목에 대하여 조세정책적 목적 등의 이유로 일정한 한도까지만 손금으로 인정하고, 이를 초과하는 금액은 손금으로 인정하지 않는다.

① 기부금 한도초과액 및 기업업무추진비 한도초과액 ('Chapter 7 기업업무추진비와 기부금의 손금불산입' 참조)

② 감가상각범위액 초과분 ('Chapter 8 감가상각비의 손금불산입' 참조)

③ 각종 충당금 및 준비금 한도초과액 등 ('Chapter 9 충당금의 손금산입' 참조)

3 손금에 대한 원칙

(1) 비용배분 원칙

법인에게 귀속되는 모든 비용은 일반적으로 공정 · 타당하다고 인정되는 기업회계기준에 준거하여 판매비와 일반관리비, 제조원가, 자산취득가액(자산매입부대비를 포함한다) 등으로 명확히 구분하여 경리하여야 한다. 예를 들면, 원료의 매입에 부대하여 부담하는 공과금은 당해 원료의 매입부대비로 계상하고, 퇴직보험 등의 보험료 또는 부금과 퇴직급여충당금은 당해 종업원의 근무내용에 따라 판매비와 일반관리비 및 제조원가로 안분하여 계상하여야 한다.

이와 같이 배분한 비용에 대한 세무조정을 요약하면 다음과 같다.

구 분			비용으로 회계처리	자산으로 회계처리
지 출 (순자산 감소)	손 금	당 기	세무조정 없음	손금산입 · △유보
		자 산 취득가액	① 비상각자산: 손금불산입 · 유보 ② 상각자산: 즉시상각의제[40]로 보아 시부인	세무조정 없음
	손금불산입		손금불산입 · 사외유출	손금산입 · △유보 손금불산입 · 사외유출

39) 실무적으로 법인 차량의 업무용 사용여부에 대한 확인이 어렵고, 일부만 업무에 사용한 경우라 하더라도 구체적인 과세기준이 없어 그간 관련 비용을 전액 손금으로 인정했다. 그러나 2016년부터 업무용승용차의 개인적인 사용과 고가차량을 통한 단기간의 과도한 비용처리를 방지하기 위하여 이에 대한 명확한 과세기준을 마련하였다.

40) Chapter8에서 자세하게 학습하게 된다.

(2) 증명서류

법인은 각 사업연도에 그 사업과 관련된 모든 거래에 관한 증명서류를 작성하거나 받아서 각 사업연도 소득에 대한 법인세 과세표준신고기한이 지난 날부터 5년간 보관하여야 한다. 즉, 법인이 재화나 용역을 공급받고 그 대가를 지급하는 경우 신용카드매출전표(직불카드, 기명식 선불카드 포함) · 현금영수증 · 직불 또는 기명식 선불 전자지급수단 영수증 · 세금계산서(세금계산서를 받지 못한 경우 매입자발행세금계산서로 대체 가능) 또는 계산서의 적격증명서류를 받아 보관하여야 한다. 단, 공급받은 재화나 용역의 건당 부가가치세를 포함한 거래금액이 3만원 이하인 경우에는 위의 적격증명서류가 아닌 영수증을 받아 보관할 수 있다.

재화나 용역을 공급받고 그 대가를 지급하면서 적격증명서류를 발급받은 경우 사후적으로 거래사실을 객관적으로 파악할 수 있으나, 적격증명서류가 아닌 영수증 등을 발급받은 경우에는 그 거래사실을 객관적으로 파악하기가 쉽지 않다. 따라서 적격증명서류의 수취를 유도하기 위하여 거래시 영수증을 수취한 경우에는 건당 거래금액 3만원 초과하는 경우 객관적으로 지급사실이 확인되면 손금으로 인정은 되지만 2%의 적격증명서류 불성실가산세가 부과된다.[41)]

4 지급이자

차입금의 이용대가로 지급하는 금액을 지급이자라 한다. 지급이자는 법인의 순자산을 감소시키므로 손금에 산입함을 원칙으로 한다. 다만, 제한적으로 열거된 특정사유에 해당되는 지급이자는 손금에 산입하지 않도록 규정하고 있는데, 그 종류와 세무조정 구조는 다음과 같다.

부인순서	종 류	손금불산입액	소득처분
①	채권자불분명 사채이자	해당 이자	원천징수세액은 기타사외유출, 잔액은 대표자 상여
②	비실명 채권 · 증권이자	해당 이자	
③	건설자금이자 중 특정차입금이자	해당 이자	유 보
④	업무무관자산 등에 대한 지급이자	업무무관자산가액 및 가지급금에 대한 지급이자	기타사외유출

41) 기업업무추진비의 경우에는 건당 3만원(경조금 20만원) 초과하는 경우 영수증 수취시 전액 손금불산입되며, 가산세는 부과되지 아니한다.

(1) 채권자불분명사채이자

채권자불분명사채이자는 다음의 차입금에서 발생한 이자를 말하는데, 이에는 알선수수료 · 사례금 등 명목여하에 불구하고 사채를 차입하고 지급하는 일체의 금품을 포함한다.

① 채권자의 주소 · 성명을 확인할 수 없는 차입금

② 채권자의 능력 · 자산상태로 보아 금전을 대여한 것으로 인정할 수 없는 차입금

③ 채권자와의 금전거래사실 · 거래내용이 불분명한 차입금

채권자불분명사채이자의 손금불산입액에 귀속자를 알 수 없으므로 대표자 상여로 소득처분하되, 원천징수세액 상당액은 국가 또는 지방자치단체에 귀속되므로 기타사외유출로 소득처분한다.

(2) 비실명채권 · 증권이자

비실명채권 · 증권이자란 채권 등의 발행법인이 그 이자와 할인액 또는 차익을 직접 지급하는 경우에 그 지급사실이 객관적으로 인정되지 않는 경우를 말한다. 이러한 비실명채권 · 증권이자는 손금으로 인정되지 않으며, 그 소득처분은 채권자불분명사채이자의 경우와 같이 원칙적으로 대표자 상여로 소득처분하되, 원천징수세액 상당액은 기타사외유출로 소득처분한다.

(3) 건설자금이자

'건설자금이자'란 자산의 취득에 사용된 차입금에 대한 이자비용을 말한다. 현행 법인세법은 건설자금이자를 특정차입금이자와 일반차입금이자로 구분하고,[42] 특정차입금이자는 취득원가에 산입하도록 규정하고 있는 반면, 일반차입금이자는 취득원가 산입과 손금산입 중 하나를 선택할 수 있도록 하고 있다.

1) 특정차입금이자의 처리방법

특정차입금이자는 건설 등이 준공된 날까지 이를 자본적 지출로 하여 그 원본에 가산한다. 다만, 특정차입금의 일시예금에서 생기는 수입이자는 원본에 가산하는 자본적 지출금액에서 차감한다. 또한 특정차입금의 일부를 다른 용도로 사용한 경우에는 자산의 취득과 무관하므로 그에 해당하는 지급이자를 손금에 산입한다.

---

42) 특정차입금이란 건설 등(매입 · 제작 또는 건설을 말한다)에 소요되었는지의 여부가 분명한 차입금을 말하며, 일반차입금이란 건설 등에 소요되었는지의 여부가 불분명한 차입금을 말한다.

2) 특정차입금이자를 비용계상한 경우의 세무조정

특정차입금이자를 그 자산의 원본에 가산하지 않고, 이를 비용으로 계상한 경우에는 다음과 같이 처리한다.

<table>
<tr><th colspan="2" rowspan="2">구 분</th><th colspan="2">세무조정</th></tr>
<tr><th>당 기</th><th>차기 이후</th></tr>
<tr><td colspan="2">(1) 비상각자산</td><td>손금불산입(유보)</td><td>양도시 손금추인(△유보)</td></tr>
<tr><td rowspan="2">(2) 상각자산</td><td>당기말까지 건설이 완료되지 않은 경우</td><td>손금불산입(유보)</td><td>건설 완료 후 상각부인액으로 의제하며, 처분시 손금추인(△유보)</td></tr>
<tr><td>당기말까지 건설이 완료된 경우</td><td>즉시상각의제</td><td>-</td></tr>
</table>

3) 일반차입금이자의 처리방법

건설자금이자 중 일반차입금이자는 취득원가 산입과 손금산입 중 선택이 가능한데, 취득원가에 산입할 경우 그 일반차입금이자는 다음과 같이 계산한다.

취득원가 산입 가능 일반차입금이자 = Min[①, ②]

① (건설 등 연평균 지출액[1] - 연평균 특정차입금[2]) × 자본화이자율[3]

② 한도액: 건설기간에 실제로 발생한 일반차입금[4]의 지급이자 합계액

1) $\frac{\text{해당건설 등에 대하여 해당사업연도에 지출한 금액의 적수}}{\text{해당사업연도일수}}$

2) $\frac{\text{해당사업연도의 특정차입금의 적수}}{\text{해당사업연도일수}}$

3) 일반차입금 지급이자 합계액 ÷ $\frac{\text{해당사업연도의 일반차입금의 적수}}{\text{해당사업연도일수}}$

4) 해당 사업연도에 상환하거나 상환하지 않은 차입금 중 특정차입금을 제외한 금액

예제 2 건설자금이자의 손금불산입

㈜서울의 제11기(20×1.1. 1. ~ 20×1.12. 31.) 중 건설자금이자에 대한 자료는 다음과 같다. 이를 이용하여 제11기 건설자금이자에 대한 세무조정을 하시오.

1. ㈜서울은 공장 건설을 위하여 제11기 1월 1일에 에 공사에 착수하였으며, 제12기에 준공할 예정이다.

2. ㈜서울이 해당 공장 건설과 관련하여 제11기 중에 지출한 금액의 내역은 다음과 같다.

지출일	지출금액
제11기 1.1.	₩100,000,000
제11기 7.1.	365,000,000
합 계	₩465,000,000

3. ㈜서울의 제11기 차입금 내역은 다음과 같으며, 차입금에서 발생한 이자를 ㈜서울은 제11기 손익계산서에 이자비용으로 계상하였다.

구 분	차입일	차입금	연이자율	상환일	비 고
A	제11기 1.1.	₩200,000,000	4%	제12기 12.31.	특정차입금
B	제11기 7.1.	₩182,500,000	5%	제13기 7.1.	일반차입금
C	제10기 1.1	₩100,000,000	6.2%	제13기 12.31.	일반차입금

4. ㈜서울은 법인세법에 의한 각 사업연도 소득 계산시 일반차입금이자를 공장건물의 원가에 산입하려 한다.

5. 차입금에 대한 지급이자는 일할로 계산하고, 1년은 365일로 가정한다.

해설

1. 특정차입금이자: 공장건물의 취득원가에 산입

$$₩200,000,000 \times 365일 \times 4\% \times \frac{1}{365} = ₩8,000,000$$ 손금불산입 · 유보

2. 일반차입금이자

(1) 건설에 대한 연평균 지출액

$$(₩100,000,000 \times 365일 + ₩365,000,000 \times 184일) \times \frac{1}{365} = ₩284,000,000$$

(2) 연평균 특정차입금: $₩200,000,000 \times 365일 \times \frac{1}{365} = ₩200,000,000$

(3) 자본화이자율: ① ÷ ② = 5.625%

① 일반차입금 지급이자 합계액: $₩182,500,000 \times 184일 \times 5\% \times \frac{1}{365}$

$+ ₩100,000,000 \times 365일 \times 6.2\% \times \frac{1}{365} = ₩10,800,000$

② 연평균 일반차입금: $₩182,500,000 \times 184일 \times \frac{1}{365}$

$+ ₩100,000,000 \times 365일 \times \frac{1}{365} = ₩192,000,000$

(4) 일반차입금이자: Min(①, ②) = ₩4,725,000 손금불산입 · 유보

① (₩284,000,000 - ₩200,000,000) × 5.625% = ₩4,725,000

② 한도액: ₩10,800,000

(4) 업무무관자산 등에 대한 지급이자

법인이 업무무관자산을 보유하거나 특수관계인에게 업무와 관련 없이 자금을 대여한 경우에는 지급이자를 손금불산입한다. 이는 법인이 비생산적인 자산을 보유하거나 법인의 주주가 사적으로 자금을 운용하는 것을 방지하기 위한 규정이다.

1) 업무무관자산

업무무관자산은 업무와 직접 관련이 없는 동산과 부동산을 의미하며 세부 사항은 다음과 같다.

구 분	세부내역
동 산	① 서화 및 골동품(장식 · 환경미화 등의 목적으로 사무실 · 복도 등 여러 사람이 볼 수 있는 공간에 상시 비치되는 것은 제외) ② 업무에 직접 사용하지 않는 자동차, 선박, 항공기 ③ 기타 해당 법인의 업무와 직접 관련이 없는 자산
부동산	① 법인의 업무에 직접 사용하지 않는 부동산(단, 유예기간*이 경과하기 전까지의 기간 중에 있는 부동산 제외, 법령에 따라 사용이 금지되거나 제한된 부동산 등 부득이한 사유가 있는 부동산 제외) ② 유예기간 중에 해당 법인의 업무에 직접 사용하지 않고 양도하는 부동산(부동산매매업을 주업으로 영위하는 법인의 경우는 제외) * 유예기간: 일반적인 부동산은 취득일로부터 2년, 건축물 신축용 토지와 부동산매매업의 매매용 부동산은 취득일로부터 5년)

2) 특수관계인에 대한 업무무관가지급금

특수관계인에게 해당 업무와 관련 없이 지급한 가지급금 등으로서 명칭 및 이자 수령 여부와는 상관없이 해당 법인의 업무와 관련이 없는 자금의 대여액을 의미한다. 다만, 가지급금 산정시 다음의 금액은 제외한다.

① 미지급소득(지급으로 간주되는 배당금과 상여금)에 대한 소득세를 법인이 납부하고 이를 가지급금 등으로 계상한 금액

② 귀속자 불분명 또는 추계로 과세표준을 결정·경정하여 대표자상여로 익금산입한 금액에 대한 소득세를 법인이 대납한 금액

③ 국외에 자본을 투자한 내국법인이 해당 국외투자법인에 종사하거나 종사할 자의 여비·급료 · 기타 비용을 대신하여 부담한 금액

④ 법인이 우리사주조합 또는 그 조합원에게 해당 우리사주조합이 설립된 회사의 주식취득에 소요되는 자금을 대여한 금액(다만, 상환할 때까지의 대여금액에 한정함)

⑤ 국민연금법에 따라 근로자가 지급받은 것으로 보는 퇴직금전환금

⑥ 사용인에 대한 월정급여액의 범위 안에서의 일시적인 급료의 가불금

⑦ 사용인에 대한 경조사비 또는 학자금(자녀의 학자금 포함)의 대여액

⑧ 중소기업에 근무하는 직원에 대한 주택구입 또는 전세자금의 대여액

만약 동일인에 대한 가지급금과 가수금이 동시에 존재하는 경우 이를 상계한 후의 잔액을 '가지급금 등'으로 한다. 그러나 동일인에 대한 가지급금과 가수금의 상환기간 및 이자율 등 약정 사항이 달라 상계할 수 없는 경우에는 상계하지 않는다.

3) 손금불산입액의 계산

$$\text{지급이자}^{*} \times \frac{\text{업무무관자산가액 적수} + \text{업무무관가지급금 적수(총차입금 적수 한도)}}{\text{총차입금 적수}^{*}}$$

* 전단계에서 손금불산입된 지급이자와 차입금 적수를 차감하여 계산한다. 또한 적수 계산시 지급일은 포함하며, 회수일은 포함하지 않는다.

예제 3 지급이자 손금불산입

제조업을 영위하는 ㈜서울의 제5기(20×1.1. 1. ~ 20×1.12. 31.) 지급이자에 대한 다음 자료를 바탕으로 세무조정과 소득처분을 행하시오.

(1) 손익계산서상 지급이자의 내역

이자율	지급이자	차입금적수	비 고
연 25%	₩2,000,000	₩2,920,000,000	채권자와의 금전거래 사실 불명확
연 15%	18,000,000	43,800,000,000	
연 10%	3,000,000	10,950,000,000	당기말 현재 미완공 건물 신축에 사용
합 계	₩23,000,000	₩57,670,000,000	

(2) 가지급금 지급내역

지급대상자	지급일자	금 액	비 고
대표이사	제5기 4. 16.	₩28,550,000	업무와 직접 관련 없는 대여금
경리부장	제5기 7. 15.	3,500,000	본인 학자금 대여액
합 계		₩32,050,000	

해설

1. 채권자 불분명 사채이자
   ₩2,000,000 손금불산입 · 대표자상여 및 기타사외유출

2. 건설자금이자(특정차입금이자에 해당)
   ₩3,000,000 손금불산입 · 유보

3. 업무무관자산 등에 대한 지급이자
   (1) 가지급금 적수
   28,550,000 × 260일(4.16. ~ 12. 31.) = ₩7,423,000,000

   (2) 손금불산입액

   $$18{,}000{,}000^{*1)} \times \frac{7{,}423{,}000{,}000}{43{,}800{,}000{,}000^{*1)}} = ₩3{,}050{,}548$$ 손금불산입 · 기타사외유출

   *1) 선순위 손금불산입된 이자를 제외한 연 15%의 지급이자와 차입금적수임

OX 문제

01 주식할인발행차금 및 감자차손은 법인세법상 손금이다.

02 출자임원(소액주주는 제외함)이 사용하는 사택의 유지관리비는 법인세법상 손금이다.

03 사용인에게 무상으로 제공하는 사택의 유지관리비는 법인세법상 손금이다.

04 영업자가 조직한 단체로서 법인이거나 주무관청에 등록된 조합 · 협회에 대한 일반회비는 법인세법상 손금이다.

05 내국법인이 임원과의 서면약정에 의한 성과배분상여금을 잉여금의 처분에 의해 지급한 것은 법인세법상 손금이다.

06 「국민건강보험법」에 의해 사용인이 부담해야 할 보험료를 사용자인 법인이 부담한 금액은 법인세법상 손금이다.

정답&해설 **01** × **02** × **03** ○ **04** ○ **05** × **06** ○

01 자본 또는 지분의 환급이나 잉여금의 처분은 손금불산입항목이다.

02 소액주주인 임원, 비출자임원 및 사용인에 대한 사택유지관리비는 손금항목이지만 출자임원(소액주주는 제외함)의 경우는 손금불산입항목이다.

05 잉여금 처분에 의한 성과배분상여금의 지급은 손금으로 인정되지 않는다.

07 법인이 출자임원(지배주주와 특수관계에 있는 자)에게 지급한 여비 또는 교육훈련비는 업무와 관련된 지출이라 하더라도 전액 손금불산입한다.

08 법인이 재화나 용역을 공급받은 경우에는 반드시 신용카드매출전표 · 현금영수증 · 세금계산서 또는 계산서의 적격증명서류를 받아 보관하여야 한다.

09 손금불산입대상 지급이자는 기업회계상 이자비용에 해당하는 것으로서 현재가치할인차금상각액과 연지급수입이자 등도 포함한다.

10 업무무관자산관련 지급이자의 손금불산입액에 대한 소득처분은 대표자상여로 한다.

11 특수관계인에 대한 업무무관가지급금에 대해서 법인세법상 적정한 이자를 수령하고 있다면 해당 가지급금에 대한 지급이자의 손금불산입규정은 적용하지 않는다.

정답&해설 **07** × **08** × **09** × **10** × **11** ×

07 법인이 출자임원(지배주주와 특수관계에 있는 자)에게 지급한 여비 또는 교육훈련비는 임직원에 대한 것이므로 손금으로 인정한다.

08 부가가치세를 포함하여 건당 거래금액이 3만원 이하인 경우에는 적격증명서류 대신 영수증을 받아 보관할 수 있다.

09 손금불산입대상 지급이자는 기업회계상 이자비용에 해당하는 것이지만 현재가치할인차금상각액과 연지급수입이자 등은 포함하지 않는다.

10 기타사외유출로 소득처분한다.

11 가지급금관련 지급이자 손금불산입 규정은 특수관계인에게 업무와 관련없이 자금을 대여하는 것을 규제하는데 그 목적이 있으므로 적정한 이자를 받는 경우에도 적용된다.

연습 문제

01 다음 중 법인세법상 손금항목으로만 묶인 것은?

> A. 비업무용토지에 대한 재산세
> B. 자산의 임차료
> C. 자기주식처분손실
> D. 출자임원(소액주주인 임원이 아님)이 사용하는 사택의 관리비
> E. 양도한 자산의 양도당시 장부가액
> F. 건설이자의 배당금
> G. 영업자가 조직한 단체로서 법인인 협회에 지급하는 일반회비

① A, B, C, F ② A, C, D, E ③ B, C, E, G
④ B, D, E, G ⑤ C, D, F, G

정답 ③

B, C, E, G 항목은 손금항목이나 그 외 A, D, F는 손금불산입항목이다.

02 법인세법상 손금과 관련한 다음의 설명으로 옳지 않은 것은?

① 해당 법인의 소액주주인 임원이 사용하고 있는 사택의 유지비 · 관리비와 이에 관련되는 지출금은 손금에 산입한다.
② 합자회사가 노무출자사원에게 지급한 보수는 손금에 산입한다.
③ 자기주식소각손실은 손금에 산입하지 않는다.
④ 업무무관자산을 취득함으로써 생기는 비용은 손금에 산입하지 않는다.
⑤ 불특정다수인에게 제공할 물품을 구입한 경우 그 구입비용은 손금에 산입한다.

정답 ②

합자회사가 노무출자사원에게 지급한 보수는 이익처분에 의한 배당으로 보기 때문에 손금에 산입할 수 없다.

03 다음의 세금과 공과금 중 손금으로 인정되는 것은?

① 법인세 및 그에 관한 지방소득세
② 부가가치세 매입세액
③ 폐수배출부담금
④ 재산세
⑤ 개별소비세

정답 ④

재산세는 손금으로 인정되지만, 그 외 항목은 손금으로 인정되지 않는다.

04 다음 중 각 사업연도 소득금액을 계산함에 있어서 손금에 산입되지 않는 것은?

① 판매한 상품 또는 제품에 대한 원료의 매입가액과 그 부대비용
② 사용자가 부담하는 건강보험료
③ 파손 · 부패 등의 사유로 인하여 정상가격으로 판매할 수 없는 재고자산의 평가손실
④ 잉여금처분을 손비로 계상한 금액
⑤ 수익적지출에 해당하는 고정자산의 수선비

정답 ④

잉여금처분을 손비로 계상한 금액은 확정된 소득을 처분하는 것이므로 손금에 산입하지 않는다. 그 외의 항목은 모두 손금에 산입한다.

05 법인세법상 손금에 관한 다음의 설명 중 옳지 않은 것은?

① 법인세법은 손비의 범위에 관한 일반적 기준으로서 그 법인의 사업과 관련하여 발생하거나 지출된 손실 또는 비용으로서 일반적으로 인정되는 통상적인 것이거나 수익과 직접 관련된 것으로 규정하고 있다.
② 합명회사나 합자회사의 노무출자사원에 대한 보수는 이익처분에 의한 상여로 의제하여 손금에 산입하지 아니한다.
③ 내국법인이 임직원과 성과산정지표 및 그 목표, 성과의 측정 및 배분방법 등에 대하여 사전에 서면으로 약정하고 이에 따라 그 임직원에게 지급하는 성과배분상여금은 이익처분에 의해 지급하는 경우에도 이를 손금에 산입한다.
④ 「근로자퇴직급여 보장법」에 따른 퇴직급여 중간정산을 현실적 퇴직으로 보아 손금에 산입하는 경우는 중간정산시점부터 새로 근무연수를 기산하여 퇴직급여를 계산하는 경우에 한정한다.
⑤ 임원 또는 사용인이 현실적으로 퇴직하는 경우 법인이 지급하는 퇴직급여는 손금에 산입한다.

정답 ③

사전서면약정에 의한 성과배분상여금의 경우 2018.1.1. 이후 개시하는 사업연도부터는 임원뿐만 아니라 사용인에게 지급하는 경우에도 손금으로 인정되지 않는다.

06 법인세법상 인건비에 대한 다음의 설명 중 옳지 않은 것은?

① 사용자가 부담한 고용보험료는 손금에 산입하지 않는다.

② 임원이 아닌 사용인에게 급여지급기준을 초과하여 상여금을 지급하는 경우에도 전액 손금에 산입할 수 있다.

③ 지배주주인 임원에게 정당한 사유 없이 동일 직위에 있는 임원에게 지급되는 금액을 초과하여 보수를 지급한 경우 그 초과액은 손금에 산입하지 않는다.

④ 임원의 퇴직금 한도액은 정관에 그 지급규정을 두고 있지 않은 경우에는 세법에 의한 규정을 적용한다.

⑤ 사용인이 임원으로 취임한 경우는 현실적인 퇴직으로 본다.

정답 ①

사용자부담 고용보험료는 임원 또는 사용인의 복리후생을 위한 것이므로 손금에 산입한다.

07 다음은 법인의 복리후생비를 나열한 것이다. 손금에 해당하지 않는 것은?

① 직장체육비

② 출자임원에 대한 사택의 유지비

③ 사용자부담 고용보험료

④ 직장연예비

⑤ 교육훈련비

정답 ②

출자임원에 대한 사택의 유지비는 손금에 해당되지 않으며, 그 외 항목은 손금에 산입된다.

08 법인세법상 손금에 관한 설명이다. 옳지 않은 것은? **[CPA 2022]**

① 특정인에게 광고선전 목적으로 기증한 물품(개당 3만원 이하는 제외)의 구입비용으로 연간 5만원 이내의 금액은 손금에 산입한다.

② 법인이 다른 법인과 출자에 의해 공동으로 사업을 운영하는 경우 발생하는 공동경비 중 출자비율에 따른 분담금액을 초과하는 금액은 손금에 산입하지 아니한다,

③ 법인이 영리내국법인으로부터 건당 3만원(부가가치세 포함)을 초과하는 용역을 공급받고 그 대가를 지급하는 경우 법정증명서류 이외의 증명서류를 수취하면 손금에 산입하지 아니한다.

④ 제조업을 영위하는 법인이 보유한 개별소비세 과세대상인 승용자동차의 수선비에 대한 부가가치세 매입세액은 손금에 산입한다.

⑤ 법인이 「노동조합 및 노동관계조정법」을 위반하여 노조전임자에게 지급한 급여는 손금에 산입하지 아니한다.

정답 ③

법정증명서류 이외의 증명서류를 수취하는 경우에도 거래 사실이 확인되면 손금에는 산입하나 적격증빙을 수취하지 않은 금액에 대해 가산세(2%)가 부과된다.

09 비상장법인인 ㈜서울은 사업연도(1. 1. ~ 12. 31.) 말에 퇴직한 이사 甲(근속연수 3년)에 대한 인건비로 당해 연도에 급여 ₩30,000,000, 상여금 ₩20,000,000을 지급하였으며, 당해 연도 말 퇴직시점에 퇴직급여 ₩45,000,000을 지급하였다. 이 경우 손금불산입되는 인건비 총액은 얼마인가? (다만, 이 회사는 임원에 대한 상여금지급규정과 퇴직급여지급규정을 두고 있지 않다.)

① 0
② ₩56,000,000
③ ₩50,000,000
④ ₩36,000,000
⑤ ₩20,000,000

정답 ②

(1) 임원퇴직급여 한도액(퇴직급여지급규정이 없는 경우)
퇴직전 1년간 총급여(손금불산입되는 급여 제외) × 10% × 근속연수
= ₩30,000,000(급여)* × 10% × 3
= ₩9,000,000

* 회사는 임원에 대한 상여금지급규정을 두고 있지 아니하므로 임원에 대한 상여금은 전액 손금불산입하며, 임원퇴직금한도액 계산시 총급여액에 손금불산입되는 상여를 포함하지 않는다.

(2) 임원퇴직급여 한도초과액
₩45,000,000 - 9,000,000 = ₩36,000,000

(3) 한도초과로 손금불산입되는 금액
₩20,000,000(상여금한도초과액) + 36,000,000(퇴직급여한도초과액) = ₩56,000,000

10 A는 B법인의 공장신축(준공예정일: 제7기 4. 30.)을 위해 고용된 임원이다. 당기(제6기)의 인건비에는 A의 상여금 ₩30,000,000이 포함되어 있는데 이 중 ₩7,000,000은 세법상 한도를 초과하는 금액이다. B법인이 A의 상여금을 전액비용으로 처리한 경우와 건설중인자산으로 처리한 경우 A의 상여금과 관련하여 세무조정할 내용은?

	비용으로 처리한 경우	건설중인자산으로 처리한 경우
①	익금산입 · 손금불산입 ₩7,000,000(상 여)	익금산입 · 손금불산입 ₩7,000,000(상 여)
②	익금산입 · 손금불산입 7,000,000(상 여)	손금산입 · 손금불산입 7,000,000(△유보)
③	익금산입 · 손금불산입 7,000,000(상 여) 익금산입 · 손금불산입 23,000,000(유 보)	익금산입 · 손금불산입 7,000,000(상 여) 손금산입 · 익금불산입 7,000,000(△유보)
④	익금산입 · 손금불산입 30,000,000(유 보)	익금산입 · 손금불산입 7,000,000(유 보)
⑤	익금산입 · 손금불산입 7,000,000(상 여) 익금산입 · 손금불산입 23,000,000(유 보)	세무조정 없음

정답 ③

1. 비용으로 처리한 경우

장부상 회계처리	세법상 회계처리	세무조정 및 소득처분
(차) 상 여 30,000,000 (대) 현 금 30,000,000	(차) 건설중인자산 23,000,000 사외유출 7,000,000 (대) 현 금 30,000,000	<손금불산입> 23,000,000(유보) <손금불산입> 7,000,000(상여)

2. 건설중인자산으로 처리한 경우

장부상 회계처리	세법상 회계처리	세무조정 및 소득처분
(차) 건설중인자산 30,000,000 (대) 현 금 30,000,000	(차) 건설중인자산 23,000,000 사외유출 7,000,000 (대) 현 금 30,000,000	<익금불산입> 7,000,000(△유보) <손금불산입> 7,000,000(상여)

11 법인세법의 지급이자 손금불산입 규정이 동시에 적용되는 경우에 적용순서로서 옳은 것은?

가. 건설자금이자 중 특정차입금이자
나. 비실명 채권 · 증권의 이자
다. 채권자가 불분명한 사채이자
라. 업무무관자산 등 관련이자

① (가) - (나) - (다) - (라)
② (나) - (라) - (가) - (다)
③ (다) - (가) - (나) - (라)
④ (다) - (나) - (가) - (라)
⑤ (라) - (다) - (가) - (나)

정답 ④

① 채권자가 불분명한 사채이자, ② 비실명 채권 · 증권의 이자, ③ 건설자금이자 중 특정차입금이자, ④ 업무무관자산 등 관련이자 순서로 이자를 부인한다.

12 법인의 지급이자 손금불산입에 대한 다음의 설명 중 옳지 않은 것은?

① 채권자가 불분명한 사채이자는 손금불산입하고 대표자상여로 처분하되, 그에 대한 원천징수세액은 기타사외유출로 처분한다.

② 비실명 채권 · 증권의 이자는 손금불산입하고 기타사외유출로 소득처분한다.

③ 비상각자산에 대한 건설자금이자 중 특정차입금이자를 결산서상 비용처리한 경우는 손금불산입하고 유보로 처분한다.

④ 특수관계인에 대한 업무무관 가지급금에 대한 이자는 손금불산입하고 기타사외유출로 처분한다.

⑤ 특정차입금에 대한 이자를 손금불산입한 비상각자산을 양도한 경우 해당 유보금액을 손금산입하고 △유보로 처분한다.

정답 ②

비실명 채권 · 증권의 이자도 채권자불분명한사채이자와 동일하게 손금불산입하고 대표자상여로 처분하되, 그에 대한 원천징수세액은 기타사외유출로 처분한다.

13 제조업을 영위하는 ㈜희망의 제7기(20×1.1. 1. ~ 20×1.12. 31.) 지급이자에 대한 다음 자료를 바탕으로 업무무관 가지급금에 대한 올바른 세무조정은?

(1) 손익계산서상 지급이자의 내역

이자율	지급이자	차입금적수	비 고
연 20%	₩12,000,000	₩21,900,000,000	채권자불분명사채이자
연 18%	120,000,000	243,333,333,333	
연 15%	150,000,000	365,000,000,000	
합 계	₩282,000,000	₩630,233,333,333	

(2) 대표이사에 대한 업무와 직접 관련 없는 대여금을 제7기 1. 1.에 ₩80,000,000을 지급하였다.

① ₩12,960,000 손금불산입(유보)
② ₩18,320,000 손금불산입(유보)
③ ₩12,960,000 손금불산입(기타사외유출)
④ ₩18,320,000 손금불산입(기타사외유출)
⑤ ₩24,960,000 손금불산입(기타사외유출)

정답 ③

1. 채권자 불분명 사채이자: ₩12,000,000 손금불산입(대표자상여 및 기타사외유출)
   * 지급이자 잔액: ₩282,000,000 - 12,000,000 = ₩270,000,000
   * 차입금적수 잔액: ₩630,233,333,333 - 21,900,000,000 = ₩608,333,333,333

2. 업무무관자산 등에 대한 지급이자
   (1) 가지급금 적수: ₩80,000,000 × 365일 = ₩29,200,000,000
   (2) 손금불산입액: $₩270,000,000 \times \frac{29,200,000,000}{608,333,333,333}$
   = ₩12,960,000 손금불산입(기타사외유출)

14 제조업을 영위하고 있는 ㈜OK의 제7기(20×1.1. 1. ~ 20×1.12. 31.)의 자료에 의하여 기타사외유출로 처분되는 지급이자의 손금불산입액을 계산하면 얼마인가? 단, 1년은 365일로 가정한다.

(1) 손익계산서상 지급이자의 내역

이자율	이자지급	차입금적수	비 고
연 15%	₩3,000,000	₩7,300,000,000	채권불분명사채이자*
연 13%	10,400,000	29,200,000,000	건설자금이자(특정차입금)
연 9%	6,300,000	25,550,000,000	운영자금이자
연 7%	2,450,000	12,775,000,000	운영자금이자

* ㈜OK는 소득세 및 지방소득세 소득분 ₩1,155,000을 적법하게 원천징수하였다고 가정함

(2) 업무무관대여금의 내역

구 분	대여금	적 수	비 고
대 주 주	₩18,000,000	₩6,570,000,000	-
대표이사	12,000,000	600,000,000	소득 귀속자가 불분명하여 상여처분된 금액에 대한 소득세 대납액

(3) 일반차입금에 대한 건설자금이자는 자본화하지 않는 것으로 가정한다.

① ₩2,655,000　　② ₩14,900,000　　③ ₩1,500,000
④ ₩2,792,000　　⑤ ₩15,037,000

정답 ①

1. 채권자불분명사채이자

채권자불분명사채이자	₩1,845,000	손금불산입 · 상여
채권자불분명사채이자 원천징수세액	1,155,000	손금불산입 · 기타사외유출

2. 건설자금이자

건설자금이자	₩10,400,000	손금불산입 · 유보

3. 업무무관자산 관련이자

업무무관자산 관련이자	₩1,500,000*	손금불산입 · 기타사외유출

* ₩8,750,000(*1) × $\frac{₩6,570,000,000}{₩38,325,000,000^{(*2)}}$

(*1) ₩6,300,000 + 2,450,000
(*2) ₩25,550,000,000 + ₩12,775,000,000

귀속자가 불분명하여 대표자 상여로 처분한 금액에 대한 소득세를 법인이 대납한 금액은 가지급금의 범위에서 제외한다.

4. 기타사외유출로 소득처분된 지급이자의 손금불산입액
₩1,155,000 + ₩1,500,000 = ₩2,655,000

15 법인세법상 영리내국법인의 인건비, 기업업무추진비 및 지급이자에 관한 다음의 설명 중 옳지 않은 것은?

① 법인이 임원 또는 사용인에게 지급하는 상여금 중 이사회의 결의에 의하여 결정된 급여지급기준을 초과하여 지급한 경우 그 초과금액은 이를 손금에 산입하지 않는다.
② 비상근임원에게 지급하는 보수는 부당행위계산 부인에 해당하는 경우를 제외하고 이를 손금에 산입한다.
③ 법인이 그 사용인이 조직한 조합 또는 단체에 복리시설비를 지출한 경우 해당 조합이나 단체가 법인인 때에는 이를 기업업무추진비로 본다.
④ 건설자금에 충당한 차입금의 이자 중 특정차입금에 대한 지급이자는 건설 등이 준공된 날까지 이를 자본적 지출로 하여 그 원본에 가산한다.
⑤ 건설자금에 충당한 차입금의 이자와 채권자가 불분명한 사채이자를 손금불산입하는 경우에는 채권자가 불분명한 사채이자를 먼저 손금불산입한다.

정답 ①

사용인에게 지급하는 상여금은 임원과 달리 급여지급기준을 초과하는 경우에도 손금에 산입한다.

16 법인세법상 지급이자의 손금불산입에 관한 다음의 설명 중 옳지 않은 것은?

① 채권자가 불분명한 사채의 이자는 손금불산입하며, 동 이자에 대한 원천징수세액에 상당하는 금액은 기타사외유출로 소득처분한다.

② 사업용고정자산의 건설에 소요된지의 여부가 분명한 차입금 중 해당 건설이 준공된 후에 남은 차입금에 대한 이자는 각 사업연도의 손금으로 산입할 수 없다.

③ 사업용고정자산의 건설에 소요된지의 여부가 분명한 차입금의 일부를 운영자금에 전용한 경우에는 그 부분에 상당하는 지급이자는 이를 손금으로 한다.

④ 사용인에 대한 월정액급여의 범위 안에서의 일시적인 급료의 가불금은 지급이자의 손금불산입 규정을 적용하는 업무무관가지급금으로 보지 않는다.

⑤ 지급이자 손금불산입에 있어서 업무무관가지급금의 적수계산 시 동일인에 대한 가지급금과 가수금이 함께 있는 경우에는 이를 상계한 금액으로 하되, 가지급금과 가수금의 발생시에 각각 상환기간 및 이자율 등에 관한 약정이 있어 이를 상계할 수 없는 경우에는 상계하지 않는다.

정답 ②

사업용고정자산의 건설에 소요된 지의 여부가 분명한 차입금 중 해당 건설이 준공된 후에 남은 차입금에 대한 이자는 각 사업연도의 손금으로 산입한다.

17 다음의 자료를 이용하여 영리내국법인 ㈜A의 제19기 사업연도(20×1.1.1. ~ 20×1.12.31.) 소득금액조정합계표상 가산조정금액과 차감조정금액의 차이금액을 계산하면 얼마인가? 전기까지 회계처리 및 세무조정은 적정하게 이루어졌다고 가정한다.

내 용	금 액
(1) 손익계산서상 당기순이익	1,500,000원
(2) 비용으로 처리된 기업업무추진비 중 한도초과액	300,000원
(3) 비용으로 처리된 교통사고벌과금	400,000원
(4) 비용으로 처리된 기부금 중 한도초과액	500,000원
(5) 수익으로 처리된 재산세환급액(전기 납부분)	600,000원
(6) 수익으로 처리된 재산세환급액에 대한 환급금이자	50,000원
(7) 자본조정으로 처리된 자기주식처분이익	2,000,000원
(8) 기타포괄손익누계액으로 처리된 공정가치측정 금융자산 평가이익	1,800,000원
(9) 이월공제가능 기간 이내의 이월결손금	1,300,000원

① 2,650,000원　　② 3,150,000원　　③ 3,350,000원
④ 4,650,000원　　⑤ 6,450,000원

정답 ①

가산조정금액: (2) + (3) + (7) = ₩2,700,000
차감조정금액: (6) = ₩50,000
차이금액: ₩2,650,000

(4) 기부금에 대한 세무조정은 소득금액조정합계표가 아닌 별도의 기부금조정명세서에 기재된다. (8)의 회계처리는 기업회계상 당기순이익에 영향이 없으며, 법인세법에서도 각 사업연도 소득에 반영되지 않으므로 기업회계상 자본과 세무상 자본에 차이가 없다. 그러나 금융자산의 장부금액이 평가증됨에 따라 기업회계상 자산과 세무상 자산에는 차이가 나게 된다. 따라서 이를 조정하는 세무조정과 동시에 이를 반대로 조정하는 2가지의 세무조정이 이루어진다.

금융자산	₩1,800,000	익금불산입 · △유보
기타포괄손익누계액	₩1,800,000	익금산입 · 기타

Chapter 5

손익의 귀속시기

AN INTRODUCTION TAX LAW

1 개 요

(1) 권리의무확정주의

기업회계에서는 손익의 귀속시기에 관하여 발생주의를 채택하고 있다. 이에 따라 수익은 의무이행이 완료되고 수익금액의 합리적 측정이 가능한 시점에 인식하며(실현주의), 비용은 관련 수익을 인식하는 시점에 함께 인식한다(수익 · 비용대응의 원칙).

기업회계와 달리 법인세법은 각 사업연도 소득 계산시 익금과 손금이 확정된 날이 속하는 사업연도를 익금과 손금의 귀속사업연도로 한다. 이를 '권리의무확정주의'라 한다. 즉, 권리가 확정되는 시점에 익금에 산입하고, 의무가 확정되는 시점에 손금으로 산입한다.

(2) 기업회계기준과의 관계

법인의 각 사업연도 소득금액 계산에 있어 해당 법인이 익금과 손금의 귀속사업연도와 자산 · 부채의 취득 및 평가에 관하여 일반적으로 공정 · 타당하다고 인정되는 기업회계기준을 적용하거나 관행을 계속적으로 적용하여 온 경우에는 법인세법 및 조세특례제한법에서 달리 규정하고 있는 경우를 제외하고는 해당 기업회계기준 또는 관행에 따른다.

2 거래형태별 손익의 귀속사업연도

(1) 자산의 판매손익의 귀속사업연도

자산의 판매로 인한 익금과 손금의 귀속사업연도는 다음과 같으며, 일반적으로 기업회계기준상 손익의 귀속시기와 거의 유사하다.

구 분	손익의 귀속사업연도
① 일반매출	재고자산(부동산 제외)을 인도한 날
② 시용판매	상대방이 그 상품 등에 대한 구입의사를 표시한 날. 단, 일정기간 내에 반송하거나 거절의사를 표시하지 않는 한 특약에 의하여 그 판매가 확정되는 경우에는 그 기간의 만료일
③ 위탁판매	수탁자가 그 자산을 매매한 날
④ 재고자산 이외의 자산의 양도손익	대금청산일 단, 대금청산 전에 소유권 등의 이전등기·등록을 하거나 해당 자산을 인도하는 경우 또는 상대방이 해당 자산을 사용수익하는 경우에는 그 소유권이전등기(등록)일, 인도일 또는 사용수익일 중 가장 빠른 날

예제 1 자산의 판매손익

다음은 ㈜서울의 제11기 사업연도(20×1.1.1.~20×1.12.31.)의 거래 자료이다. 각 사항에 대해 필요한 세무조정을 하시오. 단, 부가가치세에 대한 처리는 고려하지 마시오.

1. 원가 ₩100,000, 판매가격 ₩150,000인 상품 200개를 20×1.12.20.에 거래처에게 인도하였으나, 20×2.1.20.에 판매대금을 수령함에 따라 20×2.1.20.에 매출로 계상하였다.
2. 원가 ₩100,000, 판매가격 ₩150,000인 상품 200개를 수탁회사인 ㈜한국에 위탁하였다. ㈜한국은 해당 위탁상품을 20×1.12.15.에 실수요자에게 판매완료하였으나, ㈜서울은 판매보고를 받은 20×2.1.5.에 해당 매출거래를 계상하고 판매가격의 1%를 위탁판매수수료 명목으로 판매비와 관리비로 계상하였다.
3. 장부가액 ₩50,000,000인 토지를 ₩200,000,000에 양도하고, 다음과 같이 처리하였다.

일 자	거래내역	회계처리			
20×1. 4. 30.	계약금 ₩20,000,000 수령	(차) 현금	₩20,000,00	(대) 선수금	₩20,000,000
20×1. 8. 31.	중도금 120,000,000 수령	(차) 현금	120,000,000	(대) 선수금	120,000,000
20×1. 12. 31.	잔금 60,000,000 수령	(차) 현금	60,000,000	(대) 선수금	60,000,000
20×2. 1. 2.	소유권 이전등기 완료	(차) 선수금	200,000,000	(대) 토지	50,000,000
				유형자산처분이익	150,000,000

해설

1. 일반매출의 귀속사업연도

거래처에 상품을 인도하는 시점에 매출액과 매출원가를 인식해야 한다. 따라서 제11기에 매출채권과 매출을 인식해야 하며, 기말재고자산을 감소시켜 매출원가로 인식해야 한다. 따라서 다음과 같이 세무조정한다.

매출누락	₩30,000,000 1)	익금산입 · 유보
매출원가누락	₩20,000,000 2)	손금산입 · △유보

1) 200개 × ₩150,000

2) 200개 × ₩100,000

2. 위탁판매의 귀속사업연도

수탁자가 실수요자에게 판매를 한 시점에 매출액과 매출원가를 인식해야 한다. 따라서 제11기에 매출채권과 매출을 인식해야 하며, 기말재고자산을 감소시켜 매출원가로 인식하고 관련 위탁판매수수료에 대한 미지급금을 계상해야 한다. 따라서 다음과 같이 세무조정한다.

위탁매출누락	₩30,000,000 1)	익금산입 · 유보
위탁매출원가누락	₩20,000,000 2)	손금산입 · △유보
위탁판매수수료	₩300,000 3)	손금산입 · △유보

3) 200개 × ₩150,000 × 1%

3. 재고자산 외 자산양도손익의 귀속사업연도

재고자산 외 자산을 양도한 경우 그 손익은 대금청산일, 소유권이전등기(등록)일, 인도일 또는 사용수익일 중 가장 빠른 날에 인식하여야 한다. 해당 토지의 양도와 관련하여 제11기에 잔금을 수령하였으므로 양도손익의 귀속시기는 제11기이다. 따라서 다음과 같이 세무조정한다.

유형자산처분이익	₩150,000,000	익금산입 · 유보

(2) 장기할부조건으로 자산을 판매하거나 양도한 경우

장기할부조건이란 대금을 2회 이상 분할하여 회수하고, 판매(양도) 대상 자산을 인도한 다음날부터 최종할부금 지급기일까지의 기간이 1년 이상인 경우를 말한다. 이러한 장기할부조건의 손익의 귀속사업연도는 다음과 같다.

구 분	방 법	내 용
원 칙	명목가치 인도기준	자산을 인도한 사업연도에 장기할부채권을 명목가치로 평가한 금액을 익금에, 그 자산의 장부가액을 손금에 산입한다.

구 분	방 법	내 용
특 례*	현재가치 인도기준	기업회계기준이 정하는 바에 따라 현재가치로 평가하여 현재가치할인차금을 계상한 경우에는 해당 현재가치할인차금 상당액은 해당 채권의 회수기간 동안 기업회계기준이 정하는 바에 따라 환입하였거나 환입할 금액을 각 사업연도의 익금에 산입한다.
	회수기일 도래기준	장기할부조건에 따라 해당 사업연도에 회수하였거나 회수할 금액을 익금에, 그에 대응하는 비용을 손금에 산입한다.

* 중소기업의 경우 결산상 인도기준으로 인식한 경우에도 회수기일도래기준으로 신고조정할 수 있다.

예제 2 장기할부판매

㈜서울(20×1.1. 1. ~ 20×1.12. 31.)은 기계를 할부판매하고 실제 회수한 금액을 매기 수익으로 계상하고 있다. 다음은 ㈜서울이 제5기에 인도한 기계의 할부판매에 관한 자료인데, 이를 기초로 제5기, 제6기 및 제7기의 세무조정을 행하시오.

- 할부조건: 30개월 분할회수
- 원 가 율: 80%
- 대금회수내역

사업연도	실제회수금액	회수약정금액
제5기	₩900,000	₩1,000,000
제6기	2,000,000	2,400,000
제7기	1,100,000	600,000
합 계	₩4,000,000	₩4,000,000

해설

장기할부판매에 대하여 세법에 따른 귀속시기는 인도기준에 의하는 것이 원칙이다. 다만, 회사가 회수기준에 따라 회계처리한 경우에는 회수기일도래기준(회수약정일기준)에 의해 그 귀속시기를 판정한다(재경부 법인 46012-65,1999.5.4). 따라서 위 사례는 회수기일도래기준과의 차액을 세무조정한다.

1. 할부매출에 대한 세무조정

구 분	회사계상액	세무상 금액	세무조정
제5기	₩900,000	₩1,000,000	₩100,000 익금산입 · 유보
제6기	2,000,000	2,400,000	400,000 익금산입 · 유보
제7기	1,100,000	600,000	500,000 익금불산입 · △유보
합 계	₩4,000,000	₩4,000,000	–

2. 할부매출원가에 대한 세무조정

구 분	회사계상액	세무상 금액	세무조정
제5기	₩720,000	₩800,000	₩80,000 손금산입 · △유보
제6기	1,600,000	1,920,000	320,000 손금산입 · △유보
제7기	880,000	480,000	400,000 손금불산입 · 유보
합 계	₩3,200,000	₩3,200,000	–

㈜ 할부매출원가 = 할부매출액 × 원가율(80%)

(3) 용역제공 등에 의한 손익의 귀속사업연도

건설 · 제조 기타 용역(도급공사 및 예약매출을 포함)의 계약기간이 1년 미만인 것을 '단기', 계약기간이 1년 이상인 것을 '장기'라고 한다.

1) 원칙: 진행기준

원칙적으로 장 · 단기를 구분하지 않고 용역제공 등의 계약에 대해 진행기준으로 손익을 인식한다. 이 때 진행기준으로 인식하는 익금과 손금은 다음과 같이 계산한다.43)

① 익금: 계약금액 × 진행률* – 직전 사업연도까지 익금에 산입한 누적금액
② 손금: 해당 사업연도에 발생한 총비용

* 진행률은 다음과 같이 계산한다.

$$\text{진행률} = \frac{\text{해당 사업연도까지 발생한 총공사비 누적금액}}{\text{총공사예정비}}$$

여기서 총공사예정비는 기업회계기준을 적용할 때 계약 당시 추정한 공사원가에서 해당 사업연도 말까지 공사상황을 반영하여 합리적으로 추정한 공사원가를 의미한다.

2) 특례: 인도기준

㈎ 중소기업이 계약기간 1년 미만인 단기건설 등을 제공하는 경우에는 결산상 진행기준으로 손익을 인식하였다 하더라도 각 사업연도 소득금액 계산시 인도기준을 적용해 신고조정할 수 있다.

㈏ 기업회계기준에 따라 비상장중소기업이 계약기간 1년 미만인 단기건설 등에 대해 인도기준으로 손익을 인식한 경우에는 법인세법에서도 이를 그대로 인정한다.

---

43) 공사계약의 해약으로 인하여 확정된 금액과 진행기준으로 계산한 익금 또는 손금에 차이가 있는 경우에는 그 차액을 해약일이 속하는 사업연도의 익금 또는 손금으로 산입한다.

㈐ 기업회계기준에 따라 분양공사 등 예약매출에 대해 인도기준으로 분양수익과 분양원가를 계상한 경우 법인세법에서도 이를 그대로 인정한다.

용역제공 등에 의한 손익의 귀속사업연도를 요약하면 다음과 같다.

<table>
<tr><th colspan="2">구 분</th><th>기업회계</th><th>법인세법</th></tr>
<tr><td rowspan="2">① 일반적인 용역제공 등</td><td>단 기</td><td>진행기준, 단 비상장 중소기업은 인도기준 적용 가능</td><td>(가) 원칙: 진행기준
(나) 특례:
㉠ 중소기업은 인도기준으로 선택하여 신고조정가능
㉡ 기업회계에서 인도기준 적용시 이를 인정</td></tr>
<tr><td>장 기</td><td>진행기준</td><td>진행기준 (예외 없음)</td></tr>
<tr><td colspan="2">② 분양공사 등 예약매출</td><td>인도기준</td><td>(가) 원칙: 진행기준
(나) 특례: 기업회계에서 인도기준 적용시 이를 인정</td></tr>
</table>

예제 3 도급공사의 손익

㈜서울(사업연도: 1. 1. ~ 12. 31.)은 지방자치단체와 공사계약을 체결하여 공사를 진행하였다. 해당 공사와 관련한 다음 자료를 이용하여 제11기 ~ 제13기의 기간에 필요한 세무조정을 하시오.

1. 공사기간: 제11기 20×1. 7. 1. ~ 제13기 20×3. 5. 31
2. 계약금액(도급금액): ₩500,000,000
3. 공사기간 동안 공사비 내역과 추정 총공사예정비 내역은 다음과 같다.

구 분	제11기	제12기	제13기
당기 공사비	₩100,000,000	₩260,000,000	₩100,000,000
누적 공사비	100,000,000	360,000,000	460,000,000
추정 총공사예정비	400,000,000	450,000,000	−

4. ㈜서울은 기업회계기준에 따라 진행기준으로 공사수익과 공사원가를 인식해야 함에도 불구하고 인도기준을 적용해 다음과 같이 수익과 비용을 손익계산서에 인식하였다.

손익계산서	제11기	제12기	제13기
수 익	−	−	₩500,000,000
비 용	₩100,000,000	₩260,000,000	100,000,000

해설

1. 진행기준에 의한 수익 비용 계산

구 분	제11기	제12기	제13기
누 적 공 사 비	₩100,000,000	₩360,000,000	₩460,000,000
추정 총공사예정비	400,000,000	450,000,000	460,000,000
진 행 률	25%	80%	100%
누 적 공 사 수 익	₩500,000,000 × 25% = ₩125,000,000	₩500,000,000 × 80% = ₩400,000,000	₩500,000,000 × 100% = ₩500,000,000
전기 누적공사수익	–	(125,000,000)	(400,000,000)
세무상 당기공사수익	₩125,000,000	₩275,000,000	₩100,000,000
회사 계상 당기공사수익	–	–	500,000,000
세무상 당기공사원가	₩100,000,000	₩260,000,000	₩100,000,000
회사 계상 당기공사원가	100,000,000	260,000,000	100,000,000

2. 세무조정

공사수익에 대한 세무조정만 필요하다.

제11기: 공사수익 ₩125,000,000 익금산입 · 유보

제12기: 공사수익 ₩275,000,000 익금산입 · 유보

제13기: 공사수익 ₩400,000,000 익금불산입 · △유보

(4) 이자소득 등의 귀속사업연도

법인[44]의 이자수익 및 이자비용의 귀속사업연도는 다음과 같다.

구 분	손익의 귀속시기
① 이자수익	㉠ 원칙: 실제로 받은날(또는 받기로 한 날) → 현금주의(또는 권리의무확정주의) ㉡ 특례: 기간경과분을 수익으로 계상한 경우 이를 인정* → 발생주의 * 법인세가 원천징수되지 않는 이자수익(국외에서 받는 이자수익)에 한하여 적용한다. 따라서 일반기업이 국내에서 받는 이자수익에 대해 특례가 적용되는 경우는 거의 없다. (미수이자를 손금불산입하는 세무조정 필요) 단, 금융 · 보험업의 경우 법인세가 원천징수되지 않는 이자수익이 대부분이므로 특례가 적용된다.[45]

44) 금융보험업을 영위하는 법인은 특수한 법인이므로 여기서는 일반법인만을 기술한다.

45) 이자수익에 대한 원천징수는 사업연도 종료 후 납부할 법인세를 사전에 징수하는 것이므로 이미 과세되어 법인세를 납부한 이자수익에 대해서는 원천징수를 하지 않는다. 만일, 원천징수 대상 이자수익에 대해 법인이 계상한 미수이자를 인정하게 되면, 이자지급 시점 이전에 각 사업연도 소득에 해당 이자수익이 포함되어 법인세를 납부하게 된다. 이 경우 이자를 지급하는 금융기관은 실제 이자를 지급하는 시점에 해당 법인이 미수이자로 계상한 금액은 제외한 나머지 금액에 대해서만 원천징수를 해야 하며, 실무적으로 이를 매번 확인해야 하는 번거로움이 존재한다. 따라서 원천징수의 편

구 분	손익의 귀속시기
② 이자비용	㉠ 원칙: 실제로 지급하는 날(또는 지급하기로 한 날) → 현금주의(또는 권리의무확정주의) ㉡ 특례: 기간경과분을 비용으로 계상한 경우에는 이를 인정* → 발생주의 * 단, 차입일부터 이자지급일이 1년을 초과하는 특수관계인 간의 거래시에는 이를 인정하지 않는다. 그리고 이자를 선급하여 선급비용으로 계상한 경우에도 이를 인정하지 않으며 원칙에 따라 실제 지급하거나 지급하기로 한 날을 귀속시기로 한다(선급비용을 손금산입하는 세무조정 필요).
③ 사채할인발행차금	장부에 반영했는지 여부와 관계없이 유효이자율법에 의한 상각방법에 따른 상각액을 손금으로 계상해야 한다.

예제 4 **이자수익과 이자비용**

제조업을 영위하는 ㈜서울(사업연도: 1. 1. ~ 12. 31.)의 다음 자료에 따라 제11기, 제12기 및 제13기의 세무조정을 행하시오.

(1) 국내은행에 2년 만기 정기적금에 가입하고 그 이자수익 ₩4,000,000을 기업회계기준(발생주의)에 따라 다음과 같이 회계처리하였다.

제11기(적금가입)	(차) 미 수 수 익	1,000,000	(대) 이 자 수 익	1,000,000
제12기	(차) 미 수 수 익	2,000,000	(대) 이 자 수 익	2,000,000
제13기(이자수령)	(차) 현 금	4,000,000	(대) 미 수 수 익	3,000,000
			이 자 수 익	1,000,000

(2) 은행으로부터 2년 후에 원금과 이자를 일시에 상환하는 조건으로 운영자금을 차입하고 그 이자비용 ₩4,000,000을 기업회계기준(발생주의)에 따라 배분하여 다음과 같이 회계처리하였다.

제11기(적금가입)	(차) 이 자 비 용	1,000,000	(대) 미지급비용	1,000,000
제12기	(차) 이 자 비 용	2,000,000	(대) 미지급비용	2,000,000
제13기(이자수령)	(차) 미지급비용	3,000,000	(대) 현 금	4,000,000
	이 자 비 용	1,000,000		

의를 위해 원천징수 대상 이자수익에 대해서는 기간경과분 미수이자를 익금으로 인정하지 않는다.

해설

1. 이자수익

이자수익을 발생주의에 따라 배분하여 인식하는 것은 세법에서 인정되지 않으며, 정기적금의 이자는 실제로 수령한 날에 인식하여야 한다.

구 분	회사계상 이자수익	세무상 이자수익	세무조정
제11기	₩1,000,000	–	₩1,000,000 익금불산입 · △유보
제12기	2,000,000	–	2,000,000 익금불산입 · △유보
제13기	1,000,000	₩4,000,000	3,000,000 익금산입 · 유보
합 계	₩4,000,000	₩4,000,000	–

2. 이자비용

이자비용을 발생주의에 따라 배분하여 인식하는 것은 세법에서도 인정된다. 따라서 세무조정이 필요 없다.

(5) 배당금수익의 귀속사업연도

법인이 수령하는 배당금은 소득세법에 따른 배당소득의 수입시기(잉여금처분결의일, 실제로 받은 날 등을 말함)가 속하는 사업연도에 익금에 산입한다(권리의무확정주의 또는 현금주의).

(6) 금융 · 보험업을 영위하는 법인의 수입보험료 등

금융 · 보험업을 영위하는 법인이 수입하는 보험료 등의 귀속사업연도는 그 보험료 등이 실제로 수입된 날이 속하는 사업연도로 하되(현금주의), 선수입보험료 등은 제외한다. 다만, 결산을 확정할 때 이미 경과한 기간에 대응하는 보험료 상당액 등을 해당 사업연도의 수익으로 계상한 경우에는 그 계상한 사업연도의 익금으로 한다(발생주의 수용).

(7) 임대료 등 기타 손익의 귀속사업연도

1) 임대손익

자산의 임대로 인한 익금과 손금의 귀속사업연도는 다음과 같다.

구 분	손익의 귀속사업연도
① 원 칙	㉠ 계약 등에 따라 임대료 지급일이 정해진 경우: 그 지급일 ㉡ 계약 등에 따라 임대료 지급일이 정해지지 않은 경우: 그 지급을 받은 날
② 특 례	㉠ 기간경과분을 임대수익으로 계상한 경우에는 이를 인정(발생주의 수용) ㉡ 임대료 지급기간이 1년을 초과하는 경우에는 기간경과분을 임대수익으로 인식(발생주의 강제)

2) 금전등록기 설치법인의 수익

영수증을 작성 · 교부할 수 있는 업종을 영위하는 법인이 금전등록기를 설치 · 사용하는 경우 그 수입하는 물품대금과 용역대가의 귀속사업연도는 그 금액이 실제로 수입된 사업연도로 할 수 있다.

3) 그 밖의 손익

법인세법(단, 기업회계기준 또는 관행의 보충적 적용규정 제외), 법인세법 시행령 및 조세특례제한법에서 규정한 것 이외의 익금과 손금의 귀속시기에 관하여는 법인세법 시행규칙으로 정한다. 법인세법 시행규칙에서 별도록 규정한 것 외의 익금과 손금의 귀속시기는 그 익금과 손금이 확정된 날이 속하는 사업연도로 한다.

3 기업회계기준과 관행의 보충적 적용

익금과 손금의 귀속사업연도와 자산·부채의 취득 및 평가에 관하여 일반적으로 공정·타당하다고 인정되는 기업회계기준을 적용하거나 관행을 계속 적용하여 온 경우에는 법인세법 및 조세특례제한법에서 달리 규정하고 있는 경우를 제외하고는 그 기업회계기준 또는 관행에 따른다.

여기서 '기업회계의 기준 또는 관행'은 다음 중 어느 하나에 해당하는 회계기준(해당 회계기준에 배치되지 않은 것으로서 일반적으로 공정·타당하다고 인정되는 관행을 포함한다)으로 한다.

① 한국채택국제회계기준(K-IFRS: 상장회사와 금융회사에 대하여 적용)
② 일반기업회계기준(K-IFRS를 적용하지 않는 비상장기업에 대해서 적용)
③ 「상법 시행령」에 따라 제정된 중소기업회계기준(외부감사대상이 아닌 비상장기업에 대해서 적용)
④ 증권선물위원회가 정한 업종별 회계처리준칙
⑤ 「공공기관의 운영에 관한 법률」에 따라 제정된 공기업 · 준정부기관 회계규칙
⑥ 그 밖에 법령에 따라 제정된 회계처리기준으로서 기획재정부장관의 승인을 받은 것

OX 문제

01 상품 등 외의 자산의 양도로 인한 익금 및 손금의 귀속사업연도는 그 대금을 청산하기로 한 날이 속하는 사업연도로 한다.

02 장기할부판매로 인해 발생한 채권에 대해 기업회계기준이 정하는 바에 따라 현재가치로 평가하여 현재가치할인차금을 계상한 경우 해당 현재가치할인차금 상당액은 채권의 회수기간 동안 기업회계기준이 정하는 바에 따라 환입하였거나 환입할 금액을 각사업연도의 익금에 산입한다.

03 건설 · 제조 · 기타 용역제공의 경우 목적물의 인도일이 속하는 사업연도에 익금과 손금을 계상할 것을 원칙으로 하되 그 계약기간이 1년 미만인 경우에는 작업진행률을 기준으로 익금과 손금을 계상할 수 있다.

정답&해설 **01** × **02** ○ **03** ×

01 재고자산 이외의 자산(부동산매매업자의 매매목적용 부동산 포함)의 손익귀속시기는 대금청산일, 소유권 이전등기(등록)일, 인도일, 사용수익일 중 가장 빠른날이 속하는 사업연도로 한다.

03 용역제공(건설업 포함) 등에 의한 손익의 귀속사업연도는 진행기준을 원칙으로 하되, 다음의 경우에는 인도기준의 적용이 가능하다.

① 중소기업이 수행하는 단기용역매출의 경우

② 기업회계기준에 따라 인도기준으로 수익 · 비용을 계상한 경우

04 제조업을 영위하는 법인이 정기예금에 대한 이자를 지급받기 이전에 기간경과분을 이자수익으로 계상한 경우에는 해당 사업연도의 익금으로 하며, 차입금에 대한 이자를 실제로 지급하기 이전에 기간경과분을 이자비용으로 계상한 경우에는 해당 사업연도의 손금으로 한다.

05 중소기업이 아닌 영리내국법인이 토지에 대해 장기할부조건부 양도계약을 체결하고 기말에 계약금을 수령하면서 거래상대방에게 토지를 사용수익하도록 하였다. 사용수익일에 현재가치로 손익을 인식한 경우 추가적인 세무조정이 필요하다.

06 중소기업이 아닌 영리내국법인이 소유한 건물에 대해 임차법인과 임대계약을 20×1년 11월 1일 ~ 20×2년 3월 31일로 체결하였다. 그리고 계약기간 동안의 임대료 총액을 수령하여 선수수익으로 회계처리한 후 12월 31일 사업연도 말 발생주의에 따라 결산조정분개를 수행한 경우 적절한 세무조정이 필요하다.

정답&해설 **04** × **05** × **06** ×

04 정기예금과 같이 원천징수대상인 이자수익은 미수이자의 계상을 인정하지 않는다.

05 현재가치인도기준으로 회계처리 시 특례로 인정하므로 추가적인 세무조정이 불필요하다.

06 임대료 지급기간이 1년 이하인 임대료의 손익은 기간경과분을 계상할 경우 특례로 인정하므로 추가적인 세무조정이 불필요하다.

연습문제

01 법인세법상 손익의 귀속사업연도에 관한 다음의 설명 중 옳지 않은 것은?

① 법인세법상 손익의 귀속시기는 권리의무확정주의를 원칙으로 하고 있다.
② 법인세법의 규정과 기업회계기준이 상충될 경우에는 기업회계기준을 우선 적용한다.
③ 시용판매의 손익의 귀속시기는 상대방이 그 상품 등에 대한 구입의사를 표시한 날이다.
④ 위탁판매의 경우 손익의 귀속시기는 수탁자가 그 자산을 매매한 날이다.
⑤ 재고자산 이외의 자산은 대금청산일, 소유권이전등기일, 인도일 또는 사용수익일 중 가장 빠른 날이 손익의 귀속시기이다.

정답 ②

법인세법을 우선 적용하며, 법인세법 및 조세특례제한법에서 달리 규정하고 있는 경우를 제외하고는 해당 기업회계기준 또는 관행에 따른다.

02 법인세법상 손익의 귀속사업연도에 대한 다음의 설명 중 옳은 것은?

① 법인이 수행하는 건설용역의 계약기간이 1년 미만인 경우에는 작업진행률을 기준으로 익금과 손금을 계상할 수 없다.
② 제조업을 영위하는 법인이 정기예금에 대한 이자를 실제로 그 이자를 지급받기 전에 해당 사업연도 중의 기간경과분을 이자수익으로 계상한 경우에는 그 계상한 사업연도의 익금으로 한다.
③ 법인이 장기할부조건으로 자산을 판매 또는 양도한 경우에는 각 사업연도에 회수하였거나 회수할 금액과 이에 대응하는 비용을 각각 해당 사업연도의 익금과 손금에 산입하는 것이 원칙이다.
④ 법인이 부동산을 양도하는 경우에는 대금청산일 · 소유권이전등기일 및 인도일 또는 사용수익일 중 가장 빠른 날을 손익의 귀속시기로 한다.
⑤ 위탁판매의 경우 위탁자가 수탁자에게 자산을 위탁한 시점에 해당 수익을 인식한다.

정답 ④

① 법인이 수행하는 건설용역은 단기와 장기 모두 작업진행률에 의하여 손익을 계상하는 것이 원칙이다.

② 제조업을 영위하는 법인이 정기예금에 대한 이자(원천징수대상)를 실제로 그 이자를 지급받기 전에 해당 사업연도 중의 기간경과분을 이자수익(미수수익)으로 계상한 경우에는 이를 해당 사업연도의 익금으로 보지 않는다.

③ 법인이 장기할부조건으로 자산을 판매 또는 양도한 경우에는 인도기준에 의해 익금과 손금을 계상하는 것이 원칙이다. 단 결산서에 회수하였거나 회수할 금액과 이에 대응하는 비용을 계상한 경우에는 이를 해당 사업연도의 익금과 손금에 산입한다.

⑤ 위탁판매의 경우 손익의 귀속시기는 수탁자가 그 자산을 매매한 날이다.

03 다음 법인세법상 장기할부판매의 손익의 귀속시기에 대한 설명 중 옳지 않은 것은?

① 장기할부란 대금을 2회 이상 분할하여 회수하고, 할부기간이 1년 이상인 경우를 말한다.

② 장기할부판매손익은 원칙적으로 자산을 인도한 사업연도에 장기할부채권을 명목가치로 평가한 금액을 익금에, 그 자산의 장부가액을 손금에 산입한다.

③ 현재가치할인차금을 인식한 경우에도 자산을 인도한 사업연도에 이를 취득가액에 포함한다.

④ 장기할부조건에 따라 해당 사업연도에 회수하였거나 회수할 금액을 익금에, 그에 대응하는 비용을 손금에 산입하는 회수기일 도래기준을 수용한다.

⑤ 중소기업의 경우 결산상 인도기준으로 인식한 경우에도 회수기일도래기준으로 신고조정할 수 있다.

정답 ③

현행 법인세법은 장기할부판매에 대하여 기업회계기준이 정하는 바에 따라 현재가치로 평가하여 현재가치할인차금을 계상한 경우에는 해당 현재가치할인차금 상당액은 해당 채권의 회수기간 동안 기업회계기준이 정하는 바에 따라 환입하였거나 환입할 금액을 각 사업연도의 익금에 산입한다. 따라서 현재가치할인차금을 인식한 경우에 자산을 인도한 사업연도에 이를 취득가액에 포함한다는 설명은 잘못된 설명이다.

04 제조업을 영위하는 영리내국법인 ㈜A(중소기업 아님)의 제17기(20×1.1.1. ~ 20×1.12.31.) 손익의 귀속사업연도에 관한 설명으로 옳은 것은?

① 장기할부조건으로 자산을 판매하고 인도기준으로 회계처리한 경우 별도의 세무조정은 필요 없다.

② 약정에 의한 지급기일이 20×1.12.15.인 매출할인금액을 20×2.1.15.에 지급한 경우 그 매출할인금액은 제18기의 매출액에서 차감한다.

③ 이미 경과한 기간에 대응하는 이자 300,000원을 제17기의 비용으로 계상한 경우 그 이자는 법인세법에 따라 원천징수되는 이자에 해당하지 않는 경우에만 제17기의 손금으로 한다.

④ 임대료 12,000,000원(임대계약기간: 20×1.10.1. ~ 20×2.9.30.)을 20×1.10.1. 선불로 받는 조건으로 임대계약을 체결하고, 그 임대료를 제17기의 수익으로 계상하지 않은 경우 제17기의 법인세법 상 임대료수익은 3,000,000원이다.

⑤ 건설기간이 1년을 초과하는 건설용역 계약의 경우에도 건설완공시점에 수익인식을 할 수 있다.

정답 ①

② 매출할인은 상대방과의 약정에 의한 지급기일이 속하는 사업연도의 매출액에서 차감하므로 제17기의 매출액에서 차감한다.

③ 이미 경과한 기간에 대응하는 이자 ₩300,000을 제17기의 비용으로 계상한 경우 그 이자는 원천징수여부를 불문하고 제17기의 손금으로 한다.

④ 임대료 지급기간이 1년 이하이므로 단기임대료에 해당한다. 단기임대료는 원칙상 계약상 지급일(약정주의)이 귀속시기이므로 제17기의 법인세법상 임대료수익은 ₩12,000,000이다.

⑤ 장기 건설용역의 경우 반드시 진행기준에 의해 손익을 인식하여야 한다.

05 제조업을 영위하는 ㈜서울의 제7기 사업연도(20×1.1.1. ~ 20×1.12.31.)의 결산을 확정함에 있어서 정기예금(만기일은 제8기 6. 30.)에 대한 미수이자 ₩1,000,000을 계상한 경우 이에 필요한 세무조정은?

① 세무조정 없음

② ₩500,000 익금산입 · 유보

③ ₩500,000 익금불산입 · △유보

④ ₩1,000,000 익금불산입 · △유보

⑤ ₩1,000,000 익금산입 · 유보

정답 ④

정기예금 기간 경과분 미수이자는 세무상 익금의 귀속시기가 도래하지 아니하였고, 원천징수대상 이자소득에 해당하므로 익금불산입(△유보)한다.

정기예금 미수이자 ₩1,000,000 익금불산입 · △유보

06 다음 중 법인세 계산시 세무조정이 필요한 사항은?

① 제조업을 영위하는 법인이 정기예금이자 발생액을 발생주의에 따라 미수수익으로 계상한 경우

② 장기할부조건에 의한 할부매출액을 기업회계기준에 따라 회수기일도래기준에 의해 수익으로 인식한 경우

③ 제조업을 영위하는 법인이 부동산을 처분하고 그 손익귀속시기를 잔금청산일, 소유권이전등기일 또는 인도일 중 빠른 날이 속하는 사업연도로 하는 경우

④ 제조업을 영위하는 법인이 은행차입금의 이자발생액으로서 미지급비용으로 계상한 경우

⑤ 금융보험업을 영위하는 법인이 기간경과분에 대한 이자를 미수수익으로 계상한 경우

정답 ①

원천징수의 편의를 위해 원천징수 대상 이자수익에 대해서는 기간경과분 미수이자를 익금으로 인정하지 않는다.

07 법인세법상 손익의 귀속시기에 대한 다음의 설명 중 옳지 않은 것은?

① 중소기업인 법인은 장기할부조건에 따른 결산상 수익인식방법에 관계없이 회수하였거나 회수할 금액을 해당 사업연도의 익금에 산입할 수 있다.

② 금융 · 보험업 이외의 법인이 결산을 확정함에 있어서 이미 경과한 기간에 대응하는 이자를 해당 사업연도의 손금으로 계상한 경우에는 그 계상한 사업연도의 손금으로 인정한다.

③ 임대료의 지급기간이 1년을 초과하는 경우 이미 경과한 기간에 대응하는 임대료상당액과 비용을 각각 해당 사업연도의 익금과 손금으로 한다.

④ 법인이 비치 · 기장한 장부가 없어 해당 사업연도 종료일까지 실제로 소요된 총공사비누적액 또는 작업시간 등을 확인할 수 없는 경우에는 추계조사방법에 의하여 계산한 수익과 비용을 각각 해당 사업연도의 익금과 손금에 산입한다.

⑤ 법인의 이자수익은 실제로 받은 날 또는 받기로 한 날이 속하는 사업연도에 인식한다.

정답 ④

법인이 비치 · 기장한 장부가 없어 해당 사업연도 종료일까지 실제로 소요된 총공사비누적액 또는 작업시간 등을 확인할 수 없어 공사진행률을 산정할 수 없는 경우에는 인도기준에 의한 수익과 비용을 각각 익금과 손금에 산입한다.

08 법인세법상 손익의 귀속시기에 대한 다음의 설명 중 옳지 않은 것은? **[CPA 2022]**

① 중소기업이 수행하는 계약기간 1년 미만인 건설용역의 제공으로 인한 수익은 그 목적물의 인도일이 속하는 사업연도의 익금에 산입할 수 있다.

② 중소기업인 법인이 장기할부조건으로 자산을 판매한 경우에는 그 장기할부조건에 따라 각 사업연도에 회수하였거나 회수할 금액을 해당 사업연도의 익금에 산입할 수 있다.

③ 법인이 결산을 확정함에 있어서 차입일부터 이자지급일이 1년을 초과하는 특수관계인과의 거래에 따른 기간경과분 미지급이자를 해당 사업연도의 손비로 계상한 경우에는 그 계상한 사업연도의 손금으로 한다.

④ 법인이 사채를 발행한 경우에 상환할 사채금액의 합계액에서 사채발행가액의 합계액을 공제한 금액은 기업회계기준에 의한 사채할인발행차금의 상각방법에 따라 이를 손금에 산입한다.

⑤ 금융보험업을 영위하는 법인이 결산을 확정함에 있어서 이미 경과한 기간에 대응하는 보험료를 해당 사업연도의 수익으로 계상한 경우에는 그 계상한 사업연도의 익금으로 한다.

정답 ③

인정하지만 차입일부터 이자지급일이 1년을 초과하는 특수관계인 간의 거래시에는 기간경과분에 대한 미지급이자를 손비로 계상한 경우에는 이를 인정하지 아니한다.

09 법인세법상 손익의 귀속사업연도에 관한 다음의 사항 중 옳지 않은 것은?

① 잉여금의 처분에 따른 배당소득의 귀속사업연도는 잉여금을 처분한 법인의 결산확정일이 속하는 사업연도로 한다.

② 자산을 위탁매매하는 경우 수탁자가 그 위탁자산을 매매한 날을 귀속사업연도로 한다.

③ 영수증을 작성 · 교부할 수 있는 업종을 영위하는 법인이 금전등록기를 설치·사용하는 경우 그 수입하는 물품대금과 용역대가의 귀속사업연도는 그 금액이 실제로 수입된 사업연도로 할 수 있다.

④ 법인이 사채를 발행하는 경우에 상환할 사채금액의 합계액에서 사채발행가액(사채발행수수료와 사채발행을 위하여 직접 필수적으로 지출된 비용을 차감한 후 가액)의 합계액을 공제한 금액(사채할인발행차금)은 기업회계기준에 따른 상각방법에 따라 이를 손금에 산입한다.

⑤ 금융보험을 영위하는 법인의 수입보험료로서 해당 법인이 결산을 확정할 때 이미 경과한 기간에 대응하는 보험료상당액을 해당 사업연도에 수익으로 계상한 경우에는 그 계상한 사업연도의 익금으로 한다.

정답 ①

잉여금의 처분에 따른 배당소득의 귀속사업연도는 잉여금처분결의일이 속하는 사업연도로 한다.

10 영리내국법인 ㈜A(중소기업 아님)는 다음 자료를 이용하여 제12기 사업연도(20×1.1. 1. ~ 20×1.12.31.)의 할부판매에 대한 세무조정을 하고자 한다. 세무조정을 통해 감소될 수 있는 제12기 각 사업연도 소득금액은 얼마인가?

> (1) 제12기 사업연도 초에 원가 ₩5,000,000인 상품을 ₩7,500,000에 할부판매하고, 제12기 사업연도 말부터 매 사업연도 말에 ₩1,500,000씩 5년간 균등하게 회수하기로 하였다. 단, 제12기 사업연도에 실제 회수된 할부금은 없다.
>
> (2) ㈜A는 당해 할부매출에 대하여 제12기 사업연도에 다음과 같이 기업회계기준에 따라 적정하게 회계처리 하였다.
>
> <상품인도시점>
>
> | | | | | |
> |---|---|---|---|---|
> | (차) 장기매출채권 | 7,500,000 | (대) | 할부매출 | 5,686,180 |
> | | | | 현재가치할인차금 | 1,813,820 |
> | (차) 할부매출원가 | 5,000,000 | (대) | 상품 | 5,000,000 |
>
> <제12기 사업연도 말>
>
> | | | | | |
> |---|---|---|---|---|
> | (차) 현재가치할인차금 | 568,618 | (대) | 이자수익 | 568,618 |

① ₩0　② ₩137,236　③ ₩568,618
④ ₩754,798　⑤ ₩1,003,838

정답 ①

회사에서 현재가치할인차금을 계상하는 경우 세법상 특례로서 인정된다.

11 제조업을 영위하는 영리내국법인 ㈜A는 제16기 사업연도(20×2.1.1. ~ 20×2.12.31.)에 ㈜B(제조업)로부터 잉여금 처분에 따른 금전배당금 5,000,000원((주)B의 잉여금 처분 결의는 제15기에 이루어진 것임)을 수령하였고, 이에 대한 ㈜A의 회계처리는 다음과 같다.

> 제15기: 배당수익과 관련한 아무런 회계처리를 하지 않았음
> 제16기: <차변> 현금 5,000,000 <대변> 배당금수익 5,000,000

제15기에 대하여 ㈜A가 해야 할 모든 세무조정은 적법하게 이루어졌다고 가정할 때, ㈜A가 제16기의 각 사업연도의 소득금액 계산시 해야 할 세무조정과 소득처분으로 옳은 것은? (단, 법인세법상 수입배당금액의 익금불산입 규정 등 주어진 자료 이외 다른 사항은 고려하지 않음)

① 세무조정 없음

② <익금산입> 배당금수익 5,000,000원(배당)

③ <익금불산입> 배당금수익 5,000,000원(기타)

④ <익금산입> 배당금수익 5,000,000원(유보)

⑤ <익금불산입> 배당금수익 5,000,000원(△유보)

정답 ⑤

(1) 제15기: 미수배당금 ₩5,000,000 익금산입 · 유보

* 법인세법상 배당금수익의 귀속시기는 소득세법상 배당소득의 수입시기(잉여금처분결의일)를 따른다.

(2) 제16기: 배당금수익 ₩5,000,000 익금불산입 · △유보

Chapter 6 자산의 취득가액 및 자산 · 부채의 평가

AN INTRODUCTION TAX LAW

1 자산의 취득가액

(1) 취득가액 산정의 원칙

내국법인이 매입 · 제작 · 교환 및 증여 등에 의하여 취득한 자산의 취득가액은 다음의 금액에 의한다.

구 분	자산의 취득가액
① 타인으로부터 매입한 자산	매입가액 + 부대비용(취득세 · 등록면허세 포함) ㈜ 단기매매증권과 파생상품은 매입가액(부대비용을 포함하지 않음)
② 자기가 제조 · 생산 · 건설 기타 이에 준하는 방법으로 취득한 자산	제작원가 + 부대비용 ㈜ 원재료 · 노무비 · 운임 · 하역비 · 보험료 · 수수료 · 공과금(취득세 · 등록면허세 포함) · 설치비 기타 부대비용의 합계액으로 한다.
③ 기타의 방법(현물출자 · 채무의 출자전환 · 교환 · 증여 등)으로 취득한 자산	취득당시의 시가

(2) 취득가액 산정의 특례

1) 저가 · 고가매입

구 분	취득가액 포함	취득가액 불포함
① 저가매입	㉠ 특수관계인인 ㉡ 개인으로부터 ㉢ 유가증권을 저가로 매입한 경우 매입가액과 시가의 차이[46]	일반적인 저가매입 시 매입가액과 시가의 차이
② 고가매입	–	㉠ 특수관계인으로부터 자산을 고가매입한 경우 해당 자산의 시가를 초과하는 금액
		㉡ 특수관계인이 아닌 자로부터 자산을 고가매입한 경우 해당 자산의 정상가액(시가의 130%)를 초과하는 금액

46) Chapter 3의 '익금과 익금불산입' 참조

예제 1 **자산의 고가매입**

㈜서울은 제11기(20×1.1.1.~20×1.12.31.) 사업연도 중 시가 ₩100,000,000 상당의 토지를 현금 ₩150,000,000에 또 다른 영리내국법인인 ㈜한국으로부터 매입하였다. 이 때 다음에 대하여 세무조정을 하시오.

1. ㈜한국이 ㈜서울과 특수관계인이 아니며, 위 거래에 정당한 사유가 없는 경우
2. ㈜한국이 ㈜서울과 특수관계인인 경우

해설

1. ㈜한국이 특수관계인이 아닌 경우

회사의 분개	(차) 토 지 150,000,000 (대) 현 금 150,000,000
세무상 분개	(차) 토 지 130,000,000[1] (대) 현 금 150,000,000 의제기부금 20,000,000[2]
세무조정	토지 ₩20,000,000 손금산입 · △유보 의제기부금 20,000,000 손금불산입 · 기타사외유출

1) 정상가액(시가의 130%): ₩100,000,000 × 130% = ₩130,000,000

2) 법인이 특수관계인 외의 자에게 정당한 사유 없이 자산을 저가양도하거나 고가매입하는 경우 거래가액과 정상가액의 차액을 기부금으로 의제하며, 이 경우에 ㈜한국은 영리내국법인이므로 비지정기부금으로 손금불산입한다. 구체적인 사항은 'Chapter7 기업업무추진비와 기부금의 손금불산입'편에서 설명한다.

2. ㈜한국이 특수관계인인 경우

회사의 분개	(차) 토 지 150,000,000 (대) 현 금 150,000,000
세무상 분개	(차) 토 지 100,000,000[3] (대) 현 금 150,000,000 사외유출 50,000,000[3]
세무조정	토지 ₩50,000,000 손금산입 · △유보 사외유출 50,000,000 손금불산입 · 기타사외유출

3) 특수관계인과의 거래이므로 시가를 취득원가로 하고, 거래가액과 시가의 차액을 기타사외유출(사외유출)로 소득처분한다.

2) 자산 취득과 관련한 이자비용

재고자산 등의 매입 과정에 필요한 자금을 조달하기 위하여 차입을 하고 그 이자를 부담한 경우 해당 이자비용은 취득가액에 포함되지 않고 발생시점에 손금으로 인정되며, 건설이나 제작이 필요한 재고자산(또는 투자자산)과 관련된 건설자금이자도 취득가액에 포함되지 않고 전액 당기의 손금에 산입한다. 다만, 예외적으로 사업용고정자산(유 · 무형자산)에 대한 건설자금이자는 취득가액에 포함될 수 있다. 이 경우 건설과 관련된 특정차입금 이자는 반드시 취득가

액에 포함하여야 하나 일반차입금 이자는 기업의 선택에 따라 취득가액에 포함될 수도 있고 당기 손금으로 산입할 수도 있다.

한편, 재고자산을 외상 또는 할부로 매입하는 경우 총매입가격에는 이자비용 성격의 금액이 포함되어 있으나, 이를 손금으로 인정하지 않고 재고자산의 취득가액으로 한다. 이와 마찬가지로 연지급수입(국외에서의 외상매입)에 따른 이자도 해당 수입재고자산의 취득가액에 포함한다. 다만, 해당 연지급수입에 따른 이자를 결산서에 이자비용으로 비용 계상한 경우에는 수입재고자산의 취득가액에 포함하지 않는다.

이를 요약하면 다음과 같다.

구 분		법인세법
① 건설자금이자	재고자산 · 투자자산	손금산입
	유형자산 · 무형자산	(가) 특정차입금이자: 취득가액 포함 (나) 일반차입금이자: 취득가액 포함 또는 당기 손금산입 중 선택가능
② 연지급수입의 지급이자		(가) 원칙: 취득가액 포함 (나) 특례: 결산서에 비용으로 계상한 경우 이를 인정

3) 현재가치평가

기업회계에서는 자산 구매 시 1년을 초과하는 기간의 장기할부조건으로 구입하거나, 대금지급기간이 일반적인 신용기간보다 긴 경우 취득가액을 취득시점의 현금구입가격 상당액으로 한다. 이로 인해 현금구입가격상당액과 실제 총지급금액과의 차이가 발생하게 되는데 이를 차입원가 지본회를 적용히여 지본회히지 않는 경우에는 대금 지급기간에 걸쳐 이지비용으로 인식한다.

법인세법에서는 자산을 장기할부조건 등으로 취득함에 따라 발생한 채무를 기업회계기준에 따라 현재가치로 평가하여 계상하는 현재가치할인차금은 취득가액에 포함하지 않는다. 즉, 기업회계상 현재가치평가를 그대로 인정한다. 또한, 현재가치할인차금에 대해 유효이자율법을 적용하여 상각하는 과정에서 이자비용으로 계상하는 현재가치할인차금 상각액은 손금으로 인정한다.

한편, 현재가치할인차금 상각액 및 연지급수입 이자의 경우 취득가액과 구분하여 지급이자로 계상된 금액에 대해서는 다음의 세 가지 규정을 적용하지 않으며, 그 취지는 이것을 취득가액에 포함시켜 회계처리한 경우와의 형평성을 유지하기 위함에 있다.

① 지급이자 손금불산입

② 수입배당금의 익금불산입 계산시 차입금이자 차감액 규정

③ 원천징수 및 지급명세서의 제출의무

구 분	법인세법
장기할부조건 등의 매입거래	(가) 원칙: 채무의 명목금액을 취득가액으로 함 (나) 특례: 기업회계기준에 따라 채무를 현재가치로 평가한 경우 그 현재가치를 취득가액으로 함

4) 유형자산 취득시 국·공채의 매입

법인이 유형자산의 취득과 관련하여 국 · 공채 등을 불가피하게 매입하는 경우에는 해당 채권의 매입금액과 현재가치의 차액은 유형자산의 취득원가에 포함한다.

예제 2 현재가치평가

다음의 자료를 바탕으로 현재가치평가를 적용하지 않는 경우와 현재가치평가를 적용하는 경우로 나누어 제11기 ~ 제14기의 ㈜서울의 회계처리와 관련 세무조정을 각각 제시하시오.

1. ㈜서울은 제11기(사업연도: 1. 1. ~ 12. 31.) 1월 1일에 토지를 취득하고 3년 간 매년 12월 31일에 ₩100,000,000씩 3번 지급하기로 계약하였다.
2. 동 계약에 따른 채무에 대한 현재가치는 ₩240,000,000으로 산정된다.
3. 유효이자율법에 따른 현재가치할인차금 ₩60,000,000의 연도별 상각액은 다음과 같은 것으로 가정한다.

연 도	현재가치할인차금 상각액	명목현금 지급액	원금 상환액
취 득			
제11기	₩30,000,000	₩100,000,000	₩(70,000,000)
제12기	20,000,000	100,000,000	(80,000,000)
제13기	10,000,000	100,000,000	(90,000,000)
합 계	₩60,000,000	₩300,000,000	₩(240,000,000)

4. ㈜서울은 해당 토지를 제14기 중 현금 ₩400,000,000을 받고 매각하였다.

해설

1. 회계처리

	(1) 현재가치평가를 적용하지 않는 경우	(2) 현재가치평가를 적용하는 경우
제11기 취득	(차) 토지 300,000,000 (대) 장기미지급금 300,000,000	(차) 토지 240,000,000 현재가치할인차금 60,000,000 (대) 장기미지급금 300,000,000
제11기 지급 및 상각	(차) 장기미지급금 100,000,000 (대) 현금 100,000,000 -	(차) 장기미지급금 100,000,000 (대) 현금 100,000,000 (차) 이자비용 30,000,000 (대) 현재가치할인차금 30,000,000
제12기 지급 및 상각	(차) 장기미지급금 100,000,000 (대) 현금 100,000,000 -	(차) 장기미지급금 100,000,000 (대) 현금 100,000,000 (차) 이자비용 20,000,000 (대) 현재가치할인차금 20,000,000
제13기 지급 및 상각	(차) 장기미지급금 100,000,000 (대) 현금 100,000,000 -	(차) 장기미지급금 100,000,000 (대) 현금 100,000,000 (차) 이자비용 10,000,000 (대) 현재가치할인차금 10,000,000
제14기 처분	(차) 현금 400,000,000 (대) 토지 300,000,000 유형자산처분이익 100,000,000	(차) 현금 400,000,000 (대) 토지 240,000,000 유형자산처분이익 160,000,000

2. 세무조정

(1) 현재가치평가를 적용하지 않는 경우: 채무의 명목가액을 토지의 취득가액으로 하므로 법인세법의 원칙에 맞는다. 따라서 세무조정은 필요없다.

(2) 현재가치평가를 적용하는 경우: 현재가치할인차금을 토지의 취득가액에서 제외하였으나, 기업회계기준에 의한 회계처리이므로 이를 그대로 인정함에 따라 세무조정은 필요없다.

2 자산 · 부채의 평가

법인세법에서는 원칙적으로 자산 · 부채의 평가이익 및 평가손실을 인정하지 않는다. 다만, 재고자산, 유가증권, 가상자산, 화폐성 외화자산 · 부채 등에 대해서는 법인세법 시행령이 정하는 방법에 따라 평가하여야 한다.[47)]

(1) 재고자산의 평가방법

1) 평가방법의 종류

재고자산의 평가는 다음의 원가법과 저가법 중 법인이 납세지 관할 세무서장에게 신고한 방법에 따른다.

구 분	개 념
① 원가법[48)]	개별법 · 선입선출법 · 후입선출법 · 총평균법 · 이동평균법 및 매출가격환원법(기업회계기준의 소매재고법) 중 한 가지 방법에 따라 산출한 취득가액을 그 자산의 평가액으로 하는 방법
② 저가법	원가법으로 평가한 가액(취득가액)과 기업회계기준에 따라 시가로 평가한 가액 중 낮은 가액을 평가액으로 하는 방법

2) 평가대상 재고자산의 범위와 평가방법의 선택

평가대상 재고자산의 범위는 다음과 같다.

① 1호: 제품 및 상품(부동산매매업자의 매매목적 부동산을 포함하며, 유가증권은 제외)

② 2호: 반제품 및 재공품

③ 3호: 원재료

④ 4호: 저장품

법인은 재고자산을 위의 호별로 구분하여 종류별 · 영업장별로 각각 다른 방법에 따라 평가할 수 있다. 이를 위해서는 영업장별로 각각 수익과 비용을 구분하여 기록하고, 제조원가보고서와 손익계산서를 작성하여야 한다.

---

47) 재고자산과 유가증권의 평가는 기업회계기준이나 관행에 의한 평가가 인정되지 않으며, 법인세법 시행령에 의한 방법으로만 평가하여야 한다.

48) 기업회계기준에서도 동일한 방법을 적용하여 재고자산의 단가를 결정한다. 그러나 국제회계기준에서는 후입선출법을 인정하지 않는다.

(2) 유가증권 등의 평가방법

유가증권(주식 · 출자지분 및 채권을 말함)의 평가는 원가법 중 개별법(채권의 경우에 한함) · 총평균법 또는 이동평균법 중 법인이 납세지 관할 세무서장에게 신고한 방법에 따른다. 따라서 일반적인 유가증권의 평가이익과 평가손실은 모두 법인세법상 부인된다.[49] 그리고 가상화폐와 같은 가상자산의 경우에는 선입선출법의 방법에 따라 평가하며, 다른 평가방법은 인정되지 아니한다.

(3) 재고자산 및 유가증권 평가방법의 신고와 변경

1) 개 요

재고자산 또는 유가증권의 평가방법을 신고(또는 변경신고)할 때에는 다음 기한 내에 「재고자산 등 평가방법신고(변경신고)서」를 납세지 관할 세무서장에게 제출(국세정보통신망에 따른 제출 포함)하여야 한다.

구 분	신고기한(변경신고기한)
① 신설법인과 새로 수익사업을 개시한 비영리법인	해당 법인의 설립일 또는 수익사업 개시일이 속하는 사업연도의 법인세 과세표준의 신고기한
② 평가방법을 신고한 법인으로서 그 평가방법을 변경하고자 하는 법인	변경할 평가방법을 적용하고자 하는 사업연도의 종료일 이전 3개월이 되는 날

2) 무신고 · 임의변경시의 평가방법

법인이 무신고 또는 임의변경시에는 납세지 관할 세무서장이 다음의 방법에 따라 재고자산과 유가증권을 평가한다. 단, 평가방법을 신고하고 그 방법에 따라 평가하였으나, 착오로 인하여 다른 금액으로 평가한 경우에는 평가방법을 다르게 적용한 것으로 보지 않는다.

구 분	무신고시 평가방법	임의변경시 평가액
① 일반적인 재고자산	선입선출법	Max[①, ②] ① 무신고시 평가방법에 따른 가액 ② 당초 신고방법에 따른 가액
② 유가증권	총평균법	
③ 매매목적으로 소유하는 부동산	개 별 법	

49) 단, 예외적으로 인정되는 경우가 있으며, 해당 경우는 Chapter 3과 Chapter 4에서 설명하였다.

예제 3 재고자산의 평가

다음의 자료를 이용하여 제조업을 영위하는 ㈜서울의 제11기(20×1.1. 1. ~ 20×1.12. 31.)의 재고자산과 관련한 세무조정을 행하시오.

1. ㈜서울이 신고한 원재료의 평가방법은 후입선출법이다.
2. ㈜서울은 재공품에 대하여 신고한 평가방법인 총평균법으로 평가하였으나, 계산 실수로 ₩1,000,000을 과대계상하였다.
3. ㈜서울은 제11기 8월 10일에 제품의 평가방법을 총평균법에서 후입선출법으로 변경신고하였으나, 실제 결산시에는 총평균법을 적용하여 제품 기말금액을 평가하였다.
4. ㈜서울의 제11기 재고자산에 대한 장부상 평가금액과 선입선출법, 후입선출법, 총평균법에 따른 평가금액은 다음과 같다.

구 분	장부상 평가금액	선입선출법	후입선출법	총평균법
원재료	₩10,000,000	₩13,000,000	₩9,000,000	₩10,000,000
재공품	25,000,000	26,000,000	21,000,000	24,000,000
제 품	40,000,000	45,000,000	37,000,000	40,000,000

해설

1. 법인세법에 따른 재고자산 평가액

구 분	법인세법상 평가액	근 거
원재료	₩13,000,000	후입선출법으로 신고했음에도 불구하고 총평균법으로 평가했으므로 임의변경에 해당한다. Max[후입선출법, 선입선출법]으로 평가한다.
재공품	24,000,000	계산실수는 임의변경으로 보지 않으며, 그 실수에 대해서만 수정한다.
제 품	45,000,000	변경신고한 후입선출법인 아닌 총평균법으로 평가했으므로 임의변경에 해당한다. Max[후입선출법, 선입선출법]으로 평가한다.

2. 세무조정

원재료: 재고자산평가감 ₩3,000,000 익금산입 · 유보
재공품: 재고자산평가증 ₩1,000,000 손금산입 · △유보
제 품: 재고자산평가감 ₩5,000,000 익금산입 · 유보

예제 4 유가증권의 평가

다음의 자료를 이용하여 제조업을 영위하는 ㈜서울(사업연도: 1. 1. ~ 12. 31.)의 제11기와 제12기의 세무조정을 행하시오.

1. ㈜서울은 단기적인 매매차익목적으로 제11기 중 상장법인 ㈜A의 주식을 ₩30,000,000에 취득하였으며, 제11기말 현재 ㈜A 주식의 종가는 ₩26,000,000이다. 관련하여 ㈜서울은 다음과 같이 평가손실을 기록하였다.

   (차) 단기매매증권평가손실 4,000,000 (대) 단기매매증권 4,000,000

2. ㈜서울은 제12기 중에 ㈜A의 주식을 ₩35,000,000에 처분하고 다음과 같이 회계처리하였다.

(차) 현금	35,000,000	(대) 단기매매증권	26,000,000
		단기매매증권처분이익	9,000,000

해설

1. 세무조정

   제11기: 단기매매증권평가손실 ₩4,000,000 손금불산입 · 유보

   제12기: 단기매매증권처분이익 ₩4,000,000 익금불산입 · △유보

(4) 외화자산 · 부채의 평가방법

1) 외화채권 · 채무의 외환차손익

외화자산의 회수 또는 외화부채의 상환시에 발생하는 외환차손익은 순사산증감의 원인이 된다. 따라서 법인세법에서도 법인이 회수하거나 상환하는 외화채권 · 채무의 원화금액과 원화기장액의 차익 또는 차손은 당해 사업연도의 익금 또는 손금에 산입한다.

2) 외화채권 · 채무의 평가손익

금융회사 외의 법인이 보유하는 화폐성외화자산 · 부채는 다음 중 어느 하나에 해당하는 방법을 관할세무서장에게 신고하고 그 방법에 따라 평가하여야 한다. 이에 대한 평가손익 인정여부는 다음과 같다.

평가방법	평가손익 인정여부
① 거래일(취득일 · 발생일) 환율 평가방법	×
② 마감환율(사업연도 종료일) 평가방법	○

이처럼 법인세법에서는 마감환율 평가방법으로 신고한 경우에만 외화채권 · 채무의 평가손익을 익금 또는 손금으로 인정한다. 다만, 최초로 위 '② 마감환율 평가방법'을 신고하여 적용하기 이전 사업연도의 경우에는 위 '① 거래일 환율 평가방법'을 적용하여야 한다. 또한 법인이 위 '①' 또는 '②'의 평가방법 중 신고한 평가방법은 그 후의 사업연도에도 계속 적용하여야 한다.

3 자산의 평가손실 특례

다음 중 어느 하나에 해당하는 자산에 대해서는 해당 감액사유가 발생한 사업연도에 다음의 평가액으로 감액하고, 그 감액한 금액을 결산상 비용으로 계상한 경우 손금으로 인정하다. 즉, 해당 감액사유가 발생한 날이 속하는 사업연도에만 결산조정을 통해 평가손실을 손금으로 산입할 수 있다.

구 분	평가액
① 파손 · 부패 등의 사유로 정상가격으로 판매할 수 없는 재고자산	사업연도 종료일 현재의 처분가능가격
② 천재지변, 화재, 법에 따른 수용 등의 사유로 파손 또는 멸실된 유형자산*1)	사업연도 종료일 현재의 시가
③ 다음의 주식 등으로서 그 발행법인이 부도가 발생한 경우 또는 회생계획인가의 결정을 받았거나 부실징후기업이 된 경우의 해당 주식 등 ㉠ 주권상장법인이 발생한 주식 등 ㉡ 비상장법인 중 특수관계에 있지 아니한 법인이 발행한 주식 등*2) ㉢ 중소기업창업투자회사 또는 신기술사업금융업자가 보유하는 주식 등 중 각각 창업자 또는 신기술사업자가 발행한 것	사업연도 종료일 현재의 시가 (단, 시가로 평가한 가액이 ₩1,000 이하인 경우 비망가액 ₩1,000으로 한다)
④ 주식 등을 발행한 법인이 파산한 경우의 해당 주식 등	

*1) 천재지변, 화재 등으로 파손 및 멸실된 고정자산의 경우에는 파손, 멸실이 발생한 사업연도 뿐 아니라 평가손실이 확정된 사업연도에도 손금산입이 가능하다.

*2) 내국법인이 주식 등의 발행법인의 발행주식총수 또는 출자총액의 5% 이하를 소유하고 그 취득가액이 10억원 이하인 경우에는 특수관계에 해당하지 않는 것으로 본다.

OX 문제

01 자산을 시가보다 고가로 매입한 경우에는 시가를 취득가액으로 한다.

02 특수관계가 없는 자로부터 시가 2억원의 건물을 2억5천만원에 매입하고 장부에 2억5천만원으로 계상하였다면 건물의 세법상 취득가액은 2억5천만원이다.

03 특수관계인인 개인으로부터 유가증권을 시가에 미달하는 가액으로 매입한 경우 해당 매입가액과 시가와의 차액은 취득가액에 포함된다.

04 시가 1억원의 주식을 발행하여 시가 9천만원의 토지를 현물출자 받은 경우 세법상 토지의 취득가액은 1억원으로 한다.

05 신설된 영리내국법인은 해당 법인의 설립일이 속하는 사업연도의 과세표준신고기한까지 재고자산평가방법을 신고해야 한다.

06 재고자산을 평가할 때 해당 자산을 제품 및 상품, 재공품, 원재료로 구분할 수는 있으나, 종류별 · 영업장별로 각각 다른 방법에 의하여 평가할 수는 없다

정답&해설 **01** × **02** ○ **03** ○ **04** × **05** ○ **06** ×

01 자산을 시가보다 고가로 매입한 경우 거래상대방이 특수관계인이면 시가를 취득가액으로 하고, 특수관계인이 아니라면 정상가액(시가의 130%) 범위 내의 금액을 취득가액으로 한다.

04 현물출자에 의해 취득한 자산은 적격 · 비적격을 불문하고 해당 자산의 시가로 한다.

06 재고자산을 평가할 때 해당 자산을 제품 및 상품, 재공품, 원재료 등으로 구분하여 재고자산의 종류별 또는 영업장별로 각각 다른 방법으로 평가할 수 있다.

07 유통업과 건설업을 겸업하고 있는 경우 상품은 이동평균법, 건설용 원자재는 선입선출법을 적용할 수 있다.

08 사업연도가 20×1. 10. 31.로 종료되는 법인인 경우 20×1. 7. 31.까지 관할세무서장에게 재고자산평가방법의 변경신고를 해서 승인을 얻어야 한다.

09 보유하고 있는 제품(장부가액: ₩2,000,000)이 부패하여 사업연도 종료일 현재 처분가능한 시가인 ₩500,000으로 감액하고 평가차손 ₩1,500,000을 비용으로 계상한 경우에는 세무조정할 필요가 없다.

10 보유주식(장부가액: ₩3,000,000)의 발행 법인이 파산하여 사업연도 종료일 현재의 시가가 ₩0인 경우에는 장부가액 전액을 감액하는 회계처리를 인정한다.

11 천재지변 · 화재 등으로 멸실 · 손괴된 고정자산에 대해서 기업회계기준에 의한 감액손실을 인식하지 않은 경우에는 해당 금액을 손금에 산입하고 △유보로 처분해야 한다.

정답&해설 **07** ○ **08** × **09** ○ **10** × **11** ×

08 재고자산평가방법을 변경하는 경우 사업연도 종료일 이전 3개월이 되는 날까지 변경신고만 하면 되며, 세무서장의 승인을 얻어야 하는 것은 아니다.

10 시가로 평가한 가액이 ₩1,000 이하인 경우에는 ₩1,000을 시가로 한다.

11 고정자산의 평가손실은 결산조정사항에 해당하므로 세무조정에 의한 손금산입은 허용되지 않는다.

연습문제

01 다음 재고자산의 평가방법에 대한 다음의 설명 중 옳지 않은 것은?

① 법인세법에서는 재고자산을 원가법과 저가법 중 선택할 수 있도록 규정하고 있다.
② 영업종류별, 영업장별, 재고자산 종류별로 각각 다른 평가방법을 적용할 수 있다.
③ 평가방법 신고기한 내에 신고하지 않은 경우에 후입선출법에 의해 평가한다.
④ 평가방법의 변경신고는 변경할 평가방법을 적용하고자 하는 사업연도의 종료일 이전 3개월이 되는 날까지 하여야 한다.
⑤ 평가방법을 임의변경한 경우에는 당초신고한 방법과 무신고시 평가방법 중 큰 가액으로 평가하여야 한다.

정답 ③

무신고한 경우에는 선입선출법(매매목적으로 소유하는 부동산은 개별법)을 적용하여 평가한다.

02 이동평균법으로 평가하여 오던 재고자산 평가방법을 총평균법으로 변경하기로 하고 변경신고서를 제8기 10월 25일에 제출한 경우 제8기와 제9기의 세법상 재고자산 평가방법은?

(1) 당초 신고한 평가방법:	이동평균법	
(2) 제8기 재고자산 평가액:	선입선출법	₩80,000,000
	총 평 균 법	₩50,000,000
	이동평균법	₩60,000,000

(3) 해당 사업연도는 제8기(1. 1. ~ 12. 31.)이며 당기말 재고자산은 총평균법으로 평가하였다.

	제8기	제9기
①	선입선출법	총평균법
②	선입선출법	이동평균법
③	총평균법	선입선출법
④	이동평균법	총평균법
⑤	이동평균법	선입선출법

정답 ①

- 8기: 변경신고기한이 지나서 변경신고를 하였으므로 재고자산 평가방법은 9기부터 변경된다. 8기는 임의변경이므로 이동평균법과 선입선출법 중 큰 것을 기말재고자산으로 한다. 자료에서 선입선출법에 의한 평가액이 이동평균법에 의한 평가액보다 크므로 선입선출법으로 평가한다.
- 9기: 신고한 평가방법인 총평균법으로 평가한다.

03 다음 자료를 토대로 ㈜서울의 제11기 올바른 세무조정은?

㈜서울은 상품에 대한 평가방법을 당초에 총평균법으로 신고하였으나, 평가방법 변경신고를 하지 아니하고 제11기의 기말상품을 후입선출법으로 평가하였으며, 그 금액은 ₩500,000이었다. 만일 총평균법으로 평가하였다면 기말상품의 가액은 ₩600,000이었을 것이며, 선입선출법으로 평가하였다면 ₩700,000이었을 것이다.

① 재고자산평가증 ₩100,000 익금불산입 · △유보
② 재고자산평가감 ₩100,000 손금불산입 · 유보
③ 재고자산평가증 ₩200,000 익금불산입 · △유보
④ 재고자산평가감 ₩100,000 익금불산입 · △유보
⑤ 재고자산평가감 ₩200,000 손금불산입 · 유보

정답 ⑤

- 회사평가액(후입선출법): ₩500,000
- 세무상 평가액: Max[선입선출법상 ₩700,000, 총평균법상 ₩600,000] = ₩700,000
- 세무조정: 재고자산평가감 ₩200,000 손금불산입 · 유보

04 법인세법상 자산 · 부채의 평가에 대한 다음의 설명 중 옳지 않은 것은?

① 법인세법상 자산의 평가는 원칙적으로 원가법에 의한다.
② 유가증권에 대한 평가손익은 법인세법상 일반적으로 인정되지 않는다.
③ 외화채권 · 채무의 외환차손익 및 평가손익은 법인세법상 인정되지 않는다.
④ 유가증권 평가방법의 무신고시 총평균법을 적용한다.
⑤ 일반적인 재고자산의 경우 무신고시 선입선출법을 적용한다.

정답 ③

외화채권 · 채무의 외환차손익은 실현손익이므로 익금 및 손금에 산입하며, 평가손익도 마감환율 평가방법을 적용할 경우 익금 및 손금으로 인정된다.

05 영리내국법인 ㈜A는 제14기(20×5. 1. 1. ~ 20×5. 12. 31.) 중에 유가증권을 전량 현금 1,000,000원에 처분하고 유가증권처분이익 400,000원을 손익계산서에 계상하였다. 이 유가증권은 제13기에 ㈜A의 임원 B로부터 취득한 것이며, 실지 매입가액으로 장부에 계상하였다. ㈜A가 유가증권 처분에 대한 세무조정으로 '익금불산입 200,000원(△유보)'하였다면, 제13기 취득 당시의 유가증권의 시가는 얼마인가? 단, 처분 직전까지 유가증권은 실지 매입가액으로 장부상 계상하였고, 제13기 및 제14기의 세무조정은 적절하다고 가정한다.

① 200,000원　② 400,000원　③ 600,000원
④ 800,000원　⑤ 1,000,000원

정답 ④

1. 제14기의 장부가액: ₩1,000,000(현금수령액) − ₩400,000(처분이익) = ₩600,000
2. 제13기의 세무조정 및 소득처분: 유가증권 200,000 익금산입 · 유보
   ☞ 제14기에 익금불산입으로 추인한 것이므로 제13기에는 익금산입으로 소득처분한 것임
3. 제13기의 매입가액: ₩600,000
   ☞ 제13기 실제 매입가액이며 제14기 처분 직전까지 장부가액임
4. 제13기의 매입시 시가추정액: ₩800,000
   ☞ 특수관계인인 개인으로부터 유가증권을 저가매입하고 차액 ₩200,000을 익금산입으로 세무조정 한 것임

06 법인의 설립 시 법인세법상 재고자산 평가방법을 적법하게 신고한 법인이 그 평가방법을 변경하고자 하는 경우, 해당 평가방법 변경에 대한 신고기한으로 옳은 것은?

① 평가방법을 변경한 사업연도의 최초 재고자산 매입일
② 평가방법을 변경한 이후 최초 손익발생일
③ 변경할 평가방법을 적용하고자 하는 사업연도의 종료일
④ 변경할 평가방법을 적용하고자 하는 사업연도의 종료일 이전 3월이 되는 날
⑤ 변경할 평가방법을 적용하고자 하는 사업연도의 법인세과세표준의 신고기한

정답 ④

변경할 평가방법을 적용하고자 하는 사업연도의 종료일 이전 3월이 되는 날까지 평가방법 변경에 대한 신고를 하여야 한다. 예를 들어, 12월말 법인인 경우 9월말까지 변경신고를 하여야 한다.

07 영리내국법인의 자산 · 부채의 취득 및 평가와 손익의 귀속사업연도에 관한 설명으로 옳지 않은 것은?

① 리스이용자가 리스로 인하여 수입하거나 지급하는 리스료(리스개설직접원가를 제외함)의 익금과 손금의 귀속사업연도는 기업회계기준으로 정하는 바에 따른다.

② 「은행법」에 의한 인가를 받아 설립된 은행이 보유하는 화폐성외화자산 · 부채는 취득일 또는 발생일 현재의 「외국환거래규정」에 따른 매매기준율 또는 재정된 매매기준율로 평가해야 한다.

③ 장기할부조건에 의하여 자산을 판매하거나 양도함으로써 발생한 채권에 대하여 기업회계기준이 정하는 바에 따라 현재가치로 평가하여 현재가치할인차금을 계상한 경우 해당 현재가치할인차금 상당액은 해당 채권의 회수기간동안 기업회계기준이 정하는 바에 따라 환입하였거나 환입할 금액을 각 사업연도의 익금에 산입한다.

④ 사채를 발행하는 경우에 상환할 사채금액의 합계액에서 사채발행가액의 합계액(사채발행수수료와 사채발행을 위하여 직접 필수적으로 지출된 비용을 차감한 후의 가액)을 공제한 금액은 기업회계기준에 의한 사채할인발행차금의 상각방법에 따라 이를 손금에 산입한다.

⑤ 유형고정자산의 취득과 함께 국 · 공채를 매입하는 경우 기업회계기준에 따라 그 국·공채의 매입가액과 현재가치의 차액을 당해 유형고정자산의 취득가액으로 계상한 금액은 그 취득가액에 포함한다.

정답 ②

은행이 보유하는 화폐성 외화자산 · 부채는 사업연도 종료일 현재의 외국환거래규정에 따른 매매기준율 또는 재정된 매매기준율로 평가해야 한다.

☞ 강제평가규정임

08 다음은 영리내국법인 (주)한국의 제3기 사업연도(20×3.1.1. ~ 20×3.12.31.)의 기말 재고자산 평가와 관련한 자료이다. 제3기말 세무상 재고자산평가액은? (단, 주어진 자료 이외에는 고려하지 않음) **[CTA 2020]**

구 분	장부상 평가액	후입선출법	총평균법	선입선출법
제 품	10,000,000원	7,000,000원	8,700,000원	10,000,000원
재공품	5,000,000원	4,500,000원	4,800,000원	5,000,000원
원재료	3,000,000원	2,700,000원	3,000,000원	3,500,000원
저장품	1,500,000원	1,000,000원	1,200,000원	1,400,000원

(1) 법인의 설립일이 속하는 사업연도의 법인세 과세표준 신고기한까지 관할 세무서장에게 제품, 재공품, 저장품에 대한 평가방법을 모두 총평균법으로 신고하였으나, 원재료에 대한 평가방법은 신고하지 않았다.

(2) 20×3년 10월 5일에 제품 평가방법을 총평균법에서 선입선출법으로 변경 신고하였다.

(3) 저장품은 총평균법으로 평가하였으나 계산착오로 300,000원이 과대 계상되었다.

① 19,500,000원 ② 19,700,000원 ③ 19,900,000원
④ 20,000,000원 ⑤ 20,700,000원

정답 ②

구 분	세무상 평가액	비 고
1. 제 품	10,000,000	임의변경에 해당함(세법상 총평균법으로 신고된 상태) 장부금액과 총평균법 불일치 → Max[8,700,000, 10,000,000]
2. 재공품	5,000,000	장부금액과 총평균법 불일치 → Max[4,800,000, 5,000,000
3. 원재료	3,500,000	무신고시 선입선출법
4. 저장품	1,200,000	계산착오 시 임의변경으로 보지 않음
합 계	19,700,000	

09 제조업을 영위하는 영리내국법인 ㈜A의 제23기(20×3.1.1.~20×3.12.31.) 자료이다. 재고자산 평가 관련 세무조정이 제23기 각 사업연도 소득금액에 미치는 순영향으로 옳은 것은? **[CPA 2021]**

구 분	장부상 평가액	선입선출법	총평균법	후입선출법
제 품	3,000,000원	3,200,000원	3,000,000원	2,700,000원
재공품	3,600,000원	3,900,000원	3,700,000원	3,400,000원
원재료	4,250,000원	4,500,000원	4,250,000원	4,100,000원

(1) 회사는 제품 평가방법을 선입선출법으로 신고하였으나, 제품 평가방법의 변경신고를 하지 않고 총평균법으로 평가하였다.
(2) 재공품은 신고된 평가방법인 선입선출법으로 평가하였으나, 계산착오로 인하여 300,000원을 과소 계상하였다.
(3) 원재료에 대한 평가방법은 신고하지 않았으며, 전기 말 「자본금과 적립금 조정명세서(을)」에 원재료 평가감 100,000원(유보)이 있다.

① (+)850,000원　② (+)750,000원　③ (+)650,000원
④ (−)650,000원　⑤ (−)850,000원

정답 ③

1. 당기말 재고자산

구 분	장부상 평가액	세무상 평가액	조 정	비 고
제 품	3,000,000원	3,200,000원	200,000원	선입선출법
재공품	3,600,000원	3,900,000원	300,000원	계산착오
원재료	4,250,000원	4,500,000원	250,000원	선입선출법

2. 전기말 재고자산
[익금불산입] 원재료 100,000원 (△유보)
3. 각 사업연도소득금액에 미치는 순영향
200,000 + 300,000 + 250,000 − 100,000 = 650,000

10 제조업을 영위하는 영리내국법인 ㈜A의 제22기(20×2.1.1.~20×2.12.31.) 자료이다. 외화자산 및 외화부채 관련 세무조정이 제22기 각 사업연도 소득금액에 미치는 순영향으로 옳은 것은? 단, 전기의 세무조정은 정확하게 이루어졌다. **[CPA 2022]**

(1) ㈜A는 화폐성 외화자산 및 외화부채에 대하여 사업연도 종료일 현재의 매매기준율로 평가하는 방법을 관할 세무서장에게 신고하였으나, 제21기와 제22기에 외화환산손익을 결산서에 계상하지 않았다.

(2) ㈜A는 20×1년 7월 1일에 외국은행으로부터 $10,000를 차입하였으며, 20×2년 6월 30일에 전액 상환하였다. 상환 시 ㈜A는 다음과 같이 회계처리하였다.

(차) 외화차입금	12,500,000	(대)	현금	12,000,000
			외환차익	500,000

(3) ㈜A는 20×2년 9월 1일에 제품을 수출하고 그 대금 $20,000를 수령하였다. 동 수출대금은 당기말 현재 외화예금 계좌에 보유중이다.

(4) 일자별로 적용할 매매기준율은 다음과 같다.

20×1.7.1.	20×1.12.31.	20×2.6.30.	20×2.9.1.	20×2.12.31.
1,250원/$	1,300원/$	1,200원/$	1,280원/$	1,320원/$

① (－)300,000원　② (＋)300,000원　③ (＋)500,000원
④ (＋)800,000원　⑤ (＋)1,300,000원

정답 ⑤

날짜	회사의 분개	세무상 분개	세무조정
20×1. 7. 1.	(차) 현금 12,500,000 (대) 외화차입금 12,500,000	(차) 현금 12,500,000 (대) 외화차입금 12,500,000	없음
20×1.12.31.	없음	(차) 외화환산손실 500,000 (대) 외화차입금 500,000	<손금산입> 외화환산손실 500,000(△유보)
20×2. 6.30.	(차) 외화차입금 12,500,000 (대) 현금 12,000,000 외환차익 500,000	(차) 외화차입금 13,000,000 (대) 현금 12,000,000 외환차익 1,000,000	<손산불산입> 외화환산손실 500,000(유보)
2022. 9. 1.	(차) 외화예금 25,600,000 (대) 매출 25,600,000	(차) 외화예금 25,600,000 (대) 매출 25,600,000	없음
20×2.12.31.	없음	(차) 외화예금 800,000 (대) 외화환산이익 800,000	<익금산입> 외화환산이익 800,000(유보)

∴ 제22기 소득금액에 미치는 순영향 = 500,000 + 800,000 = 1,300,000

Chapter 7 기업업무추진비와 기부금

AN INTRODUCTION TAX LAW

1 기업업무추진비의 손금불산입

(1) 기업업무추진비의 의의 및 범위

기업업무추진비는 업무와 관련된 순자산의 감소액이므로 원칙적으로 손금에 해당한다. 그러나 기업업무추진비의 과다지출은 사회적으로 바람직하지 않기 때문에 법인세법은 기업업무추진비에 대하여 한도액을 두어 손금산입을 제한하고 있다. 또한 기업업무추진비를 수령하는 음식 · 숙박업소 등의 매출액을 포착하기 위하여 신용카드 등의 사용을 의무화하고 이에 부합되지 않는 기업업무추진비는 손금으로 인정하지 않는다.

1) 기업업무추진비의 개념

'기업업무추진비'란 기업업무추진비 · 교제비 · 사례금 기타 명목 여하에 불구하고 이에 유사한 성질의 비용으로서 법인이 업무와 관련하여 지출한 금액을 말한다.

2) 기업업무추진비의 범위

거래명칭 · 계정과목 등과 관계없이 그 실질적 내용에 따라 기업업무추진비 해당 여부를 판단한다. 그 판단기준은 다음과 같다.

① 주주 또는 출자자나 임원 또는 사용인이 부담하여야 할 성질의 기업업무추진비를 법인이 지출한 것은 기업업무추진비로 보지 않는다.

② 법인이 그 사용인이 조직한 조합 또는 단체에 지출한 복리시설비에 대해서는 해당조합이나 단체가 법인인 경우에는 이를 기업업무추진비로 보며, 법인이 아닌 경우에는 해당법인의 경리의 일부(손금항목)로 본다.

③ 판매한 상품 또는 제품의 보관료 · 포장비 · 운반비 · 판매장려금 및 판매수당 등 판매와 관련된 부대비용(판매장려금 및 판매수당의 경우 사전약정 없이 지급하는 경우를 포함)은 기업업무추진비로 보지 아니하고 판매부대비용으로 보아 전액 손금에 산입한다.

④ 광고선전 목적으로 기증한 물품(견본품 · 달력 · 수첩 · 부채 · 컵 등)의 구입비용은 기업업무추진비로 보지 아니하고 광고선전비로 보아 전액 손금에 산입한다. 다만, 특정인에

게 기증한 물품(개당 3만원 이하의 물품은 제외)의 경우에는 연간 5만원 이내의 금액에 한정한다.

⑤ 사업상 증여에 따른 부가가치세 매출세액과 기업업무추진비 및 그 밖의 유사한 비용의 지출에 관련된 부가가치세 매입세액은 성격에 따라 기부금 또는 기업업무추진비로 본다.

⑥ 약정에 따라 채권의 전부 또는 일부를 포기하는 경우에는 이를 대손금으로 보지 않고 채무자에 따라 기부금 또는 기업업무추진비로 본다. 다만, 특수관계인이 아닌 거래상대방에 대한 채권으로 채무자의 부도발생 등으로 회수가 불확실한 어음 · 수표 등의 채권 일부를 불가피하게 포기한 경우 그 포기 행위에 객관적으로 정당한 사유가 있을 때에는 해당 채권 포기액을 손금으로 인정한다.

(2) 기업업무추진비의 적격증명서류 요건

내국법인이 한 차례의 접대에 지출한 기업업무추진비 중 3만원(경조금은 20만원)을 초과하는 기업업무추진비로서 다음 중 어느 하나에 해당하지 않는 것에 대하여는 각 사업연도 소득금액 계산에 있어서 이를 손금불산입하고 기타사외유출로 소득처분한다(단, 기업업무추진비 증빙이 누락된 경우는 대표자상여로 소득처분한다).

① 신용카드(직불카드 · 외국에서 발행된 신용카드 · 기명식선불카드 포함)를 사용하여 지출한 기업업무추진비

② 현금영수증을 교부받고 지출한 기업업무추진비

③ 전자금융거래법 상 직불 전자지급수단, 기명식 선불 전자지급수단을 사용하여 지출한 기업업무추진비

④ 세금계산서 · 계산서를 교부받거나 매입자발행세금계산서 · 원천징수영수증을 발행하여 지출하는 기업업무추진비

다만, 다음 중 하나에 해당하는 기업업무추진비는 적격증명서류가 없는 경우라도 위의 손금불산입 규정을 적용하지 않는다.

① 지출사실이 객관적으로 명백한 경우로서 적격증명서류를 구비하기 어려운 법인세법 시행령에서 정하는 국외지역에서의 지출(현금 외의 지출수단이 없는 경우) 및 농어민에 대한 지출(농어민으로부터 직접 재화를 공급받고 그 대가를 금융회사 등을 통하여 지급한 경우)

② 법인이 직접 생산한 제품 등을 제공한 현물기업업무추진비

(3) 기업업무추진비의 시부인구조

현행 법인세법상 기업업무추진비에 대한 규제는 다음과 같다.

구 분	손금불산입 순서		소득처분
(1) 직접부인 기업업무추진비	① 증빙누락분		대표자 상여
	② 건당 3만원 초과 적격증명서류 미수취(영수증 수취분)		기타사외유출
(2) 한도규제 기업업무추진비	③ 직접부인분을 제외한 기업업무추진비 중	한도초과액	기타사외유출
		한도 내 금액: 손금인정	–

(4) 기업업무추진비 한도액

내국법인이 각 사업연도에 지출한 기업업무추진비(직접부인된 기업업무추진비는 제외)로서 다음의 한도액을 초과하는 금액은 해당 사업연도의 소득금액 계산에 있어서 손금불산입하고 기타사외유출로 소득처분한다.

기업업무추진비 한도액 = ① + ②

① 기본한도: 1,200만원(중소기업: 3,600만원) × $\dfrac{\text{해당 사업연도 월수}^{*1)}}{12}$

② 수입금액별 한도: (일반수입금액[*2)] × 적용률[*4)]) + (특정수입금액[*3)] × 적용률[*4)] × 10%)

*1) 월수는 역(曆)에 따라 계산하되, 1월 미만의 일수는 1월로 한다.

*2) '수입금액'은 기업회계기준에 따라 계산한 매출액(중단사업부문의 매출액을 포함)을 말한다. 이는 총매출액에서 매출에누리와 환입 및 매출할인을 차감한 금액이다.

*3) '특정수입금액'이란 특수관계인과의 거래에서 발생한 수입금액을 말한다.

*4) 수입금액 규모에 따른 적용률은 다음과 같다.

수입금액	적용률
100억원 이하분	3 / 1,000
100억원 초과 500억원 이하분	2 / 1,000
500억원 초과분	3 / 10,000

만약, 일반수입금액과 특정수입금액이 동시 발생한 경우에는 일반수입금액 → 특정수입금액의 순서로 구성되어 있다고 간주한다. 따라서 먼저 일반수입금액에 대하여 해당 수입금액구간의 해당률을 적용한 다음, 특정수입금액에 대해서는 일반수입금액을 초과하는 수입금액구간의 해당률을 적용한다.

예제 1 **기업업무추진비 한도초과액의 손금불산입(1)**

다음 자료를 토대로 ㈜서울의 제10기(20×1. 1. ~ 20×1.12. 31.) 기업업무추진비에 관한 세무조정을 하시오. 단, ㈜서울은 중소기업이 아니다.

(1) 해당 사업연도의 기업업무추진비 지출총액은 ₩87,000,000이다. 이 가운데 지출증빙서류가 없는 금액 ₩3,000,000이 포함되어 있으며, 나머지는 모두 지출증빙서류를 받은 금액으로서 그 내용은 다음과 같다. 한편, 기업업무추진비 지출액 중 문화비로 지출한 기업업무추진비는 없다.

구 분	건당 3만원 이하	건당 3만원 초과	합 계
적격증명서류 수취분	₩7,000,000	₩65,000,000	₩72,000,000
영 수 증 수 취 분	2,000,000	10,000,000	12,000,000
합 계	₩9,000,000	₩75,000,000	₩84,000,000

(2) 당기의 매출액은 ₩25,000,000,000이다. 이 가운데 ₩5,000,000,000은 법인세법상 특수관계인에 해당하는 ㈜한국에 대한 매출액이다.

해설

1. 직접부인 기업업무추진비

(1) 증빙누락분: ₩3,000,000 손금불산입 · 대표자상여

(2) 건당 3만원 초과 적격증명서류 미수취분(영수증 수취분): ₩10,000,000 손금불산입 · 기타사외유출

(3) 직접부인 기업업무추진비 합계액: (1) + (2) = ₩13,000,000

2. 기업업무추진비 한도초과액

(1) 기업업무추진비 해당액: 기업업무추진비 지출총액(₩87,000,000) − 직접부인 기업업무추진비(₩13,000,000) = ₩74,000,000

(2) 기업업무추진비 한도액

$$12{,}000{,}000 \times \frac{12}{12} + \left(10{,}000{,}000{,}000 \times \frac{3}{1{,}000} + 10{,}000{,}000{,}000 \times \frac{2}{1{,}000}\right)$$
$$+ \left(5{,}000{,}000{,}000 \times \frac{2}{1{,}000} \times 10\%\right) = ₩63{,}000{,}000$$

㈜ 수입금액: ₩20,000,000,000(일반수입금액) + ₩5,000,000,000(특정수입금액) = ₩25,000,000,000

(3) 기업업무추진비 한도초과액: (1) − (2) = ₩11,000,000 손금불산입 · 기타사외유출

(5) 현물 기업업무추진비의 평가

법인이 기업업무추진비를 금전 외의 자산 즉, 현물로 제공한 경우 해당 자산의 가액은 이를 제공한 때의 시가(시가가 장부가액보다 낮은 경우에는 장부가액)에 의한다.

현물 기업업무추진비 평가액 = Max[시가, 장부가액]

예제 2 현물 기업업무추진비

다음은 중소기업이 아닌 ㈜서울의 제11기(20×1. 1. ~ 20×1.12. 31.) 기업업무추진비에 관한 자료이다. 이를 이용하여 제11기의 기업업무추진비에 관한 세무조정을 하시오.

1. 기업업무추진비 내역은 다음과 같다. 해당 기업업무추진비에 대해서는 모두 적격증명서류를 구비하였으며, 문화비로 지출한 기업업무추진비 해당액은 없다.

과목 구분	기업업무추진비 해당액
판매비와관리비	₩20,000,000
제 조 경 비	18,000,000
합 계	₩38,000,000

2. 위의 기업업무추진비 중에는 ㈜서울의 제품[원가 ₩3,000,000, 시가 ₩5,000,000(부가가치세 별도)]을 거래처에 제공한 금액이 포함되어 있으며, 관련하여 ㈜서울은 다음과 같이 회계처리하였다.

(차) 기업업무추진비 3,000,000 (대) 제 품 3,000,000

3. 기업회계기준에 따른 매출액은 ₩5,000,000,000이며, 이 중 특수관계인과의 거래에서 발생한 매출액은 ₩1,000,000,000이다.

해설

1. 기업업무추진비 해당액

₩38,000,000 + 2,500,000* = ₩40,500,000

* 현물 기업업무추진비는 시가와 장부가액 중 큰 금액으로 평가하여야 하며, 부가가치세법에 의한 사업상 증여에 해당하므로 그 시가에 상당하는 부가가치세를 납부하여야 하며, 법인세법에서는 그 부가가치세를 기업업무추진비로 본다. 따라서 세무상 기업업무추진비 해당액은 ₩5,000,000(시가) + ₩500,000(부가가치세) = ₩5,500,000이며 이미 손익계산서에 계상한 ₩3,000,000과의 차액 ₩2,500,000을 기업업무추진비에 포함하여 시부인 계산을 한다.

2. 기업업무추진비 한도액

$$12{,}000{,}000 \times \frac{12}{12} + 4{,}000{,}000{,}000 \times \frac{3}{1{,}000} + (1{,}000{,}000{,}000 \times \frac{3}{1{,}000} \times 10\%) = ₩24{,}300{,}000$$

3. 기업업무추진비 한도초과액

₩40,500,000 - 24,300,000 = ₩16,200,000 손금불산입 · 기타사외유출

(6) 기업업무추진비의 세무조정시기

기업업무추진비 한도액에 대한 세무조정은 접대행위가 일어난 사업연도에 행한다(발생주의). 따라서 접대행위가 일어났으나 아직 미지급된 금액도 그 사업연도의 기업업무추진비로 인정하여 세무조정한다. 반면 법인이 기업업무추진비를 지출한 사업연도의 손비로 처리하지 않고 이연처리한 경우에도 이를 지출한 사업연도의 기업업무추진비로서 시부인계산한다.

(7) 문화비 및 전통시장에서 지출한 기업업무추진비의 손금산입특례

1) 문화비로 지출한 기업업무추진비

내국법인이 문화비[50]로 지출한 기업업무추진비가 있는 경우에는 해당 과세연도의 소득금액을 계산할 때 내국인의 기업업무추진비 한도액의 20%에 상당하는 금액의 범위에서 손금에 산입한다. 문화비로 지출한 기업업무추진비는 문화비로 지출한 기업업무추진비의 한도액을 별도로 계산한 금액을 일반기업업무추진비 한도액에 추가하여 기업업무추진비 한도액을 계산한다.

문화비로 지출한 기업업무추진비는 국내에서 문화와 관련하여 지출한 것으로 다음 중 하나의 용도로 지출한 비용을 말한다.

① 「문화예술진흥법」에 따른 문화예술의 공연이나 전시회 또는 「박물관 및 미술관 진흥법」에 따른 박물관의 입장권 구입, 여기서 '문화예술'이란 문학, 미술, 음악, 무용, 연극, 영화, 연예, 국악, 사진, 건축, 어문 및 출판을 말한다.
② 「국민체육진흥법」에 따른 체육활동의 관람을 위한 입장권의 구입
③ 「영화 및 비디오물의 진흥에 관한 법률」에 따른 비디오물의 구입
④ 「음악산업진흥에 관한 법률」에 따른 음반 및 음악영상물의 구입
⑤ 「출판 및 인쇄진흥법」에 따른 간행물의 구입
⑥ 「관광진흥법」에 따라 문화체육관광부장관이 지정한 문화관광축제의 관람 또는 체험을 위한 입장권 · 이용권의 구입
⑦ 「관광진흥법 시행령」에 따른 관광공연장의 입장권 구입
⑧ 100만원 이하의 증정용 미술품 구입
⑨ 기타 기획재정부령으로 정하는 박람회의 입장권 구입

50) 적격증명서류를 미수취함으로써 손금불산입된 기업업무추진비 금액은 제외한다.

2) 전통시장에서 지출한 기업업무추진비

내국법인이 전통시장에서 지출한 기업업무추진비[51]가 있는 경우에는 해당 과세연도의 소득금액을 계산할 때 내국인의 기업업무추진비 한도액의 10%에 상당하는 금액의 범위에서 손금에 산입한다. 전통시장에서 지출한 기업업무추진비는 전통시장에서 지출한 기업업무추진비의 한도액을 별도로 계산한 금액을 일반기업업무추진비 한도액에 추가하여 기업업무추진비 한도액을 계산한다.

3) 기업업무추진비 한도액

문화비로 지출한 기업업무추진비나 전통시장에서 지출한 기업업무추진비가 있는 내국법인의 기업업무추진비 한도액은 다음과 같이 계산된다.

> 기업업무추진비 한도액 = 일반기업업무추진비 한도액 + 문화비로 지출한 기업업무추진비 한도액[1] + 전통시장에서 지출한 기업업무추진비 한도액[2]
>
> 1) 문화비로 지출한 기업업무추진비 한도액: Min[①, ②]
>   ① 문화비로 지출한 기업업무추진비
>   ② 일반기업업무추진비 한도액(기본한도+수입금액별 한도) × 20%
> 2) 전통시장에 지출한 기업업무추진비 한도액: Min[①, ②]
>   ① 전통시장에서 지출한 기업업무추진비
>   ② 일반기업업무추진비 한도액(기본한도+수입금액별 한도) × 10%

---

51) 일반유흥주점업 등 소비성 서비스업종 지출액은 제외된다.

예제 3 기업업무추진비 한도초과액의 손금불산입(2)

다음 자료를 토대로 ㈜서울의 제10기(20×1. 1. ~ 20×1.12. 31.) 기업업무추진비에 관한 세무조정을 하시오. 단, ㈜서울은 중소기업이 아니다.

(1) 해당 사업연도의 기업업무추진비 지출총액은 ₩87,000,000이다. 이 가운데 지출증빙서류가 없는 금액 ₩5,000,000이 포함되어 있으며, 나머지는 모두 적격증명서류를 구비하였다.

(2) 적격증명서류 수취분 기업업무추진비 중 ₩8,000,000은 문화비로 지출한 기업업무추진비에 해당한다.

(3) 당기의 매출액은 ₩25,000,000,000이다. 이 가운데 ₩5,000,000,000은 법인세법상 특수관계인에 해당하는 ㈜한국에 대한 매출액이다.

해설

1. 직접부인 기업업무추진비

증빙누락분: ₩5,000,000 손금불산입 · 대표자상여

2. 기업업무추진비 한도초과액:

(1) 기업업무추진비 해당액: 기업업무추진비 지출총액(₩87,000,000) - 직접부인 기업업무추진비(₩5,000,000) = ₩82,000,000

(2) 기업업무추진비 한도액: ① + ② = ₩71,000,000

① 일반기업업무추진비 한도액

$$12{,}000{,}000 \times \frac{12}{12} + (10{,}000{,}000{,}000^{*} \times \frac{3}{1{,}000} + 10{,}000{,}000{,}000^{*} \times \frac{2}{1{,}000})$$

$$+ (5{,}000{,}000{,}000^{*} \times \frac{2}{1{,}000} \times 10\%) = ₩63{,}000{,}000$$

* 수입금액: ₩20,000,000,000(일반수입금액) + ₩5,000,000,000(특정수입금액)
= ₩25,000,000,000

② 문화비로 지출한 기업업무추진비 한도액:
Min[₩8,000,000, ₩63,000,000 × 20%] = ₩8,000,000

(3) 기업업무추진비 한도초과액: (1) - (2) = ₩11,000,000 손금불산입 · 기타사외유출

2 기부금

(1) 기부금의 의의 및 범위

기부금은 업무와 직접적인 관련이 없는 지출이므로 본래 손금이 될 수 없지만, 공익성 있는 기부금은 기업이익의 사회 환원이라는 긍정적 측면이 있기 때문에 손금에 산입한다. 그러나 과다한 기부금지출은 법인의 재정상태를 악화시킬 수 있으므로 현행 법인세법은 일정한 한도액 범위 안에서 기부금을 손금인정하고 있다.

1) 본래의 기부금

본래의 기부금이란 법인이 특수관계가 없는 자에게 사업과 직접 관계없이 무상으로 지출하는 재산적 증여의 가액을 말한다.[52] 이러한 기부금과의 유사비용을 구분하여 정리하면 다음과 같다.

<table>
<tr><th>종 류</th><th colspan="2">구 분 기 준</th><th>세무조정</th></tr>
<tr><td>(1) 기부금</td><td>업무와 관련 없는 지출</td><td>공익단체 등을 상대로 지출</td><td>한도 내 손금인정 또는 전액 손금불인정</td></tr>
<tr><td>(2) 기업업무추진비</td><td rowspan="3">업무와 관련된 지출</td><td>특정 고객을 위하여 지출</td><td>한도 내 손금인정</td></tr>
<tr><td>(3) 광고선전비</td><td>불특정 다수인을 상대로 지출</td><td rowspan="2">전액 손금인정</td></tr>
<tr><td>(4) 복리후생비</td><td>임원 · 사용인을 위해 지출</td></tr>
</table>

2) 의제기부금

법인이 특수관계인 외의 자에게 정당한 사유 없이 자산을 정상가액보다 낮은 가액으로 양도하거나 정상가액보다 높은 가액으로 매입함으로써 그 차액 중 실질적으로 증여한 것으로 인정되는 금액은 이를 기부금으로 간주한다. 여기서 '정상가액'이란 시가에 시가의 30%를 가산하거나 30%를 차감한 범위 안의 가액을 말한다.

52) 특수관계인에게 무상으로 지출하는 금전 · 재산 등의 증여는 원칙적으로 부당행위계산의 부인에 해당하므로 기부금으로 보지 않는다. 다만, 특수관계인이 세법상 기부금 대상단체인 경우에는 기부금으로 본다. 예를 들어, 특수관계 있는 사회복지법인에 대한 기부금은 사회복지법인 자체가 세법상 기정기부금 대상 단체로 열거되어 있으므로 특수관계에 있지만 일반기부금으로 보는 것이다.

예제 4 의제기부금의 계산

법인이 특수관계가 없는 단체에 시가 ₩600,000,000(장부가액 ₩400,000,000)의 건물은 ₩300,000,000에 양도하였다면 법인세법상 의제기부금에 해당하는 금액은?

해설

정상가액은 ₩600,000,000 × (1 − 30%) 부터 ₩600,000,000 × (1 + 30%)까지의 금액이다.
따라서, 의제기부금은 다음과 같다.
₩420,000,000 - ₩300,000,000 = ₩120,000,000

(2) 기부금의 종류

기부금의 종류와 주요 범위의 내용은 다음과 같다.

구 분	주요 범위
특 례 기 부 금	① 국가 또는 지방자치단체에 무상으로 기증하는 금품의 가액 ② 국방헌금과 국군장병 위문금품의 가액 ③ 천재 · 지변으로 생기는 이재민을 위한 구호금품의 가액 ④ 「사립학교법」에 따른 사립학교(병원은 제외), 비영리교육재단(국립 · 공립 · 사립학교의 시설비, 교육비, 장학금 또는 연구비 지급목적으로 설립된 비영리재단법인으로 한정), 기능대학, 「평생교육법」에 따른 전공대학의 명칭을 사용할 수 있는 평생교육시설 및 원격대학 형태의 평생교육시설, 「경제자유구역 및 제주국제자유도시의 외국교육기관 설립 · 운영에 관한 특별법」에 따라 설립된 비영리 외국교육기관, 「제주특별자치도 설치 및 국제자유도시 조성을 위한 특별법」에 따라 설립된 비영리 국제학교, 산학협력단, 한국과학기술원 · 광주과학기술원 · 대구경북과학기술원 · 울산과학기술원 · 국립대학법인 서울대학교 · 국립대학법인 인천대학교 등에 시설비 · 교육비 · 장학금 또는 연구비로 지출하는 가액 ⑤ 국립대학병원, 국립대학치과병원, 서울대학교병원, 서울대학교치과병원, 사립학교가 운영하는 병원, 국립암센터, 지방의료원 등 의료기관에 시설비·교육비 또는 연구비로 지출하는 기부금 ⑥ 사회복지사업, 그 밖의 사회복지활동의 지원에 필요한 재원을 모집 · 배분하는 것을 주된 목적으로 하는 비영리법인(예 사회복지공동모금회) ⑦ 「한국장학재단 설립 등에 관한 법률」에 따른 한국장학재단에 대한 기부금
우리사주조합기부금	우리사주제도를 실시하는 회사의 법인주주 등이 우리사주 취득을 위한 재원 마련을 위해서 우리사주조합에 지출하는 기부금(단, 근로자가 설립한 우리사주조합에 법인이 출연하는 자사주의 장부가액이나 금품은 전액 손금산입)

<table>
<tr><td>일 반 기 부 금</td><td>① 다음의 일반기부금단체 등의 고유목적사업비로 지출하는 기부금
㉠ 사회복지법인
㉡ 「유아교육법」에 따른 유치원, 초 · 중등교육법 및 고등교육법 따른 학교, 기능대학법에 따른 기능대학, 「평생교육법」에 따른 원격대학, 「서울대학교병원설치법」에 따른 서울대학교병원 및 「국립대학병원설치법」에 따른 국립대학병원, 영유아보육법에 따른 어린이집
㉢ 「의료법」에 의한 의료법인
㉣ 종교의 보급 기타 교화를 목적으로 「민법」에 따라 문화체육관광부장관 또는 지방자치단체의 장의 허가를 받아 설립한 비영리법인
㉤ 「민법」 제32조에 따라 주무관청의 허가를 받아 설립된 비영리법인 및 비영리외국법인, 「협동조합기본법」에 따라 설립된 사회적협동조합
㉥ 정부로부터 허가 · 인가를 받은 학술연구단체 · 장학단체 · 기술진흥단체 · 문화예술단체(「문화예술진흥법」에 따라 지정을 받은 전문예술법인 및 전문예술단체 포함) 또는 환경보호운동단체는 지정심사를 거쳐 기획재정부 고시로 지정
② 다음과 같이 특정용도로 지출하는 기부금
㉠ 학교의 장, 기능대학의 장 또는 원격대학의 장이 추천하는 개인에게 교육비 · 연구비 또는 장학금으로 지출하는 기부금
㉡ 공익신탁으로 신탁하는 기부금(상속세및증여세법 시행령 제14조에 규정된 과세가액불산입의 요건을 갖춘 것에 한한다)
㉢ 사회복지, 문화, 예술, 교육, 종교, 자선, 학술 등 공익목적으로 지출하는 기부금으로서 기획재정부령이 정하는 기부금
- 지역새마을사업을 위하여 지출하는 기부금
- 불우이웃을 돕기 위하여 지출하는 기부금 등
③ 사회복지시설 · 기관 중 무료 또는 실비로 이용할 수 있는 아동복지시설, 노인복지시설, 장애인복지시설, 한부모가족복지시설, 정신요양시설 및 정신재활시설, 성매매피해상담소, 가정폭력 관련 상담소 및 보호시설, 노숙인시설, 다문화가족지원센터, 건강가정지원센터 등의 기관에 기부한 금액
④ 재외동포의 협력 · 지원, 한국의 홍보 또는 국제교류·협력을 목적으로 하는 등 일정한 요건을 갖춘 비영리외국법인(단체 포함)으로서 주무관청의 추천을 받아 기획재정부장관이 지정하는 비영리외국법인에 대하여 지출하는 기부금
⑤ 우리나라가 회원으로 가입하여 있고, 사회복지, 문화, 예술, 교육, 종교, 자선, 학술 등 공익을 위한 사업 목적인 유엔난민기구, 세계식량계획, 국제이주기구, 글로벌녹색성장연구소에 지출하는 기부금
⑥ 「공공기관의 운영에 관한 법률(제4조)」에 따른 공공기관(공기업은 제외), 법률에 따라 직접 설립된 기관으로서 해당 법인의 설립목적이 공익목적 활동을 수행하고 정부지원금 및 기부금 합계액이 수입금액의 1/3이상일 것 등의 요건을 갖춘 기관에 지출하는 기부금</td></tr>
<tr><td>비 지 정 기 부 금</td><td>특례기부금, 우리사주조합기부금 및 일반기부금에 해당하지 않는 기부금(예 신용협동조합, 새마을금고, 정당에 지출하는 기부금 등)</td></tr>
</table>

(3) 기부금의 시부인구조

기부금은 그 종류에 따라 손금인정 여부가 달라진다. 공익성이 없는 기부금(비지정기부금)은 전액 손금불산입(기타사외유출 등)되며, 가장 먼저 행하여야 하는 세무조정이라고 할 수 있다. 공익성 기부금의 손금산입에 대한 규제는 다음과 같다.

구 분	손금산입 한도액	세무조정
(1) 특례기부금	소득금액의 50%	한도초과액: 손금불산입 · 기타사외유출
(2) 우리사주조합기부금	소득금액의 30%	
(3) 일반기부금	소득금액의 10%*	

* 사회적기업육성법 제2조 제1호에 따른 사회적기업이 지출한 일반기부금은 20%를 적용한다.

(4) 기부금의 손금산입한도액

1) 공익성 없는 기부금(비지정기부금)

공익성 없는 기부금은 전액 손금불산입하고 기타사외유출 등으로 소득처분한다. 기부금 관련 세무조정 중 비지정기부금에 대한 세무조정을 가장 먼저 하여야 하며, 차가감소득금액에 반영되어야 한다. 이 때 해당 비지정기부금을 받은 자의 구분에 따라 ①주주 · 출자자(출자임원 제외)는 배당, ②임직원 · 직원은 상여, ③그 외의 자는 기타사외유출로 소득처분한다.

2) 공익성 기부금

법인이 공익성 기부금을 지출한 경우에는 다음 금액의 한도 내에서 해당 기부금을 순차적으로 손금에 산입한다. 기부금의 손금산입과 관련된 세무조정은 기부금 외의 모든 세무조정(비지정기부금 세무조정 포함)이 끝나고 난 뒤 마지막으로 하게 되는 세무조정이다.

구 분	손금산입 한도액
(1) 특례기부금	(기준소득금액*1) − 이월결손금*2)) × 50%
(2) 우리사주조합기부금	(기준소득금액*1) − 이월결손금*2) − 특례기부금 손금산입액*3)) × 30%
(3) 일반기부금	(기준소득금액*1) − 이월결손금*2) − 특례기부금 손금산입액*3) − 우리사주조합기부금 손금산입액) × 10%

*1) 기준소득금액 = 차가감소득금액 + 특례기부금 · 우리사주조합기부금 · 일반기부금 지출액
차가감소득금액: 기부금한도초과액의 손금불산입 및 한도초과이월액의 손금산입을 제외한 모든 세무조정을 완료한 후의 소득금액(즉, 비지정기부금의 손금불산입은 이미 이루어진 상태의 소득금액임)

*2) 과세표준을 계산할 때 공제대상이 되는 이월결손금을 말하며 기준소득금액의 80%를 한도로 한다. 동 이월결손금은 각 사업연도 개시일 전 15년 이내에 개시한 사업연도에서 발생한 결손금으로서 그 후의 각 사업연도의 과세표준을 계산할 때 공제되지 않은 금액을 말한다.

*3) 특례기부금 손금산입액: 특례기부금의 당기지출액 중 손금산입액 + 특례기부금 한도초과이월액의 손금산입액

예제 4 기부금에 대한 세무조정의 기본구조

다음은 ㈜서울의 제9기 사업연도(20×1.1. 1. ~ 20×1.12. 31.)에 대한 과세자료이다. 이를 기초로 기부금에 대한 세무조정을 하시오.

(1) 결산서상 당기순이익: ₩70,000,000

(2) 세무조정사항(기부금에 대한 세무조정 반영전 사항임)
  ① 익금산입 · 손금불산입: ₩7,000,000
  ② 손금산입 · 익금불산입: 없음

(3) 손익계산서에 계상된 기부금 지급내역
  ① 국방헌금: ₩15,000,000
  ② 불우이웃돕기 성금: ₩9,000,000
  ③ 신용협동조합에 지출한 기부금: ₩4,000,000

(4) 당기말 현재 남아 있는 세무상 이월결손금 ₩60,000,000은 전액 전기에 발생한 것이다.

(5) 전기 이전에 기부금의 한도초과액은 발생하지 않았다.

해설

1. 기부금의 분류

구 분	특례기부금	일반기부금	비지정기부금
① 국방헌금	₩15,000,000		
② 불우이웃돕기 성금		₩9,000,000	
③ 신용협동조합 지출액			₩4,000,000
합 계	₩15,000,000	₩9,000,000	₩4,000,000

2. 차가감소득금액의 계산

당기순이익		₩70,000,000
익금산입 · 손금불산입	7,000,000 + 4,000,000 =	11,000,000
손금산입 · 익금불산입		–
차가감소득금액		₩81,000,000

3. 기부금 한도초과액 계산

(1) 기준소득금액: 차가감소득금액 + 특례기부금 + 일반기부금
= 81,000,000 + 15,000,000 + 9,000,000 = ₩105,000,000

(2) 특례기부금
  ① 해당액: ₩15,000,000
  ② 한도액: (105,000,000 − 60,000,000) × 50% = ₩22,500,000
  ③ 한도초과(미달)액: ① − ② = △₩7,500,000(한도미달액)

(3) 일반기부금

① 해당액: ₩9,000,000

② 한도액: (105,000,000 − 60,000,000 − 15,000,000) × 10% = ₩3,000,000

③ 한도초과액: ① − ② = ₩6,000,000

(4) 기부금의 세무조정

일반기부금 한도초과 ₩6,000,000 손금불산입 · 기타사외유출

비지정기부금 ₩4,000,000 손금불산입 · 기타사외유출

(5) 기부금 한도초과액의 이월손금산입

특례기부금과 일반기부금의 한도초과액은 해당 사업연도의 다음 사업연도 개시일부터 10년 이내에 종료하는 각 사업연도로 이월하여 공제받을 수 있다. 이월공제기간 내에 안정적으로 기부금 공제를 받을 수 있도록 당해 사업연도에 지출된 기부금보다 먼저 손금에 산입한다. 그러므로 기부금 한도초과이월액이 있을 경우 당기 지출 기부금은 한도초과이월액의 손금산입을 적용한 후 남은 한도내에서 공제가능하다.

구 분	이월손금 산입기간
(1) 특례기부금 한도초과액	10년(2018.12.31. 이전 기부분은 5년)
(2) 우리사주조합기부금 한도초과액	규정 없음
(3) 일반기부금 한도초과액	10년(2018.12.31. 이전 기부분은 5년)

예제 5 기부금한도초과액의 이월손금산입

다음 자료를 토대로 ㈜서울의 제9기(20×1.1.1. ~ 20×1.12.31.)의 기부금에 대한 세무조정을 하시오.

(1) 특례기부금 지출액: ₩600,000

(2) 특례기부금 한도액: ₩1,100,000

(3) 당해 사업연도 이전에 발생한 특례기부금 한도초과액은 다음과 같다.

구 분	특례기부금 한도초과액
제7기	600,000

해설

제7기에 발생한 특례기부금의 한도초과액은 제9기 사업연도로 이월하여 공제받을 수 있으며, 당해 연도의 기부금 지출액보다 먼저 공제된다.

따라서 제9기의 특례기부금 한도인 1,100,000 중 제7기의 한도초과이월액인 ₩600,000이 우선 공제되고, 당기 특례기부금 지출액인 600,000 중 500,000이 추가로 공제가능하다. 당기에 공제받지 못한 100,000은 차기로 이월하여 향후 10년내에 공제받을 수 있다.

<세무조정>
특례기부금 전기한도초과 이월액 ₩600,000 (손금산입 · 기타)
특례기부금 한도초과액 ₩100,000 (손금불산입 · 기타사외유출)

(6) 현물기부금의 평가

법인이 기부금을 금전 외의 자산 즉, 현물로 기부한 경우에는 해당 자산의 가액은 이를 제공한 때의 시가(시가가 장부가액보다 낮은 경우에는 장부가액)에 의한다. 다만, 특례기부금 및 특수관계인이 아닌 자에게 기부한 일반기부금은 장부가액으로 평가한다.

구 분	현물기부금 평가액
(1) 특례기부금, 특수관계인이 아닌 자에게 기부한 일반기부금	장부가액
(2) 특수관계인에게 기부한 일반기부금, 비지정기부금	Max[시가, 장부가액]

예제 6 현물기부금과 의제기부금

다음은 ㈜서울의 제11기 사업연도(20×1.1. 1. ~ 20×1.12. 31.)에 대한 과세자료이다. 이를 이용하여 제11기의 각 사업연도 소득금액을 계산하시오.

(1) 결산서상 당기순이익: ₩70,000,000

(2) 세무조정사항(기부금에 대한 세무조정 반영전 사항임)
  ① 익금산입 · 손금불산입: ₩7,000,000
  ② 손금산입 · 익금불산입: 없음

(3) 손익계산서에 계상된 기부금 지급내역
  ① 특수관계인에 해당하는 사회복지법인에 ㈜서울의 제품(시가: ₩15,000,000)을 기증하고 장부가액 ₩12,000,000을 기부금으로 회계처리하였다.
  ② 불우이웃돕기 성금: ₩9,000,000
  ③ 특수관계가 없는 신용협동조합에 장부가액 ₩60,000,000의 토지를 ₩80,000,000에 매각하였다. 해당 토지의 시가는 ₩150,000,000이었다.

(4) 당기말 현재 남아 있는 세무상 이월결손금 ₩60,000,000은 전액 전기에 발생한 것이다.

(5) 전기 이전에 기부금의 한도초과액은 발생하지 않았다.

해설

1. 기부금의 분석

(1) 특수관계인인 사회복지법인에 대한 현물기부금

회사의 분개	(차) 기부금 12,000,000	(대) 제 품 12,000,000
세무상 분개	(차) 기부금 15,000,000	(대) 제 품 12,000,000 제품처분이익 3,000,000
세무조정*	제품처분이익 ₩3,000,000 익금산입 · 유보 기부금 ₩3,000,000 손금산입 · △유보	
기부금	일반기부금으로 ₩15,000,000을 포함하여 기부금 한도초과액 계산	

* 과세소득에 미치는 영향이 없으므로 생략해도 무방하다.

(2) 특수관계가 없는 신용협동조합에 대한 저가양도

회사의 분개	(차) 현 금 80,000,000	(대) 토 지 60,000,000 유형자산처분이익 20,000,000
세무상 분개	(차) 현 금 80,000,000 기부금 25,000,000[2]	(대) 토 지 60,000,000 유형자산처분이익 45,000,000
세무조정*1)	유형자산처분이익 ₩25,000,000 익금산입 · 유보 기부금 ₩25,000,000 손금산입 · △유보	
기부금	신용협동조합에 대한 비지정기부금이므로 전액 손금불산입 비지정기부금 ₩25,000,000 손금불산입 · 기타사외유출	

*1) 과세소득에 미치는 영향이 없으므로 생략해도 무방하다.

*2) 의제기부금: ₩150,000,000(시가) × 70% − ₩80,000,000(양도가액) = ₩25,000,000

(3) 기부금 분류

구 분	특례기부금	일반기부금	비지정기부금
① 사회복지법인 현물기부금		₩15,000,000	
② 불우이웃돕기 성금		₩9,000,000	
③ 신용협동조합 의제기부금			₩25,000,000
합 계	-	₩24,000,000	₩25,000,000

2. 차가감소득금액의 계산

당기순이익		₩70,000,000
익금산입 · 손금불산입	7,000,000 + 25,000,000 =	32,000,000
손금산입 · 익금불산입		-
차가감소득금액		₩102,000,000

3. 기부금 한도초과액 계산

(1) 기준소득금액: 차가감소득금액 + 특례기부금 + 일반기부금
= 102,000,000 + 0 + 24,000,000 = ₩126,000,000

(2) 일반기부금
① 해당액: ₩24,000,000
② 한도액: (126,000,000 - 60,000,000 - 0) × 10% = ₩6,600,000
③ 한도초과액: ① - ② = ₩17,400,000

(3) 세무조정

일반기부금 한도초과	₩17,400,000	손금불산입 · 기타사외유출
비지정기부금	₩25,000,000	손금불산입 · 기타사외유출

4. 각 사업연도 소득금액 계산

당기순이익		₩70,000,000
익금산입 · 손금불산입	7,000,000 + 25,000,000 =	32,000,000
손금산입 · 익금불산입		-
차가감소득금액		₩102,000,000
기부금한도초과액		17,400,000
각 사업연도 소득금액		₩119,400,000

(7) 기부금의 귀속시기

기부금은 그 지출한 날이 속하는 사업연도에 귀속한다(현금주의). 따라서 가지급금 등으로 이연계상한 경우에는 지급한 사업연도에 손금으로 산입하고, 미지급기부금을 손금으로 계상한 경우에는 실제 지급시까지 기부금으로 보지 않는다.

① 어음지급기부금: 기부금의 지급을 위하여 어음의 발행(배서를 포함한다)한 경우에는 실제로 결제된 날에 기부금을 지출한 것으로 본다.

② 수표지급기부금: 기부금의 지급을 위하여 수표를 발행한 경우에는 해당 수표를 교부한 날에 지출한 것으로 본다.

예제 7 기부금의 귀속시기

다음은 ㈜서울의 제11기 사업연도(20×1.1. 1. ~ 20×1.12. 31.)에 대한 과세자료이다. 이를 이용하여 제11기의 각 사업연도 소득금액을 계산하시오.

(1) 결산서상 당기순이익 ₩70,000,000

(2) 세무조정사항(기부금에 대한 세무조정 반영전 사항임)
  ① 익금산입 · 손금불산입: ₩7,000,000
  ② 손금산입 · 익금불산입: 없음

(3) 손익계산서에 계상된 기부금 지급내역
  ① 제11기 중 특수관계가 없는 사회복지법인에 기부금으로 어음 ₩20,000,000을 지급하였으나 아직 결제하지 않은 상태이다. ㈜서울은 해당 어음에 대해 기부금으로 손익계산서에 계상하였다.
  ② 제11기 중 불우이웃돕기 성금으로 ₩9,000,000 상당의 수표를 교부하고 기부금으로 계상하였다.

(4) 당기말 현재 남아 있는 세무상 이월결손금 ₩10,000,000은 전액 전기에 발생한 것이다.

(5) 전기에 발생한 일반기부금 한도초과액 ₩1,000,000이 있다.

해설

1. 기부금의 분석

(1) 사회복지법인에 대한 어음기부금

회사의 분개	(차) 기부금	20,000,000	(대) 지급어음	20,000,000
세무상 분개	–			
세 무 조 정	미결제기부금 ₩20,000,000 손금불산입 · 유보			
기 부 금	당기의 기부금이 아니며, 어음 결제일이 속한 사업연도의 기부금이다.			

(2) 기부금 분류

구 분	특례기부금	일반기부금	비지정기부금
① 사회복지법인 어음기부금		–	
② 불우이웃돕기 수표기부금*		₩9,000,000	
합 계	–	₩9,000,000	–

* 기부금 지급을 위해 수표를 교부한 경우 교부일이 속한 사업연도의 기부금으로 본다.

2. 차가감소득금액의 계산

당기순이익		₩70,000,000
익금산입 · 손금불산입	7,000,000 + 20,000,000 =	27,000,000
손금산입 · 익금불산입		–
차가감소득금액		₩97,000,000

3. 기부금 한도초과액 계산

(1) 기준소득금액: 차가감소득금액 + 특례기부금 + 일반기부금
= 97,000,000 + 0 + 9,000,000 = ₩106,000,000

(2) 일반기부금 한도초과액

① 전기한도초과이월액: ₩1,000,000

② 한도액: (106,000,000 - 10,000,000 - 0) × 10% = ₩9,600,000

③ 손금산입액: Min[₩1,000,000, ₩9,600,000] = ₩1,000,000

④ 당기 일반기부금 한도초과액:
₩9,000,000(당기지출액) - ₩8,600,000(₩9,600,000 - ₩1,000,000) = ₩400,000(차기이월)

(3) 세무조정

일반기부금 전기한도초과이월액	₩1,000,000	손금산입 · 기타
기부금한도초과액	₩400,000	손금불산입 · 기타사외유출

4. 각 사업연도 소득금액 계산

당기순이익		₩70,000,000
익금산입 · 손금불산입	7,000,000 + 20,000,000 =	27,000,000
손금산입 · 익금불산입		–
차가감소득금액		₩97,000,000
전기기부금 한도초과이월액 손금산입		(1,000,000)
기부금한도초과액		400,000
각 사업연도 소득금액		₩96,400,000

OX 문제

01 기업업무추진비는 업무와 관련된 지출이고, 기부금은 업무와 관련 없는 지출이다.

02 법인이 기부금을 금전 이외의 자산으로 제공한 경우 해당 자산의 가액은 이를 제공한 때의 시가에 의한다.

03 기업업무추진비는 발생주의, 기부금은 현금주의에 의하여 귀속시기를 판단한다.

04 법인이 광고선전목적으로 견본품 · 달력 · 수첩 등을 불특정 다수인에게 기증하기 위하여 지출한 비용은 기업업무추진비로 보지 않고 광고선전비로 본다.

정답&해설 **01** ○ **02** × **03** ○ **04** ○

02 현금 이외의 자산으로 기부금을 지출하였을 경우 해당 기부금이 특례기부금과 특수관계 없는 자에게 기부한 일반기부금에 해당하면 장부가액으로 평가하고, 특수관계인에게 기부한 일반기부금과 비지정기부금에 해당하면 시가와 장부가액 중 큰 금액으로 평가한다.

05 법인이 특수관계인 외의 자에게 정당한 사유없이 자산을 시가보다 낮은 가액으로 양도하거나 높은 가액으로 매입한 경우 그 차액 중 실질적으로 증여한 것으로 인정되는 금액은 기부금으로 간주한다.

06 법인이 특수관계인인 공익단체에 고유목적사업비로 지출한 금액에 대해서는 부당행위계산의 부인규정을 적용하지 않고 이를 기부금으로 본다.

07 기부금은 그 지출한 날이 속하는 사업연도에 귀속한다. 법인이 기부금의 지출을 위하여 어음을 발행한 경우에는 그 어음이 실제로 결제된 날에 지출한 것으로 보며, 수표를 발행한 경우에는 수표를 교부한 날에 지출한 것으로 본다.

08 당해연도에 발생한 일반기부금 한도초과액은 다음 사업연도 개시일부터 10년 이내에 끝나는 각 사업연도로 이월하여 이월된 각 사업연도의 일반기부금 한도 내에서 손금에 산입한다.

정답&해설 **05** × **06** ○ **07** ○ **08** ○

05 특수관계인 외의 자와의 거래에서 저가양도(또는 고가매입)를 한 경우 기부금으로 의제되는 금액은 정상가액과 양도가액(또는 매입가액)과의 차액이다.

연습문제

01 법인세법상 기업업무추진비에 대한 다음의 설명 중 옳지 않은 것은?

① 기업업무추진비에 해당하는지의 여부는 거래명칭 · 계정과목 등과 관계없이 그 실질적 내용에 따라 판정한다.

② 한 차례의 접대에 지출한 기업업무추진비 중 3만원(경조금은 20만원)을 초과하는 기업업무추진비로서 법정증명서류를 갖추지 않은 경우에는 각 사업연도의 소득금액계산에 있어서 이를 손금불산입하고 기타사외유출로 소득처분한다.

③ 기업업무추진비를 현물로 제공한 경우에는 장부가액으로 한다.

④ 기업업무추진비의 세무조정시기는 접대행위가 일어난 사업연도에 행한다.

⑤ 법인이 문화비로 지출한 기업업무추진비의 경우에는 한도액을 별도로 계산하여 일반기업업무추진비 한도액에 추가하여 기업업무추진비 한도액을 계산한다.

정답 ③

법인이 기업업무추진비를 금전 외의 자산 즉, 현물로 제공한 경우 해당 자산의 가액은 이를 제공한 때의 시가(시가가 장부가액보다 낮은 경우에는 장부가액)에 의한다.

02 법인세법상 기업업무추진비와 기부금에 관한 다음의 내용 중 옳지 않은 것은?

① 기업업무추진비는 현금주의, 기부금은 발생주의에 의하여 손금처리 한다.

② 기업업무추진비는 업무와 관련 있는 지출이지만, 기부금은 업무와 관련 없는 지출이다.

③ 기업업무추진비 한도액은 수입금액을 기준으로 하나, 기부금 한도는 소득금액을 기준으로 한다.

④ 기업업무추진비 한도초과액은 이월공제되지 않으나, 기부금 한도초과액은 이월공제가 인정된다.

⑤ 금전 외의 자산으로 접대나 기부가 이루어진 경우 해당 자산의 가액은 이를 제공한 때의 시가(시가가 장부가액보다 낮은 경우에는 장부가액)에 의한다.

정답 ①

기업업무추진비는 발생주의, 기부금은 현금주의에 의하여 손금처리한다.

03 법인세법상 기부금 및 기업업무추진비와 관련한 다음의 내용 중 옳지 않은 것은?

① 기부금은 그 지출한 날이 속하는 사업연도에 귀속한다. 법인이 기부금의 지출을 위하여 어음을 발행(배서를 포함한다)한 경우에는 그 어음이 실제로 결제된 날에 지출한 것으로 보며, 수표를 발행한 경우에는 수표를 교부한 날에 지출한 것으로 본다.

② 영업자가 조직한 단체로서 법인이거나 주무관청에 등록된 조합 또는 협회에 지급한 회비 중 일반회비는 전액 손금으로 인정된다.

③ 임의단체인 조합 또는 협회에 지급한 일반회비는 손금으로 인정되지 않는다.

④ 사용인이 조직한 법인이 아닌 단체에 복리시설비를 지출한 경우에는 기업업무추진비로 처리한다.

⑤ 내국법인이 1회에 지출한 기업업무추진비 중 건당 3만원(경조사비는 20만원)을 초과하는 기업업무추진비로서 법정증빙을 수취하지 않고 영수증을 받은 부분은 손금불산입하고 기타사외유출로 처분한다.

정답 ④

사용인이 조직한 법인이 아닌 단체에 복리시설비를 지출한 경우에는 해당 법인의 경리의 일부로 본다.

04 법인세법령상 기업업무추진비와 기부금에 관한 설명으로 옳지 않은 것은? **[CTA 2022]**

① 법인이 기부금의 지출을 위하여 어음을 발행한 경우에는 그 어음을 발행한 날에 지출한 것으로 본다.

② 법인이 기부금을 가지급금 등으로 이연계상한 경우에는 이를 그 지출한 사업연도의 기부금으로 하고 그 후의 사업연도에는 이를 기부금으로 보지 않는다.

③ 내국법인이 한 차례의 접대에 지출한 기업업무추진비 중 3만원(경조금은 20만원)을 초과하는 기업업무추진비로서 증명서류를 수취하지 않은 것은 전액 손금불산입하고 대표자에 대한 상여로 처분한다.

④ 재화 또는 용역을 공급하는 신용카드 등의 가맹점이 아닌 다른 가맹점의 명의로 작성된 매출전표 등을 발급받은 경우 해당 지출액은 신용카드 등을 사용하여 지출한 기업업무추진비로 보지 않는다.

⑤ 법인이 특수관계인 외의 자에게 정당한 사유 없이 자산을 정상가액보다 낮은 가액으로 양도함으로써 실질적으로 증여한 것으로 인정되는 금액은 기부금으로 본다.

정답 ①

법인이 기부금의 지출을 위하여 어음을 발행(배서를 포함)한 경우에는 그 어음이 실제로 결제된 날에 지출한 것으로 보며, 수표를 발행한 경우에는 당해 수표를 교부한 날에 지출한 것으로 본다.

05 법인세법상 기부금에 대한 다음의 설명 중 옳지 않은 것은?

① 기부금이란 법인이 특수관계가 없는 자에게 사업과 직접 관계없이 무상으로 지출하는 재산적 증여의 가액을 말한다.

② 일반기부금 대상이 되는 특수관계인에게 현물을 기부한 경우에는 기부당시의 시가와 장부가액 중 큰 금액으로 평가한다.

③ 기부금에 대한 손익의 귀속사업연도는 발생주의에 따른다.

④ 비지정기부금은 한도 없이 전액 손금불산입된다.

⑤ 전기 일반기부금 한도초과이월액은 당해 연도 일반기부금 지출액보다 먼저 일반기부금 한도내에서 손금에 산입한다.

정답 ③

기부금은 그 지출한 날이 속하는 사업연도에 귀속한다. 따라서 현금주의에 따른다.

06 기부금에 대한 다음의 설명 중 옳지 않은 것은?

① 의제기부금을 계산할 때 정상가액이란 시가에 시가의 30%를 가감한 금액이다.

② 특례기부금을 현물로 기부한 경우에는 기부당시의 시가와 장부가액 중 큰 금액으로 평가한다.

③ 기부금의 지급을 위하여 어음의 발행한 경우에는 실제로 결제된 날에 기부금을 지출한 것으로 본다.

④ 기부금 한도계산시 당해 사업연도 소득금액에서 공제하는 이월결손금은 과세표준계산시 공제되는 세무상 이월결손금이다.

⑤ 특례기부금 한도계산시 기준소득금액에서 공제하는 이월결손금은 기준소득금액의 80%를 한도로 한다.

정답 ②

특례기부금을 현물로 기부한 경우에는 기부당시의 장부가액으로 평가한다.

07 다음의 기부금 중 성격이 다른 것은?

① 불우이웃돕기를 위한 성금

② 국방헌금

③ 천재 · 지변으로 생긴 이재민을 위한 구호금품의 가액

④ 사립학교 교육비를 위해 지출한 기부금

⑤ 국립대학교 병원의 연구비를 위해 지출한 기부금

정답 ①

불우이웃돕기 성금은 일반기부금에 해당되나, 다른 항목들은 모두 특례기부금에 해당된다.

08 법인세법상 영리내국법인의 기업업무추진비, 기부금 및 지급이자에 관한 설명으로 옳은 것은?

① 기업업무추진비를 신용카드로 결제한 경우 실제로 접대행위를 한 사업연도가 아니라 대금 청구일이 속하는 사업연도를 손금의 귀속시기로 한다.

② 기부금 한도는 기업회계기준에 따라 계산한 매출액에 일정율을 곱해 산출하며, 기업업무추진비 한도는 해당 사업연도의 소득금액에 일정율을 곱해 산출한다.

③ 채권자가 불분명한 사채이자 1,000,000원(소득세 등으로 원천징수된 금액 418,000원 포함)을 비용으로 계상한 경우, 1,000,000원을 손금 불산입하고 전액 대표자에 대한 상여로 소득처분한다.

④ 지진으로 생긴 이재민을 위해 장부가액 3억원, 시가 5억원인 상품을 기부한 경우 해당 현물기부금의 가액은 3억원으로 한다.

⑤ 사용인에게 주택자금을 대여하고 적정이자를 수령하였다면 업무 무관자산으로 보지 않으므로 업무무관자산 등에 대한 지급이자의 손금불산입 규정이 적용되지 아니한다.

정답 ④

① 기업업무추진비는 원칙적으로 실제로 접대행위를 한 사업연도를 손금의 귀속시기로 한다. (발생주의)

② 기업업무추진비의 수입금액 한도는 기업회계기준에 따라 계산한 매출액에 일정률을 곱해 산출하며, 기부금 한도는 해당 사업연도의 소득금액에 일정비율을 곱해 산출한다.

③ 채권자가 불분명한 사채이자(₩1,000,000) 중 원천징수된 금액(₩418,000)을 제외한 금액(₩582,000)을 손금불산입하고 대표자에 대한 상여로 소득처분한다.

④ 특례기부금이므로 현물기부금을 장부가액으로 평가한다.

⑤ 업무무관가지급금은 적정이자 수령여부와 무관하게 업무무관자산 등에 대한 지급이자의 손금불산입 규정이 적용된다.

09 다음 자료에 의하여 기업업무추진비 한도초과액을 구하면 얼마인가?

(1) 당기 기업회계기준상의 매출액 70억원(특수관계인과의 거래 없음) (2) 기업업무추진비 지출액: 5,200만원 (3) 사업연도: 20×1. 1. 1. ~ 20×1. 12. 31. (4) 중소기업에 해당됨

① ₩0　② ₩11,000,000　③ ₩14,000,00

④ ₩23,000,000　⑤ ₩57,000,000

정답 ①

(1) 기업업무추진비 해당액: ₩52,000,000

(2) 기업업무추진비 한도액: 36,000,000×(12/12) + 7,000,000,000 × 0.3% = ₩57,000,000

(3) 기업업무추진비 한도초과액: 52,000,000 - 57,000,000 = △5,000,000(한도초과 없음)

10 제조업을 영위하는 ㈜서울의 제7기 사업연도(20×1.1. 1. ~ 20×1.12. 31.) 기업업무추진비에 관한 올바른 세무조정은?

> (1) 기업업무추진비지출액: ₩80,000,000(3만원 초과분 중 영수증 수취분 ₩4,000,000 포함)
> (2) 매출액 ₩30,000,000,000(특수관계인간 거래 ₩6,000,000,000 포함)
> (3) ㈜서울은 중소기업이 아니다.

① 법정증명서류 미수취분 ₩4,000,000 손금불산입 · 기타사외유출
　기업업무추진비 한도초과액 ₩7,680,000 손금불산입 · 기타사외유출
② 기업업무추진비 한도초과액 ₩6,620,000 손금불산입 · 기타사외유출
③ 법정증명서류 미수취분 ₩4,000,000 손금불산입 · 기타사외유출
　기업업무추진비 한도초과액 ₩5,880,000 손금불산입 · 기타사외유출
④ 법정증명서류 미수취분 ₩4,000,000 손금불산입 · 기타사외유출
　기업업무추진비 한도초과액 ₩4,800,000 손금불산입 · 기타사외유출
⑤ 기업업무추진비 한도초과액 ₩4,800,000 손금불산입 · 기타사외유출

정답 ④

(1) 법정증명서류 미수취분(영수증 수취분): ₩4,000,000 손금불산입 · 기타사외유출

(2) 기업업무추진비 해당액: 기업업무추진비 지출액(₩80,000,000) - 직접부인 기업업무추진비(₩4,000,000) = ₩76,000,000

(3) 기업업무추진비 한도액

$$₩12,000,000 \times \frac{12}{12} + (10,000,000,000 \times \frac{3}{1,000} + 14,000,000,000 \times \frac{2}{1,000} + 6,000,000,000 \times \frac{2}{1,000} \times 10\%) = ₩71,200,000$$

(4) 기업업무추진비 한도초과액: (2) - (3) = ₩4,800,000 손금불산입 · 기타사외유출

(5) 세무조정 요약

법정증빙서류 미수취분 ₩4,000,000 손금불산입 · 기타사외유출

기업업무추진비 한도초과액 ₩4,800,000 손금불산입 · 기타사외유출

11 다음은 ㈜국제의 제11기 사업연도(20×1.1. 1. ~ 20×1.12. 31.)의 자료이다. ㈜국제의 법인세비용차감전순이익은 ₩100,000,000이고 다음에 제시된 사항과 관련된 세무조정 이외에는 세무조정사항이 없다고 할 때 ㈜국제의 제11기 각 사업연도 소득금액은 얼마인가?

> (1) 손익계산서상 기업업무추진비 계정의 총액은 ₩27,000,000인데 이 중에는 다음 사항이 포함되어 있다. 당사의 제품(원가: ₩4,000,000, 시가: ₩6,000,000)을 접대용으로 거래처에 제공하고 다음과 같이 회계처리하였다
>
> | (차) 기업업무추진비 | 4,000,000 | (대) 제품 | 4,000,000 |
> |---|---|---|---|
> | 세금과공과 | 600,000 | 부가가치세예수금 | 600,000 |
>
> (2) 제12기에 제품을 수출하기로 계약하고, 수출거래처에 대해서 발생한 기업업무추진비 ₩1,000,000을 선급비용으로 이연처리하였다.
>
> (3) 이 회사는 중소기업이 아닌 제조업을 영위하는 법인이며 매출액은 50억원이다. 한편 건당 3만원 초과의 기업업무추진비 중 신용카드를 사용하지 않고 영수증을 수령한 금액은 ₩2,000,000이다.

① ₩99,000,000 ② ₩100,000,000 ③ ₩100,600,000
④ ₩101,600,000 ⑤ ₩102,600,000

정답 ⑤

1. 기업업무추진비에 대한 귀속시기의 조정 등의 세무조정

선급비용(기업업무추진비)	₩1,000,000	손금산입 · △유보
영수증수취 기업업무추진비	2,000,000	손금불산입 · 기타사외유출

2. 기업업무추진비의 한도시부인의 계산

① 기업업무추진비 해당액

손익계산서상 기업업무추진비	₩27,000,000
+ 현물 기업업무추진비 원가와 시가의 차액	2,000,000
+ 기업업무추진비 관련 매출세액	600,000
+ 선급비용처리분	1,000,000
- 영수증수취분	(2,000,000)
	₩28,600,000

② 기업업무추진비의 한도액: ₩12,000,000 × 12/12 + ₩5,000,000,000 × 0.3% = ₩27,000,000

③ 기업업무추진비 한도초과액: ₩1,600,000 손금불산입 · 기타사외유출
(₩28,600,000 - ₩27,000,000 = ₩1,600,000)

3. 각 사업연도 소득금액: ₩100,000,000 - 1,000,000 + 2,000,000 + 1,600,000 = ₩102,600,000

12 다음은 제조업을 영위하는 중소기업이 아닌 내국법인 ㈜A의 제11기 사업연도(20×1.1. 1. ~ 20×1.12. 31.) 기업업무추진비와 관련된 자료이다. 손금불산입되는 기업업무추진비의 총액은 얼마인가? (단, 아래의 자료에서 특별히 언급한 것 이외에는 모든 지출은 ㈜A 명의의 신용카드로 사용하였고, 기업업무추진비로 계상된 금액은 업무관련성이 있으며 경조금은 없는 것으로 가정함)

(1) 기업회계기준상 매출액: 90억원(특수관계인 매출액 30억원 포함)

(2) 당기 포괄손익계산서상 기업업무추진비 계정 금액은 ₩60,000,000으로 상세 내역은 다음과 같다.

구 분	건당 3만원 이하	건당 3만원 초과
현금 사용금액(영수증 수취)	₩6,000,000	₩10,000,000
㈜A 명의의 신용카드 사용금액	4,000,000	40,000,000
합 계	₩10,000,000	₩50,000,000

(3) 당기 복리시설비 계정에는 법인형태로 설립된 ㈜A의 노동조합에 지출한 복리시설비 ₩5,000,000이 포함되어 있다.

(4) 당기 광고선전비 계정에는 ㈜A의 우량 거래처 50곳에 개당 시가 ₩100,000(부가가치세 포함)의 광고선전물품을 구입하여 제공한 금액 ₩5,000,000이 포함되어 있다.

① 29,100,000원　② 33,100,000원　③ 34,100,000원
④ 39,100,000원　⑤ 45,100,000원

정답 ④

(1) 직부인 기업업무추진비
건당 3만원 초과 영수증 수취분 ₩10,000,000 손금불산입 · 기타사외유출

(2) 기업업무추진비 한도초과액
① 기업업무추진비 해당액
₩60,000,000 - 10,000,000 + 5,000,000 + 5,000,000 = ₩60,000,000
② 기업업무추진비 한도액
₩12,000,000 × 12/12 + ₩6,000,000,000 × 3/1,000 + ₩3,000,000,000 × 3/1,000 × 10%
= ₩30,900,000
③ 한도초과액: ₩60,000,000 - ₩30,900,000 = ₩29,100,000
기업업무추진비 한도초과액 ₩29,100,000 손금불산입 · 기타사외유출

(3) 손금불산입액: ₩10,000,000 + ₩29,100,000 = ₩39,100,000

13 다음의 자료를 이용하여 제조업을 영위하는 중소기업인 영리내국법인 ㈜A의 제20기 사업연도(20×1.1.1.~20×1.12.31.) 기업업무추진비 한도초과액을 계산한 것으로 옳은 것은? 단, 자료에 별도 언급이 없는 한 기업업무추진비 해당액은 적격증명서류를 수취하였고, 전기까지 세무조정은 정확하게 이루어졌다. **[CPA 2020]**

(1) 손익계산서상 매출액은 12,000,000,000원이며, 이 중 특수관계인에 대한 매출액은 4,000,000,000원이다.

(2) 손익계산서상 판매비와관리비 중 기업업무추진비로 비용처리한 금액은 54,000,000원이다.

(3) ㈜A가 거래처에 접대 목적으로 증정한 원가 5,000,000원, 시가 10,000,000원 상당의 제품에 대해 다음과 같이 회계처리하였다.

(차) 매출원가	6,000,000	(대) 제품	5,000,000
		부가가치세예수금	1,000,000

(4) 손익계산서상 복리후생비에는 ㈜A의 직원들이 조직한 단체(법인 아님)에 지출한 복리시설비 4,000,000원이 포함되어 있다.

(5) 제20기 중 ㈜A가 지출한 경조사비와 문화비로 지출한 기업업무추진비는 없다.

(6) 수입금액에 관한 적용률

수입금액	적 용 률
100억원 이하	1천분의 3
100억원 초과 500억원 이하	3천만원 + 100억원을 초과하는 금액의 1천분의 2

① 0　② ₩2,000,000　③ ₩4,000,000
④ ₩8,000,000　⑤ ₩16,000,000

정답 ③

1. 기업업무추진비 해당액

손익계산서상 기업업무추진비	₩54,000,000
+ 현물 기업업무추진비 과소계상액*1)	11,000,000
	₩65,000,000

*1) 세무상 기업업무추진비 해당액: ₩10,000,000(시가)+₩1,000,000(부가가치세)=11,000,000

손익계산서상 기업업무추진비:	0
현물 기업업무추진비 과소계상액:	11,000,000

2. 기업업무추진비 한도액
₩36,000,000 × 12/12 + ₩8,000,000,000 × 0.3% + (₩2,000,000,000 × 0.3% + ₩2,000,000,000 × 0.2%) × 10% = ₩61,000,000

3. 기업업무추진비의 한도초과액: ₩65,000,000 - ₩61,000,000
= ₩4,000,000 (손금불산입 · 기타사외유출)

14 제조업을 영위하는 영리내국법인 ㈜A(중소기업)의 제22기(20×2.1.1.~20×2.12.31.) 자료이다. 기업업무추진비 한도초과액으로 옳은 것은? 단, 기업업무추진비 해당액은 적격증명서류를 수취하였다. **[CPA 2022]**

(1) 장부상 매출액은 15,000,000,000원으로 이 중 특수관계인에 대한 매출액은 3,000,000,000원이다.
(2) 손익계산서상 판매비와관리비 중 기업업무추진비로 비용처리한 금액은 90,000,000원으로 다음의 금액이 포함되어 있다.
① 전기에 접대가 이루어졌으나 당기 지급시점에 비용처리한 금액: 5,000,000원
② 「국민체육진흥법」에 따른 체육활동의 관람을 위한 입장권 구입비: 20,000,000원
③ 직원이 조직한 단체(법인)에 복리시설비를 지출한 금액: 4,000,000원
④ 거래처에 접대 목적으로 증정한 제품(원가 8,000,000원, 시가 10,000,000원)에 대해 다음과 같이 회계처리하였다.

(차) 기업업무추진비	9,000,000	(대) 제품	8,000,000
		부가가치세예수금	1,000,000

(3) 수입금액에 관한 적용률

수입금액	적용률
100억원 이하	수입금액×0.3%
100억원 초과 500억원 이하	3,000만원+(수입금액-100억원)×0.2%

① 2,280,000원 ② 6,280,000원 ③ 16,400,000원
④ 21,400,000원 ⑤ 84,720,000원

정답 ①

1. 회사계상 기업업무추진비 = 90,000,000 - 5,000,000 + 2,000,000 = 87,000,000
2. 기업업무추진비 한도액 = ① + ② = 70,600,000 + 14,120,000 = 84,720,000
① 36,000,000×12/12 + 30,000,000 + 20억원×0.2% + 30억원×0.2%×10% = 70,600,000
② Min [20,000,000 , 70,600,000 × 20%] = 14,120,000
∴ 기업업무추진비 한도초과액 = 87,000,000 - 84,720,000 = 2,280,000

15 제조업을 영위하는 ㈜미래의 제8기(20×1.1.1. ~ 20×1.12.31.)의 기부금과 관련된 자료는 다음과 같다. 일반기부금에 대한 세무조정으로 옳은 것은?

> (1) 기부금 외의 모든 세무조정을 완료한 후의 소득금액: ₩100,000,000
> (2) 기부금 내역(전액 현금지출)
> ① 국방헌금: ₩25,000,000
> ② 불우이웃돕기 성금: ₩20,000,000
> (3) 제7기에 발생한 세무상 이월결손금: ₩30,000,000
> (4) 일반기부금 한도초과 이월액은 없다

① 손금불산입 ₩10,500,000 ② 손금불산입 ₩11,000,000
③ 손금산입 ₩8,500,000 ④ 손금산입 ₩5,000,000
⑤ 손금산입 ₩4,000,000

정답 ②

구 분	지출액	한도액	한도초과액	세무조정
특례기부금	₩25,000,000	₩57,500,000*1)	△₩32,500,000	-
일반기부금	₩20,000,000	₩9,000,000*2)	₩11,000,000	₩11,000,000 손금불산입 · 기타사외유출

기준소득금액 - 이월결손금: ₩100,000,000 + 25,000,000 + 20,000,000 - 30,000,000
= ₩115,000,000

*1) ₩115,000,000 × 50% = ₩57,500,000

*2) (₩115,000,000 - 25,000,000) × 10% = ₩9,000,000

16 다음은 내국법인 ㈜A의 제10기 사업연도(20×1.1.1. ~ 20×1.12.31.)의 기부금과 관련된 자료이다. 각 사업연도 소득금액을 계산한 것으로 옳은 것은?

> (1) 차가감소득금액: ₩50,000,000
>
> (2) 손익계산서에 계상된 기부금 내역
>
> ① 「고등교육법」상 사립대학교의 시설기부금: ₩40,000,000
>
> ② 종교단체에 지급한 기부금: 20,000,000
>
> ③ 천재지변으로 인한 이재민구호를 위한 기부금: 30,000,000
>
> ④ 학교장이 추천하는 개인에게 지출한 장학금: 20,000,000
>
> (3) 제9기 사업연도에 발생한 이월결손금: ₩30,000,000
>
> (4) 기부금 전기이월한도초과액은 없음

① ₩17,500,000 ② ₩27,500,000 ③ ₩66,500,000
④ ₩83,500,000 ⑤ ₩88,500,000

정답 ⑤

1. 기부금의 분류

① 특례기부금: ₩40,000,000 + 30,000,000 = ₩70,000,000

② 일반기부금: ₩20,000,000 + 20,000,000 = ₩40,000,000

2. 기준소득금액

₩50,000,000(차가감소득금액) + ₩70,000,000 + 40,000,000 = ₩160,000,000

3. 기부금 한도초과액

① 특례기부금: W70,000,000 65,000,000* = ₩5,000,000 (손금불산입 · 기타사외유출)

* 한도액: (₩160,000,000 - 30,000,000) × 50%

② 일반기부금: ₩40,000,000 - 6,500,000* = ₩33,500,000 (손금불산입 · 기타사외유출)

* 한도액: (₩130,000,000 - 65,000,000) × 10%

4. 각 사업연도 소득금액

₩50,000,000(차가감소득금액) + 5,000,000 + 33,500,000 = ₩88,500,000

17 다음은 내국법인 ㈜A의 제10기 사업연도(20×1.1.1. ~ 20×1.12.31.) 세무조정 관련 자료이다. 제10기 각 사업연도 소득금액은 얼마인가?

(1) 세무조정 내역*1)

1) 포괄손익계산서상 당기순이익: 6,000,000원

2) 익금산입 · 손금불산입: 7,000,000원

3) 손금산입 · 익금불산입: 17,000,000원

4) 합계: △4,000,000원

*1) 비지정기부금을 제외한 기부금 관련 세무조정은 포함되지 않음

(2) 포괄손익계산서상 기부금 내역

새마을금고에 지출한 기부금	₩3,000,000
불우이웃돕기성금	5,000,000
천재지변으로 인한 이재민 구호금품	2,000,000
대한적십자사에 기부한 기부금*2)	1,000,000
합 계	₩11,000,000

*2) 대한적십자사에 대한 기부금은 어음(결제일: 20×2.1.5.)을 발행한 것임

(3) ㈜A의 세무상 이월결손금은 1,500,000원(제7기 발생분)이며, 당기 이전 기부금 한도초과금액 중 당기까지 손금산입되지 아니한 금액은 다음과 같다.

특례기부금: 500,000원(제9기 지출분)

일반기부금: 800,000원(제8기 지출분)

① △250,000원　② 1,000,000원　③ 2,625,000원
④ 3,525,000원　⑤ 3,775,000원

정답 ③

(1) 기부금의 구분

① 특례기부금: 2,000,000 (천재지변으로 인한 이재민 구호금품)

② 일반기부금: 5,000,000 (불우이웃돕기 성금)

(2) 기준소득금액

① 차가감소득금액: △₩4,000,000*1) + ₩1,000,000*2) = △₩3,000,000

*1) 새마을금고에 지출한 기부금은 비지정기부금으로 가산조정 ₩7,000,000에 이미 반영되어 있다.

*2) 기부금은 현금주의를 적용하므로 대한적십자사 기부금은 어음이 결제되는 20×2년의 기부금으로 본다.

② 기준소득금액: △₩3,000,000 + ₩2,000,000(특례기부금) + ₩5,000,000(일반기부금)
= ₩4,000,000

(3) 한도초과액 계산

① 특례기부금

- 전기 한도초과이월액: ₩500,000
- 한도: (₩4,000,000 − ₩1,500,000) × 50% = ₩1,250,000
- 전기 한도초과이월액의 손금산입액: Min[₩500,000, ₩1,250,000] = ₩500,000
- 한도초과액: ₩2,000,000 − ₩750,000 = ₩1,250,000

② 일반기부금

- 전기 한도초과이월액: ₩800,000
- 한도: (₩4,000,000 − ₩1,500,000 − ₩1,250,000) × 10% = ₩125,000
- 전기 한도초과이월액의 손금산입액: Min[₩800,000, ₩125,000] = ₩125,000
- 한도초과액: ₩5,000,000 − 0 = ₩5,000,000

(4) 각 사업연도 소득금액: △₩3,000,000 − ₩500,000 + ₩1,250,000 − ₩125,000 + ₩5,000,000
= ₩2,625,000

Chapter 8 자산의 감가상각

AN INTRODUCTION TAX LAW

1 감가상각의 의의 및 특징

'감가상각'이란 고정자산의 취득원가에서 잔존가액을 차감한 금액을 내용연수에 걸쳐 체계적이고 합리적인 방법으로 배분하는 과정을 말한다. 기업회계에서는 이러한 감가상각에 대한 방법으로 폭넓은 선택을 허용하고, 내용연수와 잔존가치에 대한 추정도 허용하고 있다.

이에 반해 법인세법상 감가상각은 다음과 같은 특징을 가지고 있다.

① 결산조정사항: 감가상각비는 법인이 각 사업연도의 결산을 확정함에 있어서 손비로 계상하는 것에 한하여 손금에 산입하며, 신고조정에 의하여 감가상각비를 손금에 산입할 수 없다.53)

② 임의상각제도: 결산서에 손비로 계상된 감가상각비 중 상각범위액을 초과하는 부분은 손금에 산입하지 아니하나, 손비로 계상된 감가상각비가 상각범위액에 미달하는 경우에는 이를 상각범위액까지 강제로 감가상각하도록 요구하지 않는다.54)

③ 감가상각방법의 정형화: 감가상각방법으로 정액법 · 정률법 · 생산량비례법만이 인정되며, 자산별로 법인이 선택한 감가상각방법을 계속하여 적용함을 원칙으로 한다.

④ 잔존가액과 내용연수의 법정화: 잔존가액을 획일적으로 영(0)으로 정하고 있으며, 내용연수는 자산의 종류별로 규정된 일정한 범위 내에서 법인이 선택하여 신고한 내용연수를 적용함을 원칙으로 한다.

---

53) 단 몇 가지 예외는 있다.
첫째, 국제회계기준(IFRS)을 최초로 도입하는 법인은 세부담 증가의 완화를 위해 신고조정이 허용된다.
둘째, 업무용승용차의 감가상각비의 경우 회사의 상각방법 및 내용연수의 신고 여부에 관계없이 정액법을 상각방법으로 하고, 내용연수를 5년으로 하여 계산한 금액을 손금으로 산입하여야 한다.

54) 감가상각의제 규정이 적용되는 법인세 감면기업의 경우 감가상각이 강제화된다.

2 감가상각자산의 범위

법인세법상 감가상각자산은 사업용으로 사용하는 유형 · 무형고정자산으로서 사용 또는 시간의 경과에 따라 가치가 감소하는 자산이어야 한다. 따라서 장기할부조건 등으로 매입한 고정자산은 감가상각자산에 포함되지만, 사업에 사용하지 않거나[55] 건설 중이거나 시간의 경과에 따라 가치가 감소되지 않는 것은 포함되지 않는다. 또한 기업회계기준 상 금융리스자산은 리스이용자의 감가상각자산에 해당되며, 금융리스 이외 자산은 리스회사의 감가상각자산이다. 세부적으로 법인세법은 감가상각자산의 범위를 다음과 같이 열거하고 있다.

구 분	범 위
(1) 유형고정자산	① 건축물: 건물(부속설비 포함) 및 구축물을 말한다. ② 차량 및 운반구, 공구, 기구 및 비품 ③ 선박 및 항공기 ④ 기계 및 장치 ⑤ 동물 및 식물 ⑥ 기타 위와 유사한 유형고정자산
(2) 무형고정자산	① 영업권(합병 · 분할로 인하여 합병법인 · 분할신설법인 · 분할합병의 상대방법인이 계상한 영업권은 제외), 의장권, 실용신안권, 상표권 ② 특허권, 어업권, 해저광물자원개발법에 의한 채취권, 유료도로관리권, 수리권, 전기가스 공급시설이용권, 공업용 수도시설이용권, 열공급시설이용권 ③ 광업권, 전신전화전용시설이용권, 전용측선이용권, 하수종말처리장 시설관리권, 수도시설관리권 ④ 댐사용권 ⑤ 개발비*, 사용수익기부자산가액, 주파수이용권 및 공항시설관리권

* 개발비는 상업적인 생산 또는 사용 전 재료 · 장치 · 제품 · 공정 · 시스템 또는 용역을 창출하거나 현저히 개선하기 위한 계획 또는 설계를 위하여 연구결과 또는 관련 지식을 적용하는 데 발생하는 비용으로서 기업회계기준상 개발비 요건을 충족한 경우에만 세법상 무형고정자산으로 인정한다.

55) 단, 유휴설비는 감가상각자산에 포함한다.

3 감가상각비 시부인 계산구조

(1) 감가상각비 시부인계산의 원리

감가상각비는 각 사업연도에 이를 손금으로 계상(결산을 확정할 때에 손비로 계상하는 것을 말한다)한 경우에만 상각범위액 안에서 그 계상액을 손금으로 인정하고, 계상한 금액 중 상각범위액을 초과하는 금액은 이를 손금으로 인정하지 않는다. 이를 '감가상각 시부인계산'이라 하는데, 그 구조는 다음과 같다.

감가상각 시부인계산의 구조

	회사계상 감가상각비	
(-)	감가상각범위액	
(+)	상각부인액	: 손금불산입 · 유보
(-)	시인부족액	: 소멸 단, 전기부인액 손금산입 · △유보

① 상각부인액: 법인이 계상한 감가상각비가 세법상의 상각범위액을 초과하는 금액을 상각부인액이라 하며 상각부인액은 손금불산입(유보)한다.

② 시인부족액: 법인이 계상한 감가상각비가 세법상 상각범위액에 미달하는 금액을 시인부족액이라 한다. 감가상각비는 결산조정사항이므로 시인부족액은 손금산입할 수 없으며 그 후 사업연도의 상각부인액에 충당하지 못한다. 다만, 전기 상각부인액이 있는 경우에는 시인부족액을 한도로 전기 상각부인액을 손금(△유보) 추인한다.

감가상각 시부인계산의 구조를 보다 구체적으로 정리하면 다음과 같다.

당기의 처리			차기 이후의 처리
회사계상액 - 상각범위액 =	(+) 상각부인액	손금불산입 · 유보	차기 이후의 시인부족액을 한도로 하여 이를 손금(△유보)으로 추인한다.
	(−) 시인부족액	세무조정 없음	차기 이후의 상각부인액에 이를 충당할 수 없다.

예제 1 감가상각 시부인계산의 원리

㈜서울(사업연도: 1. 1. ~ 12. 31.)은 제11기 1월 1일 기계장치를 ₩3,000에 취득하였다. 해당 기계장치의 법인세법상 내용연수는 5년, 감가상각방법은 정액법이다.

Case 1: ㈜서울이 기업회계 상 내용연수 4년, 정액법을 적용하여 감가상각비를 계상하는 경우 상각이 완료될 때까지 시부인액에 대한 세무조정을 하시오.

Case 2: ㈜서울이 기업회계 상 내용연수 6년, 정액법을 적용하여 감가상각비를 계상하는 경우 상각이 완료될 때까지 시부인액에 대한 세무조정을 하시오.

해설

Case 1. 내용연수 4년, 정액법을 적용하여 회계처리한 경우

연 도	회사상각액	상각범위액	시부인액	세무조정
제11기	₩750	₩600	₩150	₩150 손금불산입 · 유보
제12기	750	600	150	₩150 손금불산입 · 유보
제13기	750	600	150	₩150 손금불산입 · 유보
제14기	750	600	150	₩150 손금불산입 · 유보
제15기	–	600	△600	₩600 손금산입 · △유보

Case 2. 내용연수 6년, 정액법을 적용하여 회계처리한 경우

연 도	회사상각액	상각범위액	시부인액	세무조정
제11기	₩500	₩600	₩△100	없 음 시인부족액은 소멸함
제12기	500	600	△100	
제13기	500	600	△100	
제14기	500	600	△100	
제15기	500	600	△100	
제16기	500	500*	–	없 음

* 법인세법상 내용연수보다 장기에 걸쳐 감가상각하는 것은 단지 시인부족액만 발생시킬 뿐이므로 아무런 세무조정이 발생하지 않기 때문에 내용연수 종료 후 잔여분 상각액을 손금으로 인정한다.

(2) 감가상각비 시부인 단위

감가상각비는 개별자산단위별로 시부인 계산을 하므로 한 자산의 상각부인액을 다른 자산의 시인부족액과 상계할 수 없다.

예제 2 감가상각 시부인 단위

㈜경기(사업연도: 1. 1. ~ 12. 31.)의 감가상각 시부인계산을 위한 자료는 다음과 같다. 이에 관한 세무조정을 행하시오

구 분	건 물	구축물	기계장치	비 품
감가상각비 계상액	₩27,000,000	₩14,400,000	₩7,200,000	₩8,000,000
상 각 범 위 액	20,000,000	16,000,000	9,000,000	9,000,000
당 기 시 부 인 액	7,000,000	△1,600,000	△1,800,000	△1,000,000
전기말 시부인 누계액	△4,200,000	△2,000,000	400,000	1,500,000

해설

구 분	건 물	구축물	기계장치	비 품
세무조정	₩7,000,000 손금불산입 · 유보	세무조정 없음	₩400,000 손금산입 · △유보	₩1,000,000 손금산입 · △유보

4 상각범위액의 결정요소

감가상각비의 손금산입 한도액인 상각범위액은 세법이 정한 바에 따라 계산한 금액으로 한다. 법인세법은 상각범위액을 계산하기 위한 계산요소인 취득가액, 잔존가액, 내용연수, 상각방법의 내용을 법에서 정하고 있다.

상각범위액의 결정요소

상각범위액 = 상각대상금액 × 상각률

- 상각대상금액 → { 취득가액, 잔존가액 }
- 상각률 → { 내용연수, 상각방법 }

(1) 취득가액

1) 기본원칙

감가상각자산의 취득가액은 일반적인 자산의 취득가액에 관한 규정을 적용하여 계산한다('Chapter 6 자산의 취득가액 및 자산 · 부채의 평가' 참조).

2) 수선비의 처리

수선비는 그 성격에 따라 자본적 지출과 수익적 지출로 처리한다.

① 자본적 지출: 법인이 소유하는 감가상각자산의 내용연수를 연장시키거나 해당 자산의 가치를 현실적으로 증가시키기 위하여 지출한 수선비는 자본적 지출로 하여 해당 자산의 취득가액에 포함시킨다(예 엘리베이터 또는 냉난방장치의 설치, 개량 · 확장 · 증설 등). 따라서 자본적 지출이 있는 경우 보유기간 중에 감가상각자산의 취득가액이 변동하게 된다.

② 수익적 지출: 감가상각자산의 원상을 회복하거나 현상유지를 위하여 지출한 수선비는 수익적 지출로 하여 손금에 산입시킨다(예 건물 또는 벽의 도장, 파손된 유리나 기와의 대체 등).

3) 즉시상각의제

① 의의: '즉시상각의제'란 법인이 감가상각자산을 취득하기 위하여 지출한 금액과 감가상각자산에 대한 자본적 지출에 해당하는 금액을 손금으로 계상한 경우에는 이를 감가상각한 것으로 보아 상각범위액을 계산하는 것을 말한다. 따라서 즉시상각에 해당하는 금액은 ㉠ 법인이 계상한 감가상각비에 합산되어 시부인계산의 대상이 되고, ㉡ 상각범위액 계산을 할 때 감가상각 기초가액에 합산되어 상각범위액을 증가시키게 된다.

② 특례: 위의 즉시상각의제 규정에 불구하고 법인이 감가상각자산의 취득가액 또는 자본적 지출액을 손금으로 계상한 경우에 감가상각 시부인계산 없이 손금으로 인정하는 특례가 있는데,[56] 그 구체적인 내용은 다음과 같다.

---

56) 본 규정은 금액적 중요성이 작은 경우에 계산상 경제성을 고려한 것이다. 또한 본 내용은 해당 사업연도에 손금으로 계상한 경우에 손금으로 인정하는 것이므로 '결산조정사항'에 해당된다.

구 분	구체적인 내용
(1) 소액자산의 취득가액	취득가액이 거래단위별로 100만원 이하인 감가상각자산. 단, 다음의 경우는 제외한다. ① 그 고유업무의 성질상 대량으로 보유하는 자산 ② 그 사업의 개시 또는 확장을 위하여 취득한 자산
(2) 소액수선비	각 사업연도에 지출한 수선비로서 다음 중 어느 하나에 해당하는 것 ① 개별 자산별로 수선비로 지출한 금액이 600만원 미만인 경우 ② 개별자산별로 수선비로 지출한 금액이 직전 사업연도 종료일 현재 재무상태표상 장부가액(취득가액 - 감가상각누계액)의 5%에 미달하는 경우 ③ 3년 미만의 기간마다 주기적인 수선을 위하여 지출하는 경우
(3) 자산폐기 손실	다음의 경우 해당 자산의 장부가액에서 1,000원을 공제한 금액 ① 시설개체 또는 기술낙후로 인하여 생산설비의 일부를 폐기한 경우 ② 사업의 폐지 또는 사업장의 이전으로 임대차계약에 따라 임차 사업장의 원상회복을 위하여 시설물을 철거하는 경우
(4) 어구 등 소액 자산	① 어선용구를 포함하여 어업에 사용되는 어구 ② 영화필름, 공구, 금형, 가구, 전기기구, 가스기기, 시계, 시험기기, 측정기기, 간판 ③ 대여사업용 비디오테이프 및 음악용 콤팩트디스크로서 개별자산의 취득가액이 30만원 미만인 자산 ④ 전화기, 휴대용전화기, 개인용 컴퓨터 및 주변기기

(2) 잔존가액

1) 기본개념 및 원칙

'잔존가액'이란 감가상각자산의 사용이 종료되는 시점의 예상처분가액에서 예상처분비용을 차감한 금액을 말한다. 기업회계기준에서는 잔존가액에 대한 추정을 허용하고 있으나, 법인세법은 잔존가액을 획일적으로 '영(0)'으로 규정하고 있다.[57]

2) 정률법에 따른 상각의 경우

정률법 상각률은 잔존가액이 없으면 계산될 수 없다. 따라서 정률법에 따라 상각범위액을 계산하는 경우에는 취득가액의 5%에 상당하는 금액을 잔존가액으로 하되, 그 금액은 감가상각자산에 대한 미상각액이 최초로 취득가액의 5% 이하가 되는 사업연도의 상각범위액에 가산한다.

57) 잔존가액은 취득가액과는 달리 사용이 종료된 후에야 확정되므로 이를 정확히 산정하는 것은 매우 어렵다. 따라서 법인세법은 모든 감가상각자산의 잔액을 일률적으로 '영(0)'으로 규정하고 있는 것이다.

3) 비망가액

감가상각이 종료되는 감가상각자산에 대하여는 취득가액의 5%와 1,000원 중 적은 금액을 해당 감가상각자산의 장부가액으로 하고, 이 금액은 손금에 산입하지 않는다. 이는 비망기록이 목적이며, 해당 감가상각자산을 처분할 때 양도자산의 장부가액으로서 손금산입하게 된다.

(3) 내용연수

1) 기본개념 및 적용원칙

'내용연수'란 자산의 사용가능기간을 말한다. 기업회계기준은 이러한 내용연수에 대한 추정을 허용하고 있으나, 법인세법에서는 추정을 배제하기 위하여 내용연수를 구체적으로 규정하여 법인의 선택을 제약하고 있다.[58] 내용연수는 다음과 같이 적용한다.

<table>
<tr><th>구 분</th><th>적용대상</th><th>기준내용연수</th><th>비 고</th></tr>
<tr><td rowspan="3">건축물 등
공통사용자산
[별표 5]</td><td>건물과 구축물</td><td>20년, 40년</td><td rowspan="4">기준내용연수의 25% 가감한 범위 내에서 선택가능</td></tr>
<tr><td>차량 및 운반구, 공구, 기구 및 비품</td><td>5년</td></tr>
<tr><td>선박 및 항공기</td><td>12년</td></tr>
<tr><td>업종별 자산
[별표 6]</td><td>[별표 3] 및 [별표 5]의 적용을 받는 자산 이외의 자산</td><td>4년, 5년, 6년, 8년, 10년, 12년, 14년, 16년, 20년</td></tr>
<tr><td>시험연구용 자산
[별표 2]</td><td>시험연구용 자산
[별표 5] 또는 [별표 6] 적용 가능</td><td>3년, 5년</td><td rowspan="2">기준내용연수 적용
㈜ 내용연수 선택 불가능
㈜ 단, 개발비는 20년 이내에서 선택 가능</td></tr>
<tr><td>무형고정자산
[별표 3]</td><td>무형고정자산</td><td>5년, 7년, 10년, 20년, 50년</td></tr>
</table>

2) 기준내용연수와 신고내용연수

내용연수표에서 자산별로 정한 내용연수를 '기준내용연수'라고 한다. 그런데 동일한 종류의 자산이라도 사용방법이나 수선유지에 따라 내용연수가 달라질 수 있으므로 [별표 5]와 [별표 6]의 자산은 기준내용연수의 25%를 가감한 내용연수의 범위 내에서 내용연수를 선택할 수 있도록 하고 있는데, 이를 '내용연수범위'라고 한다.

58) 법인세법에서는 내용연수를 기업이 임의로 결정하도록 허용하게 되면 기업간 과세형평을 해칠 수 있을 뿐만 아니라 과세소득을 조작하는 수단으로 이용될 우려가 있기 때문에 내용연수의 범위를 법정화한 것이다. 다만, 개별기업의 경제적 내용연수를 감안할 수 있도록 하기 위하여 일정한 범위 내에서 기업이 내용연수를 선택하여 적용할 수 있도록 허용하고 있다.

상각범위액의 계산에 있어서는 이러한 내용연수범위 안에서 법인이 선택하여 납세지 관할 세무서장에게 신고한 내용연수인 '신고내용연수'를 적용한다. 다만, 기한 내에 신고를 하지 않은 경우에는 기준내용연수를 적용한다.

> 예 기준내용연수가 8년인 자산의 내용연수범위는 6년(8년 × 75%)부터 10년(8년 × 125%)까지이며, 이 기간 중 선택하여 신고한 내용연수를 신고내용연수라 한다.

3) 내용연수의 신고

내용연수를 신고할 때에는 내용연수신고서를 다음의 날이 속하는 사업연도의 법인세 과세표준의 신고기한까지 납세지 관할 세무서장에게 제출(국세정보통신망에 의한 제출 포함)하여야 한다.

① 신설법인과 새로 수익사업을 개시한 비영리내국법인의 경우: 그 영업을 개시한 날
② 자산별 · 업종별 구분에 따라 기준내용연수가 다른 감가상각자산을 새로 취득하거나 새로운 업종의 사업을 개시한 경우: 그 취득한 날 또는 개시한 날

한편, 자산별 · 업종별로 적용한 신고내용연수 또는 기준내용연수는 그 후의 사업연도에 있어서도 계속하여 그 내용연수를 적용하여야 한다.

4) 내용연수의 특례 및 변경

다음과 같은 사유가 발생한 경우 기준내용연수의 50%를 가감한 범위 내에서 사업장별로 납세지 관할지방국세청장의 승인을 얻어 기본범위와 다른 내용연수를 적용하거나, 기존에 적용해 오던 내용연수를 변경할 수 있다.

① 사업장의 특성으로 자산의 부식, 마모 및 훼손의 정도가 현저한 경우
② 영업개시 후 3년이 경과한 법인으로서 해당사업연도의 생산설비(건축물 제외)의 가동률이 직전 3개 사업연도의 평균가동률보다 현저히 증가한 경우
③ 새로운 생산기술 및 신제품의 개발, 보급 등으로 기존 생산설비의 가속상각이 필요한 경우
④ 경제적 여건의 변동으로 조업을 중단하거나 생산설비의 가동률이 감소한 경우
⑤ 감가상각자산에 대하여 한국채택국제회계기준을 최초로 적용하는 사업연도에 결산내용연수를 변경한 경우(결산내용연수가 연장된 경우 내용연수를 연장하고 결산내용연수가 단축된 경우 내용연수를 단축하는 경우만 해당하되 내용연수를 단축하는 경우에는 결산내용연수보다 짧은 내용연수로 변경할 수 없다)
⑥ 감가상각자산에 대한 기준내용연수가 변경된 경우. 다만, 내용연수를 단축하는 경우로서 결산내용연수가 변경된 기준내용연수의 25%를 가감한 범위 내에 포함되는 경우에는 결

산내용연수보다 짧은 내용연수로 변경할 수 없다.

예 기준내용연수가 8년인 자산에 대하여 특례내용연수를 적용할 경우 가능한 내용연수범위는 4년(8년 × 50%)부터 12년(8년 × 150%)까지가 되며, 이 기간 중 기준내용연수의 범위 외에 해당하는 4, 5, 11, 12년을 특례내용연수라 한다.

내용연수의 승인 또는 변경승인을 얻고자 할 때에는 영업을 개시한 날이나 새로운 자산 취득일[59]부터 3월 또는 그 변경할 내용연수를 적용하고자 하는 최초 사업연도의 종료일까지 내용연수승인(변경승인)신청서를 납세지 관할 세무서장을 거쳐 관할 지방국세청장에게 제출(국세정보통신망에 의한 제출을 포함한다)하여야 한다. 이 때 내용연수의 승인(변경 승인 포함)의 신청은 연단위로 하여야 하며, 신청일이 속하는 사업연도 종료일 후에 내용연수의 승인(변경 승인 포함)을 받은 경우에는 승인을 얻은 날이 속하는 사업연도부터 승인을 받은 내용연수를 적용한다.

또한 내용연수를 변경(재변경 포함)한 법인이 해당 자산에 대해 내용연수를 다시 변경하려는 경우에는 변경한 내용연수를 최초로 적용한 사업연도 종료일부터 3년이 경과하여야 한다.

5) 중고자산에 대한 수정내용연수

법인이 기준내용연수의 50% 이상이 경과된 자산을 다른 법인(또는 개인사업자)으로부터 취득한 경우에는 그 자산의 내용연수의 50%에 상당하는 연수와 기준내용연수의 범위에서 납세지 관할 세무서장에게 신고한 연수를 내용연수로 적용할 수 있다.

(4) 감가상각방법

1) 감가상각방법의 선택

상각범위액은 개별자산별로 다음의 구분에 따른 상각방법 중 법인이 납세지 관할세무장에게 신고한 방법에 따라 계산한다. 또한 그 신고한 방법(상각방법을 신고하지 않은 경우에는 무신고시의 상각방법)을 그 후의 사업연도에도 계속하여 적용하여야 한다(계속성의 원칙).

59) 내용연수 신고시 기준이 되는 다음의 날을 말한다.
① 신설법인과 새로 수익사업을 개시한 비영리내국법인의 경우: 그 영업을 개시한 날
② 자산별 · 업종별 구분에 따라 기준내용연수가 다른 감가상각자산을 새로 취득하거나 새로운 업종의 사업을 개시한 경우: 그 취득한 날 또는 개시한 날

구 분		선택가능한 상각방법	무신고시 상각방법
유형고정자산	① 건축물	정액법	정액법
	② 광업용 유형고정자산	정액법 · 정률법 · 생산량비례법	생산량비례법
	③ 기타의 유형고정자산	정액법 · 정률법	정률법
무형고정자산	① 개발비	20년 이내 기간에 따른 정액법	5년간 정액법
	② 사용수익기부자산가액	사용수익기간에 따른 정액법	좌동
	③ 주파수이용권 및 공항시설관리권	사용기간에 따른 정액법	좌동
	④ 광업권(해저광물자원개발법에 따른 채취권 포함)	생산량비례법 또는 정액법	생산량비례법
	⑤ 기타의 무형고정자산	정액법	정액법

2) 감가상각방법의 신고

법인이 감가상각방법을 신고하고자 하는 때에는 위의 구분에 의한 자산별로 하나의 방법을 선택하여 「감가상각방법신고서」를 다음의 날이 속하는 사업연도의 법인세 과세표준 신고기한까지 납세지 관할 세무서장에게 제출하여야 한다.

① 신설법인과 새로 수익사업을 개시한 비영리법인: 그 영업을 개시한 날

② 위 '①' 외의 법인이 구분을 달리하는 고정자산을 새로 취득한 경우: 그 취득한 날

3) 상각범위액의 계산방법

① 정액법

상각범위액 = 세무상 취득가액*1) × 상각률*2)

1) 본래 취득가액에서 잔존가액을 차감하여야 하지만, 세무상 잔존가액을 영(0)으로 규정하고 있기 때문에 이를 차감하지 않으며, 즉시상각의제 누적금액을 가산한다.

2) $\frac{1}{n}$(n: 내용연수)

② 정률법

상각범위액 = 세무상 미상각잔액*1) × 상각률*2)

1) 미상각잔액 = 취득가액 - 전기말 결산상 감가상각누계액 + 당기 즉시상각의제 + 상각부인액

2) $1-\sqrt[n]{\frac{S}{C}}=1-\sqrt[n]{\frac{0.05C}{C}}=1-\sqrt[n]{0.05}$ (C: 취득가액, S: 잔존가액(취득가액의 5%), n: 내용연수)

4) 상각범위액 계산시 추가 고려사항

① 법인의 원래 사업연도가 1년 미만인 경우: 다음과 같이 계산한 환산내용연수와 그에 따른 상각률을 적용한다. 이 경우 월수는 역에 따라 계산하되 1월 미만의 일수는 1월로 한다.

$$환산내용연수 = 내용연수 \times \frac{12}{사업연도의\ 개월\ 수}$$

② 사업연도 변경 등으로 일시적으로 사업연도가 1년 미만이 된 경우: 내용연수와 그에 따른 상각률을 그대로 적용하되, 다음과 같이 상각범위액을 계산한다. 이 경우 월수는 역에 따라 계산하되 1월 미만의 일수는 1월로 한다.

$$상각범위액 = 사업연도가\ 1년인\ 경우의\ 상각범위액 \times \frac{해당\ 사업연도의\ 개월\ 수}{12}$$

③ 기중 신규취득의 경우: 사업연도 중에 취득하여 사업에 사용한 감가상각자산에 대한 상각범위액은 사업에 사용한 날(취득일이 아님을 유의하여야 함)부터 당해 사업연도 종료일까지의 월수에 따라 다음과 같이 계산한다. 이 경우 월수는 역에 따라 계산하되 1월 미만의 일수는 1월로 한다.

$$상각범위액 = 일반적인\ 상각범위액 \times \frac{사업에\ 사용한\ 날부터\ 해당\ 사업연도\ 종료일까지의\ 개월수}{해당\ 사업연도의\ 개월수}$$

④ 자본적 지출이 발생한 경우: 기존 고정자산에 대한 자본적 지출액은 신규취득의 경우와 달리 자본적 지출이 발생한 후의 월수를 고려하지 않고 그 감가상각자산의 기초가액에 합산하여 그 자산의 내용연수를 그대로 적용하여 상각범위액을 계산한다.

5) 감가상각방법의 변경

상각방법을 변경하고자 하는 법인은 그 변경할 상각방법을 적용하고자 하는 최초 사업연도의 종료일까지 「감가상각방법변경신청서」를 제출하고, 납세지 관할 세무서장의 승인을 얻어 그 상각방법을 변경할 수 있다. 만일 법인이 변경승인을 얻지 않고 상각방법을 변경한 경우에는 변경하기 전의 상각방법에 따라 상각범위액을 계산한다.

상각방법을 변경하는 경우에 상각범위액은 변경전 세무상 장부가액을 구한 뒤 변경신고 승인을 얻은 상각방법을 적용하면 된다. 이 경우 내용연수는 잔존내용연수가 아니라 신고내용연수를 적용하여야 한다. 예를 들어, 정률법을 적용하다가 정액법으로 변경한 경우의 상각범위액은 다음과 같이 계산한다.

상각범위액 = [감가상각누계액을 공제한 장부가액 + 전기이월 상각부인누계액] × 신고내용연수(또는 기준내용연수)에 따른 정액법상각률

예제 3 상각범위액의 계산방법

㈜서울(사업연도: 1. 1. ~ 12. 31.)의 기계장치에 대한 다음 자료를 이용하여 감가상각방법으로 정률법을 적용하는 경우와 정액법을 적용하는 경우 각각의 상각범위액을 계산하고 세무조정을 하시오.

1. 기계장치의 취득가액은 ₩200,000,000이며, 전기말 재무상태표상 감가상각누계액은 ₩60,000,000이다.
2. 법인세법상 내용연수는 4년을 적용하며 그에 따른 정률법 상각률은 0.528이고, 정액법 상각률은 0.250이다.
3. 당기 중 동 기계장치에 대하여 ㈜서울이 손익계산서에 비용으로 계상한 수선비 내역은 다음과 같으나. 해당 금액은 모두 자본적 지출액에 해당한다.

일 자	금 액
3. 10	₩5,000,000
6. 10	20,000,000
9. 10	6,400,000
합 계	₩31,400,000

4. 당기 중 ㈜서울은 ₩50,000,000을 감가상각비로 손익계산서에 계상하였다.
5. 동 기계장치에 대하여 전기까지 상각부인액 ₩6,000,000이 있다.

해설

1. 수선비 인정 여부

일 자	금 액	세무처리
3.10	₩5,000,000	₩6,000,000 미만이므로 수선비(손금)로 인정
6.10	20,000,000	즉시상각의제
9.10	6,400,000	전기말 미상각잔액의 5% 미만이므로 수선비(손금)로 인정
합 계	₩31,400,000	

2. 세무처리

구 분	정률법 적용 시	정액법 적용 시
회사계상 감가상각비	₩70,000,000*1)	₩70,000,000*1)
상각범위액	87,648,000*2)	55,000,000*3)
시부인액	△17,648,000(시인부족액)	15,000,000(상각부인액)
세무조정	전기상각부인액 ₩6,000,000 손금산입 · △유보*4)	상각부인액 ₩15,000,000 손금불산입 · 유보

*1) ₩50,000,000(손익계산서 상 감가상각비) + ₩20,000,000(즉시상각의제)
*2) (₩200,000,000 − 60,000,000 + 20,000,000 + 6,000,000) × 0.528
*3) (₩200,000,000 + 20,000,000) × 0.250
*4) 당기 시인부족액의 범위 내에서 전기 상각부인액을 손금에 산입한다.

5 상각부인액의 사후관리

별도의 사후관리가 필요없는 시인부족액과 달리, 상각부인액은 기업회계 상 자본과 세무상 자본의 차이를 유발하므로 사후관리가 필요하다. 우선 상각부인액이 발생한 이후 시인부족액이 발생하는 경우 그 시인부족액의 범위 내에서 상각부인액을 손금으로 추인하도록 하고 있다. 또한 감가상각자산을 양도하는 경우 해당 자산의 상각부인액은 양도일이 속하는 사업연도의 손금에 산입한다. 이는 상각부인액이 있는 자산을 양도하는 경우 기업회계상 처분이익이 세무상 처분이익보다 과대계상되기 때문이다.

예제 4 감가상각자산의 양도

㈜서울(사업연도: 1. 1. ~ 12. 31.)은 취득가액 ₩100,000,000, 감가상각누계액이 ₩30,000,000인 기계장치를 ₩90,000,000에 매각하였다. 이 때 다음 각 상황에 따라 세무조정을 하시오.

Case 1: 상각부인액 ₩10,000,000이 있는 경우

Case 2: 시인부족액 ₩10,000,000이 있는 경우

해설

Case 1: 상각부인액 ₩10,000,000이 있는 경우

구 분	양도가액	장부가액	처분이익
기업회계	₩90,000,000	₩70,000,000	₩20,000,000
법인세법	90,000,000	80,000,000	10,000,000
세무조정	전기상각부인액 ₩10,000,000 손금산입 · △유보		

Case 2: 시인부족액 ₩10,000,000이 있는 경우

시인부족액은 세무조정 대상이 아니므로 기업회계상 장부가액과 세무상 장부가액의 차이가 발생하지 않는다. 따라서 세무조정은 필요없다.

6 감가상각의제

(1) 의 의

각 사업연도의 소득에 대하여 법인세가 면제되거나 감면되는 사업을 영위하는 법인으로서 법인세를 면제받거나 감면받은 경우에 그 감가상각자산에 대한 상각범위액 만큼 손비로 계상하지 않거나 과소계상하면 상각범위액까지 감가상각한 것으로 간주하는 제도를 '감가상각의제'라 한다. 즉, 감가상각의제 적용법인은 결산서에 계상한 감가상각비가 상각범위액에 미달하는 경우 미달하는 금액을 추가로 손금산입하여야 한다. 따라서 감가상각의제는 '강제상각제도'인 것이다.

(2) 취 지

감가상각비가 임의상각제도라는 점을 이용하여 법인세가 면제 또는 감면받는 사업을 영위하는 법인이 면제 · 감면기간 중에는 감가상각비를 계상하지 않다가 면제 · 감면기간 종료 후에 감가상각비를 계상함으로써 법인세 부담을 감소시킬 수 있다. 감가상각의제 규정의 취지는 이러한 세부담의 회피행위를 방지하는데 있다.

예제 5 감가상각의제

다음 자료를 토대로 ㈜서울(사업연도: 1. 1. ~ 12. 31.)의 제9기 감가상각비에 대한 세무조정을 하시오.

(1) ㈜서울은 중소기업이며, 제9기 현재 법인세를 감면받고 있다.
(2) 기계장치의 취득가액: ₩70,000,000
(3) 기계장치는 제9기 1. 10.에 취득하여 사용하고 있다.
(4) 감가상각방법은 정률법을 사용하며, 상각률은 0.425이다.
(5) ㈜서울은 제9기 동 기계장치에 대한 감가상각비로 ₩12,000,000을 계상하였다.

해설

(1) 회사계상 감가상각비: ₩12,000,000
(2) 상각범위액: $70,000,000 \times 0.425 \times \frac{12}{12} =$ ₩29,750,000
(3) 세무조정: (2) - (1) = ₩17,750,000 손금산입 · △유보

7 업무용승용차 관련비용

1) 업무용승용차의 범위

업무용승용차란 개별소비세 과세대상 승용차(배기량 1,000cc를 초과하며 정원 8인 이하 승용자동차, 배기량 125cc 초과 이륜자동차, 캠핑용자동차)를 말한다. 다만, 다음 중 어느 하나에 해당하는 승용자동차는 제외한다.

① 운수업, 자동차판매업, 자동차임대업, 운전학원업, 무인경비업 또는 시설대여업에서 사업상 수익 창출을 위해 직접적으로 사용하는 영업용승용차

② 장례식장 및 장의관련 서비스업에 사용되는 운구용 승용차

③ 연구개발을 목적으로 사용하는 승용자동차로서 자동차관리법」 제27조 제1항 단서에 따른 국토교통부 장관의 허가를 득한 자율수행자동차

2) 업무용승용차 관련비용 중 업무미사용금액의 손금불산입

내국법인이 업무용승용차를 취득하거나 임차하여 해당 사업연도에 손금에 산입하거나 지출한 업무용승용차 관련비용 중 업무사용금액[아래 3)의 ①]에 해당하지 않는 금액(업무미사용금액)은 손금불산입 처리하며, 동 금액은 귀속자 등에 따라 상여(귀속자가 불분명한 경우 대표자상여) 등으로 소득처분한다.

3) 업무사용금액

① 임직원 전용 자동차보험60)에 가입한 경우

업무용승용차 관련비용은 감가상각비, 임차료와 같은 취득관련 비용과 유류비, 보험료, 수선비, 자동차세, 통행료, 금융리스 부채에 대한 이자비용과 같은 유지관련 비용이 있는데, 이러한 관련비용을 업무사용비율에 따라 손금으로 인정한다.

업무사용금액 = 업무용승용차 관련비용 × 업무사용비율*

* 업무사용비율은 다음과 같이 정한다.

구 분		업무사용비율
• 운행기록 등을 작성 · 비치한 경우		$\frac{\text{업무용 사용거리}}{\text{총주행거리}}$
• 운행기록 등을 작성 · 비치하지 않은 경우	관련비용이 1,500만원 이하	100%
	관련비용이 1,500만원 초과	$\frac{\text{1,500만원}^{1)\ 2)}}{\text{업무용승용차 관련비용}}$

60) 해당 사업연도 전체 기간(임차한 승용차의 경우 해당 사업연도 중에 임차한 기간을 말함) 동안 ① 해당 법인의 임원, 사용인, ② 계약에 따라 해당 법인의 업무를 위해 운전하는 사람 및 ③ 해당 법인의 업무를 위해 필요하다고 인정되는 경우로 기획재정부령으로 정하는 사람이 운전하는 경우에 보상하는 자동차보험을 말한다.

1) 해당 사업연도가 1년 미만인 경우 1,500만원을 (1,500만원 × 해당사업 월수) ÷ 12로 환산하며, 사업연도 중 취득 또는 처분한 경우 1,500만원을 (1,500만원 × 보유 월수) ÷ 12로 환산하여 적용한다. 이 때 1개월 미만의 일수는 1개월로 한다.
2) 부동산임대업을 주된 사업으로 하는 내국법인 등이 운행기록을 작성·비치하지 않은 경우에는 업무사용비율 계산 시 1,500만원이 아닌 500만원으로 축소 적용한다.

② 임직원 전용 자동차보험에 가입하지 않은 경우: 전액 손금불인정

③ 사업연도 중 일부기간만 임직원 전용 자동차보험에 가입한 경우: 위 규정에도 불구하고 다음의 계산식에 따라 산출한 업무사용금액을 손금으로 인정한다.

업무사용금액

$$= \text{업무용승용차 관련비용} \times \text{업무사용비율} \times \frac{\text{해당 사업연도 중 실제로 임직원 전용 자동차보험에 가입한 일수}}{\text{해당 사업연도 중 임직원전용 자동차 보험에 가입할 의무가 있는 일수}}$$

예 업무용승용차의 요건을 충족하였으며 1년간 관련비용이 6,000만원인 경우,

1) 운행기록을 작성 · 비치하였고 업무사용비율이 90%인 경우 5,400만원은 손금으로 인정되나, 600만원은 손금불산입 처리됨

2) 운행기록을 작성 · 비치하지 않았을 경우 업무사용비율은 25%(1,500만원 ÷ 6,000만원)이므로, 6,000만원의 25%인 1,500만원은 손금으로 인정되나, 75%인 4,500만원은 손금불산입 처리됨

4) 업무용승용차 감가상각비

취득한 업무용승용차에 대한 감가상각비(또는 임차한 업무용승용차의 임차료 중 감가상각비 상당액[61])에 대한 세무상 처리는 다음과 같다. 우선 업무용승용차는 내용연수 5년 정액법을 적용하여 산정한 금액을 감가상각비로 손금산입하거나 감가상각범위액으로 한다(강제상각 적용).[62] 업무용승용차의 감가상각비 중 업무에 사용한 금액은 연간 800만원(5년간 4,000만원)을 한도로 하며 다음과 같이 세무조정한다.

구 분		소득처분
감가상각비	(업무용승용차별 감가상각비 × 업무사용비율) − 800만원[1)]	손금불산입 · 유보
임차료 중 감가상각비 상당액	(업무용승용차별 임차료 중 감가상각비 상당액[2)] × 업무사용비율) − 800만원[1)]	손금불산입 · 기타사외유출

61) 만약 업무용승용차를 여신전문금융업법에 따라 등록한 시설대여업자로부터 임차하였다면 (임차료 - 임차료에 포함된 보험료 · 자동차세 · 수선유지비)를, 그 외 자동차대여사업자로부터 임차하였다면 (임차료 × 70%)를 감가상각비 상당액으로 본다.

62) 즉, 일반적인 차량에 대한 감가상각방법과 내용연수 규정을 적용하지 않는다.

1) 해당 사업연도가 1년 미만인 경우 800만원을 (800만원 × 해당사업 월수) ÷ 12로 환산하며, 사업연도 중 취득 또는 처분한 경우 800만원을 (800만원 × 보유 월수) ÷ 12로 환산하여 적용한다. 이 때 1개월 미만의 일수는 1개월로 한다.
2) 업무용승용차별 임차료 중 감가상각비 상당액은 ① 「여신전문금융업법」에 따라 등록한 시설대여업자로부터 임차한 승용차에 대해서는 임차료에서 해당 임차료에 포함된 보험료 · 자동차세 · 수선유지비(보험료와 자동차세를 제외한 임차료의 7%로 할 수 있음)를 제외한 금액을 의미하며, ② 그 외 자동차대여사업자로부터 임차한 승용차에 대해서는 임차료의 70%에 해당하는 금액을 의미한다.

한편 위의 세무조정 결과 발생한 한도초과액은 다음 사업연도부터 감가상각비(또는 감가상각비 상당액)가 800만원에 미달하는 경우 미달하는 금액을 한도로 손금에 산입(이월손금)하는데 이는 구체적으로 다음과 같다.

구 분		소득처분
감가상각비	한도미달액이 발생한 경우 다음의 금액 Min[① 전기 이전 감가상각비 한도초과액 중 잔액, ② 800만원 − 업무용승용차별 업무사용금액 중 감가상각비]	손금산입 · △유보
임차료 중 감가상각비 상당액	한도미달액이 발생한 경우 다음의 금액 Min[① 전기 이전 임차료 중 감가상각비 한도초과액 중 잔액, ② 800만원 − 업무용승용차별 업무사용금액 중 감가상각비 상당액]	손금산입 · 기타

5) 업무용승용차 처분손실

업무용승용차를 처분하여 손실이 발생하는 경우 800만원을 초과하는 부분은 '손금불산입 · 기타사외유출'로 세무조정하며, 다음 사업연도부터 800만원을 균등하게 '손금산입 · 기타'로 세무조정 한다. 만약 남은 금액이 800만원 미만인 사업연도(또는 처분한 날로부터 10년이 경과한 날이 속하는 사업연도)에는 남은 금액을 전액 '손금산입 · 기타'로 세무조정 한다.

예제 5 업무용승용차 관련비용

㈜서울(사업연도: 1. 1. ~ 12. 31.)은 제11기 사업연도 1월 5일에 대표이사 전용의 업무용승용차를 ₩60,000,000에 취득하였다. ㈜서울을 해당 업무용승용차에 대하여 임직원전용 자동차보험에 가입하였다. ㈜서울은 제11기에 해당 업무용승용차에 대한 감가상각비로 ₩15,000,000을 계상하였으며, 차량유지비 ₩13,000,000을 비용으로 계상하였다. ㈜서울의 제11기 운행일지에 의하면 총 주행거리는 15,000km이고 업무상 주행거리는 12,000km이다. ㈜서울의 제11기 업무용승용차 관련비용에 대한 세무조정을 하시오.

해설

1. 업무용승용차 감가상각비 시부인

₩15,000,000 - 12,000,000*1) = ₩3,000,000 손금불산입 · 유보

*1) ₩60,000,000 ÷ 5년

2. 업무미사용금액

[(₩15,000,000 - 3,000,000) + 13,000,000] × (1 - 80%*2)) = ₩5,000,000 손금불산입 · 상여

*2) 12,000km ÷ 15,000km

3. 업무사용 감가상각비 중 800만원 초과분

(₩15,000,000 - 3,000,000) × 80% - 8,000,000 = ₩1,600,000 손금불산입 · 유보

OX 문제

01 감가상각에 대한 내용연수의 변경은 법소정의 요건에 해당하는 경우에 한하여 변경할 내용연수를 적용할 최초사업연도의 종료일 이전 3월이 되는 날까지 납세지의 관할지방국세청장의 승인을 얻어 변경할 수 있으며, 내용연수를 변경한 법인은 다시 변경할 수 없다.

02 내용연수는 유형 · 무형자산의 구별없이 기준내용연수의 25%를 기감한 범위내에서 신고한 내용연수를 적용하며, 신고하지 않은 경우에는 기준내용연수를 적용한다.

03 법인 또는 개인사업자로부터 기준내용연수의 50% 이상 경과한 자산을 취득한 경우 기준내용연수에서 기준내용연수의 50%를 차감한 연수를 내용연수로 할 수 있다.

04 천재지변, 화재 등으로 고정자산이 멸실 · 손괴된 경우에는 해당 평가차손금액을 손금에 산입할 수 있으며, 기술낙후로 인하여 생산설비를 폐기한 경우에는 장부가액에서 ₩1,000을 공제한 금액을 손금에 산입할 수 있다.

05 업무용승용차 관련비용 중 업무사용금액에 해당하지 않는 금액은 손금불산입하고 귀속자에 따라 배당, 상여 등으로 소득처분한다.

정답&해설 **01** × **02** × **03** ○ **04** ○ **05** ○

01 내용연수의 변경은 납세지관할지방국세청장의 승인이 필요하지만 내용연수의 최초신고는 승인을 필요로 하지 않는다. 또한 변경한 내용연수를 최초로 적용한 사업연도 종료일부터 3년이 경과하면 내용연수를 변경(재변경을 포함함)한 법인도 해당 내용연수를 다시 변경할 수 있다.

02 개발비를 제외한 무형자산과 시험연구용 자산은 내용연수의 신고와 관계없이 기준내용연수를 적용한다.

연습문제

01 고정자산 감가상각과 관련된 법인세법상 규정에 대한 다음의 설명 중 옳지 않은 것은?

① 법인세법상 감가상각비는 임의상각제도를 채택하고 있으므로 결산서상 감가상각비를 계상할 것인지 여부를 법인이 선택할 수 있다.

② 법인세법상 감가상각비는 결산조정사항이므로 결산서상 손비로 계상하지 아니한 경우에는 원칙적으로 이를 신고조정으로 손금에 산입할 수 없다.

③ 법인세법상 감가상각방법은 정액법, 정률법, 생산량비례법만을 인정하고 있다.

④ 잔존가액과 내용연수는 법인이 합리적으로 추정하여 결정할 수 있다.

⑤ 업무용승용차의 감가상각비는 결산조정뿐만 아니라 신고조정도 가능하다.

정답 ④

법인세법상 잔존가액은 일률적으로 영(0)으로 정하고 있고, 내용연수는 자산의 종류별로 규정된 일정한 범위 내에서 법인이 선택하여 신고한 내용연수를 적용함을 원칙으로 한다. 따라서 법인세법은 기업회계기준과는 달리 잔존가액과 내용연수에 대하여 합리적 추정에 의한 선택을 할 수 없다.

02 법인세법상 즉시상각의제와 관련된 다음의 지출 중 성격이 다른 것은?

① 빌딩의 피난시설 설치

② 냉난방장치의 설치

③ 재해를 입은 자산에 대한 외장의 복구

④ 본래의 용도를 변경하기 위한 개조

⑤ 고층건물의 엘리베이터 설치

정답 ③

재해를 입은 자산에 대한 외장의 복구는 수익적 지출에 해당되며, 그 외의 사항은 자본적 지출에 해당된다.

03 법인세법상 고정자산 감가상각에 대하여 다음의 설명 중 옳지 않은 것은?

① 개별자산별로 수선비로 지출한 금액이 600만원 미만인 경우에는 자본적 지출에 해당하는 수선비를 손금으로 계상한 경우에도 감가상각 시부인 계산 없이 손금으로 인정한다.
② 건축물은 정액법만 사용하므로 어떤 경우도 정률법에 의하여 상각범위액을 계산할 수 없다.
③ 자본적 지출액이 발생한 경우 발생한 후의 월수를 고려하지 않고 그 감가상각자산의 기초가액에 합산하여 그 자산의 내용연수를 그대로 적용하여 상각범위액을 계산한다.
④ 감가상각방법의 변경은 적용하고자 하는 최초 사업연도 개시일부터 3월 내에 신고하여야 하며, 변경승인을 얻어 상각방법을 변경할 수 있다.
⑤ 재해를 입은 건물 외장을 복구하거나 도장을 하는 경우 수익적 지출로 보아 당해연도의 손금에 산입한다.

정답 ④

상각방법을 변경하고자 하는 법인은 그 변경할 상각방법을 적용하고자 하는 최초 사업연도의 종료일까지 감가상각방법변경신청서를 제출하고, 납세지 관할 세무서장의 승인을 얻어 그 상각방법을 변경할 수 있다.

04 법인세법상 감가상각에 관한 다음의 설명 중 옳지 않은 것은?

① 감가상각시부인은 자산의 종류별로 행하므로 같은 종류의 자산 간에는 상각부인액과 시인부족액을 상계한다.
② 신고내용연수는 기준내용연수의 25%를 가감한 범위 내에서 선택할 수 있다.
③ 3년 미만의 기간마다 주기적인 수선을 위하여 지출하는 비용은 수익적 지출로 처리할 수 있다.
④ 사업연도 중 신규로 취득한 자산은 상각범위액 계산시 사용한 날부터 사업연도 종료일까지의 월수에 따라 계산한다.
⑤ 기업회계기준의 개발비 요건을 충족한 경우에만 무형고정자산으로 인정되어 감가상각 규정을 적용할 수 있다.

정답 ①

감가상각 시부인계산은 개별고정자산별로 한다.

05 법인세법상 일반적인 감가상각 시부인액의 처리 중 옳지 않은 것은?

① 상각부인액은 다음 사업연도의 시인부족액을 한도로 하여 손금으로 추인한다.
② 시인부족액은 그 후 사업연도의 상각부인액에 충당하지 못한다.
③ 상각부인액이 있는 법인이 다음 사업연도에 감가상각을 하지 않은 경우에는 손금으로 추인되지 않는다.
④ 정률법의 경우 상각부인액은 그 후 사업연도의 장부가액에 합산하여 상각범위액을 계산한다.
⑤ 시인부족액은 손금에 산입할 수 없다.

정답 ③

상각부인액이 있는 법인이 다음 사업연도에 감가상각을 하지 않은 경우에는 시인부족액이 발생하므로 손금으로 추인한다.

06 다음 자료에 의하여 20×1년에 설립한 ㈜세무의 20×1년과 20×2년의 감가상각 시부인 계산을 옳게 한 것은?

구 분	20×1년	20×2년
결산서상 감가상각비	₩12,000,000	₩19,000,000
세법상 감가상각비	5,000,000	22,000,000

	20×1년	20×2년
①	손금불산입 · 유보 7,000,000	손금산입 · △유보 3,000,000
②	손금불산입 · 유보 3,000,000	손금산입 · △유보 3,000,000
③	손금불산입 · 유보 7,000,000	손금산입 · △유보 7,000,000
④	손금불산입 · 유보 3,000,000	손금산입 · △유보 7,000,000
⑤	손금불산입 · 유보 4,000,000	손금산입 · △유보 4,000,000

정답 ①

(1) 20×1년
상각부인액이 ₩7,000,000(₩12,000,000 - ₩5,000,000)이므로 손금불산입하고 유보로 소득처분한다.

(2) 20×2년
시인부족액이 ₩3,000,000(₩22,000,000 - ₩19,000,000)이므로 전기상각부인액 ₩3,000,000을 손금산입하고 △유보로 소득처분 함으로써 추인한다.

07 다음 자료를 바탕으로 올바른 세무조정은?

> (1) 전기말까지 누적된 감가상각부인액: ₩2,000,000
> (2) 당기 세무상 상각범위액: ₩3,000,000
> (3) 당기 회사계상 감가상각비: ₩1,500,000

① 당기 시인부족액 ₩1,500,000은 손금산입하고, 상각부인액 ₩2,000,000은 다음 사업연도로 이월시킨다.

② 감가상각 부인액 중 ₩1,500,000은 손금산입하고, 나머지 ₩500,000은 다음 사업연도로 이월시킨다.

③ 당기 시인부족액 ₩1,500,000은 손금산입하고, 상각부인액 ₩2,000,000도 손금산입한다.

④ 당기 시인부족액 ₩1,500,000과 전기 상각부인액 ₩2,000,000을 모두 다음 사업연도로 이월시킨다.

⑤ 전기말까지 누적된 감가상각부인액인 ₩2,000,000을 먼저 손금산입하고, 당기의 감가상각 범위액과 당기의 회사계상 감가상각비를 비교한다.

정답 ②

회사계상 감가상각비(₩1,500,000)가 세무상 상각범위액(₩3,000,000)보다 작으므로 시인부족액 ₩1,500,000이 발생하였다. 그런데 전기로부터 이월된 상각부인액 ₩2,000,000이 있으므로 시인부족액 범위(₩1,500,000)내에서 상각부인액을 손금산입하고 나머지(₩500,000)는 다음 사업연도로 이월시킨다.

08 ㈜한국은 제10기 사업연도(20×1. 1. 1. ~ 20×1. 12.31.) 중 기계장치(취득가액 ₩30,000,000)에 대한 자본적 지출액 ₩7,000,000을 장부상 비용으로 계상하였다. 당해 기계장치에 대한 자료를 기초로 감가상각비에 대한 올바른 세무조정은? 단, ㈜한국은 기계장치에 대한 감가상각방법과 내용연수를 신고하지 않고 있으며, 다른 감가상각자산은 없다고 가정한다.

> (1) 제10기 사업연도말 장부상 감가상각누계액: ₩20,000,000
> (2) 제9기 사업연도로부터 이월된 상각부인액: ₩6,000,000
> (3) 기준내용연수: 10년
> (4) 상각률: 정률법(0.259), 정액법(0.310)
> (5) 제10기 사업연도에 장부상 계상한 감가상각비: ₩5,000,000

① 손금불산입 · 유보 ₩7,252,000
② 손금불산입 · 유보 ₩4,748,000
③ 손금산입 · △유보 ₩7,252,000
④ 손금산입 · △유보 ₩4,748,000
⑤ 손금불산입 · 유보 ₩7,000,000

정답 ②

기계장치에 대한 감가상각방법과 내용연수를 신고하지 않았으므로, 상각방법은 정률법을 적용하며, 내용연수는 기준내용연수를 적용한다.

(1) 회사계상 상각비: 5,000,000 + 7,000,000 = ₩12,000,000

(2) 상각범위액: (30,000,000 - 20,000,000 + 5,000,000 + 7,000,000 + 6,000,000) × 0.259
= ₩7,252,000

(3) 상각부인액: 12,000,000 - 7,252,000 = ₩4,748,000 손금불산입 · 유보

09 다음은 제조업을 영위하는 영리내국법인 ㈜A의 제13기 사업연도(20×1. 1. 1. ~ 20×1. 12.31.) 포괄손익계산서상 수선비 및 소모품비계정의 내역이다. 법인세법상 즉시상각의 의제규정에 따라 감가상각한 것으로 보아야 하는 금액으로 옳은 것은? 단, 제12기 이전의 모든 세무조정은 적정하게 이루어졌으며, 주어진 자료 이외의 다른 사항은 고려하지 않음

과 목	금 액	내 역
수선비	8,000,000원	㈜A 소유의 본사건물(전기말 재무상태표상 장부가액: 80,000,000원)에 대한 피난시설 설치비
	7,000,000원	기계장치(전기말 재무상태표상 장부가액: 70,000,000원)에 대하여 2년마다 주기적으로 실시하는 수선을 위해 지출한 금액이며, 이로 인해 기계의 성능이 향상됨
소모품비	4,000,000원	㈜A의 사업확장을 위해 개인용 컴퓨터 2대를 구입하여 사용하고 그 취득가액을 소모품비로 계상한 것임

① 4,000,000원
② 7,000,000원
③ 8,000,000원
④ 12,000,000원
⑤ 15,000,000원

정답 ③

기계장치의 수선비 ₩7,000,000은 3년 미만의 기간마다 지출하는 주기적인 수선비에 해당하며, 소모품비 ₩4,000,000은 개인용 컴퓨터인 소액자산이므로 모두 즉시 손금으로 인정하는 특례를 적용한다.

10 다음은 제조업을 영위하는 영리내국법인 ㈜A(한국채택국제회계기준 적용대상 아님)의 감가상각 관련 자료이다. ㈜A의 제9기 사업연도(20×1. 1. 1. ~ 20×1. 12. 31.)의 감가상각과 관련하여 세무조정한 것으로 옳은 것은?

(1) 제8기의 세무조정계산서상 감가상각비 조정내역은 다음과 같으며, 세무조정은 적정하게 이루어졌다고 가정한다.

(단위: 원)

구 분	취득원가	기초감가상각누계액	기초상각부인액누계	당기감가상각비	당기상각범위액
건 물	800,000,000	240,000,000	-	60,000,000	40,000,000
기계장치	200,000,000	120,000,000	10,000,000	14,000,000	16,000,000

(2) 건물: 정액법(20년), 기계장치: 정률법(8년, 상각률: 0.313)

(3) 제9기 회계상 건물 감가상각비는 30,000,000원이고, 기계장치 감가상각비는 30,000,000원이며, 적절한 회계처리가 이루어졌다.

	건 물	기계장치
①	손금산입 8,000,000원	손금불산입 4,842,000원
②	손금산입 8,000,000원	손금불산입 6,242,000원
③	손금산입 8,000,000원	손금불산입 6,838,000원
④	손금산입 10,000,000원	손금불산입 6,242,000원
⑤	손금산입 10,000,000원	손금불산입 6,838,000원

정답 ⑤

1. 건 물

<손금산입> 전기상각부인액 ₩10,000,000(△유보)

① 회사상각비: ₩30,000,000

② 상각범위액: ₩800,000,000 × $\frac{1}{20년}$ = ₩40,000,000

③ 상각부인액(시인부족액): ₩△10,000,000

☞ 전기에 발생한 상각부인액 ₩20,000,000 중 ₩10,000,000을 손금산입한다.

2. 기계장치

<손금불산입> 감가상각비 상각부인액 ₩6,838,000(유보)

① 회사상각비: ₩30,000,000

② 상각범위액: (₩200,000,000 - 134,000,000*1) + 8,000,000*2)) × 0.313 = ₩23,162,000

*1) ₩120,000,000 + 14,000,000(전기감가상각비)

*2) ₩10,000,000 - 2,000,000(전기시인부족액)

③ 상각부인액(시인부족액): ₩30,000,000 - 23,162,000 = ₩6,838,000

11 영리내국법인 (주)갑의 제23기 사업연도(20×3.1.1. ~ 20×3.12.31.) 기계장치에 관한자료이다. 제23기 사업연도부터 감가상각방법을 정률법에서 정액법으로 변경할 경우 제23기 기계장치의 감가상각범위액은 얼마인가? **[CPA 2019]**

(1) 취득일자 : 20×1년 1월 1일
(2) 재무상태표상 취득원가 : 100,000,000원
(3) 전기말 감가상각누계액 : 55,000,000원
(4) 전기말 감가상각비 부인누계액 : 2,196,880원
(5) 기계장치 신고 내용연수 : 8년
(6) 내용연수에 따른 상각률

내용연수	정액법	정률법
6년	0.166	0.394
8년	0.125	0.313

(7) (주)갑은 한국채택국제회계기준을 적용하지 않으며, 감가상각방법의 변경은 적법하게 이루어졌다.

① 5,899,610원 ② 7,470,000원 ③ 7,834,682원
④ 12,500,000원 ⑤ 16,600,000원

정답 ①

세무상 미상각잔액 × 당초 신고내용연수(정액법)
(₩100,000,000 - ₩55,000,000 + ₩2,196,880) × 0.125 = ₩5,899,610

12 제조업을 영위하는 영리내국법인 ㈜A의 제3기(20×2.1.1.~20×2.12.31.)자료이다. 제3기말 기계장치의 세무상 미상각잔액으로 옳은 것은? **[CPA 2022]**

(1) ㈜A는 제2기부터 창업중소기업 등에 대한 세액감면을 받고 있는 기업이다.
(2) 기계장치(20×1.7.1. 취득)의 감가상각비와 관련하여 결산서에 반영된 내역은 다음과 같다.

취득원가	제3기말 감가상각누계액	제3기 감가상각비
500,000,000원	75,000,000원	50,000,000원

(3) 당기 중 기계장치에 대한 수선비(자본적 지출이며 주기적 수선에 해당하지 않음) 22,000,000원을 손익계산서에 비용으로 계상하였다.
(4) ㈜A는 기계장치 취득 시 내용연수 및 감가상각방법을 신고하지 않았고, 기준내용연수(10년)에 대한 상각률은 정액법 0.100, 정률법 0.259이다.

① 62,729,750원 ② 316,822,250원 ③ 322,520,250원
④ 401,975,000원 ⑤ 435,250,000원

정답 ③

	회사계상 감가상각비	상각범위액	손금산입액	세무상 미상각잔액
제2기	25,000,000	64,750,000*1)	39,750,000	435,250,000
제3기	50,000,000*2)	112,729,750*3)	62,729,750	322,520,250

*1) 500,000,000 × 0.259 × 6/12 = 64,750,000
*2) 22,000,000 < 475,000,000 × 0.05이므로 당기 수선비는 소액수선비로 처리한다.
*3) 432,250,000 × 0.259 = 112,729,750

13 다음은 제조업을 영위하는 영리내국법인 ㈜A(한국채택국제회계기준 적용하지 않음, 중소기업 아님)의 제16기(20×1.1.1. ~ 20×1.12.31.)와 제17기(20×2.1.1. ~ 20×2.12.31.) 건물의 감가상각과 관련된 자료이다. 제17기말 유보잔액으로 옳은 것은?

> (1) 본점용 건물을 20×1.4.2.에 시가인 1,000,000,000원에 매입하고 장부에 매입가액으로 계상하였다. 동 건물은 매입일부터 사업에 사용하였다.
> (2) 제16기에 동 건물의 취득세로 2,500,000원을 지출하고 손익계산서상 세금과공과로 계상하였다.
> (3) 제17기에 동 건물에 대한 자본적 지출액(주기적인 수선을 위한 지출 아님) 50,000,000원을 손익계산서상 수선비로 계상하였다.
> (4) 동 건물과 관련하여 제16기와 제17기에 각각 100,000,000원을 손익계산서상 감가상각비로 계상하였다.
> (5) 건물의 감가상각방법은 신고하지 않았다(정액법 상각률은 0.1, 정률법 상각률은 0.2로 가정함).
> (6) 법인세부담 최소화를 가정하고, 주어진 자료 이외의 다른 사항은 고려하지 않는다.

① 0원 ② 47,000,000원 ③ 70,000,000원
④ 72,062,500원 ⑤ 72,312,500원

정답 ④

(1) 제16기 세무조정
① 감가상각비 해당액: ₩100,000,000 + ₩2,500,000 = ₩102,500,000
② 상각범위액: (₩1,000,000,000 + ₩2,500,000) × 0.1 × 9/12 = ₩75,187,500
③ 상각부인액: ₩27,312,500 손금불산입 · 유보

(2) 제17기 세무조정
① 감가상각비 해당액: ₩100,000,000 + ₩50,000,000* = ₩150,000,000
* 전기말 재무상태표상의 장부가액(₩900,000,000)의 5%에 미달하지 않으므로 소액수선비에 해당하지 않는다.
② 당기 감가상각범위액: (₩1,000,000,000 + ₩2,500,000 + ₩50,000,000) × 0.1 = ₩105,250,000
③ 상각부인액: ₩44,750,000 손금불산입 · 유보

(3) 제17기말 유보잔액: ₩27,312,500 + ₩44,750,000 = ₩72,062,500

14 다음은 제조업을 영위하는 영리내국법인 ㈜A(한국채택국제회계기준을 적용하지 않으며, 중소기업 아님)의 제18기 사업연도(20×1.1.1. ~ 20×1.12.31.) 업무용승용차(B)의 세무조정을 위한 자료이다. 제18기말 업무용승용차(B)와 관련된 유보잔액을 계산한 것으로 옳은 것은?

(1) 20×1년 1월 1일에 임원 전용 업무용승용차(B)*를 120,000,000원에 취득하여 사업에 사용하기 시작하였다.

* 개별소비세법 제1조 제2항 제3호에 해당하는 승용자동차로 제18기 전체 기간 동안 업무전용자동차보험에 가입함

(2) 제18기 손익계산서상 업무용승용차(B) 관련비용

구 분	금 액
감가상각비	20,000,000원
유류비, 보험료, 자동차세, 통행료	4,000,000원
합 계	24,000,000원

(3) 회사는 운행기록 등을 작성·비치하였으며, 운행기록 등에 따라 확인되는 업무용승용차(B)의 업무사용비율은 90%이다.

(4) 해당 사업연도의 상시근로자 수는 10명이다.

(5) 회사의 세무조정은 적정하게 이루어진 것으로 가정한다.

① (−)4,000,000원 ② 9,600,000원 ③ 10,000,000원
④ 12,400,000원 ⑤ 13,600,000원

정답 ②

(1) 감가상각시부인

① 회사계상 감가상각비: ₩20,000,000

② 상각범위액: ₩120,000,000×0.2 = ₩24,000,000

③ 상각부인액(시인부족액): △₩4,000,000 → 손금산입 · △유보

(2) 사적사용비용 및 업무사용금액 중 감가상각비 조정

구 분	금 액	업무사용금액*	사적사용금액	800만원 초과 감가상각비
감가상각비	24,000,000	21,600,000	2,400,000	13,600,000
차량유지비	4,000,000	3,600,000	400,000	–
합 계	28,000,000	25,200,000	2,800,000	13,600,000

* 업무사용비율: 90%

사적사용비용 ₩2,800,000 손금불산입 · 상여

800만원 초과 감가상각비 ₩13,600,000 손금불산입 · 유보

(3) 유보잔액: △₩4,000,000 + ₩13,600,000 = ₩9,600,000

충당금과 준비금

기업회계에서는 ① 과거사건의 결과로 현재의무(법적의무 또는 의제의무)가 존재하고, ② 미래에 해당 의무를 이행하기 위하여 경제적 효익이 유출될 가능성이 높으며, ③ 그 유출될 경제적 효익의 금액을 신뢰성 있게 추정할 수 있는 경우, 충당부채를 계상하면서 관련 비용을 인식하도록 하고 있다. 예를 들면, 제품보증에 대한 의무, 손실부담계약, 유형자산 복구의무 등에 대해서는 관련 금액을 추정하여 충당부채를 계상해야 한다. 그러나 법인세법에서는 의무가 확정되는 시점에 손금을 인식해야 하므로, 기업회계상 충당부채를 계상하면서 발생하는 비용을 손금으로 인정하지 않는다. 다만, 예외적으로 기업회계상 충당부채를 인정하는 경우가 있으며, 이하에서 항목별로 구체적으로 설명한다.[63]

1 퇴직연금제도(사외적립)

(1) 퇴직연금제도의 의의

퇴직연금제도란 기업이 퇴직급여재원을 외부의 금융회사 등에 적립하여 임원 또는 사용인의 퇴직급여 수급권을 보장하기 위한 제도로서 확정급여형과 확정기여형의 두 가지로 구분된다.

① 확정급여형(DB: Defined Benefit) 퇴직연금제도: 확정급여란 근로자가 수령할 퇴직급여(연금 또는 일시금)의 수준(계속 근로기간 1년당 30일분의 평균임금 이상)이 사전에 확정된다는 의미이며, 회사 외부 금융회사에 퇴직연금을 적립하여 금융회사가 적립금을 운용하는 제도이다. 확정급여형 퇴직연금제도 하에서는 회사가 퇴직연금의 운용 결과에 대한 책임을 지기 때문에 근로자 퇴직시 추가적인 퇴직급여 지급의무가 발생할 수 있으며, 퇴직연금에서 발생하는 모든 손익은 회사에 귀속된다. 즉, 근로자는 운용실적에 관계없이 퇴직급여지급규정에 따른 퇴직급여를 받게 된다.

② 확정기여형(DC: Defined Contribution) 퇴직연금제도: 이는 회사가 사전에 정해진 퇴직

63) 국고보조금, 공사부담금 및 보험차익은 모두 법인세법상 익금인데, 이러한 국고보조금 등을 수령하였을 경우 발생하는 세부담의 증가에 대해 일시상각충당금(상각자산) 또는 압축기장충당금(비상각장산)을 설정하여 과세를 이연할 수 있는 방법이 있다. 이러한 일시상각충당금과 압축기장충당금도 법인세법상 충당금에 해당한다.

급여를 외부 금융회사가 운용하는 근로자의 개인별 계좌에 적립함으로써 퇴직급여에 대한 책임이 종결되는 제도이다. 따라서 회사는 근로자가 퇴직할 경우 추가적인 퇴직급여를 지급할 의무가 없다. 근로자가 퇴직연금의 운용에 대한 책임을 지기 때문에 퇴직연금에서 발생하는 모든 손익은 근로자에게 귀속된다.

(2) 확정급여형 퇴직연금(퇴직연금부담금)

1) 회계처리와 세무조정

다음의 예를 통하여 결산조정과 신고조정에 대한 세무상 요구하는 회계처리와 세무조정을 알아본다.

> 예 ㈜서울은 전기말 퇴직연금 계좌에 ₩1,000을 납입(손금한도액 ₩700)하고, 당기에 퇴직급여 ₩200을 퇴직연금 계좌에서 지급하였다.

구 분	결산조정*1)	신고조정
① 연금부담금 납입	(차) 사외적립자산(퇴직연금운용자산) 1,000 (대) 현 금 1,000	(차) 사외적립자산(퇴직연금운용자산) 1,000 (대) 현 금 1,000
② 퇴직연금충당금의 설정*2)	(차) 퇴직급여(퇴직연금부담금) 1,000 (대) 퇴직연금충당금 1,000	회계처리 없음
	<세무조정> 퇴직연금충당금 300 손금불산입 · 유보	<세무조정> 퇴직연금충당금 700 손금산입 · △유보
③ 퇴직급여 지급*3)	(차) 퇴직연금충당금 200 (대) 사외적립자산(퇴직연금운용자산) 200	(차) 퇴직급여충당금 200 (대) 사외적립자산(퇴직연금운용자산) 200
	세무조정 없음	<세무조정>*4) 퇴직급여충당금 200 손금산입 · △유보 퇴직연금충당금 200 손금불산입 · 유보

*1) 일반기업회계기준에서는 보고기간말 현재 전 종업원이 퇴직할 경우 회사가 지급해야 하는 퇴직일시금 금액을 측정하여 퇴직급여충당부채로 인식하므로, 여기서 제시하는 결산조정은 허용되지 않는다.

*2) 퇴직연금부담금의 지출과 퇴직연금충당금의 설정은 별개의 절차이므로 퇴직연금부담금을 손금산입하면서 퇴직연금충당금을 설정하는 회계처리가 요구된다.

*3) 퇴직연금충당금을 손금산입한 법인이 임원 또는 사용인의 실제 퇴직시 지급한 퇴직금은 다음의 순서대로 처리한다.
① 퇴직연금충당금과 상계
② 퇴직연금을 초과하여 지급된 금액은 퇴직급여충당금과 상계
③ 퇴직급여충당금을 초과하여 지급된 금액은 퇴직급여(비용)로 처리

*4) 사외적립자산에서 지급한 퇴직급여는 퇴직연금충당금과 우선 상계해야 한다. 결산상 퇴직연금충당금과 상계하지 않고 퇴직급여충당금과 상계하였으므로 당기순이익은 적정하나 퇴직급여충당금은 과소표시되고 퇴직연금충당금은 과대표시되므로 양쪽조정을 한다.

2) 퇴직연금부담금의 손금한도액

퇴직연금부담금의 손금한도액은 다음과 같다.

> 퇴직연금부담금 손금한도액 = Min[①, ②]
>
> ① 추계액 기준: 퇴직급여추계액*2) - 세무상 퇴직급여충당금 기말잔액*3)
>
> - 세무상 퇴직연금충당금 설정전 잔액*1)
>
> ② 사외적립자산 기준: 사외적립자산 기말잔액 - 세무상 퇴직연금충당금 설정전 잔액*1)

*1) 세무상 퇴직연금충당금 설정 전 잔액은 당기에 퇴직연금충당금을 설정하기 전의 세무상 잔액을 말하여 이미 손금산입한 부담금을 의미한다. 계산은 다음과 같다.
→ 세무상 퇴직연금충당금 설정 전 잔액 = 결산상 퇴직연금충당금 기초잔액 - 결산상 퇴직연금 충당금 감소액
- 퇴직연금충당금 설정 전 유보잔액

*2) 퇴직급여추계액은 일시퇴직기준 추계액64)과 보험수리기준 추계액65) 중 큰 금액(임원퇴직금여한도 초과액은 제외)을 말한다.

*3) 세무상 퇴직급여충당금 기말잔액은 결산상 퇴직급여충당금 기말잔액에서 당기말 퇴직급여충당금 유보잔액을 차감하여 계산한다. 단, 2016년부터 퇴직급여충당금에 의한 손금산입제도는 폐지되었다. 이로 인해 2015년 이전에 설정한 퇴직급여충당금 중 퇴직급여 지급액과 상계되고 남아 있는 잔액을 의미한다.
→ 세무상 퇴직급여충당금 기말잔액 = 결산상 퇴직급여충당금 기말잔액 - 퇴직급여충당금 기말 유보잔액

3) 퇴직연금부담금의 세무조정

퇴직연금부담금은 신고조정사항(강제조정사항)으로 퇴직연금부담금을 납입한 법인이 그 부담금 납입액을 결산서상 비용으로 계상한 경우 위 2)를 통해 계산한 손금한도액 내에서 손금으로 인정한다. 또한 법인이 이를 결산서상 비용으로 계상하지 않은 경우에도 위 2)를 통해 계산한 손금한도액 만큼은 신고조정으로 손금산입함으로써 손금으로 인정한다.

구 분	내 용
① 한도초과액 또는 한도미달액의 계산	당기 퇴직연금충당금 설정액 - 손금한도액 = 한도초과액(△한도미달액)
② 세무조정	㉠ 한도초과액 퇴직연금충당금 한도초과액 ××× 손금불산입 · 유보
	㉡ 한도미달액 퇴직연금충당금 ××× 손금산입 · △유보

64) 일시퇴직기준 추계액이란 해당 사업연도 종료일 현재 재직하는 임원 또는 사용인의 전원이 퇴직할 경우에 회사가 퇴직급여로 지급해야 할 금액의 추계액을 말하며, 손금불산입되는 퇴직급여는 포함하지 않는다.

65) 보험수리기준 추계액은 다음 ①과 ②의 합계액을 의미하며, 손금불산입된 퇴직급여는 포함하지 않는다.
① 확정급여형 퇴직연금제도 가입자: 확정급여형 퇴직연금가입자의 예상 퇴직시점까지의 총 가입기간에 대해 지급할 의무가 있는 퇴직금 예상액을 해당 사업연도 말일 기준으로 할인하여 계산한 현재가치에서 해당 사업연도 말일 이후 예상 퇴직시점까지 근무기간분에 해당하는 퇴직금 예상액의 현재가치를 차감하여 계산한 금액
② 확정급여형 퇴직연금제도 미가입자: 해당 사업연도 종료일 현재 확정급여형 퇴직연금 미가입자 전원이 퇴직할 경우에 회사가 퇴직급여로 지급해야 할 금액의 추계액

(3) 확정기여형 퇴직연금

법인이 외부 금융회사 등에 납입한 확정기여형 퇴직연금의 기여금은 결산상 모두 비용으로 처리하며, 법인세법에서도 이를 모두 손금으로 인정한다. 따라서 별도의 세무조정이 필요하지 않다.

(차) 퇴 직 급 여	×××	(대) 현 금	×××

다만, 임원의 경우 법인이 퇴직시까지 납입한 확정기여형 퇴직연금 기여금의 합계액을 퇴직급여로 보아 임원퇴직급여 한도초과액의 손금불산입 규정을 적용한다. 따라서 임원퇴직급여 한도초과액이 존재하는 경우 해당 금액을 퇴직일이 속하는 사업연도에 손금불산입으로 처리하고 귀속되는 임원에 대한 상여로 소득처분한다. 반면, 사용인에게 지급하는 퇴직급여는 금액 제한없이 전액 손금으로 인정하므로 위와 같은 규정을 적용하지 않는다.

예제 1 퇴직연금부담금의 세무조정(결산조정)

다음 자료를 이용하여 ㈜서울의 퇴직연금부담금에 대한 세무조정을 행하시오.

(1) 회사는 결산조정에 의하여 퇴직연금충당금을 설정하고 있으며, 결산서상 퇴직연금충당금의 당기 중 증감내역은 다음과 같다. 전기말 세무상 퇴직연금충당금의 부인누계액(유보잔액)이 ₩900,000이다.

(단위: 원)

당 기 감 소	2,000,000	기 초 잔 액	7,000,000
기 말 잔 액	8,200,000	당 기 증 가	3,200,000
	10,200,000		10,200,000

(2) 당기말 현재 퇴직급여추계액

① 일시퇴직기준: ₩10,000,000원

② 보험수리기준: ₩11,000,000원

(3) 당기말 현재 재무상태표상 퇴직급여충당금 잔액은 ₩5,000,000이며, 손금부인액 ₩2,500,000이 포함된 금액이다.

(4) 사외적립자산

(단위: 원)

기 초 잔 액	7,000,000	당 기 감 소	2,000,000
당 기 증 가	3,200,000	기 말 잔 액	8,200,000
	10,200,000		10,200,000

해설

1. 퇴직연금부담금 손금한도액: Min[(1), (2)] = ₩4,100,000

(1) 추계액 기준

퇴직급여추계액 - 세무상 퇴직급여충당금 기말잔액 - 세무상 퇴직연금충당금 설정 전 잔액

= ₩11,000,000 - 2,500,000*1) - 4,100,000*2)

= ₩4,400,000

*1) 당기 재무상태표상 퇴직급여충당금 기말잔액 - 당기말 퇴직급여충당금 기말 유보

= ₩5,000,000 - 2,500,000

= ₩2,500,000

*2) 전기말 결산서상 퇴직연금충당금 기초잔액 - 결산상 퇴직연금충당금 감소액 - 퇴직연금충당금 설정 전 유보잔액

= ₩7,000,000 - 2,000,000 - 900,000

= ₩4,100,000

(2) 사외적립자산 기준

사외적립자산 기말잔액 - 세무상 퇴직연금충당금 설정 전 잔액

= ₩8,200,000 - 4,100,000 = ₩4,100,000

2. 퇴직연금부담금 한도초과액

퇴직연금충당금 당기설정액 - 한도액

= ₩3,200,000 - 4,100,000 = △₩900,000 손금산입 · △유보

본 문제의 퇴직연금충당금 손금한도액을 그림으로 표시하면 다음과 같다.

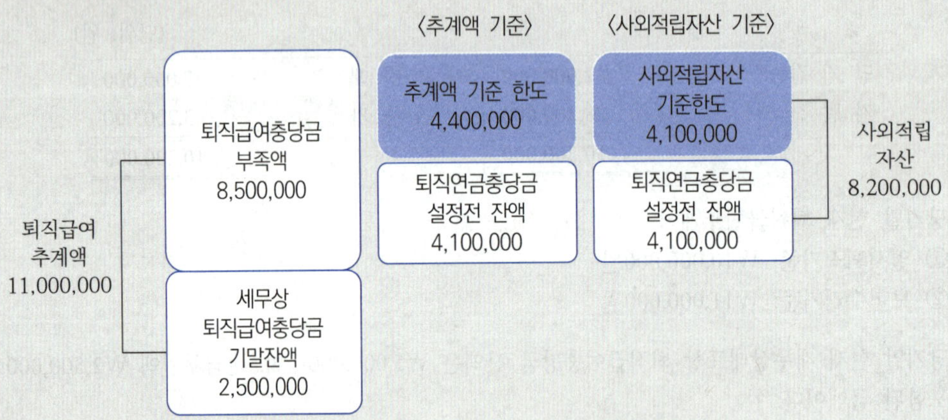

예제 2 퇴직연금부담금의 세무조정(신고조정)

다음 자료를 이용하여 ㈜서울의 퇴직연금부담금에 대한 세무조정을 행하시오.

(1) ㈜서울은 확정급여형 퇴직연금제도를 운영하고 있다.

(2) 당기말 현재 퇴직급여추계액은 다음과 같으며, 세무상 퇴직급여충당금 잔액은 ₩40,000,000이다.

① 일시퇴직기준: ₩110,000,000

② 보험수리기준: ₩90,000,000

(3) 회사는 결산서상 퇴직연금충당금을 설정하지 않았으며, 신고조정에 의하여 퇴직연금충당금을 손금산입하고 있다. 전기말 현재 신고조정에 의한 퇴직연금충당금의 손금산입액(△유보잔액)은 ₩50,000,000이다.

(4) 당기 중 종업원 갑이 퇴직함에 따라 퇴직연금일시금 ₩17,000,000을 지급하였으며, 회사는 해당 지급 금액을 차변에 퇴직급여충당금, 대변에 사외적립자산으로 각각 회계처리하였다.

(5) 사외적립자산의 기말잔액은 ₩65,000,000이다.

해설

1. 퇴직연금부담금 손금한도액: Min[(1), (2)] = ₩32,000,000

(1) 추계액 기준

퇴직급여추계액 - 세무상 퇴직급여충당금 기말잔액 - 세무상 퇴직연금충당금 설정 전 잔액

= ₩110,000,000 - 40,000,000 - 33,000,000*

= ₩37,000,000

* 세무상 퇴직연금충당금을 신고조정에 의하여 손금산입한 법인은 퇴직자가 퇴직연금일시금을 수령하는 시점에 퇴직연금충당금을 손금불산입(유보)하는 세무조정이 필요하다. 전기말 현재 신고조정에 의한 퇴직연금충당금의 손금산입액(△유보잔액)은 ₩50,000,000이지만, ₩17,000,000(유보처분액)을 차감하여 ₩33,000,000의 세무상 퇴직연금충당금 설정전 잔액을 계산한다.

(2) 사외적립자산 기준

사외적립자산 기말잔액 - 세무상 퇴직연금충당금 설정 전 잔액

= ₩65,000,000 - 33,000,000 = ₩32,000,000

2. 세무조정

퇴직급여충당금 ₩17,000,000 손금산입 · △유보

퇴직연금충당금 ₩17,000,000 손금불산입 · 유보

퇴직연금충당금 ₩32,000,000 손금산입 · △유보

2 대손금

(1) 대손금의 의의

'대손금'이란 회수불능 채권금액을 말하는데, 법인이 보유한 채권 중 회수불능 사유가 발생하게 되면 순자산이 감소하게 되므로 원칙적으로 손금으로 인정된다. 그러나 회수불능의 개념이 모호하기 때문에 법인세법에서는 대손금의 범위를 엄격하게 규정하고 있다.

(2) 대손금의 범위

① 신고조정사항에 해당하는 대손금: 다음 중 어느 하나에 해당하는 채권의 금액은 당해 사유가 발생한 날이 속하는 사업연도의 손금으로 한다.

가. 소멸시효 완성 채권

㉠ 상법에 따른 소멸시효가 완성된 외상매출금 및 미수금
㉡ 어음법에 따른 소멸시효가 완성된 어음
㉢ 수표법에 따른 소멸시효가 완성된 수표
㉣ 민법에 따른 소멸시효가 완성된 대여금 및 선급금

나. 기타 채권

㉠ 「채무자회생 및 파산에 관한 법률」에 따른 회생계획인가의 결정 또는 법원의 면책결정에 따라 회수불능으로 확정된 채권
㉡ 「서민의 금융생활 지원에 관한 법률」에 따른 채무조정을 받아 신용회복지원협약에 따라 면책으로 확정된 채권
㉢ 민사집행법에 따라 채무자의 재산에 대한 경매가 취소된 압류채권

② 결산조정사항에 해당하는 대손금: 다음 중 어느 하나에 해당하는 채권의 금액은 당해 사유가 발생하여 손금으로 계상한 날이 속하는 사업연도의 손금으로 한다. 즉, 법인이 다음 사유에 해당하여 결산서에 비용으로 계상한 경우에 한하여 해당 사업연도의 손금에 산입된다.

㉠ 물품의 수출 또는 외국에서의 용역제공으로 발생한 채권으로서 무역에 관한 법령에 따라 한국무역보험공사로부터 회수불능이 확인된 경우
㉡ 채무자의 파산, 강제집행, 형의 집행, 사업의 폐지, 사망, 실종 또는 행방불명으로 인하여 회수할 수 없는 채권
㉢ 부도발생일부터 6개월 이상 지난 수표 또는 어음상의 채권 및 외상매출금(중소기업의 외상매출금으로서 부도발생일 이전의 것에 한정함). 다만, 해당 법인이 채무자의

재산에 대하여 저당권을 설정하고 있는 경우는 제외한다. 이 경우 대손금으로 손금에 계상할 수 있는 금액은 사업연도 종료일 현재 회수되지 아니한 해당 채권의 금액에서 1,000원을 공제한 금액으로 한다.

㉣ 중소기업의 외상매출금으로서 회수기일로부터 2년이 경과한 외상매출금 및 미수금(단, 특수관계인과의 거래로 인하여 발생한 외상매출금 및 미수금은 제외)

㉤ 재판상 화해 및 화해권고결정에 따라 회수불능으로 확정된 채권

㉥ 회수기일이 6월 이상 지난 채권 중 30만원 이하(채무자별 채권가액의 합계액을 기준으로 한다)의 채권

㉦ 금융회사 등의 채권(여신전문금융회사인 신기술사업금융업자의 경우에는 신기술사업자에 대한 것에 한정한다) 중 다음의 채권

가. 금융감독원장이 기획재정부장관과 협의하여 정한 대손처리기준에 따라 금융회사 등이 금융감독원장으로부터 대손금으로 승인받은 것

나. 금융감독원장이 대손처리기준에 해당한다고 인정하여 대손처리를 요구한 채권으로 금융회사 등이 대손금으로 계상한 것

㉧ 「벤처투자 촉진에 관한 법률」에 따른 중소기업창업투자회사의 창업자에 대한 채권으로서 중소벤처기업부장관이 기획재정부장관과 협의하여 정한 기준에 해당한다고 인정한 것

한편, 법인이 다른 법인과 합병하거나 분할하는 경우로서 결산조정사항에 해당하는 채권을 합병등기일 또는 분할등기일이 속하는 사업연도까지 손금으로 계상하지 않은 경우 그 대손금은 해당 법인의 합병등기일 또는 분할등기일이 속하는 사업연도의 손금으로 한다. 동 규정의 취지는 피합병법인 등이 손비로 계상하지 않은 결산조정사항에 해당하는 회수불능채권을 합병 후 합병법인 등이 의도적으로 승계하여 손비로 계상하여 손금산입하려는 행위를 방지하려는 것이다.

(3) 대손금으로 손금산입할 수 없는 채권

다음의 채권은 대손금으로 손금산입할 수 없으며, 대손충당금 설정대상채권에서도 제외된다.

① 채무보증으로 인하여 발생한 구상채권. 다만, 신용보증사업을 영위하는 법인이 행한 채무보증 등 법 소정의 일정한 채무보증은 제외한다.

② 대여시점에 특수관계인에게 해당 법인의 업무와 관련없이 지급한 가지급금(업무무관가지급금)

(4) 대손금 회수액의 처리

손금산입한 대손금 중 회수한 금액은 그 회수일이 속하는 사업연도의 익금에 산입한다.

3 대손충당금

(1) 대손충당금의 의의

'대손충당금'이란 미래의 채권 대손에 충당하기 위하여 대손예상액을 손금으로 계상한 충당금을 말한다.[66] 이러한 대손충당금의 손금산입은 결산조정사항이다. 즉 회사가 결산서상에 대손충당금을 계상한 경우에 한하여 세법상 한도액 범위 안에서 손금으로 인정한다.

(2) 설정대상채권의 범위

구 분	내 용
① 설정대상채권	㉠ 외상매출금: 상품 · 제품의 판매가액의 미수액과 가공료 · 용역 등의 제공에 의한 사업수입금액의 미수액 ㉡ 대여금: 금전소비대차계약 등에 의하여 타인에게 대여한 금액 ㉢ 기타 이에 준하는 채권: 어음상의 채권 · 미수금 및 기타 기업회계기준에 의한 대손충당금 설정대상이 되는 채권
② 설정제외채권	㉠ 어음상의 채권 중 할인어음 · 배서양도어음 ㉡ 채무보증으로 인하여 발생한 구상채권 ㉢ 특수관계인에 대한 업무무관가지급금 ㉣ 특수관계인에게 자산을 고가양도(또는 고가현물출자)하는 경우에 그 시가초과액에 상당하는 채권

(3) 대손충당금 손금한도액

대손충당금은 다음의 금액을 한도로 손금에 산입한다.

대손충당금 한도액 = 사업연도 종료일 현재 설정대상채권의 세무상 장부가액*1) × 대손율*2)

*1) 세무상 채권잔액 = (재무상태표상 채권잔액 - 설정제외채권잔액) ± 채권에 대한 유보잔액
*2) 대손율 = Max[①, ②]
① 1%
② 대손실적률 = $\frac{\text{당해 사업연도의 대손금(요건충족한 것에 한함)}}{\text{직전 사업연도 종료일 현재의 세무상 채권잔액}}$

66) 국제회계기준에서는 '손실충당금' 또는 '손실충당부채'라는 계정과목으로 사용된다.

(4) 상계와 환입

대손충당금을 손금으로 계상한 법인은 대손금이 발생한 경우 그 대손금을 이미 계상되어 있는 대손충당금과 먼저 상계하여야 하며, 손금으로 계상한 사업연도의 다음 사업연도에 상계하고 남은 대손충당금 잔액을 익금에 산입한다.

이처럼 법인세법은 전기에 설정한 대손충당금 잔액을 모두 환입하고 당기말에 다시 설정하는 방법을 요구하고 있는데, 이를 '총액법'이라 한다.67) 그러나 보충법이든 총액법이든 손익계산서나 각 사업연도 소득금액에는 아무런 영향도 미치지 않으므로 이에 대한 세무조정은 일반적으로 생략한다. 따라서 세무조정 수행시에는 총액법에 근거하여 환입된 금액이 있는 것으로 보아야 하며, 당기의 대손충당금 회사설정액은 차이기월액으로 보아야 한다는 점을 명심하여야 한다.

예제 2 대손금과 대손충당금의 세무조정

다음은 제조업을 영위하는 중소기업인 ㈜서울의 외상매출금 관련 자료이다. 다음 자료를 이용하여 당기(1. 1. ~ 12. 31.)에 필요한 세무조정을 행하시오.

(1) 당기 중 대손충당금계정의 변동 내역은 다음과 같다.

(단위: 원)

당기상계액	3,500,000	전기이월액	3,000,000
차기이월액	1,900,000	당기설정액	2,400,000
	5,400,000		5,400,000

1) 당기의 대손충당금 상계액의 내역은 다음과 같다.

① 당기말 현재 부도발생일로부터 10개월이 경과한 외상매출금 ₩1,601,000 중 ₩1,000을 공제한 ₩1,600,000을 상계하였다.

② 특수관계인에게 업무와 관련없이 지급한 가지급금 중 특수관계인의 파산으로 인해 회수할 수 없게 된 금액 ₩1,900,000과 상계하였다.

2) 대손충당금의 전기이월액 중에는 한도초과로 부인된 금액 ₩300,000이 포함되어 있다.

(2) 전기 말 세무상 대손충당금 설정대상채권은 ₩80,000,000이다.

(3) 당기말 현재 세무상 대손충당금 설정대상채권은 ₩50,000,000이며, 전기말의 세무조정은 적절하게 이루어졌다.

---

67) 이에 반하여 기업회계기준에서는 상계하고 남은 대손충당금 잔액을 환입하지 않고 기말 시점의 대손추산액에 미달하는 부분만을 추가적으로 설정하거나, 기말 시점의 대손추산액을 초과하는 부분을 환입하도록 하고 있는데, 이를 '보충법'이라 한다.

해설

1. 대손금에 대한 세무조정

대손금 부인액 ₩1,900,000 손금불산입 · 유보

2. 대손충당금에 대한 세무조정

(1) 익금환입에 대한 세무조정

전기대손충당금 한도초과액 ₩300,000 손금산입 · △유보

(2) 당기설정에 대한 세무조정

① 당기설정액: ₩1,900,000

② 한도액: 50,000,000 × Max[1%, 2%*] = ₩1,000,000

$$* \text{ 대손실적률} = \frac{1,600,000}{80,000,000} = 2\%$$

③ 한도초과액: 1,900,000 - 1,000,000 = ₩900,000 손금불산입 · 유보

4 준비금

(1) 준비금의 의의

기업회계에서 준비금은 자본준비금이나 이익준비금과 같이 잉여금의 하나로 보지만 세법에서는 준비금을 충당부채의 일종으로 간주한다. 일반적인 충당부채는 금액의 합리적인 추정에 따라 설정되지만, 준비금은 금액의 합리적인 추정에 기초하여 설정되는 것은 아니다. 현재 법인세법상 고유목적사업준비금, 책임준비금 및 비상위험준비금의 규정이 있으며, 조세특례제한법에서는 손실보전준비금 규정이 있다.

(2) 법인세법상 준비금

① 고유목적사업준비금

비영리내국법인이 각 사업연도의 결산을 확정할 때 그 법인의 고유목적사업에 지출하기 위하여 고유목적사업준비금을 손비로 계상한 경우에는 이자소득금액과 배당소득금액 등의 합계액 범위내에서 계상한 고유목적사업준비금을 해당 사업연도의 소득금액을 계산할 때 손금에 산입한다. 고유목적사업준비금의 손금산입은 원칙적으로 결산조정사항이나, 예외적으로 잉여금처분에 의한 신고조정이 허용된다.

② 책임준비금

보험사업을 하는 내국법인이 각 사업연도의 결산을 확정할 때 「보험업법」이나 그 밖의

법률에 따른 책임준비금을 손비로 계상한 경우에는 그 계상한 책임준비금을 해당 사업연도의 소득금액을 계산할 때 손금에 산입한다. 손금에 산입한 책임준비금 중 보험사고 등에 사용하지 않은 금액은 이후 3년이 되는 날이 속하는 사업연도의 소득금액을 계산할 때 익금에 산입한다(3년 거치 일시환입). 만약 책임준비금을 손금에 산입한 날이 속하는 사업연도의 종료일 이후 3년이 되는 날이 속하는 사업연도에 책임준비금을 익금에 산입하는 경우에는 이자상당액(현재 1일당 2.2%)을 해당 사업연도의 법인세에 더하여 납부하여야 한다.

③ 비상위험준비금

보험사업을 하는 내국법인이 각 사업연도의 결산을 확정할 때 「보험업법」이나 그 밖의 법률에 따른 비상위험준비금을 손비로 계상한 경우에는 비상위험준비금을 해당 사업연도의 소득금액을 계산할 때 손금에 산입한다(결산조정사항). 다만, 한국채택국제회계기준에서는 비상위험준비금의 적립을 인정하지 않기 때문에 이를 적용하려는 한국채택국제회계기준 적용 내국법인은 보험종목별 적립기준금액의 90% 범위에서 비상위험준비금을 잉여금처분에 의한 신고조정으로 손금에 산입할 수 있다.

(3) 조세특례제한법상 준비금

낮은 신용도 또는 경제력의 부족 등의 사유로 금융회사 등으로부터 여신 거래에 제한을 받고 있는 자에 대한 부실채권의 매입과 금리 · 만기 등의 재조정, 고금리 금융비용을 경감하기 위한 지급보증 등의 사업을 수행하는 법인(신용회복목적회사)이 손실보전준비금을 손금으로 계상하면 이를 해당 사업연도의 소득금액을 계산할 때 손금으로 인정된다(결산조정사항). 그러나 기업회계에서 이러한 비용을 인정하지 않기 때문에 정책적으로 신고조정을 허용하고 있다.

OX 문제

01 확정기여형 퇴직연금제도의 적용을 받는 근로자는 퇴직연금충당금의 설정대상이 아니며 법인은 납부한 연금기여금을 손금으로 처리한다.

02 확정급여형 퇴직연금의 기여금은 퇴직급여충당금의 부족설정액의 범위내에서 퇴직연금충당금을 설정하여 손금에 산입한다.

03 확정급여형 퇴직연금부담금의 손금산입은 신고조정사항이다.

04 부도발생일이 6개월 이상 경과된 채권(해당법인이 저당권을 설정한 경우는 제외함)은 해당 사유가 발생한 날이 속하는 사업연도의 손금으로 한다.

05 채무자의 파산, 강제집행, 형의 집행, 사업의 폐지, 사망, 실종 또는 행방불명으로 회수할 수 없는 채권은 해당사유가 발생하여 손금으로 계상한 날이 속하는 사업연도의 손금으로 한다.

06 비영리내국법인이 각 사업연도의 결산을 확정할 때 그 법인의 고유목적사업에 지출하기 위하여 고유목적사업준비금을 장부에 계상한 경우에만 손금으로 인정된다.

정답&해설 **01** ○ **02** ○ **03** ○ **04** × **05** ○ **06** ×

04 부도발생일로부터 6개월 이상 경과한 일정한 채권(해당법인이 저당권을 설정한 경우는 제외함)은 장부상 비용으로 계상한 날이 속하는 사업연도의 손금으로 하는 결산조정사항이다.

06 고유목적사업준비금의 손금산입은 원칙적으로 결산조정사항이나, 예외적으로 잉여금처분에 의한 신고조정이 허용된다.

연습 문제

01 퇴직연금제도에 대한 다음의 설명 중 옳지 않은 것은?

① 퇴직연금제도는 임원 또는 사용인의 퇴직급여의 수급권을 보장하기 위한 제도로서 확정급여형과 확정기여형으로 구분된다.

② 퇴직연금충당금은 신고조정에 의하여 이를 손금에 산입할 수 있다.

③ 종업원이 퇴직하면서 퇴직연금일시금을 수령한 경우에는 세무상 퇴직연금충당금과 먼저 상계한다.

④ 확정기여형 퇴직연금부담금을 법인이 지출한 경우에는 일정 손금한도 내에서 이를 손금에 산입한다.

⑤ 확정기여형 퇴직연금부담금을 법인이 결산상 비용으로 처리한 경우 세무조정은 필요없다.

정답 ④

확정급여형 퇴직연금부담금을 법인이 지출한 경우에는 일정 손금한도 내에서 이를 손금에 산입하나, 확정기여형 퇴직연금부담금을 법인이 지출한 경우에는 이를 전액 손금에 산입한다.

02 다음 자료를 이용하여 ㈜미래(20×1.1.1. ~ 20×1.12.31.)의 퇴직연금충당금에 대한 세무조정으로 옳은 것은?

(1) 당기말 현재 퇴직급여추계액
　① 일시퇴직기준 : ₩13,000,000
　② 보험수리기준 : ₩14,000,000

(2) 당기 재무상태표상 퇴직급여충당금 잔액은 ₩8,000,000(유보잔액 ₩3,700,000 포함)

(3) 사외적립자산

(단위: 원)

기 초 잔 액	10,000,000	당 기 감 소	5,000,000
당 기 증 가	6,300,000	기 말 잔 액	11,300,000
	16,300,000		16,300,000

(4) 퇴직연금충당금 계정

(단위: 원)

당 기 감 소	5,000,000	기 초 잔 액	10,000,000
기 말 잔 액	11,300,000	당 기 증 가	6,300,000
	16,300,000		16,300,000

(5) 전기 퇴직연금충당금에 대한 유보: ₩2,000,000

① ₩200,000 손금산입 ② ₩400,000 손금산입 ③ ₩200,000 손금불산입
④ ₩400,000 손금불산입 ⑤ ₩2,000,000 손금산입

정답 ②

1. **퇴직연금충당금 손금한도액**: Min[(1), (2)] = ₩6,700,000

(1) 추계액기준
퇴직급여추계액 - 세무상 퇴직급여충당금 기말잔액 - 세무상 퇴직연금충당금 설정 전 잔액
= ₩14,000,000 - 4,300,000 - 3,000,000
= ₩6,700,000

(2) 사외적립자산기준
사외적립자산 기말잔액 - 세무상 퇴직연금충당금 설정 전 잔액
= ₩11,300,000 - 3,000,000 = ₩8,300,000

2. **퇴직연금충당금 한도초과액**
퇴직연금충당금 당기설정액 - 한도액
= ₩6,300,000 - 6,700,000 = △₩400,000 손금산입 · △유보

03 법인세법상 대손금의 손금산입에는 신고조정과 결산조정이 있다. 다음 보기 중 그 성격이 다른 하나는?

① 「어음법」에 따른 소멸시효가 완성된 어음
② 「채무자회생 및 파산에 관한 법률」에 따른 회생계획인가 결정에 따라 회수불능채권으로 확정된 채권
③ 「민사집행법」의 규정에 의하여 채무자의 재산에 대한 경매가 취소된 압류채권
④ 채무자의 강제집행, 사업의 폐지, 실종으로 인하여 회수할 수 없는 채권
⑤ 「민법」에 따른 소멸시효가 완성된 대여금

정답 ④

④는 결산조정사항이고, 그 외는 신고조정사항이다.

04 법인세법상 신고조정 대손사유에 해당하는 것은?

① 「채무자 회생 및 파산에 관한 법률」에 따른 회생계획인가의 결정에 따라 회수불능으로 확정된 채권
② 중소벤처기업부장관이 정한 대손기준에 해당한다고 인정한 중소기업창업투자회사의 창업자에 대한 채권
③ 채무자의 사업 폐지로 인하여 회수할 수 없는 채권
④ 부도발생일부터 6개월 이상 지난 중소기업의 외상매출금
⑤ 금융감독원장으로부터 대손금으로 승인받은 금융회사의 채권

정답 ①

①을 제외한 나머지는 모두 결산조정사항 대손사유이다.

05 다음 중 법인세법상 대손충당금 설정대상인 채권은?

① 특수관계인에게 지급한 업무무관가지급금
② 어음상의 채권 중 할인어음과 배서양도어음
③ 소비대차계약에 의하여 타인에게 대여한 금액
④ 채무보증으로 인하여 발생한 구상채권
⑤ 특수관계인에게 자산을 고가양도한 경우 시가초과액에 상당하는 채권

정답 ③

③은 대손충당금 설정대상채권이고, 그 외는 설정제외 채권이다.

06 다음 자료에 의하여 제조업을 영위하는 ㈜서울(20×1.1.1. ~ 20×1.12.31.)의 대손충당금 설정한도액을 계산하면?

(1) 전기말 현재 대손충당금 설정대상 채권잔액: 2억원
(2) 해당 사업연도 중 대손발생액: ₩3,000,000
(3) 해당 사업연도 말 현재 채권잔액: ₩300,000,000
(4) 해당 사업연도의 대손발생액 중 ₩600,000은 특수관계법인에게 업무와 관련 없이 지급한 가지급금을 대손처리한 것이며, 당기말 현재 채권잔액 중 ₩50,000,000은 특수관계 법인에게 업무와 직접 관련 없이 대여한 금액임

① ₩2,500,000　② ₩3,000,000　③ ₩3,600,000
④ ₩3,750,000　⑤ ₩5,000,000

정답 ②

한도액: (₩300,000,000 - 50,000,000) × Max[1%, 1.2%*] = ₩3,000,000

$$* \text{ 대손실적률} = \frac{₩3,000,000 - 600,000}{₩200,000,000} = 1.2\%$$

07 다음은 제조업을 영위하는 갑법인의 대손충당금에 대한 세무조정사항이다. 갑법인의 당기(20×1.1. 1. ~ 20×1.12. 31.)의 대손충당금한도액은 얼마인가?

(1) 전기말 현재 대손충당금 설정대상 채권은 ₩30,000,000이며, 당기말 현재 재무상태표상 채권의 장부가액은 ₩50,000,000이다. 당기말 채권 중에는 당기에 소멸시효가 완성된 거래처에 대한 채권 ₩1,200,000이 포함되어 있다.

(2) 당기의 대손충당금 계정은 다음과 같다.

대손충당금

외상매출금	500,000	전기이월	1,000,000
차기이월	1,300,000	대손상각비	800,000
	1,800,000		1,800,000

대손충당금의 당기 사용액 ₩500,000 중 ₩200,000은 세법상 대손요건을 구비하지 못한 외상매출금을 대손충당금과 상계한 것이다.

① ₩490,000
② ₩500,000
③ ₩2,440,000
④ ₩2,450,000
⑤ ₩2,776,666

정답 ④

(1) 대손금
외상매출금 ₩1,200,000 손금산입 · △유보
외상매출금 ₩200,000 손금불산입 · 유보

(2) 대손충당금한도액
(₩50,000,000 - 1,200,000 + 200,000) × Max[1%, 5%*] = ₩2,450,000

$$* \text{ 대손실적률} = \frac{₩1,200,000 + 300,000}{₩30,000,000} = 5\%$$

08 다음은 ㈜한국의 제10기(20×1.1. 1. ~ 20×1.12. 31.) 확정급여형 퇴직연금에 대한 자료이다. 법인세부담의 최소화를 가정할 때, 퇴직연금충당금의 설정에 대한 세무조정과 소득처분으로 옳은 것은? 단, 일시퇴직기준의 퇴직금추계액과 보험수리기준의 퇴직금추계액은 동일하다고 가정한다.

> (1) 당기말 퇴직급여추계액: ₩200,000,000(일시퇴직기준)
>
> (2) 재무상태표상 퇴직급여충당금의 기말잔액: ₩200,000,000
>
> * 당기말 세무조정후 부인누계액은 ₩110,000,000임
>
> (3) 당기의 퇴직연금운용자산계정의 변동내역
>
> | 기초잔액 | 당기감소 | 당기증가 | 기말잔액 |
> |---|---|---|---|
> | ₩100,000,000 | ₩20,000,000 | ₩30,000,000 | ₩110,000,000 |
>
> (4) 퇴직연금충당금은 신고조정으로 손금에 산입하고 있다. 당기 감소분은 당기퇴직자의 퇴직연금일시금수령액이며, 증가액은 전액 퇴직연금부담금납입액이다.
>
> (5) 전기말 현재 신고조정에 의한 퇴직연금충당금의 손금산입액(△유보잔액)은 ₩100,000,000이다.

① ₩10,000,000 손금산입 · △유보

② ₩10,000,000 익금산입 · 유보

③ ₩30,000,000 손금산입 · △유보

④ ₩30,000,000 익금산입 · 유보

⑤ ₩30,000,000 손금산입 · △유보, ₩30,000,000 익금산입 · 유보

정답 ③

1. 퇴직연금충당금의 설정한도액: Min[①, ②] = ₩30,000,000

① (₩200,000,000 - 90,000,000*) - (100,000,000 - 20,000,000) = ₩30,000,000

* ₩200,000,000 - 110,000,000

② ₩110,000,000 - 80,000,000 = ₩30,000,000

2. 세무조정 및 소득처분

장부와 세법상 퇴직연금충당금의 설정액의 차이를 비교하면 장부가 퇴직연금충당금이 없으므로 세법상 퇴직연금충당금의 설정액(부채)이 ₩30,000,000만큼 많다. 따라서 다음과 같이 세무조정한다.

퇴직연금충당금(설정액) ₩30,000,000 손금산입 · △유보

09 다음은 내국법인 ㈜A의 제10기 사업연도(20×1.1. 1. ~ 20×1.12. 31.)에 관한 자료이다. ㈜A의 제10기 사업연도에 관한 확정급여형 퇴직연금 관련 세무조정으로 옳은 것은?

(1) 당기말 퇴직급여추계액은 일시퇴직기준으로 ₩90,000,000이고, 보험수리기준으로 ₩80,000,000이다.

(2) 당기말 퇴직급여충당부채 잔액은 ₩30,000,000이고, 이 중 세무상 부인액은 ₩12,000,000이다.

(3) 당기중에 종업원의 퇴직으로 인하여 보험회사가 ₩15,000,000을 지급하였으며, 다음과 같이 회계처리하였다.

(차) 퇴직급여충당금 15,000,000 (대) 퇴직연금운용자산 15,000,000

(4) 당기말 퇴직연금운용자산의 계정내역은 다음과 같다.

퇴직연금운용자산

전기이월액	₩40,000,000	당기지급액	₩15,000,000
당기증가액	20,000,000	차기이월액	45,000,000
	₩60,000,000		₩60,000,000

(5) ㈜A는 확정급여형퇴직연금과 관련하여 신고조정으로 손금산입하고 있으며, 전기말까지 신고조정으로 손금산입된 금액은 ₩50,000,000이다.

(6) ㈜A는 「한국채택국제회계기준」을 적용하지 않는 것으로 가정한다.

① ₩20,000,000 손금산입 · △유보, ₩22,000,000 손금산입 · △유보

② ₩15,000,000 손금불산입 · 유보, ₩10,000,000 손금산입 · △유보

③ ₩15,000,000 손금불산입 · 유보, ₩22,000,000 손금산입 · △유보

④ ₩22,000,000 손금산입 · △유보

⑤ ₩15,000,000 손금불산입 · 유보, ₩37,000,000 손금산입 · △유보

정답 ②

1. **퇴직금의 지급시:** 보험회사가 지급한 당기 연금지급액을 장부상 퇴직급여충당금과 상계하였으므로 다음과 같이 세무조정한다.

퇴직급여충당금 ₩15,000,000 손금산입 · △유보

퇴직연금충당금 ₩15,000,000 손금불산입 · 유보

2. **퇴직연금충당금의 설정한도액:** Min[①, ②] = ₩10,000,000

① (Max[₩90,000,000, ₩80,000,000] - ₩33,000,000*) - (₩50,000,000 - ₩15,000,000) = ₩22,000,000

* ₩30,000,000 + ₩15,000,000 - ₩12,000,000 = ₩33,000,000

② ₩45,000,000 - 35,000,000 = ₩10,000,000

퇴직연금충당금 ₩10,000,000 손금산입 · △유보

10 제조업을 영위하는 영리내국법인 ㈜A(중소기업 아님)의 제16기(20×1.1. 1. ~ 20×1.12. 31.) 대손충당금 손금산입 한도초과액을 계산한 것으로 옳은 것은?

(1) ㈜A의 제15기(20×0.1. 1. ~ 20×0.12. 31.)와 제16기의 재무상태표상 채권 및 대손충당금 금액은 다음과 같다.

과 목	기말잔액	
	제15기	제16기
매출채권	₩248,000,000	₩220,000,000
대손충당금	(26,000,000)	(33,000,000)

(2) 제16기 손익계산서상 대손상각비는 ₩10,000,000이다.

(3) 20×1년 7월 20일에 채무자의 파산으로 회수가 불가능해 대손요건이 충족된 거래처 C에 대한 매출채권 ₩3,000,000을 결산서상 대손충당금과 상계하였다.

(4) 제15기 자본금과적립금조정명세서(을)의 기말 잔액은 다음과 같다.

과목 또는 사항	기말잔액
매출채권 대손부인액*	₩2,000,000
대손충당금 한도초과액	10,000,000

* 거래처 D에 대한 매출채권으로 20×1년 3월 23일에 상법에 따른 소멸시효가 완성됨

(5) 모든 세무조정은 적정하게 이루어졌다.

① 28,560,000원 ② 28,600,000원 ③ 30,780,000원
④ 30,800,000원 ⑤ 31,240,000원

정답 ②

(1) 설정율: Max[1%, 대손실적률*] = 2%

* 대손실적률 = (₩3,000,000 + 2,000,000) / (₩248,000,000 + 2,000,000) = 2%

(2) 대손충당금 한도액: ₩220,000,000 × 2% = ₩4,400,000

(3) 대손충당금 한도초과액: ₩33,000,000(기말잔액) - 4,400,000
= ₩28,600,000 (손금불산입 · 유보)

11 다음은 제조업을 영위하는 영리내국법인 ㈜A(중소기업 아님)의 제17기 사업연도(20×2.1.1. ~ 20×2.12.31.)의 대손금 및 대손충당금 관련 자료이다. 대손금 및 대손충당금 관련 세무조정이 제17기 각 사업연도의 소득금액에 미친 순영향으로 옳은 것은?

(1) 제17기말 재무상태표상 채권 잔액: ₩1,000,000,000(이 중에는 20×2.5.30. 상법에 따른 소멸시효가 완성된 회수 불가능한 외상매출금 ₩50,000,000이 포함되어 있음)

(2) 제17기 재무상태표상 대손충당금 내역

대손충당금

당 기 상 계 액	₩7,000,000*1)	기 초 잔 액	₩10,000,000
		상각채권 추심	2,000,000*2)
기 말 잔 액	20,000,000	당 기 설 정 액	15,000,000

*1) 부도발생일부터 6개월이 지난 외상매출금으로서 부도발생일 이전의 것.

*2) 제16기에 대손부인된 채권(미수금)이 20×2.6.20.에 회수된 것임.

(3) 제16기 자본금과 적립금 조정명세서(을)의 기말 잔액

과목 또는 사항	기말잔액
미수금 대손부인액	₩2,000,000*3)
대손충당금 한도초과액	1,500,000

*3) 20×2.6.20.에 회수되었음.

(4) 제17기의 대손실적률은 0.8%이며, 모든 세무조정은 적정하게 이루어졌고, 법인세부담최소화를 가정한다.

① (－)34,000,000원　② (－)34,070,000원　③ (－)36,000,000원
④ (－)36,070,000원　⑤ (－)43,000,000원

정답 ④

(1) 대손금 세무조정

① 전기 대손금 부인액의 추인

미수금 회수분	₩2,000,000	익금불산입 · △유보

② 당기 대손금 관련 세무조정

소멸시효완성 외상매출금	₩50,000,000	손금산입 · △유보
부도발생한 외상매출금	₩7,000,000*1)	손금불산입 · 유보

* ㈜A가 중소기업이 아니므로 부도발생일로부터 6개월이 지난 외상매출금은 당기 대손금으로 처리할 수 없다.

(2) 대손충당금 세무조정

① 익금환입에 대한 세무조정

전기 대손충당금 한도초과액　　₩1,500,000　손금산입 · △유보

② 당기 설정에 대한 세무조정

㉠ 회사설정액: ₩20,000,000

㉡ 당기 한도: ₩957,000,000 × 1% = ₩9,570,000

a. 설정대상채권: ₩1,000,000,000 - ₩43,000,000*2) = ₩957,000,000

*2) 당기말 유보잔액: ₩2,000,000(전기말 채권 유보액) - ₩2,000,000 - ₩50,000,000 + ₩7,000,000 = △₩43,000,000

b. 설정율: Max[1%, 0.8%] = 1%

③ 당기 대손충당금 한도초과액: ₩20,000,000 - ₩9,570,000
= ₩10,430,000 (손금불산입 · 유보)

(3) 세무조정의 순액

△₩2,000,000 + △₩50,000,000 + ₩7,000,000 + △₩1,500,000 + ₩10,430,000
= △₩36,070,000

12 다음은 제조업을 영위하는 영리내국법인 ㈜A(중소기업 아님)의 제18기 사업연도(20×8.1.1. ~ 20×8.12.31.) 대손금 및 대손충당금 관련 자료이다. 제18기의 재무상태표상 대손충당금 기말잔액으로 옳은 것은? **[CPA 2018]**

(1) 제18기말 재무상태표상 대손충당금 계정의 내역은 다음과 같다.

대손충당금

당 기 상 계 액	₩5,000,000	기 초 잔 액	₩2,000,000
기 말 잔 액	?	당 기 설 정 액	?

(2) 당기상계액은 매출채권으로 계상되어 있던 어음 2매(각 거래처별 발행금액: ₩2,500,000)가 부도발생일로부터 6개월 이상 경과하여 결산서상 대손충당금과 상계한 것이다.

(3) 제17기말 현재 대손부인액(전액 미수금임)은 ₩3,000,000이고 그 중 ₩1,000,000은 당기 중 상법에 의한 소멸시효가 완성되었다.

(4) 제18기말 재무상태표상 대손충당금 설정대상 채권은 매출채권 ₩500,000,000, 미수금 ₩100,000,000이다.

(5) 제18기말 세무상 대손충당금 한도초과액은 ₩4,667,000이다.

(6) 제18기의 대손실적률은 1%이며, 모든 세무조정은 적정하게 이루어졌고, 조세부담 최소화를 가정한다

① 10,686,020원　② 10,687,020원　③ 10,688,020원
④ 11,688,020원　⑤ 11,689,020원

정답 ②

(1) 대손충당금 설정한도액: ① × ② = ₩6,020,020

① 설정대상채권: ₩600,000,000*1) + ₩2,002,000*2) = ₩602,002,000

*1) ₩500,000,000 + ₩100,000,000 = ₩600,000,000

*2) ₩3,000,000(기초유보) - ₩1,000,000(당기대손금) + ₩2,000(당기대손부인액)
= ₩2,002,000(기말유보잔액)

② 설정율: Max[1%, 1%] = 1%

(2) 장부상 대손충당금 기말잔액: ₩6,020,020 + ₩4,667,000(한도초과액) = ₩10,687,020

13 제조업을 영위하는 영리내국법인 ㈜A의 제22기(20×2.1.1.~20×2.12.31.) 자료이다. 대손금 및 대손충당금 관련 세무조정이 제22기 각 사업연도 소득금액에 미치는 순영향으로 옳은 것은? 단, 전기의 세무조정은 정확하게 이루어졌다. **[CPA 2022]**

(1) 전기말 유보잔액 내역

내 역	금 액
대손충당금 한도초과액	6,000,000원
외상매출금 대손부인액	15,000,000원*

* 이 중 10,000,000원은 당기에 소멸시효가 완성됨

(2) 당기 중 대손충당금 상계 내역

내 역	금 액
대여금*	8,000,000원
외상매출금	40,000,000원**

* 특수관계인(영리내국법인)에 대한 업무무관가지급금으로서 「법인세법」상 대손사유를 충족함

** 이 중 20,000,000원은 「법인세법」상 대손사유를 충족하였으나, 나머지는 「법인세법」상 대손사유를 충족하지 못함

(3) 「법인세법」상 대손충당금 설정대상 채권잔액(세무상 장부가액)

구 분	금 액
전기말	2,000,000,000원
당기말	2,500,000,000원

(4) 재무상태표상 당기말 대손충당금 잔액은 50,000,000원이다.

① (+)12,500,000원 ② (+)16,500,000원 ③ (+)24,500,000원
④ (+)30,500,000원 ⑤ (+)37,000,000원

정답 ③

(1) 당기 대손금 관련 세무조정

구 분	대손인정	대손불인정
전기분	10,000,000	
당기분	20,000,000	28,000,000

(2) 당기 대손충당금 관련 세무조정

① 익금환입에 대한 세무조정

전기 대손충당금 한도초과액 ₩1,500,000 손금산입 · △유보

② 당기 설정에 대한 세무조정

㉠ 설정대상채권

㉡ 설정률: Max(1%, 대손실적률*) = 1.5%

* 대손실적률 : 30,000,000 ÷ 2,000,000,000 = 1.5%

㉢ 대손충당금 한도초과액: 50,000,000 − 2,500,000,000 × 1.5% = 12,500,000 (손금불산입 · 유보)

(3) 각 사업연도소득에 미치는 순영향

28,000,000(대손요건미충족) − 10,000,000(전기 외상매출금) − 6,000,000(전기 대손충당금 한도초과) + 12,500,000(당기 대손충당금 한도초과) = 24,500,000

(참고) 당기말 자본금과 적립금조정명세서(을)

구 분	기초	감소	증가	기말
외상매출금	15,000,000	10,000,000	20,000,000	25,000,000
대여금*			8,000,000	8,000,000
대손충당금	6,000,000	6,000,000	12,500,000	12,500,000

* 업무무관가지급금은 대손금으로 인정되지 않고, 대손충당금 설정대상 채권에도 해당하지 아니함

Chapter 10 부당행위계산의 부인

AN INTRODUCTION TAX LAW

1 의 의

법인의 행위 또는 소득금액의 계산이 특수관계인과의 거래로 인하여 그 법인의 소득에 대한 조세를 부당히 감소시키는 것으로 인정되는 경우 그 행위 또는 계산에 불구하고 납세지 관할 세무서장(또는 관할 지방국세청장)은 그 소득금액을 다시 계산하여 과세하게 되는데 이를 '부당행위계산의 부인'이라 한다.

이러한 부당행위계산의 부인규정은 법인이 특수관계인과의 거래를 통하여 조세부담을 감소시키려는 시도에 대해 객관적으로 타당하다고 인정되는 소득으로 과세할 수 있는 법적 근거를 제공한다. 이 규정의 취지는 조세회피를 방지하고 공평과세를 실현하는데 있다.

2 부당행위계산 부인의 요건과 유형

(1) 부인의 요건

부당행위계산의 부인규정이 적용되기 위해서는 그 행위 당시를 기준으로 하여 다음의 3가지 요건이 충족되어야 하는 한편, 당사자에게 조세회피의 의사가 있었는지 여부는 고려하지 않는다.

① 특수관계인과의 거래일 것

② 부당한 행위 또는 계산으로 인해 조세부담이 감소되었다고 인정될 것

③ 특정한 거래(다음의 (3)부당행위계산의 부인이 적용되는 유형 중 ①~⑤에 해당하는 거래를 말한다)인 경우에는 현저한 이익분여가 있을 것

(2) 특수관계인의 범위

부당행위계산의 부인규정과 관련해 법인세법에서 정하는 특수관계인이란 법인과 다음의 관계에 있는 자를 말하며, 해당 법인도 그 특수관계인의 특수관계인으로 보는 쌍방관계이다.

① 법인의 임면권 행사, 사업방침의 결정 등 경영에 대하여 사실상 영향력을 행사하고 있다고 인정되는 자(상법에 따른 이사로 보는 업무집행지시자 등을 포함)와 그 친족

② 주주 또는 출자자로서 소액주주[68]를 제외한 주주 등과 그 친족

③ 다음의 어느 하나에 해당하는 자 및 이들과 생계를 함께하는 친족

㉠ 법인의 임원 · 직원 또는 비소액주주 등의 직원(비소액주주 등이 영리법인인 경우에는 그 임원을, 비영리법인인 경우에는 그 이사 및 설립자를 말한다)

㉡ 법인 또는 비소액주주 등의 금전이나 그 밖의 자산에 의해 생계를 유지하는 자

④ 해당 법인이 직접 또는 그와 '①' ~ '③'까지의 관계에 있는 자를 통하여 어느 법인의 경영에 대하여 지배적인 영향력을 행사하고 있는 경우 그 법인 (1차 지배관계)

⑤ 해당 법인이 직접 또는 그와 '①' ~ '④'까지의 관계에 있는 자를 통하여 어느 법인의 경영에 대하여 지배적인 영향력[69]을 행사하고 있는 경우 그 법인 (2차 지배관계)

⑥ 해당 법인에 30% 이상을 출자하고 있는 법인에 30% 이상을 출자하고 있는 법인이나 개인

⑦ 해당 법인이 「독점규제 및 공정거래에 관한 법률」에 의한 기업집단에 속하는 법인인 경우 그 기업 집단에 소속된 다른 계열회사 및 그 계열회사의 임원

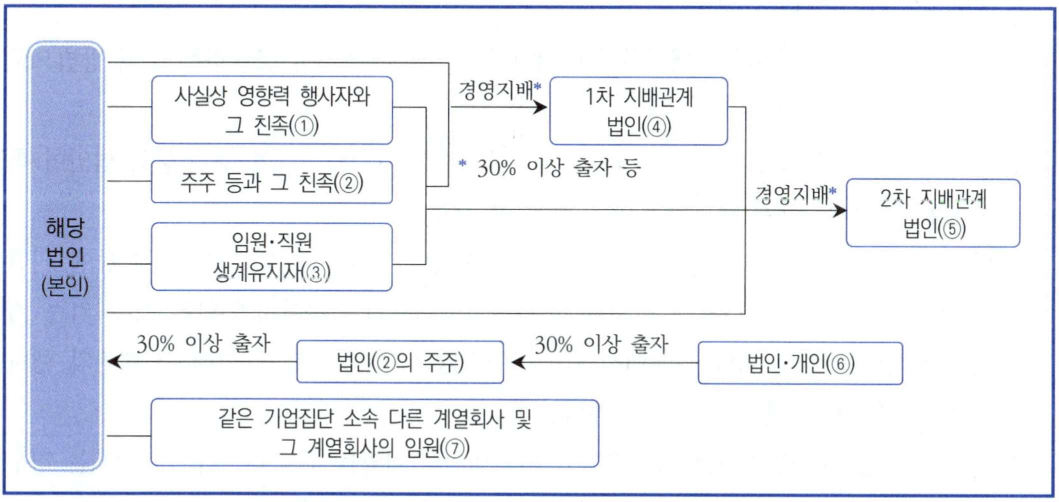

---

68) '소액주주 등'이란 발행주식총수(또는 출자총액)의 1%에 미달하는 주식을 소유한 주주(또는 출자자)를 의미하며, 법인의 '지배주주 등'과 특수관계인은 '소액주주 등'으로 보지 않는다. 여기서 '지배주주 등'이란 법인의 발행주식총수(또는 출자총액)의 1% 이상의 주식(또는 출자지분)을 소유한 주주(출자자를 포함하되 국가·지방자치단체는 제외)로서 그와 특수관계인과의 소유주식(또는 출자지분) 합계가 해당 법인의 주주(또는 출자자) 중 가장 많은 경우의 해당 주주(또는 출자자)를 의미한다.

69) '지배적인 영향력'은 영리법인의 경우 ①법인의 발행주식총수(또는 출자총액)의 30% 이상을 출자한 경우, ②임원의 임면권 행사, 사업방침의 결정 등 법인의 경영에 대하여 사실상 영향력을 행사하고 있다고 인정되는 경우이며, 비영리법인의 경우 ①법인 이사의 과반수를 차지하는 경우, ②법인 출연재산의 30% 이상을 출연하고 그 중 1인이 설립자인 경우를 의미한다.

(3) 부당행위계산 부인이 적용되는 유형

부당한 행위 또는 계산으로 인해 조세부담이 감소되었다고 인정되는 경우라 함은 다음에 해당하는 경우를 말한다.

① 자산을 시가보다 높은 가액으로 매입 또는 현물출자 받았거나 그 자산을 과대상각한 경우
② 자산을 무상 또는 시가보다 낮은 가액으로 양도 또는 현물출자한 경우. 다만, 주식매수선택권의 행사 또는 주식기준보상의 지급에 따라 주식을 양도하는 경우는 제외한다.
③ 금전을 시가보다 높은 이자율로 차입하거나 금전을 시가보다 낮은 이자율로 대부한 경우
④ 자산을 시가보다 높은 임차료로 제공받거나 자산을 무상 또는 시가보다 낮은 임차료로 제공한 경우
⑤ 용역을 시가보다 높은 요율로 제공받거나 용역을 무상 또는 시가보다 낮은 요율로 제공한 경우. 단, 비출자 임원(소액주주 등인 임원 포함) 및 사용인에게 사택을 제공하는 경우는 제외
⑥ 무수익 자산을 매입 또는 현물출자받았거나 그 자산에 대한 비용을 부담한 경우
⑦ 불량자산을 차환하거나 불량채권을 양수한 경우
⑧ 출연금을 대신 부담한 경우
⑨ 파생상품에 근거한 권리를 행사하지 아니하거나 그 행사기간을 조정하는 등의 방법으로 이익을 분여하는 경우
⑩ 불공정합병 · 불균등증자 또는 불균등감자 등의 자본거래로 인하여 주주 등인 법인이 특수관계인인 다른 주주 등에게 이익을 분여한 경우
⑪ 위 '⑩' 외의 경우로서 증자 · 감자, 합병(분할합병을 포함) · 분할, 전환사채 등에 의한 주식의 전환 · 인수 · 교환 등 법인의 자본(출자액 포함)을 증가시키거나 감소시키는 거래를 통하여 법인의 이익을 분여하였다고 인정되는 경우. 다만 주식매수선택권의 행사에 따라 주식을 발행하는 경우는 제외한다.
⑫ 기타 위에 준하는 행위 또는 계산 및 그 외에 법인의 이익을 분여 하였다고 인정되는 경우

(4) 현저한 이익의 분여

위의 부당행위계산 유형 중 ①~⑤에 해당하는 거래(이에 준하는 행위 포함)는 시가와 거래가액의 차액이 시가의 5%에 상당하는 금액 이상이거나 3억원 이상인 경우에만 부당행위계산의 부인규정을 적용한다. 단, 상장주식의 경우에는 시가와 다른 가격으로 거래시 현저한 이익의 분여 요건을 고려하지 않고 부당행위계산 부인 규정을 적용한다.

3 부당행위계산 부인의 판단기준

부당행위계산의 부인규정을 적용함에 있어서는 건전한 사회통념 및 상거래 관행과 시가를 기준으로 한다. 여기서 시가의 산정방법은 다음과 같다.

(1) 일반적인 시가의 산정방법

시가를 산정함에 있어서 해당 거래와 유사한 상황에서 해당 법인이 특수관계인 외의 불특정다수인과 계속적으로 거래한 가격 또는 특수관계인이 아닌 제3자간에 일반적으로 거래된 가격이 있는 경우 그 가격에 의한다. 한편 상장법인이 발행한 주식을 대량매매 등으로 거래하거나 장외거래한 경우 해당 주식의 시가는 그 거래일의 한국거래소 최종시세가액에 따른다. 단, 경영권 이전을 수반하는 경우에는 시가에 20%의 할증이 적용된다.

(2) 시가가 불분명한 경우

일반적인 시가의 산정방법에 의한 시가가 불분명한 경우에는 다음의 규정을 순차로 적용하여 계산한 금액에 의한다.

① 감정평가법인 또는 감정평가사가 감정한 가액이 있는 경우 그 가액(감정한 가액이 2 이상인 경우에는 그 감정한 가액의 평균액). 다만, 주식(또는 출자지분)과 가상자산은 제외한다.

② 상속세 및 증여세법에 따른 보충적 평가방법[70)]

(3) 시가의 특례

자산(금전은 제외) 또는 용역을 제공하거나 제공받았으나[71)] 위의 규정을 적용할 수 없는 경우에는 다음의 금액을 시가로 한다.

70) 상속세 및 증여세법의 '제4장 재산의 평가'에 나오는 관련규정을 적용하는 것을 말한다.

71) (3)부당행위계산 부인이 적용되는 유형에서 ④ 또는 ⑤가 적용되는 경우를 말한다.

구 분	내 용
① 유형 · 무형자산의 제공거래	[해당 자산의 시가(적수) × 50% - 전세금 또는 보증금(적수)] × 정기예금이자율 × 1/365
② 건설 기타 용역의 제공거래	용역제공원가*1 × (1 + 수익률*2) *1) 직접비 및 간접비를 포함한다. *2) 특수관계인 외의 자에게 제공한 유사 거래 또는 특수관계 없는 제3자 간의 거래에서의 수익률을 말하며, 다음과 같이 계산된다. $수익률 = \frac{매출액 - 원가}{원가}$

(4) 금전의 대여 또는 차용의 시가

금전의 대여 또는 차용의 경우에는[72] 위의 규정에 불구하고 가중평균차입이자율을 시가로 한다. 다만, 해당 법인이 당좌대출이자율을 시가로 선택할 수 있는데 이 경우 선택한 사업연도와 이후 2개 사업연도는 당좌대출이자율을 계속 적용하여야 하며, 3년의 의무적용기간 경과 후 다시 당좌대출이자율의 적용을 선택하여 신고하는 경우 다시 3년간 의무적으로 적용하여야 한다. 이에 대하여는 후술하는 가지급금 인정이자에서 구체적으로 서술한다.

4 부당행위계산부인의 세무조정

(1) 자산의 고가양수

특수관계인으로부터 자산을 시가보다 높은 가액으로 매입하고 매입가액을 자산의 취득원가로 계상한 경우 시가초과액은 세무상 취득가액으로 인정되지 않으므로 동 금액을 손금산입하고 △유보로 소득처분하며, 동시에 동 금액을 다시 손금불산입하고 그 소득의 귀속자에게 배당 · 상여 · 기타사외유출 및 기타소득 등으로 소득처분한다.

만약, 매입시에 미지급한 대금이 있는 경우에는 일단 해당 자산의 시가초과액을 손금산입하여 △유보로 소득처분한 후, 동시에 같은 금액을 익금산입하여 유보로 소득처분한다. 이후 대금을 지급할 때 지급된 금액 중 시가초과액을 손금산입하여 △유보 처분하고(매입시에 발생한 유보의 추인), 동시에 같은 금액을 익금산입(또는 손금불산입)하고 특수관계인에 대한 사외유출로 처분한다. 이 경우 시가상당액을 시가초과액보다 먼저 지급한 것으로 본다.

해당 자산을 감가상각하거나 양도할 때에는 미지급금에 관계없이 해당 시가초과액에 해당하는 △유보를 추인한다.

---

72) (3)부당행위계산 부인이 적용되는 유형에서 ③이 적용되는 경우를 말한다.

예제 1 자산의 고가양수

㈜서울은 제9기 사업연도 중 대표이사로부터 시가 3억원인 토지를 4억원에 매입하고, 4억원을 토지의 취득가액으로 계상하였다. 토지의 매입과 관련된 세무조정을 행하시오.

해설

1. 부당행위계산의 부인규정 적용여부 판단

1억원(4억원 - 3억원) ≥ 3억원 × 5%

2. 세무조정

토지(시가초과매입액)　　1억원　손금산입 · △유보
부당행위(고가양수)　　1억원　손금불산입 · 상여

㈜ 위와 같은 세무조정을 통해 법인의 토지 취득가액을 시가로 조정함으로써 향후 토지 매각 시점에 처분이익으로 법인세 과세가 되는 동시에 시가와 매입가액의 차이를 대표이사에게 상여로 소득처분함으로써 소득세가 과세됨에 따라 이중적인 징계 효과가 있다.

예제 2 자산의 고가양수 (미지급금이 있는 경우)

㈜서울은 제9기 9월 1일에 대표이사로부터 시가 3억원인 토지를 4억원에 매입하고, 매입대금은 매입시점에 3억 7천만을 지급하고, 나머지 3천만원은 제10기말에 지급하였다. ㈜서울은 제9기에 4억원을 토지의 취득가액으로 계상하였으며, 동 토지는 제11기 6월 30일에 4억 2천만에 양도하였다. 토지의 매입 및 양도와 관련하여 제9기, 제10기 및 제11기의 회계처리와 세무조정을 행하시오.

해설

1. 부당행위계산의 부인규정 적용여부 판단

1억원(4억원 - 3억원) ≥ 3억원 × 5%

2. 회계처리와 세무조정

(단위: 원)

구분	회사		세법		세무조정
제9기 (매입)	(차)토 지	400,000,000	(차)토 지	300,000,000	100,000,000 손금산입·△유보
	(대)현 금	370,000,000	잉여금	70,000,000	70,000,000 익금산입·상여
	미지급금	30,000,000	(대)현 금	370,000,000	30,000,000 익금산입·유보
제10기 (지급)	(차)미지급금	30,000,000	(차)잉여금	30,000,000	30,000,000 손금산입·△유보
	(대)현 금	30,000,000	(대)현 금	30,000,000	30,000,000 익금산입·상여
제11기 (양도)	(차)현 금	420,000,000	(차)현 금	420,000,000	
	(대)토 지	400,000,000	(대)토 지	300,000,000	100,000,000 익금산입·유보
	처분이익	20,000,000	처분이익	120,000,000	

(2) 자산의 저가양도

특수관계인에게 자산을 저가로 양도하는 경우에는 시가와 양도가액의 차액을 익금에 산입하고 귀속자에게 배당 · 상여 · 기타사외유출 및 기타소득 등으로 소득처분한다.

예제 3 자산의 저가양도

㈜서울은 제10기 사업연도 중 지배주주에게 시가 2억원(장부가액 1억 3천만원)인 기계장치를 1억 5천만원에 양도하였다. 기계장치의 양도에 대한 세무조정을 행하시오.

해설

1. 부당행위계산의 부인 적용여부 판단

5천만원(2억원 - 1억5천만원) ≥ 2억원 × 5%

2. 세무조정

부당행위(저가양수)　　5천만원　익금산입 · 배당

(3) 가지급금의 인정이자

1) 의 의

법인이 특수관계인에게 업무와 직접적인 관련 없이 자금을 무상 또는 시가보다 낮은 이자율로 대여한 경우에는 이를 가지급금으로 보아 인정이자와 약정에 의한 이자와의 차액을 익금에 산입하고 귀속자에 대한 소득으로 처분한다. 즉, 특수관계인에 대한 가지급금이라 해도 적정한 이자를 수령하는 경우에는 인정이자에 대한 세무조정이 발생하지 않는다.

이 때 가지급금에 해당하는지 여부는 그 실질적 내용에 따라 판단해야 하며, 동일인에 대한 가지급금과 가수금이 함께 있는 경우에는 이를 상계한 후의 금액으로 판단한다.

2) 가지급금 인정이자의 계산

$$\text{인정이자} = \text{업무무관 가지급금의 적수} \times \text{인정이자율} \times \frac{1}{365}\ (\text{윤년: } \frac{1}{366})$$

① 업무무관 가지급금의 적수: '적수'란 매일 잔액의 합계액을 말하며, 지급이자 손금불산입 규정 적용시 업무무관 가지급금의 범위에서 제외되는 대여금 등은 인정이자 계산에 있어서도 업무무관 가지급금으로 보지 않는다.

② 인정이자율: 가중평균차입이자율로 한다. 다만, 해당 법인이 당좌대출이자율을 시가로 선택할 수 있는데 이 경우 선택한 사업연도와 이후 2개 사업연도는 당좌대출이자율을 계속 적용하여야 한다.

3) 가지급금 인정이자에 대한 세무조정

구 분	내 용
① 상환기간 및 이자율 등에 대한 약정이 있는 경우	인정이자와 약정에 의한 이자와의 차액을 익금산입함
② 상환기간 및 이자율 등에 대한 약정이 없는 경우	인정이자 상당액을 익금산입함*

* 이 경우 법인이 미수이자를 계상한 경우라 할지라도 동 미수이자는 가공자산에 해당하므로 이를 익금불산입(△유보)하고, 인정이자 상당액을 익금산입한다.

예제 4 가지급금 인정이자의 계산

㈜서울(사업연도: 1.1 ~ 12.31)은 대주주(임원 또는 사용인이 아닌 개인주주임)에게 업무와 관련 없이 자금을 대여하였으며, 이에 대한 가지급금 인정이자는 ₩3,000,000이다. 다음 요구사항에 답하시오.

1. 대주주에게 자금을 대여함에 있어 상환기간(3년)과 이자율(6%)을 약정하여 대여하였으며, 약정에 의한 이자 ₩1,700,000을 수령한 경우 가지급금 인정이자에 대한 세무조정을 행하시오.
2. 대주주에게 자금을 대여함에 있어 상환기간과 이자율에 대한 약정을 하지 않은 경우 가지급금 인정이자에 대한 세무조정을 행하시오.

해설

1. 상환기간과 이자율에 대한 약정이 있는 경우에는 인정이자와 약정에 의한 이자의 차액만을 익금에 산입한다.
   가지급금 인정이자 ₩1,300,000 익금산입 · 배당*
   * 가지급금 인정이자(₩3,000,000)의 5% 이상이므로 부당행위계산의 부인 규정이 적용됨
2. 상환기간과 이자율에 대한 약정이 없는 경우에는 인정이자 총액을 익금에 산입한다.
   가지급금 인정이자 ₩3,000,000 익금산입 · 배당

OX 문제

01 법인이 특수관계인인 공익단체에 고유목적사업비로 지출한 금액에 대해서는 부당행위계산의 부인규정을 적용하지 않고 이를 기부금으로 본다.

02 사용인이 해당 법인과 부당행위계산부인 규정에 따른 특수관계에 있는 법인에 전출한 경우는 현실적 퇴직으로 보지 않으므로 퇴직금의 지급을 손금으로 인정하지 않는다.

03 부당행위계산부인 규정은 특수관계인과의 거래로서 거래결과 법인의 조세부담을 부당하게 감소시킨 경우에만 적용된다.

04 부당행위계산부인 규정은 법인의 행위당시를 기준으로 적용하며 특수관계인의 해당여부는 쌍방관계를 기준으로 판단한다.

05 부당행위계산부인 규정이 적용되려면 법률상 하자가 있는 계약에 의한 거래여야 한다.

정답&해설 **01** ○ **02** × **03** ○ **04** ○ **05** ×

02 특수관계회사간의 전출입인 경우 현실적인 퇴직으로 보고 퇴직금을 지급할 수도 있고, 현실적인 퇴직으로 보지 않고 근속기간을 통산할 수도 있다.

05 부당행위계산부인의 대상이 되는 거래가 반드시 법률상 하자가 있는 거래여야만 하는 것은 아니다. 법률상 유효한 거래라 할지라도 조세를 부당하게 감소시킨 거래이고 그 거래가 특수관계인과 이루어진 것이라면 부당행위계산부인의 대상이 된다.

06 조세부담을 부당하게 감소시켰는지 여부는 시가를 기준으로 판단하며, 시가가 불분명한 경우에는 상속세 및 증여세법상의 보충적 평가방법에 의해 계산한 금액을 적용한다.

07 특수관계인에게 금전을 대여한 경우 시가에 상당하는 이자수익과 이자수익 발생액과의 차액은 익금에 산입하고 대표자에 대한 상여로 소득처분한다.

08 이자율 및 상환기간이 없는 대여금에 대하여 법인이 미수이자를 계상했더라도 이를 인정하지 않으므로 미수이자를 익금불산입하여 △유보로 소득처분하고, 법인세법상 인정이자 전액을 익금에 산입하여 특수관계인에 대한 사외유출로 소득처분해야 한다.

09 특수관계인에 대하여 업무와 무관한 금전을 대여한 경우 가중평균이자율을 시가로 하되, 가중평균차입 이자율의 적용이 불가능한 경우나 법인이 당좌대출 이자율을 시가로써 선택하여 신고한 경우에는 당좌대출이자율을 시가로 적용할 수 있다. 여기서 가중평균차입 이자율이란 법인의 자금대여시점 현재 각각의 차입금에 대한 이자 총액을 차입 당시의 각각의 차입금잔액(특수관계인으로부터의 차입금은 제외함)의 총액으로 나눈 이자율을 말한다.

정답&해설 **06** × **07** × **08** ○ **09** ○

06 시가가 불분명한 경우에는 감정평가법인이 감정한 가액(주식 또는 출자지분은 제외함), 상속세 및 증여세법상 보충적 평가방법에 의해 계산한 금액을 순차로 적용한다.

07 익금에 산입한 금액은 배당, 상여 등 해당 특수관계인에 대한 사외유출로 소득처분한다.

연습문제

01 법인세법상 부당행위계산의 부인 규정에 관한 다음의 설명 중 옳지 않은 것은?

① 특수관계에 해당하는지의 여부는 행위당시를 기준으로 하여 판단한다.

② 특수관계인에게 자산을 시가보다 낮은 가액으로 양도한 경우로서, 그 시가와 거래가액의 차액이 3억원에 미달하고 시가의 5%에 상당하는 금액 미만인 때에는 부당행위계산부인 규정을 적용하지 않는다.

③ 법인이 특수관계에 있는 다른 법인으로부터 제품을 저가에 매입한 경우, 그 제품의 취득가액은 시가이다.

④ 부당행위계산부인 규정의 적용은 시가를 기준으로 하며, 그 시가가 불분명한 경우에는 감정평가법인의 감정가액(주식 등은 제외)과 「상속세 및 증여세법」상 평가액을 순차로 적용하여 계산한 금액에 의한다.

⑤ 민법이나 상법상 적법하게 성립된 거래라 하더라도 세법상 관점에서 소득금액을 재계산하는 것이므로 법률상 하자 여부와는 관계없다.

정답 ③

법인이 특수관계에 있는 다른 법인으로부터 제품을 저가에 매입한 경우, 실제 취득가액을 취득가액으로 한다. 동 저가매입으로 인한 법인의 이익은 양도할 때 과세소득에 포함되어 과세된다.

02 다음 중 법인세법상 부당행위계산의 부인규정을 적용함에 있어서 조세의 부담을 부당히 감소시킨 것으로 인정되지 않는 것은?

① 특수관계인에게 토지를 무상으로 임대하는 경우

② 소액주주인 임원에게 사택을 시가보다 낮은 임대료로 제공하는 경우

③ 대표이사로부터 건물을 시가보다 높은 가액으로 매입하는 경우

④ 대표이사에게 업무와 관련 없이 자금을 대여한 경우

⑤ 출자임원에게 무수익 자산을 현물출자 받은 경우

정답 ②

비출자 임원(소액주주 임원 포함) 및 사용인에게 사택을 무상 또는 시가보다 낮은 임대료로 제공하는 경우는 부당행위계산부인의 규정에 적용되지 않는다.

03 법인세법상 부당행위계산의 부인에 관한 설명으로 옳은 것은?

① 특수관계인으로부터 용역을 시가보다 높은 요율로 제공받은 경우에는 시가와 거래가액의 차액이 3억원 이상이거나 시가의 5%에 상당하는 금액 이상인 경우에 한하여 부당행위계산 부인 규정을 적용한다.

② 사용인에게 주택자금을 무상으로 대여한 경우에는 부당행위계산의 부인 규정이 적용되지 아니한다.

③ 토지의 시가가 불분명한 경우로 「부동산가격공시 및 감정평가에 관한 법률」에 의한 감정평가법인이 감정한 가액이 2 이상인 경우에는 그 중 가장 큰 금액으로 평가한다.

④ 금전, 그 밖의 자산 또는 용역을 무상 또는 시가보다 낮은 이율·요율이나 임대료로 대부하거나 제공한 경우에는 시가와 거래가액의 차액에 관계없이 부당행위계산의 부인 규정을 적용한다.

⑤ 부당행위계산의 부인규정의 적용여부는 당해연도 말 시점에서 특수관계인인 경우에 한해서 적용한다.

정답 ①

② 사용인에게 주택자금을 무상으로 대여한 금액은 업무무관가지급금에 해당하므로 부당행위계산의 부인 규정이 적용된다.

③ 토지의 시가가 불분명한 경우로 감정평가법인이 감정한 가액이 2 이상인 경우에는 그 감정한 가액의 평균액으로 평가한다.

④ 금전, 그 밖의 자산 또는 용역을 무상 또는 시가보다 낮은 이율 · 요율이나 임대료로 대부하거나 제공한 경우에는 시가와 거래가액의 차액이 3억원 이상이거나 시가의 5% 이상인 경우에 한하여 부당행위계산의 부인 규정을 적용한다.

⑤ 부당행위계산의 부인규정이 적용되기 위해서는 그 행위 당시를 기준으로 하여 판단한다.

04 법인세법상 특수관계인 간 부당행위계산의 부인과 관련된 설명이다. 옳지 않은 것은?

[CPA 2018]

① 주식을 제외한 자산의 시가가 불분명한 경우 감정평가업자의 감정가액이 있으면 그 가액을 적용하며, 감정한 가액이 2 이상인 경우에는 감정가액의 평균액을 적용한다.

② 금전의 대여 또는 차용의 경우 해당 법인이 법인세 과세표준신고와 함께 기획재정부령이 정하는 당좌대출이자율을 선택한 경우 선택한 사업연도와 이후 2개 사업연도는 당좌대출이자율을 시가로 한다.

③ 기계를 임대하고 임대료를 계산할 때 당해 자산의 시가에서 그 자산의 제공과 관련하여 받은 보증금을 차감한 금액에 정기예금이자율을 곱하여 산출한 금액을 시가로 한다.

④ 출연금을 대신 부담한 경우 부당행위계산 부인의 규정은 그 행위 당시를 기준으로 하여 당해 법인과 특수관계인 간의 거래에 대하여 적용한다.

⑤ 건물을 시가보다 높은 가격으로 매입하는 경우 시가와 거래가액의 차액이 3억원 이상이거나 시가의 100분의 5에 상당하는 금액 이상인 경우에 한하여 부당행위계산 부인의 규정을 적용한다.

정답 ③

유형 또는 무형의 자산을 제공하거나 제공받는 경우에는 당해 자산 시가의 100분의 50에 상당하는 금액에서 그 자산의 제공과 관련하여 받은 전세금 또는 보증금을 차감한 금액에 정기예금이자율을 곱하여 산출한 금액을 시가로 한다.

05 ㈜서울이 당기에 대표이사로부터 시가 1억원인 건물을 2억원에 매입하고, 2억원을 건물의 취득가액으로 계상하였다. 건물의 매입과 관련된 올바른 세무조정은?

① <손 금 산 입> 건물 1억원(△유보) <익금산입> 부당행위 1억원(상여)

② <손금불산입> 건물 1억원(유보) <익금산입> 부당행위 2억원(상여)

③ <손 금 산 입> 건물 2억원(△유보) <익금산입> 부당행위 2억원(상여)

④ <손 금 산 입> 건물 1억원(△유보) <익금산입> 부당행위 1억원(배당)

⑤ <손금불산입> 건물 2억원(유보) <익금산입> 부당행위 1억원(기타사외유출)

정답 ①

(1) 부당행위계산의 부인 적용여부 판단
1억원(2억원 - 1억원) ≧ 1억원 × 5%

(2) 세무조정
건물(시가초과매입액) 1억원 손금산입 · △유보
부당행위(고가양수) 1억원 익금산입 · 상여
㈜ 특수관계인으로부터 시가초과매입한 자산의 세무상 취득가액은 시가이므로 시가초과액을 손금산입(△유보)하고, 소득의 귀속자가 대표이사이므로 익금산입(상여)한다.

06 ㈜서울은 당기에 지배주주에게 시가 1억원(장부가액 7천만원)인 기계장치를 5천만원에 양도하였다. 기계장치의 양도에 대한 올바른 세무조정은?

① <익금산입> 부당행위 5천만원(유보)
② <익금산입> 부당행위 5천만원(배당)
③ <익금산입> 부당행위 2천만원(유보)
④ <익금산입> 부당행위 2천만원(배당)
⑤ <익금산입> 부당행위 5천만원(상여)

정답 ②

(1) 부당행위계산의 부인 적용여부 판단 : 5천만원(1억원 - 5천만원) ≧ 1억원 × 5%
(2) 세무조정 : 부당행위(저가양도) 5천만원 익금산입 · 배당

07 ㈜서울은 제17기 사업연도(20×1.1.1 ~ 20×1.12.31)에 대표이사에게 업무와 관련 없이 자금(대여금 적수: ₩150,000,000)을 대여하였다. 당사는 이에 대한 상환기간과 이자율에 대한 약정을 맺지 않았으며 대표이사로부터 수입한 이자도 없다. ㈜서울이 선택한 인정이자율은 10%이고, 1년은 365일이라고 가정할 경우 필요한 세무조정은?

① 익금산입 ₩31,905(배당)
② 익금산입 ₩41,095(상여)
③ 손금불산입 ₩47,995(유보)
④ 손금산입 ₩47,995(△유보)
⑤ 세무조정 없음

정답 ②

(1) 가지급금 인정이자 계산: $₩150,000,000 \times 10\% \times \frac{1}{365} = ₩41,095$
(2) 세무조정
가지급금인정이자 ₩41,095 익금산입 · 상여

08 다음은 제조업을 영위하는 영리내국법인 ㈜A(중소기업 아님)의 제18기 사업연도(20×8.1.1. ~ 20×8.12.31.) 사택 제공 관련 자료이다. 법인세법상 부당행위계산부인과 관련한 세무조정이 제18기 각 사업연도의 소득금액에 미친 순영향으로 옳은 것은?

> (1) ㈜A는 출자임원(소액주주 아님) B씨에게 제17기부터 사택을 제공하고 있다. 사택의 시가는 ₩200,000,000이며 B씨로부터 보증금 ₩40,000,000을 수령하였고, 임대료로 매월말 ₩200,000을 수령하고 동 임대료를 임대료수익으로 계상하였다.
> (2) ㈜A는 출자임원(소액주주 아님) C씨에게 제16기부터 사택을 제공하고 있다. 사택의 시가는 ₩120,000,000이며 C씨로부터 임대료로 매월말 ₩240,000을 수령하고 동 임대료를 임대료수익으로 계상하였다.
> (3) 사택의 제공에 대한 임대료의 시가는 불분명하며, 감정평가 법인이 감정한 가액 및 「상속세 및 증여세법」에 의한 보충적 평가방법에 의한 임대료를 적용할 수 없다.
> (4) 기획재정부령으로 정하는 1년 만기 정기예금이자율은 5%이며, 주어진 자료 이외의 다른 사항은 고려하지 않는다.

① (+)600,000원 ② (+)720,000원 ③ (+)800,000원
④ (+)820,000원 ⑤ (+)900,000원

정답 ①

(1) 출자임원 B씨: 사택제공이익 ₩600,000 익금산입 · 상여
- 회사계상 임대료수익: ₩200,000 × 12개월 = ₩2,400,000
- 임대료 시가: (₩200,000,000 × 50% - ₩40,000,000) × 5% = ₩3,000,000
- 차액: ₩600,000 ≥ ₩150,000(시가의 5%) → 부당행위계산부인 규정 적용

(2) 출자임원 C씨: 세무조정 없음
- 회사계상 임대료수익: ₩240,000 × 12개월 = ₩2,880,000
- 임대료 시가: (₩120,000,000 × 50% - ₩0) × 5% = ₩3,000,000
- 차액: ₩120,000 < ₩150,000(시가의 5%) → 부당행위계산부인 아님

09 건설업을 영위하는 영리내국법인 (주)A의 제23기(20×3.1.1.~20×3.12.31.) 자료이다. 사택 임대 및 건설용역 제공과 관련된 세무조정이 제23기 각 사업연도 소득금액에 미치는 순영향으로 옳은 것은? **[CPA 2022]**

(1) 사택 임대

① (주)A는 출자임원(소액주주 아님)인 갑에게 사택을 임대(임대기간: 20×2.1.1.~20×3.12.31.)하고 보증금 100,000,000원을 임대개시일에 수령하였으며, 약정에 의해 수령한 연간 임대료 총액 2,000,000원을 손익계산서상 수익으로 계상하였다.

② 사택 제공에 대한 임대료의 시가는 불분명하나 사택의 시가는 400,000,000원으로 확인된다.

③ 기획재정부령으로 정하는 정기예금이자율은 3%로 가정한다.

(2) 건설용역 제공

① (주)A는 특수관계인인 (주)B에게 건설용역(계약기간: 20×3.3.1.~20×3.10.31.)을 제공하고 받은 용역대가 240,000,000원을 매출로 계상하였으며, 해당 용역의 원가 200,000,000원을 매출원가로 계상하였다.

② 동 건설용역의 시가는 불분명하며, (주)A가 당기 중 특수관계인이 아닌 자에게 제공한 유사용역의 매출액은 500,000,000원, 매출원가는 400,000,000원이다.

① 0원　② (+)1,000,000원　③ (+)7,000,000원
④ (+)11,000,000원　⑤ (+)17,000,000원

정답 ②

구 분	시가	회사수익	비율차이	부당행위계산부인
1. 사택	3,000,000*1)	2,000,000	33.3%	1,000,000
2. 건설용역	250,000,000*2)	240,000,000	4%	-*3)

*1) (400,000,000 × 50% − 100,000,000) × 3% = 3,000,000

*2) ① 유사용역의 원가가산율 : (500,000,000 − 400,000,000) ÷ 400,000,000 = 25%

② (주)B에 대한 용역 시가 : 200,000,000 × (1 + 25%) = 250,000,000

*3) 시가와 거래가액의 차액이 3억원 이상이거나 시가의 5%에 상당하는 금액 이상인 경우에 한하여 부당행위계산부인 규정을 적용한다.

10 제조업을 영위하는 영리내국법인 ㈜A의 제23기(20×3.1.1.~20×3.12.31.) 자료이다. 토지 및 가지급금 관련 세무조정(지급이자 손금불산입은 제외)이 제23기 각 사업연도 소득금액에 미치는 순영향으로 옳은 것은? 단, 전기의 세무조정은 정확하게 이루어졌다. **[CPA 2021]**

(1) ㈜A는 공장을 증축하기 위하여 특수관계인 갑이 소유한 토지를 20×2년 5월 6일에 30,000,000원(시가 20,000,000원)에 취득하고 다음과 같이 회계처리하였다.

(차) 토 지	30,000,000	(대) 현 금	15,000,000
		미 지 급 금	15,000,000

㈜A는 당기에 토지 취득 미지급금을 전액 지급하고, 미지급금 감소로 회계처리하였다.

(2) ㈜A는 특수관계인 을에게 20×2년 9월에 20,000,000원을 업무와 무관하게 대여(이자율 약정 없음)하였고, 당기 말 현재 회수하지 아니하였으며, 이자수익으로 계상한 금액은 없다.

(3) ㈜A의 당기 말 현재 차입금과 지급이자의 내역은 다음과 같다. 차입금은 모두 은행(특수관계인 아님)으로부터 차입하였다.

차입일	연이자율	지급이자	차입금
20×2.8.1.	5%	10,000,000원	200,000,000원
20×2.6.1.	10%	30,000,000원	300,000,000원

(4) ㈜A는 금전대차거래의 시가를 신고하지 아니하였고, 당좌대출이자율은 연 9%로 가정한다

① (+)1,800,000원 ② (+)1,600,000원 ③ (+)400,000원
④ (−)8,200,000원 ⑤ (−)8,400,000원

정답 ②

(1) 미지급금 지급

[손금산입] 미지급금 10,000,000*1) △유보

[익금산입] 부당행위계산부인 10,000,000 사외유출

*1) 전기에 토지 매입시 미지급금으로 처리했던 금액 중 토지의 시가초과액에 대해서 익금산입(유보)으로 처리했던 부분에 대한 당기의 반대세무조정이다.

(참고) 전기의 세무조정

[손금산입] 토 지 10,000,000 (△유보)

[익금산입] 미지급금 10,000,000 (유 보)

(2) 인정이자

₩20,000,000 × 8% *2)× = 1,600,000

*2) 대여 당시 가중평균차입이자율 = 5% × 40% + 10% × 60% = 8%

당좌대출이자율을 시가로 선택하여 신고하지 않았으므로 가중평균차입이자율을 적용한다.

Chapter 11

과세표준과 세액의 계산

AN INTRODUCTION TAX LAW

1 과세표준의 계산

법인세의 과세표준은 각 사업연도 소득금액에서 다음의 금액을 순차적으로 공제하여 계산한다.

> 과세표준 = 각 사업연도 소득금액 − 이월결손금 − 비과세소득 − 소득공제

이 경우 이월결손금 중 각 사업연도 소득금액을 초과하는 금액은 공제시한이 남아 있는 한 차기로 이월하여 공제받을 수 있다. 반면에 비과세소득과 소득공제액은 과세표준을 계산함에 있어서 공제되지 못한 경우에는 다음 사업연도에 이월하여 공제할 수 없다.

(1) 이월결손금 공제

각 사업연도의 손금총액이 익금총액을 초과하는 경우 그 초과하는 금액을 '결손금'이라 하며, 이러한 결손금이 차기로 이월된 경우 그것을 '이월결손금'이라 한다. 특정 사업연도에서 발생한 결손금은 그 다음 사업연도 소득에서 공제될 수 있는데 이를 '이월공제(carry-over)'라 하며, 이와 반대로 이전 사업연도의 소득에서 공제하는 방법을 '소급공제(carry-back)'라 한다. 법인세법에서는 중소기업에게 두 방법을 선택하도록 허용하고 있으나, 중소기업 이외 법인에 대해서는 원칙적으로 '이월공제'의 방법만을 허용하고 있다. 과세표준 계산상 공제되는 이월결손금의 내용은 다음과 같다.

1) 공제대상 이월결손금

과세표준 계산시 공제하는 이월결손금은 해당 사업연도의 개시일로부터 소급하여 15년(2021.1.1. 이전에 신고된 결손금은 10년) 이내에 개시한 사업연도에서 발생한 세무상 결손금으로서 그 후의 각 사업연도 소득금액 또는 과세표준계산상 공제되지 않은 금액을 말한다. 공제시한이 지나면 과세표준 계산 상 공제될 수 없으며, 공제 시 먼저 발생한 사업연도의 결손금부터 순차로 공제한다.

한편, 이월결손금은 자산수증이익 및 채무면제이익과 상계할 수 있는데, 일단 상계된 후에는 해당 이월결손금은 소멸하게 되므로 그 이후 각 사업연도 소득에서 공제되지 않는다. 또한 법인세 과세표준을 추계결정 · 경정하는 경우 이월결손금 공제규정을 적용하지 않는다.(단, 천재 · 지변 등으로 장부나 그 밖의 증빙서류가 멸실되어 추계하는 경우에는 그렇지 않다.)

2) 공제순위

결손금이 여러 사업연도에 걸쳐 발생하여 누적되어 온 경우에는 먼저 발생한 결손금부터 순차로 공제하여야 한다.

3) 공제한도

2015년 12월 31일 이전에 개시한 사업연도까지는 한도 없이 이월결손금 전액(100%)을 공제하였지만, 2016년 1월 1일 이후에 개시하는 사업연도 분부터 중소기업과 회생계획을 이행중인 기업 등[73]을 제외한 내국법인의 경우는 이월결손금 공제가 특정사업연도에 집중되지 않도록 하기 위하여 다음과 같이 이월결손금의 공제한도를 두었다. 중소기업과 회생계획을 이행중인 기업의 경우 한도없이 이월결손금의 전액(100%)을 각 사업연도 소득에서 공제할 수 있도록 한 이유는 중소기업에게 과도한 부담이 되지 않도록 하고, 기업회생 등 구조조정에 장애가 되지 않도록 하기 위해서였다.

이러한 취지에 따라 다음의 표와 같이 2016년 사업연도부터 매년 공제한도를 점진적으로 축소하여 2022년 사업연도부터 각 사업연도 소득금액의 60%의 공제한도까지 축소되었으나 기업들의 실제 적용시 공제한도가 다소 제한적이라는 의견이 팽배함에 따라 합리적인 공제한도로 80%를 적용하는 방향으로 최근 세법개정이 이루어졌다.

구 분	일반법인의 이월결손금 공제한도
2015.12.31. 이전에 개시한 사업연도	각 사업연도 소득금액 × 100%
2016.1.1.부터 2017.12.31.까지 개시한 사업연도	각 사업연도 소득금액 × 80%
2018.1.1.부터 2018.12.31.까지 개시한 사업연도	각 사업연도 소득금액 × 70%
2019.1.1.부터 2022.12.31.까지 개시한 사업연도	각 사업연도 소득금액 × 60%
2023.1.1.이후 개시하는 사업연도	각 사업연도 소득금액 × 80%

73) 금융회사 또는 금융업무 · 구조조정업무를 행하는 공공기관과 협약을 체결하여 경영정상화 계획을 이행 중인 법인이나 사업재편계획을 이행 중인 법인 등을 말한다.

(2) 결손금 소급공제

1) 결손금 소급공제에 의한 법인세액 환급[74)]

중소기업[75)]은 각 사업연도 세무상 결손금이 발생한 경우 그 결손금을 직전 사업연도로 소급적용하여 직전 사업연도의 감소되는 법인세액을 환급받을 수 있는데 이를 결손금 소급공제라 한다. 구체적인 환급대상액은 다음과 같으며 한도를 초과할 수 없다.

환급대상액	• 직전 사업연도 법인세산출세액 - [(직전 사업연도 과세표준 - 소급공제할 결손금) × 직전 사업연도 법인세율]
한　　도	• 직전 사업연도 법인세산출세액 - 직전 사업연도 공제 · 감면세액

결손금을 소급공제하여 법인세액 환급을 받고자 하는 법인은 과세표준 신고기한까지 납세지 관할 세무서장에게 신청하여야 하며, 신청을 받은 관할세무서장은 지체없이 환급세액을 결정하여 환급하여야 한다.

위와 같은 결손금 소급공제를 통한 법인세 환급 규정은 해당 법인에 과세표준신고기한 내에 결손금이 발생한 사업연도와 직전사업연도의 소득에 대한 법인세과세표준 및 세액을 각각 신고한 경우에만 적용할 수 있다.

2) 환급세액의 추징

세무상 결손금의 소급공제로 법인세액을 환급한 후 해당 결손금이 발생한 사업연도의 법인세 과세표준 및 세액을 경정함에 따라 결손금이 감소한 경우, 그 감소한 결손금에 상당하는 환급세액에 이자상당액을 가산하여 해당 결손금이 발생한 사업연도의 법인세로 추징한다. 또한, 해당 결손금이 발생한 사업연도의 직전 사업연도에 대한 법인세 과세표준과 세액을 경정함에 따라 환급세액이 감소한 경우에는 그 감소한 환급세액에 이자상당액을 가산하여 해당 결손금이 발생한 사업연도의 법인세로 추징한다.

이 때 추징세액은 다음의 환급취소세액과 이자상당액을 합한 금액으로 한다.

$$\text{추징세액} = \text{① 환급취소세액} + \text{② 이자상당액}$$

$$\text{① 환급취소세액} = \text{당초 환급세액} \times \frac{\text{감소된 결손금} - \text{소급공제받지않은 결손금}^{*1)}}{\text{소급공제 결손금}}$$

---

74) 한시적으로 2021년에 발생한 결손금은 직전 2년간으로 공제 허용기간을 확대하였다.

75) 부동산임대업을 영위하는 법인은 제외한다.

② 이자상당액 = 환급취소세액 × 기간[*2)] × $\frac{2.2^{*3)}}{10,000}$

*1) 결손금 중 일부금액만을 소급공제받은 경우 소급공제받지 않은 결손금이 먼저 감소된 것으로 본다. 즉, 납세자의 입장에서 환급취소세액이 감소하는 효과가 있다.

*2) 당초 환급세액의 통지일의 다음날부터 추징세액 고지일까지의 일수로 한다.

*3) 현재 1일당 0.022%임

예제 1 결손금의 소급공제

다음은 중소기업인 ㈜서울의 제11기 사업연도(20×1.1.1. ~ 20×1.12.31.)에 발생한 세무상 결손금의 소급공제와 관련한 자료이다.(단, ㈜서울은 성실신고확인대상 소규모법인에 해당되지 않는다.)

(1) ㈜서울의 제10기 법인세 신고와 관련한 내용은 다음과 같다.

1) 과세표준	₩300,000,000	
2) 산출세액	40,000,000	과세표준 2억원 이하 10% 과세표준 2억원 초과분 20%
3) 공제 · 감면세액	(28,000,000)	
4) 가산세액	1,500,000	
5) 총부담세액	₩13,500,000	

(2) 제11기에 발생한 세무상 결손금은 ₩80,000,000이다. ㈜서울은 법인세 과세표준신고기한 내에 결손금소급공제를 신청하였다.

1. ㈜서울은 가능한 한 최대금액을 환급받으려 한다. 이 때 제11기 결손금 소급공제에 따라 환급받을 세액과 차기로 이월될 결손금을 계산하시오.
2. ㈜서울이 결손금소급공제를 받은 후 납세지 관할 세무서장의 경정에 따라 제11기의 세무상 결손금이 ₩50,000,000으로 감소하였다. 당초 환급세액 통지일의 다음날부터 추징세액 고지일까지 기간이 500일이라고 가정할 때, ㈜서울이 납부해야 할 추징세액을 계산하시오.

해설

1. (1) 환급세액: Min[①, ②] = ₩12,000,000

① 결손금 전액 소급공제 시

₩40,000,000 - (300,000,000 - 80,000,000) × 직전 사업연도 법인세율 = ₩16,000,000

② ₩40,000,000 - 28,000,000 = ₩12,000,000

(2) 차기로 이월될 결손금: ₩80,000,000 - 60,000,000 = ₩20,000,000

㈜서울의 입장에서는 환급세액의 한도까지만 결손금을 소급공제하고 남는 결손금은 이후 사업연도로 이월하여 이월결손금 공제를 적용하는 것이 유리하다.

₩40,000,000 - (300,000,000 - 소급공제할 결손금) × 직전 사업연도 법인세율 = ₩12,000,000
위 식을 만족하는 소급공제할 결손금은 ₩60,000,000이 된다.

2. (1) 환급취소세액 = $₩12,000,000 \times \frac{30,000,000 - 20,000,000}{60,000,000} = ₩2,000,000$

(2) 이자상당액 = $₩2,000,000 \times 500일 \times \frac{2.2}{10,000} = ₩220,000$

(3) 추징세액 = (1) + (2) = ₩2,220,000

(3) 비과세소득

'비과세소득'이란 조세정책적 목적으로 법인세 과세표준 계산시 제외시키는 소득 즉, 과세관청에서 과세권을 포기한 소득이다. 법인세법상 비과세소득으로는 '공익신탁의 신탁재산에서 생기는 소득'이 있으며, 그 외 조세특례제한법에서 일정한 주식양도차익과 배당소득을 비과세소득으로 정하고 있다. 비과세소득은 소득공제와 달리 별도의 신청없이 적용가능하다.

비과세소득은 각 사업연도 소득금액에서 이월결손금을 차감한 금액을 한도로 공제하며, 이를 초과하여 공제하지 못한 비과세소득은 차기로 이월하지 않고 소멸한다.

(4) 소득공제

'소득공제'란 법인세 과세표준 계산시 과세소득의 일부를 공제해 줌으로써 법인의 조세부담을 경감시켜주는 제도를 말한다. 법인세법상 소득공제로 유동화전문회사 등에 대한 소득공제가 있으며, 그 외 조세특례제한법에서 고용유지기업에 대한 소득공제 및 자기관리부동산투자회사 등에 대한 소득공제 등을 정하고 있다.

소득공제액은 각 사업연도 소득금액에서 이월결손금과 비과세소득을 차감한 금액을 한도로 공제하며, 이를 초과하여 공제하지 못한 소득공제액은 차기로 이월하지 않고 소멸한다. 또한, 법인세법상 소득공제를 받은 배당은 배당소득의 이중과세조정(법인세법 상 수입배당금의 익금불산입, 소득세법상 Gross-up)을 적용할 수 없다.

1) 유동화전문회사 등에 대한 소득공제(법인세법)

유동화전문회사 등에 해당하는 내국법인이 배당가능이익의 90% 이상을 배당한 경우 그 금액은 해당 배당을 결의한 잉여금 처분의 대상이 되는 사업연도의 소득금액에서 공제한다. 유동화전문회사 등은 명목회사(Paper Company)로서 실체가 없는 도관(Conduit)과 같은 역할을 할 뿐이므로 실질우선주의에 입각하여 실제로 소득이 발생되는 주주에게 직접과세하고 법인 단계에서는 소득공제를 적용하여 이중과세의 문제가 발생하지 않도록 하는 것이 동 제도의 취지이다. 그러므로 유동화전문회사 등으로 부터 수령하는 배당에 대해서는 이중과세의 문제가 발생하지 않기 때문에 주주단계에서 이중과세를 조정하지 않는다.

예제 2 과세표준의 계산

다음은 ㈜서울의 제11기 사업연도(2025.1. 1. ~2025.12. 31.)의 법인세 과세표준 계산에 필요한 자료이다.

(1) 각 사업연도 소득금액	₩200,000,000
(2) 비과세소득	10,000,000
(3) 소득공제	25,000,000
(4) 각 사업연도의 이월결손금	
• 2009년 발생분	₩45,000,000
• 2010년 발생분	75,000,000
• 2016년 발생분	90,000,000
• 2018년 발생분	80,000,000

1. ㈜서울이 중소기업인 경우 제11기의 법인세 과세표준을 계산하시오.
2. ㈜서울이 중소기업이 아닌 경우 제11기의 법인세 과세표준을 계산하시오.

해설

1. ㈜서울이 중소기업인 경우

각 사업연도 소득금액		₩200,000,000
이월결손금	(−)	170,000,000*1)
비과세소득	(−)	10,000,000
소득공제	(−)	20,000,000*2)
과세표준		₩0

*1) ₩90,000,000 + 80,000,000 = ₩170,000,000

2021.1.1. 이전에 발생한 이월결손금은 향후 10년간, 그리고 2021.1.1. 이후에 발생한 이월결손금은 향후 15년 이내에 개시하는 사업연도의 과세표준 계산할 때에 공제가능하다. 따라서 공제가능한 이월결손금은 2015년과 2017년 발생분의 합계액인 ₩170,000,000이며, 중소기업이므로 100% 전액 공제된다.

*2) Min[₩25,000,000, (₩200,000,000 - 170,000,000 - 10,000,000)] = ₩20,000,000

소득공제액은 각 사업연도 소득금액에서 이월결손금과 비과세소득을 차감한 금액을 한도로 공제하며, 이를 초과하여 공제하지 못한 소득공제액은 차기로 이월하지 않고 소멸한다.

2. ㈜서울이 중소기업이 아닌 경우

각 사업연도 소득금액		₩200,000,000
이월결손금	(−)	160,000,000*3)
비과세소득	(−)	10,000,000
소득공제	(−)	25,000,000
과세표준		₩5,000,000

*3) Min[₩170,000,000, ₩200,000,000 × 80%] = ₩160,000,000
중소기업이 아니므로 이월결손금 공제에 한도가 존재하며, 현재 이월결손금 공제 한도는 각 사업연도 소득금액의 80%이다.

2 산출세액의 계산

(1) 법인세의 세율

내국법인의 각 사업연도에 소득에 대한 법인세 산출세액은 과세표준에 다음의 세율(4단계 초과누진세율)을 적용한 금액으로 한다.76)

과세표준	산출세액
2억원 이하	과세표준 × 9%
2억원 초과 200억원 이하	1천 800만원 + 2억원 초과액 × 19%
200억원 초과 3,000억원 이하	37억 8천만원 + 200억원 초과액 × 21%
3,000억원 초과	625억 8천만원 + 3천억원 초과액 × 24%

(2) 사업연도가 1년 미만인 경우

사업연도가 1년 미만인 경우에는 다음의 산식에 의하여 산출세액을 계산한다.

$$\text{산출세액} = \left(\text{과세표준} \times \frac{12}{\text{사업연도의 월수}^{*}} \times \text{세율}\right) \times \frac{\text{사업연도의 월수}^{*}}{12}$$

* 여기서 월수는 역에 따라 계산하되, 1월 미만의 일수는 1월로 한다.

76) 다만, 성실신고확인대상 소규모 법인에 해당하는 경우 누진구조는 동일하나 과세표준 200억원 이하에 대해 19%의 세율을 적용한다. 성실신고확인대상 소규모 법인은 ①지배주주등 지분율 50% 초과 200억원 초과, ②부동산임대업이 주된 사업이거나 부동산 임대수입과 이자 및 배당소득이 매출액의 50%이상, ③상시근로자수가 5인 미만의 세 가지 요건을 모두 갖춘 법인이다.

예제 3 산출세액의 계산

㈜서울의 제10기 사업연도의 각 사업연도 소득금액은 ₩300,000,000이며, 공제가능한 이월결손금(제7기 발생분) ₩150,000,000이다. 다음 요구사항에 답하시오.(단, ㈜서울은 성실신고확인대상 소규모 법인에 해당하지 않는다.)

1. 제10기 사업연도가 1. 1. ~ 12. 31.인 경우 법인세 산출세액을 계산하시오.
2. 제10기 사업연도가 1. 1. ~ 6. 30.인 경우 법인세 산출세액을 계산하시오.

해설

1. 사업연도 월수가 12월인 경우
   (1) 과세표준: ₩300,000,000 - 150,000,000 = ₩150,000,000
   (2) 산출세액: ₩150,000,000 × 9% = ₩13,500,000

2. 사업연도 월수가 6월인 경우
   (1) 과세표준: ₩300,000,000 - 150,000,000 = ₩150,000,000
   (2) 산출세액: (₩150,000,000 × 12/6 × 세율) × 6/12 = (₩18,000,000 + 100,000,000 × 19%) × 6/12
   = ₩18,500,000

3 세액감면과 세액공제

(1) 세액감면

세액감면은 세액면제와 세액경감으로 구분된다. 세액면제는 특정소득에 대해 사후적으로 세금을 완전히 면제하는 것을 말하며, 세액경감은 일정한 비율만큼 경감해 주는 것을 말한다. 이 경우 감면(면제)세액은 다음의 산식에 의하여 계산한다.

$$\text{감면세액(또는 면제세액)} = \text{법인세 산출세액*} \times \frac{\text{감면(면제)소득}}{\text{과세표준}}(100\%\ \text{한도}) \times \text{감면율}$$

* 토지 등 양도소득에 대한 법인세와 미환류소득에 대한 법인세는 제외한다.

현행 법인세법에는 세액감면 규정이 없고, 조세특례제한법에서 여러 종류의 세액감면을 규정하고 있다. 세액감면에는 일반감면과 기간감면으로 구분할 수 있다.

① 일반감면

세액감면의 일반감면은 감면대상이 되는 소득이 발생하면 발생시기에 제한 없이 감면이 가능하다. 그러나 당해연도에 충분한 산출세액이 없어서 감면대상 소득을 감면받지 못한 금액이 있더라도 이월은 되지 않는다. '중소기업에 대한 특별세액 감면'이 대표적인 일반감면이 적용되는 세액감면이다.

② 기간감면

세액감면의 기간감면은 감면대상 소득이 처음으로 발생한 과세연도와 그 다음 과세연도 개시일부터 4년 이내에 끝나는 과세연도에 법인세의 50%를 감면한다. 이월공제가 되지 않는 점은 일반감면과 같다. '창업중소기업 등에 대한 세액감면'이 대표적인 기간감면이 적용되는 세액감면이다.

1) 중소기업에 대한 특별세액감면

중소기업 중 감면 업종을 경영하는 기업에 대해서는 2025년 12월 31일 이전에 끝나는 과세연도까지 해당 사업장에서 발생한 법인세에 업종별 감면율을 곱하여 계산한 세액상당액을 감면한다. 다만, 내국법인의 본점 또는 주사무소가 수도권에 있는 경우에는 모든 사업장이 수도권에 있는 것으로 보고 감면율을 적용한다.

본점소재지	업 종	감면율	
		소기업	중기업
지방	도(소)매업, 의료기관 운영업	10%	-
	제조업 등 나머지 46개 업종	20%	-
수도권	도(소)매업, 의료기관 운영업	10%	5%
	제조업 등 나머지 46개 업종	30%	15%

2) 창업중소기업 등에 대한 세액감면

중소기업 중 2027년 12월 31일까지 창업중소기업과 창업벤처중소기업 업종으로 창업한 중소기업(창업중소기업)과 「중소기업창업 지원법」에 따라 창업보육센터사업자로 지정받은 내국인(창업보육센터사업자)에 대해서는 해당 사업에서 최초로 소득이 발생한 과세연도[77]와 그 다음 과세연도의 개시일부터 4년 이내에 끝나는 과세연도까지 해당 사업에서 발생한 소득에 대한 법인세에 다음의 구분에 따른 감면을 곱한 금액에 상당하는 세액을 감면한다.

구 분	기본 감면			추가 감면
	본점소재지가 수도권과밀억제권역	본점소재지가 수도권 과밀억제권역 밖		
		수도권	수도권 밖*	
창업 중소기업	-	**5년 25%**	5년 50%	상시근로자 증가율 × **100%**
청년 · 생계형	5년 50%	**5년 75%**	5년 100%	
벤처기업 등	5년 50%			

* 수도권 인구감소지역을 포함하며, 청년창업중소기업은 15세 이상 39세 이하인 사람이 창업한 기업을 말한다.

---

77) 사업 개시일부터 5년이 되는 날이 속하는 과세연도까지 해당 사업에서 소득이 발생하지 아니하는 경우에는 5년이 되는 날이 속하는 과세연도를 말한다.

(2) 세액공제

세액공제는 산출세액에서 일정액을 공제하는 것을 말하며, 세액감면과의 가장 큰 특징은 모든 세액감면이 당해연도에 감면을 받지 못하면 이월하여 감면이 되지 않는 것에 비해 세액공제의 경우 대부분의 항목들이 이월공제가 가능하다는 점이다. 현행 법인세법 및 조세특례제한법에 따른 세액공제는 다음과 같다.

구 분	종 류	이월공제 여부
(1) 법인세법상 세액공제	① 외국납부세액공제 ② 재해손실세액공제 ③ 사실과 다른 회계처리에 기인한 경정에 따른 세액공제	10년간 이월공제 가능 이월공제 불가 5년 이상 이월공제 가능
(2) 조세특례제한법상 세액공제[78)	① 투자세액공제 ② 연구 및 인력개발비에 대한 세액공제 ③ 기타 세액공제	10년간 이월공제 가능 10년간 이월공제 가능 대부분 10년간 이월공제 가능

세액감면과 세액공제의 비교

세액감면은 산출세액을 기준으로 특정사유에 따라서 발생한 특정한 소득에 대해 일정한 비율을 산출세액에서 감면하는 방법이다. 산출세액을 기준으로 계산하므로 특정 사업연도 실적이 좋지 않아 산출세액이 없다면 세액감면 받는 금액도 없게 된다. 창업중소기업에 대한 세액감면이나 중소기업에 대한 특별세액감면이 대표적인 세액감면이다.
이에 반해 세액공제는 산출세액과 관계없이 일정한 사유에 의해 발생된 금액을 기준으로 산출세액에서 공제하며 산출세액이 없는 사업연도라고 해도 대부분의 세액공제 항목들은 차기로 이월해서 세액공제를 받을 수 있다. 외국납부세액공제와 투자세액공제가 이월공제가 가능한 대표적인 세액공제이다.

1) 외국납부세액공제

내국법인은 모든 소득에 대하여 법인세 납부의무가 있기 때문에, 과세표준에 국외에서 얻는 소득이 포함되어 있는 경우 우리나라의 법인세와 함께 그 원천지국의 법인세를 동시에 부담하게 되는 이중과세문제가 발생한다. 우리나라는 이러한 국제적 이중과세를 조정하기 위하여 외국납부세액공제를 적용받을 수 있도록 하였다.

---

78) 조세특례제한법에는 언급된 항목 이외에도 매우 다양한 세액공제를 규정하고 있다.

① 외국납부세액의 종류

외국납부세액에는 다음과 같이 3가지 종류가 있다.

구 분	내 용
직접납부 외국법인세액	외국정부(지방자치단체)에 의해 과세된 다음의 세액(가산세 · 가산금은 제외) ① 초과이윤세 및 그 밖의 법인의 소득 등을 과세표준으로 하여 과세된 세액 ② 법인의 소득 등을 과세표준으로 하여 과세된 세의 부가세액 ③ 법인의 소득 등을 과세표준으로 하여 과세된 세와 동일한 세목에 해당하는 것으로서 소득 외의 수익금액 또는 그 밖에 이에 준하는 것을 과세표준으로 하여 과세된 세액
간접납부 외국법인세액	내국법인의 각 사업연도 소득금액에 외국자회사로부터 받은 수입배당금이 포함되어 있는 경우 다음의 금액을 세액공제(또는 손금산입)되는 외국법인세액으로 본다. $\left[\begin{array}{l}\text{외국자회사}^{*}\text{의} \\ \text{해당 사업연도} \\ \text{법인세액}\end{array}\right] \times \left[\dfrac{\text{수입배당금액}}{\begin{array}{c}(\text{외국자회사의 해당사업연도의} \\ \text{소득금액 - 외국자회사의 해당 사업연도의 법인세액})\end{array}}\right]$ * 외국자회사는 내국법인이 직접 의결권 있는 발행주식총수(또는 출자총액)의 10%(「조세특례제한법」상 해외자원개발사업을 하는 외국법인의 경우에는 5%) 이상을 출자하고 있는 외국법인임 단, 내국법인이 외국자회사 주식(또는 출자지분)을 외국자회사의 배당기준일(배당금 지급결의일) 현재 6개월 이상 계속하여 보유하고 있는 경우에만 이중과세를 조정하며, 익금불산입의 적용되상이 되는 외국자회사로부터 받은 수입배당금액에 대해서는 외국납부세액공제를 적용하지 아니한다. 또한, 간접납부 외국법인세액을 세액공제의 방식으로 이중과세 조정을 한 경우 익금으로 간주하여[79] 각 사업연도 소득금액에 합산한다.
의제외국법인세액	국외원천소득이 있는 내국법인이 조세조약의 상대국에서 해당 국외 원천소득에 대하여 법인세를 감면받은 세액 상당액은 조세조약으로 정하는 범위에서 세액공제 또는 손금산입되는 외국법인세액으로 본다. 해당 상대국에서 우리나라 법인의 국외사업장에 대해 법인세를 감면한 경우 그 법인세 감면효과가 우리나라의 법인세 과세시에도 그대로 유지되도록 하게 하기 위함이 본 규정의 취지이다.

② 외국납부세액공제액의 계산

외국납부세액공제액은 다음과 같이 계산한다.

---

79) 외국법인으로부터 수령한 수입배당금은 외국법인세가 차감된 후의 금액이므로 해당 외국법인세가 차감되기 전의 상태로 환원하여 우리나라 법인세를 계산한 후 외국자회사의 법인세를 세액공제함으로써 외국법인세의 과세효과를 최소화하기 위함이다.

외국납부세액공제액: Min[①, ②]

① 외국납부세액

② (한도) 법인세 산출세액 × $\frac{\text{과세표준에 포함된 국외원천소득}}{\text{과세표준}}$

만약 국외원천소득이 2개국 이상에서 발생한 경우에는 공제한도는 국가별로 구분하여 계산하는 방법(국별한도방법)을 적용하여야 한다. 국가별로 구분하지 않고 일괄하여 계산하는 방법(일괄한도방법)은 적용할 수 없다.

그리고 외국정부에 납부하였거나 납부할 외국법인세액이 해당 사업연도의 공제한도금액을 초과하는 경우 그 초과하는 금액은 해당 사업연도의 다음 사업연도 개시일부터 10년 이내에 끝나는 각 사업연도로 이월하여 그 이월된 사업연도의 공제한도금액 내에서 공제받을 수 있다. 다만, 외국정부에 납부하였거나 납부할 외국법인세액을 이월공제기간 내에 공제받지 못한 경우 그 공제받지 못한 외국법인세액은 이월공제기간의 종료일 다음 날이 속하는 사업연도의 소득금액을 계산할 때 손금에 산입할 수 있다. 한편, 외국납부세액을 각 사업연도의 소득금액 계산에 있어서 손금에 산입하는 방법은 인정되지 않으며, 외국자회사 수입배당금액의 익금불산입 규정이 적용되는 수입배당금액에 대해서는 외국납부세액공제 규정을 적용하지 아니한다.

예제 4 외국납부세액공제(1)

국외원천소득이 있는 ㈜서울은 외국납부세액에 대해 법인세과세표준 신고시 세액공제를 적용하기로 하였다. ㈜서울의 제11기(20×1.1.1. ~ 20×1.12.31)의 법인세과세표준 신고에 필요한 자료가 다음과 같을 때 ㈜서울이 적용받을 수 있는 외국납부세액공제액을 계산하시오.

(1) 법인세 과세표준: ₩300,000,000

(2) 법인세 산출세액: ₩37,000,000

(3) 국외원천소득

① 과세표준에 산입된 국외원천소득: ₩150,000,000

② 국외원천소득에 대한 외국납부세액: ₩25,000,000

해설

외국납부세액공제액: Min[①, ②] = ₩18,500,000

① 외국납부세액: ₩25,000,000

② (한도) ₩37,000,000 × $\frac{150,000,000}{300,000,000}$ = ₩18,500,000

예제 5 외국납부세액공제(2) - 간접납부 외국법인세액

다음 자료를 이용하여 ㈜서울의 제11기 사업연도(20×1.1.1.~20×1.12.31.)의 외국납부세액공제액을 계산하시오. 단, 외국자회사로부터 받은 수입배당금액에 대해 익금불산입규정이 적용되지 아니하였다.

(1) ㈜서울은 우리나라에 본점이 있으며, 외국에 본점을 둔 자회사 ㈜해외의 주식 55%를 보유하고 있다.

(2) 제11기에 ㈜서울은 ㈜해외로부터 ₩60,000,000의 배당을 수령했으며, 이는 외국의 법인세 원천징수세액 ₩15,000,000이 차감된 후의 금액이다.

(3) ㈜해외로부터의 배당을 제외한 ㈜서울의 제11기 각 사업연도 소득금액은 ₩300,000,000이며, 이월결손금, 비과세소득, 소득공제액은 없는 것으로 가정한다.

(4) ㈜해외로부터의 배당은 ㈜해외의 20×1년 사업연도의 이익처분에 의한 배당이며, 20×1년 사업연도의 소득은 ₩150,000,000이며, 이와 관련해 외국법인세 ₩30,000,000이 과세되었다.

해설

(1) 외국법인세액: ① + ② = ₩33,750,000

① 직접납부 외국법인세액: ₩15,000,000

② 간접납부 외국법인세액: $₩30,000,000 \times \dfrac{75,000,000}{150,000,000 - 30,000,000} = ₩18,750,000$

(2) 법인세 과세표준: ₩300,000,000 + 75,000,000 + 18,750,000*1) = ₩393,750,000

*1) 간접납부 외국법인세액은 외국법인세가 부과되기 전의 상태로 환원하기 위하여 각 사업연도 소득금액 계산 시 익금산입한다.

(3) 법인세 산출세액: ₩200,000,000 × 9% + 193,750,000 × 19% = ₩54,812,500

(4) 외국납부세액공제액: Min[①, ②] = ₩13,050,595

① 외국납부세액: ₩33,750,000

② 한도: $₩54,812,500 \times \dfrac{93,750,000^{*2)}}{393,750,000} = ₩13,050,595$

*2)

₩60,000,000	실수령액
15,000,000	직접납부 외국법인세액
₩75,000,000	수입배당금
18,750,000	간접납부 외국법인세액
₩93,750,000	과세표준에 포함된 국외원천소득금액

2) 재해손실세액공제

내국법인이 각 사업연도 중 천재 · 지변, 그 밖의 재해로 인하여 자산총액의 20% 이상을 상실하여 납세가 곤란하다고 인정되는 경우에는 다음에 해당하는 법인세액에 재해상실비율을 곱하여 계산한 금액(상실된 자산가액을 한도로 함)을 그 세액에서 공제한다. 재해 등으로 인하여 당해연도에 재해손실세액공제를 받을 수 있었으나 산출세액이 충분하지 못하여 세액공제를 받지 못하는 경우에도 차기로 이월하여 공제받을 수는 없다.

① 재해발생일 현재 부과되지 아니한 법인세와 부과된 법인세로서 미납된 법인세(가산세 포함)

② 재해발생일이 속하는 사업연도의 소득에 대한 법인세산출세액에 가산세[80]를 가산하고 다른 법률에 의한 공제 · 감면세액[81]을 차감한 금액

$$\text{재해상실비율} = \frac{\text{재해로 인하여 상실된 자산가액}^{*1)\ *3)}}{\text{상실 전의 사업용 자산총액}^{*2)\ *3)}}$$

*1) 재해로 상실한 자산이 보험에 가입되어 있어 보험금을 수령한 경우에도 상실된 자산가액에서 보험금을 차감하지 않는다.
*2) 상실 전 사업용 자산총액에 토지는 포함하지 않는다.
*3) 재해로 상실한 자산 중 타인 소유의 자산이 포함되어 있으며, 그 변상 책임이 해당 법인에게 있는 경우에는 상실된 타인 소유의 자산가액을 상실된 자산가액과 상실 전의 사업용 자산총액에 각각 합산한다.

예제 6 재해손실세액공제

㈜서울의 제11기 사업연도(20×1.1.1. ~ 20×1.12.31.) 중에 화재가 발생하여 자산의 일부를 상실하였다. 다음 자료를 이용하여 ㈜서울의 재해손실세액공제액을 계산하시오.

1. 화재 발생일: 7월 10일
2. 상실한 자산가액의 내역
   (1) 화재 발생 직전 자산 장부가액: ₩500,000,000(토지가액 ₩100,000,000 포함)
   (2) 화재로 인한 손실액은 ₩180,000,000이다.
   (3) 화재로 인한 손실액 중에는 거래처의 자산 ₩50,000,000이 포함되어 있으며, 이는 화재 발생 직전 자산 장부가액에는 포함되어 있지 않다. ㈜서울은 해당 거래처의 자산에 대해서도 변상해야 할 책임이 있다.
3. ㈜서울은 화재 발생일 현재 제10기 사업연도에 대한 법인세 ₩12,000,000과 납부지연가산세 ₩1,500,000을 미납한 상태이다.

---

80) 장부의 기록·보관 불성실가산세, 무신고가산세, 과소신고가산세, 납부지연가산세 및 원천징수 납부지연가산세를 말한다.
81) 법인세법 이외의 법률에 의한 공제 · 감면세액이므로 외국납부세액공제는 해당되지 않는다.

4. ㈜서울의 제11기 법인세산출세액은 ₩25,000,000이며, 법적증명서류 수취 불성실가산세는 ₩2,000,000이다.

5. ㈜서울은 해당 화재와 관련하여 보험회사로부터 보험금 ₩80,000,000을 수령하였다.

해설

(1) 재해상실비율: $\frac{₩180,000,000}{₩500,000,000 - 100,000,000 + 50,000,000} = 40\% \geqq 20\%$

재해손실세액공제 요건을 충족함.

(2) 재해손실세액공제액: Min[①, ②] = ₩15,400,000

① ㉠ + ㉡ = ₩15,400,000

㉠ 미납된 법인세에 대한 세액공제액: ₩13,500,000 × 40% = ₩5,400,000

㉡ 제11기분 법인세에 대한 세액공제액: ₩25,000,000 × 40% = ₩10,000,000

② 한도 (상실된 자산가액): ₩180,000,000

3) 사실과 다른 회계처리에 기인한 경정에 따른 세액공제

분식회계에 의하여 수익 또는 자산을 과다계상하거나 손비 또는 부채를 과소계상하는 등 사실과 다른 회계처리가 금융감독원 등에 의하여 그 사실이 적발된 경우, 법인은 과다신고한 세액을 환급받기 위하여 경정청구를 하게 된다. 관할세무서장이 분식회계사실을 확인하여 세액을 경정하여 환급세액을 결정한 경우, 환급세액은 즉시 환급하지 않고 과다 납부한 세액의 100분의 20을 한도로 납부할 세액에서 과다 납부한 세액을 먼저 공제하고, 공제 후 남은 세액은 이후 사업연도로 이월하여 공제한다.

그 취지는 기업이 분식회계를 통하여 사실을 왜곡하는 경우 투자자 등에게 많은 피해를 줄 뿐만 아니라 국가의 대외신인도를 하락시키므로 분식회계를 제재하여 기업의 투명성을 제고하는 데 있다.

4 최저한세

(1) 최저한세의 의의

최저한세(Alternative Minimum Tax: AMT)란 조세특례제한법에 따른 조세감면(세액감면 및 세액공제)을 적용받는 경우에도 공평과세를 실현하기 위하여 최소한 일정 한도의 세액만큼은 납부하도록 하는 제도이다. 즉, 다음의 산식과 같이 최저한세는 각종 조세감면을 받은 후의 세액과 각종 조세감면을 받기 전의 과세표준에 최저한세율을 곱한 금액 중 큰 금액으로 한다.

최저한세 = Max[감면 후 세액, 감면 전 과세표준 × 최저한세율]

최저한세는 원칙적으로 조세특례제한법상 세액감면 · 세액공제를 대상으로 한다. 단, 예외적으로 조세특례제한법 중 중소기업의 '연구및인력개발비'에 대한 세액공제는 최저한세 대상이 아니며, 다른 법률(법인세법, 지방세법, 외국인투자촉진법)상의 세액감면 · 세액공제 역시 최저한세 대상이 아니다.

(2) 최저한세의 계산

최저한세 적용 대상 조세감면을 적용받은 후의 세액이 최저한세에 미달하는 경우 그 미달하는 세액은 조세감면을 적용하지 않으므로, 최저한세만큼은 납부하게 된다. 최저한세는 최저한세 적용 대상인 비과세, 익금불산입, 준비금, 소득공제를 적용하지 않은 경우의 과세표준에 최저한세율을 곱하여 산출되는 세액을 의미하며, 중소기업인 경우와 일반기업인 경우로 구분하여 다음과 같이 산정한다.

- 중소기업인 경우

  최저한세 = 최저한세 적용 대상인 비과세 등을 적용하지 않은 과세표준 × 7%
- 일반기업인 경우

  최저한세 = 최저한세 적용 대상인 비과세 등을 적용하지 않은 과세표준
  × 다음의 과표 구간별 세율

과세 표준	세 율
100억원 이하	10%
100억원 초과 1,000억원 이하	12%
1,000억원 초과	17%

만약, 최저한세가 감면 후 세액보다 큰 경우 그 차액에 세액에 상당하는 부분에 대해서는 조세감면 등을 배제해야 한다. 이 경우 원칙적으로 납세의무자가 과세표준 신고시 임의로 선택하여 조세감면을 배제할 수 있으나 정부가 경정하는 경우에는 일정 순서[82]에 따라 조세감면의 배제 순서를 적용한다. 한편, 최저한세가 감면 후 세액보다 작은 경우에는 별도의 조정절차가 없다.

82) (1) 조세특례제한법에 따른 준비금의 손금산입 (2) 조세특례제한법 제132조 제1항 제2호에 따른 손금산입 및 익금불산입 (3)세액공제 (4)세액감면 (5)소득공제 및 비과세 순으로 감면을 배제하여 추징세액을 계산하도록 규정하고 있으며, 이는 가급적 납세자가 공제혜택을 많이 받을 수 있도록 납세자에게 유리한 순서로 정하여져 있는 것이다.

예제 7 최저한세의 계산

다음은 ㈜한국의 제11기 사업연도(20×1.1.1. ~ 20×1.12.31.) 법인세 신고와 관련한 자료이다. 총 부담세액을 산출하라. 단, 고용창출투자세액공제는 최저한세 적용대상 항목이며, 외국납부세액공제는 최저한세 적용대상 항목이 아니다.

(1) 비과세 소득 등을 적용하지 않은 소득의 과세표준: ₩380,000,000
(2) 산출세액: ₩56,000,000
(3) 연구및인력개발비 세액공제: ₩12,000,000
(4) 외국납부세액공제: ₩8,000,000
(5) 고용창출투자세액공제: ₩32,000,000

1. ㈜한국이 중소기업인 경우 제11기 사업연도의 총부담세액을 계산하시오.
2. ㈜한국이 중소기업이 아닌 경우 제11기 사업연도의 총부담세액을 계산하시오.

해설

1. ㈜한국이 중소기업인 경우

(1) 최저한세 적용

① 감면 후 세액: ₩56,000,000 - ₩32,000,000* = ₩24,000,000

* 중소기업인 경우 연구및인력개발비 세액공제는 최저한세 적용대상이 아니다.

② 최저한세: ₩380,000,000 × 7% = ₩26,600,000

(2) 최저한세 고려 후 총부담세액

₩26,600,000 - ₩12,000,000 - ₩8,000,000 = ₩6,600,000

2. ㈜한국이 중소기업이 아닌 경우

(1) 최저한세 적용

① 감면 후 세액: ₩56,000,000 - ₩44,000,000* = ₩12,000,000

* 중소기업이 아닌 경우 연구및인력개발비 세액공제는 최저한세 적용대상이다.

② 최저한세: ₩380,000,000 × 10% = ₩38,000,000

(2) 최저한세 고려 후 총부담세액

₩38,000,000 - ₩8,000,000 = ₩30,000,000

5 토지 등 양도소득에 대한 법인세

(1) 의 의

법인이 토지 등(주택 및 별장과 비사업용 토지를 말함)을 양도함으로써 발생한 소득에 대하여 과세된다. 이는 법인의 부동산투기를 방지하기 위한 목적으로 각 사업연도 소득에 대한 법인세에 추가하여 과세한다.

(2) 납세의무자

국가와 지방자치단체 및 지방자치단체조합을 제외한 모든 법인은 토지 등 양도소득에 대한 법인세의 납세의무를 진다.

(3) 토지 등 양도소득에 대한 법인세의 계산

> 토지 등 양도소득에 대한 법인세 = (양도금액 − 양도당시의 장부가액) × 10%(미등기: 40%)

(4) 비과세대상

다음에 해당하는 토지 등 양도소득에 대하여는 토지 등 양도소득에 대한 법인세를 과세하지 않는다. 다만, 미등기 토지 등에 대한 토지 등 양도소득에 대해서는 그러하지 아니하다.

① 파산선고에 의한 토지 등의 처분으로 인하여 발생하는 소득
② 법인이 직접 경작하던 농지의 교환, 분할, 통합으로 인하여 발생하는 소득
③ 도시개발법 그 밖의 법률의 규정에 의한 환지처분으로 지목 또는 지번이 변경되거나 체비지로 충당됨으로써 발생하는 소득
④ 적격분할 · 적격물적분할 · 적격현물출자 · 조직변경 및 적격교환으로 인하여 발생하는 소득
⑤ 한국토지주택공사가 토지개발사업으로 조성한 토지 중 주택건설용지로 양도함으로써 발생하는 소득

(5) 토지 등 양도소득에 대한 귀속사업연도

토지 등 양도소득의 귀속시기는 각 사업연도 소득에 대한 법인세의 '자산의 판매손익 등의 귀속시기'를 준용한다. 다만, 장기할부는 회수기일도래기준을 사용할 수 없으므로 대금청산일,

소유권이전등기일, 인도일, 사용수익일 중 가장 빠른 날을 귀속시기로 한다.

예약매출에 의하여 부동산을 양도한 경우에는 그 계약일에 양도한 것으로 본다.

(6) 양도차손의 처리

법인이 각 사업연도에 토지 등 양도소득에 대한 법인세 과세대상이 되는 2 이상의 토지 등을 양도하는 경우에 토지 등 양도소득은 해당 사업연도에 양도한 자산별로 계산한 금액을 합산한 금액으로 한다.

이 경우 양도한 자산 중 양도 당시의 장부가액이 양도금액을 초과하는 토지 등이 있는 경우에는 그 초과하는 금액(양도차손)을 먼저 같은 세율을 적용받는 자산의 양도소득에서 공제하고, 잔액은 다른 세율이 적용되는 자산의 양도소득에서 공제한다. 공제 후에도 양도차손이 남는 경우 그 양도차손은 이월되지 않고 소멸한다.

6 투자 · 상생협력촉진세제[83)]

(1) 의 의

최근 우리나라 경제의 저성장 가능성을 우려하는 목소리가 높은 가운데 본 세제는 경제주체들의 활발한 경제활동을 촉진하여 기업이 벌어들인 이익에 대해 적극적인 투자를 유도하고자 함이 목적이다. 즉 기업이 투자, 임금증가 또는 상생협력출연의 증대를 유도하여 가계의 소득을 증대시켜 기업의 이윤이 증가하게 되는 경제의 선순환을 실현하고자 하는 정책이다.

적용대상은 영리 내국법인으로서 각 사업연도 종료일 현재 자기자본이 500억원을 초과하는 법인(중소기업은 제외) 또는 「독점규제 및 공정거래에 관한 법률」 제14조 제1항에 따른 상호출자제한기업집단에 속하는 법인이다. 이 법인들의 기업소득에서 투자, 임금증가 또는 상생협력 등으로 사용하지 아니한 미환류소득이 있는 경우 그 미환류소득에 대해 100분의 20을 곱하여 산출한 세액을 투자 · 상생협력촉진세로 하여 일반적인 법인세 산출세액에 부가하여 납부한다.

(2) 적용방법

1) 미환류소득의 신고

기업은 미환류소득(또는 초과환류액) 산정방법을 다음의 2가지 방법 중 한 가지를 선택할

83) 조세특례제한법 제100조의32, 조세특례제한법 시행령 제100조의32에서 규정하고 있으며, 기존 법인세법 제56조 '기업소득 환류세제'가 2017년말 일몰종료됨에 따라 신설된 규정으로 미환류소득에 대한 법인세를 정하고 있다.

수 있으며 그 방법을 납세지 관할 세무서장에게 신고하여야 한다.

- 투자포함방법

  미환류소득(초과환류액)에 대한 법인세

  ={기업소득*1) × 70% - 환류액(투자합계액*2), 임금증가액*3), 상생액*4))} × 20%

- 투자제외방법

  미환류소득(초과환류액)에 대한 법인세

  ={기업소득 × 15% - 환류액(임금증가액, 상생액)} × 20%

  (단, 기업소득 계산 시 3천억원 초과 소득은 제외한다)

*1) 기업소득이란 법인세법상 '각 사업연도의 소득금액'에서 다음의 가산항목과 차감항목을 가감하여 산정함

가산항목:

㉠ 국세 · 지방세의 과오납금의 환급금에 대한 이자

㉡ 일반법인의 수입배당금액 중 익금불산입액

㉢ 기부금 한도초과 이월액의 손금산입액

㉣ 해당 사업연도의 투자합계액에 포함하는 자산에 대한 감가상각비로서 동일 기간에 손금산입한 금액 등

차감항목:

㉠ 해당 사업연도의 법인세액, 법인세 감면액에 대한 농특세 및 법인지방소득세(과세표준에 세율을 적용하여 계산한 세액의 10%)

㉡ 상법에 따라 해당 사업연도의 의무 이익준비금 적립액

㉢ 당해연도 과세표준 계산시 공제가능한 이월결손금(60% 한도 미적용)

㉣ 「자본시장과금융투자업에관한법률」에 따른 투자회사 등의 경우 배당소득공제액, 외국기업지배지주회사의 경우 해외자회사 배당수익

*2) 투자합계액은 사업용 자산 취득을 위해 해당 사업연도에 실제로 지출한 금액이며, 사업용 유형고정자산과 감가상각자산에 해당하는 무형고정자산 취득 및 벤처기업에 대한 신규출자에 소요된 금액이다. 만약, 투자가 2개 사업연도에 걸쳐서 이루어지는 경우 투자가 이루어지는 각 사업연도에서 실제 지출한 금액을 기준으로 투자 합계액을 산정한다. 이때 토지취득액은 제외한다.

*3) 임금 증가액은 상시근로자의 임금증가 시 1.5의 가중치를 부여하나, 고용증가에 따른 임금증가는 추가 0.5, 정년정규직 임금증가분 및 정규직전환 임금증가분에 대해서는 추가 1의 가중치를 부여한다. 다만, 상시근로자의 근로소득이 8천만원 이상인 경우는 제외하며, 상시근로자라 하더라도, 임원, 최대주주·최대출자자, 근로계약기간이 1년 미만, 단시간근로자, 근로소득 1.2억원 이상자 등은 상시근로자의 범위에서 제외한다.

*4) 상생액은 대기업의 2차 · 3차 협력기업과 성과공유, 협력중소기업의 R&D 및 근로자 임금 · 복지 등에 사용하도록 지원함이 목적이다. 상생액은 상생협력기금, 협력중소기업 사내근로복지기금, 공동근로복지기금에 출연한 금액을 의미하며, 3의 가중치를 부여한다.

2) 신고한 산정방법의 적용

내국법인이 미환류소득 산정방법으로 투자포함방법과 투자제외방법 중 어느 하나의 방법을 선택하여 신고한 경우 다음의 구분에 따른 기간까지는 선택한 방법을 계속 적용하여야 한다.

① 투자포함방법: 해당 사업연도 개시일부터 3년이 되는 날이 속하는 사업연도

② 투자제외방법: 해당 사업연도 개시일부터 1년이 되는 날이 속하는 사업연도

(3) 사후관리

당해 사업연도에 미환류 소득이 발생할 경우 미환류소득의 전부 또는 일부를 다음 2개 사업연도의 환류 소득으로 사용하기 위해 '차기환류적립금'을 설정할 수 있으며, 동 금액을 당해 사업연도 미환류소득에서 공제할 수 있다. 또한 당해 사업연도의 초과환류액이 발생하였을 경우 다음 사업연도로 이월하여 2년간 발생한 미환류소득에서 공제할 수 있다. 만약, 법인이 합병 또는 분할에 따라 피합병법인 또는 분할법인이 소멸하는 경우 합병법인 또는 분할신설법인은 미환류소득 및 초과환류액을 승계할 수 있다.

OX 문제

01 법인세 과세표준은 각 사업연도 소득의 범위내에서 이월결손금, 비과세소득 및 소득공제액을 순차적으로 공제하여 계산하며, 각 사업연도 소득의 범위를 초과하는 이월결손금, 비과세소득, 소득공제액은 차기로 이월된다.

02 과세표준 계산 시 공제대상이 되는 결손금이란 각 사업연도의 개시일전 10년 이내에 개시한 사업연도에서 발생한 세법상 결손금으로서 이미 공제받았거나 자산수증이익 · 채무면제이익으로 충당된 이월결손금을 제외한 결손금을 말한다.

03 천재지변에 의하여 법인세 과세표준을 추계결정 · 경정하는 경우에는 이월결손금 공제규정을 적용하지 않는다.

04 외국납부세액 공제의 한도액 계산 시 국외 사업장이 2 이상의 국가에 있는 경우에는 국가별로 구분하여 이를 계산하는 방법(국별한도방식)과 국가별로 구분하지 않고 일괄하여 계산하는 방법(일괄한도방식) 중 법인이 선택하여 적용할 수 있다.

정답&해설 **01** × **02** ○ **03** × **04** ×

01 과세표준계산시 공제되지 않은 비과세소득과 소득공제액은 차기로 이월되지 않고 소멸한다.

03 법인세법은 법인세과세표준을 추계결정 · 경정하는 경우에 기장불비에 대한 책임을 묻기 위하여 이월결손금공제규정을 적용하지 않도록 하고 있다. 다만, 천재지변 등으로 장부 · 기타 증빙서류가 멸실되어 추계결정하는 경우에는 그렇지 않다.

04 국외사업장이 2 이상의 국가에 있는 경우 국별한도방식만 적용할 수 있다.

05 내국법인이 조세조약의 상대국에서 해당 국외원천소득에 대하여 법인세를 감면받은 세액상당액은 조세조약이 정하는 범위 안에서 세액공제 또는 손금산입의 대상이 되는 외국납부세액으로 본다.

06 재해손실세액공제 대상이 되는 법인세에는 재해발생일이 속하는 사업연도의 소득에 대한 법인세와 재해발생일 현재 부과된 법인세로서 미납된 법인세가 포함되며, 재해발생일 현재 부과되지 아니한 법인세는 공제대상에 포함되지 않는다.

정답&해설 **05** ○ **06** ×

06 재해손실세액공제 대상이 되는 법인세에는 재해발생일이 속하는 사업연도의 소득에 대한 법인세와 재해발생일 현재 부과된 법인세로서 미납된 법인세 및 재해발생일 현재 부과되지 아니한 법인세를 포함한다.

연습문제

01 다음 중 법인세법상 과세표준에 대한 설명으로 옳지 않은 것은?

① 과세표준은 각 사업연도 소득에서 이월결손금, 비과세소득, 소득공제를 순차적으로 공제하여 계산한다.

② 이월결손금, 비과세소득, 소득공제는 모두 이월공제가 가능하다.

③ 이월결손금 공제를 함에 있어 먼저 발생한 결손금부터 순차로 공제한다.

④ 자산수증이익 및 채무면제이익과 상계된 이월결손금은 소멸하게 되므로 그 이후 각 사업연도 소득에서 공제되지 않는다.

⑤ 과세표준 계산시 공제하는 이월결손금(2021.1.1. 이후 발생분)은 해당 사업연도의 개시일로부터 소급하여 15년 이내에 개시한 사업연도에서 발생한 이월결손금에 한한다.

정답 ②

이월결손금은 공제시한이 남아 있는 한 차기로 이월공제 받을 수 있으나, 비과세소득과 소득공제액은 이월공제할 수 없다.

02 법인세법상 과세표준 및 세액의 계산에 관한 다음의 설명 중 옳은 것은? **[CTA 2018]**

① 중소기업은 각 사업연도에 결손금이 발생한 경우, 직전 및 직전 전 사업연도의 소득에 대하여 과세된 법인세액을 한도로 그 결손금의 환급을 신청할 수 있다.

② 재해손실세액공제는 천재지변 등 재해로 상실 전 자산총액의 100분의 15 이상을 상실하여 납세자가 곤란하다고 인정되는 경우 적용된다.

③ 외국납부세액공제는 해당 법인의 국내 법인세 산출세액을 한도로 하며, 이를 초과하는 금액은 10년간 이월공제 가능하다.

④ 천재지변 등으로 장부나 그 밖의 증명서류가 멸실되어 법인세를 추계하여 결정하는 경우에는 이월결손금 공제와 외국납부세액공제 모두 적용 가능하다.

⑤ 결손금의 이월공제는 각 사업연도의 소득의 범위에서 각 사업연도의 개시일 전 5년 이내에 개시한 사업연도에서 발생한 결손금에 한하여 이월하여 공제한다.

정답 ④

① 중소기업은 각 사업연도에 세무상 결손금이 발생한 경우 그 결손금에 대하여 직전 사업연도의 소득에 대하여 과세된 법인세액을 한도로 환급을 신청할 수 있다.
② 재해손실세액공제는 천재지변 등 재해로 상실 전 자산총액의 100분의 20 이상을 상실하여 납세가 곤란하다고 인정되는 경우 적용된다.
③ 외국납부세액공제는 과세표준에 포함된 국외원천소득에 대한 법인세 산출세액을 한도로 하며, 공제한도를 초과하는 외국납부세액은 다음 사업연도 개시일부터 5년 이내에 끝나는 각 사업연도에 이월하여 그 이월된 사업연도의 공제한도 범위에서 공제받을 수 있다.
⑤ 각사업연도 개시일 전 10년 이내에 개시한 사업연도에서 발생한 세무상 결손금은 과세표준 계산시 이월하여 공제한다.

03 법인세 과세표준의 계산에 관한 설명이다. 옳은 것은? **[CPA 2022]**

① 내국법인의 각 사업연도 소득에 대한 법인세의 과세표준을 계산할 때 공제되지 아니한 소득공제액은 해당 사업연도의 다음 사업연도 이후로 이월하여 공제할 수 있다.
② 「자산유동화에 관한 법률」에 따른 유동화전문회사가 배당가능이익의 90% 이상을 배당한 경우 그 금액은 해당 배당을 결의한 날이 속하는 사업연도의 소득금액에서 공제한다.
③ 내국법인의 각 사업연도 소득에 대한 법인세의 과세표준은 각 사업연도 소득의 범위에서 비과세소득, 이월결손금 및 소득공제액을 차례로 공제한 금액으로 한다.
④ 법인세의 과세표준과 세액을 추계결정하는 경우에는 이월결손금 공제규정을 적용하지 아니하며, 과세표준과 세액을 추계결정함에 따라 공제되지 못한 이월결손금은 그 후의 사업연도 과세표준을 계산할 때 공제할 수 없다.
⑤ 「채무자 회생 및 파산에 관한 법률」에 따라 법원이 인가결정한 회생계획을 이행 중인 법인의 공제대상 이월결손금은 각 사업연도 소득금액의 100%를 한도로 공제한다.

정답 ⑤

① 소득공제액은 각 사업연도의 소득금액에서 이월결손금과 비과세소득을 뺀 잔액의 범위 내에서 공제하며 미공제된 금액은 차기로 이월되지 않는다.
② 잉여금처분의 대상이 되는 사업연도의 소득금액에서 공제한다.
③ 이월결손금, 비과세, 소득공제액을 차례로 공제한다.
④ 각 사업연도의 소득에 대한 법인세의 과세표준을 계산할 때 공제할 결손금에는 법인세의 과세표준과 세액을 추계결정 또는 경정함에 따라 공제되지 아니한 이월결손금을 포함한다.

04 토지 등 양도소득에 대한 법인세의 다음 설명 중 옳지 않은 것은?

① 국가와 지방자치단체 및 지방자치단체조합을 제외한 모든 법인은 토지 등 양도소득에 대한 법인세의 납세의무를 진다.

② 과세대상은 주택과 비사업용 토지이며, 과세지역은 전국이 모두 해당된다.

③ 장기할부는 회수기일도래기준을 사용할 수 없으므로 대금청산일, 소유권이전등기일, 인도일, 사용수익일 중 가장 빠른 날을 귀속시기로 한다.

④ 과세대상이 되는 2 이상의 토지를 양도하는 경우에 양도차손은 같은 세율을 적용받는 자산의 양도소득에서만 공제하고 미공제분은 소멸한다.

⑤ 도시개발법에 의한 환지처분으로 지목 또는 지번이 변경되거나 체비지로 충당됨으로써 발생하는 소득은 비과세된다.

정답 ④

과세대상이 되는 2 이상의 토지를 양도하는 경우에 양도차손은 먼저 같은 세율을 적용받는 자산의 양도소득에서 공제하고, 잔액은 다른 세율이 적용되는 자산의 양도소득에서 공제한다.

05 영리내국법인 ㈜A(중소기업)는 제16기 사업연도(20×1.1.1. ~ 20×1.12.31.)에 발생한 법령에 따른 결손금 ₩100,000,000 전액에 대하여 법인세법상 결손금소급공제에 의한 법인세액의 환급을 신청하는 경우, ㈜A가 환급받을 수 있는 금액은 얼마인가? (단, 결손금 소급공제에 필요한 모든 요건은 충족하며, 주어진 자료 이외에는 고려하지 않음)

(1) 제15기 법인세 과세표준 등 신고 내역

과세표준	₩300,000,000
산출세액	37,000,000
공제 · 감면세액	(21,000,000)
가산세액	3,000,000
기납부세액	(9,000,000)
차감납부세액	10,000,000

(2) 제15기 법인세율:

과세표준 2억원 이하: 과세표준 × 9%

과세표준 2억원 초과 200억원 이하: 1천8백만원 + 2억원 초과금액 × 19%

① 16,000,000원　② 19,000,000원　③ 20,000,000원

④ 21,000,000원　⑤ 25,000,000원

정답 ①

환급받을 수 있는 법인세: Min[①, ②] = ₩16,000,000

① ₩37,000,000 - (₩300,000,000 - ₩100,000,0000) × 9% = ₩19,000,000

② 한도: ₩37,000,000 - ₩21,000,000 = ₩16,000,000

06 제조업을 영위하는 내국법인 ㈜갑(중견기업)의 제23기 사업연도(20×3.1.1. ~ 20×3.12.31.) 외국납부세액 관련 자료이다. (주)갑이 제23기 법인세 산출세액에서 공제할 외국납부세액공제액은 얼마인가? 단, 외국자회사 수입배당금액의 익금불산입규정이 적용되지 아니한다.

> (1) 외국자회사 : A법인 (외국에서 사업을 영위함)
> (2) 두자지분 : 의결권 있는 주식의 40% (20×1.1.1. 취득 후 지분율 변동 없음)
> (3) A법인으로부터의 배당금은 1,000,000원(원천징수세액 100,000원 포함)이며 다음과 같이 회계처리하였다.
>
> (차) 현　　　금　900,000　(대) 영 업 외 수 익　900,000
>
> (4) A법인의 해당 사업연도 소득금액 : 3,000,000원
> (5) A법인의 해당 사업연도 법인세 : 500,000원
> (6) (주)갑의 법인세비용차감전순이익은 100,000,000원이며, 이월결손금은 없다.
> (7) 법인세율: 과세표준 2억원 이하: 과세표준 × 9%,
> 과세표준 2억원 초과 200억원 이하: 1천8백만원+2억원 초과금액×19%

① 100,000원　② 108,000원　③ 200,000원
④ 266,666원　⑤ 300,000원

정답 ②

(1) 과세표준 : 100,000,000 + 100,000*1) + 200,000*2) = 100,300,000

*1) 직접납부 외국납부세액 : 100,000

*2) 간접납부 외국납부세액 : $500,000 \times \dfrac{1,000,000}{3,000,000-500,000} = 200,000$

(2) 산출세액 : 100,300,000 × 9% = 9,027,000

(3) 외국납부세액공제액 : Min(①, ②) = 120,000

① 외국법인세액 : 100,000 + 200,000 = 300,000

② 한도액 : $9,027,000 \times \dfrac{(900,000+100,000)+200,000^{*3)}}{100,300,000} = 108,000$

*3) 간접납부 외국납부세액은 익금에 산입되므로 국외원천소득에 합산한다.

07 제조업을 영위하는 영리내국법인 ㈜A의 제16기 사업연도(20×1.1.1. ~ 20×1.12.31.)에 대한 법인세법상 재해손실에 대한 세액공제액은 얼마인가? (단, 주어진 자료 이외에는 고려하지 않음)

(1) 20×1.3.20.에 발생한 화재로 인한 ㈜A 사업용 자산 가액의 변동

구 분	화재발생 직전 장부가액	화재발생 후 장부가액
토 지	₩100,000,000	₩90,000,000
건 물	200,000,000	60,000,000
기타 자산	100,000,000	30,000,000

한편, 상기 사업용 자산과는 별개로 ㈜A가 보관하던 타인소유 자산 ₩60,000,000이 당해 화재로 상실되었으며, ㈜A는 이에 대한 변상책임을 부담하지 않는다.

(2) 당해 화재로 인해 보험회사로부터 보험금 ₩90,000,000을 수령하였다.

(3) 제16기 각 사업연도의 소득에 대한 법인세 산출세액은 ₩280,000,000이며, 재해발생일 현재 부과되지 아니한 법인세와 부과된 법인세로서 미납된 세액은 없다. 또한 국세기본법에 따른 납부지연가산세가 ₩40,000,000이 있으며, 당해 재해손실에 대한 세액공제 이외에 다른 공제 및 감면세액은 없다.

① 128,000,000원　② 160,000,000원　③ 192,000,000원
④ 210,000,000원　⑤ 224,000,000원

정답 ④

(1) 재해상실비율[*1)]: (₩140,000,000 + 70,000,000) / (₩200,000,000 + 100,000,000)
= 70% ≧ 20% → 세액공제 요건 충족

*1) 사업용자산가액 계산시 토지는 제외한다. 그리고 상실에 대한 변상책임이 해당 법인에게 있는 타인소유 자산은 상실된 자산가액과 상실 전의 사업용자산총액에 포함하나, 변상책임이 없는 타인소유 자산은 포함하지 않는다.

(2) 재해손실세액공제액: Min[①, ②] = ₩210,000,000

① 미납된 법인세에 대한 세액공제액: ₩320,000,000[*2)] × 70% = ₩224,000,000

*2) 공제대상 법인세에는 납부지연가산세가 포함된다.

② 상실된 재산가액: ₩210,000,000

08 제조업을 영위하는 영리내국법인 ㈜A(중소기업)의 제23기(20×3.1.1. ~ 20×3.12.31.) 자료이다. 차감납부할 법인세액으로 옳은 것은? 단, ㈜A는 외국납부세액에 대하여 세액공제방법을 적용하고, 외국자회사 수입배당금액의 익금불산입규정이 적용되지 아니한다. **[CPA 2021]**

> (1) 제23기 과세표준은 260,000,000원(국내 및 국외원천소득 포함)이며, 최저한세 대상인 「조세특례제한법」상 손금산입액 20,000,000원이 반영된 금액이다.
> (2) 제23기에 외국 자회사B로부터 배당금 2,000,000원(원천징수세액 262,500원이 차감된 금액임)을 받아 배당금수익으로 회계처리하였다. 익금산입된 자회사B에 대한 간접외국납부세액은 500,000원이며, 외국납부세액공제요건을 충족한다.
> (3) 세무상 이월결손금 및 중간예납세액은 없다.
> (4) 중소기업의 최저한세율은 7%이다.
> (5) 20×3.1.1. 이후 개시되는 사업연도에 대해서는 다음의 세율을 적용한다.
> ① 과세표준 2억원 이하분 : 9%
> ② 과세표준 2억원 초과 200억원 이하분 : 19%

① 8,560,000원 ② 19,260,000원 ③ 28,637,500원
④ 29,087,625원 ⑤ 29,400,000원

정답 ④

(1) 차감납부할 법인세액

구 분	감면후세액	최저한세	재계산
① 과세표준	260,000,000	280,000,000	260,000,000
② 산출세액	29,400,000	19,600,000	29,400,000
③ 외국납부세액공제			(−)312,375
④ 차감납부할세액			29,087,625

(2) 외국납부세액

① 외국납부세액: 262,500 + 500,000 = 762,500

② 외국납부세액한도: $29,400,000 \times \frac{2,000,000+262,500+500,000}{260,000,000} = 312,375$

Chapter 12 법인세의 신고와 납부

AN INTRODUCTION TAX LAW

1 사업연도 중의 신고 · 납부

법인세는 사업연도 단위로 과세되므로 사업연도 종료 후에 자신신고 · 납부를 통하여 납부하는 것을 원칙으로 한다. 이에 대한 예외로서 법인세법은 사업연도 중의 납부제도인 중간예납 · 원천징수 · 수시부과제도를 두고 있는데 이는 조세채권의 일실을 미연에 방지함과 동시에 세수를 조기에 확보하고 납세자의 조세부담을 시간적으로 분산시키기 위한 제도이다.

(1) 중간예납

각 사업연도의 기간이 6월을 초과하는 법인은 당해 사업연도 개시일부터 6개월간을 '중간예납기간'으로 하여 중간예납기간이 경과한 날로부터 2월 이내에 그 기간에 대한 법인세를 중간예납세액으로 납부하여야 한다. 단, 직전 사업연도 중소기업으로 직전사업연도 산출세액 기준 계산 금액이 50만원 미만인 법인은 중간예납 의무가 면제된다.

중간예납세액의 계산은 직전사업연도의 실적을 기준으로 하는 방법과 당해 중간예납기간의 실적을 기준으로 하는 방법(이를 통상 '가결산 방법'이라 함) 중 법인이 선택할 수 있다.

① 직전사업연도의 실적을 기준으로 하는 방법: 직전사업연도에 부담한 세액(가산세 포함, 토지 등 양도소득에 대한 법인세와 미환류소득에 대한 법인세 제외)의 50%를 중간예납세액으로 하는 방법이다.
② 실적을 기준으로 하는 방법(가결산 방법): 중간예납기간을 1사업연도로 보아 세액을 계산하는 방법으로 가결산하여 과세표준과 산출세액을 계산한다.

다만, 다음의 경우에는 반드시 가결산방법에 따라 중간예납세액을 계산하여야 한다.

① 직전 사업연도의 법인세로서 확정된 산출세액(가산세는 제외)이 없는 경우(소득공제를 적용받는 유동화전문회사 등은 제외)
② 해당 중간예납기간 만료일까지 직전 사업연도의 법인세액이 확정되지 아니한 경우
③ 분할신설법인 또는 분할합병의 상대방 법인의 분할 후 최초의 사업연도인 경우

(2) 원천징수

내국법인에 대하여 다음 소득을 지급하는 자(이를 '원천징수의무자')가 그 금액을 지급하는 때에는 그 지급하는 금액에 해당 원천징수세율을 적용하여 계산한 금액에 상당하는 법인세를 원천징수하여 그 징수일이 속하는 달의 다음 달 10일까지 이를 납세지 관할 세무서에 등에 납부하여야 한다. 다만, 직전사업연도의 상시고용인원이 20명 이하인 원천징수의무자는 원천징수 관할세무서장의 승인을 얻거나, 국세청장이 정하는 바에 따라 지정을 받은 경우에는 그 징수일이 속하는 반기의 마지막 달의 다음달 10일까지 납부할 수 있다.

① 이자소득금액: 14%. 다만, 비영업대금의 이익은 25%
② 집합투자기구로부터의 이익 중 투자신탁의 이익: 14%

(3) 수시부과

법인세의 납세의무는 사업연도가 종료하는 때에 성립하는 것이 원칙이다. 그러나 법인세를 포탈할 우려가 있는 것으로 인정되는 다음의 사유가 발생되는 경우에는 수시부과에 의하여 징수하게 된다. 이 경우에도 각 사업연도의 소득에 대하여 법인세 과세표준 신고를 하여야 한다.

① 신고를 하지 않고 본점 또는 주사무소를 이전한 때
② 사업부진 기타의 사유로 인하여 휴업 또는 폐업상태에 있을 때
③ 기타 조세를 포탈할 우려가 있다고 인정되는 상당한 이유가 있을 때

2 법인세의 신고 · 납부

(1) 법인세의 신고

1) 신고기한

납세의무가 있는 내국법인은 각 사업연도의 종료일이 속하는 달의 말일부터 3개월 이내에 해당 사업연도의 소득에 대한 법인세의 과세표준과 세액을 납세지 관할 세무서장에게 신고하여야 한다. 각 사업연도의 소득금액이 없거나 결손금이 있는 법인의 경우에도 신고의무가 있다.[84)]

84) 외부회계감사대상 내국법인이 해당 사업연도의 감사가 종결되지 아니하여 결산이 확정되지 아니하였다는 사유로 신고기한의 종료일 3일 전까지 납세지 관할 세무서장에게 신고기한의 연장을 신청한 경우 그 신고기한을 1개월 범위에서 연장할 수 있다.

2) 제출서류

법인세의 신고는「법인세 과세표준 및 세액조정계산서」에 의하되, 다음의 서류를 첨부하여야 한다. 이때 다음의 필수적 첨부서류 중 하나라도 첨부하지 않으면 무신고로 본다.

① 필수적 첨부서류: 재무상태표, 포괄손익계산서, 이익잉여금처분(결손금처리)계산서, 법인세과세표준 및 세액조정계산서

② 임의적 첨부서류: 현금흐름표, 세무조정계산서 부속서류

여기서 법인세과세표준 및 세액조정계산서를 '세무조정계산서'라고 하는데, 세무사법에 따라 세무사등록부에 등록한 세무사, 세무사법에 따라 세무사등록부(또는 세무대리업무등록부)에 등록한 공인회계사, 세무사법에 따른 세무사등록부에 등록한 변호사에 해당하는 자로서 조정반[85]에 소속된 자가 작성한 세무조정계산서를 '외부조정계산서'라고 한다. 일반적인 과표표준및 세액 신고의 경우에는 외부조정계산서를 첨부할 필요는 없으나, 기업회계와 세무회계의 정확한 조정 또는 성실한 납세를 위하여 반드시 필요하다고 인정하는 내국법인의 경우에는 외부조정계산서를 반드시 첨부하여야 한다.

(2) 법인세의 납부

1) 자진납부

법인은 각 사업연도의 소득에 대한 법인세 산출세액에서 다음의 법인세액(가산세 제외)을 공제한 금액을 각 사업연도의 소득에 대한 법인세로서 과세표준신고기한까지 납세지 관할세무서, 한국은행 또는 체신관서에 납부하여야 한다.

① 해당사업연도의 감면세액 · 세액공제액

② 해당 사업연도의 중간예납세액

③ 해당 사업연도의 수시부과세액

④ 해당 사업연도의 원천징수된 세액

2) 분할납부

법인이 자진납부할 세액이 1천만원을 초과하는 경우에는 이의 일부를 납부기한이 경과한 날부터 1개월(중소기업의 경우에는 2개월) 이내에 분납할 수 있다. 이 때 분납할 금액은 다음과 같다.

85) 조정반이란 대표자를 선임하여 지방국세청장의 지정을 받은 2명 이상의 세무사 등, 세무법인, 회계법인 등에 해당하는 자를 말한다. 이 경우 세무사 등은 하나의 조정반에만 소속되어야 한다.

① 납부할 세액이 1천만원 초과 2천만원 이하인 경우: 1천만원을 초과하는 금액
② 납부할 세액이 2천만원 초과하는 경우: 그 세액의 50% 이하의 금액

3 가산세

납법인세법상 규정되어 있는 가산세는 다음과 같다. 신고 및 납부와 관련된 가산세는 국세기본법으로 이관되었으므로 국세기본법 편에 기술하였다.

구 분	요 건	가 산 세
장부의 기록 · 보관 불성실가산세	장부의 비치 · 기장의무를 이행하지 아니한 경우	Max[①, ②] ① 산출세액* × 20% ② 수입금액 × 0.07% * 토지 등 양도소득에 대한 법인세 제외
원천징수 납부지연가산세	원천징수의무자가 원천징수하였거나 원천징수하여야 할 세액을 납부기한이 경과된 후 납부하는 경우	미납부 · 미달납부세액 × Min[3% + 미납부일수 × 0.022%, 10%]
법정증명서류 수취 불성실가산세	사업자로부터 건당 3만원을 초과하는 재화 또는 용역을 공급받고 법정증명서류를 수취하지 아니하거나 사실과 다르게 받은 경우	법정증명서류 미수취금액 × 2%86)
주식등 변동상황 명세서제출 불성실가산세	주식변동상황 명세서를 제출하지 아니 하거나 변동상황을 누락하여 제출한 경우와 제출한 변동상황명세서가 불분명한 경우	미제출 · 누락제출 · 불분명한 주식의 액면가액 × 0.5%
지급명세서제출 불성실가산세	법정기한 내에 지급명세시를 제출하지 아니하였거나 제출된 지급명세서가 불분명한 경우	미제출 · 불분명 지급금액×2%
계산서 등 불성실가산세	① 계산서 미교부 · 필요적 기재사항 부실기재 시 ② 매출 · 매입처별 계산서합계표 미제출 · 부실기재 시 ③ 매입처별 세금계산서 합계표를 기한내에 제출하지 않거나 제출한 경우로서 부실기재 시	① 미교부 · 불분명 또는 합계표 미제출 · 부실기재 공급가액 × 1% ② 계산서 등의 미발급 · 가공발급 · 허위발급 · 가공수취 · 허위수취의 공급가액 × 2%
기부금영수증 발급불성실 가산세	기부금 영수증을 발급하는 법인이 기부금영수증을 사실과 다르게 발급하거나 기부자별 발급명세를 작성 · 보관하지 아니한 경우	① 허위영수증 교부금액 × 2% ② 발급내역 미비치금액 × 0.2%

구 분	요 건	가 산 세
신용카드 불성실가산세	신용카드 가맹점이 신용카드에 의한 거래를 거부하거나 신용카드 매출전표를 사실과 다르게 발급한 경우 * 산출세액이 없는 경우에도 가산세 징수	관할 세무서장으로부터 통보받은 건별 거부금액 또는 신용카드 매출전표를 사실과 다르게 발급한 금액(건별로 발급하여야 할 금액과의 차액) × 5%(건별로 계산한 금액이 5천원 미만인 경우 5천원으로 함)
현금영수증 발급 불성실가산세	현금영수증 가맹점으로 가입하여야 할 법인이 이를 이행하지 아니한 경우	가맹하지 아니한 기간의 수입금액* × 0.5% * 해당사업연도의 수입금액 × $\frac{미가맹일수}{사업연도일수}$
	현금영수증 가맹점이 건당 5천원 이상의 거래금액에 대하여 현금영수증 발급을 거부하거나 사실과 다르게 발급한 경우	관할 세무서장으로부터 통보받은 건별 발급거부금액 또는 건별 사실과 다르게 발급한 금액(건별로 발급하여야 할 금액과의 차액) × 5%(건별로 계산한 금액이 5천원 미만인 경우 5천원으로 함)

86) 적격증명서류 미수취로 손금불산입되는 기업업무추진비에 대해서는 적용하지 않는다.

OX 문제

01 내국법인 (주)A(사업연도: 20×1.1.1. ~ 20×1.6.30.)의 중간예납기간은 사업연도 개시일부터 해당 사업연도 월수의 1/2에 해당하는 월의 종료일까지로 하며, 중간예납세액은 중간예납기간이 경과한 날로부터 2개월 이내에 납부해야 한다.

02 중간예납세액을 직진사입연도의 법인세의 납부실적기준으로 계산하는 경우 직전사업연도의 산출세액에 가산세를 포함시키지 않는다.

03 법인이 해당 사업연도에 소득이 없거나 결손금이 있는 경우에는 법인세의 신고의무가 없다.

04 법인세의 과세표준과 세액을 납세지 관할 세무서장에게 신고할 때 기업회계기준을 준용하여 작성한 개별 내국법인의 재무상태표·포괄손익계산서 및 이익잉여금처분계산서(또는 결손금처리계산서)를 신고서에 첨부하지 아니하면 법인세법에 따른 신고로 보지 않는다.

05 중소기업의 경우 납부할 세액이 1천만원을 초과하면 납부기한이 지난 날부터 2개월 이내에 분납할 수 있다.

06 내국법인의 납부할 세액이 2천만원을 초과하는 경우에는 납부할 세액에서 1천만원을 초과하는 금액을 납부기한이 지난 날부터 1개월 이내에 분납할 수 있다.

정답&해설 **01** × **02** × **03** × **04** ○ **05** ○ **06** ×

01 중간예납은 사업연도개시일부터 6개월간을 대상으로 한다. 따라서 사업연도가 6개월이내인 법인은 중간예납 의무가 없다. 또한 각 사업연도의 기간이 6개월을 초과하는 법인만 중간예납의 의무가 있다.

02 직전사업연도의 법인세의 납부실적을 기준으로 계산하는 경우 직전사업연도의 산출세액에 가산세를 포함한다.

03 각사업연도의 소득금액이 없거나 결손금이 있는 법인의 경우에도 법인세의 신고의무를 진다.

06 내국법인의 납부할 세액이 2천만원을 초과하는 경우에는 그 납부할 세액의 50% 이하의 금액을 납부기한이 지난 날부터 1개월(중소기업의 경우에는 2개월) 이내에 분납할 수 있다.

연습문제

01 법인세의 신고와 납부에 관한 다음의 설명 중 옳지 않은 것은?

① 사업연도 중의 납부제도에는 중간예납 · 원천징수 · 수시부과제도가 있다.

② 내국법인은 각 사업연도의 종료일이 속하는 달의 말일부터 3개월 이내에 법인세의 과세표준과 세액을 납세지 관할 세무서장에게 신고하여야 한다.

③ 국외에서 내국법인에게 이자소득이나 배당소득을 지급하는 자는 원천징수의무가 있다.

④ 법인세 납세의무가 있는 내국법인은 해당 사업연도 소득금액이 없거나 결손금이 발생한 경우에도 법인세 신고의무가 있다.

⑤ 납부할 세액이 1천만원을 초과하는 경우에는 이의 일부를 납부기한이 경과한 날부터 1개월(중소기업의 경우에는 2개월) 이내에 분납할 수 있다.

정답 ③

국외에서 내국법인에게 이자소득이나 배당소득을 지급하는 자는 우리나라의 법률을 적용받지 않기 때문에 원천징수의무가 없다.

02 다음 중 법인세 과세표준신고시 첨부하지 않으면 무신고로 적용되는 것이 아닌 것은?

① 재무상태표

② 포괄손익계산서

③ 현금흐름표

④ 이익잉여금처분계산서

⑤ 세무조정계산서

정답 ③

현금흐름표는 임의적 첨부서류에 해당한다.

03 다음 중 법인세법상 원천징수대상에 해당하는 것은?

① 법인에게 이자소득을 지급하는 경우
② 법인에게 건물임차료를 지급하는 경우
③ 법인주주에게 배당소득을 지급하는 경우
④ 법인에게 외상매입금을 지급하는 경우
⑤ 법인에게 용역대금을 지급하는 경우

정답 ①

법인세법상 원천징수대상 소득은 이자소득과 배당소득 중 투자신탁의 이익만이 해당된다.

04 제조업을 영위하는 ㈜나우의 20×1년 영업외수익이 다음과 같은 경우 원천징수당한 법인세액을 계산하면 얼마인가?

(1) 은행예금이자	₩20,000,000
(2) 배당금수익	7,000,000
(3) 집합투자기구로부터 수령한 투자신탁의 이익	11,000,000
(4) 비영업대금의 이익	3,000,000
(5) 계약해약금	1,500,000

① ₩5,320,000 ② ₩5,090,000 ③ ₩4,760,000
④ ₩3,625,000 ⑤ ₩3,000,000

정답 ②

₩20,000,000 × 14% + 11,000,000 × 14% + 3,000,000 × 25% = ₩5,090,000

Chapter 13 기타사항

AN INTRODUCTION TAX LAW

1 비영리법인의 납세의무

(1) 비영리법인의 범위

비영리법인이란 학술 · 종교 · 자선 · 사교 기타 영리가 아닌 비영리사업을 목적으로 설립하여 이익이나 잔여재산을 그 구성원에게 분배하지 않는 법인을 말한다. 현행 법인세법상 비영리법인의 범위는 다음과 같다.

① 민법 제32조에 따라 설립된 법인[87)]

② 사립학교법이나 그 밖의 특별법에 따라 설립된 법인으로서 민법 제32조에 규정된 목적과 유사한 목적을 가진 법인 단, 조합법인이 아닌 법인으로서 이익을 배당할 수 있는 법인은 제외함.

③ 국세기본법에 따라 법인으로 보는 단체

(2) 수익사업소득의 범위

비영리법인은 법인세법에서 열거된 다음의 수익사업소득에 대해서만 납세의무를 진다.

① 사업소득[88)](통계청이 고시하는 한국표준산업분류에 의한 각 사업 중 수입이 발생하는 것)

② 소득세법상 이자소득

③ 소득세법상 배당소득

④ 주식(신주인수권 · 출자지분)의 양도수입

⑤ 채권 · 증권의 매매차익(비수익사업의 예금보호기금 등의 법 소정 사업에 귀속되는 채권 등의 매매차익 제외)

⑥ 고정자산의 처분으로 인한 수입

---

87) 민법 제32조에서 "학교, 종교, 자선, 기예, 사교 기타 영리 아닌 사업을 목적으로 하는 사단 또는 재단은 주무관청의 허가를 얻어 이를 법인으로 할 수 있다"라고 규정하고 있다.

88) 사업은 그 사업활동이 각 사업연도의 전 기간에 걸쳐 계속하여 행하여지는 사업 외에 상당기간에 걸쳐 계속적으로 행하여지거나 정기적 또는 부정기적으로 상당 횟수에 걸쳐 행하여지는 사업을 포함한다. 따라서 일시적 · 우발적인 소득은 사업소득으로 보지 않는다.

⑦ 양도소득세 과세대상 토지 · 건물 · 부동산에 관한 권리, 기타자산의 양도로 생기는 수입

(3) 구분경리

비영리법인이 수익사업을 영위하는 경우에는 자산 · 부채 및 손익을 수익사업과 비수익사업으로 구분하여 경리하여야 한다.[89] 비영리법인의 공통자산 · 부채 및 공통익금 · 손금의 안분계산 기준은 다음과 같다.

구 분	안분기준
공통자산 · 부채	수익사업과 비수익사업에 공통으로 사용되는 자산과 부채는 이를 수익사업에 속하는 것으로 한다.
공 통 익 금	수입금액 또는 매출액에 따라 안분계산한다.
공 통 손 금	수입금액 또는 매출액에 따라 안분계산하되, 업종이 상이한 경우에는 개별손금액의 비유로 안분계산한다.

(4) 과세방법

1) 원 칙

비영리법인은 수익사업소득에 대해서는 영리법인 규정을 준용하여 법인세를 신고 · 납부하여야 한다.

2) 특 례

이자소득(비영업대금이익은 제외하고 투자신탁의 이익을 포함)만 있는 비영리법인은 원천징수로써 납세의무를 종결할 수 있다(분리과세 선택 가능).

2 청산소득에 대한 법인세

(1) 의 의

'청산'이란 법인격 소멸의 원인으로 해산된 회사가 법률관계를 정리하고 잔여재산을 분배하는 절차를 말한다. 청산소득은 물가상승 등으로 인한 미실현이익이 청산과정에서 실현된 소득이다.

---

89) '구분하여 경리한다'는 의미는 구분하여야 할 사업 또는 수입별로 자산과 부채 및 익금과 손금을 장부상 각각 독립된 계정과목으로 구분기장하는 것을 말한다.

(2) 납세의무

해산으로 인하여 소멸하는 영리내국법인은 청산소득에 대한 법인세 납세의무가 있다. 다만, 조직변경을 하는 법인은 실질적 의미에서 청산이 아니라고 보기 때문에 청산소득이 과세되지 않는다.

(3) 청산소득에 대한 법인세 계산구조

1) 과세표준(청산소득금액)

청산소득에 대한 과세표준인 청산소득금액은 다음과 같이 계산한다.

구 분	과세표준(청산소득금액)
① 해산의 경우	잔여재산가액*1) - 자기자본총액*2)
② 사업계속의 경우	잔여재산의 분배액 - 자기자본총액

*1) 자산총액에서 부채총액을 차감한 금액으로 한다. 이 경우 '자산총액'이란 해산등기일 현재의 자산합계액으로 하되, 추심할 채권과 환가처분할 자산에 대해서는 다음에 의한다.

㈀ 추심할 채권과 환가처분할 자산은 추심 또는 환가처분한 날 현재의 금액

㈁ 추심 또는 환가처분 전에 재산을 분배한 경우에는 그 분배한 날 현재의 시가

*2) 해산등기일 현재의 납입자본금과 잉여금의 합계액을 말한다. 자기자본은 세무상 금액이므로 유보는 잉여금에 가산하고, △유보는 잉여금에서 차감한다. 세무상 이월결손금(발생연도의 제한이 없는 세무상 이월결손금을 말한다)은 잉여금의 범위 내에서 자기자본과 상계한다.

2) 세 율

청산소득에 대한 법인세율은 각 사업연도 소득에 대한 법인세율과 같다.

OX 문제

01 비영리법인이 수익사업을 영위하는 때에는 자산 · 부채 및 손익을 구분경리해야 하며, 구분경리를 하지 않으면 모두 수익사업에 속하는 것으로 한다.

02 비영리내국법인은 원천징수된 이자소득에 대하여 과세표준신고를 하지 않고 원천징수납부로 과세를 종결할 수 있지만, 비영업대금의 이익에 대해서는 반드시 과세표준신고를 해야 한다.

03 출자지분의 양도로 인하여 생기는 수입과 정기예금에서 발생한 이자소득은 수익사업에서 생기는 소득에 포함된다.

04 정부나 지방자치단체가 전액 출자하여 설립된 법인은 비영리법인으로 본다.

05 청산소득에 대한 법인세의 납세의무자는 해산 · 합병 · 분할 · 조직변경으로 인하여 소멸하는 모든 법인이다.

06 청산소득에 대한 법인세의 확정신고납부기한은 해산의 경우 해산등기일이 속하는 달의 말일부터 3개월 이내, 그리고 청산중인 법인이 사업을 계속하는 경우에는 계속등기일이 속하는 달의 말일부터 3개월이다.

정답&해설 **01** × **02** ○ **03** ○ **04** × **05** × **06** ×

01 비영리법인이 구분경리하지 않은 경우에는 세법에 정하는 방법에 따라 구분한다.

04 정부 · 지방자치단체가 전액 출자하여 설립된 법인이라도 영리를 목적으로 하면 영리법인에 해당된다.

05 합병 · 분할 · 조직변경은 청산소득이 발생하지 않으며 청산소득에 대해서는 영리내국법인만 법인세 납세의무가 있으므로 비영리법인과 외국법인은 납세의무자가 아니다.

06 법인이 해산하는 경우 청산소득에 대한 법인세의 확정신고납부기한은 잔여재산가액 확정일이 속하는 달의 말일부터 3개월 이내이다.

연습 문제

01 비영리법인에 관한 다음의 설명 중 옳지 않은 것은?

① 국세기본법에 따라 법인으로 보는 단체는 비영리법인에 해당한다.

② 외국법인도 영리를 목적으로 하지 아니하는 경우에는 비영리법인으로 본다.

③ 모든 비영리법인은 이자소득과 배당소득에 대하여 분리과세를 선택할 수 있다.

④ 수익사업과 비수익사업에 공통되는 자산은 수익사업에 속하는 것으로 본다.

⑤ 비영리법인은 수익사업소득에 대해서 영리법인의 규정을 준용하여 법인세를 신고 및 납부하여야 한다.

정답 ③

비영리법인은 이자소득(비영업대금이익 제외)과 배당소득 중 투자신탁의 이익만 분리과세를 선택할 수 있다.

02 사립학교법에 따른 사립학교인의 다음 자료에 의하여 수익사업소득금액을 계산하면 얼마인가?

(1) 사업소득
① 부동산임대소득: ₩100,000,000
② 연구 및 개발업(계약에 의한 것이 아님): ₩50,000,000
(2) 이자소득: 예금이자 ₩70,000,000, 비영업대금의 이익 ₩30,000,000
(3) 배당소득: 주권상장법인 배당 ₩30,000,000, 투자신탁 이익 ₩20,000,000
(4) 고정자산(고유목적사업에 2년 동안 사용)의 처분으로 인한 수입: ₩200,000,000
(5) 파생상품 매매차익: ₩30,000,000

① ₩430,000,000 ② ₩450,000,000 ③ ₩480,000,000
④ ₩530,000,000 ⑤ ₩550,000,000

정답 ②

₩100,000,000(사업소득) + 100,000,000(이자소득) + 50,000,000(배당소득) + 200,000,000(고정자산처분)
= ₩450,000,000

* 계약에 의하지 않은 연구개발업의 소득과 파생상품매매차익은 수익사업으로 열거되어 있지 않으므로 과세대상이 아니다.

03 청산소득에 대한 법인세와 관련된 다음의 설명 중 옳지 않은 것은?

① 청산소득에 대한 법인세는 물가상승 등으로 인한 미실현이익이 청산과정에서 실현된 소득에 대하여 과세하는 것이다.

② 조직변경을 하는 법인은 청산소득이 과세되지 않는다.

③ 청산소득에 대한 법인세의 세율은 각 사업연도 소득에 대한 법인세의 세율과 동일하다.

④ 청산소득을 구할 때 잔여재산가액에서 차감하는 자기자본총액은 재무상태표상 잉여금을 말한다.

⑤ 비영리법인이나 외국법인은 청산소득에 대한 법인세의 납세의무를 지지 않는다.

정답 ④

자기자본은 세무상 금액을 의미하므로 자기자본총액은 재무상태표상 잉여금에 유보(△유보)를 가감하여 계산한다.

04 ㈜서울은 제20기 사업연도 초에 해산하기로 결의하고 청산절차에 착수하였다. 해산등기일의 재무상태표는 다음과 같다. ㈜서울의 청산소득금액을 계산하면 얼마인가?

재무상태표

(단위: 원)

토 지	30,000,000	부 채	20,000,000
기 계 장 치	50,000,000	자 본 금	40,000,000
		자본잉여금	15,000,000
		이익잉여금	5,000,000
합 계	80,000,000	합 계	80,000,000

(1) 세무상 이월결손금은 ₩25,000,000(모두 제13기에 발생함)이다.

(2) 토지의 취득세를 기업회계상 비용으로 처리하여 '₩2,000,000 손금불산입 · 유보'로 처분한 세무조정사항이 있으며, 기계장치에 대한 감가상각비 시인부족액으로 ₩1,000,000이 있다.

(3) 토지와 기계장치는 각각 ₩40,000,000과 ₩55,000,000으로 환가되었으며, 부채는 ₩20,000,000으로 상환하였다.

① ₩15,000,000 ② ₩20,000,000 ③ ₩35,000,000

④ ₩40,000,000 ⑤ ₩55,000,000

정답 ③

(1) 잔여재산가액: ₩40,000,000 + 55,000,000 - 20,000,000 = ₩75,000,000

(2) 자기자본: ₩40,000,000

① 자본금: ₩40,000,000

② 잉여금: ₩15,000,000 + 5,000,000 + 2,000,000 - 25,000,000 = ₩(3,000,000)

* 잉여금이 음수이므로 영(0)으로 한다.

(3) 청산소득금액: (1) - (2) = ₩35,000,000

05 내국법인인 ㈜A의 청산소득금액은 얼마인가?

(1) ㈜A는 제15기 사업연도(20×2. 1. 1. ~ 12. 31.) 말에 해산하기로 결의하고 청산절차에 착수하였다. 해산등기일(20×2. 12. 31.)의 재무상태표는 다음과 같으며 해산등기일 전 2년내에 자본에 전입한 잉여금은 없다고 가정한다.

재무상태표

(단위: 원)

토지	20,000,000	부채	30,000,000
건물	80,000,000	자본금	50,000,000
		이익잉여금	20,000,000
합계	10,000,000	합계	80,000,000

(2) 제15기말 현재 세법상 이월결손금 내역은 다음과 같다.

① ₩5,000,000(제3기 발생분으로 이 중 ₩4,000,000은 제4기 과세표준의 계산시 공제받았음)

② ₩3,000,000(제12기 발생분)

(3) 제15기말 현재 ㈜A의 세무조정 관련 자료는 다음과 같다.

① 토지의 취득세와 관련하여 '손금불산입 ₩1,000,000(유보)'로 처분한 세무조정사항이 있다.

② 건물의 감가상각비와 관련하여 제13기에 시인부족액 ₩800,000이 발생하였고, 제15기초 전기이월된 상각부인누계액은 ₩1,500,000이다.

(4) 청산기간 중 국세기본법에 따라 ₩1,400,000의 법인세를 환급받았다.

(5) 토지와 건물은 각각 ₩40,000,000과 ₩100,000,000으로 환가되었으며, 부채는 ₩30,000,000으로 상환하였다.

(6) ㈜A는 최초의 사업연도부터 제15기 사업연도까지 합병 또는 분할과 관련된 바 없으며, 관련 법률에 의한 회생계획인가의 결정 또는 경영정상화계획의 이행을 위한 약정이 체결된 법인에 해당하지 않는다.

① ₩36,100,000

② ₩38,700,000

③ ₩39,300,000

④ ₩40,100,000

⑤ ₩50,000,000

정답 ④

1. 잔여재산가액: (₩40,000,000 + 100,000,000) - 30,000,000 = ₩110,000,000

2. 세법상 자기자본총액: ₩50,000,000(자본금) + {20,000,000(이익잉여금) + 1,000,000(토지의 유보) + 1,500,000(건물의 유보)} + 1,400,000(법인세환급액) - 4,000,000(이월결손금) = ₩69,900,000

3. 청산소득금액: ₩110,000,000 - 69,900,000 = ₩40,100,000

06 다음은 제조업을 영위하는 영리내국법인 ㈜A가 제16기(20×1.1.1. ~ 20×1.12.31.)말 해산하기로 결의한 후의 해산등기일 현재 재무상태 등에 관한 자료이다. ㈜A의 청산소득금액을 계산한 것으로 옳은 것은?

(1) 제16기 해산등기일(20×1.12.31.) 현재 재무상태표는 다음과 같다.

재무상태표

(단위: 원)

토지	35,000,000*	차입금	35,000,000
건물	66,000,000*	자본금	50,000,000
기계장치	12,000,000*	자본잉여금	10,000,000
		이익잉여금	18,000,000
합계	113,000,000	합계	113,000,000

* 청산과정 중 토지는 ₩40,000,000, 건물은 ₩70,000,000, 기계장치는 ₩15,000,000으로 환가하여 차입금 상환 등에 사용되었다.

(2) 제16기말 현재 세무상 이월결손금은 ₩37,000,000이다.

(3) 합병이나 분할에 의한 해산이 아니며, ㈜A는 「채무자의 회생 및 파산에 관한 법률」에 따른 회생계획인가 결정 또는 「기업구조조정촉진법」에 따른 경영정상화계획의 이행에 대한 약정을 체결한 법인이 아니다.

① 40,000,000원 ② 41,800,000원 ③ 42,200,000원

④ 53,800,000원 ⑤ 55,200,000원

정답 ①

청산소득금액 = 잔여재산가액 - 자기자본

(1) 잔여재산가액: ₩40,000,000 + ₩70,000,000 + ₩15,000,000 - ₩35,000,000 = ₩90,000,000

(2) 자기자본: 자본금 + 세무상 잉여금 - 이월결손금(단, 세무상 잉여금 범위내에서 차감함)
₩50,000,000 + (₩10,000,000 + ₩18,000,000) - ₩28,000,000* = ₩50,000,000
* Min[₩37,000,000, ₩28,000,000] = ₩28,000,000

(3) 청산소득금액: (1) - (2) = ₩40,000,000

07 다음 자료를 이용하여 제16기 사업연도(20×1.1.1. ~ 20×1.12.31.)말에 해산을 결의하고 청산절차에 착수한 영리내국법인 ㈜A의 법인세법상 청산소득금액을 계산하면 얼마인가? (단, 주어진 자료 이외에 다른 사항은 고려하지 않음)

(1) 해산등기일 현재 재무상태표상 자본의 내역

자본금	₩80,000,000
자본잉여금	30,000,000
이익잉여금	10,000,000

(2) 해산등기일 현재 법령으로 정하는 이월결손금은 ₩50,000,000이며, 이 금액 중 자기자본의 총액에서 이미 상계되었거나 상계된 것으로 보는 금액은 없다.

(3) 해산에 의한 잔여재산의 가액은 1억원으로 확정되었다.

(4) 해산등기일 전 2년 이내에 자본금에 전입한 잉여금은 없다.

① 10,000,000원　② 20,000,000원　③ 30,000,000원
④ 40,000,000원　⑤ 50,000,000원

정답 ②

청산소득금액 = 잔여재산가액 - 자기자본

(1) 잔여재산가액: ₩100,000,000

(2) 자기자본: 자본금 + 세무상 잉여금 - 이월결손금(단, 세무상 잉여금 범위내에서 차감함)
₩80,000,000 + (₩30,000,000 + ₩10,000,000) - ₩40,000,000* = ₩80,000,000
* Min[₩50,000,000, ₩40,000,000] = ₩40,000,000

(3) 청산소득금액: (1) - (2) = ₩20,000,000

Part 4 소득세법

Part 4 Contents

세법개론
an introduction to tax law

Chapter 1 소득세 총설

AN INTRODUCTION TAX LAW

1 소득세의 의의

소득세는 자연인인 개인이 얻은 소득에 대하여 부과되는 조세이다. 원래 소득에 대한 과세인 소득세(income tax)는 그 부과대상에 따라 '법인소득세(corporation income tax)'와 '개인소득세(individual income tax)'로 구분될 수 있는데, 법인소득세는 '법인세'라 칭하고, 개인소득세는 '소득세'라고 칭한다.

개인의 소득에 대한 과세는 '소득세법'에서 다루어지는데, 이 법은 개인의 소득에 대하여 소득의 성격과 납세자의 부담능력 등에 따라 적정하게 과세함으로써 조세부담의 형평을 도모하고 재정수입의 원활한 조달에 이바지함을 목적으로 한다.

2 소득세법의 특징

(1) 제한적 열거주의 과세

현행 소득세법은 과세대상 소득을 이자소득, 배당소득, 사업소득, 근로소득, 연금소득, 기타소득, 퇴직소득, 양도소득의 8가지로 구분하고, 각각의 소득에 해당하는 구체적인 소득을 법령에 제한적으로 열거하고 있다. 즉, 법령에 구체적으로 열거하고 있지 않은 소득(예 소액주주의 상장주식 처분 이익, 채권의 매매차익 등)에 대해서는 비록 담세력이 있더라도 과세되지 않는다. 단, 예외적으로 이자소득과 배당소득 등은 법령에 구체적으로 열거되지 않더라도 유사한 소득에 대해서는 과세를 하고 있다.[1)]

(2) 소득원천설

소득세는 소득을 원천별로 구분하고, 원칙적으로 계속적이고 반복적으로 발생하는 소득에 대해서만 과세하고 있기 때문에 기본적으로 소득원천설의 입장을 취하고 있다고 할 수 있다. 그러므로 사업소득의 경우 상장주식이나 채권의 양도차익 등은 사업과 관련성이 있음에도 불구하고 일시적이고 우발적으로 발생한 소득으로 보아 과세대상으로 보지 않는다.

---

1) 이를 유형별 포괄주의라고 한다.

그러나 기타소득에 보면 일시적인 소득을 과세대상으로 열거하고 있으며, 퇴직소득 · 양도소득도 계속 · 반복적으로 발생하는 소득으로 보기는 어렵기 때문에 현행 소득세법은 원론적인 소득원천설로 보기는 어려우며, 순자산증가설의 입장도 일부 수용하고 있다고 할 수 있다.

(3) 종합과세 및 분류과세, 분리과세

소득세의 모든 소득은 종합과세, 분류과세 또는 분리과세 중 한 방법으로 과세되는데 구체적인 내용은 다음과 같다.

구 분	과 세 방 법
종합과세	소득을 종류에 관계없이 기간단위로 합산하여 과세한다. – 이자소득, 배당소득, 사업소득, 근로소득, 연금소득, 기타소득을 합산하여 종합소득으로 과세함
분류과세	퇴직소득, 양도소득은 다른 소득과 합산하지 않고 별도로 과세한다. 결집효과를 방지하는 효과가 있다.
분리과세	일정한 소득은 기간별로 합산하지 않고 그 소득이 지급될 때 소득세를 원천징수함으로서 과세를 종결한다.

결집효과(bunching effect)

퇴직소득, 양도소득처럼 장기간에 걸쳐 발생한 소득이 일시에 실현되는 경우 누진세율제도 하에서는 지나치게 높은 세율이 적용받는 현상이 발생할 수 있다. 현행 소득세법에서는 근속연수공제, 장기보유특별공제 등의 제도적 장치를 두고, 퇴직소득과 양도소득에 대하여 분류과세 함으로서 결집효과를 완화시키고 있다.

(4) 개인단위과세

소득세법에서는 개인을 단위로 하여 소득세를 과세하며, 부부 또는 가족의 소득을 합산하여 과세하지 않는다.

현행 소득세법은 누진세율을 적용하고 있으므로, 과세단위를 어떻게 하느냐에 따라 세부담에 큰 차이가 발생할 수 있다. 과거 금융소득에 대해서는 부부합산과세를 시행한 적도 있었으나, 이러한 규정이 위헌 판결을 받으면서 현행 소득세법은 기본적으로 개인을 기준으로 과세하고 있다. 그러나 부부나 가족을 소비의 기본단위로 보아 합산과세를 하는 나라도 상당수 존재한다.

(5) 원천징수

원천징수란 소득을 지급하는 자가 소득을 지급받는 자에게 소득을 지급할 때 그 지급받는 자의 조세를 징수하여 정부에 납부하는 제도이다. 원천징수의 유형은 추후 정산유무에 따라 다음과 같이 구분할 수 있다.

구 분	내 용
완납적 원천징수	원천징수로 과세가 종결되며 별도의 정산을 하지 않는다. 즉, 분리과세로 과세가 종결된다. 예 분리과세를 신청한 장기채권의 이자소득에 대한 소득세는 이자소득을 지급받을 때 원천징수가 됨으로써 과세가 종결된다.
예납적 원천징수	일단 원천징수한 후 추후 납세의무를 확정할 때 이를 다시 정산한다. 예 근로소득의 경우 매월 일정금액을 원천징수한 후 연말정산을 통해 추가로 세금을 징수하거나 원천징수한 금액의 일부를 돌려준다.

원천징수의 결과 소득을 지급하는 자는 일정기간 현금 등을 보유함으로서 유동자금의 보유가 용이해지며, 소득을 지급받는 자는 별도의 세금계산을 하지 않아도 되는 납세편의가 발생한다. 또한 과세관청에서는 원천징수를 통해 세원의 탈루를 최소화시키고 관리가 편리하다는 장점이 있어 원천징수는 현재 광범위하게 사용되고 있다.

(6) 신고납세제도

소득세는 법인세와 마찬가지로 본인이 내야 할 세금을 납세의무자가 스스로 결정하는 신고납세제도를 채택하고 있다. 따라서 납세의무자인 개인은 전년도의 소득에 대해 당해연도 5. 1. ~5. 31.까지 과세표준확정신고를 하게 되는데, 이를 통해 소득세의 납세의무는 신고한 금액대로 확정된다.

(7) 인적공제와 누진과세

소득세법은 개인에게 과세되는 것이므로 개인의 인적사항이 다르면 부담능력도 다르다는 것을 고려하여 부담능력에 따라 과세하도록 하고 있다. 또한 개인의 세금부담능력(담세력)은 소득의 증가에 비례하여 누진적으로 증가하므로 소득세법은 누진과세를 채택하고 있다. 이 제도들은 모두 조세평등주의의 수직적 공평을 실현하기 위한 제도이다.

3 소득의 구분

현행 소득세법은 거주자의 과세대상이 되는 개인소득을 일일이 열거하고 있으며(소득원천설에 의한 열거주의 과세방식), 소득의 유형을 종합소득, 퇴직소득 및 양도소득의 3가지로 분류하고(분류과세), 그 중 종합소득에 해당되는 소득을 6가지로 세분화하고 있다. 그리고 종합소득은 소득의 종류와 상관없이 일정한 기간에 발생한 소득금액을 합산하여 과세하는 종합과세소득과 조세정책적 목적으로 그 소득을 지급하는 때에 소득세를 원천징수하여 과세를 종결시키는 분리과세소득으로 나눌 수 있다. 이를 도시하면 다음과 같다.

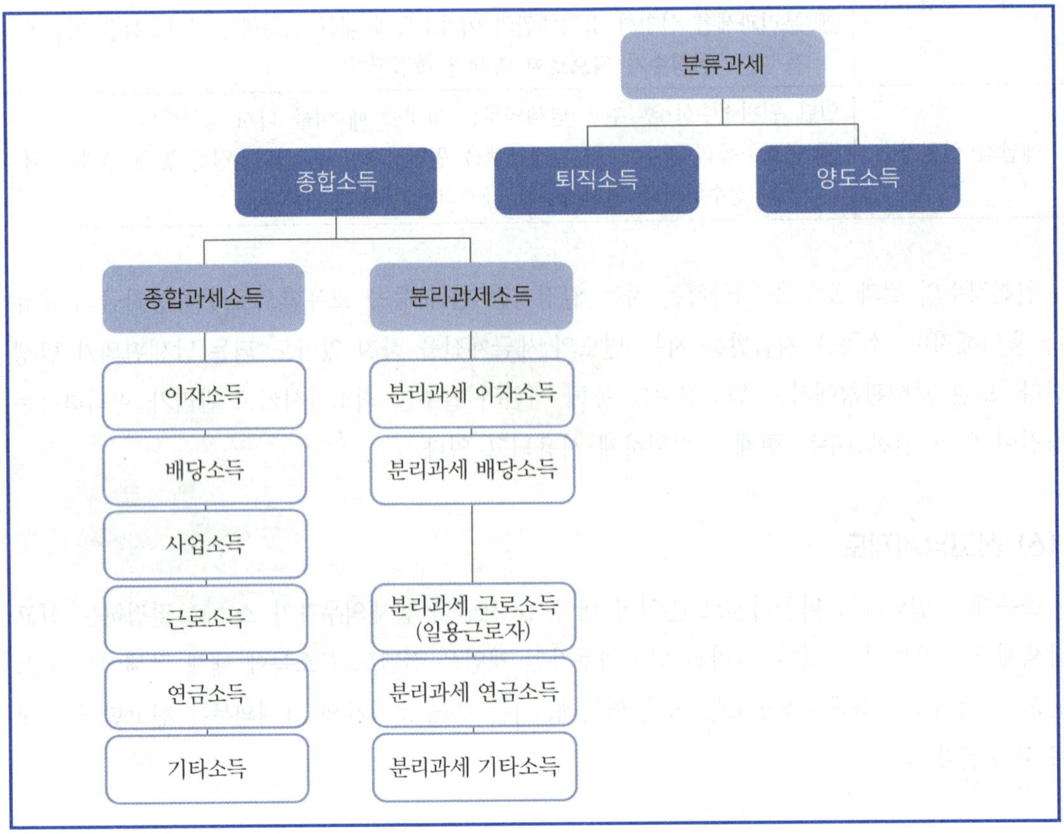

4 소득금액의 계산구조

소득금액이란 일정한 과세기간 동안에 벌어들인 총수입금액에서 총수입을 얻기 위해 지출된 모든 필요경비를 차감한 금액을 말한다.

> (　　　)소득금액 = 총수입금액 - 필요경비

거주자의 소득금액은 8가지 소득별로 각각의 소득금액을 계산할 수 있는데, 금융소득과 퇴직소득의 경우 필요경비를 0으로 보는 등의 몇 가지 예외[2]를 제외하면 8가지 소득에 대한 각각의 소득금액 계산구조는 거의 동일하다. 이때 총수입금액에는 비과세소득과 분리과세소득은 제외하고 산출된다는 점에 유의하여야 할 것이다.

종합소득금액은 이자소득부터 기타소득까지 6가지 각각의 소득금액을 구한 뒤 합산하여 산출하며, 퇴직소득금액과 양도소득금액은 각각 산출된다. 전체적인 계산과정은 다음과 같다.

소득	차감		총수입금액	가감		소득금액	
이자소득	(-) 비과세소득 (-) 분리과세소득	→	총수입금액		=	이자소득금액	종합소득금액
배당소득	(-) 비과세소득 (-) 분리과세소득	→	총수입금액	(+) 귀속법인세	=	배당소득금액	
사업소득	(-) 비과세소득	→	총수입금액	(-) 필요경비	=	사업소득금액	
근로소득	(-) 비과세소득 (-) 분리과세소득	→	총수입금액 (총급여액)	(-) 근로소득공제	=	근로소득금액	
연금소득	(-) 비과세소득 (-) 분리과세소득	→	총수입금액 (총연금액)	(-) 연금소득공제	=	연금소득금액	
기타소득	(-) 비과세소득 (-) 분리과세소득	→	총수입금액	(-) 필요경비	=	기타소득금액	
퇴직소득	(-) 비과세소득	→	총수입금액		=	퇴직소득금액	
양도소득	(-) 비과세소득	→	총수입금액 (양도가액)	(-) 필요경비 (-) 장기보유특별공제	=	양도소득금액	

2) 이외의 예외적인 사항을 몇 가지 더 알아보면 다음과 같다. 배당소득금액을 구할 때에는 총수입금액에 귀속법인세를 가산하여야 하며, 근로소득과 연금소득의 경우에는 근로소득공제와 연금소득공제가 필요경비 개념으로 공제되어 각각의 소득금액이 계산된다. 그리고 양도소득의 경우 필요경비 이외에 장기보유특별공제를 추가적으로 공제하여 양도소득금액을 산출한다.

5 소득세의 기본구조

소득세의 전체적인 계산과정은 다음과 같다.

	총 수 입 금 액	비과세소득, 분리과세소득은 제외
(-)	필 요 경 비	사업소득의 경우 이월결손금공제 포함 근로소득공제 및 연금소득공제 포함
	소 득 금 액	종합소득금액(6가지 소득은 합산), 퇴직소득금액, 양도소득금액
(-)	소 득 공 제	종합소득공제, 퇴직소득공제, 양도소득공제
	과 세 표 준	종합소득, 퇴직소득, 양도소득으로 구분하여 계산
(×)	세 율	
	산 출 세 액	
(-)	세 액 감 면	
(-)	세 액 공 제	
	결 정 세 액	
(+)	가 산 세	
	총 결 정 세 액	
(-)	기 납 부 세 액	중간예납세액, 원천납부세액, 예정신고납부세액, 수시부과세액
	차감납부할세액	

6 납세의무자

(1) 거주자와 비거주자

소득세의 납세의무자는 과세소득을 얻은 개인이며, 개인은 거주자와 비거주자로 구분된다. 거주자란 국내에 주소를 두거나 거소를 둔 날이 183일 이상인 개인을 말하며, 비거주자란 거주자 이외의 개인을 말한다. 주소란 국내에서 생계를 같이하는 가족 및 국내에 소재하는 자산의 유무 등 생활의 객관적 사실에 따라 판정한다.[3] 거소란 주소지 이외의 장소 중 상당기간에 걸쳐 거주하는 장소로서 주소와 같이 밀접한 일반적 생활관계가 형성되지 않은 장소를 말한다. 따라서 외국인이라 하더라도 국내에 주소를 두거나 183일 이상 거소를 둔 경우에는 거주자로 본다. 이때 국내에 거소를 둔 기간은 1과세기간 동안 183일 이상인 경우 국내에 183일 이상 거소를 둔 것으로 본다.[4]

외국인 단기 거주자에 대한 과세특례

해당 과세기간의 종료일 10년 전부터 국내에 주소나 거소를 둔 기간이 5년 이하인 외국인 거주자에게는 과세대상 소득 중 국외에서 발생한 소득의 경우 국내에서 지급되거나 국내로 송금된 소득에 대해서만 과세된다.

거주기간을 계산할 때에는 입국일의 다음날부터 출국일까지로 하며 출국목적이 관광, 질병치료 등 명백하게 일시적인 경우 출국기간도 거주기간에 포함한다. 단, 재외동포의 경우 입국목적이 관광, 질병치료 등 비사업적 목적으로서 명백하게 일시적인 입국일 경우 입국기간은 거수기간으로 산입하지 않는다.

주소의 판정기준

'주소'는 국내에서 생계를 같이 하는 가족 및 국내에 소재하는 자산의 유무 등 생활관계의 객관적 사실에 따라 판정하는데, 그 구체적인 판정기준은 다음과 같다.

국내에 주소가 있는 것으로 보는 경우	국내에 주소가 없는 것으로 보는 경우
① 계속하여 183일 이상 국내에 거주할 것을 통상 필요로 하는 직업을 가진 때	국외에 거주 또는 근무하는 자가 외국국적을 가졌거나 외국법령에 의하여 그 외국의 영주권을 얻은 자로서 국내에 생계를 같이 하는 가족이 없고 그 직업 및 자산상태에 비추어 다시 입국하여 주로 국내에 거주하리라고 인정되지 않을 때

3) 민법에서는 주소는 2곳 이상 있을 수 있고, 이러한 주소 중에 30일 이상 거주할 목적으로 일정한 장소를 갖는 자는 주민등록법에 의거하여 주민등록지를 등록하여야 하고, 주민등록지는 특별한 반증이 없는 한 주소로 추정된다.

4) 직전과세기간부터 당해 과세기간까지 계속하여 183일 이상 거소를 둔 경우에도 거주자로 판정한다. (2026년부터 적용함)

② 국내에 생계를 같이하는 가족이 있고, 그 직업 및 자산상태에 비추어 계속하여 183일 이상 국내에 거주할 것으로 인정되는 때	

단, 다음과 같은 경우는 예외로 한다.

1. 외국을 항행하는 선박 또는 항공기의 승무원: 그 승무원과 생계를 같이하는 가족이 거주하는 장소 또는 그 승무원이 근무기간 외의 기간 중 통상 체재하는 장소가 국내에 있는 때에는 해당 승무원의 주소는 국내에 있는 것으로 보고 그 장소가 국외에 있는 때에는 해당 승무원의 주소가 국외에 있는 것으로 본다.
2. 해외지점 등에 파견된 임직원: 국외에서 근무하는 공무원 또는 거주자나 내국법인의 국외사업장 또는 해외현지법인(내국법인이 발행주식총수 또는 출자지분의 100%를 출자한 경우에 한정함) 등에 파견된 임원 또는 직원은 거주자로 본다. 즉, 거주자 또는 내국법인의 국외사업장 또는 해외현지법인(100% 출자법인)에 파견된 임원 또는 직원이 생계를 같이 하는 가족이나 자산상태로 보아 파견기간의 종료 후 재입국할 것으로 인정되는 때에는 파견기간이나 외국의 국적 또는 영주권의 취득과는 관계없이 거주자로 본다.

동시에 양국의 거주자인 경우

양국 세법상 모두 거주자라면 이중과세가 발생할 수 있다. 이를 방지하기 위하여 각국 간 조세조약의 체결을 통하여 조세조약이 정하는 바에 따라 항구적 주거(Parmanent home)와 중대한 이해관계 중심지(Center of Vital Interest)를 고려하여 어느 국가의 거주자로 간주할 것인지를 결정한다. 다만, 국내 거주자인 납세의무자가 동시에 외국의 거주자에도 해당하여 조세조약이 적용되어야 한다는 점에 대하여는 이를 주장하는 납세의무자에게 그 증명책임이 있다.

(2) 납세의무의 범위

거주자는 국내 및 국외 원천소득에 대하여 납세의무를 지는 반면(무제한납세의무), 비거주자는 국내 원천소득에 대하여만 납세의무를 진다(제한납세의무).

(3) 법인이 아닌 단체에 대한 과세방법

법인이 아닌 사단 · 재단 기타단체 중 국세기본법의 규정에 의하여 법인으로 보는 단체는 법인세의 납세의무를 진다. 법인으로 보지 않는 사단 · 재단 기타단체는 그 단체를 거주자로 보아 다음의 구분에 따라 소득세 납세의무를 지게 된다.

1) 1거주자로 보는 경우(1거주자 의제)

대표자 또는 관리인이 선임되어 있고 이익의 분배방법 및 분배비율이 정해져 있지 않은 단체의 경우 1거주자로 보아 소득세법을 적용한다. 이 경우 단체가 소득세의 납세의무를 지므로 단체의 소득과 대표자나 관리인의 소득은 별개로 구분한다.

2) 공동사업으로 보는 경우(공동사업 의제)

구성원 간 이익의 분배방법이나 분배비율이 정하여져 있거나 사실상 이익이 분배되는 것으로 확인되는 경우에는 해당 구성원이 공동으로 사업을 영위하는 것으로 보아 구성원별로 과세한다.

(4) 납세의무의 특례

1) 공동사업의 경우[5]

① 원칙(공동사업자별 납세의무): 공동사업에 관한 소득금액을 계산하는 경우에는 손익분배비율에 따라 분배되었거나 분배될 소득금액에 따라 해당 공동사업자별로 납세의무를 진다. 즉, 연대납세의무는 배제되는데, 이는 국세기본법상 연대납세의무 규정에 대한 소득세법의 중요한 특례이다.

② 예외(공동사업합산과세): 공동사업합산과세의 규정에 따라 특수관계인의 소득금액이 주된 공동사업자에게 합산과세 되는 경우, 그 합산과세되는 소득금액에 대해서는 주된 공동사업자의 특수관계인은 손익분배비율에 해당하는 그의 소득금액을 한도로 주된 공동사업자와 연대하여 납세의무를 진다.

2) 상속의 경우

'국세기본법의 납세의무의 승계 규정'에 따라 상속인이 상속받은 재산가액을 한도로 피상속인의 납세의무를 승계한다. 이 경우 피상속인의 소득금액에 대한 소득세로서 상속인에게 과세할 것과 상속인의 소득금액에 대한 소득세는 구분하여 계산해야 하며, 피상속인의 소득금액에 대한 소득세는 그 상속인이 납세의무를 진다.

3) 분리과세소득의 경우

원천징수되는 소득으로서 종합소득과세표준에 합산되지 않는 소득이 있는 자는 그 원천징수되는 소득세에 대해서 납세의무를 진다.

---

5) 자세한 사항은 '7.2 공동사업장에 대한 소득금액 계산'을 참조할 것

4) 신탁소득의 경우

신탁재산에 귀속되는 소득은 그 신탁의 수익자에게 귀속되는 것으로 본다. 그럼에도 불구하고 다음의 요건을 충족하는 신탁의 경우에는 그 신탁재산에 귀속되는 소득은 위탁자에게 귀속되는 것으로 보아 위탁자를 납세의무자로 본다.

① 위탁자가 신탁을 해지할 수 있는 권리, 수익자를 지정하거나 변경할 수 있는 권리, 신탁 종료 후 잔여재산을 귀속 받을 권리를 보유하는 등 신탁재산을 실질적으로 지배 · 통제할 것

② 신탁재산 원본을 받을 권리에 대한 수익자는 위탁자로, 수익을 받을 권리에 대한 수익자는 그 배우자 또는 같은 주소 또는 거소에서 생계를 같이 하는 직계존비속(배우자의 직계존비속 포함)으로 설정했을 것

한편, 신탁업을 경영하는 자는 각 과세기간의 소득금액을 계산할 때 신탁재산에 귀속되는 소득과 그 밖의 소득을 구분하여 경리해야 한다. 이러한 수익자의 특정여부 또는 존재여부는 신탁재산과 관련되는 수입 및 지출이 있는 때의 상황에 따른다.

7 과세기간

(1) 원 칙

소득세의 과세기간은 원칙적으로 1년(1. 1. ~ 12. 31.)이다. 즉, 개인은 모두 1. 1.부터 12. 31.까지 발생된 소득에 대해 소득세를 신고, 납부하는 것으로서 모든 개인이 동일한 과세기간을 적용받게 된다. 신규사업자 또는 폐업자의 경우도 신규사업 전 또는 폐업 이후에도 과세대상이 되는 다른 소득이 있을 수 있으므로 1. 1. ~ 12. 31.까지의 기간을 1과세기간으로 본다.

(2) 과세기간의 예외

사망 · 출국의 경우는 1. 1. ~ 사망일 또는 출국일까지를 1과세기간으로 본다. 여기서 출국이란 거주자가 주소 또는 거소를 국외로 이전하는 것을 말한다.

8 납세지

납세지는 납세의무자가 세법에 의한 의무를 이행하고 권리를 행사하는 기준이 되는 장소로서 관할세무서를 정하는 기준이 되는 장소를 말한다.

(1) 거주자의 납세지

원칙적으로 거주자의 납세지는 주소지(주소지 관할세무서)이며 주소지가 없는 경우에는 거소지로 한다. 다만, 사업소득이 있는 거주자가 사업장소재지를 납세지로 신청한 때에는 '그 사업장 소재지'를 납세지로 지정할 수 있다.

(2) 비거주자의 납세지

비거주자의 납세지는 국내사업장의 소재지로 하며, 국내사업장이 없는 경우에는 국내원천소득이 발생하는 장소로 한다. 국내사업장이 둘 이상인 경우에는 주된 국내사업장의 소재지로 한다.

(3) 원천징수하는 소득세의 납세지

원천징수하는 소득세의 납세지는 원천징수하는 자가 거주자인 경우에는 그 거주자의 주소지(주소지가 없는 경우에는 거소지), 원천징수하는 자가 비거주자인 경우에는 주된 국내사업장의 소재지(국내사업장이 없는 경우에는 그 비거주자의 거류지 또는 체류지)가 납세지이다.[6)] 만약, 원천징수하는 자가 법인인 경우에는 그 법인의 본점 또는 주사무소의 소재지가 납세지이다.[7)]

(4) 납세지의 지정

국세청장 또는 관할지방국세청장은 다음 중 어느 하나에 해당하는 경우에는 그 납세지를 따로 지정할 수 있다.

① 사업소득이 있는 거주자가 사업장 소재지를 납세지로 신청한 경우

② 거주자 또는 비거주자로서 납세의무자의 소득상황으로 보아 부적당하거나 납세의무를 이행하기에 불편하다고 인정하는 경우

한편, 납세지 지정사유가 소멸한 경우에는 국세청장 또는 관할지방국세청장은 납세지의 지정을 취소하여야 하며, 이러한 경우에도 그 취소 전에 한 소득세에 관한 신고 · 신청 · 청구 · 납부 기타 행위의 효력에는 영향을 미치지 않는다.

---

6) 비거주자가 납세관리인을 둔 경우 그 비거주자의 소득세 납세지는 그 국내사업장의 소재지 또는 그 납세관리인의 주소지나 거소지 중 납세관리인이 그 관할 세무서장에게 납세지로서 신고하는 장소로 한다.

7) 법인의 지점, 영업소 그 밖의 사업장이 독립채산제에 따라 독자적으로 회계사무를 처리하는 경우에는 그 사업장의 소재지(국외소재 사업장은 제외)를 납세지로 하며, 국세청장의 승인을 얻은 경우와 부가가치세법상 사업자단위과세사업자로 등록한 경우에는 그 법인의 본점 또는 주사무소 소재지를 납세지로 할 수 있다.

(5) 납세지 변경

거주자나 비거주자는 납세지가 변경된 경우 그 변경 후의 납세지 관할세무서장에게 변경된 날부터 15일 이내에 신고하여야 한다. 이 경우 납세지의 주소지가 변경됨에 따라 부가가치세법에 따른 사업자등록정정을 한 경우에는 납세지의 변경신고를 한 것으로 본다.

OX 문제

01 소득세는 개인의 인적사정을 고려하지 않는 간접세이다.

02 이자소득 · 배당소득 · 연금소득 및 기타소득에 대하여는 법에 열거되지 않더라도 유사한 유형의 소득인 경우에는 과세한다.

03 소득세는 기본적으로 소득원천설의 입장을 취하고 있으며 예외적으로 순자산증가설의 입장도 일부 수용하고 있다

04 거주자는 국내 · 외의 소득에 대해 납세의무가 있지만 비거주자는 국내원천소득에 대해서만 납세의무가 있다.

05 해당 과세기간 종료일 10년전부터 국내에 주소나 거소를 둔 기간이 5년 이하인 외국인거주자의 국외원천소득에 대해서는 소득세를 과세하지 않는다.

정답&해설 **01** × **02** × **03** ○ **04** ○ **05** ×

01 소득세는 개인의 인적사항에 따른 부담능력을 고려하여 과세하는 직접세이다.

02 연금소득과 기타소득에는 유형별 포괄주의가 적용되지 않는다.

05 해당 과세기간의 종료일 10년 전부터 국내에 주소나 거소를 둔 기간이 5년 이하인 외국인거주자에게는 과세대상 소득 중 국외에서 발생한 소득의 경우 국내에서 지급되거나 국내로 송금된 소득에 대해서만 과세된다.

06 소득세법에서는 공동사업합산과세의 예외적인 경우를 제외하면 원칙적으로 개인을 단위로 하여 과세된다.

07 비거주자의 납세지는 국내사업장의 소재지로 하며, 국내사업장이 없는 경우에는 국내원천소득이 발생하는 장소로 한다.

08 법인 아닌 단체가 1거주자로 분류되는 경우 단체의 소득에 대한 소득세의 납세의무자는 단체의 구성원이 아니라 그 단체 자신이다.

09 소득금액 계산시 이자소득, 배당소득, 근로소득 및 연금소득에 대해서는 필요경비를 인정하지 않으므로 총수입금액이 곧 소득금액이 되어 종합소득금액으로 합산된다.

10 소득세법상 거주자가 되기 위해서는 국내에 183일 이상을 반드시 거주하여야 한다.

11 위탁자가 실질수익자인 경우 신탁재산에 귀속되는 소득의 납세의무자는 위탁자이다.

정답&해설 **06** ○ **07** ○ **08** ○ **09** × **10** × **11** ○

09 소득금액 계산시 배당소득은 총수입금액에 귀속법인세를 가산한 금액이 배당소득금액이 되어 종합소득금액에 합산되며, 근로소득과 연금소득은 총수입금액에서 근로소득공제와 연금소득공제를 각각 차감한 금액이 근로소득금액과 연금소득금액이 되어 종합소득금액에 합산된다.

10 국내에 183일 이상 거주하지 않더라도 국내에 생계를 같이하는 가족 및 국내에 소재하는 자산의 유무 등 생활의 근거가 되는 주소를 둔 경우에는 거주자로 판정한다.

연습문제

01 소득세법상 과세기간에 대한 다음의 설명 중 옳지 않은 것은?

① 소득세의 과세기간은 원칙적으로 1. 1.~12. 31.까지를 과세기간으로 한다.

② 거주자가 사망한 경우 1. 1.~사망일까지의 소득금액에 대하여 소득세를 부과한다.

③ 신규사업자의 경우 사업을 개시한 날~12. 31.까지를 과세기간으로 한다.

④ 사업자가 폐업을 한 경우에는 1. 1.~12. 31.까지를 과세기간으로 한다.

⑤ 거주자가 주소 또는 거소를 외국으로 이전하는 경우 1. 1.~출국일까지의 소득금액에 대하여 소득세를 부과한다.

정답 ③

신규사업자 또는 폐업자의 경우도 신규 사업 전 또는 폐업 이후에도 과세대상이 되는 다른 소득이 있을 수 있으므로 1월 1일부터 12월 31일까지의 기간을 1과세기간으로 본다.

02 소득세법상 납세의무자에 대한 다음의 설명 중 옳지 않은 것은?

① 국내에 주소를 두거나 거소를 둔 날이 183일 이상인 개인을 거주자라고 하며, 국내·외 원천소득에 대하여 납세의무를 진다.

② 거주자와 비거주자의 개념은 국적과 관련이 없으므로 외국인도 거주자로서 납세의무를 지는 경우도 있을 수 있다.

③ 법인격 없는 단체 중 대표자 또는 관리인이 선임되어 있고 이익의 분배방법 및 분배비율이 정해져 있는 단체의 경우 1거주자로 보아 소득세법을 적용한다.

④ 1거주자에 해당하지 아니하는 법인격 없는 단체는 공동사업을 경영하는 것으로 본다. 따라서 구성원 각자가 받았거나 받을 소득금액에 따라 각자 소득세 납세의무를 진다.

⑤ 피상속인의 소득금액에 대한 소득세로서 상속인에게 과세할 것과 상속인의 소득금액에 대한 소득세는 구분하여 계산하여야 한다.

정답 ③

대표자 또는 관리인이 선임되어 있고 이익의 분배방법 및 분배비율이 정해져 있지 않은 단체의 경우 1거주자로 보아 소득세법을 적용한다.

03 소득세법상 납세지에 대한 다음의 설명 중 옳지 않은 것은?

① 원칙적으로 거주자의 납세지는 주소지이며 주소지가 없는 경우에는 거소지로 한다.
② 사업소득이 있는 거주자가 사업장소재지를 납세지로 신청한 때에는 그 사업장소재지를 납세지로 지정할 수 있다.
③ 비거주자의 납세지는 국내사업장의 소재지로 하며, 국내사업장이 없는 경우에는 국내원천소득이 발생하는 장소로 한다.
④ 비거주자의 국내사업장이 둘 이상인 경우 비거주자가 선택한 국내사업장의 소재지로 한다.
⑤ 거주자나 비거주자는 납세지가 변경된 경우 그 변경 후의 납세지 관할세무서장에게 변경된 날부터 15일 이내에 신고하여야 한다.

정답 ④

비거주자의 국내사업장이 둘 이상인 경우에는 주된 국내사업장의 소재지로 한다.

04 우리나라 소득세의 특징에 대한 다음의 설명 중 옳지 않은 것은?

① 개인의 세금부담능력(담세력)이 소득의 증가에 비례하여 누진적으로 증가하는 누진과세제도를 채택하고 있다.
② 소득세는 신고납세제도를 채택하고 있으며 납세의무자의 신고를 통해 과세표준과 세액이 확정된다.
③ 우리나라의 경우에는 개인단위과세를 채택하고 있으므로 어떠한 경우에도 부부나 가족의 소득을 합산하여 과세하지 않는다.
④ 소득세는 경상적이고 반복적인 소득으로서 소득세법상 열거된 소득에 한하여 과세하는 것을 원칙으로 한다.
⑤ 이자 · 배당소득에 대하여는 법에 열거되지 않더라도 유사한 유형의 소득인 경우에는 과세한다.

정답 ③

소득세법에서는 개인을 단위로 하여 소득세를 과세하며, 부부 또는 가족의 소득을 합산하여 과세하지 않는다. 다만, 지분 또는 손익분배비율을 허위로 하여 특수관계인끼리 공동으로 사업을 영위하는 경우에는 사업소득을 공동사업자 중 지분비율이 가장 높은 사업자의 소득으로 간주하여 합산과세하게 되는데 이를 공동사업합산과세라고 한다.

05 소득세법상 납세의무에 대한 다음의 설명 중 옳지 않은 것은?

① 비거주자는 국내원천소득에 대하여 소득세를 납부할 의무가 있고 거주자는 국내 · 외의 원천소득에 대해서 소득세를 납부할 의무가 있다.

② 국내에 거주하는 개인이 국내에 생계를 같이하는 가족이 있고, 그 직업 및 자산상태에 비추어 계속하여 183일 이상 국내에 거주할 것으로 인정되는 경우에는 국내에 주소를 가진 것으로 본다.

③ 외국을 항행하는 항공기 승무원의 경우 그 승무원과 생계를 같이하는 가족이 거주하는 장소가 국내에 있는 때에는 해당 승무원의 주소는 국내에 있는 것으로 본다.

④ 국외에서 근무하는 내국법인의 국외사업장에 파견된 직원의 경우 계속하여 183일 이상 국외에 거주하는 경우 비거주자로 본다.

⑤ 국내에 거주하는 개인이 계속하여 183일 이상 국내에 거주할 것을 통상 필요로 하는 직업을 가진 경우에는 국내에 주소를 가진 것으로 본다.

정답 ④

국외에서 근무하는 내국법인의 국외사업장에 파견된 직원의 경우 거주자로 의제한다.

06 소득세법상 납세의무와 납세지에 관한 다음의 설명 중 옳지 않은 것은?

① 거주자 또는 비거주자로 보는 법인 아닌 단체 중에서 구성원 간 이익의 분배방법이나 분배비율이 정하여져 있거나 사실상 이익이 분배되는 것으로 확인되는 경우에는 해당 구성원이 공동으로 사업을 영위하는 것으로 보아 구성원별로 소득세를 과세한다.

② 거주자는 납세지가 변경된 경우 변경된 날부터 15일 이내에 그 변경 후의 납세지 관할세무서장에게 신고하는 것이 원칙이며, 부가가치세법에 의한 사업자등록 정정을 한 경우에도 변경 후 납세지 관할세무서장에게 납세지변경신고를 하지 않을 경우 가산세를 납부하여야 한다.

③ 국외에서 근무하는 공무원 또는 거주자나 내국법인의 국외사업장에 파견된 임원 또는 직원은 거주자로 본다.

④ 국내사업장이 있는 비거주자가 납세관리인을 둔 경우 그 비거주자의 소득세 납세지는 그 국내사업장의 소재지 또는 그 납세관리인의 주소지나 거소지 중 납세 관리인이 그 관할세무서장에게 납세지로서 신고하는 장소로 한다.

⑤ 국외에 근무하는 자가 외국법령에 의하여 그 외국의 영주권을 얻은 자로서 국내에 생계를 같이하는 가족이 없고 그 직업 및 자산상태에 비추어 다시 입국하여 주로 국내에 거주하리라고 인정되지 아니하는 때에는 국내에 주소가 없는 것으로 본다.

정답 ②

거주자는 납세지가 변경된 경우 변경된 날부터 15일 이내에 그 변경 후의 납세지 관할세무서장에게 신고하여야 하나, 부가가치세법의 의한 사업자등록 정정을 한 경우에는 납세지 변경신고를 한 것으로 본다.

07 소득세법상 납세의무자와 납세지에 관한 다음의 설명 중 옳지 않은 것은?

① 해당 과세기간 종료일 10년 전부터 국내에 주소나 거소를 둔 기간의 합계가 5년 이하인 외국인 거주자(동업기업의 동업자 아님)에게는 과세대상 소득 중 국외에서 발생한 소득의 경우 국내에서 지급되거나 국내로 송금된 소득에 대해서만 과세한다.
② 국외에서 근무하는 공무원은 거주자로 본다.
③ 피상속인의 소득금액에 대해서 과세하는 경우에는 그 상속인이 납세의무를 진다.
④ 납세지 지정사유가 소멸한 경우 국세청장 또는 관할 지방국세청장은 납세의무자가 요청하는 경우에 한하여 납세지의 지정을 취소할 수 있다.
⑤ 국내에 거소를 둔 기간이 1과세기간에 걸쳐 183일 이상인 경우에는 국내에 183일 이상 거소를 둔 것으로 본다.

정답 ④

납세지 지정사유가 소멸한 경우 국세청장 또는 관할지방국세청장은 납세지의 지정을 취소하여야 한다.

08 소득세법령상 납세의무 등에 관한 설명으로 옳지 않은 것은? **[CTA 2022]**

① 비거주자는 국내에 거소를 둔 기간이 183일이 되는 날에 거주자가 된다.
② 비거주자는 법령에 따른 납세지가 변경된 경우 변경된 날부터 15일 이내에 그 변경후의 납세지 관할 세무서장에게 신고하여야 한다.
③ 거주자의 사업소득에 대한 소득세 납세지는 주된 사업장 소재지로 한다.
④ 신탁재산에 귀속되는 소득의 수익자가 특별히 정하여지지 아니한 경우에는 그 신탁재산에 귀속되는 소득은 위탁자에게 귀속되는 것으로 본다.
⑤ 거주기간을 계산할 경우 국내에 거소를 둔 기간은 입국하는 날의 다음날부터 출국하는 날까지로 한다.

정답 ③

거주자는 사업소득이 있더라도 주소지를 납세지로 하는 것이 원칙으로 한다. 다만, 사업소득이 있는 자는 사업장 소재지를 납세지로 신청할 수 있다.

Chapter 2

금융소득

AN INTRODUCTION TAX LAW

1 이자소득

(1) 이자소득의 범위

이자소득이란 금전 사용에 대한 대가로서 해당 과세기간동안 발생한 다음의 소득을 말한다.

① 국가 · 지방자치단체 · 내국법인 · 외국법인이나 외국법인의 국내지점 또는 국내영업소에서 발행한 채권 또는 증권의 이자와 할인액

② 국내 또는 국외에서 받는 예금(적금 · 부금 · 예탁금 포함)의 이자

③ 상호저축은행법에 따른 상호신용계 또는 신용부금으로 인한 이익

④ 채권 · 증권의 환매조건부 매매차익: 금융회사 등이 시장가격에 의하지 않고 환매기간에 따른 사전약정이율에 의해 결정된 가격으로 환매수 또는 환매도 조건으로 매매하는 채권 · 증권의 매매차익을 말한다.

⑤ 저축성보험의 보험차익: 과세대상이 되는 저축성보험의 보험차익은 만기보험금 · 중도해약환급금에서 납입보험료를 차감한 금액을 말한다.

보험차익 = 만기보험금* · 중도해약환급금 − 납입보험료

* 만기 또는 계약기간 중에 받는 보험금 및 공제금(예: 계약기간 중 지급되는 생일축하금, 장수축하금 등)

보험의 종류

보험은 크게 보장성보험과 저축성보험으로 구분할 수 있으며, 두 보험의 특징이 함께 나타나는 보험도 존재한다.

- 보장성보험: 불의의 위험에 대비하기 위한 것이고, 만기에 지급받는 만기환급금이 납입한 보험료(원금)를 초과하지 아니하는 것을 말한다. 자동차보험 또는 의료실비보험 등이 대표적인 보장성보험이다.
- 저축성보험: 일반적인 예금과 성격이 유사한 것으로 만기나 중도해약시 보험금(또는 공제금) 또는 환급금을 수령하게 된다. 이때 피보험자이나 계약자가 수령하는 만기보험금이나 환급금이 납입한 보험료보다 클 경우 이 차액을 보험차익이라고 한다.

장기 저축성보험의 비과세

- 다음 3가지의 장기저축성 보험의 경우 소득세를 과세하지 않는다.
  - ㉠ 계약기간이 10년 이상이고 1인당 납입할 보험료 합계액이 1억원 이하인 일시납 저축성보험[8)]
  - ㉡ 다음의 요건을 모두 충족하는 월적립식 저축성보험
    - ⓐ 계약기간이 10년 이상일 것
    - ⓑ 납입기간 5년 이상인 월적립식 계약일 것
    - ⓒ 매월 납입하는 기본보험료가 균등하고(최초 보험료의 1배 이내의 증액은 가능), 기본보험료의 선납기간이 6개월 이내일 것
    - ⓓ 1인당 월 납입보험료가 150만원 이하일 것
  - ㉢ 다음의 요건을 모두 충족하는 종신형 연금보험인 경우
    - ⓐ 사망시 계약 · 연금 재원이 소멸할 것
    - ⓑ 55세 이후 사망시까지 연금형태로 지급받을 것
    - ⓒ 사망시까지 중도해지가 불가능할 것

⑥ 직장공제회 초과반환금: 직장공제회 초과반환금이란 동일직장이나 직종에 종사하는 근로자로 구성된 공제조합 또는 공제회로부터 받는 공제회 반환금 중 불입원금을 초과하는 금액을 말한다. 초과반환금을 분할하여 지급하는 기간 동안 원본 및 초과반환금 등에 추가로 발생하는 이익도 이자소득에 포함한다.

⑦ 비영업대금의 이익: 비영업대금의 이익이란 자금대여를 영업으로 하지 않는 자가 일시적 · 우발적으로 금전을 대여하고 지급받는 이자 또는 수수료 등을 말한다. 한편 사업적으로 금전을 대여하는 경우에는 대금업에 해당하며 그로 인해 받은 이익은 사업소득으로 분류한다. 즉, 대금업을 하는 거주자임을 대외적으로 표방하고 불특정다수인을 상대로 금전을 대여하는 경우에는 금융업으로 보지만, 대외적으로 대금업을 표방하지 않은 거주자의 금전대여는 비영업대금의 이익으로 본다.

⑧ 위 '①~⑦'과 유사한 소득으로서 금전의 사용에 따른 대가의 성격이 있는 것[9)]

⑨ 위의 이자소득을 발생시키는 거래 · 행위와 파생상품이 결합된 경우 해당 파생상품의 거래 · 행위로부터의 이익[10)]

---

8) 단, 계약기간은 10년 이상이나 10년 경과 전 납입보험료를 확정된 기간동안 연금형태로 분할지급받는 경우는 과세된다.

9) 이자소득의 경우에 유사소득으로서 금전의 사용대가 등의 성격이 있는 것은 구체적으로 나열하지 않더라도 과세할 수 있도록 유형별포괄주의를 채택하고 있다.

10)예를들어, 거주자가 원화로 엔화를 매입하여 엔화예금 가입과 동시에 만기에 엔화예금 원리금을 확정된 환율로 매각하여 원화로 지급받는 선물환거래가 결합된 파생결합상품의 예금이자는 이자소득으로 과세된다.

(2) 비과세이자소득

1) 소득세법

공익신탁법에 따른 공익신탁의 이익[11)]

2) 조세특례제한법

조세특례제한법에서 열거하고 있는 비과세 이자소득 중 중요한 몇가지 예를 들면 다음과 같다.

① 장기주택마련저축의 이자소득(현재 판매종료된 상품임)

② 농어가목돈마련저축에서 발생하는 이자소득(2025. 12. 31.까지 가입분에 한함)

③ 65세 이상인 거주자 · 기초생활수급자 · 장애인 · 독립유공자 등의 비과세종합저축(1인당 5천만원 이하에 한함)에서 발생하는 이자소득[12)](2025. 12. 31.까지 가입분에 한함)

④ 농민 · 어민 및 그 밖에 상호 유대를 가진 거주자를 조합원 · 회원 등으로 하는 조합 등(예 농협, 신협 등)에 대한 예탁금으로서 가입 당시 19세 이상인 거주자가 가입한 예탁금(1인당 3,000만원 이하에 한함)에서 발생하는 이자소득(2025. 12. 31.까지 발생분에 한함[13)])

⑤ 재형저축의 이자소득(현재 판매종료)

⑥ 개인종합자산관리계좌(ISA)에서 발생하는 이자소득의 합계액 중 200만원(또는 400만원) 이하의 금액[14)]

⑦ 청년우대형 주택청약종합저축에 대한 이자소득(2025. 12. 31.까지 가입분에 한함)[15)]

⑧ 장병내일준비적금에 대한 이자소득(2026. 12. 31.까지 가입분에 한함)[16)]

⑨ 청년도약계좌 이자소득(2025. 12. 31.까지 가입분에 한함)[17)]

---

11) 공익신탁의 이익이란 학술 · 종교 · 제사 · 자선 기타 공익을 목적으로 하는 신탁을 말하며 이자소득이 아닌 다른 소득으로 구분되는 경우에도 소득세를 비과세한다.

12) 직전 3개연도 내 1회 이상 금융소득 종합과세 대상자는 제외된다.

13) 2026년 1월 1일부터 발생하는 이자소득에 대해서는 5%의 세율을 적용하며, 그 이자소득은 종합소득과세표준에 합산하지 아니하며, 「지방세법」에 따른 개인지방소득세를 부과하지 않을 예정이다.

14) 개인종합자산관리계좌(ISA)는 저금리·고령화 시대에 국민의 종합적 자산관리를 통한 재산형성을 지원하기 위한 대표적 금융상품인 점을 고려하여 적용기한을 없애 항구적인 조세특례제도로 전환하였다. 근로소득이나 사업소득이 있는 자와 농어민이 '개인종합자산관리계좌(ISA)'에 가입할 경우, 연간 납입한도 2천만원 이하이고 계약기간이 3년 이상일 경우 연간 금융소득 200만원(종합소득금액이 3,500만원 이하인 거주자와 직전 과세연도 종합소득금액이 3,500만원 이하인 농어민은 400만원)까지 비과세 되며, 초과되는 금융소득에 대해서는 9%의 세율로 과세된다.

15) 연간 총급여액이 3,600만원(종합소득금액 2,600만원) 이하이면서 무주택세대주(또는 그 배우자)인 청년(19세~34세, 병역기간 별도 인정)의 경우 청년우대형 주택청약종합저축에 가입한 경우 이자소득 500만원(가입기간 전체 기준)까지 비과세가 적용된다(비과세 적용 납인한도: 연 600만원).

16) 납입한도는 월 55만원이며 군복무기간(최대 24개월) 동안 비과세가 적용된다.

17) 직전 과세기간의 총급여액이 7,500만원(종합소득금액의 경우 6,300만원) 이하인 19세~34세의 청년이 가입한 청년도약계좌에 연간 840만원까지 납입이 가능하다. 동 계좌는 1명당 1개의 계좌만 보유하여야 하며 계좌에서 발생한 손익을 통산하고 계좌 만기 또는 해지시 발생한 이자소득에 대해 비과세가 적용된다. 동 계좌의 납입액은 예금 및 적금, 펀드, 국내상장주식 등으로 운용되며 의무가입기간은 3년이다. 의무가입 기간 내에 해지시 비과세를 적용받은 상당세액은 추

(3) 이자소득금액의 계산

이자소득금액은 해당 과세기간의 총수입금액으로 하며 필요경비는 인정되지 않는다.

> 이자소득금액 = 총수입금액(비과세소득과 분리과세소득은 제외)

(4) 이자소득의 수입시기

구 분	수입시기
채권 등의 이자와 할인액	무기명: 그 지급을 받은 날 기명: 약정에 의한 이자지급개시일
보통예금 · 정기예금 · 적금 또는 부금의 이자	원칙: 실제로 이자를 지급받는 날 예외: 원본전입특약이 있는 경우 원본전입일
통지예금의 이자	인출일
환매조건부 채권 · 증권의 매매차익	약정에 따른 채권 · 증권의 환매수일 · 환매도일 다만, 기일 전에 환매수 · 환매도하는 경우에는 그 환매수 또는 환매도일
저축성보험의 보험차익	보험금 · 환급금의 지급일(다만, 기일 전에 해지 시 해지일)
직장공제회 초과반환금	약정에 따른 납입금 초과이익 및 반환금 추가이익의 지급일
비영업대금의 이익	약정에 따른 이자지급일 (다만, 약정이 없거나 약정일 전에 지급받는 경우: 그 이자지급일)
양도가능한 채권 등의 보유기간 이자 등 상당액(Chapter 7을 참조할 것)	채권 등의 매도일 또는 이자 등의 지급일
그 밖에 금전사용에 따른 대가 성격이 있는 이자와 할인액	약정에 따른 상환일(단, 기일 전에 상환시 그 상환일)
이자소득을 발생시키는 거래 · 행위와 파생상품이 결합된 경우 해당 파생상품의 거래 · 행위로부터의 이익	약정에 따른 상환일(단, 기일 전에 상환시 그 상환일)
위의 이자소득이 발생하는 재산이 상속되거나 증여되는 경우	상속개시일 또는 증여일

징되나, 가입자의 사망, 해외이주, 혼인·출산 등의 부득이한 사유로 중도해지시에는 추징되지 아니한다.

2 배당소득

(1) 배당소득의 범위

배당소득이란 해당 과세기간동안 발생한 다음의 소득을 의미한다. 배당소득에는 회사법상 배당의 절차를 통해 주주에게 지급하는 배당뿐만 아니라 수익분배 성격이 있는 것도 포함한다.

① 내국법인으로부터 받는 이익이나 잉여금의 배당 또는 분배금

② 법인으로 보는 단체로부터 받는 배당 또는 분배금 및 내국법인으로 보는 신탁재산(법인과세신탁재산)으로부터 받는 배당금 또는 분배금

③ 의제배당: 의제배당이란 상법상 배당은 아니지만 배당과 같은 경제적 효과가 있는 경우 배당으로 간주하여 과세하는 것으로서 범위는 법인세법과 같으며 계산구조도 기본적으로 법인세법과 동일하다.[18)]

㉠ 감자 · 해산 · 합병 · 분할로 인한 의제배당

> 의제배당액 = 주주 등이 감자 · 잔여재산분배 · 합병 · 분할 등으로 받는 대가
> − 소멸하는 주식 등의 취득가액

㉡ 잉여금의 자본전입으로 인한 의제배당

ⓐ 이익잉여금의 자본전입으로 인한 무상주 수령: 의제배당

ⓑ 자본잉여금의 자본전입으로 인한 무상주 수령: 원칙적으로 과세된 잉여금(세법상 이익잉여금)을 재원으로 할 경우 의제배당으로 본다.

> 의제배당액 = 교부받은 주식수 × 액면가액

법인세가 과세되지 않은 잉여금의 자본전입으로 인하여 수령한 무상주는 의제배당에 해당하지 않는 것이 원칙이지만 다음과 같은 경우 예외적으로 의제배당으로 본다.

- 자기주식의 소각 당시 시가가 취득가액을 초과하거나 소각일로부터 2년 이내 자본전입한 경우
- 법인이 자기주식을 보유한 상태로 자본전입을 하여 해당 법인 외의 주주의 지분비율이 증가한 경우

④ 법인세법에 의하여 배당으로 처분된 금액(인정배당)

⑤ 국내 또는 국외에서 받는 집합투자기구[19)]로부터의 이익

---

18) 소득세법의 의제배당은 법인세법과 동일하므로 자세한 사항은 법인세법을 참조한다.

19) 집합투자의 대표적인 예로 ETF(Exchange Trade Fund: 주가지수연동투자신탁), 엄브렐라펀드(하나의 펀드 아래 성격이

집합투자기구

'집합투자'란 2인 이상에게 투자권유를 하여 모은 금전이나 여유자금을 투자자 또는 각 기금관리주체로부터 일상적인 운용지시를 받지 않으면서 재산적가치가 있는 투자대상자산을 취득, 처분 등의 방법으로 운용하고 결과를 투자자에게 배분하여 귀속시키는 것을 말한다. 집합투자를 수행하는 기구의 유형으로는 신탁형, 회사형, 조합형이 있다. 한편, 거주자가 분배받은 이익이 배당소득으로 과세되는 '집합투자기구'란 다음의 요건을 모두 갖춘 집합투자기구를 말하며, 국외에서 설정된 집합투자기구는 아래의 요건을 갖추지 않은 경우에도 집합투자기구로 본다.

㉠ 자본시장과 금융투자업에 관한 법률에 따른 집합투자기구(보험회사의 특별계정은 제외하되, 금전의 신탁으로서 원본을 보전하는 것을 포함)일 것

㉡ 해당 집합투자기구의 설정일부터 매년 1회 이상 결산 분배할 것

집합투자 형태 및 집합투자 이익의 소득 구분

- 신탁형

  ① 투자회사가 자금을 신탁(펀드)에 넣어두고 펀드 단위로 운영하며 ② 신탁재산과 고유재산을 분리하여 ③ 투자자에게 수익증권을 발행하여 ④ 신탁에서 발생한 이익은 수익자에게만 과세하여 ⑤ 투자자로부터 운용에 대한 지시를 받지 않고 투자하여 운용결과를 배분하는 것으로 ⑥ 적격집합투자기구에 해당하면 배당소득으로 과세하고 아니면 소득의 원천에 따라 소득의 내용별로 과세한다.

- 회사형

  ① 투자자로부터 자금을 모집하여 회사 형태로 운용하며 ② 회사는 법인세 납세의무자로 그 배당가능이익의 90% 이상을 배당한 경우 배당을 소득공제하여 법인세를 부담하지 아니하며 ③ 분배받은 이익은 배당소득에 해당한다.

- 조합형

  ① 자본시장법상 민법상 조합 또는 상법상 익명조합 형태의 집합투자기구로 인정하며 ② 조합은 과세단위가 아니므로 조합에게 과세하지 않고 수익자에게 과세하고 ③ 적격집합투자기구에 해당하면 배당소득으로 과세하며 아니면 소득의 원천에 따라 소득의 내용별로 과세한다.

- 법인신탁과세

  신탁재산에 대하여도 신탁계약에 따라 신탁의 수익자가 법인세 납부가 가능하며 회사형과 같이 배당가능이익의 90% 이상을 배당한 경우 배당을 소득공제하여 법인세를 부담하지 아니하며 수익자는 배당소득에 해당한다.

다른 하위펀드가 구성되어 있으며 하위펀드들 사이에 자유롭게 이동이 가능한 펀드), 적립식펀드, 해외펀드(투자대상이 해외의 주식, 채권 및 부동산인 상품) 등을 들 수 있다.

집합투자기구 과세방법

집합투자자산을 운용하여 발생하는 모든 손익은 기본적으로 통산하여 결산분배하는 시점 혹은 환매하는 시점에 과세한다. 단, 주식양도 차익 등 일부 손익은 과세제외하고 여타 모든 소득의 손익을 통산하여 배당소득으로 보아 과세한다. 집합투자기구는 자본시장법상 매년 1회 이상 결산·분배를 해야 하므로 결산시점에 과세대상손익을 통산하여 과세하며, 과세기간 중 결산 전 집합투자기구에 투자한 자산을 환매하는 경우 투자이익을 현실화하는 시점에 통산하여 과세한다.

⑥ 국내 또는 국외에서 받는 파생결합증권 또는 파생결합사채로부터의 이익(ELW[20]는 제외): 여기서 말하는 파생결합증권과 파생결합사채는 다음의 하나를 말한다.

㉠ 「자본시장과 금융투자업에 관한 법률」에 따른 파생결합증권[21]으로부터 발생한 이익

㉡ 파생결합증권 중 기초자산의 가격·이자율·지표·단위 또는 이를 기초로 하는 지수 등의 변동과 연계하여 미리 정해진 방법에 따라 이익을 얻거나 손실을 회피하기 위한 계약상의 권리를 나타내는 것으로서 증권시장에 상장되어 거래되는 증권 또는 증서(상장지수증권)를 계좌 간 이체, 계좌의 명의변경, 실물양도의 방법으로 거래하여 발생한 이익

㉢ 유가증권이나 통화 등의 변동과 연계하여 미리 정하여진 방법에 따라 상환 또는 지급금액이 결정되는 사채로부터 발생한 이익

⑦ 외국법인으로부터 받는 이익이나 잉여금의 배당 또는 분배금

⑧ 「국제조세조정에 관한 법률」에 따라 배당받은 것으로 간주된 금액

⑨ 공동사업에서 발생한 소득금액 중 출자공동사업자의 손익분배비율에 해당하는 금액

출자공동사업자의 과세방식

공동사업자는 업무집행공동사업자와 출자공동사업자로 구분되며, 출자공동사업자란 다음 중 어느 하나에 해당하지 아니하는 자로서 공동사업의 경영에 참여하지 아니하고 출자만 하는 자를 말한다.

㉠ 공동사업에 성명 또는 상호를 사용하게 한 자

㉡ 공동사업에서 발생한 채무에 대하여 무한책임을 부담하기로 약정한 자

출자공동사업자의 과세방식은 사업소득과 유사하여 ① 출자공동사업자의 소득귀속시기를 과세기간종료일로 하고, ② 배당소득임에도 분리과세적용대상에서 제외하고 배당세액공제를 적용하지 아니하며, ③ 원천징수세율은 비영업대금의 이익과 동일하게 25%로 하나, ④ 항상 종합소득 과세대상으로 종합소득 산출세액을 계산할 때는 14% 세율로 비교 과세한다.

---

20) 주식워런트증권(ELW)은 자산을 사전에 정한 미래의 시기에 미리 정한 가격으로 살 수 있거나 팔 수 있는 권리를 나타내는 증권이다. 현행 소득세법에서는 코스피200ELW와 코스닥150ELW는 양도소득으로 과세된다.

21) 파생결합증권이란 기초자산의 가격·이자율·지표·단위 또는 이를 기초로 하는 지수 등의 변동과 연계하여 미리 정하여진 방법에 따라 지급하거나 회수하는 금전 등이 결정되는 권리가 표시된 것을 말한다.

⑩ 위 '①~⑧'과 유사한 소득으로서 수익분배의 성격이 있는 것[22)]

⑪ 위의 배당소득을 발생시키는 거래 · 행위와 파생상품이 결합된 경우 해당 파생상품의 거래 · 행위로부터의 이익

⑫ 동업기업[23)]과세특례에 따른 동업자의 배당소득: 동업기업의 동업자가 동업기업으로부터 배분받은 소득 및 분배받은 자산의 시가 중 분배일의 지분가액을 초과하여 발생한 소득에 대해 과세한다. (조세특례제한법)

금융상품별 과세(매매차익)

구분	보유기간	양도시
채권	이자소득	비과세
주식	배당소득	비상장주식 및 상장주식 대주주 양도분: 양도소득
수익증권(펀드)	배당소득(결산)	배당소득 (적격집합투자기구로부터의 이익: 펀드의 투자수익)
파생결합증권 및 파생결합사채	비과세	배당소득(ELW제외)
파생상품	비과세	주가지수관련 선물 또는 옵션 파생상품: 양도소득

(2) 비과세 배당소득

1) 소득세법

「공익신탁법」에 따른 공익신탁의 이익[24)]

2) 조세특례제한법

① 장기주택마련저축의 배당소득(현재 판매종료된 상품임)

② 농어가목돈마련저축에서 발생하는 배당소득(2025. 12. 31.까지 가입분에 한함)

③ 65세 이상인 거주자 · 기초생활수급자 · 장애인 · 독립유공자 등의 비과세종합저축(1인당

22) 배당소득의 경우에도 이자소득과 동일하게 유사소득으로서 수익분배의 성격이 있는 것은 구체적으로 나열하지 않더라도 과세할 수 있도록 유형별포괄주의를 채택하고 있다.

23) 동업기업(Partnership)이란 2인 이상이 재산, 노무 등을 출자하여 공동사업을 경영하기 위해 설립한 인적회사 성격의 단체로 동업기업 과세특례(Partnership Taxation)를 적용받을 경우 동업기업을 도관으로 보아 발생한 소득에 대해 동업기업 단계에서는 과세하지 않고 동업자에게 귀속시켜 동업자 단계에서만 과세하는 제도이다. 단, 소득의 계산 및 신고에 있어서는 동업기업은 실체로서 신고의무를 이행하여야 한다.

24) 공익신탁의 이익이란 학술 · 종교 · 제사 · 자선 기타 공익을 목적으로 하는 신탁을 말하며 배당소득이 아닌 다른 소득으로 구분되는 경우에도 소득세를 비과세한다.

5천만원 이하에 한함)에서 발생하는 배당소득[25](2025. 12. 31.까지 가입분에 한함)

④ 농민 · 어민 및 그 밖에 상호 유대를 가진 거주자를 조합원 · 회원 등으로 하는 금융기관(예 농협, 신협 등)에 대한 출자금으로서 1명당 2천만원 이하의 출자금에 대한 배당소득과 그 조합원 · 회원 등이 그 금융기관으로부터 받는 사업 이용 실적에 따른 배당소득(2025. 12. 31.까지 발생분에 한함[26])

⑤ 개인종합자산관리계좌(ISA)에서 발생하는 배당소득의 합계액 중 200만원(또는 400만원) 이하의 금액[27]

(3) 배당소득금액의 계산

배당소득금액은 해당 과세기간의 총수입금액으로 하며 필요경비는 존재하지 않는다. 단, 이중과세 조정대상이 되는 배당소득의 경우 Gross-up금액(귀속법인세)을 가산한 금액을 배당소득으로 한다.

배당소득금액 = 총수입금액(비과세소득과 분리과세소득은 제외) + Gross-up금액

(4) Gross-up(Imputation) 제도

1) 개 요

주주에게 지급되는 배당금의 원천은 법인이 벌어들인 이익이다. 그런데 법인이 벌어들인 이익에 대해 법인단계에서 법인세가 과세되며, 법인세 납부 후의 잔여이익이 개인주주에게 배당될 때 배당소득으로 소득세가 다시 과세되는 결과가 발생할 수 있는데 이를 '배당소득에 대한 이중과세'라 한다. 현행 소득세법은 이러한 이중과세를 조정하기 위하여 'Gross-up(Imputation) 제도'를 채택하고 있다.

이 제도는 주주에게 배당소득이 발생할 때 배당소득에 대해 이미 과세된 법인세 상당액(Gross-up 금액, 귀속법인세)을 배당소득 총수입금액에 가산하여 배당소득금액을 구하고, 동 가산금액과 동일한 금액을 배당세액공제로서 종합소득산출세액에서 차감하는 방식이다.

---

25) 직전 3개연도 내 1회 이상 금융소득 종합과세 대상자는 제외된다.

26) 2026년 1월 1일 이후 받는 배당소득 등에 대해서는 5%, 2027년 1월 1일 이후 받는 배당소득 등에 해서는 9%의 원천징수세율로 과세될 예정이다.

27) 가입대상과 요건 등은 이자소득과 동일하다.

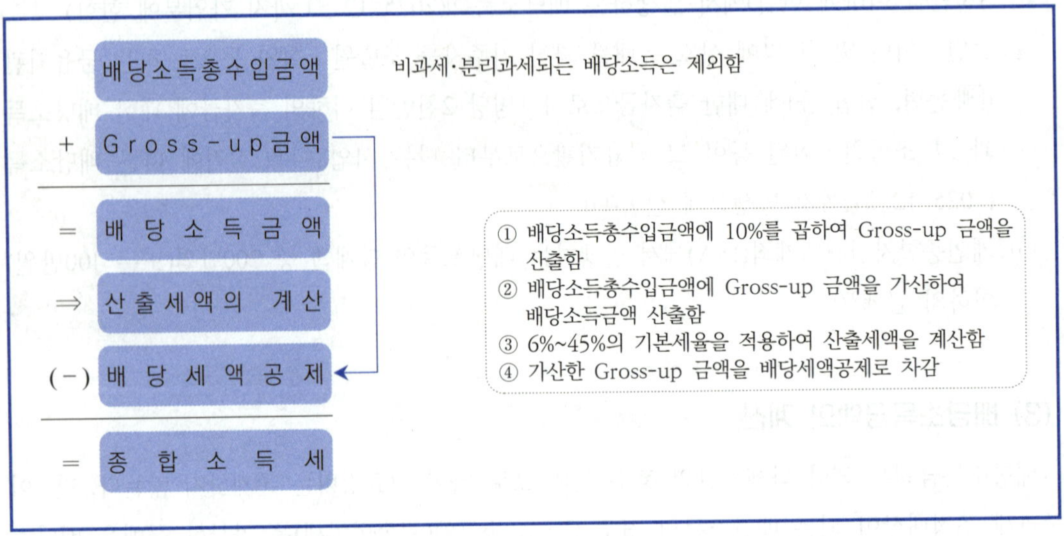

2) Gross-up 금액(귀속법인세)의 계산

Gross-up 금액(귀속법인세)은 개인주주가 법인으로부터 지급받은 배당소득에 10%를 곱한 금액으로 한다. 10%는 법인세율을 현행 법인세 최저세율인 9%를 기준으로 산정된 것이다.[28)]

3) Gross-up 대상 배당소득

다음 세 가지 요건을 모두 충족하는 배당소득의 경우 Gross-up을 적용한다.

① 내국법인으로부터 받은 배당소득일 것

② 법인세가 과세된 소득을 재원으로 하는 배당소득일 것

③ 종합과세되고 기본세율이 적용되는 배당소득일 것(즉, 2천만원 초과분에 해당할 것)

이상의 세 가지 요건을 충족한 배당소득에 대하여만 이중과세를 조정한다. 그러므로 분리과세되는 배당소득은 이중과세의 대상이 아니며, 구체적으로 어떠한 배당소득이 Gross-up 대상 배당소득인지에 대해 구체적으로 살펴보면 다음과 같다.

28) [귀속법인세 : 배당소득총수입금액 = 법인세율 : 1 - 법인세율]의 관계에서 법인세율을 9%의 단일세율로 가정하는 경우 [귀속법인세 ≒ 10% × 배당소득총수입금액]의 관계를 도출해 낼 수 있다.

<table>
<tr><th colspan="2">배당소득의 종류</th><th>Gross - up 여부</th></tr>
<tr><td rowspan="2">일반배당</td><td>내국법인으로부터 받은 배당</td><td>○</td></tr>
<tr><td>외국법인으로부터 받은 배당</td><td>×</td></tr>
<tr><td rowspan="2">의제배당</td><td>감자 · 해산 · 합병 · 분할로 인한 의제배당</td><td>○</td></tr>
<tr><td>잉여금의 자본전입으로 인한 의제배당</td><td>다음의 도표 참조</td></tr>
<tr><td colspan="2">법인세법에 따라 배당으로 처분된 금액(인정배당)</td><td>○</td></tr>
<tr><td rowspan="2">집합투자기구로부터의 이익</td><td>동업기업과세특례를 적용받지 않는 사모투자사로부터 받는 배당소득</td><td>○</td></tr>
<tr><td>그 외의 집합투자기구로부터의 이익</td><td>×</td></tr>
<tr><td colspan="2">출자공동사업자의 배당소득</td><td>×</td></tr>
<tr><td colspan="2">위의 소득과 유사한 소득으로서 수익분배 성격이 있는 것</td><td>×</td></tr>
<tr><td colspan="2">위의 배당소득을 발생시키는 거래 · 행위와 파생상품이 결합된 경우 해당 파생상품의 거래 · 행위로부터의 이익</td><td>×</td></tr>
</table>

<table>
<tr><th colspan="4">배당소득의 종류</th><th>의제배당 여부</th><th>Gross-up 여부</th></tr>
<tr><td rowspan="8">자본잉여금</td><td rowspan="2">주식발행초과금</td><td colspan="2">일반적인 주식발행초과금</td><td>-</td><td>-</td></tr>
<tr><td colspan="2">채무의 출자전환시 채무면제이익</td><td>○</td><td>○</td></tr>
<tr><td rowspan="3">감자차익</td><td colspan="2">일반적인 감자차익</td><td>-</td><td>-</td></tr>
<tr><td rowspan="2">자기주식소각이익</td><td>원 칙</td><td>-</td><td>-</td></tr>
<tr><td>예 외*1)</td><td>○</td><td>×</td></tr>
<tr><td rowspan="2">재평가적립금</td><td colspan="2">일반적인 재평가적립금</td><td>-</td><td>-</td></tr>
<tr><td colspan="2">익금에 산입된 토지의 재평가차액</td><td>○</td><td>×*2)</td></tr>
<tr><td colspan="3">기타자본잉여금(자기주식처분이익 등)</td><td>○</td><td>○</td></tr>
<tr><td colspan="4">이익잉여금</td><td>○</td><td>○</td></tr>
<tr><td colspan="4">과세되지 않은 잉여금의 자본금 전입의 경우로서 회사가 자기주식을 보유한 상태에서 자본금을 전입함에 따라 주주의 지분비율이 증가한 경우</td><td>○</td><td>×</td></tr>
</table>

*1) 소각 당시 시가가 취득가액을 초과하거나 소각일부터 2년 이내에 자본전입하는 경우를 말한다.

*2) 예외적으로 일부 토지에 대해서는 익금산입(단, 재평가세는 1%만 부과)으로 처리되었던 금액을 자본전입함에 따라 주주가 수령하는 무상주는 의제배당으로 과세되나, Gross-up은 적용되지 않는다.

예제 1 법인주주와 개인주주단계에서의 이중과세 문제와 Gross－up제도

(1) 법인 ㈜A는 2억원의 이익에 대해 10%의 법인세를 납부한 후의 배당가능이익 1억 8천만원을 100% 주주인 갑에게 배당금으로 지급하였다. 갑의 실제 부담 소득세율이 20%라고 가정하고, Gross-up을 고려하지 않는다면 ㈜A에게 과세되는 세금은 모두 얼마인가? 또한 만약 갑이 법인 ㈜A를 개인사업으로 운영하였다면 납부할 세금은 얼마인가?

(2) 갑의 배당소득에 Gross－up을 해주는 경우, Gross－up금액 및 배당세액공제금액은 얼마인가? 이 경우 이중과세의 문제는 해결되었는가?

해설

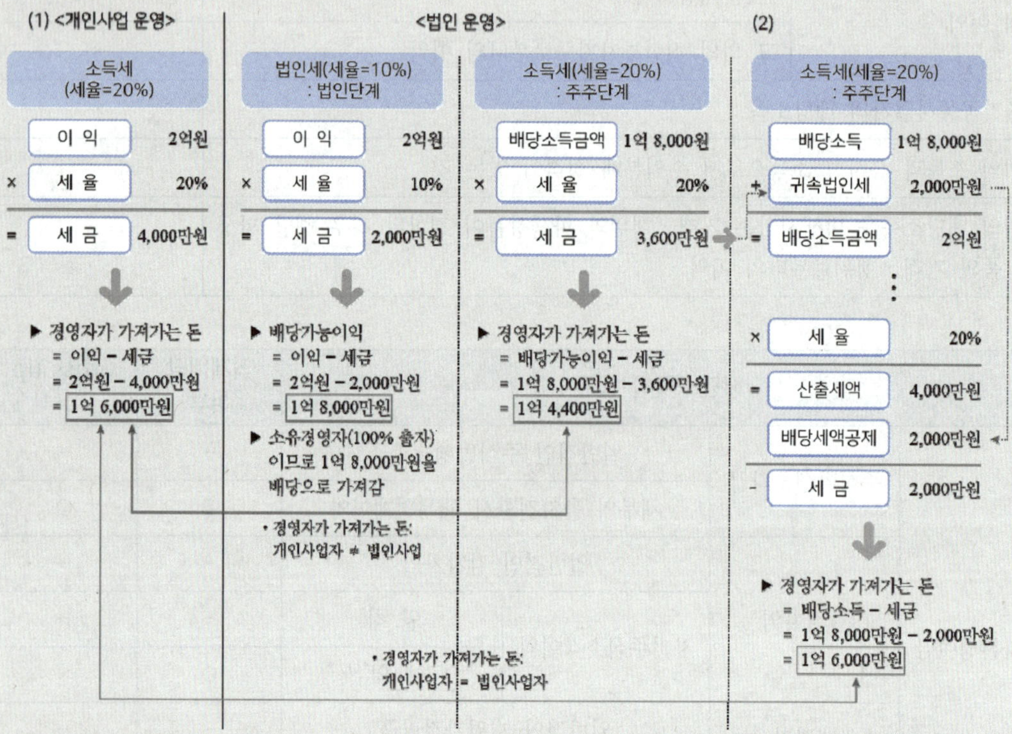

(2) Gross-up 금액은 2,000만원이며, 배당세액공제액도 2,000만원이다. 이 경우 개인사업을 운영는 경우와 법인을 운영하는 경우의 납부할 총 세금이 동일하게 되어 이중과세가 해결된 것을 확인할 수 있다.

(5) 배당소득의 수입시기

구 분	수입시기
일반배당 등	잉여금 처분에 따른 배당: 잉여금 처분결의일 무기명주식[29]: 지급을 받은 날
의제배당	감자, 퇴사 · 탈퇴: 감자결의일, 퇴사일 · 탈퇴일 해산: 잔여재산가액 확정일 합병 · 분할: 합병등기일 · 분할등기일 잉여금 자본금 전입: 자본금 전입 결의일
법인세법에 따라 처분된 배당(인정배당)	당해 사업연도의 결산확정일
집합투자기구로부터의 이익	집합투자기구로부터 이익을 지급받은 날 단, 원본전입 특약이 있는 경우에는 원본전입일
출자공동사업자의 배당소득	공동사업의 총수입금액과 필요경비가 확정된 날이 속하는 과세기간 종료일
그 밖의 수익분배성격이 있는 배당 또는 분배금	그 지급을 받은 날
배당소득을 발생시키는 거래 · 행위와 파생상품이 결합된 경우 해당 파생상품의 거래 · 행위로부터의 이익	

3 금융소득(이자소득 · 배당소득)의 과세방법

(1) 1단계: 과세유형의 구분

우선적으로 금융소득을 아래와 같이 무조건 분리과세, 무조건 종합과세, 조건부 종합과세의 3가지 유형으로 분류한다.

과세유형	종 류	과세방법[30]
(1) 무조건 분리과세	직장공제회초과반환금	기본세율 원천징수로 과세종결
	비실명금융소득	45%(90%[31]) 원천징수로 과세종결
	법원보관금의 이자소득	14% 원천징수로 과세종결

---

29) 현행 우리나라 상법에서는 무기명주식이 인정되지 않으나, 다른 국가의 법에 의해 발행된 무기명주식을 거주자가 보유하는 경우에 동 규정이 적용된다.

30) 이자 및 배당소득에 대한 구체적인 원천징수세율은 Chapter12를 참조할 것.

31) 「금융실명거래 및 비밀보장에 관한 법률」을 위반한 경우 90%를 원천징수한다. 다만 원천징수의무자가 고의 또는 중과실이 없이 기본세율(14%)로 원천징수한 경우에는 소득세 원천징수 부족액에 대해서는 실소유자가 원천징수의무자로

과세유형	종 류	과세방법[32]
	1거주자로 보는 법인이 아닌 단체의 금융소득 (예 아파트관리비 또는 수선충당금에서 발생한 이자소득)	14% 원천징수로 과세종결
	조세특례제한법상 분리과세 금융소득	5%, 9%, 14%, 25% 등 원천징수로 과세종결
(2) 무조건 종합과세	① 국내에서 지급되는 금융소득 중 원천징수되지 않은 소득 (예 비영업대금의 이익) ② 원천징수대상이 아닌 국외에서 받은 금융소득	• 무조건 종합과세 됨. 단, 원천징수된 세액은 기납부세액으로 차감한다. • 국외에서 받은 금융소득은 원천징수 금액이 없으며 출자공동사업자의 배당소득은 원천징수세율이 25%이다.
	출자공동사업자의 배당소득	
(3) 조건부 종합과세	위 (1), (2)를 제외한 모든 금융소득	(2)+(3)의 합계액(출자공동사업자의 배당소득과 귀속법인세는 제외)이 ① 2,000만원 초과: 종합과세 ② 2,000만원 이하: 분리과세(14%, 비영업대금의 이익은 25%)

(2) 2단계: 금융소득 종합과세의 판정

1) 무조건 종합과세소득과 조건부 종합과세소득의 합계액이 2,000만원 이하인 경우

무조건 종합과세 소득과 조건부 종합과세소득의 합계액(출자공동사업자의 배당소득과 귀속법인세는 제외)이 2,000만원 이하인 경우에는 무조건 종합과세소득만 종합과세되고, 조건부 종합과세소득은 분리과세된다.

2) 무조건 종합과세소득과 조건부 종합과세소득의 합계액이 2,000만원 초과인 경우

무조건 종합과세소득과 조건부 종합과세소득의 합계액(출자공동사업자의 배당소득과 귀속법인세는 제외)이 2,000만원을 초과하는 경우에는 무조건 종합과세소득과 조건부 종합과세소득 전체가 종합과세된다. 이때 원천징수된 금액이 있으면 기납부세액으로 차감받게 된다. 이렇게 종합과세되는 경우에도 산출세액 계산시 2,000만원까지는 원천징수세율인 14%를 적용하고, 2,000만원을 초과하는 금액에 대해서는 다른 소득과 합산하여 기본세율을 적용한다.

간주되고 그 부족액을 납부하여야 한다.

32) 이자 및 배당소득에 대한 구체적인 원천징수세율은 12장 신고 · 납부 및 결정과 징수의 원천징수편을 참조할 것

금융소득 종합과세 판정과 적용

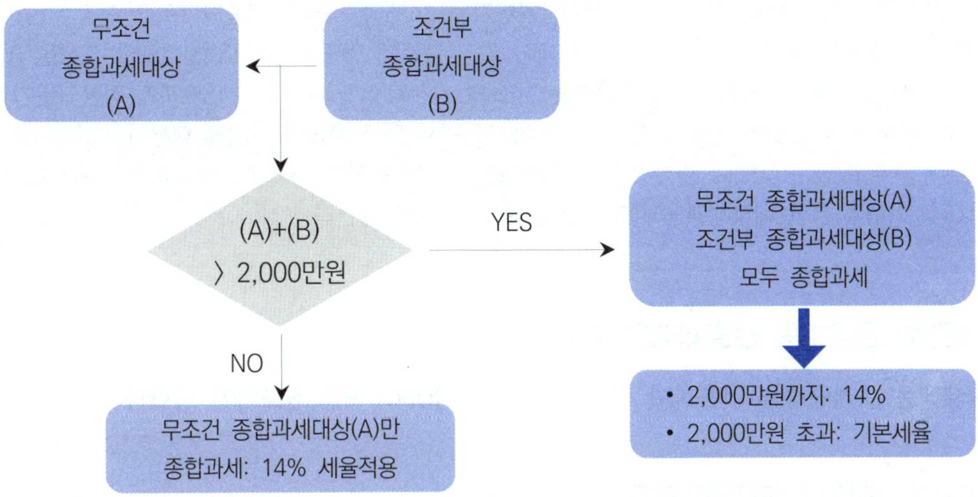

종합과세시에도 2,000만원까지는 원천징수세율을 적용하는 이유

무조건 종합과세소득과 조건부 종합과세소득 전체가 종합과세되는 경우, 산출세액 계산시 금융소득 전액에 대해 기본세율(6% ~ 45%)이 적용된다면 2,000만원을 분기점으로 하여 세부담이 급격하게 증가되는 문제점이 발생한다. 이러한 문제점을 보완하기 위하여 종합과세되는 금융소득 중 2,000만원까지는 14%의 세율을 적용하고 2,000만원 초과분에 대해서만 다른 종합소득과 합산하여 기본세율을 적용한다.

(3) 3단계: 배당소득에 대하여 Gross-up 적용

배당소득 중 기본세율을 적용받는 배당소득에 대하여는 총수입금액에 Gross-up 금액을 가산하여 이중과세조정을 하게 된다. 그러나 종합과세가 적용되더라도 원천징수세율(14%)이 적용되는 부분에 대하여는 Gross-up을 하지 않는다. 현행 소득세법은 종합과세되는 금융소득이 다음의 순서대로 구성된 것으로 보아 2,000만원을 초과하고 Gross-up 요건을 갖춘 배당소득에 대해서만 Gross-up을 적용한다.

③ Gross-up 대상 배당소득	2,000만원
② Gross-up 대상이 아닌 배당소득	↑
① 이자소득	0원

원천징수세율이 적용되는 부분에 대하여 Gross-up을 하지 않는 이유

종합과세되는 배당소득이라 하더라도 2,000만원까지는 14%의 세율이 적용되므로 원천징수(원천징수세율 14%)되어 분리과세되는 경우와 결과가 같기 때문에 이중과세에 대한 별도의 조정을 할 필요가 없다. 일반적으로 금융소득에 적용하는 14%의 원천징수세율은 최고 45%까지 적용되는 기본세율에 비해 상당히 낮은 편으로 볼 수 있는데, 이는 자본시장육성의 취지로 정부가 금융소득에 대해 혜택을 주고 있는 것으로 볼 수 있다. 그러므로 14%의 원천징수세율이 적용되는 부분에 대해서는 Gross-up을 통한 배당세액공제를 추가적으로 적용하지 않는다.

(4) 4단계: 금융소득 산출세액의 계산

산출세액은 특례규정을 적용하며 자세한 내용은 Chapter 9를 참조하기 바란다.

(5) 5단계: 배당세액공제의 적용

배당세액공제의 자세한 내용은 Chapter 9를 참조하기 바란다.

예제 2 금융소득금액의 계산

다음 자료를 참고하여 거주자 강호동 씨의 gross-up 금액은 얼마인지 계산하시오.

(1) 국외에서 받은 이자소득	5,000,000원
(2) 직장공제회 초과반환금	9,000,000원
(3) 국내은행에서 받은 이자소득	6,000,000원
(4) 국외에서 받은 배당소득	7,000,000원
(5) 코스닥 상장법인으로부터 수령한 금전배당	5,000,000원
(6) 주권상장법인의 주식발행초과금의 자본전입으로 수령한 무상주	5,000,000원

해설

1. 과세유형의 구분

무조건 종합과세	조건부 종합과세	무조건 분리과세	과세대상 제외
(1) ₩5,000,000 (4) 7,000,000	(3) ₩6,000,000 (5) 5,000,000	(2) ₩9,000,000	(6) 의제배당이 아님
₩12,000,000	₩11,000,000	₩9,000,000	

무조건 종합과세소득과 조건부 종합과세소득의 합계액이 23,000,000원이므로 조건부 종합과세소득도 종합과세되는 금융소득에 포함된다.

2. Gross-up

금융소득의 구성은 다음의 순서대로 되어 있다고 판단한다.

(1) 이자소득: 국외에서 받은 이자소득 500만원, 국내은행에서 받은 이자소득 600만원

(2) Gross-up 대상이 아닌 배당소득: 국외에서 받은 배당소득 700만원

(3) Gross-up 대상이나 2,000만원 이하인 배당소득: 코스닥 상장법인 금전배당 200만원

(4) Gross-up 대상이 되는 금액: 코스닥 상장법인 금전배당 300만원

3. Gross-up 금액: 300만원 × 10% = 30만원

OX 문제

01 채권 · 증권을 중도에 매도한 경우 처분손실이 발생하더라도 보유기간에 대한 이자상당액을 이자소득으로 본다.

02 채권의 매매차익에 대해서는 소득세를 과세하지 않는다.

03 거래처에 일시적으로 대여한 금액 ₩30,000,000과 동 대여금에 당해 과세기간 대여금 이자 ₩5,000,000 중 동 과세기간 과세표준 확정신고 전에 동 거래처의 파산으로 ₩32,000,000만을 회수하였다면 이자소득은 ₩2,000,000이다.

04 배당소득금액 계산시 모든 배당소득은 총수입금액에 10%를 적용하여 산출된 금액을 귀속법인세로 가산한다.

05 개인사업자가 외상매입금이나 미지급금을 약정기일 전에 지급함으로써 받는 할인액과 외상매출금의 지급기일을 연장해주고 추가로 받는 금액은 이자소득으로 과세한다.

정답&해설 **01** ○ **02** × **03** ○ **04** × **05** ×

02 일반적인 채권매매차익에 대하여는 소득세를 과세하지 않는다. 다만, 채권 · 증권의 환매조건부매매차익은 사전약정이자율에 의하여 결정된 가격으로 환매수 또는 환매도하는 조건으로 매매하는 채권 · 증권의 매매차익이므로 실질을 이자소득으로 보아 이자소득세가 과세된다.

03 과세표준 확정신고 전에 거래처 파산과 같은 회수불능사유가 발생한 경우 민법상 원리금 변제충당순서에도 불구하고 원금을 먼저 회수한 것으로 본다.

04 법인세가 과세된 소득을 재원으로 내국법인으로부터 받은 배당소득으로서 종합과세될 때 기본세율이 적용되는 부분에 한해서 Gross-up이 적용된다.

05 물품을 판매하고 대금의 결제방법에 따라 추가로 지급받는 금액, 장기할부조건으로 판매함으로써 추가로 지급다는 금액은 사업소득에 해당하므로 매입할인액과 외상매출금의 연체이자의 수령은 사업과 관련된 것이므로 사업소득으로 본다. 다만, 지급기일을 연장해주면서 소비대차로 전환된 경우는 이자소득으로 본다.

06 재산권에 대한 계약의 위반 또는 해약을 원인으로 부당이득 반환시 지급받는 이자는 이자소득으로 본다.

07 법인으로 보지 않는 단체로서 수익을 구성원에게 분배하지 않은 단체가 단체명을 표시하여 금융거래를 하는 경우에 금융기관으로부터 지급받는 이자소득은 종합과세하지 않는다.

08 비실명이자소득, 직장공제회 초과반환금, 법원보관금의 이자소득은 무조건 분리과세한다.

09 조건부 종합과세소득의 종합과세여부의 판단은 조건부 종합과세소득의 합계액(출자공동사업자의 배당소득 제외)이 2,000만원을 초과하는지의 여부에 따른다.

10 조건부 종합과세소득의 종합과세 여부를 판단할 때에는 귀속법인세를 가산하지 않은 금액(출자공동사업자의 배당소득 제외)을 기준으로 2,000만원의 초과여부를 판단한다.

11 자기주식소각이익의 자본전입(소각일로부터 2년이내)으로 무상주를 받는 경우 배당소득에 해당하지만 해당 배당소득이 종합과세되더라도 Gross-up하지 않는다.

12 내국법인으로부터 받은 현금배당이 종합과세되는 경우에는 항상 Gross-up의 대상이 된다.

13 외국법인으로부터 받은 배당, 집합투자기구로부터의 이익, 그리고 인정배당은 Gross-up의 대상이 될 수 없다.

정답&해설 06 × 07 ○ 08 ○ 09 × 10 ○ 11 ○ 12 × 13 ×

06 재산권에 대한 계약의 위반 또는 해약을 원인으로 받는 위약금, 배상금, 그리고 부당이득 반환시 지급받은 이자는 기타소득으로 본다.

09 조건부종합과세 금융소득이 2천만원을 초과하는지의 여부를 따지는 것이 아니라 무조건종합과세 금융소득(출자공동사업자의 배당소득 제외)과 조건부종합과세 금융소득의 합계액이 2천만원을 초과하는지의 여부를 따지는 것이다.

12 종합과세된다고 할지라도 2,000만원 이하의 금융소득에 해당되어 14%의 세율이 적용되는 경우에는 Gross-up의 대상이 아니다.

13 인정배당은 법인세가 과세된 재원이므로 Gross-up의 대상이 될 수 있다.

연습문제

01 다음 중 소득세법상 이자소득에 해당하지 않는 것은?

① 물품을 장기할부조건으로 판매함에 있어서 장기할부조건에 대한 반대급부로서 현금거래 또는 통상의 대금결제방법에 의한 거래의 경우보다 추가로 지급받은 금액
② 채권 · 증권의 환매조건부 매매차익
③ 국외에서 받는 예금의 이자
④ 비영업대금의 이익
⑤ 직장공제회 초과반환금

정답 ①
물품의 매도가액에 포함되어 사업소득을 구성한다.

02 다음 중 소득세법상 배당소득에 해당하지 않는 것은?

① 외국법인으로부터 받은 이익이나 잉여금의 분배금
② 공동사업에서 발생하는 소득금액 중 경영에 참여하지 않고 출자만 한 출자공동사업자의 손익분배비율에 해당하는 금액
③ 주식의 잔여재산분배로 인해 받는 대가가 주식의 취득 등에 소요된 가액보다 큰 경우
④ 금융회사 등이 환매기간에 따른 사전약정이율을 적용하여 환매수 또는 환매도하는 조건으로 매매하는 채권 또는 증권의 매매차익
⑤ 설립요건을 만족시키는 국내의 집합투자기구로부터의 이익

정답 ④
환매조건부 채권 · 증권의 매매차익은 이자소득이다.

03 이자소득의 수입시기에 관한 다음의 설명 중 옳지 않은 것은?

① 저축성 보험의 보험차익: 보험금의 지급일
② 무기명 채권 등의 이자와 할인액: 그 지급을 받은 날
③ 기명 채권 등의 이자와 할인액: 그 지급을 받은 날
④ 비영업대금의 이익: 약정에 따른 이자지급일
⑤ 환매조건부 채권 · 증권의 매매차익: 약정에 따른 채권 · 증권의 환매수일 · 환매도일

정답 ③

무기명채권의 경우 귀속자를 확인할 수 없으므로 그 지급을 받은 날을 수입시기로 보지만, 기명채권의 경우 그 귀속자를 확인할 수 있으므로 약정에 의한 이자지급개시일이 수입시기가 된다.

04 배당소득의 수입시기에 관한 다음의 설명 중 옳지 않은 것은?

① 무기명 주식의 배당: 지급을 받은 날
② 기명 주식의 배당: 잉여금처분결의일
③ 법인세법에 의하여 처분된 배당 : 당해 사업연도의 잉여금처분결의일
④ 감자로 인한 의제배당: 감자결의일
⑤ 출자공동사업자의 배당: 과세기간 종료일

정답 ③

인정배당의 경우 당해사업연도의 결산확정일을 배당소득의 수입시기로 본다.

05 소득세법상 금융소득에 대한 다음의 설명 중 옳지 않은 것은?

① 이자 · 배당소득 중 국외에서 받는 금융소득과 같이 원천징수되지 않는 금융소득은 무조건 종합과세한다.
② 무조건 종합과세대상 금융소득과 조건부 종합과세대상 금융소득의 합계액이 기준금액(2,000만원) 이하인 경우에는 조건부 종합과세대상 금융소득은 전부 분리과세된다.
③ 자금의 대여를 영업으로 하고 있는 자가 금전을 대여하고 얻은 이익은 이자소득으로 무조건 종합과세대상이다.
④ 비실명금융소득은 무조건 분리과세대상 금융소득이다.
⑤ 무조건 종합과세대상 금융소득과 조건부 종합과세대상 금융소득의 합계액이 기준금액(2,000만원)을 초과하는 경우에도 2,000만원까지는 산출세액 계산시 원천징수세율을 적용한다.

정답 ③

자금의 대여를 영업으로 하고 있는 자의 금전대여 이익은 사업소득이다.

06 다음 중 무조건 분리과세대상이 아닌 금융소득은 무엇인가?

① 국외에서 받은 이자소득
② 비실명 배당소득
③ 직장공제회 초과반환금
④ 1거주자로 보는 법인격 없는 단체의 금융소득
⑤ 법원보관금의 이자소득

정답 ①

국외에서 받는 금융소득은 원천징수가 되지 않았기 때문에 무조건 종합과세한다.

07 다음 자료를 보고 거주자 원빈 씨의 금융소득 중 종합과세대상인 금융소득금액을 계산하면 얼마인가?

(1) 비상장법인 ㈜나영의 소액주주로서 받은 현금배당금	₩5,000,000
(2) 국외에서 받은 배당소득	3,000,000
(3) 국내은행에서 받은 은행 정기예금이자	9,000,000
(4) 주권상장법인인 ㈜태희의 소액주주로 받은 현금배당금	4,000,000

① 0
② ₩3,000,000
③ ₩18,000,000
④ ₩21,000,000
⑤ ₩21,100,000

정답 ⑤

무조건종합과세 300만원(국외금융소득)과 조건부종합과세 1,800만원의 합계액이 2,100만원으로 2,000만원을 초과하므로 전부 종합과세대상이 된다.

그리고 Gross-up 금액은 ₩100,000(1,000,000 × 10%)이므로, 종합과세대상인 금융소득금액은 ₩21,100,000이다.

08 거주자 甲의 20×3년 귀속 금융소득자료는 다음과 같다. 甲의 20×3년 귀속 종합과세 금융소득금액을 계산하면 얼마인가? 단, 금융소득은 모두 적법하게 원천징수 되었다.

> (1) 내국법인으로부터 받은 비영업대금의 이익은 ₩5,000,000이다.
> (2) 투자회사로부터 ₩3,000,000의 배당금을 수취하였다. 이 투자회사는 소득공제를 적용받음으로써 법인세는 납부하지 않았다.
> (3) 주권상장법인 ㈜대한으로부터 ₩5,000,000의 배당금을 수취하였다.
> (4) 주권상장법인 ㈜민국으로부터 이익준비금을 자본전입한 무상주 30,000주(액면가 ₩500, 자본전입 결정일 20×3. 3. 31.)를 받았다.
> (5) 주권상장법인 ㈜만세로부터 자기주식소각이익(주식소각일 20×1. 5. 10., 소각당시 시가: 주당 ₩700원, 취득가액: 주당 ₩650)의 자본전입(자본전입일 20×3. 8. 10.)에 따라 무상주 20,000주(액면가 ₩500)를 수취하였다.

① ₩28,800,000　② ₩36,650,000　③ ₩38,000,000
④ ₩39,800,000　⑤ ₩40,200,000

정답 ④

(1) 종합과세여부 판단

무조건 종합과세대상 금융소득 = 0

조건부 종합과세대상 금융소득

= ₩5,000,000(이자) + ₩ 3,000,000(배당, G/U대상 아님) + ₩5,000,000(배당, G/U대상임) + ₩15,000,000*1)(배당, G/U대상임) + ₩10,000,000*2)(배당, G/U대상 아님)

= ₩38,000,000

*1) 30,000주 × ₩500 = ₩15,000,000

*2) 20,000주 × ₩500 = ₩10,000,000

∴ 종합과세대상 금융소득 = 0 + ₩38,000,000 = ₩38,000,000 (> 20,000,000)

(2) 금융소득금액 계산

이자소득금액 = ₩5,000,000

배당소득금액 = ₩33,000,000 + ₩18,000,000 × 10% = ₩34,800,000

∴ 금융소득금액 = ₩5,000,000 + ₩34,800,000 = ₩39,800,000

09 거주자 甲의 소득자료가 다음과 같을 때, 20×2년 이자소득과 배당소득으로 소득세가 과세되는 금액의 합계액은 얼마인가?

> (1) 법령으로 정한 직장공제회 초과반환금 ₩13,000,000(국내에서 받았으며, 원천징수는 적법하게 이루어짐)
> (2) 금전채무의 이행지체로 인한 계약의 위약으로 인하여 받은 손해배상금 ₩30,000,000(부당이득 반환시 지급받은 이자 ₩5,000,000 포함)
> (3) 20×2년 초에 대여한 비영업대금의 원금 ₩30,000,000과 그에 대하여 발생한 이자 ₩3,000,000 중 채무자의 파산으로 인하여 20×2. 12. 1. ₩32,000,000원만 회수하고 나머지 채권은 과세표준확정신고 전에 회수 불능사유가 발생하여 회수할 수 없는 것으로 확정됨
> (4) 내국법인이 발행한 채권을 만기 전에 중도 매도함에 따른 매매차익 ₩40,000,000(채권 매입은 20×1. 1. 1.이고 채권 매도는 20×2. 1. 1.이며, 보유기간의 이자상당액 ₩15,000,000원 포함)

① ₩17,000,000 ② ₩30,000,000 ③ ₩35,000,000
④ ₩36,000,000 ⑤ ₩55,000,000

정답 ②

직장공제회 초과반환금 = ₩13,000,000
비영업대금의 이익 = ₩32,000,000 − ₩30,000,000 = ₩2,000,000
보유기간의 이자상당액 = ₩15,000,000
∴ 소득세가 과세되는 금액 = ₩13,000,000 + ₩2,000,000 + ₩15,000,000 = ₩30,000,000

*1) 금전채무의 이행지체로 인한 계약의 위약으로 인하여 받은 배상금 및 부당이득 반환시 지급받은 이자는 기타소득으로 본다.

*2) 채권매매차익은 소득세법상 열거되어 있지 않은 소득으로 과세되지 않으나, 채권 보유기간의 이자상당액은 이자소득으로 과세된다. 보유기간 이자의 수입시기는 채권 등의 매도일 또는 이자 등의 지급일이므로 20×2년 과세기간의 이자소득에 포함된다.

10 거주자 갑(금융업을 영위하지 않음)의 2×23년 이자소득 관련 자료이다. 소득세가 과세되는 이자소득 합계액으로 옳은 것은? 단, 제시된 금액은 원천징수세액을 차감하기 전 금액이다.

[CPA 2022]

> (1) 환매조건부 채권의 매매차익: 5,000,000원
> (2) 2×19년 5월 1일에 저축성 보험에 가입하여 2×3년 5월 1일에 보험금을 만기 환급받았으며, 그 내역은 다음과 같다.
> ① 보험금 : 10,000,000원
> ② 납입보험료 : 8,000,000원
> ③ 보험계약기간 중 보험계약에 의해 받은 배당금 : 1,000,000원
> (3) 비영업대금의 이익 : 2,000,000원
> (4) 계약의 위약에 따른 손해배상금 법정이자 : 500,000원
> (5) 「공익신탁법」에 따른 공익신탁의 이익 : 1,200,000원

① 8,000,000원 ② 9,000,000원 ③ 10,000,000원
④ 10,500,000원 ⑤ 11,200,000원

정답 ③

(1) 환매조건부 채권 매매차익: 5,000,000

(2) 저축성 보험차익: 10,000,000 - 7,000,000* = 3,000,000

* 보험가입기간 중에 배당금을 지급받은 경우 납입보험료에서 차감함

(3) 비영업대금의 이익: 2,000,000

∴ 법정이자는 기타소득이며 공익신탁의 이익은 비과세되는 금융소득이므로 이자소득의 합계액은 10,000,000이다.

11 사업자가 아닌 거주자 갑의 금융소득에 대한 자료가 다음과 같을 때, 20×3년 이자소득금액과 배당소득금액으로 종합소득금액에 합산되는 총 금액으로 옳은 것은? 단, 자료에 언급된 것 이외에는 모두 적법하게 원천징수되었다.

> (1) 거주자 갑이 비상장 내국법인으로부터 수취한 무상주에 대한 설명은 다음과 같다.
> 가. 자기주식처분이익(자기주식처분일 20×1.9.30.)을 자본전입(자본전입일 20×3.10.25.)함에 따른 무상주 10,000주(주당 액면가 500원)를 ㈜A로부터 수취하였다.
> 나. 주식발행초과금의 자본전입(자본전입일 20×3.3.31.)에 따른 무상주 20,000주(주당 액면가 500원)를 ㈜B로부터 수취하였다.
> 다. 자기주식소각이익(주식소각일 20×1.8.30., 소각당시 시가: 주당 800원, 취득가액: 주당 850원)의 자본전입(자본전입일 20×3.6.10.)에 따른 무상주 5,000주(주당 액면가 500원)를 ㈜C로부터 수취하였다.
> (2) 주권상장 내국법인 ㈜D로부터 8,000,000원의 현금배당을 수취하였다.
> (3) 국내은행으로부터 정기예금이자 3,000,000원을 현금으로 수취하였다.
> (4) 20×3년 초에 지인에게 자금을 대여해 주고 이자 6,000,000원을 지급받았다(동 이자에 대해서는 원천징수가 되지 않았다).

① ₩15,995,000 ② ₩21,650,000 ③ ₩22,220,000
④ ₩24,500,000 ⑤ ₩24,950,000

정답 ⑤

(1) 종합과세여부 판단

무조건 종합과세대상 금융소득 = ₩6,000,000*(이자)

* 원천징수되지 않은 비영업대금의 이익은 무조건 종합과세대상 금융소득으로 분류한다.

조건부 종합과세대상 금융소득
= ₩5,000,000*1)(배당, G/U대상임) + ₩2,500,000*2)(배당, G/U대상 아님)
+ ₩8,000,000(배당, G/U대상임) + ₩3,000,000(이자) = 18,500,000

*1) 10,000주 × ₩500 = ₩5,000,000
*2) 5,000주 × ₩500 = ₩2,500,000

∴ 무조건 종합과세대상 금융소득 + 조건부 종합과세대상 금융소득
= ₩6,000,000 + ₩18,500,000 = ₩24,500,000(> 20,000,000)

(2) 금융소득금액 계산

이자소득금액 = ₩6,000,000 + ₩3,000,000 = ₩9,000,000

배당소득금액 = ₩5,000,000 + ₩2,500,000 + ₩8,000,000 + ₩4,500,000 × 10%
= ₩15,950,000

∴ 금융소득금액 = ₩9,000,000 + ₩15,950,000 = ₩24,950,000

Chapter 3 사업소득

AN INTRODUCTION TAX LAW

1 사업소득의 범위

사업소득은 일정한 사업에서 발생하는 소득을 말한다. 여기서 '사업'이란 영리를 목적으로 자기의 계산과 책임 하에 계속적 · 반복적으로 행하는 사회적 활동을 말한다. 그러므로 사업소득은 영리목적성, 독립성, 계속 · 반복성을 특징으로 하며 사업소득이 있는 거주자를 '사업자'라고 한다.

사업의 범위와 구분은 세법에 규정하는 것을 제외하고는 통계청장이 고시하는 한국표준산업분류를 기준으로 하고 있다. 현행 소득세법은 사업소득이 발생하는 사업의 범위를 다음과 같이 규정하고 있다.

① 농업(작물재배업 중 곡물 및 기타 식량작물재배업은 제외[33]), 임업 및 어업에서 발생하는 소득

② 광업에서 발생하는 소득

③ 제조업에서 발생하는 소득

④ 전기, 가스, 증기 및 수도사업 에서 발생하는 소득

⑤ 하수 · 폐기물처리, 원료재생 및 환경복원업에서 발생하는 소득

⑥ 건설업에서 발생하는 소득

⑦ 도매 및 소매업에서 발생하는 소득

⑧ 운수업에서 발생하는 소득

⑨ 숙박 및 음식점업에서 발생하는 소득

⑩ 출판, 영상, 방송통신 및 정보서비스업에서 발생하는 소득

⑪ 금융 및 보험업에서 발생하는 소득

⑫ 부동산업 및 부동산임대업에서 발생하는 소득[34]

---

33) 10억원을 초과하는 고소득 작물재배소득에 대해서는 과세한다. 다만, 곡물 및 기타 식량작물 재배업은 수입금액에 상관없이 과세대상에서 제외한다. 여기서 곡물 및 기타식량작물 재배업은 벼, 보리, 밀, 수수, 감자, 고구마, 메밀, 옥수수, 콩, 녹두 등을 재배하는 것을 말한다.

34) 지역권 · 지상권(지하 또는 공중에 설정된 권리 포함)을 설정 · 대여함으로써 발생하는 소득도 포함하나, 공익사업과 관련된 지역권 · 지상권을 설정하거나 대여함으로 인해 발생한 소득은 기타소득으로 과세된다.

⑬ 전문, 과학 및 기술서비스업에서 발생하는 소득(연구개발업[35]은 제외)

⑭ 사업시설관리 및 사업지원서비스업에서 발생하는 소득

⑮ 교육서비스업에서 발생하는 소득(유치원, 초 · 중등교육법 및 고등교육법에 따른 학교 등은 제외)

⑯ 보건업 및 사회복지서비스업에서 발생하는 소득(사회복지사업법에 따른 사회복지사업과 노인장기요양보험법에 따른 장기요양사업은 제외)

⑰ 예술, 스포츠 및 여가 관련 서비스업에서 발생하는 소득

⑱ 협회 및 단체[36], 수리 및 기타 개인서비스업에서 발생하는 소득(부가가치세가 면세되는 인적용역을 제공하는 사업 포함)

⑲ 가구 내 고용활동에서 발생하는 소득

⑳ 복식부기의무자가 차량 및 운반구 등의 사업용 유형고정자산을 양도함으로써 발생하는 소득[37](소득세법 상 양도소득에 해당하는 경우는 제외)

㉑ 그 밖에 위와 유사한 소득으로서 영리를 목적으로 자기의 계산과 책임 하에 계속적 · 반복적으로 행하는 활동을 통하여 얻는 소득

2 비과세 사업소득

① 일정한 작물재배업에서 발생하는 소득: 곡물 및 기타식량작물재배업 외의 작물재배업에서 발생하는 소득 중 연간 수입금액의 합계액이 10억원 이하인 경우에는 소득세를 과세하지 않는다.[38]

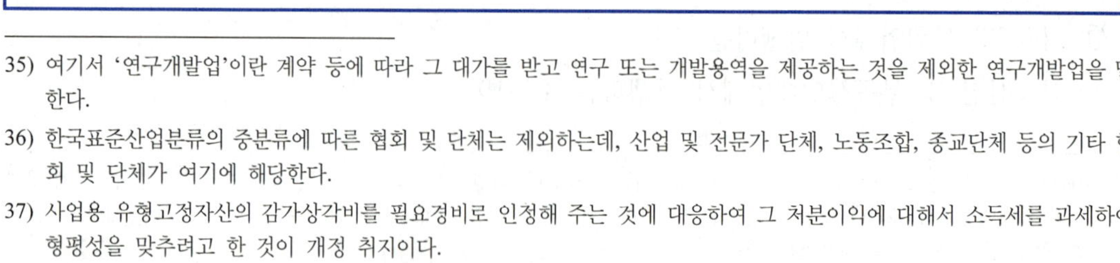

35) 여기서 '연구개발업'이란 계약 등에 따라 그 대가를 받고 연구 또는 개발용역을 제공하는 것을 제외한 연구개발업을 말한다.

36) 한국표준산업분류의 중분류에 따른 협회 및 단체는 제외하는데, 산업 및 전문가 단체, 노동조합, 종교단체 등의 기타 협회 및 단체가 여기에 해당한다.

37) 사업용 유형고정자산의 감가상각비를 필요경비로 인정해 주는 것에 대응하여 그 처분이익에 대해서 소득세를 과세하여 형평성을 맞추려고 한 것이 개정 취지이다.

38) 결국 소득세가 과세되는 경우는 식량으로 사용할 수 없는 작물재배로 발생하는 소득이 연 수입금액으로 10억원을 초과할 때이다.

② 논 · 밭의 임대소득: 논 · 밭을 작물생산에 이용하게 함으로써 발생하는 소득을 말한다.

③ 주택 임대소득: 1개의 주택을 소유하는 자가 해당 주택을 임대하고 지급받는 소득(기준시가가 12억을 초과하는 고가주택의 임대소득은 제외)을 말한다. 다만, 국외에 소재하는 주택의 임대소득은 주택 수에 관계없이 과세한다.

④ 농가부업소득: 특산물제조, 전통차제조, 양어 및 그밖에 이와 유사한 활동에서 발생한 소득 중 다음의 소득을 말한다.[39)]

㉠ 농가부업규모[40)]의 축산에서 발생하는 소득(금액제한 없음)

㉡ 위의 ㉠ 외의 소득으로서 소득금액의 합계액이 연 3,000만원 이하인 소득

⑤ 어로어업소득: 내수면어업 및 연근해어업 소득으로서 연 5,000만원 이하인 소득

⑥ 전통주 제조소득: 일정한 전통주를 농어촌지역(수도권 밖의 읍 · 면 지역)에서 제조함으로써 발생하는 소득으로서 소득금액의 합계액이 연 1,200만원 이하인 것을 말한다.

⑦ 산림소득: 조림기간 5년 이상인 임지의 임목의 벌채 또는 양도로 발생하는 소득금액으로서 연 600만원 이하의 금액을 말한다.

3 분리과세소득

소규모 주택임대업을 지원하기 위하여 해당 과세기간의 총수입금액이 2천만원 이하의 소규모 주택임대업에서 발생한 소득의 경우 2018. 12. 31.까지 한시적으로 비과세를 적용하였으나 2019년부터는 납세의무자의 선택에 따라 분리과세와 종합과세 중 하나를 적용하여 납세의무를 이행하여야 한다. 분리과세의 경우에는 종합소득신고는 하되, 다른 종합소득과 합산하지는 않고 주택임내소득에 14%의 세율을 적용한다.

4 사업소득금액의 계산

(1) 계산구조

사업소득금액은 해당연도의 총수입금액에서 이에 소요된 필요경비를 공제하여 계산한다. 그러나 실제 개인사업자는 회계기준에 따라 결산을 하여 당기순이익을 확정하므로, 법인세세무조정과 마찬가지로 결산상 당기순이익(또는 당기순손실)에 세무조정사항을 가감하여 사업소득금액을 산출한다. 이때 필요경비가 총수입금액을 초과하면 이를 '결손금'이라고 한다.

---

39) 농가부업규모를 초과하는 사육두수에서 발생한 소득과 기타의 부업에서 발생한 소득이 있는 경우에는 이를 합산하여 연 3천만원까지 비과세한다.

40) 농가부업규모의 축산은 가축별로 적용한다(소 · 젖소 50마리, 돼지 700마리 등).

결산서	세무조정	소득세법
수 익	(+) 총수입금액산입 (−) 총수입금액불산입	총수입금액
⊖		⊖
비 용	(+) 필요경비산입 (−) 필요경비불산입	필요경비
⊖		⊖
당기순이익 (△당기순손실)	(+) 총수입금액산입 · 필요경비불산입 (−) 필요경비산입 · 총수입금액불산입	사업소득금액

이와 같이 소득세법에 따른 사업소득금액의 계산구조는 법인세법에 따른 각 사업연도 소득금액의 계산 구조와 동일하다. 소득세법의 총수입금액과 필요경비는 법인세법의 익금과 손금의 내용과 거의 같다. 이하에서는 소득세법상 세무조정 항목에 대하여 대략적으로 살펴보고, 법인세법과 차이가 있는 부분을 위주로 설명하기로 한다.

(2) 총수입금액산입

총수입금액이란 사업소득금액을 증가시키는 다음의 항목들을 말한다. 이에 대한 대표적인 항목은 다음과 같다.

① 매출액(매출환입 · 매출에누리 · 매출할인 금액은 제외함)

② 거래상대방으로부터 받는 장려금 기타 이와 유사한 성질의 금액

③ 관세환급금 등 필요경비로 지출된 세액이 환입되었거나 환입될 경우에 그 금액

④ 사업과 관련된 자산수증이익과 채무면제이익

⑤ 확정급여형퇴직연금제도에 따른 보험계약의 보험차익과 신탁계약의 이익 또는 분배금[41)]

⑥ 사업과 관련하여 해당 사업용자산의 손실로 취득하는 보험차익

⑦ 재고자산(또는 임목)을 가사용으로 소비하거나 종업원 또는 타인에게 지급한 경우 그 소비하거나 지급하였을 때의 가액(가사용재고자산)[42)]

---

41) 확정급여형퇴직연금제도(DB형)에서 발생된 운용수익은 사용자에게 귀속되기 때문에 보험차익 등도 당연히 총수입금액에 포함된다.

42) 부가가치세법에 따른 개인적 공급 또는 사업상 증여에 해당한다. 소득세법에는 이것에 대한 명시적인 규정이 없으나, 부당행위계산 부인 규정에 적용되는 경우에는 그 시가 상당액을 총수입금액으로 보아야 한다.

⑧ 화폐성 외화자산 및 부채의 외환차익[43)]

⑨ 복식부기의무자가 사업용 유형고정자산(부동산 제외)을 매각하는 경우 그 매각가액

⑩ 그 밖에 사업과 관련된 수입금액으로서 해당 사업자에게 귀속되었거나 귀속될 금액

(3) 총수입금액불산입

사업소득금액 계산시 총수입금액에 포함되지 않는 항목은 다음과 같다.

① 거주자가 소득세 또는 개인지방소득세를 환급받았거나 환급받을 금액 중 다른 세액에 충당한 금액

② 자산수증이익과 채무면제이익 중 이월결손금의 보전에 충당된 금액

③ 거주자의 사업소득금액을 계산할 때 이전 과세기간으로부터 이월된 소득금액[44)]

④ 국세환급가산금, 지방세환급가산금, 그 밖의 과오납금의 환급금에 대한 이자

⑤ 사업자가 생산한 제품 등을 다른 제품의 원재료 등으로 사용한 금액[45)]

⑥ 개별소비세 및 주세의 납세의무자인 거주자가 자기의 총수입금액으로 수입하였거나 수입할 금액에 따라 납부하였거나 납부할 개별소비세 및 주세[46)]

⑦ 부가가치세의 매출세액

⑧ 주유소 등 석유판매업자가 면제 또는 감면받은 부가가치세 등을 환급받은 세액

(4) 필요경비산입

필요경비에 산입할 금액은 해당 과세기간의 총수입금액에 대응하는 비용으로서 일반적으로 용인되는 통상적인 것의 합계액으로 한다. 그 구체적인 내용은 다음과 같다.

① 판매한 상품 또는 제품에 대한 원료의 매입가격(매입에누리 및 매입할인금액은 제외)과 그 부대비용

* 이 경우 사업용 외의 목적으로 매입한 것을 사업용으로 사용한 것에 대하여는 해당 사업자가 당초에 매입한 때의 매입가액과 그 부대비용으로 한다.

② 판매한 상품 또는 제품의 보관료, 포장비, 운반비, 판매장려금 및 판매수당 등 판매와 관련한 부대비용(판매장려금 및 판매수당의 경우 사전약정 없이 지급하는 경우를 포함한다)

---

43) 법인의 경우에는 화폐성 외화자산·부채의 환율변동으로 인한 평가액도 익금으로 산입한다.

44) 이전 과세기간의 소득으로 이미 소득에 산입한 소득금액을 말한다.

45) 건설업자가 자기가 생산한 물품을 자기가 도급받은 건설공사의 자재로 사용한 금액과 전기 · 가스 · 증기 · 수도사업자가 자가 생산한 전력 등을 자기의 다른 사업의 동력 등으로 사용한 금액도 포함한다.

46) 다만, 원재료, 연료, 그 밖의 물품을 매입 · 수입 또는 사용함에 따라 부담하는 세액은 총수입금액불산입 항목에 포함되지 않는다.

③ 부동산의 양도 당시의 장부가액(건물건설업과 부동산 개발 및 공급업의 경우만 해당한다)

* 이 경우 사업용외의 목적으로 취득한 부동산을 사업용으로 사용한 것에 대해서는 해당 사업자가 당초에 취득한 때의 취득가액을 그 장부가액으로 함

④ 종업원의 급여 및 퇴직보험료

* 종업원에는 해당 사업자의 사업에 직접 종사하고 있는 그 사업자의 배우자 또는 부양가족을 포함함

⑤ 사업용자산의 현상유지를 위한 수선비, 관리비와 유지비, 임차료, 손해보험료

⑥ 사업과 관련이 있는 제세공과금

⑦ 「근로자퇴직급여 보장법」에 따라 사용자가 부담하는 부담금과 중소기업 핵심인력 성과보상기금에 중소기업이 부담하는 기여금

⑧ 국민건강보험법, 고용보험법 및 노인장기요양보험법에 의하여 사용자로서 부담하는 보험료 또는 부담금

⑨ 국민건강보험법 및 노인장기요양보험법에 의한 직장가입자로서 부담하는 사용자 본인의 보험료와 지역가입자로서 부담하는 보험료[47)]

⑩ 단체순수보장성보험 및 단체환급부보장성보험의 보험료

⑪ 사업관련 차입금 지급이자(초과인출금 이자 제외)

⑫ 사업용 고정자산의 감가상각비

⑬ 자산의 평가차손(재고자산의 저가법 평가차손과 천재지변, 화재, 법령에 따른 수용 등 또는 채굴불능으로 인한 폐광으로 파손 또는 멸실된 고정자산에 한정한다)

⑭ 대손금(부가가치세 매출세액의 미수금으로서 회수할 수 없는 것 중 대손세액공제를 받지 않은 것을 포함)

⑮ 거래수량 또는 거래금액에 따라 상대편에게 지급하는 장려금과 그 밖에 이와 유사한 성질의 금액

⑯ 매입한 상품 · 제품 · 부동산 및 산림 중 재해로 인하여 멸실된 것의 원가를 그 재해가 발생한 과세기간의 소득금액을 계산할 때 필요경비에 산입한 경우의 그 원가

⑰ 종업원을 위하여 직장체육비 · 직장문화비 · 가족계획사업지원 · 직원회식비 등으로 지출한 금액

⑱ 업무와 관련이 있는 해외시찰 · 훈련비

⑲ 영유아보육법에 의하여 설치된 직장어린이집의 운영비

⑳ 광고 · 선전을 목적으로 견본품 · 달력 · 수첩 · 컵 · 부채 기타 이와 유사한 물품을 불특정다수인에게 기증하기 위하여 지출한 비용[48)]

---

47) 사업자는 종합소득공제시 건강보험료 공제가 불가능하므로(근로소득자만 공제 가능) 필요경비에 산입할 수 있다. 그러나 국민연금 보험료의 경우 연금보험료공제가 가능하므로 필요경비에 불산입한다.

㉑ 영업자가 조직한 단체로서 법인이거나 주무관청에 등록된 조합 또는 협회에 지급하는 회비
㉒ 화폐성 외화자산 및 부채의 외환차손
㉓ 종업원의 사망 이후 유족에게 학자금 등 일시적으로 지급하는 금액으로서 종업원 사망 전에 결정되어 종업원에게 공통적으로 적용되는 지급기준에 따라 지급되는 것
㉔ 복식부기의무자가 사업용 고정자산(부동산 제외)의 매각가액을 총수입금액에 산입한 경우 해당 사업용 유형고정자산의 매각 당시 장부가액
㉕ 그 밖에 위의 경비와 유사한 성질의 것으로서 해당 총수입금액에 대응하는 경비

(5) 필요경비불산입

다음은 사업소득금액을 계산할 때 총수입금액에서 필요경비로 공제할 수 없는 항목들이다.

① 소득세와 개인지방소득세
② 벌금 · 과료, 과태료, 가산금과 강제징수비, 징수의무의 불이행으로 인하여 납부하였거나 납부할 세액(가산세액 포함)[49]
③ 가사(家事)의 경비와 이에 관련되는 경비(가사관련경비)
④ 법령에 따라 의무적으로 납부하는 것이 아닌 공과금이나 법령에 따른 의무의 불이행 또는 금지 · 제한 등의 위반에 대한 제재로서 부과되는 공과금[50]
⑤ 재고자산 및 고정자산의 평가차손

* 재고자산의 저가법 평가차손과 천재지변, 화재, 법령에 따른 수용 등 또는 채굴불능으로 인한 폐광으로 파손 또는 멸실된 고정자산의 평가차손은 필요경비로 인정됨

⑥ 개별소비세, 주세 및 교통·에너지·환경세
⑦ 부가가치세의 매입세액

* 부가가치세가 면제되거나 부가가치세의 간이과세자가 납부한 부가가치세액은 제외함

⑧ 차입금 중 건설자금에 충당한 금액의 이자(건설자금이자)와 채권자가 불분명한 차입금의 이자
⑨ 지출한 경비 중 직접 그 업무와 관련이 없다고 인정되는 금액(업무무관경비)
⑩ 업무와 관련하여 고의 또는 중대한 과실로 타인의 권리를 침해한 경우에 지급되는 손해배상금(경과실로 인한 손해배상금은 필요경비 인정)
⑪ 선급비용
⑫ 감가상각비의 필요경비불산입액

---

48) 특정인에게 기증한 물품(개당 3만원 이하의 물품은 제외함)의 경우에는 연간 5만원 이내의 금액을 말한다.
49) 사계약상 의무불이행에 따른 연체료, 연체이자 등의 지체상금은 필요경비로 인정된다.
50) 부과주체가 국가나 공공단체인 산재가산금, 건강보험가산금, 고용보험연체금은 필요경비불산입된다.

⑬ 기업업무추진비의 필요경비불산입액(적격증명 없는 기업업무추진비 포함[51]))

⑭ 기부금의 필요경비불산입액

⑮ 대손충당금 필요경비불산입액

⑯ 내용연수가 경과한 자산의 폐기손실(단, 시설의 개체 또는 기술의 낙후로 인하여 생산설비의 일부를 폐기하는 경우 장부가액과 처분가액의 차액은 처분시점에 필요경비로 산입한다)

⑰ 업무용승용차 관련비용 중 필요경비불산입액[52])

(6) 소득세법상 사업소득과 법인세법상 각사업연도소득의 차이점

1) 과세소득의 범위 및 과세방법 측면에서의 차이

법인세법은 순자산증가설에 입각하고 있기 때문에 경상적 · 계속적인 소득뿐 아니라 일시 · 우발적으로 발생하는 소득도 과세소득에 포함한다. 또한 소득을 발생원천별로 구별함이 없이 무차별적으로 종합하여 소득금액을 계산한다.

이에 반하여 소득세법은 원칙적으로 소득원천설에 입각하여 일정한 원천에서 경상적 · 계속적으로 발생하는 것만을 과세소득으로 열거하고 있으며 일시 · 우발적으로 발생하는 소득은 과세소득의 범위에 포함시키고 있지 않다. 다만, 일시 · 우발적인 소득 중 일부는 기타소득이나 양도소득 등의 소득으로 분류하여 과세하고 있으나 사업소득으로는 과세하고 있지 않다.[53]) 또한 기본적으로 소득세법은 열거주의 방식에 의해 과세하고 있기 때문에 포괄주의 방식을 기본으로 하는 법인세법과는 본질적인 과세방법에 차이가 있다(단, 이자소득 및 배당소득에 대해서는 유형별 포괄주의 방식을 적용하고 있음). 법인세와 소득세의 대표적인 차이점을 살펴보면 다음과 같다.

구 분	법인세법	소득세법
이자수익과 배당금수익	각사업연도소득에 포함	사업소득에서 제외 (금융소득으로 과세)
유가증권처분손익	익금, 손금에 산입	총수입금액, 필요경비에 불산입 (양도소득으로 과세될 수 있음)
작물재배업 소득	각사업연도소득에 포함	사업소득에서 제외*

51) 기업업무추진비에 대하여 적격증명서류(세금계산서, 카드전표, 현금영수증 등)가 없더라도 21년 1월 1일 이후 지출분에 대하여 3만원(이전에는 1만원)까지는 필요경비로 인정한다. 일반비용의 경우는 적격증명서류가 없더라도 사업을 위해 지출한 비용일 경우 필요경비로 인정받을 수 있으나 적격증명서류를 수취하지 못했다는 것에 대하여 증격증명서류 수취 불성실가산세를 부담하여야 한다.

52) 소득세법상 동 규정은 법인세법의 내용과 거의 동일하다. 다만, 소득세법에서는 복식부기의무자를 제외하고는 업무전용자동차보험 가입을 업무사용금액에 대한 필요경비 산입요건으로 규정하고 있지 않다는 점에서 차이가 있다. 그러므로 구체적인 사항은 법인세법을 참조하기 바란다.

53) 단, 2018.1.1.부터 복식부기의무자의 우발적인 사업용 자산양도는 사업소득으로 과세하고 있다.

구 분	법인세법	소득세법
양도자산의 상각부인액	손금산입(△유보)	복식부기의무자의 필요경비산입 (양도소득세 과세대상 자산의 경우 세무조정 없이 소멸)
사업용 고정자산 처분손익	익금, 손금에 산입	총수입금액, 필요경비에 산입 (복식부기의무자의 사업용 고정자산으로서 양도소득에 해당하지 않는 경우에 한정)
시설개체 등으로 인한 생산설비 폐기손실	(장부가액 - 1,000)을 손금인정(폐기시점)	(장부가액 - 처분가액)을 필요경비로 인정(처분시점)
결손금 공제	없 음	다른 소득에서 공제가능
이월결손금 공제	있 음 (다른 소득에서 공제할 수는 없음)	다른 소득에서 공제가능

* 단, 곡물 및 기타식량작물재배업이 아닌 작물재배업에서 발생하는 소득 중 연간 수입금액의 합계액이 10억원을 초과하는 경우에는 사업소득으로 과세된다.

2) 개인과 법인의 차이

법인은 출자자와 독립된 별개의 실체인데 반해 개인은 직접 사업소득의 귀속주체가 된다. 이러한 점 때문에 다음과 같은 차이가 발생한다.

구 분	법인세법	소득세법
대표자, 사업주 급여	대표자급여 손금 인정	사업주급여 필요경비불산입 (출자금의 인출로 봄)
자금의 인출	주주, 대표자 등이 자금의 임의 인출시 가지급금처리 및 인정이자 등의 규제	사업주의 자금 인출은 출자금의 반환으로 보아 별도의 제약을 두지 않음
재고자산의 자가소비	별도 규정 없음(단, 부당행위계산 부인에 해당할 수 있음)	시가는 총수입금액에 산입하고, 원가는 필요경비에 산입함
가사관련경비	별도 규정 없음(단, 부당행위계산 부인에 해당될 수 있음)	필요경비불산입*

* 사업자가 가사(집안일)와 관련하여 지출하였음이 확인되는 경비와 초과인출금에 대한 지급이자의 경우 필요경비로 인정되지 않는다.

초과인출금의 필요경비불산입

차입금의 목적과 용도가 사업과 관련된 것이면 필요경비로 인정되나 가사에 사용된 차입금의 이자는 필요경비불산입 된다. 그 용도는 사업자만 알 수 있으며 사업용으로 차입하였으나 향후 가사용으로 사용할 수 있어 차입금의 용도는 항시 변경될 수 있다. 사업용자산의 합계액이 부채의 합계액(충당금과 준비금 제외)에 미달하는 경우에 그 미달하는 금액에 상당하는 부채(초과인출금)에 대한 지급이자는 다음의 산식에 따라 계산되며, 동 금액은 필요경비에 산입하지 않는데 이는 사업자가 차입한 금액은 사업용 자산 합계액까지만 사업용으로 간주한다는 의미이다.

$$\text{초과인출금에 대한 지급이자 (필요경비 불산입액)} = \text{지급이자} \times \frac{\text{당해 과세기간 중 초과인출금의 적수}}{\text{당해 과세기간 중 차입금 적수}}$$

사업용 자산의 합계액이 부채의 합계액에 미달하는 그 초과인출금은 가사에 사용하는 것으로 간주하여 필요경비에 불산입하나 초과인출금의 발생 원인이 사업으로 인한 결손일 수도 있다. 이는 자본잠식인 법인의 차입금을 손금으로 인정하는 것과 비교해 볼 때 과세상 형평에 맞지 않는다. 이러한 논거로 판례(2011두17769)는 "수입은 없고 필요경비만 발생하는 사업장인 경우 동 지급이자를 그 사업장의 필요경비에서 제외할 것은 아니다"라고 하였다.

한편, 초과인출금에 대한 지급이자와 다른 필요경비불산입되는 지급이자가 함께 있을 경우에는 ①채권자불분명사채이자, ②건설자금이자, ③초과인출금에 대한 지급이자, ④업무무관자산 등에 대한 지급이자의 순서로 필요경비불산입된다.

3) 기타의 차이

① 기업업무추진비[54)]

법인세법에서는 사업장의 구분을 무시하고 하나의 기업업무추진비한도액을 계산하는 데 반하여, 소득세법은 사업장별로 각각의 기업업무추진비한도액을 계산한다. 또한 법인과 달리 임직원 명의의 신용카드 매출전표도 법적증명서류로 인정된다. 그 외 사항은 법인세법과 동일하다.

② 기부금

법인세법에서는 공익성 기부금의 경우 한도액 범위 안에서 손금으로 인정하는 것과 마찬가지로 소득세법에서도 한도액 범위 안에서 필요경비로 인정한다. 그러나 기부금의 범위가 법인과 일부 차이가 있으며,[55)] 필요경비의 한도에 있어서도 법인세법에서는 특례기부금(일반기부금)의 한도가 기준소득금액의 50%(10%)인 반면, 소득세법에서는 기준소득금액의 100%(30%)

---

54) 기존 '접대비'라고 명명되던 용어가 기업의 통상적 업무활동인 점을 감안하여 2024년부터 '기업업무추진비'로 명칭이 변경되었다.

55) 소득세법상 기부금에 대한 자세한 사항은 Chapter 9 중 기부금세액공제 부분에서 자세히 설명하기로 한다.

까지 공제가 가능하다. 여기서 '기준소득금액'은 특례기부금·우리사주조합기부금·일반기부금을 필요경비에 산입하기 전의 소득금액이다. 기부금의 필요경비 산입 한도액은 다음과 같다.

구 분	필요경비 산입 한도액
(1) 특례기부금	(기준소득금액 - 이월결손금) × 100%
(2) 우리사주조합 기부금	(기준소득금액 - 이월결손금 - (1)기부금 필요경비산입액) × 30%
(3) 일반기부금	• 종교단체기부금이 없는 경우: (기준소득금액 - (1) · (2)기부금 필요경비산입액) × 30%
	• 종교단체기부금이 있는 경우: (기준소득금액 - (1) · (2)기부금 필요경비산입액) × 10% + Min (①, ②) ① (기준소득금액 - 이월결손금 - (1) · (2)기부금 필요경비산입액) × 20% ② 종교단체 외에 지급한 일반기부금

한편, 소득세가 적용되는 개인사업자는 사업소득 이외에 다른 종합소득이 있는 경우에 기부금 중 필요경비에 산입한 금액을 차감한 기부금을 종합소득산출세액에서 기부금 세액공제로 공제받을 수 있다. 이 경우 특례기부금과 일반기부금의 한도초과액 중 종합소득세 신고시 세액공제를 적용받은 기부금을 차감한 금액은 해당 과세기간의 다음 과세기간 개시일부터 10년 이내에 이월하여 필요경비에 산입할 수 있다.

그리고 법인이 특례기부금이나 일반기부금(특수관계인에게 기부한 것은 제외)을 금전 외의 자산으로 제공한 경우에는 장부가액으로 평가하지만, 개인사업자의 경우에는 시가와 장부가액 중에서 큰 금액으로 평가한다.[56]

③ 외화환산

법인세의 경우 외화자산 및 부채를 사업연도 종료일의 마감환율로 신고한 경우 시가로 환산하여 평가가 가능하지만 소득세의 경우 외화자산 및 부채에 대한 기말환산은 인정되지 않는다.

5 사업소득의 수입시기

거주자의 각 과세기간 총수입금액 및 필요경비의 귀속연도는 총수입금액과 필요경비가 확정된 날이 속하는 과세기간으로 한다. 즉, 사업소득의 귀속연도는 원칙적으로 '권리의무확정주의'를 따르되, 그 구체적인 수입시기는 다음과 같다.

---

56) 개인의 기부문화 활성화 취지에서 시가와 장부가액 중에서 큰 금액으로 평가하도록 하여 더 많은 조세혜택을 부여하고 있다.

구　분	수입시기
① 상품(건물건설업과 부동산개발 및 공급업의 부동산은 제외), 제품 또는 그 밖의 생산품의 판매	• 그 상품 등을 인도한 날
② 상품 등의 시용판매	• 상대방이 구입의 의사를 표시한 날 * 일정기간 내에 반송하거나 거절의 의사를 표시하지 않는 한 특약 또는 관습에 의하여 그 판매가 확정되는 경우: 그 기간의 만료일
③ 상품 등의 위탁판매	• 수탁자가 그 위탁품을 판매하는 날
④ 장기할부조건에 의한 상품 등의 판매	• 원칙: 그 상품 등을 인도한 날 • 특례: 회수기일도래기준 또는 현재가치평가에 의한 회계처리 수용
⑤ 건설 · 제조 · 기타 용역(도급공사 및 예약매출 포함)의 제공	• 장기건설(계약기간 1년 이상): 진행기준 * 건설 등의 필요경비 총누적액을 확인할 수 없는 경우: 용역의 제공을 완료한 날(또는 목적물을 인도한 날) • 단기건설(계약기간 1년 미만): 용역제공을 완료한 날(또는 목적물을 인도한 날) * 진행기준에 의한 회계처리도 수용함
⑥ 무인판매기에 의한 판매	• 해당 사업자가 무인판매기에서 현금을 인출하는 때
⑦ 인적용역의 제공	• 용역대가를 지급받기로 한 날 또는 용역의 제공을 완료한 날 중 빠른 날 * 단, 연예인 및 직업운동선수 등이 계약기간 1년을 초과하는 일신전속계약에 대한 대가를 일시에 받는 경우에는 계약기간에 따라 해당 대가를 균등하게 안분한 금액을 각 과세기간 종료일에 수입한 것으로 함57)
⑧ 자산의 임대(지역권 · 지상권 설정 · 대여 포함)	• 계약 또는 관습에 따라 지급일이 정해진 것: 그 정해진 날 • 계약 또는 관습에 따라 지급일이 정해지지 않은 것: 그 지급을 받은 날
⑨ 어음의 할인	• 그 어음의 만기일 * 만기전에 그 어음을 양도하는 경우: 그 양도일
⑩ 금융보험업에서 발생하는 이자 및 할인액	• 실제로 수입된 날
⑪ 위의 ①~⑩에 해당하지 않는 자산의 매매	• 대금을 청산한 날 • 대금을 청산하기 전에 소유권 등의 이전에 관한 등기 · 등록을 하거나 해당 자산을 사용수익하는 경우: 그 등기 · 등록일 또는 사용수익일 중 빠른 날

57) 이때 월수의 계산은 해당 계약기간의 개시일이 속하는 달이 1개월 미만인 경우에는 1개월로 하고 해당 계약기간의 종료일이 속하는 달이 1개월 미만인 경우에는 이를 산입하지 않음(초월산입 · 말월불산입)

6 부동산임대업의 소득금액

(1) 부동산임대업의 범위

부동산임대업에서 발생하는 소득도 사업소득으로 분류된다. 그러나 부동산임대업에서 발생하는 결손금은 다른 사업소득과 달리 해당 과세기간의 다른 사업소득금액에서 공제하지 않고 이월시켜 다음 과세기간 이후에 발생하는 부동산임대업의 소득금액에서만 공제한다. 그러므로 사업소득에 부동산임대업에서 발생한 소득이 포함되어 있는 사업자의 경우 해당 소득을 다른 사업소득과 구분하여 회계처리하여야 한다.

부동산임대업의 구체적인 범위는 다음과 같다.

① 부동산 또는 부동산상의 권리를 대여하는 사업. 여기서 '부동산상의 권리'에는 지역권 · 지상권(지하 또는 공중에 설정된 권리 포함) 설정 · 대여소득도 포함한다.[58)]

② 공장재단 또는 광업재단을 대여하는 사업

③ 광업권자 · 조광권자 · 덕대가 채굴시설과 함께 광산을 대여하는 사업

지상권과 지역권의 뜻

1. 지상권: 타인의 토지에 건물 기타 공작물이나 수목을 소유하기 위하여 그 토지를 사용할 수 있는 권리
2. 지역권: 자기 토지의 이용가치를 증가시키기 위하여 타인의 토지를 일정한 방법으로 이용하는 권리

(2) 부동산임대업의 소득금액 계산

부동산임대업의 사업소득금액은 다음 산식에 의하여 계산된다. 사업소득과 내용상의 차이는 없으며 특이사항 위주로 설명하기로 한다.

부동산임대업의 사업소득금액 = 총수입금액(비과세소득과 분리과세소득 제외) − 필요경비

1) 간주임대료

부동산이나 부동산상의 권리를 대여하고 보증금이나 전세금을 받은 경우에는 보증금에 대한 예금이자 상당액을 총수입금액에 가산한다.

58) 단, 공익사업과 관련된 지역권, 지상권(지하 또는 공중에 설정된 권리 포함)의 설정 · 대여소득은 기타소득으로 분류한다.

[일반적인 경우]

$$\text{간주임대료} = (\text{보증금등의 적수} - \text{건설비상당액적수}) \times \frac{1}{365^{*}} \times \text{정기예금이자율} - \text{임대보증금 등에서 발생한 금융수익}$$

* 윤년의 경우 1/366을 적용한다.

[추계의 경우]

$$\text{간주임대료} = \text{보증금등의 적수} \times \frac{1}{365^{*}} \times \text{정기예금이자율}$$

* 윤년의 경우 1/366을 적용한다.

일반적인 경우 간주임대료가 0보다 적은 때에는 없는 것으로 보며, 적수의 계산은 매 일자별 잔액을 합계한 적수에 의해 계산하는 것이 원칙이나 매월 말 현재의 임대보증금 등의 잔액에 경과일수를 곱하여 계산할 수도 있다. 간주임대료를 구하는 산식에 포함되어 있는 항목들에 대한 구체적인 설명은 다음과 같다.

① 건설비상당액: 해당 건축물의 취득가액(토지가액 제외)을 말하며, 자본적 지출액은 포함하고 재평가차액과 감가상각누계액은 제외한다.

② 정기예금이자율: 과세기간 종료일 현재 금융회사 등의 정기예금이자율을 고려하여 기획재정부령으로 정하는 이자율을 말한다(현재 3.5%임).

③ 임대보증금 등에서 발생한 금융수익: 비치 · 기장한 장부나 증명서류에 의해 해당 임대보증금 등으로 취득한 것이 확인되는 금융자산으로부터 발생한 수입이자 · 할인료 및 배당금에 한정한다.

간주임대료 규정 비교

구 분	법인세법		소득세법		부가가치세법
	추계결정	일 반	추계결정	일 반	
① 적용대상자	모든 법인	차입금과다법인으로서 부동산임대업을 주업으로 하는 영리내국법인	모든 부동산 임대사업자	모든 부동산 임대사업자	모든 부동산 임대사업자
② 주택임대 제외여부	포함	제외	제외 (예외 있음)	제외 (예외 있음)	제외
③ 건설비 차감여부	×	○	×	○	×
④ 금융수익 차감여부	×	○ 이자수익, 배당금수익, 유가증권처분이익, 신주인수권처분이익	×	○ 이자수익 및 배당금수익	×

2) 1세대 3주택 이상인 자의 주택임대보증금등에 대한 간주임대료 계산[59)]

거주자가 3주택(2026. 12. 31.까지 소형주택[60)]은 제외) 이상을 소유하고 주택과 주택부수토지(주택 부수토지만 임대하는 경우는 제외)를 임대하고 받은 보증금 등의 합계액이 3억원을 초과하는 경우에는 다음과 같이 계산한 간주임대료를 사업소득 총수입금액에 산입한다.

[일반적인 경우]

$$\text{간주임대료} = (\text{보증금등} - 3\text{억원})\text{의 적수} \times 60\% \times \frac{1}{365^{*}} \times \text{정기예금이자율}$$
$$- \text{임대보증금 등에서 발생한 금융수익}$$

* 윤년의 경우 1/366을 적용한다.

59) 2026.1.1. 이후 과세기간부터는 기준시가 12억원을 초과하는 고가주택 2주택자에 대해서도 간주임대료를 계산하여 총수입금액에 산입할 예정이다.

60) 여기서 '소형주택'이란 주거의 용도로만 쓰이는 면적이 1호 또는 1세대 당 40㎡ 이하인 주택으로서 해당 과세기간의 기준시가가 2억원 이하인 주택을 말한다.

[추계의 경우]

$$간주임대료 = (보증금등 - 3억원)의\ 적수 \times 60\% \times \frac{1}{365^{*}} \times 정기예금이자율$$

* 윤년의 경우 1/366을 적용한다.

국내에 소재하는 부동산에 대한 임대소득 과세여부

구 분			받은 임대료*	간주임대료
소유주택수	1주택	일반주택	비과세	과 세 ×
		고가주택	종합과세	과 세 ×
	2주택			과 세 ×
	3주택 이상			종합과세
				• 보증금 등의 합계액 ≤ 3억원: 간주임대료 ×
				• 보증금 등의 합계액 > 3억원: 간주임대료 ○
상가 등			종합과세	

* 주거용 건물 임대업에서 발생한 총수입금액 합계액이 2,000만원 이하인 자의 주택임대소득은 종합소득과세표준에 합산하지 않고 다음과 같이 계산한 세액으로 분리과세를 선택할 수 있다.

주택임대소득 결정세액 = {주택임대 수입금액 × (1 - 60%) - 400만원} × 14%

여기서, 위 산식에 의한 세액 계산시 필요경비 및 공제금액은 일정한 요건을 만족하는 임대주택등록자의 경우에만 해당되며 임대주택 미등록자의 경우에는 필요경비율과 공제금액을 각각 50%, 200만원으로 축소하여 적용한다. 일정한 요건은 다음과 같다.

① 단기민간임대주택(10년 이상) 또는 장기일반민간임대주택(10년 이상)으로 등록할 것
② 소득세법에 따른 사업자 등록을 할 것
③ 임대료 인상률(5%)을 준수할 것

한편, 분리과세 주택임대소득만 있는 사업자도 소득세법상 사업자등록을 하여야 한다.61) 그러나 지방자치단체에 민간임대주택법 상 임대사업자 등록 신청시 소득세법상 사업자 등록 신청서를 함께 제출한 경우에는 사업자 등록 신청을 한 것으로 간주한다.

일정한 요건을 충족하지 못하여 낮은 필요공제율 등을 적용한 분리과세를 적용받은 임대주택의 경우에도 4년 이상 임대하여야 한다. 이러한 의무임대기간 미충족시 감면받은 세액 및 이자상당가산액을 추징당하게 된다.

61) 이때 임대주택 소재지, 주택종류, 전용면적 등을 기재한 임대주택명세를 함께 제출하여야 한다.

3) 선세금의 총수입금액

부동산을 임대(지역권 · 지상권의 설정 · 대여도 포함)하고 미리 받은 임대료에 대한 총수입금액은 다음과 같이 계산한다.

$$\text{선세금의 총수입금액} = \text{선세금} \times \frac{\text{과세기간의 임대 월수}}{\text{계약기간의 월수}}$$

계약기간의 개시일이 속하는 달이 1월 미만일 때에는 1월로 하고, 계약기간 종료일이 속하는 달이 1월 미만인 때에는 이를 산입하지 않는다.

4) 임대료 외에 받는 관리비 수입

① 관리비: 총수입금액에 포함한다. 단, 청소 및 난방 등이 부동산임대사업과 객관적으로 구분되는 경우에는 청소, 난방 관련 사업의 총수입금액에 산입한다.

② 공공요금(수도료, 전기요금): 총수입금액에 포함하지 않는다. 다만, 공공요금 납부액을 초과하여 받는 금액은 부동산임대업의 총수입금액에 산입한다.

5) 보험차익

부동산임대업과 관련된 소득이 있는 거주자가 그 사업과 관련하여 해당 사업용자산의 손실로 취득하는 보험차익은 총수입금액에 이를 산입한다. 다만, 부동산임대사업자가 결산조정에 의해 일시상각충당금을 설정하여 과세시점을 이연시킬 수 있다.

(3) 부동산임대업 사업소득의 수입시기

① 계약 또는 관습에 따라 지급일이 정해진 것: 그 정해진 날

② 계약 또는 관습에 따라 지급일이 정해지지 않은 것: 그 지급을 받은 날

예제 1 부동산임대업의 사업소득금액

다음 자료에 따라 부동산임대업을 영위하는 개인사업자 정우성 씨의 20×2년의 사업소득금액을 계산하시오. 단, 정우성 씨는 사업소득에 대하여 장부를 비치 · 기장하고 있으며, 현재 임대업에 사용하는 주택을 포함하여 3주택을 소유하고 있다. 그리고 동 주택들은 모두 국민주택규모 초과의 주택으로서 기준시가는 3억원을 초과한다.

(1) 임대현황: 상가와 주택 모두 월 임대료를 매월 말일에 받기로 약정하였다.

구 분	월임대료	임대보증금	임대기간
A상가	400만원	1억원	20×1. 7. 1. ~ 20×3. 6. 30.
임대주택	250만원	1억원	20×2. 2. 1. ~ 20×3. 1. 31.

(2) 임대자산의 취득명세

구 분	취득일자	취득가액	
		토 지	건 물
A상가	20×1 4. 5.	3억원	5천만원
임대주택	20×2. 1. 5.	4억 2천만원	8천만원

(3) 임대보증금의 운용내역

구 분	보증금 수령일자	운용내역(20×2년 귀속분)
A상가	20×1. 7. 1.	수입이자 ₩2,400,000
임대주택	20×2 .2. 1.	수입이자 ₩2,200,000

(4) 20×2년 필요경비는 ₩22,000,000이며, 국세청장이 고시한 정기예금이자율은 6%로 가정한다.

해설

1. 총수입금액의 계산

(1) 임대료 수입

① A상가: 400만원 × 12개월 = ₩48,000,000

② 임대주택: 250만원 × 11개월 = ₩27,500,000

(임대주택의 경우 2주택 이상을 소유하면 임대료는 과세대상이다)

(2) 간주임대료

① A상가: $(1억원 \times 365 - 5천만원 \times 365) \times \frac{1}{365} \times 6\% - 2,400,000 = ₩600,000$

② 임대주택: 3주택 이상을 소유하고 있으나, 임대보증금 금액이 3억원 이하이므로 간주임대료를 계산하지 않는다.

(3) 총수입금액: 임대료수입 + 간주임대료 = 75,500,000 + 600,000 = ₩76,100,000

2. 사업소득금액 계산

총수입금액 - 필요경비 = 76,100,000 - 22,000,000 = ₩54,100,000

7 원천징수

분리과세를 선택한 소규모 임대소득(해당 과세기간에 주거용 건물임대업에서 발생한 수입금액의 합계액이 2천만원 이하인 자의 주택임대소득)을 제외한 모든 사업소득은 전부 종합과세된다. 그러므로 사업소득에서의 원천징수는 모두 예납적 원천징수로서 과세표준확정신고 의무가 면제되지 않는다. 그리고 다음의 사업소득에 대해서는 원천징수가 적용된다.

(1) 의료보건용역 및 인적용역에 대한 원천징수

국내에서 거주자 또는 비거주자에게 원천징수대상 사업소득(부가가치세 면세대상인 일정 용역소득)을 지급하는 자는 지급금액의 3%를 원천징수하여 징수일이 속하는 달의 다음 달 10일까지 납부하여야 한다. 그 대상 소득은 다음과 같다.

① 의료보건용역(수의사의 용역 포함)

② 저술가 · 작곡가 등 일정한 자가 직업상 제공하는 인적용역(접대부 · 댄서와 기타 이와 유사한 용역은 제외)

그러나 이러한 사업소득을 지급하는 자로서 원천징수의무를 지는 자는 사업자나 법인(국가 및 지방자치단체 포함)인 경우로 한정된다.

(2) 봉사료에 대한 원천징수

부가가치세 면세대상인 접대부 · 댄서와 이와 유사한 용역을 제공하는 자에게 지급하는 일정한 봉사료에 대해서는 봉사료 지급금액의 5%를 원천징수한다. '일정한 봉사료' 요건은 다음과 같다.

① 사업자(법인 포함)가 음식 · 숙박, 안마시술소 · 이용원 · 스포츠마사지업소, 그 외 유사한 장소 또는 개별소비세 과세유흥장소(유흥주점 등)에서 용역을 제공하고 그 공급가액(간이과세자의 경우에는 공급대가)과 봉사료를 세금계산서(또는 영수증, 계산서, 신용카드 매출전표 등)에 구분하여 기재할 것

② 구분하여 기재한 봉사료금액이 공급가액(간이과세자의 경우에는 공급대가)의 20%를 초과할 것

③ 사업자(법인 포함)가 봉사료를 자기의 수입금액으로 계상하지 않을 것

(3) 납세조합징수

농 · 축 · 수산물 판매업자 등 일정한 사업자는 납세조합을 조직할 수 있는데 이 경우 조합은 조합원의 사업소득에 대한 소득세에서 납세조합공제(소득세의 5%, 연간 100만원 한도)를 한 금액을 매월 징수하여 징수일이 속하는 달의 다음 달 10일까지 납부하여야 한다.

(4) 보험모집인 · 방문판매원(간편장부대상자에 한정) 등의 연말정산

간편장부대상자(직전년도 수입금액이 7,500만원 미만인 자)인 보험모집인 · 방문판매원 · 음료품배달원에게 모집수당 또는 판매수당 등의 사업소득을 지급하는 원천징수의무자는 해당 사업소득에 대한 소득세의 연말정산을 하여야 한다. 다만, 방문판매원 및 음료품배달원의 경우에는 원천징수의무자가 사업장 관할세무서장에게 연말정산 신청을 하는 경우에 한한다.

연말정산의 시기는 해당 과세기간의 다음 연도 2월분의 사업소득을 지급할 때 이루어진다. 이것은 해당 사업소득만 있다고 가정할 때 소득세의 결정세액을 계산한 후 기납부세액(원천징수세액)을 정산하는 과정이다. 이처럼 연말정산된 사업소득 외의 다른 소득이 없는 경우 해당 소득자는 해당 과세기간에 대한 과세표준확정신고를 하지 않아도 된다.

OX 문제

01 연예인 및 직업운동선수 등이 사업활동과 관련하여 받는 전속계약금은 계약기간에 따라 해당 대가를 균등하게 안분한 금액을 각 과세기간 종료일에 수입한 사업소득으로 본다.

02 지역권과 지상권(공익사업과 관련된 것 아님)을 설정하거나 대여하고 받는 소득은 부동산임대업에서 발생한 소득으로 보지 않는다.

03 일정한 전통주를 농어촌지역에서 판매하여 발생하는 소득은 금액에 관계없이 비과세된다.

04 개인사업자가 주택을 임대하는 경우에도 임대보증금 등에 대한 간주임대료를 총수입금액에 산입하는 경우가 있다.

05 부가가치세가 면세되는 의료보건용역이나 저술가, 작곡가 등 일정한 자의 인적용역의 제공으로 사업소득을 지급하는 모든 거주자는 3%의 원천징수세액을 다음달 10일까지 정부에 납부하여야 한다.

정답&해설 **01** ○ **02** × **03** × **04** ○ **05** × **06** ○

01 종전 소득세법에서는 전속계약금이 기타소득에 열거되어 있었다. 하지만 소득세법에서 기타소득으로 정한 전속계약금은 일시적, 우발적인 소득을 의미하는 것이다. 전속계약금으로 취득한 소득이 사업성이 인정되는 한 이를 사업소득으로 보아야 한다. 현행 소득세법 시행령에서는 연예인 및 직업운동선수 등이 사업활동과 관련하여 받는 전속계약금은 사업소득이다. 동 전속계약금은 계약기간에 따라 해당 대가를 균등하게 안분한 금액을 각 과세기간 종료일에 수입한 것으로 보아 총수입금액으로 인식한다.

02 지역권과 지상권을 설정하거나 대여하고 받는 소득은 2018년부터 사업소득으로 과세된다. 다만, 공익사업과 관련된 지역권과 지상권은 기타소득으로 과세된다.

03 전통주의 제조로 발생하는 소득은 연 1,200만원 이하인 경우에 비과세가 가능하다.

05 부가가치세가 면세되는 의료보건용역이나 일정한 인적용역의 원천징수의무를 지는 자는 사업자나 법인(국가 및 지방자치단체 포함)인 경우로 한정된다.

06 재고자산을 가사용으로 소비한 경우 시가를 총수입금액에 산입하며 원가상당액은 필요경비에 산입한다.

07 부동산임대로 인한 소득이 있는 거주자가 해당 사업용자산의 손실로 인하여 취득하는 보험차익은 사업소득의 총수입금액에 산입한다.

08 사업과 관련이 없는 자산수증이익은 각사업연도소득금액 계산에 있어서 익금에 산입하지만 사업소득금액 계산에 있어서는 총수입금액에 산입하지 않는다.

09 인적용역대가의 수입시기는 용역의 제공을 완료한 날이다.

10 시설개체 · 기술낙후로 인하여 생산설비를 폐기하고 처분하는 경우에는 장부가액에서 처분가액을 차감한 잔액을 필요경비에 산입한다.

11 작물재배업에서 발생하는 소득에 대하여는 소득세가 과세되지 않는다.

12 보험모집인 · 방문판매원의 소득 등은 분리과세로 과세가 종결된다.

정답&해설 07 ○ 08 ○ 09 × 10 ○ 11 × 12 ×

09 용역대가를 지급하기로 한 날 또는 용역의 제공을 완료한 날 중 빠른 날을 수입시기로 한다.

11 곡물 및 기타식량작물재배업에서 발생하는 소득과 해당 과세기간의 수입금액 합계액이 10억원 이하인 기타 작물재배업에서 발생하는 소득에 대해서만 비과세가 적용된다.

12 소규모 주택임대소득을 제외하고는 사업소득 중 분리과세되는 소득이 없다. 즉, 전액이 다른 종합소득에 합산되어 과세된다. 보험모집인·방문판매원의 소득 등은 예납적 성격의 원천징수가 될 뿐이며 원천징수된 금액은 차후 종합소득세 계산시 기납부세액으로 차감받는다.

연습문제

01 소득세법상 사업소득금액과 법인세법상 각사업연도소득에 관한 다음의 설명 중 옳지 않은 것은?

① 법인세법에서는 고정자산의 처분이익을 익금에 산입하지만 소득세법에서는 복식부기의무자인 사업자의 경우에만 총수입금액에 산입한다.

② 법인세법에서는 주주 · 대표자등이 자금을 임의로 인출하는 경우 가지급금으로 처리하고 인정이자 등을 계산하는 규제를 두고 있다. 소득세법에서는 개인사업자가 출자금을 인출하는 것에 대하여 별도의 제약을 두고 있지 않다.

③ 법인세법에서는 대표자급여에 대하여 손금으로 인정하며 소득세법에서도 사업주 급여에 대하여 필요경비로 인정한다.

④ 법인세법에서는 사업장의 구분을 무시하고 하나의 기업업무추진비한도액을 계산하는 데 반해 소득세법에서는 사업장별로 각각의 기업업무추진비한도액을 계산한다.

⑤ 소득세법에서는 사업소득에서 결손금이 발생하면 다른 소득에서 공제가 가능하나 법인세법에서는 불가능하다.

정답 ③

소득세법에서는 사업주 급여에 대하여 필요경비불산입으로 처리한다.

02 부동산임대업의 사업소득에 관한 다음의 설명 중 옳지 않은 것은?

① 거주자가 2주택 이상을 소유하고 주택과 주택부수토지(부수토지만 임대하는 경우는 제외)를 임대하고 받은 보증금 등의 합계액이 3억원을 초과하는 경우에는 간주임대료를 계산하여 사업소득 총수입금액에 산입한다.

② 계약 또는 관습에 따라 지급일이 정해진 경우 정해진 날이 총수입금액의 수입시기이다.

③ 부동산임대업의 사업소득에서 발생하는 결손금은 해당 과세기간의 다른 소득금액에서 공제하지 않고 이월시켜 다음 과세기간 이후에 발생하는 부동산임대업의 사업소득금액에서만 공제한다.

④ 공공요금(수도료, 전기요금 등)은 총수입금액에 포함하지 않는다. 다만, 공공요금 납부액을 초과하여 받는 금액은 부동산임대업의 총수입금액에 산입한다.

⑤ 부동산을 임대하고 미리 받은 임대료에 대한 총수입금액을 산정할 때 계약기간의 개시일이

속하는 달이 1월 미만일 때는 1월로 하고, 계약기간 종료일이 속하는 달이 1월 미만인 때에는 이를 산입하지 않는다.

정답 ①

소유주택 수	임대료	간주임대료
1주택	비과세(단 고가주택은 과세)	계산하지 않음
2주택	과 세	
3주택 이상	과 세	3억원 초과시 계산 (단, 소형주택은 2023.12.31까지 간주임대료 계산대상에서 제외)

03 소득세법령상 사업소득의 수입시기에 관한 설명으로 옳지 않은 것은? [CTA 2022]

① 제품의 판매 : 그 제품을 인도한 날

② 제품의 위탁판매 : 수탁자가 그 위탁품을 판매한 날

③ 무인판매기에 의한 판매 : 당해 사업자가 무인판매기에서 현금을 인출하는 때

④ 한국표준산업분류상의 금융보험업에서 발생하는 이자 : 결산을 확정할 때 이자를 수익으로 계상한 날

⑤ 어음의 할인 : 그 어음의 만기일로 하되, 만기 전에 그 어음을 양도하는 때에는 그 양도일

정답 ④

한국표준산업분류상의 금융보험업에서 발생하는 이자 및 할인액의 수입시기는 실제로 수입된 날로 한다.

04 사업소득과 관련한 원천징수에 관한 다음의 설명 중 옳지 않은 것은?

① 부가가치세 면세대상인 접대부 · 댄서, 이와 유사한 용역을 제공하는 자에게 지급하는 일정한 봉사료에 대해서는 봉사료 지급금액의 5%를 원천징수한다.

② 저술가 · 작곡가 등 일정한 자가 직업상 제공하는 인적용역에 대해서는 지급금액의 5%를 원천징수한다.

③ 의료보건용역에 대한 사업소득을 지급하는 자가 법인인 경우 지급금액의 3%를 원천징수하여 징수일이 속하는 달의 다음 달 10일까지 납부하여야 한다.

④ 농 · 축 · 수산물 판매업자 등 일정한 사업자는 납세조합을 조직할 수 있는데 이 경우 조합은 조합원의 사업소득에 대한 소득세에서 납세조합공제(소득세의 5%)를 한 금액을 매월 징수하여 징수일이 속하는 달의 다음 달 10일까지 납부하여야 한다.

⑤ 간편장부대상자인 보험모집인 · 방문판매원 · 음식료품배달원에게 모집수당 또는 판매수당 등의 사업소득을 지급하는 원천징수의무자는 다음연도 2월분의 사업소득을 지급할 때 해당 사업소득에 대한 소득세의 연말정산을 하여야 한다.

정답 ②

저술가 · 작곡가 등 일정한 자가 직업상 제공하는 인적용역에 대해서는 지급금액의 3%를 원천징수한다.

05 소득세법상 사업소득의 필요경비에 관한 다음의 설명 중 옳지 않은 것은?

① 사업소득금액 계산시 필요경비에 산입할 금액은 해당 과세기간의 총수입금액에 대응하는 비용으로서 일반적으로 용인되는 통상적인 것의 합계액으로 한다.

② 도소매업을 영위하는 거주자의 사업소득 총수입금액에 대응하는 필요경비에는 상품 또는 제품 판매와 관련하여 사전약정 없이 지급하는 판매장려금 및 판매수당도 포함된다.

③ 거주자가 해당 과세기간에 납부한 소득세와 개인지방소득세는 사업소득금액 계산시 필요경비에 산입되지 아니한다.

④ 거주자의 필요경비 귀속연도는 그 필요경비가 발생된 날이 속하는 과세기간으로 한다.

⑤ 거주자가 사업소득금액 계산시 해당 과세기간에 납부 한 법령상 직장가입자로서 부담하는 자신의 건강보험료는 필요경비에 산입되는 반면, 법령상 부담하는 자신의 연금보험료는 필요경비에 산입되지 아니한다.

정답 ④

거주자의 각 과세기간 필요경비의 귀속연도는 필요경비가 확정된 날이 속하는 과세기간이다.

06 다음 자료를 이용하여 개인사업자인 거주자 지민 씨의 20×1년 사업소득 총수입금액을 계산한 것으로 옳은 것은?

> 1. 20×1년 과세기간의 손익계산서상 총매출액: ₩25,000,000
>   (매출에누리와 환입은 ₩800,000이며 매출할인은 ₩700,000이다)
> 2. 총매출액에 포함되지 않은 매출거래는 다음과 같다.
>   (1) 20×2년 6월 5일에 제품을 인도하는 조건으로 20×1년 5월 22일에 거래처로부터 ₩1,500,000의 계약금을 수령하였다. 20×1년 말 현재 해당 제품의 판매가는 ₩3,000,000(원가: ₩2,000,000)이다.
>   (2) 20×1년 9월 8일에 거래처로부터 제품 ₩500,000(원가: ₩400,000)에 대한 구입의사표시를 받았지만 20×1년말까지 대금결제를 받지 못하였다.
>   (3) 20×1년 12월 1일에 수탁자에게 제품(판매가: ₩1,800,000, 원가: ₩1,400,000)을 발송하였는데, 수탁자는 이 중에서 절반을 20×1년 12월 30일에 판매하고, 나머지 절반은 20×2년 1월 10일에 판매하였다.
>   (4) 20×1년 12월 5일에 장기할부조건으로 제품을 판매하고 판매대금 2,400,000(원가: ₩1,800,000)은 20×2년 1월부터 매달말 ₩100,000씩 수령하기로 하였다. 이에 대해서는 매달말 각 대가를 받는 시점에 매출액으로 계상하기로 하였다.

① ₩24,400,000　② ₩24,900,0000　③ ₩26,400,000
④ ₩27,300,000　⑤ ₩30,400,000

정답 ②

총수입금액 = ₩25,000,000 - ₩800,000 - ₩700,000 + ₩500,000[*1)] + ₩900,000[*2)] = ₩24,900,000

* 계약금만 수령한 것은 총수입금액에 포함하지 않으며, 장기할부판매의 경우 인도기준이 원칙이나 회수기일도래기준으로 회계처리한 경우 인정된다.

*1) 시용판매는 대금결제여부와 무관하게 상대방의 구입의사표시일이 귀속시기가 된다.

*2) 위탁판매는 수탁자가 최종소비자에게 판매하는 시점이 귀속시기가 된다.

07 다음 자료를 참고하여 20×2년 거주자 송강호 씨의 사업소득 총수입금액을 계산한 것으로 옳은 것은?

> 1. 임대현황
>   (1) 사 무 실: 임대보증금 1억원, 월 임대료 ₩1,000,000,
>   임대기간: 20×1. 7. 1. ~ 20×2. 6. 30.
>   (2) 주　　택: 임대보증금 1억원, 월 임대료 ₩2,000,000
>   임대기간 20×1. 10. 1. ~ 20×3. 9. 30. (송강호 씨는 현재 주택을 2채 소유하고 있다)
>   (3) 사무실의 임대보증금을 은행 정기예금에 예치하여 20×2. 1. 1. ~ 20×2. 6. 30.까지 수입이자로 ₩320,000을 수령하였다.
> 2. 임대자산은 모두 10년 전에 취득한 것이며, 토지를 제외한 건물의 취득가액은 다음과 같다.
>   (1) 사무실: ₩60,000,000
>   (2) 주　택: ₩30,000,000
> 3. 국세청장이 고시하는 정기예금이자율은 3.65%로 가정한다.
> 4. 송강호 씨는 적법하게 장부를 비치기장하고 있으며, 장부에 의하여 사업소득금액을 신고하는 것으로 가정한다.

① ₩6,400,000　② ₩15,755,000　③ ₩19,600,000
④ ₩22,155,000　⑤ ₩30,400,000

정답 ⑤

1. 사무실: ₩6,400,000
   (1) 임대료: ₩1,000,000 × 6개월 = ₩6,000,000
   (2) 간주임대료: (₩100,000,000 × 180* - ₩60,000,000 × 180*) × 3.65% × $\frac{1}{365}$ - ₩320,000
   = ₩400,000

   * 임대보증금에 대한 적수의 계산은 일자별 잔액의 합계액이므로 임대가 끝나는 6월 30일은 적수계산에서 제외한다.
2. 주택
   (1) 임대료: ₩2,000,000 × 12개월 = ₩24,000,000
   (2) 간주임대료: 주택의 경우 소유주택 2채까지는 간주임대료를 계산하지 않음
3. 계: ₩30,400,000

08 다음 자료를 보고 개인사업자 김한국 씨의 20×1년 사업소득금액을 계산한 것으로 옳은 것은? 단, 김한국 씨는 사업소득에 대하여 적정하게 장부를 작성하고 있다.

1. 손익계산서상 당기순이익　　₩200,000,000
2. 손익계산서상 수익과 비용 중에는 다음의 금액이 포함되어 있다.
   (1) 대표자에 대한 급여　　₩80,000,000
   (2) 정기예금이자수익　　₩10,000,000
   (3) 채권 양도차익　　₩20,000,000
   (4) 세금과 공과 중 가산세　　₩10,000,000
   (5) 가사관련경비　　₩30,000,000
   (6) 은행이자비용　　₩25,000,000
3. 6월말 사업용자산의 합계액은 2억원, 부채의 합계액은 5억원이었다. 6월을 제외하고는 매월말 사업용자산의 합계액은 부채의 합계액보다 많았으며, 총차입금적수는 450억이다.
4. 이월결손금은 없다.

① ₩270,000,000　② ₩295,000,000　③ ₩320,000,000
④ ₩355,000,000　⑤ ₩385,000,000

정답 ②

1. 초과인출금에 대한 지급이자
   (1) 초과인출금 적수: (500,000,000 - 200,000,000) × 30일 = 9,000,000,000
   (2) 초과인출금에 대한 지급이자 : $25,000,000 \times \frac{9,000,000,000}{45,000,000,000} = 5,000,000$
2. 사업소득금액 : ₩200,000,000(당기순이익)
   \+ ₩125,000,000(총수입금액산입 · 필요경비불산입*1)
   − ₩30,000,000(총수입금액불산입*2 · 필요경비산입) = ₩295,000,000

*1) 대표자에 대한 급여, 세금과공과 중 가산세, 가사관련경비, 그리고 초과인출금에 대한 지급이자는 모두 필요경비불산입 항목이다.

*2) 정기예금이자수익와 채권 양도차익은 총수입금액불산입 항목이다.

09 다음은 국내에서 제조업을 영위하는 거주자 甲의 20×1년 귀속 사업소득에 대한 자료이다. 甲의 20×1년 귀속 사업소득금액을 계산한 것으로 옳은 것은? 단, 甲은 사업소득에 대하여 적정하게 장부를 작성하고 있다.

(1) 20×1년 손익계산서 자료

Ⅰ. 매출액		₩800,000,000
Ⅱ. 매출원가		590,000,000
Ⅲ. 매출총이익		₩210,000,000
Ⅳ. 판매비및관리비		
1. 급 여	₩22,000,000	
2. 기업업무추진비	30,000,000	
3. 보험료	3,000,000	55,000,000
Ⅴ. 영업이익		₩155,000,000
Ⅵ. 영업외수익		
1. 이자수익	₩7,000,000	7,000,000
Ⅶ. 영업외비용		0
Ⅷ. 소득세차감전순이익		₩162,000,000
Ⅸ. 소득세비용		40,000,000
Ⅹ. 당기순이익		₩122,000,000

(2) 추가자료

- 급여는 대표자인 甲에 대한 급여 ₩10,000,000과 같은 사업장의 경리로 근무하는 乙(甲의 배우자)에 대한 급여 ₩12,000,000으로 구성되어 있다.
- 기업업무추진비는 모두 업무용 사용분으로 법적증명서류를 수취하였으며, 소득세법상 기업업무추진비 한도액은 ₩25,000,000이다.
- 보험료는 전액 甲에 대한 국민건강보험료이다.
- 이자수익은 사업자금을 은행에 예탁하여 받은 이자이다.
- 소득세비용은 소득세와 개인지방소득세의 합계액이며 이월결손금은 없다.

① ₩122,000,000 ② ₩137,000,000 ③ ₩155,000,000
④ ₩170,000,000 ⑤ ₩173,000,000

정답 ④

사업소득금액 = 당기순이익 + 총수입금액산입 · 필요경비불산입 − 필요경비산입 · 총수입금액불산입
= ₩122,000,000 + ₩55,000,000[*1] − ₩7,000,000[*2] = ₩170,000,000

*1) ₩40,000,000(소득세비용) + ₩10,000,000(대표자급여) + ₩5,000,000(기업업무추진비 한도초과액)

*2) 이자소득금액으로 과세되므로 차감됨

10 다음은 제조업을 영위하는 복식부기의무자인 개인사업자 갑의 20×1년도 소득자료이다. 다음 중 갑의 20×1년도 사업소득금액을 계산한 것으로 옳은 것은?

(1) 손익계산서상 당기순이익	₩50,000,000
(2) 손익계산서에 포함된 수익항목	
가. 거래상대방으로부터 받은 장려금	₩2,000,000
나. 사업과 관련이 없는 채무면제이익	₩1,000,000
다. 예금이자 수입	₩1,500,000
(3) 손익계산서에 포함된 비용항목	
가. 소득세비용	₩2,500,000
나. 업무와 관련하여 지급한 손해배상금	₩3,000,000
(경과실로 타인의 권리를 침해한 경우에 해당함)	
다. 갑의 배우자(경리부서에 근무)에 대한 급여	₩2,000,000
라. 사무용 비품 처분손실	₩1,000,000
(4) 가사용으로 소비하고 회계처리하지 않은 재고자산	
취득원가 ₩2,000,000, 시가 ₩3,500,000	

① ₩51,000,000　② ₩51,500,000　③ ₩52,500,000
④ ₩54,500,000　⑤ ₩55,500,000

정답 ②

사업소득금액 = 당기순이익 + 총수입금액산입 · 필요경비불산입 − 필요경비산입 · 총수입금액불산입
= ₩50,000,000 + ₩6,000,000*1) − ₩4,500,000*2) = ₩51,500,000

*1) ₩2,500,000 + ₩3,500,000 = ₩6,000,000

*2) ₩1,000,000 + ₩1,500,000 + ₩2,000,000 = ₩4,500,000

11 다음은 거주자 갑의 부동산 임대와 관련된 자료이다. 다른 사업소득이 없다고 가정할 때 거주자 갑의 20×2년도 사업소득금액을 계산한 것으로 옳은 것은? 단, 갑은 사업소득에 대하여 장부를 비치 · 기장하고 있으며, 정기예금이자율은 연 3%로 가정한다.

> (1) 임대대상 자산: 상가건물
> (2) 임대기간: 20×1.8.1. ~ 20×3.7.31.
> (3) 취득가액: ₩200,000,000(토지가액 ₩100,000,000 포함)
> (4) 임대보증금: ₩300,000,000
> (5) 월임대료: ₩1,000,000(매달 말일에 받기로 약정하였음)
> (6) 관리비수입: ₩6,000,000(20×2년 지급받은 총액이며, 이 중 전기요금과 수도요금을 징수대행하는 명목으로 지급받은 ₩2,000,000이 포함되어 있음)
> (7) 상가건물의 부속토지를 임대기간 동안 상가건물 임차인의 영업에 사용하게 하는 대가로 임대기간 시작일인 20×1.8.1.에 ₩5,000,000을 전액 수령하였다.
> (8) 임대보증금 운용수익: 정기예금이자 ₩2,000,000, 수입배당금 ₩1,000,000, 유가증권처분이익 ₩500,000
> (9) 사업소득에 대한 필요경비는 ₩5,000,000으로 가정한다.

① ₩13,500,000 ② ₩15,500,000 ③ ₩16,500,000
④ ₩21,500,000 ⑤ ₩24,000,000

정답 ③

월임대료: ₩1,000,000 × 12월 = ₩12,000,000

간주임대료: $(₩300,000,000 \times 365 - ₩100,000,000 \times 365) \times \frac{1}{365} \times 3\% - (₩2,000,000 + ₩1,000,000)$
= ₩3,000,000

관리비 수입: ₩6,000,000 - ₩2,000,000 = ₩ 4,000,000

토지임대 선세금: $₩5,000,000 \times \frac{12}{24} = ₩2,500,000$

사업소득 총수입금액 = ₩12,000,000 + ₩3,000,000 + ₩4,000,000 + ₩2,500,000
= ₩21,500,000

∴ 사업소득금액 = ₩21,500,000 - ₩5,000,000 = ₩16,500,000

Chapter 4 근로소득

AN INTRODUCTION TAX LAW

1 근로소득의 범위

근로소득이란 근로계약, 고용계약, 위임계약에 따라 비독립적 지위에서 근로를 제공하고 받는 대가이다. 이러한 비독립적·종속적 지위에서 받는 모든 근로제공의 대가는 봉급·급료·보수·임금·상여·수당 등 명칭이나 형식여하에 불구하고 모두 근로소득을 구성한다.

근로소득은 당해 과세기간에 발생한 다음의 소득을 말한다.

① 근로를 제공함으로써 받는 봉급·급료·보수·임금·상여·수당과 이와 유사한 성질의 급여(일반급여)

② 법인의 주주총회·사원총회 또는 이에 준하는 의결기관의 결의에 따라 상여로 받는 소득(잉여금 처분에 의한 상여)

③ 법인세법에 의하여 상여로 처분된 금액(인정상여)

④ 퇴직으로 받는 소득으로서 퇴직소득에 속하지 않는 소득[62)]

⑤ 종업원 등 또는 대학의 교직원이 지급받는 직무발명보상금(퇴직후 지급받아 기타소득으로 분류되는 직무발명보상금은 제외)

⑥ 사업자나 법인이 생산·공급하는 재화 또는 용역을 그 사업자나 법인(「독점규제 및 공정거래에 관한 법률」에 따른 계열회사 포함)의 사업장에 종사하는 임원 또는 종업원에게 시가보다 낮은 가격으로 제공하거나 구입할 수 있도록 지원함으로써 해당 임원 또는 종업원이 얻는 이익[63)]

---

62) 임원의 경우 지급하는 퇴직위로금 등이 정관 또는 정관에 위임된 임원퇴직금 지급규정에 있는 경우 퇴직소득으로 보며 규정에 없거나 법에서 규정한 퇴직소득한도를 초과하여 지급한 금액은 근로소득에 해당한다. 직원의 경우 규정유무와 무관하게 현실적인 퇴직이라는 원인으로 지급하는 경우 퇴직소득으로 본다.

63) 종업원 또는 이사가 자사·계열사의 재화 또는 용역을 시가보다 할인하여 공급받은 경우 할인받은 금액을 말하며, 이때 시가는 할인적용 전 판매가격 또는 쇼핑몰 등 고시가격을 기준으로 하되, 동일기간 일반소비자에게 판매한 가격이 있는 경우 시가로 인정한다. 즉, 일반소비자와 차별하여 임원 또는 종업원에게만 적용되는 차별적인 할인이 있을 경우에 근로소득으로 간주된다.

(1) 근로소득에 포함되는 것

근로소득으로 과세되는 구체적인 사항들은 다음과 같다.

① 기밀비(판공비 포함) · 교제비 기타 이와 유사한 명목으로 받은 것으로서 업무를 위하여 사용된 것이 분명하지 아니한 급여

② 종업원이 받는 공로금 · 위로금 · 개업축하금 · 학자금 · 장학금(종업원의 수학중인 자녀가 사용자로부터 받는 학자금 · 장학금을 포함)과 기타 이와 유사한 성질의 급여

③ 근로수당 · 가족수당 · 전시수당 · 물가수당 · 출납수당 · 직무수당과 기타 이와 유사한 성질의 급여

④ 급식수당 · 주택수당 · 피복수당 기타 이와 유사한 성질의 급여

⑤ 기술수당 · 보건수당 · 연구수당 기타 이와 유사한 성질의 급여

⑥ 시간외근무수당 · 통근수당 · 개근수당 · 특별공로금 기타 이와 유사한 성질의 급여

⑦ 벽지수당 · 해외근무수당 기타 이와 유사한 성질의 급여

⑧ 보험회사, 투자매매업자 또는 투자중개업자 등의 종업원이 받는 집금(集金)수당과 보험가입자의 모집, 증권매매의 권유 또는 저축을 권장하여 받는 대가, 그 밖에 이와 유사한 성질의 급여

⑨ 여비의 명목으로 받는 연액 또는 월액의 급여

⑩ 휴가비 기타 이와 유사한 성질의 급여

⑪ 주택을 제공받음으로써 얻는 이익

⑫ 종업원이 주택(주택에 부수된 토지 포함)의 구입 · 임차에 소요되는 자금을 저리 또는 무상으로 대여 받음으로써 얻는 이익[64)]

⑬ 종업원이 계약자이거나 종업원 또는 그 배우자 및 그 밖의 가족을 수익자로 하는 보험 · 신탁 또는 공제와 관련하여 사용자가 부담하는 보험료 · 신탁부금 또는 공제부금

⑭ 계약기간 만료전 또는 만기에 종업원에게 귀속되는 단체환급부보장성보험의 환급금

⑮ 법인의 임원 또는 종업원이 해당 법인 또는 해당 법인과 특수관계에 있는 법인으로부터 부여받은 주식매수선택권을 해당 법인 등에서 근무하는 기간 중 행사함으로써 얻은 이익(주식매수선택권 행사 당시의 시가와 실제 매수가액과의 차액을 말하며, 주식에는 신주인수권을 포함한다)

⑯ 법인세법에 따라 법인의 손금에 산입되지 않고 지급받는 퇴직급여

⑰ 공무원에게 지급되는 직급보조비

⑱ 공무원이 국가 또는 지방자치단체로부터 공무 수행과 관련하여 받는 상금과 부상

64) 단, 중소기업 종업원이 주택의 구입·임차자금을 무상·저리로 대여받음으로써 얻는 이익은 2020년부터 비과세된다.

강사료에 대한 소득구분

구 분	소득의 종류
학교 등에서 3월 이상 시간강사로 고용되어 수령하는 경우	근로소득
학원에 고용된 강사가 강의를 하고 그 대가를 학원으로부터 수령하는 경우	근로소득
독립된 자격으로 계속적 · 반복적으로 강의하고 수령하는 경우	사업소득
고용관계 없이 일시적으로 강의를 하고 수령하는 경우	기타소득

(2) 근로소득에 포함되지 않는 것

① 퇴직급여로 지급되기 위하여 적립(퇴직연금계좌로서 근로자가 적립금액 등을 선택할 수 없는 것으로서 사업장 내의 모든 근로자에게 적용되는 퇴직연금 적립규칙을 설정하고 그 방법에 따라 적립되는 경우에 한정)되는 급여

② 종업원에게 지급한 경조금 중 사회통념상 타당하다고 인정되는 금액

2 비과세 근로소득

비과세 근로소득은 비과세 퇴직소득과 함께 규정되어 있는데, 그 내용은 다음과 같다.

(1) 각종 법률에 의한 급여 등

① 복무 중인 병이 받는 급여

② 법률에 따라 동원된 자가 그 동원 직장에서 받는 급여

③ 산업재해보상보험법에 의하여 수급권자가 지급받는 요양급여 · 휴업급여 · 장해급여 · 간병급여 · 유족급여 · 유족특별급여 · 장해특별급여 및 장의비 또는 근로의 제공으로 인한 부상 · 질병 또는 사망과 관련하여 근로자나 그 유족이 지급받는 배상 · 보상 또는 위자의 성질이 있는 급여

④ 근로기준법 또는 선원법에 따라 근로자 · 선원 및 그 유족이 받는 요양보상금, 휴업보상금, 상병보상금, 장해보상금, 장의비 및 장제비 등

⑤ 공무원연금법 등에 의하여 지급받는 요양비 · 사망보상금 · 장해보상금 · 유족보상금 등

⑥ 고용보험법 등에 의하여 받는 실업급여, 육아휴직 급여 및 수당, 육아기 근로시간 단축급여 및 출산전후휴가 급여, 배우자 출산휴가급여 등

⑦ 국외 또는 북한지역에서 근로를 제공하고 받는 보수 중 월 100만원(원양어업 선박, 국외

등을 항행하는 선박, 해외건설근로자 및 감리업무수행자의 경우에는 월 300만원) 이내의 금액

⑧ 작전임무를 수행하기 위하여 외국에 주둔 중인 군인 · 군무원이 받는 급여

⑨ 외국정부(외국의 지방자치단체 및 연방국가인 외국의 지방정부를 포함) 또는 국제연합과 그 소속기구의 기관에 근무하는 자로서 대한민국 국민이 아닌 자가 그 직무수행의 대가로 받는 급여. 단, 그 외국정부가 그 나라에서 근무하는 우리나라 공무원의 급여에 대하여 소득세를 과세하지 않는 경우에만 해당한다.

⑩ 종군한 군인 등이 전사(전상으로 인한 사망 포함)한 경우 전사일이 속하는 과세기간의 급여

⑪ 「국군포로의 송환 및 대우 등에 관한 법률」에 국군포로가 지급받는 보수 및 퇴직일시금

⑫ 「국가유공자 등 예우 및 지원에 관한 법률」에 의하여 받는 보훈급여금 · 학습보조비, 「전직대통령 예우에 관한 법률」에 의하여 받는 연금

⑬ 교육기본법에 따라 장학금 중 대학생이 근로를 제공한 대가로 지급받는 장학금(대학에 재학하는 대학생에 한함)

(2) 초 · 중등교육법 및 고등교육법 등에 따른 학교와 직업능력개발훈련시설의 입학금 · 수업료 · 수강료 기타 공납금 중 다음 요건을 갖춘 학자금(해당 과세기간에 납입할 금액을 한도로 함)

㉠ 당해 근로자가 종사하는 사업체의 업무와 관련 있는 교육 · 훈련을 위하여 받는 것

㉡ 당해 근로자가 종사하는 사업체의 규칙 등에 의해 정해진 지급기준에 따라 받는 것

㉢ 교육 · 훈련기간이 6월 이상인 경우 교육 · 훈련 후 당해 교육기간을 초과하여 근무하지 아니하는 때에는 지급받은 금액을 반납할 것을 조건으로 하여 받는 것

(3) 실비변상적인 성질의 급여

① 일직료 · 숙직료 또는 여비로서 실비변상 정도의 금액(자가운전보조금[65] 중 월 20만원 이내의 금액을 포함)

② 법령 · 조례에 의하여 제복을 착용하여야 하는 자가 받는 제복 · 제모 및 제화 또는 병원 · 시험실 · 금융회사 · 공장 · 광산에서 근무하는 자 또는 특수한 작업이나 역무에 종사하는 자가 받는 작업복이나 그 직장에서만 착용하는 피복

③ 다음의 어느 하나에 해당하는 자가 받는 연구보조비 또는 연구활동비 중 월 20만원 이

65) 종업원의 소유차량 또는 본인 명의로 임차한 차량을 종업원이 직접 운전하여 사용자의 업무수행에 이용하고 시내출장 등에 소요된 실제여비를 받는 대신에 그 소요경비를 당해 사업체의 규칙 등에 의하여 정하여진 지급기준에 따라 받는 금액을 말한다.

내의 금액

㉠ 유아교육법, 초 · 중등교육법 및 고등교육법 등에 따른 학교(특별법에 따른 교육기관을 포함)의 교원

㉡ 정부출연 연구기관, 지방자치단체출연 연구원에서 연구활동에 직접 종사하는 자(대학교원에 준하는 자격을 가진 자에 한함) 및 정부출연 연구기관, 지방자치단체출연 연구원의 종사자 중 다음의 자를 제외한 자

ⓐ 연구활동에 직접 종사하는 자(대학교원에 준하는 자격을 가진 자에 한함)

ⓑ 건물의 방호 · 유지 · 보수 · 청소 등 건물의 일상적 관리에 종사하는 자

ⓒ 식사제공 및 차량의 운전에 종사하는 자

㉢ 중소기업 또는 벤처기업의 기업부설연구소에서 연구활동에 직접 종사하는 자

④ 기자의 취재수당 중 월 20만원 이내의 금액

⑤ 근로자가 벽지에 근무함으로 인하여 받는 월 20만원 이내의 벽지수당

⑥ 법령 등에 따라 수도권 외의 지역으로 이전하는 공공기관의 공무원이나 직원에게 한시적으로 지급되는 월 20만원 이내의 이전지원금

⑦ 선원법의 규정에 의한 선원(연 240만원 이내의 초과근로수당에 대한 비과세규정을 적용받는 자는 제외)이 받는 월 20만원 이내의 승선수당, 경찰공무원이 받는 함정근무수당 · 항공수당 및 소방공무원이 받는 함정근무수당 · 항공수당 · 화재진화수당 · 광산근로자가 받는 입갱수당 및 발파수당

⑧ 특수분야에 종사하는 군인이 받는 낙하산강하위험수당 · 수중파괴작업위험수당 · 잠수부위험수당 · 고전압위험수당 · 폭발물위험수당 · 항공수당 · 비무장지대근무수당 · 전방초소근무수당 · 함정수당, 특수분야에 종사하는 경찰공무원과 경호공무원이 받는 경찰특수전술업무수당과 경호수당

⑨ 국가 또는 지방자치단체가 지급하는 어린이집 보육교사의 처우개선을 위하여 지급하는 근무환경개선비, 사립학교유치원 수석교사 · 교사의 인건비, 전문과목별 전문의의 수급균형을 유도하기 위하여 전공의에게 지급하는 수련보조수당

⑩ 근로자가 천재지변 기타 재해로 인하여 받는 급여

(4) 생산직근로자의 연장근로수당 등

월정액 급여[66]가 210만원 이하로서 직전 과세기간의 총급여액이 3,000만원 이하인 생산직근로자 등[67]이 받는 다음의 금액을 말한다.

---

66) 월정액 급여란 매월 직급별로 지급하는 봉급 · 급료 · 보수 · 임금 · 수당 기타 이와 유사한 성질의 급여총액에서 상여 등 부정기적인 급여, 소득세법상 비과세되는 실비변상적인 급여 및 초과근로수당을 차감한 금액을 말한다.

67) 생산직근로자 등이란 공장 · 광산 근로자, 어업 종사 근로자, 돌봄서비스, 운전 및 운송 관련직, 운송·청소·경비관련 단순노무직 종사자와 미용관련서비스 · 숙박시설 서비스 · 조리 및 음식 서비스직, 매장판매, 통신관련 판매직, 음식 · 판매 ·

① 생산직근로자 등이 연장근로 · 야간근로 · 휴일근로로 인하여 통상임금에 가산하여 받는 급여 중 연 240만원 이내의 금액(광산근로자와 일용근로자는 전액)

② 어선에 승무하는 선원(선장은 제외)이 선원법에 따라 받는 생산수당(비율급으로 받는 경우 월고정급을 초과하는 비율급) 중 연 240만원 이내의 금액

(5) 식사 또는 식사대

① 근로자가 사내급식 또는 이와 유사한 방법으로 제공받는 식사 기타 음식물

② 식사 기타 음식물을 제공받지 아니하는 근로자가 받는 월 20만원 이하의 식사대

(6) 복리후생적 성질의 급여

① 주주 또는 출자자가 아닌 임원, 소액주주[68]인 임원, 임원이 아닌 종업원, 국가 또는 지방자치단체로부터 소득을 지급받는 사람이 받는 사택을 제공받음으로써 얻는 이익

② 중소기업의 종업원이 주택(주택에 부수된 토지 포함)의 구입 · 임차에 소요되는 자금을 저리 또는 무상으로 대여 받음으로써 얻는 이익[69]

③ 「영유아보육법」에 따라 직장어린이집을 설치 · 운영하거나 위탁보육을 하는 사업주가 그 비용을 부담함으로써 해당 사업장의 종업원이 얻는 이익

④ 종업원이 계약자이거나 종업원 또는 그 배우자 및 그 밖의 가족을 수익자로 하는 보험 · 신탁 또는 공제와 관련하여 사용자가 부담하는 보험료 · 신탁부금 또는 공제부금 중 다음의 보험료 등

㉠ 단체순수보장성 보험[70] 및 단체환급부보장성 보험[71] 중 연 70만 원 이하의 보험료

㉡ 임직원의 고의 또는 중과실 외의 업무상 행위로 인한 손해의 배상청구를 보험금의 지급사유로 하고 임직원을 피보험자로 하는 보험의 보험료

⑤ 국가 · 지자체 공무원이 공무수행에 따라 받는 포상금 중 연 240만원 이하의 금액

농림 · 어업 · 계기 · 자판기 · 주차관리 및 기타 서비스 관련 단순 노무직 종사자 그리고 상품대여, 여가 및 관광서비스, 가사관련 단순 노무직 종사자를 말한다.

68) 발행주식총수 또는 출자총액의 1%에 미달하는 주식 등을 소유한 주주를 말한다.

69) 단, 해당 종업원이 중소기업과 다음의 구분에 따른 관계에 있는 경우 그 종업원이 얻는 이익은 제외한다.
가. 중소기업이 개인사업자인 경우: 친족관계
나. 중소기업이 법인사업자인 경우: 지배주주 등(해당 지배주주 등과 친족관계 또는 경영지배관계에 있는 자 포함)인 관계

70) 종업원의 사망 · 상해 또는 질병을 보험금의 지급사유로 하고 종업원을 피보험자와 수익자로 하는 보험으로서 만기에 납입보험료를 환급하지 아니하는 보험을 말한다.

71) 단체순수보장성보험과 지급사유는 동일하나 만기에 납입보험료를 초과하지 아니하는 범위 안에서 환급하는 보험을 말한다.

(7) 출산 · 자녀보육수당

① 근로자 또는 그 배우자의 출산과 관련하여 자녀의 출생일 이후 2년 이내에 사용자로부터 최대 두 차례에 걸쳐 지급받는 급여 전액

② 근로자 또는 그 배우자의 해당 과세기간 개시일을 기준으로 6세 이하인 자녀의 보육과 관련하여 사용자로부터 지급받는 급여로서 월 20만원 이내의 금액

(8) 사용자가 부담하는 사회보험료

국민건강보험법, 고용보험법, 또는 노인장기요양보험법에 따라 국가, 지방자치단체, 또는 사용자가 부담하는 보험료[72][73]

(9) 직무발명보상금

발명진흥법에 따른 직무발명으로 받는 다음의 보상금으로서 연 700만원 이하의 금액

① 발명진흥법에 따른 종업원 등[74]이 사용자 등(사용자, 법인 또는 국가나 지방자치단체를 말함)으로부터 받는 보상금

② 대학의 교직원 또는 학생이 소속 대학에 설치된 산학협력단으로부터 받는 보상금

(10) 임원 또는 종업원 할인금액

임원 또는 종업원에 대한 할인으로 인해 해당 임원 또는 종업원이 얻는 이익에 따른 소득 중 다음의 요건을 모두 충족하는 소득으로서 시가의 20% 이하의 금액(연 240만원 한도)

① 임원 또는 종업원 본인이 소비하는 것을 목적으로 제공받거나 지원을 받아 구입한 재화 또는 용역으로서 대통령령으로 정하는 일정한 기간[75] 동안 재판매가 허용되지 아니할 것

② 해당 재화 또는 용역의 제공과 관련하여 모든 임원 또는 종업원에게 공통으로 적용되는 기준이 있을 것

---

72) 단, 근로자 부담분을 사용자가 부담하는 경우에는 해당 금액은 근로자의 근로소득에 포함되어 과세된다.

73) 종업원을 위한 4대보험(국민연금, 건강보험, 고용 · 산재보험) 사용자부담분은 필요경비에 산입된다. 반면 사업주 본인의 경우에는 건강보험료는 필요경비에 산입되나 국민연금 및 고용 · 산재보험료는 인출금에 해당되어 필요경비불산입된다.

74) 종업원은 사용인, 법인의 임직원 또는 공무원 등을 말하는데, 다음에 해당하는 종업원은 제외한다.
① 사용자가 개인사업자인 경우: 해당 개인사업자 및 그와 친족관계에 있는 자
② 사용자가 법인인 경우: 해당 법인의 지배주주 및 그와 특수관계에 있는 자

75) 내용연수가 5년을 초과하는 재화는 5년, 개별소비세가 적용되는 보석이나 귀금속 등의 고가품(사치품)은 2년, 그 외는 1년의 기간을 적용한다.

(11) 우리사주조합원이 자사주를 통해 얻는 이익(조세특례제한법)

① 근로자가 우리사주조합원으로 우리사주를 취득하기 위해 우리사주조합에 출자하는 400만원 이하의 출자금액[76)]

② 우리사주조합원이 해당 법인 등의 출연, 증권시장 등에서의 매입으로 취득한 자사주를 우리사주조합을 통하여 배정받은 자사주[77)]

(12) 벤처기업 주식매수선택권을 행사함으로써 얻은 이익(조세특례제한법)

벤처기업(또는 벤처기업이 발행주식총수의 30% 이상을 인수한 기업)의 임원 또는 종업원이 해당 벤처기업으로부터 부여받은 주식매수선택권[78)]을 행사함으로써 얻은 차익 중 연간 2억원 이내의 금액[79)]

3 분리과세 소득

일반적인 근로소득의 경우 분리과세되는 소득은 없다. 다만, 예외적으로 일용근로자의 경우 분리과세(원천징수세율 6%)가 적용되어 종합소득에 합산되지 않고 원천징수로 과세가 종결된다.

일용근로자란 근로를 제공한 날 또는 시간에 따라 근로대가를 계산하거나 근로를 제공한 날 또는 시간의 근로성과에 따라 급여를 계산하여 받는 자로서 계약에 따라 동일한 고용주에게 3월 이상(건설종사자의 경우 1년 이상, 하역작업 종사자는 기간 제한이 없음)계속하여 고용되어 있지 않은 자를 말한다.

---

76) 단, 벤처기업 등의 우리사주조합원은 1,500만원 이하의 출자금액까지 비과세가 가능하며, 의무위탁기간 경과후 인출할 경우 의무위탁기간 이후 보유기간과 법인 규모에 따라 소득세 비과세(소득공제 받은 출연금 및 조합원 배정시 과세되지 않은 우리사주에 한함)를 차등적용한다.

77) 단, 회사 또는 대주주 등의 출연으로 취득한 우리사주가 조합원계정에 배정되는 경우 일정한도를 초과하여 배정받는 우리사주의 매입가액 등은 우리사주조합원의 근로소득으로 간주한다.

78) 「벤처기업육성에 관한 특별조치법」에 따라 부여받은 주식매수 선택권 및 상법에 따라 부여받은 주식매수선택권(코넥스 상장기업으로부터 부여 받은 경우로 한정)을 말한다.

79) 임원 또는 종업원이 해당 벤처기업으로부터 받은 스톡옵션 행사이익의 누계액을 말하며 누적한도는 5억원까지 가능하다. 만약 퇴직 후 스톡옵션을 행사하는 경우에는 기타소득으로 과세되며 비과세 한도는 근로소득으로 합산하여 연간 2억원(누적한도 5억원)까지 가능하다. 근로소득(또는 기타소득)에 대한 비과세금액은 다음과 같이 산출한다.

$$\text{주식매수선택권 행사이익} = \text{주식매수선택권 행사당시 시가} - \text{행사가액}$$

4 근로소득금액의 계산

근로소득금액 = 총급여액(비과세소득과 분리과세소득 제외) - 근로소득공제

근로소득에 있어서는 소득을 얻기 위해 실제로 소요된 필요경비를 구체적으로 확인하기가 곤란한 점을 감안하여 현행 소득세법은 획일적으로 총급여액에 비례하는 일정한 금액을 필요경비로 공제하는 데 이것을 근로소득공제라 한다. 근로소득공제는 다음과 같다.

(1) 일반근로자의 경우

총급여액	공제액
500만원 이하	총급여액 × 70%
500만원 초과 ~ 1,500만원 이하	350만원 + 500만원 초과액 × 40%
1,500만원 초과 ~ 4,500만원 이하	750만원 + 1,500만원 초과액 × 15%
4,500만원 초과 ~ 1억원 이하	1,200만원 + 4,500만원 초과액 × 5%
1억원 초과	1,475만원 + 1억원 초과액 × 2%

단, 공제액은 2,000만원을 한도로 한다.

(2) 일용근로자의 경우

총급여액에서 1일 15만원을 공제한다. 다만, 해당 과세기간의 총급여액이 공제액에 미달하는 경우에는 그 총급여액을 근로소득공제액으로 한다.

5 근로소득의 수입시기

구 분	수입시기
급 여	근로를 제공한 날
잉여금처분에 의한 상여	해당 법인의 잉여금처분 결의일
인정상여	근로를 제공한 날이 속하는 사업연도
주식매수선택권	주식매수선택권을 행사한 날
퇴직위로금, 퇴직공로금, 임원의 퇴직소득 중 소득세법에 따른 퇴직소득 한도초과로 근로소득으로 보는 금액	지급받거나 지급받기로 한 날

예제 1 근로소득금액의 계산

㈜하이브의 근로자인 제이홉의 20×2년 급여내역이 다음과 같을 때 근로소득금액을 계산하시오.

(1) 월급여액: 350만원

(2) 상 여: 1,050만원

(3) 연월차수당: 250만원

(4) 가족수당: 170만원

(5) 식대보조금: 월 25만원 (단, 식사 등을 회사에서 현물로 제공받지 않음)

(6) 자가운전보조금: 월 35만원 (소유차량을 업무수행에 이용하고 실제 여비를 지급받지 아니함)

(7) 육아수당(자녀는 5세 1명): 월 10만원

(8) 법인세법상 상여로 처분받은 금액

대상사업연도	결산확정일	법인세 신고일	금 액
20×1년	20×2. 2. 25.	20×2. 3. 31.	270만원
20×2년	20×3. 2. 27.	20×3. 3. 29.	150만원

(9) 주주총회에서의 잉여금처분결의에 따라 제이홉에게 지급된 상여금

대상사업연도	처분결의일	지급일	금 액
20×1년	20×2. 2. 25.	20×2. 3. 3.	250만원
20×2년	20×3. 2. 27.	20×3. 3. 6.	170만원

해설

1. 총급여액의 계산

(1) 급 여	4,200만원	(350만원 × 12개월)
(2) 상 여	1,050만원	
(3) 연월차수당	250만원	
(4) 가족수당	170만원	
(5) 식 대	60만원	(5만원 × 12개월)
(6) 자가운전보조금	180만원	(15만원 × 12개월)
(7) 육아수당	-	(월 20만원까지 비과세)
(8) 인정상여	150만원	(수입시기는 근로를 제공한 날임)
(9) 잉여금처분에 의한 상여	250만원	(수입시기는 처분결의일임)
합 계	6,310만원	

2. 근로소득공제

1,200만원 + (6,310만원 - 4,500만원) × 5% = ₩12,905,000

3. 근로소득금액

₩63,100,000 - ₩12,905,000 = ₩50,195,000

6 근로소득의 과세방법

(1) 일반근로자의 경우

1) 원천징수

근로소득을 지급하는 자는 「소득세법 시행령」이 정하는 '근로소득 간이세액표'에 따라 매월 지급하는 급여에 대해 소득세를 원천징수한다. 이는 매월분 급여를 연환산하여 소득공제 및 세액공제 일부를 적용하여 계산한 세액을 원천징수하는 것이다.

표 4-1 • 근로소득 간이세액표(예)

(단위: 원)

월급여액(천원) [비과세 및 학자금 제외]		공제대상가족의 수										
		1	2	3	4	5	6	7	8	9	10	11
5,740	5,760	439,250	409,940	333,310	314,560	295,810	277,060	258,310	239,560	220,810	202,060	183,310
5,760	5,780	442,060	412,730	335,890	317,140	298,390	279,640	260,890	242,140	223,390	204,640	185,890
5,780	5,800	444,860	415,520	338,470	319,720	300,970	282,220	263,470	244,720	225,970	207,220	188,470
5,800	5,820	447,670	418,310	341,050	322,300	303,550	284,800	266,050	247,300	228,550	209,800	191,050
5,820	5,840	450,470	421,100	343,630	324,880	306,130	287,380	268,630	249,880	231,130	212,380	193,630
5,840	5,860	470,380	441,000	372,100	353,350	334,600	315,850	297,100	278,350	259,600	240,850	222,100
5,860	5,880	475,720	446,320	377,240	358,490	339,740	320,990	302,240	283,490	264,740	245,990	227,240
5,880	5,900	478,690	449,140	379,880	361,130	342,380	323,630	304,880	286,130	267,380	248,630	229,880
5,900	5,920	483,220	451,960	382,520	363,770	345,020	326,270	307,520	288,770	270,020	251,270	232,520
5,920	5,940	487,760	454,780	385,160	366,410	347,660	328,910	310,160	291,410	272,660	253,910	235,160
5,940	5,960	492,300	457,600	387,800	369,050	350,300	331,550	312,800	294,050	275,300	256,550	237,800
5,960	5,980	496,830	460,420	390,440	371,690	352,940	334,190	315,440	296,690	277,940	259,190	240,440
5,980	6,000	501,370	463,240	393,080	374,330	355,580	336,830	318,080	299,330	280,580	261,830	243,080
6,000	6,020	505,900	466,060	395,720	376,970	358,220	339,470	320,720	301,970	283,220	264,470	245,720
6,020	6,040	510,440	468,880	398,360	379,610	360,860	342,110	323,360	304,610	285,860	267,110	248,360
6,040	6,060	514,980	471,700	401,000	382,250	363,500	344,750	326,000	307,250	288,500	269,750	251,000
6,060	6,080	519,510	474,520	403,640	384,890	366,140	347,390	328,640	309,890	291,140	272,390	253,640
6,080	6,100	524,050	477,340	406,280	387,530	368,780	350,030	331,280	312,530	293,780	275,030	256,280
6,100	6,120	528,580	481,250	408,920	390,170	371,420	352,670	333,920	315,170	296,420	277,670	258,920
6,120	6,140	533,120	485,760	411,560	392,810	374,060	355,310	336,560	317,810	299,060	280,310	261,560
6,140	6,160	537,660	490,280	414,200	395,450	376,700	357,950	339,200	320,450	301,700	282,950	264,200
6,160	6,180	542,190	494,790	416,840	398,090	379,340	360,590	341,840	323,090	304,340	285,590	266,840
6,180	6,200	546,730	499,300	419,480	400,730	381,980	363,230	344,480	325,730	306,980	288,230	269,480
6,200	6,220	551,260	503,810	422,120	403,370	384,620	365,870	347,120	328,370	309,620	290,870	272,120
6,220	6,240	555,800	508,320	424,760	406,010	387,260	368,510	349,760	331,010	312,260	293,510	274,760
6,240	6,260	560,340	512,840	427,400	408,650	389,900	371,150	352,400	333,650	314,900	296,150	277,400

예를 들어, 본인을 포함한 공제대상가족이 3명이고, 월급여액이 6,000,000원인 근로소득자는 395,720원을 급여 수령시에 근로소득세로 원천징수된다.

2) 연말정산

당해 과세기간의 다음연도 2월분 근로소득을 지급할 때 1년간 총급여액에 대한 근로소득세액을 세법에 따라 정확하게 계산한 후, 매월 납부한 원천징수세액과 비교하여 정산하는 과정이다. 근로소득만 있는 경우 연말정산을 하면 종합소득 확정신고는 하지 않아도 된다. 연말정산 과정을 도시하면 다음과 같다.

1년간 총급여액으로 계산한 소득세 결정세액	-	매월 간이세액표에 의해 원천징수한 세액	=	+인 경우: 추가 원천징수 -인 경우: 환급

예 1. 결정세액 50만원 - 원천징수세액 30만원 = 20만원 추가 원천징수
2. 결정세액 50만원 - 원천징수세액 60만원 = 10만원 환급

(2) 일용근로자의 경우

일용근로자의 근로소득은 완납적 원천징수로 과세를 종결하며 계산과정은 다음과 같다.

	일 급 여 액	
(-)	근 로 소 득 공 제	일 15만원 한도
	과 세 표 준	종합소득공제는 적용하지 않음
(×)	세 율	6% 단일세율
	산 출 세 액	
(-)	근로소득세액공제	산출세액의 55%(한도 없음)
	원 천 징 수 할 세 액	

예제 2 일용근로자의 근로소득세 계산

일용근로자인 강백호 씨가 ㈜위즈으로부터 일당 30만원을 지급받았다. 강백호 씨가 원천징수당할 소득세는 얼마인가?

해설

	일 급 여 액	₩300,000
−	근 로 소 득 공 제	150,000
	과 세 표 준	150,000
×	세 율	6%
	산 출 세 액	9,000
−	근로소득세액공제	4,950
	원 천 징 수 할 세 액	4,050

(3) 국외 근로소득의 경우

국외 근로소득[80]은 원천징수의 대상이 되지 않으며 당연히 종합과세된다. 다만, 국외근로소득이 있는 자는 납세조합을 조직할 수 있는데 이 경우 납세조합은 그 조합원의 국외 근로소득에 대한 소득세를 매월 징수하여 그 징수일이 속하는 달의 다음 달 10일까지 납부하여야 한다. 그 원천징수세액은 국내 근로소득에 대한 원천징수 방법에 따라 계산한 소득세에서 납세조합공제(세액의 5%)를 한 금액으로 한다.

80) 예를 들어 국내에 주소를 두고 외국항공사에 근무하는 자 등이 이에 해당한다.

OX 문제

01 직전 과세기간에 총수입금액이 없는 생산직근로자가 올해 월정액 급여가 300만원인경우, 해당 근로자가 야간근로로 인해 받은 추가수당 200만원(연간)은 전액 비과세된다.

02 만기에 종업원에게 귀속되는 단체환급부보장성보험의 환급금은 근로소득으로 보지 않는다.

03 연말정산되는 근로소득만 있는 거주자는 과세표준확정신고를 할 필요가 없다.

04 주택자금대여이익은 출자임원일 경우에만 근로소득으로 과세되나, 사택제공이익은 출자임원, 비출자임원 및 종업원 모두 근로소득으로 과세된다.

정답&해설 **01** × **02** × **03** ○ **04** ×

01 월정액 급여가 210만원 이하이며, 직전 과세기간의 총급여액이 3,000만원 이하인 생산직근로자 등이 연장시간근로, 야간근로 또는 휴일근로로 인해 받은 수당에 대해서 연간 240만원 한도 내에서 비과세된다.

02 단체환급부보장성보험에 대한 보험료의 납입액(연 70만원 이하)은 근로소득으로 보지 않지만, 이와 관련된 환급금이 종업원에게 귀속된 경우에는 근로소득에 해당한다.

04 사택제공이익이 출자임원일 경우에만 근로소득으로 과세되고, 주택자금대여이익은 출자임원, 비출자임원 및 종업원 모두 근로소득으로 과세된다.

05 식사를 제공받는 근로자도 월20만원 이하의 식사대는 비과세가 가능하다.

06 법인의 임원 또는 종업원이 해당 법인으로부터 부여받은 주식매수선택권을 해당 법인에서 퇴사 후 행사하여 얻은 이익은 근로소득에 포함된다.

07 국민건강보험료 또는 고용보험료의 근로자 부담분을 사용자가 부담하는 경우에 해당 금액은 근로자의 근로소득에 포함된다.

정답&해설 **05** × **06** × **07** ○

05 식사를 제공받는 근로자의 경우 식사 자체는 비과세가 가능하나, 추가로 받는 식사대는 비과세 대상이 아니다.

06 법인의 임원 또는 종업원이 해당 법인으로부터 부여받은 주식매수선택권을 해당 법인에서 근무하는 기간 중에 행사하여 얻은 이익은 근로소득으로 과세되나, 퇴사 후 행사하여 얻은 이익은 기타소득으로 과세된다.

연습문제

01 다음 중 근로소득으로 과세되는 것으로 옳은 것은?

① 고용보험법에 의하여 받는 출산전후휴가 급여
② 직전 과세기간의 총급여액이 2,000만원이며, 월정액 급여가 120만원인 생산직 근로자가 휴일근로로 인해 1년간 받은 수당 160만원
③ 배우자의 출산과 관련하여 사용자로부터 지급받는 급여로 월 5만원
④ 임원이 아닌 종업원이 사택을 제공받음으로써 얻는 이익
⑤ 직무와 관련하여 회사로 부터 받은 직무발명보상금 1,000만원

정답 ⑤

직무발명보상금은 700만원까지는 비과세가 되나 초과되는 금액은 과세된다.

02 근로소득의 과세방법에 관한 다음의 설명 중 옳지 않은 것은?

① 일용근로소득에 대하여는 원천징수로 과세가 종결된다.
② 일반적인 근로소득을 지급하는 자는 '근로소득 간이세액표'에 따라 소득세를 원천징수하여야 한다.
③ 근로소득에 대하여는 다음연도 1월분 근로소득을 지급할 때 연말정산을 통해 소득세를 정산하게 된다.
④ 원천징수의무자는 징수한 세액을 원칙적으로 다음 달 10일까지 납부하여야 한다.
⑤ 근로소득의 필요경비는 실제 발생한 경비를 적용하지 아니하고 근로소득공제를 적용한 금액으로 한다.

정답 ③

다음연도 2월분 근로소득을 지급할 때 연말정산을 통해 소득세를 정산하게 된다.

03 소득세법상 근로소득의 총수입금액 수입시기로 옳지 않은 것은?

① 급여는 근로를 제공한 날로 한다.

② 잉여금처분에 의한 상여는 해당법인의 잉여금처분결의일로 한다.

③ 인정상여는 당해 사업연도의 결산확정일로 한다.

④ 주식매수선택권은 주식매수선택권을 행사한 날로 한다.

⑤ 퇴직급여에 속하지 않는 퇴직위로금, 퇴직공로금 등은 지급받거나 지급받기로 한 날로 한다.

정답 ③

인정상여는 근로를 제공한 날이 수입시기이다.

04 다음 자료에 의하여 ㈜BTS에서 영업사원으로 근무하는 甲의 20×2년 총급여액을 계산한 것으로 옳은 것은?

1. 20×2년 근로소득의 내역
   (1) 월급여: ₩2,500,000
   (2) 연간상여: ₩5,000,000
   (3) 연간 시간외근무수당: ₩2,000,000
   (4) 자가운전보조금: 월 ₩200,000
   (자가운전보조금은 甲의 소유차량을 본인이 직접 운전하여 ㈜BTS의 업무수행에 이용한 금액으로, ㈜BTS는 시내출장비를 별도로 지급하지 않고 있다.)

2. 인정상여의 내역

사업연도	결산확정일	인정상여
20×1. 1. 1. ~ 20×1. 12. 31.	20×2. 2. 25.	₩4,000,000
20×2. 1. 1. ~ 20×2. 12. 31.	20×3. 2. 19.	7,000,000

3. 잉여금처분에 의한 상여의 내역

사업연도	잉여금처분결의일	지급일	성과배분상여금
20×1. 1. 1. ~ 20×1. 12. 31.	20×2. 2. 25.	20×2. 3. 22.	₩5,000,000
20×2. 1. 1. ~ 20×2. 12. 31.	20×3. 2. 19.	20×3. 2. 24.	9,000,000

① ₩46,000,000 ② ₩49,000,000 ③ ₩50,000,000

④ ₩53,000,000 ⑤ ₩56,000,000

정답 ②

근로소득의 총수입금액(총급여액)
= ₩2,500,000 × 12 + ₩5,000,000 + ₩2,000,000 + ₩7,000,000 + ₩5,000,000
= ₩49,000,000

인정상여는 근로를 제공한 날, 잉여금처분에 의한 상여는 잉여금처분결의일이 귀속시기가 된다.

05 국내 상장법인(중소기업 아님)의 직원으로 근무하는 거주자 갑의 소득세법상 20×1년도 근로소득의 총급여액을 계산한 것으로 옳은 것은?

> (1) 급 여: ₩24,000,000(비과세소득 제외)
> (2) 법인세법에 의해 상여로 처분된 금액: ₩6,000,000
> − 근로제공 사업연도: 20×1년, 결산확정일: 20×2. 2. 3.
> (3) 자가운전보조금(월 ₩300,000원 × 12개월): ₩3,600,000
> − 갑의 소유차량을 업무수행에 이용하고 실제여비를 받는 대신에 지급기준에 따라 받은 금액임
> (4) 자녀학비보조금: ₩2,000,000
> (5) 배우자의 출산수당(월 ₩300,000 × 1개월): ₩300,000
> (6) 식사대(월 ₩200,000 × 12개월): ₩2,400,000(현물식사를 별도로 제공받았음)
> (7) 주택구입자금을 무상대여 받음으로써 얻은 이익: ₩5,000,000

① ₩33,500,000 ② ₩34,500,000 ③ ₩37,500,000
④ ₩39,500,000 ⑤ ₩40,700,000

정답 ⑤

구 분	금 액	비 고
급 여	₩24,000,000	
인 정 상 여	6,000,000	근로를 제공한 사업연도에 과세됨
자가운전보조금	1,200,000	월 20만원까지는 비과세임
자녀학비보조금	2,000,000	
출 산 수 당	100,000	월 20만원까지 비과세임
식 대	2,400,000	별도의 식사가 제공되었으므로 전액 과세됨
주택자금대여이익	5,000,000	
합 계	₩40,700,000	

06 20×1. 1. 1.에 입사한 거주자 甲(생산직근로자임)의 다음의 자료를 이용한 20×2년 2월분 급여 중 비과세 근로소득의 합계는 얼마인가? (단, 상여금 및 연장근무수당 이외에는 매월 동액이 지급되며, 주어진 자료 이외에는 고려하지 않음)

> <甲의 20×2년 2월 급여내역>
>
> (1) 급 여: ₩1,200,000
>
> (2) 상여금: ₩500,000(부정기적인 상여임)
>
> (3) 자가운전보조금: ₩250,000(甲 소유의 차량을 업무수행에 이용하고 시내출장 등에 소요된 실제여비를 받는 대신에 그 소요경비를 사규에 의한 지급기준에 따라 받는 금액임)
>
> (4) 식사대: ₩100,000(회사는 무상으로 중식을 제공하며 이와 별도로 지급된 식사대임)
>
> (5) 자녀보육수당: ₩300,000(甲의 3세 및 5세인 자녀 보육과 관련된 수당임)
>
> (6) 연장근무수당: ₩250,000(근로기준법에 따른 연장근무로 인한 통상임금에 더한 지급액이며 당월 외에는 연장 · 야간 · 휴일근무수당은 없음)
>
> (7) 직전 과세연도(20×1년)의 총급여액: ₩24,000,000

① ₩300,000　　② ₩400,000　　③ ₩550,000
④ ₩650,000　　⑤ ₩750,000

정답 ④

비과세 근로소득 = ₩200,000(자가운전보조금) + 0[*1)] + ₩200,000(자녀보육수당)
+ ₩250,000(연장근무수당[*2)]) = ₩650,000

*1) 현물로 식사를 제공받고 있으므로 현금으로 받은 식사대는 모두 과세됨

*2) 월정액급여는 급여에서 부정기적인 상여와 소득세법상 비과세되는 실비변상적급여 및 초과근로수당을 차감하여야 한다.
월정액급여: ₩1,200,000 + ₩50,000 + ₩100,000 + ₩300,000 = ₩1,650,000 → ₩2,100,000 이하이며, 직전 과세기간의 총급여액도 3,000만원 이하이므로 연장근로수당 연 240만원 한도로 비과세된다.

07 다음은 국내 상장법인의 인사과 대리로 근무하고 있는 거주자 갑의 급여와 관련된 명세내역이다. 갑의 20×2년도 근로소득 총급여액으로 옳은 것은?

(1) 기본급: ₩48,000,000(비과세소득 제외)

(2) 식사대: ₩3,000,000(월 ₩250,000 × 12개월)
- 현물식사를 별도로 제공받지 않음

(3) 자가운전보조금: ₩3,600,000(월 ₩300,000 × 12개월)
- 갑의 소유차량을 업무수행에 이용하고 실제 여비를 받는 대신에 회사의 지급기준에 따라 수령한 금액임

(4) 이익잉여금처분에 의한 상여의 내역:

대상 사업연도	잉여금처분 결의일	지급일	금 액
20×1. 1. 1. ~ 20×1. 12. 31.	20×2.2.25.	20×2.3.22.	₩5,000,000
20×2. 1. 1. ~ 20×2. 12. 31.	20×3.2.19.	20×3.2.24.	₩9,000,000

(5) 6세 이하 자녀의 보육수당: ₩3,600,000(월 ₩300,000 × 12개월)

(6) 근로기준법에 따른 연장근로와 야간근로로 인하여 받은 수당: ₩3,000,000

(7) 회사가 보유하고 있는 사택을 무상으로 제공받음으로 인해 얻은 이익: ₩6,000,000

① ₩56,600,000 ② ₩58,400,000 ③ ₩59,000,000
④ ₩60,200,000 ⑤ ₩63,000,000

정답 ③

총급여액 = ₩48,000,000 + ₩50,000 × 12 + ₩100,000 × 12 + ₩5,000,000
+ (₩300,000−₩200,000) × 12 + ₩3,000,000 = ₩59,000,000

08 ㈜A(중소기업)에 근무하는 영업사원인 거주자 갑(일용근로자 아님)의 20×3년 귀속 근로소득 내역이다. 비과세 합계액과 총급여액으로 옳은 것은? **[CPA 2021]**

> (1) 급여 : 40,000,000원
> (2) 식사를 제공받고 별도로 받은 식대 : 1,200,000원(월 100,000원씩 수령)
> (3) 「발명진흥법」에 따라 사용자로부터 받은 직무발명보상금 : 10,000,000원
> (4) 주택 취득에 소요되는 자금을 무상제공 받음으로써 얻은 이익 : 5,000,000원
> (5) ㈜A가 갑을 수익자로 하는 단체순수보장성보험의 보험료로 지급한 금액 : 1,000,000원
> (6) 갑이 자기차량을 업무수행에 이용하고 실제여비 대신 회사의 규정에 따라 지급받은 자가운전보조금 : 2,000,000원(10개월간 월 200,000원씩 수령)
> (7) 시간외 근무수당 : 2,000,000원

	비과세 합계액	총급여액
①	14,700,000원	45,000,000원
②	14,700,000원	46,500,000원
③	13,900,000원	47,300,000원
④	18,000,000원	46,500,000원
⑤	18,000,000원	45,000,000원

정답 ②

구 분	비과세 소득	총급여액	비 고
(1) 급여		40,000,000	
(2) 식대		1,200,000	현물식사 제공시 식사대는 전액과세
(3) 직무발명보상금	7,000,000	3,000,000	연 700만원까지 비과세
(4) 주택자금대여	5,000,000		중소기업의 직원의 경우 비과세
(5) 단체보험	700,000	300,000	연 70만원까지 비과세
(6) 자가운전보조금	2,000,000		월 20만원까지 비과세
(7) 시간외 수당		2,000,000	생산직근로자 아님
합 계	14,700,000	46,500,000	

09 다음은 중소기업인 (주)A에 경리과장으로 근무하는 거주자 甲의 20×3년 근로소득 관련 자료이다. 甲의 소득세법상 총급여액은? **[CTA 2021]**

> (1) 기본급과 상여 : 50,000,000원
> (2) 시간외근무수당 : 8,000,000원
> (3) (주)A의 소유주택을 무상으로 제공받음으로써 얻은 이익 : 5,000,000원
> (4) 식사대 : 2,400,000원(월 200,000원×12개월, (주)A로부터 식사 기타 음식물을 제공받지 않음)
> (5) 甲의 8세 아들의 보육과 관련하여 (주)A로부터 지급받은 보육수당 : 1,200,000원 (월 100,000원×12개월)
> (6) 「발명진흥법」에 따라 (주)A로부터 받은 직무발명보상금 : 10,000,000원

① 60,400,000원 ② 62,200,000원 ③ 63,400,000원
④ 64,600,000원 ⑤ 68,400,000원

정답 ②

구 분	금 액	비 고
(1) 기본급과 상여	50,000,000	
(2) 시간외근무수당	8,000,000	생산직 근로자 아님
(3) 사택제공		직원이 제공받은 사택제공이익은 비과세됨
(4) 식사대		월 200,000원까지 비과세
(5) 보육수당	1,200,000	6세 이하 자녀의 보육수당은 월 200,000원까지 비과세됨
(6) 직무발명보상금	3,000,000	10,000,000 - 7,000,000(연간 비과세 한도)
합 계	62,200,000	

Chapter 5 연금소득

AN INTRODUCTION TAX LAW

1 연금소득의 범위

연금이란 소득활동을 하는 일정기간 동안 기여금을 납부하고 퇴직, 노령, 장애 등의 사유가 발생하는 경우에 기본적인 생활의 보장을 위해 본인(또는 그 유족)에게 일정액을 지급하는 사회보장제도를 말한다.

종전의 소득세법은 연금보험료(기여금)를 납입하는 경우 소득공제나 세액공제 등의 조세혜택을 원칙적으로 인정하지 않고, 연금을 수령하는 경우에는 해당 소득에 대해 아무런 과세도 하지 않는 방식을 취했다. 그러나 우리나라가 노령화사회로의 급속한 진전에 따라 점차 연금의 중요성이 매우 커지고 있는 상황을 반영하여 2002년부터 연금제도에 대한 과세체계를 선진국처럼 전면 개정하였다. 개정 소득세법은 연금보험료 납입시 조세 혜택을 주어 연금보험료 납부를 장려하고, 노후에 연금을 수령할 때 다른 소득과 과세형평을 맞추어 소득세를 과세하려는 데 그 취지가 있다.

이러한 연금소득은 해당 과세기간에 발생한 다음의 소득으로 한다.

① 공적연금관련법에 따라 받는 각종 연금(이를 '공적연금소득'이라고 함)

* 공적연금소득을 지급하는 자가 연금소득의 일부 또는 전부를 지연하여 지급하면서 지연지급에 따른 이자를 함께 지급하는 경우 해당 이자는 공적연금소득으로 본다.

② 소득세의 과세가 이연된 과세대상금액을 그 소득의 성격에도 불구하고 연금계좌에서 연금수령하는 경우의 그 연금(이를 '사적연금소득' 이라고 함)

③ 위 ②에 따른 소득과 유사하고 연금형태로 받는 소득(현재 대통령령으로 정하는 소득은 없음)

(1) 공적연금소득

1) 공적연금소득의 종류

공적연금소득은 2002. 1. 1.(과세기준일) 이후 납입분 또는 근로제공분을 기초로 과세한다.

① 국민연금법에 따라 받는 각종 연금

② 국민연금과 직역연금의 연계에 관한 법률에 따라 받는 연계노령연금[81)]

③ 공무원연금법, 군인연금법, 사립학교교직원연금법, 별정우체국법에 따라 받는 각종 연금

2) 공적연금의 총연금액 계산

공적연금관련법에 따라 연금기여금을 납부하면 소득공제하고, 연금을 수령하면 수령형태에 따라 연금으로 수령한 경우에는 연금소득으로, 연금외수령한 경우에는 퇴직소득으로 과세한다. 다만, 2002. 1. 1.(과세기준일) 이후 근로의 제공을 기초로 하여 받은 금액에 한한다.

① 국민연금과 연계노령연금

$$\left[\text{과세기간연금수령액} \times \frac{\text{2002. 1. 1. 이후 납입기간의 환산소득누계액}^{*1)}}{\text{총납입기간 동안의 환산소득누계액}}\right] - \text{과세제외기여금 등}^{*2)}$$

② 그 외의 공적연금소득

$$\left[\text{과세기간연금수령액} \times \frac{\text{2002. 1. 1. 이후 기여금 납입월수}}{\text{총 기여금 납입월수}}\right] - \text{과세제외기여금 등}^{*2)}$$

*1) '환산소득'이란 국민연금법 제51조 제1항 제2호에 따라 가입자의 가입기간 중 매년의 기준소득월액을 보건복지부장관이 고시하는 연도별 재평가율에 따라 연금수급개시 전년도의 현재가치로 환산한 금액을 말한다.

*2) '과세제외기여금 등'이란 과세기준일 이후에 연금보험료공제를 받지 않고 납입한 기여금 또는 개인부담금(연금보험료 소득공제확인서를 발급받아 과세제외기여금 등으로 확인되는 금액만 해당함)을 말한다. 즉, 납입연도에 연금보험료공제를 받지 않은 기여금(또는 개인부담금)은 납입연도에 이미 과세가 되었기 때문에 수령연도에 과세하지 않기 위해 과세기준금액([괄호]계산식에 따라 계산한 금액)에서 차감한다. 이 경우 과세제외기여금 등이 해당 과세기간의 과세기준금액을 초과하는 경우 그 초과하는 금액은 그 다음 과세기간부터 과세기준금액에서 뺀다.

공적연금의 과세 흐름도

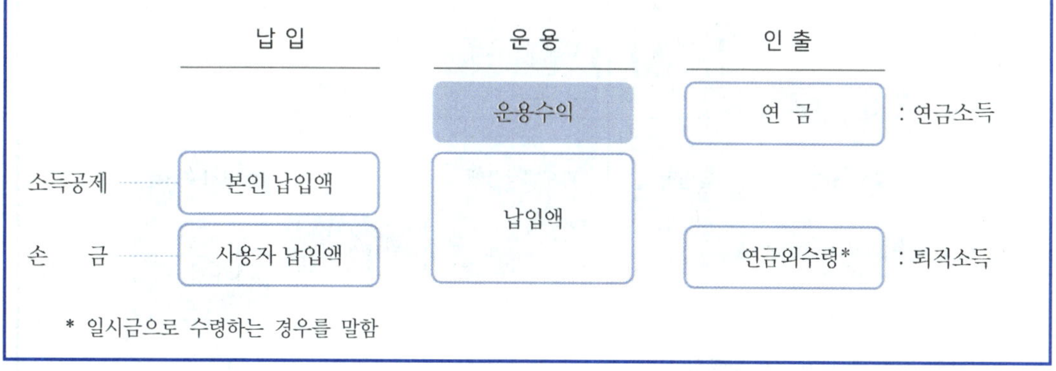

81) 연계노령연금이란 국민연금과 직역연금(공무원연금, 사립학교교직원연금, 군인연금, 별정우체국직원연금)의 연금을 수령하기 위한 최소가입기간(군인연금은 20년이며, 그 외 직역연금과 국민연금은 10년임)을 채우지 못하고 이동하는 경우 각 연금의 가입기간을 연계하여 줌으로써 연금을 받을 수 있게 하는 제도로서 2009년 과세기간에 발생한 소득분부터 적용된다.

(2) 사적연금소득

1) 사적연금소득의 종류

사적연금소득이란 그 소득의 성격에 불구하고 다음의 금액을 연금계좌에서 연금형태로 인출(수령)하는 경우의 소득을 말한다.

① 퇴직소득이 연금계좌로 지급되었거나(퇴직일 현재 연금계좌에 있는 경우 포함), 퇴직하여 지급받은 날부터 60일 이내에 연금계좌에 입금되어 퇴직 당시 퇴직소득세를 원천징수하지 않았던 퇴직소득(이연퇴직소득)

② 연금계좌에 납입한 연금보험료 중 연금계좌세액공제를 받은 납입액

③ 연금계좌의 운용실적에 따라 증가된 금액

④ 그밖에 연금계좌에 이체 · 입금되어 해당 금액에 대한 소득세가 이연된 소득

2) 연금계좌

연금계좌란 다음 중 어느 하나에 해당하는 계좌를 말한다.

① 연금저축: 금융회사 등(은행, 신탁업자, 투자중개업자, 보험회사)과의 계약에 따라 연금저축이라는 명칭으로 설정하는 계좌

② 퇴직연금계좌: 퇴직연금을 지급받기 위하여 가입하는 확정기여형 퇴직연금계좌(DC형) 및 개인형 퇴직연금계좌(IRP형)[82]

사적연금의 과세 흐름도

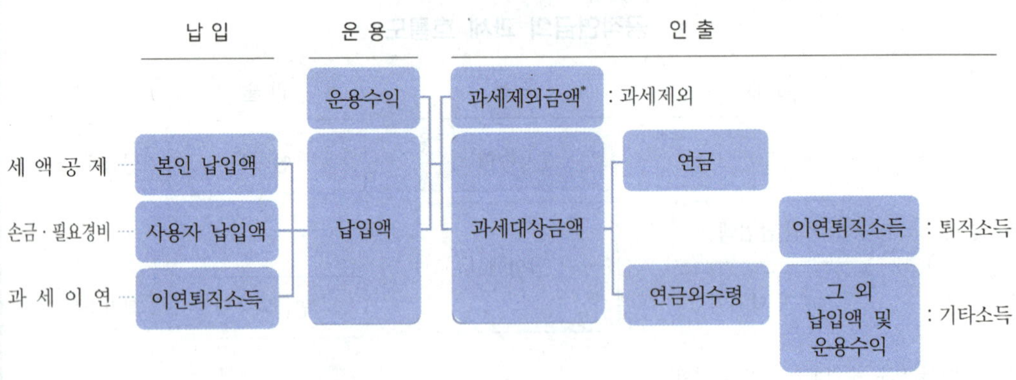

* 납입시 세액공제 받지 못한 금액임

82) 확정급여형 퇴직연금계좌(DB형)는 포함되지 않는다. DB, DC형에 대한 자세한 사항은 법인세법의 chapter 9를 참조한다.

3) 연금보험료 납입요건

연금계좌의 가입자는 다음의 요건을 모두 갖추어 연금보험료를 납입할 수 있다.

① 연간 1,800만원 이내[83]의 금액을 납입할 것

② 연금수령개시 이후에는 연금보험료를 납입하지 않을 것

4) 연금수령과 연금외수령

① 연금수령

연금수령이란 다음의 요건을 모두 갖추어 수령하는 것을 말한다.

㉠ 가입자가 55세 이후에 연금계좌취급자에게 연금수령개시를 신청한 후 인출할 것

㉡ 연금계좌의 가입일부터 5년이 경과된 후에 인출할 것. 다만, 이연퇴직소득이 연금계좌에 있는 경우는 제외한다.

㉢ 과세기간 개시일 현재 다음 산식에 따라 계산된 금액 이내에서 인출할 것. 단, 연금수령한도를 초과하여 인출하는 경우 그 초과분은 연금외수령인 것으로 본다. 한편 의료목적, 천재지변 등 부득이한 사유로 인출하는 금액은 수령한도를 넘더라도 연금외수령으로 보지 않는다.

$$\text{연금수령한도} = \left(\frac{\text{연금계좌의 평가액}}{11 - \text{연금수령연차}^{84)}}\right) \times 120\%$$

② 연금외수령

연금외수령이란 연금계좌에서 연금수령 외의 인출을 의미한다. 연금수령한도를 초과하여 인출하는 금액은 연금외수령하는 것으로 본다. 연금외수령 시에는 과세이연된 퇴직소득인 경우에는 퇴직소득으로, 그 외는 기타소득으로 보아 분리과세한다. 단, 연금계좌에서 의료목적이나 부득이한 사유로 인출하는 경우에는 연금소득으로 분리과세(3%~5%)한다.

여기서 부득이한 사유란 천재지변, 가입자의 사망 또는 해외이주, 가입자 또는 부양가족의 3개월 이상 요양, 가입자 파산 또는 개인회생, 연금계좌 취급자 영업정지, 사회재난지역에서 재난으로 16일 이상 입원치료를 하는 경우를 말한다.

---

83) 연금계좌가 2개 이상인 경우에는 그 합계액

84) 연금수령연차란 최초로 연금을 수령할 수 있는 날이 속하는 과세기간을 기산연차(1년차)로 하여 그 다음 과세기간을 누적 합산한 연차를 말하며, 연금수령연차가 11년 이상인 경우에는 그 계산식을 적용하지 아니한다. 다만, 다음 중 어느 하나에 해당하는 경우의 기산연차는 다음과 같다.

① 2013.3.1. 전에 가입한 연금계좌의 경우*: 6년차

* 2013.3.1. 전에 확정급여형 퇴직연금제도에 가입한 사람이 퇴직하여 퇴직소득 전액이 새로 설정된 연금계좌로 이체되는 경우를 포함한다.

② 배우자가 연금외수령 없이 피상속인(배우자)의 연금계좌를 승계한 경우: 사망일 당시 피상속인(배우자)의 연금수령연차

5) 연금계좌의 인출순서

연금계좌에서 일부금액이 인출되는 경우에는 다음의 순서에 따라 인출되는 것으로 본다. 만약 인출된 금액이 연금수령한도를 초과하는 경우에는 연금수령분이 먼저 인출되고 그 다음으로 연금외수령분이 인출되는 것으로 본다.

인출순서	인출금액
① 과세제외금액	• 과세대상소득인 아래의 ②와 ③에 해당하지 않는 금액을 말하며 다음의 순서에 따라 인출되는 것으로 본다. ㉠ 인출된 날이 속하는 과세기간에 해당 연금계좌에 납입한 연금보험료 ㉡ 개인자산종합관리계좌(ISA) 전환금액(ISA 만기금액을 60일 이내에 연금계좌로 납입한 금액) ㉢ 해당 연금계좌만 있다고 가정할 때 해당 연금계좌에 납입된 연금보험료로서 연금계좌세액공제의 한도액을 초과하는 금액이 있는 경우 그 초과하는 금액 ㉣ 위 ㉠ 및 ㉡ 외에 해당 연금계좌에 납입한 연금보험료 중 연금계좌세액공제를 받지 않은 금액*1)
② 이연퇴직소득	• 퇴직소득을 연금계좌에 입금시켜 과세가 이연된 다음의 퇴직소득 ㉠ 퇴직일 현재 연금계좌에 있거나 연금계좌로 지급되는 경우 ㉡ 지급받은 날부터 60일 이내에 연금계좌에 입금되어 퇴직시 퇴직소득세를 원천징수하지 않았던 경우
③ 그 밖에 연금계좌에 있는 금액	• 연금계좌에 납입한 연금보험료 중 연금계좌세액공제를 받은 금액*2) • 연금계좌의 운용실적에 따라 증가된 금액(운용수익) • 그 밖에 연금계좌에 이체 · 입금되어 과세이연된 소득

*1) 위의 금액은 연금보험료세액공제확인서의 발급에 따라 과세제외금액으로 확인되는 금액만 해당하며, 확인되는 날부터 과세제외금액으로 본다.

*2) 연금계좌에 납입한 연금보험료 중 연금계좌세액공제한도액 이내의 연금보험료는 납입일이 속하는 과세기간의 다음 과세기간 개시일(납입일이 속하는 과세기간에 연금수령개시를 신청한 날이 속하는 경우에는 연금수령개시를 신청한 날)부터 연금계좌세액공제를 받은 금액으로 본다.

6) 연금계좌의 이체

연금계좌에 있는 금액이 연금수령 개시 전에 다른 연금계좌로 이체되는 경우에는 이를 인출로 보지 아니한다. 다만 다음의 경우에는 인출로 본다.

① 연금저축계좌와 퇴직연금계좌 상호간에 이체되는 경우(소득의 원천이 다름)[85)]

② 2013. 3. 1. 이후 가입한 연금계좌에 있는 금액이 2013. 3. 1. 이전에 가입한 연금계좌로

85) 과세이연특례: 연금계좌 가입자의 선택권을 넓혀주기 위해서 연금수령요건(① 55세 이후 인출할 것, ② 가입일부터 5년 경과 후 인출할 것)을 충족하는 경우 연금저축계좌와 개인형 퇴직연금계좌(IRP) 간 이체시 인출로 보지 않는다. 동 규정은 2017. 6. 1. 이후 인출하여 이체하는 경우부터 적용된다.

이체되는 경우(연금수령연차가 다름[86])

③ 퇴직연금계좌에 있는 일부 금액이 이체되는 경우(전부 이체만 허용)

2 비과세 연금소득

연금소득 중 다음에 해당하는 소득에 대하여는 소득세를 과세하지 않는다.

① 「국민연금법」, 「공무원연금법」, 「군인연금법」, 「사립학교교직원연금법」, 「별정우체국법」 또는 「국민연금과 직역연금의 연계에 관한 법률」에 의하여 지급받는 유족연금 · 장애연금 · 상이연금 · 연계노령유족연금 또는 연계퇴직유족연금

② 「산업재해보상보험법」에 의하여 지급받는 각종 연금

③ 「국군포로의 송환 및 대우 등에 관한 법률」에 따른 국군포로가 지급받는 연금

3 연금소득금액의 계산

연금소득금액 = 총연금액(비과세소득과 분리과세소득 제외) − 연금소득공제

(1) 총연금액

총연금액은 해당 과세기간의 연금소득 합계액을 말한다.

(2) 연금소득공제

연금소득공제는 다음 표의 금액으로 산출한다. 다만 공제액이 900만원을 초과하는 경우 900만원을 공제한다.

총연금액	공 제 액
350만원 이하	총연금액
350만원 초과 700만원 이하	350만원 + 350만원 초과액 × 40%
700만원 초과 1,400만원 이하	490만원 + 700만원 초과액 × 20%
1,400만원 초과	630만원 + 1,400만원 초과액 × 10%

86) 2013.3.1.이전에 가입한 연금계좌는 5년 이상을 지정하여 수령할 수 있으나, 2013.3.1. 이후에 가입한 연금계좌는 10년 이상을 지정하여 수령할 수 있다.

4 연금소득의 과세방법

(1) 원천징수

국내에서 연금소득을 지급하는 자는 그에 대한 소득세를 원천징수하여 그 징수일이 속하는 달의 다음달 10일까지 정부에 납부하여야 한다.

1) 공적연금소득에 대한 원천징수: 원천징수의무자가 공적연금소득을 지급할 때에 '연금소득 간이세액표'의 세액을 기준으로 소득세를 원천징수한다. 이후 원천징수의무자가 해당 과세기간의 다음연도 1월분 공적연금소득을 지급할 때 근로소득과 동일하게 연말정산을 하여야 한다. 이는 종합소득 중 공적연금소득만 있다고 가정하여 소득세 결정세액을 계산하는 것이고, 이를 통해 매월 원천징수한 세액을 정산하여 추가로 원천징수를 하거나 환급한다.

공적연금소득에 대한 소득세 결정세액	−	매월 '연금소득 간이세액표'에 의해 원천징수한 세액	=	+인 경우: 추가 원천징수 -인 경우: 환급

한편, 공적연금소득을 받은 사람이 해당 과세기간 중에 사망한 경우에는 원천징수의무자가 그 사망일이 속하는 달의 다음다음 달 말일까지 위 규정을 준용하여 그 사망자의 공적연금소득에 대한 연말정산을 하여야 한다.

2) 사적연금소득에 대한 원천징수: 원천징수의무자가 사적연금소득을 지급할 때에는 다음의 원천징수세율을 적용한 세액을 징수한다.

<table>
<tr><th>구 분</th><th>원천징수세율</th></tr>
<tr><td>이연퇴직소득을 연금수령하는 연금소득</td><td>• 연금 실제수령연차*1)에 따른 세율
<table><tr><th>연금수령연차</th><th>세 율</th></tr><tr><td>10년 이하</td><td>연금외수령 가정시 원천징수세율*2) × 70%</td></tr><tr><td>10년 초과</td><td>연금외수령 가정시 원천징수세율*2) × 60%</td></tr></table></td></tr>
<tr><td>세액공제받은 연금계좌 납입액이나 운용실적에 따라 증가된 금액을 연금수령한 연금소득</td><td>• 연금소득자의 나이에 따른 세율
<table><tr><th>나 이(연금수령일 현재)</th><th>세 율</th></tr><tr><td>70세 미만</td><td>5%</td></tr><tr><td>70세 이상 ~ 80세 미만</td><td>4%</td></tr><tr><td>80세 이상</td><td>3%</td></tr></table>• 사망할 때까지 연금수령하는 종신계약*3)에 따라 받는 연금소득: 4%</td></tr>
</table>

*1) 연금을 실제 수령한 연차를 누적하여 계산한다.

*2) 연금소득을 연금외수령하였다고 가정할 때 $\dfrac{\text{원천징수할 이연퇴직소득세}}{\text{연금외수령한 금액}}$

*3) '종신계약'이란 사망일까지 연금수령하면서 중도해지 할 수 없는 계약을 말한다.

(2) 종합과세와 분리과세

1) 공적연금소득

공적연금소득은 종합소득과세표준에 합산하여 과세된다. 따라서 공적연금소득에 대한 원천징수는 예납적 원천징수에 불과하며, 과세표준확정신고를 할 때 정산된다. 단, 공적연금소득만 있는자 중 다른 종합소득이 없는 경우에는 과세표준확정신고를 하지 않아도 된다.

2) 사적연금소득

사적연금소득은 원칙적으로 종합소득과세표준에 합산하여 과세된다. 따라서 사적연금소득에 대한 원천징수는 예납적 원천징수에 해당한다. 다만, 예외적으로 무조건 분리과세되는 사적연금소득이 있으며, 이를 제외한 사적연금소득의 합계액 수준에 따라 납세자가 선택하면 분리과세를 적용받을 수도 있다. 구체적인 내용은 다음과 같다.

<table>
<tr><th>구 분</th><th colspan="2">해당 사적연금소득</th></tr>
<tr><td>(1) 무조건 분리과세</td><td colspan="2">① 이연퇴직소득을 연금수령하는 연금소득
② 세액공제받은 연금계좌 납입액과 운용실적에 따라 증가된 금액을 의료목석, 천재지변이나 그 밖의 부득이한 인출요건을 갖추어 연금계좌에서 인출하는 연금소득</td></tr>
<tr><td rowspan="2">(2) 선택적 분리과세</td><td>위 (1)을 제외한 사적연금소득의 합계액이 연간 1,500만원 이하인 경우</td><td>납세자의 선택에 따라 다음과 같이 나이에 따른 저율의 분리과세나 종합과세 중 선택할 수 있다.
* (55세~69세) 5% (70~79세) 4%
(80세~) 3% (종신수령) 4%</td></tr>
<tr><td>위 (1)을 제외한 사적연금소득의 합계액이 연간 1,500만원 초과인 경우</td><td>납세자의 선택에 따라 15%의 분리과세나 종합과세 중 선택할 수 있다.</td></tr>
</table>

5 연금소득의 수입시기

연금소득의 수입시기는 다음과 같다.

구　분	수입시기
공적연금소득	공적연금 관련법에 따라 연금을 지급받기로 한 날
연금계좌에서 받는 연금소득	연금수령한 날
그 밖의 연금소득	해당 연금을 지급받은 날

OX 문제

01 모든 연금소득에 대하여 연금을 지급하는 자는 '연금소득 간이세액표'에 의한 세액을 원천징수하고 1월분 연금지급시 연말정산을 해야 한다.

02 공적연금소득금액의 합계액이 1,500만원 이하인 경우에는 납세의무자의 선택에 따라 그 연금소득금액을 종합소득과세표준에 합산하지 않고 분리과세를 적용받을 수 있다.

03 퇴직당시 퇴직소득세를 원천징수하지 않았던 퇴직소득(이연퇴직소득)을 퇴직시점 이후에 일시금으로 수령하게 되면 기타소득세가 과세된다.

04 연금저축계좌에 납입한 보험료 중 연금계좌세액공제가 적용되지 못한 금액은 추후 인출시 소득세가 과세되지 아니한다.

05 연금계좌에서 연금소득을 수령하는 경우 연금을 수령한 날이 수입시기이다.

정답&해설 01 × 02 × 03 × 04 ○ 05 ○

01 사적연금의 경우에는 연금지급액의 3~5%를 원천징수하며 공적연금과 달리 연말정산을 할 필요가 없다.

02 사적연금소득의 경우 선택적 분리과세가 가능하다.

03 이연퇴직소득의 연금외수령의 경우 퇴직소득세가 과세된다.

연습문제

01 다음 중 연금소득에 대한 설명으로 옳지 않은 것은?

① 원칙적으로 연금의 불입시 소득공제 또는 세액공제를 인정하는 대신 연금을 수령할 때 연금소득에 대하여 소득세를 과세한다.

② 국민연금법에 의하여 지급받는 유족연금 · 장애연금은 비과세를 적용한다.

③ 사적연금소득은 종합과세하는 것이 원칙이지만 총연금액이 1,500만원 이하인 경우에는 무조건 분리과세가 적용된다.

④ 연금소득에 대하여는 원천징수하여야 하며 국내에서 연금소득을 지급하는 자는 그 소득세를 원천징수하여 징수일이 속하는 달의 다음 달 10일까지 정부에 납부하여야 한다.

⑤ 의료목적, 천재 · 지변 등 부득이한 사유로 인출하는 금액은 수령한도를 넘더라도 연금외수령으로 보지 않는다.

정답 ③

사적연금의 총연금액이 1,500만원 이하인 경우에는 분리과세를 선택할 수 있다.

02 연금소득에 관한 다음의 설명 중 옳지 않은 것은?

① 연금소득이 있는 거주자의 해당 과세기간에 받은 총연금액(분리과세 연금소득은 제외함)에서 공제하는 연금소득공제액이 900만원을 초과하는 경우에는 900만원을 공제한다.

② 공적연금소득을 받는 사람이 해당 과세기간 중에 사망한 경우 공적연금소득에 대한 원천징수의무자는 그 사망일이 속하는 달의 다음다음 달 말일까지 그 사망자의 공적연금소득에 대한 연말정산을 하여야 한다.

③ 연금계좌세액공제를 받은 연금계좌 납입액과 연금계좌의 운용실적에 따라 증가된 금액을 그 소득의 성격에 불구하고 연금계좌에서 연금수령하면 연금소득으로, 연금외수령하면 퇴직소득으로 과세한다.

④ 연금계좌에서 인출된 금액이 연금수령한도를 초과하는 경우에는 연금수령분이 먼저 인출되고 그 다음으로 연금외수령분이 인출되는 것으로 본다.

⑤ 공적연금소득의 수입시기는 공적연금 관련법에 따라 연금을 지급받기로 한 날로 한다.

정답 ③

연금계좌세액공제를 받은 연금계좌 납입액과 연금계좌의 운용실적에 따라 증가된 금액을 그 소득의 성격에 불구하고 연금계좌에서 연금수령하면 연금소득으로 연금외수령하면 기타소득으로 과세한다.

03 소득세법상 연금소득에 관한 다음의 설명 중 옳지 않은 것은?

① 공적연금소득은 2002. 1. 1. 이후에 납입된 연금기여금 및 사용자부담금을 기초로 하거나 2002. 1. 1. 이후 근로 제공을 기초로 하여 받는 연금소득으로 한다.

② 연금계좌의 운용실적에 따라 증가된 금액을 그 소득의 성격에도 불구하고 연금저축계좌 또는 퇴직연금계좌에서 법령상 정하는 연금형태로 인출하는 경우의 그 연금은 연금소득에 해당한다.

③ 연금소득이 있는 거주자가 주택담보노후연금 이자비용공제를 신청한 경우 법령상 요건에 해당하는 주택담보노후연금 수령액에서 해당 과세기간에 발생한 이자비용 상당액을 200만원 한도 내에서 공제한다.

④ 연금소득이 있는 거주자에 대해서는 해당 과세기간에 받은 총연금액(분리과세 연금소득 제외)에서 법령상의 금액을 900만원 한도 내에서 연금소득공제로 공제한다.

⑤ 공적연금소득을 지급하는 자가 연금소득의 일부 또는 전부를 지연하여 지급하면서 지연지급에 따른 이자를 함께 지급하는 경우 해당 이자는 기타소득으로 본다.

정답 ⑤

공적연금소득을 지급하는 자가 연금소득의 일부 또는 전부를 지연하여 지급하면서 지연지급에 따른 이자를 함께 지급하는 경우 해당 이자는 연금소득으로 본다. 그러나 공적연금 관련법에 따라 일시금을 지급하는 자가 퇴직소득의 일부 또는 전부를 지연하여 지급하면서 지연지급에 따른 이자를 함께 지급하는 경우 해당 이자는 퇴직소득으로 본다.

04 거주자 갑의 2025년 연금소득 관련 자료이다. 연금소득금액으로 옳은 것은? **[CPA 2022]**

(1) 갑은 2025년에 「국민연금법」에 따라 연금 45,000,000원(원천징수세액을 차감하기 전 금액임)을 수령하였다.

(2) 국민연금보험료 납입 내역

구 분	연금보험료 납입 누계액	환산소득 누계액	연금보험료 납입월수
2001.12.31. 이전 납입기간	80,000,000원	100,000,000원	50개월
2002. 1. 1. 이후 납입기간	240,000,000원*	380,000,000원	200개월

* 전액 연금보험료 소득공제를 받음

(3) 연금소득공제

총연금액	연금소득공제
1,400만원 초과	630만원 + (총연금액 - 1,400만원) × 10%

① 25,475,000원 ② 27,162,500원 ③ 27,500,000원
④ 33,750,000원 ⑤ 35,625,000원

정답 ②

(1) 공적연금(총연금액) → 환산소득누계액 비율로 안분

$$45{,}000{,}000 \times \frac{380{,}000{,}000}{100{,}000{,}000 + 380{,}000{,}000} - 0(\text{과세제외기여금}) = 35{,}625{,}000$$

(2) 연금소득금액

35,625,000 - [6,300,000 + (35,625,000 - 14,000,000) × 10%] = 27,162,500

Chapter 6

기타소득

AN INTRODUCTION TAX LAW

1 기타소득의 범위

기타소득이란 일시적 · 우발적인 소득으로서 이자소득 · 배당소득 · 사업소득 · 근로소득 · 연금소득 · 퇴직소득 · 양도소득 이외의 소득으로 다음의 소득을 말한다.

① 상금, 현상금, 포상금, 보로금 또는 이에 준하는 금품

② 복권, 경품권, 그 밖의 추첨권에 당첨되어 받는 금품

③ 사행행위 등 규제 및 처벌특례법에서 규정하는 행위(적법 또는 불법 여부는 고려하지 않음)에 참가하여 얻은 재산상의 이익

④ 한국마사회법에 따른 승마투표권, 경륜 · 경정법에 따른 승자투표권, 전통소싸움경기에 관한 법률에 따른 소싸움경기투표권 및 국민체육진흥법에 따른 체육진흥투표권의 구매자가 받는 환급금(발생 원인이 되는 행위의 적법 또는 불법 여부는 고려하지 않음)

⑤ 슬롯머신(비디오게임을 포함) 및 투전기, 그밖에 이와 유사한 기구(슬롯머신 등)를 이용하는 행위에 참가하여 받는 당첨금품 · 배당금품 또는 이에 준하는 금품

⑥ 저작자 또는 실연자(實演者) · 음반제작자 · 방송사업자 외의 자가 저작권 또는 저작인접권의 양도 또는 사용의 대가로 받는 금품

저작권의 구분

- 저작권 등 사용료가 저작자 자신에게 귀속될 경우: 사업소득
- 저작권 등 사용료가 저작자 외의 자에게 귀속될 경우: 기타소득

⑦ 영화필름, 라디오 · 텔레비전방송용 테이프, 필름 또는 그밖에 이와 유사한 자산 또는 권리의 양도 · 대여 또는 사용의 대가로 받는 금품

⑧ 광업권 · 어업권 · 산업재산권 · 산업정보, 산업상 비밀, 상표권, 영업권(점포임차권 포함), 토사석(土砂石)의 채취허가에 따른 권리, 지하수의 개발 · 이용권, 그밖에 이와 유사한 자산이나 권리를 양도하거나 대여하고 그 대가로 받는 금품

영업권의 구분

- 영업권의 단독 양도 또는 대여: 기타소득
- 사업용 고정자산과 함께 양도되는 영업권: 양도소득

⑨ 물품 또는 장소를 일시적으로 대여하고 사용료로서 받는 금품[87](통신판매중개업자를 통해 대여하여 발생하는 연 수입금액 500만원 이하의 사용료도 포함)

⑩ 공익사업과 관련된 지역권 · 지상권(지하 · 공중에 설정된 권리를 포함)을 설정하거나 대여하고 받는 금품[88]

⑪ 재산권에 대한 계약의 위약 또는 해약으로 인하여 받는 위약금, 배상금, 그리고 부당이득 반환시 지급받은 이자

위약금과 배상금

- 재산권에 관한 계약의 위약 또는 해약으로 인한 위약금, 배상금에 대하여는 기타소득으로 본다.
- 재산권 이외의 계약상 손해에 대한 배상 또는 위자료나 그에 대한 지연손해금은 기타소득에 포함되지 않는다. 명예훼손 등과 같이 비재산적 이익의 침해로 인한 손해배상 또는 위자료 등 금전채권 자체가 소득세 과세대상이 되지 않는 경우에는 이에 대한 지연손해금도 과세대상으로 보지 않는다.

⑫ 유실물의 습득 또는 매장물의 발견으로 인하여 보상금을 받거나 새로 소유권을 취득하는 경우 그 보상금 또는 자산

⑬ 소유자가 없는 물건의 점유로 소유권을 취득하는 자산

⑭ 거주자 · 비거주자 또는 법인과 특수관계인이 그 특수관계로 인하여 그 거주자 · 비거주자 또는 법인으로부터 받는 경제적 이익으로서 급여 · 배당 또는 증여로 보지 아니하는 금품. 여기서 '경제적 이익'은 다음 중 하나를 말한다.

㉠ 사업용자산을 무상 또는 저가로 이용함으로 인해 개인이 받는 이익으로서 그 자산의 이용으로 인하여 통상 지급하여야 할 사용료 또는 그밖에 이용의 대가(통상 지급하여야 할 금액보다 저가로 그 대가를 지급한 금액이 있는 경우에는 이를 공제한 금액)

㉡ 노동조합 전임자가 「노동조합 및 노동관계 조정법」을 위반하여 지급받은 금액[89]

---

87) 영리목적으로 계속적·반복적으로 대여하는 경우에는 사업소득으로 과세된다.

88) 일반적인 지역권 · 지상권의 설정 · 대여로 인한 소득은 사업소득으로 과세된다.

89) 「노동조합 및 노동관계 조정법」에서는 노동조합의 업무에만 종사하는 자(전임자)는 그 전임기간 동안 사용자로부터 어떠한 급여도 지급받아서는 안 된다고 규정되어 있으며, 단체협약으로 정하거나 사용자가 동의하는 경우에는 근로시간 면제 한도를 초과하지 않는 범위에서 근로자는 임금의 손실 없이 사용자와의 협의교섭, 고충처리, 산업안전 활동 등 업무와 건전한 노사관계 발전을 위한 노동조합의 유지관리업무를 할 수 있다고 규정하고 있다. 근로시간면제(타임오프제)

⑮ 문예 · 학술 · 미술 · 음악 또는 사진에 속하는 창작품에 대한 원작자로서 받는 소득으로서 원고료, 저작권사용료인 인세, 미술 · 음악 또는 사진에 속하는 창작품에 대하여 받는 대가(문예창작소득)

⑯ 재산권에 관한 알선 수수료

⑰ 사무처리 또는 역무의 제공 등과 관련하여 사례의 뜻으로 상대방으로부터 지급받는 금품(사례금)

사례금과 일시적 인적용역

- 일시적 인적용역을 제공하고 지급받은 금품이 제공한 역무나 사무처리의 내용, 당해 금품 수수의 동기와 실질적인 목적, 금액의 규모 및 상대방과의 관계 등을 종합적으로 고려해 보았을 때, 용역제공에 대한 보수 등 대가의 성격 뿐 아니라 사례금의 성격까지 함께 가지고 있어 전체적으로 용역에 대한 대가의 범주를 벗어난 것으로 인정될 경우에는 인적용역 대가가 아니라 사례금으로 분류하는 것이 타당하다.(2017두30214)
- 부동산 소유자가 부동산 소유권을 재건축조합에 양도하고 재건축조합으로부터 받은 양도대가 외에 재건축사업의 원활한 진행에 협조하는 대가로 시공사로부터 지급받은 금원(2012두4333), 손해배상청구의 소 등의 취하에 대한 합의 대가로 받은 금원(2016두30637), 계약한 임기가 만료되기 전 사임하고 경업금지, 영업비밀유지, 직무소송 포기 등의 의무를 이행함에 따라 지급받은 정산금과 손해배상준비금(2016두223), 노동조합활동 중 해고된 노조원이 신분보장규정에 따라 노동조합으로부터 받은 금원(2017두44244) 등은 모두 사례금에 해당한다.

⑱ 폐업 등 사유가 발생하기 전에 소기업 · 소상공인 공제계약이 해지된 경우에 받는 다음의 소기업 · 소상공인 공제부금의 해지일시금[90)]

> 공제부금의 헤지일시금 = 해지로 인해 받은 환급금 − 납입시 소득공제받은 금액을 초과하여 납입한 금액의 합계[91)]

⑲ 다음의 어느 하나에 해당하는 인적용역을 일시적으로 제공하고 받는 대가

㉠ 고용관계 없이 다수인에게 강연을 하고 강연료 등 대가를 받는 용역

㉡ 라디오 · 텔레비전방송 등을 통하여 해설 · 계몽 또는 연기의 심사 등을 하고 보수 또는 이와 유사한 성질의 대가를 받는 용역

㉢ 변호사, 공인회계사, 세무사, 건축사, 측량사, 변리사, 그 밖에 전문적 지식 또는 특별한 기능을 가진 자가 그 지식 등을 활용하여 보수 또는 그 밖의 대가를 받고 제공하는 용역

한도 내의 적법한 지급은 근로소득으로 본다. 한도를 초과하는 경우는 기타소득으로 보며 회사는 동 금액을 손금에 산입할 수 없다.

90) 폐업 등의 사유로 공제금을 받는 경우에는 2015.12.31. 이전 가입분에 대해서는 이자소득으로 과세하였으나, 2016.1.1. 이후 가입분에 대해서는 퇴직소득세를 과세한다. 이는 영세한 자영업자들에 대한 지원을 강화하려는 데 그 취지가 있다.

91) 거주자가 소기업 · 소상공인공제(일명 '노란우산공제')에 가입하여 납부하는 공제부금은 사업소득금액에 따라 최대 500만원까지 소득공제가 가능하다.

㉣ 그 밖에 고용관계 없이 수당 또는 이와 유사한 성질의 대가를 받고 제공하는 용역

⑳ 법인세법에 따라 기타소득으로 처분된 소득(인정기타소득)

㉑ 연금계좌 가입자가 납입한 연금보험료로서 연금계좌세액공제를 받은 금액과 연금계좌의 운용실적에 따라 증가된 금액을 그 소득의 성격에도 불구하고 연금외수령한 소득

㉒ 퇴직 전에 부여받은 주식매수선택권을 퇴직 후에 행사하거나 고용관계 없이 주식매수선택권을 부여받아 이를 행사함으로써 얻는 이익

㉓ 종업원 등(종업원, 법인의 임원 또는 공무원을 말함) 또는 대학의 교직원이 퇴직한 후에 지급받는 직무발명보상금

㉔ 뇌물, 알선수재 및 배임수재에 의하여 받는 금품[92]

㉕ 서화 · 골동품의 양도로 발생하는 소득(점당 양도가액이 6,000만원 이상인 것에 한하며, 양도일 현재 생존해 있는 국내 원작자의 작품은 제외하며 골동품은 제작 후 100년 초과되어야 함)[93]

㉖ 종교관련 종사자가 종교관련 활동과 관련하여 종교단체로부터 받는 소득(2018. 1. 1. 이후 발생한 분에 대하여 과세하고 있음)[94]

㉗ 가상자산을 양도·대여함으로써 발생하는 소득(2025. 1.1 이후 분부터 적용)[95]

소득별 특징

- 사업소득: 계속 · 반복성, 독립성
- 근로소득: 계속 · 반복성, 종속성
- 기타소득: 일시 · 우발성, 독립성

2 비과세 기타소득

다음에 열거하는 기타소득에 대하여는 소득세를 비과세한다.

① 「국가유공자 등 예우 및 지원에 관한 법률」에 따라 받는 보훈급여금 · 학습보조비 및 「북한이탈주민의 보호 및 정착지원에 관한 법률」에 따라 받는 정착금 · 보로금 등

② 국가보안법에 의하여 받는 상금과 보로금

92) 뇌물, 알선 및 배임수재에 대하여 몰수나 추징이 된 경우 경제적 이익이 상실되었으므로 후발적 경정청구를 통해 납세의무를 벗어날 수 있다.

93) 계속적 반복적 거래의 경우에도 기타소득으로 구분한다. 단, ①서화 · 골동품 거래를 위해 사업장 등 물적시설을 갖춘 경우나 ②서화 · 골동품 거래를 위해 사업자등록을 한 경우 중 어느 하나에 해당하는 경우에는 사업소득으로 과세한다.

94) 자세한 사항은 보론을 참조할 것.

95) 특정금융정보법에서는 가상자산을 "경제적 가치를 지닌 것으로서 전자적으로 거래 또는 이전될 수 있는 전자적 증표(그에 관한 일체의 권리 포함)"라고 정의하면서, 게임을 통해 획득한 결과물, 선불전자지급수단, 전자화폐, 전자등록주식, 전자어음, 전자선하증권 등을 가상자산의 범위에서 제외하고 있다.

③ 상훈법에 따른 훈장과 관련하여 받는 부상, 그 밖에 국가나 지방자치단체, 외국의 단체나 기금, 문화예술·체육·과학단체 등으로부터 받는 상금과 부상[96)]

④ 종업원 등(종업원, 법인의 임원 또는 공무원을 말함) 또는 대학의 교직원이 퇴직한 후에 지급받는 직무발명보상금으로서 연 700만원[97)] 이하의 금액

⑤ 「국군포로의 송환 및 대우 등에 관한 법률」에 따라 국군포로가 받는 정착금과 그 밖의 금품

⑥ 국가지정문화재로 지정된 서화 · 골동품의 양도로 발생하는 소득

⑦ 서화 · 골동품을 박물관 · 미술관에 양도함으로써 발생하는 소득

⑧ 종교인소득 중 학자금, 월20만원 이하의 식사 또는 식사대, 실비변상적 성질의 지급액, 월20만원 이내의 자녀보육수당, 사택을 제공받아 얻는 이익 등

⑨ 법령 · 조례에 따른 위원회 등의 보수를 받지 아니하는 위원 등이 받는 수당

3 원천징수와 분리과세

(1) 원천징수

기타소득은 원칙적으로 종합소득과세표준에 합산하여 과세한다. 그러므로 원천징수되는 경우에는 예납적 원천징수라고 볼 수 있다. 구체적인 기타소득의 원친징수세율은 다음과 같다.

기타소득	원천징수세율
① 복권당첨금, 승마투표권 등의 환급금, 슬롯머신 등의 당첨금품	기타소득금액 × 20% (단, 3억원 초과시 초과분은 30%)
② 봉사료 지급금액*	지급금액 × 5%
③ 사적연금 불입액과 운용수익을 부득이한 사유[98)]없이 연금외수령하는 경우 ④ 소기업 · 소상공인 공제부금의 임의해지시	지급금액 × 15%
⑤ 뇌물 · 알선수재 및 배임수재에 따라 받은 금품	원천징수되지 않음
⑥ 위 외의 기타소득	기타소득금액 × 20%

* 이는 일반적으로 사업소득이지만 일시적인 인적용역의 제공으로 인한 것이라면 기타소득으로 과세된다.

96) 공무원이 공무수행과 관련하여 국가 또는 지방자치단체로부터 받는 상금과 부상은 근로소득에 해당한다. 다만, 연간 240만원 이하의 금액은 비과세된다.

97) 해당 과세기간에 근로소득으로 비과세되는 금액이 있는 경우에는 700만원에서 해당 금액을 차감한 금액으로 한다.

98) 사적연금 불입액과 운용수익을 부득이한 사유(천재지변, 가입자의 사망 또는 해외이주, 파산, 개인 회생 등)로 연금외수령하는 경우에는 연금소득으로 분리과세한다.

(2) 종합과세와 분리과세

종합소득합산과세가 원칙이지만 다음과 같이 종합과세와 분리과세를 판단한다.

구 분	해당 기타소득	원천징수세율
1) 무조건 분리과세	① 복권당첨금, 승마투표권 등의 환급금, 슬롯머신 등의 당첨금품 등	20%(3억원 초과시 30%)
	② 서화 · 골동품의 양도로 인한 소득	20%
	③ 가상자산소득 원천징수하지 않고 분리과세하며 과세기간내 손익통산을 허용[99]	20%
	④ 연금계좌에서 연금외수령한 기타소득	15%
2) 무조건 종합과세	뇌물 · 알선수재 및 배임수재에 따라 받은 금품	–
3) 선택적 분리과세	위 1) 및 2)의 소득 외의 기타소득금액이 300만원 이하이면서 다음의 소득은 납세의무자의 의사에 따라 종합소득과세표준에 합산하지 않고 분리과세를 선택할 수 있다.	
	① 원천징수된 기타소득	20%[*1)] 원천징수 분리과세
	② 계약의 위약 또는 해약으로 받은 위약금과 배상금(계약금이 위약금과 배상금으로 대체되는 경우에만 해당한다)으로서 원천징수대상이 아닌 소득	20%[*2)] 신고납부 분리과세

*1) 소기업·소상공인 공제부금의 해지일시금은 15%

*2) 종합소득과세표준을 계산할 때 위 3)②의 소득을 합산하지 아니하는 경우(분리과세를 선택한 경우) 해당 소득에 대한 결정세액은 해당 기타소득금액에 20%의 세율을 적용하여 계산한 금액으로 한다. 높은 종합소득의 누진세율을 적용받지 않도록 하기 위해 종합소득계산시 납세자의 선택에 따라 분리과세를 적용받을 수 있다. 이 경우 해당 기타소득을 다른 종합소득에서 따로 떼어 20%의 원천징수세율을 적용하여 분리과세된다.

4 기타소득금액의 계산

기타소득금액은 해당 과세기간의 총수입금액에서 이에 사용된 필요경비를 공제한 금액으로 한다.

> 기타소득금액 = 총수입금액(비과세소득과 분리과세소득 제외) − 필요경비

여기서 필요경비는 실제로 지출된 금액으로 하는 것이 원칙이지만 다음과 같은 예외가 있다.

---

99) 원천징수하지 않으므로 과세기간내 손익을 통산하여 5월1일부터 5월31일까지 가상자산 기타소득 과세표준 확정신고를 하여야 한다. 동 제도는 2027년부터 시행할 예정이며, 법 시행 전 취득한 가상자산에 대하여는 Max(시행일의 시가, 입증된 실제 취득가액 등) 금액으로 산정하는 의제취득가액을 적용한다.

<table>
<tr><th>구 분</th><th>필요경비산입액</th></tr>
<tr><td>• 승마투표권 등의 구매자가 받는 환급금
(기타소득의 범위 ④)</td><td>구매자가 구입한 투표권 중 적중된 투표권의 단위투표금액만을 필요경비로 한다.</td></tr>
<tr><td>• 슬롯머신 등을 이용하는 행위에 참가하여 받는 당첨금품 등
(기타소득의 범위 ⑤)</td><td>당첨 당시에 슬롯머신 등에 투입한 금액만을 필요경비로 한다.</td></tr>
<tr><td>• 공익법인의 설립 · 운영에 관한 법률의 적용을 받는 공익법인이 주무관청의 승인을 얻어 시상하는 상금 및 부상과 다수가 순위 경쟁하는 대회에서 입상자가 받는 상금 및 부상(기타소득의 범위 ① 중 하나)
• 위약금과 배상금 중 주택입주지체상금
(기타소득의 범위 ⑪ 중 하나)</td><td>Max[수입금액 × 80%, 실제 필요경비]
- 거주자가 받은 금액의 80%에 상당하는 금액을 필요경비로 한다. 다만, 실제 사용된 필요경비가 80%에 상당하는 금액을 초과하는 경우에는 그 초과하는 금액도 필요경비에 산입한다.</td></tr>
<tr><td>• 광업권, 어업권, 산업재산권, 상표권, 영업권 등의 양도 또는 대여하고 대가로 받는 금품
(기타소득의 범위 ⑧)
• 통신판매중개업자를 통해 대여하여 발생하는 연 수입금액 500만원 이하의 사용료(기타소득의 범위 ⑨)
• 공익사업과 관련된 지역권, 지상권 등의 설정 · 대여소득(기타소득의 범위 ⑩)
• 문예창작소득(기타소득의 범위 ⑮)
• 일정한 인적용역을 일시적으로 제공하고 받는 대가[100](기타소득의 범위 ⑲)</td><td>Max[수입금액 × 60%, 실제 필요경비]
- 거주자가 받은 금액의 60%에 상당하는 금액을 필요경비로 한다. 다만, 실제 사용된 필요경비가 60%에 상당하는 금액을 초과하는 경우에는 그 초과하는 금액도 필요경비에 산입한다.</td></tr>
<tr><td>• 서화 · 골동품의 양도로 발생하는 소득
(기타소득의 범위 ㉕)</td><td>Max[수입금액 × 필요경비율*, 실제 필요경비]
* 필요경비율
<table>
<tr><th>양도가액</th><th>필요경비율</th></tr>
<tr><td>1억원 이하</td><td>90%</td></tr>
<tr><td>1억원 초과</td><td>9천만원 + (수입금액 - 1억원) × 80%(90%[1])</td></tr>
</table>
1)보유기간 10년 이상인 경우는 90%
- 거주자가 받은 금액의 90%(또는 80%)에 상당하는 금액을 필요경비로 한다. 다만, 실제 사용된 필요경비가 90%(또는 80%)에 상당하는 금액을 초과하는 경우에는 그 초과하는 금액도 필요경비에 산입한다.</td></tr>
<tr><td>• 가상자산의 양도 · 대여로 인하여 발생하는 소득[101]
(기타소득의 범위 ㉗)</td><td>- 총수입금액: 가상자산의 양도·대여의 대가
- 필요경비: 실제취득가액 및 부대비용(취급업소수수료, 과세신고서 작용비용 및 취득 후 소유권 쟁송 시 소송비용 등을 포함)
- 취득가액은 선입선출법에 의거하여 평가: 먼저 거래한 것부터 순차적으로 양도한 것으로 보아 필요경비를 계산</td></tr>
</table>

100) 인적용역제공과 달리 ⑯사례금이나 ⑰알선수수료에 대하여는 일정 비율의 비용공제를 적용하지 아니한다.

101) 2027년부터 시행될 예정이다.

5 기타소득의 수입시기

구 분	수입시기
일반적인 경우	지급을 받은 날
법인세법에 따라 처분된 기타소득	해당 법인의 해당 사업연도 결산확정일
산업재산권 등의 양도 대가로 받은 금품	그 대금을 청산한 날, 자산을 인도한 날 또는 사용·수익일 중 빠른 날. 다만, 대금을 청산하기 전에 자산을 인도 또는 사용수익 하였으나 대금이 확정되지 않은 경우에는 그 대금 지급일
계약의 위약 또는 해약으로 인하여 받는 위약금과 배상금 중 계약금이 위약금과 배상금으로 대체되는 경우의 그 금액	계약의 위약 또는 해약이 확정된 날
연금계좌에서 연금외수령한 기타소득	연금외수령한 날

6 과세최저한

다음의 기타소득은 소득세를 과세하지 않는다.

구 분	과세최저한
일반적인 기타소득금액 (단, 연금계좌에서 연금외수령한 기타소득금액 제외)	• 건별로 5만원 이하인 경우
승마투표권 등의 환급금	• 건별로 승마투표권 등의 권면에 표시된 금액의 합계액이 10만원 이하이고 다음 중 어느 하나에 해당하는 경우 ㉠ 적중한 개별투표당 환급금이 10만원 이하인 경우 ㉡ 단위투표금액당 환급금이 단위 투표금액의 100배 이하이면서 적중한 개별투표당 환급금이 200만원 이하인 경우
슬롯머신 등의 당첨금품, 복권당첨금 등	• 건별로 200만원 이하인 경우
가상자산소득[102]	• 과세기간의 가상자산 소득금액이 250만원 이하

102) 2027년부터 과세될 예정이다.

예제 1 **기타소득금액과 세부담최소화**

다음은 컴퓨터 프로그램을 개발하는 거주자인 전지현 씨의 20×1년 소득명세이다. 다음 물음에 답하시오.

(1) 근로소득금액 ₩35,000,000
(2) 사업소득금액 ₩20,000,000
(3) 산업재산권을 대여하고 받은 대가 ₩5,000,000
(4) 대학에서 특별강연을 하고 받은 강연료 ₩2,000,000
(5) 강원랜드 슬롯머신 당첨금(투입금액은 100원이다) ₩80,000,100
(6) 알선수재 · 배임수재에 따라 받은 금액 ₩5,000,000
(7) 종합소득공제 ₩3,000,000

1. 기타소득으로 원천징수되는 대상과 원천징수금액은 얼마인가? (분리과세대상 여부에 상관없이 모두 서술할 것)
2. 세부담 최소화 가정시 종합소득금액은 얼마인가?

해설

1.

기타소득	금 액	비 고
산업재산권을 대여	₩5,000,000 × (1 - 60%) × 20% = ₩400,000	선택적분리과세
대학 특별강연료	₩2,000,000 × (1 - 60%) × 20% = ₩160,000	선택적분리과세
슬롯머신	(₩80,000,100 - ₩100) × 20% = ₩16,000,000	무조건분리과세

뇌물 · 알선수재 및 배임수재에 따라 받는 금품은 무조건 종합과세이며 원천징수대상이 될 수 없으므로 무조건 종합과세한다.

2. 종합소득금액
₩35,000,000(근로소득금액) + ₩20,000,000(사업소득금액) + ₩5,000,000(기타소득금액)
= ₩60,000,000

선택적 분리과세가 가능한 기타소득금액이 ₩2,800,000(산업재산권 대여 ₩2,000,000 + 대학 특별강연료 ₩800,000)이므로 해당 금액은 종합과세와 분리과세의 적용을 납세의무자가 선택할 수 있다. 종합소득공제 ₩3,000,000을 고려할 경우 현재 거주자의 과세표준은 ₩57,000,000이므로 한계세율이 24%이다. 그러므로 20%의 선택적 분리과세가 가능한 기타소득은 분리과세를 적용받는 것이 세부담 최소화의 측면에서 유리하다. 다만, 뇌물 등은 무조건 종합소득에 합산하여야 한다.

보론 종교인소득

1. 종교인소득의 범위

기타소득으로 과세하는 종교인소득의 범위는 다음과 같다.[103)]

(1) 종교관련종사자가 종교의식을 집행하는 등 종교관련종사자로서의 활동과 관련하여 종교단체로부터 받은 소득(종교인소득)

(2) 종교관련종사자가 그 활동과 관련하여 현실적인 퇴직 이후에 종교단체로부터 정기적 또는 부정기적으로 지급받는 소득으로서 현실적인 퇴직을 원인으로 종교단체로부터 지급받는 소득에 해당하지 않는 소득[104)]

여기서 '종교관련종사자'란 성직자(목사 · 신부 · 승려 · 기타 성직자)와 기타 종교관련종사자(수사 · 수녀 · 전도사 등)을 말하며, '종교단체'란 종교를 목적으로 하는 다음의 단체를 말한다.

① 민법에 따라 설립된 비영리법인

② 국세기본법에 따른 법인으로 보는 단체

③ 부동산등기법에 따라 등록법호를 부여받은 법인 아닌 단체

2. 비과세 종교인소득

종교인소득 중 다음의 소득에 대해서는 소득세를 과세하지 않는다.

① 종교관련종사자가 종사하는 종교단체의 종교관련종사자로서의 활동과 관련있는 교육훈련을 위하여 받는 학자금

② 종교관련종사자가 받는 다음의 식사 또는 식사대

㉠ 종교관련종사자에게 소속 종교단체가 제공하는 식사나 그 밖의 음식물

㉡ 위의 식사나 그 밖의 음식물을 제공받지 않은 종교관련종사자가 받는 월 20만원 이하의 식사대

③ 종교관련종사자가 받는 다음의 실비변상적 성질의 지급액

㉠ 일직료 · 숙직료 및 그 밖에 이와 유사한 성질의 급여

㉡ 여비로서 실비변상 정도의 금액(종교관련종사자가 본인 소유의 차량을 직접 운전하여 소속 종교단체의 종교관련종사자로서의 활동에 이용하고 소요된 실제 여비 대신에 해당 종교단체의 규칙 등에 정하여진 지급기준에 따라 받는 금액 중 월 20만원 이내의 금액을 포함)

㉢ 종교관련종사자가 소속 종교단체의 규약 또는 의결기구의 의결 · 승인 등에 의하여 결정된 지급기준에 따라 종교 활동에 통상적으로 사용할 목적으로 지급받은 금액 및 물품

㉣ 종교관련종사자가 천재지변이나 그 밖의 재해로 인하여 받는 지급액

---

103) 종교인소득에 대하여 근로소득으로 원천징수하거나 과세표준확정신고를 한 경우에는 해당 소득은 근로소득으로 본다.

104) 종교관련종사자가 현실적인 퇴직을 원인으로 종교단체로부터 지급받는 소득은 퇴직소득으로 과세된다.

④ 종교관련종사자 또는 그 배우자의 출산이나 6세 이하(해당 과세기간 개시일을 기준으로 판단한다) 자녀의 보육과 관련하여 종교단체로부터 받는 금액으로서 월 10만원 이내의 금액

⑤ 종교관련종사자가 기획재정부령으로 정하는 사택을 제공받아 얻는 이익

3. 소득금액의 계산

종교인소득에 대한 기타소득금액은 다음과 같이 계산된다.

종교관련종사자의 기타소득금액 = 종교관련종사자가 받은 금액(비과세소득 제외) − 필요경비

종교인소득에 대해서는 종교관련종사자가 해당 과세기간에 받은 금액(비과세소득 제외) 중 다음 표에 따른 금액을 필요경비로 한다. 다만, 실제 소요된 필요경비가 다음 표에 따른 금액을 초과하면 그 초과하는 금액도 필요경비에 산입한다.

종교관련종사자가 받은 금액	필요경비
2,000만원 이하	받은 금액 × 80%
2,000만원 초과 4,000만원 이하	1,600만원 + 2,000만원을 초과하는 금액 × 50%
4,000만원 초과 6,000만원 이하	2,600만원 + 4,000만원을 초과하는 금액 × 30%
6,000만원 초과	3,200만원 + 6,000만원을 초과하는 금액 × 20%

4. 종교인소득의 과세방법

(1) 원천징수

1) 간이세액표에 의한 원천징수

종교인소득을 지급하는 자는 '종교인소득 간이세액표'에 따라 매달 소득세를 원천징수하여 그 징수일이 속하는 달의 다음달 10일까지 정부에 납부하여야 한다. 다만, 종교단체의 경우 상시고용인원에 관계없이 반기별 납부가 가능하다.

2) 원천징수의 예외(선택사항)

종교인소득(근로소득으로 보는 경우 포함)을 지급하는 자는 기타소득(또는 근로소득)에 대한 소득세의 원천징수를 하지 않을 수 있다. 이 경우 종교인소득을 지급받은 자는 종합소득과세표준을 신고하여야 한다.

3) 연말정산

종교인소득을 지급하고 그 소득세를 원천징수하는 자는 해당 과세기간의 다음 연도 2월분의 종교인소득을 지급할 때(또는 해당 종교관련 종사자와의 소속관계가 종료되는 달의 종교인소득을 지급할 때) 해당 과세기간의 종교인소득에 대한 소득세 결정세액에서 이미 원천징수하여 납부한 소득세를 공제하고 남은 금액을 원천징수한다.

(2) 종합과세와 분리과세

종교인소득도 다른 기타소득과 동일하게 종합소득과세표준에 합산한다. 다만, 종교인소득을 포함한 일반적인 기타소득금액이 300만원 이하이면서 원천징수된 소득은 납세의무자의 선택에 따라 종합소득과세표준에 합산하지 않을 수 있다(선택적 분리과세).

5. 종교인소득의 신고 · 납부

종교인소득이 있는 거주자의 경우에도 과세표준확정신고를 하여야 한다. 다만, 원천징수되는 기타소득으로서 종교인소득만 있는 자는 과세표준확정신고를 하지 않아도 된다.

6. 종교인소득 세무조사 범위 및 절차

종교인소득에 대해서는 종교단체의 장부서류 또는 그 밖의 물건 중에서 종교인소득과 관련된 부분에 한하여 조사하거나 그 제출을 명할 수 있다. 단, 세무공무원은 종교단체가 종교관련종사자에게 지급한 금액 및 물품 외에 종교 활동과 관련하여 지출한 비용을 구분하여 기록 · 관리한 장부 또는 서류에 대하여 조사하거나 그 제출을 명할 수 없다. 그리고 세무공무원은 질문 · 조사권을 행사하기 전에 종교관련종사자 또는 종교단체에 수정신고를 미리 안내하여야 한다.

OX 문제

01 광업권, 어업권, 산업재산권 등의 양도는 기타소득으로 과세되나 영업권과 지상권의 양도는 양도소득으로 과세된다.

02 위약금과 배상금 중 주택입주지체상금으로 인한 기타소득금액의 계산시 필요경비는 신고한 실지거래가액으로 하되, 필요경비가 확인되지 않거나 총수입금액의 80%에 미달하는 경우에는 총수입금액의 80%로 한다.

03 각종 복권의 당첨소득, 승마투표권 · 승자투표권의 환급금, 슬롯머신 등의 당첨금품 및 체육진흥투표권의 환급금은 종합소득에 합산하지 않고 분리과세하나 그 밖의 기타소득은 종합소득에 합산하여 과세된다.

04 기타소득을 지급하는 자는 반드시 기타소득금액의 20%를 원천징수하여야 한다.

정답&해설 01 × 02 ○ 03 × 04 ×

01 영업권의 단독양도는 기타소득으로 과세되나 사업용 고정자산과 함께 양도하는 영업권은 양도소득으로 과세된다.

03 선택적 분리과세가 가능한 기타소득금액의 합계가 연 300만원 이하로서 납세의무자가 분리과세를 선택한 경우에 분리과세를 적용받을 수 있다.

04 원천징수되지 않는 기타소득도 있으며, 5%나 15%의 원천징수세율이 적용되는 기타소득도 있다.

05 신입사원교육에서 일시적으로 강의를 하고 급여 외에 회사로부터 받은 강연료는 기타소득에 해당한다.

06 연예인 및 직업운동선수 등이 받는 전속계약금은 기타소득에 해당한다.

07 종교관련종사자가 종교의식을 집행하는 등 종교관련종사자로서의 활동과 관련하여 종교단체로부터 받은 소득은 기타소득으로 과세된다.

정답&해설 **05** × **06** × **07** ○

05 회사의 업무와 관련하여 수령한 대가는 근로소득에 해당한다.

06 연예인 및 직업운동선수 등이 사업활동과 관련하여 받는 전속계약금은 사업소득으로 분류된다.

연습문제

01 다음 중 기타소득이 아닌 것은?

① 일시적으로 강의를 하고 지급받은 소득
② 상금, 포상금
③ 사업용 고정자산과 함께 양도되는 영업권
④ 저작권 등의 사용료가 저작자 외의 자에게 귀속되는 경우
⑤ 뇌물, 알선수재 및 배임수재에 의하여 받는 금품

정답 ③

사업용고정자산과 함께 양도되는 영업권은 양도소득으로 분류된다. 다만, 사업용고정자산과 분리되어 양도되는 영업권은 기타소득이다. 그리고 저작권 등의 사용료는 저작자에게 귀속되는 경우 사업소득으로 분류되지만, 저작자 외의 자에게 귀속되는 경우 기타소득으로 과세된다.

02 기타소득에 관한 다음의 설명 중 옳지 않은 것은?

① 복권당첨금, 승마투표권의 환급금 등은 무조건 분리과세로 과세종결한다.
② 뇌물, 알선수재 및 배임수재에 따라 받은 금품은 무조건 종합과세한다.
③ 해당 과세기간의 기타소득금액(뇌물, 알선수재 및 배임수재의 경우 제외)의 합계액이 300만원 이하인 경우 무조건 분리과세로 과세가 종결된다.
④ 법인세법에 따라 처분된 기타소득은 결산확정일이 수입시기이다.
⑤ 문예창작소득의 필요경비를 입증하지 못하는 경우에도 총수입금액의 60%는 필요경비로 인정받을 수 있다.

정답 ③

해당 과세기간에 무조건 분리과세되는 기타소득을 제외한 기타소득금액(뇌물, 알선수재 및 배임수재의 경우 제외)의 합계액이 300만원 이하인 경우 분리과세여부를 납세의무자가 선택할 수 있다.

03 기타소득에 관한 다음의 설명 중 옳지 않은 것은? **[CPA 2021]**

① 공무원이 국가 또는 지방자치단체로부터 공무 수행과 관련하여 받는 상금과 부상은 비과세 기타소득이다.

② 「공익사업을 위한 토지 등의 취득 및 보상에 관한 법률」에 따른 공익사업 관련 지역권의 설정 대가는 기타소득이다.

③ 법령에 따른 위원회의 보수를 받지 아니하는 위원이 받는 수당은 비과세 기타소득이다.

④ 뇌물, 알선수재 및 배임수재에 의하여 받는 금품은 기타소득이다.

⑤ 퇴직 전에 부여받은 주식매수선택권을 퇴직 후에 행사함으로써 얻는 이익은 기타소득이다.

정답 ①

공무원이 국가 또는 지방자치단체로부터 공무 수행과 관련하여 받는 상금과 부상 중 연 240만원 이내의 금액은 비과세되는 근로소득이다.

04 20×3년도 거주자 甲의 기타소득과 관련된 자료는 다음과 같다. 종합과세할 기타소득금액은? (단, 원천징수는 적법하게 이루어졌으며 제시된 금액은 원천징수 전의 금액이다. 주어진 자료 외의 사항은 고려하지 않음) **[CTA 2021]**

(1) 주택입주 지체상금 수령액: 3,000,000원
(2) 「공익사업을 위한 토지 등의 취득 및 보상에 관한 법률」에 따른 공익사업과 관련하여 지상권을 대여함으로써 받은 금액: 15,000,000원
(3) 과세대상이 되는 서화를 반복적으로 판매함으로써 얻은 소득: 200,000,000원(단, 이와 관련하여 사업장을 갖추거나 사업자등록을 하지는 않았으며, 서화의 보유기간은 10년 미만이다)
(4) 위 소득과 관련하여 확인된 필요경비는 없다.

① 3,600,000원　② 6,600,000원　③ 7,200,000원
④ 26,600,000원　⑤ 46,600,000원

정답 ②

구 분	금 액	비 고
(1) 주택입주지체상금	600,000	3,000,000 × (1 − 80%)
(2) 공익사업 관련 지상권대여	6,000,000	15,000,000 × (1 − 60%)
(3) 서화양도소득		무조건 분리과세
합 계	6,600,000	

05 20×3년도 거주자 甲의 기타소득과 관련된 자료는 다음과 같다. 원천징수 대상으로서 종합과세할 기타소득금액은? (단, 원천징수는 적법하게 이루어졌으며 제시된 금액은 원천징수 전의 금액이다. 주어진 자료 외의 사항은 고려하지 않음) **[CPA 2022]**

> (1) 계약금이 위약금으로 대체된 경우의 위약금 : 4,000,000원
> (2) 고용관계 없이 받은 일시적인 외부 강연료 : 6,000,000원
> (3) 배임수재로 받은 금품 : 6,000,000원
> (4) 상표권을 대여하고 대가로 받은 금품 : 1,000,000원
> (5) 주택입주 지체상금 : 2,000,000원
> (6) 슬롯머신 당첨금품 : 1,500,000원

① 1,600,000원　② 2,000,000원　③ 2,400,000원
④ 3,200,000원　⑤ 6,000,000원

정답 ④

구 분	금 액	비 고
(1) 위약금	-	원천징수 면제
(2) 강연료	2,400,000	6,000,000 × (1 − 60%)
(3) 배임수재로 받은 금품	-	원천징수 면제
(4) 상표권대여	400,000	1,000,000 × (1 − 60%)
(5) 주택입주지체상금	400,000	2,000,000 × (1 − 80%)
(6) 슬롯머신	-	과세최저한(건별 200만원 이하)
합 계	3,200,000	

06 다음은 (주)BTS의 회계부서에 근무하고 있는 거주자 정국 씨의 20×2년 기타소득에 관한 자료이다. 세부담 최소화의 관점에서 20×2년 종합소득에 합산할 정국 씨의 기타소득금액은 얼마인가? 단, 법인세법상 기타소득으로 처분된 금액은 필요경비가 인정되지 않는다.

> (1) 복권당첨금: ₩20,000,000
> (2) 특강료: ₩4,000,000
> (3) ㈜A의 20×1 사업연도 소득금액에 대한 세무조정시 정국 씨에게 기타소득으로 처분된 금액(결산확정일: 20×2. 2. 24): ₩5,000,000
> (4) 교재출판으로 발생한 원고료: ₩3,000,000
> (5) 공익사업과 관련된 지역권의 대여로 받은 금품: ₩28,000,000
> (지역권의 대여와 관련하여 발생한 필요경비는 ₩3,400,000이다)

① ₩27,000,000 ② ₩15,500,000 ③ ₩19,000,000
④ ₩12,000,000 ⑤ ₩8,000,000

정답 ③

구 분	총수입금액	필요경비	기타소득금액
특강료	₩4,000,000	₩2,400,000	₩1,600,000
법인세법상 기타로 처분된 금액	5,000,000	0	5,000,000
원고료	3,000,000	1,800,000	1,200,000
지역권의 대여로 받은 금품	28,000,000	16,800,000*	11,200,000
계	₩40,000,000	₩21,000,000	₩19,000,000

* 지역권 대여의 경우 필요경비가 총수입금액의 60%에 미달하는 경우 총수입금액의 60%를 필요경비에 산입한다.

07 사업자인 거주자 갑의 20×2년도 종합소득금액을 계산한 것으로 옳은 것은?

(1) 금융소득의 내역(원천징수 전의 금액)
　가. 정기예금이자: ₩10,000,000
　나. 비상장법인으로부터 받은 주식배당: ₩20,000,000
　다. 외국법인으로부터 받은 현금배당: ₩3,000,000
　　(국내에서 원천징수되지 않았음)
(2) 사업소득의 총수입금액 ₩100,000,000, 필요경비 ₩70,000,000
(3) 기타소득인 특강료 ₩20,000,000원(원천징수 전의 금액)

① ₩63,000,000 ② ₩64,430,000 ③ ₩67,000,000
④ ₩68,430,000 ⑤ ₩72,300,000

정답 ⑤

(1) 금융소득금액: ₩33,000,000 + Min[₩20,000,000, ₩13,000,000] × 10% = ₩34,300,000
(2) 사업소득금액: ₩100,000,000 - ₩70,000,000 = ₩30,000,000
(3) 기타소득금액: ₩20,000,000 × (1 - 60%) = ₩8,000,000*
　* 기타소득금액이 3,000,000원을 초과하므로 종합과세한다.
∴ 종합소득금액: ₩72,300,000

08 소득세법상 과세되는 기타소득을 모두 고른 것은?

ㄱ. 아파트 입주 지체를 원인으로 건설사로부터 받은 주택입주지체상금
ㄴ. 태풍으로 인해 신체상의 상해를 입었음을 이유로 보험회사로부터 수령한 보험금
ㄷ. 퇴직 전에 부여받은 주식매수선택권을 퇴직 후에 행사함으로써 얻은 이익
ㄹ. 사업용 고정자산과 함께 양도하는 영업권
ㅁ. 양도가액이 5천만원인 서화를 박물관에 양도함으로써 발생하는 소득

① ㄱ, ㄷ
② ㄴ, ㄷ
③ ㄱ, ㄴ, ㄷ
④ ㄱ, ㄷ, ㅁ
⑤ ㄴ, ㄹ, ㅁ

정답 ①

ㄴ. 비열거소득
ㄹ. 양도소득
ㅁ. 기타소득(비과세)

Chapter 7 소득금액계산의 특례

1 부당행위계산의 부인

(1) 개 념

본인과 경제적인 이해관계가 있는 자(특수관계인)와의 거래로 인하여 소득에 대한 조세부담을 부당하게 감소시킨 것으로 인정되는 경우에는 이를 부당행위로 보아 소득금액을 재계산할 수 있다. 이를 '부당행위계산의 부인'이라고 한다. 부당행위계산의 부인 규정이 적용되더라도 부당행위의 사법상 효과는 여전히 인정되고 단지 거래를 재구성하여 부당하게 감소된 조세만 정상적인 수준에서 발생할 금액으로 재계산하게 되는 것이다.

현행 소득세법에서는 출자공동사업자의 배당소득 · 사업소득 · 기타소득 · 양도소득에 한하여 부당행위계산의 부인규정을 두고 있다(일반적인 금융소득, 근로소득, 연금소득, 퇴직소득에 대하여는 적용되지 않는다). 소득세법상 부당행위계산부인 규정은 법인세법의 경우와 거의 유사하므로 구체적인 사항들은 법인세법을 참조하기로 하며, 양도소득에 대한 부당행위계산에 대해서는 Chapter11에서 학습하기로 한다.

(2) 특수관계인의 범위

특수관계인은 다음 중 어느 하나의 자를 말한다.

1) 친족관계

① 6촌 이내의 혈족
② 4촌 이내의 인척
③ 배우자(사실상의 혼인관계에 있는 자를 포함)
④ 친생자로서 다른 사람에게 친양자 입양된 자 및 그 배우자 · 직계비속

2) 경제적 연관관계

① 임원과 그 밖의 사용인
② 본인의 금전이나 그 밖의 재산으로 생계를 유지하는 자

③ 위 ① 및 ②의 자와 생계를 같이하는 친족

3) 경영지배관계

① 본인이 직접 또는 그와 친족관계 또는 경제적 연관관계에 있는 자를 통하여 법인의 경영에 대하여 지배적인 영향력을 행사하고 있는 경우 그 법인

② 본인이 직접 또는 그와 친족관계, 경제적 연관관계 또는 위 ①의 관계에 있는 자를 통하여 법인의 경영에 대하여 지배적인 영향력을 행사하고 있는 경우 그 법인

(3) 부당행위의 유형

부당하게 소득을 감소시킨 것으로 인정되는 부당행위 유형은 다음과 같다. 이 경우 시가의 산정기준 및 소득금액의 계산에 대해서는 법인세법의 규정을 따르며 ①~③은 시가와 거래가액의 차이가 3억원 이상이거나 시가의 5% 이상인 경우에만 해당한다.

① 특수관계인으로부터 시가를 초과하여 자산을 매입하거나 특수관계인에게 시가에 미달하게 자산을 양도한 경우

② 특수관계인에게 금전 기타 자산 또는 용역을 무상 또는 낮은 이율 등으로 대부하거나 제공한 경우. 다만, 직계존비속에게 주택을 무상으로 사용하게 하고 직계존비속이 해당 주택에 실제 거주하는 경우를 제외한다.[105)]

③ 특수관계인으로부터 금전이나 그 밖의 자산 또는 용역을 높은 이율 등으로 차용하거나 제공받는 경우

④ 특수관계인으로부터 무수익자산을 매입하여 그 자산에 대한 비용을 부담하는 경우

⑤ 그 밖에 특수관계인과의 거래에 따라 해당 과세기간의 총수입금액 또는 필요경비를 계산할 때 조세의 부담을 부당하게 감소시킨 것으로 인정되는 경우

2 공동사업에 대한 소득금액계산

(1) 원칙: 손익분배비율에 의한 소득분배

소득세법상 사업을 여러 명이 공동으로 영위하는 공동사업의 경우 당해 거주자별로 소득세 납세의무를 지는 것이 원칙이다. 따라서 공동사업에서 발생한 소득금액은 해당 공동사업을 경영하는 각 거주자(출자공동사업자[106)] 포함) 간에 손익분배비율에 의하여 분배되었거나 분배될

105) 단, 주택관련 경비는 가사관련경비로 보아 필요경비로 인정되지 아니한다.

소득금액에 따라 각 공동사업자별로 분배한다. 즉, 공동사업장을 1거주자로 보아 소득금액을 계산한 후 그 소득금액을 거주자별로 손익분배비율에 따라 분배하는 것이다. 이것은 공동사업장의 소득을 1거주자로 보아 과세되는 것이 아니라, 단지 소득금액 계산시 해당 공동사업장을 1거주자로 본다는 것이며, 계산된 소득금액은 각 공동사업자에게 약정된 손익분배비율에 의해 각각 나뉘어 할당된다. 그 후 각 공동사업자는 할당받은 공동사업에 대한 소득과 자신의 다른 종합소득과 합산하여 각자가 소득세 납세의무를 지게 된다.

(2) 예외: 공동사업합산과세

1) 공동사업합산과세

과세기간 종료일 현재 거주자와 생계를 같이하는 친족 등(특수관계인)과 사업소득이 발생하는 사업을 공동으로 영위하는 경우로서 손익분배비율을 허위로 정하는 등의 사유가 있는 경우에는, 손익분배비율에 의한 소득분배 규정에 불구하고 그 특수관계인의 소득금액은 주된 공동사업자(손익분배비율이 가장 큰 공동사업자)의 소득으로 간주하여 과세한다. 공동사업에 대한 이러한 예외 규정을 두는 취지는 특수관계인 간에 손익분배비율을 위장분산하여 소득세 누진부담을 회피하는 것을 방지하기 위해서이다.

여기서 '특수관계인'이란 해당 과세기간 종료일 현재 거주자 1인과 친족관계, 경제적 연관관계 및 경영지배관계에 있는 자로서 생계를 같이하는 자를 말한다. 그리고 '손익분배비율을 허위로 정하는 등의 사유'란 다음의 경우를 말한다.

① 공동사업자가 과세표준확정신고서와 첨부서류에 기재한 사업의 종류, 소득금액 명세, 지분비율, 약정된 손익분배비율, 공동사업자간의 관계 등이 사실과 현저히 다른 경우

② 공동사업자의 경영참가, 거래관계, 손익분배비율, 자산의 등기 · 등록, 부채 등의 재무상태 등으로 보아 조세를 회피하기 위해 공동으로 사업을 경영하는 것이 확인되는 경우

2) 특수관계인의 연대납세의무

이처럼 특수관계인의 소득금액이 주된 공동사업자에게 합산과세되는 경우 그 합산과세되는 소득금액에 대해서는 주된 공동사업자의 특수관계인은 그의 손익분배비율에 해당하는 그의 소득금액을 한도로 주된 공동사업자와 연대하여 납세의무를 진다.

3) 주된 공동사업자의 판정

특수관계인의 손익분배비율이 동일한 경우 다음의 순서로 주된 공동사업자를 판정한다.

---

106) 공동사업의 경영에 참여하지 않고 출자만 하는 자를 말한다.

① 공동사업소득 외의 종합소득금액이 많은 자

② 공동사업소득 외의 종합소득금액이 같은 경우 직전 과세기간의 종합소득금액이 많은 자

③ 직전 과세기간의 종합소득금액이 같은 경우 해당 사업에 대한 종합소득과세표준을 신고한 자. 다만, 무신고의 경우에는 납세지 관할세무서장이 정하는 자로 한다.

(3) 공동사업장에 대한 기타특례

1) 원천징수된 세액과 배분

공동사업장에서 발생한 소득금액에 대하여 원천징수된 세액은 각 공동사업자의 손익분배비율에 따라 배분한다.

2) 가산세의 계산과 배분

공동사업장과 관련된 무기장가산세, 적격증명서류 불성실가산세 등의 가산세는 각 공동사업자에게 손익분배의 비율에 의하여 배분한다.

3) 장부의 비치기록 등 의무이행

공동사업장에 대해서는 그 공동사업장을 1사업자로 보아 장부비치 · 기록, 사업자등록 및 휴폐업신고, 납세번호 부여에 관한 규정을 적용한다. 그리고 공동사업자가 그 공동사업장에 관한 사업자등록을 할 때에는 공동사업자(출자공동사업자 해당 여부에 관한 사항 포함) · 약정한 손익분배비율 · 대표공동사업자 · 지분 및 출자명세 그밖에 필요한 사항을 사업장 주소지 관할세무서장에게 신고하여야 하며, 이러한 신고내용에 변동사항이 발생한 경우에는 대표공동사업자가 그 변동내용을 해당 사업장 소재지 관할세무서장에게 신고하여야 한다.

4) 과세표준확정신고 및 결정 · 경정

공동사업자가 과세표준확정신고를 할 때에는 과세표준확정신고서와 함께 해당 공동사업장에서 발생한 소득과 그 외의 소득을 구분한 계산서를 제출하여야 한다. 이 경우 대표공동사업자는 해당 공동사업장에서 발생한 소득금액과 가산세액 및 원천징수된 세액의 각 공동사업장별 분배명세서를 제출하여야 한다.

그리고 공동사업장에서 발생하는 소득금액의 결정 · 경정은 대표공동사업자의 주소지 관할세무서장으로 한다. 다만, 국세청장이 특히 중요하다고 인정하는 것에 대해서는 사업장 관할세무서장 또는 주소지 관할지방국세청장이 한다.

3 결손금과 이월결손금의 공제

(1) 결손금의 공제

결손금이란 총수입금액보다 필요경비가 많은 경우를 말한다. 즉 소득금액이 음(－)인 경우를 의미한다.

사업소득에 있어서 당해 과세기간 중 발생한 결손금(부동산임대업의 사업소득이 있는 경우 일반적인 사업에서 발생한 결손금을 먼저 부동산임대업의 사업소득에서 공제하고 남은 결손금을 말함)은 과세표준을 계산할 때 ① 근로소득금액 ② 연금소득금액 ③ 기타소득금액 ④ 이자소득금액 ⑤ 배당소득금액에서 순차적으로 공제하며 공제 후 남은 결손금은 다음연도로 이월된다.[107)]

다만, 부동산임대업(주거용 건물임대업 제외)에서 발생된 결손금은 당해연도의 종합소득 과세표준에서 공제하지 않고 다음연도로 이월시킨다. 그러나 주택시장 안정을 위한 주거용 건물임대업자에 대한 세제지원 차원에서 부동산임대업 중 주거용 건물임대업에서 발생한 결손금[108)]은 다른 소득에서 공제가 가능하다.

(2) 이월결손금의 공제

1) 개 요

이월결손금(자산수증이익, 채무면제이익으로 충당된 것은 제외)은 발생된 연도로부터 15년간 공제가 가능하다.

일반적인 사업소득에서 발생한 이월결손금은 당해연도의 ① 사업소득금액(부동산임대업의 사업소득금액 포함) ② 근로소득금액 ③ 연금소득금액 ④ 기타소득금액 ⑤ 이자소득금액 ⑥ 배당소득금액에서 순차적으로 공제된다.

부동산임대업(주거용 건물임대업 제외)에서 발생한 이월결손금은 부동산임대업의 사업소득금액에서만 공제가 가능하다. 그러나 부동산임대업 중 주거용 건물임대업에서 발생한 이월결손금은 결손금과 동일하게 다른 소득에서 공제가 가능하다.

---

107) 이자소득 · 배당소득 · 근로소득 · 연금소득 · 퇴직소득 등은 계산구조상 결손금이 생길 수 없다. 기타소득은 결손금이 생길 수 있으나 현행 소득세법에서는 이에 대한 규정이 없다. 마지막으로 양도소득의 결손금은 분류과세되므로 양도소득에서만 통산이 가능하며, 통산 후 남는 결손금은 이월되지 않고 소멸한다.

108) 해당 과세기간에 일반적인 사업소득금액이 있는 경우 주거용 건물임대업에서 발생한 결손금을 먼저 일반적인 사업소득금액에서 공제하고 남은 결손금을 말한다.

2) 결손금과 이월결손금의 공제 우선순위

당해 과세기간에 결손금이 발생하고 이월결손금이 있는 경우에는 결손금을 먼저 공제한 후 이월결손금을 공제한다.

3) 이월결손금 공제의 배제

장부와 증명서류 등에 의하지 않고 추계신고하거나, 장부가 기장되지 않아 소득금액을 추계조사결정하는 경우에는 이월결손금 공제를 받을 수 없다. 다만, 천재지변이나 그 밖의 불가항력으로 장부나 그 밖의 증명서류가 멸실되어 추계신고를 하거나 추계조사결정을 하는 경우에는 이월결손금 공제를 받을 수 있다.

(3) 세액계산특례

결손금 및 이월결손금을 공제할 때 금융소득종합과세의 세액계산특례에 따라 산출세액 계산을 하는 경우 종합과세되는 금융소득 중 원천징수세율을 적용받는 부분은 결손금 및 이월결손금 공제를 받을 수 없다. 한편 종합과세되는 금융소득 중 기본세율을 적용받는 부분은 납세자가 그 소득금액의 범위에서 결손금 및 이월결손금의 공제 여부 및 금액을 결정할 수 있다.

표 7-1 • 결손금 및 이월결손금의 공제 요약

소득구분	결손금 공제순서	이월결손금
사업소득 (부동산임대업의 사업소득 중 주거용 건물임대업 포함)	① 근로소득금액 ② 연금소득금액 ③ 기타소득금액 ④ 이사소득금액 ⑤ 배당소득금액 (단, 부동산임대업(주거용 건물임대업 제외)의 사업소득이 있는 경우 최우선 공제)	① 사업소득금액 (부동산임대업의 사업소득 포함) ② 근로소득금액 ③ 연금소득금액 ④ 기타소득금액 ⑤ 이자소득금액 ⑥ 배당소득금액
부동산임대업의 사업소득 (주거용 건물임대업 제외)	다른 소득에서 공제하지 않음	해당 부동산임대업의 소득금액에서만 공제함

표 7-2 • 종합과세되는 금융소득의 결손금 및 이월결손금 공제

원천징수세율 적용을 받는 부분	기본세율 적용을 받는 부분
결손금, 이월결손금의 공제 배제	납세자가 결손금, 이월결손금의 공제 여부 및 금액을 결정

예제 1 결손금 및 이월결손금의 공제

다음 자료에 따라 거주자 차은우 씨의 20×1년 및 20×2년 귀속 종합소득금액을 계산하시오. △ 표시가 있는 것은 결손금이다. 부동산임대업의 사업소득은 주거용 건물임대업과는 관련이 없으며, 세부담 최소화를 가정한다.

소득구분	20×1년 귀속	20×2년 귀속
이자소득금액	₩50,200,000	₩42,000,000
부동산임대업의 사업소득금액	△10,000,000	6,000,000
일반 사업소득금액	△10,200,000	△4,400,000
근로소득금액	6,000,000	5,000,000
기타소득금액	3,000,000	4,000,000

해설

1\. 20×1년 귀속 종합소득금액

소득구분	결손금공제 전	결손금공제 후
이자소득금액	₩50,200,000	₩49,000,000
부동산임대업의 사업소득금액	△10,000,000	△10,000,000
일반 사업소득금액	△10,200,000	0
근로소득금액	6,000,000	0
기타소득금액	3,000,000	0

일반 사업소득에서 발생한 결손금은 부동산임대업의 사업소득금액도 결손금이 발생하였기 때문에 ① 근로소득금액 ₩6,000,000, ② 기타소득금액 ₩3,000,000, ③ 이자소득금액 ₩1,200,000 순으로 공제가 가능하다. 그러므로 종합소득금액은 ₩49,000,000이 되며 부동산임대업의 사업소득금액 결손금 ₩10,000,000은 20×2년으로 이월시킨다.

2\. 20×2년 귀속 종합소득금액

소득구분	결손금공제 전	결손금공제 후	이월결손금공제 후
이자소득금액	₩42,000,000	₩42,000,000	₩42,000,000
부동산임대업의 사업소득금액	6,000,000	1,600,000	△8,400,000
일반 사업소득금액	△4,400,000	0	0
근로소득금액	5,000,000	5,000,000	5,000,000
기타소득금액	4,000,000	4,000,000	4,000,000

일반 사업소득에서 발생한 결손금은 부동산임대업의 사업소득 ₩6,000,000에서 우선적으로 공제한다. 부동산임대업의 사업소득금액은 20×1년에 발생한 이월결손금이 있으므로 결손금을 우선공제하고 남은 금액 ₩1,600,000에 대하여 이월결손금을 공제한다. 그러므로 종합소득금액은 이자소득금액, 근로소득금액, 기타소득금액의 합계인 ₩51,000,000이 된다.

한편, 부동산임대업의 사업소득금액 이월결손금의 잔액은 ₩10,000,000에서 ₩1,600,000을 차감한 ₩8,400,000이 된다.

4 결손금 소급공제에 의한 환급

(1) 결손금 소급공제

중소기업을 경영하는 거주자가 그 중소기업의 사업소득금액을 계산할 때 해당 과세기간의 이월결손금(부동산임대업에서 발생한 이월결손금은 제외함)이 발생한 경우에는 이를 소급하여 직전 과세기간의 그 중소기업의 사업소득에 대한 종합소득세액을 환급신청할 수 있다. 이 경우 소급공제한 이월결손금에 대해서 이월공제를 적용할 때에는 그 이월결손금을 공제받은 금액으로 본다.[109)]

환급세액 = Min[①, ②]

$$\text{① 환급대상액} = \text{직전과세기간 사업장별 종합소득산출세액}^{*} - \left(\text{직전연도의 종합소득과세표준} - \text{소급공제 결손금액}\right) \times \text{직전연도 소득세율} \times \frac{\text{소급공제후 사업장별 소득금액}}{\text{소급공제후 종합소득금액}}$$

$$^{*}\ \text{직전과세기간의 종합소득산출세액} \times \frac{\text{사업장별 소득금액}}{\text{종합소득금액}}$$

$$\text{② 환급한도액} = \text{직전과세기간의 종합소득결정세액} \times \frac{\text{사업장별 소득금액}}{\text{종합소득금액}}$$

결손금 소급공제세액을 환급받으려는 자는 과세표준확정신고기한까지 납세지 관할세무서장에게 환급을 신청해야 하며, 이러한 환급신청을 받은 납세지 관할세무서장은 지체없이 환급세액을 결정하여 국세기본법에 따라 환급해야 한다. 한편, 이러한 환급규정은 해당 거주자가 결손금이 발생한 과세기간과 그 직전과세기간의 소득에 대한 소득세의 과세표준 및 세액을 과세표준확정신고기한까지 각각 신고한 경우에만 적용한다.

(2) 환급세액의 추징

납세지 관할세무서장은 이처럼 소득세를 환급한 후 결손금이 발생한 과세기간에 대한 소득세의 과세표준과 세액을 경정함으로써 이월결손금이 감소된 경우에는 다음의 세액에 이자상당액을 가산한 금액을 그 이월결손금이 발생한 과세기간의 소득세로서 징수한다.[110)]

---

109) 개인사업자의 결손금 소급공제 부분은 법인세법과 동일하므로 '법인세법 Chapter 11'을 참조하기 바란다.

110) 중소기업에 해당하지 않은 자가 결손금 소급공제에 따른 환급을 받은 경우에는 당초 환급세액 전액에 이자상당액을 가산한 금액을 그 이월결손금이 발생한 과세기간의 소득세로서 징수한다.

$$\text{환급취소세액} = \text{당초 환급세액} \times \frac{\text{감소된 결손금} - \text{소급공제받지 않은 결손금}^{*}}{\text{소급공제한 결손금액}}$$

* 이월결손금 중 그 일부 금액만을 소급공제받은 경우에는 소급공제받지 않은 결손금이 먼저 감소된 것으로 본다.

$$\text{이자상당액} = \text{환급취소세액} \times \text{기간}^{*} \times \frac{2.5}{10,000}$$

* 결손금 소급공제의 환급세액 통지일 다음날부터 징수세액의 고지일까지의 일수

5 채권 등에 대한 소득금액의 계산 특례

(1) 개 요

거주자가 채권 또는 증권의 발행법인으로부터 해당 채권 등에서 발생하는 이자 또는 할인액을 지급받거나 해당 채권 등을 매도하는 경우에는 거주자에게 그 보유기간별로 귀속되는 이자 등 상당액을 해당 거주자의 이자소득으로 보아 소득금액을 계산한다.

채권의 중도매매시 보유기간에 대한 이자에 대해서는 원천징수에 의해 소득세를 징수하고 있으나, 순수한 채권의 매매차익에 대해서는 현행 소득세법에서 과세하지 않고 있다. 그리고 개인은 기본적으로 원천징수를 할 여력이 없다고 볼 수 있기 때문에 개인이 개인에게 채권을 매도하는 경우에는 보유기간에 대한 이자소득의 원천징수가 이루어지지 않아 소득세를 과세하지 아니한다. 따라서 채권의 양도로 인해 발생하는 보유기간에 대한 소득세를 원천징수할 수 있는 다음의 경우에 한해 소득세를 징수하고 있다.

(2) 채권 등에 대한 원천징수특례

1) 개인이 법인에게 매도하는 경우

거주자 또는 비거주자가 채권 등의 발행법인으로부터 이자 등을 지급받거나 해당 채권 등을 발행법인이나 다른 법인에게 매도하는 경우 그 채권 등의 보유기간에 대한 이자 등 상당액을 이자소득으로 보고, 해당 채권 등의 발행법인(또는 다른 법인)을 원천징수의무자로 하며, 이자 등의 지급일 등 또는 채권 등의 매도일 등을 원천징수하는 때로 하여 해당 소득세를 원천징수한다. 그러므로 개인이 개인에게 채권을 매도하는 경우는 보유기간에 대한 이자소득 원천징수가 이루어지지 아니한다.

2) 법인이 타인(개인 또는 법인)에게 매도하는 경우

법인(금융회사 포함)이 채권 등에서 발생하는 이자 등의 계산기간 중에 해당 채권 등을 타

인(개인 또는 법인)에게 매도하는 경우 채권 등의 보유기간에 따른 이자 등에 대해서는 해당 법인이 원천징수의무자를 대리하여 원천징수하여야 한다. 이 경우 해당 법인에 대해서는 이를 원천징수의무자로 보고 법인세법을 적용한다.

3) 보유기간(원천징수기간) 이자 등 상당액

원천징수의 대상이 되는 보유기간 이자 등 상당액은 다음과 같이 계산한다.

보유기간 이자 등 상당액 = 채권 등의 액면가액 × 보유기간 × 이자율

여기서 보유기간은 발행일 또는 직전 원천징수일부터 이자 등의 지급일 등 또는 채권 등의 매도일까지를 말하는데, 일수의 계산은 매수일과 매도일 중 한쪽을 산입하는 방법으로 계산한다.

한편, 이자율은 공개시장에서 발행하는 국채 등의 경우에는 표면이자율을 말하고, 그 외의 채권은 해당 채권 등의 표면이자율에 발행 시 할인율을 더하고 할증률을 뺀 율을 말한다.

OX 문제

01 '부당행위계산의 부인' 규정은 특수관계인과의 거래에 있어서 조세의 부담을 부당하게 감소시킨 것으로 인정되는 배당소득(출자공동사업자에 대한 배당소득에 한함) · 사업소득 · 기타소득 또는 양도소득이 있는 거주자의 행위 또는 계산에 적용된다.

02 직계존비속에게 주택을 무상으로 사용하게 하고 직계존비속이 해당 주택에 실제 거주하는 경우에는 해당 주택관련 경비를 포함하여 부당행위계산의 부인 대상에서 제외된다.

03 사업자가 공동으로 사업을 경영하는 경우에는 공동사업장을 1거주자로 보아 소득세 과세표준 및 세액을 계산하고 해당 세액을 손익분배비율에 따라 각자가 부담한다.

04 공동사업장에 대하여는 공동사업장을 1거주자로 보아 기장의무규정을 적용하며 사업자등록에 관한 규정도 동일하다.

정답&해설 **01** ○ **02** × **03** × **04** ○

02 직계존비속에게 무상으로 주택을 제공하는 경우에는 부당행위계산의 부인대상에서 제외하지만, 동 주택과 관련된 경비는 가사관련경비로 보아 필요경비로 인정하지 않는다.

03 공동사업장의 소득금액을 손익분배비율에 따라 분배하는 것이지 세액을 분배하는 것은 아니다.

05 공동사업장과 관련된 무기장가산세, 적격증명서류 불성실가산세 등의 가산세는 각 공동사업자에게 손익분배의 비율에 의하여 배분한다.

06 공동사업합산과세 규정이 적용되는 특수관계인의 손익분배비율이 동일하다면 직전연도의 종합소득금액이 가장 많은 자를 주된 공동사업자로 보아 특수관계인의 소득금액을 합산한다.

07 소득세법에는 사업소득 및 양도소득에서 발생한 결손금에 대한 처리규정만 있으므로 기타소득의 결손금은 공제받을 수 없다.

08 세법에서 정하는 중소기업을 영위하는 거주자는 사업소득에서 결손금이 발생되는 경우 이를 다른 소득에서 공제하는 대신 직전 과세기간으로 소급공제하여, 직전 과세기간의 사업소득에 부과된 소득세액을 한도로 환급신청할 수 있다.

정답&해설 **05** ○ **06** × **07** ○ **08** ×

06 손익분배비율이 동일하다면 공동사업소득 외의 해당 과세기간의 종합소득금액이 가장 많은 자를 주된 공동사업자로 한다.

08 사업소득에서 결손금이 발생되는 경우 먼저 이를 종합소득금액에서 공제하고 잔액이 남는 경우 중소기업을 영위하는 거주자에 한하여 직전 과세기간으로 소급공제하여 직전 과세기간의 사업소득에 부과된 소득세액을 한도로 환급신청할 수 있다.

연습문제

01 소득세법상 부당행위계산 부인에 관한 설명으로 옳지 않은 것은? **[CTA 2021]**

① 필요경비의 크기에 대하여 입증을 요구하지 않는 소득인 근로소득과 연금소득은 부당행위계산 부인의 대상이 되는 소득으로 규정되어 있지 않다.

② 배당소득과 이자소득은 필요경비가 인정되지 않는 소득이다. 따라서 배당소득과 이자소득 전체는 부당행위계산 부인의 대상이 되는 소득으로 규정되어 있지 않다.

③ 과세표준의 계산과정이 세법의 규정대로 이루어지는 퇴직소득은 부당행위계산 부인의 대상이 되는 소득으로 규정되어 있지 않다.

④ 직계존비속에게 주택을 무상으로 사용하게 하고 직계존비속이 그 주택에 실제로 거주하는 경우는 부당행위계산 부인의 대상에서 제외된다.

⑤ 제조업 영위 개인사업자가 여유자금을 인출하여 부친에게 무상으로 대여한 경우에는 부당행위계산 부인의 대상이 되지 않으나 부친으로부터 높은 이자율(시가의 2배)로 사업자금을 차입하여 그 이자를 필요경비에 산입한 경우에는 부당행위계산 부인의 대상이 된다.

정답 ②

출자공동사업자의 배당소득은 부당행위계산부인 규정이 적용된다.

02 소득세법상 공동사업의 과세에 관한 설명으로 옳지 않은 것은?

① 사업소득이 발생하는 사업을 공동으로 경영하고 그 손익을 분배하는 공동사업의 경우에는 공동사업장을 1거주자로 보아 공동사업장별로 그 소득금액을 계산한다.

② 공동사업에서 발생한 소득금액은 해당 공동사업을 경영하는 각 공동사업자 간에 약정된 손익분배비율(약정된 손익분배비율이 없는 경우에는 지분비율)에 의하여 분배되었거나 분배될 소득금액에 따라 각 공동사업자별로 분배한다.

③ 공동사업장의 해당 공동사업을 경영하는 각 거주자는 자신의 주소지 관할 세무서장에게 사업자등록을 해야 한다.

④ 공동사업자에 출자공동사업자가 포함되어 있는 경우 공동사업에서 발생한 소득금액 중 출자공동사업자의 손익분배비율에 해당하는 금액은 배당소득이다.

⑤ 거주자 1인과 그와 생계를 같이 하는 특수관계인이 공동사업자에 포함되어 있는 경우로서 조세를 회피하기 위하여 공동으로 사업을 경영하는 것이 확인되는 경우에는 그 특수관계인의 소득금액은 주된 공동사업자의 소득금액으로 본다.

정답 ③

공동사업장단위로 소득금액을 계산하고 기장의무를 이행하므로 그 공동사업장을 1사업자로 보아 해당 사업장 소재지 관할세무서장에게 사업자등록을 해야 한다.

03 소득세법 상 공동사업장 및 출자공동사업자에 관한 다음의 설명 중 옳은 것은? **[CPA 2020]**

① 공동사업자간 특수관계가 없는 경우 공동사업에서 발생한 소득금액은 공동사업을 경영하는 각 거주자 간에 손익분배비율에 의하여 분배되었거나 분배될 소득금액에 따라 각 공동사업자별로 분배한다.

② 공동사업에서 발생한 채무에 대하여 무한책임을 부담하기로 약정한 자는 출자공동사업자에 해당한다.

③ 공동사업장의 해당 공동사업을 경영하는 각 거주자는 자신의 주소지 관할 세무서장에게 사업자등록을 해야 한다.

④ 출자공동사업자의 배당소득 수입시기는 그 배당을 지급받는 날이다.

⑤ 출자공동사업자의 배당소득 원천징수세율은 14%이다.

정답 ①

② 공동사업에서 발생한 채무에 대하여 무한책임을 부담하기로 약정한 자는 출자공동사업자가 될 수 없다. 출자공동사업자는 경영에 참여하지 않고 출자만 한 자를 말하며, 출자공동사업자는 자신의 손익분배비율에 해당하는 그의 소득금액을 한도로 주된 공동사업자와 연대납세의 의무가 있다.

③ 공동사업의 경우 그 공동사업장을 1사업자로 보아 사업자등록을 하며, 사업장 주소지 관할 세무서에 신고하여야 한다.

④ 출자공동사업자의 배당소득 수입시기는 공동사업의 총수입금액과 필요경비가 확정된 날이 속하는 과세기간 종료일이다.

⑤ 출자공동사업자가 지급받은 배당소득 원천징수세율은 25%이다.

04 소득세법상 결손금 및 이월결손금 공제에 관한 다음의 설명 중 옳지 않은 것은?

① 부동산임대사업에서 발생된 결손금은 당해연도의 종합소득 과세표준에서 공제하지 않고 다음연도로 이월시킨다.

② 당해 연도에 발생된 결손금은 발생된 연도로부터 15년간 공제가 가능하다.

③ 당해과세기간에 결손금이 발생하고 이월결손금이 있는 경우 이월결손금을 먼저 공제한 후 결손금을 공제한다.

④ 장부와 적격증명서류 등에 의하지 않고 추계신고하거나, 장부가 기장되지 않아 소득금액을 추계결정하는 경우에는 이월결손금 공제를 받을 수 없다.

⑤ 종합과세되는 금융소득 중 기본세율을 적용받는 부분은 납세자가 그 소득금액의 범위에서 결손금 및 이월결손금의 공제여부 및 금액을 결정할 수 있다.

정답 ③

당해과세기간에 결손금이 발생하고 이월결손금이 있는 경우 결손금을 먼저 공제한 후 이월결손금을 공제한다.

05 소득세법 상 결손금 및 이월결손금 공제에 관한 설명으로 옳지 않은 것은?

① 사업자(주거용 건물 임대업이 아닌 부동산임대업은 제외)가 비치 · 기록한 장부에 의하여 해당 과세기간의 사업소득금액을 계산할 때 발생한 결손금은 그 과세기간의 종합소득과세표준을 계산할 때 근로소득금액 · 연금소득금액 · 기타소득금액 · 이자소득금액 · 배당소득금액에서 순서대로 공제한다.

② 부동산임대업에서 발생한 결손금은 종합소득 과세표준을 계산할 때 그 과세기간의 다른 종합소득금액에서 공제하지 아니하나 주거용 건물 임대업의 경우에는 그러하지 아니하다.

③ 중소기업을 경영하는 비거주자가 그 사업소득금액을 계산할 때 해당 과세기간의 이월결손금(주거용 건물 임대업이 아닌 부동산임대업에서 발생한 이월결손금은 제외)이 발생한 경우에는 결손금 소급공제세액을 환급신청할 수 있다.

④ 국세기본법에 따른 국세부과의 제척기간이 지난 후에 그 제척기간 이전 과세기간의 이월결손금이 확인된 경우 그 이월결손금은 공제하지 아니한다.

⑤ 해당 과세기간의 소득금액에 대해서 추계신고를 하거나 추계조사결정하는 경우(천재지변이나 그 밖의 불가항력으로 장부나 그 밖의 증명서류가 멸실된 경우는 제외)에는 이월결손금을 공제하지 않는다.

정답 ③

중소기업을 경영하는 거주자가 그 사업소득금액을 계산할 때 해당 과세기간의 이월결손금(주거용 건물 임대업이 아닌 부동산임대업에서 발생한 이월결손금은 제외)이 발생한 경우에는 결손금 소급공제세액을 환급신청할 수 있다.

06 거주자 수지 씨의 20×1년 소득자료는 다음과 같다. 다음 자료에 의하여 20×2년 5월 말까지 수지 씨가 신고하여야 할 종합소득금액은 얼마인가?

(1) 근로소득금액	₩15,000,000
(2) 사업소득금액	5,000,000
(3) 기타소득금액	9,000,000
(4) 퇴직소득금액	18,000,000
(5) 양도소득금액	(−) 2,000,000
(6) 이자소득금액(정기예금에서 발생한 이자)	6,000,000

① ₩29,000,000 ② ₩35,000,000 ③ ₩51,000,000
④ ₩53,000,000 ⑤ ₩55,000,000

정답 ①

퇴직소득금액과 양도소득금액은 종합소득금액에 합산되지 않고 분류과세된다. 이자소득금액의 경우 조건부 금융소득금액이 2,000만원 이하이므로 무조건 분리과세로 과세가 종결된다. 그러므로 종합소득금액으로 합산되는 것은 근로소득금액, 사업소득금액, 그리고 기타소득금액이 된다.

07 거주자 갑, 을, 병, 정 4인은 공동출자하여 음식점을 경영하고 있다. 갑, 을, 병 3인은 생계를 같이 하는 가족 간이고, 20×1년에 동 음식점업에서 발생한 총수입금액은 5억원, 필요경비는 2억원이었다. 한편 20×1년에 갑은 ㈜A의 이사로 등재되어 있어 4,000만원의 근로소득금액이 있고, 정은 국내 소재 B은행에 예금하여 받은 이자소득 500만원(원천징수 됨)이 있다. 갑, 을, 병, 정의 당초 손익분배비율은 각각 60%, 20%, 10%, 10% 이었는데, 이를 40%, 30%, 20%, 10%로 허위신고하였으며, 이 사실이 과세당국에 밝혀졌다. 이때 갑과 정에게 20×1년 귀속분으로 종합과세되는 소득금액은 각각 얼마인가?

	갑	정
①	₩220,000,000	₩30,000,000
②	₩220,000,000	₩35,000,000
③	₩310,000,000	₩30,000,000
④	₩310,000,000	₩35,000,000
⑤	₩315,000,000	₩30,000,000

정답 ③

구 분	갑	정
손 익 분 배 비 율	90%	10%
공동사업 소득금액	(5억원 - 2억원) × 90% = 2.7억원	(5억원 - 2억원) × 10% = 0.3억원
근 로 소 득 금 액	0.4억원	-
종 합 소 득 금 액	3.1억원	0.3억원

08 거주자 갑의 20×3년 귀속 종합소득 관련 자료이다. 사업소득에서 발생한 결손금 공제 후 갑의 종합소득금액으로 옳은 것은? **[CPA 2021]**

> (1) 제조업에서 발생한 사업소득 자료
> ① 총수입금액: 300,000,000원
> ② 필요경비: 390,000,000원
> (2) 사업소득 필요경비에는 대표자 갑의 인건비 30,000,000원과 사업에 종사하고 있는갑의 딸 인건비 10,000,000원이 포함되어 있다.
> (3) 사업소득 이외의 각 소득금액(결손금 공제 전)
> ① 근로소득금액: 40,000,000원
> ② 기타소득금액: 30,000,000원

① 0원 ② 10,000,000원 ③ 20,000,000원
④ 40,000,000원 ⑤ 70,000,000원

정답 ②

(1) 사업소득
300,000,000 - 390,000,000 + 30,000,000(대표자 인건비) = △60,000,000
(2) 근로소득금액 = 40,000,000
(3) 기타소득금액 = 30,000,000
(4) 종합소득금액 = (1) + (2) + (3) = 10,000,000

09 다음 자료에 의하여 거주자 갑의 20×1년 귀속 배당소득금액을 계산하면 얼마인가?

(1) 갑의 20×1년 귀속 소득금액 내역은 다음과 같다.

구 분	금 액
이자소득금액	₩20,300,000
배당소득금액	55,700,000
사업소득금액(사무실임대업)	7,000,000
사업소득금액(제조업)	△25,000,000
근로소득금액	8,000,000
연금소득금액	3,000,000
기타소득금액	5,000,000

(2) 갑의 20×1년 귀속 소득은 모두 종합과세대상이다. 그리고 기본세율을 적용받는 이자소득금액과 배당소득금액에서도 결손금과 이월결손금을 제한 없이 공제하는 것으로 한다.

(3) 갑의 20×0년 귀속 결손금은 사무실임대업으로부터 발생한 ₩8,000,000과 제조업으로부터 발생한 ₩14,000,000이 있다. 이들은 모두 20×1년으로 이월되었으며 이들 중에서 자산수증이익 등으로 충당된 것은 없다.

① ₩29,000,000　② ₩35,000,000　③ ₩40,000,000
④ ₩46,000,000　⑤ ₩54,000,000

정답 ③

구 분	공제전 소득금액	제조업 결손금공제	제조업 이월결손금공제	사무실임대업 이월결손금공제	공제후 소득금액
이자소득금액	₩20,300,000	⑤△300,000			₩20,000,000
배당소득금액	55,700,000	⑥△1,700,000	△14,000,000		40,000,000
사업소득금액(사무실임대업)	7,000,000	①7,000,000			
사업소득금액(제조업)	△25,000,000	25,000,000			
근로소득금액	8,000,000	②△8,000,000			
연금소득금액	3,000,000	③△3,000,000			
기타소득금액	5,000,000	④△5,000,000			

10 소득세법상 부당행위계산의 부인에 관한 설명으로 옳은 것을 모두 고른 것은?

> ㄱ. 대금업을 영위하지 아니하는 거주자 甲이 아버지에게 연 이자율 5%(자금대여 시 이자율의 시가는 연 10%임)의 조건으로 10억원을 대여한 경우 부당행위계산의 부인 대상이 된다.
> ㄴ. 거주자 乙이 형으로부터 사업자금을 연 이자율 40%(자금대여 시 이자율의 시가는 연 10%임)의 조건으로 10억 원을 차입한 경우 부당행위계산의 부인 대상이 된다.
> ㄷ. 거주자 丙이 운영자금을 마련하기 위하여 사무실로 사용하고 있던 상가건물을 시가의 절반가격으로 사촌동생에게 매각하였다면 부당행위계산의 부인 대상이 된다.
> ㄹ. 부당행위계산의 부인에 의하여 총수입금액에 산입하거나 필요경비에 불산입한 금액은 사기·기타 부정한 행위에 의해 조세를 포탈한 것으로 간주하여 조세범처벌법의 적용 대상이 된다.
> ㅁ. 사업소득이 있는 거주자 丁이 사업자인 형으로부터 시가 1,000만원의 재고자산을 2,000만원에 구입하여 전부 판매한 경우, 사업소득금액을 계산할 때 丁의 필요경비는 1,000만원, 형의 총수입금액은 2,000만원으로 계산한다.

① ㄱ, ㄴ ② ㄱ, ㄴ, ㄷ ③ ㄴ, ㄷ, ㄹ
④ ㄴ, ㄷ, ㅁ ⑤ ㄷ, ㄹ, ㅁ

정답 ④

ㄱ: 대금업을 영위하지 아니하는 거주자 甲이 아버지에게 연 이자율 5%(자금대여 시 이자율의 시가는 연 10%임)의 조건으로 10억원을 대여한 경우, 이는 이자소득이므로 부당행위계산 부인에 해당하지 않는다.

ㄹ: 부당행위계산의 부인에 의하여 총수입금액에 산입하거나 필요경비에 불산입한 금액은 사업소득을 산정할 때에 고려하는 것이지, 이를 사기·기타 부정한 행위에 의해 조세를 포탈한 것으로 간주하는 것은 아니다. 따라서 부당행위계산의 부인은 어디까지나 세법 적용의 문제에 한정되는 것이다.

11 소득세법상 소득금액계산의 특례에 관한 다음의 설명으로 옳은 것을 모두 묶은 것은?

> ㄱ. 출자공동사업자의 배당소득, 사업소득, 기타소득, 양도소득은 부당행위계산 부인의 대상이 된다.
> ㄴ. 사업소득금액을 계산할 때 해당 과세기간에 결손금이 발생하고 이월결손금이 있는 경우에는 이월결손금을 먼저 소득금액에서 공제한다.
> ㄷ. 공동사업자가 과세표준확정신고를 할 때에는 과세표준확정신고서와 함께 당해 공동사업장에서 발생한 소득과 그 외의 소득을 구분한 계산서를 제출하여야 한다.
> ㄹ. 공동사업합산과세 규정에 따라 특수관계인의 소득금액이 주된 공동사업자에게 합산과세되는 경우, 주된 공동사업자의 특수관계인은 그 합산과세되는 소득금액 전체에 대하여 주된 공동사업자와 연대하여 납세의무를 진다.

① ㄱ, ㄴ　　② ㄴ, ㄷ　　③ ㄱ, ㄷ

④ ㄴ, ㄷ, ㄹ　　⑤ ㄱ, ㄷ, ㄹ

정답 ③

ㄴ: 사업소득금액을 계산할 때 해당 과세기간에 결손금이 발생하고 이월결손금이 있는 경우에는 결손금을 먼저 소득금액에서 공제한다.

ㄹ: 공동사업합산과세 규정에 따라 특수관계인의 소득금액이 주된 공동사업자에게 합산과세되는 경우, 주된 공동사업자의 특수관계인은 그의 손익분배비율에 해당하는 그의 소득금액을 한도로 주된 공동사업자와 연대하여 납세의무를 진다.

12 소득세법상 소득금액계산의 특례에 관한 설명이다. 옳지 않은 것은? **[CPA 2022]**

① 직계존비속에게 주택을 무상으로 사용하게 하고 직계존비속이 그 주택에 실제 거주하는 경우는 부당행위계산부인 대상이 아니다.

② 거주자가 채권을 내국법인에게 매도하는 경우에는 당해 거주자가 자신의 보유기간 이자 등 상당액을 이자소득으로 보아 소득세를 원천징수하여야 한다.

③ 피상속인의 소득금액에 대한 소득세로서 상속인에게 과세할 것과 상속인의 소득금액에 대한 소득세는 구분하여 계산하여야 한다.

④ 부동산임대업(주거용 건물 임대업은 제외)에서 발생하는 결손금은 종합소득 과세표준을 계산할 때 다른 소득금액에서 공제하지 않는다.

⑤ 종합소득 과세표준 확정신고 후 예금 또는 신탁계약의 중도 해지로 이미 지난 과세기간에 속하는 이자소득금액이 감액된 경우, 그 중도 해지일이 속하는 과세기간의 종합소득금액에 포함된 이자소득금액에서 그 감액된 이자소득금액을 뺄 수 있다.

정답 ②

거주자가 채권을 내국법인에게 매도하는 경우 보유기간 이자 상당액은 이자소득으로 본다. 이때 이자소득에 대한 원천징수의무는 소득을 지급하는 자인 내국법인이 부담한다. 참고로 내국법인이 원천징수대상채권 등을 타인(개인 또는 법인)에게 매도하는 경우에는 해당 내국법인을 원천징수의무자로 본다.

Chapter 8 종합소득과세표준의 계산

1 종합소득과세표준의 계산

종합소득과세표준은 종합소득금액(이자소득금액 · 배당소득금액 · 사업소득금액 · 근로소득금액 · 연금소득금액 · 기타소득금액의 합계)에서 소득세법 및 조세특례제한법 상 종합소득공제를 차감하여 계산한다.

> 종합소득과세표준 = 종합소득금액 − 종합소득공제

종합소득공제는 크게 인적공제와 물적공제로 나뉘어진다. 인적공제는 납세의무자의 인적상황에 따라 세금부담에 차등을 두어 담세능력에 따른 공평과세를 실현하는 데 그 목적이 있고, 물적공제는 납세의무자가 지출한 사회보장비용 등에 대하여 세제면에서 지원하는데 목적이 있다. 종합소득공제는 연단위로 공제되므로 월할계산하지 않으며 미공제된 종합소득공제는 소멸되고 차기로 이월되지 않는다.

현재 규정되어 있는 소득공제제도를 요약하면 다음과 같다.

<table>
<tr><th>구 분</th><th>종 류</th><th>근거세법</th></tr>
<tr><td>인적공제</td><td>① 기본공제
② 추가공제</td><td rowspan="2">소득세법</td></tr>
<tr><td rowspan="2">물적공제</td><td>① 연금보험료공제(공적연금)
② 주택담보노후연금 이자비용공제
③ 특별소득공제(사회보험료, 주택자금)</td></tr>
<tr><td>④ 신용카드 등 사용금액에 대한 소득공제
⑤ 소기업 · 소상공인 공제부금에 대한 소득공제 등</td><td>조세특례제한법</td></tr>
</table>

2 종합소득공제

(1) 인적공제

1) 기본공제

기본공제는 거주자 본인을 포함하여 일정한 요건을 갖춘 기본공제대상자 1인당 연 150만원을 공제한다. 기본공제대상자는 다음과 같다.

<table>
<tr><th rowspan="2">구 분</th><th rowspan="2">공제대상자</th><th colspan="2">요 건</th></tr>
<tr><th>연 령*1)</th><th>연간 소득금액 합계</th></tr>
<tr><td>본 인</td><td>당해 거주자</td><td>–</td><td>–</td></tr>
<tr><td>배우자</td><td>당해 거주자의 배우자</td><td>–</td><td rowspan="6">100만원 이하
(종합소득금액,
퇴직소득금액,
양도소득금액의 합계액).
단, 근로소득만 있는 경우 연간 총급여액이 500만원 이하인 자도 공제대상자가 된다.</td></tr>
<tr><td rowspan="5">부양가족</td><td>① 직계존속(계부 · 계모 포함)</td><td>60세 이상</td></tr>
<tr><td>② 직계비속과 입양자*2)</td><td>20세 이하</td></tr>
<tr><td>③ 형제자매</td><td>20세 이하
또는 60세 이상</td></tr>
<tr><td>④ 국민기초생활보장법에 따른 생계급여 등의 수급자</td><td>–</td></tr>
<tr><td>⑤ 위탁아동*3)</td><td>–</td></tr>
</table>

*1) 장애인은 연령요건을 고려하지 않는다.

*2) 직계비속이 장애인이고 그 직계비속의 배우자가 모두 장애인인 경우 당해 배우자도 기본공제 대상자에 포함된다. 그리고 거주자가 재혼한 경우에는 그 배우자의 직계비속도 포함된다.

*3) 해당 과세기간에 6개월 이상 직접 양육한 위탁아동으로서 18세 미만 보호아동(보호기간이 연장될 경우 20세 이하인 위탁아동도 공제가능) 중 시 · 군 · 구청장이 선정한 자(다만, 직전 과세기간에 소득공제를 받지 못한 경우에는 해당 위탁아동에 대한 직전 과세기간의 위탁기간을 포함한다)

2) 추가공제

기본공제대상자가 다음 중 어느 하나에 해당하는 경우에는 기본공제금액 외에 1인당 다음의 금액을 추가로 공제한다.

구 분	내 용	공제금액
경로우대공제	기본공제대상자가 70세 이상인 경우	1인당 100만원
장애인공제	기본공제대상자가 장애인*1)인 경우	1인당 200만원

구 분	내 용	공제금액
부녀자공제	해당 과세기간에 종합소득금액이 3,000만원 이하인 거주자가 아래의 ① 또는 ②인 경우 ① 배우자가 없는 여성으로서 기본공제대상자인 부양가족이 있는 세대주 ② 배우자가 있는 여성	연 50만원
한부모공제	배우자가 없고 기본공제대상자인 자녀가 있는 거주자 (부녀자공제와 중복되는 경우 한부모공제만 적용함)	연 100만원

*1) 장애인은 다음의 어느 하나에 해당하는 자로 한다.
① 장애인복지법에 따른 장애인 및 「장애아동 복지지원법」에 따른 장애아동
② 「국가유공자 등 예우 및 지원에 관한 법률」에 의한 상이자 및 이와 유사한 사람으로서 근로능력이 없는 사람
④ 항시 치료를 요하는 중증환자

3) 공제대상자의 범위와 판정시기

① 공제대상 가족인 생계를 같이하는 자의 범위: 기본공제를 적용받기 위해서는 당해 과세기간 종료일 현재 주민등록표상 동거가족으로 당해 거주자의 주소 또는 거소에서 현실적으로 생계를 같이하는 자이어야 한다. 다만, 다음과 같은 경우 동거하지 않아도 생계를 같이하는 것으로 본다.

㉠ 배우자 · 직계비속 · 입양자: 항상 생계를 같이 하는 부양가족으로 본다.
㉡ 일시퇴거자: 취학 · 질병의 요양 · 근무상 또는 사업상 형편 등으로 일시 퇴거한 경우 그 사실이 입증되는 경우
㉢ 직계존속(배우자의 직계존속 포함): 주거형편상 별거하는 경우

② 공제대상자의 판정시기: 공제대상자 연령의 판정은 당해 연도 과세기간 종료일인 12월 31일 현재의 상황에 의한다. 다만, 다음과 같은 예외가 있다.

㉠ 과세기간 종료일 전에 사망 또는 장애가 치유된 경우 사망일 전날 또는 치유일 전날의 상황에 따른다.

> 예 20×1. 11. 4.에 62세 부친이 사망한 경우: 20×1년 기본공제 대상자로 인정받는다.

㉡ 연령기준이 정해진 공제의 경우 당해 과세기간 중에 기준연령에 해당하는 경우 공제대상자가 된다.

> 예 2×00. 2. 5.생인 자녀: 2020. 12. 31. 현재 만20세를 초과하나 2×20. 2. 4.까지는 만 20세 이하이므로 기본공제대상자로 인정받는다.

③ 2명 이상의 공제대상가족에 해당하는 경우

㉠ 거주자의 공제대상가족이 동시에 다른 거주자의 공제대상가족에도 해당하는 경우 소득공제신고서에 기재된 바에 따라 그 중 1인의 공제대상가족으로 한다.

㉡ 둘 이상의 거주자가 공제대상 가족을 서로 자기의 공제대상 가족으로 신고서에 기재한 때 또는 누구의 공제대상 가족으로 할 것인가를 알 수 없는 때에는 다음의 기준에 따른다.

㈎ 거주자의 공제대상 배우자가 다른 거주자의 공제대상 부양가족에 해당하는 때에는 공제대상 배우자로 한다.

㈏ 거주자의 공제대상 부양가족이 다른 거주자의 공제대상 부양가족에 해당하는 때에는 직전 과세기간에 부양가족으로 인적공제를 받은 거주자의 공제대상 부양가족으로 한다. 단, 직전 과세기간에 부양가족으로 인적공제를 받은 사실이 없는 때에는 해당 과세기간의 종합소득금액이 가장 많은 거주자의 공제대상 부양가족으로 한다.

㈐ 거주자의 추가공제대상자가 다른 거주자의 추가공제대상자에 해당하는 때에는 위 ㈎, ㈏의 규정에 따라 기본공제를 하는 거주자의 추가공제대상자로 한다.

㉢ 당해 과세기간의 중도에 사망하였거나 외국에서 영주하기 위하여 출국한 거주자의 공제대상가족이 상속인 등 다른 거주자의 공제대상가족에 해당하는 자에 대하여는 피상속인 또는 출국한 거주자의 공제대상 가족으로 한다. 이 경우 피상속인 또는 출국한 거주자에 대한 인적공제액이 소득금액을 초과하는 때에는 그 초과액은 상속인 또는 다른 거주자의 해당 과세기간의 소득금액에서 공제할 수 있다.

예제 1 인적공제

연간 총급여액이 2,800만원인 근로소득자인 전지현(여, 42세) 씨의 소득공제신청서상의 서류는 다음과 같다. 전지현 씨의 20×1년 인적공제금액은 얼마인가? 단, 전지현 씨는 근로소득 외에 다른 종합소득은 없다.

관 계	연 령	소 득	비 고
남 편	45세	총급여액 330만원	
부 친	71세	없 음	20×1. 5. 5. 사망
모 친	72세	사업소득금액 200만원	주거형편상 별거 중
장 녀	19세	없 음	
차 녀	6세	없 음	
여동생	35세	없 음	현재 전지현 씨의 주소에서 생계를 같이 영위하고 있음, 장애인

해설

1. 대상자 판정

관 계	기본공제대상판정		결 과	추가공제대상판정
	연령요건	소득요건		
본 인	무 관	무 관	○	부녀자공제 50만원
남 편	무 관	○	○	×
부 친	○	○	○	경로우대공제 100만원
모 친	○	×	×	×
장 녀	○	○	○	
차 녀	○	○	○	
여동생	○	○	○	장애인공제 200만원

(1) 본 인: 무조건 기본공제대상자이다. 또한 종합소득금액이 3,000만원 이하이고 배우자가 있으므로 부녀자공제대상이다.

(2) 남 편: 연령요건과 무관하며 소득요건은 총급여액이 500만원 이하이므로 기본공제대상자이다.

(3) 부 친: 사망일 전일을 기준으로 60세 이상이므로 연령요건이 충족되었으며, 소득이 없으므로 기본공제대상이다. 또한 기본공제대상자로서 71세 이상이므로 경로우대공제를 적용받을 수 있다.

(4) 모 친: 연령요건은 충족하였으나 소득금액이 100만원 초과이므로 기본공제대상자가 아니다. 또한 기본공제대상자가 아니므로 72세라 하더라도 추가공제를 받을 수 없다.

(5) 장 녀: 연령요건과 소득요건을 모두 충족하였으므로 기본공제대상자이다.

(6) 차 녀: 연령요건과 소득요건을 모두 충족하였으므로 기본공제대상자이다.

(7) 여동생: 동거중인 장애인이므로 연령요건은 고려하지 않으며, 소득요건도 충족되었으므로 기본공제대상자이다. 또한 기본공제대상자로서 장애인이므로 추가공제를 받을 수 있다.

2. 인적공제 합계액

(1) 기본공제: 150만원 × 6명 = 900만원

(2) 추가공제: 경로우대공제(100만원) + 장애인공제(200만원) + 부녀자공제(50만원) = 350만원

(3) 합계: (1) + (2) = 1,250만원

(2) 물적공제

1) 연금보험료공제

종합소득이 있는 거주자가 공적연금 관련법(국민연금법, 공무원연금법, 군인연금법, 사립학교교직원연금법, 별정우체국법, 또는 「국민연금과 직역연금의 연계에 관한 법률」)의 연금에 따른 보험료를 납부하는 경우 해당 과세기간의 종합소득금액에서 연금보험료 등을 전액 소득공제 받을 수 있다.

연금보험료공제액 = 납부한 공적연금(국민연금 등) 보험료

국민연금의 경우 사용자부담금과 사용인부담금으로 나뉘는데 이 중 사용인부담금(본인부담분)만 소득공제되며 사용자부담금(회사부담분)은 소득공제대상이 아니다. 연금보험료공제는 연금가입자에게 유리하도록 타 공제보다 후순위로 공제한다.[111]

2) 주택담보노후연금(역모기지)[112] 이자비용공제

연금소득이 있는 거주자가 한국주택금융공사법에 따른 주택담보노후연금 및 금융기관의 주택담보노후연금(역모기지)을 받은 경우에는 지급받은 연금에 대해서 발생한 이자비용을 연간 200만원 한도로 해당 과세기간의 연금소득금액에서 공제한다. 다만, 해당 금액이 연금소득금액을 초과하는 경우에는 그 초과금액은 없는 것으로 한다. 단, 주택담보노후연금 가입 당시 설정대상이 되는 주택은 기준시가 9억원 이하이어야 하며 주택소유자(배우자가 있는 경우에는 배우자를 포함)가 55세 이상인 자에 한한다.

3) 특별소득공제

근로소득이 있는 거주자가 지출한 사회보험료(건강보험료 등)나 주택자금을 지급하고 연말정산 또는 종합소득확정신고를 할 때 공제신청을 한 경우에 적용하며, 공제액이 그 거주자의 해당 과세기간에 합산과세되는 종합소득금액을 초과하는 경우 그 초과금액은 없는 것으로 한다.

① 사회보험료 소득공제

근로소득이 있는 거주자(일용근로자 제외)가 해당 과세기간에 국민건강보험법, 노인장기요양보험법 또는 고용보험법에 따라 근로자가 부담하는 보험료를 지급한 경우 그 금액을 해당 과세기간의 근로소득금액에서 공제한다.

구 분	공제금액
건강보험료 · 노인장기요양보험료 · 고용보험료 근로자부담분	전액 공제

111) 연금보험료공제를 받은 금액은 수령할 때 과세되며 연금보험료공제를 받지 않은 금액은 수령시 비과세된다. 그러므로 공제금액이 종합소득금액을 초과할 때에는 연금보험료공제를 후 순위로 받는 것이 유리하다.

112) 주택소유자가 주택에 저당권을 설정하고 금융회사로부터 노후생활자금을 매월 지급받는 연금방식을 말한다.

예제 2 사회보험료 소득공제

다음 자료에 의하여 근로소득자 한예슬 씨의 20×1년도 사회보험료공제액을 계산하라.

(1) 건강보험료 · 노인장기요양보험료 사용인부담분 ₩800,000
(2) 건강보험료 · 노인장기요양보험료 사용자부담분 ₩800,000
(3) 고용보험료 본인부담분 ₩200,000
(4) 본인을 위한 장애인전용보장성보험 보험료 납입분 ₩500,000

해설

사회보험료공제액
= 800,000(건강보험료 · 노인장기요양보험료 본인부담분) + 200,000(고용보험료 본인부담분)
= ₩1,000,000

* 장애인전용보장성보험은 세액공제가 가능하다.

② 주택자금 소득공제

근로소득이 있는 거주자113)로서 주택을 소유하지 않은 세대의 세대주(이하 무주택 세대주, 단 장기주택저당차입금의 경우에는 1주택자 포함)가 주택자금을 지급한 경우 공제한도를 초과하지 않는 주택자금을 해당 과세기간의 근로소득금액에서 공제한다. 또한 세대주가 근로소득이 없거나 근로소득이 있더라도 주택자금 소득공제를 받지 않는 경우에는 근로소득이 있는 세대원이 주택자금 소득공제를 받을 수 있다. 자세한 주택자금공제 내역은 다음 표와 같다.

<table>
<tr><th>구 분</th><th>공제대상</th><th>공제액</th><th>1차한도액</th><th>2차한도액</th></tr>
<tr><td>① 주택청약저축 납입액</td><td>총급여액이 7,000만원 이하이며 무주택 세대주가 청약저축 · 주택청약종합저축에 납입한 금액이 있는 경우(연 300만원 한도)</td><td>납입액의 40%</td><td rowspan="2">① + ②는 400만원 한도</td><td rowspan="2">① + ② + ③은 800만원 한도*</td></tr>
<tr><td>② 주택임차자금 원리금상환액</td><td>무주택 세대주가 국민주택규모의 주택임차 후 주택임차자금 차입금의 원리금상환시</td><td>원리금 상환액의 40%</td></tr>
</table>

113) 거주자인 외국인근로자의 경우 소득공제 및 세액공제는 내국인근로자와 동일하게 적용된다, 단 외국인은 세대주에 해당하지 않으므로 주택자금공제는 적용되지 아니한다. 하지만 무주택외국인 근로자의 경우에도 주거안정지원을 위하여 주택임차자금 원리금 상환액·장기주택저당차입금이자상환액·월세액에 대해 2021년 1월 1일 이후 지급하는 분부터 소득공제를 적용받을 수 있다.

구 분	공제대상	공제액	1차한도액	2차한도액
③ 장기주택 저당차입금 이자상환액	근로소득이 있는 무주택세대주나, 1주택을 보유한 세대주가 취득 당시 공시주택가격이 6억원 이하 주택을 취득하기 위해 해당주택에 저당권을 설정하고 금융기관·국민주택기금으로부터 차입한 경우 장기주택저당차입금 이자상환액	이자 상환액의 100%		①+②+③은 800만원 한도*

* 차입금의 상환기간이 15년 이상인 장기주택저당차입금의 경우 800만원의 공제한도를 적용하나, 장기주택저당차입금이 다음 중 어느 하나에 해당하는 경우에는 800만원 대신 다음에 해당하는 금액을 공제한도로 하여 장기주택저당차입금 이자상환액에 대한 소득공제를 적용한다.

구 분	공제한도
㉠ 차입금의 상환기간이 10년 이상인 장기주택저당차입금의 이자를 고정금리로 지급하거나 그 차입금을 비거치식 분할상환으로 상환하는 경우	600만원
㉡ 차입금의 상환기간이 15년 이상인 장기주택저당차입금의 이자를 고정금리로 지급하거나 그 차입금을 비거치식 분할상환으로 상환하는 경우	1,800만원
㉢ 차입금의 상환기간이 15년 이상인 장기주택저당차입금의 이자를 고정금리로 지급하고, 그 차입금을 비거치식 분할상환으로 상환하는 경우	2,000`만원

4) 신용카드 등 사용금액에 대한 소득공제(조세특례제한법)

① 개 요

신용카드 등 사용금액에 대한 소득공제는 근로자의 신용카드 등 사용액에 대해 소득공제하는 제도로서 근로자의 신용카드 사용을 유인함으로서 사업자의 과세노출을 통한 소득탈루를 방지하고 상대적으로 사업소득보다 소득포착률이 높은 근로소득의 세금부담을 경감하여 과세형평을 제고하기 위하여 도입되었다.

근로소득이 있는 거주자(일용근로자는 제외)가 법인 또는 개인사업자로부터 재화나 용역을 제공받고 신용카드 등 사용금액의 연간 합계액이 해당 과세연도 총급여액의 25%(최저사용금액)를 초과하는 경우 신용카드 등 소득공제액을 해당 과세연도의 근로소득금액에서 공제한다.

② 신용카드 등 소득공제액의 계산

신용카드 등 소득공제액의 계산은 다음의 순서에 따라 계산한다.

1. 신용카드 등 소득공제 적용가능 여부 판단

'(1)신용카드 등 사용금액의 연간 합계액'이 '(2)최저사용금액'보다 큰지 여부를 판단한다. 만약 1)신용카드 등 사용금액의 연간 합계액'이 '(2)최저사용금액'보다 적다면 신용카드 등 소득공제는 받을 수 없다.

(1) 신용카드 등 사용금액의 연간 합계액: 가 + 나 + 다

가. 신용카드를 사용하여 그 대가로 지급하는 금액

나. 직불카드(기명식선불카드 포함)를 사용하여 그 대가로 지급하는 금액

다. 현금영수증에 기재된 금액

(2) 최저사용금액: 총급여액 × 25%

2. 신용카드 등 사용금액의 구분

신용카드 등 사용금액의 연간 합계액을 다음과 같이 5종류의 사용금액으로 구분한다.

① 전통시장 사용분

② 대중교통 사용분

③ 문화체육 사용분(총급여액이 7천만원 이하인 자에 한함)

* 도서 · 공연 · 신문 구입금, 박물관 · 미술관 · 영화상영관 입장료, 수영장 · 체력단련장 등 체육시설 이용요금[114] 등

④ 직불카드 등(선불카드, 현금영수증 포함) 사용분(① ~ ③에 포함된 금액 제외)

⑤ 신용카드 사용분(① ~ ③에 포함된 금액 제외)

3. 소득공제금액의 계산 = 가 + 나 + 다 + 라 + 마 - 바

가. ①전통시장 사용분 × 40%

나. ②대중교통 사용분 × 40%

다. ③문화체육 사용분 × 30%

라. ④직불카드 등 사용분 × 30%

마. ⑤신용카드 사용분 × 15%

바. 다음 중 어느 하나의 금액

구 분	⑥으로 차감하는 금액
최저사용금액 ≤ 신용카드 사용분	최저사용금액 × 15%
신용카드사용분 < 최저사용금액 ≤ (신용카드 사용분 + 직불카드 등 사용분)	신용카드 사용분 × 15% + (최저사용금액 − 신용카드 사용분) × 30%

114) 2025년 7월 1일 이후 지출하는 분부터 적용한다.

구 분	⑥으로 차감하는 금액
최저사용금액 > (신용카드 사용분 + 직불카드 등 사용분)	• 총급여액이 7천만원 이하인 경우: 신용카드 사용분 × 15% + (직불카드 등 사용분 + 문화체육 사용분) × 30% + (최저사용금액 - 신용카드 사용분 - 직불카드 등 사용분 - 문화체육 사용분) × 40%
	• 총급여액이 7천만원을 초과하는 경우: 신용카드 사용분 × 15% + 직불카드 등 사용분 × 30% + (최저사용금액 - 신용카드 사용분 - 직불카드 등 사용분) × 40%

4. 소득공제 한도액

총급여액	기본 공제한도
7천만원 이하	300만원
7천만원 초과	250만원

5. '4'의 금액에서 한도초과금액 발생시 다음의 추가 공제한도내에서 한도초과액을 추가로 공제한다.

총급여액	추가 공제한도
7천만원 이하	Min[①×40%+②×40%+③×30%, 300만원]
7천만원 초과	Min[①× 40%+②× 40%, 200만원]

③ 신용카드 등 사용금액의 범위

㉠ 공제대상 카드사용자의 범위[115)]

㈎ 거주자 본인

㈏ 거주자의 배우자로서 연간 소득금액 합계액이 100만원 이하인 자(총급여액 500만원 이하의 근로소득만 있는 경우 포함)

㈐ 거주자와 생계를 같이하는 직계존비속(배우자의 직계존속과 동거입양자를 포함하되, 다른 거주자의 기본공제를 적용받은 자는 제외)으로서 연간 소득금액의 합계액이 100만원 이하인 자(총급여액 500만원 이하의 근로소득만 있는 경우 포함). 이 경우 나이는 불문한다.

㉡ 공제대상액에서 제외되는 신용카드 등 사용금액

115) 기본공제대상자인 형제자매가 사용한 신용카드 등 사용액은 공제대상 카드사용자 범위에 해당하지 아니한다.

<table>
<tr><th>구 분</th><th colspan="2">제외항목</th></tr>
<tr><td>이중공제 배제</td><td colspan="2">① 개인의 사업소득과 관련된 비용 또는 법인의 비용
② 신용카드 등으로 결제하여 정치자금 등에 대한 세액공제를 적용받는 금액
③ 월세 세액공제를 적용받는 월세액</td></tr>
<tr><td rowspan="6">과세표준양성화에 기여하지 못하는 항목</td><td>① 보험료</td><td>건강보험료, 장기요양보험료, 고용보험료, 국민연금보험료, 각종 계약보험료(생명보험, 손해보험 등)</td></tr>
<tr><td>② 교육비</td><td>보육비용, 유치원 · 초등학교 · 중학교 · 고등학교 · 대학교 · 대학원의 수업료 등(취학 전 아동의 학원 · 체육시설수강료는 제외)</td></tr>
<tr><td>③ 제세공과금</td><td>국세 · 지방세 및 공과금(전기요금, 수도요금, 가스요금, 전화요금 등),
아파트관리비, 텔레비전시청료(종합유선방송시청료 포함) 및 고속도로 통행료</td></tr>
<tr><td>④ 면세점 및 국외사용액</td><td>• 시내 · 출국장면세점, 기내면세점, 지정면세점 등에서 사용한 금액
• 외국에서 사용한 신용카드 사용액</td></tr>
<tr><td>⑤ 사용료 등</td><td>• 국가 · 지방자치단체 등에 지급하는 사용료 · 수수료 등
• 금융 · 보험용역과 관련된 지급액 · 사용료 등
(차입금이자상환액, 증권거래수수료 등)
• 리스료</td></tr>
<tr><td>⑥ 기타</td><td>• 상품권 등 유가증권 구입비
• 취득세 또는 등록에 대한 등록면허세가 부과되는 재산의 구입비용 (신규자동차 구입비, 중고자동차 구입비* 등)
• 월세액 등</td></tr>
<tr><td>비정상 카드사용 행위</td><td colspan="2">① 위장카드가맹점에서 교부받은 매출전표
② 물품 또는 용역의 거래 없이 신용카드 등을 교부받거나 실제 매출금액을 초과하여 신용카드 등의 매출전표를 교부받는 행위</td></tr>
</table>

* 단, 중고자동차를 신용카드 등으로 구입하는 경우에는 그 중고자동차 구입금액 중 10%는 신용카드 등 사용금액에 포함한다.

예제3 신용카드 등 사용금액에 대한 소득공제

20×1년 연간 총급여액이 3,000만원인 근로자가 다음과 같이 신용카드 등을 사용하였을 경우 신용카드 등 소득공제 금액을 계산하시오.

① 신용카드사용액이 1,440만원
(제세공과금 100만원, 현금서비스 50만원, 외국에서 사용한 금액 50만원, 병원비 250만원, 전통시장사용분 200만원, 취학전 자녀의 태권도 학원비 340만원 포함)

② 현금영수증 200만원

③ 직불카드 160만원

해설

1. 신용카드등사용액이 1,600만원(① + ② + ③ - 200만원)이므로 최저사용금액(3,000만원 × 25% = 750만원)보다 많으므로 신용카드 등 소득공제가 가능하다.

* 제세공과금(100만원), 현금서비스 받은 금액(50만원), 외국에서 사용한 금액(50만원)은 신용카드 등 사용액에서 제외됨

2. ① 전통시장사용분 = 200만원 × 40% = 80만원
   ② 직불카드와 현금영수증 사용분 = 360만원 × 30% = 108만원
   ③ 신용카드사용분 = 1,040만원(1,600만원 - 200만원 - 360만원)×15% = 156만원
   ④ 차감액 = 750만원 × 15% = 112.5만원 (최저사용금액 < 신용카드사용분)

- 소득공제 가능액: ① + ② + ③ - ④ = 231.5만원 (공제한도 = 300만원)
  ∴ 신용카드 등 소득공제 금액은 231.5만원이다.

5) 소기업 · 소상공인 공제부금에 대한 소득공제[116](조세특례제한법)

거주자가 소기업 · 소상공인 공제에 가입하여 납부하는 공제부금에 대해서는 해당 연도의 공제부금 납부액과 다음의 공제한도 중 적은 금액을 해당 과세연도의 사업소득금액(부동산임대업의 소득금액은 제외하며 법인의 대표자로서 해당 과세기간의 총급여액이 8천만원 이하인 거주자의 경우에는 근로소득금액으로 한다)에서 공제한다.

해당 과세연도의 사업(근로)소득금액	공제한도
4천만원 이하	600만원
4천만원 초과 1억원 이하	400만원
1억원 초과	200만원

116) 일명 '노란우산공제'라 한다.

한편, 2016. 1. 1. 이후 가입자는 공제부금을 수령할 때 소득공제를 받은 원금과 운용수익을 합산하여 퇴직소득으로 과세한다. 단, 소득공제를 받지 않은 원금은 수령시 비과세된다.117)

6) 청년형 장기집합투자증권저축(장기펀드) 소득공제(조세특례제한법)

청년의 자산형성 및 주거를 지원하기 위하여 2025년 12월 31일까지 가입하는 다음의 요건을 만족하는 청년형 장기펀드에 대하여 납입금액(연 600만원 한도)의 40%를 종합소득금액에서 공제한다.

① 19세 이상 34세 이하의 청년이 가입할 것

② 총급여액 5천만원 또는 종합소득금액 3,800만원 이하일 것(직전 3개연도 중 1회 이상 금융소득종합과세 대상자 제외)

③ 계약기간이 3년 이상 5년 미만일 것

④ 펀드는 국내 상장주식에 40% 이상 투자될 것

단, 가입기간 중 총급여액 8,000만원 또는 종합소득금액 6,700만원 초과 시 해당 과세기간은 소득공제 제외되며, 가입 후 3년 이내 해지·인출·양도 시 감면세액 상당액(납입금액의 6%)은 추징된다.118)

3 종합소득공제의 배제와 소득공제 종합한도

(1) 종합소득공제의 배제

① 분리과세소득(분리과세이자소득, 분리과세배당소득, 분리과세연금소득, 분리과세기타소득)만 있는 거주자는 인적공제 및 물적공제를 적용하지 않는다.

② 종합소득 과세표준확정신고를 하여야 할 자가 인적공제, 연금보험료공제, 주택담보노후연금 이자비용공제, 특별소득공제, 자녀세액공제, 연금계좌세액공제 및 특별세액공제 대상임을 증명하는 서류를 제출하지 않은 경우에는 기본공제 중 거주자 본인에 대한 분과 표준세액공제만을 공제한다. 다만, 종합소득 과세표준확정신고 여부와 관계없이 그 서류를 나중에 제출한 경우에는 그렇지 않다.

117) 소기업 · 소상공인 공제에 기존에 가입한 자는 소득공제받은 원금은 비과세, 운용수익은 이자소득으로 과세된다.

118) 단, 사망 · 해외이주 · 3개월 이상 장기요양 등의 경우에는 만기 전 해지 시에는 납입금액의 6% 추징 규정이 적용되지 아니한다.

(2) 종합소득공제 종합한도

거주자의 종합소득세를 계산할 때 일정한 공제금액의 합계액이 2,500만원을 초과하는 경우 초과금액은 없는 것으로 한다. 여기서 일정한 공제는 주택자금소득공제, 조세특례제한법상 소득공제(신용카드 등 사용금액에 대한 소득공제 등)를 말한다. 동 규정의 취지는 고소득자의 과도한 소득공제의 혜택을 일괄배제하기 위한 것이다.

OX 문제

01 거주자와 생계를 같이 하는 부양가족 중 장애인이 있는 경우에는 장애인의 연령과 소득금액에 관계없이 거주자의 기본공제대상자로 한다.

02 배우자의 소득이 정기예금이자 500만원밖에 없다면 거주자의 기본공제대상자가 된다.

03 기본공제요건 중 소득금액요건의 경우 근로소득만 있는 경우 총급여액이 500만원 이하라면 기본공제대상자이다.

04 사회보험료 소득공제와 주택자금 소득공제를 특별소득공제라 하며 특별소득공제액은 근로소득금액을 한도로 공제한다.

정답&해설 01 × 02 ○ 03 ○ 04 ×

01 장애인은 연령의 제한은 받지 않으나 소득금액의 제한(100만원)은 받는다.

04 특별소득공제액이 해당 과세기간에 합산과세되는 종합소득금액을 초과하는 경우 그 초과금액은 없는 것으로 한다.

05 거주자의 추가공제대상자가 다른 거주자의 추가공제대상자에 해당하는 경우에는 기본공제를 받는 거주자가 추가공제를 받는다.

06 거주자와 생계를 같이하는 부양가족 중에 나이가 34세로서 장애인인 아들(소득 없음) 1명이 포함되어 있다면 그 아들에 대해서는 기본공제 150만원과 추가공제(장애인) 200만원을 공제한다.

07 취학이나 질병의 요양으로 인해 거주자와 동거하지 않는 20세 이하 자녀는 무조건 생계를 같이하는 것으로 보기 때문에 소득요건만 만족한다면 기본공제대상자가 될 수 있다.

08 총급여액이 4,000만원인 무주택 세대주가 주택청약종합저축에 납입하는 경우 전액 소득공제가 가능하다.

정답&해설 **05** ○ **06** ○ **07** ○ **08** ×

08 총급여액이 7,000만원 이하인 무주택 세대주가 주책청약저축에 납입한 금액이 있는 경우 연 300만원을 한도로 납입금액의 40%를 소득공제 받을 수 있다.

연습문제

01 다음의 소득공제 중 그 성격이 다른 것은?

① 장애인공제 ② 부녀자공제 ③ 주택자금공제
④ 기본공제 ⑤ 경로우대공제

정답 ③

주택자금공제는 인적공제가 아닌 물적공제 중 하나이다.

02 종합소득공제에 관한 다음의 설명 중 옳지 않은 것은?

① 해당 과세기간에 종합소득금액이 2,500만원인 거주자가 배우자는 없으나 기본공제대상자인 자녀 1명이 있는 경우에는 부녀자공제와 한부모공제 모두 가능하다.
② 75세인 소득이 없는 부친이 당해연도 7월 1일자로 사망한 경우 기본공제대상자에 포함된다.
③ 자녀가 24세인 소득이 없는 장애인인 경우 기본공제대상자에 포함된다.
④ 16세의 자녀가 사업소득금액 200만원이 있는 경우 기본공제대상자가 될 수 없다.
⑤ 과세기간 중에 만 20세가 된 자녀도 소득요건을 충족한다면 당해연도의 기본공제대상자가 될 수 있다.

정답 ①

한부모공제가 부녀자공제와 중복되는 경우 공제금액이 큰 한부모공제만 적용된다.

03 다음은 소득세 계산에 있어서의 종합소득공제에 대한 다음의 설명 중 옳지 않은 것은?

① 종합소득이 있는 거주자로서 국민연금법에 의한 연금보험료와 공무원연금법에 의해 근로자가 부담하는 기여금 또는 부담금은 당해연도 종합소득금액 범위내에서 전액 소득공제한다.

② 분리과세 대상 종합소득만이 있는 자에 대해서는 종합소득공제를 적용하지 않는다.

③ 종합소득이 있는 거주자가 연금에 납입한 기여금 또는 개인부담금은 공적연금의 경우에는 전액, 사적연금의 경우에는 연간 400만원을 한도로 종합소득공제를 적용한다.

④ 근로소득이 있는 거주자의 배우자 또는 그 거주자와 생계를 같이하는 직계존비속으로서 연간 소득금액이 100만원 이하인 자(총급여액 500만원 이하의 근로소득만 있는 자 포함)의 신용카드 등 사용금액은 거주자의 신용카드 등 사용금액에 대한 소득공제에 포함시킬 수 있다.

⑤ 근로소득이 있는 거주자가 사용한 신용카드 등 사용금액은 종합소득공제 대상이 되나 사업소득과 관련된 비용 또는 법인의 비용을 신용카드로 사용한 것은 공세대상이 되지 않는다.

정답 ③

공적연금의 경우에는 소득공제를 적용하나 사적연금에 납입한 금액은 연금계좌세액공제를 적용한다.

04 다음은 20×1년 말 현재 근로소득자 박보영(여, 51세) 씨의 인적사항이다. 20×1년도에 소득득금액 신고시 종합소득공제의 인적공제액을 계산한 것으로 옳은 것은? 단, 박보영 씨의 당해연도 종합소득금액은 3,200만원으로 가정한다.

(1) 남편: 김구라(71세), 총급여액 500만원(다른 소득 없음)
(2) 아들: 김일구(10세), 소득없음
(3) 딸: 김일숙(21세), 소득없음, 장애인
(4) 시동생: 김구리(62세), 소득없음, 현재 함께 거주중임

① ₩6,000,000 ② ₩7,500,000 ③ ₩9,000,000
④ ₩10,500,000 ⑤ ₩11,000,000

정답 ④

박보영 씨 본인, 남편, 아들, 딸, 시동생 모두 공제대상자이므로 기본공제금액은 ₩7,500,000 (150만원 × 5명)이다. 그리고 경로우대공제 100만원(남편)과 장애인공제 200만원(딸)이 적용되어 총 300만원의 추가공제가 가능하다. 단, 박보영 씨의 종합소득금액이 3,000만원을 초과하기 때문에 부녀자공제는 적용받을 수 없다. 따라서 박보영 씨의 인적공제 금액의 합계액은 ₩10,500,000이다.

05 거주자 갑의 20×3년 종합소득공제 관련 자료이다. 갑의 종합소득공제 중 인적공제액으로 옳은 것은? **[CPA 2021]**

(1) 본인 및 부양가족 현황

구 분	나 이	소 득
본 인(남성)	41세	총급여액 ₩50,000,000
부 친	83세	공무원연금 수령액 ₩30,000,000
모 친	78세	소득없음
아 들	10세	소득없음

(2) 배우자(41세, 소득없음)와 20×3년 7월 1일 법적으로 이혼하였다.

(3) 부친은 연금보험료 소득공제를 받지 않았다.

(4) 모친은 항시 치료를 요하는 중증환자인 장애인이다.

① 8,500,000원 ② 9,500,000원 ③ 10,000,000원
④ 11,000,000원 ⑤ 12,500,000원

정답 ④

(1) 기본공제(본인, 부친*, 모친, 아들) = 1,500,000 × 4 = 6,000,000

* 공무원연금수령액에 대하여 연금보험료 소득공제를 받지 않았다는 것은 해당 공무원연금이 과세대상이 아니라는 뜻이다.

(2) 추가공제 = 1,000,000(한부모공제) + 1,000,000×2(경로우대자공제) +2,000,000(장애인공제) = 5,000,000

(3) 인적공제 합계액 = 11,000,000

06 다음 자료에 의하여 남성인 거주자 갑의 20×1년도 종합소득공제액을 계산한 것으로 옳은 것은?

(1) 본인 및 가족현황

가 족	연 령	소득현황	비 고
본 인	42세	총급여액 ₩50,000,000	−
배우자	39세	총급여액 ₩4,000,000	−
부 친	72세	소득없음	20×1. 6. 10. 사망
모 친	68세	식량작물재배업소득 ₩5,000,000	−
장 남	10세	소득없음	장애인
장 녀	7세	소득없음	−

(2) 국민건강보험료 및 노인장기요양보험료 본인부담분 ₩500,000, 국민연금보험료 본인부담분 ₩2,000,000을 납부하였음

(3) 부모는 주거형편상 본인과 별거하고 있음

① ₩11,500,000 ② ₩12,500,000 ③ ₩13,000,000
④ ₩14,500,000 ⑤ ₩16,000,000

정답 ④

(1) 인적공제: ① + ② = ₩12,000,000

① 기본공제: 6명*1) × ₩1,500,000 = ₩9,000,000

*1) 본인, 배우자, 부친, 모친, 장남, 장녀

(배우자의 총급여액이 5,000,000원 이하에 해당하므로 배우자는 기본공제를 받을 수 있으며, 모친도 비과세되는 식량작물재배업소득만 있으므로 기본공제를 받을 수 있다)

② 추가공제: ₩1,000,000(경로우대자공제) + 2,000,000(장애인공제) = ₩3,000,000

(2) 연금보험료공제: ₩2,000,000

(3) 특별소득공제: ₩500,000(사회보험료 소득공제)

∴ 종합소득공제액: (1) + (2) + (3) = ₩14,500,000

07 다음 자료에 의하여 근로소득자 임영웅 씨의 20×1년의 사회보험료 소득공제액을 계산하시오.

(1) 건강보험료 · 고용보험료 본인부담분	₩500,000
(2) 본인을 위한 자동차보험의 보험료 납입액	200,000
(3) 배우자를 위해 가입한 손해보험의 보험료 납입금 (배우자는 31세로서 사업소득금액이 120만원 있다)	380,000

① ₩200,000 ② ₩500,000 ③ ₩580,000
④ ₩700,000 ⑤ ₩1,080,000

정답 ②

건강보험료와 고용보험료 본인부담분만이 사회보험료 소득공제 대상액이다.
본인을 위한 자동차보험의 보험료 납입액은 세액공제 대상이며, 배우자는 기본공제대상자가 아니므로 세액공제 대상도 아니다.

08 거주자 갑(41세 남성이며 일용근로자 아님)의 20×3년 근로소득 및 소득공제 관련 자료이다. 종합소득 과세표준으로 옳은 것은? **[CPA 2022]**

(1) 근로소득 및 보험료 납부 내역
① 기본급 및 상여금 : 65,000,000원
② 여비(실비변상정도의 금액) : 1,200,000원
③ 국민연금보험료 본인부담분 : 3,000,000원(회사가 대신 부담)
④ 국민건강보험료 본인부담분 : 4,000,000원

(2) 부양가족 현황
① 배우자(41세) : 국내은행 예금이자 10,000,000원이 있음
② 아들(11세) : 장애인이며, 소득 없음

(3) 근로소득공제

총급여액	근로소득공제
4,500만원 초과 1억원 이하	1,200만원 + (총급여액 - 4,500만원) × 5%

① 38,500,000원 ② 41,350,000원 ③ 42,490,000원
④ 42,850,000원 ⑤ 44,350,000원

정답 ②

구 분	금 액	비 고
1. 총급여액	68,000,000	
① 기본급, 상여금	65,000,000	
② 여비		실비변상적 성질의 여비는 비과세됨
③ 국민연금 회사대납액	3,000,000	회사대납액은 총급여액에 포함됨
건강보험 본인부담분		총급여액에 포함되어 있음
2. 근로소득공제	13,150,000	12,000,000+(68,000,000-45,000,000)×5%
3. 종합소득금액	54,850,000	68,000,000 - 13,150,000
4. 종합소득공제	13,500,000	
① 인적공제	6,500,000	1,500,000 × 3 + 2,000,000(장애인)
② 연금보험료공제	3,000,000	
③ 특별소득공제	4,000,000	국민건강보험료
5. 종합소득과세표준	41,350,000	54,850,000 - 13,500,000

09 근로소득자 차은우 씨의 총급여액이 ₩40,000,000이고 정상적인 신용카드 사용금액이 ₩18,000,000일 경우 신용카드소득공제액은 얼마인가? 단, 차은우 씨는 현금영수증이나 직불카드 등은 사용하지 않았으며, 전통시장과 대중교통에 사용한 금액도 없다.

① ₩1,200,000 ② ₩3,000,000 ③ ₩4,000,000
④ ₩8,000,000 ⑤ ₩18,000,000

정답 ①

(1) 신용카드 사용금액(₩18,000,000) > 최저사용금액(₩40,000,000 × 25%)

(2) 신용카드 등 사용금액에 대한 소득공제 : ① - ② = ₩1,200,000
① 신용카드 등 사용분: ₩18,000,000 × 15% = ₩2,700,000
② 차감액: ₩10,000,000 × 15% = ₩1,500,000

(3) 공제한도: ₩3,000,000(총급여액 7,000만원 이하)

∴ 신용카드 등 사용금액에 대한 소득공제액 = Min[₩1,200,000, ₩3,000,000] = ₩1,200,000

10 다음 자료를 바탕으로 갑의 20×1년도 근로소득에 대한 연말정산시 적용받게 될 신용카드 등 사용금액에 대한 소득공제액을 계산하면 얼마인가? 단, 소득공제 종합한도는 고려하지 아니한다.

(1) 갑의 총급여액 : ₩40,000,000

(2) 동거가족 현황
① 배우자: 소득 없음
② 장 남: 19세이며, 소득 없음
③ 부 친: 55세이며, 소득 없음

(3) 신용카드 등 사용내역

사용자	사용내역	금 액
본 인	국내에서 물품구입에 사용한 금액(신용카드)	₩15,000,000
	해외에서 물품구입에 사용한 금액(신용카드)	5,000,000
	대중교통에 사용한 금액(직불카드)	2,000,000
배우자	전통시장에서 사용한 금액(현금영수증)	3,250,000
장 남	대학등록금 납부액(신용카드)	5,000,000
부 친	병원입원비 지출액(신용카드)	6,000,000

① ₩2,850,000 ② ₩3,000,000 ③ ₩3,750,000
④ ₩4,000,000 ⑤ ₩4,200,000

정답 ③

(1) 신용카드 사용금액(₩26,250,000) > 최저사용금액(₩40,000,000 × 25%)

* 해외에서 사용한 신용카드 사용분과 대학등록금 납부액은 신용카드 등 소득공제 대상금액에서 제외된다. 한편, 의료비 지출액의 경우에는 신용카드 등으로 결제하는 경우 의료비세액공제와 신용카드 등 소득공제를 동시에 적용받을 수 있다.

(2) 공제금액 계산

구 분	사용금액	최저사용금액	공제율	공제금액
전통시장	₩3,250,000	–	40%	₩1,300,000
대중교통	2,000,000	–	40%	800,000
직불카드 · 현금영수증	–	–	30%	–
신용카드	21,000,000	(−)10,000,000	15%	1,650,000
합 계	₩26,250,000	(−)10,000,000		₩3,750,000

(3) 공제한도
기본한도: ₩3,000,000 (∵총급여액 7,000만원 이하의 근로소득자)
추가한도: Min[750,000, {Min(₩3,250,000 × 40% + ₩2,000,000 × 40%, 300만원)}]= ₩750,000

(4) 소득공제액: ₩3,750,000

Chapter 9 종합소득세액의 계산

1 종합소득과세표준과 세액 계산의 흐름

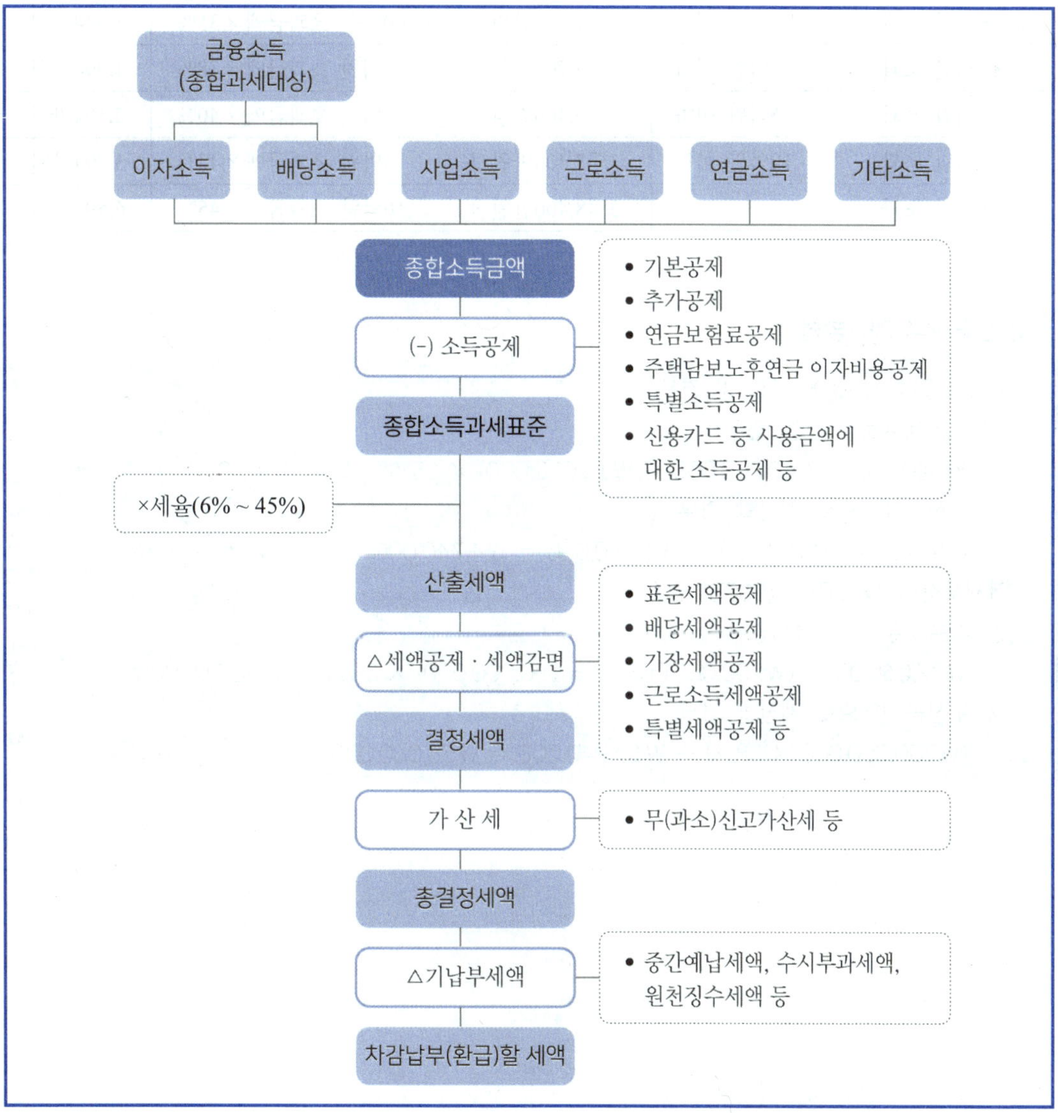

2 종합소득산출세액의 계산

종합소득산출세액은 종합소득과세표준에 다음의 기본세율을 적용하며 초과누진세율 구조로 되어 있어 과세표준이 일정한 구간을 초과할 때 세부담이 급격하게 증가되는 현상을 방지한다.

종합소득과세표준	기본세율	누진공제액
1,400만원 이하	과세표준 × 6%	-
1,400만원 초과 5,000만원 이하	84만원 + 1,400만원 초과금액 × 15%	126만원
5,000만원 초과 8,800만원 이하	624만원 + 5,000만원 초과금액 × 24%	576만원
8,800만원 초과 1.5억원 이하	1,536만원 + 8,800만원 초과금액 × 35%	1,544만원
1.5억원 초과 3억원 이하	3,706만원 + 1.5억원 초과금액 × 38%	1,994만원
3억원 초과 5억원 이하	9,406만원 + 3억원 초과금액 × 40%	2,594만원
5억원 초과 10억원 이하	1억7,406만원 + 5억원 초과금액 × 42%	3,594만원
10억원 초과	3억8,406만원 + 10억원 초과금액 × 45%	6,594만원

산출세액 계산방법

1. 과세표준이 ₩40,000,000인 경우
   ① 기본세율로 계산할 경우
   ₩840,000 + (₩40,000,000 − ₩14,000,000) × 15% = ₩4,740,000
   ② 누진공제액으로 계산할 경우
   (₩40,000,000 × 15%) − ₩1,260,000 = ₩4,740,000
2. 과세표준이 ₩200,000,000인 경우
   ① 기본세율로 계산할 경우
   ₩37,060,000 + (₩200,000,000 − ₩150,000,000) × 38% = ₩56,060,000
   ② 누진공제액으로 계산할 경우
   (₩200,000,000 × 38%) − ₩19,940,000 = ₩56,060,000

3 금융소득에 대한 종합과세시 세액계산의 특례

종합소득에 금융소득(이자소득과 배당소득)이 포함되어 있는 경우에는 일반적인 종합소득에 대한 세액계산을 적용하지 않고 다음과 같이 세액계산의 특례를 적용한다.

(1) 종합과세되는 금융소득이 2,000만원을 초과하는 경우

종합소득산출세액 = Max[① 일반산출세액, ② 비교산출세액]

① (종합소득 과세표준 - ₩20,000,000) × 기본세율 + ₩20,000,000 × 14%

② (종합소득 과세표준 - 금융소득금액) × 기본세율 + 금융소득총수입금액* × 14%(비영업대금의 이익은 25%)

* 여기서, 금융소득총수입금액이란 배당소득의 경우 gross-up을 하기 전 금액을 말한다.

일반산출세액과 비교산출세액의 의미

- 일반산출세액: 금융소득을 종합과세할 때 종합과세 기준금액(2천만원)을 분기점으로 하여 세부담이 급격히 증가하지 않도록 기준금액까지는 기본세율을 적용하지 않고 일반적인 금융소득의 원천징수세율(14%)을 적용한다.
- 비교산출세액: 종합과세시 분리과세하였을 경우보다 세부담이 오히려 줄어드는 현상의 방지를 위해 금융소득이 모두 분리과세 되었을 경우의 세액을 과세최저한으로 계산하도록 규정하고 있다.

(2) 종합과세되는 금융소득이 2,000만원 이하인 경우

(종합소득 과세표준 - 금융소득금액) ×기본세율 + 금융소득총수입금액 ×14%(비영업대금의 이익은 25%)

원천징수대상이 아닌 금융소득은 그 금액이 기준금액 이하인 경우에도 종합과세한다. 그러나 해당 금융소득이 모두 원천징수되었을 경우를 가정하여 기본세율이 아닌 14%의 원천징수세율을 적용한다.

예제 1 금융소득에 대한 종합과세시 세액계산

다음은 거주자 제니 씨의 20×1년 종합소득세를 계산하기 위한 자료이다. 제니 씨의 20×1년 종합소득결정세액을 계산하시오. 단, 비영업대금의 이익을 제외한 모든 소득의 원천징수는 모두 적법하게 이루어졌으며, 모든 금액은 원천징수세액을 차감하기 전 금액이다.

(1) 소득명세

① 상장내국법인으로부터 받은 현금배당	₩20,000,000
② 저축성보험의 만기(보험계약기간 10년, 월 적립식)로 인한 보험차익	10,000,000
③ 국내은행의 정기예금으로부터 받은 이자	28,000,000
④ 개인종합자산관리계좌(ISA)에서 발생한 이자	750,000
⑤ 비영업대금의 이익	2,000,000
⑥ 사업소득금액	15,000,000

(2) 종합소득공제: ₩2,500,000

해설

1. 배당소득의 분류

	조건부종합과세대상	무조건종합과세대상
이자소득금액	③ ₩28,000,000	⑤ ₩2,000,000
배당소득금액	① ₩20,000,000(Gross-up 대상)	

※ 계약기간이 10년 이상인 월 적립식 저축성보험의 보험차익과 개인종합자산관리계좌(ISA)에서 발생한 이자소득은 비과세이다.

2. 종합소득과세표준의 계산

종합과세 대상 금융소득이 2,000만원을 초과하므로 ₩50,000,000은 모두 종합과세된다.

이자소득금액 = ₩30,000,000

배당소득금액 = ₩20,000,000 + ₩20,000,000 × 10% = ₩22,000,000

사업소득금액 = ₩15,000,000

종합소득금액 = ₩30,000,000 + ₩22,200,000 + ₩15,000,000 = ₩67,000,000

종합소득과세표준 = ₩67,000,000 - ₩2,500,000(종합소득공제) = ₩64,500,000

3. 종합소득산출세액의 계산

종합소득산출세액 = Max[①일반산출세액, ②비교산출세액] = ₩8,215,000

① (₩64,500,000 - ₩20,000,000) × 기본세율 + ₩20,000,000 × 14% = ₩8,215,000

② (₩64,500,000 - ₩52,000,000) × 기본세율 + ₩2,000,000(비영업대금이익) × 25% + ₩48,000,000 × 14% = ₩7,970,000

4. 종합소득결정세액의 계산 (5. 배당세액공제 참조)

배당세액공제 = Min[①, ②] = ₩245,000

① 귀속법인세: ₩2,000,000

② 한도액: ₩8,215,000(산출세액) - ₩7,970,000(비교산출세액) = ₩245,000

∴ 종합소득 결정세액 = ₩8,215,000 - ₩245,000 = ₩7,970,000

4 세액감면

세액감면이란 특정한 소득에 대해 사후적으로 세금을 완전히 면제해 주거나 또는 일정한 비율만큼 경감해주는 것을 말한다. 현재 소득세법과 조세특례제한법은 여러 가지 세액감면제도를 두어 일정한 정책적 목적을 달성하고 있으며 감면세액은 다음과 같이 계산된다.

$$감면세액 = 종합소득산출세액 \times \frac{감면대상소득금액}{종합소득금액} \times 감면비율$$

(1) 소득세법상 세액감면

① 사업소득에 대한 감면: 거주자 중 대한민국의 국적을 가지지 아니한 자가 선박 · 항공기의 외국항행사업으로부터 얻는 소득(상호면세주의에 따름)

② 근로소득에 대한 감면: 정부 간의 협약에 의하여 우리나라에 파견된 외국인이 그 양쪽 또는 한쪽 당사국의 정부로부터 받는 급여

(2) 조세특례제한법상 세액감면

조세특례제한법에 규정하고 있는 세액감면은 상당히 다양한데, 이 중 사업소득과 관련된 감면규정 중 일부를 소개하면 다음과 같다.

① 창업중소기업 등에 대한 세액감면(제6조)
② 중소기업에 대한 특별세액감면(제7조)
③ 수도권과밀억제권역 밖으로 이전하는 중소기업에 대한 세액감면(제63조)
④ 사회적기업 및 장애인표준사업장에 대한 세액감면(제85조의6)
⑤ 중소기업의 기술이전소득에 대한 세액감면(제12조 ①)
⑥ 소형주택 임대사업자에 대한 세액감면(제96조)

1) 창업중소기업 등에 대한 세액감면(조세특례제한법 제6조)

중소기업 중 2027년 12월 31일 이전에 법령으로 정한 업종으로 창업한 중소기업과 창업벤처중소기업 업종으로 창업한 중소기업과 「중소기업창업 지원법」에 따라 창업보육센터사업자로 지정받은 내국인에 대해서는 해당 사업에서 최초로 소득이 발생한 과세연도[119]와 그 다음 과세연도의 개시일부터 4년 이내에 끝나는 과세연도까지 해당 사업에서 발생한 소득에 대한 소득세에 다음의 구분에 따른 감면을 곱한 금액에 상당하는 세액을 감면한다.

---

119) 사업 개시일부터 5년이 되는 날이 속하는 과세연도까지 해당 사업에서 소득이 발생하지 아니하는 경우에는 5년이 되는 날이 속하는 과세연도를 말한다.

<table>
<tr><th colspan="2" rowspan="3">구 분</th><th colspan="3">기본 감면</th><th rowspan="3">추가
감면</th></tr>
<tr><th rowspan="2">수도권
과밀억제권역</th><th colspan="2">수도권과밀억제권역 밖</th></tr>
<tr><th>수도권</th><th>수도권 밖*</th></tr>
<tr><td colspan="2">창업 중소기업</td><td>-</td><td>5년 25%</td><td>5년 50%</td><td rowspan="3">상시
근로자
증가율
×
100%</td></tr>
<tr><td></td><td>청년창업*1)
창업보육센터
사업자</td><td>5년 50%</td><td>5년 75%</td><td>5년 100%</td></tr>
<tr><td colspan="2">벤처기업 등</td><td colspan="3">5년 50%</td></tr>
</table>

*1) 청년창업중소기업은 15세 이상 39세 이하인 사람이 창업한 기업을 말한다.

2) 중소기업에 대한 특별세액감면(조세특례제한법 제7조)

중소기업 중 감면 업종을 경영하는 기업에 대해서는 2025년 12월 31일 이전에 끝나는 과세연도까지 해당 사업장에서 발생한 소득에 대한 소득세에 업종별 감면율을 곱하여 계산한 세액상당액을 감면한다. 다만, 내국법인의 본점 또는 주사무소가 수도권에 있는 경우에는 모든 사업장이 수도권에 있는 것으로 보고 감면율을 적용한다.

<table>
<tr><th rowspan="2">본점소재지</th><th rowspan="2">업 종</th><th colspan="2">감면율</th></tr>
<tr><th>소기업</th><th>중기업</th></tr>
<tr><td rowspan="2">지방</td><td>도(소)매업, 의료기관 운영업</td><td>10%</td><td>-</td></tr>
<tr><td>제조업 등 나머지 46개 업종</td><td>20%</td><td>-</td></tr>
<tr><td rowspan="2">수도권</td><td>도(소)매업, 의료기관 운영업</td><td>10%</td><td>5%</td></tr>
<tr><td>제조업 등 나머지 46개 업종</td><td>30%</td><td>15%</td></tr>
</table>

5 세액공제

세액공제란 산출세액에서 일정액을 공제하는 것을 말한다. 현행 소득세법과 조세특례제한법에서는 다양한 세액공제제도를 두어 일정한 정책적 목적을 달성하기 위함이다.

구 분	종 류	적용대상자	이월공제 여부	법인세법 존재유무
소득세법	(1) 배당세액공제	배당소득자	-	×
	(2) 기장세액공제	간편장부대상자	-	×
	(3) 전자계산서발급세액공제	면세사업자	-	×
	(4) 외국납부세액공제	국외원천소득자	10년	○
	(5) 재해손실세액공제	사업자	-	○
	(6) 근로소득세액공제	근로소득자	-	×
	(7) 자녀세액공제	종합소득자	-	×
	(8) 연금계좌세액공제	종합소득자	-	×
	(9) 특별세액공제			
	① 항목별세액공제			
	㉠ 보장성보험료세액공제	근로소득자	-	×
	㉡ 의료비세액공제	근로소득자	-	×
	㉢ 교육비세액공제	근로소득자	-	×
	㉣ 기부금세액공제	종합소득자	10년	×
	② 표준세액공제	종합소득자	-	×
조특법	(1) 정치자금기부금 세액공제	종합소득자	-	×
	(2) 고향사랑기부금 세액공제			
	(3) 결혼세액공제	종합소득자	-	×
	(4) 월세세액공제	근로소득자	-	×
	(5) 전자신고세액공제	종합소득자	-	×
	(6) 현금영수증발급 세액공제	사업자	-	×

세액감면과 세액공제의 비교

세액감면은 산출세액을 기준으로 특정사유에 따라서 발생한 특정한 소득에 대해 일정한 비율을 산출세액에서 감면하는 방법이다. 산출세액을 기준으로 계산하므로 특정 사업연도 실적이 좋지 않아 산출세액이 없다면 세액감면 받는 금액도 없게 된다. 창업중소기업에 대한 세액감면이나 중소기업에 대한 특별세액감면이 대표적인 세액감면이다.
이에 반해 세액공제는 산출세액과 관계없이 일정한 사유에 의해 발생된 금액을 기준으로 산출세액에서 공제하며 산출세액이 없는 사업연도라고 해도 일부의 세액공제 항목들은 차기로 이월해서 세액공제를 받을 수 있는 경우도 있다. 외국납부세액공제와 기부금세액공제가 이월공제가 가능한 대표적인 세액공제이다.

소득공제와 세액공제의 비교

소득공제는 과세의 대상이 되는 소득 중에서 일정금액을 공제한 후 과세표준을 도출하는 과정에서 적용된다. 반면에 세액공제는 과세표준을 도출하여 세율을 적용한 후 산출세액이 계산되면 그 산출세액에서 법에 정하는 일정비율을 공제해주는 것을 말한다.
소득공제의 경우 세율이 적용되는 구간이 다른 납세자들은 서로 다른 세금효과가 발생하는 반면, 세액공제의 경우 세율이 적용되는 구간이 다른 납세자들도 모두 동일한 금액의 세금효과가 발생한다.
예를 들어, 연금저축으로 납입한 400만원에 대해 소득공제를 받는다고 가정할 경우 납세의무자의 한계세율에 따라 최소 24만원(400만원×6%)에서 최대 180만원(400만원×45%)까지 차별적으로 공제받는다. 그러나 연금저축으로 납입한 400만원에 대해 세액공제를 받는 경우에는 납세자의 한계세율과 무관하게 60만원(400만원×15%, 종합소득금액 4,500만원 이하 가정)을 공제받는다. 이러한 이유로 최근에는 세부담 형평성 차원에서 소득공제보다 세액공제를 통해 개인들의 세액에 대한 공제감면을 적용하고 있는 추세이다.

(1) 배당세액공제

거주자의 종합소득과세표준에 배당소득이 합산되어 있을 경우 그 합산된 배당소득금액의 일정비율에 상당하는 금액을 종합소득산출세액에서 공제하는데 이를 배당세액공제라 한다. 이는 배당소득 중 Gross-up 부분에서 자세히 설명하였으므로 이하에서는 산식만 살펴보도록 한다.

배당세액공제액 = Min[①, ②]

① Gross-up 금액 = 조정대상 배당소득 총수입금액 × 10%

② 배당세액공제 한도액 = 종합소득산출세액 - 비교산출세액

배당세액공제 한도액의 의미

> 배당세액공제한도액이란 종합과세 기준금액(2,000만원) 초과분 금융소득 총수입금액에 원천징수세율 대신에 기본세율을 적용할 경우 증가되는 세액상당액을 의미한다. 즉, 배당세액공제를 적용하더라도 원천징수세율을 적용한 비교산출세액보다 낮은 결정세액이 도출되지는 못하게 하는 것이 본 규정의 취지이다.

(2) 기장세액공제

기장능력이 취약한 소규모사업자에게 기장을 유도하기 위하여 기장세액공제제도를 두고 있다. 현재 간편장부대상자가 종합소득과세표준 확정신고를 할 때 복식부기에 따라 기장하여 소득금액을 계산하고 기업회계기준에 따라 작성한 재무상태표 · 손익계산서와 그 부속서류 및 합계잔액시산표와 조정계산서를 제출하는 경우에는 종합소득산출세액에서 다음의 금액을 공제한다.

$$\text{기장세액공제액} = \text{Min}[①,\ ②]$$

$$① \ \text{종합소득산출세액} \times \frac{\text{기장된 사업소득금액}}{\text{종합소득금액}} \times 20\%$$

② 100만원(공제한도)

그러나 다음 중 어느 하나에 해당하는 경우에는 기장세액공제 적용을 배제한다.

① 비치 · 기록한 장부에 의하여 신고하여야 할 소득금액의 20% 이상을 누락하여 신고한 경우

② 기장세액공제와 관련된 장부 및 증명서류를 해당 과세표준확정신고기간 종료일부터 5년간 보관하지 않은 경우. 단, 천재지변 등 부득이한 사유에 해당하는 경우에는 그러하지 아니한다.

1. 사업자의 기장의무

(1) 장부의 비치 · 기장

사업자는 소득금액을 계산할 수 있도록 증명서류 등을 갖춰 놓고 그 사업에 관한 모든 거래사실이 객관적으로 파악될 수 있도록 복식부기에 따라 장부를 기록 · 관리하여야 한다. 다만, 간편장부대상자가 간편장부를 갖춰 놓고 그 사업에 관한 거래사실을 성실히 기재한 경우에는 장부를 비치 · 기록한 것으로 본다.

여기서, 간편장부란 다음의 사항을 기재할 수 있는 장부를 말한다.

① 매출액 등 수입에 관한 사항
② 경비지출에 관한 사항
③ 고정자산의 증감에 관한 사항
④ 기타 참고사항

(2) 복식부기의무자와 간편장부대상자

1) 복식부기의무자

복식부기의무자란 아래 2) 간편장부대상자에 해당되지 않는 사업자를 말한다.

2) 간편장부대상자

① 당해 과세기간에 신규로 사업을 개시한 사업자
② 직전 과세기간의 수입금액 합계액(결정 · 경정으로 증가된 수입금액 포함)이 다음의 금액에 미달하는 사업자

업 종	수입금액
㉠ 농업 및 임업, 어업, 광업, 도매업 및 소매업(상품중개업 제외), 부동산매매업, 기타 '㉡' 및 '㉢'에 해당하지 아니하는 업종	3억원
㉡ 전기 · 가스 · 증기 및 공기조절 공급업, 수도 · 하수 및 폐기물처리 · 원료재생업, 운수 및 창고업, 정보통신업, 제조업, 숙박 및 음식점업, 건설업(비거주용 건물 건설업 제외), 부동산 개발 및 공급업(주거용 건물 개발 및 공급업에 한함), 금융 및 보험업, 상품중개업	1억 5천만원
㉢ 부동산임대업, 부동산관련 서비스업, 전문 · 과학 및 기술서비스업, 교육서비스업, 보건업 및 사회복지서비스업, 예술 · 스포츠 및 여가관련 서비스업, 협회 및 단체, 수리 및 기타 개인서비스업, 가구내 고용활동	7,500만원

* 위 ㉠~㉢의 업종을 겸영하거나 사업장이 둘 이상인 경우에는 겸업의 수입금액을 주업종(수입금액이 가장 큰 업종을 말함)의 수입금액으로 환산한 금액을 주업종의 수입금액에 합하여 판정한다.
** 의료업, 수의업, 약사업, 변호사업, 심판변론인업, 변리사업, 법무사업, 공인회계사업, 세무사업 등의 사업자는 간편장부대상자에서 제외한다.

2. 단순경비율 · 기준경비율 적용규정

(1) 개 요

모든 사업자는 스스로 작성한 장부를 근거로 자신의 소득금액을 산정하여 신고하여야 하나 장부를 작성하지 않는 사업자에 대하여는 정확한 소득금액을 산정할 수 없다. 그러므로 이러한 장부가 없는 사업자의 소득금액은 추계하여 산정해야 하는데, 그 방법으로 단순경비율과 기준경비율을 이용하는 방법이 있다.

(2) 단순경비율

1) 개 요

종합소득세를 장부에 의해 계산한 소득금액으로 신고하지 않는 사업자로서 직전 과세기간의 수입금액이 기준수입금액에 미달하는 사업자와 당해 연도 신규사업자인 경우에 해당한다.

단, 전문직 사업자(의료업, 수의업, 약사업, 변호사업, 심판변론인업, 변리사업, 법무사업, 공인회계사업, 세무사업 등의 사업자), 현금영수증가맹점에 가입하여야 하는 사업자가 가입하지 않은 경우, 신용카드매출전표 · 현금영수증 상습 발급거부자는 단순경비율 적용대상에서 제외된다.

추계소득금액 = 수입금액 - (수입금액 × 단순경비율)

2) 단순경비율 적용대상자

① 해당 과세기간에 신규로 사업을 개시한 사업자로서 해당 과세기간의 수입금액이 복식부기의무자 기준금액에 미달하는 사업자

② 직전과세기간의 수입금액(결정경정으로 증가된 수입금애 포함)의 합계액이 다음의 수입금액에 미달하는 사업자. 다만, 해당 과세기간의 수입금액이 복식부기의무자의 기순금액 이상인 경우에는 단순경비율 적용을 할 수 없다(기준경비율 적용).

업 종	수입금액
㉠ 농업 및 임업, 어업, 광업, 도매업 및 소매업(상품중개업 제외), 부동산매매업, 기타 '㉡' 및 '㉢'에 해당하지 아니하는 업종	6,000만원
㉡ 전기 · 가스 · 증기 및 공기조절 공급업, 수도 · 하수 및 폐기물처리 · 원료재생업, 운수 및 창고업, 정보통신업, 제조업, 숙박 및 음식점업, 건설업(비거주용 건물 건설업 제외), 부동산 개발 및 공급업(주거용 건물 개발 및 공급업에 한함), 금융 및 보험업, 상품중개업, 영세 인적용역*1)	3,600만원
㉢ 부동산임대업, 부동산관련 서비스업, 전문 · 과학 및 기술서비스업, 교육서비스업, 보건업 및 사회복지서비스업, 예술 · 스포츠 및 여가 관련 서비스업, 협회 및 단체 · 수리 및 기타 개인서비스업, 가구내 고용활동	2,400만원

*1) 퀵서비스배달원, 대리운전기사 등 플랫폼 종사자, 학습지방문강사 등을 말한다.

(3) 기준경비율

1) 증명서류 수취에 의한 방법(원칙)

기준경비율 적용대상자의 경우 주요경비(매입비용, 인건비, 임차료)는 증명서류에 의해 필요경비를 인정하고, 기타경비는 정부가 정한 기준경비율에 의해 계산된 금액을 필요경비로 인정한다.

추계소득금액 = 수입금액 - 주요경비 - (수입금액 × 기준경비율*)

* 복식부기의무자의 경우 해당 기준경비율의 50%를 적용한다.

2) 소득상한배율에 의한 방법(예외)

기준경비율에 의한 소득금액이 단순경비율에 의한 소득금액에 배율(간편장부대상자 2.6배, 복식부기의무자 3.2배)을 곱한 금액보다 큰 경우에는 그 배율에 의한 금액을 소득금액으로 신고할 수 있다.

추계소득금액 = {수입금액 - (수입금액 × 단순경비율)} × 배율(2.6배, 3.2배)

3) 주요경비의 범위

① 매입비용: 재화의 매입비용(사업용 고정자산의 매입비용은 제외), 외주가공비 및 운반비 등을 말한다.[*1)]

② 임차료: 사업에 직접 사용하는 건축물, 기계장치 등 사업용 고정자산을 임차하기 위해 지출한 비용을 말한다.[*1)]

③ 인건비: 인건비란 종업원에게 지급한 급여, 임금(일용근로자의 임금 포함), 그리고 퇴직금을 말한다.[*2)]

*1) 매입비용과 임차료는 세금계산서 · 계산서 · 신용카드매출전표 · 현금영수증 등의 증명서류에 의해 지급하였거나 지급할 것으로 입증되는 금액에 한정하여 인정된다.

*2) 인건비는 원천징수영수증 또는 지급명세서를 세무서에 제출하거나 지급관련 증명서류를 비치, 보관하여야 한다.

(3) 전자계산서 발급 세액공제[120)]

직전연도 사업장별 재화·용역의 공급가액 합계액(총수입금액)이 3억원 미만인 개인사업자가 전자계산서를 발급(전자계산서 발급명세서를 국세청장에게 전송하는 경우로 한정)하는 경우에는[121)] 다음의 금액을 해당 과세기간의 사업소득에 대한 종합소득산출세액에서 공제할 수 있다. 이러한 세액공제를 적용받으려는 사업자는 종합소득 과세표준에 대한 확정신고를 할 때 '전자계산서 발급 세액공제신고서'를 납세지 관할세무서장에게 제출하여야 한다.

전자계산서 발급 세액공제액 = Min[①, ②]

① 전자계산서 발급 건수 × 200원
② 100만원(공제한도)

(4) 외국납부세액공제

거주자의 종합소득에 국외원천소득[122)]이 포함되어 있는 경우 그 국외원천소득에 대하여 국외에서 외국소득세액을 납부하였거나 납부할 것이 있는 때에는 외국납부세액공제를 적용받을 수 있다. 외국납부세액공제의 방법을 적용할 경우에는 다음의 금액을 한도로 해당 과세기간의 종합소득산출세액에서 외국납부세액을 공제한다.

$$\text{공제한도} = \text{종합소득산출세액} \times \frac{\text{국외원천소득금액}}{\text{종합소득금액}}$$

공제한도를 계산할 때 국외사업장이 둘 이상의 국가에 있는 경우에는 사업자가 국가별로 구분하여 계산하며(국별한도방식), 국가별로 구분하지 않고 한도를 계산하는 방법(일괄한도방식)은 인정되지 않는다.[123)] 그리고 외국정부에 납부하였거나 납부할 외국소득세액이 공제한도를 초과하는 경우 그 초과하는 금액은 해당 과세기간의 다음 과세기간부터 10년 이내에 끝나는 과세기간으로 이월하여 그 이월된 과세기간의 공제한도 범위에서 공제받을 수 있다. 다만, 사업소득 계산시 이월공제기간내에 공제받지 못한 외국소득세액은 이월공제기간의 종료일 다

120) 2022.7.1. 이후 재화와 용역을 공급하는 분에 대한 전자계산서를 발급하는 분부터 적용

121) 직전 과세기간 사업장별 총수입금액이 2억원(23년 7월 1일 이후에는 1억원) 이상인 개인사업자는 전자계산서를 의무적으로 발급하여야 한다.

122) 국외원천소득에는 퇴직소득, 양도소득이 포함되며 퇴직 및 양도소득의 외국납부세액이 공제한도를 초과하는 경우에는 이월되어 공제되지 아니한다.

123) 일괄한도방식은 세율이 높은 국가와 낮은 국가 구분없이 모든 국외원천소득을 합산하여 공제한도를 계산하기 때문에 일반적으로 국별한도방식에 비해 납세자에게 유리하다.

음 날이 속하는 과세기간의 소득금액을 계산할 때 필요경비에 산입할 수 있다.

(5) 재해손실세액공제

사업자가 천재지변 기타 재해로 인하여 자산총액의 20% 이상을 상실하여 납세가 곤란하다고 인정되는 경우에는 공제대상 소득세액에 자산상실비율(재해상실비율)을 곱한 다음의 금액을 세액에서 공제한다.

$$\text{재해손실세액공제액} = \text{Min}[①, ②]$$

① 공제세액: 공제대상 소득세액* × $\dfrac{\text{상실된 자산가액}}{\text{상실전 사업용 총자산가액(토지 제외)}}$

* 공제대상 소득세액은 사업소득에 대한 소득세액으로 다음과 같이 계산한다.

(종합소득산출세액 − 배당세액공제 · 기장세액공제 · 외국납부세액공제) × $\dfrac{\text{사업소득금액}}{\text{종합소득금액}}$

* 공제대상 소득세액은 재해발생일 현재 부과되지 않은 소득세와 부과된 소득세지만 미납된 소득세액을 말한다.

② 한도액: 상실된 자산가액

(6) 근로소득세액공제

1) 일반근로자의 경우

근로소득이 있는 거주자에 대해서는 그 근로소득에 대한 종합소득산출세액에서 다음의 금액을 공제한다.

근로소득산출세액	세액공제액
130만원 이하	근로소득산출세액 × 55%
130만원 초과	₩715,000 + (근로소득산출세액 − 130만원) × 30%

근로소득산출세액은 다음과 같이 계산된다.

$$\text{근로소득산출세액} = \text{종합소득산출세액} \times \frac{\text{근로소득금액}}{\text{종합소득금액}}$$

다만, 근로소득세액공제액의 한도액은 근로소득 총급여액 구간에 따라 다음과 같이 조정된다.

총급여액	근로소득세액공제한도액
3,300만원 이하	₩740,000
3,300만원 초과 7,000만원 이하	Max[①, ②] ① ₩740,000 − [(총급여액 − 3,300만원) × 0.8%] ② ₩660,000
7,000만원 초과 1.2억원 이하	Max[①, ②] ① ₩660,000 − [(총급여액 − 7,000만원) × 50%] ② ₩500,000
1.2억원 초과	Max[①, ②] ① ₩500,000 − [(총급여액 − 1.2억원) × 50%] ② ₩200,000

2) 일용근로자의 경우

일용근로자의 경우 한도없이 근로소득산출세액의 55%를 공제한다.

예제 2 종합소득결정세액의 계산 - 기장세액공제와 근로소득세액공제

거주자 이병헌 씨의 다음 20×1년 소득자료를 이용하여 종합소득결정세액을 계산하시오.

(1) 소득명세

① 정기예금으로 발생한 이자(원천징수됨) ₩15,000,000

② 사업소득금액 40,000,000

③ 근로소득금액 24,000,000

이병헌 씨는 간편장부대상자로서 복식부기에 따라 사업소득금액을 계산하였다. 근로소득 총급여액은 ₩35,000,000이다.

(2) 이병헌 씨의 종합소득공제금액은 ₩12,000,000으로 가정한다.

(3) 이병헌 씨의 근로소득과 관련한 특별세액공제 금액은 없다고 가정한다.

해설

1. 종합소득금액의 계산

(1) 사업소득금액: ₩40,000,000

(2) 근로소득금액: ₩24,000,000

(3) 종합소득금액: (1) + (2) = ₩64,000,000

* 이자소득금액은 조건부종합과세대상으로서 기준금액 2,000만원에 미달하는 금액이므로 전액 분리과세되어 원천징수로 과세가 종결된다.

2. 과세표준 및 산출세액의 계산

(1) 과세표준: ₩64,000,000 − ₩12,000,000 = ₩52,000,000

(2) 산출세액: ₩6,240,000 + (₩52,000,000 − ₩50,000,000) × 24% = ₩6,720,000

3. 결정세액의 계산

(1) 기장세액공제: Min[①, ②] = ₩840,000

① $₩6,720,000 \times \dfrac{₩40,000,000}{₩64,000,000} \times 20\% = ₩840,000$

② ₩1,000,000

(2) 근로소득세액공제

① 근로소득산출세액의 계산: $₩6,720,000 \times \dfrac{₩24,000,000}{₩64,000,000} = ₩2,520,000$

② 근로소득세액공제: Min[㉠, ㉡] = ₩724,000

㉠ ₩715,000 + (₩2,520,000 − ₩1,300,000) × 30% = ₩1,081,000

㉡ ₩724,000

Max[₩740,000 − {(₩35,000,000 − ₩33,000,000) × 0.8%} = ₩724,000, ₩660,000]

(3) 결정세액

① 산출세액: ₩6,720,000

② 세액공제: (1) + (2) = ₩1,564,000

③ 결정세액: ① − ② = ₩5,156,000

예제 3 연말정산의 구조

다음은 ㈜SM에 근무하는 거주자 임윤아 씨의 20×1년도 종합소득에 관한 자료이다. 다음 자료에 근거하여 임윤아 씨가 간이세액표에 의해 매월 근로소득세를 원천징수당한 금액의 합계액이 ₩5,560,000인 경우와 ₩3,460,000인 경우로 나누어 종합소득결정세액과 연말정산시 환급받을(또는 납부할) 세액을 계산하시오.

(1) 연간 급여내역

① 기본급(₩4,000,000 × 12개월)	=	₩48,000,000
② 상여금(₩4,000,000 × 3개월)	=	12,000,000
③ 식대(₩250,000 × 12개월)	=	3,000,000
계		₩63,000,000

(2) 임윤아 씨의 종합소득공제액은 ₩5,820,000으로 가정한다.

(3) 근로소득공제, 기본세율 및 근로소득세액공제의 일부자료는 다음과 같다.

① 근로소득공제

총급여액 ₩45,000,000 초과시 = ₩12,000,000 + ₩45,000,000 초과분 × 5%

② 기본세율

과세표준 ₩14,000,000 초과 ₩50,000,000 이하 = ₩840,000 + ₩14,000,000 초과분 × 15%

③ 근로소득 세액공제

- 산출세액 ₩1,300,000 초과시 → ₩715,000 + ₩1,300,000 초과분 × 30%
- 근로소득세액공제한도액 = Max[①, ②]

  ① ₩740,000 − [(총급여액 - 3,300만원) × 0.8%]

  ② ₩660,000

해설

1. 종합소득과세표준의 계산:

(1) 근로소득 총급여액: ₩48,000,000 + ₩12,000,000 +600,000* = 60,600,000

* 식대는 월 ₩200,000까지 비과세되며, 그 초과분(₩50,000 × 12개월)만 과세된다.

(2) 근로소득공제: ₩12,000,000 + (₩60,600,000 - ₩45,000,000) × 5% = ₩12,780,000

(3) 근로소득금액: ₩60,600,000 − ₩12,780,000 = ₩47,820,000

(4) 종합소득금액: ₩47,820,000

(5) 종합소득과세표준: ₩47,820,000 − ₩5,820,000 = ₩42,000,000

2. 결정세액의 계산

(1) 산출세액: ₩840,000 + (₩42,000,000 − ₩14,000,000) × 15% = ₩5,040,000

(2) 세액공제(근로소득세액공제): Min[①, ②] = ₩660,000

① ₩715,000 + (₩5,040,000 − ₩1,300,000) × 30% = ₩1,837,000

② 한도액. Max[㉮, ㉯] = ₩660,000

㉮ ₩740,000 - [(₩60,600,000 − ₩33,000,000) × 0.8%]) = ₩519,200

㉯ ₩660,000

(3) 결정세액: ₩5,040,000 - ₩660,000 = ₩4,380,000

3. 환급 또는 납부할 세액의 계산

(1) 기납부세액이 ₩5,560,000인 경우

원천징수를 통해 납부한 금액이 결정세액인 ₩4,380,000보다 크기 때문에 임윤아 씨는 그 차액인 ₩1,180,000을 환급받게 된다.

(2) 기납부세액이 ₩3,460,000인 경우

원천징수를 통해 납부한 금액이 결정세액인 ₩4,380,000보다 적기 때문에 임윤아 씨는 그 차액인 ₩920,000을 추가로 납부하여야 한다.

(7) 자녀세액공제

1) 일반공제

종합소득이 있는 거주자의 기본공제대상자에 해당하는 8세 이상의 자녀 및 손자녀[124](입양자 및 위탁아동 포함)에 대하여 다음 표에 따른 금액을 종합소득산출세액에서 공제한다.

공제대상자녀	금 액
첫째	연 25만원
둘째	연 30만원
셋째 이후	연 40만원/인

2) 추가 공제(출산 · 입양공제)

해당 과세기간에 출산하거나 입양 신고한 공제대상 자녀가 있는 경우에는 다음에 따른 금액을 종합소득산출세액에서 추가로 공제한다.

출생 · 입양 자녀	금 액
첫째인 경우	연 30만원
둘째인 경우	연 50만원
셋째 이상인 경우	연 70만원

(8) 연금계좌세액공제

종합소득이 있는 거주자가 연금계좌에 납입한 금액(이연퇴직소득과 연금계좌에서 다른 연금계좌로 계약을 이전함으로써 납입되는 금액 제외)의 소득기준에 따라 12% 또는 15%의 소득공제율을 적용하여 산출한 금액을 해당 과세기간의 종합소득산출세액에서 공제한다. 다만, 연금계좌 중 연금저축계좌에 납입한 금액은 연간 600만원까지 공제가능하며, 퇴직연금계좌[125]과 납입액과 ISA계좌 전환금액[126]이 있는 경우에는 연금저축계좌에 납입한 금액 중 600만원 이내의 금액, 퇴직연금계좌에 납입한 금액, 그리고 ISA계좌 전환금액을 합하여 연간 900만원

124) 만 7세 이하의 취학전 아동에 대하여는 월 10만원의 아동수당이 지급되므로 중복지급을 막기 위하여 만 8세 이상의 자녀로 한정하였다.

125) 회사퇴직급여 관리를 위해 개설하는 퇴직연금계좌는 확정기여형 퇴직연금(DC형), 퇴직연금계좌(IRP) 등을 말한다.

126) 개인종합자산관리계좌(ISA계좌)의 계약기간이 만료되고 해당 계좌 잔액의 전부 또는 일부를 ISA계좌의 계약기간이 만료된 날부터 60일 이내에 해당 계좌 잔액의 전부 또는 일부를 연금계좌로 납입한 경우 그 납입한 금액(전환금액)을 납입한 날이 속하는 과세기간의 연금계좌 납입액에 포함한다. 아울러 납입연도에 공제받지 못한 금액은 다음 연도 납액액으로 전환하여 공제가 가능하고, 전환한 연도에만 전환금액에 대한 추가한도(전환금액×10%, 300만원 한도)가 적용가능하다.

까지 공제가능하다.

연금계좌 세액공제에 대해 요약하여 나타내면 다음과 같다.

소득기준	세액공제 대상 납입한도	세액공제율
종합소득금액 4,500만원 (근로소득만 있는 경우에는 총급여액 5,500만원) 이하	Min[①, ②] ① Min[연금저축계좌 납입액, 연 600만원] +퇴직연금계좌 납입액 + ISA계좌 전환금액 ② 연 900만원	15%
종합소득금액 4,500만원 (근로소득만 있는 경우에는 총급여액 5,500만원) 초과		12%

한편, 연금계좌세액공제는 연금가입자에게 유리하게 타 공제보다 후순위로 세액공제를 적용한다.[127)]

(9) 특별세액공제

1) 항목별 세액공제와 표준세액공제

① 근로소득이 있는 자의 경우

근로소득이 있는 거주자(일용근로자는 제외)가 해당 과세기간에 보장성보험료, 의료비, 교육비 및 기부금을 지급하고 근로소득세 연말정산이나 종합소득확정신고를 할 때 세액공제를 신청한 경우에 항목별 세액공제액을 종합소득산출세액에서 공제한다.

한편 근로소득이 있는 거주자가 항목별 세액공제(보험료, 의료비, 교육비, 기부금 세액공제), 특별소득공제(사회보험료공제, 주택자금공제), 조세특례제한법상 월세세액공제를 신청하지 않은 경우에는 연 13만원을 표준세액공제로 종합소득산출세액에서 공제한다. 이 경우 근로소득이 있는 거주자가 표준세액공제를 적용받는 경우에도 항목별 세액공제 중 하나인 기부금 세액공제 중 정치자금기부금 세액공제 및 우리사주조합기부금 세액공제는 중복하여 적용받을 수 있다.

② 근로소득이 없고 종합소득이 있는 자의 경우

근로소득은 없고 종합소득이 있는 자는 연 7만원의 표준세액공제를 신청할 수 있는데, 기부금이 있는 경우에는 기부금 세액공제는 추가적으로 적용가능하다. 다만 소득세법상 성실사업자[128)]의 경우에는 기부금 세액공제와 더불어 12만원의 표준세액공제가 적용가능하다.

127) 연금계좌 세액공제를 받은 금액은 수령할 때 과세되며 연금계좌 세액공제를 받지 않은 금액은 수령시 비과세된다. 그러므로 공제금액이 종합소득금액을 초과할 때에는 연금보험료공제를 후 순위로 받는 것이 유리하다.

128) 추가적인 요건 갖추어 조세특례제한법상 성실사업자에 해당하는 자와 성실신고확인대상자는 기부금 세액공제 뿐만 아

성실사업자의 요건

세법상 성실사업자에 해당되면 근로소득자만 가능했던 여러 세액공제(의료비, 교육비, 기부금, 월세세액공제) 혜택을 사업자도 받을 수 있으며, 소득세법과 조세특례제한법에서 그 요건을 규정하고 있다.

1. 소득세법상 성실사업자

소득세법상 성실사업자는 다음의 요건을 갖춘 자를 말한다.

① 신용카드가맹점 및 현금영수증 가맹점으로 모두 가입하거나(발급의무를 준수한 경우에 한함), 전사적 기업자원관리설비(ERP) 또는 판매시점정보관리시스템(POS) 설비를 도입할 것

② 장부를 비치·기장하고, 그에 따라 소득금액을 계산하여 신고할 것

③ 사업용계좌를 신고하고, 해당 과세기간에 사업용계좌를 사용하여야 할 금액의 2/3 이상을 사용할 것

2. 조세특례제한법상 성실사업자

조세특례제한법상 성실사업자는 소득세법상 성실사업자의 요건에 추가적으로 다음의 요건을 충족하여야 한다.

① 해당 과세기간의 수입금액으로 신고한 금액이 직전 3개 과세기간의 연평균수입금액(과세기간이 3개 과세기간에 미달하는 경우에는 사업의 개시일이 속하는 과세기간과 직전 과세기간의 연평균수입금액을 말한다)의 50%를 초과할 것

② 해당 과세기간 개시일 현재 2년 이상 계속하여 사업을 경영할 것

③ 해당 과세기간의 법정신고 납부기한 종료일 현재 최근 3년간 조세범으로 처벌받은 일이 없을 것

④ 해당 과세기간의 법정신고 납부기한 종료일 현재 체납세액이 없을 것

⑤ 해당 과세기간의 법정신고 납부기한 종료일 현재 최근 3년간 세금계산서를 교부하지 아니하거나 허위로 교부하여 제출하지 않았을 것

⑥ 해당 과세기간의 개시일 현재 직전 3개 과세기간에 대한 세무조사 결과 과소신고한 소득금액이 경정된 해당 과세기간 소득금액의 10% 미만일 것

2) 항목별세액공제

① 보장성보험료세액공제

근로소득이 있는 거주자가 해당 과세기간에 보장성보험의 보험계약에 따라 지출한 경우 보험료 납입금액에 대한 다음의 세액공제율을 적용한 금액을 해당 과세기간의 종합소득산출세액에서 공제한다. 단, 아래의 보험료 세액공제의 대상이 되는 납입금액은 각각 100만원을 한도로 한다.

니라 의료비세액공제, 교육비세액공제 및 월세세액공제를 표준세액공제(12만원) 대신에 선택하여 적용받을 수 있다.

구 분	세액공제율
① 기본공제대상자 중 장애인을 피보험자 또는 수익자로 하는 장애인전용보장성보험료	15%
② 기본공제대상자를 피보험자로 하는 보장성보험료(장애인전용 제외)	12%

보장성보험이란 만기환급금이 납입보험료를 초과하지 아니하는 보험을 말하며, 장애인전용보장성보험료와 일반보험료는 중복공제가 불가능하다.

예제 4 보장성보험료 세액공제

다음 자료에 의하여 근로소득자 정국 씨의 20×1년도 보장성보험료 세액공제액을 계산하라. 정국 씨의 근로소득산출세액은 210만원이다.

(1) 배우자에 대한 자동차보험료(배우자는 근로소득금액 700만원이 있다) ₩500,000

(2) 부친(72세)을 피보험자로 하는 자동차보험료 ₩1,200,000

해설

1. 배우자에 대한 자동차 보험료

배우자는 기본공제대상자가 아니므로 공제가 불가능하다.

2. 자동차보험료

Min[① 불입액 120만원, ② 한도액 100만원] = ₩1,000,000

3. 보험료세액공제

₩1,000,000 × 12% = ₩120,000

② 의료비세액공제

근로소득이 있는 거주자가 기본공제대상자(연령 및 소득금액의 제한을 받지 않음)를 위하여 당해 과세기간에 공제대상 의료비를 지급한 경우 의료비 세액공제액을 해당 과세기간의 종합소득산출세액에서 공제한다.

가. 공제대상 의료비의 범위

근로자가 직접 부담하는 다음 중 어느 하나에 해당하는 의료비(실손의료 보험금으로 보전받은 금액은 제외)를 말하며, 미용 · 성형수술을 위한 비용 및 건강증진을 위한 의약품 구입비용은 공제대상 의료비에서 제외된다.

㉠ 진찰 · 진료 · 질병예방을 위해 의료법 제3조의 규정에 따른 의료기관(외국소재병원과 산후조리원은 제외)에 지급한 비용

㉡ 치료 · 요양을 위하여 약사법에 따른 의약품(한약포함)을 구입하고 지급하는 비용

㉢ 산후조리원 비용으로 연 200만원 이내의 금액

㉣ 장애인 보장구(의수족 · 휠체어 · 보청기 등) 및 의사 · 치과의사 · 한의사 등의 처방에 따라 의료기기(인공심폐기 · 인공신장기 · 인공신장여과기 등)를 직접 구입 또는 임차하기 위해 지출한 비용

㉤ 시력보정용 안경 · 콘택트렌즈 구입을 위하여 지출한 비용으로서 기본공제대상자 1인당 연 50만원 이내의 금액

㉥ 보청기 구입을 위하여 지출한 비용

㉦ 노인장기요양보험법에 따라 실제 지출한 노인장기요양급여 비용 중 실제 지출한 본인부담금

㉧ 장애인활동지원급여 비용* 중 실제 지출한 본인부담금

* 「장애인활동 지원에 관한 법률」에 따라 수급자에게 제공되는 활동보조, 방문목욕, 방문간호 등의 서비스를 위한 비용을 말한다.

나. 의료비 세액공제의 계산

의료비 세액공제 대상금액은 다음의 의료비 구분에 따라 달리 적용된다. 공제대상 의료비는 다음과 같이 두 가지로 구분된다.

㉠ 일반의료비: 기본공제대상자를 위하여 지출한 의료비(아래의 ㉡의 의료비는 제외)

㉡ 본인 등 의료비: 거주자 본인 · 장애인 · 과세기간 종료일 현재 65세 이상인 자 · 6세 이하 부양가족를 위하여 지출한 의료비, , 난임시술비*1), 미숙아·선천성이상아에 대한 의료비 및 건강보험산정특례자*2)를 위해 지급한 비용

*1) 임신을 위해서 지출하는 시술비로서 보조생식술(체내 · 체외 인공수정 포함)을 할 때 소요된 비용

*2) 중증질환, 희귀난치성질환, 결핵으로 진단받아 본인부담 산정특례 대상자로 등록한 자

이렇게 구분된 의료비 별 의료비세액공제 대상금액과 세액공제율은 다음과 같다.

구 분	세액공제 대상금액	한 도	세액공제율
㉠ 일반의료비	일반의료비 − 총급여액 × 3%	연 700만원	15%
㉡ 본인 등 의료비	전액 − 기준미달 의료비*1)	한도 없음	15%*2)

*1 ㉠에서 계산한 세액공제 대상금액이 음수인 경우를 기준미달의료비라고 하며, 기준미달의료비를 본인 등 의료비에서 차감시 미숙아·선천성이상아 의료비와 난임시술비를 제외한 본인 등 의료비에서 먼저 차감하고 이후 미숙아·선천성이상아 의료비, 난임시술비 순으로 차감한다.

*2 미숙아·선천성이상아 의료비는 20%, 난임시술비는 30%를 적용한다.

예제 5 의료비 세액공제액의 계산

근로소득이 있는 거주자 신민아(여성) 씨는 본인과 생계를 같이하는 부양가족을 위하여 20×1년에 다음과 같이 의료비를 지출하였다. 설현 씨의 20×1년 과세기간의 총급여액이 5,000만원인 경우와 총급여액이 6,000만원인 경우로 나누어 당해 과세기간의 의료비 세액공제액을 계산하시오.

의료비내역	지출대상	지출내역	비 고
디스크수술비	부 친(78세)	500만원	사업소득금액 120만원
미용목적 성형수술비	모 친(76세)	400만원	
건강진단비	본 인(54세)	140만원	
외국병원 치료비	배우자(55세)	500만원	
질병치료비	장 남(26세)	250만원	장애인
시력보정안경구입비	장 녀(24세)	60만원	
맹장수술비	차 녀(22세)	70만원	
입원치료비 및 약품구입비	차 남(19세)	40만원	

해설

1. 의료비의 구분

(1) 본인 등 의료비: 890만원

① 본인 건강진단비: 140만원

② 부친 디스크수술비: 500만원

③ 장남(장애인) 질병치료비: 250만원

④ 모친 미용목적 성형수술비: 0원

∵ 의료비 세액공제는 연령요건과 소득요건의 제한을 받지 않으므로 모두 공제대상 의료비로 판단한다. 그러나 모친의 미용 · 성형수술비 및 건강증진을 위한 의약품구입비는 세액공제 대상 의료비로 보지 않는다.

(2) 일반의료비: 160만원

① 장녀 시력보정 안경구입비: 50만원
(시력보정 안경구입비는 1인당 50만원을 한도로 한다)

② 차녀 맹장수술비: 70만원

③ 차남 병원비 등: 40만원

∵ 의료비 세액공제는 연령요건과 소득요건의 제한을 받지 않으므로 모두 공제대상 의료비로 판단한다. 그러나 배우자의 외국병원 치료비용은 의료비 공제대상에서 제외된다.

2. 총급여액에 따른 의료비 세액공제액의 계산

(1) 총급여액이 5,000만원인 경우

① 일반의료비 세액공제 대상금액: 160만원 - (5,000만원 × 3%) = 10만원(한도 700만원)

② 본인 등 의료비 세액공제 대상금액: 890만원(전액 가능)

③ 의료비세액공제 대상금액 합계: 900만원

∴ 의료비 세액공제액 = 900만원 × 15% = 135만원

(2) 총급여액이 6,000만원인 경우

① 일반의료비 세액공제 대상금액: 160만원 - (6,000만원 × 3%) = △20만원(기준미달 의료비)
일반의료비가 총급여액의 3%에 미달하므로 공제가능한 의료비는 없다.

② 본인 등 의료비 세액공제 대상금액: 890만원 - 20만원(기준미달 의료비) = 870만원

③ 의료비세액공제 대상금액 합계: 870만원

∴ 의료비 세액공제액 = 870만원 × 15% = 130.5만원

③ 교육비세액공제

근로소득이 있는 거주자가 기본공제대상자(연령제한 없음)인 본인 · 배우자 · 직계비속 · 형제자매 · 입양자(직계존속은 대상이 아님)를 위하여 지출한 다음의 요건에 해당하는 교육비를 교육비세액공제 대상액으로 한다. 교육비 세액공제 대상액의 15%는 교육비 세액공제를 적용받을 수 있다.

가. 공제대상 교육비

㉠ 보육비용, 수업료, 입학금, 수강료, 기타공납금, 대학입학전형료, 수능응시료

㉡ 급식비 (어린이집 및 유치원, 초등학교, 중학교, 고등학교, 특수학교)

㉢ 학교에서 구입한 교과서 대금(초등학교 · 중학교 · 고등학교 · 특수학교)

㉣ 교복구입비용(중 · 고등학교 학생에 한하며 1인당 연 50만원 한도)

㉤ 체험학습비*(학생 1인당 연 30만원 한도)

* 학교에서 실시하는 수련활동 및 수학여행 등의 현장체험학습비 지출액 등을 말한다.

㉥ 방과후 학교나 방과후 과정 등의 수업료 및 특별활동비*1)(어린이집 및 유치원*2), 초등학교 · 중학교 · 고등학교)

*1) 학교 등에서 구입한 도서의 구입비와 학교 외에서 구입한 초 · 중 · 고등학교의 방과후 학교 수업용 도서의 구입비를 포함한다.

*2) 초등학교 취학 전 아동이 다니는 학원 또는 체육시설로 1주 1회 이상 실시하는 과정도 포함된다.

이때 공제대상 교육비는 실제 지출한 교육비를 대상으로 한다. 만약, 이 중에서 소득세 및 증여세가 비과세되는 학자금 · 장학금이 있으면 이를 차감하여 공제대상교육비를 산정한다.

나. 대상 교육기관 및 공제한도액

구 분	교육기관(국외 교육기관 포함)	세액공제대상액
해당 거주자	① 학교 등에 지급한 교육비 ② 대학(전공대학, 원격대학 및 학위취득과정 포함) 또는 대학원의 1학기 이상에 해당하는 교육과정과 시간제과정에 지급하는 교육비 ③ 직업능력개발시설에서 실시하는 수강료(근로자수강지원금을 받은 경우에는 차감한 금액으로 함) ④ 근로소득의 학자금 대출의 원리금 상환에 지출한 교육비	전액 공제
부양가족 (기본공제대상자인 배우자 · 직계비속 · 형제자매 · 입양자 · 위탁아동)	학교 등에 지급한 교육비와 보육시설 등에 지급한 교육비 (대학원에 지급하는 교육비와 위의 거주자에게 적용되는 ④에 따른 학자금 대출을 받아 지급하는 교육비는 제외한다.)	- 대학생: 1인당 연 900만원 한도 - 취학전 아동 · 초 · 중 · 고등학생: 1인당 연 300만원 한도
기본공제대상자인 장애인 (소득의 제한을 받지 않음)	장애인 재활교육을 위하여 사회복지시설 등에 지급하는 특수교육비	전액 공제

교육비의 범위

1. '학교 등에 지급한 교육비'란 다음에 해당하는 기관에 지급한 교육비를 말한다.
   ① 유아교육법, 초·중등교육법, 고등교육법 및 특별법에 따른 학교에 지급한 교육
   ② 평생교육법 제31조 제2항에 따라 고등학교졸입 이하의 학력이 인정되는 학교형태의 평생교육시설, 전공대학, 원격대학 형태의 평생교육시설
   ③ 국외교육기관(국외교육기관의 학생을 위하여 교육비를 지급하는 거주자가 국내에서 근무하는 경우에는 과세기간 종료일 현재 대한민국 국적을 가진 거주자가 교육비를 지급한 학생만 해당한다)에 지급한 교육비. 여기서 '국외교육기관'이란 국외에 소재하는 교육기관으로서 우리나라의 유아교육법에 따른 유치원, 초 · 중등교육법 또는 고등교육법에 따른 학교에 해당하는 것을 말한다.
2. '보육시설 등에 지급한 교육비'란 다음에 해당하는 기관에 지급한 교육비를 말한다.
   ① 초등학교 취학 전 아동을 위하여 영유아보육법에 따른 어린이집
   ② 「학원의 설립·운영 및 과외교습에 관한 법률」에 따른 학원
   ③ 「체육시설의 설치 · 이용에 관한 법률」에 따른 체육시설업자가 운영하는 체육시설
   ④ 국가, 지방자치단체 또는 「청소년활동 진흥법」에 따른 청소년수련시설로 허가 · 등록된 시설을 운영하는 자가 운영(위탁운영을 포함한다)하는 체육시설

④ 기부금세액공제

가. 개 요

거주자와 기본공제대상자(연령제한 없음)가 해당 과세기간에 지출한 공익성 기부금이 있는 경우 다음의 두 가지 방법을 적용받을 수 있다.

㉠ 사업소득금액을 계산할 때 기부금을 필요경비에 산입하는 방법

㉡ 거주자(연말정산 대상 사업소득만 있는 자 포함)가 기부금 세액공제액을 해당 과세기간에 종합소득산출세액에서 공제하는 방법

다만, 사업소득만 있는 자는 필요경비에 산입하는 방법으로만 적용이 가능하며, 사업소득과 다른 종합소득이 함께 있는 경우에는 필요경비로 산입하는 방법과 세액공제의 방법 모두 적용받을 수 있다.

나. 공제대상 기부금

구 분	종 류
특례기부금	① 법인세법상 특례기부금(법인세법 참조) ② 특별재난지역 자원봉사용역*1) ③ 사업자가 아닌 거주자가 정치자금에 관한 법률에 따라 정당(후원회, 선관위 포함)에 기부한 정치자금으로서 10만원 초과금액[129] ④ 사업자가 아닌 거주자가 고향사랑기부금으로 지방자치단체에 기부한 금액으로서 10만원 초과금액[130]
우리사주조합기부금 (조특법)	우리사주조합에 지출하는 기부금(우리사주조합원이 지출하는 기부금은 제외)
일반기부금	① 법인세법상 일반기부금(법인세법참조) ② 노동조합, 교원단체, 공무원직장협의회, 공무원노동조합의 가입자가 납부한 회비 ③ 위탁자의 신탁재산이 위탁자의 사망 또는 약정한 신탁계약 기간의 종료로 인하여 상속세 및 증여세법에 의한 공익법인 등에 기부될 것을 조건으로 거주자가 설정한 신탁으로서 다음의 요건을 모두 갖춘 신탁(공익법인기부신탁)에 신탁한 금액 가. 위탁자가 사망하거나 약정한 신탁계약기간이 위탁자의 사망전에 종료하는 경우 신탁재산이 공익법인 등에 기부될 것을 조건으로 거주자가 설정할 것

129) 10만원 이내로 기부한 정치자금기부금은 조세특례제한법에서 '정치자금기부금 세액공제'를 적용하기 때문에 10만원

일반기부금	나. 신탁설정 후에는 계약을 해지하거나 원금 일부를 반환할 수 없음을 약관에 명시할 것 다. 위탁자와 가목의 공익법인 등 사이에 특수관계가 없을 것 라. 금전으로 신탁할 것 ④ 「비영리민간단체 지원법」에 따라 등록된 단체 중 다음의 요건을 모두 충족한 것으로서 행정안전부장관의 추천을 받아 기획재정부장관이 지정한 단체("공익단체"[131])에 지출하는 기부금. 다만, 공익단체에 지출하는 기부금은 지정일이 속하는 과세기간의 1월 1일부터 5년간 지출하는 기부금만 해당한다.[132] 가. 해산시 잔여재산을 국가 · 지방자치단체 또는 유사한 목적을 가진 비영리단체에 귀속하도록 한다는 내용이 정관에 포함 나. 수입(국가 또는 지방자치단체로부터 받는 보조금 수입은 제외) 중 개인의 회비 · 후원금이 차지하는 비율이 50%를 초과할 것 다. 정관의 내용상 수입을 친목 등 회원의 이익이 아닌 공익을 위하여 사용하고 사업의 직접 수혜자가 불특정 다수일 것[133] 라. 지정을 받으려는 과세기간의 직전 과세기간 종료일부터 소급하여 1년 이상 비영리민간단체 명의의 통장으로 회비 및 후원금 등의 수입을 관리할 것 바. 행정안전부장관의 추천일 현재 인터넷 홈페이지가 개설되어 있고, 인터넷 홈페이지와 국세청의 인터넷 홈페이지를 통하여 연간 기부금 모금액 및 활용실적을 매년 4월 30일까지 공개한다는 내용이 정관에 포함되어 있을 것 사. 지정을 받으려는 과세기간 또는 그 직전 과세기간에 공익단체 또는 그 대표자의 명의로 특정 정당 또는 특정인에 대한 선거운동을 한 것으로 권한 있는 기관이 확인한 사실이 없을 것

*1) 자원봉사용역의 가액은 다음에 따라 계산한 금액의 합계액(① + ②)으로 한다.

초과금액에 대해서만 적용한다. 사업자인 거주자가 정치자금을 기부한 경우 10만원을 초과한 금액에 대해서 이월결손금을 차감한 후의 소득금액의 범위내에서 손금산입할 수 있다.

130) 10만원 이내의 고향사랑기부금은 '고향사랑기부금 세액공제'가 가능하기 때문에 10만원 초과금액에 대해서만 적용한다. 정치자금기부금과 동일하게 사업자인 거주자가 정치자금을 기부한 경우 10만원을 초과한 금액에 대해서 이월결손금을 차감한 후의 소득금액의 범위내에서 손금산입할 수 있다.

131) 기획재정부장관은 공익단체가 상증법에 따라 1천만원 이상의 상속증여세(가산세포함)를 추징당하거나, 공익목적 위반사실을 주무관청의 장이 국세청장에 통보하거나 또는 지정요건을 위반 혹은 대표자 등이 기부금품모집 및 사용에 관한 법률 위반으로 단체 또는 개인에게 징역 또는 벌금형이 확정되는 경우 등에 해당하는 경우 공익단체에서 취소할 수 있다.

132) 2022년 1월 1일 이후 지정하는 분부터는 지정일 이후 3년이며 재지정시에는 6년으로 적용된다.

133) 특정계층 혜택 제공이더라도 주무부장관과 기재부장관이 협의하여 공익사업 수혜자의 범위를 정한 경우에 해당시 요건 충족한 것으로 간주한다.

구 분	평가가액
① 자원봉사의 가액	8만원 × 봉사일수(총봉사시간 ÷ 8시간) * 봉사일수 계산시 소수점 이하의 부분은 1일로 보아 계산하며, 개인사업자의 경우에는 본인의 봉사분만 해당함
② 해당 자원봉사용역에 부수되어 발생하는 유류비 · 재료비 등 직접비용	제공할 당시의 시가 또는 장부가액

다. 기부금세액공제 및 필요경비불산입액의 계산

㉠ 1단계: 기부금지출액 계산

특례기부금 · 우리사주조합기부금 · 일반기부금에 해당하는 지출액을 집계한다.

㉡ 2단계: 기준소득금액 계산

사업소득이 있는 자는 종합소득금액에서 필요경비에 산입한 기부금을 가산하고 원천징수세율이 적용된 금융소득금액을 차감하여 기준소득금액을 계산한다.

근로소득만 있는 자의 경우에는 종합소득금액이 기준소득금액이 된다.

기준소득금액 = 종합소득금액 + 필요경비산입기부금 − 원천징수세율적용 금융소득금액

㉢ 3단계: 기부금 종류별 세액공제 대상 한도액 계산

특례기부금 · 우리사주조합기부금 · 일반기부금의 한도는 다음과 같다.

구 분	한 도 액
특례기부금	기준소득금액의 100%
우리사주조합기부금	(기준소득금액 − 한도 내의 특례기부금) × 30%
일반기부금	• 종교단체기부금이 없는 경우: (기준소득금액 − 한도 내의 특례기부금 · 우리사주조합기부금) × 30%
	• 종교단체기부금이 있는 경우: (기준소득금액 − 한도 내의 특례기부금 · 우리사주조합기부금) × 10% + Min [①, ②] ① (기준소득금액 − 한도 내의 특례기부금 · 우리사주조합기부금) × 20% ② 종교단체 외에 지급한 일반기부금

라. 4단계: 세액공제 대상 기부금의 계산

지출액과 다음의 한도액을 비교하여 기부금 종류별 공제대상 금액을 다음과 같이 순차적으로 계산한다.

세액공제 대상 기부금 = Min(특례기부금 지출액, 특례기부금 한도액)
+ Min(우리사주조합기부금 지출액, 우리사주조합기부금 한도액)
+ Min(일반기부금 지출액, 일반기부금 한도액)
− 사업소득금액을 계산할 때 필요경비에 산입한 기부금

마. 5단계: 기부금 세액공제액의 계산

기부금 세액공제 대상금액에 대하여 다음의 금액을 세액공제한다.134)

세액공제 대상 기부금	세액공제 금액
1,000만원 이하	세액공제 대상 기부금 × 15%
1,000만원 초과	150만원 + (세액공제 대상 기부금 − 1,000만원) × 30%

바. 6단계: 기부금 세액공제액의 한도 검토

기부금 세액공제액 = Min(①, ②)
① 기부금 세액공제액(5단계 금액)
② 한도액 = 종합소득산출세액 − 필요경비에 산입한 기부금이 있는 경우 사업소득에 대한 산출세액*

* 종합소득산출세액 $\times \frac{\text{사업소득금액}}{\text{종합소득금액}}$

기부장려금 제도(2017년 신설)

소득세법에 따라 기부금 세액공제를 신청할 수 있는 거주자는 본인이 기부금 세액공제를 받는 대신 그 기부금에 대한 세액공제 상당액(기부장려금)을 당초 기부금을 받은 자가 지급받을 수 있도록 기부장려금을 신청할 수 있다. 다만, 기부금 세액공제와 기부장려금을 중복하여 신청한 경우에는 기부금 세액공제를 신청한 것으로 본다. 이러한 기부장려금 제도를 통해 기부문화의 정착 및 기부금단체의 재정확충이 이루어질 것으로 기대되고 있다.

134) 2024년 1월 1일부터 2024년 12월 31일까지 지급한 기부금(사업소득금액을 계산할 때 필요경비에 산입한 기부금을 뺀 금액)이 3천만원을 초과하는 경우 그 초과분에 대해서는 40%의 공제율을 적용한다.

예제 5 기부금 세액공제

거주자 이정재 씨의 20×1년 종합소득과 기부금에 대한 내용이 다음과 같을 경우 이정재 씨의 20×1년 기부금 세액공제액을 계산하시오. 이정재 씨는 지출한 기부금에 대해서 전액 세액공제를 받으려고 한다.

1. 사업소득
   ① 총수입금액: ₩100,000,000
   ② 필요경비: ₩80,000,000(기부금을 필요경비에 반영하기 전 금액)
2. 근로소득금액: ₩12,000,000
3. 종합소득공제: ₩5,000,000
4. 기부금내용
   (1) 국방헌금: ₩1,000,000
   (2) 경주이씨 종친회 기부금: ₩2,000,000
   (3) 불우이웃돕기결연기관 기부금: ₩7,000,000

해설

1. 기부금 지출액의 계산

구 분	특례기부금	일반기부금	비지정 기부금
국방헌금	₩1,000,000		
종친회 기부금			₩2,000,000
불우이웃돕기결연기관 기부금		₩7,000,000	

2. 종합소득금액과 종합소득과세표준
   (1) 종합소득금액: 20,000,000 + 12,000,000 = 32,000,000
   (2) 종합소득과세표준: 32,000,000 − 5,000,000 = 27,000,000

3. 종합소득산출세액
   840,000 + (27,000,000 - 14,000,000) × 15% = 2,790,000

4. 기부금 세액공제 계산
   (1) 세액공제 대상 기부금 계산
   1) 기준소득금액: 종합소득금액 + 필요경비산입 기부금 − 원천징수세율 적용 금융소득금액
   = 32,000,000 + 0 − 0 = 32,000,000
   2) 세액공제 대상 기부금
   = Min(특례기부금 지출액, 특례기부금 한도액) + Min(일반기부금 지출액, 일반기부금 한도액)
   − 필요경비에 산입한 기부금

= Min(1,000,000, 32,000,000*1)) + Min(7,000,000, 9,300,000*2)) - 0 = 8,000,000

*1 특례기부금 한도액: ₩32,000,000 × 100% = 32,000,000

*2 일반기부금 한도액: (₩32,000,000 - ₩1,000,000) × 30% = 9,300,000

(2) 기부금 세액공제액: ₩8,000,000 × 15% = ₩1,200,000

(3) 한도 검토

기부금 세액공제액 = Min(①, ②) = 1,200,000

① 기부금 세액공제액: 1,200,000

② 한도액 : 2,790,000

공제대상자 요건 비교

구 분	기본공제대상	
	연령요건	소득요건
보장성보험료 세액공제	○	○
의료비 세액공제	×	×
교육비 세액공제	×	○
기부금 세액공제	×	○
신용카드 등 소득공제	×	○

3) 항목별 세액공제 등의 한도

① 근로소득이 있는 거주자의 경우

근로소득이 있는 거주자(일용근로자는 제외)에게 적용되는 보장성보험료 세액공제, 의료비 세액공제, 교육비 세액공제, 그리고 월세세액공제(조세특례제한법) 규정에 따른 세액공제액의 합계액이 그 거주자의 해당 과세기간의 근로소득에 대한 종합소득산출세액을 초과하는 경우 그 초과하는 금액은 없는 것으로 한다. 여기서 근로소득에 대한 종합소득산출세액은 다음과 같이 계산된다.

$$\text{근로소득에 대한 종합소득산출세액} = \text{종합소득산출세액} \times \frac{\text{근로소득금액}}{\text{종합소득금액}}$$

② 종합소득이 있는 거주자의 경우

자녀세액공제, 연금계좌세액공제, 특별세액공제, 기부정치자금 세액공제(조특법), 우리사주조합기부금 세액공제(조특법)의 합계액이 그 거주자의 해당 과세기간의 합산과세되는 종합소득산출세액(원천징수세율을 적용받는 금융소득에 대한 산출세액은 제외하며, 이하 '공제기준산출세액'이라 한다)을 초과하는 경우 그 초과금액은 없는 것으로 한다.

다만, 그 초과한 금액에 기부금 세액공제액이 포함되어 있는 경우 해당 기부금과 세액공제 대상 일반기부금 한도액을 초과하여 공제받지 못한 기부금은 해당 과세기간의 다음 과세기간의 개시일부터 10년 이내에 끝나는 각 과세기간에 이월하여 세액공제율(15%, 30%)을 적용한 기부금 세액공제액을 계산하여 그 금액을 공제기준산출세액에서 공제한다.

6 조세특례제한법에 따른 세액공제

(1) 정치자금기부금 세액공제

거주자가 정치자금법에 따라 정당(후원회 및 선거관리위원회를 포함)에 기부한 10만원 이내의 정치자금은 다음의 계산식에 따라 계산한 금액을 이를 지출한 해당 과세연도의 종합소득산출세액에서 공제한다.

$$\text{정치자금기부금 세액공제액} = \text{기부한 정치자금} \times \frac{100}{110}$$ [135)]

(2) 고향사랑기부금 세액공제

거주자가 고향사랑 기부금으로 지방자치단체에 기부한 10만원 이내의 기부금은 다음의 계산식에 따라 계산한 금액을 이를 지출한 해당 과세연도의 종합소득산출세액에서 공제한다.

$$\text{고향사랑기부금 세액공제액} = \text{고향사랑 기부금} \times \frac{100}{110}$$ [136)]

(3) 결혼세액공제

거주자가 당해 연도에 혼인신고를 한 경우에는 1회(혼인신고 후 그 혼인이 무효가 되어 수정신고 또는 기한 후 신고를 한 경우는 제외한다)에 한정하여 혼인신고를 한 날이 속하는 과세기간의 종합소득산출세액에서 50만원을 공제한다.

---

135) 세액공제한 금액의 10%는 지방소득세도 감소하므로, 정치기부금 전액을 세액공제하게 되면 기부한 금액보다 더 많은 금액을 세액공제로 차감하는 결과를 초래하므로 100/110을 곱하여 조정하게 된다.

136) 정치자금세액공제와 동일한 논리에 의해 100/110을 곱하여 조정하게 된다.

결혼세액공제를 받은 거주자가 혼인이 무효가 된 경우로서 혼인무효의 소에 대한 판결이 확정된 날이 속하는 달의 다음 달부터 3개월이 되는 날까지 수정신고 또는 기한 후 신고를 한 경우에는 무신고가산세, 과소신고가산세, 납부지연가산세의 전부 또는 일부를 부과하지 아니하되 이자상당액은 소득세에 가산하여 부과한다.

(4) 월세세액공제

과세기간 종료일 현재 주택을 소유하지 않은 세대의 세대주[137)]로서 해당 과세기간의 총급여액 8,000만원 이하의 근로소득이 있는 거주자(종합소득금액이 7,000만원 이하)가 월세액을 지급하는 경우 다음의 금액을 해당 과세기간의 종합소득산출세액에서 공제한다.

월세 세액공제액 = Min[주택을 임차하기 위하여 지급한 월세액, 1,000만원] × 공제율

총급여액	공제율
5,500만원 이하 (종합소득금액 4,500만원 이하)	17%
5,500만원 초과 ~ 8,000만원 이하 (종합소득금액 4,500만원 초과 ~ 7,000만원 이하)	15%

여기서 '주택을 임차하기 위하여 지급한 월세액'이란 다음의 요건을 충족하는 주택(오피스텔 및 고시원업의 시설 포함)을 임차하기 위하여 지급하는 월세액(사글세액 포함)을 말한다.

① 주택법에 따른 국민주택 규모(전용면적 85㎡) 이하 또는 기준시가 3억원 이하일 것
② 주택 및 오피스텔에 딸린 토지가 도시지역의 토지는 5배(그 밖의 토지는 10배)를 초과하지 않을 것
③ 임대차계약증서의 주소지와 주민등록표 등본의 주소지가 같을 것
④ 해당 거주자 또는 해당 거주자의 기본공제대상자가 임대차계약을 체결할 것

(5) 전자신고세액공제

납세자가 직접 소득세 전자신고시 당해 납부세액에서 2만원을 공제한다. 세무대리인이 납세자를 대리하여 전자신고방법으로 직전 과세연도동안 소득세 또는 법인세를 신고한 경우 해당 세무사의 소득세 납부세액에서 신고 1건당 1만원(개인세무사는 400만원, 세무법인 등의 경우 1,000만원 한도)을 공제한다.

137) 세대주가 월세 세액공제 및 주택자금 소득공제를 받지 않은 경우에는 세대의 구성원을 말한다.

(6) 현금영수증발급 세액공제

현금영수증가맹점[138]이 현금영수증(거래건별 5천원 미만의 거래만 해당하며, 발급승인시 전화망을 사용한 것을 말함)을 발급하는 경우 종합소득산출세액을 한도로 하여 현금영수증발급 건수당 20원을 해당 과세기간의 종합소득산출세액에서 공제한다.

(7) 그 밖의 세액공제

개인사업자도 법인과 같이 연구·인력개발비에 대한 세액공제와 각종 투자세액공제 등을 적용받을 수 있다.

7 세액감면 및 세액공제의 한도액

소득세법 또는 조세특례제한법에 따른 감면액 및 세액공제액의 합계액이 해당 과세기간의 합산과세되는 종합소득산출세액을 초과하는 경우 그 초과하는 금액은 없는 것으로 보고, 그 초과하는 금액을 한도로 연금계좌세액공제를 받지 아니한 것으로 본다. 다만, 재해손실세액공제액이 종합소득산출세액에서 다른 세액감면액 및 세액공제액을 뺀 후 가산세를 더한 금액을 초과하는 경우 그 초과하는 금액은 없는 것으로 본다.

8 최저한세

(1) 적용대상

소득세의 최저한세는 조세특례제한법에 규정되어 있는데 그 대상은 다음과 같다.

① 거주자의 사업소득(거주자가 벤처기업투자조합 출자 등에 대한 소득공제를 적용받는 경우에만 해당 부동산임대업에서 발생하는 소득을 포함한다)

② 비거주자의 국내사업장에서 발생한 사업소득

---

138) 거래질서 확립을 통한 세원양성화를 위하여 직전 과세기간의 수입금액이 2천400만원 이상인 소비자상대업종을 경영하는 사업자는 현금영수증가맹점으로 가입하여야 한다. 다만, 노점상, 무인자동판매기운영업, 택시운송사업자 등 현금영수증가맹점으로 가입하기 곤란한 경우는 제외한다. ① (보건업) 병· 의원, 약사업, ② (교육 서비스업)일반교습학원, 외국어학원 등, ③ (사업서비스스업) 변호사, 공인회계사, 세무사, 행정사 등, ④ (숙박 및 음식점업) 출장 음식 서비스업, 고시원 운영업, 숙박공유업 등, ⑤ (기타 업종) 가구소매업, 전기용품 · 조명장치 소매업, 골프장운영업, 예식장업 등의 경우에는 수입금약에 관계없이 현금영수증발급대상 업종으로 지정하고 있다. 현금영수증가맹점으로 가입한 사업자는 건당 거래금액이 10만원 이상인 현금거래인 경우에는 소비자의 요구가 없더라도 현금영수증을 의무적으로 발급하여야 한다.

(2) 적용방법

거주자의 사업소득과 비거주자의 국내사업장에서 발생한 사업소득에 대한 소득세를 계산할 때 조세특례제한법상 최저한세 적용대상 조세감면 등을 적용받은 후의 세액(감면후 세액)이 다음의 최저한세액에 미달하는 경우 그 미달하는 세액에 상당하는 부분에 대해서는 감면 등을 하지 아니한다. 최저한세율을 제외한 최저한세 적용방법, 조세감면 배제순위 등 대부분의 사항은 법인세법과 동일하므로 법인세법을 참조하기 바란다.

최저한세액 = 최저한세의 적용대상인 조세특례제한법상 준비금 손금산입 · 소득공제 등을 적용하지 않은 경우의 사업소득에 대한 산출세액 × 35%(산출세액 3천만원 초과분은 45%)

근로장려세제(EITC: Earned Income Tax Credit)

근로장려세제란 저소득자의 근로를 장려하고 소득을 지원하기 위하여 근로소득 또는 사업소득이 일정수준 이하인 가구에 대하여 근로장려금을 지급하는 제도이다. 이 제도는 노동, 근로 활동을 계속하고 있지만 생활이 어려울 정도로 소득 수준이 낮은 사업자, 종교종사자, 근로자 가구에 실질소득을 지원하기 위한 것으로써, 기존의 사회보험제도(국민연금, 건강보험 등)와 국민기초생활보장제도의 혜택을 받지 못하고 있는 차상위계층에 대한 복지제도라고 할 수 있다.

대상자는 법에서 정한 ① 부양자녀 · 배우자 · 연령 요건 ② 총소득요건(단독·홑벌이·맞벌이 가구에 따라 다름) ③ 재산요건(토지·건물·자동차·예금 등의 합계가 2억 4천만원 미만)을 모두 갖춘 지에 한하여 근로장려금을 신청할 수 있으며, 가구원의 소득과 맞벌이 여부 등에 따라 차등하여 지급된다.

재산요건은 토지 · 건물 · 자동차 · 예금 등의 합계액이 2억4천만원 미만이며, 총소득요건인 총소득 기준금액은 다음과 같다.

가구원 구성	총소득기준금액
단독가구	2,200만원
홑벌이 가구	3,200만원
맞벌이 가구	4,400만원

자녀장려세제(CTC: Child Tax Credit)

임신과 출산을 장려하고 저소득 가구의 자녀양육 부담을 경감하기 위해 2016년부터 가구원이 재산 합계액이 일정액 미만이고 총소득 7,000만원 미만이면서 부양자녀(18세 미만)가 있는 경우 자녀장려금을 지급하는 제도가 신설되었다. 자녀장려금은 홑벌이 및 맞벌이 가구여부 및 총급여액 수준에 따라 차등산정되며 부양자녀 1명당 최대 100만원을 지급한다. 대략적인 산출방법은 다음과 같다.

① 홑벌이 가구

총급여액 등	자녀장려금
2,100만원 미만	자녀 1인당 100만원
2,100만원 이상 7,000만원 미만	100만원 − (총급여액등 − 2,100만원) × 4,900분의 50

②맞벌이 가구

총급여액 등	자녀장려금
2,500만원 미만	자녀 1인당 100만원
2,500만원 이상 7,000만원 미만	100만원 − (총급여액 등 − 2,500만원) × 4,500분의 50

OX 문제

01 사업소득의 결손금 및 이월결손금은 14%의 세율이 적용되는 금융소득에 대하여 공제여부를 선택할 수 있다.

02 종합소득산출세액이 비교산출세액을 초과하지 않는 경우에는 귀속법인세가 있는 경우에도 배당세액공제를 받을 수 없다.

03 외국정부에 납부하였거나 납부할 외국소득세액이 세액공제의 공제한도를 초과하는 경우 그 초과하는 금액은 이월이 불가능하다.

04 사업용자산 등 자산총액의 20% 이상에 상당하는 자산을 상실한 때에는 재해손실세액공제의 대상이 된다.

05 거주자의 사업장이 여러 곳에 있는 경우에 재해상실비율은 사업장단위로 계산한다.

06 간편장부대상자가 복식부기에 따라 기장한 장부에 의하여 신고해야 할 소득금액의 20% 이상을 누락하여 신고한 경우에는 기장세액공제를 허용하지 않는다.

정답&해설 **01** × **02** ○ **03** × **04** ○ **05** × **06** ○

01 14%의 세율이 적용되는 금융소득에 대해서 사업소득의 결손금 등을 공제할 경우 분리과세되는 금융소득보다 조세부담이 감소하므로 분리과세되는 금융소득과의 과세형평을 위해서 사업소득의 결손금 등을 공제할 수 없도록 하고 있다.

03 외국납부세액공제는 해당 과세기간의 다음 과세기간부터 10년 이내에 끝나는 과세기간까지 이월하여 공제받을 수 있다.

05 재해상실비율은 거주자의 전체사업장의 사업용자산을 기준으로 계산한다.

07 소득세법상 기장세액공제가 인정되는 경우는 간편장부대상자가 복식부기에 따라 기장하여 종합소득에 대한 과세표준확정신고를 하는 경우로 한정하고 있다.

08 자녀세액공제와 교육비 세액공제가 중복되는 경우 그 두 가지 공제를 모두 적용받을 수 있다.

09 종합소득이 있는 거주자가 연금계좌에 납입한 금액이 있는 경우에는 연금계좌세액공제를 받을 수 있다.

10 의료비는 국내에서 발생한 경우에만 세액공제가 가능하나, 교육비는 외국에서 사용한 경우에도 세액공제가 가능하다.

11 근로소득이 있는 거주자는 근로소득에 대한 산출세액에서 근로소득세액공제를 공제받을 수 있으나, 일용근로자의 근로소득은 적용대상에서 제외된다.

12 기준경비율에 의하여 소득금액을 계산할 경우 매입비용, 사업용고정자산에 대한 임차료 및 인건비는 지출 증명서류가 있어야만 수입금액에서 차감할 수 있으나 단순경비율에 의하여 소득금액을 계산할 경우 필요경비를 인정받기 위한 지출 증명서류는 필요 없다.

정답&해설 07 ○ 08 ○ 09 ○ 10 ○ 11 × 12 ○

11 일용근로자의 근로소득에 대해서도 근로소득세액공제(근로소득산출세액의 55%)가 적용된다.

연습문제

01 다음의 소득공제와 세액공제 중 개인과 법인 모두에게 적용될 수 있는 것은 무엇인가?

① 기장세액공제 ② 배당세액공제 ③ 신용카드소득공제
④ 외국납부세액공제 ⑤ 장애인공제

정답 ④

외국납부세액공제는 개인과 법인 모두에게 적용된다.

02 소득세법상 세액공제에 관한 설명이다. 옳지 않은 것은? [CPA 2021]

① 비치 · 기록한 장부에 의하여 신고하여야 할 소득금액의 20% 이상을 누락하여 신고한 경우 기장세액공제를 적용하지 않는다.
② 외국납부세액공제의 한도를 초과하는 외국소득세액은 해당 과세기간의 다음 과세기간부터 10년 이내에 끝나는 과세기간에 이월하여 공제받을 수 있으며, 이월공제기간 내에 공제받지 못한 외국소득세액은 소멸한다.
③ 외국납부세액공제의 대상이 되는 외국소득세액에는 외국정부에 의하여 과세된 개인 소득세 및 이와 유사한 세목으로 수입금액을 과세표준으로 하여 과세된 세액이 포함된다.
④ 사업자가 해당 과세기간에 재해로 인한 자산상실비율이 20% 이상에 해당하여 납세가 곤란하다고 인정되는 경우 재해손실세액공제를 적용할 수 있다.
⑤ 재해손실세액공제를 적용할 때 장부가 소실 또는 분실되어 장부가액을 알 수 없는 경우 재해발생의 비율은 납세지 관할 세무서장이 조사확인한 재해발생일 현재의 가액에 의하여 계산한다.

정답 ②

외국정부에 납부하였거나 납부할 외국소득세액을 이월공제기간 내에 공제받지 못한 경우 그 공제받지 못한 외국소득세액은 이월공제기간의 종료일 다음 날이 속하는 과세기간의 소득금액을 계산할 때 필요경비에 산입할 수 있다.

03 다음 자료에 의하여 간편장부대상자인 사업자 장원영 씨의 20×1년 귀속 기장세액공제액을 계산한 것으로 옳은 것은?

1. 복식부기에 따라 계산한 사업소득금액 ₩40,000,000
2. 근로소득금액 40,000,000
3. 종합소득공제 24,000,000
4. 세 율

종합소득과세표준		기본세율	
	1,400만원 이하		과세표준 × 6%
1,400만원 초과	5,000만원 이하	84만원 +	1,400만원 초과금액 × 15%
5,000만원 초과	8,800만원 이하	624만원 +	5,000만원 초과금액 × 24%
8,800만원 초과	1.5억원 이하	1,536만원 +	8,800만원 초과금액 × 35%

① ₩0 ② ₩384,000 ③ ₩768,000
④ ₩1,000,000 ⑤ ₩3,840,000

정답 ③

1. 종합소득금액의 계산: ₩40,000,000 + ₩40,000,000 = ₩80,000,000
2. 과세표준의 계산: ₩80,000,000 - ₩24,000,000 = ₩56,000,000
3. 산출세액의 계산: ₩6,240,000 + (₩56,000,000 - ₩50,000,000) × 24% = ₩7,680,000
4. 기장세액공제: Min[①, ②] = ₩768,000

① $₩7,680,000 \times \frac{₩40,000,000}{₩80,000,000} \times 20\% = ₩768,000$

② ₩1,000,000

[4 - 9 공통] 다음은 근로소득자인 정은지 씨(36세, 여성)에 대한 자료이다. 물음에 답하시오.

1. 근로소득 총급여액: ₩65,000,000

2. 가족사항

가족관계	소득사항	비 고
부　　친: 정다훈(72세)	없 음	주거형편상 별거하고 있음
모　　친: 최진이(65세)	총급여액: 600만원	주거형편상 별거하고 있음
배 우 자: 이진욱(38세)	사업소득금액: 400만원	
첫째아들: 이준우(6세)	없 음	
둘째아들: 이준민(4세)	없 음	장애인
셋째아들: 이준호(올해 출생)	없 음	

3. 정은지 씨 본인과 관련한 주요 지출내역은 다음과 같다.

(1) 국민연금보험료 본인부담분:	₩2,000,000
(2) 건강보험료 및 노인장기요양보험료 본인부담분:	1,600,000
(3) 고용보험료 본인부담분:	600,000
(4) 자동차보험료:	800,000
(5) 본인 대학원 교육비:	7,000,000
(6) 보험회사에 가입한 연금저축:	4,500,000

4. 정은지 씨가 기본공제대상자인 가족들을 위하여 지출한 내역들은 다음과 같다.

(1) 배우자의 생명보험:	₩500,000
(2) 이준우의 의료실손보험:	900,000
(3) 이준민의 장애인전용보장성보험:	1,500,000
(4) 이준우의 유치원 보육비:	3,400,000

5. 근로소득 공제액: 1,200만원 + 4,500만원 초과액 × 5%

04 정은지 씨의 인적공제합계액은 얼마인가? 단, 가족에 대한 인적공제를 모두 정은지 씨가 받는다고 가정한다.

① ₩13,500,000 ② ₩12,500,000 ③ ₩12,000,000
④ ₩10,500,000 ⑤ ₩9,000,000

정답 ④

기본공제: 150만원 × 5명(본인, 부친, 첫째아들, 둘째아들, 셋째아들) = 750만원

추가공제: 100만원(경로우대공제) + 200만원(장애인공제) = 300만원

∴ 인적공제 합계 = 750만원 + 300만원 = 1,050만원

* 근로소득만 있는 경우에는 총급여액이 500만원 이하인 경우 공제대상자에 해당하므로 모친은 기본공제대상자에 해당하지 않으며, 배우자도 종합소득금액이 100만원 초과하므로 기본공제대상자에 해당하지 않는다. 또한 부녀자공제의 경우에도 종합소득금액이 3,000만원이 넘으므로 받을 수 없다.

05 정은지 씨의 종합소득과세표준은 얼마인가? 단, 근로소득 외에 다른 소득은 없다.

① ₩34,000,000 ② ₩35,000,000 ③ ₩36,000,000
④ ₩37,300,000 ⑤ ₩38,800,000

정답 ④

총급여액: ₩65,000,000

근로소득공제: ₩12,000,000 + (65,000,000 - 45,000,000) × 5% = ₩13,000,000

근로소득금액: ₩65,000,000 - 13,000,000 = ₩52,000,000

인적공제: ₩10,500,000

연금보험료공제: ₩2,000,000

사회보험료 소득공제: ₩1,600,000(건강보험료 등) + ₩600,000(고용보험료) = ₩2,200,000

∴ 종합소득과세표준: ₩52,000,000 - 10,500,000 - 2,000,000 - 2,200,000 = ₩37,300,000

06 정은지 씨의 보장성보험료 세액공제액은 얼마인가?

① ₩555,000 ② ₩444,000 ③ ₩300,000
④ ₩270,000 ⑤ ₩240,000

정답 ④

보장성보험료 세액공제 대상금액: ₩800,000(자동차보험료) + 900,000(이준우의 의료실손보험)
= ₩1,700,000

장애인전용 보장성보험료 세액공제 대상금액: 1,500,000

∴ 보장성보험료 세액공제액 = ₩1,000,000* × 12% + ₩1,000,000* × 15% = ₩270,000

* 공제대상 한도액은 각각 100만원임.

07 정은지 씨의 교육비 세액공제액은 얼마인가?

① ₩1,050,000 ② ₩1,500,000 ③ ₩1,560,000
④ ₩1,200,000 ⑤ ₩1,000,000

정답 ②

교육비 세액공제 대상금액:
₩7,000,000(본인 대학원 교육비) + 3,000,000(첫째아들의 유치원 보육비, 한도 300만원)
= ₩10,000,000
∴ 교육비 세액공제액 = ₩10,000,000 × 15% = 150만원

08 정은지 씨의 연금저축관련 세액공제액은 얼마인가?

① ₩4,500,000 ② ₩4,000,000 ③ ₩600,000
④ ₩540,000 ⑤ ₩480,000

정답 ④

연금계좌 세액공제 대상금액: ₩4,500,000 (연 600만원 한도)
∴ 연금계좌 세액공제액 = ₩4,500,000 × 12%* = 540,000
* 총급여액이 5,500만원을 초과하므로 12%의 공제율을 적용한다.

09 정은지 씨의 자녀세액공제액의 총금액은 얼마인가?

① ₩600,000 ② ₩700,000 ③ ₩900,000
④ ₩1,300,000 ⑤ ₩1,600,000

정답 ②

일반공제는 해당사항 없으며, 셋째(이준호) 출생으로 추가공제 ₩700,000이 가능하다.

10 다음은 남성인 거주자 갑의 20×1년도 보험료 및 의료비 지급내역이다. 거주자 갑의 보험료 및 의료비 관련 세액공제액을 두 가지 상황별로 각각 계산한 것으로 옳은 것은? 단, 각 상황은 상호 독립적이다.

(1) 부양가족은 배우자(35세, 소득없음), 부친(63세, 소득없음), 자녀(7세, 장애인, 소득없음)이며 모두 생계를 같이 하고 있다.

(2) 보험료 지급내역

대 상	내 역	지출액
본 인	자동차보험료	₩400,000
부 친	상해보험료	700,000
자 녀	장애인전용보험료	900,000

(3) 의료비 지급내역(의료비는 모두 국내지급분임)

대 상	내 역	지출액
본 인	질병치료비	₩1,000,000
배우자	난임시술비	2,500,000
부 친	건강진단비	1,000,000

(4) 상황 구분

- 상황 1: 갑은 근로소득(총급여액 ₩50,000,000, 일용근로자 아님)만 있으며, 항목별 특별세액공제를 적용받는 경우
- 상황 2: 갑은 사업소득(사업소득금액 ₩50,000,000)만 있으며, 조세특례제한법상 성실사업자로서 의료비 등의 세액공제를 적용받는 경우

	상황 1	상황 2
①	₩575,000	₩450,000
②	₩825,000	₩575,000
③	₩825,000	₩825,000
④	₩1,080,000	₩825,000
⑤	₩1,080,000	₩1,080,000

정답 ④

〈상 황 1〉

(1) 보장성보험료세액공제

① 장애인보장성보험료 대상금액: ₩900,000 (₩1,000,000 한도)

② 일반보장성보험 대상금액: ₩400,000 + ₩700,000 = ₩1,100,000 (₩1,000,000 한도)

∴ 보험료세액공제액 = ₩900,000 × 15% + ₩1,000,000 × 12% = ₩255,000

(2) 의료비세액공제

① 일반의료비 대상금액: ₩1,000,000 - ₩50,000,000 × 3%

= △₩500,000 (₩7,000,000 한도)

② 본인 등 의료비 대상금액: ₩1,000,000 + ₩2,500,000 = ₩3,500,000

∴ 의료비세액공제액 = (₩1,000,000 - ₩500,000) × 15% + ₩2,500,000 × 30% = ₩825,000

(3) 세액공제액 합계 = ₩255,000 + ₩825,000 = ₩1,080,000

〈상 황 2〉

(1) 보험료세액공제

* 조세특례제한법상 성실사업자의 경우 의료비 · 교육비 세액공제는 적용 가능하나, 보험료세액공제는 적용받을 수 없다.

(2) 의료비세액공제

① 일반의료비 대상금액: ₩1,000,000 - ₩50,000,000 × 3%

= △₩500,000 (₩7,000,000 한도)

② 본인 등 의료비 대상금액: ₩1,000,000 + ₩2,500,000 = ₩3,500,000

∴ 의료비세액공제액 = (₩1,000,000 - ₩500,000) × 15% + ₩2,500,000 × 30% = ₩825,000

(3) 세액공제 합계 = 0 + ₩825,000 = ₩825,000

11 다음은 근로자(일용근로자 아님)인 거주자 갑의 20×1년 의료비 세액공제액을 산출하기 위한 자료이다. 근로자 갑의 20×1년 의료비 세액공제액을 두 가지 상황별로 계산한 것으로 옳은 것은?

(1) 갑(41세, 남성)의 20×1년 총급여액: ₩50,000,000(다른 소득 없음)

(2) 부양가족은 부친(71세, 소득없음), 배우자(40세, 소득없음)이며 모두 생계를 같이 하고 장애인은 없음

(3) 20×1년 중 의료비 지급명세

구 분	내 역
지출 1	병원치료비 ₩8,000,000, 건강증진 영양제 구입비 ₩1,500,000
지출 2	건강진단비 ₩4,000,000, 치료의약품 구입비 ₩6,200,000
지출 3	시력보정용 안경구입비 ₩800,000, 해외여행시 지출한 현지 의료비 ₩1,500,000

(4) 상황 구분

- 상황 1: 지출 1은 근로자 갑을 위한 지출이고, 지출 2는 부친을 위한 지출이며, 지출 3은

배우자를 위한 지출인 경우
- 상황 2: 지출 1은 부친을 위한 지출이며, 지출2와 지출3은 배우자를 위한 지출인 경우

	상황 1	상황 2
①	₩2,730,000	₩2,580,000
②	₩2,730,000	₩2,280,000
③	₩2,730,000	₩2,250,000
④	₩2,580,000	₩2,580,000
⑤	₩2,580,000	₩2,250,000

정답 ⑤

〈상황 1〉

① 일반의료비 대상금액: ₩500,000* - ₩50,000,000 × 3% = △1,000,000(₩7,000,000 한도)

* 시력보정용 안경구입비의 한도는 500,000이고, 해외에서 지출한 의료비는 세액공제 대상이 아니다.

② 본인 등 의료비 대상금액: ₩18,200,000 - ₩1,000,000 = ₩17,200,000

∴ 의료비세액공제액 = ₩17,200,000 × 15% = ₩2,580,000

〈상황 2〉

의료비세액공제

① 일반의료비 대상금액: (₩4,000,000+₩6,200,000+₩500,000) - ₩50,000,000 × 3%
= ₩9,200,000 (₩7,000,000 한도)

② 본인 등 의료비 대상금액: ₩8,000,000

∴ 의료비세액공제액 = ₩7,000,000 × 15% + ₩8,000,000 × 15% = ₩2,250,000

12 거주자 갑의 20×3년 의료비 관련 자료이다. 의료비세액공제액으로 옳은 것은? **[CPA 2022]**

(1) 기본공제대상자를 위해 지출한 의료비 내역

구 분	나 이	금 액	내 역
본 인	40세	600,000원	시력보정용 안경 구입비
배우자	38세	10,000,000원	난임시술비*
		2,000,000원	건강진단비
모 친	63세	1,000,000원	건강증진용 보약 구입비
		1,500,000원	보청기 구입비
부 친	70세	9,000,000원**	수술비 및 입원비

*「모자보건법」에 따른 보조생식술에 소요된 비용임

** 보험회사로부터 실손의료보험금 5,000,000원을 지급받음

(2) 갑(일용근로자 아님)의 총급여액은 120,000,000원이다.

① 3,660,000원 ② 3,675,000원 ③ 3,810,000원
④ 4,410,000원 ⑤ 4,425,000원

정답 ①

(1) 일반의료비 대상금액: (2,000,000*1) + 1,500,000*2)) − 120,000,000×3%=△100,000
(한도미달, 7,000,000원 한도)

*1) 배우자의 건강진단비

*2) 모친의 보청기 구입비

(2) 본인 등 의료비 대상금액: 500,000*3) + 4,000,000*4) + 10,000,000*5) − 100,000*6) = 14,400,000

*3) 본인의 안경 구입비이며 50만원이 한도이다.

*4) 부친의 수술비 및 입원비이며, 실손의료보험금을 받은 금액은 차감된다.

*5) 배우자의 난임시술비

*6) 일반의료비 대상금액에서 한도미달된 금액이다.

(3) 의료비 세액공제액: 0 + (4,500,000 − 100,000) × 15% + 10,000,000 × 30% = 3,660,000

13 다음은 근로자(일용근로자 아님)인 거주자 갑의 20×1년 교육비와 관련된 자료이다. 거주자 갑의 교육비 세액공제액으로 옳은 것은? 단, 갑을 제외한 다른 사람의 소득은 없으며 세부담 최소화를 가정한다.

지출대상	연 령	교육비 명세	금 액	비 고
본인(갑)	46세	대학 등록금	₩4,000,000	총급여액 ₩80,000,000 (다른 종합소득 없음)
배우자	42세	대학원 등록금	8,200,000	
장 녀	15세	중학교에서 구입한 교과서대금	200,000	
		방과후 학교 수업료 및 특별활동비	1,900,000	
차 녀	14세	교복구입비용	650,000	
		사설 영어학원 수강료	1,400,000	
장 남	5세	유치원 교육비	2,500,000	
		관련법률에 의한 체육시설 수강료	1,200,000	주당 2회 실시하는 과정

① ₩1,290,000 ② ₩1,440,000 ③ ₩1,545,000
④ ₩1,890,000 ⑤ ₩2,790,000

정답 ②

교육비세액공제 대상금액: ₩4,000,000 + Min[₩200,000 + ₩1,900,000, ₩3,000,000]
+ Min[₩500,000*1) + 0*2), ₩3,000,000]
+ Min[₩2,500,000 + ₩1,200,000, ₩3,000,000]
= ₩9,600,000

*1) 중고등학생의 교복구입비용은 50만원을 한도로 한다.

*2) 학원 및 체육시설은 초등학교 취학 전 아동의 경우에만 세액공제 대상 교육비로 본다.

∴ 교육비 세액공제액 = ₩9,600,000 × 15% = ₩1,440,000

14 다음은 근로소득이 있는 거주자 甲(일용근로자 아님)이 20×3년 기본공제대상자를 위해 지출한 보험료와 교육비 관련 자료이다. 甲의 보험료세액공제액과 교육비세액공제액의 합계는? **[CTA 2022]**

(1) 기본공제대상자 현황

구 분	나 이	소득현황	지출내역
본 인	43세	총급여액 50,000,000원	국민건강보험료 2,000,000원 일반보장성보험료(피보험자: 본인) 500,000원
배우자	40세	총급여액 4,000,000원	대학원 박사과정 등록금 12,000,000원
모 친	65세	사업소득금액 5,000,000원	평생교육시설 수업료 10,000,000원
아들	18세		고등학교 교복구입비용 1,000,000원 사설 영어학원 수강료 3,000,000원
딸	15세		중학교 방과후 과정 특별활동비 2,000,000원 장애인전용보장성보험료(수익자: 딸) 3,000,000원

(2) 딸은 장애인이고, 본인 이외의 기본공제대상자는 「초ㆍ중등교육법」 또는 「고등교육법」상 학교에 다니고 있다.

(3) 위에 주어진 자료 외의 다른 사항은 고려하지 않는다.

① 210,000원　② 375,000원　③ 585,000원
④ 670,000원　⑤ 815,000원

정답 ③

(1) 보험료 세액공제액:
Min(500,000, 1,000,000) × 12% + Min(3,000,000, 1,000,000) × 15% = 210,000

(2) 교육비 세액공제액:
(500,000*1) + 2,000,000*2)) × 15% = 375,000

*1) 아들의 교복구입비용으로 50만원이 한도이다.

*2) 딸의 특별활동비이며 한도(300만원)내 금액이다.

(3) 세액공제 합계액: 210,000 + 375,000 = 585,000

15 다음은 제조업을 영위하는 개인사업자인 거주자 갑의 20×1년 소득자료이다. 추계조사결정에 의하여 거주자 갑의 20×1년 귀속 사업소득금액을 계산한 것으로 옳은 것은? 단, 거주자 갑은 복식부기의무자이며 기준경비율 적용대상자이다.

> (1) 20×1년 귀속 수입금액: ₩100,000,000
>
> (2) 주요경비의 지급 명세 (세법에서 정한 증명서류로 확인됨)
> 가. 원재료의 매입비용: ₩5,000,000
> 나. 사업용 고정자산의 매입비용: ₩4,000,000
> 다. 사업용 고정자산의 임차료: ₩5,000,000
> 라. 급여(거주자 갑의 급여와 퇴직급여 ₩10,000,000 포함): ₩25,000,000
>
> (3) 거주자 갑의 해당 업종의 기준경비율은 20%이고 단순경비율은 60%이며, 기획재정부령이 정하는 배율은 복식부기의무자의 경우 3.2배이고 간편장부대상자인 경우 2.6배이다.
>
> (4) 천재지변 또는 기타 불가항력으로 장부 및 기타 증명서류가 멸실됨에 따라 추계조사결정하는 것은 아니다.

① ₩55,000,000　② ₩65,000,000　③ ₩91,300,000
④ ₩102,000,000　⑤ ₩128,000,000

정답 ②

기준경비율에 의한 추계: Min[①, ②] = ₩65,000,000

① 수입금액 - 주요경비 - 수입금액 × 기준경비율
= ₩100,000,000　₩25,000,000*1) - ₩100,000,000 × 20% × 1/2배*2)
= ₩65,000,000

*1) 주요경비: ₩5,000,000 + ₩5,000,000 + (₩25,000,000 - ₩10,000,000) = ₩25,000,000
*2) 복식부기의무자의 경우에는 기준경비율의 1/2을 적용함

② [수입금액 - (수입금액 × 단순경비율)] × 배율
= [₩100,000,000 - (₩100,000,000 × 60%)] × 3.2배
= ₩128,000,000

Chapter 10 퇴직소득세

AN INTRODUCTION TAX LAW

1 퇴직소득의 범위

퇴직소득은 법인이나 개인사업자를 위하여 일정기간동안 근로를 제공한 임원이나 사용인이 퇴직을 사유로 지급받는 소득과 공적연금의 일시금을 말한다. 이러한 퇴직소득은 오랜 기간 동안 서서히 발생하여 누적된 소득이 일시에 실현되는 특징이 있다. 이러한 특징 때문에 퇴직자의 퇴직소득에 대해 누진세를 적용하면 세부담이 과도하게 커지는 '결집효과'가 발생하는데, 현행 소득세법에서는 이러한 결집효과를 완화시키기 위하여 퇴직소득에 대해 연분연승법의 논리를 적용하고 다른 소득과는 별도로 분류과세하고 있다.

(1) 퇴직소득의 범위

퇴직소득이란 해당 과세기간에 발생한 다음의 소득을 말한다.

① 공적연금 관련법에 따라 받는 일시금*

* 동 금액을 지급하는 자가 퇴직소득의 일부 또는 전부를 지연하여 지급하면서 지연지급에 대한 이자를 함께 지급하는 경우 해당 이자도 퇴직소득에 해당한다.

② 사용자부담금을 기초로 하여 현실적인 퇴직을 원인으로 지급받는 소득

③ 소기업·소상공인이 폐업 또는 해산 등을 원인으로 지급받는 공제금

④ 과학기술인공제법에 따라 지급받는 과학기술발전장려금

⑤ 「건설근로자의 고용개선 등에 관한 법률」에 따라 지급받는 퇴직공제금

⑥ 종교관련 종사자가 현실적인 퇴직을 원인으로 종교단체로부터 지급받는 소득

여기서 ①, ② 및 ③에 대해 구체적으로 살펴보기로 한다.

(2) 공적연금 관련법에 따라 받는 일시금

공적연금 관련법에 따라 받는 일시금은 2002. 1. 1.(과세기준일) 이후에 납입된 연금기여금 및 사용자 부담금을 기초로 하거나 2002. 1. 1. 이후 근로의 제공을 기초로 하여 받은 일시금을 말한다. 이에 따라 퇴직소득으로 과세되는 일시금은 다음의 금액으로 한다.

구 분	과세대상 일시금*
(1) 「국민연금법」 또는 「국민연금과 직역연금의 연계에 관한 법률」에 따른 반환일시금	Min[①, ②] − 과세제외기여금 등 ① 과세기준일(2002. 1. 1.) 이후 납입한 기여금 또는 개인부담금(사용자부담금을 포함함)의 누계액과 이에 대한 이자 및 가산이자 ② 실제 지급받은 일시금 − 과세기준일 이전에 납입한 기여금 또는 개인부담금 * Min[①, ②]으로 계산된 금액을 '과세기준금액'이라 한다.
(2) 위 (1) 이외의 일시금	$\left(\text{과세기간 일시금 수령액} \times \dfrac{\text{과세기준일 이후 기여금납입월수}}{\text{총기여금납입월수}} \right)$ − 과세제외기여금 등 * 위 괄호에 의해 계산된 금액을 '과세기준금액'이라 한다.

* 퇴직소득에 해당하는 일시금(퇴직소득세가 과세되었거나 비과세소득인 경우만 해당함)을 반납하고 공적연금관련법에 따라 재직기간, 복무기간 또는 가입기간을 합산한 경우에는 과세대상일시금을 계산할 때 재임용일 또는 재가입일을 과세기준일로 보아 계산한다.

위에서 '과세제외기여금 등'이란 과세기준일 이후에 연금보험료공제를 받지 않고 납입한 기여금 또는 개인부담금(연금보험료 등 소득 세액공제확인서를 발급받아 과세제외기여금 등으로 확인되는 금액만 해당함)을 말한다. 즉, 납입연도에 연금보험료공제를 받지 않은 기여금(또는 개인부담금)은 납입연도에 이미 과세가 되었기 때문에 수령연도에 이중으로 과세하지 않기 위해 과세대상 일시금에서 차감한다. 이 경우 과세제외기여금 등이 해당 과세기간의 과세기준금액을 초과하는 경우 그 초과하는 금액은 그 다음 과세기간부터 과세기준금액에서 뺀다.

(3) 사용자부담금을 기초로 하여 현실적인 퇴직을 원인으로 지급받는 소득

일반적인 퇴직소득은 사용자부담금을 기초로 현실적인 퇴직을 원인으로 근로자가 지급받는 소득을 말한다. 여기에서 '현실적인 퇴직' 이란 근로관계가 종료되어 퇴직하는 것을 말하는데, 여기서 다음과 같은 퇴직판정의 예외가 있다.

① 일정한 사유가 발생하였으나 퇴직급여를 실제로 받지 않은 경우는 퇴직으로 보지 않을 수 있다(현실적인 퇴직으로 보지 않는 경우).

② 계속 근로기간 중에 일정한 사유로 퇴직급여를 미리 지급받은 경우(임원인 근로소득자를 포함하며, 이를 '퇴직소득중간지급' 이라고 함)에는 그 지급받은 날에 퇴직한 것으로 본다(현실적인 퇴직으로 보는 경우).

즉, 위의 ① 현실적인 퇴직으로 보지 않는 경우와 ② 현실적인 퇴직으로 보는 경우의 구체적인 사례는 다음과 같다.

구 분	구체적인 사유
① 현실적인 퇴직으로 보지 않는 경우	• 종업원이 임원이 된 경우 • 합병 · 분할 등 조직변경, 사업양도 또는 직 · 간접으로 출자관계에 있는 법인으로의 전출 또는 동일한 사업자가 경영하는 다른 사업장으로의 전출이 이루어진 경우 • 법인의 상근임원이 비상근임원이 된 경우 • 비정규직 근로자(기간제근로자 또는 단시간근로자를 말한다)가 정규직 근로자(「근로기준법」에 따라 근로계약을 체결한 근로자로서 비정규직 근로자가 아닌 근로자를 말한다)로 전환된 경우
② 현실적인 퇴직으로 보는 경우	• 「근로자퇴직급여 보장법 시행령(제3조 제1항)에 따라 아래의 사유로 긴급자금이 필요한 경우 퇴직금을 중간정산하여 지급받은 경우 ㉠ 무주택자인 근로자가 본인명의로 주택을 구입하는 경우 ㉡ 무주택자인 근로자가 주거를 목적으로 전세금 또는 보증금을 부담하는 경우. 이 경우 근로자가 하나의 사업 또는 사업장에 근로하는 동안 1회로 한정한다. ㉢ 근로자 및 근로자의 배우자 또는 그들과 생계를 같이하는 부양가족이 질병 또는 부상으로 6개월 이상 요양을 하는 경우 ㉣ 퇴직금중간정산을 신청하는 날부터 역산하여 5년 이내에 근로자가 파산선고나 개인회생절차 개시결정을 받은 경우 ㉤ 임금피크제를 실시하여 임금이 줄어드는 경우 ㉥ 그 밖에 천재지변 등으로 피해를 입는 경우 등 • 「근로자퇴직급여 보장법(제38조)」에 따라 퇴직연금제도가 폐지되는 경우*

* 사용자와 퇴직연금사업자가 가입근로자의 급여를 지급하는 경우 가입자가 지정한 개인형 퇴직연금제도(IRP)의 계정으로 이전하는 방법으로 지급하여야 한다.

(4) 소기업·소상공인이 폐업 또는 해산 등을 원인으로 지급받는 공제금(조세특례제한법 제86조의3)

소기업·소상공인 폐업 또는 해산, 공제 가입자 사망, 법인 대표자 지위로 공제에 가입한 자가 그 법인의 대표자 지위 상실, 만 60세 이상으로 공제부금 납입월수가 120개월 이상인 자가 공제금의 지급을 청구한 때 등의 사유가 발생하여 소기업·소상공인 공제에서 공제금을 지급받는 경우에는 다음에 따라 계산한 금액을 퇴직소득으로 한다.

퇴직소득 = 공제금 − 실제 소득공제받은 금액을 초과하여 납입한 금액의 누계액

만약, 폐업 등 사유가 발생하기 전에 소기업·소상공인 공제계약이 해지된 경우에는 다음에 따라 계산한 금액을 기타소득으로 한다.

기타소득 = 해지환급금 − 실제 소득공제받은 금액을 초과하여 납입한 금액의 누계액

단, 해지 전 6개월 이내에 천재·지변의 발생, 공제가입자의 해외이주, 공제가입자의 3월 이상의 입원치료 또는 요양을 요하는 상해 · 질병의 발생 등으로 인한 경우에는 기타소득이 아니라 퇴직소득으로 과세된다.

2 비과세 퇴직소득

비과세되는 퇴직소득은 근로소득과 함께 규정되어 있다. 근로제공시 받는 대가 중 비과세요건에 해당되면 근로소득 또는 퇴직소득의 구분과 관계없이 비과세된다.

3 퇴직소득의 수입시기

구 분	수입시기
(1) 일반적인 퇴직소득	퇴직한 날
(2) 국민연금법에 따라 받는 일시금	소득을 지급받은 날 (분할하여 지급받는 경우에는 최초로 지급받는 날)
(3) 건설근로자공제회로부터 지급받는 퇴직공제금	

4 퇴직소득세의 계산

(1) 퇴직소득세의 계산구조

- 퇴직소득의 합계액 = 퇴직소득금액
- 환산급여 = (퇴직소득금액 - 근속연수공제)*1) × $\frac{12배}{근속연수}$

*1) <근속연수에 따른 공제액>

근속연수*	근속연수공제
5년 이하	100만원 × 근속연수
5년 초과 10년 이하	500만원 + 200만원 × (근속연수 - 5년)
10년 초과 20년 이하	1,500만원 + 250만원 × (근속연수 - 10년)
20년 초과	4,000만원 + 300만원 × (근속연수 - 20년)

* 근속연수의 계산에 있어서 1년 미만의 단수는 1년으로 본다.

- 퇴직소득과세표준 = 환산급여 - 환산급여에 따른 차등공제액*2)

*2) <환산급여에 따른 차등공제액>

환산급여	차등공제액
800만원 이하	환산급여 × 100%
800만원 초과 7,000만원 이하	800만원 + 800만원 초과분 × 60%
7,000만원 초과 1억원 이하	4,520만원 + 7,000만원 초과분 × 55%
1억원 초과 3억원 이하	6,170만원 + 1억원 초과분 × 45%
3억원 초과	1억5천170만원 + 3억원 초과분 × 35%

- 퇴직소득산출세액 = 퇴직소득과세표준 × 기본세율 × $\frac{근속연수}{12배}$

* 근속연수계산에 있어서 1년 미만의 단수는 1년으로 본다.

- 퇴직소득결정세액 = 퇴직소득산출세액 - 외국납부세액공제

* 퇴직소득산출세액을 초과하는 외국납부세액공제 금액은 이월하여 공제받을 수 없다.

1) 퇴직소득금액

퇴직소득금액은 해당 과세기간에 발생한 퇴직소득의 합계액(비과세 제외)으로 한다. 다만, 임원[139]의 2012.1.1. 이후 근무기간의 퇴직소득금액(공적연금 관련법에 따라 받는 일시금은

139) 여기서 임원은 법인세법상 임원을 말하는데, 구체적인 임원의 범위는 다음과 같다.
① 회장, 사장, 부사장, 이사장, 대표이사, 전무이사 및 상무이사 등 이사회 구성원 전원과 청산인
② 합명회사, 합자회사, 유한회사의 업무집행사원 또는 이사
③ 유한책임회사의 업무집행자
④ 감사
⑤ 그 밖에 ①~④에 준하는 자

제외)이 퇴직소득 한도액을 초과하는 경우에는 그 초과하는 금액은 근로소득으로 본다. 임원의 퇴직소득에 대한 한도초과액은 다음과 같다.

> 임원 퇴직소득 한도초과액 = 2012.1.1.이후 근무기간의 퇴직소득금액 − 임원 퇴직소득 한도액

① 2012.1.1.이후 근무기간의 퇴직소득금액은 전체 퇴직소득금액에서 2011.12.31. 이전 근무기간의 퇴직소득금액을 차감한 것으로 한다. 이때 2011.12.31. 이전 근무기간의 퇴직소득금액은 다음의 두 금액 중 선택한 금액으로 한다.

㉠ $\text{퇴직소득금액} \times \dfrac{\text{2011.12.31. 이전 근무기간}}{\text{전체근무기간}}$

㉡ 2011.12.31.에 정관 또는 정관의 위임에 따른 임원 퇴직급여지급규정이 있는 법인의 임원이 2011.12.31.에 퇴직한다고 가정할 때 해당 규정에 따라 지급받을 퇴직소득금액

② 임원 퇴직소득 한도액의 계산은 다음과 같다.

$$\text{임원 퇴직소득 한도액} = \text{2019년 이전 3년간 평균급여}^{*1)*2)} \times 10\% \times \frac{\text{‘2012년\textasciitilde 2019년’ 근속연수}^{*3)}}{\text{12개월}} \times 3\text{배}$$

$$+ \text{2020년 이후 퇴직한 날로부터 소급한 3년간 평균급여}^{*1)*2)} \times 10\% \times \frac{\text{2020년 이후 근속연수}^{*3)}}{\text{12개월}} \times 2\text{배}$$

*1) 근무기간이 3년 미만인 경우에는 해당 근무기간의 평균급여로 한다.
*2) 다음의 근로소득(비과세소득은 제외)을 합산하여 계산한다.
① 근로를 제공함으로써 받는 봉급 · 급료 · 보수 · 세비 · 임금 · 상여 · 수당과 이와 유사한 성질의 급여
② 법인의 주주총회 · 사원총회 또는 이에 준하는 의결기관의 결의에 따라 상여로 받는 금액
*3) 개월수로 측정하며 1개월 미만의 기간이 있는 경우에는 이를 1개월로 본다.

예제 1 임원 퇴직소득 금액의 계산

다음 자료를 참조하여 2025년 12월 퇴사하면서 퇴직금으로 10억원을 수령한 CFO 주지훈 씨의 퇴직소득금액을 산출하시오.

1. 근속기간: 2012년 1월부터 2025년 12월(근속기간: 14년)
2. 2019년 이전 3년간 평균 급여: 200,000,000원
3. 2025년 이전 3년간 평균 급여: 300,000,000원

해설

1) 임원퇴직소득 한도액 ①+②=800,000,000원

① 200,000,000원 × 10% × 8년 × 3배 = 480,000,000원

② 300,000,000원 × 10% × 6년 × 2배 = 320,000,000원

2) 임원퇴직소득 한도초과액: 1,000,000,000원 − 800,000,000원 = 200,000,000원(→근로소득)

∴ 퇴직시 지급한 10억원 중 근로소득으로 보는 퇴직소득 한도초과액 2억원을 차감한 8억원이 퇴직소득으로 과세될 퇴직소득금액이다.

2) 퇴직소득산출세액

퇴직소득은 결집효과를 완화하기 위하여 연분연승법에 따라 퇴직소득산출세액을 계산한다. 2016년부터 높은 퇴직소득자에게 너무 낮은 세율을 적용하는 연분연승법[140] 대신에 12배수 연분연승법의 논리를 적용하는 방법을 포함하는 퇴직소득세의 전반적인 개정이 이루어졌다.

5 퇴직소득세의 원천징수

국내에서 거주자나 비거주자에게 퇴직소득을 지급하는 자는 그 거주자 및 비거주자에 대한 소득세를 원천징수하여 그 징수일이 속하는 달의 다음 달 10일까지 정부에 납부하여야 한다. 이 경우 원천징수의무자는 앞에서 설명한 바와 같이 퇴직소득 결정세액을 계산하여 원천징수하여야 한다. 다만, 국외 근로소득이 있는 자가 퇴직함으로써 받는 퇴직소득은 원천징수하지 않는다.

6 퇴직소득세의 과세이연 제도

(1) 취 지

퇴직소득세의 과세이연 제도는 근로자가 퇴직금을 노후자금으로 적립 · 운용하다가 은퇴 후 노후자금으로 사용할 수 있도록 하는 것으로 퇴직금의 노후보장성을 높이기 위해 운용되는 제도이다.

(2) 이연퇴직소득세

퇴직소득을 지급하는 자가 퇴직소득을 지급할 때 퇴직소득세를 원천징수하는 것이 원칙이

140) 퇴직소득과세표준에 근속연수를 나눈 값에 기본세율을 곱하여 연평균산출세액을 구하고 이에 다시 근속연수를 곱하여 퇴직소득산출세액을 계산하는 방식을 연분연승법이라 하며, 2012년 12월 31일 이전에는 1년단위 연분연승법을 사용했다. 고액 퇴직소득자에 대한 퇴직소득세 부담을 강화하기 위하여 2013년부터 5배수 연분연승법으로 바꾸었으며 2016년부터는 12배수 연분연승법의 논리를 적용하는 새로운 방법으로 개정하였다.

지만, 거주자의 퇴직소득이 ① 퇴직일 현재 연금계좌에 있거나, 연금계좌로 지급되는 경우 또는 ② 퇴직하여 지급받은 날부터 60일 이내에 연금계좌에 입금되는 경우에는 해당 퇴직소득에 대한 소득세를 연금외수령하기 전까지 원천징수하지 않는다. 이 경우 원천징수 규정에 따라 이미 소득세가 원천징수된 경우 해당 거주자는 원천징수세액에 대한 환급을 신청할 수 있다.

이렇게 원천징수하지 아니하거나 환급하는 퇴직소득세(이연퇴직소득세)는 다음의 산식에 따라 계산한다.

$$\text{이연퇴직소득세} = \text{퇴직소득산출세액} \times \frac{\text{연금계좌로 이전되는 퇴직소득}}{\text{퇴직소득금액}}$$

(3) 이연퇴직소득을 연금외수령시 원천징수

이연퇴직소득을 연금외수령하는 경우 원천징수의무자는 다음의 산식에 따라 이연퇴직소득세를 원천징수하여야 한다.

$$\text{원천징수할 이연퇴직소득세} = \text{연금외수령 당시 이연퇴직소득세} \times \frac{\text{연금외수령한 이연퇴직소득}}{\text{연금외수령 당시 이연퇴직소득}}$$

퇴직소득세의 이연과 이연퇴직소득세의 계산

퇴직소득이 이연되어 향후 연금수령 및 연금외수령에 따른 원천징수하여야 할 이연퇴직소득세 계산은 다음과 같다.

1. (퇴직소득세) 퇴직시 지급하는 일시금이 10억이고 동 퇴직소득에 대한 퇴직소득세가 1억이라고 가정
2. (이연퇴직소득세로 전환) 동 일시금 중 50%에 해당하는 5억원(이연퇴직소득)을 연금계좌로 이전하면 퇴직소득세 중 50%가 이연되어 5천만원이 이연퇴직소득세로 전환
3. (인출) 이연퇴직소득 중 당해연도에 1억원을 연금으로 수령하고, 연금외수령에 해당하여 수령한 금액은 1억원임
4. (연금계좌에서 연금외수령에 대해 원천징수하여야 할 이연퇴직소득세)

   $$\text{5천만원(이연퇴직소득세액)} \times \frac{\text{1억원(연금외수령)}}{\text{5억원(이연퇴직소득)}} = \text{1천만원}$$

5. (연금계좌에서 연금수령에 대해 원천징수하여야 할 연금소득세)

   $$\text{1억원(연금수령액)} \times \frac{\text{1천만원(이연퇴직소득세)}}{\text{1억원(연금외수령)}} \times 70\% = \text{7백만원}$$

OX 문제

01 공적연금관련법에 따라 받는 일시금은 퇴직소득에 해당한다.

02 종업원이 임원으로 취임하고 퇴직급여를 실제로 지급받은 경우에는 현실적인 퇴직으로 본다.

03 종업원이 해당 법인과 직접 또는 간접으로 출자관계에 있는 법인으로 전출된 경우 현실적인 퇴직으로 보지 않는다.

04 계속근로기간 중에 근로자퇴직급여보장법 시행령에 따른 퇴직금의 중간정산사유로 퇴직급여를 미리 지급받은 경우에는 그 지급받은 날에 퇴직한 것으로 본다.

정답&해설 **01** ○ **02** ○ **03** × **04** ○

03 해당 법인과 직접 또는 간접으로 출자관계에 있는 법인(관계회사)에 전출한 경우에 퇴직금을 실제로 지급한 경우에는 이를 현실적인 퇴직으로 보지만, 전출시에 퇴직금을 지급하지 않고 전입법인에서 퇴직할 때 근속기간을 통산하여 퇴직금을 지급하는 경우에는 전출시에 현실적인 퇴직으로 보지 않는다.

05 퇴직소득에 대한 외국납부세액도 외국납부세액공제를 적용받을 수 있다.

06 국내에서 거주자나 비거주자에게 퇴직소득을 지급하는 자는 퇴직소득금액의 20%를 원천징수하여 그 징수일이 속하는 달의 다음달 10일까지 정부에 납부해야 한다.

07 거주자의 퇴직소득이 퇴직일 현재 연금계좌에 있거나 연금계좌로 지급되는 경우에는 해당 퇴직소득에 대한 소득세를 원천징수하지 않는다. 이 경우 퇴직소득세가 이미 원천징수된 경우에는 그 원천징수세액에 대한 환급을 신청할 수 있다.

정답&해설 **05** ○ **06** × **07** ○

06 퇴직소득의 원천징수는 완납적 원천징수로서 퇴직시 퇴직소득산출세액을 계산하여 원천징수한다.

연습 문제

01 퇴직소득에 관한 다음의 설명 중 옳지 않은 것은?

① 일반적인 퇴직소득의 수입시기는 퇴직금을 지급한 날이다.

② 일정한 사유가 발생하였으나 퇴직급여를 실제로 받지 않은 경우는 퇴직으로 보지 않을 수 있다.

③ 퇴직으로 받는 종업원의 퇴직위로금이나 퇴직공로금은 퇴직소득으로 본다.

④ 연금형태로 받는 퇴직보험의 보험금은 연금소득에 해당한다.

⑤ 공적연금 관련법에 따른 퇴직 일시금을 지연지급함에 따라 이에 대한 이자를 함께 지급하는 경우의 해당 이자는 퇴직소득에 해당한다.

정답 ①

일반적인 퇴직소득의 수입시기는 퇴직을 한 날이다.
현실적인 퇴직을 원인으로 사용자부담금을 기초로 근로자가 지급받는 소득은 퇴직소득이므로 종업원의 경우(임원은 퇴직급여 규정이 있어야 함) 퇴직금 지급규정이 없더라도 퇴직시 받는 퇴직위로금등은 퇴직소득으로 본다.

02 다음 중 소득세법상 퇴직소득이 아닌 것은?

① 공적연금 관련법에 따라 받는 일시금

② 과학기술인공제회법에 따라 지급받는 과학기술발전장려금

③ 「건설근로자의 고용개선 등에 관한 법률」에 따라 지급받는 퇴직공제금

④ 퇴직시 한국교직원공제회로부터 지급받는 금액으로 납입원금을 초과하는 금액

⑤ 사용자 부담금을 기초로 하여 현실적인 퇴직을 원인으로 지급받은 소득

정답 ④

한국교직원공제회법에 따라 설립된 한국교직원공제회로부터 지급받는 금액 중 납입원금을 초과하는 금액(직장공제회 초과반환금)은 이자소득에 해당한다.

03 연금소득 및 퇴직소득에 관한 다음의 설명 중 옳지 않은 것은?

① 공적연금 관련법에 따라 받는 일시금은 퇴직소득으로 과세된다.

② 종업원이 임원이 된 경우 퇴직급여를 실제로 받지 아니한 경우는 퇴직으로 보지 않을 수 있다.

③ 퇴직소득이 퇴직일 현재 연금계좌에 있거나 연금계좌로 지급되는 경우 또는 퇴직하여 지급받은 날부터 60일 이내에 연금계좌에 입금되는 경우에 해당 퇴직소득으로 인한 소득세는 연금외수령시 비과세가 적용된다.

④ 연금계좌세액공제를 받은 연금계좌 납입액과 연금계좌의 운용실적에 따라 증가된 금액을 그 소득의 성격에 불구하고 연금외수령하면 기타소득으로 과세하나 의료목적이나 부득이한 사유로 인출하는 경우에는 연금소득으로 분리과세한다.

⑤ 국내에서 거주자나 비거주자에게 연금소득을 지급하는 자는 그 거주자나 비거주자에 대한 소득세를 원천징수하여 그 징수일이 속하는 달의 다음 달 10일까지 납부하여야 한다.

정답 ③

퇴직소득이 퇴직일 현재 연금계좌에 있거나 연금계좌로 지급되는 경우 또는 퇴직하여 지급받은 날부터 60일 이내에 연금계좌에 입금되는 경우에는 거주자가 향후 연금으로 수령시에는 연금소득세가 과세되고 일시금(연금외수령)으로 수령하게 되면 퇴직소득세가 과세된다.

04 소득세법령상 퇴직소득에 관한 설명으로 옳은 것은? **[CTA 2022]**

① 종교관련종사자가 현실적인 퇴직을 원인으로 종교단체로부터 지급받는 소득은 퇴직소득에 해당한다.

② 「과학기술인공제회법」 제16조 제1항 제3호에 따라 지급받는 과학기술발전장려금은 퇴직소득에 해당하지 않는다.

③ 계속근로기간 중에 「근로자퇴직급여보장법」에 따라 퇴직연금제도가 폐지되어 퇴직급여를 미리 지급받는 경우에도 그 지급받은 날에 퇴직한 것으로 보지 않는다.

④ 거주자의 퇴직소득금액에 국외원천소득이 합산되어 있는 경우로서 외국에서 납부한 외국소득세액이 퇴직소득산출세액에서 공제할 수 있는 한도금액을 초과하는 경우 그 초과하는 금액은 이월공제기간으로 이월하여 그 이월된 과세기간의 공제한도금액 내에서 공제받을 수 있다.

⑤ 「국민연금법」에 따라 받는 일시금으로써 2001년 12월 31일 이전에 납입된 연금 기여금 및 사용자부담금을 기초로 하여 받은 일시금은 퇴직소득에 해당한다.

정답 ①

② 대통령령으로 정하는 퇴직소득에 해당된다.

③ 퇴직급여를 지급받은 날에 퇴직한 것으로 본다.

④ 퇴직소득과 관련하여 외국납부세액이 있는 경우 그 외국납부세액은 이월하여 공제하지 아니한다.

⑤ 공적연금 관련법에 따라 받는 일시금은 2002. 1. 1. 이후에 납입된 연금기여금 및 사용자부담금을 기초로 하거나 그 이후 제공된 근로에 기초하여 지급된 것에 한하여 퇴직소득으로 본다.

05 다음의 자료를 이용하여 내국법인 ㈜A에서 경리부장으로 2021년 7월 1일부터 2025년 9월 30일까지 근무하고 퇴직한 거주자 갑의 퇴직소득산출세액을 계산한 것으로 옳은 것은? **[CPA 2020]**

(1) 갑은 ㈜A에서 퇴직하면서 퇴직급여 30,000,000원을 수령하였으며, 퇴직공로금으로 5,000,000원을 별도 수령하였다.

(2) 근속연수공제

근속연수*	근속연수공제
5년 이하	100만원 × 근속연수
5년 초과 10년 이하	500만원 + 200만원 × (근속연수 - 5년)

(3) 환산급여공제

환산급여	공제액
800만원 초과 7,000만원 이하	800만원 + 800만원 초과분의 60%
7,000만원 초과 1억원 이하	4,520만원 + 7,000만원 초과분의 55%

(4) 기본세율

과세표준	세 율
1,400만원 이하	과세표준 × 6%
1,400만원 초과 5,000만원 이하	84만원 + 1,400만원 초과금액 × 15%
5,000만원 초과 8,800만원 이하	624만원 + 5,000만원 초과금액 × 24%
8,800만원 초과 1.5억원 이하	1,536만원 + 8,800만원 초과금액 × 35%

① 612,000원 ② 1,081,250원 ③ 1,249,000원
④ 1,392,500원 ⑤ 1,586,500원

정답 ②

퇴직소득금액 : 30,000,000 + 5,000,000 = 35,000,000

* 임원이 아니므로 퇴직공로금 전액은 퇴직소득으로 본다.

환산급여: $(35,000,000 - 1,000,000 \times 5년^{*}) \times \frac{12}{5^{*}} = 72,000,000$

* 근무한 기간은 4년 3개월이며, 1년 미만의 단수는 1년으로 보므로 근속연수는 5년을 적용한다.

퇴직소득과세표준: $72,000,000 - [45,200,000 + (72,000,000 - 70,000,000) \times 55\%]$
$= 25,700,000$

퇴직소득산출세액: $25,700,000 \times 기본세율 \times \frac{5}{12}$
$= [840,000 + (25,700,000 - 14,000,000) \times 15\%] \times \frac{5}{12}$
$= 1,081,250$

Chapter 11 양도소득세

AN INTRODUCTION TAX LAW

1 양도소득의 개념과 범위

(1) 양도의 개념

양도소득이란 개인이 해당 과세기간에 일정한 자산의 양도로 발생하는 소득이다. 여기서 '양도'란 자산에 대한 등기 또는 등록과 관계없이 매도 · 교환 · 법인에 대한 현물출자 등으로 인하여 그 자산이 유상으로 사실상 이전[141]되는 것을 말한다.

(2) 양도의 범위

양도소득의 과세대상으로 세법에 열거된 자산에 대하여는 유상으로 사실상 이전될 경우 양도로 보지만 다음과 같은 경우에는 자산이 유상으로 사실상 이전되었다 하더라도 양도로 보지 않는다.

1) 양도담보

채무의 변제를 담보하기 위한 양도(양도담보)는 양도의 형식을 지니고 있지만 그 실질이 채권의 담보에 지나지 않으므로 양도로 보지 않는다. 그러나 양도담보 계약을 체결한 후 채무불이행으로 인하여 해당 자산을 변제에 충당한 때에는 그 때에 이를 양도한 것으로 본다.

2) 환지처분(換地處分) 또는 보류지(保留地)로 충당

도시개발법이나 그 밖의 법률에 따른 환지처분으로 지목 또는 지번이 변경되거나 보류지로 충당되는 경우에는 양도로 보지 않는다. 이러한 환지처분이나 보류지로 충당은 자산의 사실상의 유상이전을 수반하므로 본래 양도에 해당하지만, 공익사업의 원활한 수행을 위하여 이를 특별히 양도의 범위에서 제외하고 있는 것이다.

---

141) 자산의 무상이전도 민법에서는 양도로 보지만, 세법에서는 무상양도는 증여로 보아 증여세를 과세한다. 부동산 매매계약을 체결하여 계약금을 받고 소유권 이전등기가 이루어졌으나 잔금지급채무를 불이행하여 소유권을 돌려받는 경우 계약해제로 인하여 양도소득이 실현되지 않은 것이므로 양도로 보지 않는다.

3) 지적경계선 변경을 위한 토지의 교환

다음의 요건을 모두 충족하는 토지교환의 경우에는 양도로 보지 않는다.

① 토지 이용상 불합리한 지상(地上) 경계(境界)를 합리적으로 바꾸기 위하여 「공간정보의 구축 및 관리 등에 관한 법률」이나 그 밖의 법률에 따라 토지를 분할하여 교환할 것

② 위 ①에 따라 분할된 토지의 전체 면적이 분할 전 토지의 전체 면적의 20%를 초과하지 아니할 것

환지처분과 보류지의 뜻

1. 환지처분: 환지처분이란 도시개발법에 따른 도시개발사업, 농어촌정비법에 따른 농업생산기반 정비사업, 그 밖의 법률에 따라 사업시행자가 사업 완료 후에 사업구역 내의 토지 소유자 또는 관계인에게 종전의 토지 또는 건축물 대신에 그 구역 내의 다른 토지 또는 사업시행자에게 처분할 권한이 있는 건축물의 일부와 그 건축물이 있는 토지의 공유지분으로 바꾸어주는 것(사업시행에 따라 분할·합병 또는 교환하는 것을 포함한다)을 말한다.

2. 보류지: 도시개발법에 따른 도시개발사업, 농어촌정비법에 따른 농업생산기반 정비사업, 그 밖의 법률에 따라 사업시행자가 해당 법률에 따라 일정한 토지를 환지로 정하지 아니하고 다음의 토지로 사용하기 위하여 보류한 토지를 말한다.
   ① 해당 법률에 따른 공공용지
   ② 해당 법률에 따라 사업구역 내의 토지소유자 또는 관계인에게 그 구역 내의 토지로 사업비용을 부담하게 하는 경우의 해당 토지인 체비지

2 과세대상 자산의 범위

양도소득세의 과세대상자산은 다음의 경우에 국한한다. 그러므로 열거되어 있지 않은 자산의 양도에 대하여는 과세하지 않는다.

〈과세대상〉

(1) 토지와 건물

(2) 부동산에 관한 권리
- ① 부동산을 취득할 수 있는 권리
- ② 지상권
- ③ 전세권
- ④ 등기된 부동산임차권

(3) 기타자산
- ① 영업권(사업용 고정자산과 함께 양도하는 것에 한함)
- ② 특정시설물이용권
- ③ 특정주식Ⓐ
- ④ 특정주식Ⓑ
- ⑤ 이축권

(4) 주식(출자지분 포함)
- ① 주권상장주식 중 대주주 양도분 및 장외양도분
- ② 비상장주식

(5) 파생상품
- ① 코스피(KOSPI)200 선물 · 옵션
- ② 미니 코스피200 선물 · 옵션
- ③ 코스피200 주식워런트증권(ELW)
- ④ 코스닥(KOSDAQ)150 선물 · 옵션
- ⑤ KRX300선물
- ⑥ 섹터지수 · 배당지수 선물
- ⑦ 코스피200변동성지수선물
- ⑧ 코스닥150 주식워런트증권(ELW)
- ⑨ 주가지수 관련 장외파생상품
- ⑩ 해외 장내파생상품
- ⑪ 차액결제거래(Contract For Difference)[142)]

(6) 신탁수익권

142) 주식을 보유하지 않고 진입가격과 청산가격의 차액(매매차익)만을 현금으로 결제하는 신종 장외파생상품

(1) 토지와 건물

토지는 「공간정보의 구축 및 관리 등에 관한 법률」에 따라 지적공부(地籍公簿)에 등록하여야 할 지목에 해당하는 것을 말하며, 건물은 토지에 정착한 구조물로 건물에 부속된 시설물과 구축물을 포함한다.

(2) 부동산에 관한 권리

1) 부동산을 취득할 수 있는 권리

부동산의 취득시기가 도래하기 전에 해당 부동산을 취득할 수 있는 권리로서 그 사례는 다음과 같다.

① 건물이 완성되는 때 해당 건물과 그 부수토지를 취득할 수 있는 권리(예 아파트분양권 등)

② 지방자치단체 · 한국토지주택공사가 발행하는 토지상환채권, 한국토지주택공사가 발행하는 주택상환채권

③ 부동산매매계약을 체결한 자가 계약금만 지급한 상태에서 양도하는 권리

2) 지상권

타인의 토지에 건물 기타 공작물이나 수목을 소유하기 위하여 그 토지를 사용할 수 있는 권리를 말한다.

3) 전세권

전세금을 지급하고 타인의 부동산을 점유하여 일정기간 그 용도에 따라 사용 · 수익할 수 있는 권리를 말한다.

4) 등기된 부동산 임차권

임차료를 지급하고 목적물을 사용 · 수익하는 임대차계약의 임차인으로서의 지위로서 등기된 것에 한한다. 등기되지 않은 부동산임차권은 여기에 포함되지 않으나 점포임차권(기타소득으로 과세됨)에 포함될 수 있다.

(3) 기타자산

1) 영업권

사업용 고정자산(토지 · 건물 및 부동산에 관한 권리)과 함께 양도하는 영업권에 한정하되(그 외의 영업권 양도소득은 기타소득으로 분류됨) 다음의 것을 포함한다.

① 영업권을 별도로 평가하지 아니하였으나 사회통념상 자산에 포함되어 함께 양도된 것으로 인정되는 영업권

② 행정관청으로부터 인가, 허가, 면허 등을 받음으로써 얻는 경제적 이익

2) 특정시설물이용권

이용권, 회원권, 그 밖에 그 명칭과 관계없이 시설물을 배타적으로 이용하거나 일반이용자보다 유리한 조건으로 이용할 수 있도록 약정한 단체의 구성원이 된 자에게 부여되는 시설물 이용권을 말한다. 골프장 회원권, 종합체육시설 이용권, 콘도미니엄 회원권 등이 대표적인 예이다. 그리고 법인의 주식 등을 소유하는 것만으로 시설물을 배타적으로 이용하거나 일반이용자보다 유리한 조건으로 시설물 이용권을 부여받게 되는 경우의 주식 등도 특정시설물이용권에 포함된다.

3) 특정주식Ⓐ

법인의 자산총액 중 부동산 등의 비율이 50% 이상인 법인의 과점주주가 그 법인의 주식 등의 50% 이상을 해당 과점주주 외의 자에게 양도하는 경우에 해당 주식을 말한다. 이때 과점주주가 주식을 수회에 걸쳐 양도하는 경우에는 과점주주 중 1인이 주식을 양도하는 날부터 소급하여 3년 내에 과점주주가 양도한 주식을 합산하여 '50% 이상 양도' 여부를 판단한다. 여기서 '부동산 등의 비율 요건'과 '과점주주의 범위'는 다음과 같다.

① 부동산 등의 비율 요건: 토지 · 건물 및 부동산에 관한 권리의 가액과 해당 법인이 직 · 간접적으로 보유한 다른 법인의 부동산 등 보유비율을 보유한 주식가액에 적용하여 계산한 가액의 합계액이 해당 법인의 총자산 중 차지하는 비율이 50% 이상인 법인[143]

② 과점주주의 범위: 주주(또는 출자자) 1인 및 기타주주(주주 또는 출자자 1인과 그의 특수관계인을 말함)가 소유하고 있는 주식의 합계액이 해당 법인의 주식 합계액의 50% 초과인 경우의 그 주주 1인 및 기타주주

4) 특정주식Ⓑ

다음 두 가지 요건을 모두 충족한 법인의 주식을 1주 이상 보유한 후 양도한 경우를 말한다. 단 1주를 보유하다가 양도해도 기타자산에 해당한다는 점에서 특정주식Ⓐ와 차별된다.

---

143) 부동산비율계산시 자산가액은 해당 법인의 장부가액에 의하나 토지와 건물의 기준시가가 장부가액보다 큰 경우 기준시가에 의한다. 다음의 금액은 자산총액에 포함하지 않는다.

① 무형자산 중 개발비 및 사용수익 기부자산

② 양도일부터 소급하여 1년이 되는 날부터 양도일까지의 기간 중에 차입 또는 증자 등에 따라 증가한 현금 · 금융재산 및 대여금의 합계액

① 부동산 등 비율 요건: 토지 · 건물 및 부동산에 관한 권리의 가액과 해당 법인이 직·간접적으로 보유한 다른 법인의 부동산 등 보유비율을 보유한 주식가액에 적용하여 계산한 가액의 합계액이 해당 법인의 총자산 중 차지하는 비율이 80% 이상인 법인

② 업종기준: 골프장업 · 스키장업 등 체육시설업, 관광사업 중 휴양시설관련업 및 부동산업 · 부동산개발업으로서 골프장, 스키장, 휴양콘도미니엄 또는 전문휴양시설을 건설 또는 취득하여 직접 경영하거나 분양 · 임대하는 사업을 영위하는 법인

5) 이축권

토지 · 건물과 함께 양도하는 「개발제한구역의 지정 및 관리에 관한 특별조치법」에 따른 이축을 할 수 있는 권리를 이축권이라 하며, 개발제한구역의 건축물로서 취락지구로의 이축 등을 말한다. 다만, 해당 이축권 가액을 별도로 평가하여 신고하는 경우는 제외한다. 여기서 '별도로 평가하여 신고하는 경우'란 「감정평가 및 감정평가사에 관한 법률」에 따른 감정평가법인 등이 감정한 가액이 있는 경우 그 가액(감정한 가액이 둘 이상인 경우에는 그 감정한 가액의 평균액)을 구분하여 신고하는 경우를 말한다.[144]

(4) 주식(출자지분 포함)

1) 과세대상

주식시장 활성화를 위하여 주권상장법인의 주식을 양도하는 경우 원칙적으로 양도소득세를 과세하지 않는다. 그러나 다음과 같은 경우에는 양도소득세를 과세하며, 이 가운데 기타자산에도 동시에 해당되는 것은 이를 기타자산으로 본다.

① 주권상장법인(유가증권시장 · 코스닥시장 또는 코넥스시장에 상장된 주권을 발행한 법인)의 주식은 다음의 경우에만 과세된다.

㉠ 대주주가 양도하는 것

㉡ 대주주에 해당하지 않은 자가 증권시장(유가증권시장 · 코스닥시장 또는 코넥스시장을 말함)에서의 거래에 의하지 않고 양도하는 것

② 비상장법인(주권상장법인이 아닌 법인)의 주식은 모두 양도소득세의 과세대상이다. 다만, 장외주식 호가중개시장(K-OTC)에서 벤처기업의 주식을 대주주가 아닌 자가 양도하는 것은 소득세를 과세하지 않는다.

---

144) 이축권의 가액을 별도로 평가하여 신고하는 경우 이축권을 양도하고 받은 대가는 기타소득에 해당한다.

2) 대주주 요건[145)]

대주주란 주주(또는 출자자) 1인 및 그의 특수관계인이 양도일이 속하는 사업연도의 직전 사업연도 종료일 현재 아래 표의 ①지분비율과 ②시가총액 기준 중 어느 하나를 충족하는 경우에 해당 주주 1인 및 그의 특수관계인을 말한다. 이때 특수관계인이 최대주주인 경우에는 친족 등[146)]의 기타주주 보유주식을 합산해서 계산하나, 최대주주가 아닌 경우에는 본인이 보유한 주식만으로 지분비율을 계산한다.

대주주 요건 적용시 시가총액 요건은 매각 시점이 아닌 직전 사업연도 말 보유한 주식의 시가총액으로 판단한다. 하지만 지분율 요건은 직전 사업연도 말에 지분비율 요건이 대주주 판단기준에 미달하였어도 당해 사업연도 중 지분을 추가 매입해 지분비율에 의한 대주주 요건에 도달했다면 대주주에 해당됨에 유의하여야 한다.

<table>
<tr><th colspan="2">구 분</th><th>① 지분비율</th><th>② 시가총액</th></tr>
<tr><td rowspan="3">법인</td><td>유가증권시장 상장법인</td><td>주식 합계액의 1% 이상</td><td rowspan="3">시가총액 50억원 이상</td></tr>
<tr><td>코스닥시장 상장법인</td><td>주식 합계액의 2% 이상</td></tr>
<tr><td>코넥스시장[147)] 상장법인
비상장법인[*1)]</td><td>주식 합계액의 4% 이상</td></tr>
</table>

*1) K-OTC 시장[148)]의 벤처기업의 경우 지분비율은 동일하게 적용하나 시가총액은 40억원 이상 소유한 경우 대주주로 판단한다.

(5) 파생상품 등

파생상품 등의 거래 · 행위로 발생하는 소득(이자소득 및 배당소득으로 과세되는 파생상품의 거래 · 행위로부터의 이익은 제외)은 2017.1.1. 이후 최초로 거래행위가 발생하는 분부터 양도

145) 2025년 1월 1일 이후부터는 주식 등에 대하여는 금융투자소득으로 분류하여 과세될 예정이다.

146) 배우자, 4촌 이내 혈족, 3촌 이내 인척, 친생자로서 입양된 자 및 그 배우자와 직계비속, 경영지배관계 있는 법인, 혼외출생자의 생부 및 생모를 말한다.

147) 코넥스(KONEX, Korea New Exchange)시장이란 한국거래소가 중소기업기본법에 따른 중소기업이 발행한 주식 등을 매매하기 위하여 개설한 제3의 증권시장을 말한다. 코넥스시장은 유가증권시장과 코스닥시장의 상장요건을 갖추지 못한 초기 창업중소기업의 원활한 자금조달을 지원하기 위하여 만든 제3의 주식시장이다.

148) 유가증권시장(코스피), 코스닥시장, 코넥스시장에 이은 제4의 주식시장으로, 2000년 3월 IT버블이 한창일 때 코스닥시장을 운영하던 한국금융투자협회에서 '장외주식 호가중개시스템'이라는 이름으로 K-OTC(Korea Over The Counter) 시장을 세웠다. 이후 '프리보드시장'이라는 이름을 거쳐 2014년에 현재의 이름으로 바꾸었다. 유가증권시장이나 코스닥시장에 상장되지 못한 장외기업들이 제도권 주식시장에 들어와서 자금을 대 줄 수 있도록 하는 것이 K-OTC의 존재 목적이다. 본래는 유가증권시장과 코스닥시장 외의 장외거래 제도로서 제3의 시장 개념이었으나, 2013년 7월 세번째 정규시장으로 코넥스시장이 등장하면서 제4의 시장이 되었다.

소득세를 과세한다. 파생상품 등에 관한 과세대상은 국내에서 거래되는 모든 주가지수 관련 파생상품(장내 파생상품과 장외 파생상품)과 해외의 파생상품시장에서 거래되는 파생상품이다. 양도소득세가 과세되는 대표적인 파생상품의 대표적인 예는 다음과 같다.

① KOSPI200선물 및 KOSPI200옵션: 유가증권시장을 대표하는 종목을 기준으로 산출된 지수인 KOSPI200을 기초자산으로 하는 선물과 옵션

② 위 ①과 유사한 파생상품(유가증권시장을 대표하는 종목을 기준으로 산출된 지수를 기초자산으로 하는 것으로 한정함)으로서 기획재정부장관이 금융위원회와 협의하여 기획재정부령으로 정하는 것(미니KOSPI200선물, 미니KOSPI200옵션)

③ KOSPI200(KOSDAQ150) 주식워런트: 당사자 일방의 의사표시에 따라 KOSPI200(KOSDAQ150) 지수 수치의 변동과 연계하여 미리 정해진 방법에 따라 주권의 매매나 금전을 수수하는 거래를 성립시킬 수 있는 권리를 표시하는 증권 또는 증서

④ 주가지수 관련 장외파생상품 중 주가지수 관련 국내 장내파생상품과 경제적 실질이 동일한 파생상품

⑤ 해외 파생상품시장에서 거래되는 파생상품(예 다우지수선물)

(6) 신탁수익권

신탁수익권은 미래의 일정 기대수익을 나타내는 수익자의 권리로서 수익권 양도로 발생하는 소득에 대하여 2021년 12월 1일 이후 양도하는 분부터 양도소득세를 과세한다. 다만, 신탁수익권의 양도로 신탁재산에 대한 지배·통제권이 사실상 이전되는 경우는 신탁재산 자체의 양도로 본다.

KOSPI200이란?

KOSPI200(Korea Stock Price Index 200)이란 한국을 대표하는 주식 200개 종목의 시가총액을 지수화한 것으로, 주가지수 선물거래와 옵션거래를 위해 한국거래소가 발표한다. 유가증권시장의 전종목 가운데 시장 대표성, 유동성, 업종 대표성(9개 업종)을 선정 기준으로 시가총액이 상위군에 속하고 거래량이 많은 종목을 선정한다. 상장종목수의 20% 밖에 되지 않으나 전종목 시가총액의 70% 정도를 차지하여 종합주가지수의 움직임과 거의 일치한다. 이들의 시가총액이 1990년 1월3일 기준으로 얼마나 변했는지를 나타내는 것으로 1994년 6월부터 발표하고 있다. 한편 코스닥시장에서는 대표적인 50개 종목을 KOSDAQ50으로 선정하여 운영하고 있다.

3 비과세 양도소득

다음의 양도소득에 대해서는 소득세를 과세하지 않는다.

① 파산선고에 의한 처분으로 발생하는 소득
② 농지의 교환 또는 분합으로 발생하는 소득
③ 1세대 1주택(고가주택 제외)의 양도로 발생하는 소득
④ 지적재조사 사업[149] 과정에서 지적공부상 면적이 감소되어 받는 조정금

이 중 ②와 ③에 대하여 자세히 알아보기로 한다.

(1) 농지의 교환 또는 분합으로 발생하는 소득

농지란 논밭이나 과수원으로서 지적공부의 지목과 관계없이 실제로 경작에 사용하는 토지를 말하며, 양수장, 수로 등 농지의 경영에 직접 필요로 하는 토지도 포함한다. 다음 중 어느 하나에 해당하는 농지의 교환 또는 분합으로 발생하는 소득에 대해서는 소득세를 과세하지 않는다. 이 경우에 교환 또는 분합하는 쌍방 토지 가액의 차액은 가액이 큰 편의 1/4이하이어야 한다.

① 국가 또는 지방자치단체가 시행하는 사업으로 인하여 교환 또는 분합하는 농지
② 국가 또는 지방자치단체가 소유하는 토지와 교환 또는 분합하는 농지
③ 경작상 필요에 따라 교환하는 농지. 다만, 교환에 따라 새로 취득하는 농지를 3년 이상 농지소재지에 거주하면서 경작하는 경우에만 해당한다.
④ 「농어촌정비법」·「농지법」·「한국농어촌공사 및 농지관리기금법 및 농지관리기금법」·「농업협동조합법」에 따라 교환 또는 분합하는 농지

(2) 1세대 1주택의 양도로 발생하는 소득

서민의 주거생활의 안정을 도모하기 위하여 1세대 1주택과 그 부수토지의 양도로 발생하는 소득에 대하여는 소득세를 과세하지 않는다. 여기서 '1세대 1주택'이란 1세대가 양도일 현재 국내에 1주택을 보유하고 있는 경우로서 해당 주택의 보유기간이 2년 이상(조정대상지역[150]의 경우 2년 거주)인 것을 말한다. 이하에서는 이러한 '1세대 1주택'에 대한 요건을 보다 자세히 살펴보기로 한다.

---

149) 지적공부상의 경계와 실질이 다른 지적불부합지를 바로잡아 디지털화하는 사업을 말한다.
150) 조정대상지역은 집값 상승률이나 청약경쟁률이 높아 주택 경기가 과열될 가능성이 높은 지역으로 국토교통부에서 지정한다.

1) 주택의 개념과 범위

① 주택의 개념

'주택'이란 허가 여부나 공부(公簿)상의 용도구분과 관계없이 세대의 구성원이 독립된 주거생활을 할 수 있는 구조로서 관련 법규에서 정하는 구조를 갖추어 사실상 주거용으로 사용하는 건물을 말한다. 이 경우 용도가 분명하지 않으면 공부상의 용도에 따른다. 이러한 주택에는 그 부수되는 토지로서 건물정착면적의 5배[151](도시지역 밖의 토지는 10배) 이내의 토지를 포함한다.

다세대주택과 다가구주택

다세대주택은 다수의 세대가 거주할 수 있도록 주거 공간이 별도로 분리되어 있는 주택으로서 각 세대가 구분하여 등기가 가능하므로 각각을 하나의 주택으로 본다. 반면, 다가구주택도 주거 공간이 구분되어 한 가구가 독립하여 거주할 수 있도록 되어 있으나, 일반적으로 세대별로 분리해서 소유하거나 분양할 수 없으며 소유주가 전체의 건물에 대하여 단독등기를 하는 것이 일반적이다.
현행 소득세법에서는 다가구주택에 대해서 한 가구가 독립하여 거주할 수 있도록 구획된 부분을 각각 하나의 주택으로 보지만, 다가구주택을 가구별로 양도하지 않고 그 다가구주택을 하나의 매매단위로 하여 양도하는 경우에는 그 전체를 하나의 주택으로 본다. 그러므로 1세대가 다가구주택 1채를 2년 이상 보유한 뒤 양도한다면 단독주택으로 간주되어 1세대 1주택 비과세가 적용가능하다.

② 겸용주택의 경우

하나의 건물이 주택과 주택 외의 부분으로 복합되어 있는 경우 다음과 같이 판정한다.

구 분	건 물	부 수 토 지*
주택면적 > 주택 외의 건물면적	전부를 주택으로 본다.	전부를 주택부수토지로 본다.
주택면적 ≦ 주택 외의 건물면적	주택 외의 부분은 주택으로 보지 않는다.	전체 토지면적을 건물면적비율로 안분하여 주택부수토지를 계산한다.

* 계산된 주택부수토지 가운데 건물정착면적의 5배(또는 10배)를 초과하는 토지부분은 비과세가 적용되지 않아 과세된다.

③ 고가주택의 경우

고가주택의 양도에 대해서는 비과세가 적용되지 않는다. 여기서 '고가주택'이란 주택 및 이에 부수되는 토지의 양도 당시의 실지거래가액의 합계액이 12억원을 초과하는 것을 말한다. 한편, 겸용주택의 경우에는 주택으로 보는 부분(부수토지 포함)에 해당하는 실지거래가액을 포함하여 판정하며, 단독주택으로 보는 다가구주택의 경우에는 그 전체를 하나의 주택으로 보

151) 2022.1.1. 이후 양도하는 분부터는 도시지역을 구분하여 주거·상업·공업지역은 3배, 녹지지역과 수도권 밖의 도시지역은 5배를 적용한다.

아 고가주택에 해당하는지의 여부를 판단한다.

2) 1세대의 요건

① 원 칙

1세대란 거주자 및 그 배우자152)가 그들과 동일한 주소 또는 거소에서 생계를 같이 하는 가족과 함께 구성하는 세대를 의미한다. 여기서 '가족'은 거주자와 그 배우자의 직계존비속(그 배우자를 포함) 및 형제자매를 말하며, 취학 · 질병의 요양, 근무상 또는 사업상의 형편으로 본래의 주소 또는 거소를 일시퇴거한 자를 포함한다.

② 예 외

1세대가 되기 위해서는 기본적으로 배우자가 있어야 하지만, 다음 중 어느 하나의 경우에는 배우자가 없는 경우에도 1세대로 본다.

㉠ 해당 거주자의 연령이 30세 이상인 경우

㉡ 배우자가 사망하거나 이혼한 경우

㉢ 국민기초생활보장법에 따른 기준 중위소득의 40% 이상으로서 소유하고 있는 주택 또는 토지를 관리 · 유지하면서 독립된 생계를 유지할 수 있는 경우. 다만, 미성년자의 경우를 제외하되, 미성년자의 결혼, 가족의 사망 등의 사유로 1세대의 구성이 불가피한 경우에는 미성년자도 포함한다.

3) 1주택의 요건

① 원 칙

1세대가 양도일 현재 국내에 1주택만을 보유하여야 한다. 즉, 양도시점을 기준으로 양도하는 주택 외에는 국내에 다른 주택이 없어야 한다. 이러한 1주택의 보유의 판단은 양도시점을 기준으로 하며, 2년 이상의 보유기간(취득당시에 조정대상지역 내 주택의 경우 보유기간 중 2년 이상 거주153))이 충족되어야 한다. 따라서 보유기간 중 다른 주택을 소유한 사실이 없어야 하는 것은 아니며, 양도 당시 국내에 1개의 주택을 보유하고 있는 것으로 충분하며, 보유기간은 취득시부터 기산된다.

한편, 1세대 1주택 비과세규정을 적용할 때에 2개 이상의 주택을 같은 날에 양도하는 경우에는 해당 거주자가 선택하는 순서에 따라 주택을 양도한 것으로 본다.

---

152) 법률상 이혼을 하였으나 생계를 같이 하는 등 사실상 이혼한 것으로 보기 어려운 경우를 포함한다.

153) 만약 취득 당시 조정대상지역이 아니었으나 취득 후 조정대상지역으로 지정된 경우에는 2년의 거주기간은 적용하지 않고 2년의 보유기간만 적용된다.

② **예 외**

조합원입주권[154]은 '부동산을 취득할 수 있는 권리'의 하나이므로 이를 양도하면 양도소득세가 과세되는 것이 원칙이다. 그러나 조합원입주권을 1개 보유한 1세대[155]가 다음의 어느 하나의 요건을 충족하여 양도하는 경우 해당 조합원입주권을 양도하여 발생하는 소득은 비과세를 적용한다. 다만, 해당 조합원입주권의 양도 당시 실지거래가액이 12억원을 초과하는 경우에는 양도소득세를 과세한다.

㉠ 양도일 현재 다른 주택 또는 분양권을 보유하고 있지 않을 것

㉡ 양도일 현재 1조합원입주권 외에 1주택을 보유한 경우[156]로서 해당 1주택을 취득한 날부터 3년 이내에 해당 조합원입주권을 양도할 것(3년 이내에 양도하지 못하는 경우로서 한국자산관리공사에 매각의뢰, 법원경매, 공매 등이 진행 중인 경우를 포함한다)

조합원입주권과 분양권의 1세대 1주택 비과세 산정 특례 (참고)

1. 조합원 입주권

조합원 입주권에 대한 일반적인 규정에도 불구하고 1세대가 주택과 조합원입주권을 보유하다가 그 주택을 양도하는 경우에는 조합원입주권도 주택 수에 포함하므로 1세대 1주택 비과세규정을 적용하지 않는다. 다만, 다음 중 어느 하나에 해당하는 경우에는 1세대 1주택으로 보아 비과세규정을 적용한다.

① 국내에 1주택을 소유한 1세대가 그 주택(종전의 주택)을 양도하기 전에 조합원입주권을 취득함으로써 일시적으로 1주택과 1조합원입주권을 소유하게 된 경우 종전의 주택을 취득한 날부터 1년 이상이 지난 후에 조합원입주권을 취득하고 그 조합원입주권을 취득한 날부터 3년 이내에 종전의 주택을 양도하는 경우(다만, 종전 주택이 수용된 경우나 근무상 형편 등 부득이한 사유로 양도하는 경우에는 종전의 주택을 취득한 날부터 1년 이상 지난 후에 조합원입주권을 취득하는 요건을 적용하지 않는다)

② 국내에 1주택을 소유한 1세대가 그 주택을 양도하기 전에 조합원입주권을 취득함으로써 일시적으로 1주택과 1조합원입주권을 소유하게 된 경우 종전주택을 취득한 날부터 1년이 지난 후에 조합원입주권을 취득하고 그 조합원입주권을 취득한 날부터 3년이 지나 종전주택을 양도하는 경우로서 다음의 요건을 모두 갖춘 때에는 이를 1세대 1주택으로 본다.(다만, 종전주택이 수용된 경우나 근무상 형편 등 부득이한 사유로 양도하는 경우에는 종전의 주택을 취득한 날부터 1년 이상 지난 후에 조합원입주권을 취득하는 요건을 적용하지 않는다)

---

154) 조합원입주권이란 도시 및 주거환경정비법에 따른 관리처분인가로 취득한 입주자로 선정된 지위[재건축사업 또는 주택재개발사업을 시행하는 정비사업조합의 조합원으로서 취득한 것(그 조합원으로부터 취득한 것 포함)에 한정하며, 이에 부수되는 토지를 포함]를 말한다.

155) 「도시 및 주거환경정비법」에 따른 관리처분계획의 인가일 및 「빈집 및 소규모주택 정비에 관한 특례법」에 따른 사업시행계획인가일(인가일 전에 기존주택이 철거되는 때에는 기존주택의 철거일) 현재 1세대 1주택에 해당하는 기존주택을 소유하는 세대

156) 분양권을 보유하고 있지 않은 경우로 한정한다.

㉠ 재개발사업, 재건축사업 또는 소규모재건축사업의 관리처분계획 등에 따라 취득하는 주택(신규주택)이 완성된 후 2년 이내에 그 주택으로 세대전원이 이사(기획재정부령이 정하는 취학, 근무상의 형편, 질병의 요양 그 밖의 부득이한 사유로 세대의 구성원 중 일부가 이사하지 못하는 경우를 포함한다)하여 1년 이상 계속하여 거주할 것

㉡ 재개발사업, 재건축사업 또는 소규모재건축사업 등의 관리처분계획 등에 따라 취득하는 주택이 완성되기 전 또는 완성된 후 2년 이내에 종전의 주택을 양도할 것

2. 분양권

2021년 1월 1일 이후 새로이 취득하는 분양권157)에 대하여도 조합원입주권과 같이 이를 주택수에 포함하여 1세대 1주택 비과세규정을 적용한다. 다만, 다음과 같은 경우에는 1세대 1주택으로 보아 비과세 규정을 적용한다.158)

① 국내에 1주택을 소유한 1세대가 종전주택을 양도하기 전에 분양권을 취득함으로써 일시적으로 1주택과 1분양권을 소유하게 된 경우 종전주택을 취득한 날부터 1년 이상이 지난 후에 분양권을 취득하고 그 분양권을 취득한 날부터 3년 이내에 종전주택을 양도하는 경우(다만, 종전 주택이 수용된 경우나 근무상 형편 등 부득이한 사유로 양도하는 경우에는 종전의 주택을 취득한 날부터 1년 이상 지난 후에 분양권을 취득하는 요건을 적용하지 않는다)

② 국내에 1주택을 소유한 1세대가 종전주택을 양도하기 전에 분양권을 취득함으로써 일시적으로 1주택과 1분양권을 소유하게 된 경우로서 분양권을 취득한 날부터 3년이 지나 종전주택을 양도하는 경우이고, 다음의 요건을 모두 갖춘 때에는 이를 1세대 1주택으로 본다.(다만, 종전 주택이 수용된 경우나 근무상 형편 등 부득이한 사유로 양도하는 경우에는 종전의 주택을 취득한 날부터 1년 이상 지난 후에 조합원입주권을 취득하는 요건을 적용하지 않는다)

㉠ 분양권에 따라 취득하는 주택(신규주택)이 완성된 후 2년 이내에 그 주택으로 세대전원이 이사(기획재정부령으로 정하는 취학, 근무상의 형편, 질병의 요양 그 밖의 부득이한 사유로 세대의 구성원 중 일부가 이사하지 못하는 경우를 포함한다)하여 1년 이상 계속하여 거주할 것

㉡ 신규주택이 완성되기 전 또는 완성된 후 2년 이내에 종전의 주택을 양도할 것

4) 1세대 2주택의 비과세 특례

다음과 같은 경우 1세대 2주택이라도 양도소득세를 과세하지 않는다.

① 거주이전을 위한 일시적인 2주택

국내에 1주택을 소유한 1세대가 그 주택을 양도하기 전에 다른 주택을 취득(자기가 건설하여 취득한 경우 포함)함으로써 일시적으로 2주택이 된 경우 종전의 주택을 취득한 날부터 1년 이상이 지난 후 다른 주택을 취득하고 그 다른 주택을 취득한 날부터 3년 이내(종전주택이 조정대상지역에 있는 상태에서 조정대상지역에 신규주택을 취득하는 경우에는 신규 주택을 취

157) 「주택법」 등 대통령령으로 정하는 법률에 따른 주택에 대한 공급계약을 통하여 주택을 공급받는 자로 선정된 지위(해당 지위를 매매 또는 증여 등의 방법으로 취득한 것을 포함한다)를 말한다.

158) 2020년 12월 31일까지 취득하여 보유하는 분양권에 대하여는 이를 주택 수에 포함하지 않는다.

득한 날부터 2년 이내에 종전의 주택을 양도하는 경우)에 기존에 거주하던 주택을 양도하는 경우(3년 이내에 양도하지 못하는 경우로서 한국자산관리공사에 매각의뢰, 법원경매, 공매 등이 진행중인 경우 포함)에 1세대 1주택으로 보아 비과세규정을 적용한다.159)

② 직계존속의 동거봉양으로 인한 일시적 2주택

1주택을 보유하고 1세대를 구성하는 자가 1주택을 소유하고 있는 60세 이상의 직계존속(직계존속 중 어느 한 사람이 60세 미만인 경우와 배우자의 직계존속 포함) 또는 암, 희귀성질환 등 중대한 질병 등이 발생한 60세 미만의 직계존속을 동거봉양하기 위하여 세대를 합침으로써 1세대가 2주택을 보유하게 되는 경우 세대를 합친 날로부터 10년 이내 먼저 양도하는 주택은 1세대 1주택으로 보아 비과세규정을 적용한다.

③ 혼인160)으로 인한 일시적 2주택

1주택을 보유하는 자와 1주택을 보유하는 자와 혼인함으로써 1세대 2주택을 보유하게 되는 경우 또는 1주택을 보유하고 있는 60세 이상의 직계존속을 동거봉양하는 무주택자가 1주택을 보유하는 자와 혼인함으로써 1세대가 2주택을 보유하게 되는 경우 각각 그 혼인한 날부터 10년 이내에 먼저 양도하는 주택은 이를 1세대 1주택으로 보아 비과세규정을 적용한다.

5) 주택소유에 관한 특례

① 상속받은 주택 소유에 관한 특례

상속받은 주택(조합원입주권을 상속받아 사업시행 완료 후 취득한 신축주택을 포함하며, 피상속인이 상속개시 당시 2이상의 주택을 소유한 경우에는 피상속인의 소유주택기간이 가장 긴 1주택을 말한다161))과 그 밖의 일반주택을 국내에 각각 1개씩 소유하고 있는 1세대가 일반주택을 양도하는 경우에는 국내에 1개의 주택을 소유하고 있는 것으로 보아 1세대 1주택 비과세 여부를 판정한다.

공동상속주택(상속으로 여러 사람이 공동으로 소유하는 1주택) 외의 다른 주택을 양도하는 때에는 해당 공동상속주택은 해당 거주자의 주택으로 보지 아니한다. 다만, 상속지분이 가장

---

159) 기존의 주택 그 부수토지의 일부가 「공익사업을 위한 토지 등의 취득 및 보상에 관한 법률」에 따른 협의매수 · 수용 및 그 밖의 법률에 따라 수용되는 경우로서 해당 잔존하는 주택 및 그 부수토지를 그 양도일 또는 그 수용일부터 5년 이내에 양도하는 때에는 해당 잔존하는 주택 및 그 부수토지의 양도는 종전의 주택 및 그 부속토지의 양도 또는 수용에 포함되는 것으로 본다.

160) 1주택을 소유한 직계존속(60세 이상)과 거주 중인 무주택자가 1주택자와 혼인하여 1세대 2주택이 된 경우도 1세대 1주택 비과세특례를 적용받을 수 있다.

161) 피상속인이 소유한 기간이 같은 주택이 2이상일 경우에는 피상속인이 거주한 기간이 가장 긴 1주택을 말하며, 피상속인이 소유한 기간 및 거주한 기간이 모두 같은 주택이 2이상일 경우에는 피상속인이 상속개시당시 거주한 1주택을 말하며, 만약 피상속인이 거주한 사실이 없는 주택으로서 소유한 기간이 같은 주택이 2이상일 경우에는 기준시가가 가장 높은 1주택(기준시가가 같은 경우에는 상속인이 선택하는 1주택)을 말한다.

큰 상속인의 경우에는 그러하지 아니하며, 상속지분이 가장 큰 상속인이 2명 이상인 경우에는 그 2명 이상의 사람 중 ㉠ 당해 주택에 거주하는 자. ㉡최연장자의 순서에 따라 공동상속주택을 소유한 것으로 본다.

② 문화재 주택 소유에 관한 특례

문화재[162]에 해당하는 주택과 그 밖의 주택(일반주택)을 국내에 각각 1개씩 소유하고 있는 1세대가 일반주택을 양도하는 경우에는 국내에 1개의 주택을 소유하고 있는 것으로 보아 1세대 1주택 비과세 여부를 판정한다.

③ 농어촌주택 소유에 관한 특례

농어촌주택[163]과 그 밖의 주택(일반주택)을 국내에 각각 1개씩 소유하고 있는 1세대가 일반주택을 양도하는 경우에는 국내에 1개의 주택을 소유하고 있는 것으로 보아 1세대 1주택 비과세 여부를 판정한다. 다만, 귀농주택[164]에 대해서는 그 주택을 취득한 날부터 5년 이내에 일반주택을 양도하는 경우에 한하여 이를 적용한다.

④ 근무상의 형편 등으로 취득한 주택 소유에 관한 특례

취학, 근무상의 형편, 질병의 요양 및 그 밖에 부득이한 사유로 취득한 수도권 밖에 소재하는 주택과 그 밖의 주택(일반주택)을 국내에 각각 1개씩 소유하고 있는 1세대가 부득이한 사유가 해소된 날부터 3년 이내에 일반주택을 양도하는 경우에는 국내에 1개의 주택을 소유하고 있는 것으로 보아 1세대 1주택 비과세 여부를 판정한다.

---

162) 법률에 따른 지정문화재, 국가등록문화유산 및 천연기념물 등을 말한다.

163) '농어촌주택'이란 다음의 요건을 모두 갖춘 주택을 말한다.
① 취득 당시 기회발전특구(인구감소지역, 접경지역이 아닌 수도권과밀억제권역 안의 기회발전특구는 제외한다)에 소재하거나 다음의 어느 하나에 해당하는 지역을 제외한 지역으로서 읍·면 또는 인구 규모 등을 고려하여 대통령령으로 정하는 동에 소재할 것
㉠ 수도권지역
㉡ 도시지역. 다만, 인구감소지역 중 부동산가격동향 등을 고려하여 대통령령으로 정하는 지역은 제외한다.
㉢ 조정대상지역
㉣ 「부동산 거래신고 등에 관한 법률」에 따른 허가구역
㉤ 그 밖에 관광단지 등 부동산가격안정이 필요하다고 인정되어 대통령령으로 정하는 지역
② 다음의 요건을 모두 갖춘 고향주택에 해당할 것
㉠ 고향에 소재하는 주택일 것
㉡ 수도권지역, 조정대상지역, 관관단지 등이 아닌 시 지역에 소재할 것
㉢ 주택 및 이에 딸린 토지의 가액(기준시가)의 합계액이 해당 주택의 취득 당시 3억원(한옥은 4억원)을 초과하지 아니할 것

164) '귀농주택'이란 영농 또는 영어에 종사하고자 하는 자가 취득(귀농이전에 취득한 것을 포함한다)하여 거주하고 있는 주택으로 일정한 요건을 갖춘 것을 말한다.

6) 주택 보유기간 요건

① 원 칙

1세대 1주택으로서 양도소득세가 비과세되기 위해서는 양도하는 주택을 2년 이상 보유(조정대상지역의 경우 2년 거주)하여야 한다.

② 예 외

다음의 경우에는 보유기간(㉠~㉣) 또는 거주기간(㉤)의 제한을 받지 아니한다.

㉠ 건설임대주택의 취득 · 양도시: 임대주택법에 따른 건설임대주택을 취득하여 양도하는 경우로서 해당 건설임대주택의 임차일부터 해당 주택의 양도일까지의 기간 중 세대전원이 거주(취학, 근무상의 형편, 질병의 요양, 그 밖에 부득이한 사유로 세대의 구성원 중 일부가 거주하지 못하는 경우를 포함한다)한 기간이 5년 이상인 경우

㉡ 주택 및 그 부수토지(사업인정 고시일 전에 취득한 주택 및 그 부수토지에 한한다)의 전부 또는 일부가 법률에 따라 협의매수 · 수용되는 경우

㉢ 1년 이상 계속하여 국외거주를 필요로 하는 취학 · 근무상 형편으로 세대전원이 출국하는 경우(출국일 현재 1주택을 보유하고 있는 경우로서 출국일부터 2년 이내에 양도하는 경우에 한한다)

㉣ 취학 · 직장의 변경이나 근무상 형편 · 1년 이상의 치료나 요양 · 학교폭력으로 인한 전학의 사유 등으로 인하여 세대원 전원이 다른 시 · 군으로 주거를 이전하게 되어 1년 이상 거주한 주택을 양도하는 경우

㉤ 거주자가 조정대상지역의 공고가 있은 날 이전에 매매계약을 체결하고 계약금을 지급한 사실이 증명서류에 의하여 확인되는 경우로서 해당 거주자가 속한 1세대가 계약금 지급일 현재 주택을 보유하지 아니하는 경우[165)]

165) 납세자가 A주택 분양권 계약 당시 무주택 상태였고 계약 당시 동 지역이 비조정지역이었으나 계약후 동 지역이 조정대상지역으로 지정되고 그 이후에 A주택에 대하여 잔금을 지급하여 동 주택을 취득한 경우로서 A주택을 2년 이상 보유하고 1주택 상태에서 매도하면 동 규정에 의거 거주요건이 적용되지 않으므로 비과세가 적용된다. 하지만 조정대상지역으로 지정된 후 주택을 구입하였다가 2년 이상 보유하고 해당지역이 조정대상지역에서 해제되었다 하더라도 거주요건을 충족하지 아니하면 비과세가 적용되지 않는다. 즉 1세대 1주택 비과세를 위한 거주요건은 양도 당시 조정지역인지와 무관하게 취득 당시 조정대상지역이었다면 적용된다.

(3) 미등기양도자산에 대한 비과세의 배제[166]

미등기양도자산에 대하여는 소득세법 또는 그 밖의 법률 중 양도소득에 대한 소득세의 비과세에 관한 규정을 적용하지 않는다. 여기서 '미등기양도자산'이란 토지, 건물 및 부동산에 관한 권리를 취득한 자가 그 자산 취득에 관한 등기를 하지 않고 양도하는 것을 말한다.

4 취득 · 양도시기와 기준시가

(1) 취득 및 양도시기

양도소득세의 과세에 적용되는 취득 및 양도시기는 다음과 같다.

구 분	취득 및 양도시기
일반적인 경우	① 원칙: 대금청산일 ② 대금청산일이 불분명한 경우: 등기부 · 등록부 · 명부 등에 기재된 등기접수일 또는 명의개서일 ③ 대금청산일 전에 소유권이전 등기 · 등록 · 명의개서를 한 경우: 등기접수일
장기할부조건	소유권이전 등기접수일, 인도일, 사용수익일 중 빠른 날
자가건설 건축물	① 원칙: 사용승인서 교부일 ② 사용승인서 교부일 전에 사실상 사용하거나 임시사용승인을 받은 경우: 그 사실상 사용일 또는 임시사용승인을 받은 날 중 빠른 날 ③ 무허가 건축물: 그 사실상의 사용일
상속 또는 증여	상속개시일 또는 증여를 받은 날
수회에 걸쳐 양도하는 특정주식Ⓐ	과점주주가 주식 등을 양도함으로써 해당 법인의 주식 등의 합계액이 50% 이상 양도되는 날. 다만, 그 양도가액은 과점주주가 사실상 주식 등을 양도한 날의 양도가액에 의한다.

* 취득시기 의제: 오래전 취득한 자산은 다음의 취득의제일에 취득한 것으로 본다.
① 1984. 12. 31 이전에 취득한 토지 · 건물 · 부동산에 관한 권리, 기타자산: 1985. 1. 1
② 1985. 12. 31 이전에 취득한 일반주식: 1986. 1. 1

166) 미등기 양도자산에 대해서는 비과세의 배제뿐만 아니라 장기보유특별공제도 적용하지 않으며, 70%의 높은 세율을 적용하고, 필요경비 개산공제에서도 양도자산의 0.3%(등기자산은 3%)만을 적용받는 등의 여러 불이익이 있다.

(2) 기준시가

1) 기준시가의 개념

기준시가란 과세관청이 양도소득세나 상속증여세 등을 과세할 때 기준이 되는 가액(금액)을 말한다. 양도소득의 경우 양도소득금액을 계산할 때에 양도자산의 취득 및 양도 당시의 기준이 되는 금액을 말한다. 2007년부터는 토지 · 건물의 취득 및 양도시에는 실지거래가액을 사용하는 것이 원칙이 되었으므로 과거보다는 그 중요성이 낮아졌지만, 실지거래가액이나 감정가액이 없는 경우 등 양도소득세 과세의 여러 부분에서 여전히 중요하게 사용되고 있다.

2) 토지와 건물의 기준시가

구 분		기준시가*1)
토 지		일반지역의 토지: 개별공시지가*2) 지정지역*3)의 토지: 개별공시지가 × 배율*4)
일반건물		건물의 신축가격, 구조, 용도, 위치, 신축연도 등을 고려하여 매년 1회 이상 국세청장이 산정 · 고시하는 가액
오피스텔 및 상업용 건물 (부수토지 포함)*5)		건물의 종류, 규모, 거래상황, 위치 등을 고려하여 매년 1회 이상 국세청장이 토지와 건물에 대하여 일괄하여 산정 · 고시하는 가액
주택(부수토지 포함)*6)	공동주택	「부동산 가격공시에 관한 법률」에 따른 공동주택가격(단, 국세청장이 결정 · 고시한 공동주택가격이 있을 때에는 그 가격)
	개별주택	「부동산 가격공시에 관한 법률」에 따른 개별주택가격

*1) 새로운 기준시가가 고시되기 전에 취득 또는 양도하는 경우에는 직전의 기준시가에 의한다.

*2) 시장 · 군수 · 구청장이 「부동산 가격공시에 관한 법률」에 따라 공시지가를 기준으로 하여 산정한 개별필지에 대한 지가를 말한다.

*3) 각종 개발사업 등으로 지가가 급등하거나 급등우려가 있는 지역으로서 국세청장이 지정한 지역을 말한다.

*4) 국세청장이 양도 · 취득당시의 개별공시지가에 지역마다 그 지역에 있는 가격 사정이 유사한 토지의 매매사례가액을 참작하여 고시하는 배율을 말한다.

*5) 건물에 딸린 토지를 공유로 하고 건물을 구분하여 소유하는 것으로서 건물의 용도 · 면적 및 구분소유하는 건물의 수 등을 고려하여 대통령령으로 정하는 건물을 말한다.

*6) 공동주택가격 및 개별주택가격이 없는 주택의 가격은 납세지 관할 세무서장이 인근 유사주택의 개별주택가격 및 공동주택가격을 고려하여 대통령령으로 정하는 방법에 따라 평가한 금액으로 한다.

3) 부동산에 관한 권리의 기준시가

구 분	기준시가		
부동산을 취득할 수 있는 권리	취득일 또는 양도일까지 불입한 금액	+	취득일 또는 양도일 현재의 프리미엄에 상당하는 금액을 합한 금액
지상권, 전세권, 등기된 부동산임차권	권리의 남은 기간, 성질, 내용 및 거래상황 등을 고려하여 「상속세 및 증여세법 시행령」을 준용하여 평가한 가액		

4) 기타자산의 기준시가

구 분	기준시가
영업권	① 매입한 영업권: 매입가액 - 양도일까지의 감가상각비 ② 매입하지 않은 영업권: $\sum_{n}^{5} \frac{\text{최근 3년간의 순손익액의 가중평균액} \times 50\% - (\text{평가기준일 현재의 자기자본} \times \text{일정율}^{*1)})}{(1+10\%)^n}$
특정시설물이용권	지방세법에 따라 고시한 시가표준액*2) (단, 취득 또는 양도 당시의 시가표준액을 확인할 수 없는 경우에는 기획재정부령으로 정하는 방법에 따라 계산한 가액)
특정주식*3) 특정시설물이용권에 해당하는 주식	주식(또는 출자지분)의 기준시가와 같음

*1) 1년만기정기예금이자율을 감안하여 기획재정부령이 정하는 율을 말한다.
*2) 취득세, 등록면허세 등 각종 지방세의 과세기준을 정하기 위해 공시된 토지 및 주택의 가액을 말한다.
*3) 특정주식Ⓑ가 비상장주식에 해당하는 경우 순자산가치를 기준시가로 한다.

5) 주식(또는 출자지분)의 기준시가[167)]

구 분	기준시가
상장주식	평가기준일(평가기준일이 공휴일 등 매매가 없는 날인 경우에는 그 전일) 이전 1개월 동안 공표된 매일의 거래소 최종 시세가액의 평균액
비상장주식	$\text{1주당 기준시가} = (\text{1주당 순손익가치} \times 3 + \text{1주당 순자산가치} \times 2) \times \frac{1}{5}^{*}$ 단, 가중평균한 가액이 1주당 순자산가치의 80%보다 낮은 경우에는 1주당 순자산가치의 80% 금액을 비상장주식 등의 가액으로 한다.

* 단, 부동산과다법인(해당 법인의 자산총액 중 토지건물 및 부동산에 관한 권리의 합계액이 50%이상인 법인을 말함)의 경우에는 1주당 순손익가치와 순자산가치를 각각 2와 3의 비율로 가중평균한다.

167) 상속세및 증여세법에 따른 평가의 경우 상장주식은 평가기준일 이전 · 이후 2개월간 종가 평균액이며 비상장주식의 경우 순자산가액은 시가(또는 보충적 평가방법에 따른 가액)에 의하며 1주당 순손익액은 최근 3년간 1주당 순손익액의 가중평균액에 의하도록 규정하고 있다.

여기서 1주당 순손익가치와 1주당 순자산가치는 다음과 같다.

$$1주당\ 순손익가치 = \frac{양도일\ 또는\ 취득일이\ 속하는\ 사업연도의\ 직전사업연도의\ 순손익액}{3년\ 만기\ 회사채의\ 유통수익률을\ 감안하여\ 고시된\ 이자율}$$

$$1주당\ 순자산가치 = \frac{당해법인의\ 순자산가액^{*}}{평가기준일의\ 발행주식총수}$$

* 양도일 또는 취득일이 속하는 사업연도의 직전 사업연도 종료일 현재 해당 법인의 장부가액(토지의 경우에는 기준시가)에 따르며 발행주식총수도 직전 사업연도 종료일 현재 발행주식총수에 따른다.

한편, 다음 중 어느 하나에 해당하는 비상장주식의 경우에는 가중평균한 가액에 의하지 않고 1주당 순자산가치를 기준시가로 한다.

① 양도소득세 과세표준 신고기한 이내에 평가대상 법인의 청산절차가 진행 중이거나 사업자의 사망 등으로 인하여 사업의 계속이 곤란하다고 인정되는 법인의 주식

② 사업개시 전의 법인, 사업개시 후 3년 미만의 법인 또는 휴업·폐업 중인 법인의 주식

③ 법인의 자산총액 중 주식 등의 가액의 합계액이 차지하는 비율이 80% 이상인 법인의 주식

④ 법인의 설립 시 정관에 존속기한이 확정된 법인으로서 평가기준일 현재 잔여 존속기한이 3년 이내인 법인의 주식

5 양도소득세의 계산

(1) 양도소득세의 계산구조

	총 수 입 금 액	양도가액
(-)	필 요 경 비	취득가액 + 기타의 필요경비
	양 도 차 익	
(-)	장기보유특별공제	토지 · 건물의 양도차익 × (6%~30% 또는 20%~80%)
	양 도 소 득 금 액	
(-)	양도소득기본공제	자산종류별로 250만원
	양도소득과세표준	
(×)	양 도 소 득 세 율	
	양도소득산출세액	
(-)	세 액 감 면	
(-)	세 액 공 제	
	양도소득 결정세액	
(+)	가 산 세	
	양도소득 총결정세액	
(-)	기 납 부 세 액	예정신고납부세액, 수시부과세액
=	차감납부할세액	

(2) 양도차익의 계산

1) 양도가액과 취득가액의 결정

양도소득세의 계산에 있어 양도가액과 취득가액168)은 실지거래가액에 의한다. 취득가액을 결정할 때 사업자가 현재가치할인차금을 계상한 경우에는 이를 취득가액에 포함한다. 단, 양

168) 지적공부상 면적이 증가한 해당 토지를 양도할 때 지적재조사 결과 보유한 토지면적이 증가하여 납부한 조정금은 취득가액에서 제외한다.

도자산 보유기간에 동 현재가치할인차금 상각액을 각 과세기간의 사업소득금액을 계산할 때 필요경비로 산입하였거나 산입할 금액이 있을 때에는 그 금액은 취득가액에서 공제한다.

그리고 양도자산 보유기간에 그 자산에 대한 감가상각비로서 각 과세기간의 사업소득금액을 계산하는 경우 필요경비에 산입하였거나 산입할 금액이 있을 때에는 그 금액을 양도소득 필요경비에서 공제한다. 이 규정은 취득가액을 실지거래가액으로 하는 경우뿐만 아니라 추계에 의한 방법으로 취득가액을 산정하는 경우에도 적용된다.

한편, 양도 또는 취득당시의 실지거래가액의 확인을 위한 증명서류가 없거나 그 중요한 부분이 미비된 경우 또는 허위임이 명백하여 추계조사결정을 하는 경우에는 ① 매매사례가액, ② 감정가액, ③ 환산가액(취득가액 계산시에만 적용), ④ 기준시가를 순차로 적용하여 산정한 가액을 양도가액 또는 취득가액으로 할 수 있다.

구 분	내 용
① 매매사례가액	양도일 또는 취득일 전후 각 3개월 이내에 해당 자산(주권상장법인의 주식 등은 제외)과 동일성 또는 유사성이 있는 자산의 매매사례가 있는 경우 그 가액을 말한다.[169]
② 감정가액	양도일 또는 취득일 전후 각 3개월 이내에 해당 자산(주식 또는 출자지분은 제외)에 대하여 2 이상의 감정평가법인이 평가한 것으로서 신빙성이 있는 것으로 인정되는 감정가액(감정평가기준일이 양도일 또는 취득일 전후 3개월 이내인 것에 한함)의 평균액을 말한다.
③ 환산가액	양도 당시의 실지거래가액, 매매사례가액 또는 감정가액을 기준시가에 따라 환산한 취득가액을 말한다. $$\text{환산가액} = \frac{\text{양도당시의 실지거래가액}}{\text{(또는 매매사례가액, 감정가액)}} \times \frac{\text{취득 당시의 기준시가}}{\text{양도 당시의 기준시가}}$$ 위의 환산가액은 양도가액에는 적용하지 않는다. 그리고 양도차익을 계산할 때 양도가액을 실지거래가액(또는 매매사례가액 · 감정가액이 적용되는 경우에는 그 매매사례가액 · 감정가액을 포함한다)에 따를 때에는 취득가액도 실지거래가액(또는 매매사례가액 · 감정가액이 적용되는 경우에는 그 매매사례가액 · 감정가액을 포함함)에 따르고, 양도가액을 기준시가에 따를 때에는 취득가액도 기준시가에 따른다.
④ 기준시가	소득세법의 규정에 따라 산정한 가액으로서 양도 또는 취득 당시의 기준이 되는 가액을 말한다. 양도차익을 계산할 때 양도가액을 기준시가에 의해 산정하는 경우에는 그 취득가액도 기준시가를 따른다.

169) 매매사례가액(또는 감정가액)이 특수관계인과의 거래에 따른 가액 등으로서 객관적이지 못하고 부당하다고 인정되는 경우에는 해당 가액을 적용하지 않는다.

한편, 양도가액 및 취득가액을 실지거래가액에 따라 양도소득 과세표준 예정신고 또는 확정신고를 한 경우로서 그 신고가액이 사실과 달라 납세지 관할 세무서장 또는 지방국세청장이 실지거래가액을 확인한 경우에는 그 확인된 가액을 양도가액 또는 취득가액으로 하여 양도소득 과세표준과 세액을 경정한다.

2) 취득가액의 범위

취득에 든 실지거래가액은 다음의 금액을 합한 것으로 한다.

① 취득원가에 상당하는 가액(현재가치할인차금[170]과 납부하였거나 납부할 부가가치세를 포함하되 부당행위계산에 의한 시가초과액은 제외한다)

② 취득에 관한 쟁송이 있는 자산에 대하여 그 소유권등을 확보하기 위하여 직접소요된 소송비용 · 화해비용 등의 금액(단, 지출한 연도의 각 소득금액의 계산에 있어서 필요경비에 산입된 것을 제외한다)

③ 당사자 약정에 의한 대금지급방법에 따라 취득원가에 이자상당액을 가산하여 거래가액을 확정하는 경우 당해 이자상당액(단, 당초 약정에 의한 거래가액의 지급기일의 지연으로 인하여 추가로 발생하는 이자상당액은 취득원가에 포함하지 아니한다)

3) 기타의 필요경비

기타의 필요경비는 취득에 따른 각종 부대비용을 말하는데, 자본적 지출액과 양도비로 구분할 수 있다. 자본적 지출액과 양도비의 범위는 다음과 같다.

자본적 지출액	양도비
① 사업자가 소유하는 감가상각자산의 내용연수를 연장시키거나 당해 자산의 가치를 현실적으로 증가시키기 위하여 지출한 수선비(일반적인 자본적 지출액) ② 양도자산을 취득한 후 쟁송이 있는 경우에 그 소유권을 확보하기 위하여 직접 소요된 소송비용 · 화해비용 등의 금액으로서 그 지출한 연도의 각 소득금액의 계산에 있어서 필요경비에 산입된 것을 제외한 금액	① 자산을 양도하기 위하여 직접 지출한 비용으로서 다음에 해당하는 비용 • 증권거래세법에 따라 납부한 증권거래세 • 양도소득세과세표준 신고서 작성비용 및 계약서 작성비용 • 공증비용, 인지대 및 소개비 • 이상의 비용과 유사한 비용으로서 기획재정부령으로 정하는 비용 ② 토지 · 건물을 취득함에 있어서 법령 등의 규정

170) 현재가치할인차금을 취득원가에 포함하는 경우에 있어서 양도자산의 보유기간 중에 그 현재가치할인차금의 상각액을 각 연도의 사업소득금액 계산 시 필요경비로 산입하였거나 산입할 금액이 있는 때에는 동 금액을 취득가액에서 제외한다.

③ 「공익사업을 위한 토지 등의 취득 및 보상에 관한 법률」이나 그 밖의 법률에 따라 토지 등이 협의 매수 또는 수용되는 경우로서 그 보상금의 증액과 관련하여 직접 소요된 소송비용 · 화해비용 등의 금액(지출한 연도의 각 소득금액의 계산에 있어서 필요경비에 산입된 것을 제외하며, 증액보상금을 한도로 한다) ④ 양도자산의 용도변경 · 개량 또는 이용편의를 위하여 지출한 비용 ⑤ 「개발이익환수에 관한 법률」에 따른 개발부담금 ⑥ 「재건축초과이익 환수에 관한 법률」에 따른 재건축부담금 ⑦ 재해나 노후화 등 부득이한 사유로 건물을 재건축한 경우 그 철거비용 ⑧ 위 ①~⑦에 준하는 비용으로서 기획재정부령이 정하는 것	에 따라 매입한 국민주택채권 및 토지개발채권을 만기 전에 양도함으로써 발생하는 매각차손(금융기관 외의 자에게 양도한 경우에는 동일한 날에 금융기관에 양도하였을 경우 발생하는 매각차손을 한도로 한다)

* 이상의 자본적 지출액과 양도비는 실제 지출이 확인되는 경우(적격증명서류, 계좌이체 등의 금융거래증빙 등)에만 공제가 가능하다.

3) 필요경비의 개산공제

취득가액을 매매사례가액, 감정가액, 기준시가를 이용한 추계의 방법을 사용하는 경우에는 개산공제액을 사용하여 기타의 필요경비를 산정한다. 기타의 필요경비에 대한 개산공제액은 다음과 같다.

구 분		개산공제액
토지와 건물		취득 당시의 기준시가 × 3% (미등기양도자산은 0.3%)
부동산에 관한 권리	① 지상권 · 전세권 · 등기된 부동산임차권	취득 당시의 기준시가 × 7%
	② 부동산을 취득할 수 있는 권리	취득 당시의 기준시가 × 1%
기타자산		
주식 · 출자지분		

추계방법에 의한 취득가액을 환산가액으로 산정하는 경우에는 세부담의 최소화를 위해 다음과 같이 필요경비(취득가액과 기타의 필요경비)를 산정한다.

필요경비 = Max[①, ②]

① 환산가액 + 개산공제액

② 자본적지출액 + 양도비

예제 1 **양도차익의 계산**

다음은 거주자 성시경 씨가 20×1년도에 양도한 자산과 관련된 자료이다. 이에 대해 성시경 씨가 확정 신고를 하려고 할 때 자산별 양도차익을 계산하시오. 단, 양도차익을 최소화하는 방향으로 필요경비를 선택한다.

(단위:원)

구분		토지A	아파트B	비상장주식C
(1) 취득일자		2×15.5.22.	2×16.6.5.	2×20.4.11.
(2) 양도일자		2×24.8.1.	2×24.9.8.	2×24.12.24.
(3) 기타의 필요경비		-	자본적지출액 30,000,000	증권거래세 1,500,000
(3) 취득 당시 가액	실지거래가액	160,000,000	-	-
	매매사례가액	-	-	-
	감정가액	130,000,000	-	45,000,000
	기준시가	70,000,000	100,000,000	20,000,000
(4) 양도당시 가액	실지거래가액	220,000,000	-	50,000,000
	매매사례가액	-	300,000,000	-
	감정가액	200,000,000	-	-
	기준시가	140,000,000	250,000,000	40,000,000

해설

1. 토지A

양도차익: 220,000,000 − 160,000,000 = 60,000,000

2. 아파트B

양도차익: $300{,}000{,}000 - (300{,}000{,}000 \times \frac{100{,}000{,}000}{250{,}000{,}000}) - 100{,}000{,}000 \times 3\%^{*} = 177{,}000{,}000$

*취득가액을 추계방법으로 계산한 경우에는 필요경비 개산공제를 적용한다. 그리고 환산가액+개산공제액(123,000,000)이 자본적지출액(30,000,000) 보다 크므로 양도차익의 최소화 관점에서 환산가액·개산공제 금액을 필요경비로 한다.

3. 비상장주식C

양도차익: $50,000,000 - (50,000,000 \times \frac{20,000,000}{40,000,000}) - 20,000,000 \times 1\%^{*} = 24,800,000$

*취득가액을 추계방법으로 계산한 경우에는 필요경비 개산공제를 적용한다. 그리고 환산가액+개산공제액(25,200,000)이 양도비인 증권거래세(1,500,000) 보다 크므로 양도차익의 최소화 관점에서 환산가액·개산공제 금액을 필요경비로 한다.

(3) 양도소득금액과 과세표준의 계산

1) 장기보유특별공제

장기보유특별공제는 단기 투기행위를 근절하기 위하여 부동산을 최하 3년 이상 보유한 자에 대하여 세제상 혜택을 주기 위한 것이다. 장기보유특별공제의 공제대상은 토지[171] · 건물 및 조합원입주권(조합원으로부터 취득한 것은 제외[172])에 한정되며, 미등기양도자산과 중과대상 주택 양도시에는 적용되지 않는다. 여기서 "중과대상주택"이란 2주택자 혹은 3주택자가 양도하는 조정대상지역내 주택을 말한다. 1세대가 양도일 현재 1주택을 보유(비과세요건 충족여부와 무관)하고 보유기간 중 거주기간이 2년 이상인 주택의 양도차익[173]에 대하여는 아래 표의 1세대 1주택에 따른 보유기간별 공제율을 곱하여 계산한 금액과 거주기간별 공제율을 곱하여 계산한 금액을 합산한 공제율을 적용한다. 1세대 1주택 장기보유특별공제를 적용하기 위한 보유기간은 동 주택을 처음 취득한날부터 계산하며, 거주기간은 취득일 이후 실제 거주한 기간에 따라서 계산한다.[174]

장기보유특별공제는 자산의 양도차익에서 다음의 공제율을 곱하여 산출하며, 양도차익에서 장기보유특별공제를 차감하여 양도소득금액을 계산한다. 1세대 1주택의 경우 보유기간과 거주기간을 함께 고려하여 각각의 공제율을 합하여 적용한다.

---

171) 나대지, 재촌·자경하지 않는 농지, 부재지주 소유임야 등 본래의 용도에 맞게 사용하지 않는 개인의 비사업용토지에 대하여 2022년 양도분부터 장기보유특별공제를 적용받을 수 없다.

172) 조합원입주권에 대한 장기보유특별공제 적용을 위한 기간은 구주택취득일부터 관리처분계획인가일이 된다.

173) 1세대 1주택이라고 하더라도 양도가액이 12억 원을 초과하는 고가주택 및 1세대 1주택이기는 하나 보유기간 및 거주기간 미충족으로 인하여 양도일 현재 비과세요건을 충족하지 못한 주택의 경우 양도소득세가 과세되므로 양도차익계산에 장기보유특별공제는 중요한 공제항목이 된다.

174) 장기보유특별공제는 1세대 1주택 비과세 판정과는 관계없이 취득일부터 양도일까지의 보유기간 및 취득일에서 양도일 사이에 거주한 기간에 따라 공제율을 적용한다.

<table>
<tr><th rowspan="3">보유기간</th><th colspan="5">공제율</th></tr>
<tr><th rowspan="2">일반 토지 · 건물</th><th colspan="4">1세대 1주택</th></tr>
<tr><th>보유기간</th><th colspan="3">거주기간</th></tr>
<tr><td rowspan="2">3년 이상 4년 미만</td><td rowspan="2">6%</td><td rowspan="2">12%</td><td colspan="2">2년이상 3년미만
(보유기간 3년
이상에 한정함)</td><td>8%</td></tr>
<tr><td colspan="3">12%</td></tr>
<tr><td>4년 이상 5년 미만</td><td>8%</td><td>16%</td><td colspan="3">16%</td></tr>
<tr><td>5년 이상 6년 미만</td><td>10%</td><td>20%</td><td colspan="3">20%</td></tr>
<tr><td>6년 이상 7년 미만</td><td>12%</td><td>24%</td><td colspan="3">24%</td></tr>
<tr><td>7년 이상 8년 미만</td><td>14%</td><td>28%</td><td colspan="3">28%</td></tr>
<tr><td>8년 이상 9년 미만</td><td>16%</td><td>32%</td><td colspan="3">32%</td></tr>
<tr><td>9년 이상 10년 미만</td><td>18%</td><td>36%</td><td colspan="3">36%</td></tr>
<tr><td>10년 이상 11년 미만</td><td>20%</td><td rowspan="6">40%</td><td colspan="3" rowspan="6">40%</td></tr>
<tr><td>11년 이상 12년 미만</td><td>22%</td></tr>
<tr><td>12년 이상 13년 미만</td><td>24%</td></tr>
<tr><td>13년 이상 14년 미만</td><td>26%</td></tr>
<tr><td>14년 이상 15년 미만</td><td>28%</td></tr>
<tr><td>15년 이상</td><td>30%</td></tr>
</table>

2) 양도소득기본공제

양도소득금액에서 양도소득기본공제를 공제하면 양도소득 과세표준을 계산할 수 있다. 양도소득이 있는 거주자에 대해서 다음 각 호의 소득별로 해당 과세기간의 양도소득금액에서 각각 연간 250만원을 공제하는 것을 양도소득기본공제라 한다.

자산종류	내 용
<제 1 호>	토지 · 건물, 부동산에 관한 권리 및 기타자산의 양도소득금액
<제 2 호>	주식 및 출자지분의 양도소득금액
<제 3 호>	파생상품 등의 거래행위로 발생하는 양도소득금액
<제 4 호>	신탁수익권의 양도소득금액

이러한 양도소득기본공제를 적용할 때 양도소득금액에 감면소득금액이 있는 경우에는 그 감면소득금액 외의 양도소득금액에서 먼저 공제하고, 감면소득금액 외의 양도소득금액 중에서

해당 과세기간에 먼저 양도한 자산의 양도소득금액에서부터 순서대로 공제한다. 단, 미등기 양도자산에 대하여는 양도소득기본공제를 적용하지 않는다.

(4) 양도소득금액 계산의 특례

1) 양도차손의 공제

양도소득금액은 다음과 같이 4가지의 소득금액으로 구분하여 계산한다.

자산종류	내 용
<제 1 호>	토지 · 건물, 부동산에 관한 권리 및 기타자산의 양도소득금액
<제 2 호>	주식 및 출자지분의 양도소득금액
<제 3 호>	파생상품 등의 거래행위로 발생하는 양도소득금액
<제 4 호>	신탁수익권의 양도소득금액

이처럼 각 호별로 소득금액을 계산할 때 필요경비가 양도가액을 초과하는 경우를 양도차손이라 하는데, 양도차손이 발생한 자산이 있는 경우에는 같은 호 안에서 다른 자산의 양도소득금액에서 그 양도차손을 다음의 순서에 따라 공제한다.

① 양도차손이 발생한 자산과 같은 세율을 적용받는 자산의 양도소득금액

② 양도차손이 발생한 자산과 다른 세율을 적용받는 자산의 양도소득금액(이 경우 다른 세율을 적용받는 자산의 양도소득금액이 2 이상인 경우에는 각 세율별 양도소득금액의 합계액에서 당해 양도소득금액이 차지하는 비율로 안분하여 공제한다)

이상과 같이 양도차손을 각 호별 내의 다른 자산의 양도소득금액과 공제 후 남은 부분을 결손금이라고 하는데, 이러한 결손금은 다른 호의 소득금액에서 공제받을 수 없으며, 이월공제도 되지 않는다.

2) 1세대 1주택 고가주택의 양도소득 계산

1세대 1주택의 비과세요건에 해당됨에도 불구하고 실지거래가액이 12억원을 초과하는 고가주택(조합원입주권 포함)의 양도차익과 장기보유특별공제액은 다음과 같이 계산한다.

① 고가주택 양도차익 = 양도차익 × $\frac{(\text{양도가액} - 12\text{억원})}{\text{양도가액}}$

② 고가주택 장기보유특별공제액 = 장기보유특별공제액 × $\frac{(\text{양도가액} - 12\text{억원})}{\text{양도가액}}$

위 산식은 양도가액 중 12억원까지는 비과세하고 12억원 초과분에 대하여 과세함을 의미한다. 이때 양도차익과 장기보유특별공제에 양도가액 중 12억원을 초과하는 비율을 곱하여 조정하는데, 이는 양도가액이 12억원을 초과할 때 세부담의 급격한 증가하는 현상을 방지하기 위한 것이다.

한편, 실거래가가 12억원을 초과하는 겸용주택을 양도하는 경우에는 양도차익 및 장기보유특별공제 적용시 주택 연면적과 관계없이 주택 부분만 주택으로 본다.[175]

3) 부담부증여의 경우 양도가액과 취득가액

부담부증여에 있어서 증여자의 채무를 수증자가 인수하는 경우에 증여가액 중 그 채무액에 상당하는 부분은 그 자산이 유상으로 사실상 이전되는 것으로 본다. 이 경우 양도로 보는 부분에 대한 양도차익을 계산할 때 양도가액 및 취득가액은 다음의 가액에 의한다.

$$\text{양도가액(취득가액)} = \text{양도(취득) 당시의 가액}^{176)} \times \frac{\text{인수한 채무상당액}}{\text{증여가액}}$$

4) 배우자 · 직계존비속간 증여재산에 대한 이월과세

거주자가 그 배우자(양도 당시 혼인관계가 소멸된 경우를 포함하되, 사망으로 혼인관계가 소멸된 경우는 제외) 또는 직계존비속으로부터 양도일부터 소급하여 10년 이내에 증여받은 토지, 건물, 특정시설물이용권 및 부동산을 취득할 수 있는 권리(분양권, 조합원입주권 등)와 1년 이내 증여 받은 주식 등의 양도차익을 계산할 때 양도가액에서 공제할 필요경비 중 취득가액은 그 배우자 또는 직계존비속의 취득 당시의 금액으로 한다. 이 경우 거주자가 증여받은 자산에 대하여 납부하였거나 납부할 증여세 상당액이 있는 경우에는 필요경비에 산입한다. 또한 증여받은 거주자(수증자)가 지출한 자본적지출액(증여자가 지출분 포함) 및 양도비도 필요경비에 산입이 가능하다.

증여세법에 따르면 배우자로부터 증여받은 경우 10년간 6억원, 직계존비속으로부터 증여받은 경우 10년간 5천만원(미성년자는 2천만원)의 증여재산공제가 가능하다. 따라서 배우자 등에게 부동산 등을 증여한 후, 증여받은 배우자 등이 단기간에 해당 자산을 양도하게 되면 증여받을 당시의 시가가 취득가액이 되어 양도차익이 현저히 적게 나오게 된다. 이러한 행위는 증여세법을 악용한 조세회피행위로 간주되기 때문에 이러한 이월과세 제도가 필요한 것이다.

---

175) 2022.1.1. 이후 양도하는 분부터 적용

176) 양도 및 취득 당시의 가액은 양도 당시의 가액은 「상속세 및 증여세법」의 규정에 따라 평가한 가액을 말하며, 취득 당시 가액은 취득 당시 실지거래가액(또는 추계방법에 의한 가액)을 말한다. 이 경우 양도가액을 기준시가에 의하여 산정한 경우에는 취득가액도 기준시가에 의하여 산정한다.

한편, 다음 중 어느 하나에 해당하는 경우에는 이월과세를 적용하지 않는다.

① 사업인정고시일부터 소급하여 2년 이전에 증여받은 경우로서 「공익사업을 위한 토지 등의 취득 및 보상에 관한 법률」이나 그 밖의 법률에 따라 협의매수 또는 수용된 경우
② 이월과세를 적용할 경우 1세대 1주택(1세대 1주택 비과세의 요건을 충족하였음에도 불구하고 비과세대상에서 제외되는 고가주택 포함)의 양도에 해당하게 되는 경우
③ 이월과세를 적용하여 계산한 양도소득 결정세액이 이월과세를 적용하지 아니하고 계산한 양도소득 결정세액보다 적은 경우

5) 양도소득의 부당행위계산

① 고가취득 · 저가양도 행위의 부인

양도소득이 있는 거주자의 행위 또는 계산이 그 거주자의 특수관계인과의 거래로 인하여 그 소득에 대한 조세 부담을 부당하게 감소시킨 것으로 인정되는 경우에는 그 거주자의 행위 또는 계산과 관계없이 해당 과세기간의 소득금액을 재계산할 수 있다

"조세의 부담을 부당하게 감소시킨 것으로 인정되는 경우"란 특수관계인으로부터 시가보다 높은 가격으로 자산을 매입하거나 특수관계인에게 시가보다 낮은 가격으로 자산을 양도한 때를 말한다. 다만, 시가와 거래가액의 차액이 3억원 이상이거나 시가의 100분의 5에 상당하는 금액 이상인 경우로 한정한다.

개인과 법인간에 재산을 양수 또는 양도하는 경우로서 그 대가가 법인세법 규정에 의한 가액에 해당되어 당해 법인의 거래에 대하여 법인세법에 의한 부당행위계산부인규정이 적용되지 않는 경우 동 규정을 적용하지 아니한다.[177] 다만, 거짓 그 밖의 부정한 방법으로 양도소득세를 감소시킨 것으로 인정되는 경우에는 그러하지 아니하다.

② 증여 후 양도행위의 부인

거주자가 특수관계인(증여재산에 대한 이월과세를 적용받는 배우자 및 직계존비속의 경우는 제외)에게 자산을 증여한 후 그 자산을 증여받은 자가 그 증여일부터 10년 이내에 다시 타인에게 양도한 경우로서 다음의 ⓐ에 따른 세액이 ⓑ에 따른 세액보다 적은 경우에는 증여자가 그 자산을 직접 양도한 것으로 본다. 다만, 양도소득이 해당 수증자에게 실질적으로 귀속된 경우에는 그러하지 아니하다.

---

177) 2021년 법인세법 시행령을 개정하면서 동 시행령 시행일 이후 거래하는 분부터는 법인세법상 상장주식 시가산정방법을 상장주식의 경우 제3자간에 일반적으로 거래된 가격에 의하며, 장외거래 및 대량매매의 경우 거래일의 한국거래소 최종시세가액에 의하고, 최대주주가 변경되거나 최대주주등 간의 거래에서 지분율이 1% 이상 변동되는 경영권 이전 수반거래에서는 상기 가액에 20%를 가산한 가액을 시가로 산정하여 적용토록 하였다. 소득세법에서도 상장주식에 대한 특수관계인간의 부당행위계산 적용시 동 산정방법을 동일하게 적용하도록 하였다.

ⓐ 증여받은 자의 증여세(「상속세 및 증여세법」에 따른 산출세액에서 공제 · 감면세액을 뺀 세액)와 양도소득세(산출세액에서 공제 · 감면세액을 뺀 결정세액)를 합한 세액

ⓑ 증여자가 직접 양도하는 경우로 보아 계산한 양도소득세

거주자가 특수관계인에게 증여를 하게되면 증여시점에 증여를 통하여 새로운 취득가액이 산정되므로 수증자의 양도시 다시 산정된 취득가액을 차감하여 양도소득세를 산출하게 된다. 그러므로 수증자가 다시 양도하기 전에 특수관계인간의 증여행위를 통하여 장기간에 발생한 자본이익에 대하여 가벼운 증여세(세율구조의 차이로 증여세가 더 가벼운 경우가 생길 수 있음)만을 부담하는 조세회피를 방지하기 위한 것이다.

동 규정의 적용시 증여자가 직접 양도한 것으로 보는 경우 그 양도소득세에 대해서는 증여자와 수증자가 연대하여 납세의무를 진다.

한편, 양도소득세 계산에 있어 배우자 · 직계존비속간 증여재산에 대한 이월과세와 증여 후 양도행위의 부인 규정 모두 취득가액과 취득시기, 필요경비 및 장기보유특별공제는 증여자 기준으로 계산한다. 두 규정을 비교하면 다음의 표와 같다.

구 분		이월과세	증여 후 양도
납세의무자		수증자	증여자
요 건	조세부담의 감소	관계없이 항상 적용	감소한 경우만 적용
	관 계	배우자 · 직계존비속간	이외 특수관계자
	대 상	토지, 건물, 부동산을 취득할 수 있는 권리, 특정시설물이용권, 증여받은 주식 등	양도소득세 과세대상자산
	기 간	증여일로부터 10년 이내 양도(증여받은 주식은 1년)	
부담한 증여세		필요경비로 공제	수증자에게 환급
연대납세의무		없음	있음

(5) 양도소득 산출세액의 계산

1) 세 율

거주자의 양도소득세는 해당 과세기간의 양도소득과세표준에 다음의 세율을 적용하여 계산한 금액을 양도소득 산출세액이라 한다. 이 경우 하나의 자산이 다음 중 둘 이상에 해당할 때에는 해당 세율을 적용하여 계산한 양도소득 산출세액 중 큰 것을 그 세액으로 한다.

<table>
<tr><th colspan="3">구 분</th><th>세 율</th></tr>
<tr><td rowspan="11">토지와 건물
부동산에
관한 권리</td><td colspan="2">미등기양도자산</td><td>70%</td></tr>
<tr><td rowspan="2">1년 미만 보유</td><td>주택[178]
(조합원입주권및 분양권포함)</td><td>70%[*2)]</td></tr>
<tr><td>그 외 자산</td><td>50%</td></tr>
<tr><td rowspan="2">1년 이상
2년 미만 보유</td><td>주택
(조합원입주권 및 분양권포함)</td><td>60%[*2)]</td></tr>
<tr><td>그 외 자산</td><td>40%</td></tr>
<tr><td colspan="2">2년 이상 보유한 자산(비사업용토지와 분양권은 제외)</td><td>기본세율</td></tr>
<tr><td colspan="2">2년 이상 보유한 분양권</td><td>60%[*2)]</td></tr>
<tr><td colspan="2">비사업용토지</td><td>기본세율 + 10%[*3)]</td></tr>
<tr><td colspan="2">조정대상지역[*1)]에서 주택의 입주자로 선정된 지위의 양도(조합원입주권 제외)</td><td>50%</td></tr>
<tr><td colspan="2">2주택 이상 보유자(또는 1주택 1조합원입주권 및 분양권)의 조정대상지역 내 주택양도시</td><td>기본세율 + 20%[*2)]</td></tr>
<tr><td colspan="2">3주택 이상 보유자(또는 주택과 조합원입주권 및 분양권의 수가 총 3개 이상인 자)의 조정대상지역 내 주택양도시</td><td>기본세율 + 30%[*2)]</td></tr>
<tr><td rowspan="2">기타자산</td><td colspan="2">특정주식 Ⓐ, Ⓑ 중 자산총액에 중 비사업용토지의 비율이 50%를 초과하는 법인의 주식</td><td>기본세율 + 10%</td></tr>
<tr><td colspan="2">위 이외의 기타자산</td><td>기본세율</td></tr>
<tr><td rowspan="4">주식 또는
출자지분</td><td rowspan="2">대주주 양도분</td><td>1년 미만 보유한
중소기업 외의 법인의 주식</td><td>30%</td></tr>
<tr><td>그 외 주식</td><td>3억원 이하 20%
3억원 초과 25%</td></tr>
<tr><td rowspan="2">대주주가 아닌 자
양도분[*4)]</td><td>중소기업의 주식</td><td>10%</td></tr>
<tr><td>그 외 주식</td><td>20%</td></tr>
<tr><td>파생상품</td><td colspan="2">2017. 1. 1. 이후 최초로 거래 · 행위가 발생하는 분부터 적용함</td><td>20%(탄력세율 10%우선[*5)])</td></tr>
<tr><td>신탁수익권</td><td colspan="2">2021.1.1. 이후 양도하는 분부터 적용함</td><td>20%(3억원 초과분은 25%)</td></tr>
</table>

178) 개인과 법인간 주택양도시 세부담 차이를 이용한 조세회피 방지하기 위하여 21년 1월 1일 이후 법인이 보유하다 양도하는 주택 양도차익에 대해 기본 법인세율(9%~24%)에 더해 20%를 가산하여 과세한다. 조합원입주권 및 분양권도 주택으로 보아 추가세율을 적용한다. 또한 20년 6월 이후 장기임대 등록하는 주택도 추가세율을 적용한다.

*1) 2023년 1월 말 현재 서울 25개구 전지역, 경기도(과천시, 성남시, 하남시, 동탄2택지개발지구, 광명시, 구리시, 안양시 동안구·만안구, 광교택지개발지구, 수원시 팔달구·영통구·권선구·장안구, 의왕시, 고양시, 남양주시, 화성시 군포시, 부천시, 안산시 시흥시, 용인시 수지구 · 기흥구 · 처인구, 오산시, 광주시, 의정부시, 김포시, 세종시 및 인천시 중구·동구·미추홀구·연수구·남동구·부평구·계양구·서구 지역이 조정대상지역으로 지정되어 있다.

*2) 동 양도소득세율은 2021년 6월 1일 이후 양도하는 분부터 적용된다. 조정지역내 다주택자에 대한 중과세율은 2024년 5월 9일까지 배제된다.

*3) 비사업용토지를 단기 양도할 경우 단기 양도세율(1년이내 70%, 2년 이내 60%)과 '기본세율 + 20%' 중 큰 금액으로 과세된다.

*4) 국외주식의 세율도 동일하다.

*5) 자본시장 육성 등을 위하여 필요한 경우 그 세율(20%)의 75%의 범위에서 대통령령으로 정하는 바에 따라 인하할 수 있다(탄력세율). 이에 따라 현재 파생상품 등에 대한 양도소득세 탄력세율은 10%로 한다(탄력세율 우선 적용).

2) 양도소득산출세액 계산특례(비교과세)

해당 과세기간에 <1호>토지, 건물, 부동산에 관한 권리 및 기타자산을 둘 이상 양도하는 경우 양도소득산출세액은 다음의 금액으로 한다. 이 경우 아래 ①의 금액을 계산할 때 비사업용토지와 비사업용토지 과다소유법인의 주식은 동일한 자산으로 보고, 한 필지의 토지가 비사업용토지와 그 외의 토지로 구분되는 경우에는 각각을 별개의 자산으로 보아 양도소득산출세액을 계산한다.

비교과세 양도소득산출세액 = Max(①, ②)

① 자산별 분리과세 세액 : 세율이 동일한 자산별 양도소득산출세액의 합계액

② 종합과세 세액 : 해당 과세기간의 양도소득과세표준 합계액 × 기본세율

미등기 양도자산에 대한 규제

미등기 상태로 양도하는 자산에 대해서는 다음과 같은 세법상 불이익을 부여하고 있다.

구 분	내 용
(1) 필요경비 개산공제	0.3%(일반적인 경우 3%)
(2) 장기보유특별공제	배제
(3) 양도소득기본공제	배제
(4) 세율	70%
(5) 비과세와 감면	배제

6 양도소득세의 신고 · 납부 및 결정과 징수

(1) 양도소득 예정신고

양도소득세 과세대상자산을 양도한 거주자는 양도자산에 대한 양도차익을 다음의 기간 이내에 납세지 관할세무서장에게 신고하여야 하는데, 이를 '양도소득 예정신고'라 한다. 이 경우 양도자산에 대한 양도차익이 없거나 양도차손이 발생한 경우에도 예정신고는 하여야 한다.

구 분	내 용
토지 · 건물, 부동산에 관한 권리, 기타자산, 신탁수익권	양도일이 속하는 달의 말일부터 2개월*1)
주식 또는 출자지분	양도일이 속하는 반기의 말일부터 2개월
파생상품	예정신고 의무 없음*2)

*1) 부담부증여의 채무액에 해당하는 부분으로서 양도로 보는 경우: 그 양도일이 속하는 달의 말일부터 3개월(수증자의 증여세과세표준 신고기한과 동일함)

*2) 「자본시장과 금융투자업에 관한 법률」에 따른 금융투자업자는 파생상품등의 거래내역 등 양도소득세 부과에 필요한 자료를 거래 또는 행위가 발생한 날이 속하는 분기의 종료일의 다음 달 말일까지 관할세무서장에게 제출하여야 한다.

예정신고납부의무를 위반한 경우 국세기본법에 따른 무신고 · 과소신고 및 납부불성실가산세가 부과된다.

(2) 양도소득과세표준 확정신고

당해 과세기간의 양도소득금액이 있는 거주자는 그 양도소득과세표준을 그 과세기간의 다음연도 5. 1. ~ 5. 31.까지 납세지 관할세무서장에게 신고하여야 한다. 이는 과세표준이 없거나 결손금액이 있는 경우에도 적용한다.

그러나 예정신고를 한 자는 위의 규정에도 불구하고 당해소득에 대한 확정신고를 하지 않아도 무방하다. 다만, 다음 중 어느 하나에 해당하는 경우에는 반드시 확정신고를 하여야 한다.

① 해당 과세기간에 누진세율 적용대상 자산에 대한 예정신고를 2회 이상 한 자가 이미 신고한 양도소득금액과 합산하여 예정신고를 하지 않은 경우

② 부동산 등 또는 기타자산을 2회 이상 양도한 경우로서 양도소득기본공제의 적용순위로 인하여 당초 신고한 양도소득산출세액이 달라지는 경우

③ 국내주식을 2회 이상 양도한 경우로서 양도소득기본공제의 적용순위로 인하여 당초 신고한 양도소득산출세액이 달라지는 경우

④ 부동산 등 또는 기타자산을 둘 이상 양도하는 경우로서 양도소득세 산출세액 계산특례(비교과세)를 적용할 경우 당초 신고한 양도소득산출세액이 달라지는 경우

또한, 자산양도차익 예정신고납부 또는 양도소득세 확정신고시 납부할 세액이 각각 1천만원을 초과하는 거주자는 종합소득세의 경우와 같은 방법으로 납부기한이 지난 후 2개월 이내에 분할납부할 수 있다.

(3) 양도소득세의 결정 · 경정

양도소득세도 신고납세제도를 취하고 있으므로 양도소득세의 예정신고와 확정신고는 모두 납세의무를 확정하는 효력을 갖는다. 따라서 신고를 하지 않은 경우에만 과세표준과 세액을 결정[179]하며 신고내용에 탈루 또는 오류가 있는 경우에는 양도소득세 과세표준과 세액을 경정한다.

(4) 양도소득세의 가산세

양도소득세 과세표준확정신고납부의 경우에도 국세기본법에 따른 신고불성실가산세(무신고가산세, 과소신고가산세)와 납부지연가산세가 부과된다.

한편 법인(중소기업 포함)의 대주주가 양도하는 주식(또는 출자지분)에 대하여 거래명세 등을 기장하지 않았거나 누락하였을 때에는 다음의 가산세를 산출세액에 더한다(기장불성실가산세).

구 분	기장불성실가산세
일반적인 경우	$\text{산출세액} \times \dfrac{\text{무기장누락기장 소득금액}}{\text{양도소득금액}} \times 10\%$
산출세액이 없는 경우	$\text{거래금액} \times \dfrac{7}{10{,}000}$

179) 무신고자의 경우 등기부에 기재된 거래가액을 실지거래가액으로 추정하여 과세관청에서 결정할 수 있다.

OX 문제

01 1주택(조합원입주권에 의해 취득한 주택 포함하고 주택의 완공후 보유기간 2년 이상인 경우)을 보유한 자(1주택을 보유하고 있는 60세 이상의 직계존속을 동거봉양하는 무주택자를 포함)가 1주택을 보유한 자와 혼인함으로써 1세대가 2주택을 보유하게 되는 경우 그 혼인한 날부터 3년 이내에 먼저 양도하는 주택에 한하여 1세대 1주택으로 보아 비과세규정을 적용한다.

02 일반적인 매매거래에서 취득시기 및 양도시기는 대금청산일이 원칙이지만, 대금청산전에 소유권이전등기를 한 경우에는 등기접수일이다.

03 보유기간이 1년 이내의 부동산을 양도하는 경우 실지거래가액에 의해 양도차익을 계산하고 양도소득기본공제는 적용하지 않는다.

04 납세지의 관할세무서장이 양도소득과세표준과 세액을 결정 또는 경정함에 있어서 주권상장법인 주식의 양도가액이 불분명한 경우에는 양도일의 종가에 의해 양도가액을 계산한다.

05 보유기간이 3년 이상인 토지 · 건물 및 부동산에 관한 권리의 양도에 한하여 장기보유특별공제를 적용한다.

정답&해설 **01** × **02** ○ **03** × **04** × **05** ×

01 혼인으로 인한 일시적인 2주택의 경우에는 혼인한 날부터 5년 이내에 먼저 양도하는 주택을 1세대 1주택으로 보아 비과세규정을 적용한다.

03 양도소득기본공제는 과세대상자산의 보유기간에 상관없이 적용한다.

04 납세지의 관할세무서장이 양도소득과세표준과 세액을 결정 또는 경정함에 있어서 주권상장법인의 주식의 양도가액이 불분명한 경우에는 매매사례가액과 감정가액을 적용할 수 없으므로 기준시가(양도일이전 1개월의 종가평균)에 의해 양도가액을 계산한다.

05 장기보유특별공제는 토지와 건물 및 조합원입주권(조합원으로부터 취득한 것은 제외함)에 대해서만 적용되며 모든 부동산에 관한 권리에 대해서 적용되지는 않는다.

06 동일한 자산종류 내에서 같은 세율을 적용받는 자산의 양도소득금액에서 공제 후 남은 양도차손은 동일한 자산종류 내의 다른 세율을 적용받는 자산의 양도차익비율로 배분한다.

07 동일한 자산종류 내에서 공제되지 못한 양도차손은 다음 과세기간의 동일한 자산종류 내의 양도차익에서 공제된다.

08 미등기양도자산에 대하여는 비과세규정, 장기보유특별공제, 양도소득기본공제 및 필요경비 개산공제의 적용을 배제하며, 실지거래가액에 의해 양도차익을 계산한다.

09 대주주가 아닌 자가 유가증권시장과 코스닥시장에서 주식을 양도하는 것은 양도소득세가 과세되지 않는다.

10 1세대 1주택자가 분양권을 취득하는 경우 동 분양권은 주택 수에 포함한다.

11 국내에 조정대상지역에 1주택을 소유한 1세대가 종전의 주택을 취득한 날부터 1년 이상이 지난 후 그 주택을 양도하기 전에 조정대상지역에 신규주택을 취득하는 경우에는 신규 주택을 취득한 날부터 2년 이내에 종전의 주택을 양도하는 경우에 한해 1세대 1주택 비과세 혜택을 받을 수 있다.

12 1세대 1주택 비과세특례를 적용받는 경우에 한하여 1세대 1주택에 따른 장기보유특별공제를 적용받을 수 있다.

13 1세대 1주택 비과세 적용을 위한 보유기간 산정시 다른 주택들을 모두 양도하고 최종적으로 1주택만 보유하게 된 날로부터 1세대 1주택의 보유기간을 기산한다.

정답&해설 **06** × **07** × **08** × **09** ○ **10** ○ **11** ○ **12** × **13** ×

06 동일한 자산종류 내 다른 세율을 적용받는 자산의 양도소득금액의 비율로 배분한다.

07 동일한 자산종류 내에서 공제되지 못한 양도차손은 이월되지 않고 소멸한다.

08 필요경비의 개산공제는 공제율을 축소하여 적용한다.

12 장기보유특별공제는 1세대 1주택 비과세 판정과는 관계없이 취득일부터 양도일까지의 보유기간 및 취득일에서 양도일 사이에 거주한 기간에 따라 공제율을 적용한다.

13 1세대 1주택 비과세 적용을 위한 보유기간 산정시 1세대 1주택의 최초 취득시점부터 보유기간을 기산한다.

연습문제

01 다음 중 소득세법상 양도소득세 과세대상이 아닌 것은?

① 주권상장주식 중 대주주 양도분
② 영업권의 양도
③ 콘도미니엄 회원권의 양도
④ 아파트 분양권의 양도
⑤ 지상권의 양도

정답 ②

영업권은 사업용고정자산과 함께 양도하는 것만 양도소득세 과세대상으로 본다. 영업권만의 양도는 기타소득에 해당한다.

02 다음 중 소득세법에 따라 양도소득세가 과세되는 경우는?

① 거주자 A는 이혼위자료로 배우자에게 본인 명의의 비상장주식을 이전하였다
② 거주자 B(복식부기의무자)는 사업용으로 사용하던 기계장치를 처분하였다.
③ 거주자 C는 골프회원권을 채권자에게 양도담보로 제공하였다.
④ 거주자 D는 건설업을 영위하고 있으며, 주택을 신축하여 판매하였다.
⑤ 거주자 E는 자녀에게 본인 소유의 토지를 무상으로 이전하였다.

정답 ①

① 이혼위자료의 지급 등 사유를 불문하고 유상이전에 대하여는 양도소득세가 과세된다.
② 사업소득으로 과세된다.
③ 양도담보의 제공은 양도로 보지 않으므로 양도소득세가 과세되지 않는다.
④ 사업소득으로 과세된다.
⑤ 토지의 무상 이전은 증여세가 과세된다.

03 1세대 1주택의 양도소득 비과세에 대한 다음 설명 중 옳지 않은 것은?

① 거주자인 1세대가 양도일 현재 국내에 1주택을 보유하고 있는 경우로서 원칙적으로 해당 주택의 보유기간이 2년 이상인 경우 양도소득세가 비과세된다.

② 양도소득세가 비과세되는 집 한 채를 가지고 10년간 보유하고 있던 거주자인 1세대가 이사를 가기 위하여 다른 주택을 취득하고 5년 후에 기존에 거주하던 주택을 양도하는 경우 양도소득세가 비과세된다.

③ 각각 1주택을 소유한 남녀가 결혼하여 1세대 2주택이 된 경우 혼인한 날로부터 5년 이내 먼저 양도하는 주택은 양도소득세가 비과세된다.

④ 상속받은 주택과 그 밖의 일반주택을 국내에 각각 1개씩 소유하고 있는 1세대가 일반주택을 양도하는 경우에는 국내에 1개의 주택을 소유하고 있는 것으로 보아 1세대 1주택 비과세 여부를 판정한다.

⑤ 60세 이상인 부모님을 모시기 위하여 세대를 합침으로 인해 1세대 2주택이 된 경우에는 세대를 합친 날로부터 10년 이내 먼저 양도하는 주택은 비과세가 적용된다.

정답 ②

일시적 2주택의 경우에는 종전의 주택을 취득한 날부터 1년 이상이 지난 후 다른 주택을 취득하고 그 다른 주택을 취득한 날부터 3년 이내에 종전의 주택을 양도하는 경우에는 양도소득세가 비과세된다.

04 소득세법 상 양도소득세에 관한 다음의 설명 중 옳은 것은?

① 확정신고에 따라 납부할 양도소득세액이 2천만원을 초과하는 경우에만 거주자는 그 초과세액의 50%이하의 금액을 납부기한이 지난 후 2개월 이내에 분할납부할 수 있다.

② 양도소득금액 계산시 양도차손이 발생한 자산이 있는 경우에는 다른 자산에서 발생한 양도소득금액에서 그 양도차손을 공제하되, 이때 양도차손이 발생한 자산과 다른 세율을 적용받는 자산의 양도소득금액에서 우선 공제한다.

③ 양도 또는 취득 당시의 실지거래가액의 확인이 안되어 추계조사결정을 하는 경우에는 매매사례가액, 감정가액, 환산가액, 기준시가를 순차로 적용하여 산정한 가액을 양도차익으로 한다.

④ 시설물을 배타적으로 이용할 수 있도록 약정한 단체의 구성원이 된 자에게 부여되는 시설물 이용권의 양도로 발생하는 소득은 양도소득에 해당하지 아니한다.

⑤ 양도란 자산에 대한 등기 또는 등록과 관계없이 매도, 교환, 법인에 대한 현물출자 등으로 인하여 그 자산이 유상 또는 무상으로 사실상 이전되는 것을 말한다.

정답 ③

① 납부할 세액이 2천만 이하인 경우 1천만 원 초과금액을, 2천만 원을 초과하는 경우 납부할 세액의 1/2 이하 금액을 납부기한 경과 후 2개월 이내에 분납이 가능하다.

② 양도차손은 양도차손이 발생한 자산과 같은 세율을 적용받는 자산의 양도소득금액에서 공제한 후 양도차손이 발생한 자산과 다른 세율을 적용받는 자산의 양도소득금액의 순서대로 공제한다.

④ 시설물을 배타적으로 이용할 수 있도록 약정한 단체의 구성원이 된 자에게 부여되는 시설물 이용권의 양도로 발생하는 소득은 양도소득에 해당한다.

⑤ 양도란 자산에 대한 등기 또는 등록과 관계없이 매도, 교환, 법인에 대한 현물출자 등으로 인하여 그 자산이 유상으로 사실상 이전되는 것을 말하며, 무상으로 이전되는 것은 증여이다.

05 다음 자료를 이용하여 20×9년 거주자 갑의 토지(등기되어 있음) 양도로 인한 양도소득세 과세표준을 계산한 것으로 옳은 것은? 단, 이 토지는 비사업용토지가 아니며 올해 중에 토지 외에 다른 자산을 양도한 적은 없다.

(1) 20×9. 4. 5에 ₩150,000,000(실지거래가액)에 양도
(2) 20×3. 3. 2에 ₩100,000,000(실지거래가액)에 취득
(3) 취득당시 취득세로 ₩4,600,000, 양도시 부동산중개수수료로 ₩400,000 지급함
(4) 장기보유특별공제율은 12%를 적용한다.

① ₩45,000,000　② ₩39,600,000　③ ₩37,100,000
④ ₩33,575,000　⑤ ₩45,000,000

정답 ③

양도가액: ₩150,000,000,
취득가액: ₩100,000,000 + ₩4,600,000 = ₩104,600,000
기타의 필요경비: ₩400,000
양도차익: ₩150,000,000 - ₩104,600,000 - ₩400,000 = ₩45,000,000
장기보유특별공제: ₩45,000,000 × 12% = ₩5,400,000
양도소득금액: ₩45,000,000 - ₩5,400,000 = ₩39,600,000
양도소득기본공제: ₩2,500,000
양도소득과세표준: ₩39,600,000 - ₩2,500,000 = ₩37,100,000

06 거주자 갑이 양도한 주택 관련 자료이다. 갑의 양도소득금액으로 옳은 것은? **[CPA 2021]**

(1) 양도자산의 자료

구 분	계약금(계약일자)	잔금(잔금일자)	취득 및 양도가액
취 득	50,000,000원 (2×16.2.2.)	450,000,000원 (2×16.5.5.)	500,000,000원
양 도	150,000,000원 (2×23.3.3.)	1,350,000,000원 (2×23.4.4.)	1,500,000,000원

(2) 거래 증명서류로 확인되는 추가 지출 자료

내 역	금 액
취득시 부동산중개수수료	2,000,000원
취득세	5,000,000원
보유 중 납부한 재산세	1,000,000원
양도시 부동산 중개수수료	3,000,000원

(3) 갑은 2×18년 6월 6일부터 양도 시까지 양도한 주택에서 거주하였다.

(4) 갑과 세대원은 양도한 주택의 취득 시부터 양도 시까지 다른 주택을 보유하지 않았으며, 1세대 1주택 비과세 요건을 충족한다.

(5) 1세대 1주택의 장기보유특별공제율은 3년 이상 보유한 주택의 보유기간에 대하여 연간 24%를 적용하며, 2년 이상 거주한 주택의 거주기간에 대하여 연간 16%를 적용한다.

① 25,480,000원 ② 29,340,000원 ③ 118,800,000원
④ 119,520,000원 ⑤ 200,820,000원

정답 ③

양도가액: ₩1,500,000,000

취득가액: ₩500,000,000 + 2,000,000(부동산 중개수수료) + 5,000,000(취득세)
=₩507,000,000

기타 필요경비: ₩3,000,000(양도시 부동산 중개수수료)

양도차익: ₩1,500,000,000 - ₩507,000,000 - ₩3,000,000 = ₩990,000,000

과세대상 양도차익: ₩990,000,000 × (15억 − 12억)/15억 = 198,000,000

장기보유특별공제: ₩198,000,000 × 40%(24%+16%) = ₩79,200,000

양도소득금액: ₩118,800,000

07 다음 자료를 이용하여 2×20년 거주자 갑이 양도한 A토지의 양도소득세 과세표준을 계산하면 얼마인가? (단, 주어진 자료 이 외에는 고려하지 않음)

(1) 양도자산의 자료

양도자산	A토지(甲소유로 등기된 토지임)
비사업용 토지 여부	비사업용 토지에 해당되지 않음
면 적	90㎡
양도일자	2×20. 4. 25.
취득일자	2×02. 5. 20.

(2) A토지의 양도 당시 실지거래가액은 ₩100,000,000이며, 취득 당시 실지거래가액은 ₩60,000,000이다. 매매사례가액 및 감정가액은 없다.

(3) 개별공시지가에 대한 자료는 다음과 같다.

고시일	2×01. 5. 30.	2×02. 5. 30.	2×19. 5. 30.	2×20. 5. 30.
㎡당 개별공시지가	₩500,000	₩600,000	₩950,000	₩1,000,000

(4) A토지의 취득시 소유권을 확보하기 위하여 직접 소요된 소송비용(그 지출한 연도의 각 소득금액의 계산에 있어서 필요경비에 산입하지 않았음)으로 ₩10,000,000원을 지출하였으며, A토지 양도를 위해 직접 지출한 소개비 ₩2,000,0000이 있다. 이상의 경비는 모두 법정증명서류를 수취하였다.

(5) 2×20년에 A토지 이외에 다른 양도는 없다.

① ₩17,100,000　② ₩21,300,000　③ ₩25,500,000
④ ₩27,600,000　⑤ ₩31,555,000

정답 ①

양도가액: ₩100,000,000
취득가액: ₩60,000,000 + ₩10,000,000 = ₩70,000,000
기타 필요경비: ₩2,000,000
양도차익: ₩100,000,000 - ₩70,000,000 - ₩2,000,000 = ₩28,000,000
장기보유특별공제: ₩28,000,000 × 30%(15년 이상 보유) = ₩8,400,000
양도소득금액: ₩28,000,000 - ₩8,400,000 = ₩19,600,000
양도소득기본공제: ₩2,500,000
양도소득과세표준: ₩19,600,000 - ₩2,500,000 = ₩17,100,000

08 거주자 갑은 2×14.5.10.에 사업용 토지(실지거래가액: ₩1,000,000,000, 취득당시 개별공시지가: ₩700,000,000)를 취득하여 등기를 마친 다음, S은행에서 해당 토지를 담보로 ₩400,000,000을 차입하였다. 2×20. 10. 5.에 갑의 아들인 을은 S은행 차입금 ₩400,000,000을 인수하는 조건으로 갑으로부터 해당 토지를 증여받았다. 증여재산의 가액은 증여당시 시가가 확인되지 않으므로 상속세 및 증여세법에 의한 개별공시지가인 ₩1,400,000,000으로 평가되었다. 해당 토지 증여로 인한 거주자 갑의 양도소득과세표준을 계산하면 얼마인가? 단, 토지와 관련한 자본적 지출액은 ₩20,000,000이고, 장기보유특별공제율은 12%를 적용한다. 또한 갑은 2×20년에 상기 토지 외에 양도소득세 과세거래는 없었다.

① ₩93,042,800 ② ₩163,191,430 ③ ₩168,220,000
④ ₩170,720,000 ⑤ ₩194,000,000

정답 ③

양도가액: ₩1,400,000,00 × (400,000,000/1,400,000,000) = ₩400,000,000
취득가액: ₩700,000,000 × (400,000,000/1,400,000,000) = ₩200,000,000
기타 필요경비: ₩200,000,000 × 3% = ₩6,000,000(개산공제 적용)
양도차익: ₩400,000,000 - ₩200,000,000 - ₩6,000,000 = ₩194,000,000
(∵ 200,000,000 + 6,000,000 > 20,000,000)
장기보유특별공제: ₩194,000,000 × 12% = ₩23,280,000
양도소득금액: ₩194,000,000 - ₩23,280,000 = ₩170,720,000
양도소득기본공제: ₩2,500,000
양도소득 과세표준: ₩170,720,000 - ₩2,500,000 = ₩168,220,000

09 다음은 거주자 갑이 양도한 1세대 1주택에 해당하는 주택에 관한 자료이다. 20×9년 거주자 갑이 양도한 주택의 양도소득금액으로 옳은 것은? 단, 세부담을 최소화하는 방향으로 필요경비를 선택한다.

(1) 확인되는 취득 및 양도에 관한 자료는 다음과 같으며 거주자 갑은 취득하면서 양도할 때까지 계속 거주하였다.

구 분	일 자	실지거래가액(시가)	기준시가
취 득	20×4.6.5.	미확인	500,000,000원
양 도	20×9.9.8.	1,500,000,000원	1,000,000,000원

(2) 20×6.11.9.에 위 주택에 대해 자본적 지출 40,000,000원을 지급하였다.

(3) 양도당시 계약서 작성, 부동산 중개수수료 등으로 10,000,000원을 지출하였다.

(4) 5년 거주 및 보유한 동 주택에 대한 장기보유특별공제율은 40%(거주 20% + 보유 20%)를 적용한다.

(5) 위의 주택은 등기된 자산이며, 해당 과세기간에 동 주택 외의 다른 양도소득세 과세거래는 없었다.

① ₩29,190,000 ② ₩88,200,000 ③ ₩147,000,000

④ ₩441,000,000 ⑤ ₩735,000,,000

정답 ②

1. 일반적인 양도차익의 계산

양도가액: ₩1,500,000,000

취득가액(환산가액): ₩1,500,000,000 × $\frac{500,000,000}{1,000,000,000}$ = ₩750,000,000

기타 필요경비(개산공제): ₩500,000,000 × 3% = ₩15,000,000

양도차익: ₩1,500,000,000 - 750,000,000 - 15,000,000 = ₩735,000,000

* '환산가액 · 개산공제 > 자본적지출 · 양도비'이므로 세부담의 최소화를 위해서 환산가액 · 개산공제를 필요경비로 한다.

2. 고가주택 양도소득금액의 계산

양도차익 = ₩735,000,000 × $\frac{15억 - 12억}{15억}$ = ₩147,000,000

장기보유특별공제액 = ₩735,000,000 × 40% × $\frac{15억 - 12억}{15억}$ = ₩58,800,000

양도소득금액 = ₩147,000,000 - ₩58,800,000 = ₩88,200,000

Chapter 12 신고 · 납부 및 결정과 징수

AN INTRODUCTION TAX LAW

1 과세표준확정신고와 납부

(1) 과세표준확정신고

당해 연도의 종합소득금액 · 퇴직소득금액 또는 양도소득금액이 있는 거주자는 그 과세표준을 당해연도의 다음 연도 5. 1.부터 5. 31.까지[180] 납세지(주소지 또는 거소지) 관할세무서장에게 신고하여야 하며 이를 '확정신고'라 한다. 이 경우 당해연도의 과세표준이 없거나 결손금이 있는 경우에도 신고하여야 한다.[181]

(2) 과세표준확정신고시 제출서류

과세표준확정신고를 할 때에는 '과세표준확정신고 및 납부계산서'에 다음의 서류를 첨부하여 납세지 관할세무서장에게 제출하여야 한다.

① 인적공제, 연금보험료공제, 주택담보노후연금 이자비용공제, 특별소득공제, 자녀세액공제, 연금계좌세액공제 및 특별세액공제 대상임을 증명하는 서류

② 종합소득금액 계산의 기초가 된 총수입금액과 필요경비의 계산에 필요한 서류 및 명세서

③ 사업소득금액을 비치·기록된 장부와 증명서류에 의하여 계산한 경우에는 기업회계기준을 준용하여 작성한 재무상태표, 손익계산서와 그 부속서류, 합계잔액시산표 및 조정계산서. 다만, 간편장부에 따라 기장을 한 사업자의 경우에는 간편장부소득금액계산서. 이 경우 복식부기의무자가 재무상태표, 손익계산서, 합계잔액시산표 및 조정계산서를 제출하지 않은 경우에는 종합소득 과세표준확정신고를 하지 않은 것으로 본다.

---

180) 성실신고확인대상자는 5. 1. ~ 6. 30.이다.

181) 종합소득 과세표준확정신고기한이 지난 후에 ①법인세법상 소득처분에 의하여 소득금액이 변동될 경우 소득금액변동통지서를 받은 날이 속하는 달의 다음다음달 말일까지 ②정부의 허가 · 인가 · 승인 등에 의하여 물품가격이 인상됨으로써 신고기한이 지난 뒤에 당해 소득의 총수입금액이 변동되는 경우 추가로 신고한 경우 ③국세청장이 제공한 기타소득지급명세서에 따라 종합소득 과세표준확정신고를 한 자가 그 제공받은 내용에 오류 등이 있어 소득세를 추가신고한 경우 ④법원의 판결 · 화해 등에 의하여 부당해고기간의 급여를 일시에 지급받음으로써 소득금액에 변동이 발생함에 따라 소득세를 추가로 납부하여야 하는 경우로서 근로소득원천징수영수증을 교부받은 날이 속하는 달의 다음다음달 말일까지 추가신고한 경우에는 기한내 확정신고로 인정한다.

④ 대손충당금 · 퇴직급여충당금 · 일시상각충당금 등을 계상한 때에는 그 명세서

⑤ 사업자(소규모사업자)가 사업과 관련하여 다른 사업자(법인 포함)로부터 재화 또는 용역을 공급받고 적격증명서류 외의 것으로 증명을 받은 경우에는 영수증수취명세서

⑥ 사업소득금액을 비치 · 기록한 장부와 증명서류에 의하여 계산하지 아니한 경우에는 추계소득금액계산서

한편, 납세지 관할 세무서장은 제출된 신고서나 그 밖의 서류에 미비한 사항 또는 오류가 있을 때에는 그 보정을 요구할 수 있다. 그리고 업종별 기준금액 이상의 복식부기의무자인 사업자(외부세무조정 대상 사업자)의 경우 정확한 세무조정을 위하여 세무사등록부에 등록한 세무사(공인회계사, 변호사 포함)로서 조정반[182]에 소속된 자가 작성한 외부조정계산서를 첨부하여야 한다.

업종별 의무제도 수입금액 구분 기준[183]

업 종	성실신고 확인	외부 세무조정	간편장부	단순경비율 적용
㉠ 농업 및 임업, 어업, 광업, 도매업 및 소매업(상품중개업 제외), 부동산매매업, 기타 '㉡' 및 '㉢'에 해당하지 아니하는 업종	15억원 이상	6억원 이상	3억원 미만	6천만원 미만
㉡ 전기 · 가스 · 증기 및 공기조절 공급업, 수도 · 하수 및 폐기물처리 · 원료재생업, 운수 및 창고업, 정보통신업, 제조업, 숙박 및 음식점업, 건설업(비거주용 건물 건설업 제외), 부동산 개발 및 공급업(주거용 건물 개발 및 공급업에 한함), 금융 및 보험업, 상품중개업	7.5억원 이상	3억원 이상	1.5억원 미만	3.6천만원 미만
㉢ 부동산임대업, 부동산 관련 서비스업, 전문 · 과학 및 기술서비스업, 교육서비스업, 보건업 및 사회복지서비스업, 예술 · 스포츠 및 여가 관련 서비스업, 협회 및 단체 · 수리 및 기타 개인서비스업, 가구내 고용활동	5억원 이상	1.5억원 이상	7.5천만원 미만	2.4천만원 미만

182) '조정반'이란 대표자를 선임하여 지방국세청장의 지정을 받은 ① 2명 이상의 세무사 등, ② 세무법인, ③ 회계법인 등에 해당하는 자를 말한다. 이 경우 세무사 등은 하나의 조정반에만 소속되어야 한다.

183) 동 수입금액에는 직전 과세기간의 수입금액을 말하며 사업용 유형자산을 양도함으로써 발생한 수입금액은 제외하며 결정 · 경정으로 증가된 수입금액은 포함한다.

(3) 과세표준확정신고의 면제

다음 중 어느 하나에 해당하는 거주자는 해당 소득에 대하여 과세표준확정신고를 하지 않아도 된다.

과세표준확정신고 면제 대상자	비 고
① 근로소득만 있는 자 ② 공적연금소득만 있는 자 ③ 연말정산대상 사업소득만 있는 자 (보험모집인, 방문판매원, 음료품배달원) ④ 원천징수되는 기타소득으로서 종교인소득만 있는 자 ⑤ 퇴직소득만 있는 자	'①, ②, ③, ④'의 소득 중 두 가지 이상의 소득이 있는 경우는 과세표준확정신고를 하여야 한다.
⑥ '①, ②, ③, ④' 소득 중 한 가지의 소득만 있으면서 ⑤퇴직소득이 있는 자	퇴직소득은 분류과세되므로, '①, ②, ③, ④'의 소득중 하나와 함께 있는 경우에도 확정신고가 면제된다.
⑦ 분리과세소득만 있는 자(분리과세이자소득 · 분리과세배당소득 · 분리과세연금소득 및 분리과세기타소득)	
⑧ '①~⑥'에 해당하는 사람으로서 위 ⑦의 소득이 있는 자	
⑨ 수시부과 후 추가발생소득이 없는 자	
⑩ 양도소득이 있는 거주자로서 자산의 양도차익 예정신고를 한 자	2회 이상 양도한 경우로서 세액이 달라지는 경우에는 과세표준확정신고를 하여야 한다.

* 위 '①~⑥' 중 어느 하나에 해당하는 자는 근로소득 등 연말정산세액에 대해 수정신고 또는 경정청구가 가능하다.

(4) 과세표준확정신고의 특례

1) 거주자가 사망한 경우

① 거주자가 사망한 경우 그 상속인은 그 상속 개시일이 속하는 달의 말일부터 6개월이 되는 날(이 기간 중 상속인이 출국하는 경우에는 출국일 전날)까지 사망일이 속하는 과세기간에 대한 그 거주자의 과세표준을 신고하여야 한다(단, 상속인이 승계한 연금계좌의 소득금액은 신고 제외)

② 1월 1일과 5월 31일 사이에 사망한 거주자가 사망일이 속하는 과세기간의 직전 과세기간에 대한 과세표준확정신고를 하지 아니한 경우에도 위 ①과 동일하게 적용한다.

③ 해당 상속인이 과세표준확정신고를 정해진 기간에 하지 아니하고 사망한 경우에도 위 ① 및 ②와 동일하게 적용한다.

2) 거주자가 출국한 경우

① 과세표준확정신고를 하여야 할 거주자가 출국하는 경우에는 출국일이 속하는 과세기간의 과세표준을 출국일 전날까지 신고하여야 한다.

② 거주자가 1월 1일과 5월 31일 사이에 출국하는 경우 출국일이 속하는 과세기간의 직전 과세기간에 대한 과세표준확정신고에 관하여도 위 ①과 동일하게 적용한다.

(5) 과세표준확정신고 납부

거주자는 당해 과세기간의 종합소득세액 · 퇴직소득세액 또는 양도소득세액을 과세표준확정신고기한까지 납세지 관할세무서, 한국은행 또는 체신관서에 납부하여야 한다.

1) 납부세액의 계산

확정신고시 납부할 세액은 종합 · 퇴직 · 양도소득세액에서 공제 및 감면세액과 기납부세액을 차감하여 계산한다. 여기서 기납부세액은 다음의 금액을 말한다.

① 중간예납세액
② 토지 등 매매차익 예정신고 산출세액 또는 그 결정 · 경정한 세액
③ 수시부과세액
④ 원천징수세액
⑤ 납세조합의 징수세액(납세조합공제액 포함)

2) 분할납부

납부할 세액이 1천만원을 초과하는 경우에는 다음의 금액을 납부기한 경과 후 2개월 이내에 분납이 가능하다. 다만, 가산세와 추가납부세액은 분납할 수 없다.

구 분	분할납부세액
납부세액이 1천만원 초과 2천만원 이하	1천만원을 초과하는 금액
납부세액이 2천만원을 초과하는 경우	해당 세액의 50% 이하의 금액

2 과세기간 중도의 신고 · 납부 · 결정 및 징수

(1) 중간예납

납세지 관할 세무서장은 종합소득이 있는 거주자에 대하여 1월 1일부터 6월 30일까지의 기간(중간예납기간)에 대한 중간예납세액을 결정해서 징수해야 하는데 , 이를 '중간예납'이라고 한다.

1) 중간예납의무자

종합소득이 있는 거주자만 중간예납의무를 지며, 퇴직소득·양도소득에 대해서는 중간예납을 하지 않는다.

2) 중간예납의무를 지지 않는 경우

종합소득이 있는 거주자라 하더라도 다음과 같은 경우에는 중간예납의무를 지지 않는다.

① 다음의 일정한 소득만 있는 자

㉠ 이자소득 · 배당소득 · 근로소득 · 연금소득 또는 기타소득

㉡ 사업소득 중 다음의 사업에서 발생하는 소득

- 속기 · 타자 등 한국표준산업분류상 사무지원 서비스업
- 사회 및 개인서비스업 중 자영예술가(저술가 · 화가 · 배우 · 가수 · 영화감독 · 연출가 · 촬영사 등)와 자영경기업(직업선수 · 코치 · 심판 등)
- 보험모집인
- 방문판매원(원천징수의무자가 직전 과세기간에 대한 사업소득세의 연말정산을 한 것에 한정한다)
- 전환정비사업조합과 주택조합의 조합원이 영위하는 공동사업
- 분리과세되는 주택임대소득

㉢ 사업소득 중 수시부과하는 소득

② 해당 과세기간의 개시일 현재 사업자가 아닌 자로서 그 과세기간 중 신규로 사업을 시작한 자

3) 중간예납세액의 결정

납세지 관할 세무서장은 중간예납세액을 원칙적으로 다음과 같이 결정한다.

$$\text{중간예납세액}^{*1)} = \text{중간예납기준액}^{*} \times \frac{1}{2} - \begin{array}{c}\text{중간예납기간 중의 토지 등}\\\text{매매차익 예정신고납부액}^{*2)}\end{array}$$

$$^{*}\ \text{중간예납기준액} = \left[\ \begin{array}{c}\text{전년도의}\\\text{중간예납}\\\text{세액}\end{array} + \begin{array}{c}\text{확정신고}\\\text{납부세액}\end{array} + \begin{array}{c}\text{결정·경정에 따른}\\\text{추가납부세액}\\\text{(가산세 포함)}\end{array} + \begin{array}{c}\text{기한후신고·수정신고}\\\text{추가자진납부세액}\\\text{(가산세 포함)}\end{array}\ \right] - \text{환급세액}$$

*1) 중간예납세액을 결정할 때 1,000원 미만의 금액은 버린다.

*2) 부동산매매업자가 중간예납기간 중에 매도한 토지 또는 건물에 대하여 토지 등 매매차익 예정신고 · 납부를 한 금액을 말한다. 이 경우 토지 등 매매차익예정신고 · 납부세액이 중간예납기준액의 1/2을 초과하는 경우에는 중간예납세액이 없는 것으로 한다.

4) 중간예납세액의 고지와 징수

납세지 관할 세무서장은 종합소득이 있는 거주자에 대하여 1월 1일부터 6월 30일까지의 기간을 중간예납기간으로 하여 직전 과세기간의 종합소득에 대한 소득세로서 납부하였거나 납부하여야 할 세액(중간예납기준액)의 2분의 1에 해당하는 금액을 중간예납세액으로 결정하여 11월 30일까지 그 세액을 징수하여야 한다. 이 경우 납세지 관할 세무서장은 중간예납세액을 납부하여야 할 거주자에게 11월 1일부터 11월 15일까지의 기간에 중간예납세액의 납세고지서를 발급하여야 한다. 이러한 중간예납을 통해 과세관청은 세수의 조기확보가 가능하며, 납세자의 경우 일시에 세금을 전액 부담하는 것보다 더 효율적이기 때문에 중간예납제도를 운영하고 있다.

한편, 중간예납세액이 1천만원을 초과하는 경우에는 확정신고납부와 같은 방법으로 다음연도 1월 31일까지 분할납부할 수 있다.

5) 중간예납추계액의 신고와 납부

종합소득이 있는 거주자가 중간예납기간의 종료일 현재 그 중간예납기간 종료일까지의 종합소득금액에 대한 소득세액(중간예납추계액)이 중간예납기준액의 30%에 미달하는 경우에는 11월 1일부터 11월 30일까지의 기간에 중간예납추계액을 중간예납세액으로 하여 납세지 관할 세무서장에게 신고할 수 있다(임의규정).

중간예납기준액이 없는 거주자 중 복식부기의무자가 해당 과세기간의 중간예납기간 중 사업소득이 있는 경우에는 11월 1일부터 11월 30일까지의 기간에 중간예납추계액을 중간예납세액으로 하여 납세지 관할 세무서장에게 신고하여야 한다(강제규정).

중간예납추계액은 다음과 같이 계산한다.

① 종합소득과세표준 = 중간예납기간의 종합소득금액 × 2 − 이월결손금 − 종합소득공제

② 종합소득산출세액 = 종합소득과세표준 × 기본세율

③ 중간예납추계액 = 종합소득산출세액 × $\frac{1}{2}$ − 중간예납기간의 종합소득에 대한 공제감면세액 · 예정신고산출세액 · 수시부과세액 · 원천징수세액

(2) 토지 등 매매차익의 예정신고와 납부

부동산매매업자는 토지 또는 건물의 매매차익과 그 세액을 매매일이 속하는 달의 말일로부터 2개월이 되는 날까지 납세지 관할세무서장에게 신고하여야 한다. 이 경우 납부세액이 1천만원을 초과하는 경우에는 분납이 가능하며, 매매차익이 없거나 매매차손이 발생한 경우에도 신고는 하여야 한다.

(3) 원천징수

1) 원천징수의 종류

원천징수는 원천징수로 납세의무가 종결되는 완납적 원천징수와 원천징수로 납세의무가 종결되지 않는 예납적 원천징수로 나눌 수 있다.

원천징수를 표로 비교하여 보면 다음과 같다.

구 분	예납적 원천징수	완납적 원천징수
납세의무종결 여부	원천징수로 종결되지 않음	원천징수로 과세종결
확정신고의무	확정신고의무 있음	확정신고의무 없음
조세의 부담	확정신고시 정산하고 원천징수 금액을 기납부세액으로 차감	원천징수액이 납부세액이 됨
대상 소득	분리과세되지 않는 소득	분리과세소득

2) 원천징수대상소득과 원천징수세율

국내에서 거주자나 비거주자에게 다음에 해당하는 소득을 지급하는 자는 그 거주자나 비거주자에 대한 소득세를 원천징수하여야 한다.

<table>
<tr><th colspan="2">소득의 구분</th><th>원천징수</th><th>비 고</th></tr>
<tr><td rowspan="6">종합소득</td><td>이자소득</td><td>○</td><td>• 일반: 14%
• 비영업대금의 이익: 25%, 단, 온라인투자연계금융업 투자자의 이자소득은 14%[184]
• 직장공제회 초과반환금: 기본세율
• 비실명 이자소득: 45%(또는 90%)</td></tr>
<tr><td>배당소득</td><td>○</td><td>• 일반: 14%
• 비실명 배당소득: 45%(또는 90%)
• 출자공동사업자의 배당소득: 25%</td></tr>
<tr><td>사업소득*</td><td>×(△)</td><td>• 특정 인적용역과 의료 · 보건용역: 3%
• 봉사료: 5%</td></tr>
<tr><td>근로소득</td><td>○</td><td>• 일반급여: 간이세액표에 의하여 원천징수
• 일용근로자의 급여: 6%</td></tr>
<tr><td>연금소득</td><td>○</td><td>• 공적연금: 간이세액표에 의한 원천징수
• 사적연금:
① 수령연령별 차등세율 적용
<table>
<tr><th>나이(연금수령일 현재)</th><th>세 율</th></tr>
<tr><td>55세 이상 70세 미만</td><td>5%</td></tr>
<tr><td>70세 이상 80세 미만</td><td>4%</td></tr>
<tr><td>80세 이상</td><td>3%</td></tr>
</table>
② 종신 연금소득: 4%</td></tr>
<tr><td>기타소득</td><td>○</td><td>• 일반: 20%
• 복권당첨소득: 20%, 3억원 초과분은 30%
• 연금계좌에서 연금외수령한 경우: 15%</td></tr>
<tr><td colspan="2">퇴직소득</td><td>○</td><td>• 기본세율</td></tr>
<tr><td colspan="2">양도소득</td><td>×</td><td></td></tr>
</table>

* 원천징수대상 사업소득(봉사료는 제외)을 지급하는 자로서 그 지급금액에 대한 소득세를 원천징수하여야 할 자는 사업자 법인세 납세의무자 등 일정한 자로 한정한다.

한편, 국외에서 지급하는 소득에 대하여는 원천징수가 이루어지지 않는다. 원천징수는 국내에서 지급하는 경우에 한하여 이루어지는 것이기 때문이다.

184) 온라인투자연계금융업 제도화에 따라 원천징수세율을 합리화하여 2021년 1월1일 이후 발생하는 소득분부터 14%를 적용한다.

3) 원천징수세액의 납부

원천징수의무자는 원천징수한 소득세를 그 징수일이 속하는 달의 다음 달 10일까지 원천징수의무자의 관할세무서, 한국은행 또는 체신관서에 납부하여야 한다. 다만, 직전과세기간(신규로 사업을 개시한 사업자의 경우 신청일이 속하는 반기를 말한다)의 상시고용인원이 20명 이하인 원천징수의무자(금융 · 보험업자는 제외)로서 원천징수 관할세무서장의 승인을 받거나 국세청장의 지정을 받은 자는 원천징수세액을 그 징수일이 속하는 반기(半期)의 마지막 달의 다음 달 10일까지 납부할 수 있다.

그러나 법인세법에 따라 결정 또는 경정으로 처분된 상여 · 배당 및 기타소득에 대한 원천징수세액은 반기별 납부를 할 수 없으므로, 그 원천징수세액은 그 징수일이 속하는 달의 다음 달 10일까지 납부하여야 한다.

(4) 납세조합의 징수

농 · 축 · 수산물 판매업자(복식부기의무자는 제외), 노점상인 등과 국외 근로소득이 있는 자는 납세조합을 조직할 수 있다. 납세조합은 소득세를 매월 징수하여 그 징수일이 속하는 달의 다음 달 10일까지 납부하여야 하며, 이때 그 세액의 5%에 해당하는 금액(연간 100만원 한도)을 공제하고 징수한다(납세조합공제).

국외 근로소득의 납세조합은 그 조합원의 매월분의 소득에 대해서 '근로소득 간이세액표'에 따라 계산한 소득세에서 납세조합공제(세액의 3%, 연간 100만원 한도)를 차감한 금액을 징수한다.

(5) 수시부과

납세지 관할 세무서장은 거주자가 과세기간 중에 다음 중 어느 하나에 해당하면 수시로 그 거주자에 대한 소득세를 부과할 수 있다.

① 사업부진 그 밖의 사유로 장기간 휴업 또는 폐업상태에 있는 때로서 소득세를 포탈할 우려가 있다고 인정되는 경우

② 그 밖에 조세를 포탈할 우려가 있다고 인정되는 상당한 이유가 있는 경우

3 연말정산

(1) 연말정산의 의의

연말정산이란 근로소득 · 연금소득 및 사업소득(간편장부대상자인 보험모집인, 방문판매원 및 음료품배달원에 한한다)에 대하여 매월분 소득 지급시 일정금액을 원천징수하고 다음연도 2월분(연금소득은 1월분) 소득을 지급하는 때에 연간 세액을 계산하여 이미 원천징수한 세액과 비교하여 그 차액을 추가로 징수하거나 환급하는 것을 말한다.

(2) 연말정산의 시기

연금소득은 다음 연도 1월분 소득을 지급하는 때, 근로소득과 사업소득은 다음연도 2월분 소득을 지급하는 때 전년도 소득에 대하여 연말정산을 하여야 한다. 근로소득의 경우 중도퇴직한 때에는 퇴직한 달의 급여를 지급하는 때에 정산하며 재취업자는 전근무지의 근로소득을 포함하여 연말정산하여야 한다.

4 사업장 현황신고와 확인

(1) 사업장 현황신고

사업자는 해당 사업장의 현황을 과세기간의 다음 연도 2월 10일 이내에 사업장 소재지 관할세무서장에게 신고하여야 한다. 사업장의 현황을 신고하는 경우 사업자 인적사항, 업종별 수입금액명세, 수입금액의 결제수단별 내역, 계산서 등 수취내역 등을 기재하여 신고하여야 한다. 다만, 다음의 어느 하나에 해당하는 경우에는 사업상 현황신고를 한 것으로 본다.

① 사업자가 사망하여 상속인이 상속개시일이 속하는 달의 말일부터 6개월 이내 과세표준확정신고를 하거나, 사업자가 출국하는 경우 출국일 전날까지 과세표준확정신고를 하여야 하는 경우

② 부가가치세법에 따른 사업자가 같은 법 규정에 따라 신고한 경우. 다만, 사업자가 부가가치세법상 과세사업과 면세사업등을 겸영(兼營)하여 면세사업 수입금액 등을 신고하는 경우에는 그 면세사업 등에 대하여 사업장 현황신고를 한 것으로 본다.

(2) 사업장 현황신고 의무의 면제

다음 중 어느 하나에 해당하는 사업자는 사업장 현황신고를 하지 아니할 수 있다.

① 납세조합에 가입해 수입금액을 신고한 자

② 독립된 자격으로 보험가입자의 모집 및 이에 부수되는 용역을 제공하고 그 실적에 따라 모집수당 등을 받는 자
③ 독립된 자격으로 일반 소비자를 대상으로 사업장을 개설하지 않고 음료품을 배달하는 계약배달 판매 용역을 제공하고 판매실적에 따라 판매수당 등을 받는 자
④ 그 밖에 ①~③까지의 규정에 해당하는 자와 유사한 자로서 기획재정부령으로 정하는 자 (현재 없음)

(3) 사업장 현황의 조사 및 확인

사업장 관할세무서장 또는 지방국세청장은 다음의 어느 하나에 해당하는 사유가 있는 때에는 사업장 현황을 조사 · 확인할 수 있다.

① 사업장 현황신고를 하지 아니한 경우
② 사업장현황신고서 내용 중 수입금액 등 기본사항의 중요부분이 미비하거나 허위라고 인정되는 경우
③ 매출 · 매입에 관한 계산서 수수내역이 사실과 현저하게 다르다고 인정되는 경우
④ 사업자가 그 사업을 휴업 또는 폐업한 경우

5 결정과 경정

(1) 결정과 경정의 의의

소득세는 신고납세제도를 채택하고 있으므로 납세의무는 과세표준과 세액의 신고에 따라 확정된다. 그러나 납세의무자가 신고를 하지 아니하거나 신고내용에 오류 · 탈루가 있는 경우 정부가 납세의무를 확정하는 결정을 하거나 신고내용을 수정하는 경정을 하게 된다.

(2) 결 정

납세지 관할세무서장(또는 지방국세청장)은 종합소득 또는 퇴직소득 과세표준확정신고를 하여야 할 자가 그 신고를 하지 않은 경우에는 해당 거주자의 해당 과세기간의 과세표준과 세액을 결정한다. 이러한 결정은 과세표준확정신고기일부터 1년 내에 완료하여야 한다. 다만, 국세청장이 조사기간을 따로 정하거나 부득이한 사유로 인하여 국세청장의 승인을 얻은 경우에는 그렇지 않다.

(3) 경 정

납세지 관할 세무서장 또는 지방국세청장은 종합소득 또는 퇴직소득 과세표준확정신고를 한 자(다음의 ②와 ③의 경우에는 예외규정에 따라 과세표준확정신고를 하지 아니한 자를 포함한다)가 다음의 어느 하나에 해당하는 경우에는 해당 과세기간의 과세표준과 세액을 경정한다.

① 신고 내용에 탈루 또는 오류가 있는 경우

② 소득세를 원천징수한 내용에 탈루 또는 오류가 있는 경우로서 원천징수의무자의 폐업·행방불명 등으로 원천징수의무자로부터 징수하기 어렵거나 근로소득자의 퇴사로 원천징수의무자의 원천징수 이행이 어렵다고 인정되는 경우

③ 근로소득자 소득·세액 공제신고서를 제출한 자가 사실과 다르게 기재된 영수증을 받는 등 부당한 방법으로 종합소득공제 및 세액공제를 받은 경우로서 원천징수의무자가 부당공제 여부를 확인하기 어렵다고 인정되는 경우

④ 매출·매입처별 계산서합계표 또는 지급명세서의 전부 또는 일부를 제출하지 아니한 경우

⑤ 다음의 어느 하나에 해당하는 경우로서 시설 규모나 영업 상황으로 볼 때 신고 내용이 불성실하다고 판단되는 경우

㉠ 사업용계좌[185]를 이용하여야 할 사업자가 이를 이행하지 아니한 경우

㉡ 사업용계좌를 신고하여야 할 사업자가 이를 이행하지 아니한 경우

㉢ 신용카드가맹점 가입 요건에 해당하는 사업자가 정당한 사유 없이 신용카드가맹점으로 가입하지 아니한 경우

㉣ 신용카드가맹점 가입 요건에 해당하여 가맹한 신용카드가맹점이 정당한 사유 없이 신용카드에 의한 거래를 거부하거나 신용카드매출전표를 사실과 다르게 발급한 경우

㉤ 현금영수증가맹점 가입 요건에 해당하는 사업자가 정당한 사유 없이 현금영수증가맹점으로 가입하지 아니한 경우

㉥ 현금영수증가맹점으로 가입한 사업자가 정당한 사유 없이 위반하여 현금영수증을 발급하지 아니하거나 사실과 다르게 발급한 경우

한편, 납세지 관할 세무서장 또는 지방국세청장은 과세표준과 세액을 결정 또는 경정한 후 그 결정 또는 경정에 탈루 또는 오류가 있는 것이 발견된 경우에는 즉시 그 과세표준과 세액을 다시 경정한다.

---

185) 개인사업자 중 복식부기의무자에게 사업용계좌 개설의무를 부여하고 있다. 금융거래와 인건비, 임차료에 대하여 사업용 계좌를 사용하여야 한다. 복식부기의무자는 복식부기의무자에 해당하는 과세기간 개시일(신규사업자는 다음 과세기간 개시일)부터 6개월 이내에 사업용계좌를 해당 사업장의 관할 세무서장 또는 납세지 관할 세무서장에게 신고하여야 한다.

(4) 결정과 경정의 방법

1) 실지조사결정 또는 경정(원칙)

과세표준과 세액의 결정 또는 경정은 과세표준확정신고서 및 그 첨부서류에 의하거나 실지조사에 의함을 원칙으로 한다. 즉, 해당 과세기간의 과세표준과 세액을 결정 또는 경정하는 경우에는 장부나 그 밖의 증명서류를 근거로 하여야 한다. 다만, 장부나 그 밖의 증명서류에 의하여 소득금액을 계산할 수 없는 경우에는 소득금액을 추계조사결정 또는 경정할 수 있다.

2) 추계조사결정 또는 경정(예외)

실지조사결정 또는 경정이 원칙이나 다음과 같은 사유로 장부나 그 밖의 증명서류에 의하여 소득금액을 계산할 수 없는 경우에는 소득금액을 추계조사결정 또는 경정할 수 있다.

① 과세표준을 계산함에 있어서 필요한 장부와 증명서류가 없거나 중요한 부분이 미비 또는 허위인 경우

② 기장의 내용이 시설규모 · 종업원수 · 원자재 · 상품 또는 제품의 시가 · 각종 요금 등에 비추어 허위임이 명백한 경우

③ 기장의 내용이 원자재사용량 · 전력사용량 기타 조업상황에 비추어 허위임이 명백한 경우

6 징수와 환급

(1) 징 수

1) 중간예납추계액 또는 확정신고자진납부할 세액의 징수

납세지 관할 세무서장은 중간예납추계액을 신고 · 납부하여야 할 자 또는 소득세를 확정신고 및 자진납부하여야 할 자가 세액의 전부 또는 일부를 납부하지 않은 경우에는 그 미납된 부분의 소득세액을 국세징수법에 따라 징수한다.

2) 결정 · 경정에 따른 추가납부세액의 징수

납세지 관할 세무서장은 징수하거나 납부된 거주자의 해당 과세기간 소득세액이 결정 또는 경정한 소득세액에 미달할 때에는 그 미달하는 세액을 징수한다. 중간예납세액의 경우에도 또한 같다.

3) 원천징수세액의 징수

납세지 관할 세무서장은 원천징수의무자가 징수하였거나 징수하여야 할 세액을 그 기한까지 납부하지 아니하였거나 미달하게 납부한 경우에는 그 징수하여야 할 세액에 가산세액을 더

한 금액을 그 세액으로 하여 그 원천징수의무자로부터 징수하여야 한다. 단, 원천징수의무자가 원천징수를 하지 아니한 경우로서 다음의 어느 하나에 해당하는 경우에는 원천징수불성실가산세액만을 징수한다.

① 납세의무자가 신고 · 납부한 과세표준금액에 원천징수하지 아니한 원천징수대상 소득금액이 이미 산입된 경우

② 원천징수하지 아니한 원천징수대상 소득금액에 대해서 납세의무자의 관할세무서장이 그 납세의무자에게 직접 소득세를 결정 · 경정하여 부과 · 징수하는 경우

4) 납세조합 징수세액의 징수

납세조합 관할 세무서장은 납세조합이 그 조합원에 대한 해당 소득세를 매월 징수하여 기한까지 납부하지 아니하였거나 미달하게 납부하였을 때에는 그 징수하여야 할 세액에 납세조합 납부 불성실가산세액을 더한 금액을 세액으로 하여 해당 납세조합으로부터 징수하여야 한다.

(2) 환급

납세지 관할 세무서장은 중간예납, 토지 등 매매차익예정신고납부, 수시부과 및 원천징수한 세액이 종합소득 총결정세액과 퇴직소득 총결정세액의 합계액을 각각 초과하는 경우에는 그 초과하는 세액은 환급하거나 다른 국세 및 강제징수비에 충당하여야 한다.

(3) 소액부징수

다음 중 어느 하나에 해당하는 경우에는 해당 소득세를 징수하지 아니한다.

① 원천징수세액(이자소득에 대한 원천징수세액은 제외)이 1천원 미만인 경우

② 납세조합의 징수세액이 1천원 미만인 경우

③ 중간예납세액이 50만원 미만인 경우

7 가산세

소득세법상 규정되어 있는 가산세는 다음과 같다. 신고 및 납부와 관련된 가산세는 국세기본법으로 이관되었으므로 국세기본법 편에 기술하였다.

종 류	적용대상	가산세
장부의 기록 · 보관 불성실가산세[186]	사업자(소규모사업자는 제외)가 장부를 비치 · 기록하지 않았거나 비치 · 기록한 장부에 따른 소득금액이 기장하여야 할 금액에 미달한 경우	$\text{종합소득산출세액} \times \frac{\text{무기장 · 미달기장소득금액}}{\text{종합소득금액}} \times 20\%$
현금영수증 발급 불성실가산세	현금영수증 의무발급업종을 영위하는 사업자가 거래금액 10만원 이상인 재화 등을 공급하고 현금영수증을 발급하지 않은 경우(단, 이 경우 현금영수증불성실가산세 적용은 배제한다)	거래대금 × 20%
사업장현황신고[187] 불성실가산세	의료업 · 수의업 및 약국 등이 사업장현황 신고를 하지 않거나 신고하여야 할 수입금액에 미달하게 신고한 경우	무신고 · 미달신고금액 × 0.5%
공동사업장 등록 · 신고 불성실가산세	공동사업자가 사업자등록을 하지 아니하거나 공동사업자가 아닌 자가 공동사업자로 거짓으로 등록한 경우	등록하지 아니하거나 거짓 등록에 해당하는 각 과세기간 총수입금액의 × 5%
	공동사업자가 신고하여야 할 내용을 신고하지 아니하거나 거짓으로 신고한 경우	신고하지 아니하거나 거짓 신고에 해당하는 각 과세기간 총수입금액 × 0.5%
적격증명서류 수취 불성실가산세	사업자(소규모 사업자 및 소득금액 추계되는 자 제외)가 재화 · 용역을 공급받고 건당 3만원 이상 거래에 대하여 적격증명서류를 수취하지 않은 경우	미수취금액 × 2% (기업업무추진비로 필요경비불산입된 경우에는 가산세를 부과하지 않음)
지급명세서 제출 불성실가산세	지급조서를 제출해야 할 자가 해당 지급조서를 기한 내 제출하지 않은 경우	미제출분 지급금액 × 1% (제출기간 경과 후 3월 내 제출시 0.5% 적용)
	제출된 지급명세서가 불분명한 경우에 해당하거나 제출된 지급명세서에 기재된 지급금액이 사실과 다른 경우	불분명한 분 · 사실과 다른 분 지급금액 × 1%

종 류	적용대상	가산세
계산서 또는 매출·매입처별계산서 합계표 불성실가산세	복식부기의무자 등이 계산서를 교부하지 않거나 부실기재한 경우 또는 합계표를 제출하지 않거나 부실기재한 경우	미교부·부실기재·미제출금액 × 0.5%(제출기간 경과 후 1월 내 제출시 0.3% 적용)
영수증수취명세서 제출불성실가산세	사업자(소규모 사업자 및 소득금액 추계되는 자 제외)가 영수증 수취명세서를 제출하지 아니하거나 불분명하게 제출한 경우	미제출·불분명분 지급금액 × 1%
사업용계좌 불성실가산세	복식부기의무자가 사업용계좌를 미사용한 경우	미사용액 × 0.2%
	복식부기의무자가 사업용계좌를 개설·신고하지 않은 경우	Max[①, ②] ① 미개설기간 수입금액 × 0.2% ② 미사용거래금액합계 × 0.2%
신용카드 불성실가산세	신용카드가맹점이 매출전표발급을 거부하거나 사실과 다르게 발급한 경우	건별 거부금액·불분명한 금액 × 5% (건별 최소 5천원)
현금영수증 불성실가산세	현금영수증가맹점으로 가입하여야 할 사업자가 미가맹시	미가맹기간 총수입금액 × 1%
	현금영수증가맹점이 현금영수증 발급을 거부하거나 사실과 다르게 발급하는 경우	건별 거부금액·불분명한 금액 × 5% (건별 최소 5천원)
기부금영수증 불성실가산세	기부금영수증이 사실과 다르게 발급되거나 기부자의 인적사항이 사실과 다른 경우	다르게 발급된 금액 × 5%
	기부자별 발급명세서를 작성·보관하지 않은 경우	의무불이행 금액 × 0.2%
원천징수·납세조합 납부지연가산세	원천징수의무자(납세조합)가 기한 내에 원천징수세액(징수한 세액)을 납부하지 않거나 미달납부한 경우	Max[①, ②] ① 미달 또는 미납세액 × 3% + 미달 또는 미납세액 × 미납일수 × 0.022% ② 미납세액 × 10%
성실신고확인서 미제출가산세	다음 연도 6월 30일까지 성실신고확인서를 납세지 관할세무서장에게 제출하지 않은 경우	종합소득산출세액 × $\frac{\text{사업소득금액}}{\text{종합소득금액}}$ × 5%
주택임대사업자에 대한 미등록가산세	주택임대사업자가 사업자등록을 하지 않은 경우	면세 공급가액 × 0.2%
종교인소득 지급명세서 제출불성실가산세[188)]	종교인소득의 지급명세서를 제출하지 않거나 불분명한 경우	미제출불분명 지급금액 × 1%(지연제출시 0.5%)

성실신고확인제도

1. 성실신고확인제도의 의의

수입금액이 업종별로 일정 규모 이상인 개인사업자가 종합소득세를 신고할 때 장부기장 내용의 정확성 여부를 세무사 등에게 확인받은 후 신고하는 제도로 개인사업자의 성실한 신고를 유도하기 위하여 2011년 과세기간의 종합소득세를 신고하는 때부터 적용되었다.

2. 적용대상자

해당 과세기간의 수입금액(사업용 유형자산 처분에 따른 수입금액 제외)이 다음과 같이 업종별로 정한 일정규모 이상의 사업자를 대상으로 한다. 것은 공동사업장을 경영하는 경우에는 공동사업장을 1거주자로 보아 성실신고확인제도의 적용대상 여부를 판단한다.

업 종	성실신고 확인
㉠ 농업 및 임업, 어업, 광업, 도매업 및 소매업(상품중개업 제외), 부동산매매업, 기타 '㉡' 및 '㉢'에 해당하지 아니하는 업종	15억원 이상
㉡ 전기 · 가스 · 증기 및 공기조절 공급업, 수도 · 하수 및 폐기물처리 · 원료재생업, 운수 및 창고업, 정보통신업, 제조업, 숙박 및 음식점업, 건설업(비거주용 건물 건설업 제외, 주거용 건물 개발 및 공급업 포함), 금융 및 보험업, 상품중개업	7.5억원 이상
㉢ 부동산업, 사업시설관리 · 사업지원 및 임대서비스업 부동산임대업, 전문 · 과학 및 기술서비스업, 교육서비스업, 보건업 및 사회복지서비스업, 예술 · 스포츠 및 여가 관련 서비스업, 협회 및 단체 · 수리 및 기타 개인서비스업, 가구내 고용활동	5억원 이상

3. 성실신고확인자

세무사, 공인회계사, 세무법인, 회계법인이 성실신고확인을 할 수 있다.

4. 성실신고확인서의 제출

성실신고확인대상사업자는 종합소득과세표준확정신고를 할 때 성실신고확인서를 납세지 관할세무서장에게 제출하여야 한다. 이 경우 종합소득 과세표준 확정신고는 해당 과세기간의 다음연도 6월 30일까지 할 수 있다.

납세지 관할세무서장은 미비한 사항 또는 오류에 대해 그 보정을 요구할 수 있다. 한편, 세무사가 성실신고확인대상사업자에 해당할 경우에는 자신의 사업소득금액의 적정성에 대하여 해당 세무사가 성실신고확인서를 작성하여 제출해서는 안된다(자기확인금지).

5. 성실신고확인에 대한 혜택

성실신고확인대상사업자가 성실신고확인서를 제출하는 경우 성실신고확인에 직접 사용한 비용의 60%를 120만원 한도에서 해당 과세연도의 사업소득에 대한 소득세에서 세액공제를 적용받을 수 있다. 또한 성실신고확인대상사업자는 의료비 및 교육비 세액공제를 적용받을 수 있다.

6. 성실신고확인의무 위반에 대한 불이익

(1) 가산세 부과

성실신고확인대상사업자가 성실신고확인서를 6월 30일까지 제출하지 않은 경우 다음의 가산세를 부과한다.

$$\text{성실신고확인서 미제출에 대한 가산세} = \text{종합소득산출세액} \times \frac{\text{사업소득금액}}{\text{종합소득금액}} \times 5\%$$

(2) 사업자에 대한 세무조사

성실신고확인대상사업자가 성실신고확인서의 제출 등의 납세협력의무를 이행하지 아니한 경우 세무조사 대상에 우선 선정된다.

(3) 성실신고확인자에 대한 제재

추후 세무조사 등을 통해 성실신고확인 세무사가 확인을 제대로 하지 못한 사실이 밝혀지는 경우 성실신고확인자에 대하여 징계 등을 할 수 있다.

186) 신고불성실가산세(무신고가산세 또는 과소신고가산세를 말함)와 장부의 기록 · 보관 불성실가산세(양도소득세는 기장불성실가산세)가 동시에 적용되는 경우에는 그 중 가산세액이 큰 가산세만 적용하고, 가산세액이 같은 경우에는 신고불성실 가산세만 적용한다.

187) 사업장현황신고는 과세기간의 다음연도 2. 10.까지 하여야 한다.

188) 2020.1.1. 이후 발생하여 지급하는 소득분부터 적용함

OX 문제

01 신고불성실가산세와 무기장가산세에 해당하는 경우에는 그 중 금액이 큰 가산세만을 적용하고 금액이 같은 경우에는 신고불성실가산세만을 적용한다.

02 사업자가 장부를 기장한 경우에는 기장세액공제를 받으며 기장하지 않은 경우에는 무기장가산세가 적용된다.

03 복식부기의무자는 금융거래, 인건비 및 임차료에 대하여 반드시 사업용계좌를 사용하여야 한다.

04 소득세법상 중간예납세액은 납세지의 관할세무서장이 전년도의 납부실적을 기준으로 중간예납기간에 대한 소득세를 결정하여 징수하는 것이 원칙이다.

05 소득세법상 중간예납대상자는 사업소득이 있는 거주자이나 해당 과세기간에 신규로 사업을 개시한 자는 중간예납의무가 없다.

정답&해설 **01** ○ **02** × **03** ○ **04** ○ **05** ○

02 기장세액공제는 간편장부대상자에 한하여 적용되므로 복식부기의무자는 기장한 경우에도 기장세액공제가 적용되지 않는다.

06 근로소득의 연말정산시기는 원천징수의무자가 2월분 소득을 지급하는 때이며, 연말정산대상자는 연말정산전까지 원천징수의무자에게 소득공제신고서를 제출해야 하고 소득공제신고서를 제출하지 않은 경우에는 소득공제를 적용하지 않는다.

07 복식부기의무자가 재무상태표, 손익계산서, 이익잉여금처분계산서 및 조정계산서를 미제출하는 경우에는 무신고로 보아 무신고가산세를 적용한다.

08 부동산매매업자는 토지 또는 건물의 매매차익과 그 세액을 매매일이 속하는 달의 말일로부터 2개월이 되는 날까지 납세지 관할세무서장에게 신고하여야 한다.

09 종합소득 확정신고시 납부할세액이 2,600만원인 경우 분납할 수 있는 세액은 600만원이다.

정답&해설 **06** × **07** × **08** ○ **09** ×

06 연말정산대상자가 소득공제신고서를 제출하지 않은 경우에도 거주가 본인의 기본공제와 표준세액공제를 적용한다.

07 이익잉여금처분계산서는 법인세의 필수제출서류이며 소득세의 경우에는 합계잔액시산표가 필수제출서류에 포함된다.

09 종합소득에 대한 납부할세액이 2,000만원을 초과하는 경우에는 해당 세액의 50% 이하의 금액을 분납할 수 있다. 이 경우에는 1,300만원 이하의 금액을 분납할 수 있다.

연습 문제

01 소득세법상 원천징수에 관한 다음의 설명 중 옳지 않은 것은?

① 원천징수로 납세의무가 종결되는지의 여부에 따라 예납적 원천징수와 완납적 원천징수로 구분한다.

② 원천징수의무자는 원칙적으로 원천징수한 세액을 그 징수일이 속하는 다음 달 10일까지 납부하여야 한다.

③ 예납적 원천징수의 경우 별도의 소득세 확정신고 절차가 필요하나, 완납적 원천징수의 경우 별도의 소득세 확정신고 절차가 불필요하다.

④ 예납적 원천징수의 경우 납부한 원천징수세액과 실제의 세금부담액이 차이가 없으나, 완납적 원천징수의 경우 납부한 원천징수세액과 실제의 세금부담액이 차이가 있다.

⑤ 농 · 축 · 수산물 판매업자, 국외 근로소득이 있는 자 등은 납세조합을 조직할 수 있으며, 납세조합은 소득세를 매월 징수하여 그 징수일이 속하는 달의 다음 달 10일까지 납부하여야 한다.

정답 ④

예납적원천징수의 경우 납부세액과 실제의 세금부담액이 차이가 날 수 있으나, 완납적 원천징수의 경우에는 원천징수로 과세가 종결되기 때문에 납부한 세액과 실제의 세금부담액이 차이가 없다.

02 소득세법령상 과세표준의 확정신고와 납부에 관한 설명으로 옳은 것은? **[CTA 2022]**

① 공적연금소득만 있는 거주자는 해당 소득에 대해 과세표준확정신고를 해야 한다.

② 과세표준확정신고를 하여야 할 거주자가 출국하는 경우에는 출국일이 속하는 과세기간의 과세표준을 출국일 전날까지 신고하여야 한다.

③ 해당 과세기간의 종합소득금액이 있는 거주자가 종합소득과세표준이 없는 경우에는 종합소득과세표준 확정신고 의무가 없다.

④ 세무사가 성실신고확인대상사업자에 해당하는 경우에도 자신의 사업소득금액의 적정성에 대하여 해당 세무사가 성실신고확인서를 작성 · 제출할 수 있다.

⑤ 거주자로서 과세표준의 확정신고에 따라 납부할 세액이 1천8백만원인 자는 9백만원을 납부기한이 지난 후 90일 이내에 분납할 수 있다.

정답 ②

① 공적연금소득만 있는 거주자는 과세표준확정신고를 하지 아니할 수 있다. 공적연금소득을 지급하는 자가 해당 과세기간의 다음 연도 1월분의 공적연금소득을 지급할 때 연말정산하기 때문이다.

③ 해당 과세기간의 종합소득금액이 있는 거주자(종합소득과세표준이 없거나 결손금이 있는 거주자를 포함한다)는 그 종합소득 과세표준을 그 과세기간의 다음 연도 5월 1일부터 5월 31일까지 납세지 관할 세무서장에게 신고하여야 한다.

④ 세무사는 본인에 대한 확인서를 작성할 수 없다.

⑤ 1천만원 초과분인 8백만원을 납부기한이 지난 후 2개월 이내 분납할 수 있다.

03 소득세법상 중간예납에 관한 설명이다. 옳지 않은 것은? [CPA 2022]

① 토지 등 매매차익 예정신고 · 납부를 한 부동산매매업자는 중간예납의무가 없다.

② 분리과세 주택임대소득만이 있는 거주자는 중간예납의무가 없다.

③ 중간예납의무가 있는 거주자는 중간예납추계액이 중간예납기준액의 30%에 미달하는 경우, 중간예납추계액을 중간예납세액으로 하여 납세지 관할 세무서장에게 신고할 수 있다.

④ 중간예납세액이 50만원 미만인 경우에는 해당 소득세를 징수하지 아니한다.

⑤ 중간예납세액이 1천만원을 초과하는 자는 그 납부할 세액의 일부를 납부기한이 지난 후 2개월 이내에 분할납부할 수 있다.

정답 ①

부동산매매업자의 경우 중간예납기간 중에 매도한 토지 또는 건물에 대하여 토지 등 매매차익예정신고납부를 한 경우에는 그 신고 · 납부한 금액을 중간예납기준액의 2분의 1에 상당하는 금액에서 차감한 금액을 중간예납세액으로 한다. 이 경우 토지 등 매매차익예정신고납부세액이 중간예납기준액의 2분의 1에 상당하는 금액을 초과하는 경우에는 중간예납세액이 없는 것으로 한다.

04 사업자가 아닌 거주자 갑의 20×2년도 소득과 관련된 자료를 이용하여 소득세 원천징수세액을 계산한 것으로 옳은 것은? 단, 지방소득세는 고려하지 않는다.

(1) 20×2년도의 소득과 관련된 내역은 다음과 같으며, 비과세되는 소득은 없다.
가. 비실명금융소득(금융실명제법 위반은 아님): ₩2,000,000
나. 출자공동사업자로서 출자공동사업의 제15기 사업연도(20×1 1. 1. ~ 20×1. 12. 31.)에 대한 잉여금처분결의(20×2. 3. 2.)에 따라 금전으로 배분받은 금액: ₩4,000,000
다. 산업재산권을 양도하고 받은 대가: ₩10,000,000

(2) 위 소득의 실제 필요경비는 확인되지 아니하였다.

(3) 위의 모든 금액들은 원천징수세액을 차감하기 전의 금액이다.

① ₩1,300,000 ② ₩1,700,000 ③ ₩1,980,000
④ ₩2,300,000 ⑤ ₩2,900,000

정답 ②

비실명금융소득: ₩2,000,000 × 45% = ₩900,000
산업재산권을 양도하고 받은 대가: ₩10,000,000 × (1 - 60%) × 20% = ₩800,000
∴ 원천징수세액 = ₩900,000 + 800,000 = ₩1,700,000

* 출자공동사업자의 배당은 총수입금액과 필요경비가 확정되는 날이 속하는 과세기간 종료일이 수입시기이므로 20×1년의 배당소득에 해당함

05 다음 중 반드시 종합소득세 확정신고를 반드시 하여야 하는 자는 누구인가?

① 경기은행에 근무중인 근로소득자 A씨
② 5억원의 은행예금이자인 1,800만원만으로 생활하고 있는 B씨
③ 국민연금으로부터 연금을 수령하면서 보험모집인을 하고 있는 C씨
④ 쌍둥이상사에 근무하다가 올해 퇴사한 D씨
⑤ 신문에 칼럼을 기고하고 받은 150만원의 소득만 있는 E씨

정답 ③

공적연금소득과 연말정산대상 사업소득이 있는 경우에는 두 소득을 합산하여 반드시 확정신고를 하여야 한다.

06 거주자의 종합소득에 대한 신고, 납부 및 징수와 관련된 다음의 설명 중 옳지 않은 것은?

① 거주자가 납부할 세액이 1,000만원을 초과하는 경우 세액을 분납할 수 있다.
② 해당 과세기간의 개시일 현재 사업자가 아닌 자로서 그 과세기간 중 신규로 사업을 개시한 자는 해당 과세기간에 대한 중간예납 의무가 없다.
③ 납세지 관할 세무서장 또는 지방국세청장은 과세표준확정신고를 하여야 할 자가 그 신고를 하지 아니한 경우에는 해당 거주자의 해당 과세기간 과세표준과 세액을 결정한다.
④ 납세지 관할 세무서장 또는 지방국세청장은 거주자가 조세를 포탈할 우려가 있다고 인정되는 상당한 이유가 있는 경우에는 수시로 그 거주자에 대한 소득세를 부과할 수 있다.
⑤ 간편장부사업자 이외의 사업자가 복식부기에 따라 기장한 경우에는 기장세액공제를 받으며, 기장하지 않은 경우에는 무기장가산세가 적용된다.

정답 ⑤

간편장부사업자가 복식부기에 따라 기장한 경우에는 기장세액공제를 받으며, 복식부기의무자가 기장하지 않은 경우에 무기장가산세가 적용된다.

07 소득세법상 거주자의 종합소득 및 퇴직소득에 대한 신고, 납부 및 징수에 관한 설명이다. 옳지 않은 것은?

① 성국내에서 거주자에게 퇴직소득을 지급하는 내국법인은 그 거주자에 대한 소득세를 원천징수하여 그 징수일이 속하는 달의 다음 달 10일까지 납부하여야 한다.

② 근로소득 및 퇴직소득만 있는 거주자는 해당 소득에 대하여 과세표준확정신고를 하지 아니할 수 있다.

③ 원천징수대상 소득으로서 발생 후 지급되지 아니함으로써 원천징수되지 아니한 소득이 종합소득에 합산되어 종합소득에 대한 소득세가 과세된 경우에는 그 소득을 지급할 때 소득세를 원천징수하고 이미 납부된 소득세는 환급하여야 한다.

④ 복식부기의무자가 재무상태표, 손익계산서, 합계잔액시산표 및 조정계산서를 제출하지 않은 경우에는 종합소득 과세표준확정신고를 하지 않은 것으로 본다.

⑤ 종합소득 과세표준확정신고를 하여야 할 자가 그 신고를 하지 않은 경우에는 납세지 관할 세무서장 또는 지방국세청장이 해당 거주자의 과세표준과 세액을 결정한다.

정답 ③

제조원천징수대상 소득으로서 발생 후 지급되지 아니함으로써 소득세가 원천징수되지 아니한 소득이 종합소득에 합산되어 종합소득에 대한 소득세가 과세된 경우에 그 소득을 지급할 때에는 소득세를 원천징수하지 아니한다.

08 소득세 성실신고확인제도에 관한 다음의 설명 중 옳지 않은 것은? [CPA 2020]

① 성실신고확인대상사업자로서 성실신고확인서를 제출한 자가 법령상 의료비를 지출한 경우 의료비세액공제를 적용받을 수 있다.

② 성실신고확인대상사업자가 성실신고확인서를 제출하는 경우에는 종합소득과세표준 확정신고를 그 과세기간의 다음 연도 5월 1일부터 6월 30일까지 하여야 한다.

③ 세무사가 성실신고확인대상사업자에 해당하는 경우에는 자신의 사업소득금액의 적정성에 대하여 해당 세무사가 성실신고확인서를 작성 · 제출해서는 아니된다.

④ 납세지 관할 세무서장은 성실신고확인서에 미비한 사항이 있을 때에는 그 보정을 요구할 수 있다.

⑤ 제조업을 영위하는 사업자의 해당 과세기간의 수입금액의 합계액이 5억원인 경우 성실신고확인대상사업자에 해당한다.

정답 ⑤

제조업의 경우 수입금액이 15억원 이상인 경우 성실신고확인대상사업자에 해당한다.

Part 5

부가가치세법

Part 5 Contents

세법개론
an introduction to tax law

Chapter 1 부가가치세 기초

AN INTRODUCTION TAX LAW

1 부가가치세의 의의와 과세방법

(1) 의 의

부가가치세는 기업의 생산, 유통 등 사업활동 과정에서 창출한 부가가치에 대하여 과세하는 조세이다. 여기시 부가가치란 물건의 제조나 판매 등의 기업활동에 의한 산출물의 가치가 투입물의 가치보다 높아진 부분을 말한다. 다음의 예제를 통하여 부가가치의 개념을 살펴보자.

예제 1 부가가치의 개념 및 계산

1,000,000원의 오리털을 공급받아 오리털잠바를 제조하는 ㈜중앙은 3,000,000원의 판매가치를 가진 오리털 잠바를 제작하여 최종소비자에게 판매하였다. 오리털 잠바를 제작하기 위하여 급여 1,000,000원을 지급하였으며, 임차료 500,000원, 이자 200,000원을 지급하고 300,000원의 이윤을 남겼다. ㈜중앙이 창출한 부가가치는 얼마인가?

해설

부가가치는 사업활동 과정에서 창출되어 더해진 가치로서 부가가치를 계산하는 방법은 공제법과 가산법의 두 가지가 있다.

1. 공제법: 생산측면에서 부가가치를 산출함
   - 사업자가 생산한 최종생산물의 가치에서 타사업자로부터 매입한 중간생산물의 가치를 차감하여 계산하는 방법이다. ㈜중앙의 최종생산물의 가치는 3,000,000원이고 매입한 중간생산물의 가치가 1,000,000원이므로, 창출한 부가가치는 2,000,000원이다.

2. 가산법: 분배측면에서 부가가치를 산출함
   - 기업이 창출한 부가가치는 임금, 이자, 지대의 형태로 생산요소 제공자에게 귀속되고, 최종 이윤은 사업자에게 귀속된다. 이와 같이 가산법은 생산요소 제공자에게 배분된 소득과 이윤을 합하여 부가가치를 계산하는 방법이다.
   - ㈜중앙은 생산요소 제공자에게 월급 1,000,000원, 임차료 500,000원, 이자 200,000원을 지급하고 300,000원의 이윤을 남겼으므로 2,000,000원의 부가가치를 창출한 것이다.
   - 제조하는 것만이 부가가치를 창출하는 활동인 것은 아니다. 백화점에서 오리털잠바를 3,000,000원에 구입하여 소비자에게 6,000,000원에 판매하였다면 백화점이 창출한 부가가치는 3,000,000원이

되는 것이다. 백화점은 제조하지 않고 오리털잠바를 구입하여 팔았지만 이러한 사업활동을 통하여도 부가가치는 창출된다.

- 따라서 부가가치는 물건(또는 재화)이나 서비스를 공급함으로서 발생하게 되는 것이다.

부가가치세는 물건의 가격에 포함되어 있으므로 실질적으로는 최종소비자가 부담하도록 예정되어 있다. 이렇게 최종소비자가 부담한 부가가치세에 대하여 사업자는 부가가치세를 세무서에 납부하게 된다.

(2) 부가가치세의 과세방법

부가가치세는 그 계산방식에 따라 가산법과 공제법으로 나누어진다. 현재 우리나라는 공제법, 그 중에서도 전단계세액공제법을 채택하고 있다.

1) 가산법

가산법은 임금 · 이자 · 지대 및 이윤을 합하여 부가가치를 산출한 후, 그 부가가치에 세율을 곱하여 부가가치세를 계산하는 방법을 말한다.

$$부가가치세 = (임금 + 이자 + 지대 + 이윤) \times 세율$$

2) 공제법

㈎ 전단계거래액공제법

전단계거래액공제법이란 매출액에서 그 사업자의 전단계거래인 매입액을 공제하여 부가가치를 계산한 후 부가가치에 세율을 곱하여 부가가치세를 계산하는 방식이다.

$$부가가치세 = (매출액 - 매입액) \times 세율$$

㈏ 전단계세액공제법

전단계세액공제법이란 매출액에 세율을 곱하여 매출세액을 계산한 후, 매출세액에서 매입세액을 공제하여 부가가치세를 계산하는 방식이다.

$$부가가치세 = (매출액 \times 세율) - (매입액 \times 세율)$$

전단계세액공제법을 사용하는 경우 매입자는 전단계 거래시 부담한 매입세액을 돌려받기 위하여 세금계산서를 수수하려 하므로 사업자간의 상호견제를 통해 부가가치세의 탈루를 방지할 수 있으며 세금계산서에 부가가치세를 표시함으로서 품목별로 면세나 세액의 경감 등을 설정할 수 있다. 현재 부가가치세를 채택한 우리나라를 포함한 대부분의 국가들은 이러한 장점 때문에 전단계세액공제법을 사용하고 있다.

전단계세액공제법과 세금계산서

(상황 1)은 전단계세액공제법 하에서의 정상적인 거래 흐름을 보여주고 있다. (상황 2)는 일부 사업자가 세금계산서를 수수하지 않는 거래 흐름을 보여주고 있는데 세금계산서를 수취하지 않은 사업자 B가 그 피해를 고스란히 부담하고 있음을 알 수 있다. 그림을 통해 상호 비교해보기 바란다.

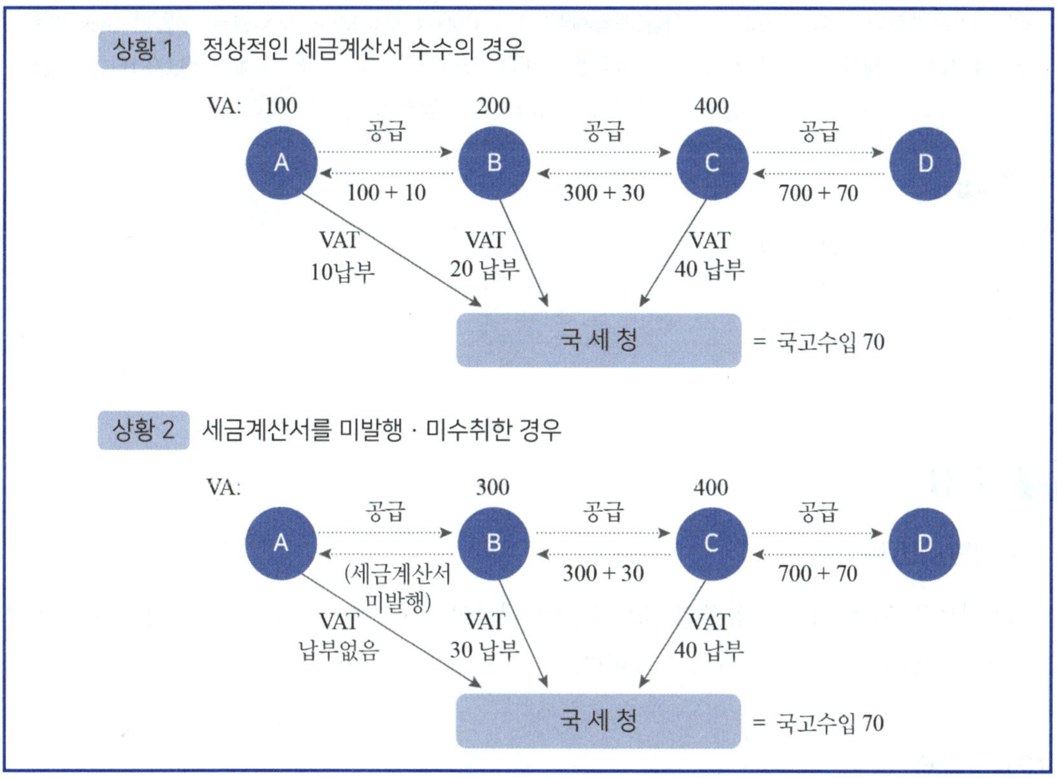

3) 납부세액의 계산

전단계세액공제법에 의해 기업이 징수한 매출세액은 국가에 납부하고, 지급한 매입세액은 국가로부터 환급받는다. 매출세액과 매입세액이 동시에 발생하면, 매출세액에서 매입세액을 차감한 순액만을 납부한다.

부가가치세납부세액 = 부가가치 × 세율
= [산출물의 가치(매출액) − 투입물의 가치(매입액)] × 세율
= 매출세액(매출액 × 세율) − 매입세액(매입액 × 세율)

예제 2 납부세액

㈜드래곤으로부터 1,100,000원을 지급(매입세액: 100,000원 포함)하고 오리털을 구입한 ㈜중앙은 오리털 잠바를 제작하여 소비자에게 판매하였다. 이때 소비자로부터 부가가치세 300,000원을 포함하여 3,300,000원을 수령한 경우, ㈜중앙이 부가가치세로 납부할 금액은 얼마인가?

해설

매출세액	300,000원
매입세액	(100,000)
납부세액	200,000원

2 특 징

(1) 일반소비세

원칙적으로 모든 재화나 용역의 소비행위에 대하여 과세한다. 특정 재화나 용역의 소비에 과세하는 개별소비세와 구별되는 특징이다.

(2) 간접세

간접세란 법률상의 납세의무자와 실질적인 세금부담자가 일치하지 않는 조세이다.

부가가치세의 법률상 납세의무자는 재화나 용역을 공급하는 사업자이지만 이를 최종소비자에게 전가하며, 경제적인 실질로 볼 때 귀착이 이루어져 실제 담세자(세금을 실제로 부담하는 자)는 최종소비자가 된다.

(3) 물 세

부가가치세는 과세물건을 중심으로 그 물적 측면에 주안점을 두어 부과되는 조세로서 납세의무자의 인적사항이 고려되지 않는다는 점에서 인세와 차이가 있다.

(4) 다단계과세(전단계세액공제법)

부가가치세는 최종소비자에 이르기까지 모든 거래단계에서 창출된 부가가치에 대하여 각 단계별로 과세하는 다단계 과세방식을 취하고 있다. 그러나 부가가치세는 간접세로서 각 단계에서 부과된 조세가 다음 단계로 전가되므로 결국 최종소비자가 전체 부가가치에 대한 조세를 부담하게 된다.

(5) 소비지국과세원칙

국제거래되는 상품에 부과된 간접세에 대한 조정방법은 생산지국과세방식과 소비지국과세방식으로 나뉘어진다. 생산지국과세방식에서는 국제거래되는 상품에 대하여 원산지국에서 과세권을 행사하며 소비지국과세방식에서는 실제 물건이 소비되는 소비지국에서 과세권을 행사한다. 관세 및 무역에 관한 일반협정(GATT)에서는 간접세에 대해 국제적인 이중과세문제를 해결하기 위해 수입국에만 간접세를 과세할 수 있다는 소비지국 과세원칙을 채택하고 있다. 이에 따라 수출하는 재화에 대하여 영세율을 적용하여 국내에서의 모든 세부담을 배제하고 있다.

연습문제

01 부가가치세법에 대한 다음의 설명 중 옳지 않은 것은?

① 부가가치세는 특정 재화나 용역의 소비에 과세한다.

② 법률상의 납세의무자와 담세자가 일치하지 않는 조세이다.

③ 부가가치세는 납세의무자의 인적사항이 고려되지 않는 물세이다.

④ 부가가치세는 최종소비자에 이르기까지 모든 거래단계에서 창출된 부가가치에 대하여 각 단계별로 과세하는 다단계 과세방식을 취하고 있다.

정답 ①

특정 재화나 용역의 소비에 과세하는 것은 개별소비세이며, 부가가치세는 모든 재화나 용역의 소비행위에 대하여 과세한다.

02 우리나라 부가가치세제도에 대한 다음의 설명 중 옳지 않은 것은?

① 우리나라 부가가치세법은 전단계세액공제법을 채택하고 있다.

② 수출품에 대하여 국제적 이중과세문제를 해결하기 위하여 소비지국과세원칙을 두고 있다.

③ 도매업자가 소매업자에게 제품을 2,000원(부가가치세 제외)에 판매하고, 소매업자가 소비자에게 제품을 3,000원(부가가치세 제외)에 판매하였다면, 소매업자가 창출한 부가가치는 1,000원이며, 소매업자가 세무서에 납부할 부가가치세는 100원이 된다.

④ 실질적으로 부가가치세를 부담하는 사람은 납세의무자인 사업자이다.

정답 ④

부가가치세의 법률상 납세의무자는 재화나 용역을 공급하는 사업자이며, 실질적으로 부가가치세를 부담하는 사람은 최종소비자이다.

Chapter 2 부가가치세 총칙

AN INTRODUCTION TAX LAW

Ⅰ. 납세의무자

1 납세의무자의 범위

부가가치세는 거래단계에서 사업자가 징수하여 납부하는 간접세이다. 따라서 실제로 조세채무를 부담하는 담세자는 최종소비자이나, 최종소비자 또는 거래단계상 공급받는 자로부터 부가가치세를 거래 징수하여 납부해야 하는 납세의무자는 사업상 독립적으로 재화 또는 용역을 공급하는 사업자이다.

부가가치세법에서는 납세의무자인 사업자를 ① 영리목적의 유무에 불구하고 ② 사업상 ③ 독립적으로 재화 또는 용역을 공급하는 자로 규정하고 있다. 따라서 납세의무자는 영리를 목적으로 하는 개인 및 법인사업자뿐 아니라 법인격 없는 사단·재단·기타단체의 비영리법인을 포함한다.

단, 재화를 수입하는 자[1)]는 사업자 여부에 불문하고 부가가치세를 납부할 의무를 진다.

2 사업자의 납세의무

(1) 사업자의 개념

사업자란 사업목적이 영리이든 비영리이든 관계없이 독립적으로 사업활동을 하는 자를 말한다.

1) 재화의 수입의 경우 과거에는 납세의무자에 관한 규정이 없었으나 2009년부터 재화를 수입하는 자가 부가가치세 납세의무자가 됨을 명확히 규정하였다.

(2) 사업자의 요건

1) 영리목적 불문

부가가치세는 사업자가 얻은 소득에 대하여 과세하는 것이 아니라, 그가 창출하여 공급한 부가가치에 대하여 공급받는 자로부터 세액을 거래징수하여 납부할 것을 예정하는 조세이다. 그러므로 사업의 영리목적 여부를 불문한다.

따라서 국가 · 지방자치단체와 지방자치단체조합도 재화나 용역을 공급하는 경우 부가가치세의 납세의무자가 될 수 있다.

2) 계속 · 반복성

부가가치세법은 계속 · 반복성에 대하여 언급하고 있지 않으나 판례에서는 재화 또는 용역의 공급행위가 계속 · 반복적이어야 사업자가 될 수 있다고 해석하고 있다. 즉 단순히 1, 2회의 재화와 용역을 공급하는 것으로는 사업성이 인정될 수 없으며, 부가가치를 창출해 낼 수 있는 정도의 사업형태를 갖추고 계속 · 반복적으로 재화 · 용역을 공급하면 사업성이 인정된다.

계속·반복성과 사업성

부동산 매매 또는 중개의 사업성에 대하여 다음과 같이 규정하고 있다.

- 부동산의 매매 또는 중개를 사업목적으로 나타내어 부동산을 판매하거나, 1과세기간 중에 1회 이상 부동산을 취득하고 2회 이상 판매하는 경우에는 계속·반복성이 있으므로 부동산매매업을 영위하는 것으로 본다.
- 판례는 위의 규정을 예시적으로 규정하고 단 한 번의 공급이라도 장래 계속 · 반복적인 공급이 예정되어 있고 그 시작으로서 해당 공급이 이루어졌다면 사업성이 있다고 본다.

3) 독립성[2)]

자기계산 또는 자기의 책임 하에 주된 사업에 부수하지 아니하고 대외적으로 독립하여 재화 또는 용역을 공급하는 것을 말한다. 따라서 고용된 지위에서 공급하는 자는 사업자가 될 수 없으며 주된 사업에 부수되는 재화와 용역의 공급은 주된 사업의 과세 유무에 따라 그 과세 여부가 달라지게 되는 것이다.

---

2) 소득세가 비과세되는 농가부업 중 축산 · 양어 · 고공품제조는 농업의 일부로 보아 부가가치세를 과세하지 아니한다. 그러나 소득세가 비과세되는 농가부업 중 민박 · 음식물판매 · 특산물제조 · 전통차제조등의 경우에는 이를 독립된 사업으로 보아 부가가치세를 과세한다. 한편, 소득세 비과세규모(연간 1,800만 원 이하)를 초과하는 농가부업은 부가가치세를 과세하고 있다.

독립성

방문판매원이 방문판매업자로부터 독립된 자격인지 여부의 판단

- **(독립성 판단)** 방문판매원이 인적·물적시설을 갖추거나 방문판매원의 가격결정권 등을 포함하는 거래약정에 따라 독립성을 판단한다. 방문판매원이 방문판매업자에게 고용되어 근로를 제공한 대가를 받는 경우는 근로소득에 해당
- **(독립된 자격)** 물적시설없이 독립된 자격으로 용역을 제공하고 실적에 따라 대가를 지급받는 경우 부가가치세가 면제되는 인적용역에 해당하나 일정 시설을 갖추고 본인자체의 노동력뿐만 아니라 여러 가지 요소를 결합하여 제공한 용역은 부가가치세 과세대상이다.

4) 과세대상이 되는 재화와 용역의 공급

부가가치세의 과세물건인 재화 또는 용역의 공급을 하는 자이어야 한다. 따라서 면세대상사업자는 부가가치세법상 사업자가 아니다.

(3) 사업자의 분류

사업자는 원칙적으로 부가가치세 납세의무자이나 부가가치세법에서 면세대상으로 열거하고 있는 재화나 용역을 공급하는 사업자는 부가가치세 납세의무자가 아니며 이를 면세사업자라 한다. 면세사업자는 부가가치세법상 사업자가 아니므로 매출세액의 거래징수 · 매입세액의 공제가 불가능하며 부가가치세법상 사업자등록 · 세금계산서 발급 · 과세표준 신고 등의 의무가 없다. 그렇지만 면세사업자에게도 소득세법상 사업자등록의 의무는 있다. 부가가치세법상 납세의무자는 이러한 면세사업자를 제외한 사업자 즉 과세사업자이며 과세사업자는 다시 일반과세자와 간이과세자로 나누어진다. 부가가치세법에서는 업종에 따른 매출규모를 고려하여 사업규모가 작은 개인사업자들을 간이과세자로 구분하여 세금신고, 납부 및 기장의무 등을 일반과세자와 달리 규정하고 있다.

표 2-1 • 사업자와 납세의무자

공급 또는 수입	사업자여부 및 분류			부가가치세 납세의무자 여부
재화와 용역의 공급	사업자	과세사업자	일반과세자	납세의무자임
			간이과세자	
		겸영사업자 (과세와 면세사업을 겸영하는 자)		
		면세사업자		납세의무자가 아님
재화의 수입	사업자불문	과세재화의 수입	외국으로부터 우리나라에 수입된 물품에 대하여 부가가치세가 과세됨	

3 신탁 관련 부가가치세 납세의무자[3)]

(1) 납세의무자

신탁재산과 관련된 재화 또는 용역을 공급하는 때에는 신탁법에 따른 수탁자가 신탁재산별로 각각 별도의 납세의무자로서 부가가치세를 납부할 의무가 있다.

신탁이란 아래 그림과 같이 위탁자(고객)가 금전 또는 금전외 재산(유가증권, 부동산, 금전채권 등)의 재산권을 수탁자에게 이전 또는 처분하며 운용지시를 내리면, 수탁자는 위탁자가 지정한 수익자(위탁자 또는 위탁자가 지정한 제3자)의 이익 또는 특정의 목적을 위해 이전된 재산권을 관리, 처분하는 제도이다.

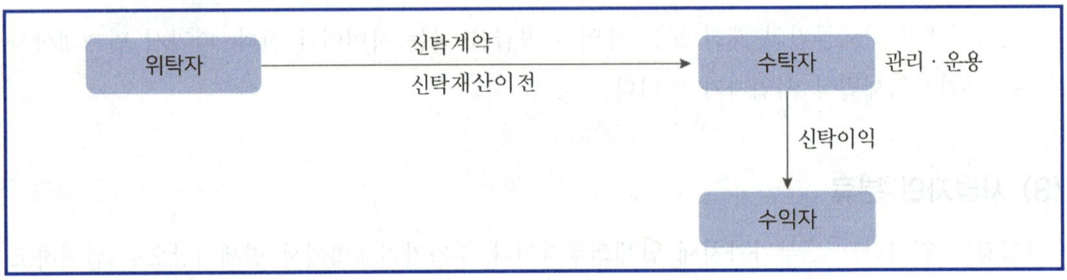

신탁이 설정되면 신탁재산은 위탁자로부터 수탁자에게 이전되어 신탁재산의 권리자가 형식상 위탁자에서 수탁자로 변경된다. 신탁재산은 위탁자의 재산으로부터도 독립된 재산[4)]이며, 수탁자의 고유재산과도 독립된 재산이다.

그러므로 신탁재산이 궁극적으로 수익자에게 귀속된다고 할지라도 수익자의 채권자도 신탁재산에 대하여 강제집행 등을 할 수 없으며 신탁재산은 수탁자의 고유재산과도 독립되는 것이므로 수탁자의 채권자도 강제집행 등을 할 수 없다.

예외적으로 다음에 해당하는 경우 신탁법에 따른 위탁자가 부가가치세를 납부할 의무가 있다.

① 신탁재산과 관련된 재화 또는 용역을 위탁자 명의로 공급하는 경우[5)]

---

3) 신탁 관련 세제를 합리화하고자 2022년 1월 1일 이후 신탁계약을 체결하는 분부터 납세의무자를 수탁자 원칙으로 전환하고 수익자 등의 제2차 납세의무, 신탁재산별 별도의 납세의무 부과, 신탁재산 관련 매입세액공제 특례 신설을 적용하도록 하였다. 21년 12월 31일 이전 계약분에 대하여는 신탁법에 따른 위탁자를 납세의무자로 본다. 신탁관련 수탁자의 물적납세의무는 개정 전에도 부가가치세법에 규정되어 있던 내용이다.

4) 위탁자와 독립된 재산이기는 하나 부가가치세를 납부하여야 하는 납세의무자인 위탁자가 부가가치세등을 체납한 경우로서 그 위탁자의 다른 재산에 대하여 강제징수를 하여도 징수할 금액에 미치지 못할 때에는 해당 신탁재산의 수탁자는 그 신탁재산으로써 위탁자의 부가가치세등을 납부할 의무인 수탁자의 물적납세의무가 있다.
납세의무자를 관할하는 세무서장은 수탁자로부터 납세의무자의 부가가치세등을 징수하려면 2차 납세의무와 동일한 사항을 적은 납부통지서를 수탁자에게 고지하여야 하며 수탁자의 주소 또는 거소를 관할하는 세무서장과 납세의무자에게 그 사실을 통지하여야 한다.

5) 수탁자가 부동산임대차 · 시설유지보수 등의 부동산관리업무를 수행하는 신탁을 부동산관리신탁이라고 한다. 수탁자

② 위탁자가 신탁재산을 실질적으로 지배 · 통제하는 경우로서 다음에 해당하는 경우

㉠ 부동산개발 관련 신탁에서 부동산개발사업비의 조달의무를 수탁자가 부담하지 않는 경우[6]

㉡ 수탁자가 재개발 · 재건축사업 또는 가로주택정비사업 · 소규모재건축사업의 사업대행자인 경우

㉢ 위탁자의 지시로 수탁자가 위탁자의 특수관계인에게 신탁재산 관련 재화 또는 용역을 공급하는 경우

③ 그 밖에 신탁의 유형, 신탁설정의 내용, 수탁자의 임무 및 신탁사무 범위 등을 고려하여 대통령령으로 정하는 경우[7]

(2) 연대납세의무

수탁자가 납세의무자가 되는 신탁재산에 둘 이상의 수탁자("공동수탁자")가 있는 경우 공동수탁자는 부가가치세를 연대하여 납부할 의무가 있다. 이 경우 공동수탁자 중 신탁사무를 주로 처리하는 수탁자("대표수탁자")가 부가가치세를 신고 · 납부하여야 한다.

(3) 수익자 등에 대한 제2차 납세의무

수탁자가 납부하여야 하는 다음 ①의 부가가치세 등을 신탁재산으로 충당하여도 부족한 경우에는 그 신탁의 수익자(신탁이 종료되어 신탁재산이 귀속되는 자를 포함)는 지급받은 수익과 귀속된 재산의 가액(신탁재산이 귀속되는 자에게 이전된 날 현재의 시가)을 합한 금액을 한도로 하여 그 부족한 금액에 대하여 납부할 의무("제2차 납세의무")를 진다.

① 신탁 설정일 이후에 국세기본법에 따른 법정기일이 도래하는 부가가치세로서 해당 신탁재산과 관련하여 발생한 것과 동 금액에 대한 강제징수 과정에서 발생한 강제징수비

제2차 납세의무자로부터 수탁자의 부가가치세 등을 징수하려면 다음의 사항을 적은 납부고지서를 제2차 납세의무자에게 발급하여야 한다. 이 경우 수탁자의 관할 세무서장은 제2차 납세의무자의 관할 세무서장과 수탁자에게 그 사실을 통지하여야 한다.

명의로 부동산 관리업무를 공급하는 경우 수탁자가 납세의무자이나 위탁자 명의로 공급하는 경우 위탁자가 납세의무를 진다.

6) 수탁자인 신탁회사가 토지개발신탁에서 가장 중요한 사업비 조달의무를 부담하지 않고 관리만을 이행하는 경우 위탁자가 납세의무자가 된다.

7) 부동산 관련 신탁은 ① 토지(부동산)개발신탁 ② 부동산 담보신탁 ③ 부동산 처분신탁 ④ 부동산 관리신탁으로 나눌 수 있다. 관리형 토지개발신탁과 부동산 관리신탁이기는 하나 위탁자 명의로 임대하거나 수탁자가 단순 분양관리만 하는 신탁의 경우에 예외적으로 위탁자가 납세의무자가 된다.

① 징수하려는 부가가치세 등의 과세기간, 세액 및 그 산출근거
② 납부하여야 할 기한 및 납부장소
③ 제2차 납세의무자로부터 징수할 금액 및 그 산출 근거
④ 그 밖에 부가가치세 등의 징수를 위하여 필요한 사항

(4) 신탁재산별 별도의 납세의무 부과

수탁자 과세시 신탁재산별로 납세의무를 부과한다.

(사업자등록) 납세의무자가 수탁자인 경우 해당 신탁재산을 사업장으로 보아 사업자등록을 신청하여야 한다.

(신탁재산에 대한 강제징수 특례) 납세의무자가 수탁자인 경우로서 신탁재산에 대한 부가가치세가 체납된 경우에는 해당 신탁재산에 대해서만 강제징수를 할 수 있다.

(사업장기준) 신탁재산의 사업장은 신탁재산의 등기부상 소재지 또는 사업에 관란 업무를 총괄하는 장소로 한다.

(5) 신탁재산 관련 매입세액 공제 특례 신설

부가가치세법상 신탁재산의 경우 납세의무자를 수탁자 원칙으로 전환함에 따라 아래 요건을 모두 충족하는 경우 수탁자(위탁자)를 공급받는 자로 하여 발급받은 세금계산서라 하더라도 위탁자(수탁자)에게 신탁재산 관련 매입세액공제를 허용하는 특례를 신설하였다.[8)]

① 신탁법에 따라 설정된 신탁의 위탁자와 수탁자일 것
② 거래사실이 확인되고 부가가치세가 신고 · 납부된 경우

4 재화를 수입하는 자의 납세의무

재화를 수입하는 자[9)]는 사업자 여부에 불문하고 부가가치세를 납부할 의무를 진다. 재화의 수입은 재화의 공급자에 대하여 우리나라의 과세권이 미치지 않아 거래징수를 할 수 없기 때문이다. 따라서 재화를 수입하는 자는 관세법에 따라 관세를 신고 · 납부하는 경우 재화의 수입에 대한 부가가치세를 함께 신고 · 납부하여야 한다.

---

8) 통합 납세편의제고를 위해 매입세액공제요건을 완화한 것이다.

9) 국내소비자가 온라인쇼핑몰을 통하여 해외에서 수입할 경우 쇼핑몰을 운영하는 법인이 재화의 수입자에 해당하는지에 대하여 판례는 법인은 수입을 대행한 것에 불과하고 국내소비자가 해외에서 직접 수입한 것이므로 재화를 수입하는 자는 국내소비자라고 판단하였다.

Ⅱ. 부가가치세 과세기간

1 일반과세자의 과세기간

(1) 과세기간

부가가치세는 납세의무자인 사업자가 과세기간의 과세표준과 세액을 신고함으로써 납세의무가 확정되는 신고납부제도를 따르고 있다. 부가가치세는 법인세나 소득세와는 달리 6개월을 과세기간으로 하여 매년 1월 1일부터 6월 30일까지를 제1기 과세기간, 그리고 7월 1일부터 12월 31일까지를 제2기 과세기간으로 정하고 있다. 또한 부가가치세는 납세의무자의 세금납부분산을 통하여 조세부담을 경감시키고 국가 연간조세수입의 평준화를 기하고자 각 과세기간을 3개월로 나누어 예정신고기간을 두고 있다.

부가가치세의 과세기간에 대한 내용을 정리하여 보면 다음과 같다.

표 2-2 • 부가가치세의 과세기간

구 분		과 세 기 간	
계속사업자	제 1 기	예 정	1. 1. ~ 3. 31. (신고 · 납부기한: 4.25.)
		확 정	4. 1. ~ 6. 30. (신고 · 납부기한: 7.25.)
	제 2 기	예 정	7. 1. ~ 9. 30. (신고 · 납부기한: 10.25.)
		확 정	10. 1. ~ 12. 31. (신고 · 납부기한: 익년 1.25.)
신규사업자[10]		사업개시일 ~ 당해 과세기간의 종료일	
폐업자		당해 과세기간의 개시일 ~ 폐업일[11]	

2 간이과세자의 과세기간[12]

간이과세자의 경우에는 과세기간을 1월 1일부터 12월 31일까지로 한다. 간이과세자는 원칙적으로 예정신고가 없으며 예정부과(7월 25일 납부)를 통해 중간에 부가가치세를 우선 징수한다. 단, 법에서 정하는 일정한 사유가 있는 경우 예정부과 대신 예정신고를 할 수도 있도록 규정하고 있다.

---

10) 사업개시일 이전에 사업자등록을 신청한 경우에는 그 신청한 날부터 등록한 경우에는 그 등록일로부터 당해 과세기간의 종료일까지로 한다.

11) 폐업일은 사업장별로 그 사업을 실질적으로 폐업한 날을 말하며, 폐업일이 분명하지 아니한 경우에는 폐업신고서 접수일을 폐업일로 본다.

12) 간이과세자의 납세부담을 경감하고 납세편의를 제고하기 위하여 2013. 01. 01.부터 과세기간을 1년으로 연장하였다.

3 신고 · 납부기한

부가가치세는 신고납세방식을 취하고 있으며 납세의무자인 사업자는 다음과 같이 부가가치세를 신고 납부하여야 한다.

	1/1	3/31	6/30	9/30	12/31
법 인:		○	○	○	○
개인(일반과세자):		예정고지	○	예정고지	○
간이과세자:		×	예정부과	×	○

• 간이과세자의 경우 과세기간을 1월 1일부터 12월 31일까지로 하며 원칙적으로 직전과세기간 납부세액의 1/2을 예정부과한다.

• 면세사업자는 부가가치세법상 사업자가 아니며 부가가치세의 신고의무가 없다.
다만, 소득세법에 의하여 2월10일까지 면세사업장현황신고를 하여야 한다.

Ⅲ. 부가가치세의 신고, 납세지

1 원칙: 사업장별 과세

(1) 의 의

부가가치세는 사업장마다 신고 및 납부의무 등을 이행하는 것을 원칙으로 한다. 부가가치세는 소득에 대하여 부과되는 법인세나 소득세와 달리 공급이라는 거래행위에 대하여 과세하는 것이므로, 거래가 발생하는 사업장마다 부가가치세의 납세의무를 이행하도록 규정하고 있는 것이다(사업장단위과세 원칙). 부가가치세법상 사업장은 납세지로서 사업자가 부가가치세법에 따른 납세의무 및 협력의무를 이행하고 과세관청이 부과권과 징수권을 행사하는 기준이 되는 장소로서 납세지를 관할하는 세무서장 또는 지방국세청장이 과세관할을 가진다. 다만, 동일한 사업자에게 2 이상의 사업장이 있는 경우 사업자의 자금 부담을 경감하고 조세행정의 능률을 제고하기 위하여 주사업장 총괄납부제도와 사업자단위과세제도를 두고 있다.

이러한 사업장은 관할 세무서와 납세자의 납세의무를 이행하는 장소를 결정하는 기준이 되며 부가가치세법은 사업장을 과세단위로 하여 ① 사업자등록, ② 세금계산서의 발급 및 제출, ③ 과세표준과 세액의 계산, ④ 신고 및 납부를 하도록 하고 있다.

(2) 사업장

사업장이란 사업자가 사업을 하기 위하여 거래의 전부 또는 일부를 하는 고정된 장소를 말하며 판례는 계약상·법률상 원인행위가 이루어지는 장소를 거래의 전부 또는 일부를 행하는 장소로 본다. 업종에 따라 다음의 장소를 사업장으로 본다.

구 분	사 업 장
광 업	광업사무소의 소재지
제조업	최종제품을 완성하는 장소 (따로 제품포장만을 하거나 용기에 충전만 하는 장소 또는 석유제품의 단순보관만 하는 저유소는 사업장에서 제외)
건설업 · 운수업 · 부동산매매업	① 법인: 법인의 등기부상 소재지(등기부상 지점소재지 포함) ② 개인: 업무총괄장소
부동산임대업	그 부동산의 등기부상 소재지
다단계판매원	다단계판매업자의 주된사업장 소재지, 다만, 다단계판매원이 상시 주재하여 거래의 전부 또는 일부를 하는 별도의 장소가 있는 경우에는 그 장소
사업장을 설치하지 않은 경우	사업자의 주소지 또는 거소지. 사업장 미설치 및 사업자등록을 하지 아니한 경우에는 과세표준과 세액을 결정 또는 경정할 당시의 사업자의 주소 또는 거소
기 타	위에 규정하는 사업장 이외의 장소도 사업자의 신청에 따라 추가로 사업장으로 등록이 가능하다. 다만, 무인자동판매기를 통하여 재화 · 용역을 공급하는 사업은 그러하지 아니하다.

1) 직매장과 하치장

사업자가 자기의 사업과 관련하여 생산 또는 취득한 재화를 직접 판매하기 위하여 특별히 판매시설을 갖춘 장소인 직매장은 사업장으로 본다. 그러나 사업자가 재화를 보관하고 관리할 수 있는 시설만을 갖추고 관할세무서장에게 신고한 하치장은 사업장으로 보지 않는다.

2) 임시사업장

기존사업장을 가지고 있는 사업자가 기존사업장 외에 각종 경기대회 · 박람회 · 국제회의 기타 이와 유사한 행사가 개최되는 장소에서 임시사업장을 개설하는 경우에는 그 임시사업장은 기존사업장에 포함되는 것으로 한다.

임시사업장은 임시사업장의 개설 후 10일 이내에 임시사업장의 관할세무서장에게 임시사업장 개설신고서를 제출하여야 한다. 다만, 설치기간이 10일 이내인 경우에는 개설신고를 하지 않아도 된다. 임시사업장을 폐쇄한 경우에는 폐쇄일부터 10일 이내에 임시사업장 폐쇄신고서를 제출하여야 한다.

그 밖에 사업장으로 보지 않는 경우

> 전시장, 주문만을 받는 장소, 업무연락장소, 재화를 보관 관리하는 장소 등은 사업자 또는 사용인이 상시 주재하여 거래의 전부 또는 일부를 행하는 장소가 아니므로 사업장의 범위에서 제외된다.

2 납부의 예외: 주사업장 총괄납부

(1) 의 의

원칙적으로 부가가치세는 사업장 단위로 납부하여야 한다. 그러나 한 사업자가 둘 이상의 사업장이 있는 경우 각 사업장의 납부세액 또는 환급세액을 통산하여 주된 사업장에서 납부하거나 환급받을 수 있도록 주사업장총괄납부제도를 운영하고 있다. 주사업장총괄납부는 납부(또는 환급)만의 총괄이므로 사업자등록이나 부가가치세의 신고 및 세금계산서의 발급 · 수취 등 다른 의무는 각 사업장별로 이행하여야 한다. 사업장별로 납부 · 환급할 경우에는 납부세액은 신고기한까지 납부하여야 하고 환급세액은 신고기한 경과 후 30일(조기환급의 경우 15일) 이내 환급하게 된다. 그러나 주사업장 총괄납부를 선택하면 사업장을 총괄하여 납부하게 되므로 일부 사업장에 대하여 환급세액이 발생할 경우 환급세액을 차감한 후 부가가치세를 납부하면 되므로 자금관리에 도움이 된다.

다만, 총괄납부하는 경우에도 사업자등록 및 과세표준의 신고 등은 각 사업장마다 이행하여야 한다.

(2) 주된사업장의 범위

구 분	내 용
법인사업자	본점(주사무소 포함) 또는 지점(분사무소 포함) 중 선택한 장소
개인사업자	주사무소

(3) 총괄납부의 신청

주된 사업장에서 총괄하여 납부하려는 자는 그 납부하려는 과세기간 개시 20일 전에 주된 사업장의 관할세무서장에게 신청하여야 한다.[13] 다만, 신규사업자가 총괄납부를 신청하는 경우에는 주된사업장의 사업자등록을 받은 날부터 20일 내에 신청하여야 하며 해당 신청일이

13) 2010년 7월 1일부터 사업자의 신청만으로 주사업장 총괄납부를 적용받을 수 있으며 세무서장의 승인절차는 폐지되었다.

속하는 과세기간부터 총괄하여 납부한다.

(4) 총괄납부의 효력

1) 납부(환급)의 총괄

총괄납부사업자는 각 사업장별로 계산된 납부세액 또는 환급세액을 통산한 후의 잔액을 주된 사업장 관할세무서장에게 납부하거나 환급받을 수 있다.

2) 제반 의무의 이행

총괄납부는 납부(또는 환급)에 국한되는 것일 뿐이며 사업장별 과세원칙을 변경시키는 것은 아니다. 그러므로 다음의 제반의무는 각 사업장별로 이행하여야 한다.

① 사업자등록
② 세금계산서의 발급과 수취, 영수증의 작성 · 발급
③ 과세표준 및 납부세액(환급세액)의 계산 및 신고
④ 결정 · 경정

3) 판매목적 타사업장 반출에 대한 공급의제의 배제

원칙적으로 판매목적 타사업장 반출은 재화의 간주공급에 해당한다. 그러나 총괄납부제도를 적용받는 사업자의 경우 판매목적 타사업장 반출에 대하여는 간주공급으로 보지 아니한다. 만약 총괄납부사업자가 세금계산서를 발급하여 예정신고 또는 확정신고를 하는 경우에는 예외적으로 재화의 공급으로 본다.

(5) 총괄납부의 적용제외 및 포기

1) 적용제외

총괄납부사업자가 주된 사업장의 이동이 빈번하거나 사업내용의 변경 등으로 총괄납부가 적당하지 않게 되는 경우 그 적용을 하지 않게 된 날이 속하는 과세기간의 다음 과세기간부터 총괄납부를 적용하지 않는다.

2) 포 기

총괄납부사업자가 각 사업장에서 납부하려고 할 때에는 총괄납부를 포기할 수 있다. 이 경우에는 각 사업장에서 납부하려는 과세기간 개시 20일 전에 주된 사업장 관할세무서장에게 포기신고를 하여야 한다.

3 신고 · 납부의 예외: 사업자단위과세제도

(1) 의 의

둘 이상의 사업장이 있는 사업자가 사업자단위로 사업자등록을 하는 경우 그 사업자의 본점 또는 주사무소에서 총괄하여 신고 · 납부할 수 있는데 이것을 사업자단위과세라고 한다.

주사업장 총괄납부에 있어서는 납부 또는 환급만을 주사업장에서 총괄하는 데 비하여, 사업자단위과세 하에서는 납부 또는 환급뿐만 아니라 신고, 결정 · 경정 및 징수까지도 본점 또는 주사무소에서 통산하여 하게 되며, 본점과 지점은 하나의 사업자등록번호를 사용하고 세금계산서도 하나의 등록번호로 발행하게 된다.

(2) 사업자단위과세 적용사업장

사업자단위과세를 총괄하는 사업장은 법인의 본점(주사무소 포함) 또는 개인의 주사무소로 한다. 법인이 주사업장 총괄납부를 하는 경우에는 지점도 주된 사업장으로 할 수 있지만, 사업자단위적용사업장은 본점만이 된다는 점에서 차이가 있다.

(3) 사업자단위과세의 신청

사업자단위과세사업자로 적용받으려면 과세기간개시 20일 전까지 사업과의 본점 또는 주사무소 관할세무서장에게 변경등록을 신청하여야 한다.

사업자단위로 사업자등록을 한 사업자는 둘 이상의 사업장이 있는 경우에도 본점 또는 주사무소에 대하여만 사업자등록을 한다. 따라서 본점 또는 주사무소를 제외한 다른 기존사업장의 사업자등록은 말소되며, 신설하는 사업장은 별도의 사업자등록을 하지 않는다. 결국 사업자단위과세를 신청하게 되면 부가가치세법에 따른 납세의무에 관한 사항을 사업자단위로 이행하게 된다.

(4) 사업자단위과세의 효력

1) 신고 · 납부 및 제반 협력의무의 통합

사업자단위로 신고 · 납부를 하는 경우 사업자의 본점 또는 주사무소에서 부가가치세를 총괄하여 신고 및 납부를 할 수 있다.

2) 판매목적 타사업장 반출에 대한 공급의제의 배제

원칙적으로 판매목적 타사업장 반출은 재화의 간주공급에 해당한다. 그러나 사업자단위과세를 적용받는 사업자의 경우 판매목적 타사업장 반출에 대하여는 간주공급으로 보지 아니한다.

(5) 사업자단위과세의 포기

사업자단위과세사업자가 각 사업장별로 신고·납부하거나 주사업장 총괄납부를 하려는 경우에는 그 납부하려는 과세기간이 시작하기 20일 전에 사업자단위과세포기신고서를 사업자단위과세 적용사업장 관할세무서장에게 제출하여야 한다. 이 경우 포기신청일이 속하는 과세기간까지는 사업자단위과세를 적용하고 다음과세기간부터는 사업장별 과세로 전환된다.

(6) 납세지의 예외 비교

구 분	사업장의 종류	사업자등록 · 세금계산서 발급	신 고	납 부
원 칙	주사업장	○	○	○
	기타 사업장	○	○	○
주사업장 총괄납부	주사업장	○	○	○
	기타 사업장	○	○	×
사업자단위과세	본점 또는 주사무소	○	○	○
	기타 사업장	×	×	×

4 사업자등록

(1) 사업자등록의 의의

신규로 사업을 개시하는 자 또는 개시하고자 하는 자는 사업장마다 세무서[14]에 사업자등록을 하여야 한다. 이는 납세의무가 있는 사업자의 인적사항과 사업내용 등 과세자료를 파악하기 위하여 필요한 사항을 세무서의 대장에 수록하는 것이다.

(2) 사업자등록의 신청

신규사업개시자 중 사업자단위과세사업자가 아닌 자는 사업장마다, 사업자단위과세사업자는 당해 사업자의 본점 또는 주사무소에서 사업개시일부터 20일 이내에 사업자등록신청을 하여야 한다. 다만, 새로 사업을 시작하려는 자는 사업개시일 전이라도 등록할 수 있는데 이를 사업개시 전 등록이라 한다. 이는 개업준비기간 중에 발생하는 매입세액에 대하여 환급받을 수 있게 하기 위함이다.

---

14) 반드시 사업장 관할세무서에 신청할 필요 없이 모든 세무서에 신청 가능하다. 또한 홈택스를 이용한 신청도 가능하다.

(3) 사업자등록증의 발급

등록신청을 받은 세무서장은 그 신청내용을 조사하여 적법한 경우 신청일로부터 2일 이내(토요일과 공휴일 또는 근로자의 날은 제외함)에 등록번호가 부여된 사업자등록증을 신청자에게 발급하여야 한다. 다만, 사업시설이나 사업현황을 확인하기 위하여 국세청장이 필요하다고 인정하는 경우에는 발급기간을 5일 이내에서 연장하고 조사한 사실에 따라 사업자등록증을 발급할 수 있다. 그리고 관할 세무서장은 등록신청의 내용을 보정할 필요가 있다고 인정될 때에는 10일 이내의 기간을 정해서 보정을 요구할 수 있다.

(4) 사업자등록의 사후관리

1) 사업자등록증의 정정

사업자는 상호변경 등 등록사항의 변동이 발생한 때에는 지체없이 세무서장에게 등록정정 신고를 하여야 한다.

2) 휴업 · 폐업신고와 사업자등록의 말소

사업자가 휴업 또는 폐업하거나 사업개시 전 등록하는 경우 사실상 사업을 개시하지 아니하게 되는 때에는 지체 없이 휴업(폐업)신고서에 사업자등록증을 첨부하여 관할세무서장에게 제출하여야 한다. 또한 세무서장은 사업자가 폐업하거나 사실상 사업을 개시하지 아니하게 되는 경우 사업자등록을 말소하고 사업자등록증을 회수하여야 하며, 회수할 수 없는 경우 등록말소사실을 공시하여야 한다.

(5) 미등록에 대한 불이익

사업자등록의무를 이행하지 않은 자는 적법한 세금계산서를 발행하거나 발행받을 수 없고(필요적 기재사항 미비), 매입세액을 공제받지 못하며 미등록가산세가 부과된다. 구체적인 불이익은 다음과 같다.

① 사업개시일부터 20일 이내에 사업자등록의 신청을 하지 아니한 경우에는 미등록가산세를 사업개시일로부터 사업자등록일 전일까지의 공급가액의 1%(간이과세자는 공급대가의 0.5%)를 부과한다.

② 사업자등록 전 매입세액은 매출세액에서 공제받을 수 없다. 다만 공급시기가 속하는 과세기간이 지난 후 20일 이내에 등록신청한 경우 등록신청일부터 공급시기가 속하는 과세기간 개시일(1월 1일 또는 7월 1일)까지 역산한 기간 이내의 매입세액은 공제가 가능하다.

〈사업자미등록에 따른 가산세와 매입세액공제여부〉

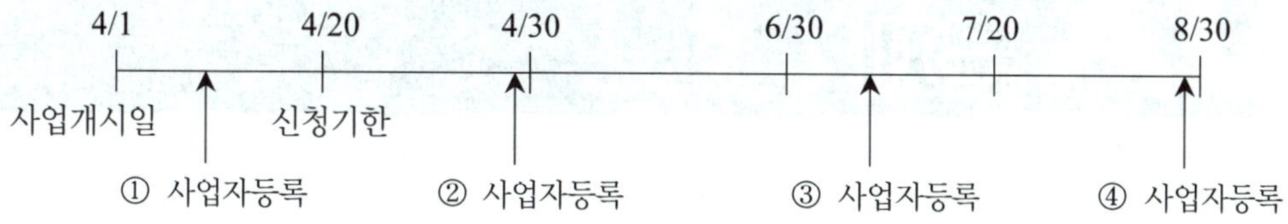

① 사업개시일로부터 20일 이내에 사업자등록을 하였으므로 매입세액공제가 가능하고 가산세가 부과되지 않음

②, ③ 사업개시일 20일 이내에 사업자등록을 하지 않았으나, 공급시기가 속하는 과세기간 및 기간이 지난 후 20일 이내이므로 매입세액공제는 가능하나 세금계산서 지연수취가산세는 부과됨

④ 과세기간이 지난 후 20일이 경과되었으므로 매입세액 공제가 불가능하므로 가산세가 부과되지 않음

OX 문제

01 부가가치세 납세의무자는 최종소비자이다.

02 전 단계에서 부담한 매입세액을 공제받기 위해서는 반드시 전 단계 공급자로 부터 거래증빙인 영수증을 발급받아야 한다.

03 영리목적의 유무에 불구하고 사업상 독립적으로 재화 또는 용역을 공급하는 자는 모두 부가가치세법상의 사업자이다.

04 부가가치세는 사업장을 과세단위로 하여 사업자등록, 세금계산서발급 및 세액을 신고하나 납부는 주사업장에서 일괄로 하도록 하고 있다.

정답&해설 **01** × **02** × **03** × **04** ×

01 최종소비자가 아니라 사업자이다.

02 영수증이 아니라 세금계산서를 발급받아야 한다.

03 면세재화와 용역을 공급하는 자는 부가가치세법상의 사업자가 아니다.

04 납부 또한 사업장별로 하는 것을 원칙으로 한다.

05 중간제품제조공장과 최종제품 생산공장을 가진 사업자는 각 공장별로 사업자등록을 하고 부가가치세를 신고, 납부하여야 한다.

06 건설업자의 경우 각 건설사업장소재지가 부가가치세법상 사업장이 된다.

07 2 이상의 사업장이 있는 사업자가 사업자단위로 사업자등록을 하는 경우 사업자의 본점 또는 주사무소에서 사업장을 통산하여 사업자단위로 신고 · 납부할 수 있다.

정답&해설 **05** × **06** × **07** ○

05 중간제품제조공장은 사업장이 아니다.

06 건설업의 경우 법인인 경우 법인의 등기부상의 소재지(등기부상의 지점소재지 포함), 개인인 경우 업무총괄장소가 사업장이 된다.

연습문제

01 부가가치세법상 납세의무자에 대한 다음의 설명 중 옳은 것은?

① 사업자란 영리목적을 가지고 사업상 독립적으로 재화 또는 용역을 공급하는 자이다.
② 재화를 수입하는 자는 사업자인 경우에 한하여 부가가치세의 납세의무자가 된다.
③ 과세사업자가 면세대상 재화 · 용역을 공급하더라도 부가가치세를 부담해야 한다.
④ 면세사업자의 경우 부가가치세의 납세의무는 없으며, 매입세액도 공제받지 못한다.

정답 ④

면세사업자는 부가가치세 납세의무가 없고 매입세액도 공제받을 수 없어서 부분면세라고 불린다.
① 사업자란 사업목적의 영리여부를 불문하고 사업상 독립적으로 재화 또는 용역을 공급하는 자이다.
② 재화를 수입하는 자는 사업자 여부에 불문하고 부가가치세를 납부할 의무를 진다.
③ 과세사업자가 면세대상 재화 · 용역을 공급하면 부가가치세가 면제된다.

02 부가가치세 납세의무자인 사업자에 대한 다음의 설명 중 옳지 않은 것은?

① 국가 · 지방자치단체와 지방자치단체조합도 재화나 용역을 공급하는 경우 부가가치세의 납세의무자가 될 수 있다.
② 부가가치를 창출해 낼 수 있는 정도의 사업형태를 갖추고 계속 · 반복적으로 재화 · 용역을 공급하면 사업성이 인정된다.
③ 고용된 지위에서 재화 또는 용역을 공급하는 자는 사업자로 본다.
④ 부가가치세의 과세물건인 재화 또는 용역의 공급을 하는 자이어야 한다.

정답 ③

사업자의 독립성이란 자기계산 또는 자기의 책임 하에 주된 사업에 부수하지 아니하고 대외적으로 독립하여 재화 또는 용역을 공급하는 것을 말한다. 따라서 고용된 지위에서 공급하는 자는 사업자가 될 수 없다.

03 부가가치세법상 사업자에 대한 다음의 설명 중 옳지 않은 것은?

① 사업자는 일반과세자와 간이과세자로 구분된다.

② 간이과세자란 개인사업자로서 직전 1역년의 공급대가가 4,800만원에 미달하는 자를 말한다.

③ 면세사업자는 부가가치세법상 사업자가 아니므로 매입세액의 공제가 불가능하며 부가가치세법상 사업자등록 · 세금계산서 발급 · 과세표준 신고 등의 의무가 없다.

④ 과세사업과 면세사업을 겸영하는 자를 겸영사업자라 하며, 겸영사업자는 부가가치세 납세의무를 지지 않는다.

정답 ④

과세사업과 면세사업을 겸영하는 자를 겸영사업자라 하며, 겸영사업자라 하더라도 과세사업에 대하여는 부가가치세 납세의무를 진다.

04 일반과세자의 과세기간에 대한 다음의 설명 중 옳지 않은 것은?

① 과세기간이란 세법에 따라 국세의 과세표준 계산의 기초가 되는 기간을 말한다.

② 부가가치세에서는 1년을 4과세기간으로 나누고 있다.

③ 폐업자의 최종과세기간은 해당과세기간의 개시일부터 폐업일까지이다.

④ 신규사업자의 최초과세기간은 사업개시일부터(사업개시일 이전에 사업자등록을 신청한 경우에는 그 신청한 날부터) 사업개시일이 속하는 과세기간의 종료일까지이다.

정답 ②

부가가치세법에서는 1년을 2과세기간으로 나누고 있다.

05 부가가치세의 신고 · 납부기한과 관련한 다음의 설명 중 옳지 않은 것은?

① 일반과세자인 법인은 부가가치세와 관련한 신고를 1년에 예정신고 2회, 확정신고 2회를 하여야 한다.

② 일반과세자인 개인은 부가가치세와 관련한 신고시에 예정신고의무가 없으며, 확정신고의무만 있다.

③ 간이과세자는 부가가치세법에서 규정한 예정부과를 1년에 2회 납부하여야 한다.

④ 부가가치세법은 예정신고기간 또는 확정신고기간이 끝난 날부터 25일 이내에 신고 · 납부하여야 한다.

정답 ③

일반과세자인 개인은 1년에 2회 예정고지를 납부하지만, 간이과세자는 1년에 1회 예정부과를 납부한다.

06 사업장에 관한 다음의 설명 중 옳지 않은 것은?

① 부가가치세법상 사업자는 사업장마다 사업자등록을 하여야 한다.

② 임시사업장을 개설하는 경우에도 별도의 사업자등록을 하여야 한다.

③ 사업자가 자기의 사업과 관련하여 생산 또는 취득한 재화를 직접 판매하기 위하여 특별히 판매시설을 갖춘 장소인 직매장은 사업장으로 본다.

④ 상품의 단순한 보관 · 관리만을 위하여 설치한 하치장은 사업장으로 보지 않는다.

정답 ②

임시사업장을 개설하는 경우 그 임시사업장은 기존사업장에 포함된다. 통상적으로 임시사업장은 개설부터 폐쇄까지의 기간이 짧아 사업자등록을 하는 실익이 없으며 관리하기에 불편하므로 기존사업장에 포함시키고 있다.

07 사업장에 관한 다음의 설명 중 옳은 것은?

① 제조업의 경우 최종제품을 완성하는 장소가 사업장이다. 이 경우 따로 제품포장만을 하거나 용기에 충전만 하는 장소를 포함한다.

② 건설업을 영위하는 법인의 경우 건설하는 장소가 사업장이다.

③ 부동산임대업의 경우 임대부동산의 등기부상소재지가 사업장이다.

④ 건설업을 영위하는 개인의 경우 건설하는 장소가 사업장이다.

정답 ③

① 제조업의 경우 최종제품을 완성하는 장소가 사업장이다. 다만, 따로 제품포장만을 하거나 용기에 충전만 하는 장소를 제외한다.

② 건설업을 영위하는 법인의 경우 법인의 등기부상 소재지가 사업장이다.

④ 건설업을 영위하는 개인의 경우 업무총괄장소가 사업장이다.

08 주사업장 총괄납부에 관한 다음의 설명 중 옳지 않은 것은?

① 주된 사업장에서 총괄하여 납부하려는 자는 그 납부하려는 과세기간 개시 20일 전에 주된 사업장의 관할세무서장에게 신청하여야 한다.

② 총괄납부승인신청을 받은 세무서장은 신청일로부터 20일 이내에 승인통지를 하여야 하나, 승인통지를 하지 않은 경우에 승인한 것으로 본다.

③ 총괄납부하는 경우에도 사업자등록 및 과세표준의 신고 등은 각 사업장마다 이행하여야 한다.

④ 총괄납부사업자가 각 사업장에서 납부하려고 할 때에는 과세기간 개시 20일 전에 주된 사업장 관할세무서장에게 포기신고를 하여야 한다.

정답 ②

2010년 7월 1일부터 사업자의 신청만으로 주사업장 총괄납부를 적용받을 수 있으며 세무서장의 승인절차는 폐지되었다.

09 사업자단위과세에 관한 다음의 설명 중 옳지 않은 것은?

① 사업자단위로 신고 · 납부를 하는 경우 사업자의 본점 또는 주사무소에서 부가가치세를 총괄하여 신고 및 납부를 할 수 있다.

② 사업자단위과세를 총괄하는 사업장은 법인의 본점 또는 지점으로 할 수 있다.

③ 사업자단위과세사업자가 각 사업장별로 신고 · 납부하거나 주사업장 총괄납부를 하려는 경우에는 그 납부하려는 과세기간이 시작하기 20일 전에 사업자단위과세포기신고서를 사업자단위과세 적용사업장 관할세무서장에게 제출하여야 한다.

④ 사업자단위과세를 포기 신청하는 경우 포기신청일이 속한 과세기간까지는 사업자단위과세를 적용하며 다음 과세기간부터는 사업장별 과세로 전환된다.

정답 ②

법인이 주사업장 총괄납부를 하는 경우에는 지점도 주된 사업장으로 할 수 있지만, 사업자단위 적용사업장은 본점만이 가능하다.

10 사업자등록에 관한 다음의 설명 중 옳지 않은 것은?

① 공급시기가 속하는 과세기간이 지난 후 20일 이내에 등록신청한 경우 등록신청일부터 공급시기가 속하는 과세기간 기산일까지 역산한 기간 이내의 매입세액은 공제가 가능하다.

② 신규사업개시자는 사업개시일 전이라도 등록할 수 있다.

③ 사업자는 등록사항의 변동이 발생한 때에는 지체없이 세무서장에게 등록정정신고를 하여야 한다.

④ 신규사업개시자는 사업개시일부터 5일 이내에 사업자등록 신청을 하여야 한다.

정답 ④

신규사업개시자는 사업개시일부터 20일 이내에 사업자등록 신청을 하여야 한다.

11 다음 중 부가가치세법상 규정을 위반하지 않은 것은?

① 주식회사 호동은 20×6년 1월 1일부터 6월 30일까지를 과세기간으로 하여 20×6년 7월 25일에 부가가치세 신고를 하였다.

② 사업장이 3개 있는 주식회사 아중은 주사업장총괄납부를 신청하고 본점에서 통합하여 부가가치세 신고를 하였다.

③ 간이과세자인 김탄 씨는 20×6년 2월에 개업한 후 20×6년 7월 25일에 부가가치세를 처음 신고하였다.

④ 20×6년 9월 7일에 신규로 사업을 개시한 성한승 씨는 20×6년 9월 19일에 사업자등록을 신청하였다.

정답 ④

① 주식회사 호동은 1월 1일부터 3월 31일까지에 대하여 4월 25일까지 예정신고를 하여야 한다.
② 주사업장총괄납부를 신청한 경우 부가가치세 신고는 사업장별로 진행하여야 한다.
③ 간이과세자는 1년을 과세기간으로 한다.

12 부가가치세에 대한 다음의 설명 중 옳지 않은 것은?

① 신규로 사업을 개시하는 자는 사업장마다 사업개시일부터 20일 이내에 사업자등록을 신청하여야 하며, 신규로 사업을 개시하고자 하는 자는 사업개시일 전이라도 신청할 수 있다.

② 사업장은 부가가치세의 장소적 단위로 제조업의 경우 최종제품을 완성하는 장소가 사업장이 된다.

③ 부가가치세의 납세의무자는 영리를 목적으로 사업상 독립적으로 재화 또는 용역을 공급하는 사업자이며, 여기에는 면세사업자는 제외된다.

④ 한 사업자가 둘 이상의 사업장을 가지는 경우 주사업장에서 총괄납부할 수 있으나 신고는 각 사업장별로 하여야 한다.

⑤ 사업자의 본점 또는 주사무소에서 총괄하여 신고 · 납부를 하고자 하는 경우에는, 그 신고 및 납부하고자 하는 과세기간 개시 20일 전에 사업자단위과세등록신청서를 사업자단위과세 적용사업장의 관할세무서장에게 제출하여야 한다.

정답 ③

영리목적유무는 사업자를 판단하는 기준이 아니다.

13 부가가치세 납세의무에 대한 다음의 설명 중 옳지 않은 것은?

① 영리목적 없이 사업상 독립적으로 용역을 공급하는 자도 납세의무자에 해당한다.
② 사업자가 부가가치세가 과세되는 재화의 공급시 부가가치세를 거래징수하지 못한 경우에는 부가가치세를 납부할 의무가 없다.
③ 사업자등록 없이 부가가치세가 과세되는 용역을 공급하는 사업자의 경우에도 부가가치세를 신고·납부할 의무가 있다.
④ 면세가 적용되는 사업자는 납세의무가 없지만, 영세율이 적용되는 사업자는 납세의무를 진다.
⑤ 사업자가 국외에서 재화를 공급하는 경우에는 납세의무가 없다.

정답 ②

① 영리목적의 유무에 불구하고 사업상 독립적으로 재화 또는 용역을 공급하는 자는 부가가치세를 납부할 의무가 있다.
② 사업자가 부가가치세가 과세되는 재화를 공급하거나 용역을 제공하는 경우에는 당해 사업자의 사업자등록 여부 및 공급시 부가가치세의 거래징수 여부에 불구하고 당해 재화의 공급 또는 용역의 제공에 대하여 부가가치세를 신고·납부할 의무가 있다.
④ 면세는 부가가치세의 납세의무를 면제하는 제도이고, 영세율은 재화 또는 용역의 공급에 대하여 영의 세율만을 적용하는 제도이다.
⑤ 부가가치세의 납세의무는 대한민국의 주권이 미치는 범위 내에서 적용하므로 사업자가 대한민국의 주권이 미치지 아니하는 국외에서 재화를 공급하는 경우에는 납세의무가 없다(부기통 2-0-3).

14 부가가치세법상 납세의무에 관한 다음의 설명 중 옳은 것은?

① 사업자가 아닌 자가 부가가치세가 과세되는 재화를 개인적 용도로 사용하기 위해 수입하는 경우 부가가치세의 납세의무가 없다.
② 사업자가 부가가치세가 과세되는 재화 또는 용역을 공급하는 경우 부가가치세를 거래징수하지 않았다면 부가가치세의 납세의무가 없다.
③ 청산중에 있는 내국법인은 계속등기여부에 불구하고 사실상 사업을 계속하는 경우에는 납세의무가 있다.
④ 개인·법인과 법인격이 없는 사단·재단 또는 그 밖의 단체는 부가가치세법상 납세의무자가 될 수 있으나, 국가·지방자치단체와 지방자치단체조합은 부가가치세법상 납세의무자가 될 수 없다.
⑤ 사업자가 현물출자에 의하여 재화를 인도하는 경우에는 해당 재화가 과세대상에 해당하더라도 사업성이 없으므로 부가가치세의 납세의무가 없다.

정답 ③

① 재화의 수입은 그 수입하는 자가 사업자인지 여부와 무관하게 과세대상이다.
② 과세되는 재화 또는 용역의 공급에 대해서는 거래징수 여부와 무관하게 납세의무가 존재한다.
④ 부가가치세법상 사업자는 영리여부와 무관하므로 국가 · 지방자치단체 및 지방자치단체조합도 납세의무자가 될 수 있다.
⑤ 사업자의 현물출자도 부가가치세의 과세대상인 공급에 해당한다.

15 부가가치세법상 납세지에 관한 다음의 설명 중 옳지 않은 것은?

① 건설업 · 운수업과 부동산매매업에 있어서는 사업자가 법인인 경우에는 그 법인의 등기부상의 소재지, 개인인 경우에는 그 업무를 총괄하는 장소를 납세지로 한다.
② 부가통신사업자의 사이버몰을 이용하여 재화 또는 용역을 공급하는 통신판매업에 있어서는 해당 부가통신사업자의 주된사업장소재지를 납세지로 하지만 통신판매업자가 상시 주재하여 거래의 전부 또는 일부를 행하는 별도의 장소가 있는 경우에는 그 장소를 납세지로 한다.
③ 무인자동판매기를 통하여 재화 · 용역을 공급하는 사업에 있어서는 그 사업에 관한 업무를 총괄하는 장소가 납세지이나 사업자의 신청에 의하여 무인자동판매기의 설치장소를 납세지로 할 수 있다.
④ 사업장이 2 이상 있는 경우로서 주사업장총괄납부의 신청을 한 경우에는 주된사업장에서 각 사업장별 납부세액을 총괄하여 납부할 수 있다.

정답 ③

무인자동판매기를 통하여 재화 · 용역을 공급하는 사업에 있어서는 업무총괄장소이외의 장소를 사업자의 신청에 의하여 추가로 사업장으로 등록할 수 없다.

16 부가가치세법상 사업장 및 사업자등록에 관한 설명이다. 옳지 않은 것은? **[CPA 2022]**

① 무인자동판매기를 통하여 재화 · 용역을 공급하는 사업의 경우에는 그 사업에 관한 업무를 총괄하는 장소 외의 장소를 추가로 사업장으로 등록할 수 없다.
② 법인의 경우에는 지점을 주된 사업장으로 하여 주사업장 총괄 납부를 신청할 수 있다.
③ 공급시기가 속하는 과세기간이 끝난 후 20일 이내에 사업자등록을 신청한 경우에는 사업개시일 이전 기간의 매입세액은 공제하지 않는다.
④ 사업자가 사업장을 설치하지 않고 사업자등록도 하지 아니한 경우에는 과세표준 및 세액을 결정하거나 경정할 당시 사업자의 주소 또는 거소를 사업장으로 한다.
⑤ 사업자단위과세사업자는 각 사업장을 대신하여 그 사업자의 본점 또는 주사무소의 소재지를 부가가치세의 납세지로 한다.

정답 ③

사업자등록을 신청하기 전의 매입세액은 공제하지 않는 것이 원칙이다. 다만, 공급시기가 속하는 과세기간이 끝난 후 20일 이내에 등록을 신청한 경우 등록신청일부터 공급시기가 속하는 과세기간 기산일(1월 1일, 7월 1일)까지 역산한 기간 내의 매입세액은 공제한다.

17 부가가치세법상 사업자등록에 관한 설명이다. 옳지 않은 것은? **[CTA 2022]**

① 사업장이 둘 이상인 사업자는 사업자 단위로 해당 사업자의 본점 또는 주사무소 관할세무서장에게 등록을 신청할 수 있다.

② 신규로 제조업을 시작하려는 자는 제조장별로 재화의 제조를 시작하는 날 이전이라도 사업자등록을 신청할 수 있다.

③ 사업장 단위로 등록한 사업자가 사업자단위과세사업자로 변경하려면 사업자단위과세사업자로 적용받으려는 과세기간 개시 20일 전까지 사업장 관할 세무서장에게 변경등록을 신청하여야 한다.

④ 사업자 단위로 등록신청을 한 사업자에게는 사업자단위과세적용 사업장에 한 개의 등록번호를 부여한다.

⑤ 사업자가 상호를 변경하는 경우에는 지체 없이 사업자의 인적사항, 사업자등록의 변경사항 및 그 밖의 필요한 사항을 적은 사업자등록 정정신고서를 관할 세무서장이나 그 밖에 신고인의 편의에 따라 선택한 세무서장에게 제출해야 한다.

정답 ③

사업장 단위로 등록한 사업자가 사업자단위과세사업자로 변경하려면 사업자단위과세사업자로 적용받으려는 과세기간 개시 20일 전까지 사업자의 본점 또는 주사무소 관할 세무서장에게 변경등록을 신청하여야 한다. 사업자단위과세사업자가 사업장 단위로 등록을 하려는 경우에도 또한 같다.

Ⅰ. 부가가치세의 과세대상

부가가치세 과세대상은 재화 또는 용역의 공급과 재화의 수입이다. 재화 또는 용역의 공급의 경우에는 공급자가 사업자이고 거래장소가 국내인 것에 한하여 과세한다. 재화의 수입의 경우에는 국내에서 생산된 재화를 공급받는 경우와 동일한 조세부담이 되도록 하기 위하여 수입자가 사업자인지 여부 및 수입용도의 내용에 관계없이 모든 수입자를 과세대상으로 한다. 다만, 용역의 수입에 대하여는 과세대상으로 규정하지 않고 있으나 국내에서 제공되는 용역과 동일한 조세부담이 되도록 하기 위하여 용역 또는 무체물(이하 '용역 등'이라 칭함)의 대가를 지급하는 자가 용역 등을 공급하는 자를 대리하여 부가가치세를 자가징수하여 납부하도록 하고 있다(대리납부제도).

부가가치세 과세대상은 소비에 대한 조세부담의 역진성을 회피하기 위하여 과세대상거래와 면세대상거래로 구분한다. 과세대상 거래는 외국에서 사용 · 소비될 재화 또는 용역의 공급에 대한 부가가치세의 부담을 완전배제하기 위하여 영의 세율을 적용하는 영세율 과세대상거래와 일반세율 과세대상거래로 구분한다.

1 재화의 공급

재화의 공급이란 계약상 또는 법률상 모든 원인에 의하여 재화를 인도 또는 양도하는 것을 말한다. 재화의 공급은 실질공급과 간주공급으로 분류되고 있다.

(1) 재화의 개념

재화란 재산적 가치가 있는 물건 및 권리를 말한다. 부가가치세법상 과세대상이 되는 재화의 범위를 구체적으로 예를 들면 다음과 같다.

구 분	구체적인 범위
유체물	상품, 제품, 원료, 기계, 건물 등의 모든 유형적 물건
자연력	전기, 가스, 열 등 관리할 수 있는 자연력
권 리	광업권, 특허권, 저작권 등 재산적 가치가 있는 권리
기 타	선하증권, 창고증권, 화물상환증 등

재산적 가치와 권리

- 온실가스배출권의 재산적 가치는 법령이나 정부정책에 따라 창설되는 것으로 재산적 가치의 유무는 그 권리가 현실적으로 이용될 수 있고 경제적 교환가치를 가지는 경우에는 재산적 가치가 인정되는 재화에 해당한다.
- 게임머니는 온라인 게임 서비스상의 게임에 이용할 수 있는 재산적 가치가 있는 권리로서 부가가치세법상 재화에 해당한다.
- 권리는 범위에 대한 구체적인 정의가 없어 개별적인 해석을 통해 규율할 수 밖에 없으며 영업권, 음반저작물에 대한 복제·판매권, 기부체납후 무상사용권, 건설업면허권등이 있다.
- 약속어음이나 수표와 같은 지급수단이 되는 유가증권은 권리에 해당하지 않는다. 주식거래로 부가가치가 창출된다고 보기 어렵고 가치저장 수단이라고 볼 수 있는 주식은 과세대상인 재화에 해당하지 않는다. 하지만 금(Gold)은 과세 관행상 재화로 본다.
- 가상자산은 일부에서 지급수단과 통화로 통용되고 있으며 상품권 매입과 같이 그 자체로 부가가치가 발생하는 것이 아니므로 부가가치세 과세대상이 아니다.

(2) 재화의 실질공급

재화의 실질공급이란 계약상 또는 법률상의 모든 원인에 의하여 재화를 인도 또는 양도하고 그 대가를 받는 것(유상공급)을 말하고, 다음의 유형으로 구분하여 설명할 수 있다.

① 매매계약: 현금판매 · 외상판매 · 할부판매 · 장기할부판매 · 조건부 및 기한부판매 · 위탁판매 기타 매매계약에 의하여 재화를 인도 또는 양도하는 것

② 가공계약: 자기가 주요자재의 전부 또는 일부를 부담하고 상대방으로부터 인도받은 재화에 공작을 가해 새로운 재화를 만들어 인도하는 것

③ 교환계약: 재화의 인도대가로서 다른 재화를 인도받거나 용역을 제공받는 것

④ 현물출자, 사인(私人)에 따른 경매, 일정한 수용[15)]

15) 수용대상인 건물을 직접 철거하는 경우 이전비로서 지급받는 수용보상금은 손실에 대한 대가이므로 재화의 공급에 해당하지 아니한다. 도시 및 주거환경정비법, 공익사업을 위한 토지 등의 취득 및 보상에 관한 법률 등에 따른 수용절차에 의한 수용의 경우 그 대가로서 지급받는 수용보상금에 대하여는 재화의 공급으로 보지 않는다. 이는 수용된 재화는

예제 1 **소비대차계약**

㈜중앙은 ㈜주변으로부터 기계에 사용되는 윤활유를 일시 차용하여 사용하였다. 이후 ㈜중앙은 동일 종류의 윤활유를 구입하여 ㈜주변에게 반환해 주었다. ㈜주변이 윤활유를 빌려준 것과 ㈜중앙이 동일 종류의 윤활유를 반환해준 거래는 부가가치세가 과세되는가?

해설

재화를 차용하여 사용하고, 동종 또는 이종의 재화를 반환하는 것을 소비대차라 한다. 부가가치세법상 소비대차는 교환계약에 의한 재화의 공급으로 보아 부가가치세의 과세대상에 포함한다.

(3) 재화의 간주공급

재화의 간주공급(공급의제)이라 함은 대가를 받고 재화를 인도 또는 양도하는 재화의 실질공급에는 해당하지 않으나 재화의 공급으로 간주하여 부가가치세를 과세하는 경우를 말한다. 다만, 재화를 생산 · 취득하는 때에 그와 관련된 매입세액을 매출세액에서 공제받지 아니한 경우에는 재화의 간주공급으로 보지 아니한다.

재화의 간주공급을 과세대상으로 의제하는 이유는 사업자가 재화를 생산하거나 취득할 때 매입세액을 공제받았음에도 재화를 최종적으로 사용 · 소비할 때 부가가치세를 과세하지 않는 경우에는 당초부터 최종소비재 또는 면세사업용으로 보아 매입세액을 불공제 받은 사업자와 조세부담의 불균형이 발생하기 때문이다. 따라서 동일한 조세부담을 위하여 이미 공제받은 매입세액을 회수함과 아울러, 모든 재화의 사용 · 소비에 대하여 부가가치세를 과세함으로써 과세의 형평 및 조세의 중립성을 유지하기 위하여 재화의 간주공급 제도가 존재하는 것이다. 주로 내부거래 또는 대가를 받지 아니하는 외부거래에 해당한다. 재화의 간주공급에는 다음과 같은 것들이 있다.

재화의 공급의제 또는 재화의 간주공급

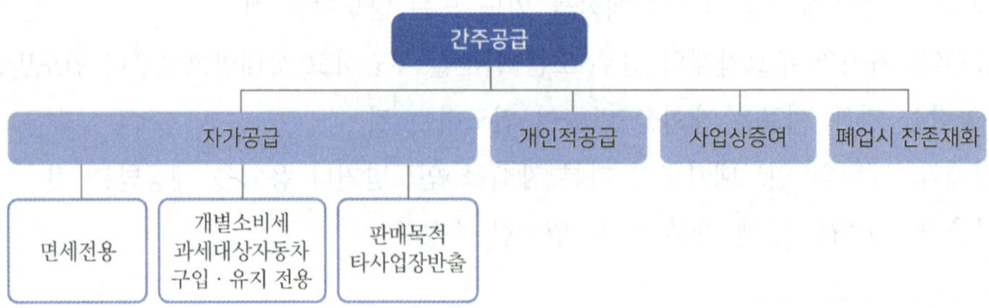

결국 공익사업을 위해 철거·멸실되는 점을 고려한 것이다.

1) 자가공급

자가공급이란 사업자가 자기의 사업과 관련하여 생산하거나 취득한 재화를 자기의 사업을 위하여 직접 사용·소비하는 것을 말한다. 과세대상 자가공급은 다음과 같이 3가지 경우로 구분된다.

㈎ 면세사업에의 전용

면세전용이란 과세사업과 면세사업을 겸영하는 사업자가 과세사업을 위하여 생산·취득한 재화를 면세사업을 위하여 사용·소비하는 것을 말한다. 다만, 처음부터 매입시 매입세액이 공제되지 않은 경우(불공제되는 원인 불문)는 재화의 공급으로 보지 않는다.

> 예 사료생산업(과세)과 축산업(면세)을 겸업하는 사업자가 직접 생산한 사료를 자기의 축산업에 사용·소비하는 경우

면세전용의 취지

과세사업에서 매입세액공제를 받은 재화를 면세전용하면 면세사업의 매입세액을 공제받는 결과가 발생하므로 이를 과세거래로 취급하여 공급으로 의제한다. 그러나 구입시 매입세액이 불공제되었다면 면세사업의 매입세액으로 취급되어 정상적으로 처리된 것이므로 과세거래로 보지 않는다.

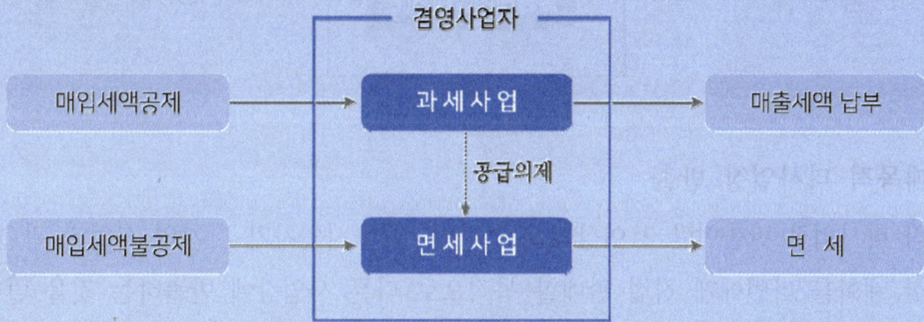

㈏ 개별소비세 과세대상 자동차[16] 또는 그 유지에의 전용

사업자가 과세사업[17]을 위하여 생산·취득한 재화를 개별소비세 과세대상 자동차와 그 유

---

16) 개별소비세 과세대상 자동차는 다음과 같다(개별소비세법 1조 2항 3호).
① 승용자동차: 정원 8명 이하의 자동차(배기량 1,000cc 이하의 것으로서 길이가 3.6미터 이하이고 폭이 1.6미터 이하인 것은 제외)
② 2륜자동차(내연기관을 원동기로 하는 것은 그 총배기량이 125cc를 초과하는 것에 한하며, 내연기관 외의 것을 원동기로 하는 것은 그 정격출력이 1kw를 초과하는 것에 한함)
③ 캠핑용 자동차(캠핑용 트레일러 포함)

17) 동일한 승용자동차라고 하더라도 운수업, 자동차판매업, 자동차임대업, 운전학원업, 무인경비업(무인경비업 출동차량)

지를 위하여 사용하면 재화의 공급으로 본다. 다만, 매입시 매입세액이 불공제된 것은 재화의 공급으로 보지 않는다.

예 • 자동차수입상이 판매용으로 구입한 소형승용차를 업무용 승용차로 전용하는 경우
• 운수업자가 사업용으로 구입한 소형승용차를 임직원의 업무용으로 사용하는 경우
• 주유소에서 판매용으로 구입한 휘발유를 자신의 소형승용차의 연료로 사용하는 경우 등

개별소비세 과세대상 자동차 또는 그 유지에의 전용의 취지

개별소비세 과세대상 자동차의 구입 · 유지 · 임차와 관련된 매입세액은 매입세액불공제의 사유 중의 하나이다. 만약 매입세액공제를 받은 재화를 개별소비세 과세대상 자동차와 그 유지를 위하여 사용하는 경우에는 관련 매입세액을 공제받는 결과가 발생한다. 이에 따라 과세재화를 개별소비세 과세대상 자동차와 그 유지를 위해 사용한 경우 재화의 공급으로 의제하는 것이다.

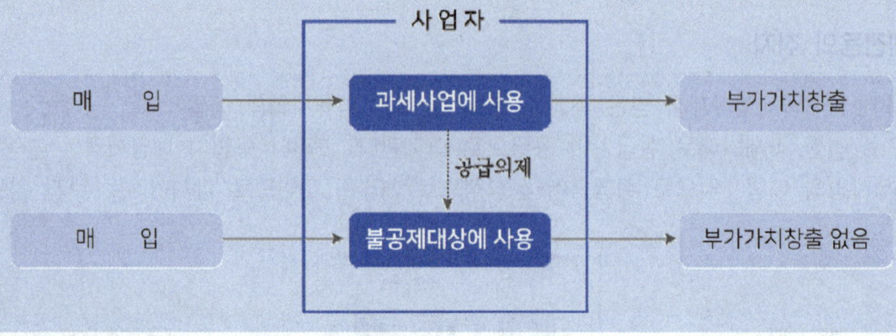

(다) 판매목적 타사업장 반출

판매목적 타사업장 반출이란 2 이상의 사업장이 있는 사업자가 자기의 사업과 관련하여 생산 · 취득한 재화를 타인에게 직접 판매할 목적으로 다른 사업장에 반출하는 것을 말한다. 판매목적으로 다른 사업장에 반출하는 재화를 재화의 공급으로 의제하고 있는 이유는 부가가치세는 각 사업장을 납세지로 하고 있기 때문이다. 그러나 판매할 목적이 없이 다른 사업장에 반출하여 사용 · 소비하는 다음의 경우에는 재화의 간주공급으로 보지 아니한다.

㉠ 자기의 다른 사업장에서 원료 · 자재 등으로 사용 · 소비하기 위하여 반출하는 경우
㉡ 자기 사업의 기술개발을 위하여 시험용으로 사용 · 소비하는 경우
㉢ 수선비 등에 대체하여 사용 · 소비하는 경우
㉣ 판매 후 무료서비스 제공을 위하여 사용 · 소비하는 경우

및 유사업종을 영위하는 사업자가 생산, 취득하여 영업목적에 사용하는 경우 매입세액공제가 허용된다. 그러므로 영업용으로 취득한 소형승용차를 업무용으로 사용하는 경우 자가공급으로 보아 과세한다.

㉤ 불량품 교환 또는 광고선전을 위한 상품진열 등의 목적으로 자기의 다른 사업장으로 반출하는 경우

사업장단위가 아닌 총괄납부사업자와 사업자단위과세사업자가 판매목적으로 타사업장 반출하는 것은 과세거래로 보지 아니한다. 다만, 총괄납부사업자가 세금계산서를 발급하여 예정신고 또는 확정신고한 것은 과세거래로 본다.

판매목적 타사업장 반출의 취지

2개 이상의 사업장이 있는 사업자가 자기의 다른 사업장으로 재화를 반출하는 것은 사업자의 입장에서는 판매행위가 아니므로 재화의 공급으로 보지 않는다.
하지만 이를 재화의 공급으로 취급하지 않는다면 반출사업장에서는 환급세액이 발생하고, 반입사업장에서는 납부세액만 발생하게 된다. 이 경우 납부세액은 예정신고 또는 확정신고와 함께 납부하는 데 반하여, 환급세액은 원칙적으로 과세기간별로 확정신고기한이 경과한 후 30일 이내에 환급받게 규정되어 있어서 사업자는 불필요한 자금압박을 받을 수도 있다. 이러한 자금압박의 해소를 위하여 판매목적 타사업장 반출을 과세거래로 본다.
다만, 총괄납부사업자 또는 사업자단위과세사업자는 통합하여 납부를 하기 때문에 이미 자금부담의 문제가 해소되었으므로 판매목적 타사업장 반출을 과세거래로 보지 않는다. 하지만, 총괄납부사업자가 판매목적 타사업장 반출에 대하여 세금계산서를 발급하고 신고한 경우에는 과세거래로 봄으로서 세금계산서 등 관련 가산세의 부담을 없애주도록 규정하고 있다.
아래 사례의 거래를 공급의제하지 않으면 외부매입만 있는 A사업장은 환급세액 20, 외부매출만 있는 B사업장은 납부세액 30이 된다. 사업장간 납부와 환급시점의 차이로 회사차원에서 자금부담이 생기므로 공급의제하여 B사업장에서 납부세액 10만을 납부하도록 한다.

표 3-1 • 판매목적 타사업장 반출과 과세대상여부 판정

구 분		판매목적 타사업장 반출
총괄납부사업자 사업자단위과세사업자가 아닌 경우		과세대상 (세금계산서 발급의무 있음)
총괄납부사업자와 사업자단위과세사업자인 경우	원칙	과세대상 아님 (세금계산서 발급의무 없음)
	예외	총괄납부사업자가 세금계산서를 발급하고 신고한 경우 과세대상으로 취급함

예제 2 판매목적타사업장 반출의 상황별 비교

㈜중앙은 다음과 같이 2개의 사업장을 운영하고 있다. 각 사업장별로 납부하는 경우와 주사업장총괄납부를 하는 경우의 1기 확정신고기간(4. 1. ~ 6. 30.)의 납부세액 또는 환급세액을 계산하라. 단, 직매장반출(판매목적 타사업장 반출의 일종)에 대하여는 세금계산서를 발급하지 않았다.

(단위: 원)

구 분	사업장 A(주사업장)			사업장 B (종사업장)		
	내 역	공급가액	세 액	내 역	공급가액	세 액
매출세액	매 출 직매장반출	300,000 100,000	30,000 10,000	매 출	150,000	15,000
	소 계	400,000	40,000	소 계	150,000	15,000
매입세액	매 입	200,000	20,000	제조장반입 매 입	100,000 160,000	10,000 16,000
	소 계	200,000	20,000	소 계	260,000	26,000

해설

1. 사업장별 과세의 경우

(1) 사업장 A: 매출세액은 ₩40,000, 매입세액은 ₩20,000이므로 납부세액은 ₩20,000이 된다.

(2) 사업장 B: 매출세액은 ₩15,000, 매입세액은 ₩26,000이므로 환급세액은 ₩11,000이 발생한다.

(3) 결 과

① 사업장 A의 납부는 7월 25일까지 이루어지게 되며, 사업장 B의 경우 8월 24일까지 환급받을 수 있다

② 직매장반출(판매목적 타사업장 반출)의 경우 공급으로 의제한다.

2. 주사업장총괄납부의 경우

(1) 사업장 A(주사업장)

① 신고: 매출세액은 ₩30,000, 매입세액은 ₩20,000을 신고하며 납부할 세액은 ₩10,000이다.

② 납부: A사업장 납부세액 1만원과 B사업장 환급세액 ₩1,000을 합쳐 ₩9,000만 납부한다.

(2) 사업장 B

① 신고: 매출세액은 ₩15,000, 매입세액은 ₩16,000이므로 환급받을 세액은 ₩1,000이다.

② 납부: 주사업장인 A에서 납부 · 환급이 총괄되므로 별도의 환급신청을 하지 않는다.

(3) 결 과

① 신고는 사업장별로 하여야 하나, 납부는 주사업장인 A사업장에서 이루어진다.

② 직매장반출(판매목적 타사업장 반출)의 경우 공급으로 의제되지 않는다. 만약 세금계산서를 발급한 경우 공급으로 의제되기는 하나 납부하는 금액에는 차이가 없다.

2) 개인적 공급

사업자가 자기의 사업과 관련하여 생산 · 취득한 재화를 사업과 직접 관계없이 자기나 사용인 또는 그 밖의 자가 사용 · 소비하는 것으로서 대가를 받지 아니하거나 시가보다 낮은 대가를 받는 경우 재화의 공급으로 본다. 다만, 다음의 경우에는 개인적 공급으로 보지 않는다.

① 처음부터 매입시 매입세액이 공제되지 않은 경우(불공제되는 원인 불문)는 재화의 공급으로 보지 않는다.

② 사업과 관련하여 소비된 재화의 경우에는 재화의 공급으로 보지 않는다(예 사업장 내에서 착용할 작업복 · 작업모 · 작업화를 종업원에게 지급한 경우 또는 직장체육비와 직장연예비로 사용하는 경우와 경조사와 명절·창립기념일 등으로 구분하여 각각 1인당 연간 10만원 이내의 관련된 재화의 제공).

> 예 스마트폰 제조사업자사 제조한 스마트폰을 높은 성과를 달성한 임원 및 종업원에게 무상으로 지급하는 경우

3) 사업상 증여

사업자가 자기의 사업과 관련하여 생산하거나 취득한 재화를 자기의 고객이나 불특정 다수인에게 증여하는 것은 재화의 공급으로 본다. 처음부터 매입시 매입세액이 공제되지 않은 경우(불공제되는 원인 불문)는 재화의 공급으로 보지 않는다. 기부나 접대를 위한 재화의 무상공급은 증여에 해당하나 사업자가 자기사업의 광고선전 목적으로 불특정다수인에게 무상배포하는 것(광고선전물)이나 자기의 제품이나 상품을 구입하는 자에게 구입 당시 구입가액 비율에 따라 기증품을 증여하는 경우에는 사업상 증여에 해당하지 아니한다.

그러므로 다음의 경우에는 사업상 증여로 보지 않는다.

① 증여되는 재화의 대가가 주된 거래인 재화공급의 대가에 포함되는 경우(증정품)

② 사업을 위하여 다른 사업자에게 인도 · 양도하는 것(견본품)

③ '재난 및 안전관리기본법'의 적용을 받아 특별재난지역에 무상공급하는 물품

④ 자기적립마일리지등으로만 전부를 결제받고 공급하는 재화[18)]

하지만, 사업자가 자기재화의 판매촉진을 위해 거래상대자의 판매실적에 따라 일정률의 장려금품을 재화로 공급하는 경우 또는 자기 고객 중 추첨을 통해 당첨된 자에게 재화를 경품으로 제공하는 경우에는 사업상 증여로 본다. 다만, 해당 장려금품 및 경품이 자기가 생산한 재

---

18) 자기적립마일리지는 사업자와 고객사이에서 당초 공급대가의 결제조건에 따라 자기적립마일리지등으로만 결제시에 공급가액을 직접 공제해주는 성격이므로 부가가치세를 과세하지 않는다. 다만 제3자적립마일리지(제휴를 맺은 다른 회사의 마일리지 사용)는 해당 제휴사로부터 물품대금을 받게되므로 부가가치세가 과세된다.

화에 해당하지 않는 경우에는 과세하는 재화의 공급으로 보지 않는다. 또한 사업자가 자기의 제품 또는 상품을 구입하는 자에게 그 구입액의 비율에 따라 증여하는 기증품 등도 주된 재화의 공급에 포함된 것으로 보아 과세하는 재화의 공급으로 보지 않는다.

4) 폐업시 잔존재화

사업자가 사업을 폐업하는 경우 남아 있는 재화는 자기에게 공급하는 것으로 의제한다. 다만, 처음부터 매입세액이 공제되지 않은 경우(불공제되는 원인 불문)는 재화의 공급으로 보지 않는다.

폐업시 잔존재화의 취지

> 폐업을 하지 않았다면 재화의 공급시 과세될 것이나 폐업에 따라 비사업자로 전환되므로 폐업 후 자신이 사용하더라도 과세될 수 없다. 이러한 문제점을 해소하기 위하여 폐업시 남아있는 재화는 폐업시점에 모두 공급된 것으로 의제하여 부가가치세를 과세하고 있다.

(4) 재화 공급의 특례

1) 위탁매매 · 대리인에 의한 매매

① 위탁매매 또는 대리인에 의한 매매를 할 때에는 위탁자 또는 본인이 직접 재화를 공급하거나 공급받은 것으로 본다. 다만, 위탁자 또는 본인을 알 수 없는 경우로서 위탁매매 또는 대리인에 의한 매매를 하는 해당 거래 또는 재화의 특성상 또는 보관 · 관리상 위탁자 또는 본인을 알 수 없는 경우에는 수탁자 또는 대리인에게 재화를 공급하거나 수탁자 또는 대리인으로부터 재화를 공급받은 것으로 본다.

② 위탁매매인은 자기명의(수탁자)로 타인(위탁자)의 계산으로 거래를 함으로써 직접적으로 권리의무의 주체가 되나 거래행위의 경제적 효과는 위탁자에게 귀속된다. 대리인에 의한 매매는 상업사용인이 아니면서 일정한 상인을 위하여 본인의 이름으로 거래를 하고 그 효과도 직접 본인에게 귀속된다. 본인의 명의로 행위를 하는 점에서 위탁매매인과 다르다.

2) 신탁법상 위탁자 지위의 이전

신탁법상 위탁자의 지위가 이전되는 경우에는 기존 위탁자가 새로운 위탁자에게 신탁재산을 공급한 것으로 보는데 이는 거래의 실질을 반영하여 법률상 소유권이전이 없음에도 불구하고 재화의 공급으로 의제하기 위한 것이다.[19] 신탁재산에 대한 부가가치세 납세의무자가 수탁자(신탁회사)이기는 하나 거래의 실질을 반영하기 위한 규정인 것이다. 다만, 신탁재산에 대한

19) 신탁재산에 대한 부가가치세 납세의무자가 수탁자(신탁회사)이기는 하나 거래의 실질을 반영하기 위하여 위탁자의 지위가 이전되는 경우에도 22년 세법개정시 이를 반영하여 부가가치세 과세대상거래로 규정하였다.

실질적인 소유권의 변동이 있다고 보기 어려운 집합투자업자가 다른 집합투자업자에게 위탁자의 지위를 이전하는 등 실질적 소유권 변동이 없는 경우에는 신탁재산의 공급으로 보지 아니한다.

(5) 재화의 공급으로 보지 아니하는 경우

1) 담보의 제공

질권 · 저당권 양도담보의 목적으로 동산 · 부동산 및 부동산상의 권리를 제공하는 것은 재화의 공급으로 보지 않는다. 담보제공은 변제 불능시 우선변제권을 준 것에 불과하고 재화의 소유권을 실질적으로 이전한 것이 아니므로 과세거래로 보지 않는다.

2) 사업의 양도[20)]

사업양도로서 사업장별로 사업에 관한 모든 권리와 의무를 포괄적으로 승계(사업의 동질성은 유지되어야 하나 양수자가 승계받은 사업 이외의 새로운 사업의 종류를 추가하거나 사업의 종류를 변경한 경우도 사업양수도로 인정)하는 것을 말한다. 여기서 사업에 관한 권리와 의무 중 사업과 관련이 없는 미수금 · 미지급금과 업무무관자산은 제외하고 승계한 경우에도 해당 사업을 포괄적으로 승계시킨 것으로 본다.

사업의 양도를 과세거래로 보지 않는 이유

> 사업의 양도를 과세거래로 보더라도 사업양도인과 사업양수인은 각각 동일한 부가가치세액을 납부·환급받게되므로 과세관청의 입장에서는 과세의 실익이 없다. 사업양도자의 입장에서는 거래대금이 증가로 사업양도에 장애가 발생할 수 있으며, 사업양수자의 입장에서는 거래징수당한 시점부터 환급받는 시점까지 불필요한 자금압박을 받을 우려가 있다. 이를 해소하기 위하여 예외적으로 사업의 양도를 재화의 공급으로 보지 않는다.

3) 그 밖의 경우

㈎ 조세의 물납

사업용 자산을 물납하는 경우 과세거래로 보지 않는다. 물납을 과세거래로 보는 경우 국가로부터 부가가치세를 징수한 후 국가에 납부하는 것이 되므로 조세의 물납은 재화의 공급으로 보지 않도록 한 것이다.

---

20) 사업의 포괄양수도 요건이 충족되었는지에 따라 판정이 달라지므로 납세자와 과세관청 사이에 다툼이 잦아,납세편의 제고를 위해 사업포괄양수도 해당여부가 불분명한 경우에도 양수자가 대리납부를 한 경우 재화 · 용역의 공급으로 보도록 하였다. 대리납부란 사업양수자가 그 대가를 받은 사업양도자로부터 부가가치세를 징수하여 그 대가를 지급한 날이 속하는 달의 다음달 25일까지 관할세무서장에게 납부한 경우를 말한다.

㈏ **공매 · 경매 · 수용**

국세징수법에 따른 공매, 민사집행법에 따른 경매, 수용절차에 있어서 수용대상인 재화의 소유자가 해당 재화를 철거하는 조건으로 그 대가를 받는 경우에는 재화의 공급으로 보지 않는다.

공매 · 경매 등의 경우 공급자인 채무자는 부도 · 파산 등으로 사실상 세금부담능력이 없어서 체납하는 사례가 많아 매입자가 매입세액을 공제받게 되면 세수의 감손을 가져오게 되므로 재화의 공급으로 보지 않고 있다. 재화의 소유자가 직접 철거하는 조건으로 대가를 받은 경우는 철거이전비로서 손실에 대한 보상이므로 재화의 공급으로 보지 않는다. 공익사업을 위한 토지 등의 취득 및 보상에 관한 법률 등 법률에 따른 수용절차에 의해 수용되는 재화의 보상금을 받는 경우에도 재화의 공급으로 보지 않는다. 이는 수용된 재화는 결국 공익사업을 위해 철거·멸실되는 점을 고려한 것이다.

㈐ **특정 창고증권의 양도**

원칙적으로 사업자가 창고증권을 양도한 경우 소유권이 이전되므로 재화의 공급으로 본다.[21)]

㈑ **신탁재산의 형식적 이전**

신탁은 도관이라는 논거에 근거하여 다음에 해당하는 신탁재산의 이전은 형식적인 명의의 이전으로 보아 재화의 공급으로 보지 아니한다.

① 위탁자로부터 수탁자에게 신탁재산을 이전하는 경우

② 신탁의 종료로 인하여 수탁자로부터 위탁자에게 신탁재산을 이전하는 경우

③ 수탁자가 변경되어 새로운 수탁자에게 신탁재산을 이전하는 경우

2 용역의 공급

(1) 용역의 정의

용역이란 재화 이외의 재산적 가치가 있는 모든 역무 및 그 밖의 행위를 말한다.

(2) 용역의 실질공급

1) 정 의

용역의 공급이란 계약상 또는 법률상의 모든 원인에 따라 역무를 제공하거나 재화 · 권리 등 재화를 사용하게 하는 것을 말한다. 이 경우 계약상의 원인이란 일반 상거래에서와 같이

---

21) 예외적으로 조달청장이 발행하는 창고증권의 양도(임치물의 반환이 수반되지 않는 경우)나 보세구역의 창고증권의 양도 등의 경우에는 선물거래의 지원목적상 과세거래로 보지 않는다.

거래당사자 간의 의사표시에 따른 원인을 의미하고, 법률상의 원인이란 당사자 간의 의사표시에 관계없이 법률의 규정에 따른 원인을 의미한다.

① 건설업[22]

② 숙박 및 음식점업[23]

③ 부동산업 및 임대업(다만, 전 · 답 · 과수원 · 목장용지 · 임야 또는 염전임대업 및 공익사업관련 지역권 · 지상권 설정 및 대여사업은 제외한다)

④ 기타 열거된 사업(운수업, 통신업, 금융 및 보험업 등)

2) 용역공급의 범위

① 건설업의 경우: 건설업자가 건설자재의 전부 또는 일부를 부담하는 경우에도 용역의 공급으로 본다.

② 단순가공용역: 상대방으로부터 인도받은 재화에 주요자재를 전혀 부담하지 않고 단순히 가공만 해주는 경우 용역의 공급으로 본다. 만약 주요자재의 전부 또는 일부를 부담하는 경우 재화의 공급에 해당한다.

③ 노하우(know-how)의 제공: 산업상 및 상업상 또는 과학상의 지식 · 경험 또는 숙련에 관한 정보를 제공하는 것은 용역의 공급으로 본다.

④ 컴퓨터, 휴대전화 등에 저장되어 구동되거나 저장되지 아니하고 실시간으로 사용할 수 있는 저작물 및 콘텐츠 등의 전자적 용역: 국내 오픈마켓의 국내·해외 개발자 앱과 해외 오픈마켓의 국내 개발자 앱에 대하여 부가가치세가 과세되고 있는 점을 고려해 2015년 7월부터 구글과 애플 앱스토어 등 해외오픈마켓에서 해외개발자가 만든 전자적 용역에 대하여도 과세하도록 하였다. 전자적용역(앱, 음악, 영화파일, 게임 등)에 대한 과세여부를 구체적으로 살펴보면 다음과 같다.

공급자구분	국내오픈마켓 (SKT 혹은 KT등 앱스토어)	해외오픈마켓 (구글, 애플등 앱스토어)
국내개발자	국내개발자가 사업자로서 신고납부	국내개발자가 사업자로서 신고납부
해외개발자	국내오픈마켓사업자가 국외사업자의 전자적 용역공급특례에 따라 신고납부	해외오픈마켓사업자가 간편사업자로 등록하고 신고납부

22) 건설회사 매출 중 도급건설공사는 용역의 공급이나 분양공사는 재화의 공급이다

23) 건설업은 건축물인 재화와 건설용역, 음식점업은 음식과 음식을 만드는 용역을 포함한 것이나 이를 용역으로 규정하고 있다. 재화와 용역으로 구분하는 실익은 자가공급의 여부, 공급시기 등을 결정하는데 있다.

(3) 용역의 간주공급

사업자가 자기의 사업을 위하여 직접 용역을 공급함에 따라 다른 동업자와의 과세형평이 침해되는 경우에는 기획재정부령으로 정하는 경우에만 자기에게 용역을 공급하는 것으로 본다. 그러나 현재 기획재정부령으로 이에 관한 규정을 두고 있지 않으므로 과세되지 않는다.

(4) 용역의 공급으로 보지 않는 경우

1) 용역의 무상공급

사업자가 대가를 받지 아니하고 타인에게 용역을 공급하는 것은 용역의 공급으로 보지 아니한다. 용역의 무상공급의 경우 용역제공의 가치를 평가하기 어렵고 현실적으로 용역활동의 포착이 용이하지 않기 때문에 과세대상에서 제외하고 있다.

다만, 부가가치세가 과세되는 저가임대와의 과세형평을 위하여 사업자가 대가를 받지 아니하고 특수관계에 있는 자에게 사업용 부동산의 임대용역을 공급하는 경우에는 용역의 공급으로 보고, 공급한 용역의 시가를 과세표준으로 부가가치세를 부과한다.

2) 근로의 제공

고용관계에 의한 근로의 제공은 용역의 공급으로 보지 아니한다. 근로의 제공은 사업상 독립적으로 용역을 제공하는 것이 아니라 종속적 지위에서 용역을 제공하기 때문이다.

예제 3 재화 및 용역의 공급

다음의 거래 중 부가가치세 과세대상이 아닌 것은?

① 특허권의 대여 ② 상품권의 양도
③ 구글사이트에서 해외개발자의 앱다운로드 ④ 전, 답의 임대
⑤ 주식의 양도 ⑥ 건물의 현물출자
⑦ 노하우제공 ⑧ 사내식당서 음식무상제공

해설

②, ⑤ 상품권 및 주식의 양도
④ 전, 답, 과수원 등의 임대는 용역공급에서 제외된다.
⑧ 용역의 무상공급은 특수관계에 있는 자에게 사업용 부동산을 무상임대하는 경우를 제외하고는 과세대상에서 제외한다.

3 재화의 수입

(1) 의 의

재화의 수입이란 다음에 해당하는 물품을 우리나라에 인취하는 것(보세구역을 거치는 것은 보세구역에서 인취하는 것)을 말한다.

① 외국으로부터 우리나라에 도착된 물품(외국의 선박에 의하여 공해에서 채취된 수산물 포함)

② 수출신고가 수리된 물품으로서 선적(기적 포함)이 완료된 물품

재화의 수입은 소비지국 과세원칙이 적용되기 때문에 수입한 자가 사업자인지 여부를 불문하고 세관장이 관세징수의 예에 의하여 부가가치세를 징수하고 있다.

(2) 재화의 수입으로 보지 않는 것

① 재화의 수출시점을 선적일(또는 기적일)을 기준으로 판단함에 따라 아직 선적(또는 기적)되지 않은 물품에 대하여는 영세율이 적용되지 않았기 때문에 수출신고가 수리된 물품으로서 선적(기적 포함)되지 아니한 것을 보세구역으로부터 인취하는 것은 수입으로 보지 아니한다.

② 외국에서 보세구역으로 재화를 반입하는 것

(3) 보세구역

보세구역이란 우리나라의 영토 중 관세의 부과를 유예한 일정구역을 말한다. 따라서 외국으로부터 재화가 보세구역으로 반입된 시점에서는 수입으로 보지 않으며, 보세구역으로부터 인취된 시점에서 수입으로 본다.

4 부수재화 또는 용역의 취급

(1) 개 요

부수재화 또는 용역이란 주된 재화 또는 용역의 공급에 필수적으로 부수되는 재화 또는 용역을 말한다. 부수재화 또는 용역의 과세는 모두 주된 재화 또는 용역의 공급에 따라 판단한다. 따라서 주된 재화 또는 용역이 과세대상이면 부수재화 또는 용역도 과세대상이며, 주된 재화 · 용역이 면세대상이면 부수재화 · 용역도 면세대상이다. 부수재화 또는 용역의 취급은

주된 부분과 부수부분의 구분에 따른 비경제성을 피하고 세무행정의 능률화를 기하기 위한 제도이다.

(2) 주된 거래인 재화 또는 용역의 공급에 포함되는 것으로 보는 부수재화 또는 용역

1) 대가관계

해당 대가가 주된 거래인 재화 또는 용역의 공급대가에 통상적으로 포함되어 공급되는 재화 또는 용역은 부수재화 또는 용역으로 한다.

2) 공급관계

거래의 관행으로 보아 통상적으로 주된 거래인 재화 또는 용역의 공급에 부수하여 공급되는 것으로 인정되는 재화 또는 용역은 부수재화 · 용역으로 한다. 부수재화 또는 용역의 대가를 받지 않은 경우에도 부수재화 또는 용역의 대가는 주된 재화 · 용역의 대가에 포함된 것으로 보아 부수재화 · 용역의 공급을 사업상증여로 보지 아니한다.

예
- 조경공사업체가 조경공사(과세)에 포함해 수목을 공급(면세)하면 수목의 공급도 과세된다.
- 서적(면세)과 그에 부수되는 CD(과세)를 같이 공급하는 경우 부수재화인 CD도 주된 재화에 따라 면세된다.
- 건설용역에 설계용역(면세대상)을 함께 공급할 경우 설계용역을 건설용역에 포함하여 과세된다.
- 가전제품 판매 시 가전제품의 배달, 설치 및 A/S용역을 주된 재화인 가전제품의 대가에 포함하여 과세된다.
- 미술학원에서 미술교육을 제공하면서 공급하는 실습자재는 미술교육용역의 부수재화로서 모두 면세된다.

(3) 주된 사업에 부수하여 일시 · 우발적으로 공급되는 재화 또는 용역

별도의 독립된 거래로서 주된 사업과 관련하여 일시 · 우발적으로 공급되는 재화 · 용역 또는 주된 사업과 관련하여 생산과정이나 용역 제공 과정에서 필연적으로 발생되는 부산물 등의 공급에 대해서는 주된 사업과 관련되는 부수재화 및 용역이므로 주된 사업의 과세여부에 따라 판단한다. 부가가치 생산요소로서 면세재화인 토지는 항상 면세가 적용된다.

예 • 의류공장(과세)사업에서 토지(면세재화)를 일시 · 우발적으로 공급하는 경우 토지는 면세이므로 부수재화여부에 무관하게 면세한다.
• 은행(면세사업)에서 토지(면세재화)를 일시 · 우발적으로 공급하는 경우 토지는 면세재화이므로 부수재화여부에 무관하게 면세한다.
• 은행(면세사업)에서 사용하던 사업용컴퓨터(과세)를 일시 · 우발적으로 공급하는 경우 부수재화이므로 주된 사업인 은행업에 따라 면세한다.
• 부가가치세가 과세되는 재화 생산하는 과정(과세사업)에서 생긴 면세 해당 부산물을 판매하는 경우 부가가치세가 과세된다(과세사업인 맥주생산과정에서 생긴 맥아맥(면세) 공급시 과세).

5 재화와 용역의 공급시기

(1) 의 의

재화 또는 용역의 공급시기는 재화 · 용역의 공급이 어느 과세기간에 귀속되는가를 결정하는 기준이 된다. 또한 공급시기에 공급자는 거래상대방에게 세금계산서를 발급하여야 하므로 공급시기는 세금계산서를 발급하는 시기를 정하는 기준으로서도 매우 중요하다.

(2) 재화의 공급시기

1) 일반적인 기준

재화의 공급시기는 원칙적으로 다음 세 가지 기준에 따른다.

① 재화의 이동이 필요한 경우: 재화가 인도되는 때
② 재화의 이동이 필요하지 않은 경우: 재화가 이용가능하게 되는 때
③ 위의 기준을 적용할 수 없는 경우: 재화의 공급이 확정되는 때

2) 거래형태별 공급시기

재화의 공급시기에 관한 일반원칙을 기초로 하여 부가가치세법에서는 재화 또는 용역의 공급시기를 거래유형별로 다음과 같이 규정하고 있다.

구 분	재화의 공급시기
① 현금판매 · 외상판매 또는 할부판매	재화가 인도되거나 이용가능하게 되는 때

구 분		재화의 공급시기
② 상품권 등을 현금 또는 외상으로 판매하고 그 후 해당 상품권 등이 현물로 교환되는 경우		재화가 실제로 인도되는 때
③ 장기할부판매(대가를 2회 이상 분할하여 대가를 받고, 재화의 인도일의 다음날부터 최종 부불금의 지급기일까지의 기간이 1년 이상인 것)		대가의 각 부분을 받기로 한 때
④ 반환조건부 · 동의조건부 기타 조건부 및 기한부 판매의 경우		조건이 성취되거나 기한이 경과되어 판매가 확정되는 때
⑤ 완성도기준지급 또는 중간지급조건부 판매 및 계속적 공급		대가의 각 부분을 받기로 한 때
⑥ 재화의 공급으로 보는 가공의 경우		가공된 재화를 인도하는 때
⑦ 자가공급 · 개인적공급		당해 재화가 사용 · 소비되는 때
⑧ 사업상 증여		재화를 증여하는 때
⑨ 폐업시 잔존재화 또는 폐업일 이후 공급시기가 도래하는 경우		폐업하는 때
⑩ 무인판매기에 의한 판매		무인판매기에서 현금을 인취하는 때
⑪ 위탁매매 또는 대리인에 의한 매매의 경우		수탁자 또는 대리인의 공급을 기준으로 하여 위의 규정을 적용한다.
⑫ 수출	일반 수출 · 중계무역수출	수출재화의 선(기)적일
	원양어업 및 위탁판매수출	수출재화의 공급가액이 확정되는 때
	위탁가공수출 · 외국인도수출	외국에서 해당재화가 인도되는 때
	내국신용장에 의한 재화	재화를 인도하는 때

'장기할부판매'란 재화를 공급하고 그 대가를 월부 · 연부 · 기타 부불방법에 의해 받는 것 중 ㉠ 대가를 2회 이상으로 분할하여 받고, ㉡ 당해 재화의 인도일의 다음날부터 최종 부불금의 지급기일까지의 기간이 1년 이상인 것을 말한다.

'완성도기준지급'이란 재화의 공급에 상당한 시간이 소요되는 경우 재화의 완성비율에 따라 대금을 지급받는 것이며, '계속적 공급'이란 전력 기타 공급단위를 구획할 수 없는 재화를 계속적으로 공급하는 경우를 말한다. 또한 '중간지급조건부'[24]란 다음의 요건을 모두 충족하는 경우를 말한다.

24) 2013년부터 잔금지급시점과 공급완료시점이 불일치하는 경우 공급완료시점을 기준으로 하도록 명시하였다.

① 재화가 인도되기 전, 재화가 이용가능하게 되기 전 또는 용역제공이 완료되기 전에 계약금 이외의 대가를 분할하여 지급할 것[25)]

② 계약금과 재화 또는 용역의 공급이 완료되는 시점까지의 기간이 6월 이상인 경우

(3) 용역의 공급시기

1) 일반적인 기준

용역의 공급시기는 역무가 제공되거나 재화 · 시설물 또는 권리가 사용되는 때로 한다.

2) 거래형태별 공급시기

<table>
<tr><th colspan="2">구 분</th><th>용역의 공급시기</th></tr>
<tr><td rowspan="3">일반적 경우</td><td>통상적인 용역공급</td><td>역무의 제공이 완료되는 때</td></tr>
<tr><td>완성도기준지급 · 중간지급 · 장기할부
또는 기타 조건부용역공급</td><td>대가의 각 부분을 받기로 한 때</td></tr>
<tr><td>위 기준을 적용할 수 없는 경우</td><td>역무의 제공이 완료되고
그 공급가액이 확정되는 때</td></tr>
<tr><td rowspan="3">특수한 경우</td><td>부동산임대용역을 공급하는 경우 전세금
또는 임대보증금에 대한 간주임대료</td><td rowspan="3">예정신고기간 또는
과세기간의 종료일,
단, 영수증 발급의무가 있는 사업자(공급받은자가 주로 일반소비자인 최종소비자인 경우)가 연회비를 선수하고 회원에게 신용카드 매출전표를 발급하는 경우 발급하는 때를 공급시기로 본다.</td></tr>
<tr><td>두 과세기간 이상에 걸쳐 부동산임대용역을 공급하고 그 대가를 선불 또는 후불로 받을 때는 월수에 따라 안분하여 계산한 임대료</td></tr>
<tr><td>두 과세기간 이상에 걸쳐 일정한 용역을 계속적으로 제공하고 그 대가를 선불로 받는 경우 월수에 따라 안분하여 계산한 임대료[26)]</td></tr>
</table>

(4) 세금계산서 발급과 관련한 공급시기

1) 원 칙

세금계산서는 재화 또는 용역의 공급시기에 발급하는 것을 원칙으로 한다.

---

25) 중간지급부조건의 경우 "계약금이외의 대가를 분할하여 지급할 것" 이라는 요건에 따라 계약금도 대가로 명시적 보아 계약금지급시 재화의 공급시기로 본다. 장기할부판매의 경우 계약금지급을 대가로 보아 세금계산서를 발급하는 것이 아니라 공급시기 도래 전에 세금계산서를 발급할 수 있다는 세금계산서 선발급 규정에 의해 계약금지급을 공급시기로 본다.

26) 대표적인 예로 상표권계약 · 노인복지시설 및 이와 유사한 용역을 들 수 있다.

2) 선발급

공급시기 도래 전에 세금계산서를 미리 발급하는 것은 허용되지 않는다. 다만, 다음의 경우에는 공급시기가 도래하기 전에 세금계산서 또는 영수증을 발급하면 그 발급하는 때를 공급시기로 본다.

① 사업자가 공급시기가 도래하기 전에 대가의 전부 또는 일부를 받고, 이와 동시에 받은 대가에 대하여 세금계산서 등을 발급하는 경우
② 사업자가 공급시기 이전에 세금계산서를 발급하고 동일한 과세기간이내로서 그 세금계산서 발급일로부터 7일 이내에 대가를 지급받는 경우
③ 세금계산서를 발급받은 후 7일 경과 후 대가를 지급하더라도 다음 요건을 모두 충족하는 경우
　㉠ 거래당사자간의 계약서 · 약정서 등에 대금청구시기가 별도로 기재될 것
　㉡ 대금청구시기와 지급시기 사이의 기간이 30일 이내일 것
④ 재화 또는 용역의 공급시기가 세금계산서 발급일이 속하는 과세기간 내(공급받는 자가 조기환급을 받은 경우에는 세금계산서 발급일부터 30일 이내)에 도래하는 경우
⑤ 재화의 장기할부판매와 전력 기타 공급단위를 구획할 수 없는 재화를 계속적으로 공급하는 경우
⑥ 용역의 장기할부 또는 통신 등 그 공급단위를 구획할 수 없는 용역을 계속적으로 공급하는 경우

세금계산서의 선발급을 금지하는 이유

종전에는 재화 · 용역의 공급 전에 세금계산서 등을 발급하는 것을 허용하였다. 그러나 대가의 지급 없이 세금계산서만 미리 발급받아서 매입세액을 부당하게 환급받는 사례가 있어서 2004년부터 선발급 허용사유가 없는 한 세금계산서를 미리 발급하는 것을 금하였다.

3) 후발급

공급시기 도래 후에 세금계산서를 발급하는 것은 허용하지 않는다. 다만, 다음 중 어느 하나에 해당하는 경우에는 재화 또는 용역의 공급일이 속하는 달의 다음 달 10일까지 세금계산서를 발급할 수 있다.

① 합계액에 의해 세금계산서를 발급하는 경우
　㉠ 거래처별로 1역월의 공급가액을 합계하여 해당 월의 말일자를 발행일자로 하여 세금

계산서를 발급하는 경우

㉡ 거래처별로 1역월 이내에서 사업자가 임의로 정한 기간의 공급가액을 합계하여 그 기간의 종료일자를 발행일자로 하여 세금계산서를 발급하는 경우

② 관계 증명서류 등에 따라 실제 거래사실이 확인되는 경우로서 해당 거래일자를 발행일자로 하여 세금계산서를 발급하는 경우

월 합계 세금계산서 발급특례를 허용하는 이유

고정거래업체와 매일 반복적으로 재화·용역을 주고받는 경우 공급시기마다 세금계산서를 발급한다면 불편이 발생할 수 있으며 통상적으로 한 달 단위로 거래정산을 하는 경우가 많은 것을 감안하여 월 합계 세금계산서 발급을 예외적으로 허용하고 있다.

표 3-2 • 세금계산서 선발급 및 후발급의 세법상 처리 요약

구 분		공급자	공급받는 자
선발급	선발급가 허용되는 경우	적 법	적법(매입세액공제)
	선발급가 허용되지 않는 경우	가산세	매입세액불공제
후발급	월합계세금계산서 발급	적 법	적법(매입세액공제)
	공급시기와 동일한 과세기간에 발급	가산세	매입세액공제 (가산세 적용)
	공급시기와 다른 과세기간에 발급	가산세	매입세액불공제[27)]

27) 과세기간 이후 발급받은 경우로서 매입세액공제를 받지 못하는 경우에는 가산세를 부과하지 아니한다.

OX 문제

01 부가가치세 과세대상은 사업자가 공급하는 재화 또는 용역과 사업자가 수입하는 재화이다.

02 건설업은 재화의 공급에 해당한다.

03 재화나 용역의 무상공급에 대하여는 부가가치세가 과세되지 아니한다.

04 재화가 인도되기 전에 계약금 외의 대가를 2회 이상 분할하여 지급하고 계약금지급일로부터 잔금지급일까지의 기간이 6월 이상인 중간지급조건부의 경우 대가를 받을 때 재화의 공급시기로 본다.

05 재화 또는 용역 공급시기 이후에 발급받은 세금계산서로서 당해 공급시기가 속하는 과세기간 내에 발급받은 경우에는 사실과 다른 세금계산서로 보아 공급자 및 공급받는 자에게 가산세를 과세하며, 공급받은 자에게 매입세액공제는 인정하여 주지 아니한다.

정답&해설 **01** × **02** × **03** × **04** × **05** ×

01 수입재화는 사업자 여부와 관계없다.

02 건설업의 일반적 형태인 도급공사는 용역의 공급에 해당한다.

03 특수관계자간 무상의 부동산임대용역을 제외한 용역의 무상공급에 대하여만 부가가치세가 과세되지 아니한다.

04 잔금지급일이 아니고 공급완료일이며 지급일이 아니고 대가의 각 부분을 받기로 한 시점인 지급약정일이다.

05 매입세액공제를 허용한다.

06 재화의 파손에 의하여 가해자로부터 받는 손해배상금은 과세대상거래이다

07 은행이 건물을 처분하는 경우는 과세대상거래이다.

08 매입세액이 불공제된 자동차를 구입하여 가사용으로 사용하는 경우는 과세대상이 아니다.

09 사업자가 생산한 화장품을 광고선전을 위하여 불특정다수인에게 배포하는 경우는 과세대상거래이다.

10 재화의 공급으로 보는 가공의 경우에는 가공이 완료된 때가 공급시기이다.

정답&해설 **06** × **07** × **08** ○ **09** × **10** ×

06 손해배상금은 과세거래가 아니다.

07 면세사업자인 은행의 우발적 또는 일시적 공급은 면세된다. 하지만 은행이 과세사업인 부동산 임대업에 사용하던 건물을 처분하는 경우 과세대상이다.

09 불특정다수인에 대한 광고선전물은 과세대상이 아니다.

10 재화의 공급으로 보는 가공의 공급시기는 인도시점이다.

연습문제

01 다음 중 부가가치세 과세대상의 범위가 가장 적은 것은?

① 재화의 공급

② 재화의 수입

③ 용역의 공급

④ 용역의 수입

정답 ④

부가가치세법에서는 재화와 용역의 공급 및 재화의 수입에 대하여 과세하고 있으며 용역의 수입에 대하여는 부분적으로 과세된다.

02 부가가치세 과세대상에 대한 다음 설명 중 옳은 것은?

① 건설업은 용역의 공급에 해당한다.

② 수표 · 어음 등의 화폐대용증권과 주식 · 사채 등의 지분증권과 채무증권은 재화로 본다.

③ 용역의 무상공급은 과세대상이다.

④ 재화의 수입은 수입한 자가 사업자인 경우에만 세관장이 관세징수의 예에 의하여 부가가치세를 징수하고 있다

정답 ①

② 수표 · 어음 등의 화폐대용증권과 주식 · 사채 등의 지분증권과 채무증권은 그 자체가 소비의 대상이 되지 않으므로 재화로 보지 않는다.

③ 용역의 무상공급의 경우 용역제공의 가치를 평가하기 어렵고 현실적으로 용역활동의 포착이 용이하지 않기 때문에 과세대상에서 제외하고 있다

④ 재화의 수입은 소비지국 과세원칙이 적용되기 때문에 수입한 자가 사업자인지 여부를 불문하고 세관장이 관세징수의 예에 의하여 부가가치세를 징수하고 있다.

03 부가가치세의 과세대상인 부수재화와 용역에 대한 다음의 설명 중 옳지 않은 것은?

① 부수재화 · 용역이란 주된 재화 · 용역의 공급에 필수적으로 부수되는 재화 · 용역을 말한다.
② 주된 재화 · 용역이 과세대상이면 부수재화 · 용역도 과세대상이다.
③ 가전제품을 구입할 때 무상 A/S 보증기간이 있는 경우 무상 A/S는 부수용역의 공급이다.
④ 부수재화 · 용역의 공급은 주된 재화 · 용역의 공급과는 별도로 과세 · 면세 여부를 판단해야 한다.

정답 ④

부수재화 또는 용역의 과세는 모두 주된 재화 또는 용역의 공급에 따라 판단한다. 따라서 주된 재화 또는 용역이 과세대상이면 부수재화 또는 용역도 과세대상이며, 주된 재화 · 용역이 면세대상이면 부수재화 · 용역도 면세대상이다.

04 부가가치세에 대한 다음의 설명 중 옳은 것은?

① 사업자간에 상품 · 제품 · 원재료 등의 재화를 차용 · 소비하고 동종의 재화를 반환하는 경우 부가가치세법상 과세거래가 아니다.
② 국세징수법에 의한 경매의 경우도 재화가 이동되는 것이므로 부가가치세법상 과세거래이다.
③ 과세사업을 위하여 재화를 생산하거나, 취득하면서 부가가치세를 매입세액으로 공제받은 재화 여부에 관계없이 면세사업에 전용하는 경우 부가가치세가 과세된다.
④ 공급시기가 도래하기 전에 발급한 세금계산서에 대하여는 발급하는 때를 당해 재화 또는 용역의 공급시기로 본다.
⑤ 사업자가 자기의 사업과 관련하여 생산하거나, 취득한 재화를 사업과 직접 관계없이 개인적으로 사용 · 소비하는 것은 재화의 공급으로 본다. 다만, 매입세액이 공제되지 아니한 재화이거나, 무상으로 공급하는 작업복 · 작업모 · 작업화, 직장체육비 · 직장연예비와 관련하여 실비변상적 또는 복리후생적 목적으로 사용인에게 무상공급하는 경우는 개인적 공급에 해당하지 않는다.

정답 ⑤

① 소비대차계약의 경우에도 과세거래에 해당함.
② 국세징수법에 의한 경매는 과세대상이 아님.
③ 매입세액이 공제된 경우의 면세전용에 대하여 과세된다.
④ 재화 또는 용역에 대한 대가의 전부 또는 일부를 받은(또는 세금계산서 발급일로부터 7일 이내에 대가를 지급받거나)경우에 한하여 인정된다.

05 다음 중 부가가치세 과세대상 또는 과세거래가 아닌 것은?

① 반환의무가 없는 골프장 입회금
② 현물로 출자하는 경우
③ 음반과 음반에 수록된 해설책자를 공급하는 경우
④ 거래처에 판매장려 및 광고선전물품을 제공하는 경우
⑤ 은행이 사용하던 비품을 처분하는 경우

정답 ⑤

은행이 처분한 고정자산은 우발적 · 일시적으로 공급하는 재화로서 주된 용역에 부수되는 재화이다. 따라서 주된 용역이 면세이므로 부수재화도 면세가 된다.

06 부가가치세법상 재화의 공급시기에 관한 다음의 설명중 옳지 않은 것은?

① 무인판매기에 의한 재화의 공급은 현금을 인취하는 때
② 내국물품을 외국에 반출하는 수출의 경우에는 수출재화의 선적일
③ 사업자가 사업을 폐지하는 때에 잔존하는 재화는 폐업한 때
④ 재화의 공급으로 보는 가공의 경우에는 가공이 완료된 때
⑤ 자가공급의 경우에는 재화가 사용 · 소비된 때

정답 ④

재화의 공급으로 보는 가공의 경우의 공급시기는 가공이 완료된 때가 아니라 가공된 재화를 인도하는 때이다.

07 부가가치세법상 재화의 공급시기에 대한 다음의 설명 중 옳지 않은 것은?

① 건물을 공급하기로 하고 건물공급가액의 일부(공급가액의 10%에 해당)를 받고, 이와 동시에 그 받은 대가에 대하여 세금계산서를 발급하고, 그 발급하는 때를 당해 재화의 공급시기로 하였다. 건물에 대한 대가는 완성비율에 따라 청구될 예정이며 이때 세금계산서를 발급할 예정이다.
② 20×2년 6월 중에 무인판매기를 이용하여 재화를 공급하고 7월 1일에 무인판매기에서 현금을 인취하면서 7월 1일을 재화의 공급시기로 하였다.
③ 선박을 이용하여 내국물품을 외국으로 수출하고 수출재화의 선적일을 재화의 공급시기로 하였다.
④ 사업자가 보세구역 내에서 보세구역 이외의 국내에 수입재화를 공급하며, 수입신고수리일을 재화의 공급시기로 하였다.

⑤ 할부판매(20×2년 4월 1일 재화 인도, 4월말부터 매 1개월마다 3회에 걸쳐 1,000,000원씩 지급하기로 함)를 하고 대가의 각 부분을 받기로 한 때를 재화의 공급시기로 하였다.

정답 ⑤

할부판매는 대가의 각 부분을 받기로 한 때를 공급시기로 하지 않고 인도일을 공급시기로 한다.

08 다음의 거래 중 부가가치세가 과세되는 거래는?

① 총괄납부승인을 얻은 사업자가 판매목적으로 제품을 직매장으로 반출하는 경우
② 사업양도로서 사업양수자가 해당 부가가치세를 지급할 날이 속하는 다음달 25일까지 관할 세무서장에게 납부한 경우
③ 화장품제조업을 영위하는 사업자가 광고선전을 목적으로 자기가 생산한 광고선전용 화장품을 그 대리점을 통하여 불특정다수인에게 무상으로 증여하는 경우
④ 의류제조업을 영위하는 사업자가 납부하여야 할 상속세를 의류제조업에 제공하고 있는 공장용 건물로 물납하는 경우
⑤ 사업자가 원재료를 판매하는 다른 사업자에게 원재료의 외상매입대금의 담보를 위하여 그가 소유하고 있는 공장용 건물의 소유권을 이전하는 경우

정답 ②

①은 총괄납부승인을 받았으므로,
③은 불특정다수인에 대한 광고선전물이므로,
④는 물납이므로,
⑤는 담보목적의 양도이므로 각각 부가가치세의 과세대상이 되지 아니한다.

09 다음 중 부가가치세가 과세되는 거래가 아닌 것은?

① 중고자동차 매매사업자가 사업에 사용하던 중고 컴퓨터를 사업자가 아닌 개인에게 판매하였다.
② 사업자가 아닌 개인이 소형승용차를 수입하였다.
③ 면세사업자가 중고자동차 매매사업자로부터 사무실로 사용하던 건물을 구입하였다.
④ 사업자가 아닌 개인이 사용하던 소형승용차를 중고자동차 매매사업자에게 판매하였다.
⑤ 사업자가 아닌 개인이 국민주택 규모를 초과하는 아파트를 분양받았다.

정답 ④

비사업자는 부가가치세 납세의무자가 아니다.

10 다음은 컴퓨터판매 및 유지보수용역을 제공하는 일반과세자인 갑이 20×9년 1월부터 6월까지 거래한 내역이다. 갑의 20×9년 제1기 부가가치세 과세표준은 얼마인가? 모든 금액은 부가가치세를 제외한 공급가액이며, 세금계산서는 세법에서 정하는 원칙에 따라 발행되었다.

> (1) 1월 10일 A에게 20,000,000원하는 대형컴퓨터를 판매하고 1월 10일부터 20개월간 매달 10일에 1,000,000원씩 받기로 하였다.
> (2) 1월 10일부터 20개월간 A와 컴퓨터 유지보수 계약을 맺고, 1월 10일부터 20개월간 매달 10일에 200,000원씩 받기로 하였다.
> (3) 2월 20일에 B에게 10,000,000원하는 중형컴퓨터를 판매하고 2월 20일부터 10개월간 매달 20일에 1,000,000원씩 받기로 하였다.
> (4) 2월 10일부터 10개월간 B와 컴퓨터 유지보수 계약을 맺고, 2월 10일부터 10개월간 매달 10일에 200,000원씩 받기로 하였다.

① 36,000,000원 ② 32,200,000원 ③ 22,000,000원
④ 18,200,000원 ⑤ 13,200,000원

정답 ④

- 재화의 장기할부판매의 공급시기: 대가의 각 부분을 받기로 한때
- 재화의 단기할부판매의 공급시기: 재화를 인도하는 시점
- 공급단위를 구획할 수 없는 용역을 계속적으로 제공하는 용역의 공급시기: 대가의 각 부분을 받기로 한 때

(1)은 장기할부(6,000,000원), (2)는 중간지급조건부(1,200,000원), (3)은 단기할부(10,000,000원), (4)는 중간지급조건부임(1,000,000원)

11 다음 중 부가가치세법상 재화의 공급에 해당하는 것은? 단, 다음의 각 경우에 있어서 재화는 당초 부가가치세법상 매입세액이 공제되지 아니한 재화이고, 당해 사업장은 주사업장 총괄납부사업자 또는 사업자단위 과세사업자가 아니다.

① 사업자가 자기의 사업과 관련하여 취득한 재화를 자기의 개인적인 목적으로 소비한 경우
② 사업자가 자기의 사업과 관련하여 생산한 재화를 자기의 고객에게 증여한 경우
③ 과세사업과 관련하여 취득한 재화를 부가가치세가 면제되는 재화를 공급하는 사업을 위하여 사용한 경우
④ 사업자가 사업을 폐지하는 때에 재화가 잔존하는 경우
⑤ 2 이상의 사업장이 있는 사업자가 자기사업과 관련하여 취득한 재화를 타인에게 직접 판매할 목적으로 다른 사업장에 반출한 경우

정답 ⑤

판매목적 타사업장 반출의 경우에는 당초 매입세액이 공제되지 않았다 하더라도 재화의 공급으로 본다.

12 부가가치세법상 재화와 용역의 공급에 관한 다음의 설명 중 옳지 않은 것은?

① 사업자가 자기의 사업과 관련하여 취득한 재화를 자기의 과세사업과 관련한 수선비 등에 대체하여 사용하거나 소비하는 경우에는 재화의 공급으로 보지 않는다.

② 건설업을 영위하는 사업자가 건설자재의 일부 또는 전부를 부담하고 용역을 공급한 경우 사업자가 부담한 건설자재는 용역의 공급으로 본다.

③ 사업자가 위탁가공을 위하여 원자재를 국외의 수탁가공사업자에게 대가없이 반출하는 경우에는 재화의 공급으로 보지 않는다.

④ 사업자가 자기의 고객 중 추첨을 통하여 당첨된 자에게 자기가 취득한 재화(해당 경품 구입에 대한 매입세액이 불공제되는 경우는 제외함)를 경품으로 제공하는 경우에는 과세되는 재화의 공급으로 본다.

⑤ 사업자가 자기의 사업과 관련하여 거래처에 경영컨설팅 용역을 무상으로 제공하는 경우에는 과세되는 용역의 공급으로 본다.

정답 ⑤

용역의 무상공급은 부가가치세의 과세대상이 아니다. 단, 특수관계인에게 사업용부동산을 무상임대 한 경우에는 과세된다.

13 부가가치세법상 공급시기에 관한 설명이다. 옳지 않은 것은? **[CPA 2020]**

① 사업자가 재화의 공급시기가 되기 전에 세금계산서를 발급하고, 그 세금계산서 발급일로부터 7일 이내에 대가를 받으면 해당 대가를 받은 때를 재화의 공급시기로 본다.

② 사업자가 재화의 공급시기가 되기 전에 재화에 대한 대가의 전부 또는 일부를 받고, 그 받은 대가에 대하여 세금계산서를 발급하면 그 세금계산서를 발급하는 때를 그 재화의 공급시기로 본다.

③ 사업자가 폐업 전에 공급한 재화의 공급시기가 폐업일 이후에 도래하는 경우에는 그 폐업일을 공급시기로 본다.

④ 사업자가 장기할부판매로 재화를 공급하는 경우 공급시기가 되기 전에 세금계산서를 발급하면 그 발급한 때를 그 재화의 공급시기로 본다.

⑤ 재화의 공급으로 보는 가공의 경우 가공된 재화를 인도하는 때를 공급시기로 본다.

정답 ①

사업자가 재화의 공급시기가 되기 전에 세금계산서를 발급하고, 그 세금계산서 발급일로부터 7일 이내에 대가를 받으면 해당 세금계산서를 발급한 때를 재화의 공급시기로 본다.

14 부가가치세법상 재화의 공급에 해당하지 않는 것은? **[CTA 2021]**

① 공동사업자 구성원이 각각 독립적으로 사업을 영위하기 위하여 공동사업의 사업용 고정자산인 건축물을 분할등기하는 경우 해당 건축물의 이전

② 사업자간에 상품·제품 등의 재화를 차용하여 사용하거나 소비하고 동종 또는 이종의 재화를 반환하는 소비대차의 경우의 해당 재화의 차용 또는 반환

③ 사업자가 폐업할 시 자기생산·취득재화(매입세액공제 받음) 중 남아 있는 재화

④ 재화의 인도 대가로서 다른 재화를 인도받거나 용역을 제공받는 교환계약에 따른 재화의 인도·양도

⑤ 출자자가 자기의 출자지분을 타인에게 양도·상속·증여하거나 법인 또는 공동사업자가 출자지분을 현금으로 반환하는 경우

정답 ⑤

출자지분(주식)은 재화에 해당하지 않는다.

15 부가가치세법상 과세거래에 관한 설명이다. 옳지 않은 것은? **[CPA 2021]**

① 신탁의 종료로 인하여 수탁자로부터 위탁자에게 신탁재산을 이전하는 경우 재화의 공급으로 보지 아니한다.

② 사업자가 자기의 사업과 관련하여 사업장 내에서 사용인에게 음식을 무상으로 제공하는 경우 용역의 공급으로 보지 아니한다.

③ 사업자가 대가의 전부를 자기적립마일리지로만 결제받고 재화를 인도하는 경우 재화의 공급으로 본다.

④ 사업자단위과세 사업자가 자기의 사업과 관련하여 생산 또는 취득한 재화를 판매할 목적으로 자기의 다른 사업장에 반출하는 경우 재화의 공급으로 보지 아니한다.

⑤ 사업자가 내국신용장에 의해 재화를 공급받아 영세율을 적용받은 재화를 자기의 면세사업을 위하여 직접 사용하거나 소비하는 경우 재화의 공급으로 본다.

정답 ③

자기적립마일리지로만 결제받은 경우에는 재화의 공급으로 보지 않는다. 자기적립외 마일리지로만 결제받은 경우에 사업상증여로 본다.

16 부가가치세법상 과세대상에 관한 설명이다. 옳은 것은? **[CPA 2022]**

① 외국 선박에 의하여 공해(公海)에서 잡힌 수산물을 국내로 반입하는 거래는 과세대상이 아니다.

② 사업자가 아닌 개인이 중고자동차를 사업자에게 판매하는 거래는 과세대상이지만, 사업자가 아닌 개인이 소형승용차를 외국으로부터 수입하는 거래는 과세대상이 아니다.

③ 사업자가 사업을 위하여 「재난 및 안전관리 기본법」의 적용을 받아 특별재난지역에 물품을 증여하는 경우는 과세대상이 아니다.

④ 사업자가 「민사집행법」에 따른 경매로 재화를 공급하는 경우는 과세대상이지만, 「국세징수법」에 따른 공매로 재화를 공급하는 경우는 과세대상이 아니다.

⑤ 사업자가 주요자재를 전혀 부담하지 아니하고 인도받은 재화를 단순히 가공만 해 주는 경우는 과세대상이 아니다.

정답 ③

① 재화의 수입에 해당하므로 과세대상 거래이다.
② 비사업자가 중고자동차를 판매하는 것은 과세대상 거래가 아니다.
③ 특별재난지역에 공급하는 물품은 사업자가 증여하더라도 사업상 증여로 보지 않으므로 과세대상 거래가 아니다.
④ 「민사집행법」에 따른 경매로 재화를 공급하는 경우는 재화의 공급으로 보지 않는다.
⑤ 용역의 공급(임가공)에 해당하므로 과세대상 거래이다.

Chapter 4 영세율과 면세

AN INTRODUCTION TAX LAW

1 영세율

(1) 영세율의 의의

1) 영세율 제도의 개요

영세율제도란 일정한 재화 또는 용역의 공급에 대하여 영(0%)의 세율을 적용하는 제도를 말한다. 이 경우 그 거래의 매출세액은 '0'이 되므로 거래상대방은 부가가치세를 거래징수당하지 않게 되며 사업자가 부담한 매입세액은 전액 환급받는 결과가 나오게 되므로 이를 '완전면세'라고 부르고 있다.

2) 영세율 제도의 취지

① 소비지국과세원칙을 구현하며 국가간 이중과세를 방지한다. 수출의 경우 생산지국과 소비지국에서 각각 부가가치세를 과세한다면 동일재화의 부가가치에 대하여 국가간 이중과세 문제가 발생하게 된다. 결국 국외의 소비자들이 우리나라 부가가치세의 부담을 지지 않도록 함으로서 소비지국 과세원칙을 구현하게 된다.

② 영세율 제도는 수출산업을 지원하는 목적을 가지고 있다. 영세율이 적용되면 부가가치세 부담이 완전히 없어지므로 제품의 가격경쟁력이 향상되어 수출경쟁력을 확보하도록 하는 것이다.

③ 영세율 제도는 외화획득을 장려하고 있다. 수출 등과 관련이 있는 국내거래 또는 대금을 외국환은행을 통해 원화로 받는 것 등 외화획득이 발생하는 거래에 대하여도 영세율이 적용된다.

④ 조세특례제한법에서는 수출이나 외화획득과는 무관하게 국가정책적인 목적으로 특정한 재화나 용역의 소비에 대하여 영세율을 적용하기도 한다.

(2) 영세율 적용대상자

영세율 적용대상자는 우선 과세사업자이어야 한다. 영세율 제도는 세율을 '0'로 적용하는 차이점 외에는 일반적인 부가가치세법상 납세자와 동일하므로 사업자등록 · 세금계산서 발급

등의 납세의무자로서의 모든 의무를 이행하여야 한다. 한편 면세사업자는 부가가치세법상 사업자가 아니므로 면세를 포기하지 않는 한 영세율을 적용받을 수 없다.

영세율은 원칙적으로 거주자 또는 내국법인에 한해 적용된다. 외국법인이나 비거주자의 경우 영세율 적용은 상호면세주의에 따른다. 즉, 그 외국에서 대한민국의 거주자 또는 내국법인에게 동일한 면세를 하는 경우에만 영세율을 적용하는 것이다.

(3) 영세율 적용대상거래

1) 수출하는 재화

① 직수출: 내국물품을 외국으로 반출하는 것

② 국내사업장에서 계약과 대가수령 등의 거래가 이루어지는 것으로서 중계무역 수출[28], 위탁판매수출[29], 외국인도수출[30], 위탁가공무역 수출[31], 대행위탁수출[32]

③ 내국신용장[33] 또는 구매확인서에 의해 공급하는 재화(금지금은 제외한다). 다만, 내국신용장 등은 재화 · 용역을 공급한 과세기간의 종료 후 25일 이내에 개설 · 발급받는 경우에 한한다.

내국신용장 개설시기 또는 구매확인서 발급시기	세 율
공급시기 전 또는 공급시기에 개설 · 발급	0%
공급시기가 속하는 과세기간이 끝난 후 25일 이내 개설 · 발급	0%
공급시기가 속하는 과세기간이 끝난 후 25일 이후 개설 · 발급된 경우	10%

④ 한국국제협력단, 한국국제보건의료재단 또는 한국적십자사에 공급하는 재화(명기된 단체가 관련 사업을 위하여 해당 재화를 무상으로 반출하는 경우에 한한다)

---

28) 국외에서 물품이 국내에 반입 · 반출되지 않는 대외무역법에 의한 중계무역

29) 물품을 무환으로 수출하여 해당물품이 판매된 범위에서 대금이 결제되는 방식

30) 국내에서 통관되지 않은 수출물품을 외국으로 인도하는 경우로서 해외로 기반출된 건설장비수출 등이 여기에 포함된다.

31) 한 나라의 업체가 다른 나라의 업체에 원자재를 제공하여 생산을 위임하여 생산된 제품을 제3국에 수출하는 무역거래 형태로 임가공이라고도 한다. 위탁자 입장에서는 위탁가공무역이 되고, 위탁을 받는 입장에서는 수탁가공무역이 된다.

32) 대행위탁수출이란 수출품생산업자가 수출업자의 명의를 빌려서 자기의 계산으로 내국물품을 외국으로 반출하는 것을 말한다. 수출품생산업자는 영세율을 적용받을 수 있으나 수출업자의 수출대행수수료는 국내 용역의 공급이므로 영세율이 적용되지 않는다.

33) ① 신용장 (L/C, Letter of Credit): 국제거래에서 수입업자의 의뢰를 통해 수입업자의 거래은행이 특정한 조건 하에서 수출업자가 수입업자 앞으로 발행하는 어음 등의 인수지불을 보증하는 서류

② 내국신용장 (Local L/C): 외국환은행의 장이 발급하여 국내에서 통용되는 신용장으로 수출에 필요한 완제품이나 원자재를 국내에서 조달하기 위하여 원신용장을 담보로 원신용장의 개설 통지은행이 국내의 공급자를 수혜자로 하여 개설하는 제2의 신용장

③ 구매확인서: 수출금융한도 부족 등으로 내국신용장 개설이 어려운 경우 외화획득용 원료 또는 물품을 국내에서 구매하려는 수출업자의 신청에 의하여 외국환은행의 장이 내국신용장에 준하여 발급하는 증서

2) 국외제공 용역

국외에서 제공하는 용역은 거래상대방이나 대가지급방법을 불문하고 제공장소가 국외이기만 하면 영세율이 적용된다. 예를 들어 국외건설공사를 도급받은 사업자로부터 건설공사를 하도급받아 국외에서 건설용역을 공급하고, 대가를 국내사업자로부터 원화로 받더라도 영세율이 적용된다.[34)]

3) 외국항행용역

'외국항행용역'이란 선박 또는 항공기에 의해 여객이나 화물을 국내에서 국외로, 국외에서 국내로 또는 국외에서 국외로 수송하는 것을 말한다. 이는 사실상 국내거래와 국외거래가 혼합되어 있으나 그 구분이 곤란하므로 전체를 영세율로 규정하고 있다.

4) 기타 외화획득 재화 · 용역

① 국내에서 비거주자 또는 외국법인에게 공급하는 재화[35)] 또는 용역[36)]으로서 다음의 요건을 충족하는 경우[37)]

㉠ 비거주자 또는 외국법인이 국내사업장이 없는 경우에는 그 대금을 외국환은행에서 원화로 받는 것[38)]

㉡ 비거주자 또는 외국법인이 국내사업장이 있는 경우에는 국외의 비거주자 또는 외국법인과 직접계약에 의하여 공급하는 것으로서 그 대금을 국외의 비거주자 또는 외국법인으로부터 외국환은행을 통하여 원화로 받는 것

② 수출업자와 직접도급계약에 의하여 수출재화를 임가공하는 수출재화임가공용역[39)]

---

34) 국외공급용역의 부수재화공급에 대한 영세율적용을 위한 것으로 용역공급의 전단계 국내거래에 대하여도 영세율을 적용하여 수출경쟁력 제고를 위한 것이다. 외국법인의 의뢰에 의해 국내에 건설용역제공 후 외국법인으로부터 대가를 수취하는 것은 영세율적용대상 거래가 아니다. 해외에서의 부동산임대는 국외에서 용역공급이 이루어지고 용역공급전단계 국내 거래의 여지가 없으므로 영세율대상이 아닐 뿐만 아니라 부가가치세 과세대상거래에 해당하지 아니한다.

35) 공급하는 것이 재화일 경우에는 비거주자 또는 외국법인이 지정하는 국내사업자에게 인도되는 재화로서 인도받은 사업자의 과세사업에 사용되는 재화를 말한다.

36) 공급하는 것이 용역일 경우에는 전문과학 및 기술서비스업, 임대업 중 무형재산권 임대업, 통신업(소포송달업 제외), 컨테이너수리업, 보세구역의 창고업, 해운대리점업 및 해운중개업, 뉴스제공업, 영화산업(영화관운영업과 비디오물감상실 운영업 제외), 상품종합중개업, 잔자상거래 소매 중개업 · 교육서비스업 등 일정한 사업에 해당하는 용역을 말한다.

37) 다만 다음의 경우에는 해당 국가에서 우리나라의 거주자 또는 내국법인에 대하여 동일하게 면세하는 경우(우리나라의 부가가치세 또는 이와 유사한 성질의 조세가 없거나 면세하는 경우를 말한다)에 한정한다.
- 전문서비스업(법무(변호사, 변리사, 법무사업), 회계 및 세무(회계사, 세무사업), 광고업, 시장조사업, 경영컨설팅업)
- 사업지원서비스업(인력공급 · 고용알선업, 사무지원서비스업 등)
- 「자본시장과 금융투자업에 관한 법률」에 따른 투자자문업

38) 국내사업장이 없는 비거주자나 해외법인을 위해 국내에서 수행되는 용역으로 예를들어 미국 디즈니사를 위한 국내 수행 만화제작용역이 여기에 해당한다. 영세율을 적용하여 외국 경쟁업체와의 가격경쟁력을 확보하고 수행된 만화용역의 산출물을 기초로 최종 제작된 만화콘텐츠의 소비가 해외에서 이루어지는 점을 고려한 것이다.

③ 외국을 항행하는 선박 및 항공기 또는 원양어선에 공급하는 재화 · 용역[40]

④ 관광진흥법 시행령에 따른 일반여행업자의 외국인관광객에 대한 관광알선용역 및 관광진흥법 시행령에 따른 외국인 전용 관광기념품 판매업자가 외국인 관광객에게 공급하는 관광기념품

⑤ 국내에 주재하는 외국정부기관 · 국제기구 · 국제연합군 또는 미국군에게 공급한 재화 · 용역 등

5) 조세특례제한법에 의한 영세율 적용

소비지국과세원칙이나 외화획득과는 무관하게 국내소비에 대한 부가가치세 부담을 완전히 제거하기 위하여 특별하게 영세율을 적용한다.

① 방위산업물자, 국군부대 등에 공급하는 석유류 등

② 장애인용 보장구, 특수 소프트웨어 등

③ 농민, 임업종사자, 어민 등에게 공급하는 일정한 기자재

(4) 영세율 첨부서류

영세율이 적용되는 경우에는 부가가치세 예정 · 확정신고시 영세율임을 증명하는 서류를 제출하여야 한다.

① 수출하는 재화: 수출실적명세서, 수출계약서사본 또는 외화입금증명서 등

② 국외에서 제공하는 용역: 외화입금증명서 또는 국외에서 제공하는 용역에 관한 계약서 등

③ 선박 · 항공기의 외국항행용역: 선박의 경우 외화입금증명서, 항공기의 경우 공급가액확정증명서 등

영세율첨부서류를 제출하지 않은 경우에도 영세율 대상임이 확인되는 경우 영세율을 적용하나 영세율 과세표준 신고불성실가산세가 적용되는 점에 유의하여야 한다.

(5) 영세율과 세금계산서

1) 세금계산서 발급

원칙적으로 영세율도 부가가치세법상 거래이므로 '0'의 세율을 기재한 세금계산서를 발급하여야 한다. 대표적인 예로 내국신용장 또는 구매확인서에 의한 수출, 수출재화임가공용역 등이 이에 해당한다.

---

39) 사업자가 부가가치세를 별도로 기재한 세금계산서를 발급한 경우에는 영세율을 적용하지 아니한다.

40) 예를 들어 외국항행선박에 제공하는 선박수리용역이나 하역용역이 이에 해당한다.

2) 세금계산서 발급의무의 면제

직수출, 국외에서 제공하는 용역, 항공기의 외국항행용역에 대하여는 세금계산서의 발급의무가 면제된다.

2 면 세

(1) 면세의 의의

면세제도란 일정한 재화 또는 용역의 공급에 대한 부가가치세의 납세의무를 면제하는 제도이다. 따라서 면세사업자는 과세표준의 신고, 세금계산서 발급 등의 의무가 없다. 면세사업자는 재화 또는 용역을 생산 · 취득하기 위하여 부담한 매입세액은 환급받지 못하므로 그 매입세액은 원가에 가산되어 다음 거래상대방에게 전가된다. 이처럼 면세제도는 당해 거래에서 창출된 부가가치에 대하여는 과세하지 아니하나 그 이전 단계에서 창출된 부가가치까지 면제하는 것은 아니므로 이를 '부분면세'라고 한다.

현행 부가가치세법은 10% 단일세율구조를 취하고 있어서 역진적인 조세라고 할 수 있다. 이러한 부가가치세의 역진성을 완화하기 위하여 기초생활필수품 등에 부가가치세를 면제시켜서 최종소비자의 부담을 덜어주는 것이 면세의 취지라 할 수 있다.

부가가치세의 역진성 완화 장치

- 부가가치세법: 면세(생활필수품 등에 대하여 부가가치세 면세 적용)
- 세법: 개별소비세(사치품 등에 대하여 개별소비세 과세)

(2) 면세의 적용대상

부가가치세법상 면세 규정은 열거 규정으로 법에 정한 요건에 부합한 경우에 한하여 면세를 적용한다. 면세되는 재화 또는 용역의 공급에 통상적으로 부수되는 재화 또는 용역의 공급은 면세로 본다. 현행 세법에 따른 면세대상은 간략히 살펴보면 다음과 같다.[41]

41) 정책적인 목적으로 조세특례제한법에서는 다음과 같은 항목에 대하여 부가가치세를 면제하고 있다. 온실가스배출권(25년말), 전기·수소이용 시내버스 및 마을버스(25년말), 외국인 관광객 숙박용역에 대한 부가가치세 환급(25년말)

구 분	내 용
기초생활 필수 재화 · 용역	① 국산, 외국산 미가공식료품(식용제공 농 · 축 · 수 · 임산물) ② 국내생산 비식용의 농 · 축 · 수 · 임산물 ③ 수돗물(먹는 샘물은 과세) ④ 연탄 · 무연탄 ⑤ 여객운송용역(항공기 · 고속버스 · 전세버스 · 택시 · 특수자동차 또는 특종 선박 및 고속철도에 의한 여객운송용역은 제외)[42)] ⑥ 여성용 생리처리 위생용품
국민후생용역	① 일정한 의료보건용역[43)]과 혈액 (의약품 단순판매는 과세) ② 정부의 허가 · 인가 또는 등록 · 신고한 학교, 학원, 강습소, 훈련원 또는 비영리단체 및 청소년수련시설과 사회적기업의 교육용역. 단, 교육용역 중 무도학원(舞蹈學院)과 자동차운전학원은 과세된다(무허가 · 무인가 교육용역은 과세, 교육내용 불문). ③ 주택과 이에 부수되는 토지의 임대용역(상가는 과세) ④ 산후조리원 용역 ⑤ 공동주택 내 어린이집의 임대용역
문화관련 재화 · 용역	① 도서, 신문(인터넷신문포함), 잡지, 관보, 뉴스, 통신, 방송 (광고는 과세) ② 예술창작품(골동품 제외), 예술행사, 문화행사 등 ③ 도서관, 과학관, 박물관, 미술관, 동물원, 식물원의 입장
부가가치 구성요소	① 금융 · 보험용역 ② 법정된 자가 직업상 제공하는 인적용역 ③ 토지의 공급(토지의 임대는 과세)
기 타	① 우표(수집용 우표는 제외), 인지, 증지, 복권, 공중전화 ② 판매가격 200원 이하인 제조담배 및 특수제조용 담배 ③ 종교, 자선, 학술, 구호 등의 공익목적단체가 공급하는 재화 · 용역 ④ 국가 · 지방자치단체 · 지방자치단체조합이 공급하는 재화 · 용역 (단, 소포우편물 방문접수 배달용역 제외) ⑤ 국가 · 지방자치단체 · 공익단체에 무상으로 공급하는 재화 · 용역 ⑥ 국민주택 및 해당 주택의 건설용역(리모델링용역 포함)

42) 스키장, 관광지 등의 케이블카 및 관광용 유람선, 순환버스, 모노레일 및 관광사업목적 일반철도(바다열차 등)도 면세에서 제외된다.

43) 사회적 기업 및 사회적협동조합이 제공하는 간병, 산후도우미, 보육용역도 면세대상에 포함된다.

표 4-1 • 면세와 과세 비교

구 분	면 세	과 세
기초생활필수 재화 · 용역	미가공식료품(국내 외 불문)	가공식료품
	국내생산 가공 비식용	국외생산 가공 비식용
	수돗물	먹는 샘물
	연탄 · 무연탄	유연탄 · 갈탄 · 착화탄
	시내버스, 시외버스, 고속버스	우등 고속버스, 택시
국민후생용역	치료목적의 의료보건용역	미용목적 성형, 애완동물진료용역[44]
	약사의 의약품제조	약국에서의 단순의약품 판매
	인허가 교육용역	무허가 교육용역
	주택과 부수토지의 임대	상가의 임대
문화관련	도서, 신문, 잡지	광고
부가가치 구성요소	토지의 공급	건물의 공급
주택의 공급	국민주택규모 이하 주택공급	국민주택규모 초과 주택공급

1) 미가공식료품(국산, 외국산 불문)

미가공식료품이란 농 · 축 · 수 · 임산물 및 소금으로서 전혀 가공되지 아니하였거나 원생산물의 본래의 성질이 변하지 아니하는 정도의 1차 가공을 거친 것으로 면세가 적용된다. 미가공식료품에는 김치 · 두부 등 단순가공식료품, 쌀에 식품첨가물을 첨가 또는 코팅하거나 버섯균을 배양시킨 것, 미가공식료품을 단순히 혼합한 것을 포함한다.[45] 단순히 운반편의를 위한 일시적 병입 등의 포장의 경우는 미가공식료품에 해당하며 데친 채소류, 김치, 단무지, 젓갈류, 게장, 두부, 간장, 된장 등으로서 제조시설을 갖추고 판매목적으로 병입 또는 유사형태로 포장하여 공급하는 경우도 면세에 해당한다.[46]

구 분	미가공의 판단기준
농 · 축 · 수 · 임산물 및 소금	본래의 성질이 변화되었는지 여부
단순가공식품	규격단위 특수포장 여부

---

44) 인간 질병치료 목적의 의료용역을 면세하는 국제기준에 맞춰 수의사가 제공하는 동물진료용역은 과세한다. 다만, FTA 등으로 인한 축 · 수산업계의 어려움을 감안하고, 장애인 보조견의 진료용역 및 질병예방목적의 동물진료용역 그리고 기초수급자가 기르는 동물의 진료용역에 한정하여 다음에 해당하는 진료용역에 대하여는 면세한다.
① 축산물 위생관리법에 따른 가축에 대한 진료용역
② 수산생물질병 관리법에 따른 수산동물에 대한 진료용역
③ 장애인복지법 제40조 제2항에 따른 장애인 보조견표지를 발급받은 장애인 보조견에 대한 진료용역
④ 국민기초생활 보장법 제2조 제2호에 따른 수급자가 기르는 동물의 진료용역
⑤ 기타 질병 예방 및 치료 목적의 동물 진료용역으로서 농식품부 장관이 고시하는 용역

45) 예를 들어 김은 미가공이나 포장된 맛김은 가공식료품이며, 천일염은 미가공이나 맛소금 · 죽염은 가공식료품에 해당한다. 가공을 거치면서 가치 및 가격이 상승해 있으며 당해 소비자에게 부가가치세를 부담하도록 함에 있어 저항감이 없을 것이며 사업규모나 거래금액에 비추어 부가가치세 의무를 충분히 이행할 수 있을 것이다.

46) 서민 생활물가 안정을 위해 부가가치세가 과세되는 포장김치 등 단순가공식품에 대해 25년말까지 공급하는 때에는 면세한다. 참고로 가열되거나 볶음되는 김치는 여전히 과세된다.

미가공식료품과 음식점업

- 미가공식료품을 음식점에서 제공하는 경우 서비스라는 용역과 함께 공급되는 것이므로 미가공식료품은 서비스용역에 부수되어 과세된다
- 매운탕의 재료와 같이 본래의 성질을 그대로 유지하는 정도로 가공되어 하나의 거래단위로 판매될 수 있도록 포장하여 공급하는 재화인 경우에는 부가가치세가 면제된다.

2) 여객운송용역

대중교통의 여객운송용역은 대부분 일반국민이 이용하는 생활에 필수적인 것이므로 법령에 과세하는 조항이 없으면 여객운송용역은 면세된다. 우등고속버스, 항공기 등과 같이 부가가치세가 과세되는 경우 열거되고 있으며 열거되지 않은 시내버스를 통한 여객운송용역은 면세되는 것이다.

3) 일정한 의료보건용역[47]과 혈액(의약품 단순판매는 과세)

의료보건용역과 혈액(동물의 혈액[48] 포함) 등은 국민후생용역으로 면세를 적용한다. 단, 국민건강보험 비급여항목 중 다음 항목은 과세한다.

① 쌍꺼풀 수술, 코성형수술, 유방확대 · 축소술[49], 지방흡인술, 주름살제거술[50]

② 수의사 및 동물병원이 제공하는 애완동물진료용역

의료법에 따른 의료보건 용역

- 의사 등 자격을 가진 자가 제공하거나 관련법에 의거 설립된 의료기관이 제공하는 의료보건용역은 면세하지민 자격·면허가 없는 자가 제공하는 진료용역은 면세히지 않는디.
- 의료법에 규정하는 안마사가 아닌 사람이 의료법에 규정하는 안마사를 고용하여 제공하는 안마용역은 면세대상인 의료법에 규정하는 안마사가 제공하는 용역에 해당하지 아니한다.
- 병원 처방에 따라 공급하는 의약품 및 환자에게 직접 제공하는 식사 등은 부수재화로서 면세되나 처방전에 의하지 않은 의약품 판매나 외래환자나 보호자에게 제공되는 식사 등은 통상적으로 부수되는 것이 아니므로 면세되지 아니한다.
- 의료보건용역만을 면세하므로 약사가 조제행위없이 일반의약품을 판매하는 경우는 재화의 공급으로 과세대상이다.

---

47) 의사, 치과의사, 한의사, 간호사, 조산사 등 자격면허를 갖춘자가 제공하는 용역(처방전에 의하지 않은 의약품은 과세), 사회적 기업이 제공하는 간병, 산후도우미, 보육용역 등을 2013년부터 면세대상에 포함하였다.

48) 동물 질병치료를 지원하기 위해 치'25.1.1. 이후 공급하는 분부터 치료·예방·진단 목적으로 조제한 동물의 혈액 공급을 추가

49) 유방암수술에 따른 유방재건술 제외

50) 관광산업 활성화 등의 목적으로 25년말까지 외국인관광객 미용성형 의료용역에 대한 부가가치세를 환급해 주고 있다.

4) 교육용역

면세대상 교육용역은 주무관청의 허가나 인가 등을 받아 주무관청이 지도·감독하는 해당 교육기관이나 학원·강습소·훈련원·교습소와 같은 그 밖의 비영리단체로서 영유아보육법, 초·중등교육법 등과 같은 교육시설관련법 및 평생교육법 등에 따른 허가나 인가 등을 받아 설립된 비영리단체의 교육용역을 말한다. [51)]

교육용역 제공시 필요한 교재·실습자재 그 밖의 교육용구의 대가를 수강료 등에 포함하여 받는 경우 주된 용역인 교육용역에 부수되는 재화 또는 용역의 대가로서 면세한다.

5) 주택과 이에 부수되는 토지의 임대용역에 대한 면세

주택 및 그 부수토지의 임대용역의 공급에 대해서는 부가가치세를 면제한다. 여기서 주택이라 함은 상시 주거용으로 사용하는 건물을 말한다. 또한 부수토지란 다음의 면적을 초과하지 않는 토지의 임대를 말하며, 이를 초과하는 부분은 면세되지 않는다.

> 주택부수토지의 한계면적 = Max[①, ②]
> ① 건물정착면적 × 5배(도시지역 밖의 토지는 10배)
> ② 주택의 연면적(지하층의 면적, 지상층의 주차용 및 주민공동시설면적은 제외)

주택임대용역

- 주택임대를 면세하는 취지는 소비자인 임차인의 부가가치세를 경감시켜주려는 취지이므로 면세대상인 주택의 임대에 해당하는지 여부는 임차인이 실제로 당해 건물을 상시 주거용으로 사용하는지에 따라 판단한다.
- 고시원으로 허가받았다고 하더라도 주거에 필요한 독립된 설비를 갖추고 주택임대차계약과 유사한 계약을 체결하여 주거용으로 사용하는 경우 주택으로 보아 면세한다.
- 레지던스업을 영위하기 위하여 건물소유자로부터 임차하여 레지던스 투숙객들에게 임대하여 받는 대가는 투숙객에게 숙박용역을 제공한 대가이므로 부가가치세 과세대상이다.

임대주택에 부가가치세가 과세되는 사업용 건물이 함께 설치되어 있는 경우(이를 겸용주택이라 한다)에는 다음과 같이 그 면세여부를 판정한다.

---

51) 교육시설의 일반적 사용(운동시설 혹은 주차장 등으로 사용) 혹은 외부인의 목적에 따른 이용(자격시험 응시 등)을 허락하면서 무료나 실비수준 정도의 사용료를 받는 경우에는 면세된다.

구 분	건 물	부수토지
주택면적 > 사업용 건물면적	전부를 주택으로 보아 면세적용	Min[①, ②] ① 토지면적 ② Max[건물연면적, 건물정착면적의 5배(도시지역밖의 토지 10배)]
주택면적 ≤ 사업용 건물면적	주택부분만 면세적용	Min[①, ②] ① 토지면적 × $\frac{\text{주택연면적}}{\text{건물연면적}}$ ② Max[주택연면적, 주택정착면적의 5배(도시지역밖의 토지 10배)] * 주택정착면적은 건물정착면적 × $\frac{\text{주택연면적}}{\text{건물연면적}}$

예제 1 겸용주택의 면세

다음은 단층 겸용주택의 임대와 관련한 사항이다. 면세되는 토지와 건물의 면적은 얼마인가?

- 주택의 면적: 200㎡
- 점포의 면적: 200㎡
- 부수토지의 면적: 1,200㎡

해설

1. 면세되는 건물의 면적

주택 ≤ 점포 이므로 주택부분만 면세된다. ☞ 200㎡

2. 면세되는 토지의 면적

Min[①, ②] = 600㎡

① 토지면적 × $\frac{\text{주택연면적}}{\text{건물연면적}}$ = 1,200㎡ × $\frac{200}{400}$ = 600

② Max[주택연면적, 주택정착면적의 5배(도시지역 밖의 토지 10배)]
= Max[200㎡, 200㎡ × 5배] = 1,000㎡

6) 도서 등 대중매체

국민의 문화생활과 직접 관련되는 도서(도서대여용역 및 실내에서 도서를 열람하게 하는 용역 포함)·신문·방송 등에 대해서는 부가가치세를 면제한다. 다만 광고는 제외한다.

도서의 범위

- 도서에 부수하여 그 도서의 내용을 담은 음반, 비디오테이프를 첨부하여 하나의 공급단위로 판매하는 것은 도서에 해당한다.
- 수학 온라인 교재를 판매하면서 온라인상에서 제공된 풀이시스템은 전자출판물에 부수하여 제공한 것이다. 그러므로 가맹사업자들로부터 수령한 대가는 가맹용역의 부수된 대가로 볼 것이 아니라 온라인 교재 판매대금으로 보아 면세하여야 한다.

7) 예술창작품 · 예술행사 · 문화행사 · 아마추어운동경기

예술창작품은 미술, 음악 또는 사진에 속하는 창작품으로 하며 골동품은 제외한다. 영리를 목적으로 하지 않는 경연대회, 전시회, 박람회 등 예술 및 문화행사가 면세대상이다. 아마추어 운동경기는 대한체육회 및 그 밖의 산하단체가 주최 · 주관 또는 후원하는 운동경기나 승단심사 등으로서 영리를 목적으로 하지 않는 것으로 한다.

8) 금융 · 보험용역

금융용역은 생산을 위한 자본을 공급하는 행위이며 보험용역은 생산을 위한 위험에 대한 회피나 보호요소로서 부가가치 창출을 위한 기본요소이므로 부가가치세가 면제된다. 면세되는 금융 · 보험용역은 은행법에 따른 은행업무 및 부수업무와 자본시장과 금융투자업에 관한 법률에 따른 집합투자업, 신탁업, 투자매매 및 중개업 등 부가가치세법 시행령에서 열거하고 있다.

금융기관이 제공하는 용역 중 부가가치 창출요소에 해당하는 대출업무 등과 구분이 용이한 복권, 입장권 판매, 금지급대행 용역, 부동산임대업, 기업매수의 중개 · 주선대리, 신용정보서비스, 은행업과 관련된 전산시스템과 소프트웨어 대여 및 판매 용역 등은 과세된다.

금융·보험업자가 아닌 자가 수령하는 이자·배당은 용역대가가 아니므로 비과세사업에 해당되어 공통매입세액 안분계산시 면세사업등 공급가액에 포함되지 않는다.

9) 인적용역

인적용역은 순수한 노동의 성격으로 영세한 개인자격으로 제공되는 것이 일반적이므로 개인자격에서 제공하는 인적용역은 면세한다. 순수한 개인의 자격에서 자기 노동력을 제공한다는 취지에서 부가가치세를 면제하는 것이므로 저작권자가 법인에 소속되거나 그 용역이 법인을 통하여 제공됨으로써 그 대가가 법인에게 귀속되는 경우에는 개인에 의한 자기노동력의 제공이라 할 수 없어 부가가치세 면세대상에 해당하지 아니한다.

① 개인이 물적시설 없이 근로자를 고용하지 않고 독립된 자격으로 용역을 공급하고 대가를 받는 인적용역(예 저술 · 서화 · 만화 · 배우 · 가수 · 직업운동가·강연료· 심사사례비·작

명 또는 관상용역·개인이 일의 성과에 따라 수당이나 이와 유사한 성질의 대가를 받는 용역 등)

② 개인 · 법인 · 법인격 없는 단체 등이 독립된 자격으로 용역을 공급하고 대가를 받는 인적용역(예 국선변호인의 국선변호와 법률구조법에 따른 법률구조, 학술연구단체의 학술 및 기술연구용역, 직업소개소가 제공하는 용역 및 인생상담, 직업재활상담 및 창업상담 용역 등의 상담용역과 장애인보조견 훈련용역과 국세기본법에 따른 국선대리인의 국선대리, 가사근로자법에 따른 가사서비스 제공기관이 제공하는 가사서비스 용역 등)

법인의 인적용역

- 법인이 제공하는 용역을 면세하는 이유는 당해 용역이 사회전체이익에 기여하거나 공익활동과 관련되기 때문이다. 학술 및 기술연구용역의 경우 새로운 학술이나 기술개발을 위한 고급인력의 용역에 대하여 면세하는 것이므로 기존의 학술·기술연구결과를 응용 또는 이용하는 용역은 면세대상에 해당하지 아니한다. 또한 법인이 일정한 학술·기술연구용역을 공급하더라도 기존의 과세사업에 부수하여 제공하는 경우 면세되지 아니한다.

10) 종교, 자선, 학술, 구호 등의 공익목적단체가 공급하는 재화 또는 용역

공익단체가 공급하는 재화나 용역은 공익적 성격이므로 면세로서 보호할 필요가 있으며 일시적이거나 실비 또는 무상으로 제공된 것이어서 창출된 부가가치가 미미하므로 부가가치세를 면세하고 있다. 단, 특정 계층이나 지위 또는 일정한 자격을 가진 자 들만의 이익증진 내지 권리보호를 그 고유목적으로 하는 단체는 농 공익단체에 해당하지 아니한다.

① 주무관청의 허가 또는 인가를 받거나 주무관청에 등록된 단체로서 공익법인등(상속세 및 증여세법에서 규정하고 있는 종교, 학교, 의료법인등의 사업을 하는자)이나 비영리법인의 사업으로서 종교, 자선, 학술, 구호, 사회복지, 교육, 문화, 예술 등 공익을 목적으로 하는 사업("기획재정부령으로 정하는 사업")을 하는 단체가 그 고유의 사업목적을 위하여 일시적으로 공급하거나 실비 또는 무상으로 공급하는 재화 또는 용역

② 학술 및 기술 발전을 위하여 학술 및 기술의 연구와 발표를 주된 목적으로 하는 단체("학술등 연구단체")가 그 연구와 관련하여 실비 또는 무상으로 공급하는 재화 또는 용역.

③ 문화재보호법에 따른 지정문화재(지방문화재를 포함하며, 무형문화재는 제외)를 소유하거나 관리하고 있는 종교단체(주무관청에 등록된 종교단체로 한정한다)의 경내지 및 경내지 안의 건물과 공작물의 임대용역

④ 공익을 목적으로 기숙사를 운영하는 자가 학생이나 근로자를 위하여 실비 또는 무상으로 공급하는 음식 및 숙박 용역

⑤ 저작권법에 따라 문화체육관광부장관의 허가를 받아 설립된 저작권위탁관리업자인 사업자가 저작권자를 위하여 실비 또는 무상으로 공급하는 신탁관리 용역

⑥ 법인세법에 따른 비영리 교육재단이 초·중등교육법에 따른 외국인학교의 설립·경영 사업을 하는 자에게 제공하는 학교시설 이용 등 교육환경 개선과 관련된 용역

11) 국가·지방자치단체·지방자치단체조합이 공급하는 재화 또는 용역

국가·지방자치단체·지방자치단체조합이 공급하는 재화 또는 용역으로서 대통령령으로 정하는 것은 면세된다. 국가나 지방자치단체가 공급하는 것은 공익적 재화 및 용역에 해당하는 것이므로 면세하는 것이 바람직하다. 다만, 민간과 경쟁이 이루어지는 사업인 우정사업조직이 소포우편물을 방문 접수 하여 배달하는 용역, 고속철도에 의한 여객운송용역, 부동산임대업, 도·소매업, 음식·숙박업, 골프장·스키장운영업, 기타 운동시설운영업 및 군인·군무원 및 이들의 배우자, 직계존비속에게 공급하는 숙박, 음식점업, 골프장, 스키장 및 기타스포츠 시설 운영업은 면세에서 제외한다.

다만 소속 직원의 복리후생을 위하여 구내에서 식당을 직접 경영하여 음식을 공급하는 용역 및 「사회기반시설에 대한 민간투자법」에 따른 사업시행자로부터 사회기반시설 또는 사회기반시설의 건설용역을 기부채납받고 그 대가로 부여하는 시설관리운영권은 면세된다.

12) 정부업무대행단체가 공급하는 재화 또는 용역

정부업무대행단체란 별정우체국, 농·수협, 토지주택공사, 한국도로공사 기타 열거된 단체를 말한다. 동 단체가 고유목적사업을 위하여 공급하는 재화 또는 용역은 면세대상이나 소매업, 숙박업, 음식점업 등 민간과 경쟁이 이루어지는 사업은 제외한다.

13) 국가, 지방자치단체, 지방자치단체조합 또는 공익단체에 무상으로 공급하는 재화 또는 용역[52)]

무상으로 공급하는 경우란 재화 또는 용역을 기부하는 공익적 성격을 가지는 것으로 면세하지 않을 경우 기부하는 자가 부가가치세를 부담하여야 하므로 면세한다. 그러므로 국가 등에 유상으로 공급하는 재화와 용역은 과세한다. 지하도 겸 상가시설공사를 하여 공사시설물을 지방자치단체에 기부하고 상가시설에 대해 일정기간 무상사용권을 취득하는 경우 동 기부채납은 무상사용권의 취득이 경제적인 대가관계에 있기 때문에 건설용역의 공급으로서 과세대상이 된다.

---

52) 자기의 사업과 관련하여 생산하거나 취득한 재화를 국가 지방자치단체 등에 무상으로 공급하는 경우 해당 재화의 매입세액은 공제되나 자기의 사업과 관련 없이 취득한 재화를 국가 지방자치단체 등에 무상으로 공급하는 경우 매입세액은 공제되지 않는다.

(3) 면세포기

일정한 면세대상 재화 또는 용역에 대하여는 사업자의 자유의사에 따라 면세를 포기할 수 있다. 면세포기에 의하여 면세사업자는 과세사업자로 전환되므로 전환 후에는 과세사업자로서의 의무를 이행하여야 한다. 면세제도는 최종소비자의 세부담을 경감하기 위한 제도이므로, 면세를 포기해도 최종소비자에게 조세부담이 전가되지 아니하는 경우에 한하여 면세를 포기할 수 있다.

1) 면세포기의 대상

① 영세율 적용대상이 되는 재화 또는 용역

② 학술연구단체 또는 기술연구단체가 공급하는 재화 또는 용역

2) 면세포기의 절차

면세포기 신고서에 의하여 신고하고 지체없이 사업자등록을 하여야 한다. 면세포기에는 시기의 제한이 없으며 언제나 가능하다. 사업자의 포기신고로 충분하며 관청의 승인을 필요로 하지 않는다.

3) 면세포기의 효력

① 과세사업자로 전환되어 부가가치세법상 사업자의 제반의무를 모두 이행하여야 한다.

② 거래징수당한 매입세액을 공제받을 수 있다.

③ 면세포기신고를 한 사업자는 신고한 날부터 3년간 면세를 적용받을 수 없다.

3 영세율과 면세의 비교

영세율과 면세를 비교하면 아래 표와 같다.

구 분		영세율	면 세
목 적		수출촉진, 외화획득, 국제적 이중과세 방지, 소비지국과세원칙의 구현	부가가치세의 역진성 완화
대 상		수출 등 외화획득거래	생활필수품 등
성 격		완전면세	부분면세
계 산	매 출	과세표준 × 0%세율	거래징수없음(면세)
	매 입	환급(매입세액공제)	환급안됨(매입세액불공제)
부가가치세법상 제반의무 이행		사업자등록, 세금계산서 발급, 신고납부의무, 세금계산서 합계표 제출 등 제반의무 이행	소득세 · 법인세에 따른 계산서 발행, 매입처별 세금계산서 합계표 제출의무만 있음

OX 문제

01 영세율적용거래는 영의 세율이 적용된다는 것을 제외하고는 일반적인 과세거래와 동일하므로 수출과 같이 재화나 용역을 외국에 공급하는 사업자는 과세사업자, 면세사업자 및 간이과세자 모두 특별한 절차없이 영세율을 적용받을 수 있다.

02 내국신용장 또는 구매확인서에 의하여 공급되는 재화는 공급된 이후 해당 재화가 수출용도에 사용된 경우에 한하여 영세율을 적용한다.

03 재화를 공급한 과세기간 종료일까지 내국신용장이 개설되어야 하므로 그 이후에 내국신용장이 개설된 경우에는 영세율을 적용받을 수 없다.

04 면세사업자도 부가가치세가 과세되는 재화 또는 용역을 공급받는 때에는 그에 대한 부가가치세를 부담해야 한다.

정답&해설 **01** × **02** × **03** × **04** ○

01 영세율은 과세사업자와 간이과세자에게만 적용되므로 면세사업자가 영세율을 적용받기 위해서는 면세를 포기해야 한다.

02 내국신용장 또는 구매확인서에 의하여 공급되는 재화는 공급된 이후 해당 재화를 수출용도에 사용하였는지의 여부에 상관없이 영세율을 적용한다.

03 재화 또는 용역의 공급시기가 속하는 과세기간의 종료 후 25일 이내에 개설한 내국신용장에 대해서 영세율을 적용한다.

05 토지의 양도와 임대는 면세대상이다.

06 모든 면세재화에 대하여 면세포기가 가능하며, 면세를 포기하고자 하는 사업자는 세무서장의 승인을 얻어야 한다.

정답&해설 **05** × **06** ×

05 부가가치세법상 토지의 양도와 주택부수토지의 임대는 면세이지만, 그 외의 토지의 임대용역(전 · 답 · 임야 · 목장용지 · 과수원 · 염전 등은 제외함)은 과세대상이다.

06 최종소비자에게 부가가치세의 부담이 전가되지 않는 2가지 경우(예: 영세율적용 재화 및 용역, 학술연구단체 등이 공급하는 재화 및 용역)에 한하여 면세포기가 인정되며, 면세포기는 신고를 요건으로 하므로 세무서장의 승인을 얻을 필요는 없다.

연습문제

01 영세율에 관한 다음의 설명 중 옳지 않은 것은?

① 영세율사업자도 부가가치세를 신고하여야 하며 부가가치세법상의 제반의무를 준수하여야 한다.
② 영세율사업자도 영세율을 포기하고 면세를 적용받을 수 있다.
③ 면세사업자도 면세포기를 하면 영세율을 적용받을 수 있다.
④ 영세율을 적용받으면 매출세액은 없고 매입시 부담한 매입세액만 환급받는다.

정답 ②

영세율사업자는 영세율을 포기하고 면세를 적용받을 수 없으나 면세사업자는 면세를 포기하고 일반과세자로 전환이 가능하다. 영세율 사업자는 일반과세자 중 0%의 세율만 적용받는 사업자인 것이다.

02 다음 중 부가가치세 면세대상은 몇 개인가?

사과, 수돗물, 판매목적으로 병입한 김치, 상가임대용역, 토지의 공급, 국민주택의 공급, 일반고속버스, 광고

① 4개 ② 5개 ③ 6개 ④ 7개

정답 ②

면세대상: 사과, 수돗물, 토지의 공급, 국민주택의 공급, 일반고속버스

03 다음 중 부가가치세의 면세대상이 아닌 것은?

① 국민주택규모를 초과한 주택의 공급
② 금융 · 보험용역
③ 정부의 인허가를 받은 보습학원의 교육용역
④ 토지의 공급

정답 ①

주택의 공급은 국민주택규모 이하인 경우에만 면세가 적용된다.

04 다음 중 영세율 적용대상이 아닌 것은?

① 수출업자와 직접도급계약에 의하여 수출재화를 임가공하여 공급하는 수출임가공용역
② 국외에서 제공하는 용역
③ 선박 · 항공기의 외국항행 용역
④ 국내에서 국내사업장이 없는 외국법인에게 공급되는 재화

정답 ④

국내에서 국내사업장이 없는 외국법인 등에게 공급되는 재화는 외화획득요건(대금을 외화로 받고, 외국환은행에서 원화로 받을 것)을 갖추어야 영세율을 적용받을 수 있다.

05 부가가치세법상 영세율과 면세에 관한 다음의 설명 중 옳지 않은 것은?

① 영세율은 완전면세, 면세는 부분면세라고도 불린다.
② 영세율은 세금계산서를 발급하여야 하나, 면세는 세금계산서를 발급할 수 없다.
③ 영세율은 매출처별세금계산서합계표 제출의무가 있으나, 면세는 없다.
④ 영세율은 매입처별세금계산서합계표 제출의무가 있으나, 면세는 없다.

정답 ④

면세라 하더라도 매입처별세금계산서합계표를 제출하도록 규정하고 있다.

06 부동산과 관련한 과세 · 면세의 적용에 대한 다음의 설명 중 옳지 않은 것은?

① 국민주택규모 이하의 주택공급은 면세가 적용된다.
② 주택과 부수토지의 임대는 면세가 적용된다.
③ 토지의 임대는 면세가 적용된다.
④ 토지의 공급은 면세가 적용된다.

정답 ③

토지 자체의 공급은 면세를 적용하지만 토지의 임대는 부동산임대용역의 공급으로 보아 과세를 적용한다.

[부동산과 관련한 과세 · 면세의 정리]

구 분	면 세	과 세
일반 공급	토지의 공급	건물의 공급
주택의 공급	국민주택규모 이하의 주택 공급	국민주택규모 초과분 주택 공급
건물의 임대	주택의 임대	상가의 임대
토지의 임대	주택부수토지만 면세	토지의 임대

07 부가가치세의 면세제도에 대한 다음의 설명 중 옳지 않은 것은?

① 면세제도는 부가가치세의 역진성 완화를 목적으로 한다.

② 면세사업자는 부가가치세법상 납세의무를 지지 않으며, 매입세액공제를 받을 수 없다.

③ 면세사업자는 부가가치세가 과세되는 재화 또는 용역을 공급받는 때에는 그에 대한 부가가치세를 부담하여야 한다.

④ 국가에 유상으로 공급하는 재화 또는 용역에 대하여는 면세가 적용된다.

정답 ④

국가에 유상으로 공급하는 재화 또는 용역에 대하여는 과세되나, 국가에 무상으로 공급하는 재화 또는 용역에 대하여는 면세가 적용된다.

08 면세포기에 대한 다음의 설명 중 옳지 않은 것은?

① 영세율 적용대상이 되는 재화 또는 용역, 학술연구단체 또는 기술연구단체가 공급하는 재화 또는 용역은 면세포기를 할 수 있다.

② 면세포기에는 시기의 제한이 없으며 언제나 가능하다.

③ 사업자가 포기신고를 한 후, 관할세무서장이 면세포기를 승인하여야 효력이 발생한다.

④ 과세사업자로 전환되어 부가가치세법상 사업자의 제반의무를 모두 이행하여야 한다. 다만, 면세포기를 신고한 날부터 3년간 면세를 적용받을 수 없다.

정답 ③

면세포기는 세무서장의 승인을 요하지 않는다.

09 부가가치세 면세제도에 대한 다음의 설명 중 옳지 않은 것은?

① 면세의 경우 매출세액을 신고할 필요가 없으며, 면세사업자를 납세의무자로 보지 않는 것은 면세가 사업자의 부가가치세 납부의무를 면제하여 부가가치세의 기본 틀에서 배제하기 때문이다.

② 면세는 해당사업자가 납세의무와 관련된 사업자등록의무 · 세금계산서발급의무와 신고납부의무를 지지 않는 점에서 영세율제도와 구분된다.

③ 맥반석에 구운 오징어는 원생산물 본래의 성상이 변하지 아니하는 정도의 제1차 가공을 거친 것으로 보아 면세대상으로 국세청 예규에서 해석하고 있다.

④ 김치와 두부는 원생산물의 본래의 성상이 변하지 않는 정도의 단순가공을 거친 것으로 보아 면세대상으로 하고 있다.

⑤ 도서의 범위에 전자출판물이 포함되어 도서나 간행물의 내용을 수록한 CD-ROM은 면세된다.

정답 ③

1차 가공을 거친 맥반석에 구운 오징어는 원생산물의 본래의 성질이 변하는 정도의 가공을 한 것이므로 과세대상이 된다.

10 다음 중 영세율이 적용되는 거래로 볼 수 없는 것은?

① 외국을 항행하는 선박 · 항공기 또는 원양어선에 공급하는 재화 또는 용역으로서 부가가치세가 별도로 표시되지 않은 세금계산서를 발급한 경우

② 국내에 주재하는 외국정부기관 · 국제기구 · 국제연합군 또는 미국군에게 공급하는 재화 또는 용역

③ 국내에서 비거주자에게 부동산임대용역을 제공하고 그 대가를 외국환은행에서 원화로 받는 경우의 부동산임대용역

④ 대외무역법상 중계무역에 의한 수출

⑤ 구매확인서에 의하여 공급하는 수출재화 임가공용역

정답 ③

국내에서 비거주자 또는 외국법인에게 공급하는 재화 · 용역은 법에 열거된 것에 한하여 영세율을 적용한다. 부동산임대용역은 영세율의 적용대상으로 열거되어 있지 않으므로 영세율이 적용되지 아니한다.

11 부가가치세법상 영세율과 면세에 대한 다음의 설명 중 옳지 않은 것은?

① 부가가치세법은 주로 소비지국과세원칙을 구현하기 위해 영세율제도를 두고 있고, 부가가치세의 역진성을 완화하기 위해 면세제도를 두고 있다.

② 영세율은 영세율사업자의 매입세액을 전액 환급받을 수 있으므로 완전면세제도이다.

③ 면세는 면세사업자의 매입세액을 일부만 환급받을 수 있으므로 부분면세제도이다.

④ 부가가치세가 면제되는 재화를 수출하는 사업자가 그 수출하는 재화에 대하여 영세율을 적용받기 위해서는 관할세무서장에게 면세포기를 하고, 지체 없이 사업자등록을 하여야 한다.

⑤ 영세율 적용대상자는 부가가치세법상 사업자이지만, 면세사업자는 부가가치세법상 사업자가 아니다.

정답 ③

면세사업자에게는 거래징수의무를 지우지 않고 매입세액공제를 해주지 않음으로써 부분면세효과가 발생하는 것임

12 다음 중 부가가치세법상 영세율의 적용대상에 해당하는 것은?

① 수출물품의 원자재는 20×1년 12월 20일에 공급되었으나, 그에 대한 내국신용장이 20×2년 1월 26일에 개설된 경우

② 국내사업장만 있는 사업자가 가공임을 지급하는 조건으로 베트남의 현지가공업자에게 원재료를 반출하여 가공시킨 후 가공물품을 현지에서 중국에 인도하는 경우

③ 신제품의 해외시장 확대를 위하여 신제품의 견본품 1,500개(시가: @10,000)를 해외거래처에 무상으로 반출한 경우

④ 수출업자가 국내에서 수출품생산업자와의 계약에 따라 수출을 대행하고 수출대행수수료를 받는 경우

⑤ 사업자가 국내사업장이 있는 외국법인으로부터 국내건설용역을 수주하여 공급하고 그 대가를 외국법인의 본점으로부터 받는 경우

정답 ②

① 내국신용장의 개설기한은 과세기간종료일로부터 25일 이내이다. 따라서 10%로 과세된다.
③ 견본품의 무상반출은 과세대상에서 제외된다.
④ 수출대행수수료는 수출과 무관한 국내공급에 해당하므로 10%로 과세된다.
⑤ 국내사업자간 거래에 해당하므로 10%로 과세된다.

13 도시계획구역안의 1필지의 토지위에 있는 단층건물인 주택 40㎡와 점포 40㎡를 동일인에게 임대하고 있다. 그 부수토지는 500㎡이다. 건물 및 그 부수토지의 임대에 대하여 부가가치세의 과세여부를 판단하면?

① 건물 80㎡ 및 토지 40㎡의 임대에 대하여 면세, 건물의 정착면적의 5배를 초과하는 토지 100㎡는 과세

② 주택 40㎡와 그 부수토지 중 200㎡는 면세, 주택의 부수토지로서 주택의 정착면적의 5배를 초과하는 50㎡는 과세, 점포 40㎡와 그 부수토지 250㎡는 과세

③ 건물 80㎡ 및 주택의 부수토지 중 200㎡는 면세, 주택의 정착면적의 5배를 초과하는 토지 50㎡는 과세, 점포의 부수토지 250㎡는 과세

④ 주택 40㎡와 그 부수토지로서 주택의 정착면적의 10배 이내인 250㎡는 면세, 점포 40㎡와 그 부수토지 250㎡는 과세

⑤ 건물 80㎡ 및 그 부수토지로서 건물의 정착면적의 10배 이내인 토지 500㎡ 모두에 대하여 면세

정답 ②

구분	주택(면세)	점포(과세)	합계
건 물	40㎡	40㎡	80㎡
토 지	200	300	500

1. 주택면적 ≦ 사업용건물면적 ☞ 주택부분외의 사업용건물부분은 주택으로 보지 않음
2. 주택부수토지: Min[①, ②] = 200㎡

   ① $500㎡ \times \left(\frac{40㎡}{80㎡}\right) = 250㎡$

   ② Max[㉠, ㉡] = 200㎡

   ㉠ 주택정착면적 × 5배(도시계획구역안): 40㎡ × 5배 = 200㎡

   ㉡ 주택연면적: 40㎡

14 부가가치세법상 영세율에 관한 설명이다. 옳지 않은 것은? [CPA 2022]

① 사업자가 국내사업장이 없는 외국법인에게 공급한 컨테이너 수리용역은 대금수취 방법에 관계없이 영세율 대상이다.

② 사업자가 내국신용장에 의해 공급하는 재화(금지금은 제외)는 영세율 대상이며 세금계산서를 발급할 의무가 있다.

③ 사업자가 자기의 명의와 계산으로 내국물품을 외국으로 유상반출하는 경우는 영세율 대상이며 세금계산서를 발급할 의무가 없다.

④ 사업자가 국외에서 공급하는 용역은 대금수취 방법에 관계없이 영세율 대상이다.

⑤ 사업자가 항공기에 의하여 여객이나 화물을 국내에서 국외로 수송하는 외국항행용역은 영세율 대상이다.

정답 ④

기타 외화획득용역에 해당하므로 대금을 외국환은행에서 원화로 받거나 기획재정부령으로 정하는 일정한 방법으로 수령하여야 한다.

15 부가가치세법상 영세율과 면세에 관한 설명으로 옳은 것은? 단, 해당 재화나 용역은 20×3년 중에 공급되는 것으로 가정한다. **[CTA 2022]**

① 외국인도수출로서 국내 사업장에서 계약과 대가 수령 등 거래가 이루어지는 것은 영세율을 적용한다.

② 사업자가 비거주자 또는 외국법인이면 그 해당 국가에서 대한민국의 거주자 또는 내국법인에 대하여 동일하게 면세하는 경우에만 영세율을 적용한다.

③ 외국에서 생산되어 식용으로 제공되지 아니하는 수산물로서 원생산물의 수입에 대해서는 면세를 적용한다.

④ 수입하는 상품의 견본과 광고용 물품으로서 관세가 면제되는 재화의 수입에 대해서는 면세를 적용한다.

⑤ 부가가치세가 면제되는 재화 또는 용역의 공급이 영세율의 적용 대상이 되는 것인 경우 면세의 포기를 신고하여 부가가치세의 면제를 받지 아니할 수 있다.

정답 ③

식용으로 제공되지 아니하는 농산물, 수산물, 축산물, 임산물 등으로서 수입하는 것은 과세한다.

Chapter 5 과세표준

AN INTRODUCTION TAX LAW

1 과세표준 계산의 일반원칙

(1) 재화 · 용역의 공급에 대한 과세표준

재화 또는 용역의 공급에 대한 부가가치세의 과세표준은 공급가액으로 하며, 부가가치세는 포함하지 아니한다. 사업자가 재화 · 용역을 공급하고 대가로 받은 금액에 공급가액과 세액이 별도로 표시되어 있지 않은 경우와 부가가치세 포함여부가 불분명한 경우에는 부가가치세가 포함되어 있는 것으로 보아 거래금액의 110분의 100을 과세표준으로 한다.

부가가치세가 포함되지 않은 금액을 공급가액이라고 하며, 부가가치세가 포함된 금액을 공급대가라고 한다.

1) 일반적인 기준

① 금전으로 대가를 받는 경우: 그 대가

② 금전 외의 대가를 받는 경우: 자기가 공급한 재화 · 용역의 시가

2) 부당행위계산의 부인

특수관계인간[53]에 부가가치세의 부담을 부당하게 감소시킬 목적으로 시가보다 낮은 대가를 받거나 대가를 받지 아니하는 경우 해당 대가가 아닌 자기가 공급한 재화 또는 용역의 시가를 과세표준으로 한다.

표 5-1 • 부당행위계산 부인에 대한 부가가치세법상 취급

구 분	저가공급	무상공급
재화의 공급	시 가	시 가
용역의 공급	시 가	시가 또는 과세제외[54]

53) 신탁재산 관련 부가가치세 납세의무자가 수탁자로 개정됨에 따라 신탁관계에서 수탁자(신탁회사)가 위탁자의 특수관계인에게 재화 또는 용역을 공급하는 경우 22년 1월 1일 이후 공급하는 분부터 특수관계인간의 거래로 본다.

54) 특수관계인에게 무상으로 공급한 부동산임대용역만 시가로 과세하며 그 외의 용역의 무상공급은 과세대상이 아니다.

3) 거래유형별 과세표준

① 외상판매 및 할부판매: 공급한 재화의 총가액

② 장기할부판매의 경우: 계약에 의해 받기로 한 대가의 각 부분

③ 완성도기준지급 · 중간지급조건부로 재화 · 용역을 공급하거나 계속적으로 재화 · 용역을 공급하는 경우: 계약에 의해 받기로 한 대가의 각 부분

4) 과세표준에 포함되는 것

① 할부판매의 이자상당액

② 대가의 일부로 받는 운송비 · 포장비 · 하역비 · 운송보험료 · 산재보험료 등

③ 사업자가 매출액의 일정비율에 상당하는 마일리지를 적립해 주고 향후 고객이 재화를 공급받고 그 대가의 일부 또는 전부를 적립마일리지로 결제하는 경우 그 상당액, 단 마일리지를 적립해 준 사업자에게서만 사용이 가능한 자기적립 마일리지는 과세표준에 불포함[55)]

5) 과세표준에 포함되지 않는 금액

① 매출에누리액 · 매출환입액 · 매출할인액

② 공급받는 자에게 도달하기 전에 파손 · 훼손 · 멸실된 재화의 가액

③ 재화 또는 용역의 공급과 직접 관련되지 않는 국고보조금과 공공보조금[56)]

④ 확정된 공급대가의 지급지연으로 인하여 수령하는 연체이자

⑤ 반환조건부 용기대금과 포장비용

⑥ 대가와 구분하여 기재한 종업원봉사료

⑦ 공급받는 자가 부담하는 원재료 등의 가액

6) 과세표준에 공제하지 않는 금액

① 판매장려금(금전): 장려금은 판매촉진을 위해 거래수량 또는 거래금액에 따라 지급하는 금액을 말한다. 장려금을 금전지급하는 경우 과세표준에서 공제하지 아니하며, 현물로 지급하는 경우에는 사업상증여로 보아 현물의 시가를 과세표준에 포함한다.

---

55) 자기적립마일리지는 적립해 준 사업자에게서만 사용이 가능하므로 에누리의 성격이므로 과세표준에 포함하지 아니한다.

56) 공공보조금은 과세표준에 포함하지 않는다는 관련 판례를 소개하면 다음과 같다. 지역발전명목으로 지자체로부터 관광목적 열차 운행사업을 위해 10억원의 열차개조를 위한 공공보조금을 지급받고 동 금액을 공급가액에 포함하지 않은 사건에서 해당 보조금이 동 지자체의 관광홍보용역에 대한 대가인지 아니면 동 사업을 위한 재정지원인지 쟁점이 되었는바 동 금액은 재정지원을 목적으로 지급된 것이므로 과세표준에 포함하지 않는다고 판단하였다.

② 하자보증금: 하자보증을 위하여 공급받는 자에게 공급대가의 일부를 보관시키는 하자보증금은 과세표준에서 공제하지 아니한다.

③ 대손금: 채무자의 파산 등으로 인한 대손금은 과세표준에서 공제하지 아니한다. 다만, 일정요건이 구비되는 경우 부가가치세를 매출세액에서 공제하는 대손세액공제를 받을 수 있다.

예제 1 과세표준

다음은 ㈜정음의 1기 확정신고기간의 거래내역이다. 1기 확정신고기간의 과세표준은 얼마인가?

(1) 4. 1. ~ 6. 30.까지의 매출액: ₩400,000,000

(2) 매출에누리와 환입: ₩12,000,00

(3) 매출할인: ₩4,300,000

(4) 위 매출액 중 ㈜정음의 부주의로 운송도중 파손되어 반품된 금액: ₩700,000

(5) 판매장려금 지급액: ₩20,000,000

※ (2) ~ (5)까지의 금액은 매출액에 포함되어 있다.

해설

[과세표준의 계산]

4억원 - 12,000,000 - 4,300,000 - 700,000 = ₩383,000,000

매출에누리와 환입, 매출할인, 공급받는 자에게 도달하기 전에 파손 · 훼손 · 멸실된 재화의 가액, 대가의 지급지연으로 받은 연체이자는 과세표준에 포함하지 않는다. 판매장려금의 경우 과세표준에서 공제하지 않는다.

7) 외화의 환산

대가를 외국통화 기타 외국환으로 받는 때에는 다음과 같은 금액을 그 대가로 한다.

구 분	외화환산액
공급시기 도래 전에 원화로 환가한 경우	그 환가한 금액
공급시기 이후에 외국통화 기타 외국환 상태로 보유하거나 지급받는 경우	공급시기의 외국환거래법에 따른 기준환율 또는 재정환율에 따라 계산한 금액

8) 마일리지

마일리지제도는 사업자가 판매촉진을 위하여 재화나 용역의 구입 혹은 이용정도에 따라 고객에게 일정비율의 마일리지를 적립해주고 향 후 거래시 해당 마일리지를 사용하여 결제할 수 있는 제도이다.

마일리지 중 적립해 준 사업자에게서만 사용이 가능한 마일리지를 자기적립 마일리지라 한다. 향 후 재화 또는 용역의 구입시 결제수단으로 사용할 수 있으며 동 마일리지 사용액은 에누리의 성격이므로 과세표준에 포함하지 아니한다. 반면 A사업자가 적립해준 마일리지를 B사업자 등에게서 사용이 가능한 마일리지는 제3자 적립마일리지이다. 소비자가 마일리지를 B사업자에게서 사용했을 때 B사업자는 A사업자로부터 마일리지 사용분을 보전받게 되며 보전분은 사실상 현금거래이므로 동 보전액은 과세표준에 표함되어 부가가치세가 과세된다. 사업자간에 보전금액이 없을 경우 이는 사업상 증여에 해당하여 시가가 과세표준이 되며 특수관계자간 부당행위에 해당하는 경우에도 시가가 과세표준이 된다.

예 A사업자가 시가 1,000원의 재화를 공급하면서 마일리지가 사용된 경우 각 상황별공급가액은 다음과 같다. 단 C사업자는 A사업자와 특수관계인에 해당한다.

구분	대가수령	공급가액
자기적립마일리지	900원(현금)+A사업자마일리지	900원
제3자 보전	900원(현금)+B사업자마일리지(보전액 70원)	970원
사업상증여	900원+B사업자마일리지(보전액 0)	1,000원
부당행위계산부인	900원+C사업자 마일리지(보전액 30원)	1,000원

(2) 재화의 수입에 대한 과세표준

재화의 수입에 관한 과세표준은 관세의 과세가격과 관세, 개별소비세, 주세, 교통 · 에너지 · 환경세, 교육세 및 농어촌특별세의 합계액으로 하여 세관장은 부가가치세를 수입자로부터 징수하여야 한다.

수입재화의 과세표준

= 관세의 과세가격 + 관세 + 개별소비세, 주세, 교통 · 에너지 · 환경세 + 교육세 · 농어촌특별세

2 재화의 공급의제에 대한 과세표준

(1) 일반적인 경우

1) 원 칙

자가공급(판매목적 타사업장 반출의 경우 제외) · 개인적 공급 · 사업상 증여 및 폐업시의 잔존재화에 대한 과세표준은 당해 재화의 시가에 따른다.

자가공급 중 판매목적 타사업장 반출의 경우는 예외적으로 당해 취득가액을 과세표준으로 한다. 판매목적 타사업장 반출은 다른 간주공급과는 취지에 차이가 있으므로 별도로 취급되고 있다.

예제 2 재화의 공급의제에 대한 과세표준

다음 자료는 ㈜로엘의 20×7년도 상반기의 활동내역이다. 20×7년 1기 예정신고기간의 부가가치세 과세표준을 계산하시오.

1. 거래내역은 다음과 같다.

일 자	거래내용	금 액
1월 11일	판매목적 타사업장 반출액	원가: ₩7,000,000 시가: 9,000,000
1월 25일	외상판매액 (대금의 회수일은 5. 1. 이다)	₩15,000,000
2월 7일	자신이 생산하는 과세재화의 원재료로 사용한 제품	₩4,000,000
2월 8일	생산물품을 자신의 가족에게 제공한 내역	원가: ₩2,000,000 시가: 5,000,000
2월 19일	하치장 반출액	₩3,200,000
4월 1일	거래처에 사업상 증여한 물품	원가: ₩3,000,000 시가: 7,500,000

2. 당사는 법인이며 주사업장총괄납부제도를 적용받고 있다.

해설

1. 과세표준

외상판매액 ₩15,000,000 + 개인적 공급 ₩5,000,000 = ₩20,000,000

2. 해 설

(1) 판매목적 타사업장 반출액의 경우 주사업장총괄납부승인을 적용받는 자는 재화의 공급에 해당하지 않는다.

(2) 외상판매의 경우 대금회수여부에 관계없이 부가가치세 과세표준이 계산된다.

(3) 자신이 생산하는 과세재화의 원재료로 사용한 제품의 경우에는 재화의 공급으로 보지 않는다.

(4) 생산물품을 자신의 가족에게 제공한 경우 개인적 공급에 해당되며 시가로 과세표준이 계산된다.

(5) 하치장 반출액의 경우 재화의 공급으로 보지 않는다.

(6) 사업상증여의 경우 시가로 과세표준이 계산되나, 1기 예정신고기간의 과세표준에 해당하지 않으므로 제외하여야 한다.

예제 3 과세표준의 산출

㈜중앙의 당월에 생산한 핸드폰에 대한 출고내역 및 기타 활동내역은 다음과 같다. 이러한 출고 및 활동 내역에 따른 부가가치세 과세표준은 얼마인가? 단, ㈜중앙은 총괄납부승인을 받지 않았다.

거래내용	수량 또는 단위	금 액
현금 및 외상판매	5,000대	판매단가 @500,000
불특정다수에게 견본품 무상제공	10대	
우수종업원 보너스용	50대	
사후 무료서비스용	5대	
임원 배우자에 지급	10대	
거래처 판매장려용	100대	
진열목적으로 매장반출	500대	
할인점에서 영수증으로 구입한 선물세트를 거래처에 무상지급	30 선물세트	구입가격 500,000원
판매목적으로 매장반출	1,000대	생산단가 @250,000

해설

1) 현금 및 외상판매는 과세대상임 → @500,000 × 5,000 = 2,500,000,000

2) 견본품무상제공: 불특정다수를 위한 견본품이나 광고선전용 증여는 사업상 증여에 해당하지 아니함.

3) 우수종업원보너스용은 개인적 공급에 해당하므로 과세대상임 → @500,000 × 50 = 25,000,000

4) 사후무료서비스용, 불량품 교환, 자기 사업상의 원료, 자재 기술개발용으로 사용할 경우는 간주공급에 해당하지 아니함

5) 임원배우자에 지급한 것은 개인적 공급에 해당하므로 과세대상임 → @500,000 × 10 = 5,000,000

6) 거래처 판매장려용은 사업상 증여에 해당하므로 과세대상임 → @500,000 × 100 = 50,000,000

7) 진열목적으로 매장으로 반출 간주공급에 해당하지 아니함

8) 할인점에서 영수증으로 구입한 선물세트를 거래처에 무상지급 사업상 증여에 해당하나, 영수증을 발급받아 매입세액을 공제받지 못하였으므로 과세대상이 아님. 비영업용 소형승용자동차 관련, 개인적 공급, 사업상 증여가 간주공급이 되기 위해서는 매입세액공제를 받았어야 함

9) 판매목적으로 반출은 총괄납부승인을 받지 아니하였으므로 과세대상거래에 해당함. 단 판매목적 반출의 과세표준은 취득 또는 생산원가에 의함 → @250,000 × 1,000 = 250,000,000
상기 과세표준 금액을 합산하면 2,830,000,000원이다.

2) 재화가 감가상각자산인 경우(간주시가)

재화가 감가상각자산인 경우 시가가 불분명한 경우가 많으므로 다음 산식에 따라 계산한 금액을 재화의 시가로 본다.

> 간주시가 = 당해 재화의 취득가액 × (1 − 체감률 × 경과된 과세기간의 수)

체감률은 건물 · 구축물의 경우 5%를, 기타의 감가상각자산은 25%로 한다.

한편, 위 산식에서 경과된 과세기간의 수는 건물 · 구축물의 경우에는 20, 기타의 감가상각자산의 경우에는 4를 한도로 한다. 경과된 과세기간의 수를 계산함에 있어서 과세기간 개시일 이후 감가상각자산을 취득하거나 해당 재화가 공급된 것으로 보게 되는 경우에는 그 과세기간의 개시일에 해당 재화를 취득하거나 공급된 것으로 보고 경과된 과세기간의 수를 계산한다.

예제 4 폐업시 잔존재화에 대한 과세표준

과세사업을 영위하던 제조업자 김삼식 씨는 20×6. 11. 1.로 당해 사업을 폐업하였다. 폐업시 잔존재화가 다음과 같을 때 부가가치세 과세표준을 계산하시오.

자산의 종류	취득일	취득원가	폐업당시 시가
제 품	20×6. 4. 2.	₩20,000,000	₩25,000,000
토 지	20×3. 7. 2.	200,000,000	400,000,000
건 물	20×3. 7. 2.	120,000,000	90,000,000
기계장치	20×5. 9. 8.	40,000,000	12,000,000

해설

(1) 제 품: ₩25,000,000(폐업일 현재의 시가에 의한다)

(2) 토 지: 면세대상이므로 부가가치세 과세표준이 계산될 여지가 없다.

(3) 건 물: 120,000,000 × (1 - 5% × 6) = ₩84,000,000

(4) 기계장치: 40,000,000 × (1 - 25% × 2) = ₩20,000,000

건물과 기계장치는 감가상각자산이므로 간주시가로 계산하여야 한다.

(2) 과세사업에 사용하던 감가상각 자산의 일부전용

과세사업에 사용하던 감가상각자산을 면세사업에 일부 사용하는 경우에는 다음 산식에 따라 계산한 금액을 과세표준으로 하되, 면세공급가액비율이 5% 미만인 경우에는 과세표준이 없는 것으로 본다. 이는 부분적인 전용이 이루어지는 경우 그 전용된 부분만큼은 간주공급 중 자가공급의 형태로 보기 때문이다.

$$\text{과세표준} = \text{간주시가} \times \frac{\text{일부전용한 과세기간의 면세공급가액}}{\text{일부전용한 과세기간의 총공급가액}}$$

예제 5 **과세사업재화의 면세사업 전용**

과세사업인 고속버스 사업과 면세사업인 시내버스 사업을 함께 운영하는 ㈜도로는 고속버스로 사용하던 버스 1대를 시내버스로 사용하였다. 동 버스는 20×1. 3. 1.에 40,000,000(부가가치세 제외)원에 취득하였으며, 20×2년 9월에 시내버스 사업에 전용되었다. 또한 고속버스 정비만을 위하여 사용하던 정비기계를 20×2년 9월에 시내버스 정비에도 사용하게 되었다. 동 정비기계는 20×1. 2. 1.에 80,000,000(부가가치세 제외)원에 구입하였다. 상기 내용과 관련하여 부가가치세 과세표준을 계산하면?

과세기간	고속버스사업	시내버스사업
20×2년 제 1기	100억	50억
20×2년 제 2기	100억	300억

해설

면세사업으로 재화를 전용한 경우에 대한 간주공급의 문제로 완전전용의 경우 과세표준은 감가상각자산에 대한 간주시가이나, 부분전용 또는 겸용일 경우에는 간주시가에 전용이 일어난 과세기간의 총공급가액에서 면세사업의 공급가액이 차지하는 비율을 곱하여 과세표준을 산출한다.

시내버스 사업에 사용된 버스의 간주시가는 40,000,000 × [(1 - 25% × 경과된 과세기간의 수(3)] = 10,000,000원이다. 겸용 정비기계에 대한 과세표준은 80,000,000 × [(1 - 25% × 경과된 과세기간의 수(3)] × 면세전용된 당해 과세기간의 면세공급가액 비율(300 / 400) = 15,000,000원이다. 그러므로 총 과세표준 금액은 25,000,000원이다.

3 과세표준 계산의 특례

(1) 공통사용재화의 공급

1) 과세표준의 안분계산

과세사업과 면세사업 등에 공통으로 사용되는 재화를 공급하는 경우에 그 과세표준은 다음 산식에 따라 계산한다. 다만, 휴업 등으로 인하여 직전 과세기간의 공급가액이 없는 경우에는 그 재화를 공급한 날에 가장 가까운 과세기간의 공급가액에 의하여 계산한다.

$$\text{과세표준} = \text{해당 재화의 공급가액} \times \frac{\text{직전 과세기간의 과세공급가액}}{\text{직전 과세기간의 총공급가액}}$$

한편 공통매입세액을 예정사용면적비율에 따라 안분 계산한 재화와, 그 후에 사용면적비율에 의하여 공통매입세액을 정산한 재화, 또는 납부세액 · 환급세액을 사용면적비율에 의하여 재계산한 재화를 공급하는 경우에는 직전과세기간의 공급가액을 기준으로 하지 않고 직전과세기간의 사용면적비율에 따라 과세표준을 안분계산 한다.

2) 안분계산의 생략

다음 중 어느 하나의 경우에는 안분계산의 효과가 미비하므로 안분계산을 생략하고 당해 재화의 공급가액을 과세표준으로 한다.

① 직전과세기간의 총공급가액 중 면세공급가액이 5% 미만인 경우. 다만, 해당 재화의 공급가액이 5천만원 이상인 경우는 제외한다.

② 재화의 공급가액이 50만원 미만인 경우

③ 재화를 공급하는 날이 속하는 과세기간에 신규로 사업을 개시하여 직전 과세기간이 없는 경우

사용면적비율로 과세표준을 안분계산하는 경우

공통매입세액을 사용면적비율로 안분계산한 재화 또는 납부(환급)세액을 사용면적비율로 재계산한 재화를 공급한 경우 과세표준의 안분계산은 직전 과세기간의 사용면적에 의한다. 이는 매입세액의 안분계산과 과세표준의 안분계산을 같은 기준을 사용함으로써 매출세액과 매입세액을 대응하기 위한 것이다.

예제 6 공통사용재화의 공급

과세사업과 면세사업을 겸영하고 있는 ㈜세화는 두 사업에서 공통으로 사용하고 있던 과세재화를 매각하였다. ㈜세화는 20×6년 2기 확정신고시 공통사용재화와 관련한 과세표준으로 얼마를 신고하여야 하는가?

(1) 공통사용재화의 매각일자: 20×6. 10. 4.

(2) 공통사용재화의 공급가액: 3,000만원

(3) 공통사용재화의 취득일: 20×4. 11. 25.

(4) 공통사용재화의 취득가액: 5,000만원

(5) 최근 과세와 면세사업의 공급가액에 관한 내역

구 분	20×6년 1기	20×6년 2기
과 세	4억원	3억원
면 세	4억원	7억원
계	8억원	10억원

해설

$$3{,}000\text{만원} \times \frac{\text{공급일이 속하는 과세기간 직전과세기간의 과세공급가액 4억원}}{\text{공급일이 속하는 과세기간 직전과세기간의 총공급가액 8억}} = 1{,}500\text{만원}$$

(2) 토지와 건물의 일괄공급

사업자가 토지와 건축물을 함께 공급하는 경우에 토지의 공급은 면세이고 건축물의 공급은 과세이다. 일괄하여 공급가액을 정하는 경우에는 토지의 공급가액과 건축물의 공급가액을 구분하여 건축물의 공급가액에 대하여 부가가치세를 계산하여야 한다.

1) 토지 및 건물가액의 구분이 있는 경우

토지 등을 일괄양도하는 경우 실지거래가액에 의한다. 실지거래가액이란 매매계약서상에 확인되는 계약서상 토지의 가액과 건물의 가액이 구분표시되어 있으며, 각각의 가액이 합리적 가액이어야 한다.

2) 토지 및 건물가액의 구분이 불분명한 경우

건물 등 과세대상자산의 실지거래가액의 구분이 불분명한 경우[57]에는 다음 순서에 따라 안분계산한다.

57) 납세자가 실지거래가액으로 구분한 가액이 기준시가에 따른 안분가액과 30% 이상 차이가 나는 경우도 안분계산하여야 한다. 다만, 사업자가 구분한 실지거래가액이 다른 법령에서 토지와 건물의 양도가액을 정하거나 건물이 있는 토지를 취득하여 건물을 철거하고 토지만 사용하는 경우 등 실지거래가액을 인정할 만한 사유가 있는 경우에는 이를 인정한다.

구 분		안분계산방법
감정평가가액이 있는 경우		감정평가가액에 비례하여 안분계산한다.
감정평가가액이 없는 경우	기준시가가 모두 있을 때	공급계약일 현재의 기준시가에 따라 계산한 가액에 비례하여 안분계산한다.
	기준시가가 모두 없거나 일부가 없는 경우	(1) 장부가액(장부가액이 없는 경우 취득가액)에 비례하여 안분계산한다. (2) 기준시가가 있는 자산은 (1)에서 안분계산된 합계액을 다시 기준시가에 의하여 안분계산한다.

예제 7 토지와 건물의 일괄공급

과세사업자인 ㈜한얼은 토지, 건물 및 구축물을 12억(부가가치세 별도)에 일괄양도하였다. 공급계약일 현재 처분한 부동산의 가액이 다음과 같을 경우 과세표준은 얼마인가?

과세기간	토 지	건 물	구축물
취득가액	3억원	1억원	1억원
장부가액	3억원	6천만원	4천만원
기준시가	1억원	5천만원	×
감정가액	×	×	×

해설

1. 1차 안분계산(장부가액)

구 분	1차배분(장부가액)	비 율	1차 배분금액	비 고
토 지	3억원	90%	10억 8천만원	2차 안분계산으로
건 물	6천만원			
구축물	4천만원	10%	1억 2천만원	과세표준 확정
계	4억원	100%	12억원	

2. 2차 안분계산(기준시가 있는 자산인 토지, 건물만 기준시가로 안분)

구 분	2차 배분기준(기준시가)	비 율	비 고
토 지	1억원	2/3	7억 2천만원
건 물	5천만원	1/3	3억 6천만원
계	1억 5천만원	100%	10억 8천만원

3. 계

4억 8천만원 = 건물 3억 6천만원 + 구축물 1억 2천만원

(3) 부동산임대용역의 공급

사업자가 부동산임대용역을 제공하고 전세금 또는 임대보증금을 받고, 매월 임대료와 관리비를 지불하는 경우에는 다음 세 가지의 합계로 부동산임대용역의 과세표준을 계산한다.

1) 임대료

과세표준인 임대료는 당해과세기간에 수입할 임대료로 한다. 사업자가 2과세기간 이상에 걸쳐 부동산임대용역을 공급하고 그 대가를 선불 또는 후불의 방법으로 일시에 받는 경우에는 월수로 안분하여 과세표준을 계산한다. 이 경우 월수는 역에 따라 계산하되 개시일이 속하는 달이 1월 미만이라면 1월로 하고 종료일이 속하는 달이 1월 미만이라면 이를 산입하지 않는다(초월산입 말월불산입).

2) 관리비

관리비는 과세표준에 포함한다. 다만, 임차인이 부담하여야 할 수도료 · 공공요금 등을 별도로 구분하여 징수하여 납입 대행하는 경우에는 과세표준에 포함하지 않는다.

3) 간주임대료

사업자가 부동산임대용역을 공급하고 전세금 · 임대보증금 등을 받는 경우 다음과 같은 금액을 임대료로 간주하여 과세한다.

$$\text{간주임대료} = \text{당해 과세기간의 전세금} \cdot \text{임대보증금} \times \text{국세청장 고시 정기예금이자율} \times \frac{\text{과세대상 기간의 일수}}{365(\text{윤년은 } 366)}$$

예제 8 부동산임대용역의 과세표준

다음 자료는 부동산임대업을 영위하는 법인 ㈜중앙의 2기 확정신고기간의 거래내역이다. ㈜중앙의 2기 확정신고기간의 부가가치세 과세표준을 계산하시오. 단, 1년은 365일로 가정한다.

[상가임대의 내역]

(1) 임대기간: 20×6. 1. 1. ~ 20×8. 12. 31.

(2) 임대보증금: 2억원

(3) 월임대료: 1천만원

(4) 관 리 비: 월 2백만원

(5) 국세청장고시 1년만기 정기예금이자율: 7.3%

해설

1. 임대료: 1천만원 × 3개월 = 3천만원

2. 관리비: 2백만원 × 3개월 = 600만원

3. 간주임대료: 2억원 × 7.3% × 92일 × $\frac{1}{365}$ = ₩3,680,000

4. 과세표준: ₩39,680,000(= 1 + 2 + 3)

4) 과세 · 면세되는 부동산임대용역을 일괄공급하는 경우의 과세표준

과세되는 부동산임대용역과 면세되는 주택임대용역을 함께 공급하는 때에는 실지귀속에 따라 과세표준을 계산하여야 한다. 다만, 그 임대구분과 임대료 등의 구분이 불분명한 경우에는 다음의 산식을 순차로 적용하여 과세표준을 계산한다.

[1단계]

$$\text{건물분 또는 토지분 임대료 상당액} = \text{총 임대료} \times \frac{\text{토지가액 또는 건물가액}}{(\text{토지가액} + \text{정착된 건물가액})}$$

[2단계]

① $\text{긴물분 과세표준} = \text{건물분 임대료 상당액} \times \frac{\text{과세되는 건물임대면적}}{\text{총 건물임대면적}}$

② $\text{토지분 과세표준} = \text{토지분 임대료 싱당액} \times \frac{\text{과세되는 토지임대면적}}{\text{총 토지임대면적}}$

여기서 건물가액 또는 토지가액은 예정신고기간 또는 과세기간 종료일 현재의 기준시가에 의한다. 그리고 건물임대면적 · 토지임대면적 등의 면적이 예정신고기간 또는 과세기간 중에 변동된 경우에는 당해 예정신고기간 또는 과세기간 중의 당해 면적의 적수에 의하여 계산한 면적으로 한다.

예제 9 **겸용주택의 과세표준**

20×5년 1월 1일에 ㈜도로는 당사가 소유하고 있는 단층겸용주택을 2년간 다음의 조건으로 임대하였다. 이 경우 20×5년 1기 부가가치세 예정신고시 신고하여야 할 과세표준은 얼마인가?(해당 토지는 도시지역 내임)

1) 임대면적: 주택용 330㎡, 상가용 990㎡ 겸용주택의 부수토지는 1,000㎡이다.
2) 임대보증금 100,000,000원, 월 임대료 10,000,000원
3) 간주임대료 계산을 위한 정기예금이자율은 5%로 가정
4) 토지의 기준시가는 200,000,000원이며 건물의 기준시가는 100,000,000원이다.

해설

1) 과세되는 상가의 토지 · 건물면적과 면세되는 주택의 토지 · 건물면적을 산출

구 분	상가(과세분)	주택(면세분)	비 고
토 지 (1,000㎡)	750㎡	$1,000㎡ \times (\frac{330}{1,320}) = 250㎡$	한도는 330㎡ × 5 = 1,650㎡
건 물	990㎡	330㎡	

2) 전체임대료를 기준시가에 의해 토지와 건물로 안분계산
전 체 임 대 료: 30,000,000원(월임대료) + 1,232,877(간주임대료) = 31,232,877원
토지분임대료: 31,232,877 × (200,000,000/300,000,000) = 20,821,918원
건물분임대료: 31,232,877 × (100,000,000/300,000,000) = 10,410,959원

3) 토지, 건물분 임대료를 면적비율로 과세와 면세로 구분한다.
토지과세분: 20,821,918원 × (750/1,000) = 15,616,439원
건물과세분: 10,410,959원 × (990/1,320) = 7,808,219원

4) 신고할 과세표준은 23,424,658원이다.

4 대손세액공제

(1) 개 요

부가가치세가 과세되는 재화 또는 용역을 공급하는 경우 공급을 받는 자의 파산 · 강제집행 기타 대손사유로 인하여 당해 재화 또는 용역의 공급에 대한 외상매출금 기타 매출채권의 전부 또는 일부가 대손되어 회수할 수 없는 경우에는 해당 대손세액을 그 대손이 확정된 날이 속하는 과세기간의 매출세액에서 차감할 수 있다.

(2) 대손의 사유

① 파산(강제화의를 포함한다), 강제집행, 회사정리계획인가 결정

② 사망, 실종신고

③ 상법 · 어음법 · 수표법 · 민법상의 소멸시효가 완성된 경우[58)]

④ 부도발생일로부터 6개월 이상 경과한 수표 또는 어음상의 채권 및 외상매출금(중소기업의 외상매출금 및 미수금으로서 회수기일이 2년 이상 지난 채권. 단 특수관계인과의 거래로 인하여 발생한 외상매출금 등은 제외). 다만, 채무자의 재산에 대하여 저당권을 설정하고 있는 경우를 제외한다.[59)]

⑤ 회생계획인가결정에 따라 채권을 출자전환하는 경우(대손금액은 채권의 장부가액과 주식의 시가와의 차액에 해당)

(3) 대손세액공제금액과 대손확정기한

$$대손세액 = 대손금액 \times \frac{10}{110}$$

대손금액은 부가가치세가 포함된 금액을 말한다. 대손세액공제는 공급일로부터 10년이 경과된 날이 속하는 과세기간에 대한 확정신고기한까지 대손세액공제요건이 확정되는 것에 한한다.[60)] 대손이 확정된 채권에 대하여 과세표준 확정신고시 대손세액공제를 하지 않은 경우에는 경정청구를 해야 하며 그 시기를 달리하여 대손세액공제를 할 수 없다.

(4) 대손세액의 공제절차

사업자는 대손이 확정된 날이 속하는 과세기간의 매출세액에서 대손세액을 차감할 수 있으며 대손세액공제를 받기 위하여는 부가가치세확정신고서에 대손세액공제신고서와 대손사실을 입증할 수 있는 서류를 첨부하여 관할세무서장에게 제출하여야 한다. 따라서 확정신고시에만 대손세액공제를 적용받을 수 있으며, 예정신고시에는 적용이 불가능하다.

---

58) 상법상 상행위로 인한 채권의 소멸시효는 5년이나 민법상 상사채권에 대한 단기소멸시효가 적용되어 3년임. 어음법의 경우 인수인에 대한 환어음상 청구권은 3년, 소지인의 배서인과 발행인에 대한 청구권은 1년, 배서인의 다른 배서인과 발행인에 대한 청구권은 6월이며 수표법의 경우 수표 제시기간이 지난 후 6개월간 청구권을 행사하지 아니하면 청구권은 소멸한다라고 규정하고 있다. 판결에 의하여 확정된 채권은 단기의 소멸시효에 불구하고 10년을 소멸시효로 한다.

59) 법적으로는 아직 권리가 소멸하지는 않았지만 해당사유의 발생으로 채무자의 재산상황, 지급능력 등에 비추어 손비로 계상하여야 한다.

60) 판결, 재판상 압류 등으로 매출채권의 소멸시효가 중단연장됨에 따라 공급일부터 5년이 경과하여 대손이 확정되는 경우에도 세액공제를 적용할 수 있도록 하였다.

(5) 대손금을 회수한 경우

대손세액을 매출세액에서 차감한 사업자가 대손금액의 전부 또는 일부를 회수한 경우에는 회수한 대손금액에 관련된 대손세액을 회수한 날이 속하는 과세기간의 매출세액에 가산한다.

(6) 공급받은 사업자의 경우

1) 대손이 확정된 경우

대손이 확정되었을 때 공급자에 대하여 대손세액공제를 인정해주면, 이와는 반대로 공급받은 자에 대하여는 공제되는 매입세액을 그만큼 차감하도록 하는 것이 타당할 것이다. 따라서 재화와 용역의 공급을 받은 사업자가 대손세액의 전부 또는 일부를 매입세액으로 공제받은 경우로서 공급자의 대손이 당해 공급을 받은 사업자의 폐업 전에 확정되는 때에는 관련 대손세액상당액을 대손이 확정되는 날이 속하는 과세기간의 매입세액에서 차감한다.[61)]

공급자의 관할세무서장은 공급자가 대손세액공제를 받은 사실을 공급받은 자의 관할세무서장에게 통지하여야 하며, 공급받은 자가 관련 대손세액상당액을 매입세액에서 차감하여 신고하지 않은 경우에는 공급받은 사업자의 관할세무서장이 경정하여야 한다. 이 경우 신고불성실가산세와 납부불성실가산세는 적용하지 않는다.

2) 대손금을 변제한 경우

매입세액에서 대손세액을 차감한 후 공급받은 사업자가 대손금의 전부 또는 일부를 변제한 경우에는 변제한 대손금액에 관련된 대손세액을 변제한 날이 속하는 과세기간의 매입세액에 가산하도록 해주고 있는데, 이를 변제대손세액이라 한다. 이 경우에 부가가치세 확정신고서에 대손세액변제신고서와 변제사실을 증명하는 서류를 첨부하여 관할세무서장에게 제출하여야 한다.

표 5-2 • 대손세액에 대한 처리

구 분	대손이 확정된 과세기간	대손금을 회수(변제)한 과세기간
공급하는 사업자	대손세액을 매출세액에서 차감 (대손세액을 공제)	대손세액을 매출세액에 가산 (대손세액을 가산)
공급받은 사업자	대손세액을 매입세액에서 차감 (대손처분받은 세액)	대손세액을 매입세액에 가산 (변제대손세액)

61) 부가가치세신고서를 살펴보면 대손처분받은 매입세액은 공제받지 못할 매입세액의 한 항목으로 되어 있다.

예제 10 **대손세액공제**

㈜중앙은 오리털잠바 100set를 20×1. 1. 3.에 공급가액 10,000,000원에 외상으로 판매하고, 부가가치세 1,000,000원을 납부하였다. 하지만 20×2. 5. 1.에 동 거래처가 파산하여 외상대금을 수령할 수 없게 되었다. 20×2년 제1기 확정신고기간 동안의 매출액은 501,000,000원이다. 20×2년 제1기 확정신고기간의 매출세액은 얼마인가?

해설

공급을 받은 자의 파산 · 강제집행 · 회사정리 등의 사유로 외상매출금이 대손되어 회수할 수 없는 경우에는 대손금에 포함된 부가가치세를 매출세액에서 차감할 수 있다. 이를 대손세액공제라 한다.
20×2년 제 1기 확정신고기간의 총 매출세액 50,100,000원에서 대손세액공제액 1,000,000원을 차감하면 매출세액은 49,100,000원이다.

5 부가가치세 및 매출세액의 계산구조

부가가치세의 계산구조는 다음과 같다.

	매출세액	재화 · 용역의 공급가액×10%
(-)	매입세액	세금계산서 수취분 매입세액 + 기타공제매입세액(신용카드매출전표수취명세서 제출분, 의제매입세액, 재활용폐자원매입세액 등) - 공제받지 못할 매입세액(불공제 매입세액, 공통매입세액 면세사업분 등)
=	납부세액	
(-)	공제세액	예정고지세액(일반과세자인 개인사업자), 예정신고 미환급세액, 신용카드세액공제 등)
(+)	가산세	세금계산서 불성실 가산세 등
=	차가감납부세액	

부가가치세 신고서상 매출세액의 계산구조는 다음과 같다.

❶ 신 고 내 용						
구 분				금 액	세율	세 액
과세표준및매출세액	과 세	세금계산서발급분	①		$\frac{10}{100}$	
		매입자발행세금계산서	②		$\frac{10}{100}$	
		신용카드·현금영수증발행분	③		$\frac{10}{100}$	
		기타(정규영수증외매출분)	④			
	영세율	세금계산서발급분	⑤		$\frac{0}{100}$	
		기 타	⑥		$\frac{0}{100}$	
	예정신고누락분		⑦			
	대손세액가감*		⑧			
	합 계		⑨		㉮	

▶ 기타(정규영수증 외 매출분): 세금계산서 발급대상임에도 불구하고 세금계산서를 발행하지 않은 부분, 세금계산서 발급의무가 없는 공급 부분 등이 이에 포함된다.

▶ 예정신고누락분: 부가가치세는 과세기간에 따라 신고하기 때문에 예정신고누락분에 대하여 확정신고시에 신고하는 것에 대하여는 정상적인 신고로 본다. 다만, 예정신고시 의무불이행에 대하여 일부 가산세를 부담시키는 차이가 있다.

▶ 대손세액가감: 공급하는 사업자의 경우 대손세액이 발생하면 (−)로 대손세액을 회수한 경우 (+)로 기록한다.

참고로 대손과 관련하여 공급받은 사업자의 부가가치세 신고서를 살펴보면 다음과 같다.

	구 분			금 액	세 율	세 액
(14) 그 밖의 공제매입세액 명세	신용카드매출전표등 수령명세서 제출분	일반매입	(40)			
		고정자산매입	(41)			
	의제매입세액		(42)		뒤쪽 참조	
	재활용폐자원등 매입세액		(43)		뒤쪽 참조	
	과세사업전환 매입세액		(44)			
	재고매입세액		(45)			
	변제대손세액*		**(46)**			
	외국인 관광객에 대한 환급세액		(47)			
	합 계		(48)			
(16) 공제받지 못할 매입세액 명세	구 분			금 액	세 율	세 액
	공제받지 못할 매입세액		(49)			
	공통매입세액 면세사업등분		(50)			
	대손처분받은 세액*		**(51)**			
	합 계		(52)			

▶ 변제대손세액: 공급받은 사업자의 경우 대손세액을 변제한 경우 그 밖의 공제매입세액명세의 변제대손세액으로 기입하여 매입세액에 가산한다.

▶ 대손처분받은 세액: 공급자의 대손이 당해 공급을 받은 사업자의 폐업 전에 확정되는 때에는 관련 대손세액상당액을 대손이 확정되는 날이 속하는 과세기간의 매입세액에서 차감한다.

OX 문제

01 금전이외의 대가를 받은 경우에는 자기가 공급받은 재화 또는 용역의 시가를 과세표준으로 한다.

02 공급대가를 외화로 받아 공급시기도래전에 원화로 환가한 경우 공급시기의 기준환율 또는 재정환율에 의하여 계산한 금액을 과세표준으로 한다.

03 할부판매의 경우에는 공급한 재화의 총가액을 과세표준으로 하나, 장기할부판매의 경우에는 계약에 따라 받기로 한 대가의 각 부분을 과세표준으로 한다

04 어음의 부도발생일이 20×1년 2월 10일이라면 20×1년 제2기 예정신고시 대손세액공제를 받을 수 있다.

정답&해설 01 × 02 × 03 ○ 04 ×

01 금전이외의 대가를 받은 경우에는 자기가 공급한 재화 또는 용역의 시가를 과세표준으로 한다.

02 공급대가를 외화로 받은 경우 공급시기도래전에 원화로 환가한 경우에는 그 환가한 금액을 과세표준으로 한다.

04 대손세액공제는 확정신고시에만 가능하고 대손사유는 부도발생일로부터 6개월이 경과한 날에 발생하므로 20×1년 제2기 확정신고시 대손세액공제를 받을 수 있다.

05 대손세액공제를 적용받은 사업자가 대손금액의 전부 또는 일부를 회수한 경우에는 회수한 대손금액에 관련된 대손세액을 회수한 날이 속하는 과세기간의 매입세액에 가산한다.

06 대손세액공제의 범위는 사업자가 부가가치세가 과세되는 재화나 용역을 공급한 후 공급일로부터 10년이 경과하는 날이 속하는 과세기간까지 확정되는 대손세액으로 한다.

정답&해설 **05** × **06** ×

05 매입세액에 가산하는 것이 아니라 매출세액에 가산한다.

06 공급일로부터 10년이 경과하는 날이 속하는 과세기간에 대한 확정신고기한까지 확정되는 경우에는 대손세액공제가 적용된다.

연습문제

01 다음 중 부가가치세 과세대상이 되는 공급가액은 얼마인가?

> (1) 상품매출액: 10억원(10억원에는 수출분 2억원이 포함되었으며, 매출환입액 5천만원은 매출액에서 차감하였다)
> (2) 계약에 의하여 확정된 대가의 지연지급에 따라 받은 연체이자: 4천만원
> (3) 과세사업용 기계장치의 처분액: 7천만원(특수관계인에게 매출한 것으로서 장부가액은 5천만원, 시가는 1억 2천만원이다)

① 9억 1천만원 ② 11억 6천만원
③ 8억 5천만원 ④ 11억 2천만원

정답 ④

11억 2천만원 = 10억원 + 1억 2천만원

영세율도 과세표준에는 포함된다. 매출환입, 계약에 의하여 확정된 대가의 지연지급에 따라 받은 연체이자는 과세표준에 포함되지 않는다. 한편 재화의 공급에 대하여 부당하게 낮은 대가를 받은 경우에는 자기가 공급한 재화의 시가를 과세표준으로 한다.

02 다음은 A상품과 B상품의 수출과 관련한 자료이다. A상품과 B상품의 과세표준으로 옳은 것은?

(1) 상품수출 및 대금수령에 관한 내역

구 분	공급가액	상품인도일	대금수령일	환가일	환가액
A 상품	$500	5월 1일	4월 19일	4월 25일	₩550,000
B 상품	$200	4월 19일	4월 25일	5월 1일	₩240,000

(2) 환율자료

구 분	4월 19일	4월 25일	5월 1일
기준환율	₩1,000/1$	₩1,100/1$	₩1,200/1$

	A상품	B상품
①	₩500,000	₩200,000
②	₩550,000	₩200,000
③	₩550,000	₩220,000
④	₩600,000	₩240,000

정답 ②

A상품: 공급시기 도래 전에 환가하였으므로 환가한 금액인 ₩550,000이 과세표준이 된다.

B상품: 공급시기 이후에 환가되었으므로 공급시기의 기준환율을 적용한다.

03 다음 중 부가가치세 과세표준에 포함되는 것은?

① 할부판매의 이자상당액

② 확정된 공급대가의 지급지연으로 인하여 수령하는 연체이자

③ 재화 또는 용역의 공급과 직접 관련되지 않는 국고보조금과 공공보조금

④ 공급받는 자가 부담하는 원재료 등의 가액

⑤ 마일리지를 적립해 준 사업자에게서만 사용이 가능한 자기적립 마일리지 사용분

정답 ①

할부판매의 이자상당액은 과세표준에 포함된다.

04 부가가치세 과세표준에 대한 다음의 설명 중 옳지 않은 것은?

① 자가공급 중 판매목적타사업장 반출의 경우 시가를 과세표준으로 한다.

② 재화를 무상으로 공급한 경우 재화의 시가를 과세표준으로 하지만, 용역을 무상으로 공급한 경우 부가가치세를 과세하지 아니한다.

③ 간주공급 중 사업상 증여의 경우 시가를 과세표준으로 한다.

④ 금전 이외의 대가를 받은 경우에는 자기가 공급한 재화의 시가를 과세표준으로 한다.

정답 ①

판매목적타사업장 반출의 경우 자가공급으로 규정하고 있는 취지가 다르므로 시가가 아닌 원가를 과세표준으로 한다.

05 다음 상황의 과세표준의 합계액은 얼마인가?

> (1) 특수관계인 매출액: 8천만원(시가 1억원)
> (2) 특수관계인 이외의 매출액: 1억원
> 단, 동 금액에는 매출에누리 5백만원과 매출할인액 1백만원이 차감되어 있지 않다. 판매자의 부주의로 운송하는 중 파손된 반품액 120만원이 매출액에 포함되어 있다.
> (3) 외상매출금의 지급지연으로 인하여 추가로 받은 연체이자: 200만원
> (4) 판매촉진을 위한 장려금의 금전지급액: 500만원

① ₩187,000,000　　② ₩192,800,000
③ ₩202,400,000　　④ ₩211,100,000

정답 ②

특수관계인 매출액: 1억원 (저가공급이므로 시가로 계산한다)
특수관계인 이외의 매출액: 1억원 - 500만원 - 100만원 - 120만원 = 9,280만원

06 부동산임대업을 영위하는 사업자인 윤상현 씨의 20×6년 2기의 부가가치세 과세표준은 얼마인가?

> (1) 상가건물의 임대료 선급액: ₩36,000,000
> (임대개시일인 20×6년 7월 1일에 1년 분 임대료를 선급받았으며, 동 금액에는 부가가치세가 포함되어 있지 않다)
> (2) 상가건물의 임대 보증금: ₩50,000,000
> (3) 시중 은행의 1년만기 정기예금이자율은 4.2%이며, 국세청장이 고시한 정기예금이자율은 3.65%이다.
> (4) 해당연도는 윤년이 아니라고 가정한다.

① ₩18,000,000　　② ₩18,920,000
③ ₩19,058,630　　④ ₩37,058,630

정답 ②

임대료: $36,000,000 \times \frac{1}{2}$ = ₩18,000,000

간주임대료: $50,000,000 \times 3.65\% \times 184일 \times \frac{1}{365}$ = ₩920,000

개인사업자이므로 7월 1일부터 12월 31일까지의 과세표준을 구하여야 한다.
부동산임대용역의 대가를 선불 또는 후불의 방법으로 일시에 받는 경우에는 과세대상기간의 월수만큼 안분계산하여야 한다.

07 과세사업을 영위하던 ㈜삼상은 20×6. 8. 7. 당해 사업을 폐지하였다. 다음 자료는 폐업시의 잔존재화의 내역이다. 부가가치세 과세표준은 얼마인가?

자산의 종류	취득일	취득원가	폐업당시 시가
건 물	20×3. 12. 31.	5억원	4억원
기계장치	20×3. 8. 9.	1억원	2천만원
토 지	20×3. 12. 31.	5억원	10억원

① ₩294,000,000　② ₩350,000,000
③ ₩420,000,000　④ ₩600,000,000

정답 ②

건물의 간주시가: 5억원 × (1 - 5% × 6기) = ₩350,000,000
기계장치의 간주시가: 1억원 × (1 - 25% × 4기) = ₩0
기계장치의 과세기간은 4를 초과할 수 없다.
토지는 면세이므로 과세표준을 계산하지 아니한다.

08 ㈜수정은 택시운수사업에 사용하던 건물을 20×6. 8. 1.부터 시내버스 운수사업에 사용하게 되었다. 다음 자료에 의하여 건물의 면세전용에 따른 부가가치세 과세표준은 얼마인가? 단, 택시운수사업은 과세이며, 시내버스운수사업은 면세이다.

(1) 건물의 취득일자: 20×6년 1월 7일
(2) 건물의 취득가액: ₩400,000,000
(3) 보유기간 중의 감가상각비: ₩10,000,000
(4) 면세전용일 현재의 시가: ₩375,000,000

① ₩360,000,000　② ₩375,000,000
③ ₩380,000,000　④ ₩390,000,000

정답 ③

간주시가로 계산하며 계산금액은 다음과 같다.
₩400,000,000 × (1 - 5% × 1) = ₩380,000,000

09 ㈜영창은 20×8년 10월 4일에 과세사업과 면세사업에 공통으로 사용하는 기계장치를 ₩10,000,000(부가가치세를 제외한 금액)에 매각하였다. 과세사업과 면세사업의 공급가액이 다음과 같을 때 부가가치세 과세표준은 얼마인가?

자산의 종류	20×8년 제1기	20×8년 제2기
과세사업 공급가액	9억 6천만원	8억원
면세사업 공급가액	4천만원	2억원
계	10억원	10억원

① ₩0　　② ₩8,000,000

③ ₩9,600,000　　④ ₩10,000,000

정답 ④

직전과세기간의 총 공급가액 중 면세사업의 공급가액이 5% 미만이고, 해당 재화의 공급가액이 5천만원 미만이므로 안분계산을 생략한다.

10 다음은 ㈜엘로드의 2기 부가가치세 확정신고를 위한 자료이다. ⓐ, ⓑ에 알맞은 금액은 각각 얼마인가?

(1) 국내 판매분

1) 세금계산서 발행 매출액　₩50,000,000 (부가가치세 제외)

2) 신용카드 발행 매출액　44,000,000 (부가가치세 포함)

3) 일반영수증발행 매출액　26,400,000 (부가가치세 포함)

(2) 해외 판매분

1) 내국신용장에 의한 수출　₩12,100,000

2) 직수출　22,000,000

단, 해외판매분에 대하여는 부가가치세법상 규정에 따라 세금계산서를 발급하여야 하는 대상은 세금계산서를 발행하였다.

<table>
<tr><th colspan="4">구 분</th><th>금 액</th><th>세율</th><th>세 액</th></tr>
<tr><td rowspan="8">과세표준및매출세액</td><td rowspan="4">과 세</td><td>세금계산서발급분</td><td>①</td><td></td><td>$\frac{10}{100}$</td><td></td></tr>
<tr><td>매입자발행세금계산서</td><td>②</td><td></td><td>$\frac{10}{100}$</td><td></td></tr>
<tr><td>신용카드·현금영수증발행분</td><td>③</td><td></td><td rowspan="2">$\frac{10}{100}$</td><td></td></tr>
<tr><td>기타(정규영수증외매출분)</td><td>④</td><td>ⓐ</td><td></td></tr>
<tr><td rowspan="2">영세율</td><td>세금계산서발급분</td><td>⑤</td><td>ⓑ</td><td>$\frac{0}{100}$</td><td></td></tr>
<tr><td>기타</td><td>⑥</td><td></td><td>$\frac{0}{100}$</td><td></td></tr>
<tr><td colspan="2">예정신고누락분</td><td>⑦</td><td></td><td></td><td></td></tr>
<tr><td colspan="2">대손세액가감</td><td>⑧</td><td></td><td></td><td></td></tr>
<tr><td></td><td colspan="2">합계</td><td>⑨</td><td></td><td>㉮</td><td></td></tr>
</table>

	ⓐ	ⓑ
①	₩24,000,000	₩12,100,000
②	₩64,000,000	₩12,100,000
③	₩26,400,000	₩11,000,000
④	₩70,400,000	₩11,000,000

정답 ①

일반영수증발행분은 공급대가를 기준으로 하므로 100/110을 곱하여 공급가액을 계산한다. 영세율적용대상의 경우 내국신용장 또는 구매확인서에 의한 수출재화, 수출재화임가공용역 등은 세금계산서를 발급하여야 한다.

11 부가가치세 대손세액공제에 대한 다음의 설명 중 옳지 않은 것은?

① 대손세액공제를 받고자 하는 자는 부가가치세 확정신고서에 대손세액공제신고서와 대손사실을 증명하는 서류를 첨부하여 관할세무서장에게 제출하여야 한다.
② 대손세액공제는 재화의 공급일로부터 10년이 경과된 날이 속하는 과세기간에 대한 확정신고기한까지 대손이 확정되어야 한다.
③ 대손세액은 대손금액의 110분의 10으로 한다.
④ 공급자가 대손세액공제를 받은 후 대손금의 전부 또는 일부를 회수한 경우 당초 공급일의 과세표준을 수정하여 신고하여야 한다.

정답 ④

대손세액공제를 받은 후 대손금의 전부 또는 일부를 회수한 경우, 회수한 날이 속하는 과세기간의 매출세액에 가산한다.

12 다음은 일반과세자인 이서영 씨의 20×6년 제2기분 부가가치세 확정신고를 위한 자료이다. 이서영 씨의 20×6년 제2기분 부가가치세 차가감 납부세액을 계산하면 얼마인가?

(1) 확정신고기간 매출세액: ₩50,000,000
(2) 확정신고기간 매입세액: ₩30,000,000(매입세액불공제액 ₩10,000,000 포함)
(3) 20×4. 4. 1.에 과세재화를 공급하고 받은 받을어음 ₩22,000,000이 20×6. 3. 17.에 부도처리되었다.
(4) 20×3. 3. 4.에 과세재화를 공급함에 따라 발생한 매출채권 ₩11,000,000에 대한 소멸시효가 20×6. 3. 3.에 완성되었다.

① ₩20,000,000　② ₩21,000,000
③ ₩27,000,000　④ ₩28,000,000

정답 ④

매출세액: 50,000,000 - 2,000,000(대손세액공제) = ₩48,000,000
매입세액: 30,000,000 - 10,000,000(매입세액불공제액) = ₩20,000,000
납부할세액: ₩28,000,000

받을어음의 경우 부도발생일로부터 6월이 경과하는 날이 20×6. 9. 18. 이므로 당해 과세기간에 대하여 대손세액공제를 받을 수 있다.
매출채권의 경우 소멸시효완성일은 20×6년 1기이므로 1기에 대손세액공제를 적용받아야 하며, 1기에 공제받지 못한 경우 경정청구를 통해 공제받을 수 있다. 그러므로 20×6년 2기의 부가가치세와는 관계가 없다.

13 다음은 일반과세자 甲의 20×2년 제1기(1. 1. ~ 6. 30.) 부가가치세 확정신고를 위한 자료이다. 부가가치세 과세표준은 얼마인가? 단, 주어진 자료의 금액은 부가가치세가 포함되지 아니한 금액이며, 세금계산서 등의 증빙은 적법하게 발급하였거나 수령하였다. 또한 이전까지의 신고 · 납부는 적정하게 이루어졌다.

(1) 현금 및 외상판매액 10,000,000원
(위 금액에는 수출액 3,000,000원이 포함되어 있고, 대금의 조기결제로 인한 할인액 1,000,000원이 차감되어 있지 않음)
(2) 할부판매액 4,000,000원
(위 금액에는 이자상당액 100,000원이 포함되어 있고, 상품의 하자로 인한 매출에누리 500,000원이 차감되어 있지 않음)
(3) 과세사업용 부동산 처분액 30,000,000원
(내역: 토지 25,000,000원, 건물 5,000,000원)
(4) 3년 동안 사용한 업무용 소형승용차(취득원가 4,000,000원, 장부가액 1,000,000원, 시가 2,000,000원)를 시가 2,000,000원의 소형화물차와 교환

① 16,500,000원 ② 18,500,000원 ③ 19,500,000원
④ 20,500,000원 ⑤ 44,500,000원

정답 ③

외상판매액	10,000,000
할부판매액	4,000,000
건물처분액	5,000,000
매출할인	(1,000,000)
매출에누리	(500,000)
승용차처분액	2,000,000
합계	19,500,000

14 ㈜갑은 건물과 그 부수토지를 임대하고 있다. 다음 자료에 의하여 ㈜갑의 20×2년 제1기(1. 1. ~ 6. 30.)의 부가가치세 과세표준을 구하면 얼마인가?

(1) 임대기간: 20×2. 1. 1. ~ 20×3. 12. 31.

(2) 임대현황

가. 건물(단층): 주택 50㎡, 상가 150㎡

나. 부수토지(도시지역 외의 지역에 있는 토지임): 1,500㎡

(3) 임대료 등의 내역

가. 월 임대료: 2,000,000원/월

(당해 연도 1월초에 1년분 임대료 24,000,000원을 일시에 받음)

나. 제1기의 임대보증금에 대한 간주임대료: 24,000,000원

(4) 제1기 과세기간 종료일 현재 기준시가

가. 건물: 40,000,000원

나. 토지: 10,000,000원

① 9,000,000원 ② 27,000,000원 ③ 27,600,000원

④ 29,600,000원 ⑤ 36,000,000원

정답 ②

(1) 면세면적과 과세면적의 구분

구 분	면 세(주택)	과 세(상가)	계
건 물	50(25%)	150(75%)	200
토 지	375(25%)*	1,125(75%)	1,500

* 주택토지 = Min[(1,500 × 50/200), (50 × 10배)] = 375

(2) 임대료와 간주임대료: $24,000,000 \times \frac{6}{12} + 24,000,000 = 36,000,000$

(3) 과세표준: $36,000,000 \times \frac{150}{200} = 27,000,000$

	전체임대료		기준시가		과세면적비율		
토지 과세표준	36,000,000	×	$\frac{10}{50}$	×	$\frac{1,125}{1,500}$	=	5,400,000
건물 과세표준	36,000,000	×	$\frac{40}{50}$	×	$\frac{150}{200}$	=	21,600,000
							27,000,000

별해) 토지와 건물의 면세면적과 과세면적의 비율이 동일하므로 면적비율로 안분계산하면 쉽게 과세표준을 구할 수 있다.

15 부동산임대업을 영위하는 ㈜갑은 다음과 같이 겸용주택을 임대(임대기간: 20×1. 1. 1. ~ 20×2. 12. 31.)하고 있다. 다음의 자료에 의할 때 ㈜갑의 20×2년 제1기 과세기간의 부가가치세 과세표준을 계산하면 얼마인가?

> (1) 주택과 점포로 겸용되는 1층 건물 임대:
> 주택면적 60㎡, 점포면적 120㎡, 건물의 부수토지 2,400㎡
> 이 건물은 도시지역 외의 지역에 소재하고 있다.
>
> (2) 월 임대료: 2,000,000원 (부가가치세 제외)
>
> (3) 2012년 제1기 과세기간 종료일 현재의 기준시가
> 건물: 30,000,000원 토지: 90,000,000원

① 6,750,000원 ② 3,250,000원 ③ 8,750,000원
④ 8,000,000원 ⑤ 2,916,666원

정답 ③

(1) 과세 · 면세의 구분

구 분	면 세(주택)	과 세(점포)	계
건 물	60㎡	120㎡	180㎡
토 지	600㎡*	1,800㎡	2,400㎡

* 주택토지 = Min[(2,400 × 60/180), (60 × 10배)] = 600

(2) 임대료계산(간주임대료는 없음): 2,000,000 × 6월 = 12,000,000

(3) 과세표준 계산: ① + ② = 8,750,000

① 과세건물: $12,000,000 \times \frac{30,000,000}{120,000,000} \times \frac{120}{180} = 2,000,000$

② 과세토지: $12,000,000 \times \frac{90,000,000}{120,000,000} \times \frac{1,800}{2,400} = 6,750,000$

16 다음은 갑의 20×2년 제2기 매출 및 기타손익거래의 내역이다. 이 자료에 의하여 갑의 부가가치세 과세표준을 계산하면 얼마인가?

(1) 전자제품 판매수입(매출에누리 5,000,000원이 차감되지 않은 금액) 제품 제조회사로부터 별도로 수령한 판매장려금 7,000,000원이 있음	75,000,000원
(2) 사무용 비품 매각대금(장부가액 2,000,000원)	3,850,000원
(3) 자산수증이익(제품제조회사로부터 업무와 관련하여 기증받은 사무용 비품의 시가)	2,000,000원
(4) 갑이 가사용으로 소비한 가전제품의 장부가액(시가 1,200,000원)	800,000원

① 74,700,000원 ② 79,700,000원
③ 81,700,000원 ④ 74,300,000원

정답 ①

구 분	부가가치세 과세표준	
전자제품판매수입	75,000,000	
판 매 장 려 금	(−) −	
매 출 에 누 리	(−) 5,000,000	
비 품 매 각 액	(+) 3,500,000	$(=3,850,000 \times \frac{100}{110})$
자 산 수 증 이 익	(+) −	
가 사 용 소 비	(+) 1,200,000	
계	74,700,000	

* 자산수증이익은 제품제조회사로부터 받은 사업상증여로 제품제조회사의 과세표준에 해당함

17 과세사업을 영위하던 갑씨는 20×2. 4. 1.부터 과세사업과 면세사업을 겸업하기로 하고 재화를 면세사업에도 사용하게 되었다. 갑씨의 20×2년 제1기 확정신고시 면세전용과 관련된 부가가치세 과세표준은 얼마인가?

(1) 면세전용일 현재 보유하고 있는 자산과 관련된 자료는 다음과 같다.

종 류	취득일	취득원가	시 가	대차대조표상 감가상각누계액	면세전용 여부*
토 지	20×0. 1. 10.	10,000,000	15,000,000	0	완전전용
건 물	20×0. 4. 1.	20,000,000	40,000,000	2,000,000	완전전용
기계장치	20×1. 12. 7.	50,000,000	10,000,000	5,000,000	일부전용

* 위에서 완전전용이란 과세사업에 사용하던 재화를 면세사업에 전부 사용하는 것을 말하며, 일부전용이란 과세사업에 사용하던 재화를 과세사업과 면세사업에 공통으로 사용하는 것을 말한다.

(2) 갑씨는 자산의 취득시 가능한 매입세액공제를 받았다.

(3) 갑씨의 공급가액 관련 자료는 다음과 같다.

과세기간	과세사업 공급가액	면세사업 공급가액	합 계
직전 과세기간(20×1년 제2기)	2억원	–	2억원
당해 과세기간(20×2년 제1기)	3억원	1억원	4억원

① 25,375,000원 ② 34,750,000원 ③ 40,375,000원
④ 47,500,000원 ⑤ 48,150,000원

정답 ①

구 분	계산내역	과세표준
토 지	면 세	–
건 물	20,000,000 × (1 – 5% × 4)	16,000,000
기계장치	50,000,000 × (1 – 25% × 1) × $\frac{1억원}{4억원}$	9,375,000
계		25,375,000

18 일반과세자인 갑은 20×2. 3. 1.에 상가건물을 150,000,000원(그 중 토지분은 60,000,000)에 취득하여 떡 공장을 운영해 오다가, 20×2. 9. 1.부터 사업을 확장하여 상가 건물 중 일부를 쌀 도매용으로 사용하게 되었다. 다음 자료를 이용하여 20x2년 제2기 갑의 부가가치세 과세표준을 계산하면 얼마인가?

과세기간	떡 공급가액(과세)	쌀 공급가액(면세)
20×2년 제 1 기	75,000,000원	–
20×2년 제 2 기	60,000,000원	40,000,000원

① 60,000,000원 ② 72,400,000원 ③ 88,800,000원
④ 94,200,000원 ⑤ 114,000,000원

정답 ④

떡은 과세사업이며 쌀은 면세사업이다.

떡 공급가액(과세) 60,000,000

면세전용 (150,000,000 – 60,000,000) × (1 – 5% × 1) × $\frac{40,000,000}{100,000,000}$ = 34,200,000

계 94,200,000

19 갑씨가 20×2. 2. 10.에 부가가치세가 과세되는 재화를 공급한 후 그 공급대가로 받은 약속어음 11,000,000원(부가가치세 포함)이 20×2년 5월 24일에 부도가 발생하였다. 채무자의 재산에는 저당권을 설정하고 있지 않다. 이 경우 대손세액공제를 받는 시기와 금액을 바르게 설명한 것은?

① 20×2년 1기 확정신고시 1,100,000원을 대손세액공제받을 수 있다.
② 20×2년 1기 확정신고시 1,000,000원을 대손세액공제받을 수 있다.
③ 20×2년 2기 확정신고시 1,100,000원을 대손세액공제받을 수 있다.
④ 20×2년 2기 확정신고시 1,000,000원을 대손세액공제받을 수 있다.
⑤ 대손세액공제를 받을 수 없다.

정답 ④

대손세액공제는 부도발생일로부터 6월이 되는 날이 속하는 과세기간에 대한 확정신고시 대손세액공제가 가능하므로 2기 확정신고시에 대손세액공제를 받을 수 있다. 대손세액공제금액은 11,000,000 × (10/110) = 1,000,000이다.

20 부가가치세의 과세표준에 관한 다음의 설명중 옳지 않은 것은?

① 계약 등에 의하여 확정된 공급대가의 지급지연으로 인하여 지급받는 연체이자는 소비대차로 전환하였는지의 여부에 관계없이 과세표준에 포함하지 않는다.
② 재화를 공급한 후의 그 공급가액에 대한 장려금은 과세표준에서 공제하지 않는다.
③ 음식점업을 영위하는 사업자가 음식용역을 공급하고 그 대가와 함께 받는 종업원의 봉사료를 세금계산서에 그 대가와 구분하여 기재한 경우로서 봉사료를 해당 종업원에게 지급한 사실이 확인되고, 사업자가 자기의 수입금액에 계상하지 않은 경우에 그 봉사료는 과세표준에 포함하지 않는다.
④ 재화의 수입에 대한 부가가치세의 과세표준은 관세의 과세가격으로 한다.
⑤ 재화의 공급대가를 외국통화 또는 기타 외국환으로 받은 경우로서 그 재화의 공급시기가 도래하기 전에 원화로 환가하였다면 그 환가한 금액을 과세표준으로 한다.

정답 ④

재화의 수입에 대한 부가가치세의 과세표준은 관세의 과세가격과 관세, 개별소비세, 주세, 교통·에너지·환경세, 교육세 및 농어촌특별세의 합계액으로 한다.

21 다음은 과세사업자인 ㈜A의 20×2년 제1기 과세기간의 공급과 관련된 자료이다. 동 과세기간의 부가가치세 과세표준을 계산한 것으로 옳은 것은? 단, ㈜A는 총괄납부승인을 받은 사업자 또는 사업자 단위과세사업자가 아니고, 주어진 자료의 금액은 부가가치세가 포함되지 않은 금액이다.

(1) 1. 3.에 특수관계인인 ㈜B에게 기계장치 수리용역을 무상으로 공급했는데 동 용역의 시가는 ₩5,000,000이다.

(2) 3. 8.에 재고자산을 ㈜C에게 ₩16,000,000에 판매하고 판매대금은 20×2. 7. 16.에 회수하였다.

(3) 4. 3.에 ㈜D에게 비영업용소형승용차를 ₩12,000,000에 판매하고 판매대금은 20×2년 5. 1., 20×2. 11. 1. 및 20×3. 5. 1.에 각각 ₩4,000,000씩 회수하기로 약정하였다.

(4) 5. 12.에 특수관계인인 ㈜E에게 자금을 6개월간 대여한 대가로 ₩6,000,000의 이자를 지급받았다. 시가로 계산한 동 기간의 이자는 ₩10,000,000이다.

(5) 기계장치의 생산에 사용하던 건물을 6. 28.부터 면세사업인 과일판매업(과일판매업을 제외한 ㈜A의 모든 사업은 과세사업임)만을 위해 사용하게 되었다. 동 건물과 관련된 자료는 다음과 같다.

- 취득일자: 20×1. 4. 1.
- 취득가액: ₩30,000,000*
- 보유기간 중의 감가상각누계액: ₩15,000,000
- 20×2. 6. 28. 현재의 시가: ₩35,000,000

* 해당 건물과 관련한 취득세 ₩1,200,000을 제외한 금액임

① ₩31,000,000　② ₩47,000,000　③ ₩52,000,000
④ ₩55,000,000　⑤ ₩57,000,000

정답 ②

① 기계장치의 수리에 대한 용역의 무상공급은 과세되지 않는다.
② 외상판매: ₩16,000,000(재화의 인도일)
③ 장기할부판매: ₩4,000,000(대가의 각 부분을 받기로 한 때)
④ 이자는 과세대상이 아니다.
⑤ 면세사업전용: ₩30,000,000 × (1 - 5% × 2기) = ₩27,000,000
∴ 20×2년 제1기 과세기간의 과세표준은 ₩47,000,000이다.

22 전자제품을 제조 및 판매하는 중소기업으로서 내국법인인 ㈜A의 20×4년 제1기 과세기간의 부가가치세 신고와 관련된 자료이다. 확정신고와 함께 법령으로 정하는 바에 따라 대손금액이 발생한 사실을 증명하는 서류를 제출하는 경우 공제받을 수 있는 대손세액은 얼마인가? 단, 대손금액에는 부가가치세가 포함되어 있으며, ㈜A는 채무자의 재산에 저당권을 일체 설정하지 않았다.

<대손사유 및 대손금액>

매출처 B: 20×1. 3. 5.에 제품을 외상매출하고, 20×4. 2. 1.「채무자 회생 및 파산에 관한 법률」에 따른 면책결정에 따라 회수불능으로 확정된 외상매출금 ₩2,200,000

매출처 C: 20×3. 10. 5.에 제품을 외상매출하고, 공급대가로 받은 것으로 20×4. 2. 25. 부도 발생한 어음상의 채권 ₩5,500,000

매출처 D: 20×1. 8. 1.에 제품을 외상매출하고, 20×4. 4. 7. 채무자의 강제집행으로 회수할 수 없게 된 외상매출금 ₩1,100,000

① ₩100,000　② ₩300,000　③ ₩500,000
④ ₩700,000　⑤ ₩800,000

정답 ②

1. 매출처 B: 공급일부터 10년이 경과한 날이 속하는 과세기간의 확정신고기한 내에 대손의 사유가 발생하였으므로 대손세액 ₩200,000(= ₩2,200,000 × 10/110)을 공제받을 수 있다.
2. 매출처 C: 부도발생일로부터 6개월이 경과한 날이 대손의 사유가 발생하는 날이므로 대손은 20×4년 제2기에 발생하고, 대손의 사유가 발생한 과세기간에 대손세액공제를 하는 것이므로 매출처 C에 대한 대손세액공제는 제2기에 행해야 한다.
3. 매출처 D: 공급일부터 10년이 경과한 날이 속하는 과세기간의 확정신고기한 내에 대손의 사유가 발생하였으므로 대손세액 ₩100,000(= ₩1,100,000 × 10/110)을 공제받을 수 있다.

23 다음 자료를 이용하여 과세사업자 ㈜A의 20×1년 제1기 예정신고기간(20×1. 1. 1. ~ 20×1. 3. 31.)의 부가가치세과세표준을 계산한 것으로 옳은 것은? 단, 아래에 제시된 금액들은 부가가치세를 포함하지 않은 것이다.

(1) 1. 5.: ㈜B에게 5. 10.에 판매대금을 받기로 하고 제품을 ₩5,000,000에 판매하였다.
(2) 1. 20.: 직전 과세기간에 발생한 ㈜C에 대한 매출채권을 ㈜C가 조기변제함에 따라₩500,000의 매출할인이 발생하였다.
(3) 2. 3.: 상품을 인도하기 전에 ㈜D로부터 판매대금 중 ₩1,000,000을 선수금으로 수령하고, 수령한 대가에 대하여 세금계산서를 발급하였다.
(4) 2. 15.: 사업을 위하여 ㈜E에게 시가 ₩500,000(원가: ₩300,000)의 견본품을 무상으로 제공하였다.
(5) 3. 15.: 업무와 관련하여 ㈜F로부터 시가 ₩100,000의 비품을 기증받았다.
(6) 3. 30.: 국가에 시가 ₩1,000,000(원가: ₩500,000)에 상당하는 제품을 무상으로 기증하였다.
(7) 3. 31.: ㈜A가 생산한 제품(시가: ₩300,000)을 ㈜G가 생산한 제품(시가: ₩500,000)과 교환하였다.

① ₩5,800,000 ② ₩6,300,000 ③ ₩6,800,000
④ ₩7,300,000 ⑤ ₩7,800,000

정답 ①

거래일자	과세표준	비 고
1. 5.	₩5,000,000	인도기준
1. 20.	(500,000)	매출할인이 발생한 과세기간의 매출에서 차감함
2. 3.	1,000,000	선수령한 대가에 대하여 세금계산서의 발급시 인정함
2. 15.	–	견본품은 공급이 아님
3. 15.	–	기증받은 재화는 공급과 무관함
3. 30.	–	국가에 무상기증한 것은 과세표준에서 제외함
3. 31.	300,000	제공한 재화의 시가가 과세표준이 됨
계	₩5,800,000	

24 부가가치세 공급가액에 관한 설명이다. 옳지 않은 것은? 단, 아래 재화는 모두 부가가치세 과세대상이다. **[CPA 2021]**

① 사업자가 시가 1,000,000원인 재화A를 판매하고 제3자 적립마일리지 300,000원(제3자와 마일리지 결제액을 보전받지 않기로 약정함에 따라 제3자로부터 보전받은 금액은 없음)과 현금 700,000원을 결제받았다. 이 경우 재화A의 공급가액은 700,000원이다.

② 사업자가 특수관계인이 아닌 자에게 재화B(시가 1,000,000원)를 공급하고 재화C(시가 900,000원)를 대가로 받았다. 이 경우 재화B의 공급가액은 1,000,000원이다.

③ 사업자가 재화D를 3월 20일(기준환율: 1,100원/$)에 인도하고 4월 20일(기준환율: 1,050원/$)에 $1,000를 대금으로 수령하였다. 이 경우 재화D의 공급가액은 1,100,000원이다.

④ 사업자가 재화E를 시가인 1,000,000원에 외상으로 판매하고 거래 상대방에 대한 판매장려금 지급액 300,000원을 차감한 나머지 금액 700,000원을 약정된 상환일에 수령하였다. 이 경우 재화E의 공급가액은 1,000,000원이다.

⑤ 사업자가 시가 1,000,000원인 재화F를 매출에누리 100,000원을 차감한 900,000원에 외상 판매하였다. 이 경우 재화F의 공급가액은 900,000원이다.

정답 ①

사업상 증여에 해당하여 시가인 1,000,000원을 공급가액으로 한다.

25 (주)A의 부가가치세 관련 자료이다. 20×3년 제1기 예정신고 시 부가가치세 과세표준으로 옳은 것은? 단, (주)A는 주사업장 총괄 납부 사업자나 사업자 단위 과세 사업자가 아니며, 제시된 금액은 부가가치세를 포함하지 않은 금액이다. **[CPA 2022]**

(1) 20×3년 1월 5일에 상품을 거래처에 인도하였다. 판매대금 중 10,000,000원은 인도일에 수령하였고, 나머지는 2월 5일부터 매월 5일에 5,000,000원씩 8회에 걸쳐 분할하여 수령하기로 약정하였다. 판매대금 50,000,000원에는 할부이자 상당액인 500,000원이 포함되어 있다.

(2) 20×3년 2월 8일에 상품(취득가액 10,000,000원)을 판매하기 위하여 직매장으로 반출(반출가액 12,000,000원)하였다.

(3) 20×3년 4월 8일에 거래처에 인도할 예정인 상품의 판매대금 3,000,000원에 대한 세금계산서를 20×3년 3월 27일에 발급하고, 20×3년 4월 1일에 당해 판매대금 전액을 회수하였다.

① 20,000,000원 ② 39,500,000원 ③ 62,500,000원

④ 63,000,000원 ⑤ 65,000,000원

정답 ⑤

구 분	과세표준	비 고
(1) 단기할부매출	₩50,000,000	할부이자는 공급가액에 포함된다.
(2) 직매장반출	12,000,000	취득가액에 일정액을 더하여 공급하여 자기의 다른 사업장에 반출하는 경우에는 그 취득가액에 일정액을 더한 금액을 공급가액으로 본다.
(3) 선발급세금계산서	3,000,000	세금계산서 발급일로부터 7일 이내 대가를 받으면 세금계산서를 발급한 때를 공급시기로 본다.
합 계	₩65,000,000	

26 (주) 20×3년 제1기(20×3.1.1.~20×3.6.30.) 부가가치세 관련 자료이다. ㈜A와 ㈜B의 부가가치세 과세표준에 포함될 재화의 공급가액을 모두 합한 것으로 옳은 것은? 단, 제시된 금액은 부가가치세를 포함하지 않은 금액이다. **[CPA 2021]**

(1) ㈜A는 과세사업과 면세사업에 공통으로 사용하던 차량과 비품을 다음과 같이 매각하였다.

① 매각내역

구 분	취득일	취득가액	매각일	공급가액
차 량	20×0.3.1.	40,000,000원	20×1.4.1.	20,000,000원
비 품	20×0.8.1.	1,000,000원	20×1.5.1.	400,000원

② 과세사업과 면세사업의 공급가액비율

구 분	20×0년 제1기	20×0년 제2기	20×1년 제1기
과세사업	53%	50%	60%
면세사업	47%	50%	40%

(2) 과세사업자인 ㈜B는 20×1년 4월 10일에 토지와 건물을 500,000,000원에 다음과 같이 함께 양도하고 그 대금을 모두 수령하였다. 토지와 건물에 대한 감정가액은 없다.

구 분	실지거래가액	공급계약일 현재	
		장부가액	기준시가
토 지	300,000,000원	200,000,000원	160,000,000원
건 물	200,000,000원	200,000,000원	240,000,000원

① 210,200,000원 ② 210,400,000원 ③ 260,000,000원
④ 310,200,000원 ⑤ 310,400,000원

정답 ⑤

구 분	과세표준	비 고
(1) 차량	₩10,000,000	20,000,000 × 50%
(2) 비품	400,000	공급가액이 50만원 미만이므로 안분계산 생략
(3) 건물	300,000,000	500,000,000 × 60%(240/400)
합 계	₩310,400,000	

27 부동산임대업을 영위하는 ㈜A의 자료이다. 20×2년 제1기 확정신고 시 부가가치세 과세표준으로 옳은 것은? 단, 제시된 금액은 부가가치세를 포함하지 않은 금액이다. **[CPA 2022]**

(1) ㈜A의 임대건물(단층임)은 도시지역 안에 위치하고 있으며, 갑과 을에게 모두 20×2년 4월 1일부터 3년간 다음과 같이 임대하고 있다.

구 분	월임대료*	임대보증금	용 도	면 적	
				건 물	부수토지
갑	1,000,000원	21,900,000원	주 택	30㎡	750㎡
을	2,000,000원	43,800,000원	상 가	30㎡	

* 월임대료는 매월말 수령하기로 약정함

(2) 20×2년 제1기 과세기간 종료일 현재 계약기간 1년의 정기예금이자율은 1.5%로 가정한다.

(3) 20×2년 제1기 과세기간 종료일 현재 건물의 기준시가는 100,000,000원, 토지의 기준시가는 400,000,000원이다.

① 4,437,936원 ② 4,622,850원 ③ 5,362,506원
④ 6,533,628원 ⑤ 7,643,112원

정답 ⑤

(1) 임차인별 임대면적 및 과세면적 비율
① 갑 : 토지(375㎡), 주택(30㎡)
→ 주택의 부수토지 150㎡(30㎡ × 5), 상가의 부수토지 225㎡
→ 토지임대료의 60% 과세(225㎡/375㎡)
② 을 : 토지(375㎡), 상가(30㎡) → 전부 과세

(2) 임차인별 임대료
① 갑 : 1,000,000 × 3 + 21,900,000 × 91 ÷ 365 × 1.5% = 3,081,900
② 을 : 2,000,000 × 3 + 43,800,000 × 91 ÷ 365 × 1.5% = 6,163,800

(3) 임차인별 부가가치세 과세표준
① 갑 : 3,081,900 × (400,000,000 ÷ 500,000,000) × 60% = 1,479,312
② 을 : 6,163,800
③ 합계 : 1,479,312 + 6,163,800 = 7,643,112

Chapter 6 매입세액의 계산

AN INTRODUCTION TAX LAW

1 매입세액공제액의 계산

부가가치세법상 매입세액공제액은 세금계산서를 수취한 매입세액에 기타 공제매입세액을 가산하고 공제받지 못할 매입세액을 차감하여 계산한다.

매입세액	세금계산서 수취분	일반매입	(10)			
		수출기업 수입분 납부예외	(10)-1			
		고정자산 매입	(11)			
	예정신고누락분		(12)			
	매입자발행 세금계산서		(13)			
	그 밖의 공제매입세액		(14)			
	합계 (10) − (10-1) + (11) + (12) + (13) + (14)		(15)			
	공제받지 못할 매입세액		(16)			
	차감계 (15) − (16)		(17)		㉯	

(1) 세금계산서 수취분에 의한 매입세액

사업자가 공급자로부터 발급받은 세금계산서 또는 세관장으로부터 발급받은 수입세금계산서는 자기의 사업을 위하여 사용된 것은 물론 사용될 재화 · 용역도 매출세액에서 공제한다.[62)]

(2) 예정신고누락분 매입세액

매입세액은 재화 또는 용역을 공급받은 예정신고기간 또는 확정신고기간별로 공제한다. 예정신고기간의 매입세액을 예정신고시 공제하지 못한 경우 확정신고시 공제받을 수 있으며, 확정신고시에 공제받지 못한 경우에는 수정신고 · 경정청구를 통해 공제가 가능하다.

62) 면세대상 거래에 대하여 세금계산서를 수취하는 경우에도 다음 2가지 요건을 모두 갖춘 경우에는 매입세액공제가 가능하다(2013. 1. 1부터).
① 공급자가 해당 과세기간에 발급한 세금계산서에 따른 납부세액을 모두 납부하고
② 면세대상 매출에 대하여 감액신고를 위한 수정세금계산서를 발급하지 않아야 한다.

(3) 매입자발행세금계산서

1) 의 의

사업자가 재화 또는 용역을 공급하고 거래 시기에 세금계산서를 발급하지 아니한 경우 그 재화 또는 용역을 공급받은 자는 관할세무서장의 확인을 받아 세금계산서를 발행할 수 있다.

2) 확인 및 발급

매입자발행세금계산서를 발행하려는 자(신청인)는 재화 · 용역을 공급한 과세기간 종료일부터 6개월 이내에 거래사실인증서류(거래건당 공급단가 10만원 이상)를 첨부하여 신청인의 관할세무서장에게 거래사실확인을 신청하여야 한다. 확인거부 결정하지 않은 신청에 대해 신청서가 제출된 날로부터 7일 이내에 공급자의 관할세무서장에게 신청서와 증빙서류를 송부하여야 한다. 공급자의 관할세무서장은 신청일의 다음달 말일까지 거래사실여부를 확인하여 신청인관할세무서장에게 통지하여야 한다. 신청인관할세무서장으로부터 거래사실확인통지를 받은 신청인은 확인한 거래일자를 작성일자로 하여 매입자 발행 세금계산서를 공급자에게 발행하여야 한다.

(4) 기타공제매입세액

1) 신용카드매출전표 등에 의한 매입세액[63)]

사업자가 일반과세자로부터 재화 또는 용역을 공급받고 부가가치세액이 별도로 구분가능한 신용카드매출전표 · 직불카드영수증 · 선불카드 · 현금영수증을 발급받은 때에는 다음의 요건을 모두 충족하는 경우에 그 부가가치세액은 공제할 수 있는 매입세액으로 본다.

① 신용카드매출전표 등 수취명세서를 제출할 것

② 신용카드매출전표 등을 그 거래사실이 속하는 과세기간에 대한 확정신고를 한 날로부터 5년간 보관할 것

③ 매입세액불공제 대상이 아닐 것

2) 의제매입세액공제[64)]

㈎ 의 의

의제매입세액은 환수효과와 누적효과를 제거 및 완화하여 경제효율의 왜곡을 시정하기 위하여 도입되었다. 면세 농산물 등을 원재료로 하여 제조 · 가공한 재화 또는 창출한 용역의 공급이 과세되는 경우 면세농산물 가액의 일정률을 매입세액으로 공제한다.[65)]

---

63) 종업원과 가족명의의 신용카드 사용시에도 공제요건을 갖춘 경우 매입세액공제가 가능하다.

64) 조세특례제한법에서는 재활용폐자원 사업자를 지원하기 위하여 세금계산서를 발급할 수 없는 개인 등으로부터 재활용폐자원을 취득하여 제조, 가공, 공급하는 경우 25년말까지 재활용폐자원 취득가액의 3/103에 해당하는 금액을 의제매입세액으로 공제해 주고 있다.

㈏ 의제매입세액 적용요건

의제매입세액의 적용요건은 다음과 같다.

① 과세사업자일 것

② 면세로 농 · 축 · 수 · 임산물을 공급받을 것

③ 면세로 공급받은 농 · 축 · 수 · 임산물을 제조 · 가공한 재화 또는 용역이 과세대상일 것

④ 면세농산물 등을 공급받은 사실을 증명하는 서류를 제출할 것

㈐ 의제매입세액의 계산

의제매입세액을 계산하는 산식은 아래 표와 같다. 아래 표의 의제매입세액 계산시 면세농산물 등의 매입가액은 운임 · 보험료 등의 부대비용을 제외한 가액을 말하며, 수입농산물 등의 경우에는 관세의 과세가격을 말한다. 의제매입세액은 의제매입세액공제한도내에서 공제가 허용된다.

표 6-1 • 의제매입세액(면세농산물세액등의 매입가액 × 공제율

대상업종		공제율
일반업종		2/102
중소제조업(개인사업자 포함)	① 과자점업, 도정업, 제분업, 떡방앗간을 운영하는 개인과 같이 최종소비자 대상 개인제조업 및 간이과세자	6/106
	② “①”을 제외한 중소제조업(개인사업자 포함)	4/104
음식점		개인 8/108(9/109)*, 법인 6/106
유흥장소(개인, 법인 모두)		2/102

* 연매출 4억원 이하인 개인음식점업자(2026년까지, 간이과세자 포함)

표 6-2 • 의제매입세액공제한도[66]

구 분		한도액		
법인사업자		과세표준 × 30%(2025년까지 50%)		
개인사업자	과세기간(6개월)별 과세표준	음식점(2025년말까지)	기타(2025년말까지)	기본한도
	1억원 이하	과세표준 × 75%	과세표준 × 65%	과세표준 × 50%
	1억원 초과 ~ 2억원 이하	과세표준 × 70%		
	2억원 초과	과세표준 × 60%	과세표준 × 55%	과세표준 × 40%

65) 중고차 시장 활성화를 위하여 세금계산서를 발급할 수 없는 개인 등으로부터 중고자동차를 취득하여 제조·가공·공급하는 사업자에 대하여 중고차 취득가액의 10/110을 조세특례제한법에 의거 의제매입세액으로 공제(25년말까지)하여 주고 있다.

66) 의제매입세액 공제와 관련하여 취지와 다르게 부당한 의제매입세액공제에 관한 논란이 제기되어 왔다. 예를들어, 음식점업의 경우 매출액에서 면세농산물이 차지하는 비율에 비해 실제 공제되는 의제매입세액의 비중이 과도하게 높아 2014년 1월부터 과세표준(매출액)에 일정 한도율을 적용하도록 하였다. 단, 2025년 말까지는 우대율을 적용한다.

당해 사업자가 과세사업과 면세사업을 겸영하는 경우에는 면세농산물 등의 실지귀속에 따라 의제매입세액공제를 적용하여야 한다. 그러나 그 실지귀속을 구분할 수 없는 경우에는 다음과 같이 당해 과세기간의 공급실적에 따라 안분 계산하다 의제매입세액을 공제한다.

의제매입세액 = (면세농산물 등의 가액) × 공제율 × (과세공급가액/총공급가액)

㈑ 공제시기[67)]

의제매입세액은 면세농산물 등을 공급받거나 구입한 날이 속하는 과세기간의 매출세액에서 공제한다. 즉, 구입시점에서 공제하므로 사용시점을 기준으로 공제하는 것은 아니다. 또한 예정신고기간에 구입하였으나 그 기간에 공제받지 못한 것은 확정신고시 의제매입세액공제를 받을 수 있다.

㈒ 의제매입세액의 추징

의제매입세액의 공제를 받은 면세농산물 등을 그대로 양도하거나 인도하는 경우, 또는 면세사업이나 기타의 목적을 위하여 사용·소비하는 경우에는 그 공제한 금액을 납부세액에 가산하거나 환급세액에서 공제한다.

예제 1 의제매입세액

20×1. 6. 1.에 과일통조림제조업자(중소제조업자에 해당하지 아니함)인 ㈜중앙은 면세재화인 포도, 사과 등 과일을 ₩40,000,000에 구입하였다. 동 과일 중 1/4은 Box에 넣어 6. 30.에 ₩20,000,000에 판매하였으며, 2/4는 과일통조림 생산을 위해 투입하여 제조중이며, 나머지 1/4은 재고로 보유중이다. 20×1년 제1기 과세기간 동안 총 과일판매금액은 ₩30,000,000이며 과일통조림 판매액은 ₩50,000,000이다. 6. 1. 구입분 이외에는 당해 과세기간 동안 과일구입은 없었으며, 당기분 판매량 등은 모두 전년도 재고분을 사용한 것이다. 당해과세기간의 의제매입세액을 계산하시오.

해설

의제매입세액 공제는 면세로 구입한 농산물을 과세사업에 사용하는 경우이므로 통조림생산을 위해 사용된 경우에 한하여 공제된다. 실지귀속이 확실한 2/4는 ₩20,000,000 × (2/102) = ₩392,157이고, 귀속을 구분할 수 없는 재고분 1/4은 ₩10,000,000 × (2/102) × (50,000,000/80,000,000) = ₩122,549이다. 따라서 두 금액을 합하면 514,706원이 당해 과세기간 동안의 의제매입세액이 된다.

---

67) 원칙적으로 공제한도는 과세기간(6개월) 단위로 계산하나 농수산물 매입시기가 한쪽에 편중(하나의 과세기간에 연간 매입액의 75% 이상 매입)되는 제조업에 대하여는 2기에 연간한도로 재계산하여 공제 정산할 수 있도록 하였다. 즉, 2기 과세기간에 대한 확정신고시 공제받는 의제매입세액은 다음과 같은 산식에 의해 산출한다.

제2기 확정신고시 매입세액 = (1역년의 공제대상금액 × 공제율) - 제1기 공제받은 의제매입세액

예제 2 의제매입세액공제

㈜중앙은 과세사업만을 영위하고 있는 과자제조회사이며 중소제조업자에 해당하지 않는다. 다음 자료에 의하여 20×5년 2기 확정신고기간의 의제매입세액공제액을 계산하시오.

1. 면세 농산물 등의 구입내역

   20×5. 9. 4. 면세농산물 구입 ₩10,500,000(운임부대비용 ₩300,000 포함)

   20×5. 11. 1. 면세농산물 구입 ₩30,000,000(운임부대비용 ₩2,000,000 포함)

   20×5. 11. 27. 면세농산물 구입 ₩3,000,000(보험료 등 ₩400,000 포함)

   20×5. 9. 4.에 구입한 면세농산물은 의제매입세액공제요건을 갖추었으나 2기 예정신고시 의제매입세액공제를 받지 않았다.

2. 20×5. 9.30 현재의 면세농산물 재고액: ₩12,000,000

3. 20×5년 2기 예정신고기간의 부가가치세 과세표준은 1억원이며, 2기 확정신고의 부가가치세 과세표준은 2억원이다.

해설

① 의제매입세액 공제액:

[(1,050만원 - 30만원) + (3,000만원 - 200만원) + (300만원 - 40만원)] × 2/102 = 80만원

② 공제한도액: 3억원 × 50/100 × 2/102 = 2,941,176원

의제매입세액공제액이 한도액을 초과하지 않으므로 전액 공제된다.

의제매입세액 계산시 면세농산물 등의 매입가액은 운임 · 보험료 등의 부대비용을 제외한 가액을 말한다. 또한 의제매입세액은 구입시점에 공제하므로 사용시점과는 관계가 없다. 예정신고시 공제받지 못한 면세농산물 등은 확정신고시 공제가 가능하다.

<예정신고시 9월 4일 구입분의 의제매입세액공제를 받았을 경우의 계산>

예정신고시 기공제받은세액이 있을 경우 확정신고시 공제액은 (해당과세기간 공제대상 금액 ×공제율 - 예정신고시 기공제받은세액)이다.

① 예정신고기간 공제액은 (1,050만원 - 30만원) × 2/102 = 20.4만원이다.

② 확정신고시 공제액은 80만원 - 20.4만원 = 59.6만원이다.

예정과 확정신고시 공제 합계액이 80만원으로 한도액(2,941,176원)이내이므로 확정신고시 59.6만원이 공제된다.

환수효과와 누적효과

1. 환수효과와 누적효과

(1) 환수효과: 환수효과란 면세단계에서 과세를 포기한 부가가치세가 다시 부과되어 면세의 효과가 취소되는 현상을 말한다.

(2) 누적효과: 면세 전 단계에서 이미 과세된 부분에 대하여 중복적으로 다시 과세되는 현상을 말한다.

2. 사례 분석

(1) 일반적인 부가가치세 거래(A, B, C 모두 과세)

구 분	A		B		C		합 계
	매출액	세 액	매출액	세 액	매출액	세 액	
매 출	300	30	500	50	800	80	
매 입	0	0	300	30	500	50	
납 부		30		20		30	80

일반적인 거래에서는 최종소비자는 880원을 부담하게 된다.

(2) 최종거래단계에서 면세가 적용되는 경우(A, B 과세, C 면세)

구 분	A		B		C		합 계
	매출액	세 액	매출액	세 액	매출액	세 액	
매 출	300	30	500	50	850		
매 입	0	0	300	30	500	50	
납 부		30		20		×	50

최종거래단계에서 면세가 적용되는 경우 면세사업자 C는 자신의 마진을 유지하기 위하여 소비자에게 850원을 징수하게 된다. 그러나 (1)과 같이 최종단계까지 모두 과세가 적용되는 경우 소비자가격은 부가가치세를 포함하여 880원이 되므로 결국 최종거래단계에서 면세를 적용함으로서 면세의 취지인 부가가치세 부담을 경감하겠다는 목적이 달성될 수 있다.

(3) 중간거래단계에서 면세가 적용되는 경우(A, C 과세, B 면세)

구 분	A		B		C		합 계
	매출액	세 액	매출액	세 액	매출액	세 액	
매 출	300	30	530		830	83	
매 입	0	0	300	30	530		
납 부		30		×		83	113

위 '(1)' 또는 '(2)' 상황과 달리 중간거래단계에서 면세가 적용되자 소비자가 부담하는 금액은 913원으로 더 인상되어 소비자의 부담이 더 증가해버린다.

그 이유는 B(면세사업자)의 경우 매입세액에 대하여 환급을 받지 못하기 때문에(매입원가에 가산되었으므로), 자신의 마진을 과세사업자인 경우와 맞추기 위하여 매출을 530으로 인상시킨다.

C(과세사업자)의 경우 위 '(1)'과 같은 상황의 마진인 300원을 얻기 위하여 공급가액을 830, 세액을 83원으로 인상하게 된다.
만약 '(2)'와 같이 B에게 면세를 적용한다면 20원 만큼의 부가가치세가 경감될 것으로 예상하였으나 실제로는 환수효과와 누적효과가 발생하여 60원이 아닌 113원만큼이 부가가치세로 징수되는 결과를 낳게 된다.

결국 다음과 같이 환수효과와 누적효과가 구성된다고 볼 수 있다.
환수효과 20 = 면세사업자 B가 창출한 부가가치가 다음 단계에서 과세되어 국고로 환수되는 효과 = 200 × 10% = 20
누적효과 33 = 면세사업자 B가 공제받지 못한 매입세액이 원가에 가산되고 다시 그 다음난계에서 과세되는 효과 = 30 + 30 × 10% = 33

3) 면세사업용 감가상각자산의 과세사업전환 매입세액

① 의 의

사업자가 면세사업과 관련하여 취득함에 따라 취득당시 매입세액이 공제되지 아니한 감가상각자산을 나중에 과세사업에 사용·소비하는 경우에는 감가상각자산의 취득시 면세사업과 관련하여 불공제되었던 매입세액 중 일부를 과세사업으로 전환하는 때에 매입세액으로서 공제받을 수 있다. 이는 과세사업에 사용하던 재화를 면세사업으로 전용하는 경우 재화의 공급으로 보아 과세하는 논리와 동일하게 면세사업에 사용하던 감가상각자산을 과세사업에 사용하는 경우에도 취득시 공제받지 못했던 매입세액 중 일부를 공제하고자 하는 것이다.

② 공제대상 매입세액

공제대상 매입세액은 다음과 같이 안분 계산하다.

공제대상 매입세액 = ㉠ × ㉡ × ㉢

㉠ 감가상각자산의 취득당시 면세사업과 관련하여 공제되지 아니한 매입세액
㉡ 잔존률 = [1 − (가치감소율 × 경과된 과세기간의 수)]
㉢ 과세사업에 사용·소비한 날이 속하는 과세기간의 과세공급가액비율

1과세기간이 경과함에 따른 가치감소율은 건물·구축물의 경우에는 5%, 기타의 감가상각자산의 경우에는 25%를 적용한다. 경과된 과세기간의 수를 계산하는 경우에 취득한 과세기간은 포함하고 공급한 과세기간은 제외하여 계산한다.

과세사업에 사용 · 소비한 날이 속하는 과세기간의 과세공급가액비율은 과세사업에 사용·소비한 날이 속하는 과세기간의 총공급가액에 대한 과세공급가액의 비율을 말한다. 한편, 과세사업과 면세사업의 공급가액이 없거나 그 어느 한 사업의 공급가액이 없는 경우에는 공통매입세액의 안분계산 기준을 준용하여 적용하며, 과세공급가액의 비율이 5% 미만인 경우에는 공제세액이 없는 것으로 본다.

(5) 매입세액불공제

일정한 매입세액은 실제로 거래징수당하고 세금계산서를 발급받았더라도 공제될 수 없으며 그 사유는 다음과 같다.

1) 세금계산서 · 매입처별 세금계산서 합계표 관련 불공제

㈎ 세금계산서 미수취 · 부실기재 매입세액

재화나 용역을 공급받으면서 세금계산서를 발급받지 않은 경우 해당매입세액은 공제되지 않는다. 또한 세금계산서를 발급받았더라도 세금계산서의 필요적 기재사항이 누락되어 있거나 사실과 다르게 기재된 경우 해당 매입세액은 공제되지 않는다. 다만, 다음에 해당하는 경우에는 매입세액공제가 허용된다.

① 사업자등록을 신청한 사업자가 사업자등록증 발급일까지의 거래에 대하여 해당 사업자 또는 대표자의 주민등록번호를 적어 발급받은 경우

② 발급받은 세금계산서의 필요적 기재사항 중 일부가 착오로 사실과 다르게 적혔으나 그 세금계산서에 적힌 나머지 필요적 기재사항 또는 임의적 기재사항으로 보아 거래사실이 확인되는 경우

③ 재화 또는 용역의 공급시기 이후에 발급받은 세금계산서로서 해당 공급시기가 속하는 과세기간에 대한 확정신고기한까지 발급받은 경우(세금계산서 지연수취에 해당하여 공급가액 × 0.5%를 가산세로 부담)

④ 전자세금계산서로서 국세청장에게 전송되지 아니하였으나 발급한 사실이 확인되는 경우

⑤ 재화 또는 용역의 공급시기가 속하는 과세기간에 대한 확정신고기한이 지난 후 세금계산서를 발급받았더라도 그 세금계산서의 발급일이 확정신고기한 다음 날부터 1년 이내에 과세표준수정신고서와 경정 청구서를 세금계산서와 함께 제출하거나, 해당 거래사실이 확인되어 관할 세무서장, 납세지 관할 지방국세청장 또는 국세청장이 결정 또는 경정하는 경우(세금계산서 지연수취에 해당하여 공급가액 × 0.5%를 가산세로 부담)

⑥ 재화 또는 용역의 공급시기 전에 세금계산서를 발급받았더라도 재화 또는 용역의 공급시기가 그 세금계산서의 발급일부터 6개월 이내에 도래하고 해당 거래사실이 확인되어 관할 세무서장등이 결정 또는 경정하는 경우(세금계산서 사전수취에 해당하여 공급가액×0.5%를 가산세로 부담)

⑦ 거래의 실질이 위탁매매 또는 대리인에 의한 매매에 해당함에도 불구하고 거래 당사자 간 계약에 따라 위탁매매 또는 대리인에 의한 매매가 아닌 거래로 하여 세금계산서를 발급받은 경우로서 그 거래사실이 확인되고 거래 당사자가 관할 세무서장에게 해당 납부세액을 신고하고 납부한 경우

⑧ 거래의 실질이 위탁매매 또는 대리인에 의한 매매에 해당하지 않음에도 불구하고 거래 당사자 간 계약에 따라 위탁매매 또는 대리인에 의한 매매로 하여 세금계산서를 발급받은 경우로서 그 거래사실이 확인되고 거래 당사자가 관할 세무서장에게 해당 납부세액을 신고하고 납부한 경우

⑨ 용역의 주선·중개를 용역의 직접공급으로 착오하거나 그 반대인 경우로서 거래당사자가 인식한 거래행태에 따라 정상적으로 세금계산서를 발급하고 부가가치세를 납부한 경우

⑩ 위수탁용역에서 위탁자의 사업비를 수탁자의 사업비로 착오하거나 그 반대인 경우로서 거래당사자가 인식한 거래행태에 따라 정상적으로 세금계산서를 발급하고 부가가치세를 납부한 경우

㈏ 매입처별세금계산서합계표의 미제출 또는 부실기재

매입처별세금계산서합계표를 제출하지 않은 경우 또는 제출한 매입처별세금계산서합계표의 기재사항 중 거래처별 등록번호 또는 공급가액의 전부 또는 일부가 기재되지 않았거나 사실과 다르게 기재된 경우 그 기재사항이 기재되지 아니한 분 또는 사실과 다르게 기재된 분의 매입세액은 공제되지 않는다. 단 공급가액이 사실과 다른 경우에는 실제가액과의 차액을 불공제한다. 다만, 다음에 해당하는 경우에는 매입세액공제가 허용된다.

① 매입처별 세금계산서합계표 또는 신용카드매출전표등의 수령명세서 과세표준수정신고와 함께 제출하거나 경정청구서와 함께 제출하여 경정기관이 경정하는 경우 및 기한후 과세표준신고서와 함께 제출하여 관할 세무서장이 결정하는 경우(가산세 없음)

② 매입처별 세금계산서합계표의 거래처별 등록번호 또는 공급가액이 착오로 사실과 다르게 적힌 경우로서 발급받은 세금계산서에 의하여 거래사실이 확인되는 경우(가산세 없음)

③ 관할세무서장 등이 과세표준과 세액을 경정하는 경우 세금계산서 또는 신용카드매출전표 등을 경정기관의 확인을 거쳐 해당 경정기관에 제출하는 경우(공급가액×0.5%에 해당하는 가산세 부담)

2) 부가가치 창출과 무관한 매입세액(소비자와의 형평성)

(가) 사업과 직접 관련이 없는 지출에 대한 매입세액

소득세 및 법인세법에서는 업무와 관련없는 지출에 대하여 비용으로 인정하고 있지 않으며 부가가치세법에서도 업무와 관련없는 지출에 대하여는 매입세액을 공제하지 않는다.

(나) 개별소비세 과세대상 승용차[68]의 구입 · 유지 · 임차에 관한 매입세액

개별소비세 과세대상승용차[69]란 영업용(차량운수업 · 자동차렌트업 · 자동차판매업에서와 같이 자동차를 직접 영업에 사용하는 것)이 아닌 것을 말한다.

개별소비세 과세대상이 되는 승용차는 개별소비세법 제1조 제2항 제3호에서 정원 8인 이하 승용자동차(배기량 1,000cc 이하인 경차는 제외함), 이륜자동차(배기량 125cc 초과분에 한함), 캠핑용 자동차(캠핑용 트레일러 포함) 로 규정하고 있다.

개별소비세 과세대상 승용차는 개인적인 목적으로 사용되는 경우가 많고 그와 관련한 지출도 업무용지출과 구분하기 어렵기 때문에 구입비용 뿐 아니라 유지비(유류대, 차량수리비 등), 임차비용(렌트료 등) 등의 관련 매입세액은 모두 공제하지 않고 있다.

3) 면세 등 관련 매입세액(면세사업자와의 형평성)

(가) 부가가치세가 과세되지 아니하는 재화 또는 용역을 공급하는 사업에 관련된 매입세액

부가가치세가 과세되지 아니하는 재화 또는 용역을 공급하는 사업과 관련된 매입세액은 공제되지 않는다. 여기에는 면세사업에의 투자와 관련한 매입세액도 포함한다.

또한, 부가가치세가 면제되는 재화 또는 용역을 공급받으면서 세금계산서를 발급받은 경우의 매입세액은 공제되지 않는다. 다만, 다음 요건을 모두 충족하는 경우의 매입세액은 매출세액에서 공제받을 수 있다.[70]

① 사업자가 부가가치세가 면제되는 재화 또는 용역을 공급하면서 발급한 세금계산서의 매출세액을 포함하여 해당 과세기간에 대한 납부세액을 예정신고와 납부 및 확정신고와 납부규정에 따라 사업장 관할 세무서장에게 신고 · 납부하였을 것

② 해당 재화 또는 용역을 공급한 사업자가 그 재화 또는 용역의 공급에 대하여 수정 세금계산서를 발급하지 아니할 것

---

68) 운수업, 자동차판매업, 자동차임대업, 운전학원업, 무인경비업출동차량 등은 예외적으로 매입세액공제가 가능하다.

69) 구입에 관한 매입세액이 불공제되는 비영업용 소형승용자동차라는 표현을 개별소비세법 제1조 제2항 제3호에 따른 자동차로 변경하였다(2012년 개정).

70) 면세대상 재화를 공급받으면서 과세대상으로 잘못 인지하여 세금계산서를 발급받아 부가가치세를 부담한 경우에도 매입세액공제를 허용하기 위한 규정이다.

㈏ 토지 관련 매입세액

토지는 그 용도에 관련없이 항상 면세재화로 취급되기 때문에 토지의 조성 등을 위한 자본적 지출과 관련하여 발생한 매입세액은 공제되지 않는다. 토지는 면세재화로서 향후 매출세액을 발생하지 않으므로 토지의 가치를 증가시키기 위한 지출에 대한 매입세액을 공제하여 주지 아니한다. 하지만 불공제되는 매입세액은 자본적 지출에 한정되며 수익적 지출에 대한 매입세액은 공제할 수 있다.

토지 관련 매입세액

- 토지 취득, 형질변경, 공장부지 및 택지의 조성 그리고 건축물이 있는 토지를 취득하여 그 건축물을 철거하고 토지만 사용하는 경우 철거한 건축물의 취득 및 철거 비용과 관련한 매입세액은 공제되지 아니한다.
- 사업자가 과세사업에 사용할 목적으로 건축물이 있는 토지를 취득하여 해당 건축물을 과세사업에 사용하다 철거하는 경우 철거비용은 토지와 관련된 매입세액에 해당하지 아니한다.
- 토지임차인이 토지조성원가를 지출하는 경우에는 관련 매입세액은 공제한다. 그러므로 토지소유자가 아닌 사업자인 임차자가 지출한 골프장 조성비용 관련 매입세액은 공제가 허용된다.

4) 규제 목적의 매입세액

㈎ 접대비 및 이와 유사한 비용의 지출에 관련된 매입세액

접대비는 소득세 및 법인세법에서는 한도규정을 두어 사용을 엄격하게 제한하고 있으며 부가가치세법에서도 접대비를 지출하면서 부담한 매입세액은 공제하고 있지 않다.

㈏ 사업자등록 전 매입세액

사업자등록을 하기 전의 매입세액은 공제되지 않는다. 여기서 등록이란 등록증발급일이 아닌 사업자등록신청일을 기준으로 한다. 다만, 공급시기가 속하는 과세기간이 끝난 후 20일 이내에 사업자등록을 신청한 경우 그 과세기간내의 매입세액은 공제를 받을 수 있다.[71]

71) 20×1년 7월 20일에 사업자등록을 신청한 경우 1기 거래분 전체에 대하여 공제되나, 21일에 등록신청한 경우 2기분부터 공제받는다.

예제 3 매입세액불공제

다음 자료에 의하여 과세사업자 김영만씨의 부가가치세법상 매입세액 불공제금액을 계산하시오.

(1) 사업개시와 관련한 기본사항

① 사업 개시일: 20×6. 4. 30.

② 사업자등록 신청일: 20×6. 5. 4.

③ 사업자등록증 발급일: 20×6. 5. 9.

(2) 매입내역

① 일자별 매입내역

일 자	내 역	매입금액
20×6. 4. 4.	인테리어 공사비	₩44,000,000
20×6. 4. 25.	비품 구입비	11,000,000
20×6. 5. 7.	판매 상품의 구입비용	110,000,000
20×6. 5. 11.	접대비	5,500,000
20×6. 5. 12.	기아자동차 K5 구입(영업사원이 영업에 사용할 목적으로 구입)	27,500,000

② 상기 매입내역은 모두 업무와 관련이 있으며, 세금계산서 또는 신용카드 등의 법정증빙을 정상적으로 수취하였다. 또한 매입금액은 부가가치세가 포함된 금액이다.

해설

불공제 내역 = 300만원

(1) 접대비 ₩500,000

(2) 개별소비세 과세대상 자동차의 구입 ₩2,500,000

사업자등록 전 매입세액은 불공제되는 것이 원칙이다. 다만, 예외적으로 공급시기가 속하는 과세기간이 끝난 후 20일 이내에 등록신청한 경우 그 과세기간내의 매입세액은 공제되므로 인테리어공사비와 비품의 구입은 공제가 가능하다.

(6) 공통매입세액의 안분계산

1) 의 의

납부세액을 계산할 때 과세사업관련 매입세액은 공제되지만, 비과세사업관련(면세 포함)[72] 매입세액은 공제되지 않는다. 따라서 과세사업과 비과세사업 및 면세사업에 공통으로 사용되

72) 과세 · 면세 겸영사업자 뿐 아니라 과세 · 비과세사업을 겸영하는 경우에도 공통매입세액을 안분하도록 명확히 규정하였다.

는 재화나 용역에 있어서는 공제받지 못할 면세사업과 관련한 매입세액을 일정한 방식으로 계산하여야 한다.

이 경우 원칙적으로 그 실지귀속에 따라 공제여부를 판단하여야 하나 실지귀속이 불분명한 경우에는 일정한 방법에 따라 공통매입세액을 안분계산하여야 한다.

2) 공통매입세액의 안분방법

공통매입세액 중 비과세 및 면세사업과 관련된 매입세액은 다음과 같이 계산하며 면세사업 등 관련 매입세액은 매입세액으로 공제받지 못한다.

$$\text{불공제매입세액} = \text{공통매입세액} \times \frac{\text{당해 과세기간의 면세 등 공급가액}}{\text{당해 과세기간의 총공급가액}}$$

다만, 동일한 과세기간에 매입하여 공급한 공통사용재화의 경우 과세표준은 직전과세기간의 공급가액을 기준으로 안분계산하므로, 이와 형평을 유지하기 위하여 공통매입세액의 안분계산을 하는 경우에도 직전과세기간을 기준으로 계산한다.

$$\text{불공제매입세액} = \text{동일한 고세기간에 매입하여 공급한 재화의 공통매입세액} \times \frac{\text{직전 과세기간의 면세 등 공급가액}}{\text{직전 과세기간의 총공급가액}}$$

3) 공통매입세액의 생략

다음의 경우에는 안분계산을 하지 않고 당해 재화의 매입세액을 전액 공제한다.

① 당해 과세기간의 총공급가액 중 면세공급가액이 5% 미만인 경우. 다만, 공통매입세액이 5백만원 이상인 경우는 제외한다.

② 당해 과세기간 중의 공통매입세액이 5만원 미만인 경우

③ 당해 과세기간에 신규로 사업을 개시한 사업자가 당해 과세기간에 공급한 공통사용재화인 경우

4) 공통매입세액의 안분계산과 관련한 특례

㈎ 당해 과세기간에 구입한 재화를 그 과세기간에 공급한 경우

계속사업자의 경우 안분계산의 기준을 당해과세기간으로 하지 않고 직전과세기간의 총공급

가액에 대한 직전과세기간의 면세공급가액을 기준으로 계산한다. 한편 신규사업자의 경우 과세표준의 안분계산을 생략한다.

㈏ 공급가액이 없는 경우

당해 과세기간의 과세사업과 면세사업 등의 공급가액이 모두 없거나 그 어느 한 사업의 공급가액이 없는 경우에 다음 순서에 따라 안분계산한다.

① 총매입가액(공통매입가액 제외)에 대한 면세사업 등에 관련된 매입가액의 비율

② 총예정공급가액에 대한 면세사업 등의 예정공급가액의 비율

③ 총예정사용면적에 대한 면세사업 등의 예정사용면적의 비율

다만, 건물 신축 · 취득 등의 경우 과세사업과 면세사업 등의 예정사용면적을 구분할 수 있는 경우에는 예정사용면적비율을 우선하여 적용할 수 있다.

예제 4 공통매입세액의 안분계산

택시사업과 시내버스사업을 운영하는 ㈜세미운수는 두 사업에 공통으로 사용할 목적으로 기계장치를 20×6. 2. 1.에 1억원(부가가치세를 제외한 금액)에 매입하였다. 아래의 자료를 참고하여 상황별로 1기 예정신고와 확정신고시 매입세액불공제금액을 계산하시오.

1. 직전과세기간의 공급가액 내역

구 분	20×5. 7. 1. ~ 9. 30.	20×5. 10. 1. ~ 12. 31.	합 계
택 시 사 업(과세)	2억	4억	6억
시내버스사업(면세)	4억	5억	9억
합 계	6억	9억	15억

2. 당해 과세기간의 공급가액 내역

구 분	20×6. 1. 1. ~ 3. 31.	20×6. 4. 1. ~ 6. 31.	합 계
택 시 사 업(과세)	4억	2억	6억
시내버스사업(면세)	4억	10억	14억
합 계	8억	12억	20억

[상황 1] 기계장치를 20×6. 6. 30. 현재 계속 보유 중인 경우

[상황 2] 기계장치를 20×6. 3. 29. 8천만원에 매각한 경우

해설

[상황 1]

1. 1기 예정신고시 매입세액불공제액: $10,000,000 \times \frac{4}{8} = ₩5,000,000$

2. 1기 확정신고시 매입세액불공제액(공통매입세액 정산)

: $10,000,000 \times \frac{14}{20} - 5,000,000 = ₩2,000,000$

[상황 2]

1. 1기 예정신고시 매입세액불공제액: $10,000,000 \times \frac{9}{15} = ₩6,000,000$

2. 1기 확정신고시 매입세액불공제액(공통매입세액 정산): ₩0

동일한 과세기간에 매입하여 공급한 공통사용재화이므로 공통매입세액의 안분계산을 하는 경우에 직전과세기간을 기준으로 계산한다. 기계장치 매각에 따른 과세표준은 다음과 같다.

$80,000,000 \times \frac{6}{15} = ₩32,000,000$(직전과세기간 기준으로 계산한다.)

(7) 공통매입세액의 정산

예정신고기간의 공통매입세액은 예정신고기간 동안의 총공급가액에 대한 면세공급가액의 비율로 안분계산하고 확정신고를 하는 때에 정산한다. 당초에 매입가액비율 또는 예정공급가액비율로 추정안분계산한 경우에는 확정된 공급가액비율로 정산하고, 당초에 예정사용면적비율로 안분 계산한 경우에는 확정된 사용면적비율로 정산하여야 한다.

$$\text{가산} \cdot \text{환급세액} = \text{공통매입세액} \times \frac{\text{당해 과세기간의 면세공급가액}}{\text{당해 과세기간의 총공급가액}} - \text{예정신고기간 중에 이미 공제받은 세액}$$

(8) 납부 · 환급세액의 재계산

1) 대상 및 재계산

당초 매입세액공제 또는 안분계산의 대상이 되었던 과세사업과 면세사업 등에 공통으로 사용되고 있는 감가상각자산의 경우 당해 과세기간의 면세비율과 당해 감가상각자산의 취득일이 속하는 과세기간(그 후의 과세기간에 재계산한 때에는 그 재계산한 과세기간)의 면세비율 간의 차이가 5% 이상인 때에 납부 환급세액을 재계산한다.

가산 · 공제세액 = 공통매입세액 × (1 − 감가율*1) × 경과된 과세기간수) × 증감된 면세비율*2)

*1) 감가율: 건물 · 구축물 5%, 기타의 감가상각자산 25%
*2) 증감된 면세비율 = 재계산하는 과세기간의 면세비율 − 취득일이 속하는 과세기간 또는 직전 재계산된 과세기간의 면세비율

2) 재계산의 배제

과세사업과 면세사업에 공통으로 사용되는 감가상각자산을 공급하는 경우 및 자가공급 · 개인적 공급 · 사업상 증여 · 폐업시 잔존재화에 해당하게 되어 공급된 것으로 의제되는 경우에는 납부세액(환급세액)의 재계산을 배제한다.

예제 5 공통매입세액의 안분계산, 정산 및 납부 · 환급세액의 재계산

㈜에이마트는 20×6년 1월 5일에 신규로 매장을 오픈하면서 마트의 판매시설로 사용하기 위하여 건물을 10억원(부가가치세 제외)에 구입하였다. 20×6년 1기 예정, 1기 확정, 2기 확정의 과세매출과 면세매출이 아래 표와 같을 때 다음 물음에 답하시오.

[20×6년 매출내역(부가가치세가 제외된 금액임)]

구 분	20×6년 1. 5. ~ 3. 31.	20×6년 4. 1. ~ 6. 30.	20×6년 7. 1. ~ 12. 31.	합 계
과세매출	2억	4억	5억	11억
면세매출	2억	2억	5억	9억
합 계	4억	6억	10억	20억

[상황 1] 20×6년 1기 예정신고시 건물구입과 관련하여 매입세액공제를 받을 금액은?
[상황 2] 20×6년 1기 확정신고시 건물구입과 관련하여 정산할 금액은?
[상황 3] 20×6년 2기 확정신고시 건물구입과 관련하여 공통매입세액 재계산할 금액은?

해설

[상황 1] 공통매입세액의 안분계산

1기 예정신고시 매입세액공제액: $100,000,000 \times \frac{2}{4} = ₩50,000,000$

[상황 2] 공통매입세액의 정산

1. 1기 확정신고시 매입세액불공제액: $100,000,000 \times \frac{4}{10} = ₩40,000,000$
2. 1기 예정신고시 이미 불공제한 금액: ₩50,000,000
3. 1기 확정신고시 추가적으로 공제할 금액: ₩10,000,000

[상황 3] 공통매입세액의 재계산

1. 과세 면세비율의 변동 판단: 면세비율 40% → 면세비율 50%
2. 2기 확정신고시 재계산: 100,000,000원 × (1 - 5% × 1과세기간) × 10% = 9,500,000(불공제)

(9) 전자신고에 대한 세액공제(조세특례제한법)

납세자가 직접 전자신고방법으로 부가가치세 확정신고를 하는 경우에는 해당 납부세액에서 1만원을 공제하거나 환급세액에 가산한다.

한편 세무사(세무법인과 회계법인을 포함한다)가 납세자를 대리하여 전자신고의 방법으로 직전 과세기간동안 부가가치세를 신고한 경우에는 해당 세무사의 부가가치세 납부세액에서 다음의 금액을 공제한다.

세무사 등에 대한 전자신고세액공제액 = 1만원 × 신고건수
(공제한도[73]: 연간 400만원, 세무법인 및 회계법인은 연간 1,000만원)

(10) 신용카드 매출전표 등 발행에 대한 세액공제

일반과세자 중 영수증발급대상 사업자(법인 및 공급가액 합계액이 사업장을 기준으로 10억을 초과하는 개인사업자 제외)와 간이과세자가 부가가치세가 과세되는 재화나 용역을 공급하고 신용카드매출전표, 현금영수증, 직불카드영수증, 기명식선불카드영수증(신용카드매출전표 등이라 한다)을 발급하는 경우 다음의 금액을 공제한다.

공제금액 = 신용카드매출전표 등 발행금액 × 1.3 %
(공제한도: 연간 1,000만원)
* 자영업자의 세부담 완화를 위하여 상기 공제율과 공제한도는 2026년 12월 31일까지 적용

73) 해당 세무사 등이 해당연도의 소득세 또는 법인세의 납부세액에서 공제받을 금액 및 부가가치세에서 공제받을 금액을 합한 금액을 말한다.

OX 문제

01 해당 과세기간에 부가가치창출활동을 위하여 사용된 재화 또는 용역에 대한 매입세액만 공제된다.

02 과세사업자가 자기의 사업과 관련하여 생산한 재화를 국가에 무상으로 공급하는 것은 면세에 해당하므로 해당 재화의 매입세액은 공제되지 않는다.

03 의제매입세액은 면세농산물 등을 과세사업에 사용한 날이 속하는 예정신고기간 또는 확정신고기간의 매출세액에서 공제한다.

04 의제매입세액공제를 받은 면세농산물 등을 그대로 판매하는 때에는 그 판매가액을 부가가치세의 과세표준에 가산해야 한다.

정답&해설 **01** × **02** × **03** × **04** ×

01 부가가치활동을 위하여 이미 사용된 것 뿐만 아니라 아직 사용되지 않은 것도 차후에 매출세액을 창출할 것이므로 공제대상이 된다. 즉, 매입세액은 해당 재화 또는 용역의 실제의 사용시기와는 관계없이 이를 공급받거나 수입한 과세기간의 매출세액에서 공제하는 것이다.

02 국가에 무상으로 공급하는 재화는 면세대상이지만 해당 재화가 면세사업과 관련된 것이 아니므로 매입세액은 공제받을 수 있다.

03 면세농산물 등을 공급받거나 수입한 날이 속하는 예정신고기간 또는 확정신고기간의 매출세액에서 공제한다.

연습문제

01 매출세액에서 공제할 수 없는 매입세액이 아닌 것은?

① 개별소비세 과세대상 자동차의 구입비용
② 토지에 관한 매입세액
③ 접대비 관련 매입세액
④ 신용카드매출전표수취분 매입세액

정답 ④

신용카드매출전표수취분 매입세액은 공제가 가능하다.

02 다음 중 공제받을 수 있는 매입세액은?

① 업무용차량(소나타)의 취득시 부담한 매입세액
② 사업자의 개인용도로 구입한 전자제품과 관련한 매입세액
③ 제품 운반용 화물차에 대한 유류대 매입세액
④ 호텔에서 접대하고 부담한 매입세액

정답 ③

제품 운반용 화물차는 개별소비세 과세대상 자동차가 아니므로 구입·유지 및 임차에 대한 매입세액을 공제받을 수 있다.

03 다음 매입세액금액 중에서 불공제 대상에 해당하는 금액은 얼마인가?

(1) 사업자등록증이 있으면서도 대표이사 주민번호를 기재하여 수취한 매입세액	₩5,000,000
(2) 법인 대표이사 업무에 사용하기 위하여 구입한 개별소비세 과세대상 승용차 매입세액	₩10,000,000
(3) 영세율 사업과 관련한 매입세액	₩1,000,000
(4) 토지조성을 위한 자본적지출액	₩2,000,000

① ₩8,000,000 ② ₩16,000,000
③ ₩17,000,000 ④ ₩18,000,000

정답 ③

₩17,000,000 = 5,000,000 + 10,000,000 + 2,000,000

영세율 사업과 관련한 매입세액은 불공제대상이 아니다. 나머지는 모두 매입세액 불공제대상에 해당한다.

04 의제매입세액공제와 관련된 다음의 설명 중 옳지 않은 것은?

① 의제매입세액공제액을 계산할 때 운임 및 보험료 등의 부대비용을 제외한 순수매입가액을 기준으로 계산한다.
② 의제매입세액공제는 개인사업자에게만 적용된다.
③ 의제매입세액의 공제시기는 면세농산물 등을 구입하는 시점이다.
④ 예정신고시에도 의제매입세액공제를 적용한다.

정답 ②

의제매입세액공제는 개인사업자와 법인사업자 모두에게 적용된다.

05 다음은 음식점을 영위하는 일반과세자 진성현씨(개인사업자)의 20×6년 1기 과세기간의 매입자료이다. 매출세액에서 공제받을 수 있는 매입세액의 금액은 얼마인가? 단, 당해 과세기간의 과세표준은 1억원으로 가정하며 공제율에 의한 의제매입세액은 공제한도내이다.

(1) 임대료 관련 세금계산서 수취분	₩11,000,000(부가가치세 포함)
(2) 접대비 관련 세금계산서 수취분	₩1,320,000(부가가치세 포함)
(3) 농산물 계산서 수취분	₩5,400,000
(4) 오븐 구입과 관련한 신용카드매출전표 수취분	₩2,420,000(부가가치세 포함)

① ₩1,000,000 ② ₩1,220,000
③ ₩1,445,870 ④ ₩1,665,870

정답 ④

세금계산서 매입 ₩1,000,000 + 신용카드매출전표수취분 ₩220,000 + 의제매입 ₩5,400,000 × 9/109 = ₩1,665,870

06 과세사업과 면세사업을 겸영하는 사업자 김고은 씨의 20×6년 2기 부가가치세 확정신고에 있어서 공제할 수 있는 매입세액은 얼마인가?

(1) 20×6년 10월 11일에 운반용트럭을 2천만원(부가가치세 제외)에 구입하였다. 이 운반용트럭은 과세사업과 면세사업에 공통으로 사용할 예정이다.

(2) 20×6년 11월 15일에 면세사업에 사용할 비품을 ₩5,000,000(부가가치세 제외)에 구입하였다.

(3) 최근의 과세와 면세공급가액의 내역은 다음과 같다.

구 분	2016년 1기	2016년 2기
과세공급가액	₩50,000,000	₩80,000,000
면세공급가액	50,000,000	20,000,000

① ₩1,000,000　② ₩1,600,000
③ ₩2,100,000　④ ₩2,500,000

정답 ②

2,000,000 × (80,000,000/1억원) = ₩1,600,000

운반용 트럭은 매입세액이 공제되나 공통매입세액이므로 당해 과세기간을 기준으로 안분계산한다. 면세와 관련한 매입세액은 공제가 불가능하므로 비품은 공제대상이 아니다.

07 A은행은 20×1년 4월 6일 건물을 신축 완료하여 일부를 지점으로 사용하기로 결정하였다. 당해 건물의 신축에 관련된 매입세액은 10,000,000원이며, 과세기간별 영업수익 및 건물의 사용면적에 관한 자료는 다음과 같다. 20×2년 제1기 확정신고시 재계산하여 납부세액에 가산 또는 공제해야 할 금액은 얼마인가? 단, 주어진 자료의 금액은 부가가치세가 포함되지 아니한 금액이며, 세금계산서 등의 증빙은 적법하게 발급하였거나 수령하였다. 또한 이전까지의 공통매입세액 안분과 정산은 적법하게 이루어졌다.

구 분	공급가액		사용면적	
	은행공급가액	임대공급가액	지 점	임 대
신축시 예정공급가액과 사용면적	40,000,000원	10,000,000원	650평	350평
20×1년 제2기	35,000,000원	15,000,000원	600평	400평
20×2년 제1기	30,000,000원	20,000,000원	700평	300평

① 850,000원 차감　　② 850,000원 가산　　③ 900,000원 차감
④ 900,000원 가산　　⑤ 950,000원 차감

정답 ④

10,000,000원 × (700평/1,000평 - 600평/1,000평) × (1 - 5% × 2) = 900,000원

08 부가가치세법에서는 사업자가 면세농산물 등을 원재료로 하여 제조·가공한 재화 또는 창출한 용역의 공급이 과세되는 경우에는 세금계산서 없이도 일정한 금액을 매입세액으로 의제하여 공제할 수 있다고 규정하고 있다. 다음 중 이러한 규정의 취지 및 목적으로서 직접 관계가 있는 것은?

① 납부세액 또는 환급세액의 재계산
② 영세농어민에 대한 조세부담 감소
③ 누적효과와 환수효과의 제거
④ 재고납부세액 환급
⑤ 재고매입세액 공제

정답 ③

① 납부세액 또는 환급세액을 재계산하는 이유는 공통매입세액 안분계산에 의해 매입세액을 공제한 후 나중에 면세사업의 비중이 증가 또는 감소하는 경우에는 당초 매입세액공제가 과대 또는 과소해지는 결과가 되기 때문임
② 의제매입세액공제는 면세효과의 상실을 보완하여 소비자의 부담을 완화하기 위한 것으로 영세농어민에 대한 지원과는 관계없음
③ 최종 과세단계의 과세표준에 이전 단계인 면세단계 및 그 전단계의 부가가치가 포함되어 있으면 환수효과와 누적효과가 발생하게 되는데, 이는 이전단계에 대한 매입세액공제가 이루어지지 않기 때문임
④ 일반과세자가 간이과세자로 변경되는 경우에 당해 사업자는 현재 재고품 등에 대해 이루어진 매입세액공제를 취소하기 위해 재고납부세액을 납부하여야 한다.
⑤ 간이과세자에서 일반과세자로 변경되는 경우 변경일 현재 재고품 등에 대해 매입세액공제가 이루어지지 않았으므로, 이에 대해 추가적으로 매입세액을 공제하는 것이 재고매입세액공제제도임

09 포장 김치 제조업자(해당 포장김치는 가열 및 볶음되어 각공된 김치에 해당)인 ㈜갑(중소제조업자가 아님)은 생산품의 50%를 수출하고, 나머지는 국내에 판매하고 있다. 20×2년 3월 5일에 농업단위조합과 배추 구매계약을 체결하고, 이 계약에 따라 20×2년 5월 1일에 배추를 인도받으면서 대금 20,000,000원을 지급하였다. 그리고 당해 배추로 생산한 포장김치는 20×2년 6월 1일에 국내소비용으로 50%가 40,000,000원에 판매되었으며, 나머지 50%는 60,000,000원에 20×2년11월 5일에 수출되었다. 이에 따른 의제매입세액공제로서 올바른 설명은(1원 미만은 반올림)? (단, 공제율에 의한 의제매입세액은 공제한도내이다)

① 20×2년 제 1 기 확정신고 때 ₩196,078 공제
② 20×2년 제 1 기 확정신고 때 ₩291,262 공제
③ 20×2년 제 1 기 확정신고 때 ₩392,157 공제
④ 20×2년 제 1 기 확정신고 때 ₩582,524 공제
⑤ 20×2년 제 2 기 확정신고 때 ₩291,262 공제

정답 ③

공급일이 속하는 과세기간인 20×2년 1기 확정신고시 ₩392,157(20,000,000 × 2/102)을 공제한다.

10 ㈜갑은 20×2년 2월 13일에 사업자등록을 신청하고 2월 17일에 사업자등록증을 발급받았다. 다음은 ㈜갑의 20×2년 제1기 부가가치세 과세기간 중의 거래내역이다. 다음 중 부가가치세 납부세액을 계산할 때 공제 가능한 매입세액은 얼마인가? 단, 특별한 언급이 없는 경우에는 세금계산서를 정상적으로 수취한 것으로 가정한다.

① 2월 10일: 포장재 매입과 관련된 매입세액. ㈜한라의 대표자의 주민등록번호를 기재하여 발급받은 세금계산서의 필요적 기재사항 중 일부가 착오로 기재되었으나 당해 세금계산서의 임의적 기재사항으로 보아 거래사실이 확인됨
② 2월 18일: 비영업용 소형승용자동차의 구입에 관련된 매입세액
③ 2월 23일: 택지의 조성과 관련된 매입세액
④ 3월 15일: 접대비의 지출과 관련된 매입세액

정답 ①

① 2월 13일에 사업자등록신청을 하였으므로 소급하여 20일 이내인 1월 24일 이후 거래분에 대하여는 매입세액공제를 받을 수 있다.
② 비영업용 소형승용차 관련 매입세액이므로 매입세액공제대상이 아니다.
③ 토지 조성 등 자본적 지출 관련 매입세액이므로 매입세액공제대상이 아니다.
④ 접대비 관련 매입세액이므로 매입세액공제대상이 아니다.

11 과세사업과 면세사업에 공통으로 사용되는 재화를 20×2년 5월 1일에 1,000,000원에 공급한 경우에 부가가치세 과세표준을 계산하면 얼마인가?

과세기간	과세기간 공급가액	면세사업 공급가액	합 계
당해 과세기간 (20×2년 제1기)	40,000,000	60,000,000	100,000,000
직전 과세기간 (20×1년 제2기)	96,000,000	4,000,000	100,000,000
직전전 과세기간 (20×1년 제1기)	60,000,000	40,000,000	100,000,000

① 1,000,000원 ② 600,000원 ③ 400,000원
④ 0원 ⑤ 960,000원

정답 ①

과세표준의 안분계산은 공급일이 속하는 과세기간의 직전과세기간의 공급가액비율에 의한다. 직전과세기간의 면세공급가액의 비율이 5% 미만이므로 안분계산을 생략하고, 공급가액 전부를 과세표준으로 한다.

12 다음 자료에 의하여 과세사업과 면세사업을 겸영하는 사업자의 당해 과세기간(20×2년 1월 1일 ~ 20×2년 6월 30일)에 대한 납부세액을 계산하면 얼마인가?

1. 당해 과세기간 중 공급가액

총공급가액	500,000,000원
과세공급가액	500,000,000원

2. 직전과세기간 중 공급가액

총공급가액	300,000,000원
과세공급가액	200,000,000원

3. 당해 과세기간 매입가액(부가가치세 불포함)

과세사업 관련 매입가액	400,000,000원
면세사업 관련 매입가액	100,000,000원
과세 · 면세 공통매입가액	50,000,000원
합 계	550,000,000원

① 6,000,000원　　② 7,000,000원　　③ 7,500,000원
④ 8,500,000원　　⑤ 11,000,000원

정답 ①

1. 매출세액: 500,000,000 × 10% = 50,000,000
2. 매입세액: 40,000,000 + 5,000,000 × (4억원/5억원) = 44,000,000
3. 납부세액: 6,000,000

* 당해 과세기간의 면세사업의 공급가액이 없으므로 공통매입세액은 과세사업과 면세사업의 매입가액의 비율에 의하여 안분계산하다.

13 월간잡지를 발행하는 갑은 20×1년 4월 5일에 과세사업(광고사업)과 면세사업(잡지발행사업)에 공통으로 사용하기 위하여 사업소용 건물을 1억원(부가가치세 별도)에 구입하였다. 다음 자료에 의하여 20×2년 제2기분 부가가치세의 납부세액에 가산할 매입세액을 계산하면 얼마인가?

<과세기간별 총공급가액 중 면세공급가액의 비율>		
20×0년 제2기분 40%	20×1년 제1기분 50%	20×1년 제2기분 80%
20×2년 제1기분 60%	20×2년 제2기분 70%	

① 700,000원　　② 425,000원　　③ 1,700,000원
④ 1,400,000원　　⑤ 850,000원

정답 ⑤

[20×2년 2기분 납부환급세액 재계산]
10,000,000 × (1 - 5% × 3) × (70% - 60%) = 850,000

14 ㈜A는 감을 발효시켜 개발한 음료를 판매하고 있다. 다음은 ㈜A의 20×2년 부가가치세 제1기 예정신고기간 동안의 영업내역이다. 제1기 예정신고기간에 대한 차가감납부할세액은 얼마인가? (단 공제율에 의한 의제매입세액은 공제한도내이다)

1. 감음료 매출내역	
(1) 카드매출(신용카드매출전표를 발행)	100,000,000원
(2) 외상매출(세금계산서를 발행)	200,000,000원
2. 사용하던 감음료 포장기계 매각(세금계산서 발행)	10,000,000원
3. 매입내역	
(1) 감음료 원재료인 감, 대추, 배 구입	153,000,000원
(2) 설탕, 감미료 구입	3,000,000원
(3) 감음료 포장기계구입	20,000,000원
4. 위 거래금액은 부가가치세를 포함하지 아니한 금액이다.	
5. 매입내역 중 과세거래에 대해서는 부가가치세를 지급하고 세금계산서를 받았으며, 면세 거래에 대해서는 계산서를 받았다.	

① 13,400,000원 ② 24,700,000원 ③ 25,700,000원
④ 28,700,000원 ⑤ 29,700,000원

정답 ③

1. 매출세액: 310,000,000 × 10% = 31,000,000원
2. 매입세액: 23,000,000 × 10% + 153,000,000 × (2/102) = 5,300,000원
3. 차가감납부할세액: 31,000,000 - 5,300,000 = 25,700,000원

15 다음 자료는 과세사업자 ㈜DH(음식점업)의 20×1년 제1기 예정신고기간(20×1. 1. 1. ~ 3. 31.)에 대한 세금계산서의 수령내역이다. 이 자료를 이용하여 20×1년 제1기 예정신고기간의 매입세액공제액을 계산하면 얼마인가? 단, 주어진 자료의 금액은 부가가치세가 포함되지 않은 금액이며, 세금계산서 등의 증빙은 적법하게 수령하였다.

> (1) 1. 4. 음식조리실의 구조변경공사비 ₩54,000,000을 지급하였다.
> (2) 1. 11. 음식원재료인 면세농산물의 가공기계구입비 ₩5,400,000을 지급하였다.
> (3) 1. 15. 비영업용소형승용차의 유류대금 ₩300,000을 지급하였다.
> (4) 2. 6. 종업원의 회식비 ₩500,000을 지급하였다. 단, 세금계산서의 필요적 기재사항의 일부가 착오로 기재되었으나, 해당 세금계산서의 그 밖의 임의적 기재사항으로 보아 거래사실을 확인할 수 있다.
> (5) 2. 10. 신축점포부지의 형질변경과 관련하여 ₩3,000,000을 지급하였다.

① ₩6,290,000 ② ₩5,990,000 ③ ₩5,850,000
④ ₩4,590,000 ⑤ ₩4,450,000

정답 ②

거래일자	구 분	계산과정	매입세액공제액
1. 4.	공사비	₩54,000,000 × 10% =	₩5,400,000
1. 11.	기계구입비	5,400,000 × 10% =	₩540,000
1. 15.	비영업용 소형승용차의 유류대금		–*1)
2. 6.	종업원의회식비	500,000 × 10% =	50,000*2)
2. 10.	신축점포부지(토지) 형질변경비용		–*3)
계			₩5,990,000

*1) 비영업용소형승용차의 구입과 임차 및 유지에 관한 매입세액은 공제되지 않음

*2) 세금계산서의 필요적기재사항의 착오의 경우 그 밖의 기재사항을 통해 거래사실이 확인되는 경우에는 매입세액공제가 가능함

*3) 토지의 조성 등을 위한 자본적지출에 해당하는 매입세액은 공제되지 않음

16 의류제조업을 영위하는 내국법인인 ㈜A의 20×1. 1. 1. ~ 20×1. 3. 31.까지의 다음 거래 중에서 20×1년 제1기 부가가치세의 예정신고시 매출세액에서 공제하지 않은 매입세액은 얼마인가? 단, 세금계산서는 적법한 것으로 가정한다.

(1) 과세사업자인 B로부터 건축물이 있는 토지를 취득하여 해당 건축물을 즉시 철거한 후 토지만을 야적장으로 사용하였다. 이 부동산을 취득하면서 세금계산서(공급가액: ₩500,000,000, 부가가치세액: ₩50,000,000)를 발급받았고, 건축물 철거비용에 대하여도 세금계산서(공급가액: ₩10,000,000, 부가가치세액: ₩1,000,000)를 발급받았다. (2) 영업부 직원의 의류제품 판매활동을 지원하기 위하여 소형승용자동차를 구입하고 세금계산서(공급가액: ₩10,000,000, 부가가치세액: ₩1,000,000)를 발급받았다. (3) 의류제조용 원재료를 20×1. 2. 1.에 구입하여 인도받았으나, 이에 대한 세금계산서(공급가액: ₩20,000,000, 부가가치세액: ₩2,000,000)는 공급시기 이후인 20×1. 3. 31.에 발급받았다. (4) 대표이사의 개인주택을 수리하고 수리비에 대해 세금계산서(공급가액: ₩30,000,000, 부가가치세액: ₩3,000,000)를 ㈜A가 발급받았다.

① ₩4,000,000　② ₩6,000,000　③ ₩54,000,000
④ ₩55,000,000　⑤ ₩57,000,000

정답 ④

(1) 부동산 취득시 매입세액 ₩50,000,000과 건물철거비용에 대한 매입세액 ₩1,000,000은 모두 토지조성 관련 매입세액이므로 매입세액이 공제되지 않는다.
(2) 소형승용자동차 구입관련 매입세액 ₩1,000,000은 비영업용소형승용차 관련 매입세액이므로 매입세액이 공제되지 않는다.
(3) 공급일이 속하는 과세기간의 확정신고기한내에 세금계산서를 발급받았으므로 매입세액은 공제된다. 다만, 공급가액의 1%가 가산세로 부과된다.
(4) 대표이사의 개인주택수리비에 대한 매입세액 ₩3,000,000은 사업과 무관한 매입세액이므로 매입세액이 공제되지 않는다.

∴ 매입세액불공제액은 ₩55,000,000이다.

17 부가가치세법상 매입세액공제에 관한 설명이다. 옳지 않은 것은? **[CPA 2021]**

① 법인사업자로부터 전자세금계산서를 발급받았으나 그 전자세금계산서가 국세청장에게 전송되지 아니한 경우 발급한 사실이 확인되더라도 매입세액을 공제할 수 없다.

② 재화의 공급시기 이후에 발급받은 세금계산서로서 해당 공급시기가 속하는 과세기간에 대한 확정신고기한까지 발급받은 경우 매입세액을 공제할 수 있다.

③ 사업자가 일반과세자로부터 재화를 공급받고 부가가치세액이 별도로 구분되는 신용카드매출전표를 발급받은 경우 법정요건을 모두 갖추면 매입세액을 공제할 수 있다.

④ 재화의 공급시기 전에 세금계산서를 발급받았더라도 재화의 공급시기가 그 세금계산서의 발급일부터 6개월 이내에 도래하고 해당 거래사실이 확인되어 납세지 관할 세무서장이 경정하는 경우 매입세액을 공제할 수 있다.

⑤ 재화의 공급시기가 속하는 과세기간에 대한 확정신고기한이 지난 후 세금계산서를 발급받았더라도 그 세금계산서의 발급일이 확정신고기한 다음 날부터 1년 이내이고 과세표준수정신고서와 함께 세금계산서를 제출하는 경우 매입세액을 공제할 수 있다.

정답 ①

전자세금계산서 발급규정에 따라 발급받은 전자세금계산서로서 국세청장에게 전송되지 아니하였으나 발급한 사실이 확인되는 경우에는 매입세액을 공제한다.

18 돈가스제조업(과세사업)을 영위하는 ㈜A(중소기업)의 20×3년 제1기 예정신고기간(20×3.1.1. ~ 20×3.3.31.)의 부가가치세 관련 자료이다. 20×3년 제1기 예정신고시 의제매입세액 공제액으로 옳은 것은? 단, 제시된 금액은 부가가치세를 포함하지 않은 금액이며, 모든 거래에 대한 세금계산서 및 계산서는 적법하게 발급받았다.

(1) 매입내역

구 분	취득가액	비 고
돼지고기	26,000,000원	-
밀가루	22,100,000원	수입산으로 관세의 과세가격은 20,800,000원, 관세는 1,300,000원임.
소 금	10,920,000원	운송사업자에게 지급한 매입운임 520,000원이 포함된 금액임.
치 즈	5,200,000원	-
김 치	3,900,000원	-

(2) 매입한 돼지고기 중 30%는 다른 사업자에게 그대로 판매하였으며, 60%는 돈가스제조에 사용하였고, 10%는 예정신고기간 종료일 현재 재고로 남아 있다.
(3) 매입한 밀가루, 소금 및 치즈는 모두 돈가스제조에 사용하였으며, 김치는 모두 종업원에게 사내식당 반찬으로 제공하였다.
(4) 중소기업의 의제매입세액 공제율은 4/104이며, 의제매입세액 공제한도는 고려하지 않는다.

① 1,800,000원 ② 1,900,000원 ③ 1,950,000원
④ 2,000,000원 ⑤ 2,100,000원

정답 ②

구 분	과세표준	비 고
(1) 적용대상매입액	₩49,400,000	26,000,000 × 70% + 20,800,000 + 10,400,000
(2) 공제율	4/104	공급가액이 50만원 미만이므로 안분계산 생략
(3) 의제매입세액공제	1,900,000	49,400,000 × 4/104

19 다음의 거래에 대한 각 사업자의 「부가가치세법」상 처리를 설명한 것으로 옳은 것은? **[CPA 2021]**

(1) ㈜A는 20×0년 11월 1일에 ㈜B에게 제품을 11,000,000원(부가가치세 포함)에 판매하고 약속어음을 받았다.
(2) ㈜B가 발행한 약속어음이 부도가 발생함에 따라 ㈜A는 20×1년 1월 20일에 금융회사에서 부도확인을 받았다. ㈜A는 ㈜B의 재산에 대하여 저당권을 설정하고 있지 않다.
(3) ㈜A는 대손처리한 ㈜B에 대한 채권 중 5,500,000원(부가가치세 포함)을 20×2년 3월 10일에 ㈜B로부터 회수하였다.

① ㈜A는 20×1년 제1기 부가가치세 확정신고시 1,000,000원을 대손세액공제 받을 수 있다.
② ㈜A는 20×1년 제2기 부가가치세 예정신고시 1,000,000원을 대손세액공제 받을 수 있다.
③ ㈜A는 20×2년 제1기 부가가치세 예정신고시 과세표준에 5,000,000원을 더한다.
④ ㈜B는 20×1년 제1기 부가가치세 확정신고시 1,000,000원을 매입세액에서 뺀다.
⑤ ㈜B는 20×2년 제1기 부가가치세 확정신고시 500,000원을 매입세액에 더한다.

정답 ⑤

① 부도발생일로부터 6개월이 지난 20×3년 제2기 확정신고시에 대손세액공제 받을 수 있다.
② 예정신고시에는 대손세액공제 받을 수 없다.
③ 회수한 과세기간의 확정신고시 매출세액에 500,000원을 더한다.
④ 대손사유가 확정된 20×3년 제2기 확정신고시 매입세액에서 뺀다.

20 부가가치세 과세사업을 영위하는 (주)A에 관한 다음 자료에 따라 20×3년 제1기 확정신고기간(20×3.4.1. ~ 20×3.6.30.)의 매입처별 세금계산서합계표상 부가가치세 매입세액에 가감할 금액은? (단, 법령상 신고 등의 절차는 적법하게 이행되었으며, 주어진 자료 이외에는 고려하지 않음) **[CTA 2022]**

> (1) 20×1.1.1.에 공급한 재화에 대한 매출채권 17,600,000원(부가가치세 포함)이 20×3.4.5.에 부가가치세법에 따른 대손으로 확정되었다.
> (2) 20×2.3.1.에 부가가치세법에 따른 대손으로 확정된 매출채권 27,500,000원(부가가치세 포함)을 20×3.5.10.에 회수하였다.
> (3) 20×2년 제1기 부가가치세 확정신고시 매입세액에서 차감한 대손세액은 1,980,000원이었고, 20×3.6.15.에 해당 대손 금액 전부를 변제하였다.

① 520,000원 차감　② 1,080,000원 차감　③ 1,800,000원 가산
④ 1,980,000원 가산　⑤ 3,580,000원 가산

정답 ②

(1)과 (2)는 매출세액에서 가감할 사항들이고, (3)과 같이 대손 확정 이후 공급받은 자가 변제한 경우는 매입세액에서 가산한다.

21 과세사업과 면세사업을 겸영하는 ㈜A의 자료이다. 20×2년 제1기 부가가치세 확정신고 시 납부세액 재계산으로 인하여 납부세액에 가산할 금액으로 옳은 것은? 단, 제시된 금액은 부가가치세를 포함하지 않은 금액이다. **[CPA 2022]**

> (1) ㈜A는 20×1년 4월 15일에 과세사업과 면세사업에 공통으로 사용하기 위하여 건물을 300,000,000원에 구입하고, 매입세액은 공급가액 비율로 안분하여 공제하였다.
> (2) 과세사업과 면세사업의 공급가액비율

구 분	과세사업	면세사업
20×1년 제1기	60%	40%
20×1년 제2기	56%	44%
20×2년 제1기	50%	50%

① 1,500,000원　② 1,530,000원　③ 1,620,000원
④ 2,550,000원　⑤ 2,700,000원

정답 ⑤

20×2년 제1기 면세비율(40%)

20×2년 제2기 면세비율(44%): 5%미만이므로 재계산 안함

20×3년 제1기 면세비율(50%): 300,000,000 × 10% (1 − 5%×2) × (50% − 40%) = 2,700,000

22 과세사업과 면세사업을 겸영하는 ㈜A의 자료이다. 2×21년 제1기 부가가치세 확정신고시 매입세액공제액으로 옳은 것은? 단, 모든 거래에 대한 세금계산서 및 계산서는 적법하게 발급받았다. **[CPA 2021]**

(1) 2×21년 4월 1일부터 6월 30일까지의 매입세액

구 분	과세사업분	면세사업분	공통매입분
원재료	50,000,000원	30,000,000원	-
비 품	10,000,000원	5,000,000원	2,000,000원*
기계장치	-	-	10,000,000원**

* 2×21년 4월 20일 과세사업과 면세사업에 공통으로 사용하기 위하여 비품을 구입하였으며, 실지 귀속을 구분할 수 없다. 비품을 사업에 사용하던 중 2×21년 6월 30일 16,500,000원(부가가치세 포함)에 매각하였다.

** 2×21년 5월 20일 과세사업과 면세사업에 공통으로 사용하기 위하여 기계장치를 구입하였으며, 실지 귀속을 구분할 수 없다.

(2) 면세사업에만 사용하던 차량(트럭)을 2×21년 4월 15일부터 과세사업과 면세사업에 함께 사용하기 시작하였다. 동 차량은 2×19년 12월 10일에 44,000,000원(부가가치세 포함)에 구입하였다.

(3) 과세사업과 면세사업의 공급가액비율

구 분	2×20년 제2기	2×21년 제1기
과세사업	70%	80%
면세사업	30%	20%

① 67,200,000원 ② 67,400,000원 ③ 70,100,000원
④ 70,200,000원 ⑤ 70,400,000원

정답 ④

(1) 과세사업매입세액: 60,000,000

(2) 공통매입세액: 2,000,000 × 70% + 10,000,000 × 80% = 9,400,000

(3) 과세사업전환: 4,000,000 × (1 − 25% ×3) × 80% = 800,000

∴ 매입세액공제액 = 60,000,000 + 9,400,000 + 800,000 = 70,200,000

Chapter 7 세금계산서

AN INTRODUCTION TAX LAW

1 세금계산서의 작성과 발급

사업자가 재화 또는 용역을 공급하는 때에는 당해 공급사실과 거래징수세액을 입증하기 위하여 거래상대방에게 세금계산서를 발급하여야 한다.

2 세금계산서

(1) 발급대상

1) 개 요

납세의무자로 등록한 사업자가 부가가치세 과세대상인 재화 · 용역을 공급하는 경우에 세금계산서를 발급하여야 한다. 영세율 적용대상은 부가가치세를 거래징수하지 않으나 세금계산서는 발급면제 규정이 없는 한 발급하여야 한다. 면세사업자는 계산서를 작성 · 발급하며 세금계산서는 발급할 수 없다.

구 분			발급의무	비 고
사업자	과세사업자	일반과세자	세금계산서	최종소비자 대상 업종은 영수증 발급
		간이과세자	영수증	
	면세사업자		계산서	최종소비자 대상 업종은 영수증 발급
세관장(수입재화에 대하여 발급)			세금계산서	과세대상은 세금계산서
			계산서	면세대상은 계산서

2) 위탁매매 등의 경우

㈎ 위탁매매의 경우

위탁판매의 경우 수탁자 · 대리인이 재화를 인도하는 때에는 수탁자 · 대리인이 위탁자를 공급자로 하여 세금계산서를 발급하며, 위탁자 · 본인이 재화를 직접 인도하는 때에는 수탁자 ·

대리인의 사업자등록번호를 부기하여 위탁자 · 본인이 세금계산서를 발급할 수 있다.

위탁매입 · 대리인에 의한 매입의 경우 공급자가 위탁자를 공급받는 자로 하여 세금계산서를 발급한다. 이 경우 수탁자 · 대리인의 등록번호를 부기하여야 한다.

그러나 거래의 특성상 위탁자 · 본인을 알 수 없는 경우에는 위탁자 · 본인과 수탁자·대리인 사이 그리고 수탁자 · 대리인과 거래상대방 사이에 각각 세금계산서를 발급한다.

매매구분 오류로 인한 납세자의 불이익을 방지하기 위해 거래당사자간 선택한 매매형식(위탁 또는 일반)에 따라 세금계산서를 발급 · 수취하고 거래사실이 확인되며 부가가치세 신고 납부된 경우 매입세액공제를 허용한다.

㈏ 리스자산의 경우

납세의무가 있는 사업자가 여신전문금융업법에 의하여 등록을 한 리스회사로부터 시설 등을 임차하고 당해 리스시설 등을 공급자로부터 직접 인도받는 경우에는 리스조건이 금융리스, 운용리스인 경우에 상관없이 사업자가 공급자로부터 재화를 직접 공급받은 것으로 보아 세금계산서를 발급 받을 수 있다. 임차 시설등 공급자로부터 세금계산서를 수취한 과세사업자는 동 세금계산서상 매입세액이 불공제대상이 아니라면 그 매입세액은 매출세액에서 공제가능하다.

㈐ 세금계산서 분실의 경우

공급자 보관용 세금계산서를 분실한 경우 기장 및 제 증빙에 의하여 공급자 보관용세금계산서를 사본으로 작성하여 보관하여야 하며, 공급받는 자 보관용 세금계산서를 분실한 경우 공급자가 확인한 사본을 발급받아 보관하여야 한다.

(2) 세금계산서의 종류[74)]

1) 종이세금계산서

세금계산서는 2매가 1조로 되어 있으며 사업자는 세금계산서 2매를 작성하여 1매를 공급받는 자에게 발급하고 1매는 보관한다.

74) 세금계산서에는 종이, 전자세금계산서와 세관장이 수입자에게 발급하는 수입세금계산서가 있다. 신용카드매출전표 및 현금영수증은 영수증에 해당한다.

[별지 제11호서식] (적 색)

세금계산서(공급자 보관용)

책 번 호	권	호
일련번호		−

공급자	등록번호	− −	공급받는자	등록번호	− −
	상호(법인명) / 성 명(대표자)			상호(법인명) / 성 명(대표자)	
	사업장 주소			사업장 주소	
	업 태 / 종 목			업 태 / 종 목	

작 성			공 급 가 액												세 액											비 고
연	월	일	공란수	조	천	백	십	억	천	백	십	만	천	백	십	일	천	백	십	억	천	백	십	만	천	백	십	일	

월 일	품 목	규 격	수 량	단 가	공 급 가 액	세 액	비 고

합 계 금 액	현 금	수 표	어 음	외상 미수금	이 금액을 영수/청구 함

210㎜×148.5㎜[인쇄용지(특급) 34g/㎡]

(청 색)

세금계산서(공급받는 자 보관용)

책 번 호	권	호
일련번호		−

공급자	등록번호	− −	공급받는자	등록번호	− −
	상호(법인명) / 성 명(대표자)			상호(법인명) / 성 명(대표자)	
	사업장 주소			사업장 주소	
	업 태 / 종 목			업 태 / 종 목	

작 성			공 급 가 액												세 액											비 고
연	월	일	공란수	조	천	백	십	억	천	백	십	만	천	백	십	일	천	백	십	억	천	백	십	만	천	백	십	일	

월 일	품 목	규 격	수 량	단 가	공 급 가 액	세 액	비 고

합 계 금 액	현 금	수 표	어 음	외상 미수금	이 금액을 영수/청구 함

210㎜×148.5㎜[인쇄용지(특급) 34g/㎡]

2) 전자세금계산서[75)]

법인사업자와 일정한 요건의 개인사업자는 전자적 방법으로 세금계산서를 발급하여야 한다.

㈎ 도입배경

사업자의 종이세금계산서 작성, 신고 및 보관에 많은 납세협력비용이 발생하고 과세관청도 허위세금계산서 조사에 많은 행정력이 투입되는 점 때문에 모든 법인사업자 및 개인사업자 중 직전연도 사업장별 재화·용역의 공급가액 합계액(수입금액)이 일정액 이상인 자[76)]는 전자세금계산서의 발급 및 발급명세의 전송을 의무화하고 이를 위반할 경우에는 가산세를 부과한다.

㈏ 전자세금계산서 발급명세 전송의무

전자세금계산서를 발급하였을 때에는 그 발급일의 다음날까지 국세청장에게 전송하여야 한다.[77)] 이처럼 전자세금계산서 발급명세를 전송한 경우에는 매출·매입처별세금계산서합계표를 제출하지 않아도 되며, 세금계산서 보존의무가 면제된다.

(3) 세금계산서의 발급시기

1) 원 칙

세금계산서는 원칙적으로 재화 또는 용역의 공급시기에 발급하여야 한다.

2) 공급시기 전 발급 특례

사업자가 재화 또는 용역의 공급시기가 되기 전에 세금계산서를 발급하고 동일과세기간이내로서 그 세금계산서 발급일부터 7일 이내에 대가를 지급받는 경우에는 정당한 세금계산서를 발급한 것으로 본다. 다만, 대가를 지급하는 사업자가 다음의 요건에 해당하는 경우에는 공급하는 사업자가 재화 또는 용역의 공급시기가 되기 전에 세금계산서를 발급하고 그 세금계산서 발급일부터 7일 경과 후 대가를 지급받더라도 정당한 세금계산서를 발급한 것으로 본다.

---

75) 과세사업자와 달리 면세사업자들은 전자적 방식으로 계산서를 발행하는 것을 의무화하지 않아 세원투명성에 계속 많은 문제가 야기되었다. 이에 2015. 7. 1.부터는 전자세금계산서 의무발행 사업자와 직전연도 수입금액이 일정금액 이상인 자에게 전자계산서 발행을 의무화하는 제도를 신설하였다.

76) 2021년 사업장별 과세공급가액과 면세공급가액의 합계액을 기준으로 2억원 이상인 개인사업자는 2022년 7월1일 이후 재화 또는 용역을 공급하는 분부터 전자세금계산서(전자계산서)를 발급하도록 하였다. 전 국민고용보험 지원을 위한 소득정보 인프라 파악을 위해 23년 7월 1일 이후부터 1억원 이상인자로 확대되며 24년 7월 1일 이후부터는 8천만원 이상인자로 범위가 확대된다. 전자세금계산서를 발급하여야 하는 과세기간 개시 1개월 전까지 개인사업자에게 통지하여야 하도록 하였으며 전자세금계산서 발급에 대한 인센티브로 수입금액 3억원 미만인 개인사업자가 발급일의 다음날까지 전송한 전자세금계산서 발급건수 당 200원(연간 100만원 공제한도)의 세액공제를 22년 7월1일부터 신설하였다(27년 12월 31일까지 적용).

77) 실무상 전자세금계산서는 관계증빙서류 등에 따라 실제 거래사실이 확인되는 경우로서 당해 거래일자를 발행일자로 하여 세금계산서를 발급하는 경우 재화 또는 용역의 공급일이 속하는 달의 다음 달 10일까지 세금계산서를 발급할 수 있다라는 특례규정에 의거 다음달 10일까지 전자세금계산서를 발급하고 있다.

① 거래 당사자간의 계약서 · 약정서 등에 대금청구시기와 지급시기를 따로 적고 대금청구시기와 지급시기 사이의 기간이 30일 이내인 경우

② 세금계산서 발급일이 속하는 과세기간에 재화 또는 용역의 공급시기가 도래하는 경우

3) 공급시기 후 발급 특례

사업자가 다음 중 어느 하나에 해당하는 경우에는 재화 또는 용역의 공급일이 속하는 달의 다음 달 10일(공급일의 다음달 10일이 토요일 및 공휴일인 경우에는 그 다음날)까지 세금계산서를 발급할 수 있다.

<table>
<tr><th>구 분</th><th>내 용</th></tr>
<tr><td>합계액에 의하여 세금계산서 발급</td><td>① 거래처별루 1역월의 공급가액을 합계하여 당해 월의 말일자를 작성연월일자로 하여 세금계산서를 발급하는 경우
② 거래처별로 1역월 이내에서 사업자가 임의로 정한 기간의 공급가액을 합계하여 그 기간의 종료일자를 작성연월일자로 하여 세금계산서를 발급하는 경우</td></tr>
<tr><td colspan="2">관계증빙서류 등에 따라 실제 거래사실이 확인되는 경우로서 당해 거래일자를 발행일자로 하여 세금계산서를 발급하는 경우</td></tr>
</table>

예제 1 공급시기의 의제, 특례

다음 상황별로 수취한 세금계산서가 정상적인 매입세액공제가 가능한지 판단하시오.

[상황 1] 20×6. 4. 10. 세금계산서를 발급하였다. 대가의 지급은 20×6. 4. 15.에 이루어졌으며 재화는 20×7. 9. 25.에 인노되었다.

[상황 2] 20×6. 4. 10. 세금계산서를 발급하였다. 대가의 지급은 20×6. 4. 30.에 이루어졌으며 재화는 20×6. 5. 25.에 인도되었다. 계약서상 대금청구시기는 20×6. 4. 10.이며, 지급시기는 대금청구시기 후 3주 이내로 명시되어 있다.

[상황 3] 20×6. 4. 10. 세금계산서를 발급하였다. 대가의 지급은 20×6. 4. 25.일에 이루어졌으며 재화는 20×6. 5. 25.에 인도되었다.

[상황 4] 20×6. 4. 10. 계약금 1천만원(부가가치세 별도)을 받고 계약금에 대하여 세금계산서를 20×6. 4. 10.에 발급하였다. 재화의 인도는 20×6. 5. 10.에 이루어졌으며 20×6. 5. 10.에 잔금 9천만원(부가가치세 별도)을 수령하고 세금계산서를 20×6. 5. 10.에 발행하였다.

[상황 5] 20×6. 4. 11.부터 20×6. 5. 10.까지의 거래에 대하여 월 합계 세금계산서를 20×6. 5. 10.을 작성일자로 하여 동일한 날 발급하였다.

[상황 6] 20×6. 4. 11.부터 20×6. 4. 18.까지의 거래에 대하여 거래일의 말일인 20×6. 4. 18.을 작성일자로 하여 20×6. 5. 10.까지 세금계산서를 발급하였다.

[상황 7] 20×6. 4. 1.부터 20×6. 4. 30.까지의 거래에 대하여 거래일의 말일인 20×6. 4. 30.을 작성일자로 하여 20×6. 5. 10.에 세금계산서를 발급하였다.

해설

[상황 1]
정상적으로 세금계산서를 선발급한 후 7일 이내에 대가가 지급되었으므로 매입세액공제가 가능하다.

[상황 2]
정상적으로 세금계산서를 선발급한 후 7일 이후에 대가가 지급되었으나, 계약서상에 대금청구시기와 지급시기가 명시되어 있으며 기간이 30일 이내이므로 적법한 세금계산서의 발급으로 보아 매입세액공제가 가능하다.

[상황 3]
정상적으로 세금계산서를 선발급한 후 7일 이후에 대가가 지급되었으나, 세금계산서 발급일이 속하는 과세기간에 재화가 공급되었으므로 매입세액공제를 받을 수 있다.

[상황 4]
공급시기가 도래하기 전에 대가의 전부나 일부를 받고 세금계산서를 발급하였으므로 매입세액공제가 모두 가능하다.

[상황 5]
1역월이라함은 달력상의 월을 말하므로 달력상의 월을 초과하여 세금계산서를 발급하는 것은 사실과 다른 세금계산서로 보아 매입세액공제를 받을 수 없다.

[상황 6]
거래처별로 1역월 이내(4. 11. ~ 4. 18.)에서 사업자가 임의로 정한 기간의 공급가액을 합계하여 그 기간의 종료일자(4. 18.)를 작성연월일자로 하여 세금계산서를 발급하는 경우 정상적으로 세금계산서를 작성 및 발급하였으므로 매입세액공제가 가능하다.

[상황 7]
거래처별로 1역월 이내(4. 1. ~ 4. 30.)에서 사업자가 임의로 정한 기간의 공급가액을 합계하여 그 기간의 종료일자(4. 30.)를 작성연월일자로 하여 세금계산서를 발급하는 경우 정상적으로 세금계산서를 작성 및 발급하였으므로 매입세액공제가 가능하다.

4) 세금계산서의 기재사항

세금계산서에는 다음과 같은 필요적 기재사항과 임의적 기재사항이 있다. 필요적 기재사항은 그 전부 또는 일부가 기재되지 아니하거나 사실과 다른 경우 적법한 세금계산서로 보지 아니하며, 가산세 등의 불이익이 있을 수 있다. 필요적 기재사항 중 일부가 착오로 사실과 다르게 기재되었으나 그 세금계산서에 적힌 나머지 필요적 기재사항 또는 임의적 기재사항으로 보아 거래사실이 확인되는 경우 매입세액 공제가 허용된다.

필요적 기재사항	임의적 기재사항
① 공급하는 사업자의 등록번호와 성명 또는 명칭 ② 공급받는 자의 등록번호[78)] ③ 공급가액과 부가가치세액 ④ 작성연월일	① 공급하는 자의 주소 ② 공급받는 자의 상호 · 성명 · 주소 ③ 단가와 수량 ④ 공급연월일 등

(4) 세금계산서 발급의무의 면제

사업자가 다음의 재화 또는 용역을 공급하는 경우에는 세금계산서의 발급의무가 면제된다. 공급받는 사가 주로 최종소비자인 소매업, 음식점입, 숙박입, 목욕 · 이발 · 미용업, 여객운송업, 입장권을 발행하여 영위하는 사업 등의 경우 세금계산서 대신 부가가치세법상의 영수증을 발급한다. 영수증발급대상거래라 하더라도 재화 또는 용역을 공급하는 일반사업자는 공급받는 사업자가 사업자등록증을 제시하고 세금계산서의 발급을 요구하는 때에는 세금계산서를 발급하여야 한다(목욕 · 이발 · 미용업, 여객운송업, 입장권 발행을 영위하는 사업의 경우에는 감가상각자산 등의 공급에 한한다[79)]).

① 택시운송, 노점, 행상, 무인판매기를 이용한 재화의 공급

② 소매업 또는 목욕 · 이발 · 미용업을 영위하는 자가 공급하는 재화 · 용역(소매업의 경우에는 공급받는 자가 세금계산서의 발급을 요구하지 않는 경우에 한함)

③ 간주공급에 해당하는 경우. 단, 판매목적 타사업장 반출은 제외한다.

④ 영세율 적용대상이 되는 재화 · 용역

㉠ 수출하는 재화(다만, 내국신용장 또는 구매확인서에 의해 공급하는 재화와 한국국제협력단 · 한국국제보건의료재단에 공급하는 재화는 제외)

㉡ 국외에서 제공하는 용역

㉢ 항공기의 외국항행용역, 공급받는 자가 국내에 사업장이 없는 비거주자 또는 외국법인인 경우 선박의 외국항행용역

⑤ 기타 국내사업장이 없는 비거주자 또는 외국법인에게 공급하는 재화 또는 용역

⑥ 부동산임대용역 중 간주임대료에 해당하는 부분

---

78) 공급받는 자가 사업자가 아닌 경우에는 공급받는 자의 등록번호에 갈음하여 면세사업자 등에게 부여된 고유번호 또는 공급받는 자의 주소 · 성명 및 주민등록번호를 기재하여야 한다.

79) 이러한 업종에서 제공하는 용역은 사업관련성이 낮으므로 세금계산서 발급을 원칙적으로 금지하고 감가상각자산의 공급하는 경우에 한하여 세금계산서 발급을 허용한다.

⑦ 사업자가 신용카드매출전표 등을 발급하는 경우

신용카드매출전표 등을 발급하고 다시 세금계산서를 발급할 경우 이중공제의 가능성이 있으므로 세금계산서 발급을 금지한다.

(5) 수정세금계산서

사업자가 세금계산서를 발급한 후 그 기재사항에 관하여 착오나 정정 등 사유가 발생한 경우에는 세금계산서를 수정하여 발급할 수 있다. 이러한 수정세금계산서의 발급사유와 그 절차는 다음과 같다. 후발적 사유가 발생한 날을 작성일자로 하여 세금계산서를 발급하는 경우에는 수정신고를 할 필요가 없다.

발급사유	발급절차
당초 공급한 재화가 환입된 경우	재화가 환입된 날을 작성일로 기재 - 비고란에 당초 작성일자를 부기한 후 붉은색 글씨로 쓰거나 부(△)의 표시로 작성
공급가액에 추가 또는 차감되는 금액이 발생한 경우	증감사유가 발생한 날을 작성일로 기재 - 추가되는 금액은 검은색으로 쓰고, 차감되는 금액은 붉은색 글씨로 쓰거나 부(△)의 표시로 작성
계약의 해제로 재화 또는 용역이 공급되지 않은 경우	계약이 해제된 때에 그 작성일자는 계약해제일을 기준으로 작성일자를 기재함[80)] - 비고란에 처음 세금계산서 작성일을 부기한 후 붉은색 글씨로 쓰거나 부(△)의 표시로 작성
재화 또는 용역을 공급한 후 공급시기가 속하는 과세기간 종료 후 25일 이내에 내국신용장이 개설되거나 구매확인서가 발급된 경우	내국신용장 등이 개설된 때에 그 작성일자는 당초 세금계산서 작성일자를 기재 - 비고란에 내국신용장 개설일 등을 부기하여 영세율 적용분은 검은색 글씨로 세금계산서를 작성하여 발급하고, 추가하여 당초에 발급한 세금계산서의 내용대로 세금계산서를 붉은색 글씨로 쓰거나 부(△)의 표시로 작성

80) 2012. 7. 1. 이후부터 계약해제일을 기준으로 수정세금계산서를 발급하게 하여 최종 신고서에서 해제에 따른 수정사항을 반영할 수 있도록 하기 위하여 계약해제일을 작성일자로 할 수 있도록 규정하였다.

발급사유	발급절차
필요적 기재사항 등이 착오로 잘못 적힌 경우나 세율적용의 오류 또는 작성오류의 경우	확정신고기한 다음날부터 1년까지. 다만 세무조사통지, 세무서로부터 과세자료 해명안내 통지 등 경정할 것을 미리 알고 있는 경우는 수정발급 불가 - 당초에 발급한 세금계산서의 내용대로 세금계산서를 붉은색 글씨로 작성하고, 수정하여 발급하는 세금계산서는 검은색 글씨로 작성하여 발급. 당초 세금계산서 발급일자를 그대로 둔 채 기재사항을 정정하여 수정세금계산서를 발급하므로 수정신고를 하여야 함

(6) 수입세금계산서

수입재화에 대하여는 세관장이 부가가치세를 징수하는 때에 세금계산서에 관한 규정을 준용하여 수입세금계산서를 수입자에게 발급한다.

3 세금계산서합계표의 제출

(1) 사업자의 제출의무

사업자가 세금계산서를 발급하였거나 발급받은 때에는 매출·매입처별세금계산서합계표를 당해 예정신고 또는 확정신고와 함께 제출하여야 한다. 다만, 예정신고를 하는 대신 정부가 결정·고지하여 징수하는 경우에는 당해 과세기간에 대한 확정신고와 함께 제출하여야 한다.

(2) 사업자 외의 자의 제출의무

1) 세관장의 제출의무

세금계산서를 발급한 세관장은 사업자의 경우를 준용하여 매출처별세금계산서합계표를 사업장 관할세무서장에게 제출하여야 한다.

2) 면세사업자 등의 제출의무

세금계산서를 발급받은 국가·지방자치단체·면세사업자 등은 부가가치세 납세의무가 없는 경우에도 매입처별세금계산서합계표를 당해 과세기간이 끝난 후 25일 이내에 사업장 관할세무서장에게 제출하여야 한다.

부가가치세법 시행규칙 [별지 제38호서식(1)]

홈택스(www.hometax.go.kr)에서도 신청할 수 있습니다.

매출처별 세금계산서합계표(갑)

년 제 기(월 일 ~ 월 일)

※ 뒤쪽의 작성방법을 읽고 작성하시기 바랍니다. (앞쪽)

1. 제출자 인적사항

① 사업자등록번호	② 상호(법인명)
③ 성명(대표자)	④ 사업장 소재지
⑤ 거래기간 년 월 일 ~ 년 월 일	⑥ 작성일 년 월 일

2. 매출세금계산서 총합계

구 분		⑦ 매출처수	⑧ 매수	⑨ 공급가액 조	십억	백만	천	일	⑩ 세 액 조	십억	백만	천	일
합 계													
과세기간 종료일 다음 달 11일까지 전송된 전자 세금계산서 발급분	사업자등록번호 발급분												
	주민등록번호 발급분												
	소 계												
위 전자 세금계산서 외의 발급분	사업자등록번호 발급분												
	주민등록번호 발급분												
	소 계												

3. 과세기간 종료일 다음 달 11일까지 전송된 전자세금계산서 외 발급분 매출처별 명세 (합계금액으로 적음)

⑪ 번호	⑫ 사업자 등록번호	⑬ 상호 (법인명)	⑭ 매수	⑮ 공급가액 조	십억	백만	천	일	⑯ 세 액 조	십억	백만	천	일	비 고
1														
2														
3														
4														
5														

⑰ 관리번호(매출)	−

210mm×297mm[백상지 80g/㎡ 또는 중질지 80g/㎡]

홈택스(www.hometax.go.kr)에서도 신청할 수 있습니다.

매입처별 세금계산서합계표(갑)

년 제 기(월 일 ~ 월 일)

※ 아래의 작성방법을 읽고 작성하시기 바랍니다. (앞쪽)

1. 제출자 인적사항

① 사업자등록번호	② 상호(법인명)
③ 성명(대표자)	④ 사업장 소재지
⑤ 거래기간 년 월 일 ~ 년 월 일	⑥ 작성일 년 월 일

2. 매입세금계산서 총합계

구 분		⑦ 매입처수	⑧ 매수	⑨ 공급가액					⑩ 세 액				
				조	십억	백만	천	일	조	십억	백만	천	일
합 계													
과세기간 종료일 다음 달 11일까지 전송된 전자세금계산서 발급받은 분	사업자등록번호 발급받은 분												
	주민등록번호 발급받은 분												
	소 계												
위 전자세금계산서 외의 발급받은 분	사업자등록번호 발급받은 분												
	주민등록번호 발급받은 분												
	소 계												

* 주민등록번호로 발급받은 세금계산서는 사업자등록 전 매입세액 공제를 받을 수 있는 세금계산서만 적습니다.

3. 과세기간 종료일 다음 달 11일까지 전송된 전자세금계산서 외 발급받은 매입처별 명세 (합계금액으로 적음)

⑪ 번호	⑫ 사업자 등록번호	⑬ 상호 (법인명)	⑭ 매수	⑮ 공급가액					⑯ 세액					비고
				조	십억	백만	천	일	조	십억	백만	천	일	
1														
2														
3														
4														
5														

⑰ 관리번호(매입)	−

210mm×297mm[백상지 80g/㎡ 또는 중질지 80g/㎡]

4 영수증

(1) 의 의

영수증이란 공급받는 자의 등록번호와 부가가치세액을 따로 기재하지 않은 증명서류를 말한다. 따라서 여기에는 부가가치세가 포함된 금액인 공급대가를 기재한다.

(2) 발급의무자

영수증은 간이과세자 또는 영세사업자가 주로 최종소비자인 불특정다수를 대상으로 발급하는 것으로 거래하는 당사자가 최종소비자이기 때문에 매입세액전가의 필요성이 없는 거래에 대하여 적용된다. 공급받는 자와 세액을 기재하지 아니하는 간편한 방법에 의하여 계산서를 발급하고 매입세액공제 또는 정확한 과세자료로서의 계산서 기능이 무시되어도 무방한 경우에 인정된다. 다만, 주로 사업자가 아닌 자에게 재화 또는 용역을 공급하는 사업자로서 다음 업종의 일반과세자는 세금계산서의 발급규정에 불구하고 영수증을 발급한다.

① 소매업
② 음식점업(다과점업 포함), 숙박업
③ 목욕 · 이발 · 미용업, 여객운송업, 입장권을 발행하여 영위하는 사업
④ 쌍꺼풀수술 등의 진료용역을 공급하는 과세사업, 동물진료용역을 공급하는 과세사업, 무도학원 및 자동차운전학원사업
⑤ 변호사 · 세무사 · 공인회계사 등 전문적 인적용역을 공급하는 사업(사업자에게 공급하는 것은 제외)
⑥ 주로 사업자가 아닌 소비자에게 재화 또는 용역을 공급하는 사업자로서 도정업 · 양복점업 등의 사업

다만, 영수증 발급대상거래라 하더라도 공급받는 자(일반과세자에 한함)가 사업자등록증을 제시하고 세금계산서의 발급을 요구하는 경우(목욕 · 이발 · 미용업, 여객운송업, 입장권 발행을 영위하는 사업[81]의 경우에는 감가상각자산 등의 공급에 한함)에는 세금계산서를 발급하여야 한다.

(3) 작성방법

영수증의 발급시기와 발급장소 등은 세금계산서의 경우와 동일하다.

---

81) 이러한 개인적인 서비스는 사업과 관련성이 없거나 관련성이 낮은 것이므로 세금계산서를 발급하지 아니한다.

영수증에는 공급자의 등록번호 · 상호 · 성명(법인의 경우 대표자의 성명), 공급대가, 작성연월일 등을 기재하여야 하며 일반과세자로서 사업을 하는 자가 신용카드기 또는 직불카드기 등 기계적장치(금전등록기를 제외)사용하여 영수증을 발급하는 때에는 공급가액과 세액을 별도로 구분하여 기재한다.[82)]

종이영수증 발급관행을 개선하고 영수증발급 방법을 명확히 하기 위하여 아래와 같이 영수증 발급방법을 규정하였다.

① 카드단말기, 현금영수증발급장치 등을 통해 공급받는 자에게 출력하여 발급하는 방법
② 「전자문서 및 전자거래 기본법」 제2조에 따른 전자문서 형태로 공급받는 자에게 송신하는 방법 단, 전자적으로 생성 · 저장된 결제내역을 공급받는 자가 확인 가능한 경우에는 공급받는 자에게 송신한 것으로 간주

5 현금영수증제도 및 신용카드와 금전등록기의 운영

(1) 현금영수증 제도

1) 의 의

현금영수증제도란 영수증발급업종을 영위하는 사업자와 거래상대방의 현금거래내용이 현금영수증사업자에 의해 국세청에 전송되고 현금영수증을 받은 거래상대방에게는 국세청이 제공하는 이용실적에 따라 소득공제 등의 세제상 혜택을 주는 제도이다. 이 제도는 소비자상대업종[83)]을 경영하는 사업자의 과세표준양성화를 위하여 도입되었다.

2) 혜택과 규제

소매업, 음식점업, 숙박업 또는 그 밖에 주로 사업자가 아닌 소비자를 대상으로 하는 사업을 경영하는 자로서 직전연도 공급가액 10억원 이하인 개인사업자와 간이과세자[84)]는 현금영수증 및 신용카드 등[85)] 발급에 대한 세액공제를 허용한다.

공제금액(연간 500만원을 한도로 하되, 2026년 12월 31일까지는 연간 1천만원을 한도로 한다)은 현금영수증 발급금액 또는 신용카드 결제금액의 1%(2026년 12월 31일까지는 1.3%로

---

82) 신용카드매출전표, 현금영수증 등은 영수증으로 본다.

83) 현금영수증 의무발행 대상 업종은 ①변호사 등 전문직, ②병의원, 약사업, 수의사업 ③학원 ④ 가구 등 일부 소매업 ⑤골프장운영업, 예식장업 등 기타업종 등으로 현금매출 비중 및 현금영수증 발급거부 신고건수 등을 고려하여 선정한다. 건당 현금 거래금액이 10만원 이상인 경우 소비자의 요구가 없더라도 현금영수증을 의무적으로 발급하여야 한다.

84) 사업규모 및 지역 등을 고려하여 국세청장이 정하는 자를 말한다

85) 자영업자의 세부담 완화를 위하여 24년 이후 판매 대행·중개자*가 제출하는 월별 거래 명세에 대하여도 공제를 적용한다.
* ①전기통신사업법에 따른 통신판매업자의 판매 대행·중개자 ②외국환거래법에 따른 전문외국환업무취급업자

한다) 공급받는 자는 사업자의 경우 매입세액공제가 가능하고 근로자의 경우 소득공제를 받을 수 있다.

(2) 신용카드 등의 운영

영수증발급의무자(법인 제외)와 간이과세자가 부가가치세가 과세되는 재화 또는 용역을 공급하고 세금계산서 발급시기에 신용카드매출전표 등을 발급하는 경우 거래상대방에게는 이용실적에 따라 소득공제 등의 세제상 혜택을 주는 제도이다. 국세청에서는 카드사 등에게 거래내역을 제공받음으로서 소비자상대업종을 경영하는 사업자의 과세표준양성화라는 목적을 달성할 수 있다.

신용카드 등을 사용함에 따르는 혜택과 규제는 현금영수증제도와 동일하다.

(3) 금전등록기의 운영

금전등록기를 설치한 사업자가 공급대가를 기재한 금전등록기계산서를 발급하고 감사테이프를 보관한 경우에는 영수증을 발급하고 기장을 이행한 것으로 보며, 현금수입기준으로 과세표준을 계산하여 부가가치세를 부과할 수 있다.

6 신용카드 등 결제금액에 대한 부가가치세 대리납부제도

일반유흥주점업 및 무도유흥주점업의 경우 부가가치세 체납율이 높아 과세관청이 적용대상사업자에게 동 제도가 적용되는 과세기간 개시일의 1개월 전까지 통지하여 신용카드로 결제한 금액(봉사료 제외)의 4/110의 금액을 신용카드사로 하여금 매 분기가 끝나는 날의 다음달 25일까지 납부하는 제도를 2019년 1월 1일 이후 재화 또는 용역을 공급하는분부터 적용하는 제도를 도입하여 적용하고 있다. 사업자에게는 대리납부금액의 1%를 납부세액을 한도로 세액공제혜택을 부여한다.

OX 문제

01 세금계산서의 필요적 기재사항은 공급받는 자의 사업자등록번호와 성명 및 공급하는 자의 사업자등록번호, 공급가액과 부가가치세액, 작성연월일이다.

02 세금계산서는 반드시 공급시기에 발급하여야 하므로 공급시기에 발급하지 않은 세금계산서는 사실과 다른 세금계산서이다.

03 영수증발급대상거래라 하더라도 공급하는 사업자(일반사업자일 경우)는 공급받는 사업자가 사업자등록증을 제시하고 세금계산서의 발급을 요구하는 때에는 반드시 세금계산서를 발급하여야 한다.

04 당초의 공급가액에 추가되는 금액 또는 차감되는 금액이 발생한 경우에는 그 발생한 때에 세금계산서를 수정하여 발급할 수 있다.

정답&해설 **01** × **02** × **03** × **04** ○

01 공급하는 자의 사업자등록번호와 성명이다.

02 공급시기에 발급하는 것이 원칙이나 월합계세금계산서 등 발급시기와 다르게 발행할 수 있다.

03 예외적으로 목욕, 이발, 미용업, 여객운송업(전세버스 운송사업은 제외), 입장권을 발행하는 사업의 경우에는 공급받는 자가 요구하더라도 세금계산서를 발급하지 않는다.

05 사업자가 일반과세자로부터 재화 또는 용역을 공급받고 부가가치세액이 별도로 구분 기재된 신용카드매출전표를 발급받은 경우 그 매입세액을 공제하도록 하였으나, 신용카드매출전표가 발행된 경우에도 세금계산서발급요구에 대하여는 세금계산서를 발급하여야 한다.

06 매입자발행세금계산서는 공급자가 세금계산서의 발급을 거부하는 경우 매입자 스스로 매입자발행세금계산서를 발행하여 세무당국에 신고 · 확인받는 경우 매입세액공제를 허용하는 제도이다.

07 2월 26일부터 3월 25일 사이의 재화공급가액을 합계하여 3월 25일을 발행일자로 한 세금계산서를 작성하여 동 일자에 발급한 경우 1역월을 초과하지 않으므로 세금계산서의 정당한 발급으로 인정된다.

08 영세율을 적용받는 재화의 공급은 매출세액을 거래징수하지 않으므로 세금계산서를 발급하지 않아도 무방하다.

정답&해설 **05** × **06** ○ **07** × **08** ×

05 신용카드매출전표 등을 발급한 경우에는 세금계산서를 발급할 수 없다.

07 1역월이란 해당 월의 1일부터 말일까지의 기간을 말하는 것으로 2월 26일부터 3월 25일까지의 기간은 1역월이 아니므로 정당한 세금계산서의 발급이 아니다.

08 영세율의 적용을 받는 재화 또는 용역의 공급 중 내국신용장에 의한 공급 등 일정한 경우에는 세금계산서의 발급의무가 있다.

연습문제

01 다음 중 세금계산서의 필요적 기재사항이 아닌 것은?

① 작성연월일
② 공급하는 자의 등록번호와 상호 · 성명
③ 공급받는 자의 등록번호와 상호 · 성명
④ 공급가액과 세액

정답 ③

공급받는 자의 등록번호만 필요적 기재사항이다.

02 세금계산서의 발급시기에 관한 다음의 설명 중 옳지 않은 것은?

① 세금계산서는 원칙적으로 재화 또는 용역의 공급시기에 발급하여야 한다.
② 사업자가 재화 또는 용역의 공급시기가 되기 전에 세금계산서를 발급하고 그 세금계산서 발급일부터 7일 이내에 대가를 지급받는 경우에는 정당한 세금계산서를 발급한 것으로 본다.
③ 거래처별로 1역월의 공급가액을 합계하여 당해 월의 말일자를 작성연월일로 하여 세금계산서를 발급하는 경우 재화 또는 용역의 공급일이 속하는 달의 다음 달 10일까지 세금계산서를 발급할 수 있다.
④ 거래처별로 1역월 이내에서 사업자가 임의로 정한 기간의 공급가액을 합계하여 그 기간의 종료일자를 작성연월일로 하여 세금계산서를 발급하는 경우 그 기간의 종료일까지 세금계산서를 발급할 수 있다.

정답 ④

거래처별로 1역월 이내에서 사업자가 임의로 정한 기간의 공급가액을 합계하여 그 기간의 종료일자를 작성연월일로 하여 세금계산서를 발급하는 경우 재화 또는 용역의 공급일이 속하는 달의 다음 달 10일까지 세금계산서를 발급할 수 있다.

03 세금계산서에 관한 다음의 설명 중 옳지 않은 것은?

① 세금계산서는 2매가 1조로 되어 있으며 사업자는 세금계산서 2매를 작성하여 1매를 공급받는 자에게 발급하고 1매는 보관한다.

② 법인사업자와 복식부기의무자인 개인사업자는 전자적 방법으로 세금계산서를 발급하여야 한다.

③ 법인사업자와 복식부기의무자인 개인사업자가 전자세금계산서를 발급하였을 때에는 그 발급일의 다음날까지 국세청장에게 전송하여야 한다.

④ 전자세금계산서 발급명세를 전송한 때에 매출 · 매입처별세금계산서합계표를 제출하고, 세금계산서를 출력하여 보존하여야 한다.

정답 ④

전자세금계산서 발급명세를 전송한 경우에는 매출 · 매입처별세금계산서합계표를 제출하지 않아도 되며, 세금계산서 보존의무가 면제된다.

04 다음 중 부가가치세법상 세금계산서 발급의무가 면제되지 않는 것은?

① 부동산임대용역에 대한 간주임대료

② 자가공급 중 판매목적 타사업장 반출

③ 간주공급 중 폐업시 잔존재화의 경우

④ 소매업의 경우로서 공급받는 자가 세금계산서의 발급을 요구하지 않은 경우

정답 ②

간주공급에 해당하는 경우 부가가치세법상 세금계산서의 발급의무가 면제된다.
단, 판매목적 타사업장 반출은 제외한다.

05 다음 중 영수증을 발급하면 안되는 상황은?

① 식당을 운영하는 일반과세자 이지현 씨가 손님에게 식사대금을 받은 경우

② 양복점을 운영하는 최재원 씨가 소비자인 손님에게 양복대금을 받은 경우

③ 세무사인 손정호 씨가 개인사업자인 최성민 씨에게 전문적 인적용역을 공급한 경우

④ 여관을 운영하는 나선욱 씨가 손님에게 여관비를 받은 경우

정답 ③

변호사 · 세무사 · 공인회계사 등 전문적 인적용역을 공급하는 사업자는 사업자에게 용역을 공급하는 경우 세금계산서를 발행하여야 한다.

06 다음 중 세금계산서의 발급의무가 면제되는 경우는?

① 일반과세자인 원근호 씨가 면세사업자 B에게 공급하는 재화
② 일반과세자인 원근호 씨가 간이과세자 C에게 공급하는 재화
③ 일반과세자인 원근호 씨가 일반과세자 D에게 공급하는 재화
④ 일반과세자인 원근호 씨가 E거래처에 사업상 증여한 재화

정답 ④

납세의무자로 등록한 사업자가 부가가치세 과세대상인 재화 · 용역을 공급하는 경우에 세금계산서를 발급하여야 한다. 다만, 간주공급의 경우 판매목적 타사업장 반출을 제외하고 세금계산서 발급의무가 면제된다.

07 거래징수 및 세금계산서에 대한 다음의 설명 중 옳지 않은 것은?

① 사업자가 재화 또는 용역을 공급하는 때에 과세표준에 10%의 세율을 적용하여 계산한 부가가치세를 그 공급을 받는 자로부터 징수하는 것을 거래징수라고 한다.
② 필요적 기재사항이 모두 기재된 신용카드매출전표와 현금영수증은 세금계산서로 본다.
③ 세금계산서 기재사항 중 작성연월일은 필요적 기재사항이고, 공급연월일은 임의적 기재사항이다.
④ 납세의무자로 등록한 사업자가 부가가치세 과세대상인 재화를 공급하는 경우에는 거래상대방이 면세사업자일지라도 세금계산서를 발급하여야 한다.
⑤ 관계증빙서류 등에 따라 실제거래사실이 확인되는 경우로서 해당 거래일자를 발행일자로 하여 재화의 공급일이 속하는 달의 다음달 10일(다음 달 10일이 공휴일 또는 토요일일 때에는 해당 일의 다음 날을 말한다)까지 세금계산서를 발급한 경우에는 직법하게 세금계산서를 발급한 것으로 본다.

정답 ②

신용카드매출전표와 현금영수증은 영수증에 해당한다.

08 다음 중 부가가치세법상 세금계산서의 발급의무가 면제되는 경우가 아닌 것은?

① 내국신용장에 의하여 수출업자에게 재화를 공급하는 경우
② 재화를 직접 수출하는 경우
③ 항공기에 의하여 외국항행용역을 제공하는 경우
④ 국내주둔 미국군에 재화를 공급하는 경우
⑤ 부동산임대에 따른 간주임대료에 대한 부가가치세를 임차인이 부담하는 경우

정답 ①

내국신용장에 의하여 수출업자에게 재화를 공급하는 경우에는 영세율은 적용되나 세금계산서의 발급의무가 면제되지 않는다.

09 부가가치세법상 세금계산서의 발급에 관한 다음의 설명 중 옳지 않은 것은?

① 위탁판매 또는 대리인에 의한 판매의 경우에는 위탁자 또는 본인의 명의로 위탁자 또는 대리인이 세금계산서를 발급한다.
② 수용으로 인하여 재화가 공급되는 경우에는 위탁매매 등의 규정을 준용하여 해당 사업시행자가 세금계산서를 발급할 수 있다.
③ 위탁매입 또는 대리인에 의한 매입의 경우에는 공급자가 위탁자 또는 본인을 공급받는 자로 하여 세금계산서를 발급한다. 이 경우에는 수탁자 또는 대리인의 등록번호를 부기해야 한다.
④ 대금청구시기와 지급시기 사이의 기간이 30일 이내인 경우 등 법소정의 요건을 갖춘 거래에서 공급하는 사업자가 재화 또는 용역의 공급시기가 도래하기 전에 세금계산서를 발급하고 그 세금계산서 발급일로부터 7일 이후에 대가를 지급받은 경우에도 정당한 세금계산서를 발급한 것으로 본다.
⑤ 필요적 기재사항 등이 잘못 적힌 경우에는 재화 용역의 공급일이 속하는 과세기간에 대한 확정신고기한까지 세금계산서를 작성하되, 당초에 발급한 세금계산서 내용에서 수정발급한다. 단, 과세표준과 세액을 경정할 것을 미리 알고 있는 경우에는 수정세금계산서를 발급할 수 없다.

정답 ①

위탁판매 또는 대리인에 의한 판매의 경우에는 수탁자(또는 대리인)가 재화를 인도하는 때에는 수탁자(또는 대리인)가 위탁자 또는 본인 명의로 세금계산서를 발급한다.

10 다음의 사례 중 세금계산서상의 작성연월일이 사실과 다름으로 인한 세금계산서불성실가산세의 대상이 아닌 것은?

① 20×1년 5월 26일부터 6월 25일 사이의 재화공급가액을 합계하여 20×1년 6월 25일을 발행일자로 한 세금계산서를 작성하여 동 일자에 발급하였다.

② 20×1년 3월 1일에 건설공사기간은 20개월로, 대금은 매달 말일에 ₩10,000,000씩 20개월간 받기로 계약하고, 세금계산서는 실제의 공사진행률에 따라 20×1년말에 ₩80,000,000, 20×2년 10월말에 ₩120,000,000으로 작성 · 발급하였다.

③ 재화를 20×1년 1월 10일에 인도하고, 20×1년 2월 20일 대금수령시 세금계산서를 작성·발급하였다.

④ 20×1년 4월 30일부터 20×1년 11월 30일까지 기계를 수리해주고, 대금은 5월부터 11월까지 매달 말에 ₩1,000,000씩 받기로 하였다. 세금계산서는 용역제공과 대금수령이 완료된 20×1년 11월 30일에 작성 · 발급하였다.

⑤ 20×1년 5월 1일에 계약금 ₩10,000,000, 6월 1일에 중도금 ₩40,000,000을 수령하고 7월 31일에 잔금 ₩50,000,000 수령과 동시에 재화를 인도하기로 하였다. 세금계산서는 대금수령시마다 작성 · 발급하였다.

정답 ⑤

① 거래처별로 1역월의 범위내에서 공급가액을 합계하여 세금계산서를 발행할 수 있으나, 역월에 걸쳐 공급가액을 합계하여 세금계산서를 발행할 수는 없다.

②, ④ 중간지급조건부용역에 해당하므로 대가의 각 부분을 받기로 한 때가 공급시기이다. 공급시기 이후에 세금계산서가 발급되었으므로 세금계산서불성실가산세가 적용된다.

③ 인도시점이 공급시기이나 공급시기 이후에 세금계산서를 발급하였으므로 세금계산서불성실가산세가 적용된다.

⑤ 계약금의 지급약정일부터 잔금지급약정일까지의 기간이 6월 미만이므로 중간지급조건부판매가 아닌 일반판매에 해당한다. 따라서 재화의 인도시점이 공급시기이나, 공급시기 이전에 대가를 수령하고 세금계산서를 발급한 때에는 그 발급한 때를 공급시기로 보므로 가산세가 적용되지 않는다.

11 부가가치세법상 세금계산서에 대한 다음의 설명 중 옳은 것은?

① 모든 사업자는 원칙적으로 전자세금계산서를 발급해야 한다.

② 사업자가 세금계산서를 발급 후 필요적 기재사항 등이 착오로 잘못 적힌 경우에는 당초 발급한 세금계산서 내용대로 수정발급할 수 있다. 단, 과세표준과 세액을 경정할 것을 미리 알고 있는 경우에는 수정세금계산서를 발급할 수 없다.

③ 전자세금계산서를 발급일의 다음날까지 국세청장에게 전송한 경우에도 세금계산서를 5년간 보존해야 한다.

④ 수입되는 재화에 대하여는 국세청장이 세금계산서를 수입업자에게 발급한다.

정답 ②

① 법인사업자 및 법소정의 개인사업자만 전자세금계산서의 발급의무가 있다.

③ 사업자는 발급하거나 발급받은 세금계산서 또는 영수증을 그 거래사실이 속하는 과세기간에 대한 확정신고를 한 날부터 5년간 보존해야 하지만, 전자세금계산서를 발급한 사업자가 국세청장에게 세금계산서의 발급명세를 전송한 경우에는 그렇지 않다.

④ 수입되는 재화에 대하여는 세관장이 수입자로부터 부가가치세를 징수하고 세금계산서를 작성 · 발급한다.

Chapter 8 부가가치세의 신고 · 납부

AN INTRODUCTION TAX LAW

1 예정신고와 납부

(1) 일반적인 경우

일반과세자는 원칙적으로 각 예정신고기간에 대한 과세표준과 납부세액을 그 예정신고기간이 끝난 후 25일 이내에 신고하고 해당 예정신고기간의 세액을 납부하여야 한다.

(2) 개인사업자와 소규모 법인사업자의 경우(예정고지에 의한 징수)[86]

1) 원칙(예정고지)

일반과세자인 개인사업자와 직전 과세기간 공급가액 의 합계액이 1억5천만원 미만인 법인사업자에 대해서는 관할세무서장이 직전 과세기간에 대한 납부세액의 1/2에 해당하는 금액[87]을 결정하여 해당 예정신고기한까지 징수한다. 다만, 예정고지에 의하여 징수하여야 할 금액이 50만원 미만이거나 간이과세자에서 일반과세자로 변경된 경우에는 이를 징수하지 않는다.

2) 예외(예정신고납부)

다음 중 어느 하나의 사유가 있는 사업자는 예정신고하고 예정신고기간의 납부세액을 납부할 수 있다.

① 휴업 또는 사업부진으로 인하여 각 예정신고기간의 공급가액(또는 납부세액)이 직전 과세기간의 공급가액(또는 납부세액)의 1/3에 미달하는 자
② 각 예정신고기간분에 대해 조기환급을 받고자 하는 자

예정신고를 한 후 납부를 하는 경우 예정고지세액의 결정은 없었던 것으로 본다.

86) 2012년부터 개인 일반과세자의 부가가치세 예정신고의무제도를 모두 폐지하여 납세자의 편의를 제고하였다.
87) 직전과세기간에 대한 납부세액의 1/2에 해당하는 금액을 결정하면서 2011년부터 1,000원 미만을 절사하여 고지한다.

2 확정신고와 납부

(1) 계속사업자의 경우

일반과세자는 각 과세기간에 대한 과세표준과 납부세액을 그 과세기간이 끝난 후 25일 이내에 각 사업장 관할세무서장에게 신고하고, 당해 과세기간의 납부세액을 납부하여야 한다.[88] 다만, 예정신고 및 조기환급신고를 할 때 이미 신고한 내용은 확정신고의 대상에서 제외한다. 그리고 예정신고한 환급세액은 확정신고시의 납부세액에서 공제한다.

(2) 폐업자의 경우

폐업하는 자는 폐업을 하는 날이 속하는 달의 말일[89]부터 25일 이내에 확정신고하여야 한다.

3 신고시 제출서류

부가가치세 과세사업자는 부가가치세 신고시 부가가치세신고서와 함께 해당되는 첨부서류를 제출하여야 한다.

① 매출 · 매입처별 세금계산서 합계표(전자세금계산서를 발급하고 국세청장에게 발급명세를 전송한 경우에는 제출대상에서 제외함)
② 신용카드매출전표등 수취명세서
③ 영세율첨부서류
④ 신용카드매출전표발행명세서(신용카드발행에 대한 세액공제를 받는 경우)
⑤ 대손세액공제신고서(확정신고시에만 첨부)
⑥ 기타 부속서류

88) 예정신고한 내용은 확정신고에서 제외되므로 확정신고는 과세기간 최종 3개월분에 대하여 신고를 하는 것이며 예정신고누락분이 있는 경우 확정신고의 대상이 된다.

89) 폐업자의 경우 폐업일로부터 25일 이내에 확정신고를 하도록 규정되어 있었으나 납세자들이 일자 계산의 착오 등으로 가산세를 부담하는 사례가 많아지자 부가가치세 신고 · 납부의 편의를 주기 위하여 2011. 1. 1.부터 폐업하는 날이 속하는 달의 말일부터 25일 이내에 확정신고를 하도록 변경하였다.

■ 부가가치세법 시행규칙 [별지 제21호서식] <개정 2018. 3. 19.>

홈택스(www.hometax.go.kr)에서도 신청할 수 있습니다.

일반과세자 부가가치세 [ ]예정 [ ]확정 [ ]기한후과세표준 [ ]영세율 등 조기환급 신고서

※ 뒤쪽의 작성방법을 읽고 작성하시기 바랍니다. (4쪽 중 제1쪽)

관리번호				처리기간	즉시
신고기간	년 제 기 (월 일 ~ 월 일)				
사업자	상 호 (법인명)		성 명 (대표자명)	사업자등록번호	- -
	생년월일		전화번호	사업장 / 주소지 / 휴대전화	
	사업장 주소			전자우편 주소	

❶ 신 고 내 용

구 분				금 액	세율	세 액
과세표준 및 매출세액	과세	세금계산서 발급분	(1)		10 / 100	
		매입자발행 세금계산서	(2)		10 / 100	
		신용카드 · 현금영수증 발행분	(3)		10 / 100	
		기타(정규영수증 외 매출분)	(4)		10 / 100	
	영세율	세금계산서 발급분	(5)		0 / 100	
		기 타	(6)		0 / 100	
	예 정 신 고 누 락 분		(7)			
	대 손 세 액 가 감		(8)			
	합 계		(9)		㉮	
매입세액	세금계산서 수 취 분	일 반 매 입	(10)			
		수출기업 수입분 납부유예	(10-1)			
		고정자산 매입	(11)			
	예 정 신 고 누 락 분		(12)			
	매입자발행 세금계산서		(13)			
	그 밖의 공제매입세액		(14)			
	합 계 (10)-(10-1)+(11)+(12)+(13)+(14)		(15)			
	공제받지 못할 매입세액		(16)			
	차 감 계 (15)-(16)		(17)		㉯	
납부(환급)세액 (매출세액 ㉮ - 매입세액 ㉯)					㉰	
경감 · 공제 세액	그 밖의 경감 · 공제세액		(18)			
	신용카드매출전표등 발행공제 등		(19)			
	합 계		(20)		㉱	
예 정 신 고 미 환 급 세 액			(21)		㉲	
예 정 고 지 세 액			(22)		㉳	
사업양수자의 대리납부 기납부세액			(23)		㉴	
매입자 납부특례 기납부세액			(24)		㉵	
가 산 세 액 계			(25)		㉶	
차감 · 가감하여 납부할 세액(환급받을 세액)(㉰-㉱-㉲-㉳-㉴-㉵+㉶)					(26)	
총괄 납부 사업자가 납부할 세액(환급받을 세액)						

❷ 국세환급금 계좌신고 (환급세액이 2천만원 미만인 경우)	거래은행	은행 지점	계좌번호	
❸ 폐 업 신 고	폐업일		폐업 사유	

❹ 과 세 표 준 명 세

업 태	종목	생산요소	업종 코드	금 액
(27)				
(28)				
(29)				
(30)수입금액 제외				
(31)합 계				

「부가가치세법」 제48조 · 제49조 또는 제59조와 「국세기본법」 제45조의3에 따라 위의 내용을 신고하며, **위 내용을 충분히 검토하였고 신고인이 알고 있는 사실 그대로를 정확하게 적었음을 확인합니다.**

년 월 일

신고인: (서명 또는 인)

세무대리인은 조세전문자격자로서 위 신고서를 성실하고 공정하게 작성하였음을 확인합니다.

세무대리인: (서명 또는 인)

세무서장 귀하

첨부서류	뒤쪽 참조

세무대리인	성 명		사업자등록번호		전화번호	

210㎜×297㎜[백상지 (80g/㎡) 또는 중질지(80g/㎡)]

※ 이 쪽은 해당 사항이 있는 사업자만 사용합니다.
※ 뒤쪽의 작성방법을 읽고 작성하시기 바랍니다.

사업자등록번호 □□□-□□-□□□□□ *사업자등록번호는 반드시 적으시기 바랍니다.

		구분			금액	세율	세액
예정신고 누락분 명세	(7)매출	과세	세금계산서	(32)		10/100	
			기타	(33)		10/100	
		영세율	세금계산서	(34)		0/100	
			기타	(35)		0/100	
		합계		(36)			
	(12)매입	세금계산서		(37)			
		그 밖의 공제매입세액		(38)			
		합계		(39)			

	구분			금액	세율	세액
(14) 그 밖의 공제 매입세액 명세	신용카드매출전표등 수령명세서 제출분	일반매입	(40)			
		고정자산매입	(41)			
	의제매입세액		(42)		뒤쪽 참조	
	재활용폐자원등 매입세액		(43)		뒤쪽 참조	
	과세사업전환 매입세액		(44)			
	재고매입세액		(45)			
	변제대손세액		(46)			
	외국인 관광객에 대한 환급세액		(47)			
	합계		(48)			

	구분		금액	세율	세액
(16) 공제받지 못할 매입세액 명세	공제받지 못할 매입세액	(49)			
	공통매입세액 면세사업등분	(50)			
	대손처분받은 세액	(51)			
	합계	(52)			

	구분		금액	세율	세액
(18) 그 밖의 경감·공제 세액 명세	전자신고세액공제	(53)			
	전자세금계산서 발급세액 공제	(54)			
	택시운송사업자 경감세액	(55)			
	현금영수증사업자 세액공제	(56)			
	기타	(57)			
	합계	(58)			

	구분			금액	세율	세액
(25) 가산세 명세	사업자미등록등		(59)		1/100	
	세금계산서	지연발급 등	(60)		1/100	
		지연수취	(61)		5/1,000	
		미발급 등	(62)		뒤쪽 참조	
	전자세금계산서 발급명세 전송	지연전송	(63)		5/1,000	
		미전송	(64)		1/100	
	세금계산서 합계표	제출 불성실	(65)		5/1,000	
		지연제출	(66)		3/1,000	
	신고 불성실	무신고(일반)	(67)		뒤쪽참조	
		무신고(부당)	(68)		뒤쪽참조	
		과소·초과환급신고(일반)	(69)		뒤쪽참조	
		과소·초과환급신고(부당)	(70)		뒤쪽참조	
	납부불성실		(71)		뒤쪽참조	
	영세율 과세표준신고 불성실		(72)		5/1,000	
	현금매출명세서 불성실		(73)		1/100	
	부동산임대공급가액명세서 불성실		(74)		1/100	
	매입자 납부특례	거래계좌 미사용	(75)		뒤쪽참조	
		거래계좌 지연입금	(76)		뒤쪽참조	
	합계		(77)			

		업태	종목	코드번호	금액
면세사업 수입금액	(78)				
	(79)				
	(80)	수입금액 제외			
				(81)합계	

계산서 발급 및 수취 명세	(82) 계산서 발급금액	
	(83) 계산서 수취금액	

4 재화의 수입에 대한 신고납부

1) 일반적인 신고납부

재화를 수입하는 자는 재화의 수입에 대한 부가가치세를 세관장에게 신고하고 납부하여야 한다.

2) 재화의 수입에 대한 부가가치세 납부유예

납부유예 요건을 충족하는 중소·중견사업자[90]에 대해서는 부가가치세 납부유예를 미리 신청하는 경우 재화를 수입할 때 부가가치세 납부를 유예하고 이후 부가가치세를 신고할 때 납부가 유예된 부가가치세를 납부하도록 하였다.

5 대리납부[91]

1) 대리납부의 의의

국내사업자와는 달리 국내에 사업장이 없는 비거주자나 외국법인 또는 국내에 사업장이 있더라도 국내의 사업장과 별도로 국외의 사업장에서 국내로 재화 또는 용역을 공급하는 경우 당해 공급자에게는 부가가치세의 납세의무가 없다.

이러한 경우 공급받는 사업자의 입장에서 국내의 사업자로부터 공급받을 때보다 국외의 사업자로부터 공급받을 때 부가가치세 매입세액만큼 낮은 가액으로 공급받을 수가 있으므로 그 만큼 매출가격을 낮출 수가 있어 가격경쟁에서 우위에 설 수가 있게 된다. 따라서 공급받는 사업자는 국내사업자보다 국외의 사업자로부터 공급받기를 원하게 될 것이므로 국내사업자는 공급경쟁에서 불리한 위치에 서게 된다.

이와 같은 문제점을 해결하기 위하여 부가가치세법에서는 국내에 사업장이 없는 비거주자나 외국법인의 국외사업장에서 재화를 공급받는 경우(재화의 수입)에는 세관장이 부가가치세를 징수하도록 하고 있다.

하지만 용역의 수입의 경우에는 이러한 절차를 취할 수 없으므로 국내에 사업장이 없는 비거주자나 외국법인의 국외사업장으로부터 직접 용역 또는 권리(용역 등)를 공급받는 경우에는

---

90) 조세특례제한법에 따른 중소 또는 중견기업(매출액 평균 3,000억원 미만인 기업)에 해당하는 법인(제조업을 주된 사업으로 경영하는 기업에 한정)으로서 직전 사업연도 영세율을 적용받은 재화의 공급가액 합계액이 직전사업연도에 중소기업인 경우는 공급가액에서 수출액이 차지하는 비율이 30% 이상이거나 수출액이 50억이상이어야하며 직전사업연도에 중견기업인 경우는 공급가액에서 수출액이 차지하는 비율이 30% 이상이어야 한다. 또한 납부유예 요건의 충족 여부 확인요청일 현재 최근 3년간 계속하여 사업을 경영하였을 것 등의 요건에 해당하여야 한다.

91) 상기 대리납부이외에 재화의 공급으로 보지 않는 사업의 양도인데도 불구하고 사업양수자가 사업양도 대가를 받은자로부터 부가가치세를 징수하여 그 대가를 지급하는 날이 속하는 달의 다음달 10일까지 관할 세무서장에게 납부할 수 있는데 이를 사업양수시 양수자의 대리납부라 한다.

용역 등의 공급을 받는 자가 국내에 사업장이 없는 자를 대리하여 당해 용역 등을 공급받는 자인 자기로부터 부가가치세를 거래징수하여 납부하도록 하고 있다. 이를 대리납부라 한다.

대리납부는 비거주자나 외국법인으로부터 용역 등을 제공받을 경우 공급받는 자가 공급자를 대리해서 지급대가에서 부가가치세를 차감징수해서 납부하도록 한 일종의 부가가치세 원천징수제도라고 할 수 있다.

2) 대리납부의 의무자

다음의 자로부터 과세되는 용역 등의 공급을 받는 자는 그 대가를 지급하는 때에 부가가치세를 징수하고, 이를 사업장 또는 주소지 관할세무서장에게 공급하는 자를 대리하여 납부하여야 한다.

① 국내사업장이 없는 비거주자 · 외국법인

② 국내사업장이 있는 거주자 · 외국법인(국내사업장과 실질적으로 관련되지 않거나 국내사업장에 귀속되지 않는 용역을 공급하는 경우에 한함)

다만, 용역 등을 공급받고 대가를 지급하는 자가 당해 용역을 과세사업에 사용하는 경우에는 대리납부 의무가 면제된다. 그 이유는 공급받는 자가 과세사업자인 경우에는 자기한테 징수한 대리납부세액을 매입세액으로 하여 매출세액에서 공제하게 됨에 따라 과세에 아무런 실익이 없기 때문이다.

그러므로 과세사업자에 제공하더라도 과세사업과 관련이 없어 매출세액에서 매입세액이 공제되지 않는 용역 등을 공급받는 경우나 면세사업자 및 비사업자에게 공급되는 용역인 경우 대리납부의무를 진다.

3) 대리납부불이행가산세

대리납부의무자가 대리납부의무를 이행하지 않은 때에는 사업장 또는 주소지 관할세무서장은 그 납부하지 않은 세액에 대리납부불이행가산세를 가산하여 국세징수의 예에 의하여 징수한다.

6 국외사업자의 용역 등 공급에 관한 특례

1) 의의

국내에 사업장이 없는 비거주자나 외국법인의 국외사업장으로부터 사업자등록의 대상으로서 위탁매매인 · 대리인 또는 중개인[92](이하 위탁매매인 등)을 통하여 용역 또는 권리(용역 등)을 공급받는 경우 해당 위탁매매인 등이 해당 용역을 공급한 것으로 본다.

2) 특례조항의 의미

부가가치세법은 위탁매매인 등을 통하여 재화를 공급하는 경우 위탁자·본인이 직접 재화를 공급한 것으로 보며, 용역의 경우 국내사업장이 없는 비거주자나 외국법인의 국외사업장은 부가가치세 납세의무자가 아니므로 용역 등을 공급받는 자가 부가가치세 대리납부를 이행하여야 한다. 하지만 용역 등을 공급받는 비사업자 등의 경우 대리납부의무 이행이 어렵기 때문에 위탁매매인 등이 해당 용역을 직접 공급한 것으로 보는 특례조항을 두어 부가가치세 신고·납부가 제대로 이행될 수 있도록 한 것이다.

7 전자적 용역을 공급하는 국외사업자의 용역공급에 관한 특례 및 국외 오픈마켓 사업자의 간편사업자 등록

1) 전자적 용역의 공급장소

국외사업자가 국내에 전자적 용역을 공급하는 경우(사업자등록을 한 자의 과세사업 또는 면세사업에 대하여 용역을 공급하는 경우 제외)에는 국내에서 해당 전자적 용역이 공급되는 것으로 본다[93]. 전자적용역이란 컴퓨터, 휴대전화 등에 저장되어 구동되거나 저장되지 아니하고 실시간으로 사용할 수 있는 것으로 다음을 말한다.

① 게임 · 음성 · 동영상파일, 전자문서 또는 소프트웨어 같은 저작물 등으로서 광(光) 또는 전자적 방식으로 처리하여 부호 · 문자 · 음성 · 음향 및 영상 등의 형태로 제작 또는 가공된 것 및 동진자직 용역을 개선시키는 것

② 광고를 게재하는 용역

③ 클라우드 컴퓨팅 서비스

④ 재화 또는 용역을 중개하는 용역

---

92) 특례의무가 이행될 수 있는 구매자로부터 거래대금을 수취하여 판매자에게 지급하는 중개인의 경우에 한해
통신 등을 통한 대행·중개 등의 거래가 증가하면서 과세자료 확보를 통한 세원의 양성화를 고려하여 특례조항이 도입되었다. 이에 국내에서 판매·결제를 대행하거나 중개하는 ①통신판매중개업자의 판매를 중개하는 전기통신사업자나 ②여신전문금융업법에 따른 결제대행업체, ③외국환거래법에 따른 전문외국환업무취급업자 등에게 대행 · 중개 관련 명세를 매 분기 말일의 다음 달 15일까지 국세청장 등에게 제출하는 의무를 부과하고 있다. 자료미제출뿐만 아니라 사실과 다르게 제출하는 경우에 대해 23년 7월 1일 이후부터 국세청장 등이 그 시정을 명할 수 있도록 하였으며, 그 시정 명령을 위반한 자에게는 2천만원 이하의 과태료를 부과하도록 하였다.

93) EU의 경우 2015년 1월부터 소비지국 과세원칙을 적용하여 전자적 용역에 대하여 용역의 제공자와 수령자의 소재를 불문하고 수령자의 소재지에 따라 과세지를 결정하여 구글 등에 대하여 부가가치세 납부의무를 부여하였다.

2) 국외사업자의 전자적 용역공급에 관한 특례

국외사업자로서 전자적 용역을 공급하는 자가 다음의 제 3자를 통하여 국내에 전자적 용역을 공급하는 경우에는 그 제3자가 해당 전자적 용역을 국내에 공급한 것으로 본다.

① 정보통신망 등을 이용하여 전자적 용역의 거래가 가능하도록 오픈마켓이나 그와 유사한 것을 운영하고 관련 서비스를 제공하는 자(오픈마켓사업자)

② 전자적 용역의 거래에서 중개에 관한 행위 등을 하는 자로서 구매자로부터 거래대금을 수취하여 판매자에게 지급하는 자(대금결제 대행업자)

따라서 국외사업자의 전자적 용역공급특례에 따라 국외사업자의 전자적 용역 공급에 대해서 제 3자에 해당하는 사업자는 그 전자적 용역을 공급받는 자로부터 부가가치세를 거래 · 징수하여 신고 · 납부하여야 한다.

3) 국외오픈마켓 사업자의 간편사업자 등록

국내소비자(기업과 소비자(B2C)간 전자상거래에만 적용된다)가 해외오픈마켓을 통하여 앱을 구매하는 경우 국내개발자의 경우는 부가가치세가 과세되었으나 국외개발자 앱은 과세되지 않는 실정이었다. 과세형평성을 제고하기 위해 국내에 전자적 용역을 공급하고자하는 국외오픈마켓 사업자는 국세정보통신망을 접속하여 국세청장에게 간편사업자등록을 하여야 한다[94]. 이 경우 그 사업이 개시일부터 20일 이내에 간편사업자등록을 신청하여야 하고 국세청장은 간편사업자등록번호를 부여하고 사업자에게 통지하여야 한다.

전자적용역 공급 간편사업자는 사업의 개시일부터 20일 이내에 간편사업자 등록을 하여야 한다. 기한까지 등록을 하지 아니한 경우에는 사업 개시일부터 등록한 날의 직전일까지의 공급가액 합계액의 1퍼센트에 해당하는 가산세를 부과한다. 사업자가 사업자등록을 하지 아니하는 경우에는 사업장 관할 세무서장이 조사하여 직권으로 등록할 수 있다.

전자적용역이 국내에 공급되는 경우 부가가치세 과세방법에 관한 내용은 아래 표와 같다.

전자적 용역의 공급자 구분	국내오픈마켓 (예; SKT 혹은 KT등 앱스토어)	국외오픈마켓 (예; 구글의 플레이스토어, 애플은 앱스토어)
국내사업자	국내사업자가 사업자등록하고 신고납부	국내사업자가 사업자등록하고 신고납부
국외사업자[95]	제3자인 국내오픈마켓사업자 국외사업자의 전자적 용역공급특례에 따라 신고납부	제3자인 국외오픈마켓사업자가 간편사업자로 등록하고 신고납부

94) 국외사업자에 대한 세원관리 강화를 위해 22년 7월 이후 전자적 용역을 공급하는 분부터 거래내역을 확정신고 기한 후 5년간 보관하고 국세청장은 간편사업자에게 거래명세 제출을 요구할 수 있다.

4) 전자적 용역의 공급시기와 세금계산서 등 발급 면제

국내로 공급되는 전자적 용역의 공급시기는 구매자가 공급하는 자로부터 전자적 용역을 제공받은 때와 구매한 전자적 용역에 대한 대금의 결제를 완료한 때 중 빠른 때로 한다. 한편 간편사업자등록을 한 사업자가 국내에 공급하는 전자적 용역에 대해서는 세금계산서 및 영수증 발급의무를 면제한다.

8 국외사업자가 직접 공급하는 경우 특례

소비지국 과세원칙에 따라 국외사업자가 전자적 용역을 국내에 제공하는 경우에는 사업개시일부터 20일 이내에 간편한 방법으로 사업자등록(간편사업자등록)을 해야한다. 다만, 부가가치세법 또는 소득세법·법인세법에 따라 사업자등록을 한 자(등록사업자)가 용역을 공급하는 경우에는 전자적 용역 공급에 대한 과세대상에서 제외한다. 따라서 간편사업자등록 대상이 아니며 부가가치세 과세대상에서도 제외된다.[96)]

9 결정·경정 및 수시부과

부가가치세는 신고납세제도이므로 납세의무자의 신고에 의해 세액이 확정되지만, 확정신고를 하지 아니한 경우에는 정부에서 결정한다. 한편 신고내용에 오류 또는 탈루가 있는 등의 경우에는 신고에 의하여 확정된 국세를 정부의 조사에 의하여 경정한다.

또한 납세의무자의 정기 신고 기한을 기다리지 않고, 휴업 또는 폐업 상태에 있거나 재화·용역의 공급없이 발급·수취하는 경우(가공), 공급자·공급받은 자가 아닌 다른 사람의 명의로 발급·수취하는 경우(위장), 실제보다 과다하게 공급가액을 기재하는 경우(과다기재) 및 그 밖에 사업장 현황, 영업 상황 등을 고려하여 대통령령으로 정하는 사유로 부가가치세를 포탈할 우려가 있는 경우 해당과세기간의 개시일부터 수시부과 사유가 발생한 날까지를 수시부과기간으로 하여 그 사업자에 대하여 수시부과 할 수 있다.

---

95) 단, 국외사업자가 소비자에게 직접 전자적 용역을 공급하는 경우 간편사업자로 등록하고 부가가치세를 신고납부하여야 한다.

96) 간편사업자등록을 한 국외사업자에게는 국내에 공급하는 전자적 용역을 부가가치세 과세대상 거래로 보아 부가가치세를 과세하고는 있으나 세금계산서 및 영수증 발급의무를 면제하고 있다. 하지만 사업자 등록을 한 국외사업자에게는 전자적용역의 공급을 과세대상에서 제외하여 세금계산서 발급의무가 발생되지 않도록 하였는데 이는 간편사업자등록 국외사업자의 국내에 공급하는 전자적용역에 대하여 세금계산서가 발급되지 않는 점을 고려한 것이다.

10 환 급

(1) 일반환급

부가가치세 납부세액을 계산할 때 매입세액이 매출세액을 초과하는 경우에는 환급세액이 발생하게 되는데, 이 경우 사업장 관할세무서장은 각 과세기간별로 당해 과세기간에 대한 환급세액을 그 확정신고기한 경과 후 30일 이내에 사업자에게 환급하여야 한다. 그러므로 예정신고기간에 대한 환급세액은 원칙적으로 이를 환급하지 않고 확정신고시 납부할 세액에서 정산하게 된다.

(2) 조기환급

1) 대상과 취지

사업장 관할세무서장은 사업자가 다음 중 어느 하나에 해당하는 경우에는 위의 일반환급절차에 불구하고 그 환급세액을 사업자에게 조기환급할 수 있다.

① 영세율을 적용받는 경우

② 사업설비(건물 · 기계장치 등의 감가상각자산)의 신설 · 취득 · 확장 · 증축하는 경우

③ 조기환급기간, 예정신고기간 또는 과세기간의 종료일 현재 재무구조개선계획[97]을 이행 중인 사업자

조기환급제도를 두는 취지는 수출과 투자의 촉진에 있으며 예외적으로 재무구조개선계획 이행 사업자의 조속한 정상화를 유도하기 위하여 조기환급을 허용한다.

2) 과세기간 또는 예정신고기간의 환급세액에 대한 조기환급

조기환급을 받고자 하는 사업자가 예정신고서 또는 확정신고서를 제출한 경우에는 환급에 관하여 신고한 것으로 본다. 이 경우 예정신고기한 또는 확정신고기한 경과 후 15일 이내에 사업자에게 환급하여야 한다.

3) 조기환급기간의 환급세액에 대한 조기환급

㈎ 조기환급기간

예정신고기간 또는 과세기간 최종 3월 중 매월 또는 매 2월을 '영세율 등 조기환급기간'이라 한다. 따라서 1기 과세기간의 경우 1월, 2월, 4월, 5월('매월'의 경우) 또는 1 · 2월, 4 · 5월('매 2월'의 경우)이 조기환급기간이다. 3월과 6월은 조기환급기간이 될 수 없다.

97) 법원의 인가결정을 받은 회생계획, 기업개선계획의 이행을 위한 약정

㈏ 조기환급신고와 환급

조기환급기간의 환급세액을 조기환급받고자 하는 사업자는 조기환급기간 종료일부터 25일 이내에 '영세율 등 조기환급신고'를 하여야 한다. 조기환급신고를 한 경우에는 조기환급기간에 대한 환급세액을 각 조기환급기간별로 해당 조기환급신고기한 경과 후 15일 이내에 사업자에게 환급하여야 한다. 조기환급신고를 한 내용은 예정 및 확정신고대상에서 제외한다.

11 가산세

부가가치세법에서는 사업자등록, 세금계산서, 세액의 신고 · 납부 등과 관련하여 다음의 가산세 규정을 두고 있다. 다만, 신고 및 납부와 관련한 가산세는 국세기본법으로 이관되었으므로 국세기본법 편에 기술하였다.

(1) 미등록가산세 · 허위등록가산세

구 분	요 건	가산세
미등록가산세	사업개시일로부터 20일 이내에 사업자등록을 신청하지 않은 경우	공급가액 × 1%[98] ('공급가액'이란 사업개시일로부터 사업자등록일 전일까지의 공급가액을 말한다)
위장등록가산세 (타인명의등록가산세)	타인명의로 사업자등록을 하고 실제 사업을 영위하는 것으로 확인되는 경우	공급가액 × 2%[99] ('공급가액'이란 사업개시일부터 실제 사업을 하는 것으로 확인되는 날이 속하는 기간까지의 공급가액을 말한다)

(2) 세금계산서 불성실가산세

세금계산서 불성실가산세는 원칙적으로 공급한 사업자에게 적용된다.

1) 미발급 등

① 미발급: 공급자가 해당 재화 · 용역의 공급시기가 속하는 과세기간에 대한 확정신고기한까지 세금계산서를 발급하지 않은 경우 공급가액의 2% 가산세가 적용한다. (단, 공급시기가 속하는 과세기간 내 종이세금계산서를 발급한 경우에는 공급가액의 1% 가산세가 적용된다) 세금계산서 발급시기가 지난 후 해당 재화 · 용역의 공급시가가 속하는 과세

98) 간이과세자에 대하여는 0.5%가 적용된다

99) 간이과세자에 대하여는 1%가 적용된다.

기간에 대한 확정신고 기한까지 세금계산서를 발급하는 경우 그 공급가액의 1% 가산세를 적용한다(지연발급).[100)]

② 가공발급(가공수취)[101)]: 재화 용역을 공급하지 않고 세금계산서 또는 신용카드매출전표 등을 발급한 경우(세금계산서 등에 적힌 공급가액에 대해 가산세를 부과한다) 가공발급 금액의 3% 가산세가 적용된다.

③ 위장발급(위장수취): 재화 · 용역을 공급하고 실제로 재화 · 용역을 공급하는 자가 아닌 자(실제로 공급받는 자가 아닌 자)의 명의로 세금계산서 또는 신용카드매출전표 등을 발급한 경우 허위발급금액의 2% 가산세가 적용된다.

2) 부실기재(불명)

사업자가 발급한 세금계산서의 필요적 기재사항의 전부 또는 일부가 착오 또는 과실로 적혀 있지 않았거나 사실과 다른 경우 다음의 가산세를 부과한다. 다만, 세금계산서의 필요적기재사항 중 일부가 착오나 과실로 기재되었으나 당해 세금계산서의 그 밖의 필요적 기재사항 또는 임의적 기재사항으로 보아 거래사실이 확인되는 경우는 제외한다.

세금계산서 불성실 가산세 = 부실기재공급가액 × 1%

공급가액을 일부러 부풀린 경우 공급가액의 2%의 가산세가 적용된다.[102)]

3) 지연수취 등

공급시기까지 세금계산서를 발급받지 않았으나 해당 공급일이 속하는 과세기간에 대한 확정신고기한까지 세금계산서를 발급받아 매입세액을 공제받는 경우(구체적으로 6장 (5) 매입세액불공제 중 (가)세금계산서 미수취매입세액 ③,⑤,⑥에 해당)

(3) 세금계산서합계표 관련 가산세(지연 · 미제출 및 부실제출)

1) 매출처별세금계산서합계표 제출불성실가산세

㈎ 미제출 및 부실기재의 경우

---

100)둘 이상의 사업장을 보유한사업자가 재화 또는 용역을 공급한 사업장이 아닌 자신의 다른 사업장 명의로 세금계산서를 발급한 경우, 2020년 1월부터는 1%의 가산세를 적용한다.

101)발급은 공급한 사업자에 대한 가산세이며 수취는 공급받는 사업자에 대한 가산세이다.

102)공급가액 과다기재 세금계산서 발급 · 수취시 가산세(2%)는 실제보다 과다기재한 부분에 대한 공급가액의 2%가 적용된다. 또한 사실과 다른 세금계산서발급(사업자등록번호, 공급가액과 세액, 작성일 등 필수적 기재사항을 사실과 다르게 기재한 경우)으로 인한 가산세(1%)적용은 중복 적용이므로 적용되지 아니한다.

매출처별세금계산서합계표를 제출하지 아니하거나 제출한 매출처별세금계산서합계표의 기재사항 중 거래처별 등록번호 또는 공급가액의 전부 · 일부가 기재되지 아니하거나 사실과 다르게 기재된 때 다음의 가산세를 부과한다.

매출처별세금계산서합계표 불성실가산세 = 미제출 · 부실기재분공급가액 × 0.5%

㈏ **지연제출의 경우**

예정신고시 제출하지 아니한 매출처별세금계산서합계표를 확정신고시 지연제출한 경우로서 부실기재에 해당하지 않는 경우 다음의 가산세를 부과한다.

매출처별세금계산서합계표 불성실가산세 = 지연제출분 공급가액 × 0.3%

예정신고분에 대하여만 지연제출가산세가 적용되므로 확정신고분을 지연제출하는 경우에는 미제출가산세가 적용된다.

2) 매입처별세금계산서합계표 제출불성실가산세[103)]

매입처별세금계산합계표 지연제출(예정신고시 제출할 합계표는 확정신고시 제출, 수정, 경정청구 또는 기한 후 신고시 제출)시는 매입세액공제를 허용하며 가산세는 없다.

다음의 경우에는 공급가액의 0.5%의 가산세가 적용된다.

① 경정시 제출: 매입처별세금계산서합계표의 미제출 · 불명으로 인하여 경정시에 사업자가 경정기관의 확인을 거친 세금계산서에 따라 매입세액을 공제받는 경우 또는 예정 · 확정시에 신용카드매출전표 등 수취명세서를 제출하지 않고 경정시 사업자가 발급받은 신용카드매출전표 등을 경정기관의 확인을 거쳐 신용카드매출전표 등 수취명세서를 제출하여 매입세액을 공제받는 경우(구체적으로 6장 (5) 매입세액불공제 중 (나)매입처별 세금계산서합계표의 미제출 또는 부실기재 ③에 해당)

② 과다기재: 매입처별세금계산서합계표 및 신용카드매출전표등 수령명세서상의 공급가액을 사실과 다르게 과다기재하여 신고한 경우

(4) 현금매출명세서 등 제출불성실가산세[104)]

---

103)매입처별세금계산서합계표 제출불성실가산세와 유사한 신용카드 매출전표 등의 미제출 가산세의 경우도 (공급가액의) 0.5%의 가산세율이 적용된다.

104)현금업종에 대한 세원관리를 철저히 하기 위하여 예식장업, 부동산중개업, 병원과 의원의 보건업과 전문직사업서비스업

사업자가 예정신고 또는 확정신고를 할 때 현금매출명세서 또는 부동산임대공급가액명세서를 제출하지 않거나 제출한 수입금액이 사실과 다르게 적혀 있는 경우에는 다음의 금액을 납부세액에 가산하거나 환급세액에서 공제한다.

구 분	현금매출명세서 등 제출불성실가산세
미제출	미제출분 수입금액 × 1%
사실과 다르게 기재된 경우	(실제 수입금액 − 제출한 수입금액) × 1%

제출기한이 지난 후 1개월 이내에 제출하는 경우 해당 가산세의 50%를 감면한다.

(5) 영세율과세표준 신고불성실가산세

사업자가 영세율이 적용되는 과세표준을 예정신고 또는 확정신고를 하지 않았거나 신고한 과세표준이 신고하여야 할 과세표준에 미달하는 경우(영세율 첨부서류를 제출하지 아니한 경우 포함)에는 다음의 금액을 납부세액에 가산하거나 환급세액에서 차감한다.

> 영세율과세표준 신고불성실가산세 = 무신고 · 미달신고한 영세율 과세표준 × 1%

(6) 가산세 중복적용의 배제

다음의 경우에는 가산세의 중복적용이 배제된다.

우선적용되는 가산세	적용배제 가산세
(1) 미등록 · 허위등록	• 세금계산서 불명분 • 매출처별세금계산서합계표 제출불성실
(2) 세금계산서 ① 미발급 · 가공 · 허위발급 ② 가공 · 허위수취분	• 미등록 · 허위등록 • 매출처별세금계산서합계표 제출불성실 • 매입처별세금계산서합계표 가산세 중 지연수취 · 경정시 제출 및 과다기재분
(3) 세금계산서 미발급지연발급	• 세금계산서 불명분
(4) 세금계산서 불명분	• 매출처별세금계산서합계표 미제출 • 불명가산세

세금계산서에 대한 가산세와 합계표에 대한 가산세가 동시에 적용될 경우 가산세율이 높은 세금계산서 불성실가산세가 적용된다.

을 영위하는 사업자는 부가가치세 신고시 현금매출명세서를 함께 제출하여야 한다.

전자세금계산서와 관련한 가산세

1. 전자세금계산서 미발급가산세

전자세금계산서발급의무자가 전자세금계산서를 미발급하는 경우 공급가액의 2%, 전자세금계산서를 미발급하였으나 동일과세기간 내에 종이세금계산서를 발급하는 경우 공급가액의 1% 가산세를 적용한다.

2. 전자세금계산서 지연발급가산세

공급시기가 속하는 과세기간까지 발급은 되었으나 전자세금계산서를 다음달 10일이 지나서 발급하게 될 경우 공급자는 지연발급가산세 1%가 적용된다(지연발급가산세가 적용되는 경우에는 지연전송가산세를 중복하여 적용하지는 않는다).

예 3월 거래분(작성일자 3월 31일)을 4월 10일이 지나서 발급(발급일자 4월 11일)하는 경우가 이에 해당한다.

3. 전자세금계산서 지연수취가산세

전자세금계산서를 다음달 10일이 지나서 수취하였으나 동일과세기간내에 지연수취한 경우에는 공급가액의 0.5%가 가산세로 부과되지만 매입세액공제는 가능하다.

예 3월 거래분(작성일자 3월 31일)을 4월 10일이 지나서 발급(발급일자 4월 11일)받은 경우 0.5%의 지연수취가산세가 부과되나 매입세액공제를 받을 수 있다.

4. 전자세금계산서발급명세 미전송가산세

전자세금계산서를 발급한 사업자가 전자세금계산서의 발급일이 속하는 과세기간(확정신고기한) 말의 다음달 25일까지 국세청장에게 전자세금계산서 발급명세를 전송하지 않은 경우 미전송가산세가 적용된다.

예 1월 거래분(작성일자 1월 31일, 발급일자 2월 10일)을 7월 25일이 지나서 7월 26일 전송하는 경우 0.5%의 미전송가산세가 부과된다.

5. 전자세금계산서발급명세 지연전송가산세

전자세금계산서를 발급한 사업자가 전자세금계산서의 발급일의 다음 날이 지난 후 그 과세기간(확정신고기한) 말의 다음 달 25일까지 전송하는 경우에는 지연전송가산세가 적용되며, 공급받는 자는 별도의 가산세를 적용받지 않고 매입세액공제를 받을 수 있다.

예 1월 거래분(작성일자 1월 31일, 발급일자 2월 10일)을 7월 25일까지 전송한 경우 0.3%의 지연전송가산세가 부과된다.

OX 문제

01 예정신고시 제출할 매출처별세금계산서합계표를 확정신고시 지연제출한 경우에는 지연제출분 공급가액의 0.3%를 가산세로 징수한다.

02 재화 또는 용역의 공급시기 이후에 발급받은 세금계산서로서 해당 공급시기가 속하는 과세기간내에 발급받은 경우에는 매입세액은 공제되나 세금계산서 지연수취에 대한 가산세가 부과된다.

03 국내사업장이 없는 비거주자 또는 외국법인 등으로부터 용역을 공급받는 모든 사업자는 그 용역에 대한 대가를 지급하는 때에 부가가치세를 징수하여 납부해야 하는데, 이를 대리납부제도라고 한다.

04 사업자는 예정신고 및 조기환급의 신고시에 이미 신고한 내용을 포함하여 과세표준과 납부세액을 확정신고해야 한다.

05 예정신고기간과 확정신고기간에 대한 환급세액은 예정 및 확정 신고기한 경과후 30일 이내에 환급한다.

정답&해설 **01** ○ **02** ○ **03** × **04** × **05** ×

03 대리납부의무는 공급받은 용역 등을 과세사업에 사용하지 않는 경우에 발생하므로 대리납부의무자는 과세사업자가 아닌 면세사업자나 사업자가 아닌 자(과세사업자는 제외하되 매입세액이 불공제되는 용역 등을 공급받는 과세사업자는 포함함)에 국한된다.

04 예정신고 및 조기환급의 신고시에 이미 신고한 내용은 제외한다.

05 일반환급의 경우 예정신고시 발생하는 환급세액은 환급하지 않고 확정신고시 납부세액에서 차감한다.

연습 문제

01 부가가치세 예정신고시 첨부할 서류가 아닌 것은?

① 매출처별 세금계산서합계표
② 신용카드매출전표수취명세서
③ 대손세액공제신고서
④ 신용카드매출전표발행명세서

정답 ③

대손세액공제는 확정신고시에만 허용된다.

02 다음 중 잘못된 사례는 무엇인가?

① 영세율을 적용받는 개인사업자 A씨는 조기환급을 신청하기 위하여 20×5년 4월 25일에 예정신고를 하였다.

② 20×5년 1월 25일에 사업을 개시한 개인사업자 B씨는 20×5년 7월 25일에 처음으로 부가가치세 확정신고를 하였다.

③ 직전과세기간에 환급세액 400만원을 받은 개인사업자 D씨는 20×5년 4월 25일에 예정신고를 하지 않았다.

④ 4월 7일에 폐업한 개인사업자 C씨는 7월 25일에 부가가치세 확정신고를 하였다.

정답 ④

폐업한 달이 속하는 말일부터 25일 이내에 신고하여야 한다. 사례에서는 5월 25일에 부가가치세 신고를 하여야 한다.

03 부가가치세 신고와 관련한 사항에 대한 다음의 설명 중 옳지 않은 것은?

① 사업자인 내국법인은 예정신고기간에 대한 과세표준과 납부세액을 그 예정신고기간이 끝난 후 25일 이내에 신고 · 납부하여야 한다.

② 사업자인 내국법인은 각 과세기간에 대한 과세표준과 납부세액을 그 과세기간이 끝난 후 25일 이내에 신고 · 납부하여야 한다.

③ 예정신고 및 조기환급신고를 할 때 이미 신고했던 내용은 확정신고 대상에서 제외한다.

④ 폐업하는 자는 폐업을 하는 날부터 25일 이내에 확정신고하여야 한다.

정답 ④

폐업하는 날이 속하는 달의 말일부터 25일 이내에 확정신고를 하여야 한다.

04 부가가치세법상 환급에 관한 다음의 설명 중 옳지 않은 것은?

① 예정신고기간에 대한 환급세액은 원칙적으로 이를 환급하지 않고 확정신고시 납부할 세액에서 정산하게 된다.

② 사업설비를 신설 · 취득 · 확장하는 경우 조기환급을 신청할 수 있다.

③ 조기환급대상자가 조기환급을 신청한 경우 신고기한 경과 후 15일 이내에 사업자에게 환급하여야 한다.

④ 일반환급의 경우 당해 과세기간에 대한 환급세액을 그 확정신고기한 경과 후 25일 이내에 사업자에게 환급하여야 한다.

정답 ④

조기환급은 15일인데 반하여, 일반환급은 30일 이내에 환급을 해주고 있다.

05 부가가치세법에 관한 다음의 설명 중 옳지 않은 것은?

① 대리납부불이행시 대리납부불이행 가산세가 부과된다.

② 용역을 공급받고 대가를 지급하는 자가 당해 용역을 과세사업에 사용하는 경우에는 대리납부의무가 있다.

③ 세금계산서의 필요적 기재사항의 일부가 착오로 기재되었으나, 당해 세금계산서의 그 밖의 필요적 기재사항 또는 임의적 기재사항으로 보아 거래사실이 확인되는 경우에는 부실기재로 보지 아니한다.

④ 예정 또는 확정신고시에 신용카드매출전표등수취명세서를 제출하지 않고 경정시 신용카드매출전표 등 확인분을 제출하여 매입세액을 공제받는 경우 그 공급가액에 1/100의 가산세를 부과한다.

⑤ 영세율이 적용되는 과세표준을 예정신고 또는 확정신고하지 않거나 신고한 과세표준이 신고하여야 할 금액에 미달하는 때(영세율 첨부서류를 제출하지 않은 경우도 포함)에는 그 과세표준금액에 1/100에 상당하는 금액을 가산한다.

정답 ②

용역을 공급받고 대가를 지급하는 자가 당해 용역을 과세사업에 사용하는 경우에는 대리납부의무가 없다.

06 부가가치세 조기환급 대상으로 잘못된 것은?

① 창업시에 재고자산을 일시적으로 대량 매입한 경우
② 사업설비를 신설 · 확장하는 경우
③ 감가상각자산을 취득 · 증축하는 경우
④ 영세율적용대상인 경우

정답 ①

창업시에 재고자산을 일시적으로 대량 매입한 경우는 조기환급 대상이 아니다.

07 다음 자료에 의하여 소매점 허파라이프를 운영하는 일반과세자인 김민 씨의 20×6년 1기 부가가치세 확정신고시 자진납부할 세액은 얼마인가? 단, 신용카드 등 발행에 대한 세액공제는 받지 않는 것으로 가정한다.

1. 매출액	
(1) 현금영수증 발행 매출액	₩17,600,000(부가가치세 포함)
(2) 신용카드매출전표발행 매출액	3,630,000(부가가치세 포함)
(3) 영수증 발행 매출액	55,000,000(부가가치세 포함)
2. 매입액	
(1) 세금계산서를 수취한 매입액	₩4,000,000(부가가치세 별도)
(2) 영수증을 수취한 매입액	3,000,000(부가가치세 별도)
3. 예정고지세액	₩530,000

① ₩5,700,000
② ₩6,000,000
③ ₩6,530,000
④ ₩6,930,000

정답 ②

1. 매출세액의 계산
(현금영수증발행 과세표준 16,000,000 + 신용카드 과세표준 3,300,000 + 정규증빙미발행분 과세표준 50,000,000) × 10% = ₩6,930,000

2. 매입세액의 계산
4,000,000 × 10% = ₩400,000

3. 납부세액의 계산: 6,930,000 - 400,000 - 530,000 = ₩6,000,000

08 부가가치세의 신고와 납부에 관한 다음의 설명 중 옳지 않은 것은?

① 사업자는 예정신고 및 조기환급신고시에 이미 신고한 내용을 제외하고 과세표준과 납부세액을 확정신고하여야 한다.

② 사업자가 예정신고한 환급세액 중 조기환급되지 아니한 세액은 확정신고 납부세액에서 공제하여 납부한다.

③ 사업자는 각 예정신고기간 또는 각 과세기간 종료 후 25일 이내 그 기간에 대한 과세표준과 납부세액 또는 환급세액을 신고하여야 한다.

④ 예정 및 확정신고시에 신용카드매출전표 등 발행세액공제 및 대손세액공제를 할 수 있다.

⑤ 사업장 관할세무서장은 예정신고기간마다 개인사업자의 직전과세기간에 대한 납부세액의 2분의 1에 상당하는 금액을 결정·고지함을 원칙으로 한다.

정답 ④

예정신고시에는 대손세액공제를 할 수 없다.

09 다음 중 세금계산서 발급의무가 없는 경우로서 가장 부적합한 것은?

① 간주임대료에 해당하는 부동산 임대용역

② 면세사업으로 전용되는 자가공급

③ 영세율 적용을 받는 재화의 공급

④ 면세사업자가 공급하는 재화

⑤ 사업상 증여

정답 ③

영세율대상인 경우에는 부가가치세법에 세금계산서 발급의무 면제로 열거된 경우에 한하여 발급의무가 없다.

10 부가가치세법에 관한 다음의 설명 중 옳지 않은 것은?

① 일반환급의 경우에는 확정신고기한 경과 후 30일내에 환급한다.

② 국내에 사업장이 없는 비거주자나 외국법인의 국외사업장으로부터 직접 용역 또는 무체물을 공급받는 경우에는 용역 또는 무체물의 공급을 받는 자가 국내에 사업장이 없는 자를 대리하여 당해 용역 또는 무체물을 공급받는 자인 자기로부터 부가가치세를 거래징수하여 납부하도록 하고 있는데, 이를 대리납부라 한다.

③ 재화 또는 용역의 공급시기 이후에 발급받은 세금계산서로서 당해 공급시기가 속하는 과세기간 내에 발급받은 경우에는 매입세액을 공제하되, 가산세를 과세한다.

④ 사업자가 거래처별로 1역월의 공급가액을 합계하여 당해 월의 말일자를 발행일자로 하여 세금계산서를 발급하는 경우에는 그 재화 등의 공급일이 속하는 달의 다음달 10일까지 세금계산서를 발급할 수 있다.

⑤ 예정신고기간 또는 조기환급기간 중에 사업설비를 신설 · 취득 · 확장 또는 증축한 사업자에게 환급세액이 발생한 때에는 그 환급세액 중 사업설비의 신설 · 취득 · 확장 또는 증축과 관련한 매입세액에 한하여 조기환급한다.

정답 ⑤

조기환급세액은 영세율이 적용되는 공급분에 관련된 매입세액·시설투자에 관련된 매입세액 또는 국내공급분에 대한 매입세액을 구분하지 아니하고 사업장별로 당해 매출세액에서 매입세액을 공제하여 계산한다(부기통 24-72-2).

11 「부가가치세법」상 납세절차에 관한 설명이다. 옳은 것은? **[CPA 2022]**

① 비거주자 또는 외국법인으로부터 국내에서 용역 또는 권리를 공급받아 매입세액을 공제받고 과세사업에 사용하는 자는 대리납부의무가 있다.

② 사업자가 조기환급신고를 한 경우에 관할 세무서장은 조기환급기간에 대한 환급세액을 조기환급기간이 끝난 날부터 15일 이내에 사업자에게 환급하여야 한다.

③ 과세표준과 납부세액을 추계결정하는 경우에는 그 기재내용이 분명한 세금계산서를 발급받아 관할 세무서장에게 제출하더라도 매입세액을 공제할 수 없다.

④ 예정신고·납부 시 신용카드매출전표 발급등에 대한 세액공제 및 전자세금계산서 발급·전송에 대한 세액공제는 적용하고 가산세는 적용하지 않는다.

⑤ 일반과세자인 개인사업자는 예정신고기간에 대하여 예정신고함을 원칙으로 하지만, 해당 과세기간 개시일 현재 일반과세자로 변경된 경우에는 관할 세무서장이 납부고지한다.

정답 ④

① 과세사업에 제공하지 아니하는 경우에 한하여 대리납부가 있다.

② 조기환급기간에 대한 환급세액을 각 조기환급기간별로 해당 조기환급신고기한이 지난 후 15일 이내에 사업자에게 환급하여야 한다.

③ 추계방법에 따라 부가가치세 납부세액을 계산할 때 공제하는 매입세액은 부가가치세법 따라 적법하게 발급받은 세금계산서를 관할 세무서장에게 제출하고 그 기재내용이 분명한 부분으로 한정한다.

⑤ 해당 과세기간 개시일 현재 일반과세자로 변경된 경우에는 예정고지세액을 징수하지 아니한다.

Chapter 9 간이과세

AN INTRODUCTION TAX LAW

1 의 의

간이과세자는 매출세액과 매입세액을 정확히 계산할 수 없는 정도로 영세한 규모의 개인사업자를 말한다. 여기서 소규모란 직전연도의 공급대가의 합계액이 10,400만원에 미달하는 규모를 말한다. 이러한 소규모개인사업자에 대하여 납부세액계산의 특례를 두어 간편한 방법으로 신고 납부할 수 있게 하는 데 이를 간이과세제도라 한다.

세원투명성 강화를 위하여 간이과세자인 경우에도 세금계산서 발급을 원칙으로 한다. 다만 직전연도 공급대가 합계액이 4,800만원 미만인 사업자는 영수증만을 발급할 수 있다. 그러므로 직전년도 공급대가 합계액이 4,800만원 미만인 사업자가 다른 사업자와 거래를 하면서 세금계산서를 발급하려면 간이과세를 포기하여야 한다. 납세자편의를 제고하기 위하여 관할세무서장은 간이과세자 중 영수증 발급 사업자에 대하여는 적용기간 개시 20일 전까지 영수증발급대상인지 여부를 해당사업자에게 통지하여야 한다. 또한 직전년도 매출액이 4,800만원~10,400만원 미만이 된 개인사업자는 그 다음해 7월 1일부터 세금계산서 발급사업자로 전환된다.[105)]

2 간이과세자의 범위

(1) 적용대상

직전 1년의 공급대가(부가가치세를 포함한 금액)가 10,400만원에 미달하는 개인사업자는 간이과세규정을 적용받을 수 있다[106)]. 따라서 법인은 간이과세규정을 적용받지 못한다.

---

105)간이과세자는 세금계산서 발급사업자와 영수증 발급사업자로 구분된다. 세금계산서 발급사업자인 간이과세자의 경우 1월 1일부터 6월 30일 예정부과기간중 세금계산서를 발급했다면 매출세금계산서 합계표를 첨부한 예정신고 납부의무가 있다.

106)소규모 자영업자의 세부담 경감 및 납세편의 제고를 위하여 2021년 1월 1일 이후 개시하는 과세기간 분부터 간이과세 적용 공급대가의 기준금액을 4,800만원에서 8,000만원으로 상향하였으며 2024년 7월 1일부터는 연 매출 기준이 1억 400만원으로 다시 상향하였다.

(2) 간이과세 배제대상 사업자

다음에 해당하는 개인사업자의 경우에는 공급대가 수준과 관계없이 간이과세를 적용받을 수 없다.

간이과세 배제대상 사업자	배제이유
(1) 간이과세가 적용되지 않는 다른 사업장을 보유하고 있는 사업자	세무처리능력 인정
(2) 다음에 해당하는 사업을 영위하는 사업자 ① 광업 ② 제조업 (단, 주로 최종소비자에게 직접 재화를 공급하는 과자점업, 양복점업[107] 등은 제외) ③ 도매업 및 상품중개업 ④ 전기 · 가스 · 증기 · 수도업 · 건설업 · 전문·과학·기술서비스업, 사업시설 관리·사업지원 및 임대 서비스업[108]	거래흐름의 단절 방지
⑤ 부동산매매업 ⑥ 부동산임대업[109]	부동산 투기 규제
⑦ 개별소비세 과세유흥장소를 영위하는 사업[110] ⑧ 전문직(변호사, 변리사 등)사업서비스업[111] ⑨ 소득세법상 복식부기의무자 ⑩ 둘 이상의 사업장이 있는 사업자가 경영하는 사업으로서 그 둘 이상의 사업장의 공급대가의 합계액이 8,000만원 이상인 경우	정책적 중과 및 과표 양성화
⑪ 재화의 공급으로 보지 않는 사업의 양도에 따라 일반과세자로부터 양수한 사업	원활한 사업의 포괄승계 지원

107)과자점, 떡방앗간, 양복점 등 자기가 공급하는 재화의 50% 이상을 최종소비자에게 공급하는 사업으로서 국세청장이 정하는 것을 말한다.

108)주로 최종소비자에게 직접 재화 또는 용역을 공급하는 사업으로서 시행규칙으로 정하는 것(예: 건설업의 경우 도배업, 인테리어 공사업 · 서비스업의 경우 인물사진 · 행사용영상 촬영업 등)은 제외

109)특별시, 광역시, 특별자치시, 제주특별자치도에 설치된 행정시 및 시 지역에 소재하는 부동산 임대사업장을 경영하는 사업으로서 국세청장이 정하는 규모이상의 사업을 말한다.

110)① 특별시, 광역시, 특별자치시, 제주특별자치도에 설치된 행정시 및 시 지역 및 ② 국세청장이 사업 현황과 사업 규모 등을 고려하여 간이과세 적용 대상에서 제외할 필요가 있다고 인정하여 고시하는 지역에서 개별소비세 과세유흥장소를 경영하는 사업으로 한다. 하지만, 부동산임대업 또는 개별소비세 과세유흥장소를 영위하는 사업자인 경우 해당 업종의 직전연도 공급대가 합계액이 4,800만 원 이상인 과세유흥장소 및 부동산임대업 사업자는 사업규모에 관계없이 간이과세자로 보지 아니한다,

111)전문직 서비스업으로 변호사업, 심판변론인업, 변리사업, 법무사업, 공인회계사업, 세무사업, 경영지도사업, 기술지도사업, 감정평가사업, 통관업, 기술사업, 건축사업, 도선사업, 측량사업, 공인노무사업, 약사업, 한약사업, 수의사업 기타 이와 유사한 사업서비스업

(3) 신규사업자의 간이과세 적용

신규로 사업을 개시하는 개인사업자는 사업개시일이 속하는 1년의 공급대가가 10,400만원에 미달될 것으로 예상된다면 간이과세를 신청할 수 있다. 다만, 이 경우에도 간이과세 배제대상 사업자인 경우에는 간이과세를 적용할 수 없다.

3 과세유형의 변경

간이과세자가 직전 연도의 공급대가가 10,400만원 이상이 되면 일반과세자로 전환되며, 일반과세자가 직전 연도의 공급대가가 10,400만원에 미달하게 되면 간이과세자로 전환되는데 이를 과세유형의 변경이라 한다.

(1) 과세유형의 변경시기

1) 계속사업자의 경우

간이과세가 적용되거나 적용되지 않게 되는 기간은 1년의 공급대가의 합계액이 10,400만원에 미달되거나 그 이상이 되는 해의 다음 해의 7월 1일부터 그 다음 해의 6월 30일까지로 한다.[112)]

과세유형이 변경되는 경우 해당 사업자의 관할 세무서장은 그 변경되는 과세기간 개시 20일 전까지 그 사실을 통지하여야 한다. 일반과세자로 변경되는 사업자의 경우 그 통지를 받은 날이 속하는 과세기간까지는 간이과세에 관한 규정을 적용하며 간이과세자로 변경되는 사업자의 경우 변경통지와 관계없이 그 시기에 간이과세자에 관한 규정을 적용한다. 그러므로 간이과세자로 변경되는 경우에는 원칙적으로 통지할 필요가 없으나 일반과세자로 변경되는 경우에는 통지가 있어야 한다.

2) 신규사업개시자의 경우

신규로 사업을 개시한 사업자의 경우 간이과세자에 관한 규정이 적용되거나 적용되지 아니하게 되는 기간은 최초로 사업을 개시한 해의 다음 해의 7월 1일부터 그 다음 해의 6월 30일까지로 한다. 사업개시일부터 종료일까지의 기간이 1년 미만인 경우 환산한 공급대가를 12개월로 환산한다.

112) 2014. 1. 1. 이전에는 간이과세자에서 일반과세자로 변경되는 등 과세유형이 변경되는 경우 그 적용기간은 간이과세자의 요건을 충족하거나 충족하지 못하게 되는 해의 다음다음 해 1월 1일부터 12월 31일까지로 되어 있어 사실상 간이과세자나 일반과세자에 해당하는 경우에도 1년 동안 실제 과세유형과 맞지 않는 과세가 적용되는 문제가 있었다. 이러한 점을 반영하여 과세유형이 변경되는 경우 그 적용기간을 종전보다 6개월 앞당겨 간이과세자의 요건을 충족하거나 충족하지 못하게 되는 해의 다음 해 7월 1일부터 그 다음 해의 6월 30일까지로 변경하였다.

(2) 과세유형변경에 따른 간이과세자가 적용되는 기간의 과세기간

간이과세자의 과세기간은 1월 1일부터 12월 31일까지이나 일반과세자로 과세유형변경되는 경우 변경이전 1월 1일부터 6월 30일까지는 간이과세의 과세기간으로 과세유형이 변경되는 7월 1일부터 12월 31일까지를 일반과세자의 과세기간으로 본다.

(3) 간이과세포기의 경우

간이과세를 적용을 받고자 하는 달의 전달의 마지막 날까지 간이과세 포기신고서를 제출하여야 한다.

4 간이과세자의 계산구조

(1) 납부세액의 계산

1) 납부세액

간이과세자의 납부세액은 공급대가(부가가치세 포함)에 업종별 부가가치율을 곱한 것에 10%의 세율을 적용해서 계산한다. 매출액에서 매입액을 차감한 금액이 해당 사업자 단계에서 창출한 부가가치이며, 동 부가가치를 매출액으로 나눈 것이 부가가치율이다.

납부세액 = 공급대가 × 당해 업종의 부가가치율 × 10%

간이과세자가 2 이상의 업종에 공통으로 사용하던 재화를 공급하여 업종별 실지귀속을 구분할 수 없는 경우에는 당해 재화와 관련된 각 업종별 부가가치율을 당해 재화의 공급일이 속하는 과세기간의 당해 재화와 관련된 각 업종의 공급대가비율로 가중 평균한 비율을 적용한다. 이 경우 휴업 등으로 인하여 당해 과세기간의 공급가액이 없는 경우에는 그 재화를 공급한 날에 가장 가까운 과세기간의 공급대가에 의하여 계산한다.

2) 업종별 부가가치율

업종별 부가가치율은 업종별로 신고된 평균부가가치율을 고려하여 대통령령으로 정한다.

구 분	업종별 부가가치율
소매업, 재생용 재료수집 및 판매업, 음식점업	15%
제조업, 농업 · 임업 및 어업, 소화물 전문 운송업	20%
숙박업	25%
건설업, 그 밖의 운수업, 창고업, 정보통신업,그 밖의 서비스업	30%
금융 및 보험 관련 서비스업, 전문 · 과학 및 기술 서비스업(인물사진 및 행사용 영상 촬영업 제외), 사업시설관리 · 사업지원 및 임대 서비스업, 부동산 관련 서비스업, 부동산임대업	40%

(2) 간이과세자의 세액공제[113)]

2021년부터 간이과세자도 세금계산서를 발급하고 수취하는 것을 의무화함에 따라 간이과세자에 대한 세액공제방식을 변경하였다. 2021년 이후에 간이과세자로 과세유형이 변경되는 사업자의 경우 변경되는 방식을 2021년 7월 1일 이후 공급받거나 수입신고하는 분부터 적용하도록 하였다. 매입세금계산서 등의 세액공제 및 신용카드매출전표 등 발행세액공제의 합계액이 각 과세기간의 납부세액을 초과하는 경우 그 초과부분은 없는 것으로 본다.

1) 세금계산서 등 수취세액공제

간이과세자 납부세액 계산은 공급대가에 업종별 부가가치율을 고려하여 계산하므로 이미 매입세액에 대한 공제를 반영하고 있어 매입에 대한 세액공제는 불필요하다. 하지만 간이과세자에게 혜택을 부여하고 매입세금계산서를 성실하게 발급받도록 유도하여 간이과세제도로 인한 부가가치세 흐름의 왜곡을 방지하기 위하여 다음과 같은 수취세액공제를 적용한다. 다만, 연매출 4,800만원 미만 간이과세자는 납부면제 되므로 세액공제를 적용하지 아니한다.

납부세액공제액 = 세금계산서상 발급받은 매입액(공급대가) × 0.5%[114)]

113) 2021년 간이과세에 대한 세법 개정으로 연매출 4,800~8,000만원 일반과세자가 간이과세자로 전환되는 경우 납부세액 계산시 부가가치율에 이미 면세농산물등의 매입액이 반영되어 있으므로 간이과세자에 대한 의제매입세액공제는 적용하지 아니한다. 연매출 4,800만원 미만 간이과세자는 납부면제되므로 의제매입세액공제 적용이 불필요하므로 간이과세자에 대한 의제매입세액공제는 적용되지 않는다.

114) 2021년 6월 30일 이전에 공급받은 분은 매입세금계산서에 적힌 매입세액에 업종별 부가가치율(5%~30%) 곱한 금액을 세액공제 하였다.

2) 신용카드매출전표 등 발행 세액공제

간이과세자가 신용카드매출전표등을 발급하여 매출한 경우에는 신용카드, 체크카드, 현금영수증, 기타 전자적 결제수단에 의하여 대금을 받는 경우 발급액의 일정율을 납부세액에서 공제해 준다.[115)]

구 분	공제율과 한도액
최종소비자 대상업종 (소매, 음식, 숙박업 등)	1.3%
공제한도액	연간 1,000만원 한도

3) 전자세금계산서 발급에 대한 세액공제

간이과세자에게도 세금계산서발급의무가 부과됨에 따라 전자세금계산서를 2024년 12월 31일까지 발급(전자세금계산서 발급명세를 기한까지 국세청장에게 전송한 경우로 한정)하고 발급세액공제신고서를 납세지 관할 세무서장에게 제출하는 경우 일정 금액[116)]을 납부세액에서 공제한다.

(3) 예정부과세액

예정부과기간의 고지납부세액 또는 신고납부세액은 납부세액에서 차감한다. 세금계산서를 발급한 간이과세자는 예정부과기간의 납부세액을 매입처 및 매출처별 세금세산서 합세표와 함께 신고서를 제출하여야 한다.

---

115) 상기 공제율은 2026년 12월 31일까지 적용된다. 당해과세기간의 공급대가가 4,800만원 미만인 경우에는 납부의무를 면제하므로 간이과세자 중 신규사업자 및 직전연도 공급대가 합계액이 4,800만원 미만인 사업자에 대하여는 세액공제를 적용하지 아니한다. 모든 법인사업자는 공제불가하며 개인사업자 중 직전연도 재화나 용역의 공급가액 합계가 사업장별로 10억원 이상일 경우도 공제가 불가하다. 또한 제조업, 도매업, 부동산매매업 등 세금계산서 발급대상자는 공제가 불가하다.

116) 일반과세자에게만 적용하던 전자세금계산서 발급에 대한 세액공제 제도를 간이과세자에게도 적용하도록 하였으며 2024년 12월 31일까지 발급하는 경우에 일반과세자와 동일하게 건당 200원을 공제하며 한도는 연간 100만원으로 한다.

5 재고매입세액의 공제와 가산

(1) 개 요

간이과세자인 사업자가 매출규모가 증가하여 일반과세로 전환되거나 일반과세자인 사업자가 매출규모가 감소하여 간이과세자로 전환되는 경우, 간이과세자의 수취세액공제를 조정하기 위하여 재고매입세액의 공제와 가산규정을 두고 있다.

(2) 대상 및 신고와 승인

1) 대 상

재고매입세액 공제 및 가산 대상은 과세유형이 변환(일반과세자에서 간이과세자 또는 간이과세자에서 일반과세자) 되는 시점에 보유하고 있는 재고자산, 건설중인 자산 및 감가상각자산을 그 대상으로 한다.

2) 재고품 및 감가상각자산의 신고

과세유형이 변경되는 경우에는 그 변경되는 날(변경된 과세유형을 적용받는 과세기간의 개시일을 말함) 현재의 재고품 · 건설중인자산 및 감가상각자산을 변경되는 날의 직전과세기간에 대한 확정신고와 함께 각 사업장관할세무서장에게 신고하여야 한다. 이때 재고품 및 감가상각자산은 일반과세자로 전환되는 경우에는 매입세액공제 대상인 것에 한하고, 간이과세자로 전환되는 경우에는 매입세액을 공제받은 것에 한하며, 그 범위는 다음과 같다.

① 재고품: 상품, 제품(반제품 및 재공품 포함), 재료(부재료 포함)

② 건설중인자산

③ 취득 · 건설 · 신축 후 10년 이내의 건물 및 구축물, 또는 취득 · 제작 후 2년 이내의 기타의 감가상각자산

3) 승인 및 통지

신고를 받은 관할세무서장은 재고금액을 조사 · 승인하고 다음의 기한 내에 당해 사업자에게 공제될 재고매입세액 또는 납부할 재고납부세액을 통지하여야 한다. 그 기한 내에 통지하지 않은 때에는 당해 사업자가 신고한 재고금액을 승인한 것으로 본다.

① 재고매입세액의 경우: 재고품 등 신고기한 경과후 1월 이내

② 재고납부세액의 경우: 간이과세자로 변경된 날부터 90일 이내

(3) 재고매입세액공제

간이과세자가 일반과세자로 전환되면 전환되는 날 현재 보유하고 있는 재고자산 및 감가상각자산에 대하여 간이과세자로서 수취한 세금계산서등 수취세액공제[117]를 고려하여 일반과세자로서 다음과 같은 재고매입세액공제를 받을 수 있다. 단, 아래 산식은 해당 재고품 등이 2021년 7월 1일 이후에 공급받은 경우에 적용되는 것이다.[118]

> ㉠ 재고품: 재고금액 $\times \frac{10}{110} \times (1 - 0.5\% \times \frac{110}{10})$
>
> ㉡ 건설중인자산:
> 해당 건설중인자산과 관련하여 공제받은 매입세액 $\times (1 - 0.5\% \times \frac{110}{10})$
>
> ㉢ 매입한 감가상각자산: 취득가액 $\times \frac{10}{110} \times$ 잔존률* $\times (1 - 0.5\% \times \frac{110}{10})$
>
> ㉣ 제작한 감가상각자산: 제작 등 관련 매입세액 × 잔존률* $\times (1 - 0.5\% \times \frac{110}{10})$
>
> * 잔존률 = 1 - (가치감소율 × 경과된 과세기간의 수)

재고금액은 재고자산인 경우에는 변경일 현재의 재고가격으로 하며 건물 및 기타의 감가상각자산의 경우에는 취득원가에 1과세기간 당 가치감소율[119](건물 또는 구축물은 10%, 기타의 감가상각자산은 50%)을 적용한다.

---

117) 간이과세자의 매입세금계산서 등 수취세액공제는 공급대가(110%)의 0.5%이므로 매입세액(10%)을 기준으로 하면 5.5%에 해당한다. 일반과세자로 전환되는 경우 간이과세자로 수취한 세액공제 5.5%(=0.5%×110/10)를 제외한 나머지 금액을 추가로 공제한다.

118) 2021년 6월 30일 이전에 공급받은 재고품 등의 경우에는 상기 산식의 공제율($0.5\% \times \frac{110}{10}$)대신에 일반과세자로 변경되기 직전일이 속하는 과세기간에 적용된 해당 업종의 부가가치율이 적용되어야 한다. 당시 간이과세자는 (매입세액×업종별 부가가치율)에 해당하는 공제를 받았기 때문에 동 부분을 제외한 나머지 금액만을 추가로 공제받아야 하기 때문이다.

119) 간이과세자의 과세기간은 1년이므로 과세기간이 6개월인 일반과세자 체감률의 2배를 적용한다.

예제 1 재고매입세액 공제

안주변씨는 과감하게 간이과세를 포기하고 법인으로 전환하면서 일반과세사업자로 과세유형을 변경하였다. 변경일 현재 취득원가가 11,000,000원인 재고자산과 직전 과세기간에 구입하였던 4,400,000원의 비품을 보유하고 있었다. 일반과세자로 전환한 경우 추가로 공제받을 수 있는 매입세액은 얼마인가? 단, 해당 재고품 등은 2021년 7월 1일 이후에 공급받은 것으로 가정하여 계산할 것.

해설

간이과세자가 일반과세자로 변경되는 경우, 변경당시의 재고자산 및 감가상각자산에 포함된 부가가치세 중, 간이과세자로서 공제받지 못한 부분은 추가로 공제받을 수 있다.

재고매입세액공제액 = 11,000,000원 × 10/110 × (1 − 0.5% × 110 / 10) + 4,400,000원 × 10/110 × (1 − 50% × 1) × (1 − 0.5% × 110/10)
= 1,134,000원

(4) 재고매입세액가산(재고납부세액)

일반과세자가 간이과세자로 전환되면 전환되는 날 현재 보유하고 있는 재고자산 및 감가상각자산에 대하여 간이과세자로서 수취할 세금계산서등 수취세액공제를 고려하여 다음과 같은 재고매입세액을 납부세액에 가산하여 납부하여야 한다. 간이과세자가 해당 과세기간의 납부세액의무를 면제받더라도 재고납부세액은 반드시 납부하여야 한다.

㉠ 재고품: 재고금액 $\times \frac{10}{100} \times (1 - 0.5\% \times \frac{110}{10})$

㉡ 건설중인자산:
해당 건설중인자산과 관련하여 공제받은 매입세액 $\times (1 - 0.5\% \times \frac{110}{10})$

㉢ 매입한 감가상각자산: 취득가액 $\times \frac{10}{100} \times$ 잔존률* $\times (1 - 0.5\% \times \frac{110}{10})$

㉣ 제작한 감가상각자산: 제작 등 관련 매입세액 × 잔존률* $\times (1 - 0.5\% \times \frac{110}{10})$

* 잔존률 = 1 − (가치감소율 × 경과된 과세기간의 수)

예제 2 재고납부세액

일반과세자였던 이주변 씨는 규모가 축소되어 다시 간이과세자로 변경되었다. 변경 당시, 직전과세기간인 8월 25일에 10,000,000원에 취득한 재고자산(매입세액 공제 받음)과 직전 과세기간인 10월 1일에 4,000,000원에 취득하였던 비품을 보유하고 있었다. 재고납부세액은 얼마인가? 단, 간이과세자로 변경되는 시점은 2021년 7월 1일 이후로 가정할 것.

해설

일반과세자가 간이과세자로 변경되면 일반과세자로서 공제받은 매입세액 중 간이과세자로서 공제받을 수 있는 세액공제액을 초과하여 받은 부분은 다시 납부해야 한다.

재고납부세액: 10,000,000원 × 10% × (1 − 0.5% × 110/10) (재고자산) + 4,000,000원 × (1 − 25% × 1) × 10% × (1 − 0.5% × 110/10) (비품) = 1,228,500원

6 신고와 납부

간이과세자는 각 과세기간의 과세표준과 납부세액을 과세기간(1월 1일부터 12월 31일) 종료 후 25일 이내에 사업장관할세무서장에게 매입처 및 매출처별 세금계산서합계표와 함께 부가가치세 신고서를 제출하면서 신고 · 납부하여야 한다. 한편, 1회 납부에 따른 납세부담을 완화하기 위하여 1월 1일부터 6월 30일까지를 예정부과기간으로 하여 직전 과세기간에 대한 납부세액의 2분의 1에 해당하는 금액을 납부하여야 한다. 단, 법에 정하는 일정한 사업자는 예정부과 대신에 예정신고를 하여야 한다. 예정부과 또는 예정신고를 하는 경우는 다음 표와 같다.

구 분	내 용
예정부과	관할 세무서장은 간이과세자에게 예정부과세액 납세고지서를 7월 1일부터 10일 사이에 발부하며 간이과세자는 7월 25일까지 납부하여야 한다. 일반과세자로 과세유형이 변경되어 간이과세자의 과세기간이 1월 1일부터 6월 30일인 경우 과세기간이 끝나는 7월 25일까지 확정신고납부를 하여야 하므로 예정부과징수는 하지 않는다.
예정신고대상 간이과세자	휴업 · 사업부진 등으로 예정부과기한의 공급가액, 납부세액이 직전 과세기간의 공급가액 · 납부세액의 3분의 1에 미달하는 자는 예정부과 대신 예정신고를 하여야 한다. 또한 세금계산서를 발급한 간이과세자의 경우 신고의무가 있다.

간이과세자에 대하여도 세금계산서 수수 유인을 통한 세원투명성 강화를 위하여 간이과세자가 세금계산서 발급의무가 있는 사업자로부터 재화 또는 용역을 공급받고 세금계산서를 수취하지 않은 경우 공급대가의 0.5%의 세금계산서 미수취가산세를 부과한다.

간이과세자의 당해 과세기간의 공급대가가 4,800만원 미만인 경우에는 납부의무를 면제한다. 다만 일반과세자가 간이과세자로 변경되는 경우 납부세액에 더하여 재고납부세액은 납부하여야 한다.

7 간이과세의 포기

(1) 의 의

간이과세제도는 납부세액계산이 간편하고 세금부담이 적다는 장점이 있으나 세금계산서를 발급할 수 없으므로 거래에 있어서 많은 제약이 따를 수 있다. 그래서 간이과세포기제도를 두어 일반과세를 적용받을 수 있도록 규정하고 있다. 간이과세를 포기할 수 있는 자는 다음과 같다.

① 간이과세자

② 간이과세규정을 적용받게 되는 일반과세자
  (예 일반과세자 중 간이과세자로 전환이 예정되어 있는 자)

③ 사업자등록신청자

(2) 포기방법

간이과세를 포기하고자 하는 자는 일반과세를 적용받고자 하는 달의 전달 마지막날까지 관할세무서장에게 포기신고를 하여야 한다.

(3) 포기의 효력 및 포기 철회

간이과세를 포기한 경우 적용받고자 하는 달의 1일부터 3년이 되는 날이 속하는 과세기간까지는 간이과세의 적용을 받을 수 없다. 하지만 지난 2021년부터 연 매출액 4천800만원 이상 1억4백만원 미만 간이과세자도 일반과세자와 동일하게 세금계산서 발급이 가능해짐에 따라 해당 사업자에 대하여는 3년 이내라도 간이과세 포기 철회를 허용하였다. 간이과세자에 관한 규정은 2024년 7월 이후 신고하는 분부터 적용한다.

8 일반과세자와 간이과세자의 비교

일반과세자와 간이과세자를 비교하면 다음과 같다.

구 분	일반과세자	간이과세자
적 용 대 상	개인사업자 · 법인사업자	직전 1년의 공급대가가 10,400만원 미만인 개인사업자
적용배제업종	없 음	있 음(광업 · 제조업 등)
포 기 제 도	없 음	간이과세를 포기하고 일반과세가 될 수 있음
납 부 세 액	공급가액 × 10% − 매입세액	공급대가 × 부가가치율 × 10%
매입세액공제	전액공제	세금계산서등을 발급받은 매입액(공급대가) × 0.5%
세금계산서 발 급 의 무	발급의무	발급의무(4,800만원미만은 영수증발급)
의제매입세액	업종제한없이 가능	적용안됨
대손세액공제	규정있음	규정없음
예정신고납부	예정신고 고지 및 신고 있음	예정부과 또는 예정신고 규정 신설

OX 문제

01 남성의류도매업을 영위하는 직전과세기간의 공급대가가 4,000만원인 개인사업자는 간이과세자에 해당한다.

02 부동산매매업과 음식점업을 영위하는 개인사업자의 경우에는 음식점업의 직전 1역년의 공급대가가 10,400만원에 미달하는 경우에도 간이과세를 적용받을 수 없다.

03 신규로 사업을 개시하는 개인사업자는 직전과세기간의 공급대가가 없으므로 간이과세를 적용받을 수 없다.

04 일반과세자가 간이과세자로 변경되는 경우에는 모든 사업자에 대하여 세무서장의 변경통지에 관계없이 간이과세를 적용한다.

정답&해설 01 × 02 ○ 03 × 04 ×

01 도매업은 간이과세의 적용배제업종이다.

03 신규사업자가 간이과세의 적용배제업종을 영위하지 않는다면 사업자등록신청시 「간이과세적용신고서」를 제출한 경우에 간이과세를 적용받을 수 있다.

04 부동산임대업의 경우에는 간이과세자로 전환되면 재고납부세액으로 인해 세부담이 급격히 증가할 수 있기 때문에 예외적으로 변경통지를 유형전환의 요건으로 하고 있다.

05 간이과세자가 다른 사업자로부터 발급받은 세금계산서에 대하여 매입처별세금계산서합계표를 제출하는 때에는 매입세금계산서 등에 기재된 매입세액을 납부세액에서 공제한다.

06 간이과세자가 일반과세자로 전환된 경우에는 재고매입세액을 그 승인을 얻은 날이 속하는 예정신고기간 또는 과세기간의 납부세액에서 공제하되, 공제되지 않은 금액은 이를 없는 것으로 본다.

정답&해설 **05** × **06** ×

05 연매출 4,800만원 이상의 간이과세자에 대하여 매입액(공급대가)의 0.5%를 세금계산서 수취에 대한 세액공제를 적용한다.

06 재고매입세액은 그 승인을 얻은 날이 속하는 예정신고기간 또는 과세기간의 매출세액에서 공제한다. 따라서 매출세액을 초과하는 부분은 환급도 가능하다.

연습문제

01 간이과세에 대한 다음의 설명 중 옳지 않은 것은?

① 간이과세자는 세금계산서를 발급할 수 없으며, 영수증을 발급하여야 한다.

② 간이과세자는 예정부과를 원칙으로하나 예정부과기간에 세금계산서를 발급한 간이과세자는 예정부과 대신에 예정신고를 하여야 한다.

③ 간이과세자의 납부세액은 공급대가(부가가치세 포함)에 업종별 부가가치율을 곱한 것에 10%의 세율을 적용해서 계산한다.

④ 직전 1역년의 공급대가(부가가치세를 포함한 금액)가 10,400만원에 미달하는 개인사업자는 간이과세규정을 적용받을 수 있다.

정답 ①

간이과세자도 세금계산서 발급의무를 가진다.

02 다음 사례 중 옳지 않은 것을 모두 고른 것은?

(1) 20×5년에 간이과세를 포기한 일반과세자 박소영 씨는 20×6년의 매출이 하락하여 1역년의 공급대가가 10,400만원에 미달할 것으로 판단되자 20×6년 12월 11일자로 간이과세를 신청하였다.

(2) 변호사 강규남씨는 법무법인을 신규 설립하며 사업개시일이 속하는 1역년의 공급대가가 10,400만원에 미달할 것으로 예상하여 간이과세적용신고서를 제출하였다.

(3) 인터넷쇼핑몰 다팔아닷컴을 운영하던 간이과세자 김영춘 씨는 20×6년에 매출신장이 될 것으로 예상하여 20×7년 1월 1일부터 일반과세를 적용받고자 20×6년 12월 31일에 간이과세포기신고서를 제출하였다.

① (1), (2)　　② (1), (3)

③ (2), (3)　　④ (1), (2), (3)

정답 ①

(1) 간이과세를 포기한 경우 적용받고자 하는 달의 1일부터 3년이 되는 날이 속하는 과세기간까지는 간이과세의 적용을 받을 수 없다.

(2) 법무법인은 개인사업자가 아니므로 간이과세를 적용받을 수 없다.

(3) 간이과세를 적용받고자 하는 자는 일반과세를 적용받고자 하는 달의 전달 마지막날까지 관할세무서장에게 포기신고를 하여야 한다.

03 간이과세자에 대한 다음의 설명 중 옳지 않은 것은?

① 간이과세자의 해당 여부를 가리는 직전 1역년의 공급대가는 부가가치세가 포함된 대가를 말한다.

② 간이과세자가 일반과세자에 관한 규정을 적용받고자 하는 경우에는 사업장 관할세무서장에게 간이과세포기를 신고하여야 한다.

③ 간이과세자가 타인명의로 사업장등록을 하고 사업을 한 사실이 확인되면 허위등록가산세가 부과된다.

④ 납부세액은 공급대가에 당해 업종별 부가가치율과 세율을 곱하여 계산하며, 둘 이상의 업종을 겸영하면 각각의 업종별로 계산한 금액의 합계액으로 한다.

⑤ 일반과세자가 간이과세자로 변경되는 경우 재고매입세액을 납부세액에 가산하여야 하는데, 이의 가산대상은 부가가치세를 이미 환급받은 당해 변경 당시의 재고품에 한한다.

정답 ⑤

일반과세자가 간이과세자로 변경되는 경우에는 재고납부세액을 납부세액에 가산하여야 하므로 재고매입세액을 가산한다는 설명은 옳지 않다.

04 일반과세자인 갑은 제조업을 운영해 왔는데, 최근의 경기부진으로 매출액이 크게 줄어들어 20×6년 제2기부터 간이과세자로 전환되었다. 다음 보유자산 현황 자료(20×6. 7. 1. 현재)를 이용하여 20×6. 7. 1. 현재 재고납부세액을 계산하면 얼마인가? 단, 간이과세자로 변경되는 시점은 20×1년 7월 1일 이후로 가정할 것.

구 분	취득시기	취득가액	비 고
원재료	20×6. 6.	2,500,000원	
제빵기계	20×6. 3.	13,000,000원	
건 물	20×2. 3.	300,000,000원	건물에는 토지분 120,000,000원이 포함되어 있음

① 9,662,625원 ② 9,969,750원 ③ 10,206,000원
④ 10,513,125원 ⑤ 10,820,250원

정답 ④

구 분	계산내역	재고납부세액
원재료	2,500,000 × 10% × (1 - 0.5% × 110 /10)	236,250
기 계	13,000,000 × 10% × (1 - 25% × 1) × (1 - 0.5% × 110/10)	921,375
건 물	180,000,000 × 10% × (1 - 5% × 9) × (1 - 0.5% × 110 /10)	9,355,500
계		10,513,125

05 부가가치세법상의 일반과세자인 갑상사가 20×2년 7월 1일부터 적법하게 간이과세자로 전환되었는데, 전환일 현재 다음과 같은 자산을 보유하고 있다면 부담할 재고납부세액은 얼마인가? 단, 간이과세자로 변경되는 시점은 2021년 7월 1일 이후로 가정할 것.

1. 건 물(20×1. 12. 1. 취득)	
(1) 취득가액	100,000,000원
(2) 장부가액	90,000,000원
(3) 시 가	120,000,000원
2. 비 품(20×1. 1. 1. 취득)	
(1) 취득가액	40,000,000원
(2) 장부가액	30,000,000원
(3) 시 가	20,000,000원
3. 위의 건물 및 비품의 금액은 부가가치세를 포함하지 아니한 것임	
4. 업종 부가가치율은 20%이다.	

① 12,757,500원 ② 10,867,500원 ③ 10,395,000원
④ 9,922,500원 ⑤ 9,450,000원

정답 ⑤

건 물: 100,000,000 × 10/100 × (1 - 5% × 2) × (1 - 0.5% × 110 /10) =	8,505,000
비 품: 40,000,000 × 10/100 × (1 - 25% × 3) × (1 - 0.5% × 110 /10) =	945,000
계	9,450,000

06 부가가치세법상 간이과세에 대한 다음의 설명 중 옳지 않은 것은?

① 음식점업을 영위하는 간이과세자가 일반과세자에 관한 규정을 적용받는 도매업 사업장을 신규로 개설하는 경우에는 당해 사업개시일이 속하는 과세기간의 다음 과세기간부터 음식점업 사업장도 간이과세를 적용하지 아니한다.

② 간이과세자의 경우 납부세액 계산시 부가가치율에 면세농산물등의 매입액이 이미 반영되어 있어 중복공제에 해당하는 것이므로 의제매입세액 적용이 배제된다.

③ 간이과세자가 20×8년 1월 31일에 간이과세포기신고를 하는 경우에는 20×8년 2월 1일부터 일반과세자가 된다.

④ 간이과세자의 당해 과세기간에 대한 공급대가가 4,800만원 미만인 경우에는 납부세액에 대한 납부의무가 면제되지만, 과세유형의 전환으로 인한 재고납부세액의 납부의무는 면제되지 않는다.

⑤ 음식점업을 영위하는 일반과세자가 직전 1역년 공급대가가 10,400만원에 미달하여 간이과세자로 전환하게 되는 경우, 관할 세무서장으로부터 과세유형의 전환에 관한 통지를 받은 날이 속하는 과세기간까지는 일반과세를 적용한다.

정답 ⑤

일반과세자에서 간이과세자로 전환하게 되는 경우에는 통지를 요하지 않는다.

07 다음 자료의 <경우 1>과 <경우 2>가 독립적이라고 가정할 때, 재고납부세액과 재고매입세액은 각각 얼마인가? 단, 과세유형은 20×1년 7월 1일 이후 변경되며 상품도 20×1년 7월 1일 이후 공급받은 것으로 가정할 것

개인사업자 을씨의 20×2년 7월 1일 현재 상품 명세는 다음과 같다. 단, 아래 금액은 모두 부가가치세가 포함되지 않은 금액이다.

취득일자	취득가액	장부가액	시 가
20×1. 6. 25.	3,300,000원	2,200,000원	1,100,000원

〈경우 1〉 을씨가 20×2년 7월 1일부터 간이과세자(부가가치율: 20%)에서 일반과세자로 변경되었다. 단, 위 상품은 매입세액공제대상이다.

〈경우 2〉 을씨가 20×2년 7월 1일부터 일반과세자에서 간이과세자(부가가치율: 20%)로 변경되었다. 단, 위 상품은 매입세액을 공제받은 것이다.

	<경우 1>	<경우 2>
①	재고매입세액 311,850원	재고납부세액 311,850원
②	재고납부세액 283,500원	재고매입세액 283,500원
③	재고매입세액 311,850원	재고납부세액 283,500원
④	재고납부세액 283,500원	재고매입세액 311,850원
⑤	재고매입세액 28,350원	재고납부세액 28,350원

정답 ①

〈경우 1〉 재고매입세액: 3,300,000원 × 10% × (1 - 0.5% × 110 /10) = 311,850원
〈경우 2〉 재고납부세액: 3,300,000원 × 10% × (1 - 0.5% × 110 /10) = 311,850원

08 「부가가치세법」상 과세사업자에 관한 설명이다. 옳은 것은? **[CPA 2022]**

① 일반과세자 중 모든 법인사업자는 예정신고기간이 끝난 후 25일 이내에 각 예정신고기간에 대한 과세표준과 납부세액 또는 환급세액을 납세지 관할 세무서장에게 신고하여야 한다.
② 모든 일반과세자는 세금계산서를 발급하여야 하며, 영수증을 발급할 수 없다.
③ 일반과세자만 영세율을 적용받을 수 있으며, 간이과세자는 영세율을 적용받을 수 없다.
④ 납세지 관할 세무서장은 일반과세자가 예정신고기간에 대한 환급세액을 예정신고기한까지 신고하면 조기환급 대상이 아닌 경우에도 예정신고기한이 지난 후 15일 이내에 부가가치세를 환급하여야 한다.
⑤ 일반과세자만 대손세액공제를 적용받을 수 있으며, 간이과세자는 대손세액공제를 적용받을 수 없다.

정답 ⑤

① 직전 과세기간 공급가액의 합계액이 1억 5천만원 미만인 법인사업자는 예정신고하지 않고 고지하여 징수한다.
② 주로 최종소비자에게 재화나 용역을 공급하는 사업자는 영수증을 발급한다.
③ 간이과세자도 영세율을 적용받는다.
④ 조기환급대상자만 신고기한 경과 후 15일 이내 환급한다.

09 음식점업(과세유흥장소 아님)을 영위하는 개인사업자 갑의 부가가치세 관련 자료이다. ㉠ 간이과세자로 보는 경우 20×2년 차가감납부세액과 ㉡ 일반과세자로 보는 경우 20×2년 제2기 납부(환급)세액으로 옳은 것은? 단, 세액은 지방소비세를 포함한 것으로 한다.

[CPA 2022]

(1) 20×2년 7월 1일부터 20×2년 12월 31일까지의 공급대가는 63,800,000원이며, 이는 신용카드매출전표 발급분 55,000,000원을 포함한 것이다.

(2) 매입 내역

구 분	내 역	금 액*
계산서수취분	면세농산물 구입	5,450,000원
세금계산서수취분	기타 조리용품 구입	11,000,000원
	식당 인테리어 공사	41,800,000원

* 부가가치세가 포함된 금액임

(3) 음식점업의 업종별 부가가치율은 15%이고, 의제매입세액 공제율은 9/109이며, 의제매입세액 공제한도는 고려하지 않는다.

(4) 20×2년 예정부과기간의 고지세액은 없었고, 전자신고방법에 의하여 신고하지 않았다.

	㉠ 간이과세자 차가감납부세액	㉡ 일반과세자 납부(환급)세액
①	0원	550,000원
②	0원	1,000,000원
③	70,000원	(－)550,000원
④	(－)475,000원	1,000,000원
⑤	(－)925,000원	(－)165,000원

정답 ①

(1) 간이과세자의 경우

납부세액: 63,800,000 × 1.5% = 957,000

공제세액: (11,000,000 + 41,800,000) × 0.8% + 55,000,000 × 1.3% = 979,000

차가감납부세액: 957,000 - 979,000 = △22,000 ⇒ 0

(2) 일반과세자의 경우

매출세액: 63,800,000 ÷ 1.1 × 10% = 5,800,000

매입세액: (11,000,000 + 41,800,000) ÷ 1.1×10% + 5,450,000 × (9/109) = 5,250,000

납부세액: 5,800,000 - 5,250,000 = 550,000

저자소개

저자 박 재 환

학 력
- 고려대학교 경영대학 졸업
- 고려대학교 대학원(경영학박사)

경 력
- 공인회계사, 세무사
- 미국 Ernst & Young(Cleveland office) Manager
- SK-enron In-house CPA
- 기획재정부 공공기관 경영평가단 간사
- 한국납세자연합 정책위원장
- 중앙대학교 산업창업경영대학원 원장
- 한국공인회계사회 윤리기준위원회 위원
- 기재부 세제발전심의위원회 위원
- 금융위 감리위원회 감리위원
- 코스닥협회 기업심사위원회 심사위원
- 공인회계사 시험 출제위원
- 한국세무학회 세무와회계저널 편집위원장
- 한국세무학회 회장
- 한국벤처창업학회 회장
- 금융위 증권선물위원회 비상임위원
- 사회적기업 학회장

현 재
- 중앙대학교 경영경제대학 경영학부 교수
- 금융투자협회 자율규제위원
- 안진회계법인(Deloittee) 기업지배구조발전센타 자문위원
- (주)포스코 사외이사, 감사위원회 위원장, ESG 위원
- 교육부 소관 공공기관 경영평가 위원
- 기재부 공기업 경영평가 위원

주요논문
- 연결범위 결정시 지배력 판단에 관한 사례연구, 회계저널(2020.04) 박재환 외
- 잠정이익 공시 이익의 체계적 · 비체계적 편의에 관한 연구: 중단영업손익을 이용한 분석을 중심으로, 회계학연구 (2019.08) 박재환 외 다수

저자 차 승 민

학 력
- 고려대학교 경영대학 졸업
- 고려대학교 대학원 졸업(경영학 석사 및 박사)

경 력
- 고려대학교 등 강사
- 경기대학교 평가사업단장 및 생활관장
- 경기도 지방세심의위원회 및 도시 · 주거환경정비기금운용심의위원회 위원
- 중부국세청 조세범칙조사위원회 위원
- 수원세무서 국세심사위원회 위원
- 공무원 임용시험 및 회계 · 세무 관련 전문자격시험 출제위원
- 회계정보학회 부회장, 한국세무학회 상임이사, 한국회계학회 이사, 한국상업교육학회 이사 등

현 재
- 경기대학교 소프트웨어경영대학장
- 경기대학교 경영학부(회계세무학전공) 교수

저서 및 주요논문
- 「Compact 회계원리」 (탐진)
- 「슬기로운 세금 생활」 (나우퍼블리셔)
- 「세법원리」 (나우퍼블리셔)
- 「지방세법개론」 (나우퍼블리셔)
- 「공기업의 청렴도와 조세회피」, 회계 · 세무와 감사연구(61권 1호) 외 다수

저자 **배 성 호**

학 력
- 고려대학교 경영학과 졸업
- 고려대학교 일반대학원 경영학(석사 · 박사) 졸업

경 력
- 한국공인회계사, 세무사, 미국공인회계사
- 삼일회계법인 Manager
- 공무원 · 공인회계사 시험 출제위원
- 한국세무학회 · 한국회계학회 등 상임이사
- 한국세무학회 세무와회계저널 · 한국국제회계학회 국제회계연구 편집위원장
- 대구지방국세청 납세자보호위원
- 과학기술정보통신부 소관 공공기관 경영평가 위원 등

현 재
- 경북대학교 경영학부 교수
- 기획재정부 공공기관 경영평가 위원
- 감사원 회계감리 자문위원
- 대구지방국세청 국세심사위원 등

주요논문
- 주주과세제도의 문제점과 개선방안, 회계정보연구(2024.04)
- 공정거래법의 기업결합 사전신고 기준과 관련한 회계적 사안: 거래금액을 중심으로, 회계정보연구(2023.03) 외 다수

2025 세법개론

초판발행 • 2017년 3월 6일
9판발행 • 2025년 2월 27일

지은이 • 박재환, 차승민, 배성호

펴낸이 • 김대명
펴낸곳 • 나우퍼블리셔
등록번호 • 2020년 1월 20일 (제2020-000005호)
주소 • 서울특별시 성동구 한림말5길 11 덕성빌딩
전화 • 010-9133-5272 | 팩스 02-6305-3639
전자우편 • nowpublisher@daum.net
홈페이지 • www.nowpublisher.co.kr
ISBN • 979-11-7102-100-0 93320

정가 45,000 원